Egle ■ Joraschky ■ Lampe ■ Seiffge-Krenke ■ Cierpka

Sexueller Missbrauch, Misshandlung, Vernachlässigung

Unter Mitarbeit von

Benjamin Aas	Christine Heim	Luise Reddemann
Sotoodeh G. Abhary	Veronika Hillebrand	Franz Resch
Thomas Beblo	Jeffrey G. Johnson	Georg Romer
Monika Becker-Fischer	Peter Joraschky	Martin Sack
Doris Bender	Bernd Kappis	Günter Schiepek
Martin Bohus	Cornelia König	Andrea Schleu
Vanessa Caskey	Annika Krick	Martin H. Schmidt
Manfred Cierpka	Astrid Lampe	Christian Schubert
Steffen Dauer	Friedrich Lösel	Dominique Schwartze
Nel Draijer	Arnold Lohaus	Inge Seiffge-Krenke
Ulrich T. Egle	Pamela G. McGeoch	Joel R. Sneed
Stefan Eisenbeis	Eva Möhler	Wolfgang Söllner
Annette Engfer	Ralf Nickel	Cornelis Stadtland
Silvia Exenberger	Ellert R. S. Nijenhuis	Bernhard Strauß
Jörg M. Fegert	Judith Overfeld	Cornelia Thiels
Gottfried Fischer	Franz Petermann	Ute Thyen
Guido Flatten	Katja Petrowski	Hanns Martin Trautner
Matthias Franz	Karin Pöhlmann	Haci-Halil Uslucan
Romina Gawlytta	Elisabeth Pott	Pauline van Zon
Ursula Gast	Kathlen Priebe	Angela von Arnim
Barbara Gromes	Miriam Rassenhofer	Wolfgang Wöller
Jochen Hardt	Katharina Ratzke	

Sexueller Missbrauch, Misshandlung, Vernachlässsigung

Erkennung, Therapie und Prävention der Folgen früher Stresserfahrungen

4., überarbeitete und erweiterte Auflage

Herausgegeben von

Ulrich Tiber Egle
Peter Joraschky
Astrid Lampe
Inge Seiffge-Krenke
Manfred Cierpka

Mit 55 Abbildungen und 70 Tabellen

Schattauer

Ihre Meinung zu diesem Werk ist uns wichtig! Wir freuen uns auf Ihr Feedback unter www.schattauer.de/feedback oder direkt über QR-Code.

Bibliografische Information der Deutschen Nationalbibliothek
Die Deutsche Nationalbibliothek verzeichnet diese Publikation in der Deutschen Nationalbibliografie; detaillierte bibliografische Daten sind im Internet über http://dnb.d-nb.de abrufbar.

Besonderer Hinweis:
Die Medizin unterliegt einem fortwährenden Entwicklungsprozess, sodass alle Angaben, insbesondere zu diagnostischen und therapeutischen Verfahren, immer nur dem Wissensstand zum Zeitpunkt der Drucklegung des Buches entsprechen können. Hinsichtlich der angegebenen Empfehlungen zur Therapie und der Auswahl sowie Dosierung von Medikamenten wurde die größtmögliche Sorgfalt beachtet. Gleichwohl werden die Benutzer aufgefordert, die Beipackzettel und Fachinformationen der Hersteller zur Kontrolle heranzuziehen und im Zweifelsfall einen Spezialisten zu konsultieren. Fragliche Unstimmigkeiten sollten bitte im allgemeinen Interesse dem Verlag mitgeteilt werden. Der Benutzer selbst bleibt verantwortlich für jede diagnostische oder therapeutische Applikation, Medikation und Dosierung.
In diesem Buch sind eingetragene Warenzeichen (geschützte Warennamen) nicht besonders kenntlich gemacht. Es kann also aus dem Fehlen eines entsprechenden Hinweises nicht geschlossen werden, dass es sich um einen freien Warennamen handelt.

Das Werk mit allen seinen Teilen ist urheberrechtlich geschützt. Jede Verwertung außerhalb der Bestimmungen des Urheberrechtsgesetzes ist ohne schriftliche Zustimmung des Verlages unzulässig und strafbar. Kein Teil des Werkes darf in irgendeiner Form ohne schriftliche Genehmigung des Verlages reproduziert werden.

© 1997, 2000, 2005 und 2016 by Schattauer GmbH, Hölderlinstraße 3, 70174 Stuttgart, Germany
E-Mail: info@schattauer.de
Internet: www.schattauer.de
Printed in Germany

Projektleitung: Ruth Becker
Lektorat: Marion Lemnitz, Berlin
Umschlagabbildung: Henri Matisse: „Le Clown"; © Succession H. Matisse/VG Bild-Kunst, Bonn 2014
Satz: abavo GmbH, Buchloe
Druck und Einband: Mayr Miesbach GmbH, Druck·Medien·Verlag, Miesbach

Auch als E-Book erhältlich:
ISBN 978-3-7945-6752-2

ISBN 978-3-7945-2921-6

Vorwort zur 4. Auflage

Seit Erscheinen der 3. Auflage dieses Handbuchs 2005 sind zehn Jahre vergangen. In dieser Zeit erschienen zusätzlich zu den bereits vorhandenen prospektiven Langzeitstudien große epidemiologische Querschnittsstudien und vor allem zahlreiche neurobiologische Studien, welche das „Puzzle" der Zusammenhänge zwischen frühen psychischen Traumatisierungen sowie emotionaler Deprivation und gesundheitlichen Langzeitfolgen immer konturierter werden ließen. Inzwischen ist eine Fülle wissenschaftlicher Daten zu diesen Zusammenhängen vorhanden, wie wir sie uns bei der Planung der 1. Auflage des Buches vor 20 Jahren noch gar nicht vorstellen konnten. Offensichtlich wurde dabei auch, welche enormen Folgekosten – direkt gesundheitsbezogen ebenso wie volkswirtschaftlich – daraus resultieren und welche große Bedeutung künftig der Etablierung von Präventionsmaßnahmen zukommt.

Die große Zahl der Studien macht es selbst Experten nicht leicht, in den verschiedenen Bereichen dieses Themas den Überblick zu behalten. Genau diese wissenschaftliche Orientierung für den Wissenschaftler ebenso wie für die in den verschiedenen Bereichen tätigen Psychotherapeuten und Ärzte, aber auch Sozialpädagogen, Juristen und Politiker will das Buch bieten. Wie bereits bei der 1. Auflage geht es weiterhin in allererster Linie um eine nüchterne wissenschaftliche Bestandsaufnahme.

Um dem gerecht zu werden, war auch eine neue, inhaltlich breitere Zusammensetzung der Herausgebergruppe erforderlich. Mit Inge Seiffge-Krenke ist eine in diesem Bereich wissenschaftlich erfahrene Entwicklungspsychologin hinzugekommen, wodurch eine umfassendere und differenziertere Darstellung der Auswirkungen früher Stresserfahrungen auf Kinder und Jugendliche möglich wurde. Ebenfalls mehr Raum nimmt das Thema Prävention ein, das von Manfred Cierpka, dessen fachliches Tun seit zwei Jahrzehnten ganz wesentlich diesem Thema gewidmet war, als neuem Mitherausgeber konzipiert und koordiniert wurde. Des Weiteren ist die Trauma-Expertin Astrid Lampe als Herausgeberin hinzugekommen und vor allem für den Therapieteil verantwortlich. Bezüglich der derzeit angewandten traumatherapeutischen Verfahren war es uns wichtig, möglichst umfassend die unterschiedlichen Methoden darzustellen. Ulrich Egle und Peter Joraschky waren für die Grundlagen-, Krankheitsbilder- sowie Begutachtungs-Kapitel zuständig und stehen für die konzeptionelle Kontinuität dieses Handbuchs, dessen erste drei Auflagen eine sehr breite Resonanz fanden. Fast alle Beiträge der 3. Auflage mussten weitgehend überarbeitet bzw. vollständig neu konzipiert werden. Durch diese Differenzierung hinsichtlich Herausgeber-Zuständigkeiten waren engmaschige Abstimmungen mit den mehr als 60 Autoren möglich. Gleiches gilt auch für inhaltliche Abstimmungen zwischen den einzelnen Beiträgen.

Das umfassende Literaturverzeichnis mit insgesamt mehr als 2500 Verweisen macht die breite wissenschaftliche Fundierung der Beiträge deutlich und ermöglicht vor allem dem wissenschaftlich interessierten Leser eine Vertiefung einzelner Aspekte. Unter Berücksichtigung des Gesamtumfang des Buches – und damit nicht zuletzt auch seiner Handlichkeit – haben sich Herausgeber und Verlag dafür entschieden, die 125 Seiten des Literaturverzeichnisses online zur Verfügung zu stellen und dem Leser die Option einzuräumen, es auszudrucken. Sie finden es unter www.schattauer.de/2921.html.

Wir möchten uns bei allen Autoren für ihre Bereitschaft bedanken, dass sie bei der Abfassung und Überarbeitung ihrer Beiträge das übergeordnete Ziel dieses Handbuchs bereit waren zu unterstützen. Danken möchten wir auch Frau Ruth Becker vom Schattauer Verlag sowie Frau Marion Lemnitz, Berlin, für die sorgfältige Lektorierung, ohne die ein solches Werk nicht möglich wäre.

Freiburg, Dresden,
Innsbruck, Mainz,
Heidelberg
im Mai 2015

**Ulrich T. Egle, Peter Joraschky,
Astrid Lampe, Inge Seiffge-Krenke,
Manfred Cierpka**

Vorwort zur 1. Auflage

Sexueller Mißbrauch, Mißhandlung und Vernachlässigung von Kindern einschließlich ihrer Folgen im Erwachsenenalter sind ein Thema zwischen Überschätzung und Vernachlässigung. In der Geschichte der Menschheit ist der Abschnitt, in dem die Unversehrtheit der kindlichen Entwicklung als schützenswertes Gut gilt, extrem kurz. Noch im Mittelalter galt ein Kinderleben wenig, führten die Berichte über den perversen Gilles de Rais (berichtet von G. Bataille) mehr zur Sensation als zur Empörung. Die Alternative, ein Kind großzuziehen oder es sterben zu lassen, ist moralisch erst wenige Jahrhunderte zugunsten der ersten Konsequenz entschieden.

Erst im 17. und 18. Jahrhundert setzte sich die Idee der Familie als Ideal durch, wobei man immer noch unerwünschte Kinder ins Findelhaus tragen konnte, wie J. J. Rousseau es tat. War im 18. Jahrhundert noch die erste Forderung an die Kinder der Respekt vor ihren Eltern, so kam erst im 19. Jahrhundert der Gedanke zum Tragen, daß Kinder ein basales Anrecht auf die Liebe ihrer Eltern hätten. Dieser Gedanke wurde rasch dahingehend verabsolutiert, daß Kinder von ihren Eltern nur Gutes zu erwarten hätten, ja, daß es, so das sich dann entwickelnde Tabu, völlig unmöglich, ja undenkbar sei, Kinder würden durch die eigenen Eltern willentlich geschädigt.

So hielt sich, kurzgefaßt, der Stand der Erkenntnis bis weit in die Mitte unseres Jahrhunderts: Die Mütter herzten ihre Kinder, und die Väter scherzten mit ihnen und ließen ihnen die notwendige Strenge angedeihen, alles zusammen aber war gut. Die bekanntgewordenen Ausnahmen, die Kindsmörderinnen und Blutschänder, gehörten entweder überhaupt nicht der menschlichen Art an („Unmenschen") oder sie waren Produkte der niederen sozialen Schichten, bei denen die Höhe des Menschentums ohnehin nicht so recht erreicht war.

Angesichts dieser Sachlage verwundert eigentlich nicht, daß das Thema der Folgen von Mißbrauch, Mißhandlung und Vernachlässigung in der Wissenschaft so wenig Beachtung fand. Ein früher Versuch der mutigen Konfrontation in der jungen Psychoanalyse wurde von Freud selbst wieder aufgegeben, oder exakter, in seiner Bedeutung hintangestellt. Erst in der zweiten Hälfte dieses Jahrhunderts machten sich beharrliche Forscher an die Aufarbeitung von Entwicklungsschäden.

Mit einiger Berechtigung ist hier stellvertretend für alle John Bowlby aus England zu nennen. Seine Beharrlichkeit war wohl einer der Faktoren, der dem Thema dann Interesse und Reputation sicherte, als es in den 70er Jahren breiter in der Fachliteratur auftauchte. In den USA wurden schon in den 80er Jahren erste unseriöse Überbewertungen des Themas publik – wir spielen hier auf die Diskussion um die sogenannten „repressed memories" an –, und auch für gezielte Anschuldigungen von Familienangehörigen innerhalb von Prozessen schien es einiges herzugeben. So fiel ein Schatten auf das Thema, bevor es sich recht in der Forschung etabliert hatte.

Unser Band versucht, zwischen Vernachlässigung und Überschätzung, zwischen Bagatellisierung und Politisierung, zwischen Idealisierung der Opfer und Dämonisierung der Täter dem nüchternen Pfad der Erkenntnis zu folgen und das zu sammeln, was wir heute über die Rolle dieser Faktoren für die Entstehung späterer Krankheiten wissen. Zugleich versuchen wir, Behandlungsmöglichkeiten für die entstandenen Schäden aufzuzeigen (wobei wir leider auf ein ursprünglich vorgesehenes Kapitel über verhaltenstherapeutische Ansätze bei erwachsenen Patienten verzichten mußten) und die insgesamt eher noch unbefriedigenden Ansätze zur Prävention wiederzugeben. Weil mit dem Thema eng verbunden, gehen wir auch auf sexuelle Übergriffe in Therapien ein und beschließen die Übersicht mit den rechtlichen Aspekten. Ein Schlußwort der Herausgeber versucht, ein Resümee zu ziehen und künftige Perspektiven aufzuzeigen.

Besonderen Dank schulden wir Frau Christel Schieferstein, Medizinische Dokumentarin, die wiederum mit großer Sorgfalt und nahezu unerschöpflicher Ausdauer Korrekturen und formale Überarbeitungen und Anpassungen vorgenommen hat, welche Manuskripte aus unterschiedlicher Feder erst zu einem gemeinsamen Ganzen werden lassen.

Unser Dank gilt auch dem Schattauer Verlag und hier besonders Herrn Dipl.-Psych. Dr. med. Wulf Bertram und Frau Dipl.-Biol. Catrin Cohnen dafür, daß dieses mehrjährige Buchprojekt, das in seiner thematischen Konzeption Neuland betritt und den meisten Autoren bei der Abfassung ihrer Kapitel ein erhebliches Literaturstudium abverlangte, trotz aller bei dieser Thematik fast unvermeidbaren Turbulenzen zu einem guten Abschluß gebracht werden konnte.

Mainz und Erlangen,
im Herbst 1996

Ulrich Tiber Egle,
Sven Olaf Hoffmann,
Peter Joraschky

Anschriften der Herausgeber

Prof. Dr. med. Ulrich Tiber Egle
Wiesentalerstraße 48, 79115 Freiburg
prof-egle@ut-egle.eu

Prof. em. Dr. med. Peter Joraschky
Klinik und Poliklinik für Psychotherapie
und Psychosomatik
Universitätsklinikum Carl Gustav Carus
Fetscherstraße 74, 01307 Dresden
Peter.Joraschky@uniklinikum-dresden.de

Univ.-Prof. Dr. med. Astrid Lampe
Universitätsklinik für Medizinische
Psychologie
Medizinische Universität Innsbruck
Department Psychiatrie und Psychotherapie
Schöpfstraße 23a
6020 Innsbruck/Österreich
astrid.lampe@tirol-kliniken.at;
astrid.lampe@i-med.ac.at

Prof. Dr. phil. Inge Seiffge-Krenke
Psychologisches Institut
Wallstraße 3–5, 55123 Mainz
seiffge-krenke@uni-mainz.de

Prof. Dr. med. Manfred Cierpka
Universitätsklinikum Heidelberg
Institut für Psychosomatische Kooperations-
forschung und Familientherapie
Bergheimer Straße 54, 69115 Heidelberg
manfred.cierpka@med.uni-heidelberg.de

Anschriften der Autoren

Benjamin Aas, M.Sc., M.Sc.
Institut für Synergetik und Psychotherapieforschung
Ignaz-Harrer-Straße 79
5020 Salzburg/Österreich
b.aas@salk.at

Sotoodeh G. Abhary, MBBS
Department of Psychiatry
University of Adelaide
Adelaide/Australien
sotoodeh.abhary@student.adelaide.edu.au

Prof. Dr. rer. nat. Dipl.-Psych. Thomas Beblo
Evangelisches Krankenhaus Bielefeld
Klinik für Psychiatrie und Psychotherapie
Forschungsabteilung, Haus Gilead IV
Remterweg 69–71, 33617 Bielefeld
thomas.beblo@evkb.de

Dr. phil. Monika Becker-Fischer
Deutsches Institut für Psychotraumatologie
Springen 26, 53804 Much
Befi@psychotraumatologie.de

Dr. phil. Doris Bender
Institut für Psychologie
Universität Erlangen-Nürnberg
Nägelsbachstraße 49c, 91052 Erlangen
doris.bender@fau.de

Prof. Dr. med. Martin Bohus
Wissenschaftlicher Direktor
Institut für Psychiatrische und
Psychosomatische Psychotherapie
Zentralinstitut für Seelische Gesundheit
J 5, 68159 Mannheim
martin.bohus@zi-mannheim.de

Vanessa P. Caskey, BA
Department of Clinical Psychology
Long Island University
199 Jackson Street, #2, Brooklyn 11211 NY
USA
vanessa_caskey@yahoo.com

Dr. phil. Steffen Dauer
Institut für Rechtspsychologie und
Forensische Psychiatrie Halle (Saale)
Große Steinstraße 69, 06108 Halle/Saale
institut@rechtspsychologie-halle.de

Dr. Nel Draijer, PhD
Department of Psychiatry
VU Medical Center
Leidsekade 101"
1017PP Amsterdam/Niederlande
n.draijer@ggzingeest.nl;
draijerdelouw@hetnet.nl

Dipl.-Psych. Stefan Eisenbeis
St. Anna Virngrund Klinik
Kinder- und Jugendpsychiatrie
und -psychotherapie Ellwangen
Dalkingerstraße 8–12, 73479 Ellwangen
stefan.eisenbeis@klinik-ellwangen.de

Dr. rer. nat. Silvia Exenberger
Universitätsklinik für Medizinische Psychologie, Medizinische Universität Innsbruck
Department Psychiatrie und Psychotherapie
Schöpfstraße 23a
6020 Innsbruck/Österreich
silvia.exenberger-vanham@i-med.ac.at

Prof. Dr. med. Jörg M. Fegert
Universitätsklinikum Ulm
Klinik für Kinder- und Jugendpsychiatrie/
Psychotherapie
Steinhövelstraße 5, 89075 Ulm
joerg.fegert@uniklinik-ulm.de

Anschriften der Autoren

PD Dr. med. Guido Flatten, M.A.
Euregio-Institut für Psychosomatik und
Psychotraumatologie
Annastraße 58–60, 52062 Aachen
gflatten@euripp.org

Univ.-Prof. Dr. med. Matthias Franz
Universitätsklinikum Düsseldorf
Klinisches Institut für Psychosomatische
Medizin und Psychotherapie (Geb. 15.16)
Moorenstraße 5, 40225 Düsseldorf
matthias.franz@uni-duesseldorf.de

PD Dr. med. Ursula Gast
Ärztin für Psychotherapeutische Medizin
Dammholm-Havetoftloit
Heidelücker Weg 9, 24986 Mittelangeln
Ursula_Gast@web.de

Dipl.-Psych. Romina Gawlytta, M.Sc.
Universitätsklinikum Jena
Institut für Psychosoziale Medizin und
Psychotherapie
Stoystraße 3, 07740 Jena
romina.gawlytta@med.uni-jena.de

Dipl.-Kunsttherapeutin Barbara Gromes
Psychotherapeutische Praxis – Traumatherapie – Kunsttherapie
Nussbaumstraße 8, 80336 München
info@barbara-gromes.de

Prof. Dr. phil. Dipl.-Psych. Jochen Hardt
Medizinische Psychologie und Medizinische
Soziologie
Klinik und Poliklinik für Psychosomatische
Medizin und Psychotherapie
Universitätsmedizin Mainz
Untere Zahlbacher Straße 8, 55131 Mainz
hardt@uni-mainz.de

Prof. Dr. rer. nat. Christine Heim
Institut für Medizinische Psychologie
Charité Universitätsmedizin Berlin
Luisenstraße 57, 10117 Berlin
christine.heim@charite.de

Dr. med. Veronika Hillebrand
Ethikverein e. V. – Ethik in der Psychotherapie
Forstenrieder Allee 115, 81476 München
v.hillebrand@ethikverein.de

Jeffrey G. Johnson, Ph.D.
Columbia University,
College of Physicians and Surgeons
Department of Psychiatry
1051 Riverside Drive
New York, NY 10032
jjohnso@pi.cpmc.columbia.edu

Dipl.-Psych. Bernd Kappis
Klinik für Anästhesiologie
Universitätsmedizin Mainz
Langenbeckstraße 1, 55131 Mainz
bernd.kappis@unimedizin-mainz.de

Dipl.-Psych. Cornelia König
Praxis für Kinder- und Jugendlichen-
psychotherapie
Wagnerstraße 67, 89077 Ulm
cornelia.koenig@me.com

Annika Krick, BA
Psychologisches Institut
Wallstraße 3–5, 55123 Mainz

Univ.-Prof. Dr. phil. Arnold Lohaus
Universität Bielefeld
Fakultät für Psychologie und Sportwissen-
schaft, Abteilung für Psychologie
33501 Bielefeld
arnold.lohaus@uni-bielefeld.de

Prof. Dr. phil. Dr. h.c. Friedrich Lösel
Institut für Psychologie
Universität Erlangen-Nürnberg
Bismarckstraße 1, 91054 Erlangen
fal23@cam.ac.uk

Pamela G. McGeoch
Department of Psychology
Graduate Faculty of Political and Social
Science, New School University
65 Fifth Avenue
New York, 10003 NY/USA
pgmcgeoch@hotmail.com

Prof. Dr. med. Eva Möhler
SHG-Klinik Kleinblittersdorf
Kinder- und Jugendpsychiatrie, -psycho-
therapie und -psychosomatik
Waldstraße 40, 66271 Kleinblittersdorf
sekr.kjp@sb.shg-kliniken.de

Prof. Dr. med. Ralf Nickel
HSK, Dr. Horst Schmidt Kliniken
Klinik für Psychosomatische Medizin und
Psychotherapie
Aukammalle 39, 65191 Wiesbaden
Ralf.Nickel@helios-kliniken.de

Dr. Ellert R. S. Nijenhuis, Ph.D.
Clienia Littenheid, Littenheid/Schweiz
und
Psychotraumatology Institute Europe,
Boermaat 14,
9431MS Westerbork/Niederlande
und
Grossenbaumer Allee 35a, 47269 Duisburg
enijenhuis@me.com

Dipl.-Psych. Judith Overfeld
Institut für Medizinische Psychologie
Charité Universitätsmedizin Berlin
Luisenstraße 57, 10117 Berlin
judith.overfeld@charite.de

Prof. Dr. phil. Franz Petermann
Universität Bremen
Zentrum für Klinische Psychologie und
Rehabilitation
Grazer Straße 2 und 6, 28359 Bremen
fpeterm@uni-bremen.de

PD Dr. phil. Dipl.-Psych. Katja Petrowski
Klinik und Poliklinik für Psychotherapie
und Psychosomatik
Universitätsklinikum Carl Gustav Carus
Fetscherstraße 74, 01307 Dresden
katja.petrowski@tu-dresden.de

PD Dr. phil. Dipl.-Psych. Karin Pöhlmann
Universitätsklinik Carl Gustav Carus
Klinik für Psychotherapie und Psycho-
somatik
Gesundheitspsychologie und Interventions-
forschung
Fetscherstraße 74, 01307 Dresden
Karin.Poehlmann@uniklinikum-dresden.de

Prof. Dr. med. Elisabeth Pott
Ärztin für öffentliches Gesundheitswesen
Direktorin a. D. der Bundeszentrale für
gesundheitliche Aufklärung (BZgA)
Mühlengasse 3, 50667 Köln
office.epott@t-online.de

Dipl.-Psych. Kathlen Priebe
Humboldt-Universität zu Berlin
Psychotherapie und Somatopsychologie
Klosterstraße 64, 10179 Berlin
kathlen.priebe@hu-berlin.de

Dipl.-Psych. Miriam Rassenhofer
Klinik für Kinder- und Jugendpsychiatrie/
-psychotherapie
Universitätsklinikum Ulm
Steinhövelstraße 5, 89075 Ulm
miriam.rassenhofer@uniklinik-ulm.de

Dr. phil. Katharina Ratzke
Diakonie Deutschland
Zentrum Gesundheit, Rehabilitation und
Pflege
Caroline-Michaelis-Straße 1, 10115 Berlin
katharina.ratzke@diakonie.de

Prof. Dr. med. Luise Reddemann
Holzgasse 4, 53925 Kall
L.Reddemann@t-online.de

Anschriften der Autoren

Prof. Dr. med. Franz Resch
Klinik für Kinder- und Jugendpsychiatrie
Zentrum für Psychosoziale Medizin
Universitätsklinikum Heidelberg
Blumenstraße 8, 69115 Heidelberg
franz.resch@med.uni-heidelberg.de

Prof. Dr. med. Georg Romer
Universitätsklinikum Münster
Direktor der Klinik für Kinder- und
Jugendpsychiatrie, -psychosomatik und
-psychotherapie
Schmeddingstraße 50, 48149 Münster
g.romer@ukmuenster.de

Prof. Dr. med. Martin Sack
Klinik und Poliklinik für Psychosomatische
Medizin und Psychotherapie
Klinikum rechts der Isar
Langerstraße 3, 81675 München
M.Sack@tum.de

Prof. Dr. Dr. Günter Schiepek
Institut für Synergetik und Psychotherapieforschung
Paracelsus Medizinische Privatuniversität
Christian Doppler Universitätsklinik
Ignaz-Harrer-Straße 79
5020 Salzburg/Österreich
g.schiepek@salk.at

Dr. med. Andrea Schleu
Ethikverein e. V. – Ethik in der Psychotherapie
Rüttenscheider Platz 3, 45130 Essen
Schleu.A@t-online.de

**Prof. em. Dr. med. Dr. rer. nat.
Martin H. Schmidt**
Klinik für Psychiatrie und Psychotherapie
des Kindes- und Jugendalters
Zentralinstitut für Seelische Gesundheit
J5, 68159 Mannheim
martin.schmidt@zi-mannheim.de

Joel R. Sneed, Ph.D.
College of Physicians and Surgeons
Columbia University
Division of Biological Psychiatry
New York State Psychiatric Institute
Box 47 NYSPI, 1051 Riverside Drive
New York, NY 10032/USA
js2627@columbia.edu

**Prof. Dr. med. Dr. rer. nat. M.Sc.
Christian Schubert**
Universitätsklinik für Medizinische
Psychologie
Medizinische Universität Innsbruck
Department Psychiatrie und Psychotherapie
Schöpfstraße 23a
6020 Innsbruck/Österreich
christian.schubert@i-med.ac.at

Dipl.-Psych. Dominique Schwartze
Universitätsklinik Jena
Institut für Psychosoziale Medizin und
Psychotherapie
Stoystraße 3, 07740 Jena
dominique.schwartze@med.uni-jena.de

Prof. Dr. Wolfgang Söllner
Psychosomatische Medizin und Psychotherapie
Universitätsklinik der Paracelsus Medizinischen Privatuniversität
Klinikum Nürnberg
Prof.-Ernst-Nathan-Straße 1,
90419 Nürnberg
wolfgang.soellner@klinikum-nuernberg.de

PD Dr. med. Cornelis Stadtland
IPG-München
Institut für psychiatrische Gutachten
Jagdhornstraße 4, 81827 München
c.stadtland@ipg-muenchen.de

Prof. Dr. phil. habil. Dipl.-Psych. Bernhard Michael Strauß
Universitätsklinikum Jena
Institut für Psychosoziale Medizin und Psychotherapie
Stoystraße 3, 07740 Jena
bernhard.strauss@med.uni-jena.de

Prof. Dr. med. Cornelia Thiels, MPhil MRCPsych
Fachbereich Sozialwesen
Fachhochschule Bielefeld
Kurt-Schumacher-Straße 6, 33615 Bielefeld
cornelia.thiels@fh-bielefeld.de

Prof. Dr. med. Ute Thyen
Klinik für Kinder- und Jugendmedizin Lübeck
Universität Lübeck
Ratzeburger Allee 160, 23538 Lübeck
ute.thyen@uksh.de

Prof. em. Dr. phil. Hanns Martin Trautner
Westring 127, 55120 Mainz-Mombach
trautner@uni-wuppertal.de

Prof. Dr. Haci-Halil Uslucan
Wissenschaftlicher Leiter des Zentrums für Türkeistudien und Integrationsforschung
Professor für Moderne Türkeistudien
Institut für Turkistik
Fachbereich Geisteswissenschaften
Universität Duisburg-Essen
Universitätsstraße 12, 45117 Essen
haci.uslucan@uni-due.de

Pauline van Zon
Eerste Atjehstraat 48-C
1094KP Amsterdam/Niederlande
paulinevanzon@hotmail.com;
vanzonspsychotherapie@gmail.com

Dr. med. Angela von Arnim
Viktoria-Luise-Platz 8, 10777 Berlin
psychosomatik-dr.a.v.arnim@web.de

PD Dr. med. Wolfgang Wöller
Rhein-Klinik
Krankenhaus für Psychosomatische Medizin und Psychotherapie
Luisenstraße 3, 53604 Bad Honnef
wolfgang.woeller@johanneswerk.de

Inhalt

Grundlagen

1 Formen der Misshandlung von Kindern
 – Definitionen, Häufigkeiten, Erklärungsansätze 3
 Anette Engfer

2 Gesundheitliche Langzeitfolgen psychisch traumatisierender und emotional deprivierender Entwicklungsbedingungen in Kindheit und Jugend 24
 Ulrich T. Egle

3 Psychobiologische Folgen früher Stresserfahrungen 40
 Judith Overfeld und Christine Heim

4 Traumatisierung und zerebrale Bildgebung 66
 Thomas Beblo

5 Risikofaktoren, Schutzfaktoren und Resilienz bei Misshandlung und Vernachlässigung 77
 Doris Bender und Friedrich Lösel

6 Vernachlässigung und Misshandlung aus der Sicht der Bindungstheorie 104
 Bernhard Strauß und Dominique Schwartze

7 Langzeitfolgen von Trennung und Scheidung 119
 Matthias Franz

8 Sexueller Missbrauch und Vernachlässigung in Familien 138
 Peter Joraschky und Katja Petrowski

9 Familien von Kindern mit aggressiven Verhaltensweisen 155
 Manfred Cierpka und Katharina Ratzke

10 Neuere psychodynamische Theorien und Modelle zu Traumafolgestörungen 177
 Wolfgang Wöller

11 Die Auswirkungen von Vernachlässigung, Misshandlung, Missbrauch auf Körperbild und Selbstgefühl 187
 Peter Joraschky und Karin Pöhlmann

Diagnostische Aspekte

12 Standardisierte Verfahren zur retrospektiven Erfassung von Kindheitsbelastungen 199
 Bernd Kappis und Jochen Hardt

13 Können Kindheitsbelastungen retrospektiv bei Erwachsenen erfasst werden? 219
 Jochen Hardt

Folgen für Kinder und Jugendliche

14 Diagnostisches Vorgehen bei Misshandlung, Missbrauch und Vernachlässigung 241
Inge Seiffge-Krenke und Annika Krick

15 Kinder und Jugendliche als Täter und Opfer 263
Inge Seiffge-Krenke und Franz Petermann

16 Kinder als Opfer von Gewalt: Spezifische Risiken und Herausforderungen zugewanderter Familien 283
Haci-Halil Uslucan

17 Therapie psychisch schwer traumatisierter Patienten 300
Miriam Rassenhofer, Cornelia König und Jörg M. Fegert

18 Stationäre Psychotherapie und transgenerationale Aspekte des Misshandlungstraumas 319
Stefan Eisenbeis, Eva Möhler und Franz Resch

Krankheitsbilder bei Erwachsenen

19 Depressive Störungen und Suizidalität 333
Peter Joraschky und Ulrich Tiber Egle

20 Angsterkrankungen 353
Peter Joraschky und Katja Petrowski

21 Posttraumatische Belastungsstörungen (PTSD) 370
Guido Flatten

22 Dissoziative Störungen 391
Ellert R. S. Nijenhuis

23 Stressinduzierte Hyperalgesie (SIH) als Folge von emotionaler Deprivation und psychischer Traumatisierung in der Kindheit 411
Ulrich T. Egle

24 Pelvipathie bei Frauen 426
Astrid Lampe und Wolfgang Söllner

25 Psychoneuroimmunologische Langzeitfolgen frühkindlicher Traumatisierung und Stresserfahrungen 441
Christian Schubert, Silvia Exenberger, Benjamin Aas, Astrid Lampe und Günter Schiepek

26 Sexuelle Störungen und Verhaltensauffälligkeiten 460
Bernhard Strauß und Romina Gawlytta

27 Borderline-Persönlichkeitsstörungen 476
Ursula Gast

28 Persönlichkeitsstörungen und frühe Stresserfahrungen 502
Jeffrey G. Johnson, Pamela G. McGeoch, Vanessa Caskey, Sotoodeh G. Abhary und Joel R. Sneed

29 Essstörungen 537
Cornelia Thiels

Therapie psychisch schwer traumatisierter Patienten

30 Übertragungsfokussierte
Psychotherapie bei schwer
traumatisierten Patienten 555
Nel Draijer und Pauline van Zon

31 Psychodynamisch Imaginative
Traumatherapie 567
Luise Reddemann

32 Eye Movement Desensitization and
Reprocessing (EMDR) 583
Martin Sack und Barbara Gromes

33 Psychodynamisch-interaktionelle
Gruppenpsychotherapie bei
traumatisierten Patienten 591
Ralf Nickel

34 Dialektisch-Behaviorale Therapie
früh traumatisierter Patientinnen
mit Borderline-Persönlichkeits-
störung 607
Kathlen Priebe und Martin Bohus

35 Körperpsychotherapie bei schwer
traumatisierten Patienten 634
Peter Joraschky und Angela von Arnim

36 Familientherapeutische Interventionen
bei sexuellem Kindesmissbrauch 644
Georg Romer

37 Folgetherapie nach sexuellem
Missbrauch in Psychotherapie
und Psychiatrie 658
Gottfried Fischer[†] und Monika Becker-Fischer

Prävention

38 Psychosoziale Prävention –
ein Mehrebenenansatz 677
Manfred Cierpka

39 Zur Prävention von aggressivem
Verhalten bei Kindern 697
Manfred Cierpka

40 Präventionsprogramme und ihre
Wirksamkeit zur Verhinderung
sexuellen Missbrauchs 709
Arnold Lohaus und Hanns Martin Trautner

41 Präventive Maßnahmen in
Institutionen 725
Jörg M. Fegert

42 Konzepte der Frühen Hilfen in
Deutschland und das Nationale
Zentrum Frühe Hilfen 744
Ute Thyen und Elisabeth Pott

43 Grenzverletzungen in der Psychotherapie und ihre Prävention 764
Andrea Schleu und Veronika Hillebrand

Begutachtung

44 Begutachtung von Kindern und
Jugendlichen.................... 779
Martin H. Schmidt

45 Retrospektive Begutachtung von
in der Kindheit traumatisierten
Erwachsenen................... 795
Steffen Dauer

46 Die Begutachtung der Täter 809
Cornelis Stadtland

Sachverzeichnis................. 838

Das Gesamt-Literaturverzeichnis des Buches finden Sie online unter
www.schattauer.de/egle-2921.html

Grundlagen

1 Formen der Misshandlung von Kindern – Definitionen, Häufigkeiten, Erklärungsansätze

Anette Engfer[1]

Inhalt

1.1	Definitionen und Vorkommenshäufigkeiten	4
1.2	Vernachlässigung	5
1.3	Psychische Formen der Misshandlung und Vernachlässigung	7
1.4	Körperliche Misshandlung	9
1.4.1	Definition	9
1.4.2	Häufigkeit und Dunkelfeld	9
1.4.3	Erklärungsmodelle der Kindesmisshandlung	10
1.4.4	Auswirkungen von Kindesmisshandlungen	12
1.4.5	Intervention bei Kindesmisshandlungen	13
1.5	Sexueller Missbrauch	14
1.5.1	Definitionen	14
1.5.2	Häufigkeit und Dunkelfeld	15
1.5.3	Opfer des sexuellen Missbrauchs	16
1.5.4	Täter und Täterinnen, Merkmale des Missbrauchs	18
1.5.5	Erklärung des sexuellen Missbrauchs	19
1.5.6	Diagnostik des sexuellen Missbrauchs	20
1.5.7	Auswirkungen des sexuellen Missbrauchs	20
1.5.8	Intervention bei sexuellem Missbrauch	23

---

[1] Dieser Text ist eine gekürzte und überarbeitete Fassung des Kapitels „Kindesmisshandlung". In: Hasselhorn M, Silbereisen RK (Hrsg). Enzyklopädie der Psychologie. C/V/4. Psychologie des Säuglings- und Kindesalters. Göttingen: Hogrefe.
Ich danke Jochen Hardt und Mechthild Gödde für wertvolle Hinweise, die wesentlich zur Verbesserung des Textes beigetragen haben.

1.1 Definitionen und Vorkommenshäufigkeiten

> **Definition**
>
> Kindesmisshandlungen sind gewaltsame psychische oder physische Beeinträchtigungen von Kindern durch Eltern oder Erziehungsberechtigte. Diese Beeinträchtigungen können durch elterliche Handlungen (wie bei körperlicher Misshandlung, sexuellem Missbrauch) oder Unterlassungen (wie bei emotionaler und physischer Vernachlässigung) zustande kommen.

Der sexuelle Missbrauch ist insofern ein Sonderfall, als er nur selten von den eigenen Eltern ausgeht.

Man unterscheidet zwischen einem *engeren* und einem *weiteren* Misshandlungsbegriff.

Misshandlungen im engeren Sinne umfassen in der Regel die Fälle, in denen Kinder körperlich verletzt werden. Bei manchen Misshandlungsformen (z. B. bei psychischer Misshandlung, den meisten Formen des sexuellen Missbrauchs) sind solche körperlichen Schädigungen nicht beobachtbar. Deshalb werden Annahmen über Intensitätsgrade des schädigenden Verhaltens und über die Abweichung von kulturellen Normen eines zu fordernden bzw. geduldeten Verhaltens zum Kriterium gemacht. Beim sexuellen Missbrauch fallen hierunter besonders gravierende Fälle mit versuchtem oder erzwungenem Geschlechtsverkehr und/oder der Anwendung von Gewalt (Wipplinger u. Amann 1998). Im engeren Sinne wird der Begriff der Misshandlung vor allem bei strafrechtlichen Entscheidungen zugrunde gelegt. Damit will man Fehldiagnosen ausschließen und Sanktionen für Eltern oder andere „Täter" vermeiden, wenn Kinder nicht durch Misshandlungen, sondern durch Krankheiten oder Unfälle verletzt wurden (sog. falsch positive Fälle).

Misshandlungen im weiteren Sinne schließen Handlungen oder Unterlassungen ein, die nicht unbedingt zu körperlichen oder psychischen Beeinträchtigungen von Kindern führen, die in geringerem Maße als Normabweichung gelten, häufiger vorkommen und auch heute noch von vielen Eltern praktiziert werden (wie häufiges Schimpfen, Schlagen, Bestrafen mit Liebesentzug usw.). Beim sexuellen Missbrauch fallen hierunter Fälle ohne Körperkontakt (z. B. Exhibitionismus) oder einmalige, wenig schädigende Handlungen (z. B. sexualisierte Küsse, die Brust eines Mädchens berühren). Die Verwendung weiterer Misshandlungsbegriffe ist in folgenden Situationen sinnvoll:

- bei präventiven Ansätzen, wenn man misshandlungsgefährdeten Familien Hilfen anbieten will, bevor Kinder verletzt werden
- bei diffusen körperlichen oder psychischen Beeinträchtigungen; gerade bei Säuglingen und kleinen Kindern muss jeder Verdacht der Misshandlung abgeklärt werden, damit kein Fall übersehen wird (sog. falsch negative Fälle)
- in der sozialwissenschaftlichen Forschung

Im Folgenden werden die verschiedenen Formen der Gewalt gegen Kinder dargestellt. Dabei werden Erscheinungsformen und, so weit das möglich ist, epidemiologische Angaben, vermutete Ursachen, Auswirkungen und Interventionsansätze skizziert.

Zur Häufigkeit der verschiedenen Gewaltformen ist festzustellen, dass Vernachlässigungen wesentlich häufiger vorkommen als körperliche Misshandlungen und sexueller Missbrauch. In den USA, wo alle

Misshandlungsformen meldepflichtig sind, fand man für 1995 folgende Zahlenverhältnisse: Es wurden ca. drei Millionen Misshandlungsfälle gemeldet, von denen allerdings nur ca. ein Drittel bis die Hälfte validiert wurden. Die einzelnen Gewaltformen sind mit folgenden Anteilen vertreten:
- 54% körperliche Vernachlässigung
- 25% körperliche Misshandlung
- 11% sexueller Missbrauch
- 3% emotionale Vernachlässigung
- 7% waren nicht eindeutig klassifizierbar (Emery u. Laumann-Billings 1998).

Man mag die Übertragbarkeit dieser Zahlen auf bundesdeutsche Verhältnisse bezweifeln. Jedoch ergaben sich auch in der deutschen Studie von Wetzels (1997a) doppelt so viele Opfer körperlicher Gewalt wie Opfer sexueller Übergriffe.

Die Separierung der verschiedenen Gewaltformen erscheint in der letzten Zeit immer problematischer. Denn die Ergebnisse empirischer Studien ergeben, dass zwischen diesen Gewaltformen erhebliche Überlappungen und zeitliche Verkettungen bestehen. Besonders bei den Fällen, die wiederholt in amerikanischen Kinderschutzregistern auftauchen, zeigen sich solche Überlappungen und Verkettungen in 36–94% der Fälle (Jonson-Reid et al. 2003). Sie erschweren den Nachweis spezifischer Auswirkungen der verschiedenen Gewaltformen, auch die Antwort auf die Frage, welche Form der Gewalt die schädlichste ist (zu den besonderen methodischen Problemen in diesem Forschungsbereich s. Kap. 13; Engfer 2008).

1.2 Vernachlässigung

> **Definition**
> Kinder werden vernachlässigt, wenn sie von ihren Eltern oder Betreuungspersonen unzureichend ernährt, gepflegt, gefördert, gesundheitlich versorgt, beaufsichtigt und/oder vor Gefahren geschützt werden.

Die mangelnde Beaufsichtigung scheint die häufigste Form der Vernachlässigung bei den Fällen zu sein, die in amerikanischen Kinderschutzregistern erfasst werden (Jonson-Reid et al. 2003). Eine bei Kleinkindern wichtige Unterform stellt die nicht-organisch begründete Gedeihstörung dar (Wolke 1994), die oft im Zusammenhang mit Vernachlässigungen, aber auch als reine Gedeihstörung auftreten kann, wenn Eltern ihre Kinder falsch ernähren oder Kinder die Nahrung verweigern.

Ähnlich wie bei anderen Formen der Gewalt hängt die Definition der Vernachlässigung von gesellschaftlichen Maßstäben eines angemessenen, geforderten oder gerade noch tolerierten Elternverhaltens ab. Vernachlässigung wird *häufig im Kontext extremer Armut und sozialer Randständigkeit* beobachtet (Esser 1994; Wolff 1994), aber auch im Kontext von *psychischen Erkrankungen (Depressionen), geistigen Behinderungen oder Alkohol- und Drogenproblemen der Eltern* (Lawton-Hawley u. Disney 1992).

> **Merke**
> Vernachlässigungen kommen am häufigsten vor, verlaufen besonders oft chronisch und sind bei wiederholt erfassten Fällen häufig mit anderen Gewaltformen verknüpft (Jonson-Reid et al. 2003).

In der Längsschnittstudie von Esser (1994) zeigten sich bei Säuglingen und Kleinkindern als Folgen von Vernachlässigung im Alter von drei Monaten deutliche Zeichen von Dysphorie und Probleme in der Ausbildung vorhersagbarer Routinen beim Trinken, Schlafen und bei der Verdauung; im Alter von zwei und vier Jahren ergaben sich im Vergleich zur Kontrollgruppe gravierende Rückstände in der kognitiven Entwicklung, mit viereinhalb Jahren nässten und koteten die vernachlässigten Kinder häufiger ein, ihr Verhalten war aggressiver, impulsiver, schlechter steuerbar.

In amerikanischen Studien fand man bei vernachlässigten Schulkindern als Hauptsymptome internalisierende Störungen (Bolger u. Patterson 2001; Manly et al. 2001), sozialen Rückzug (Manly et al. 2001) und externale Kontrollüberzeugungen (Bolger u. Patterson 2001). Bei Jugendlichen und jungen Erwachsenen fand man als Spätfolgen der Vernachlässigung Delinquenz, Suchtprobleme, Depressionen und antisoziales Verhalten (Cohen et al. 2001; Eckenrode et al. 2001; Thornberry et al. 2001).

Bei Kleinkindern kann man die Auswirkungen der Vernachlässigung recht plausibel aus den beobachtbaren Merkmalen eines wenig zugewandten und förderlichen Mutterverhaltens herleiten. Für die später beobachtbaren Störungsbilder sind die Vermittlungsmechanismen jedoch weniger klar. Es könnte sich um *direkte Effekte* handeln, wenn Kinder zu wenig in prosozialem Verhalten angeleitet, zu wenig gefördert, unterstützt und beachtet werden. Um *indirekte Effekte* könnte es sich handeln, wenn internalisierende Störungen, sozialer Rückzug, Depressionen und Suchtverhalten über erfahrene soziale Ablehnung, über schulische und berufliche Misserfolge und damit verknüpfte Selbstwertprobleme vermittelt werden. Dabei können direkte und indirekte Effekte der Vernachlässigung zusammenwirken und sich in ihrer Wirkung gegenseitig verstärken.

Schließlich ist die Wirksamkeit nicht überprüfter *Drittfaktoren* schwer abzuschätzen – und die könnten genetischer Art sein: Das von Polansky et al. (1981) beschriebene „Resignations-Apathie-Syndrom" vernachlässigender Eltern ähnelt den Störungsbildern, die als „Auswirkungen" der Vernachlässigung bei Jugendlichen und jungen Erwachsenen beschrieben werden. Beide können in der gemeinsamen genetischen Basis begründet sein. Solche Drittfaktoren können aber auch in den Armutslagen, den gefährlichen und gefährdenden Umwelten liegen, denen Eltern und Kinder bei Vernachlässigung in gleicher Weise ausgesetzt sind (vgl. Wolff 1994). Da die Korrelate und Auswirkungen von Vernachlässigung bislang empirisch wenig erforscht sind, sind die eigentlichen Vermittlungsmechanismen alles andere als klar.

Auffällig ist, dass in neueren Studien die unmittelbarsten Auswirkungen der Vernachlässigung – nämlich Retardierungen in der körperlichen, kognitiven und motorischen Entwicklung bei Säuglingen und Kleinkindern – nicht untersucht werden (Ausnahme: die Studie von Esser 1994). Dabei sind diese Beeinträchtigungen gravierend, besonders wenn körperliche Misshandlungen hinzukommen (vgl. Dietrich et al. 1983).

Bei schweren Vernachlässigungen richten therapeutisch-psychologische Interventionsformen, wie sie von Erziehungsberatungsstellen und Kinderschutzzentren angeboten werden, in der Regel wenig aus. Hier sind einschneidende Eingriffe in das elterliche Sorge- und Aufenthaltsbestimmungsrecht nötig, wenn vernachlässigte Kinder zu ihrem Schutz aus der Familie herausgenommen und in einem Heim oder in einer Pflegefamilie untergebracht werden müssen.

Wirksamer sind vermutlich präventive Maßnahmen, vor allem wenn sie frühzeitig (möglichst schon in der Schwangerschaft) einsetzen, eine intensive Betreuung der Familien einschließen und lange genug (mindestens zwei Jahre) durchgeführt werden. Dieses von Olds und Mitarbeitern Ende der siebziger Jahre aufgelegte Präventionsprogramm war offenbar geeignet, die Chronifizierung von Vernachlässigung und damit früh einsetzende, sehr problematische Verhaltensweisen (Substanzmissbrauch, Promiskuität, Delinquenz usw.) der Jugendlichen 15 Jahre später zu verhindern (Eckenrode et al. 2001).

1.3 Psychische Formen der Misshandlung und Vernachlässigung

> **Definition**
> Unter psychischer Misshandlung versteht man alle Handlungen oder Unterlassungen von Eltern oder Betreuungspersonen, die Kinder ängstigen, überfordern, ihnen das Gefühl der Wertlosigkeit vermitteln.

Es gibt verschiedene Taxonomien zu den elterlichen Verhaltensweisen, die unter die emotionale bzw. psychische Misshandlung und Vernachlässigung zu subsumieren sind (vgl. McGee u. Wolfe 1991; APSAC 1995; Glaser 2002b). Exemplarisch sei hier die Taxonomie von Glaser (2002b) vorgestellt. Sie fasst unter die psychische bzw. emotionale Misshandlung und Vernachlässigung folgende elterliche Verhaltensweisen:

- emotionale Nicht-Verfügbarkeit, das Ignorieren des Kindes
- Ablehnung und Abwertung des Kindes, indem ihm negative Eigenschaften zugeschrieben werden
- entwicklungsunangemessene oder inkonsistente Verhaltensweisen gegenüber dem Kind; dazu können gehören: Überforderung, Überbehütung und Einengung kindlicher Erfahrungsräume, mangelnder Schutz vor traumatischen oder verwirrenden Erfahrungen (z. B. wenn Kinder elterliche Suizidversuche miterleben müssen)
- mangelnder Respekt für die Individualität des Kindes und psychologisch notwendige Grenzziehungen (z. B. wenn das Kind zur Befriedigung elterlicher Bedürfnisse instrumentalisiert wird)
- mangelnde Förderung kindlicher Sozialkompetenz; hierunter fallen falsche Formen der sozialen Anleitung z. B. durch Bestechung und „psychische Vernachlässigung", wenn Eltern ihre Kinder nicht angemessen fördern, ihnen Erfahrungsräume verwehren

In dieser Taxonomie „verbergen" sich mindestens zwei Grunddimensionen, nämlich einmal die Ablehnung und Abwertung des Kindes (das wäre der Aspekt der emotionalen Misshandlung), zum anderen der Aspekt der mangelnden bzw. falschen Förderung kindlicher Sozialkompetenz (das wäre der Aspekt der psychischen Vernachlässigung). Es fehlen die Dimensionen der Einschüchterung bzw. Bedrohung, der sozialen Isolierung und der mangelnden gesundheitlichen und medizinischen Versorgung, die in der Taxonomie der APSAC (1995) enthalten sind.

Die besonderen Probleme bei der Definition der emotionalen/psychischen Misshandlung und Vernachlässigung werden hier aber deutlich:

- Die Grenzen zwischen üblichen und weitgehend tolerierten Praktiken (z. B. Liebesentzug) und psychisch schädigendem Elternverhalten (Ignorieren des Kindes) sind schwer zu ziehen. Unklar ist z. B., ab welcher Dauer oder in welcher Form ein Liebesentzug in psychische Misshandlung übergeht.
- Es gehen häufig nicht explizierte Werturteile über das ein, was als „angemessenes" oder gerade noch tolerierbares Elternverhalten angesehen wird.
- Diese Werturteile hängen zudem vom Alter des Kindes, seinen individuellen Merkmalen ab. So scheint die emotionale Nicht-Verfügbarkeit von Müttern bei Kleinstkindern auf die Dauer zu gravierenden Beeinträchtigungen in der kognitiven und sozial-emotionalen Entwicklung (z. B. zu Bindungsunsicherheit) zu führen (vgl. Erickson et al. 1989), bei älteren Kindern können andere Aspekte (mangelnde Förderung sozialer Kompetenz, Abwertung und Ablehnung des Kindes) möglicherweise wichtiger werden.
- Wenn man diese Werturteile umgehen und die Schädlichkeit des elterlichen Verhaltens über die beim Kind beobachtbaren Beeinträchtigungen definieren will, ergeben sich hier andere Probleme der Abgrenzung: die Definition dessen, was als „beeinträchtigtes" Kindverhalten gelten soll und was nicht, und die Frage, ob dafür tatsächlich das elterliche Verhalten ausschlaggebend war.
- Die Grenzen zwischen der *psychischen* Misshandlung bzw. Vernachlässigung und der *physischen* Vernachlässigung sind schwer bestimmbar. Wenn (kleine) Kinder nicht genügend beaufsichtigt und vor Gefahren geschützt werden, wenn Eltern die gesundheitliche und medizinische Fürsorge vernachlässigen, kann das bei Kindern gravierende physische Konsequenzen haben.

Alle diese Schwierigkeiten machen den Begriff der psychischen bzw. emotionalen Misshandlung und Vernachlässigung in der Literatur relativ umstritten (vgl. das Themenheft von Development and Psychopathology 1991, das dieser Debatte gewidmet ist). Aussagen über die Häufigkeit der emotionalen bzw. psychischen Misshandlung und Vernachlässigung sind deshalb schwierig oder sie basieren auf einer sehr engen, verhaltensnahen Operationalisierung „verbaler Misshandlung". Mit diesem Vorgehen konnten Johnson et al. (2001b) in der New Yorker Längsschnittstudie bei 9,8 % der von ihnen untersuchten 793 Probanden das Vorkommen „verbaler Misshandlung" feststellen, die bei den betroffenen Kindern im jungen Erwachsenenalter mit einem erhöhten Risiko für das Auftreten bestimmter Persönlichkeitsstörungen verknüpft war (vgl. Kap. 28).

Im Gegensatz zu dieser Problematisierung des Begriffs der psychischen Misshandlung sehen Garbarino und Vondra (1987) die psychische Misshandlung bzw. Vernachlässigung als die zentralste, häufigste und schädlichste Form der Gewalt, da auch alle anderen Formen der Gewalt meistens eine psychische Komponente haben. Denn Kinder werden in der Regel nicht wortlos verprügelt, sondern sie werden dabei beschimpft und angeschrien; in der Vernachlässigung drückt sich das elterliche Desinteresse am Wohlergehen der Kinder aus und, wenn Kinder sexuell missbraucht werden, werden die sexuellen Bedürfnisse des „Täters" über die Interessen des Kindes gestellt. Psychische Gewalt ist also oft, aber nicht immer mit anderen Formen der Gewalt verknüpft und erhöht das Risiko, dass so „misshandelte" Kinder später zu Opfern des sexuellen Missbrauchs werden, weil ihr Bedürfnis nach Liebe und Anerkennung von pädophilen Tätern erkannt und ausgenutzt wird.

1.4 Körperliche Misshandlung

1.4.1 Definition

> **Definition**
> Unter körperlicher Misshandlung versteht man Schläge oder andere gewaltsame Handlungen (Stöße, Schütteln, Verbrennungen, Stiche usw.), die beim Kind zu Verletzungen führen können.

Ob ein Kind dabei zu Schaden kommt, hängt nicht nur von der Härte und Intensität der Gewalthandlung ab. Auch die Empfindlichkeit des kindlichen Organismus (bei Säuglingen kann heftiges Schütteln schon zu lebensgefährlichen Hirnblutungen führen) und situationale Umstände (wenn ein Kind mit dem Kopf auf eine harte Kante statt auf den weichen Teppichboden fällt) spielen eine Rolle.

1.4.2 Häufigkeit und Dunkelfeld

Über die Häufigkeit von Kindesmisshandlungen kann man für die Bundesrepublik Deutschland keine verlässlichen Aussagen machen, weil hier keine Meldepflicht besteht, deren Einführung vor allem mit dem Argument abgelehnt wurde, dass Eltern dann noch weniger bereit sein würden, misshandlungsbedingte kindliche Verletzungen von Ärzten behandeln zu lassen (vgl. Engfer 1986, S. 23).

Die kriminalpolizeilichen Statistiken zur Häufigkeit von angezeigten Kindesmisshandlungen sind mit ca. 2500 Fällen pro Jahr (BMI 2003) sehr selektiv und wenig aussagekräftig. Wetzels (1997a, S. 30) stellt fest, dass die absoluten Zahlen bei den angezeigten Fällen von Kindesmisshandlung zwischen 1985 und 1995 um 36,1 % zugenommen haben. Demgegenüber hat sich die Opferrate (= die Zahl der Opfer je 100 000 der Bevölkerung unter 15 Jahren) in diesem Zeitraum nur unwesentlich verändert und eher leicht verringert.

> **Merke**
> In sozialwissenschaftlichen Studien zeigt sich, dass ca. die Hälfte bis zwei Drittel der deutschen Eltern ihre Kinder körperlich bestrafen.

Schwerwiegende und relativ häufige Körperstrafen finden sich bei ca. 10–15 % der deutschen Eltern (Engfer 1991a; Esser 1994; Richter-Appelt u. Tiefensee 1996b). Eine Zunahme der Gewalt gegen Kinder lässt sich aufgrund dieser Untersuchungen nicht belegen: In einer kriminologischen Opferbefragung von 3285 Personen im Alter zwischen 16 und 59 Jahren berichten jüngere Alterskohorten signifikant seltener über körperliche Bestrafungen (Wetzels 1997a, S. 151).

Obwohl sich seit den sechziger Jahren Eltern-Kind-Beziehungen in deutschen Familien zunehmend liberaler gestalten und nach einer neueren Erhebung 85 % der Eltern das Leitbild einer gewaltfreien Erziehung für wichtig halten (Bussmann 2002), ist der Prozentsatz der Kinder mit Misshandlungen im engeren Sinne mit 10,6 % in etwa gleich geblieben (Wetzels 1997a). Möglicherweise wird durch öffentliche Sensibilisierungskampagnen nur das Ausmaß der „alltäglichen Gewalt" in Eltern-Kind-Beziehungen reduziert, während die Fälle schwerster Misshandlungen davon unberührt bleiben.

1.4.3 Erklärungsmodelle der Kindesmisshandlung

Es gibt im Wesentlichen drei Erklärungsmodelle der Kindesmisshandlung, die hier kurz dargestellt werden sollen (vgl. Engfer 1986).

Psychopathologisches Erklärungsmodell: Im sogenannten psychopathologischen Erklärungsmodell werden elterliche Persönlichkeitsprobleme für das Auftreten von Kindesmisshandlungen verantwortlich gemacht. Diese resultieren oft aus Vorerfahrungen mit harten Strafen und Ablehnung in der eigenen Kindheit. Zentral ist die These der *mehrgenerationalen Weitergabe der Gewalt.*
Kaufman und Zigler (1993) vermuten, dass nur ca. 30 % der ehemals misshandelten Eltern die selbst erfahrene Gewalt weitergeben. Andere Autoren (z. B. Egeland 1993; Bender u. Lösel 2000) halten das für eine Unterschätzung. Denn Gewalterfahrungen in der Kindheit sind ein entscheidender Risikofaktor für alle möglichen Störungsbilder und Formen der Gewaltbereitschaft, also auch für Kindesmisshandlungen (vgl. Abschn. Auswirkungen von Kindesmisshandlungen).

Die Studien von Reisel (1991) und Wetzels (1997a) zeigen deutliche Unterschiede im Anteil der Eltern, die die selbst erfahrene Gewalt an die eigenen Kinder weitergeben. Bei Reisel (1991) wurden ca. 20 % der Mütter und Väter in ihrer Kindheit oft geschlagen. Während alle diese Mütter in der Erziehung ihrer eigenen Kinder auf Gewalt verzichten, sind es bei den Vätern nur 9 %, die trotz eigener Gewalterfahrungen ihre Kinder nicht schlagen.

In der Studie von Wetzels (1997a) geben nahezu zwei Drittel (64,8 %) der Eltern mit Gewalterfahrungen in der Kindheit diese Gewalt an ihre Kinder weiter. Besonders deprimierend ist der Befund, dass ein Viertel der gewaltfrei erzogenen Eltern ihre Kinder schlagen. Betrachtet man jedoch Misshandlungen im engeren Sinne, brechen 85,7 % der Eltern mit der Tradition der selbst erfahrenen Gewalt.

Demnach geben nicht alle Eltern die selbst erfahrene Gewalt an ihre Kinder weiter. Dies wird dem Einfluss sogenannter Schutzfaktoren zugeschrieben: Ehemals misshandelte Kinder können in tragfähigen Beziehungen zu anderen Menschen (z. B. zu einem nicht-misshandelnden Elternteil, zu Therapeuten oder späteren Lebenspartnern) ihre Gewalterfahrungen bewältigen lernen. Außerdem scheinen eine gute Begabung und damit verknüpfte schulische Erfolgserfahrungen vor der Weitergabe der selbst erfahrenen Gewalt zu schützen (Malinosky-Rummell u. Hansen 1993). Allerdings sind schulische Erfolgserfahrungen eher unwahrscheinlich, weil misshandelte und viel bestrafte Kinder in vielen schulrelevanten Entwicklungsbereichen Rückstände zeigen (Engfer 1997, S. 37).

Die in diesem Erklärungsmodell enthaltene Annahme über die zentrale Bedeutung elterlicher Persönlichkeitsmerkmale im Misshandlungsgeschehen wurde inzwischen in amerikanischen (z. B. Pianta et al. 1989; Pears u. Capaldi 2001) und deutschen Studien (z. B. Engfer 1991a) bestätigt. Dazu gehören vor allem Depressionen und andere Formen psychischer Labilität bzw. erhöhter Irritierbarkeit, die einen gelassenen und geduldigen Umgang mit Kindern erschweren.

Soziologische Erklärungsansätze: Soziologische Erklärungsansätze machen folgende Bedingungen für die Gewalt gegen Kinder verantwortlich:

1.4 Körperliche Misshandlung

- die gesellschaftliche Billigung von Gewalt in der Erziehung von Kindern
- Lebensbelastungen (Armut, Arbeitslosigkeit), die Familien überfordern
- den Mangel an sozialen Unterstützungssystemen, die Familien in Krisenzeiten entlasten könnten

Es ist relativ gut belegt, dass die *gesellschaftliche Billigung von Gewalt* als Mittel der Erziehung rückläufig ist. Dies zeigt sich am deutlichsten in der Abschaffung des elterlichen Züchtigungsrechtes:

> **Merke**
> Die Änderung des § 1631 Abs. 2 BGB wurde am 1. August 1998 beschlossen und trat am 8. November 2000 in Kraft (vgl. Priester 1999). Nach einer viele Jahre dauernden Diskussion über das Verbot des elterlichen Züchtigungsrechtes heißt es nun im § 1631 Abs. 2 BGB:
> *„Entwürdigende Erziehungsmaßnahmen, insbesondere körperliche und seelische Misshandlungen, sind unzulässig."*

Der neueren Erhebung von Bussmann (2002) zufolge hat sich die Zustimmung zum Gebrauch körperlicher Bestrafungen gegenüber 1996 deutlich verringert: Während 1996 noch zwei Drittel der deutschen Eltern leichte Körperstrafen akzeptabel fanden, sind es heute nur noch etwas mehr als die Hälfte. Das Tolerieren von „leichten Ohrfeigen" ist von 80 % auf 60 % gesunken und weniger als 6 % der Befragten halten heute eine schallende Ohrfeige für erlaubt, 1996 waren es noch 17 %. Das ist ein wichtiger Trend, da Eltern, die Strafen gutheißen oder verharmlosen, gegenüber ihren Kindern häufiger gewalttätig sind (Engfer 1991a; Reisel 1991). Andererseits kann die zunehmende Tabuisierung von Gewalt dazu beitragen, dass Eltern und Kinder ihre Aussagen über die Häufigkeit und Intensität von Gewalthandlungen stärker zensieren (vgl. Engfer 2008).

Lebensbelastungen sind zwar in vielen gewaltgefährdeten Familien nachweisbar, ihr Beitrag zum eigentlichen Misshandlungsgeschehen ist jedoch anderen Faktoren (z. B. Persönlichkeitsmerkmalen der Eltern) untergeordnet (Pianta et al. 1989; Engfer 1991a).

Soziale Isolation und der Mangel an sozialer Unterstützung sind für vernachlässigende Eltern typischer als für misshandelnde Eltern. Unter den Belastungen, die nachweislich mit einem erhöhten Misshandlungsrisiko verbunden sind, spielen Partnerschaftskonflikte oder die schwierige Situation alleinerziehender Mütter eine zentrale Rolle (Engfer 1991a; Esser 1994; Richter-Appelt u. Tiefensee 1996a).

Sozial-situationales Erklärungsmodell: In diesem Erklärungsmodell sieht man Kindesmisshandlungen als Endpunkte eskalierender Konfliktsituationen, in denen Eltern aus Ärger und Ohnmacht ihre Kinder verprügeln, wenn andere pädagogischen Maßnahmen fehlgeschlagen sind. Hier sind kindliche Verhaltensprobleme (Aggressionen, Ungehorsam) vordergründig Anlass für ausufernde Bestrafungen. Das belegen die Befunde querschnittlich bzw. retrospektiv angelegter Studien.

In prospektiven Untersuchungen unterscheiden sich später misshandelte Kinder kurz nach der Entbindung bzw. im Alter von drei Monaten in ihren Verhaltensmerkmalen jedoch nicht von später gut betreuten Kindern (Engfer 1991a; Esser 1994). Die kindlichen Verhaltensprobleme (schreien, schlechte Tröstbarkeit), unter denen gewaltgefährdete Mütter im Verlauf des ersten Lebensjahrs leiden, sind ihrerseits mit mütterlichen Persönlichkeitsproblemen und einem wenig optimalen Betreuungsverhalten verknüpft (Engfer 1991a; Esser 1994). Demnach sind manche Verhaltensauffälligkeiten (z. B. Bindungsunsicherheit, Quengeligkeit, Unruhe, Abhängigkeitsverhalten) schon vor der eigentlichen Misshandlung beobachtbar und kaum zu unterscheiden von den Problemen, die als Auswirkungen von Kindesmisshandlungen beschrieben werden.

> **Merke**
> Für geistig und/oder körperlich behinderte und verhaltensauffällige Kinder besteht offenbar ein mehr als dreifach erhöhtes Risiko, misshandelt zu werden.

Während bei nicht-behinderten Kindern eine Prävalenzrate von 9 % für Misshandlungen beobachtet wurde, liegt die Prävalenzrate bei behinderten Kindern bei 31 %, wobei die Gewaltform der Vernachlässigung bei behinderten Kindern am häufigsten vorkommt (Sullivan u. Knutson 2000).

1.4.4 Auswirkungen von Kindesmisshandlungen

Nach den Befunden älterer Studien (zusammengefasst bei Engfer 1986, S. 116 ff.) gehören zu den Auswirkungen von Misshandlungen bei Vorschul- und Schulkindern
- Rückstände in der kognitiven, vor allem in der sprachlichen Entwicklung,
- geringe Kompetenz, Ausdauer und Belastbarkeit in leistungsthematischen Situationen und
- Probleme in der Beziehung zu Gleichaltrigen, von denen sie wegen ihres aggressiven Verhaltens abgelehnt werden (Erickson et al. 1989).

In neueren Studien werden folgende Auswirkungen von körperlichen Misshandlungen festgestellt:
- Gewaltbereitschaft gegenüber Familienmitgliedern (Eltern, Geschwistern), wie Herrera und McCloskey (2001) sie als häufigste Auswirkung bei jugendlichen Mädchen fanden, sowie Pears und Capaldi (2001) für das Gewalthandeln von Erwachsenen in der Elternrolle
- allgemeine Aggressionsbereitschaft und externalisierendes Verhalten (Cohen et al. 2001; Keiley et al. 2001; Manly et al. 2001; Salzinger et al. 2001; Thornberry et al. 2001)
- internalisierendes Verhalten und Depressionen (Keiley et al. 2001; Salzinger et al. 2001; Thornberry et al. 2001)
- fehlende Sozialkompetenz, Mangel an prosozialem Verhalten, erwartete Ablehnung durch andere Kinder (Salzinger et al. 2001)
- Delinquenz, Alkohol- und Drogenmissbrauch (Cohen et al. 2001; Stein et al. 2002; Thornberry et al. 2001)

Die Probleme, die misshandelte Kinder in der Beziehung zu Gleichaltrigen haben, werden unter anderem damit erklärt, dass sie soziale Situationen in verzerrter Weise wahrnehmen. Sie unterstellen neutralen oder sogar positiv gemeinten Annäherungsversuchen anderer Kinder böse Absichten, denen sie durch eigene Aggressionen zuvorzukommen versuchen (Crick u. Dodge 1996).

Die gravierenden, vor allem externalisierenden Verhaltensprobleme der meisten misshandelten Kinder erschweren ihre Unterbringung in Pflegefamilien und lassen viele Pflegeverhältnisse scheitern. Bei weniger gestörten Kindern werden durch häufige Wechsel der Pflegefamilien solche Ver-

1.4 Körperliche Misshandlung

haltensprobleme erst hervorgerufen (Newton et al. 2000).

Langfristige Folgen von Misshandlungen sind nach Malinosky-Rummell und Hansen (1993) bei Jugendlichen und jungen Erwachsenen erhöhte Aggressionsbereitschaft, Alkohol- und Drogenmissbrauch (vor allem bei misshandelten Männern) und emotionale Probleme bis hin zur Suizidneigung (vor allem bei Frauen, die misshandelt und missbraucht wurden). Auch in der Vorgeschichte von organisch nicht hinreichend erklärbaren Schmerzen und Fibromyalgie im Erwachsenenalter spielen körperliche Misshandlungen und andere Formen erlittener Gewalt in der Kindheit offenbar eine entscheidende Rolle (Egle et al. 1991; Imbierowicz u. Egle 2003).

Auch bei den als Auswirkungen von Misshandlungen festgestellten Problemen von Kindern, Jugendlichen und jungen Erwachsenen ist nicht immer klar, ob es sich um *direkte* oder um *indirekte Effekte* der erfahrenen Gewalt handelt oder um die Wirksamkeit von nicht erfassten Drittfaktoren.

Dazu könnte gehören, dass bei misshandelten Kindern die Familien- bzw. Lebenssituation insgesamt sehr belastend ist. Denn die Kinder erfahren wenig Liebe, Geduld und Förderung, werden stattdessen ständig kritisiert, überfordert und bestraft. Zudem sind andere Belastungsfaktoren wirksam, wie chronische Ehekonflikte oder die sozialen und materiellen Probleme Alleinerziehender. Misshandelte Kinder erfahren gleichzeitig oft andere Formen der psychischen und/oder sexuellen Gewalt und Vernachlässigung, sie leiden unter schulischen Misserfolgen und der sozialen Ablehnung durch Gleichaltrige.

Die von Gershoff (2002) entwickelten Überlegungen zu dem Zusammenhang zwischen körperlichen Bestrafungen und kindlicher Entwicklung erklären recht gut, dass Misshandlungen mit den oben beschriebenen Merkmalen einer erhöhten Gewaltbereitschaft, geringer Sozialkompetenz sowie Delinquenz- und Suchtbelastung einhergehen. Die internalisierenden Störungen misshandelter Kinder, die Depressionen und Selbstwertprobleme ehemals misshandelter Frauen lassen sich eher nach dem Modell der „gelernten Hilflosigkeit" (Seligman 1975) erklären: Hier sind es vermutlich die psychischen Aspekte der Gewalt (erlebte Ablehnung, ständige Kritik, Überforderung, mangelnde Vorhersagbarkeit des elterlichen Verhaltens), die zu Depressionen, Haltungen der Ohnmacht, Resignation und Apathie führen.

1.4.5 Intervention bei Kindesmisshandlungen

In Deutschland gibt es mit der Arbeit der Kinderschutzzentren, der Jugendämter und präventiv arbeitender Einrichtungen (Mütterzentren, Besuchsdienste von Säuglingsschwestern, pädiatrische Vorsorgeuntersuchungen) zahlreiche Interventionsansätze zum Kinderschutz.

Die in den Kinderschutzzentren praktizierten Interventionsformen umfassen alle gängigen Therapieformen – also Familien-, Gesprächs- und Verhaltenstherapie, Partnerschaftsberatung, Kriseninterventionen und Spieltherapien bis hin zu Traumatherapien für die Kinder (Jahresbericht 2001). Die Effizienz dieser Maßnahmen ist kaum zu beurteilen, weil ihre wissenschaftliche Evaluation erst in den Anfängen steckt (Lindner 1999).

Eine Metaanalyse zur Effizienz von Präventionsprogrammen in den USA zeigt, dass diejenigen Programme besonders wirksam sind, die

- mehr als zwölf Kontakte mit den Familien und eine Mindestdauer von sechs Monaten der Betreuung vorsehen,
- einen ressourcenorientierten Ansatz mit Komponenten der sozialen Unterstützung verwirklichen und
- die betroffenen Familien aktiv beteiligen.

Maßnahmen des präventiven Kinderschutzes sind nach den Befunden dieser Metaanalyse offenbar wirksamer als reaktive Maßnahmen (MacLeod u. Nelson 2000).

1.5 Sexueller Missbrauch

Der sexuelle Missbrauch als solcher wird vermutlich in seiner Häufigkeit (vgl. Abschn. Definitionen und Vorkommenshäufigkeiten) und offenbar auch in seiner Schädlichkeit überschätzt. Denn in der öffentlichen Diskussion vermischen sich nach Rind et al. (1998) zwei Perspektiven: sexueller Missbrauch als ein Verstoß gegen soziale Normen und sexueller Missbrauch als schädigendes Verhalten – nach dem Motto: „Was ich besonders abstoßend finde, das muss auch besonders schädigend sein". Die Befunde der sozialwissenschaftlichen Forschung ergeben jedoch ein differenzierteres Bild zu den Auswirkungen des sexuellen Missbrauchs (vgl. Abschn. Auswirkungen des sexuellen Missbrauchs).

1.5.1 Definitionen

Es gibt viele verschiedene Definitionen des sexuellen Missbrauchs mit den ihnen eigenen Vor- und Nachteilen (vgl. Wipplinger u. Amann 1998; Engfer 2008).

Definition
Gemeinsam ist allen Definitionsversuchen, dass zwischen Tätern und Opfern in der Regel ein Gefälle im Hinblick auf Alter, Reife oder Macht besteht und dass es sich um sexuelle Übergriffe handelt, die meistens gegen den Willen des Kindes erfolgen.

In sozialwissenschaftlichen Untersuchungen wird der sexuelle Missbrauch über verschiedene sexuelle Handlungen bzw. Erfahrungen operationalisiert. Manche Autoren (wie z.B. Bange 1992, S. 102; Bange u. Deegener 1996, S. 135) kategorisieren diese Handlungen zusätzlich nach Intensitätsgraden:

- Als *leichtere Formen des sexuellen Missbrauchs* (ohne Körperkontakt) gelten Exhibitionismus, anzügliche Bemerkungen, das Kind (gegen seinen Willen) beim Baden oder Anziehen zu beobachten, ihm Pornos zu zeigen.
- *Wenig intensive Missbrauchshandlungen* sind Versuche, die Genitalien des Kindes anzufassen, das Berühren der Brust oder sexualisierte Küsse.
- Als *intensiver Missbrauch* wird gewertet: das Berühren oder Vorzeigen der Genitalien, wenn das Opfer vor dem Täter masturbieren muss oder der Täter vor dem Opfer masturbiert.
- Der *intensivste Missbrauch* besteht in der versuchten oder vollzogenen oralen, analen oder vaginalen Vergewaltigung.

Andrews et al. (2001) unterscheiden in ihrer Metaanalyse von 169 internationalen Studien nur drei Kategorien, nämlich Missbrauch erstens ohne und zweitens mit Körperkontakt und drittens mit versuchter oder vollzogener Penetration. Andere Parameter der Intensität können sein: Häufigkeit, Dauer, Alter des Opfers bei Beginn des

1.5 Sexueller Missbrauch

Missbrauchs und die Beziehung zwischen Täter und Opfer (vgl. Abschn. Auswirkungen des sexuellen Missbrauchs).

1.5.2 Häufigkeit und Dunkelfeld

Für Aussagen über die Häufigkeit des sexuellen Missbrauchs in der Bundesrepublik Deutschland kann man zwei Quellen benutzen: erstens die polizeiliche Kriminalstatistik und zweitens sozialwissenschaftliche Dunkelfeldstudien. So genannte klinische Studien sind hierfür nicht geeignet, weil die in therapeutischen Einrichtungen gesehenen Fälle einen – zumeist untypischen – Ausschnitt der Gesamtpopulation missbrauchter Opfer darstellen.

In der polizeilichen Kriminalstatistik wurden für das Jahr 2002 insgesamt 15 998 Fälle des sexuellen Missbrauchs nach § 176 StGB ausgewiesen (BMI 2003). Knapp die Hälfte dieser Fälle des angezeigten sexuellen Missbrauchs werden von Fremdtätern begangen, die mit dem Opfer weder verwandt noch bekannt sind. Somit bilden sie einen etwas anderen Ausschnitt des sexuellen Missbrauchs ab als sozialwissenschaftliche Dunkelfeldstudien, bei denen Fremdtäter in 20–30 % der Fälle festgestellt wurden (Bange 1992).

Inzwischen liegen in Deutschland eine Reihe sozialwissenschaftlicher Untersuchungen vor, in denen zumeist jüngere Erwachsene (Gymnasiasten, Berufsschüler und Studenten) retrospektiv über ihre Vorerfahrungen mit sexuellen Übergriffen schriftlich befragt wurden (vgl. Elliger u. Schötensack 1991; Bange 1992; Schötensack et al. 1992; Raupp u. Eggers 1993; Bange u. Deegener 1996; Richter-Appelt 1998a; Richter-Appelt u. Tiefensee 1996a, b; Wetzels 1997a). Die in diesen deutschen Untersuchungen gefundenen Prävalenzraten liegen für Frauen zwischen 6 % und 25 %, für Männer zwischen 2 % und 8 %.

Die Variabilität in den berichteten Prävalenzraten hat damit zu tun, wie der sexuelle Missbrauch definiert wird, welche Handlungen eingeschlossen und welche Altersgruppen untersucht werden.

Besonders hohe Prävalenzraten ergeben sich unter anderem
- beim Einschluss sexueller Erfahrungen ohne Körperkontakt,
- bei einer geringen Altersdifferenz zwischen „Opfern" und „Tätern" bzw. sexuellen Erfahrungen unter Gleichaltrigen,
- wenn Erfahrungen bis zum Alter von 16 oder 18 Jahren einbezogen werden[2].

Deutlich geringere Prävalenzraten von ca. 6–10 % der befragten Frauen und 2–3,4 % der befragten Männer ergeben sich bei einem Schutzalter von 14 Jahren und dem Ausschluss der Handlungen von jugendlichen Tätern (Wetzels 1997a). Die in diesen deutschen Studien gefundenen Prävalenzraten entsprechen – auch in ihrer Variabilität – in etwa den Befunden internationaler Studien (Finkelhor 1998; Rind et al. 1998; Fergusson u. Mullen 1999; Andrews et al. 2001).

Zusammenfassend ist zu sagen, dass die Vorkommenshäufigkeit des sexuellen Missbrauchs in Deutschland sozialwissenschaft-

---

[2] Bei Bange und Deegener (1996) liegen 38 % der weiblichen und 60 % der männlichen Opfer in der Homburger Stichprobe in der Altersgruppe der 13- bis 16-Jährigen, jeweils etwas mehr als ein Viertel der missbrauchten Frauen und über 40 % der missbrauchten Männer wurden in der Dortmunder und der Homburger Stichprobe von Gleichaltrigen missbraucht. Demnach handelt es sich hier nicht um den sexuellen Missbrauch von Kindern im engeren Sinne, sondern eher um sexuelle Übergriffe bei ersten Partnerschaftskontakten von Jugendlichen.

lich inzwischen recht gut untersucht ist. Dennoch ist nicht auszuschließen, dass die in schriftlichen Befragungen gefundenen Prävalenzraten eher Unter- als Überschätzungen darstellen, weil bei einmaligen Befragungen dieser Art nicht alle Gewalterfahrungen erinnert oder preisgegeben werden (Draijer 1990; Williams 1994; Hardt u. Rutter 2004). Bei allen Aussagen über die Häufigkeit des sexuellen Missbrauchs wird mit einer hohen Dunkelziffer gerechnet. Man vermutet, dass gerade beim innerfamiliären Missbrauch Anzeigen unterbleiben und der Missbrauch aus Scham oder Furcht verschwiegen wird. Das ergeben internationale und die oben genannten deutschen Untersuchungen.

Aussagen über historische Trends der Zu- oder Abnahme des sexuellen Missbrauchs sind aufgrund des vorliegenden Zahlenmaterials kaum möglich. In den kriminalpolizeilich erfassten, nach § 176 StGB angezeigten Fällen gab es in den absoluten Zahlen zwischen 1985 und 1995 einen Anstieg von 47,6 %. Demgegenüber sind nach der Analyse von Wetzels (1997a) die Opferraten (= die Zahl der Opfer je 100 000 der Bevölkerung unter 14 Jahren) konstant geblieben. Es handelt sich demnach überwiegend um einen Effekt gestiegener Geburtenraten.

In der kriminologischen Opferbefragung von Wetzels (1997a) fand man beim Vergleich der verschiedenen Alterskohorten zwischen 16 und 59 Jahren keine Unterschiede in den Prävalenzraten. Auch in der Metaanalyse 169 internationaler Studien von Andrews et al. (2001) konnten keine Trends der Zu- oder Abnahme über verschiedene Alterskohorten festgestellt werden. In der Interviewstudie von v. Sydow (1991) mit Frauen der Geburtenjahrgänge 1895 bis 1936 berichteten 20 % der Frauen von sexuellen Übergriffen, 7 % wurden inzestuös und besonders schwer missbraucht. Demnach ist der sexuelle Missbrauch keineswegs nur ein Phänomen unserer Zeit, sondern kam früher auch recht häufig vor.

1.5.3 Opfer des sexuellen Missbrauchs

In den frühen achtziger Jahren ging man davon aus, dass der relative Anteil von Mädchen und Jungen unter den Opfern des sexuellen Missbrauchs einem Zahlenverhältnis von 9:1 entspricht (Engfer 1986). Neuere Studien belegen demgegenüber ein Zahlenverhältnis von 2:1 bis 6:1, in der Mehrzahl der Studien überwiegen weibliche Opfer in einer Größenordnung von 1,5 bis 4 (Fergusson u. Mullen 1999, S. 35; Finkelhor 1998; Elliger u. Schötensack 1991; Bange 1992; Bange u. Deegener 1996; Richter-Appelt 1998a; Wetzels 1997a). Bei unausgelesenen Stichproben rechnet man bei Mädchen mit einer durchschnittlichen Vorkommenshäufigkeit von 15–30 %, bei Jungen mit einer Vorkommenshäufigkeit von 3–15 % (Fergusson u. Mullen 1999). Andrews et al. (2001) schätzen nach der Metaanalyse von 169 internationalen Studien die durchschnittliche Prävalenz bei Frauen auf 25 %, bei Männern auf 8 %.

Da nicht in allen Studien zwischen Intensitätsgraden des sexuellen Missbrauchs unterschieden wird, sind Aussagen über den Anteil gravierender Übergriffe (mit Körperkontakt, Penetration) nur eingeschränkt möglich. Die Geschlechter unterscheiden sich offenbar weniger in den Prävalenzraten für schwerste Formen des Missbrauchs – nach Bange und Deegener (1996) sind bei beiden Geschlechtern knapp 20 % aller Vorkommnisse dem intensivsten Missbrauch (mit Penetration) zuzurechnen, Andrews et al. (2001) gelangen in ihrer Metaanalyse zu einer Schätzung der gleichen

1.5 Sexueller Missbrauch

Größenordnung. Fergusson und Mullen (1999) stellen in ihrer Metaanalyse bei knapp 20 % aller Frauen genitale Berührungen, bei 10,1 % den Missbrauch mit Penetration fest. Die vergleichbaren Prävalenzraten für Männer liegen bei jeweils 5,7 %.

Jungen erfahren häufiger als Mädchen sexuellen Missbrauch ohne Körperkontakt, Mädchen bei der Hälfte aller Vorfälle genitale Berührungen (Andrews et al. 2001). Demnach werden Frauen nicht nur häufiger missbraucht als Männer, sondern bei ihnen sind auch gravierendere Formen des Missbrauchs feststellbar.

Jungen werden häufiger als Mädchen außerfamilial und von Fremdtätern missbraucht, sie gehören häufiger zu einer größeren Gruppe ebenfalls missbrauchter Jungen und werden eher von gleichaltrigen oder wenig älteren Jugendlichen missbraucht (Elliger u. Schötensack 1991; Bange 1992; Bange u. Deegener 1996; Wetzels 1997a).

In einigen Studien wird festgestellt, dass Jungen häufiger als Mädchen – überwiegend von Fremdtätern – mit Gewalt und Drohungen zum sexuellen Missbrauch gezwungen werden (vgl. Bange 1992; Watkins u. Bentovim 1992). Demgegenüber finden Rind et al. (1998) in ihrer Metaanalyse von 59 Studien mit Studentenstichproben, dass der sexuelle Missbrauch bei den befragten jungen Frauen doppelt so häufig wie bei den Männern erzwungen wurde.

Bei dem Missbrauch von Mädchen zeigen sich nach Wetzels (1997a) kaum Schichtunterschiede in den Opferraten. Nach seinen Befunden werden Mädchen der höheren Sozialschichten tendenziell häufiger zu Opfern harmloser exhibitionistischer Vorfälle. Insgesamt scheint es jedoch keinen Zusammenhang zwischen der Schichtzugehörigkeit der Opfer und dem Risiko des sexuellen Missbrauchs zu geben (Fergusson u. Mullen 1999).

Geistig und/oder körperlich behinderte Mädchen haben ein besonderes Risiko, sexuell missbraucht zu werden. Ihre Behinderungen können die Abwehr bzw. die Enthüllung des sexuellen Missbrauchs erschweren, in einigen Fällen aber auch direkte Folgen von Misshandlungen sein (Sullivan u. Knutson 2000).

Vom sexuellen Missbrauch betroffen sind Kinder aller Altersgruppen, allerdings mit einer besonderen Häufung bei den Zehn- bis Dreizehnjährigen (Fergusson u. Mullen 1999, S. 37). Der Anteil der Kinder, die im Vorschulalter missbraucht werden, liegt nach sozialwissenschaftlichen Studien zwischen 8 % (Bange 1992) und 14 % (Finkelhor et al. 1990). Andrews et al. (2001) finden in ihrer Metaanalyse folgende Häufigkeiten für die verschiedenen Altersgruppen: ca. 8 % in der Altersgruppe der Klein- und Vorschulkinder (unter 5 Jahren), 72,6 % in der Altersgruppe von fünf bis 14 Jahren und 19,3 % in der Altersgruppe der über 14-Jährigen.

Fergusson und Mullen (1999) vermuten, dass die Vorkommenshäufigkeit des sexuellen Missbrauchs bei Kindern im Vorschulalter deshalb unterschätzt werden könnte, weil der sexuelle Missbrauch häufig retrospektiv bei jungen Erwachsenen erfasst wird und frühe Missbrauchserfahrungen schlechter erinnert werden. Dafür spricht der Befund von Williams (1994), dass die von ihr befragten jungen Frauen vor allem dann den Missbrauch vergessen hatten, wenn er nachweislich vor dem sechsten Lebensjahr stattgefunden hatte.

Nach den Befunden von Finkelhor et al. (1990), Draijer (1990), Richter-Appelt und Tiefensee (1996a, b), Wetzels (1997a) und Rind et al. (1998) sind vor allem Kinder missbrauchsgefährdet, deren Familien vielfältige Belastungsmerkmale (Alkohol- und Drogenmissbrauch, Partnerschaftskonflikte, andere Formen der Gewalt, psychische Vernachlässigung und/oder übertriebene Strenge) aufweisen. Nach den Befunden von Täterbefragungen (Conte et al. 1989; Lautmann 1994) liegt der Gedanke nahe, dass potenzielle Täter derartige Konstellationen gezielt ausnutzen und sich mit raffinierten Strategien in das Vertrauen von Kindern einschleichen, die in der Familie zu wenig Schutz und Fürsorge erfahren.

1.5.4 Täter und Täterinnen, Merkmale des Missbrauchs

Bei durchschnittlich 97,5 % der weiblichen und bei 78,7 % der männlichen Opfer sind die Täter männlich (Fergusson u. Mullen 1999). Man kann vermuten, dass die Zahl der Täterinnen dabei unterschätzt wird, weil Frauen mehr Körperkontakt mit Kindern zugestanden wird und sie deshalb missbräuchliche Handlungen eher kaschieren können. Hinzu kommt, dass sich männliche Jugendliche bei sexuellen Erfahrungen mit älteren Frauen seltener als Opfer bzw. „missbraucht" fühlen.

In der öffentlichen Meinung wird der sexuelle Missbrauch häufig mit dem Vater-Tochter-Inzest gleichgesetzt. Dabei kommt diese Form des sexuellen Missbrauchs vergleichsweise selten vor. Nach den Ergebnissen internationaler Studien werden ca. 2–3 % der Mädchen von ihren leiblichen Vätern (Russell 1986; Draijer 1990) missbraucht, das Risiko, von einem Stief- oder Pflegevater missbraucht zu werden, ist nach den Analysen von Fergusson und Mullen (1999) deutlich höher. Insgesamt wurden nach deutschen Untersuchungen 1,3–2,2 % der Frauen und 0,3 % der Männer durch Väter oder Stiefväter inzestuös und besonders schwer missbraucht (Bange 1992; Bange u. Deegener 1996; Wetzels 1997a).

In der Studie von Bange (1992) ergaben sich bei den missbrauchten Dortmunder Studentinnen folgende Tätergruppen in der Rangreihe ihrer Häufigkeit: zur Hälfte Bekannte, zu einem Viertel Verwandte und Angehörige (Onkel, Brüder, Väter, Cousins) und zu einem Fünftel Fremdtäter. Bei den missbrauchten Dortmunder Studenten sind die Tätergruppen vergleichbar, bei ihnen ist jedoch der Anteil der Angehörigen (ca. ein Fünftel) niedriger, der Anteil der Fremdtäter (ca. ein Drittel) dafür größer. Diese Tätergruppen wurden mit geringen Abweichungen in den beobachteten Häufigkeiten auch in der Homburger Replikationsstudie (Bange u. Deegener 1996) und in der Studie von Wetzels (1997a) gefunden. Diese Befunde entsprechen in etwa den Ergebnissen internationaler Studien (Russell 1986; Draijer 1990; Fergusson u. Mullen 1999) und sind eine wichtige Korrektur der Annahme, dass nur oder überwiegend Väter ihre Töchter missbrauchen.

In der Mehrzahl der Fälle ist der sexuelle Missbrauch ein einmaliger Übergriff. Bange (1992) findet bei drei Viertel der befragten Studenten und zwei Drittel der Studentinnen den sexuellen Missbrauch als einmaligen Übergriff, bei Bange und Deegener (1996) wurden 59 % der Frauen und 70 % der Männer einmalig missbraucht. Nur dann, wenn die Opfer von nahen Angehörigen missbraucht wurden, handelte es sich in der Mehrzahl um Wiederholungstaten, die sich über Wochen, Monate oder sogar Jahre hinzogen.

Wenige Studien berücksichtigen die Dauer des sexuellen Missbrauchs, weil diese häufig mit dem Alter beim erstmaligen Übergriff vermischt erscheint. Andrews et al. (2001) finden in ihrer Metaanalyse in ca. 6–12 % der Fälle einen Missbrauch, der

1.5 Sexueller Missbrauch

sich über die Dauer eines Jahres oder länger hinzieht, der Durchschnitt liegt bei 9,2 % der Fälle und findet sich häufiger bei dem Missbrauch mit Penetration.

Wie schon oben erwähnt (vgl. Abschn. Opfer des sexuellen Missbrauchs), besteht der sexuelle Missbrauch in der Regel nicht im versuchten oder vollzogenen Geschlechtsverkehr. Die meisten Vorkommnisse sind exhibitionistische Erfahrungen (vor allem bei Jungen) und sexuelle Berührungen (vor allem bei Mädchen; Bange u. Deegener 1996; Wetzels 1997a; Rind et al. 1998; Andrews et al. 2001).

Die Androhung oder Ausübung von Gewalt kommt beim sexuellen Missbrauch durch Bekannte und Fremde dreimal so häufig vor wie beim sexuellen Missbrauch durch Familienangehörige, die Kinder mit emotionaler Zuwendung verführen (Bange 1992; Bange u. Deegener 1996). Aber gerade diese Mischung aus Zuwendung und sexuellem Übergriff kann die Verarbeitung des sexuellen Missbrauchs durch nahe Angehörige besonders erschweren (s. unten).

1.5.5 Erklärung des sexuellen Missbrauchs

Wirklich ausgereifte Modelle zur Erklärung des sexuellen Missbrauchs fehlen weitgehend. Die in der deutschen Diskussion (vgl. Bange 1993) vorgetragenen Argumente sind sehr allgemein und wenig überzeugend. Dazu gehören unter anderem die geschlechtsspezifische Sozialisation von Männern mit daraus resultierenden Männlichkeitsbildern und einseitigen Auffassungen von Sexualität, die Erotisierung von Kindern in Medien und der Werbung, der Missbrauch als Ausnutzung der Machtungleichheit zwischen Tätern und Opfern.

Spezifischer sind die von Araji und Finkelhor (1986) genannten vier Bedingungen für die Erklärung, warum Kinder von Männern missbraucht werden. Das sind:

- Die emotionale „Passung" zwischen Kindern als Liebesobjekt und unvollständiger bzw. gestörter sexueller Entwicklung bei Tätern, die sich wie viele Pädophile ausschließlich oder in besonderer Weise zu Kindern hingezogen fühlen (vgl. Lautmann 1994).
- Sexuelle Erregung: Täter haben nach dem Prinzip des klassischen Konditionierens die Verbindung von Masturbation, sexueller Erregung mit Fantasiebildern von Kindern verknüpft; solche Fantasien werden besonders durch Kinderpornografie angeregt, Gefühle der Zärtlichkeit werden als sexuelle Erregung (falsch) interpretiert und schließlich in sexuelle Handlungen umgesetzt.
- Kinder als „Ersatz" für erwachsene Sexualpartner, die den Tätern aus verschiedenen Gründen nicht zugänglich sind bzw. nicht attraktiv erscheinen.
- Enthemmung: Soziale Normen werden aufgrund fehlender Impulskontrolle oder geistiger Behinderungen ignoriert, verkannt oder durch enthemmende Substanzen wie Alkohol außer Kraft gesetzt.

Schließlich können eigene sexuelle Gewalterfahrungen in der Beziehung zu Kindern reinszeniert werden. Nach der Metaanalyse von Fergusson und Mullen (1999) sind ca. 30 % der Täter selbst Opfer von sexuellem Missbrauch gewesen. Obgleich also die Opferrate unter den Tätern gegenüber den Prävalenzraten im Bevölkerungsdurchschnitt deutlich erhöht ist, bedeutet das, dass die Mehrzahl der Täter selbst nicht missbraucht wurde und dass die Mehrzahl der Männer trotz eigener Gewalterfahrungen nicht zu Tätern werden.

Bei der Interpretation dieser Zahlen ist jedoch Vorsicht geboten. Denn die Täterforschung ist dadurch erschwert, dass sich nur wenige Täter zu ihrem Missbrauch bekennen und man deshalb bei der Untersuchung von Tätermerkmalen auf völlig atypische Stichproben (inhaftierte Sexualstraftäter oder Männer in psychiatrischen Anstalten oder therapeutischen Kollektiven) zurückgreifen muss. Dieser Mangel an empirisch fundierter Täterforschung behindert die Entwicklung täterorientierter Interventions- und Präventionskonzepte zum gezielteren Schutz potenzieller Opfer.

1.5.6 Diagnostik des sexuellen Missbrauchs

Da dieser Thematik ein eigenes Kapitel gewidmet ist (vgl. Kap. 14), sollen hier nur einige Anmerkungen stichpunktartig zusammengefasst werden.

- Es gibt weder klare körperliche Symptome noch im psychischen Bereich ein eindeutiges „Syndrom des sexuellen Missbrauchs", die die Aufdeckung des sexuellen Missbrauchs vereinfachen würden (Fegert 1993; Fergusson u. Mullen 1999).
- Beliebte diagnostische Hilfsmittel wie Kinderzeichnungen und das Spiel mit anatomisch korrekten Puppen (d. h. Puppen, die Brüste, Scheide oder Penis und After haben) ergeben keine eindeutigen Hinweise auf sexuellen Missbrauch.
- Die zuverlässigste Quelle für die Feststellung des sexuellen Missbrauchs sind offenbar immer noch die spontanen Berichte der Kinder selbst. Diese sind bei jüngeren Kindern zwar nicht besonders detailliert und für abstraktere Angaben zu Ort, Zeitpunkt und Dauer des Missbrauchs eher ungenau, aber offenbar sehr valide (Fegert 1993).
- Kleinere Kinder sind in langwierigen Kreuzverhören durch Suggestivfragen leicht zu Falschaussagen zu verleiten, besonders wenn zwischen der Missbrauchserfahrung und der Befragung viel Zeit vergangen ist (Ceci u. Bruck 1993).
- Das Problem der falschen Beschuldigung wird – wegen der gravierenden Folgen für den Beschuldigten – in der Literatur jedoch überschätzt. Nach Fegert (1995) gibt es erst bei Kindern ab der Vorpubertät in 10 % der Fälle das Risiko einer Falschaussage, bei jüngeren Kindern liegt es deutlich niedriger. Bei kindlichen Falschaussagen liegt manchmal tatsächlich ein sexueller Missbrauch vor, er wird nur dem falschen Täter zugeschrieben. Viel häufiger werden reale Erfahrungen des sexuellen Missbrauchs von älteren Kindern aus Scham oder Furcht verschwiegen (Fegert 1993).

1.5.7 Auswirkungen des sexuellen Missbrauchs

Die längerfristigen Folgen des sexuellen Missbrauchs wurden vor 1985 im Wesentlichen durch Retrospektivbefragungen Erwachsener erfasst. Kendall-Tackett et al. (1998) haben erstmals 45 Studien metaanalytisch ausgewertet, in denen die Symptomentwicklung bei missbrauchten Kindern z. T. auch längsschnittlich untersucht wurde. Werden missbrauchte Kinder mit nicht-missbrauchten Kontrollgruppen verglichen, zeigen sie in der Regel eine höhere Symptombelastung. Sie haben häufiger Ängste, Depressionen und Aggressionen und zeigen internalisierendes, externalisierendes und sexualisiertes Verhalten. Werden missbrauchte Kinder mit nicht-missbrauchten, in Behandlung befindlichen Kindern verglichen, erscheinen sie insgesamt weniger

1.5 Sexueller Missbrauch

auffällig, bis auf das sexualisierte Verhalten, das bei ihnen häufiger beobachtet wurde.

Die Verhaltenssymptome sind offenbar altersabhängig: Missbrauchte Vorschulkinder (0–6 Jahre) zeigen vor allem Ängste, Albträume, Regressionen, internalisierendes und sexualisiertes Verhalten. Kinder im Schulalter (7–12 Jahre) leiden unter Ängsten, Albträumen, Schulproblemen und zeigen unreifes, hyperaktives und/oder aggressives Verhalten. Besonders problematisch sind die Belastungen im Jugendalter (13–18 Jahre) mit Problemen wie Depressionen, sozialem Rückzug, Suizidneigung, Somatisierungen, Weglaufen, Promiskuität und Alkohol- oder Drogenmissbrauch. Die unterschiedliche Symptombelastung bei Jungen und Mädchen wurde bislang eher selten untersucht.

Wichtig ist die Beobachtung, dass nur ein Teil der Kinder (ca. 20–30 %) zum Zeitpunkt der Untersuchung Symptome zeigt, während 21–49 % völlig symptomfrei erscheinen. Dieser Befund kann folgendermaßen gedeutet werden:

- Die eingesetzten Instrumente waren für die eigentlichen Probleme der Opfer nicht sensibel genug.
- Psychische Belastungen entwickeln sich erst mit zunehmender kognitiver Reife – oder mit ersten (sexuellen) Partnerschaftserfahrungen. Dafür spricht, dass manche zunächst symptomfrei erscheinenden Kinder zu späteren Messzeitpunkten Symptome entwickelt hatten (das sind die sog. „Sleeper-Effekte").
- Nicht jeder sexuelle Missbrauch führt zu Belastungen (denn die häufigsten Formen des Missbrauchs sind Erfahrungen mit Exhibitionismus und einmalige sexuelle Berührungen) und bei der Hälfte bis zu zwei Dritteln der Kinder nimmt die Symptombelastung mit der zeitlichen Distanz zum sexuellen Missbrauch ab. Vor allem Ängste scheinen mit der Zeit zu verschwinden, während bei 10–24 % der Kinder Aggressionen und sexualisiertes Verhalten bleiben oder sogar schlimmer werden.

Wichtige vermittelnde Variablen für eine besondere Symptombelastung sind offenbar:
- das Alter der Kinder zum Zeitpunkt der Messung (ältere Kinder erscheinen belasteter)
- die Dauer, Intensität und Bedrohlichkeit des Missbrauchs (z. B. erzwungener Geschlechtsverkehr)
- eine enge Beziehung zwischen Tätern und Opfern
- wenig familiäre Unterstützung bei der Enthüllung des sexuellen Missbrauchs
- langwierige Gerichtsverfahren mit mehrfachen, belastenden Kreuzverhören
- die Reviktimisierung der Kinder durch andere Täter, die in ca. 6–30 % der Fälle beobachtet wird

Da Kinder in gestörten Familien als Missbrauchsopfer besonders gefährdet sind, ist es manchmal schwierig, den Einfluss dieser Familienbedingungen von den Auswirkungen des sexuellen Missbrauchs zu unterscheiden. Vieles spricht dafür, dass in der Symptombelastung zunächst die direkten Auswirkungen des Missbrauchs überwiegen, mit der Zeit aber die Familienbedingungen für die Symptomverstärkung oder -bewältigung einflussreicher werden.

Generell zeigt sich, dass sexueller Missbrauch häufig mit anderen Merkmalen gestörter oder belasteter Familienbeziehungen verknüpft ist. Deshalb ist es schwierig, bei einmaligen querschnittlichen Retrospektivbefragungen von Erwachsenen, in denen gleichzeitig die Erfahrungen sexueller Übergriffe und familiäre Belastungen in der Kindheit erfasst werden, diese beiden Einflussgrößen in ihren Auswirkungen auf Störungen der psychischen Befindlichkeit zu gewichten. Wenn keine echten Kindheitsdaten vorliegen, kann man die zeitliche und damit kausale Abfolge dieser Einflussgrößen und ihrer mitgedachten Auswirkungen nicht eindeutig lokalisieren. Denn die Erinnerungen an Erfahrungen wie sexuelle Übergriffe sind wenig stabil und lückenhaft (vgl. Hardt u. Rutter 2004). Zudem scheint die einmalige Erfassung psychopathologischer Belastungen problematisch zu sein, die Lebenszeitprävalenz ist hier offenbar aussagekräftiger (vgl. Andrews et al. 2001).

Diese Kritikpunkte schränken die Aussagekraft der an sich verdienstvollen Metaanalyse von Rind et al. (1998) etwas ein. Die Autoren fanden in ihrer Metaanalyse von 59 Studien zu den Auswirkungen des sexuellen Missbrauchs an amerikanischen Studentenstichproben zwar Zusammenhänge zwischen Missbrauchserfahrungen und Indikatoren eines eingeschränkten Wohlbefindens. Diese Zusammenhänge verschwanden jedoch fast vollständig, wenn man den Einfluss belastender Familienmerkmale statistisch kontrollierte. Demnach erscheinen die meisten Störungsbilder, die man ursprünglich als Auswirkungen des sexuellen Missbrauchs interpretiert hatte, als Auswirkungen dieser belastenden Familienmerkmale.

Die Befunde anderer Metaanalysen (Fergusson u. Mullen 1999; Andrews et al. 2001) ergeben hier ein differenzierteres Bild. Zwar werden die Zusammenhänge zwischen dem sexuellen Missbrauch und psychopathologischen Belastungen im Erwachsenenalter schwächer, wenn man den Einfluss problematischer Familienmerkmale statistisch kontrolliert. Sie bleiben aber dennoch bestehen, vor allem wenn es sich um gravierende, wiederholte oder länger andauernde sexuelle Übergriffe handelt. Je gravierender der sexuelle Missbrauch war, umso größer ist die spätere psychopathologische Belastung der ehemaligen Opfer, vor allem in den Bereichen der Depression, der Posttraumatischen Belastungsstörung (PTBS), Alkoholabhängigkeit und Suizidalität (Andrews et al. 2001), für die das Erkrankungsrisiko zwei- bis vierfach erhöht ist.

Kritisch anzumerken wäre hier, dass bestimmte Störungsbilder oder Belastungen in dieser Metaanalyse von Andrews et al. (2001) nicht berücksichtigt wurden, die in anderen empirischen Arbeiten (z.B. bei Draijer 1990; Fergusson u. Mullen 1999) untersucht wurden, wie z.B. Beeinträchtigungen des Selbstwertgefühls, sexuelle Probleme, Misstrauen in intimen Beziehungen. Andere Störungen und Formen der psychopathologischen Belastung wie Essstörungen, Borderline-Störungen, somatoforme Schmerzstörungen, Fibromyalgie u.a. sind Gegenstand dieses Bandes.

Schutzfaktoren für eine gelingende Bewältigung von Missbrauchserfahrungen werden erst in neuerer Zeit beachtet.

> **Merke**
> Dazu gehört an erster Stelle offenbar eine liebevolle, unterstützende Familie, in der die Kinder sexuell aufgeklärt werden und in der bei klarer Grenzziehung zwischen den Generationen der Umgang mit Körperlichkeit offen und liberal ist (Wyatt et al. 1993).

Die Verarbeitung des sexuellen Missbrauchs gelingt nach den Befunden dieser Studie offenbar besser, wenn sich das missbrauchte Mädchen keine Mitschuld an dem Missbrauch gibt, die Verantwortung dafür ausschließlich dem Täter zuschreibt und den Missbrauch ablehnt. Wo positive oder ambivalente Gefühle im Spiel waren, ist die Verarbeitung erschwert. Diese Mischung aus emotionaler Zuwendung und sexuellem Übergriff ist für den Missbrauch durch nahe Angehörige charakteristisch (Bange 1992; Bange u. Deegener 1996) und kann möglicherweise die besonders traumatisierende Wirkung des innerfamiliären Missbrauchs erklären.

1.5.8 Intervention bei sexuellem Missbrauch

Auch in Deutschland gibt es inzwischen zahlreiche (aber immer noch nicht genügend) Beratungs- und Betreuungsangebote für weibliche Opfer des sexuellen Missbrauchs, die in vielen Beratungsstellen inzwischen auch auf männliche Opfer ausgedehnt wurden. Therapeutische Interventionen für missbrauchte Kinder wurden in ihrer Wirksamkeit hier bislang noch nicht empirisch evaluiert, was mit erheblichen ethischen und methodischen Problemen verknüpft sein dürfte (Fergusson u. Mullen 1999).

Nach der Evaluation verschiedener Studien zur therapeutischen Behandlung von sexuell missbrauchten Kindern kommen Finkelhor und Berliner (1995) zu dem Schluss, dass diese Therapien im Großen und Ganzen wohl nützlich sind, aber verschiedene Probleme noch gar nicht richtig thematisiert haben. Und dazu gehört unter anderem die Beobachtung, dass

- manche Symptome, wie z. B. aggressives und sexualisiertes Verhalten, besonders änderungsresistent zu sein scheinen,
- manche Kinder mehr, andere weniger von der Therapie profitieren,
- bei symptomfreien Kindern unklar ist, ob es sich um besonders robuste, unverwundete oder aber um besonders geschädigte Kinder mit einer Leugnung des Traumas handelt,
- man nicht weiß, ob man sogenannte „Sleeper-Effekte" (d. h. die zeitlich verzögerte Symptomentwicklung) durch frühe Interventionen verhindern kann oder ob diese Interventionen bei offenbar symptomfreien Kindern zunächst Probleme hervorrufen, verschlimmern und erst später abzumildern helfen, der sogenannte „umgekehrte Sleeper-Effekt".

Ansätze zur Prävention des sexuellen Missbrauchs, die Kindern als potenziellen Opfern in der Form schulischer Curricula angeboten werden, werden inzwischen von verschiedenen Autoren eher kritisch gesehen, weil sie wenig entwicklungsangemessen, zu abstrakt und z. T. auch unrealistisch sind (z. B. Amann u. Wipplinger 1998a; Lohaus u. Trautner 2000).

Im Hinblick auf eine täterorientierte Prävention des sexuellen Missbrauchs müssten zwei Gruppen besonders beachtet und betreut werden: die männlichen Opfer, bei denen die Gefahr besteht, dass sie den selbst erlittenen Missbrauch reinszenieren, und die jugendlichen Täter, die ohne Behandlung möglicherweise ihr Verhalten verfestigen und weitere Opfer missbrauchen (Bange 1992, 1993).

2 Gesundheitliche Langzeitfolgen psychisch traumatisierender und emotional deprivierender Entwicklungsbedingungen in Kindheit und Jugend

Ulrich T. Egle

Inhalt

2.1 Einleitung 24

2.2 Prospektive Studien 25

2.3 Ergebnisse von Querschnittsstudien mit retrospektiver Erhebung 27

2.4 Folgen extremer Deprivation bei Waisenhaus-Kindern 32

2.5 Gesundheitliche Langzeitfolgen vermittelnde Faktoren 33

2.6 Zusammenfassung, Schlussfolgerungen und Ausblick 36

2.1 Einleitung

Erst mit der Industrialisierung im 19. Jahrhundert entwickelte sich in den westlichen Industrienationen eine breitere Sensibilisierung dafür, dass die Kindheit einen besonders vulnerablen Lebensabschnitt darstellt und deshalb eines speziellen Schutzes bedarf (Ariès 1975). Allerdings vergingen dann weitere 100 Jahre, bis eine systematische Erforschung der Auswirkungen von Vernachlässigung, Misshandlung und sexuellem Missbrauch in der zweiten Hälfte des 20. Jahrhunderts mit Bowlbys Monografie im Auftrag der WHO (1951) in Gang kam. Danach kann *„eine längere Deprivation von mütterlicher Zuwendung in früher Kindheit ernste und weitreichende Folgen für die Persönlichkeitsentwicklung und damit für das ganze Leben eines Menschen haben"*.

Bereits vor über 50 Jahren beschrieben Kempe et al. (1962) einen Zusammenhang von Misshandlung, Missbrauch und Vernachlässigung in der Kindheit und den Langzeitfolgen für die Gesundheit im Erwachsenenalter („The battered child syndrome") im Journal of the American Medical Association (JAMA).

2.2 Prospektive Studien

Erst mit dem Erscheinen der ersten Ergebnisse der prospektiven **„Kauai-Studie"** von Emmy Werner und Ruth Smith wurden Ende der 1970er und in den 1980er Jahren die Grundlagen für eine systematische Erforschung dieser Zusammenhänge gelegt (vgl. Werner 1977; Werner u. Smith 1992). In dieser prospektiven Studie wurde damals der gesamte Geburtenjahrgang 1955 einer Nebeninsel von Hawaii sorgfältig untersucht, insgesamt 698 Kinder. Das Interesse der beiden Psychologinnen galt der *Untersuchung biologischer und psychosozialer Vulnerabilitäts- und Resilienzfaktoren.*

> **Merke**
> Werner und Smith (1992) stellten dabei für *Jungen* eine generell erhöhte Vulnerabilität für psychosoziale Belastungen im Säuglings- und Kindesalter im Vergleich zu Mädchen fest.

Folgende wesentliche Risikofaktoren für die *spätere Gesundheit* kristallisierten sich heraus:
- eine längere Trennung von der primären Bezugsperson im ersten Lebensjahr
- die Geburt eines jüngeren Geschwisters in den ersten beiden Lebensjahren
- ernste oder häufige Erkrankungen in der Kindheit
- körperliche oder psychische Erkrankungen der Eltern
- Geschwister mit einer Behinderung
- chronische familiäre Disharmonie
- Abwesenheit des Vaters
- viele Umzüge und Schulwechsel
- Trennung/Scheidung der Eltern
- Wiederverheiratung und Hinzukommen eines Stiefvaters bzw. einer Stiefmutter
- Verlust eines älteren Geschwisters oder eines engen Freundes
- außerfamiliäre Unterbringung
- Lern- oder Verhaltensstörungen

Auch schlechte finanzielle Rahmenbedingungen, ein niedriger Bildungslevel sowie Alkohol-, Drogenmissbrauch oder andere psychische Erkrankungen seitens eines Elternteils führten zu einem erhöhten Risiko der Kinder für psychische Störungen oder kriminelles Verhalten bereits im jungen Erwachsenenalter.

Trotz des Einwirkens einer Reihe der genannten Faktoren entwickelte sich etwa ein Drittel dieser „Risikokinder" zu leistungsfähigen und psychisch stabilen jungen Erwachsenen. Diese resilienten Kinder hatten in der frühen Kindheit kontinuierlich eine Hauptbezugsperson, von der sie viel Zuwendung bekamen. Sie wuchsen in Familien mit vier oder weniger Kindern auf und hatten zu den Geschwistern einen Altersabstand von mindestens zwei Jahren. Außerhalb der Familie fanden sie zudem emotionale Unterstützung bei Freunden, Verwandten, Nachbarn, „Lieblingslehrern" usw. Häufig hatten sie auch besonders positive Erfahrungen mit Gleichaltrigen (Peers) in Jugendgruppen gemacht. Bei den Jungen fiel auf, dass sie häufig die Ältesten waren und die Aufmerksamkeit der Eltern nicht mit vielen anderen Geschwistern teilen mussten. Nicht selten gab es auch andere männliche Bezugspersonen in der Familie, die als Rollenmodelle dienten. Das Alltagsleben in der Adoleszenz war bei diesen Jungen durch Struktur, Regeln und kleinere Aufgaben geprägt.

Bei fehlenden Resilienzfaktoren stieg bei risikobelasteten Jungen die Wahrscheinlichkeit für aggressives Verhalten und Delinquenz in Adoleszenz und jungem Erwachsenenalter.

Prädiktoren für spätere *Kriminalität* waren (vgl. Werner 1989):
- geringer Altersabstand zum nächst jüngeren Geschwister (< 2 Jahre)
- Aufwachsen bei einer Mutter, die zum Zeitpunkt der Geburt nicht verheiratet war
- ein in der frühen Kindheit permanent abwesender Vater
- Trennung der Eltern in der frühen Kindheit
- Trennung von der Mutter während des ersten Lebensjahres
- längere Arbeitslosigkeit des Hauptverdieners
- längere Krankheit eines Elternteils
- größere Umzüge und Veränderungen
- fehlende feste Bezugsperson im ersten Lebensjahr

Dass Jungen in der Kindheit hinsichtlich des Einwirkens ungünstiger Umweltbedingungen deutlich vulnerabler sind als Mädchen, wurde ebenfalls in anderen prospektiven Studien festgestellt (Elder 1974; Meyer-Probst u. Teichmann 1984; Brown et al. 1998; Johnson et al. 2002a). Auch die Bedeutung schlechter finanzieller Verhältnisse hinsichtlich einer späteren Vulnerabilität für psychische Erkrankungen wurde in prospektiven Studien wiederholt belegt (Meyer-Probst u. Teichmann 1984; Lösel et al. 1989; Fürstenberg u. Teitler 1994; Schoon u. Montgomery 1997; Costello et al. 2003). Ebenso wurde in mehreren prospektiven Studien chronische Disharmonie zwischen den Eltern – bis hin zu handgreiflichen Auseinandersetzungen – als bedeutsamer Risikofaktor identifiziert (Lösel et al. 1989; Fürstenberg u. Teitler 1994; Schoon u. Montgomery 1997; Montgomery et al. 1999). In zwei prospektiven Studien in New York (vgl. Johnson et al. 2002a) bzw. in Neuseeland (Fergusson u. Horwood 2001) wurden die Langzeitfolgen von körperlicher Misshandlung und sexuellem Missbrauch in der Kindheit für die spätere psychische Vulnerabilität nachgewiesen. Die New Yorker Studie fand darüber hinaus einen Zusammenhang zwischen täglich mehrstündigem Fernsehkonsum in der Kindheit und späterer Delinquenz, vor allem in Form fremdaggressiven Verhaltens (mit Dokumentation im New Yorker Polizeiregister). Auch die neuseeländische Studie zeigte eine hochsignifikante Zunahme von fremdaggressivem Verhalten und Delinquenz als Folge eines kumulativen Einwirkens verschiedener Formen familiärer Dysfunktion.

In der größten europäischen Studie wurden alle zwischen dem 3. und 9. März 1958 geborenen Kinder in Großbritannien (N > 17 000) erfasst und über mehr als 45 Jahre in ihrer Entwicklung bis ins mittlere Erwachsenenalter verfolgt. Ursprünglich lag der Schwerpunkt der erhobenen Daten vor allem auf sozioökonomischen sowie medizinischen Parametern und verlagerte sich erst im Laufe der Jahre mehr auf die Erfassung psychosozialer Faktoren (vgl. Peckham 1973; Power 1992; Schoon u. Montgomery 1997; Montgomery et al. 1999; Clark et al. 2010). Sexueller Missbrauch allein erhöhte das Risiko (Odds-Ratio, OR) für psychopathologische Auffälligkeiten im mittleren Erwachsenenalter (45 Jahre) um das 3,4-fache, körperliche Misshandlung um das 2,6-fache. Je mehr Belastungsfaktoren in der Kindheit einwirkten, desto größer wurde das Risiko, später an einer Angst- oder depressiven Störung zu erkranken (Clark et al. 2010). Durch das prospektive Design der Studie konnte gezeigt werden, dass solche Zusammenhänge bereits im jungen Erwachsenenalter (mit 23 Jahren) zu beobachten waren und diese psychopathologischen Auffälligkeiten in diesem Alter später psychische Störungen nach sich zogen.

Auswertungen der prospektiven **Dunedin-Studie** in Neuseeland – eine Geburtenkohorte von 1027 aller zwischen April 1972 und März 1973 in Dunedin geborenen Kinder – erbrachten bei Zugrundelegung eines 32-jährigen Beobachtungszeitraums neben einem erhöhten Depressionsrisiko auch eine gesteigerte Vulnerabilität für immunologische und metabolische Erkrankungen als Folge von Misshandlung, sozialer Ausgrenzung und schlechten sozioökonomischen Verhältnissen in der Kindheit (Danese et al. 2009).

Die Ergebnisse der wesentlichen prospektiven Studien sind in Tabelle 2-1 zusammengefasst.

2.3 Ergebnisse von Querschnittsstudien mit retrospektiver Erhebung

Die Bedeutung früher Umweltbedingungen für die spätere psychische Vulnerabilität wurde ganz wesentlich durch eine **Zwillingsstudie** (Kendler et al. 2000a) befördert. Dabei wurden Daten aus dem *Virginia Twin Register* von über 1400 weiblichen Zwillingen verwendet. Bei gleicher genetischer Ausgangslage zeigte sich dabei ein signifikant erhöhtes Risiko für verschiedene psychische Erkrankungen im Erwachsenenalter, wenn es in der Kindheit zu schwerem sexuellem Missbrauch gekommen war. So war das Risiko für die Entwicklung einer Suchterkrankung sowie einer Bulimia nervosa vier- bis fünffach, jenes für eine depressive oder Angsterkrankung zwei- bis dreifach (OR) erhöht.

Einen wesentlichen Beitrag zum Zusammenhang zwischen belasteter Kindheit und gesundheitlichen Langzeitfolgen erbrachte die kalifornische **Adverse Childhood Experiences Study** (ACE; Felitti et al. 1998) im Auftrag einer großen Krankenversicherung. Insgesamt wurden mehr als 17 000 Versicherte untersucht und dabei retrospektiv u. a. auch sorgfältig hinsichtlich des Einwirkens von insgesamt acht Kindheitsbelastungsfaktoren befragt. Neben sexuellem Missbrauch und körperlicher Misshandlung wurden ebenfalls emotionaler Missbrauch, Gewalt zwischen den Eltern, Scheidung bzw. Trennung der Eltern sowie Substanzmissbrauch, psychische Erkrankungen oder Kriminalität eines Elternteils erfasst. Das kumulative Einwirken von vier oder mehr dieser Kindheitsbelastungsfaktoren bewirkte ein zwei- bis vierfach erhöhtes Risiko, im fortgeschrittenen Erwachsenenalter an folgenden körperlichen Erkrankungen zu leiden (s. Tab. 2-2):

- Diabetes mellitus Typ 2
- Schlaganfall
- koronare Herzerkrankung
- Hepatitis B
- chronisch obstruktive Lungenerkrankung
- Rachen- und Lungenkrebs

Im prospektiven Teil der Adverse Childhood Experiences Study wurde dann in einem Zehn-Jahres-Beobachtungszeitraum untersucht, inwieweit diese Zusammenhänge letztlich zu Einschränkungen der Lebenserwartung führen können (Brown et al. 2009). Nachgewiesen werden konnte, dass sich das Risiko für in der Kindheit stark belastete Menschen 2,4-fach erhöht, vor dem 65. Lebensjahr zu sterben! Bei sechs und mehr der untersuchten Kindheitsbelastungsfaktoren lag die mittlere Lebenserwartung bei 60,6 Jahren, während sie bei vollständigem Fehlen der erhobenen acht Kindheitsbelastungsfaktoren durchschnittlich 79,1 Jahre betrug.

Erst jüngst konnten in einer britischen Studie an einer repräsentativen Bevölke-

Tab. 2-1 In Längsschnittstudien gesicherte Risikofaktoren (Reihenfolge nach Stichprobengröße)

Autoren	Jahr	N	Ergebnisse
Thomas et al.	2008	9310	• körperlicher Missbrauch • emotionaler Missbrauch • emotionale Vernachlässigung → Übergewicht und Typ-2-Diabetes
Schoon u. Montgomery	1997	9005	• lang andauernde Trennung von der Mutter • Schikanen von anderen Kindern (Peers) • anhaltende finanzielle Probleme • Spannungen zwischen den Eltern • soziale Benachteiligung (bei Mädchen)
Montgomery et al.	1999	6574	• chronische familiäre Disharmonie in den ersten sieben Lebensjahren erhöht Wahrscheinlichkeit für Minderwuchs/reduzierte Körpergröße 1,6-fach
Costello et al.	2003	1420	• Verbesserung der ökonomischen Situation führt zu Rückgang von Verhaltensauffälligkeiten, jedoch keine Verbesserung bei Angst und Depression
Fergusson u. Horwood	2001	1225	• Trennung der Eltern • sexueller Missbrauch • regelmäßige körperliche Züchtigung • Kumulation von Belastungsfaktoren
Widom et al.[1]	1995, 1996, 1999, 2007, 2012	1196	• körperlicher Missbrauch (offizielle Doku) • körperliche Vernachlässigung (offizielle Doku) → PTBS → Drogen- und Alkoholmissbrauch → Depression → sexuelles Risikoverhalten
Baydar u. Brooks-Gunn	1991	1181	• mütterliche Berufstätigkeit (> 10 h/Wo.) im ersten Lebensjahr ohne klares Ersatzarrangement
Danese et al.	2009	1027	• schlechte sozioökonomische Bedingungen • Misshandlung • soziale Ausgrenzung
Nikulina et al.[1]	2011	1005	• Vernachlässigung • Armut → PTBS, Depression, Kriminalität
Johnson et al.	2002a, 2002c	976	• körperliche Vernachlässigung • > 1 Stunde pro Tag Medienkonsum • harte Bestrafungen durch Mutter → Risikoverhalten, Bulimia nervosa und Persönlichkeitsstörungen

2.3 Ergebnisse von Querschnittsstudien mit retrospektiver Erhebung

Tab. 2-1 (Fortsetzung)

Autoren	Jahr	N	Ergebnisse
Furstenberg u. Teitler	1994	950	• Ehescheidung, elterliche Erziehungsprobleme, häufige elterliche Konflikte, ökonomische Probleme
Smith et al.[1]	2005	884	• körperlicher Missbrauch • Vernachlässigung in der Jugend → Drogenmissbrauch
Wilson u. Widom[1]	2008, 2009, 2011	800	• körperlicher Missbrauch • Vernachlässigung → sexuelles Risikoverhalten
Lösel et al.[1]	1989	776	• unvollständige Familien • Armut • Erziehungsdefizite • Alkoholmissbrauch • Gewaltverhalten in der Familie
Bentley u. Widom[1]	2009	713	• körperlicher Missbrauch • Vernachlässigung → Übergewicht
Werner u. Smith	1992	698	• längere Trennung von der primären Bezugsperson im ersten Lebensjahr • berufstätige Mutter im ersten Lebensjahr ohne andere feste Bezugsperson • Geburt eines jüngeren Geschwisters in den beiden ersten Lebensjahren • ernste oder häufige Erkrankungen in der Kindheit • körperliche und psychische Erkrankungen der Eltern • Geschwister mit einer Behinderung, Lern- oder Verhaltensstörung • chronische familiäre Disharmonie • väterliche Abwesenheit • elterlicher Verlust der Arbeit • Umzüge, Schulwechsel, Trennung der Eltern • Wiederverheiratung (Stiefvater oder Stiefmutter) • Verlust eines älteren Geschwisters oder engen Freundes • außerfamiliäre Unterbringung • für Mädchen: Schwangerschaft in der Jugend
Elder	1974	381	• väterliches tyrannisches Verhalten • moderierend: kindliches Temperament, Mutter-Kind-Beziehung, physische Attraktivität bei Mädchen • Jungen in früher Kindheit vulnerabler, Mädchen in Adoleszenz

[1] stark belastete Risiko-Kohorte; PTBS = Posttraumatische Belastungsstörung

Tab. 2-1 (Fortsetzung)

Autoren	Jahr	N	Ergebnisse
Laucht et al.[1]	2002, 2009, 2013	362	• Interaktion zwischen genetischen Polymorphismen und frühen biologischen und sozialen Stressoren für Stressvulnerabilität und Suchtverhalten im Erwachsenenalter
Meyer-Probst u. Teichmann	1984	279	• prä- und perinatale biologische Belastungen, niedriger sozioökonomischer Status • Jungen vulnerabler als Mädchen
Yates et al.[1]	2008	164	• körperlicher Missbrauch (offizielle Doku) • körperliche Vernachlässigung (offizielle Doku) → selbstverletzendes Verhalten
Egeland et al.[1]	2002	140	• körperlicher Missbrauch • emotionale Misshandlung

[1] stark belastete Risiko-Kohorte; PTBS = Posttraumatische Belastungsstörung

rungsstichprobe (N = 3885) diese erhöhten Risiken für das Auftreten der in der kalifornischen Adverse Childhood Experiences Study untersuchten körperlichen Erkrankungen als Folge des kumulativen Einwirkens von Kindheitsbelastungsfaktoren weitgehend repliziert werden (Bellis et al. 2014a, b). Auch in dieser Studie bedingte das Einwirken von vier und mehr Kindheitsbelastungsfaktoren sowohl eine erhöhte Morbidität für Schlaganfall (OR 5,8), Typ-2-Diabetes (OR 3,0) und eine Krebserkrankung (OR 2,4) vor dem 70. Lebensjahr als auch ein zweifach erhöhtes Risiko für eine Mortalität vor dem 70. Lebensjahr. Durch eine hochsignifikant erhöhte Suizidrate (12-fach) als Folge von biografisch früh einwirkendem Disstress (Felitti et al. 1998; Hardt et al. 2008) kann es auch bei psychischen Erkrankungen zu einer erhöhten Mortalitätsrate bzw. Einschränkungen bei der Lebenserwartung kommen.

In einer multinationalen Studie im Rahmen des World Mental Help Survey (WMHS) durch eine WHO-Arbeitsgruppe konnte gezeigt werden, dass eine erhöhte Vulnerabilität für die genannten körperlichen Erkrankungen nicht nur über den „Umweg" einer psychischen Erkrankung, sondern offensichtlich auch direkt entstehen kann (Scott et al. 2011). Zeitlich parallel zur Veröffentlichung des prospektiven Teils der kalifornischen Adverse Childhood Experiences Study (Brown et al. 2009) wurde in einer Metaanalyse (Wegman u. Stetler 2009) gezeigt, dass die körperliche Gesundheit im Erwachsenenalter als Folge einer psychisch belasteten Kindheit deutlich beeinträchtigt ist und dass dies besonders für neurologische Störungen und muskuloskelettale Schmerzprobleme, aber auch für kardiovaskuläre, gastrointestinale, respiratorische und metabolische Störungen gilt. Die Effektstärken im Vergleich zu Menschen ohne körperlichen oder emotionalen Disstress in der Kindheit lagen zwischen d = 0,4 und 0,9.

Eine Metaanalyse aller bis Mitte 2012 vorliegenden Studien (Norman et al. 2012) – zum damaligen Zeitpunkt insgesamt 124

2.3 Ergebnisse von Querschnittsstudien mit retrospektiver Erhebung

Tab. 2-2 Zusammenhang zwischen dem Ausmaß von Kindheitsbelastungsfaktoren und verschiedenen körperlichen Erkrankungen, die häufig zu früher Mortalität führen (nach Felitti et al. 1998)

Erkrankung	Kindheitstraumatisierungen		Risikoerhöhung
	0	>= 4	
Koronare Herzerkrankung	3,7 %	5,6 %	2,2
Schlaganfall	2,6 %	4,1 %	2,4
Chronisch obstruktive Lungenerkrankung	2,8 %	8,7 %	3,9
Diabetes mellitus Typ 2	4,3 %	5,8 %	1,6
Hepatitis/Gelbsucht	5,3 %	10,7 %	2,4

– über die Langzeitfolgen verschiedener Formen körperlicher und emotionaler Misshandlung sowie Vernachlässigung (ohne sexuelle Traumatisierung) kommt zu folgenden Ergebnissen:
- Das Risiko (Odds-Ratio, OR) für *depressive Störungen* wird allein durch körperliche Misshandlung 1,4-fach, durch emotionalen Missbrauch 3,1-fach und für emotionale Vernachlässigung 2,1-fach erhöht.
- Das Risiko für *Drogenmissbrauch* durch körperliche Misshandlung wird 1,9-fach, durch emotionale Misshandlung und durch emotionale Vernachlässigung jeweils 1,4-fach erhöht.
- *Suizidversuche* sind bei körperlicher Misshandlung sowie emotionaler Misshandlung jeweils 3,4-mal und als Folge von emotionaler Vernachlässigung 1,9-mal häufiger.
- *Sexuell übertragene Infektionen* und *riskantes Sexualverhalten* durch körperliche Misshandlung und durch emotionale Misshandlung treten jeweils 1,8-mal und durch Vernachlässigung 1,6-mal häufiger auf.
- Das Risiko für *Angsterkrankungen* ist infolge körperlicher Misshandlung 1,5-fach, infolge emotionaler Misshandlung 3,2-fach und infolge emotionaler Vernachlässigung 1,8-fach erhöht.
- Die Entwicklung von *Essstörungen* durch körperliche Misshandlung, emotionale Misshandlung und emotionale Vernachlässigung ist jeweils dreifach, das Risiko für eine Bulimia nervosa sogar fünffach erhöht.

Von den insgesamt 124 in diese Metaanalyse eingegangenen Studien handelte es sich bei 16 um prospektive Längsschnittstudien. Tendenziell, jedoch nicht signifikant, lag die Risikoerhöhung bei den untersuchten Kindheitsbelastungsfaktoren bei Männern im Vergleich zu Frauen höher. Signifikante Unterschiede zwischen den prospektiven und den – unter methodischen Aspekten allerdings sehr sorgfältig ausgewählten – retrospektiven Studien konnte nicht festgestellt werden. Für die meisten Zusammenhänge bestand auch ein „dosisbezogener" Zusammenhang, d. h. je länger die erhobenen Kindheitsbelastungsfaktoren eingewirkt hatten, desto früher und ausgeprägter

war das Auftreten der entsprechenden psychischen Erkrankung. Auch hinsichtlich der *Inanspruchnahme gesundheitsbezogener Leistungen* wurde ein hochsignifikanter Zusammenhang festgestellt (Fiddler et al. 2004). Dies dürfte nicht zuletzt auch mit einem gehäuften Auftreten (OR 2,7) *funktioneller somatischer Syndrome* bzw. somatoformer Störungen zu tun haben, wie eine Metaanalyse über insgesamt 71 Studien zeigt (Afari et al. 2014, vgl. dazu auch Kap. 23):
- Chronic Fatigue Syndrome (OR 4,1)
- multilokulärer Schmerz (OR 3,4)
- Fibromyalgie-Syndrom (OR 2,5)
- craniomandibuläre Dysfunktion (OR 3,3)
- Colon irritabile (OR 2,2)

Keine klaren Zusammenhänge konnte die Metaanalyse von Norman et al. (2012) für weitere körperliche Erkrankungen (Allergien, Anämie, Hepatitis C, Tuberkulose, Rückenschmerzen, Brustkrebs) finden.

2.4 Folgen extremer Deprivation bei Waisenhaus-Kindern

Ein wesentlicher Beitrag zum Verständnis der Langzeitfolgen früher Deprivation leisten auch Studien zu den Langzeitfolgen einer Unterbringung im Waisenhaus in den ersten Lebensjahren.

Besonders gut untersucht sind dabei Waisenhaus-Kinder, welche nach der politischen Wende in Rumänien nach Großbritannien bzw. nach Kanada kamen. Dabei wurde deutlich, dass sie dann gute Chancen hatten, sich normal zu entwickeln, wenn sich der Waisenhausaufenthalt maximal auf die ersten sechs Lebensmonate beschränkte. Je länger diese Frist überschritten wurde, desto größer war das Risiko für Entwicklungsstörungen und Beeinträchtigung der psychischen Gesundheit (vgl. Rutter et al. 2001; MacLean 2003; Zeanah et al. 2005; Colvert et al. 2008). Beobachtet wurden typischerweise Aufmerksamkeitsstörungen und Hyperaktivität, eine erhöhte Ängstlichkeit sowie Schwierigkeiten bei der Affektregulation. Hinsichtlich ihres Bindungsverhaltens wurde eine nicht-differenzierende Freundlichkeit beobachtet, d. h. keinerlei emotionale Differenzierung in der Beziehungsaufnahme zu Fremden und zu nahestehenden Bezugspersonen (vgl. Chisholm et al. 1995; Lyons-Ruth et al. 2009). Dazu passten auch die nach Interaktionen mit ihren Hauptbezugspersonen gemessenen niedrigeren Oxytocin-Spiegel, während gleichzeitig erhöhte Cortisol-Spiegel festgestellt wurden, die auf eine ausgeprägtere Dysregulation der Hypophysen-Nebennierenrinden-Achse (HPA) hinweisen (Wismer Fries et al. 2005; Fries et al. 2008). Nachgewiesen werden konnten als Schutzfaktoren kompensatorisch wirksame genetische Polymorphismen, welche bei der Regulation des Dopamin- und Serotonin-Stoffwechsels bedeutsam sind und die o. g. psychopathologischen Auffälligkeiten verhindern konnten (Bos et al. 2011).

In verschiedenen Hirnbereichen wurden bei diesen Waisenhaus-Kindern deutliche Unterschiede zur Kontrollgruppe gefunden (Nelson et al. 2007; Mehta et al. 2009; Tottenham et al. 2010): Je länger die Kinder im Waisenhaus geblieben waren, desto mehr war die Amygdala vergrößert, während bei früh adoptierten Kindern im Vergleich zur Kontrollgruppe kein signifikanter Unterschied festgestellt werden konnte. Schon länger ist bekannt, dass eine Volumenzunahme der Amygdala als Folge von anhaltendem Disstress entstehen kann (Roozendaal et al. 2009) und bei Kindern wie Erwachsenen mit erhöhter Ängstlichkeit und Schwierigkeiten bei der Selbstregulation korreliert; auch die Neigung zur Somatisierung ist durch eine verstärkte Aktivierung der Amygdala erhöht (vgl. Kap. 23).

2.5 Gesundheitliche Langzeitfolgen vermittelnde Faktoren

Bei diesen – in ihrer Bedeutung weitreichenden – korrelativen Zusammenhängen von frühen Entwicklungsbedingungen und späterer Morbidität und Lebenserwartung ist hinsichtlich einer Kausalität die Klärung vermittelnder Faktoren erforderlich. Das verstärkte Auftreten psychischer Störungen sowie körperlicher Symptombildungen und Erkrankungen als Folge von Missbrauch, Misshandlung und emotionaler Vernachlässigung in der Kindheit wird ganz wesentlich durch eine verstärkte Stressreaktion vermittelt (vgl. Heim et al. 2000b; Thakkar u. McCanne 2000; Karatsoreos u. McEwen 2011; Danese u. McEwen 2012). Nachgewiesen werden konnten u. a. Funktionsänderungen der Hypophysen-Nebennierenrinden-Achse (HPA) sowie des vegetativen Nervensystems (Locus-Coeruleus-Norepinephrin[LC-NE]-Achse), hinsichtlich des Blutspiegels und Tagesrhythmus von Cortisol und Oxytocin sowie erhöhte Entzündungsparameter (Interleukin-6 und Tumor-Nekrose-Faktor alpha). Diese werden als „allostatic load" (AL) subsumiert. Es handelt sich dabei um ein Profil biologischer Marker (kardiovaskulär, endokrin, metabolisch, immunologisch), welche das Ausmaß der aktuellen ebenso wie der im biografischen Längsschnitt bisher erlebten Stressbelastung widerspiegeln (vgl. Karatsoreos u. McEwen 2011). Eine Auswertung zum „allostatic load" anhand der im Rahmen der prospektiven britischen Kohorten-Studie erhobenen Daten erbrachte Belege zwischen belasteter Kindheit und „allostatic overload" im Erwachsenenalter (Barboza Solis et al. 2015). Allerdings scheint der Zusammenhang kein direkter, sondern durch gesundheitsbezogenes Verhalten, v. a. Rauchen – bei Frauen auch noch einem hohen BMI –, sowie Schulbildung und finanzielle Situation mit Anfang 20 bis Anfang 30 vermittelt zu sein.

In einer anderen prospektiven Längsschnittstudie über 30 Jahre konnte allerdings kein Zusammenhang zwischen Missbrauch und Misshandlung in der Kindheit und „allostatic overload" festgestellt werden (Widom et al. 2007). Möglicherweise war hier die „nicht belastete" Vergleichsgruppe belasteter als erfasst, da die Selektionskriterien für die belastete Gruppe eine offizielle Dokumentation der Deprivation bzw. Traumatisierung bei einer Behörde erforderten und deren Fehlen zur Zuordnung in die Vergleichsgruppe führte.

Gesichert ist, dass es durch anhaltenden Disstress in Kindheit und Jugend zu Veränderungen der Größe und Funktion bestimmter Hirnbereiche (Lupien et al. 2009; Roozendaal et al. 2009) kommt, vor allem im Bereich des Präfrontalcortex, der Amygdala, des vorderen Gyrus cinguli sowie des Hippocampus (vgl. Kap. 3 und Kap. 4). Damit einher gehen Einschränkungen der Aufmerksamkeit sowie der Affekt- und Selbstregulation im Verhalten bei gleichzeitig erhöhtem Aktivitätslevel, wie dies u. a. auch bei Aufmerksamkeitsdefizit-Hyperaktivitätsstörung (ADHS) vorherrschend ist.

Bei der Bewältigung von Alltagskonflikten verwenden Menschen mit belasteter Kindheit verstärkt unreife bzw. maladaptive Konfliktbewältigungsstrategien (vgl. Nickel u. Egle 2001a, 2005, 2006), welche das individuelle Stresserleben verstärken. In einer prospektiven Langzeitstudie über zwischenzeitlich 70 Jahre konnte an einer Kohorte von Harvard-Absolventen gezeigt werden, dass nicht nur beruflicher Erfolg und „glückliches Altwerden", sondern auch Morbidität und Mortalität bzw. Lebenserwartung durch die Reife der verwendeten Konfliktbewältigungsstrategien wesentlich beeinflusst werden (vgl. Vaillant 1976; Vaillant u. Vaillant 1990; Vaillant u. Mukamal 2001; Malone et al. 2013). Die in der sogenannten **Grant-Studie** bei Harvard-Absolventen entwickelte *Reifehierarchie* orientiert sich an Anna Freud (1936) und unterscheidet die für die Stressverarbeitung gesunden Strategien Antizipation, Sublimierung, Supprimierung und Humor von den diesbezüglich ungesunden (Projektion, autoaggressive bzw. fremdaggressive Verarbeitung sowie Verdrängung und Verleugnung). Gesunde Bewältigungsstrategien zeichnen sich durch die Fähigkeit zur Selbstreflexion ebenso wie zur Einfühlung in Andere aus, während bei maladaptiven Strategien beides stark eingeschränkt ist bzw. fehlt. Bei Jugendlichen mit Verhaltensstörungen (i. S. fehlender Reflexions- und Empathiefähigkeit und Neigung zu fremdaggressivem Verhalten) wurde das Vorherrschen unreifer bzw. maladaptiver Bewältigungsstrategien nachgewiesen, die mit einem hohen Maß an Vermeidung und gehemmter Emotionalität einhergehen (Seiffge-Krenke 2000; Cramer u. Kelly 2004; Seiffge-Krenke et al. 2006).

Ein direkter Zusammenhang zwischen maladaptiven Bewältigungsstrategien und stressbezogenen psychischen sowie körperlichen Erkrankungen wurde in einer ganzen Reihe von Studien nachgewiesen (vgl. Flannery u. Perry 1990; Olff et al. 1993; Olff 1999; Olff et al. 2005). Danach kommt es durch maladaptive Bewältigungsstrategien zu einer ausgeprägteren und länger anhaltenden neuroendokrinen Stressreaktion. Das Gegenteil ist der Fall, wenn aktive und direkte sowie problemfokussierte („adaptive") Strategien eingesetzt werden: Sowohl die Hypothalamus-Hypophysen-Achse als auch das vegetative Nervensystem werden weniger aktiviert (Bonanno et al. 2003). Gelingt es darüber hinaus, bei der Bewältigung positive Emotionen einzubeziehen, so klingt die kardiovaskuläre Aktivierung schneller ab; dies begünstigt auch eine flexiblere Nutzung eines breiteren Spektrums unterschiedlicher Bewältigungsstrategien (Fredrickson et al. 2000, 2003). Adaptive Bewältigungsstrategien bedingen während und nach Stresssituationen eine geringere Sympathikusaktivierung sowie niedrigere Cortisol-Spiegel im Blut (Olff et al. 1993).

Eine häufige Form der Bewältigung von emotionalen bzw. Bindungsdefiziten stellt sich als Parentifizierung (Chase 1999) dar: Um emotional zu überleben, entwickeln Kinder – typischerweise im Schulalter – ein Fürsorgeverhalten gegenüber den Eltern, statt deren Fürsorge zu bekommen (Schier et al. 2011). Oft wird diese „verkehrte" Form der Aufmerksamkeitssuche und des damit verbundenen Kontrollverhaltens im Erwachsenenalter weitergeführt, beeinflusst in Form eines überzogenen Altruismus teilweise die Berufswahl (z. B. Helfer-Beruf), führt zu einer permanenten Selbstüberforderung und erhöht die Vulnerabilität für depressive Störungen und funktionelle somatische Syndrome erheblich (Schier et al. 2015).

Insgesamt kommt es als Folge einer emotional deprivierten oder traumatisierten Kindheit zu Einbußen bei der Bewältigung phasenspezifischer Entwicklungsaufgaben. Dadurch werden soziale Kompetenz und Selbstwerterleben eingeschränkt (Kendell-Tackett 2002). Durch *gesundheitliches Risikoverhalten* versuchen die Betroffenen ihre sowohl neurobiologisch als auch verhaltensbezogen erhöhte Stressvulnerabilität

2.5 Gesundheitliche Langzeitfolgen vermittelnde Faktoren

und ihr eingeschränktes Selbstwerterleben zu kompensieren. Früh einsetzender Nikotinkonsum, Alkohol- und Drogenmissbrauch, Bewegungsmangel, ein Body-Mass-Index (BMI) ≥ 35 sowie häufig wechselnde Sexualpartner wurden hochsignifikant häufiger beobachtet (Felitti et al. 1998; Tab. 2-3). Diese Risikoverhaltensweisen erhöhen – je nach Gewichtung und Kombination – das Risiko, dass die in der Adverse Childhood Experiences Study ebenso wie in der neueren britischen Studie gefundenen körperlichen Erkrankungen auftreten. So erhöht ein gesteigerter Energiebedarf des Gehirns („brain-pull") aufgrund einer anhaltenden Aktivierung des Gehirnstoffwechsels bei der Verarbeitung von Disstress den Energiebedarf (Peters 2011) und führt über ein erhöhtes Nahrungsverlangen („body-pull") zu Gewichtszunahme und damit zur Steigerung des BMI. Ein BMI ≥ 35 in Verbindung mit Bewegungsmangel erhöht das Risiko, eine kardiovaskuläre Erkrankungen und/oder einen Typ-2-Diabetes zu entwickeln. Dieser – früher „Altersdiabetes" genannt – tritt immer häufiger bei emotional deprivierten Jugendlichen auf (Kempf et al. 2008; Pouwer et al. 2012). Die Kombination von Rauchen und Alkohol erhöht das Risiko für Pharynx-Karzinome. Permanent wechselnde Sexualpartner zur Kompensation von Selbstwertdefiziten steigern aufgrund der Virusgenese das Risiko für die Entwicklung eines Cervix-Karzinoms, frühes Rauchen jenes für ein Bronchial- und Lungen-Karzinom usw. All diese Erkrankungen sind in der Lage, die Lebenserwartung einzuschränken.

Abbildung 2-1 gibt das sich wissenschaftlich zunehmend klarer abzeichnende Ineinandergreifen der zwischen früher Deprivation und Traumatisierung und späte-

Tab. 2-3 Gesundheitliches Risikoverhalten und Einwirken von ≥ 4 frühen Stressfaktoren (Felitti et al 1998)

		Odds-Ratio[1]
Alkoholabusus	16,1 %	7,4
Drogenkonsum	28,4 %	4,7
Drogen i. v.	3,4 %	10,3
> 30 Sexualpartner (lebenslang)	6,8 %	3,2
Sexuell übertragene Erkrankungen	16,7 %	2,5
Rauchen	16,5 %	2,2
BMI ≥ 35	12,0 %	1,6
Weitreichender Bewegungsmangel	26,6 %	1,3
> 2 Wochen depressiv im letzten Jahr	50,7 %	4,6
Suizidversuche	18,3 %	12,2

[1] Korrigierte Odds-Ratio (Alter, Geschlecht, Rasse, Bildung)

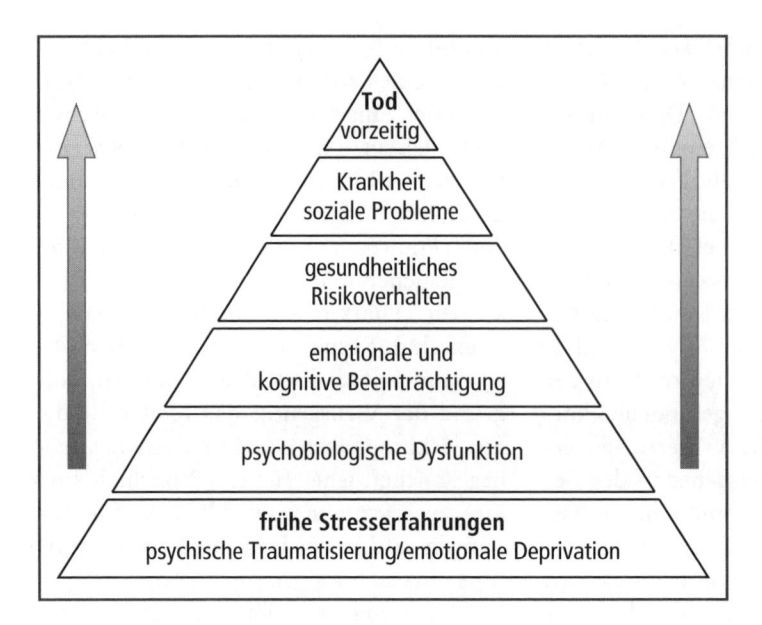

Abb. 2-1 Potenzielle Auswirkungen von frühem Disstress auf das weitere Leben (Felitti et al 1998).

Pyramide (von oben nach unten):
- Tod vorzeitig
- Krankheit soziale Probleme
- gesundheitliches Risikoverhalten
- emotionale und kognitive Beeinträchtigung
- psychobiologische Dysfunktion
- frühe Stresserfahrungen psychische Traumatisierung/emotionale Deprivation

rer Morbidität und Mortalität vermittelnden Faktoren wieder.

2.6 Zusammenfassung, Schlussfolgerungen und Ausblick

Seit der Publikation der ersten deutschsprachigen Übersichtsarbeit zum Zusammenhang von psychischer Traumatisierung und emotionaler Deprivation in der Kindheit und späterer Vulnerabilität für psychische und psychosomatische Erkrankungen (Egle et al. 1997a) und dem Erscheinen der ersten Auflage des vorliegenden Handbuchs (Egle et al. 1997b) sind inzwischen fast 20 Jahre vergangen. Nachdem zunächst – vor dem Hintergrund der damals dringend erforderlichen Enttabuisierung – ein Zusammenhang zwischen sexuellem Missbrauch und psychischen Erkrankungen im Vordergrund stand, wurde inzwischen das Spektrum der erfassten Einflussfaktoren zunehmend breiter und das „Puzzle" hinsichtlich

dieser Zusammenhänge immer differenzierter und klarer. Ergebnisse an vielen damals hochselektierten klinischen Populationen – nicht selten an universitären Einrichtungen –, welche die Ergebnisse der damals noch wenigen prospektiven Längsschnittstudien stützten, wurden zwischenzeitlich durch weitere prospektive sowie Querschnittsstudien an großen Bevölkerungsstichproben repliziert und unter Bezugnahme auf neurobiologische Stressparameter, epigenetische Mechanismen und entwicklungspsychologische Erkenntnisse (z. B. Bindungstypologie, Stressbewältigungsstrategien) noch weiter differenziert. Jene Faktoren, die potenziell für eine später erhöhte Stressvulnerabilität relevant sind, sind in Tabelle 2-4 zusammengestellt.

Deutlich wurde dabei auch, dass die retrospektive Erhebung von Kindheitsbelastungen in klinischen Beobachtungsstudien aus den 1970er, 1980er und 1990er Jahren eher zu einer Unter- denn zu der damals oft unterstellten Überschätzung dieser Zusam-

2.6 Zusammenfassung, Schlussfolgerungen und Ausblick

menhänge geführt hat (vgl. Hardt u. Rutter 2004; Hardt et al. 2006; Nelson et al. 2010).

Allerdings wurde in den meisten dieser Längs- und Querschnittsstudien eine systematische Erfassung kompensatorisch wirksamer Schutzfaktoren („Resilienz") versäumt (vgl. Kap. 5). Dies trägt wohl wesentlich zu teilweise divergierenden Ergebnissen hinsichtlich des Ausmaßes der beobachteten Zusammenhänge bei. Ein weiterer – bisher noch nicht hinreichend sorgfältig erfasster – Einflussfaktor trägt ebenfalls dazu bei: In welcher Alters- und Entwicklungsphase in Kindheit und Jugend sind bestimmte an der Stressverarbeitung involvierte Hirnbereiche für überfordernde Belastungen besonders sensibel und werden – v.a. durch toxische Auswirkung anhaltend erhöhter Cortisol-Spiegel (vgl. Dedovic et al. 2009) – in ihrer Ausreifung und damit in ihrer Funktion bei der zentralen Stressverarbeitung beeinträchtigt? Die Harvard-Arbeitsgruppe um Martin Teicher (2015) machte auf der Basis ihrer bisherigen Studienergebnisse dazu jüngst eine erste Zusammenstellung, bezogen auf die dabei relevanten Hirnbereiche (s. Abb. 2-2).

Dass durch psychische Überforderung in der Kindheit lebenslang die Weichen für die spätere Gesundheit bzw. Krankheitsvulnerabilität in erheblichem Umfang gestellt werden, kann heute als wissenschaftlich sehr gut gesichert gelten. Dies betrifft nicht nur zahlreiche psychische (depressive und Angststörungen, Posttraumatische Belastungsstörung, Borderline-Störung) und psychosomatische (stressinduzierte Hyperalgesie, immunologisch) Erkrankungen, sondern auch – und das war zunächst doch überraschend – einige häufige körperliche Erkrankungen (Typ-2-Diabetes, Schlaganfall, koronare Herzerkrankungen, chronisch obstruktive Lungenerkrankung, Pharynx- und Lungen-Karzinome), welche die

Tab. 2-4 Zusammenfassung gesicherter biografischer Risikofaktoren für die Entstehung psychischer und psychosomatischer Krankheiten

- niedriger sozioökonomischer Status
- schlechte Schulbildung der Eltern
- Arbeitslosigkeit
- große Familien und sehr wenig Wohnraum
- Kontakte mit Einrichtungen der „sozialen Kontrolle" (z. B. Jugendamt)
- Kriminalität oder Dissozialität eines Elternteils
- chronische familiäre Disharmonie
- mütterliche Berufstätigkeit im ersten Lebensjahr
- unsicheres Bindungsverhalten nach 12./18. Lebensmonat
- psychische Störungen der Mutter/des Vaters
- schwere körperliche Erkrankungen der Mutter/des Vaters
- chronisch krankes Geschwister
- Ein-Eltern-Familie/alleinerziehende Mutter
- autoritäres väterliches Verhalten
- Verlust der Mutter
- Scheidung, Trennung der Eltern
- häufig wechselnde frühe Beziehungen
- sexueller und/oder aggressiver Missbrauch
- schlechte Kontakte zu Gleichaltrigen
- Altersabstand zum nächsten Geschwister < 18 Monate
- längere Trennung von den Eltern in den ersten sieben Lebensjahren
- hohe Risiko-Gesamtbelastung
- Jungen vulnerabler als Mädchen

Lebenserwartung potenziell verkürzen können. Dass bei Einwirken von sechs und mehr bzw. vier und mehr Kindheitsbelastungsfaktoren die Mortalität in der einen der beiden Bevölkerungsstichproben bis zum 65. Lebensjahr um das 2,4-fache (Brown et al. 2009), in der anderen bis zum 70. Lebensjahr um das 2,0-fache (Bellis et al. 2014a, b) erhöht ist, macht deutlich, in welchem Umfang das Stressverarbeitungssystem dadurch früh überlastet und in seiner Funktion anhaltend beeinträchtigt werden kann („allostatic overload"). Psychische und körperliche Traumatisierungen sowie emotionale Deprivation in der Kindheit führen insofern auch zu enormen Gesundheits- und volkswirtschaftlichen Kosten (AU-Tage, Frühberentungen).

Bei vielen psychischen und psychosomatischen Erkrankungen wurde in den letzten Jahren eine enge pathogenetische Kausalität zu Kindheitsbelastungen im Sinne früherer psychosomatischer Spezifitätskonzepte allerdings teilweise auch vorschnell hergestellt. Inzwischen ist wissenschaftlich geklärt, dass es sich um Vulnerabilitätsfaktoren handelt, deren Einwirken, aber auch deren Fehlen bei der Planung einer Erfolg versprechenden Behandlung bei vielen psychischen und psychosomatischen Erkrankungen zu berücksichtigen ist. Teicher und Samson (2013) haben jüngst unter dem Begriff „ecophenotypic variants" (frühe Belastungsfaktoren – positiv bzw. negativ; ELS+ vs. ELS–) eine entsprechende Differenzierung von Subgruppen bei psychischen Erkrankungen vorgeschlagen und deren Berücksichtigung in den entsprechenden DSM- bzw. ICD-Klassifikationen vorgeschlagen. Diese Differenzierung und daraus resultierende Konsequenzen für eine gezielte Behandlung sind ein wesentliches Anliegen dieses Buches in den Beiträgen zu den verschiedenen Krankheitsbildern (vgl. Kap. 19–29).

Stark relativiert wurde durch die dargestellten Zusammenhänge auch die lange in der deutschsprachigen Psychiatrie vorherrschende Meinung in erster Linie genetisch determinierter Pathomechanismen („nature") bei psychischen Erkrankungen und eine daraus abgeleitete, meist einseitige Behandlung mit Psychopharmaka. Genetische Polymorphismen können zwar durchaus die spätere Stressvulnerabilität verstärken. Doch können sie mithilfe epigenetischer

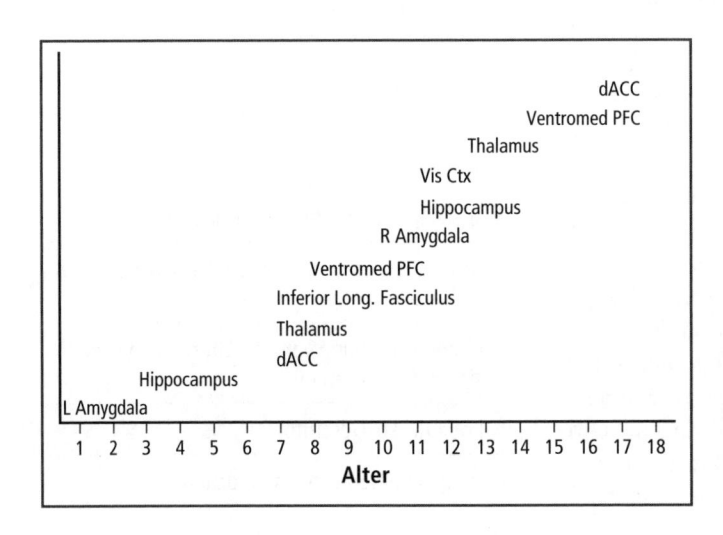

Abb. 2-2 Für Disstress in Kindheit und Jugend sensible Phasen der Entwicklung verschiedener Hirnbereiche (Teicher 2015).

dACC = dorsaler anteriorer cingulärer Cortex; Ventromed PFC = ventromedialer präfrontaler Cortex; Vis Ctx = viszeraler Cortex; R Amygdala = rechte Amygdala; L Amygdala = linke Amygdala; Inferior Long. Fasciculus = Fasciculus longitudinalis inferior

2.6 Zusammenfassung, Schlussfolgerungen und Ausblick

Mechanismen durch günstige Umweltbedingungen in der Kindheit (z. B. sichere Bindung, gute Beziehung zu Gleichaltrigen) überwiegend kompensiert werden (vgl. Meaney 2001; Barr et al. 2004; Meaney u. Szyf 2005; Collishaw et al. 2007; Laucht et al. 2009, 2013; Turecki u. Meaney 2014).

Dies macht die Notwendigkeit von Prävention im Sinne Früher Hilfen sehr deutlich (vgl. Kap. 42), die trotz gut belegter Wirksamkeit in Modellprojekten bis heute in der Breite politisch nicht hinreichend angegangen bzw. umgesetzt wird. Die in den letzten Jahren enorm gestiegene Rate von AU-Tagen und Frühberentungen aufgrund psychischer und psychosomatischer Störungen dürfte aus rein ökonomischen Zwängen in absehbarer Zeit zu einem Umdenken auch in der Gesundheitspolitik führen. Das Center of Disease Control (CDC) beziffert – bei eher konservativer Bewertung der lebenslangen Auswirkungen – die gesundheitsbezogenen und volkswirtschaftlichen Folgekosten allein für die in den USA im Jahr 2008 misshandelten Kinder mit 124 Mrd. Dollar (Fang et al. 2012). Die Zeiten eines einseitigen Festhaltens am gegenwärtigen „Reparaturbetrieb" werden wohl bald der Vergangenheit angehören.

Auch einer gezielteren Erforschung sowie therapeutischen Nutzung und Förderung kompensatorisch wirksamer Resilienzfaktoren (vgl. Kap. 5) kommt künftig eine große Bedeutung zu, ebenso einer differenzierten Erforschung von bereits in der pränatalen Phase einwirkenden Stressfaktoren und deren Auswirkung auf die spätere Stressvulnerabilität.

3 Psychobiologische Folgen früher Stresserfahrungen

Judith Overfeld und Christine Heim

Inhalt

3.1	Einleitung	41
3.2	Frühe Stresserfahrungen als Risikofaktor für Störungen im Erwachsenenalter	42
3.3	Die neurobiologische Stressreaktion	44
3.4	Neurobiologische Effekte früher Stresserfahrungen	47
	3.4.1 Studien im Tiermodell	47
	3.4.2 Humanuntersuchungen	48
3.5	Sensible Phasen	52
3.6	Anlage und Umwelt-Interaktion: Einfluss dispositioneller Faktoren auf psychobiologische Folgen früher Stresserfahrungen	53
	3.6.1 Geschlechtsunterschiede	53
	3.6.2 Genetische Faktoren	55
3.7	Epigenetische Effekte früher Traumatisierung	58
	3.7.1 Epigenetische Programmierung	58
	3.7.2 Epigenetische Veränderungen als molekulare Grundlage von Gen-Umwelt-Interaktionen	60
3.8	Implikationen für Forschung, diagnostische Klassifikation und Therapie psychischer und psychosomatischer Störungen	61
3.9	Zusammenfassung	64

3.1 Einleitung

Lebensgeschichtlich frühe Stresserfahrungen, wie beispielsweise sexueller Missbrauch, Misshandlung und Vernachlässigung, sind wichtige Risikofaktoren für das Auftreten verschiedener psychischer und körperlicher Erkrankungen im Erwachsenenalter. Bereits zum Ende des 19. Jahrhunderts erkannte Sigmund Freud (1896c/ 1977e) die Bedeutsamkeit früher traumatischer Erfahrungen für die Entwicklung psychopathologischer Zustände. Der Zusammenhang zwischen frühen Stresserfahrungen und einer erhöhten Vulnerabilität für psychische und körperliche Erkrankungen wurde in zahlreichen epidemiologischen Studien bestätigt, insbesondere für die Depression und verschiedene Angststörungen (Agid et al. 2000). Weiterhin wurde in epidemiologischen Studien gezeigt, dass das Erkrankungsrisiko für die meisten psychischen und funktionellen körperlichen Störungen außerdem genetischen Einflüssen unterliegt (Nestler et al. 2002). In aktuellen Untersuchungen wurde deutlich, dass Interaktionen zwischen genetischen Faktoren und Umwelteinflüssen der Entstehung psychischer und körperlicher Erkrankungen zugrunde liegen.

Der beträchtliche Fortschritt in der Entwicklung neurowissenschaftlicher Methoden in den vergangenen Jahrzehnten hat die Durchführung von Studien zur Identifikation der biologischen Grundlage psychischer und funktioneller körperlicher Störungen ermöglicht. So wurden beispielsweise in zahlreichen Studien vielfältige neuroendokrine, neurochemische und neuroanatomische Veränderungen bei Patienten mit affektiven oder Angststörungen nachgewiesen. Viele dieser Veränderungen betreffen neuronale Systeme, welche an der Vermittlung von Stress und Emotionen beteiligt sind (Arborelius et al. 1999). Die Integration der epidemiologischen und biologischen Befunde stellt eine der größten Herausforderungen an die klinische Forschung dar und erfordert eine Kombination psychologischer und entwicklungsbiologischer Sichtweisen. Eine der wichtigsten Aufgaben liegt dabei in der Untersuchung derjenigen Mechanismen, über welche Erfahrungen in der Kindheit die Entwicklung neuronaler Systeme innerhalb eines genetischen Fensters beeinflussen und somit zu einem neurobiologischen Phänotypen mit einer erhöhten Vulnerabilität für Stress und für verschiedene Störungen führen.

Tatsächlich verweisen aktuelle Forschungsergebnisse darauf, dass frühe Stresserfahrungen persistierende biologische „Narben" verursachen, welche die Anpassungsfähigkeit des Organismus über die gesamte Lebensspanne beeinflussen und die Grundlage für die Entstehung verschiedener klinischer Störungen bilden. Die Betrachtung der psychobiologischen Folgen früher Stresserfahrungen ist nicht nur relevant für das Verständnis der Pathophysiologie psychischer und körperlicher Erkrankungen, sondern kann ebenfalls zu einer verbesserten Klassifikation sowie Prävention und Intervention dieser Störungen beitragen. Beispielsweise ist das Auftreten einer Depression nicht in allen Fällen mit frühen Stresserfahrungen assoziiert. Es existieren biologisch differenzierbare Formen der Depression in Abhängigkeit des Vorliegens früher Stresserfahrungen, welche unterschiedlich gut auf verschiedene Formen der Therapie ansprechen (Heim et al. 2004).

Im Folgenden werden die psychobiologischen Folgen früher Stresserfahrungen dargestellt. In diesem Zusammenhang soll die Bedeutung potenziell kritischer Zeiträume in der Entwicklung erarbeitet werden, in denen die Folgen von Traumatisierung besonders weitreichend sind. Weiterhin werden gegenwärtige Forschungsergebnisse bezüglich relevanter Gen-Umwelt-Interaktionen im Zusammenhang mit früher Traumatisierung und deren psychobiologischen Folgen diskutiert. Anschließend geben wir einen kurzen Einblick in epigenetische Mechanismen, die diesen Interaktionen unterliegen. Zum Schluss soll hervorgehoben werden, welche Fortschritte die Bestimmung der sensiblen Phasen sowie der genauen molekularen Mechanismen für die Klassifikation und Therapie psychischer und psychosomatischer Störungen implizieren.

3.2 Frühe Stresserfahrungen als Risikofaktor für Störungen im Erwachsenenalter

> **Merke**
> Zu den wichtigsten Formen früher Stresserfahrungen zählen sexueller Missbrauch, Misshandlung und emotionale oder körperliche Vernachlässigung. Andere Formen umfassen Unfälle, Operationen, chronische Krankheit, Naturkatastrophen, Krieg und Terroranschläge sowie weniger offensichtliche Erfahrungen wie instabile Familienverhältnisse, mangelnde elterliche Pflege durch Krankheit der Eltern, dysfunktionale Beziehungen zwischen Eltern und Kind, der Verlust eines Elternteils, und Armut.

Jede dieser Situationen, welche in einer definierten frühen Entwicklungsperiode auftritt (z. B. vor Beginn der Pubertät), kann als frühe Stresserfahrung klassifiziert werden. Frühe Stresserfahrungen sind häufig chronisch andauernde Ereignisse und verschiedene Formen liegen häufig gemeinsam vor (Heim et al. 2004).

Wenn frühe Stresserfahrungen ein relevanter Risikofaktor für das Auftreten verschiedener psychischer Störungen und einiger körperlicher Erkrankungen im Erwachsenenalter sind, dann müssen sie in der Bevölkerung häufig genug auftreten, um die hohe Prävalenz der Störungen zu erklären, und es sollte ein Zusammenhang zwischen dem Schweregrad der frühen Stresserfahrungen und den Symptomen der Störungen bestehen. Epidemiologische Studien zeigen, dass beide Voraussetzungen erfüllt sind. Beispielsweise untersuchten Edwards et al. (2003) eine repräsentative Stichprobe von 8677 Männern und Frauen in Kalifornien und berichten Prävalenzraten von 21,6 % für sexuellen Missbrauch und 20,6 % für körperliche Misshandlung. Außerdem erlebten 14 % der Personen Gewalt gegen die Mutter. Mehr als ein Drittel der Personen berichtete über frühe Stresserfahrungen in mehreren Kategorien. Mit steigender Anzahl der Stresserfahrungen erhöhte sich die Wahrscheinlichkeit des Vorliegens psychiatrischer Symptome. Dieser Befund stützt die Hypothese einer dosisabhängigen Assoziation zwischen frühen Stresserfahrungen und gesundheitlichen Problemen im Erwachsenenalter.

Ein besonders starker Zusammenhang zwischen frühen Stresserfahrungen und psychopathologischen Erkrankungen ist für affektive Störungen wie eine Depression und Angststörungen gezeigt worden (Mullen et al. 1996; McCauley et al. 1997). Auch Zwillingsstudien demonstrieren die Bedeutung früher Stresserfahrungen für die Depression (Kendler et al. 2000a; Nelson et al. 2002). Missbrauch oder Misshandlung in der Kindheit ist weiterhin mit einem frühen Krankheitsbeginn und einer Chronifizierung der Depression assoziiert (Tanskanen et al. 2004; Widom et al. 2007). In einer aktuellen Metaanalyse zeigen Nanni et al.

3.2 Frühe Stresserfahrungen als Risikofaktor

(2012) einen traumabedingt ungünstigen Verlauf und Therapieerfolg depressiver Erkrankungen. Neben einer erhöhten Prävalenz für Depressionen und Angststörungen geht frühe Traumatisierung mit einem gesteigerten Erkrankungsrisiko für Essstörungen, Suchterkrankungen, somatoforme Störungen sowie Persönlichkeitsstörungen einher (Heim et al. 2006; Driessen et al. 2008; Spitzer et al. 2008; Steiger et al. 2010). Stresserfahrungen in der Kindheit, welche den Kriterien eines Traumas gemäß dem Diagnostischen und Statistischen Manual psychischer Störungen (DSM-IV) entsprechen, können direkt eine Posttraumatische Belastungsstörung (PTBS) verursachen. Darüber hinaus erhöhen frühe Stresserfahrungen das Risiko, im Erwachsenenalter ein traumatisches Ereignis zu erleben und eine PTBS in Reaktion auf ein Trauma im Erwachsenenalter zu entwickeln (Bremner et al. 1993; McCranie et al. 1992). Der Zusammenhang von früher Traumatisierung und Psychopathologie ist bereits im Kindesalter ersichtlich. Widom et al. (2007) haben in einer prospektiven Längsschnittstudie mit 676 Kindern, die vor ihrem elften Lebensjahr missbraucht oder vernachlässigt worden sind, gezeigt, dass das Risiko depressiver Störungen und komorbider psychischer Erkrankungen dieser Kinder bereits im Adoleszenzalter erhöht ist.

Frühe Stresserfahrungen prädisponieren ebenfalls für die Entwicklung zahlreicher körperlicher Erkrankungen. Paras et al. (2009) liefern einen Übersichtsartikel, in dem das durch frühe sexuelle Traumatisierung erhöhte Erkrankungsrisiko verschiedener somatischer Störungen aufgeführt wird. Kinder mit frühen traumatischen Erfahrungen haben ein langfristig gesteigertes Risiko für die Entwicklung beispielsweise folgender Störungen: Schmerzstörungen (Romans et al. 2002), chronisches Erschöpfungssyndrom (Heim et al. 2006), Herz-Kreislauf-Erkrankungen, Autoimmunerkrankungen, gastrointestinale Erkrankungen, Diabetes und Übergewicht (Fellitti et al. 1998; Williamson et al. 2002; Goodwin u. Stein 2004; Noll et al. 2007; Thomas et al. 2008; Wegman u. Stetler 2009). Danese und McEwen (2012) bieten eine Übersicht über den Zusammenhang frühen Stresserlebens und dem gesteigerten Risiko für die genannten altersbedingten Erkrankungen. Laut den Autoren führen Stresserfahrungen in der Kindheit möglicherweise zu Veränderungen allostatischer Systeme, welche die Anpassung des Organismus an chronische Belastungen gewährleisten. Diese Veränderungen seien vergleichbar mit alterungsbedingten Verschlechterungen der Funktionsweise dieser Systeme. So konnte bei Menschen mit frühen traumatischen Erfahrungen ein beschleunigter biologischer Alterungsprozess nachgewiesen werden, angezeigt durch eine verkürzte Telomerlänge (Kananen et al. 2010; Tyrka et al. 2010; O'Donovan et al. 2011; Drury et al. 2012).

Vor dem Hintergrund der hier vorgestellten epidemiologischen Befunde betonen Shonkoff et al. (2009) sowie Shonkoff und Garner (2012) die Notwendigkeit eines gesundheitspolitischen Sichtwechsels bezüglich der Ziele der Gesundheitsförderung und der Prävention verschiedener psychischer und somatischer Erkrankungen des Erwachsenenalters. Um deren Entstehung zu verhindern bzw. deren Verlauf zu begünstigen, muss der Fokus verstärkt auf frühe Umgebungsfaktoren gerichtet werden, woraus sich letztlich Implikationen insbesondere für die pädiatrische Arbeit ergeben.

An dieser Stelle muss darauf hingewiesen werden, dass nicht alle Kinder, die unter aversiven Lebensbedingungen aufwachsen, die genannten Störungen entwickeln, sondern resilient bleiben. Hieraus ergibt sich die wichtige Frage, welche Faktoren die Variabilität der Effekte früher Traumatisierung beeinflussen. Als ein bedeutender Faktor wird der Zeitpunkt innerhalb der Entwicklung des Kindes diskutiert, zu dem das traumatische Ereignis stattfindet. Möglicherweise gibt es ein Zeitfenster erhöhter Plastizität, in welchem aversive Erlebnisse besonders ausgeprägte Effekte haben können. Außerdem scheint die Variabilität der Effekte von der Interaktion früher traumatischer Erlebnisse und genetischer Ausstattung abhängig zu sein. Wahrscheinlich gibt es eine genetisch bedingte erhöhte Vulnerabilität für die Auswirkungen aversiver Lebensumstände, die möglicherweise über eine individuelle Anfälligkeit für epigenetische Veränderungen moduliert wird. Diese Konzepte werden im Verlauf dieses Kapitels diskutiert.

Interessanterweise werden viele der relevanten psychischen und körperlichen Störungen im Erwachsenenalter durch akute oder chronische Belastungen ausgelöst bzw. verschlimmert (Mooy et al. 2000). Eine biologische Einbettung des dargestellten epidemiologischen Zusammenhangs zwischen ungünstigen frühen Umweltbedingungen und der erhöhten Prävalenz verschiedener Erkrankungen gelingt in der Hypothese, dass frühe Stresserfahrungen, gekoppelt mit genetischer Vulnerabilität, zu einem stabilen Phänotypen mit gesteigerter Sensitivität für nachfolgenden Stress führen, welcher dann das individuelle Risiko für die Entwicklung stressbezogener Störungen erhöht. Die Mechanismen dieses Zusammenhangs sind seit einigen Jahren Gegenstand intensiver Forschung. Im Verlauf dieses Kapitels sollen relevante Befunde näher erläutert werden.

Für ein leichteres Verständnis der biologischen Auswirkungen früher Traumatisierung und deren Zusammenhang mit psychiatrischen Erkrankungen wird zunächst die neurobiologische Stressreaktion beschrieben.

3.3 Die neurobiologische Stressreaktion

Ein wichtiges Stressreaktionssystem, welches vielfach bei psychischen und funktionell-somatischen Störungen untersucht wurde, ist die Hypothalamus-Hypophysen-Nebennierenrinden-Achse (HHNA). Unter Stressbedingungen sezernieren Neuronen des hypothalamischen paraventrikulären Nucleus (PVN) das Corticotropin-Releasing-Hormon (CRH) aus der medianen Eminenz in das Pfortadersystem der Hypophyse, wo CRH die Sekretion von Adrenocorticotropin (ACTH) aus dem Hypophysenvorderlappen in die Blutbahn stimuliert. ACTH wiederum bewirkt die Freisetzung von Glucocorticoiden aus der Nebennierenrinde. Bei Primaten handelt es sich hierbei um Cortisol. Glucocorticoide üben wichtige metabolische, immunregulierende und zentralnervöse Effekte aus, welche die Homöostase des Organismus unter Stressbedingungen erhalten. Verschiedene Hirnregionen modulieren die Aktivität der HHNA: Der Hippocampus und der präfrontale Cortex (PFC) hemmen die HHNA, wohingegen die Amygdala und monoaminerge Bahnen aus dem Hirnstamm die CRH-Neuronen im PVN stimulieren. Zur Regulation der HHNA üben Glucocorticoide negative Rückkopplungswirkungen auf Hypothalamus, Hypophysenvorderlappen und Hippocampus aus, um so die Stressreaktion nach Wegfall des Stressors zu beenden. Diese Wirkungen werden über Mineralcorticoid- und Glucocorticoid-Rezeptoren vermittelt. Dauerhaft erhöhte Glucocor-

3.3 Die neurobiologische Stressreaktion

ticoidspiegel können allerdings schädigende Effekte auf hippocampale Neuronen ausüben, insbesondere in der CA3-Region. Diese Effekte umfassen eine Reduktion der dendritischen Verzweigungen, den Verlust dendritischer Dornen sowie eine Beeinträchtigung der Neurogenese. Glucocorticoide können ebenfalls den PFC schädigen. Solche Schädigungen können zu einer progredienten Reduktion der inhibitorischen Kontrolle der HHNA führen (Arborelius et al. 1999; Fuchs u. Gould 2000; Nestler et al. 2002).

CRH-Neuronen integrieren stressbezogene Informationen allerdings nicht nur im Hypothalamus, sondern ebenfalls in weitläufigen Schaltkreisen im gesamten Gehirn. Die direkte Applikation von CRH in den Hirnventrikel von Labortieren resultiert in einer integrierten endokrinen, autonomen und behavioralen Reaktion, welche den Merkmalen von Stress, Depression und Angst entspricht. Hierzu gehören die Aktivierung der HHNA mit den metabolischen und immunsuppressiven Effekten der Glucocorticoide sowie die Aktivierung des sympathischen Nervensystems, welche eine vermehrte Freisetzung der peripheren Catecholamine, Anstiege der Herzrate und des Blutdrucks sowie Veränderungen der gastrointestinalen Durchblutung zur Folge hat. Zu den Verhaltenseffekten zentraler CRH-Applikation gehören eine Abnahme des reproduktiven Verhaltens und der Nahrungsaufnahme, Störungen des Tiefschlafs, ein gesteigertes Rückzugsverhalten, ein vermindertes Explorationsverhalten in einer neuen Umgebung, eine erhöhte lokomotorische Aktivität in einer bekannten Umgebung, eine erhöhte Reaktivität für Schreckreize und eine erleichterte Konditionierbarkeit von Angstreaktionen. Bei Primaten kann ein sogenanntes „Hoffnungslosigkeits-Syndrom" beobachtet werden, welches durch vermehrte Vokalisationen, eine gebeugte Körperhaltung und häufiges Hinlegen gekennzeichnet ist. Die Verabreichung von CRF_1-Rezeptor-Antagonisten oder Knock-out der CRF_1-Rezeptoren resultiert in einer Verminderung dieser Stressreaktionen (Owens u. Nemeroff 1991; Arborelius et al. 1999; Koob 1999) (Abb. 3-1).

Diese integrative Rolle des CRH in der Koordination der Stressreaktionen ist möglich durch die strategische Verteilung von CRH-Neuronen und/oder deren Rezeptoren in Hirnregionen, welche an kognitiven und emotionalen Verarbeitungsprozessen sowie an der Kontrolle neuroendokriner und autonomer Reaktionen beteiligt sind. CRH und CRH-Rezeptoren können in verschiedenen Teilen des limbischen Systems und Arealen, die Verbindungen zum sympathischen Nervensystem herstellen, nachgewiesen werden. So finden sich zahlreiche CRH-Neuronen und Rezeptoren im Neocortex und im zentralen Kern der Amygdala, welche eine Schlüsselstelle in der Vermittlung von Emotionen darstellt (LeDoux 2000). CRH-Neuronen aus dem zentralen Kern der Amygdala senden direkte und indirekte Projektionen (über den Bettenkern der Stria terminalis) zum hypothalamischen PVN, wo sie neuroendokrine Reaktionen modulieren. Weiterhin ziehen CRH-Neuronen aus dem zentralen Kern der Amygdala ebenfalls direkt und indirekt zu Hirnstammkernen, welche Ursprungsorte für monoaminerge Bahnensysteme zum Vorderhirn sind, wie der Locus coeruleus (LC) und die Raphekerne. Der LC ist der hauptsächliche Ursprungsort noradrenerger Neuronen im Gehirn und ist an der Regulation autonomer Reaktionen beteiligt. Die Raphekerne sind Ursprungsort für serotonerge Bahnensysteme. Noradrenerge und serotonerge Neuronen senden wiederum Projektionen in verschiedene Hirnregi-

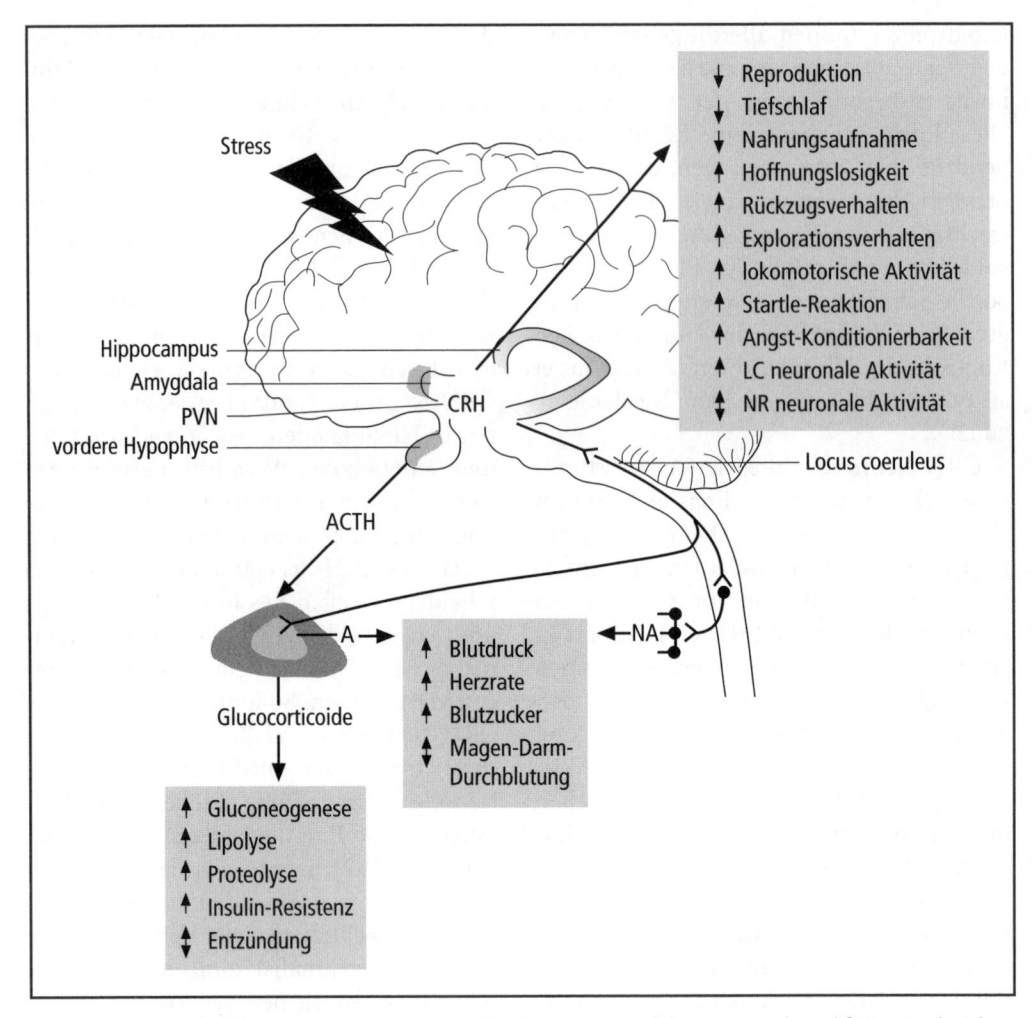

Abb. 3-1 Zentrale Effekte des Corticotropin-Releasing-Hormons (übersetzt und modifiziert nach Arborelius et al. 1999).
▲ = Anstieg, ▼ = Abnahme, ◆ = bidirektionale Veränderungen.
A = Adrenalin, ACTH = Adrenocorticotropin, CRH = Corticotropin-Releasing-Hormon, LC = Locus coeruleus, NA = Noradrenalin, NR = Nucleus Raphe, PVN = paraventrikulärer Nucleus.

onen, welche an der Stressreaktion beteiligt sind (Owens u. Nemeroff 1991; Arborelius et al. 1999; Koob 1999).

Konsistent mit diesen anatomischen Verbindungen resultiert Stress auf funktioneller Ebene in Anstiegen der CRH-Konzentrationen im zentralen Kern der Amygdala und im LC (Chappell et al. 1986; Pich et al. 1993). Mikroinjektionsstudien verweisen darauf, dass viele der anxiogenen Effekte des CRH in diesen spezifischen Regionen vermittelt werden (Butler et al. 1990; Liang u. Lee 1998). Weiterhin wurde gezeigt, dass CRH die Feuerrate noradrenerger Neuronen im LC erhöht (Valentino et al. 1983), was dann in einer Aktivierung des sympa-

3.4 Neurobiologische Effekte früher Stresserfahrungen

thischen Nervensystems und der HHNA resultiert. Diese Befunde deuten auf die Existenz einer positiven Rückkopplungsschleife zwischen zentralen CRH- und NA-Systemen hin, welche an der Regulation von Vigilanz, Angst und Furcht sowie an der Kontrolle autonomer und neuroendokriner Stressreaktionen beteiligt ist. Der anxiolytische Neurotransmitter Gammaaminobuttersäure (GABA) sowie Glucocorticoide scheinen diese Kaskade zu hemmen. In den Raphekernen übt CRH modulierende Effekte auf serotonerge Neuronen aus, welche über Projektionen zum PVN, der Amygdala und dem Hippocampus Stressreaktionen beeinflussen (Price et al. 1998; Kirby et al. 2000). Andere Neuromodulatoren wie Neuropeptid Y und Oxytocin scheinen mit dem CRH-System zu interagieren und stressprotektive Effekte zu vermitteln.

Veränderungen in all diesen Neurotransmittersystemen wurden mit der Pathophysiologie von Depression und Angststörungen sowie einiger psychosomatischer Störungen in Verbindung gebracht. Es ist daher plausibel, dass frühe Stresserfahrungen zu Schädigungen in diesen stressrelevanten Schaltkreisen führen, sodass eine erfolgreiche Adaptation des Organismus an weitere Stressoren gestört und die Vulnerabilität für die Entwicklung stressbezogener Symptome oder Syndrome gesteigert ist.

3.4 Neurobiologische Effekte früher Stresserfahrungen

3.4.1 Studien im Tiermodell

Die genauen biologischen Mechanismen, die den negativen Auswirkungen früher Traumatisierung auf das spätere Erkrankungsrisiko zugrunde liegen, sind Gegenstand intensiver Forschung. Fortschritte der neurowissenschaftlichen Methoden erlauben einen Einblick in die erfahrungsabhängige Plastizität des sich entwickelnden Gehirns. Anhaltende Effekte früher Traumatisierung in Form physiologischer Veränderungen der Stressregulationssysteme führen möglicherweise zur Entwicklung eines vulnerablen Phänotypen mit einer erhöhten Stresssensitivität und einem damit einhergehend erhöhten Risiko für eine Vielzahl psychischer Störungen und somatischer Erkrankungen. Unterstützung für diese Hypothese liefern zahlreiche tierexperimentelle Untersuchungen, die demonstrieren, dass frühe Traumatisierung zu funktionalen und strukturellen neuronalen Veränderungen führt.

Ein häufig verwendetes Modell innerhalb tierexperimenteller Untersuchungen ist das der mütterlichen Trennung. Erwachsene Ratten, die in den ersten zwei Wochen ihres Lebens für mehrere Stunden von der Mutter getrennt wurden, zeigen Veränderungen in weitverzweigten Schaltkreisen, die an der neuroendokrinen und autonomen Kontrolle, an der Regulation von Vigilanz und Wachsamkeit sowie an der Vermittlung emotionaler Prozesse wie Angst und Furcht beteiligt sind. Weiterhin konnte demonstriert werden, dass früher Stress die Funktionalität der Glucocorticoid-Rezeptoren beeinträchtigt, die für die Feedbacksensitivität der Stressreaktion relevant sind (Meaney et al. 2000). Als Folge zeigen die erwachsenen Tiere, welche von der Mutter getrennt wurden, eine lang anhaltend erhöhte physiologische und behaviorale Reaktivität auf weitere Stressoren (Plotsky et al. 2005; Kaffman u. Meaney 2007; Lupien et al. 2009). Ähnliche Effekte zeigten sich in Studien mit Rattenkindern, deren Mütter ein nur gering ausgeprägtes Pflegeverhalten zeigten (Meaney 2001). Neben neurobiologischen und physiologischen Veränderungen zeigen die in der Kindheit von der Mutter getrennten oder wenig gepflegten Ratten auch Verhaltensauffälligkeiten wie erhöhte Ängstlichkeit, Anhedonie, eine ausgeprägte Alkoholpräferenz, Schlafstörungen, kognitive Beeinträchtigungen und eine gesteigerte Schmerzempfindlichkeit (Ladd et al. 1996; Newport et al. 2002; Heim et al. 2004).

Neben den Untersuchungen an Ratten bieten Paradigmen unter Einsatz nicht-humaner Primaten ein weiteres Modell für die Untersuchung der Folgen von Stresserfahrungen. Eine Reihe von Studien an Primaten stützt die Hypothese, dass frühe aversive Bedingungen einen Einfluss auf die Stressregulationssysteme auf neuronaler Ebene haben. Junge Affen, die in unsicheren Verhältnissen hinsichtlich der mütterlichen Pflege aufwuchsen, zeigten nach vier Jahren erhöhte Konzentration von CRH im Liquor sowie eine verringerte adrenale Aktivität (Coplan et al. 1996, 2001).

Diese Tierstudien liefern direkte kausale Hinweise, dass frühe stressreiche Erfahrungen die Reaktivität auf weitere Stressoren sowie das Verhalten langfristig beeinflussen. Es stellt sich die Frage, inwieweit diese Befunde auf den Menschen übertragbar sind.

3.4.2 Humanuntersuchungen

Die Anzahl der Studien, welche die neurobiologischen Folgen früher Stresserfahrungen beim Menschen untersuchen, ist in den vergangenen Jahren beträchtlich gestiegen.

In den meisten Untersuchungen wurden Kinder oder erwachsene Frauen rekrutiert, welche kindlichen sexuellen Missbrauch oder körperliche Misshandlung erfahren haben. Diese Studien erbrachten deutliche Hinweise für neuroendokrine, autonome, neurochemische und neuroanatomische Auffälligkeiten infolge früher aversiver Lebensbedingungen (im Überblick Heim et al. 2010; Heim u. Binder 2012). In bemerkenswerter Parallele zu den Befunden aus Tierstudien beobachtete unsere Arbeitsgruppe traumaabhängige Veränderungen der HHNA. Erwachsene Frauen, welche in der Kindheit sexuell missbraucht oder körperlich misshandelt wurden, wiesen eine erhöhte Ausschüttung von ACTH während eines psychosozialen Stresstests auf. Dieser Effekt war bei denjenigen Frauen, die unter einer aktuellen Depression litten, besonders ausgeprägt, wobei diese ebenfalls erhöhte Cortisol- und Herzratenreaktionen zeigten (Heim et al. 2000b) (Abb. 3-2). In weiteren Studien konnten bei Frauen mit traumatischen Kindheitserfahrungen, die aktuell nicht unter einer Depression litten, ebenfalls erhöhte ACTH-Reaktionen in einem CRH-Stimulationstest, der die HHNA auf Ebene der Hypophyse stimuliert, nachgewiesen werden. Misshandelte Frauen mit aktueller Depression hingegen zeigten eine unterdrückte ACTH-Reaktion in diesem Test, was auf eine Verminderung der hypophysären CRH-Rezeptoren hindeutet. Im ACTH-Stimulationstest, der die Nebennierenrinde stimuliert, wiesen misshandelte Frauen ohne Depression sowie depressive Frauen mit und ohne Missbrauchserfahrungen stark erniedrigte Cortisolanstiege auf. Beide Gruppen misshandelter Frauen zeigten erniedrigte basale Cortisolspiegel. Misshandelte Frauen mit Depression berichteten vermehrt über aktuelle Stressereignisse (Heim et al. 2001).

Einen weiteren Hinweis auf eine mit früher Traumatisierung assoziierte Dysregulation der endokrinen Stressreaktion liefern Untersuchungen unter Anwendung des kombinierten Dexamethason-CRH-Tests, der als reliables Instrument zur Messung der negativen Rückkopplung der HHNA über Glucocorticoid-Rezeptoren gilt (Ising et al. 2005). Der Dexamethason-CRH-Test

3.4 Neurobiologische Effekte früher Stresserfahrungen

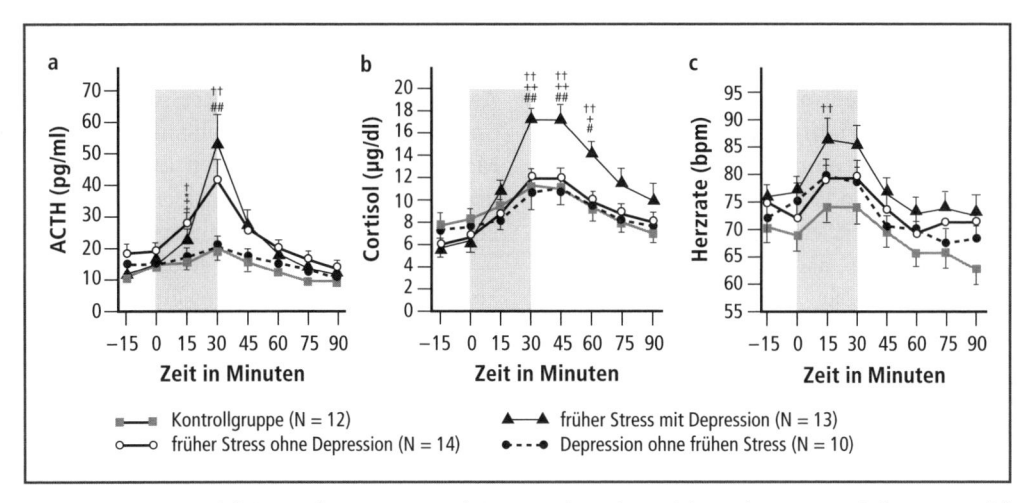

Abb. 3-2 Neuroendokrine und autonome Reaktionen auf psychosozialen Laborstress: Mittlere ACTH- (**a**) und Cortisolkonzentrationen (**b**) sowie mittlere Herzraten (**c**) (± Standardfehler) vor, während (grauer Bereich) und nach psychozialer Stressinduktion bei Frauen ohne frühe Stresserfahung bzw. psychiatrische Störung (Kontrollen, n = 12), bei in der Kindheit misshandelten Frauen ohne Depression (n = 14), bei in der Kindheit misshandelten Frauen mit Depression (n = 13) und bei depressiven Frauen ohne frühe Stresserfahrung (n = 10) (übersetzt nach Heim et al. 2000b).
* CON vs. ELS/non-MDD: $p < .05$; † CON vs. ELS/MDD: $p < .05$; †† CON vs. ELS/MDD: $p < .01$; ⁺ ELS/non-MDD vs. ELS/MDD: $p < .05$; ⁺⁺ ELS/non-MDD vs. ELS/MDD: $p < .01$; ‡ ELS/non-MDD vs. non-ELS/MDD: $p < .05$; # ELS/MDD vs. non-ELS/MDD: $p < .05$; ## ELS/MDD vs. non-ELS/MDD: $p < .01$.

erfasst die Rückkopplungshemmung der HHNA durch Verabreichung des synthetischen Glucocorticoids Dexamethason und einer nachfolgenden Stimulation durch CRH. Eine überhöhte Reaktion in diesem Test („Escape") deutet auf eine Beeinträchtigung der Rückkopplungshemmung der HHNA durch Cortisol hin, möglicherweise aufgrund eines Mangels an Glucocorticoid-Rezeptoren. In zwei unabhängigen Studien wurde eine überhöhte Cortisolreaktion im Dexamethason-CRH-Test bei Personen mit frühen Stresserfahrungen beobachtet (Carpenter, pers. Mitteilung; Rinne et al. 2002). Unsere Studie konnte zeigen, dass misshandelte Männer mit und ohne Depression, nicht aber depressive Männer ohne frühe traumatische Erfahrungen, sowohl eine verstärkte ACTH- als auch Cortisolausschüttung aufweisen, was auf eine gesteigerte Sensitivität und gestörte negative Feedbackregulation der Stressreaktion schließen lässt (Heim et al. 2008). Elzinga et al. (2010) demonstrierten kohärente Befunde in Form einer missbrauchsabhängigen erhöhten Stressreaktivität bei Patienten mit sozialen Ängsten. Eine verminderte Rückkopplungshemmung reflektiert wahrscheinlich eine relative Resistenz der Glucocorticoid-Rezeptoren. Im Einklang mit einem relativen Mangel an den immunregulierenden Eigenschaften des Cortisols zeigen früh misshandelte Personen erhöhte Werte inflammatorischer Biomarker, was wiederum mit einem gesteigerten Erkrankungsrisiko für verschiedene psychische und somatische Störungen assoziiert werden konnte (Danese et al. 2008, 2011).

Die Befunde einer erhöhten Stressreaktivität bei verminderter Rückkopplungshemmung sowie einer gesteigerten Aktivierung proinflammatorischer Zytokine sind mit einer erhöhten zentralen CRH-Aktivität nach frühen Stresserfahrungen vereinbar.

Die Befunde einer erhöhten Stressreaktivität bei verminderter Rückkopplungshemmung sind mit einer erhöhten zentralen CRH-Aktivität nach frühen Stresserfahrungen vereinbar. Carpenter et al. (2004) erfassten bei erwachsenen depressiven Patienten sowie gesunden Kontrollen die CRH-Konzentration in der Cerebrospinalflüssigkeit (CSF), die mittels einer Lumbalpunktion gewonnen wurde. Es konnte gezeigt werden, dass bei Depressiven der retrospektiv erfasste wahrgenommene Stress im Vorschulalter mit erhöhten CRH-Konzentrationen assoziiert war.

Ein weiterer Aspekt im Zusammenhang mit den neurobiologischen Folgen früher Traumatisierung ergibt sich aus der Bedeutung positiver sozialer Beziehungen für die psychophysiologische Stressreaktion und dem damit assoziierten Neuropeptid Oxytocin. Oxytocinerge Bahnen ziehen vom Hypothalamus in das Vorderhirn, wo die Freisetzung von Oxytocin reduzierend auf Stressprozesse wirkt, was sich in einer inhibierenden Wirkung von Oxytocin auf die Reaktivität der Amygdala und der HHNA zeigt (Heinrichs u. Gaab 2007). Wismer et al. (2005) zeigten, dass vernachlässigte Kinder in Reaktion auf Körperkontakt mit ihrer Bezugsperson reduzierte Konzentrationen von Oxytocin im Urin aufweisen. Allerdings ist unklar, welche Bedeutung peripher gemessenes Oxytocin besitzt. Deshalb sollte Oxytocin auf zentralnervöser Ebene in der CSF gemessen werden. Unsere Arbeitsgruppe beobachtete eine dosisabhängige Erniedrigung der CSF-Oxytocin-Konzentrationen bei misshandelten Frauen, wobei ein besonders starker Effekt für emotionale Misshandlung in der Kindheit nachgewiesen werden konnte (Heim et al. 2009b). Eine erniedrigte zentrale Oxytocin-Aktivität nach frühen Stresserfahrungen und ein damit einhergehender relativer Mangel an stressprotektiven Eigenschaften des Oxytocins könnte plausibel zu einer erhöhten Stressreaktivität beitragen.

Des Weiteren konnten strukturelle Veränderungen an Arealen des Gehirns nachgewiesen werden, die an der Vermittlung von Stressreaktionen und an der Regulation von Emotionen beteiligt sind. Eine Übersicht über Befunde der zentralen Bildgebung bei Traumatisierung im Erwachsenenalter liefert das Kapitel 4. Im Folgenden werden daher relevante Ergebnisse in Hinblick auf die strukturellen Veränderungen infolge früher Traumatisierung dargestellt.

Eine besondere Bedeutung ist auch hier dem Hippocampus zuzuschreiben. Studien unter Einsatz der Magnetresonanztomografie verweisen auf ein vermindertes Volumen des Hippocampus bei erwachsenen Personen mit verschiedenen frühen Stresserfahrungen (Vythilingam et al. 2002; Bremner et al. 2003; Buss et al. 2007). Da bei misshandelten Kindern kein vermindertes Volumen des Hippocampus vorliegt (De Bellis et al. 2000; Tottenham u. Sheridan 2009), kann vermutet werden, dass wiederholt starke Cortisolanstiege über eine längere Zeit den Hippocampus progressiv schädigen. Eine gesteigerte zentrale CRH-Sekretion während der Entwicklung kann ebenfalls zu einem progressiven Volumenverlust des Hippocampus beitragen (Brunson et al. 2001).

Neben dem Hippocampus weisen weitere Areale des Gehirns strukturelle Veränderungen auf. Dazu zählt ein verringertes Volumen des medialen Frontalcortex bei Erwachsenen mit Missbrauchserfahrungen (van Harmelen et al. 2010). Studien unter Einsatz der Bildgebung verweisen auf eine

3.4 Neurobiologische Effekte früher Stresserfahrungen

beeinträchtigte strukturelle Entwicklung des Corpus callosums, der Amygdala und corticaler Regionen bei misshandelten Kindern und Jugendlichen (De Bellis et al. 1999, 2000; Teicher et al. 2004). Untersuchungen mit Kindern, die im Heim aufgewachsen sind, zeigen ein reduziertes Volumen des orbitofrontalen Cortex (OFC) sowie ein vergrößertes Volumen der Amygdala (Pollak et al. 2010; Tottenham et al. 2010). Diese Ergebnisse aus neurobiologischen Studien werden ergänzt durch Befunde zur emotionalen Reizverarbeitung. So konnten die oben genannten strukturellen Veränderungen der Amygdala und des OFC mit Störungen des sozialen und emotionalen Regulationsverhaltens assoziiert werden. In einem Paradigma, in dem der emotionale Ausdruck von Gesichtern identifiziert werden muss, wiesen misshandelte Kinder im Vergleich zu Kontrollkindern eine Präferenz für die Erkennung ärgerlicher Gesichter auf und neigten dazu, uneindeutige Gesichter eher als ärgerlich einzustufen (Pollak u. Kistler 2002). Tottenham et al. (2011) untermauern diese strukturellen Beobachtungen mit dem Befund einer veränderten corticalen Aktivierung bei der Verarbeitung affektiver Stimuli. Kinder, die in einem Heim untergebracht waren, zeigten eine erhöhte Aktivität der Amygdala als Reaktion auf Gesichter. Auch bei Erwachsenen konnten funktionelle Veränderungen anhand von Aktivierungsmustern im Gehirn infolge früher Traumatisierung nachgewiesen werden, die mit verschiedenen psychischen Störungen einhergehen. Insbesondere sind hier Veränderungen der Funktionen der neuronalen Emotionsverarbeitung und -regulation zu nennen (Weber et al. 2009; Matz et al. 2010).

Vergleichbar mit den Befunden aus Untersuchungen mit Kindern haben Grant et al. (2011) gezeigt, dass eine erhöhte Aktivierung der Amygdala in Reaktion auf Bilder mit traurigen Gesichtern bei depressiven Patienten mit dem Vorliegen früher Traumatisierung assoziiert ist. Eine aktuelle Studie von Heim et al. (2013) zeigt Abweichungen in der corticalen Dicke im Zusammenhang mit früher Traumatisierung. In besonderer Weise verdeutlicht dieser Befund die spezifischen strukturellen Veränderungen in Abhängigkeit davon, welche Art der frühen Traumatisierung erlebt wurde. Das bedeutet, dass es einen Zusammenhang zwischen verschiedenen Formen der Misshandlung in der Kindheit und Veränderungen in genau denjenigen Regionen des Cortex gibt, die in die Wahrnehmung und Verarbeitung der speziellen Misshandlungsform involviert sind. So weisen Frauen mit sexuellen Missbrauchserfahrungen in der Kindheit eine Verdünnung des Cortex in eben jenem Areal des somatosensorischen Cortex auf, in dem der Genitalbereich repräsentiert ist. Opfer emotionaler Misshandlung hingegen zeigen eine spezifische Reduktion der Hirnrinde in den Bereichen, die für die Selbstreflexion, die Selbsterkennung und die emotionale Regulation bedeutsam sind. Möglicherweise stellen derartige strukturelle Veränderungen Schutzmechanismen des sich entwickelnden Gehirns dar, die das Kind von den negativen Erfahrungen abschirmen. Langfristig gesehen könnten diese Veränderungen jedoch zu Verhaltensstörungen führen.

Merke
Zusammenfassend zeigt sich, dass frühe Stresserfahrungen auch beim Menschen mit langfristigen neurobiologischen Auffälligkeiten einhergehen, welche mit den Ergebnissen aus Tiermodellen vergleichbar sind. Es ist plausibel, dass diese biologischen Änderungen maßgeblich zu einem erhöhten Risiko für psychische und soma-

tische Störungen, insbesondere für die Depression, maßgeblich beitragen.

3.5 Sensible Phasen

Der neurobiologische Status bei Kindern mit früher Traumatisierung ist variabel. Nicht bei allen Kindern, die unter aversiven Lebensbedingungen aufwachsen, werden die langfristigen biologischen Folgen beobachtet. Das Konzept der sensiblen Phasen verdeutlicht, dass interindividuelle Unterschiede der neurobiologischen Effekte vermutlich abhängig sind vom Zeitpunkt innerhalb der Entwicklung des Kindes, zu welchem das traumatische Ereignis stattfindet. So gibt es Phasen erhöhter erfahrungsabhängiger Plastizität, während derer aversive Ereignisse profunde Auswirkungen auf die sich entwickelnde Region des Gehirns haben und somit das Risiko für bestimmte Erkrankungen erhöhen können. Hierbei ist das Ausmaß der Plastizität von der spezifischen Region abhängig (Tau u. Peterson 2010). Um folglich solche kritischen Zeitfenster beim Menschen bestimmen zu können, muss man Entwicklungsverläufe der relevanten Areale genauer betrachten, die durch frühe Traumatisierung moduliert werden. So weist der Hippocampus die höchste Wachstumsrate im Kleinkindalter auf, während die Volumenzunahme danach stetig sinkt (Knickmeyer et al. 2008). Dementgegen ist der Entwicklungsprozess des PFC sehr viel langsamer. Im Alter von acht bis 15 Jahren ist das Ausmaß an Plastizität dieser Region am höchsten (Giedd et al. 2009). Vor dem Hintergrund geschlechtsspezifischer Auswirkungen früher Stresserfahrungen sind Unterschiede der Entwicklung zwischen den Geschlechtern möglicherweise bedeutsam. Während die Amygdala bei Mädchen im Alter von vier bis 18 Jahren die maximale Größe erreicht, entwickelt sich diese Region bei Jungen sehr viel langsamer. Auch im Erwachsenenalter kann bei Männern noch eine Volumenzunahme der Amygdala beobachtet werden (Giedd et al. 1996). Generell wird die Pubertät als eine sensible Phase diskutiert, da die in dieser Zeit auftretenden hormonellen Veränderungen im Zusammenspiel mit der hohen Plastizität einen wesentlichen Einfluss auf die Struktur und Funktion des Gehirns, insbesondere auf die für die Stressreaktivität relevanten Systeme, nehmen (McEwen 2001; Girotti et al. 2006; Pryce 2008). Außerdem kann vermutet werden, dass die mit dieser Entwicklungsphase einhergehenden Veränderungen im Stressverarbeitungssystem die frühen unmittelbaren Effekte der kindlichen Traumatisierung auf die HHNA potenzieren könnten (Heim u. Binder 2012).

Epidemiologische Studien liefern Hinweise für gesundheitliche Folgen, die vom Zeitpunkt der frühen Stresserfahrung abhängig sind. Erleben Kinder eine politische Traumatisierung, bevor sie zwölf Jahre alt sind, weisen sie ein erhöhtes Erkrankungsrisiko für eine Depression auf. Eine derartige Traumatisierung im höheren Alter jedoch konnte mit einer gesteigerten Wahrscheinlichkeit für die Entwicklung einer PTBS assoziiert werden (Maercker et al. 2004). Agid et al. (1999) konnten zeigen, dass der Verlust eines Elternteils bei Kinder unter neun Jahren im Vergleich zu älteren Kinder mit einem erhöhten Depressionsrisiko verbunden ist. Diese Untersuchungen jedoch betrachten keine biologischen Messungen. Bislang gibt es nur vereinzelte Studien, welche die Bedeutung verschiedener Zeitpunkte der Traumatisierung systematisch unter Hinzunahme biologischer Parameter untersucht haben. Tierexperimentelle Befunde konnten bereits altersabhängige

Effekte früher Traumata demonstrieren (Coplan et al. 2006; Kikusui u. Mori 2009), die jedoch nicht uneingeschränkt auf den Menschen übertragen werden können. Auch erste Humanstudien liefern Hinweise auf sensible Phasen: Unsere Arbeitsgruppe konnte unterschiedliche Reaktivitätsmuster im kombinierten CRH-Dexamethason-Test in Abhängigkeit davon zeigen, ob das Kind zum Zeitpunkt der Traumatisierung älter oder jünger als sechs Jahre war (Heim et al. 2008). Auch Carpenter et al. (2009) zeigten den Einfluss des Alters während des Traumas auf die Cortisolreaktion bei Stress im Erwachsenenalter. Untersuchungen institutionalisierter Kinder demonstrierten, dass eine späte im Vergleich zu einer möglichst frühen Adoption sowohl mit vermehrten neuropsychologischen als auch behavioralen Auffälligkeiten einhergeht (Gunnar u. van Dulmen 2007; Pollak et al. 2010; Tottenham et al. 2010). Eine wegweisende Untersuchung von Andersen und Teicher (2008) konnte erstmals unterschiedliche altersabhängige Effekte auf das Volumen des Gehirns nachweisen. Erlebten die jungen Frauen einen sexuellen Missbrauch zwischen dem dritten und fünften Lebensjahr oder zwischen dem elften und 13. Lebensjahr, so zeigte sich ein verkleinerter Hippocampus. Ein Missbrauch im Alter zwischen 14 und 16 Jahren jedoch ging mit einem verkleinerten Volumen des präfrontalen Cortex einher (vgl. Abb. 2-2, S. 38).

> **Merke**
> All diese Befunde stützen die Hypothese, dass der Zeitpunkt, genauer gesagt der neuronale Entwicklungsstand des Gehirns während der Traumatisierung, einen bedeutsamen Faktor in der Entstehung neurobiologischer Veränderungen und folglich pathologischer Symptome darstellt.

Zukünftige Forschung sollte diese umschriebenen kritischen Zeitfenster identifizieren, um somit letztlich wichtige Implikationen für die Prävention und Intervention ableiten zu können. Im Hinblick auf dieses Ziel sollten in zukünftigen Untersuchungen längsschnittliche Forschungsdesigns angewendet werden.

3.6 Anlage und Umwelt-Interaktion: Einfluss dispositioneller Faktoren auf psychobiologische Folgen früher Stresserfahrungen

3.6.1 Geschlechtsunterschiede

Die individuelle Vulnerabilität für psychische und somatische Störungen wird nicht nur durch Stress oder traumatische Erfahrungen, sondern ebenfalls durch dispositionelle Faktoren wie das Geschlecht oder genetische Anlagen beeinflusst. Beispielsweise sind Frauen sehr viel häufiger von Depressionen, Angststörungen und verschiedenen funktionellen körperlichen Störungen betroffen als Männer. Das höhere Störungsrisiko bei Frauen hängt u. a. möglicherweise mit Geschlechtsunterschieden in der Prävalenz früher Stresserfahrungen zusammen (Weiss et al. 1999). Allerdings verweisen Daten aus dem National Child Abuse and Neglect Data System (2009) in den USA darauf, dass die gemeldeten Fälle von genereller Kindesmisshandlung zwischen den Geschlechtern gleich verteilt sind. Mädchen scheinen jedoch häufiger sexuell missbraucht zu werden als Jungen, wohingegen Jungen eher körperlich misshandelt oder vernachlässigt werden. Solche Geschlechtsunterschiede in der Art des Traumas könnten möglicherweise zu einer differenziellen Vulnerabilität für bestimmte Störungen beitragen. Weiterhin ist es denkbar, dass Geschlechtsunterschiede in der Reaktion auf frühe Stressereignisse vorliegen. So entwickeln Frauen im Vergleich zu Männern eher eine Depression oder PTBS in der Folge vergleichbarer Kindheitstraumata (Weiss et al. 1999).

Dieser Befund deutet darauf hin, dass frühe Stresserfahrungen mit Geschlechtsfaktoren in der Programmierung eines vulnerablen neurobiologischen Phänotyps interagieren. Angesichts dieser epidemiologischen Befunde sind Ergebnisse aus Tierstudien interessant, welche zeigen, dass weibliche Ratten grundsätzlich höhere neuroendokrine Reaktionen auf eine Reihe verschiedener Stressoren aufweisen als männliche Ratten (Rhodes u. Rubin 1999). Beim Menschen liegen ebenfalls Hinweise für Geschlechtsunterschiede in der Stressreaktion vor, wobei die Richtung der Effekte allerdings uneinheitlich ist (im Überblick Kudielka u. Kirschbaum 2005).

Weitere Faktoren, die im Zusammenhang mit der geschlechtsspezifischen Reaktion auf Stressoren bedeutsam sind, sind Unterschiede im Genom, strukturelle Unterschiede im Gehirn oder durch gonadale Steroide beeinflusste Effekte in der Entwicklung des Gehirns (Roca et al. 2005; Young u. Korszun 2010). Vermutlich können weiterhin geschlechtsspezifische hormonelle Veränderungen im Laufe der Pubertät als Erklärung für eine höhere Prävalenz von Depressionen bei Frauen im Vergleich zu Männern herangezogen herangezogen werden. Eine höhere neuroendokrine Stressreaktion wird generell auf direkte Effekte von Östrogenen auf die CRH-Neuronen attribuiert. In CRH-Neuronen des hypothalamischen PVN wurde die Expression von Östrogenrezeptoren nachgewiesen und es gibt Hinweise für östrogenresponsive Elemente in der Promoter-Region des CRH-Gens, was in Zellkulturen in einer östrogeninduzierten Erhöhung der CRH-Synthese resultiert (Vamvakopoulos u. Chrousos 1994). Tatsächlich führt die Verabreichung von Östrogen bei Männern zu gesteigerten neuroendokrinen Stressreaktionen (Kirschbaum et al. 1996).

An dieser Stelle kann angemerkt werden, dass es einen positiven Zusammenhang zwischen der Konzentration von Östrogenen und der Entwicklung der grauen Substanz in dem mit der Stressreaktivität assoziierten limbischen Areal spezifisch bei jungen Frauen gibt (im Überblick Blakemore et al. 2010). So beeinflussen Sexualsteroide unter anderem die Funktion und Plastizität derjenigen zentralnervösen Schaltkreise, welche an der Vermittlung von Stress und Emotionen beteiligt sind, wie denen des Hippocampus und der Amygdala (McEwen 2001). Die Tatsache, dass Geschlechtsunterschiede in der psychopathologischen Reaktion auf frühen Stress häufig erst nach Beginn der Pubertät auftreten, unterstützt weiterhin die Rolle des Östrogens für die Erklärung des gesteigerten Risikos für stressabhängige Störungen bei Frauen. Durch gonadale Steroide beeinflusste Effekte der Entwicklung des Gehirns bilden vermutlich die Grundlage für Geschlechtsunterschiede in den langfristigen neurobiologischen Folgen früher Traumatisierung, die wiederum zu unterschiedlichen Risiken für psychische Störungen führen (Heim u. Binder 2012).

Außerdem scheint es geschlechtsspezifische Gen-Umwelt-Interaktionen zu geben, die einen zusätzlichen Beitrag zur unterschiedlichen Vulnerabilität für die Entwicklung einer psychischen Erkrankung infolge früher traumatischer Erlebnisse leisten. So konnten Heim et al. (2009a) zeigen, dass ein Polymorphismus im CRH-R1-Gen einen spezifischen Schutzfaktor bei der Entwicklung einer depressiven Symptomatik infolge früher Traumatisierung spezifisch für Männer darstellt.

> **Merke**
> Zusammenfassend scheinen somit auch das Geschlecht und insbesondere gonadale Steroide bedeutende Faktoren in der komplexen Interaktion zwischen früher Traumatisierung und psychischen Störungen darzustellen.

3.6.2 Genetische Faktoren

Ergebnisse aus Familien- und Zwillingsstudien verweisen auf eine moderate Erblichkeit der meisten psychischen Erkrankungen (Hyman 2000). Außerdem wurde ein genetischer Einfluss auf die Ausbildung neurobiologischer Endophänotypen, wie einer HHNA-Überaktivität oder eines verkleinerten Hippocampus, identifiziert, welche wahrscheinlich eine erhöhte Vulnerabilität für Störungen im Zusammenhang mit Stress bedingen (Holsboer et al. 1995; Gilbertson et al. 2002). Wie bereits erwähnt, löst Stress nicht bei jeder Person eine Störung aus. Gleichfalls entwickelt nicht jedes Kind, welches früh im Leben belastenden Umständen ausgesetzt wird, eine neurobiologische Sensibilisierung für Stress oder eine psychische Störung, sogar dann nicht, wenn weitere Stressoren auftreten. Daher müssen neben protektiven Umgebungsfaktoren und psychologischen Mechanismen auch genetische Vulnerabilitäts- und Resilienzfaktoren betrachtet werden, welche die pathologischen Effekte von frühem Stress moderieren.

Während epidemiologische und familiäre Daten lange Zeit nahegelegt haben, dass Gen-Umwelt-Interaktionen eine bedeutende Rolle für die Entwicklung psychischer Erkrankungen spielen, ist die molekulare Ebene dieser Interaktionen erstmals 2003 in einer Studie untersucht worden. Eine Vielzahl von Untersuchungen wurde angestoßen, die Einblicke in die Interaktion zwischen Stress und spezifischen genetischen Variationen bei der Vorhersage psychischer Erkrankungen erlauben. In einer prospektiven Längsschnittstudie untersuchten Caspi et al. (2003) den Einfluss eines häufigen genetischen Polymorphismus des Serotonin-Transporter-Gens (5-HTTLPR) auf den Zusammenhang zwischen Stresserfahrungen und dem Auftreten einer Depression. Es zeigte sich, dass der untersuchte Polymorphismus den Einfluss von Stressereignissen auf das Auftreten einer Depression signifikant moderierte. Im Vergleich zu Personen, die zwei lange Allele (l/l) in der Promoter-Region des Serotonin-Transporter-Gens aufwiesen, zeigten Personen mit einem oder zwei kurzen Allelen (s/l oder s/s) mehr depressive Symptome sowie häufigere Diagnosen einer syndromalen Depression und vermehrte Suizidalität im Zusammenhang mit Stresserfahrungen. Dieser Effekt war auch für den Zusammenhang zwischen frühen Stresserfahrungen, wie Kindesmisshandlung, und der Depression beobachtbar (Abb. 3-3). In anderen Studien wurde derselbe Polymorphismus mit Änderungen in der Serotonin-Verfügbarkeit an der Synapse sowie mit einer ängstlichen Persönlichkeit, einer erhöhten endokrinen Stressreaktivität und einer gesteigerten Aktivierung der Amygdala bei emotionalen Reizen assoziiert (Hariri et al. 2002). Allerdings erbrachten nachfolgende vergleichbare Studien sowie eine Metaanalyse keine Evidenz für den von Caspi et al. (2003) postulierten Zusammenhang zwischen Stress, Depression und dem Serotonin-Transporter-Gen (Munafò et al. 2009; Risch et al. 2009). Karg et al. (2011) hingegen zeigten kürzlich in einer Metaanalyse einen deutlich modulierenden Effekt des Serotonin-Transporter-Gens auf

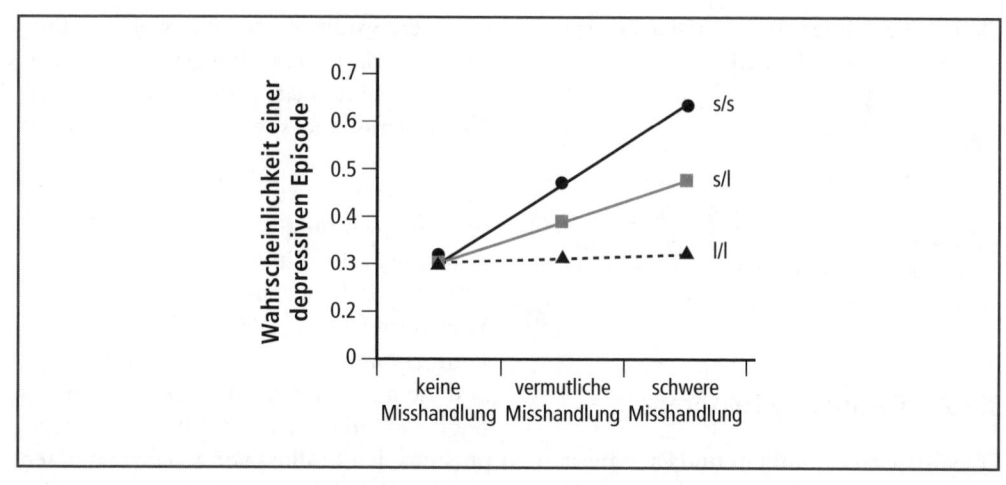

Abb. 3-3 Moderation des Zusammenhangs zwischen frühen Stresserfahrungen und der Wahrscheinlichkeit des Vorliegens einer depressiven Episode im Erwachsenenalter durch einen Polymorphismus im Serotonintransporter(SERT)-Gen. Personen mit zwei langen Allelen (*long/long*) weisen kein erhöhtes Risiko für eine Depression nach frühem Stress auf. Bei Personen mit einem kurzen und einem langen Allel (*short/long*) steigt das Risiko für eine Depression nach frühen Stresserfahrungen an. Bei Personen mit zwei kurzen Allelen (*short/short*) ist das Risiko für eine Depression nach frühen Stresserfahrungen am höchsten (übersetzt nach Caspi et al. 2003).
l/l = *long/long*, s/l = *short/long*, s/s = *short/short*

den Zusammenhang von Trauma und Stress und betonten die Bedeutung des Zeitpunktes und der Art des traumatischen Ereignisses. Neben der methodischen Erfassung der Stressoren spielt vermutlich auch die Definition des Outcomes eine Rolle bei der Erklärung der heterogenen Befundlage. Studien mit möglichst objektiver Definition der Stressoren und traumatischen Erlebnisse konnten den ursprünglich von Caspi et al. (2003) postulierten Zusammenhang finden (Uher u. McGuffin 2010). In einer nachfolgenden Untersuchung zeigten Uher et al. (2011), dass dieser Zusammenhang das Risiko für eine lang anhaltende, nicht aber nur zu einem Zeitpunkt vorliegende Depression, vorhersagen kann. Außerdem scheint eine Interaktion des 5-HTTLPR-Genotyps und frühen traumatischen Erlebnissen oder anderen kritischen Lebensereignissen die Prädisposition für verschiedene stressrelevante Verhaltensweisen, wie Substanzmissbrauch oder Schlafstörungen, zu moderieren (Caspi et al. 2010).

In neueren Studien wurden weitere Polymorphismen untersucht, die in Interaktion mit früher Traumatisierung die Entwicklung einer Depression modulieren sollen. Diese Polymorphismen stehen in Zusammenhang mit den in der Pathobiologie der Depression implizierten Systemen, wie der Regulation der HHNA oder der Neurogenese. Unsere Arbeitsgruppe konnte protektive Effekte spezifischer Ausprägungen des CRH-Rezeptor-1(CRHR1)-Gens nachweisen (Bradley et al. 2008). Weitere Untersuchungen replizierten den Befund, dass ein Polymorphismus im CRHR1-Gen in Interaktion mit Traumatisierung im Kindesalter zur Vorhersage depressiver Symptomatik herangezogen werden kann (Polanczyk et al. 2009; Ressler et al. 2010). Interes-

3.6 Anlage und Umwelt-Interaktion: Einfluss dispositioneller Faktoren

santerweise zeigte sich ein modulierender Effekt früher Traumatisierung auf die Regulation der HHNA (Tyrka et al. 2009). Diese Gen-Umwelt-Interaktion auf endokriner Ebene lässt vermuten, dass Personen mit dem risikobehafteten Polymorphismus prädisponiert sind, infolge früher Traumatisierung eine gesteigerte Signalweiterleitung der CRH-Rezeptoren mit den Konsequenzen eines hyperaktiven endokrinen Stressverarbeitungssystems zu entwickeln (Heim u. Binder 2012).

Untersuchungen der Arbeitsgruppe um Binder sowie weitere Studien haben insbesondere gezeigt, dass Polymorphismen des FKBP5-Gens, das die Funktion der Glucocorticoid-Rezeptoren moduliert, in Interaktion mit früher Traumatisierung zur Vorhersage von PTBS, Suizidalität und Depression herangezogen werden können (Koenen et al. 2005; Binder et al. 2008; Roy et al. 2010; Appel et al. 2011; Mehta et al. 2011; Zimmermann et al. 2011). Vermutlich wird der Zusammenhang der Polymorphismen in den Genen, welche die HHNA regulieren, mit gesteigertem Depressionsrisiko bei Vorliegen früher Traumata über eine Resistenz der Glucocorticoid-Rezeptoren oder einer gesteigerten Aktivität der HHNA insgesamt vermittelt.

Es gibt weitere Kandidatengene, deren Untersuchung ähnliche Erkenntnisse im Sinne einer Gen-Umwelt-Interaktion bei der Entwicklung psychopathologischer Auffälligkeiten lieferten. Folgende Gene der stressregulatorischen Systeme, die das Zusammenspiel früher aversiver Umgebungsfaktoren und der Entwicklung affektiver Störungen modulieren, sind identifiziert worden: das Oxytocin-Rezeptor-Gen, das Serotonin-Rezeptor-3A-Gen, das BDNF-Gen und das Dopamin-D2-Rezeptor-Gen (Gatt et al. 2009, 2010; Conway et al. 2010; Hayden et al. 2010; Bradley et al. 2011; Thompson et al. 2011). Nach den zahlreichen Kandidatengen-basierten Assoziationsstudien besteht das Ziel gegenwärtiger Forschung nun in der Durchführung genomweiter Assoziationsstudien. In solchen Untersuchungen werden im gesamten Genom Polymorphismen identifiziert, die mit bestimmten Krankheiten assoziiert werden können. Derartige Untersuchungsansätze benötigen weitaus größere Populationen und internationale Forschungsverbünde. Dem Psychiatric Genomic Consortium gelang es nun aktuell, anhand eines Genvergleichs zwischen 33332 Patienten und 27888 Kontrollen fünf Risiko-Genorte zu identifizieren, die bei der Entstehung verschiedener psychischer Störungen bedeutsam sind. In diesem Fall konnten die gefundenen Riskio-Genorte mit Depression, Bipolarer Störung, Schizophrenie, Autismusspektrumstörung und der Aufmerksamkeitsdefizit-Hyperaktivitätsstörung (ADHS) assoziiert werden (Cross-Disorder Group of the Psychiatric Genomics 2013).

> **Merke**
>
> In den vergangenen Jahren konnte eindrucksvoll bestätigt werden, dass Gen-Umwelt-Interaktionen eine starke Vorhersagekraft für die Entwicklung einer Depression besitzen, während der monokausale genetische Einfluss gering zu sein scheint.

Als molekularer Mechanismus, der diesen Interaktionen wahrscheinlich zugrunde liegt, werden aktuell epigenetische Veränderungen diskutiert. Im Folgenden soll ein Überblick über die Untersuchungen zu epigenetischen Veränderungen nach früher Traumatisierung gegeben werden.

3.7 Epigenetische Effekte früher Traumatisierung

Aktuelle Forschungsansätze machen es sich zum Ziel, die molekularen Mechanismen aufzuklären, die den relevanten Gen-Umwelt-Interaktionen im Zusammenhang mit der Ätiologie verschiedener psychischer Störungen zugrunde liegen. Erste Fortschritte liefern Studien, die zeigen konnten, dass Traumata Spuren im Erbgut hinterlassen können, die ein erhöhtes Erkrankungsrisiko bei Vorliegen weiterer Stressoren reflektieren. Bei diesen Spuren im Erbgut handelt es sich um epigenetische Veränderungen der DNA.

3.7.1 Epigenetische Programmierung

Epigenetik bezeichnet die Einflüsse verschiedener Umweltfaktoren auf die Transkription der DNA. Das bedeutet, dass sich Gene hinsichtlich ihrer Aktivierbarkeit, nicht jedoch in Bezug auf ihre Zusammensetzung verändern. Über epigenetische Mechanismen können Umwelteinflüsse Gene gewissermaßen an- bzw. ausschalten, das heißt deren Aktivierbarkeit beeinflussen, ohne die ursprüngliche Sequenz der DNA zu verändern.

Zu den wichtigsten epigenetischen Veränderungen zählen die Methylierung spezieller DNA-Abschnitte sowie die Modifizierung bestimmter Histone und die Aktivität nichtkodierender Ribonukleinsäuren, sogenannter Mikro-Ribonukleinsäuren (Ptak u. Petronis 2010).

Der im Zusammenhang mit früher Traumatisierung bekannteste epigenetische Mechanismus ist die Methylierung, die als „Schaltersystem" der Transkription genetischer Information verstanden werden kann (Bonasio et al. 2010). Methylierung bezeichnet den Vorgang, bei dem Methylgruppen an Cytosin-Basen andocken, denen eine Guanin-Base folgt. Darauf folgende Gensequenzen können nicht abgelesen werden, da der Zugang der Transkriptionsfaktoren zu den regulatorischen Elementen des Gens und somit die Gen-Expression eingeschränkt ist, das Gen ist schwerer aktivierbar. Bei einer Demethylierung hingegen werden Methylgruppen auf der Erbsubstanz abgespalten, was die leichtere Aktivierbarkeit des Gens zur Folge hat (Abb. 3-4).

Zahlreiche Tier- und Humanuntersuchungen haben die langfristigen epigenetischen Effekte früher Traumatisierung im Genom belegen können, welche die Expression von Genen verändern und somit neurobiologische Faktoren bis ins Erwachsenenalter beeinflussen können (Weaver et al. 2004; Murgatroyd et al. 2009; McGowan et al. 2011). Frühe Traumatisierung kann sowohl mit einer Hyper- als auch einer Demethylierung bestimmter Gen-Orte (Promoter-Regionen) assoziiert werden. Im Rahmen früher Stresserfahrungen ist insbesondere das Glucocorticoid-Rezeptor-Gen von Interesse. Die Bedeutung der Glucocorticoid-Rezeptoren für die bei psychischen Störungen häufig vorliegende Dysregulation der HHNA ist in diesem Kapitel herausgearbeitet worden. Weaver et al. (2004) untersuchten Nachkommen von Ratten mit einem starken mütterlichen Pflegeverhalten und verglichen diese mit solchen, die geringere Fürsorge erfuhren. Es zeigte sich eine unterschiedliche Methylierung der Promoter-Region des Glucocorticoid-Rezeptor-Gens. Eine geringere mütterlicher Fürsorge hat folglich die Aktivierbarkeit des Glucocorticoid-Rezeptor-Gens verändert.

McGowan et al. (2009) gelang es erstmals, Methylierungsmuster post mortem beim Menschen zu untersuchen. Suizidop-

3.7 Epigenetische Effekte früher Traumatisierung

① Histonmodifikation
→Epigenetische Faktoren binden an Histone und verändern somit die Aktivierbarkeit der Gene

Methylgruppe
kann die Ablesbarkeit der Promoterregion beeinflussen

② Methylierung (Ab-/Einschalten von Genen)
→Methylgruppen können an die DNA andocken und die Aktivierbarkeit und somit die Expression der Gene beeinflussen

Epigenetischer Faktor (z.B. Acetylgruppe)

Chromosom

DNA-Doppelhelix

DNA-Basen
Cytosin paart sich mit Guanin

Histonproteine, um die sich die DNA winden kann

Promoterregion
An-/Ausschalter des Gens

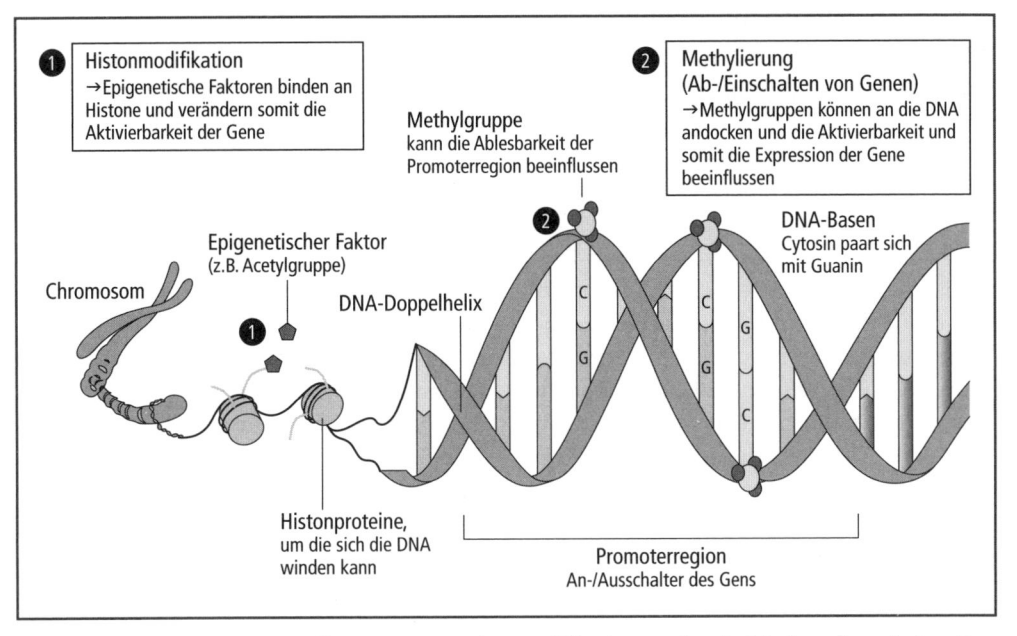

Abb. 3-4 Schematische Darstellung epigenetischer Modifikationen, die als Schnittstelle zwischen Umwelt und Phänotyp diskutiert werden. Äußere Faktoren modulieren das Chromatin und beeinflussen somit die Transkription der DNA. Dargestellt sind zwei unterscheidbare Veränderungen: DNA-Methylierung und Histonmodifikation.

fer, die in ihrer Kindheit missbraucht worden sind, wiesen im Vergleich zu Suizidopfern ohne Missbrauchserfahrung eine erhöhte DNA-Methylierung in einer Promoter-Region des Glucocorticoid-Rezeptor-Gens auf. Diese epigenetische Veränderung hatte eine verringerte Expression von Glucocorticoid-Rezeptoren im Hippocampusgewebe zur Folge, was wiederum mit einer erhöhten Stressreaktivität assoziiert werden konnte. Dieser Befund entspricht dem im Verlauf dieses Kapitels dargestellten Zusammenhang zwischen früher Traumatisierung und der daraus resultierenden Dysregulation des Glucocorticoid-Rezeptor- und Stresshormon-Systems. Vermutlich führen derartige epigenetische Prozesse zu der reduzierten Feedbacksensitivität der HHNA infolge früher Traumatisierung und tragen somit zu einer langfristig gesteigerten Reaktivität auf Stressoren im Erwachsenenalter und einer Disposition für die genannten psychischen Erkrankungen bei.

Elliott et al. (2010) demonstrierten in einer tierexperimentellen Untersuchung die epigenetische Programmierung in Form von Hypomethylierung der Region des Genoms, die für die Genregulation von CRH relevant ist. Die Tiere wiesen eine langfristig gesteigerte CRH-Ausschüttung infolge mütterlicher Trennung auf. Eine Übertragung dieser Befunde auf Humanstudien steht noch aus.

An dieser Stelle muss angemerkt werden, dass traumainduzierte epigenetische Veränderungen vermutlich weit mehr als die bislang bekannten und hier aufgeführten Gene in ihrer Transkription beeinflussen (McGowan et al. 2011).

3.7.2 Epigenetische Veränderungen als molekulare Grundlage von Gen-Umwelt-Interaktionen

Von besonderer Bedeutung ist eine aktuelle Studie, die erstmals einen genauen molekularen Mechanismus identifiziert, der den Einfluss der Interaktion von früher Traumatisierung und genetischer Disposition auf das Erkrankungsrisiko verschiedener stressassoziierter psychischer Störungen vermittelt (Klengel et al. 2013). Wie bereits in anderen Studien gezeigt worden ist, existiert eine Allelvariante des FKBP5-Gens, das den Glucocorticoid-Rezeptor (GR) feinreguliert, welche mit einem erhöhten Risiko für affektive Störungen nach früher Traumatisierung einhergeht (Binder et al. 2008; Roy et al. 2010; Zimmermann et al. 2010; Mehta et al. 2011). Den Forschern gelang es nun, den molekularen Mechanismus dieser Gen-Umwelt-Interaktion aufzuklären (Klengel et al. 2013). Sie demonstrierten beim Menschen, dass es bei Trägern des Risikoallels in Interaktion mit Misshandlung in der Kindheit zu Demethylierung der DNA in einer Glucocorticoid-responsiven Region des FKBP5-Gens kommt, gemessen in DNA aus peripheren Blutzellen. Diese Demethylierung führt zu einer relativen Resistenz des GR, was nachfolgend zu globalen Änderungen der Genexpression und einer Dysregulation des Stresssystems führt. Das bedeutet, dass frühe Stresserfahrungen, vermittelt über Glucocorticoid-Anstiege, das FKBP5-Gen manipulieren und diese epigenetische Veränderung für ein erhöhtes Risiko der Entwicklung einer psychiatrischen Erkrankung verantwortlich zu sein scheint. Anhand von In-vitro-Untersuchungen in menschlichen hippocampalen Zelllinien konnte gezeigt werden, dass diese in DNA aus Blutzellen gemessene Demethylierung tatsächlich ein Glucocorticoid- und entwicklungsabhängiges Ereignis ist und möglicherweise auf das Gehirn übertragen werden kann: Die Inkubation der Neuronen mit Glucocorticoiden führt tatsächlich zur Demethylierung des FKBP5-Gens in denselben Loci, wie sie auch nach früher Traumatisierung in peripheren Blutzellen von betroffenen Risikoallelträgern beobachtet wurde. Diese Demethylierung konnte nur bei Zellen in der Differenzierungs- und Proliferationsphase, nicht aber bei ausgereiften Neuronen induziert werden. Nach Auswaschung der Glucocorticoide blieb die Demethylierung in diesen Zellen stabil (Klengel et al. 2013).

> **Merke**
> Zusammenfassend verweisen die dargestellten Befunde darauf, dass frühe Traumatisierung in Abhängigkeit der genetischen Prädisposition zu epigenetischen Änderungen in stressregulativen Genen führt, was über eine Veränderung der Genaktivität (bspw. GR-Resistenz) die nachfolgende Freisetzung von Stresshormonen weiter beeinflusst. Über die Zeit trägt diese Fehlstellung zu strukturellen und funktionellen Änderungen in neuronalen Schaltkreisen bei, welche an der Vermittlung von Stress und Emotionen beteiligt sind. Bei weiterem Stress kann es zur Überaktivierung und mangelnden Kompensationsfähigkeit in diesen Schaltkreisen kommen, was in der Folge einerseits zu erhöhten endokrinen, autonomen und immunologischen Stressreaktionen sowie andererseits zu Verhaltensänderungen führen kann, welche dem klinischen Phänotypen der Depression und, der Angststörungen und anderer Störungen entsprechen. Erfolgreiche Therapien oder protektive Faktoren, wie Coping oder soziale Unterstützung, können diesen vulnerablen Phänotypen möglicherweise über Einflüsse auf die beteiligten neuralen Schaltkreise modulieren (Abb. 3-5).

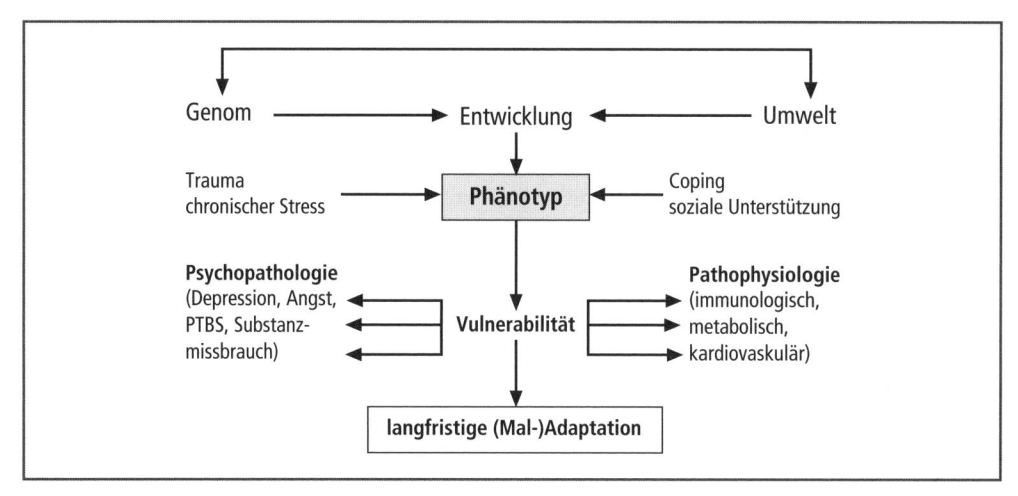

Abb. 3-5 Modell der Interaktion zwischen genetischer Disposition und frühen Erfahrungen in der Programmierung eines vulnerablen Phänotypen mit Änderungen in neuronalen Schaltkreisen der Stressregulation. Bei weiterem Stress kommt es zu einer mangelnden Anpassungsfähigkeit in diesen Schaltkreisen mit nachfolgend erhöhten physiologischen Stressreaktionen und Verhaltensänderungen, welche dem klinischen Phänotypen der Depression, Angststörungen und anderer traumaassoziierter Störungen entsprechen. Erfolgreiche Therapien sowie protektive Faktoren, wie Coping und soziale Unterstützung, können die Effekte früher Stresserfahrungen möglicherweise über Einflüsse auf die neuronale Schaltkreise verringern (übersetzt und modifiziert nach Ladd et al. 2000).

3.8 Implikationen für Forschung, diagnostische Klassifikation und Therapie psychischer und psychosomatischer Störungen

Das zunehmende Wissen über die biologischen Effekte früher Stresserfahrungen und deren Bedeutsamkeit in der Entwicklung psychischer und somatischer Störungen besitzt wichtige Implikationen nicht nur für die zukünftige Forschung, sondern auch für die Klassifikation und Therapie dieser Störungen:

- Angesichts der hohen Prävalenz früher Stresserfahrungen unter Patienten mit o. g. Störungen und in der Allgemeinbevölkerung ist es wahrscheinlich, dass in früheren Studien zu diesen Störungen sowohl Patienten wie auch Kontrollen mit frühen Stresserfahrungen eingeschlossen, jedoch die Effekte dieser Erfahrungen auf die biologischen Befunde nicht kontrolliert wurden. Ergebnisse aus unseren eigenen Studien verweisen auf die Existenz von biologisch unterscheidbaren Subgruppen depressiver Patienten in Abhängigkeit des Vorliegens früher Stresserfahrungen. Es kann vermutet werden, dass viele der bekannten Befunde bei der Depression, wie zum Beispiel Abweichungen der endokrinen Stressreaktion oder strukturelle Veränderungen wie ein verringertes Hippocampusvolumen, auf frühe Stresserfahrungen zurückzuführen sind und somit nur bei Patienten vorliegen, die Opfer früher Traumatisierung sind. Eine ähnliche Konfundierung könnte auch in Kontrollgruppen sowie in Studien zu anderen Störungen vorliegen. Neben den

genannten Befunden können auch Symptomkombinationen und Komorbiditätsraten in Abhängigkeit früher Stresserfahrungen variieren (Molnar et al. 2001). In zukünftigen Untersuchungen zu den relevanten klinischen Störungsbildern sollte das Wissen um eine mögliche Konfundierung der Ergebnisse durch das Vorhandensein früher traumatischer Erlebnisse ausreichend betrachtet werden.
- Die Klassifikation der Depression und anderer psychischer Störungen wird schon seit Langem kontrovers diskutiert. Mit Einführung des DSM-III wurde ein rein deskriptiver, symptomorientierter Ansatz gewählt, welcher unabhängig von ätiologischen Theorien sein sollte (Wilson 1993). Allerdings hat sich gezeigt, dass sich aus diesem Ansatz weder einheitliche Forschungsergebnisse noch Prädiktoren für den Therapieerfolg ergeben haben. Vielmehr wird nun argumentiert, dass Paradigmen psychischer Störungen unter Verwendung klinischer, ätiologischer und biologischer Variablen empirisch getestet werden sollten. Angesichts der in diesem Kapitel diskutierten Befunde sollten frühe Stresserfahrungen in solchen Modellen berücksichtigt werden. Eine neue Typologie psychischer und psychosomatischer Störungen auf der Grundlage entwicklungspsychobiologischer Muster könnte zu einer verbesserten Behandlung und zur Vorhersage des Therapieerfolgs beitragen.
- Die Befunde zur Existenz von Subgruppen psychischer Störungen in Abhängigkeit des Vorliegens früher Stresserfahrungen können wichtige therapeutische Implikationen besitzen. Beispielsweise könnten depressive Patienten mit und ohne frühe Stresserfahrungen auf unterschiedliche Behandlungen anspre-

chen. In einer wegweisenden Studie wurde diese Fragestellung untersucht (Nemeroff et al. 2003). Patienten mit chronischer Depression wurden pharmakologisch, psychotherapeutisch oder mit einer Kombinationstherapie behandelt. Über die Gesamtgruppe waren die Effekte von Pharmako- und Psychotherapie jeweils vergleichbar, wobei die Kombination beider Therapien den Einzelformen überlegen war. Bei der Unterteilung der Patienten in Abhängigkeit des Vorliegens früher Traumata ergab sich jedoch ein anderes Bild: Depressive Patienten mit diesen Erfahrungen sprachen sehr viel besser auf Psychotherapie als auf Pharmakotherapie an. Die Psychotherapie erreichte einen mit der Kombinationstherapie vergleichbaren Effekt; bei depressiven Patienten ohne frühe Traumata ergab sich ein umgekehrtes Muster (Abb. 3-6). Ähnliche Ergebnisse wurden für andere Störungen, wie funktionelle Darmerkrankungen, beschrieben. In einer prospektiven Untersuchung haben Creed et al. (2005) gezeigt, dass Reizdarm-Patienten mit sexuellen Missbrauchserfahrungen in besonderer Weise von einer psychotherapeutischen im Vergleich zu einer pharmakologischen Intervention profitieren konnten. Eine aktuelle Metaanalyse von Nanni et al. (2012) zeigt, dass frühe traumatische Erfahrungen einen Einfluss sowohl auf den Verlauf der Depression als auch auf den Therapieerfolg haben. Im Vergleich zu depressiven Patienten ohne traumatische Erfahrungen profitierten Patienten mit frühen Traumata weniger von der Therapie und wiesen ein höheres Risiko für einen chronischen Verlauf auf. Die Befunde verweisen darauf, dass das Vorliegen früher Stresserfahrungen als Prädiktor bei kli-

3.8 Implikationen für Forschung, diagnostische Klassifikation und Therapie

nischen Entscheidungen berücksichtigt werden sollte. Unterschiede im Erfolg verschiedener Therapiearten in Abhängigkeit früher Stresserfahrungen können auf unterschiedliche Mechanismen der Störungsentstehung zurückgeführt werden, welche durch verschiedene Therapieformen unterschiedlich beeinflusst werden. Um einen optimalen Behandlungserfolg zu erreichen, sollten in der Zukunft Strategien entwickelt werden, welche direkt auf differenzielle psychobiologische Mechanismen der Störungsentstehung bzw. auf deren zugrunde liegenden epigenetische Prozesse einwirken (Heim et al. 2004, 2013).

- Es gilt als allgemein akzeptiert, dass eine Vielzahl psychischer Störungen im Rahmen einer Interaktion von genetischer Disposition und negativen Umweltfaktoren betrachtet werden muss. Vermutlich reflektiert die relevante genetische Disposition eine generell erhöhte Sensitivität gegenüber der Umwelt. Das würde bedeuten, dass Personen, die besonders vulnerabel für die negativen langfristigen Auswirkungen früher aversiver Bedingungen sind, auch im erhöhten Maße von positiven Umweltfaktoren oder psychologischen Interventionen profitieren könnten. Die Forschung zur Epigenetik liefert beträchtliche Fortschritte in der Aufklärung der genauen Mechanismen, die diesen Gen-Umwelt-Interaktionen zugrunde liegen. So gelingt es, einen Einblick in die vermittelnden molekularen Prozesse sowie die Konsequenzen des Zusammenspiels aus Genetik und Umwelt zu gewinnen. Dieses Wissen ermöglicht ein besseres Verständnis der Pathophysiologie verschiedener Störungen unter Berücksichtigung sowohl genetischer als auch erfahrungsabhängiger Faktoren und liefert den zu-

Abb. 3-6 Remissionsraten in Abhängigkeit der Behandlungsform und des Vorliegens früher Traumata bei Patientinnen und Patienten mit chronischer Depression. Ein Wert von ≤ 8 in der Hamilton-Depressionsskala (24 Items) wurde als Remission definiert. Depressive Patientinnen und Patienten mit frühen Traumata zeigten eine höhere Remissionsrate nach Psychotherapie im Vergleich zu Pharmakotherapie (Wald χ^2 = 6.8912, df = 1, p = 0.0087) (übersetzt nach Nemeroff et al. 2003).

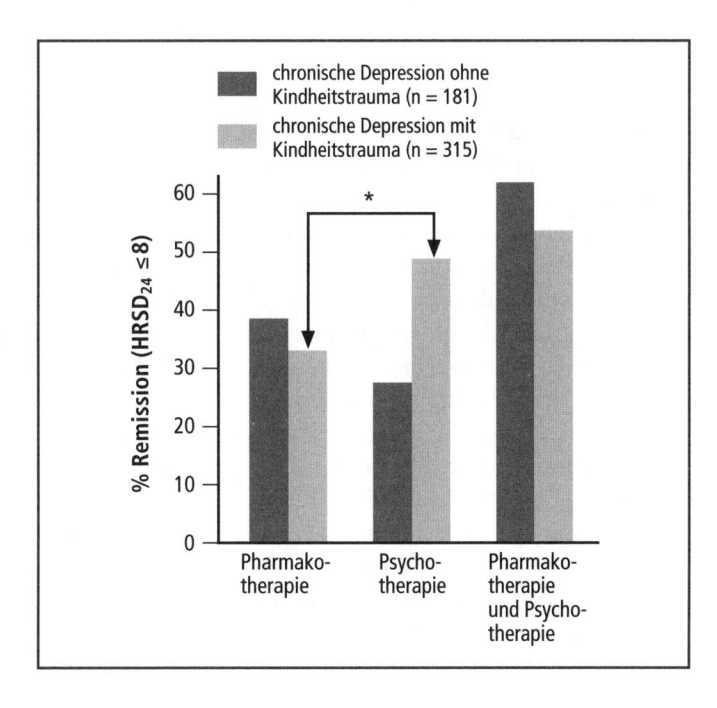

künftigen Nutzen neuer pharmakologischer Behandlungsansätze, die auf diese molekularen Mechanismen abzielen. Aus weiteren Fortschritten innerhalb dieses Forschungsbereiches ergäben sich somit neue Ansatzpunkte in der Behandlung bereits manifestierter Störungen. Außerdem könnten möglicherweise die unmittelbare biologische Einbettung der Traumatisierung auf molekularer Ebene unterbunden und das Erkrankungsrisiko reduziert werden, z. B. indem das Glucocorticoid-System pharmakologisch normalisiert wird. Zudem erlaubt das Wissen über genetische Vulnerabilitäten sowie das Wissen über die Mechanismen der biologischen Einbettung von früher Traumatisierung die Identifikation biologischer Marker, anhand derer sich frühzeitig Personen mit einem erhöhten Risiko für die negativen Konsequenzen früher traumatischer Erfahrungen identifizieren ließen. Solche biologischen Marker könnten weiterhin darauf hinweisen, welches Individuum auf welche Behandlungsform besonders gut anspricht. Dieses Wissen könnte die Entwicklung und Effizienz spezifischer Präventionsmaßnahmen maßgeblich verbessern.

- Bislang konnte der Einfluss des Zeitpunktes der traumatischen Ereignisse auf die neurobiologischen Folgen nicht eindeutig geklärt werden. Erste Untersuchungen legen die Vermutung nahe, dass es kritische Zeitfenster innerhalb der Entwicklung gibt, in denen Traumata aufgrund erhöhter Plastizität besonders ausgeprägte Effekte haben. Einhergehend mit den Fortschritten in der Identifikation vermittelnder molekularer Mechanismen sollten die Bemühungen zukünftiger Forschung nun darauf abzielen, den exakten zeitlichen Verlauf dieser molekularen Vorgänge innerhalb der Entwicklung aufzuklären. Eine Identifikation zeitlich sensibler Entwicklungsphasen würde eine gezieltere Intervention erlauben. Denn somit könnten exakte Zeitfenster identifiziert werden, in welchen psychotherapeutische oder pharmakologische Behandlungen möglicherweise besonders wirksam sind.

3.9 Zusammenfassung

In diesem Kapitel wurden die psychobiologischen Folgen lebensgeschichtlich früher Stresserfahrungen und deren Zusammenhang mit der Entwicklung von psychischen und psychosomatischen Störungen dargestellt. Zahlreiche Befunde zeigen, dass belastende oder traumatische Erfahrungen in der Kindheit zu langfristigen epigenetischen und dadurch vermittelt zu neurobiologischen Veränderungen innerhalb der Systeme führen, welche mit der Vermittlung von Stress und Emotionen assoziiert werden. Diese Veränderungen reflektieren eine gesteigerte Vulnerabilität für Stress, welche die Schwelle für die Entwicklung verschiedener stressbezogener Störungen herabsetzt. Einheitliche Forschungsbefunde zeigen deutlich, dass das gesteigerte Risiko für die Manifestation verschiedener psychischer und somatischer Störungen infolge traumatischer Erlebnisse insbesondere durch Gen-Umwelt-Interaktionen moderiert wird. Aktuelle Untersuchungen ermöglichen nun einen ersten Einblick in die genauen molekularen Mechanismen, welche die Grundlage dieser Interaktionen bilden. Des Weiteren ist die Bedeutung möglicher sensibler Zeitfenster in der Entwicklung herausgearbeitet worden, während der aversive Umgebungsfaktoren bei Personen mit genetischer Prädisposition besonders

3.9 Zusammenfassung

ausgeprägte und langfristige negative Auswirkung haben können. Möglicherweise profitieren diese Personen jedoch auch im besonderen Maße von protektiven Umweltfaktoren während dieser Phasen erhöhter Plastizität. Die genaue Identifikation dieser sensiblen Phasen sowie die Aufklärung der molekularen Einbettung relevanter Gen-Umwelt-Interaktionen im Zusammenhang mit der nach früher Traumatisierung erhöhten Vulnerabilität für zahlreiche Störungen implizieren demnach beträchtliche Fortschritte der Behandlungsmöglichkeiten. Eine Entwicklung von selektiven Interventionen, welche direkt die durch frühen Stress veränderten Schaltkreise und die diesen zugrunde liegenden molekularen Mechanismen modulieren, können einen wichtigen Beitrag zur Prävention und Therapie stressabhängiger psychischer und psychosomatischer Störungen liefern.

4 Traumatisierung und zerebrale Bildgebung

Thomas Beblo

Inhalt

4.1	Einleitung	66
4.2	Strukturelle Bildgebung	67
4.3	Funktionelle Bildgebung	69
4.4	Bildgebung im Therapieverlauf	73
4.5	Zusammenfassung	74

4.1 Einleitung

In den 1980er Jahren machten Robert Sapolsky, Bruce McEwen und Kollegen die Entdeckung, dass Stresserfahrungen das Gehirn schädigen können. Werden grüne Meerkatzen in einen engen Käfig gesperrt, attackieren die weiblichen Tiere die männlichen. Dabei kommt es für die männlichen Artgenossen zu derart extremem Stress, dass viele Tiere versterben. Bei Untersuchungen der Gehirne verstorbener Tiere fielen insbesondere Schädigungen des Hippocampus auf (Uno et al. 1989). Hippocampusschädigungen wurden auch beobachtet, wenn Stresshormone direkt in den Hippocampus implantiert wurden (Sapolsky et al. 1990). Damit lag der Schluss nahe, dass Stresshormone eine neurotoxische Wirkung entfalten können. Als wichtigstes Agens wird das Stresshormon „Cortisol" diskutiert, dessen Ausschüttung durch die Hypothalamus-Hypophysen-Nebennierenrinden-Achse (HHNA) reguliert wird (Abb. 4-1). Bei Verschwinden des auslösenden Stressors wird die HHNA durch negative Feedback-Mechanismen auf das basale Funktionsniveau zurückreguliert. Bei extremem Stress im Sinne traumatisierender Erfahrungen kann es indes auch zu einer andauernden Stressreaktion mit einer Veränderung der HHNA und möglichen neurotoxischen Effekten kommen.

Extrem hohe Cortisolkonzentrationen scheinen u. a. die Glucoseaufnahme der Nervenzellen zu beeinträchtigen, sie erhöhen die Sensibilität der Neurone für andere toxische Einflüsse (z. B. Ischämien), schädigen Neurone und verringern deren Neubildung (zum Überblick s. Sapolsky 1996; McEwen 2007; Woon et al. 2010). Diese Effekte betreffen insbesondere den Hippocampus, da diese Struktur des medialen Temporallappens eine besonders hohe

4.2 Strukturelle Bildgebung

Dichte an Corticosteroidrezeptoren aufweist.

Die tierexperimentellen Befunde werfen die Frage auf, ob auch beim Menschen unter traumatischem Stress das Gehirn geschädigt wird. Dabei muss unterschieden werden, ob es in der Folge des Ereignisses zu einer Fehlanpassung im Sinne einer psychischen Störung kommt oder ob die betroffene Person keine Symptome entwickelt. Eine psychische Störung, die häufig in der Folge traumatischer Ereignisse auftritt, ist die Posttraumatische Belastungsstörung (PTBS). Dabei schließt die traumatische Erfahrung sowohl eine ernsthafte eigene oder beobachtete Bedrohung als auch intensive Furcht mit ein und es kommt in der Folge für mindestens einen Monat zum Wiedererleben des Traumas, zu Vermeidung und einem erhöhtem Erregungsniveau (APA 1994). Doch auch andere psychische Störungen wie die Borderline-Persönlichkeitsstörung oder Depression werden mit traumatischen Erfahrungen, meist frühen Traumata, in Verbindung gebracht.

Mit der Entwicklung moderner Bildgebungstechniken besteht die Möglichkeit, die Gehirne traumatisierter Personen zu vermessen und ihre Funktionsweise zu studieren. Im Folgenden werden zunächst strukturelle und funktionelle Befunde vorgestellt und es wird der Frage nachgegangen, inwieweit diese Veränderungen reversibel sind. Abschließend wird die klinische Relevanz dieser Befunde diskutiert.

4.2 Strukturelle Bildgebung

Die meisten Arbeiten, in welchen strukturelle Auffälligkeiten des Gehirns bei traumatisierten Patienten untersucht wurden, beschreiben Auffälligkeiten der Hippocampusregion.

In der ersten Studie zu diesem Thema verglichen Bremner et al. (1995) traumatisierte Kriegsveteranen mit einer Posttraumatischen Belastungsstörung mit gesunden Kontrollprobanden. Dabei fanden sich zwar keine allgemeinen Unterschiede des Temporallappens, die Patienten zeigten aber ein um 8 % reduziertes Volumen des rechten Hippocampus. Dieser Befund ist überwiegend bestätigt worden, wobei inzwischen auch Veränderungen des linken Hippocampus nachgewiesen wurden. Auch bei anderen Arten der Traumatisierung, wie etwa sexuellem Missbrauch, wurden ähnliche Ergebnisse berichtet (Woon et al. 2010). Außerdem zeichnet sich ab, dass eine Posttraumatische Belastungsstörung mit weiteren hirnstrukturellen Auffälligkeiten assoziiert ist. Insbesondere wurden Volumenminderungen in verschiedenen frontalen und limbischen Arealen dokumentiert, wie dem anterioren cingulären Cortex (ACC), der Amygdala (Karl et al. 2006), der Insel (Her-

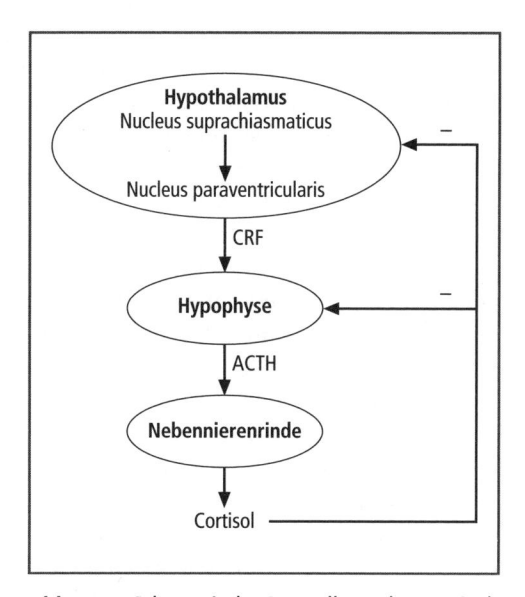

Abb. 4-1 Schematische Darstellung der Cortisolsekretion mit negativen Rückkopplungsmechanismen.

ringa et al. 2012), den Basalganglien und dem orbitofrontalen Cortex (Dannlowski et al. 2012). Doch auch Volumenminderungen des Okzipitallappens (Chao et al. 2012) und des prämotorischen Cortex (Rocha-Rego et al. 2012) wurden berichtet.

Es ist dabei von Bedeutung, ob die Patienten mit gesunden Kontrollprobanden ohne Traumaerfahrung verglichen werden oder mit traumatisierten Kontrollprobanden, welche die diagnostischen Kriterien einer psychischen Störung nicht erfüllen. Traumatisierte Personen ohne psychische Störung zeigen anscheinend Befunde, die zwischen traumaunerfahrenen Menschen und Patienten mit Posttraumatischer Belastungsstörung liegen. Dementsprechend ist in Studien, in denen Patienten mit einer Posttraumatischen Belastungsstörung mit traumatisierten gesunden Kontrollprobanden verglichen werden, die Befundlage weniger eindeutig (Woon et al. 2010). Auch hängen die Befunde von weiteren Faktoren ab. Kuo et al. (2012) berichteten ein vergrößertes Amygdalavolumen bei Kriegsveteranen mit Posttraumatischer Belastungsstörung gegenüber Veteranen ohne Posttraumatische Belastungsstörung. Allerdings zeigte sich in der Gesamtstichprobe, dass die Stärke der Traumatisierung – insbesondere im Zusammenhang mit zusätzlicher frühkindlicher Traumatisierung – mit geringeren Volumina assoziiert war. Insgesamt scheinen die Befunde nicht unbedingt spezifisch für eine Posttraumatische Belastungsstörung zu sein. Kroes et al. (2011a) berichteten etwa ähnliche Befunde bei Patienten mit Major Depression.

In einigen Studien deutet sich ein Zusammenhang zwischen hirnstrukturellen Veränderungen und Symptomen an. Kroes et al. (2011b) fanden einen Zusammenhang zwischen Flashbacks und reduziertem Volumen der Inselregion und des inferioren temporalen Gyrus. In der bereits zuvor zitierten Studie dieser Arbeitsgruppe waren Volumenminderungen des inferioren temporalen Cortex mit Angstsymptomen assoziiert (Kroes et al. 2011a). Ahmed et al. (2012) berichteten bei jugendlichen Patienten mit Posttraumatischer Belastungsstörung einen Zusammenhang zwischen Gedächtnisdefiziten auf der einen Seite und andererseits Volumenminderungen des Corpus callosum und der Insel.

Aufgrund der in der Einleitung beschriebenen tierexperimentellen Studien sind die strukturellen Veränderungen des Gehirns zunächst als Konsequenz neurotoxischer Glucocorticoideffekte interpretiert worden. Dafür spricht eine Zwillingsstudie von Kasai et al. (2008). Kriegsveteranen mit Posttraumatischer Belastungsstörung hatten gegenüber ihren Zwillingen, die entweder Kriegsveteranen ohne eine Posttraumatische Belastungsstörung oder nicht kriegserfahren waren, eine verringerte Dichte grauer Substanz im anterioren cingulären Cortex. Admon et al. (2013) untersuchten Soldaten vor und nach ihrem Militärdienst, in welchem sie intensivem Stress ausgesetzt waren. Soldaten, die während ihres Militärdienstes eine erhöhte Anzahl an Symptomen einer Posttraumatischen Belastungsstörung entwickelten, zeigten im Laufe der Militärzeit auch eine Abnahme des Hippocampusvolumens und eine Verringerung der funktionellen und strukturellen Konnektivität des Hippocampus mit dem ventromedialen präfrontalen Cortex. Das Hippocampusvolumen vor Beginn des Militärdienstes spielte hingegen als potenziell prädisponierender Faktor keine wesentliche Rolle. Cardenas et al. (2011) untersuchten das Gehirnvolumen von Patienten mit Posttraumatischer Belastungsstörung im Längsschnitt (Follow-up nach mindestens 2 Jahren). Patienten, deren Symptome sich über die Jahre verschlimmerten, zeigten eine Abnahme der Hirnsubstanz, insbesondere im frontalen und temporalen Cortex sowie im Hirnstamm. Dabei war die Abnahme der Hirnsubstanz mit Gedächtniseinbußen assoziiert.

In eine ähnliche Richtung weist auch eine Studie von Felmingham et al. (2009), in welcher das Hippocampusvolumen negativ mit der Dauer der Posttraumatischen Belastungsstörung korreliert war. Während die Autoren dieses Ergebnis primär als Hinweis darauf bewerten, dass sich eine Posttraumatische Belastungsstörung schädigend auf den Hippocampus auswirkt, kann hier umgekehrt nicht ausgeschlossen werden, dass die Posttraumatische Belastungsstörung bei Personen mit prämorbid geringerem Hippocampusvolumen eher chronifiziert.

Für diese Möglichkeit – dass also Personen mit verringertem Hippocampusvolumen anfälliger für die Auswirkungen traumatischer Ereignisse sind – spricht eine Vorgängerstudie (Gilbertson et al. 2002) der oben zitierten Arbeit von Kasai et al. (2008). In Bezug auf den Hippocampus konnten Gilbertson et al. nachweisen, dass die Stärke der Symptomatik einer Posttraumatischen Belastungsstörung sowohl mit dem Hippocampusvolumen der betroffenen Patienten als auch mit dem Volumen der nicht traumatisierten eineiigen Zwillinge korrelierte. Ebenso zeigten sowohl der traumatisierte als auch der nicht traumatisierte Zwilling geringere Hippocampusvolumina als die Zwillinge, von denen beide keine Posttraumatische Belastungsstörung entwickelten. Auch muss darauf hingewiesen werden, dass einige Studien chronisch verringerte statt erhöhte Cortisolwerte bei Patienten mit Posttraumatischer Belastungsstörung aufzeigen (Yehuda u. Seckl 2011).

Diese Ergebnisse verweisen auf die Möglichkeit, dass sich beide Mechanismen – die Schädigung des Gehirns durch psychische Traumata und die Erhöhung der Vulnerabilität des Gehirns durch vorbestehende zerebrale Substanzminderungen – ergänzen und vielleicht sogar gegenseitig verstärken. Dabei sollte auch die Rolle weiterer Faktoren, die sich als relevant erwiesen haben, berücksichtigt werden, wie etwa die genaue Lokalisation des untersuchten Hirnareals, die Traumatisierungsschwere, der Verlauf der Posttraumatischen Belastungsstörung und das Vorliegen von Vortraumatisierungen. Sicher sind weitere Studien nötig, um die kausalen Verhältnisse genauer aufzuklären.

4.3 Funktionelle Bildgebung

Funktionelle Bildgebungsstudien richten sich auf die Funktionsweise des Gehirns im Ruhezustand oder bei bestimmten Aufgaben. Primär ist bei traumatisierten Patienten in funktionellen Bildgebungsstudien der Abruf traumatischer Erinnerungen untersucht worden. Die Erinnerungen wurden in der Regel mittels sogenannter Symptom-Provokations-Paradigmen ausgelöst. Beim häufig eingesetzten „Script-Driven-Imagery" wird zunächst zusammen mit den Patienten die Traumaerfahrung verschriftlicht. Das so erstellte Skript wird ihnen dann im Scanner vorgelesen. Die Patienten werden instruiert, sich dabei so gut wie möglich in die Traumasituation zurückzuversetzen und die Erinnerungen entsprechend lebendig abzurufen.

Rauch et al. (1996) präsentierten Patienten mit Posttraumatischer Belastungsstörung traumabezogene und neutrale Skripts. Durchblutungsanstiege während der Präsentation des traumabezogenen Skripts wurden v. a. in (para-)limbischen Arealen wie der Amygdala sowie dem insulären und orbitofrontalen Cortex gefunden. Durchblutungsrückgang zeigte sich in dem für Sprache relevanten Broca-Areal und dem mittleren temporalen Cortex. Leider wurden keine Kontrollprobanden untersucht, was die Aussagekraft dieser frühen Positronenemissionstomografie-(PET-)Studie begrenzt.

Bremner et al. (1999) zeigten Vietnam-Veteranen mit und ohne Posttraumatische Belastungsstörung Kriegsbilder, gepaart mit typischen Kriegsgeräuschen, sowie neutrale Bilder. Im Gegensatz zu den Veteranen ohne Posttraumatische Belastungsstörung zeigten die Patienten während der Triggerung von Kriegserinnerungen eine Durchblutungsabnahme in Gehirnarealen, die für die (Top-down-)Kontrolle emotionaler Prozesse verantwortlich gemacht werden, wie insbesondere dem medialen präfrontalen Cortex. Bei den Veteranen ohne Posttraumatische Belastungsstörung kam es außerdem zu einer stärkeren Aktivierung des anterioren cingulären Cortex (ACC), einem Areal, welchem über exekutive Kontrollprozesse auch eine Bedeutung bei der Verarbeitung von Angst zugeschrieben wird.

In einer Studie mit früh traumatisierten Patientinnen mit einer Borderline-Persönlichkeitsstörung (BPS) haben wir mittels funktioneller Magnetresonanztomografie (fMRT) den Abruf traumatischer Erinnerungen mit dem Abruf negativer, aber nicht traumatisierender Erinnerungen verglichen (Driessen et al. 2004). Während sich bei Borderline-Patientinnen mit zusätzlicher Posttraumatischer Belastungsstörung primär limbische und paralimbische Aktivierungen – inklusive der Amygdala – zeigten (Abb. 4-2), waren bei den Patientinnen ohne komorbide Posttraumatische Belastungsstörung (aber mit Traumatisierung) vorrangig Areale aktiviert, die mit Sprache

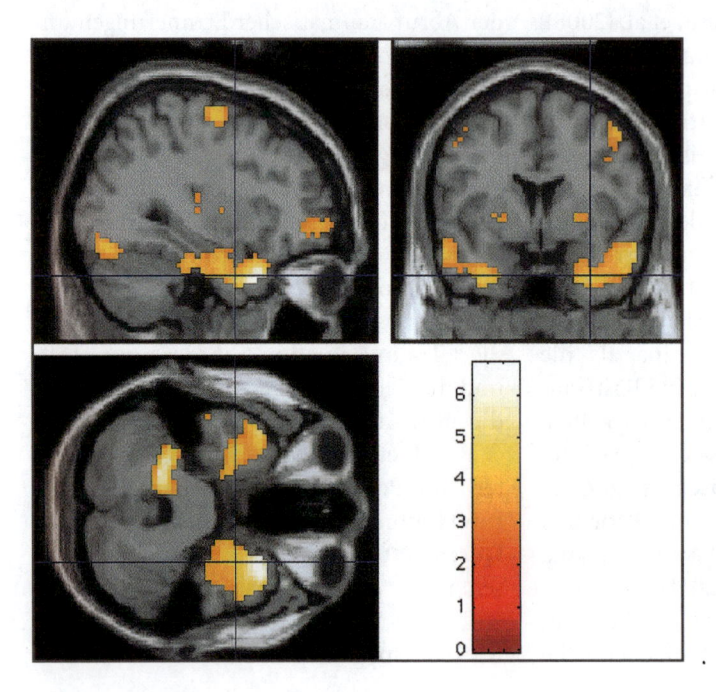

Abb. 4-2 Kontrast zwischen Erinnerungen an Traumatisierung minus Erinnerungen an negative, verarbeitete Ereignisse bei Patientinnen mit Borderline-Persönlichkeitsstörung und Posttraumatischer Belastungsstörung (n = 6; Driessen et al. 2004).

4.3 Funktionelle Bildgebung

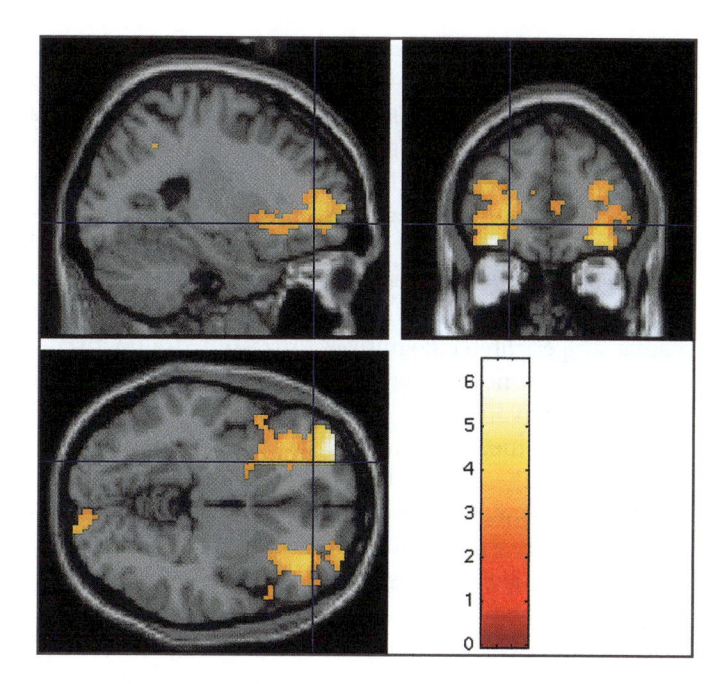

Abb. 4-3 Kontrast zwischen Erinnerungen an Traumatisierung minus Erinnerungen an negative, verarbeitete Ereignisse bei Patientinnen mit Borderline-Persönlichkeitsstörung und ohne Posttraumatische Belastungsstörung (n = 6; Driessen et al. 2004).

und deklarativen Gedächtnisprozessen in Verbindung stehen, wie dem Broca-Zentrum und weiteren präfrontalen Arealen (Abb. 4-3). Diese Daten zeigen also auch bei Borderline-Patientinnen mit komorbider Posttraumatischer Belastungsstörung eine traumaspezifische Aktivierung neuronaler Netzwerke.

Aus Befunden wie diesen ist die Vorstellung über Patienten mit Posttraumatischer Belastungsstörung entstanden, dass beim Abruf traumatischer Erinnerungen einerseits limbische Areale, wie insbesondere die Amygdala, verstärkt aktiviert sind, während die Aktivierung präfrontaler Areale, die eine Top-down-Kontrolle über das limbische System ausüben, vermindert ist. Diese Ergebnisse passen gut zum klinischen Erscheinungsbild der Patienten, welche häufig von unkontrollierbaren, sehr lebendigen und wenig versprachlichten Erinnerungen heimgesucht werden, die eher einem Wiedererleben als einer Erinnerung gleichen. Ebenso sind die Befunde gut in Modelle der Repräsentation traumatischer Erinnerungen integrierbar.

Metcalfe und Jacobs (1996) sowie Brewin et al. (1996) gingen davon aus, dass autobiografische Erinnerungen in zwei Gedächtnissystemen repräsentiert seien: einem amygdalabasierten, emotionalen „Hot Memory" und einem „Cool Memory", das im präfrontalen Cortex und Hippocampus lokalisiert sei. Während die emotionalen Erinnerungen des „Hot Memory" eher unabhängig von anderen Gedächtnisinhalten und reich an perzeptuellen Details seien sowie unkontrolliert ausgelöst würden, seien die eher kognitiven Erinnerungen des „Cool Memory" in die eigene Lebensgeschichte integriert, arm an Details und könnten kontrolliert abgerufen werden. Bei Patienten mit Posttraumatischer Belastungsstörung stünden diese beiden Systeme nicht in einem gesunden Gleichgewicht, sondern das „Hot Memory" sei dominant.

Einen weiteren Betrachtungsrahmen bieten Veränderungen des sogenannten „Default Mode Network" (DMN; Raichle et al. 2001) bei Posttraumatischer Belastungsstörung.

Der Fokus der kognitiven Neurowissenschaften besteht traditionell in der Erforschung zielgerichteter kognitiver Prozesse und assoziierter neuronaler Netzwerke. Im Gegensatz dazu liegt der Konzeptualisierung des DMN die Frage zugrunde, was das Gehirn im Ruhezustand tut. Das DMN schließt insbesondere den posterioren anterioren cingulären Cortex (ACC), den medialen präfrontalen Cortex und Teile des parietalen Cortex ein. Zwischen diesen Strukturen besteht eine hohe funktionelle Konnektivität, d. h. die Strukturen werden koordiniert aktiviert oder deaktiviert. Während sich Aktivierungen des DMN also typischerweise im Ruhezustand zeigen, nehmen die Deaktivierungen des Netzwerkes mit zunehmend geforderten kognitiven Ressourcen zu (Broyd et al. 2009). Dadurch wird deutlich, dass auch der „Ruhe" ein aktiver Zustand des Gehirns zugrunde liegt.

Bei Patienten mit Posttraumatischer Belastungsstörung scheinen DMN-Strukturen eine veränderte funktionelle Konnektivität aufzuweisen (Daniels et al. 2010; Patel et al. 2012). Es kann spekuliert werden, dass Veränderungen des DMN ein neuronales Korrelat für das Problem von Patienten mit Posttraumatischer Belastungsstörung darstellen, nicht zur Ruhe zu kommen.

Möglicherweise ist der Anspruch, ein einheitliches neuronales Aktivierungsmuster bei Posttraumatischer Belastungsstörung zu finden, verfehlt, da es wahrscheinlich verschiedene Subgruppen von Patienten mit Posttraumatischer Belastungsstörung gibt.

In einer Fallstudie untersuchten Lanius et al. (2003) ein Ehepaar, das einen schweren Autounfall erlebt hatte. Beide Partner waren in ihrem Auto für Minuten eingeschlossen, während sie beobachteten, wie in einem anderen Auto ein Kind verbrannte. Zwar entwickelten beide Partner eine Posttraumatische Belastungsstörung, reagierten jedoch in diesem Rahmen völlig unterschiedlich: Während der Mann beim Erinnern an den Unfall intensive Angst und Fluchtgedanken schilderte, berichtete die Frau, wie betäubt zu sein.

Lanius et al. (2010) gehen davon aus, dass ca. 70 % aller Patienten mit Posttraumatischer Belastungsstörung unter dem ständigen Wiedererleben des traumatischen Ereignisses litten, während 30 % eher mit Dissoziationen reagierten. Dabei zeigten Patienten mit sogenannten Typ-I-Traumata, d. h. singulären Traumatisierungen, bevorzugt Wiedererlebenssymptome, während Typ-II-Traumata, also chronische, oft in der Kindheit liegende Traumatisierungen eher von Dissoziationen begleitet seien.

Dissoziationen ermöglichten den Patienten, sich während des Traumas und danach psychisch vom überwältigenden emotionalen Gehalt ihrer Erfahrung zu lösen. Dies geschähe durch eine Veränderung des Bewusstseins, des Gedächtnisses, der Identität, des Körpergefühls und/oder der Wahrnehmung der Umwelt. Das Trauma werde vom „normalen Leben" abgespalten. Nach Lanius et al. (2010) reagierten solche Patienten mit einer Posttraumatischen Belastungsstörung nicht mit einer verringerten, sondern mit einer verstärkten emotionalen Kontrolle. Entsprechend zeigten die betroffenen Patienten beim Abruf traumatischer Erinnerungen auch das entgegengesetzte Muster neuronaler Aktivierungen: Statt einer erhöhten Aktivierung der Amygdala und verminderter Aktivierung präfrontaler Areale würden hier erhöhte Aktivierungen präfrontaler Areale – wie insbesondere des dorsalen anterioren cingulären Cortex und des medialen präfrontalen Cortex – sowie eine verminderte Aktivierung der Amygdala und der Inselregion gefunden.

Wahrscheinlich zeigen sich aber nicht nur bei der Provokation von Symptomen einer Posttraumatischen Belastungsstörung funktionelle Veränderungen des Gehirns, sondern auch bei der Verarbeitung positiver Stimuli. So fand sich bei Patienten mit Posttraumatischer Belastungsstörung, die eine Belohnung antizipierten, eine verringerte Aktivierung der Basalganglien (Elman et al. 2009). Dieser Befund war mit motivationalen Defiziten der Patienten korreliert und unterstreicht, dass eine Posttraumatische Belastungsstörung nicht allein mit verstärkten negativen Gefühlen wie etwa Angst einhergeht, sondern auch mit Anhedonie.

4.4 Bildgebung im Therapieverlauf

Wenn es nach psychischer Traumatisierung zu einer Veränderung neuronaler Netzwerke kommt, stellt sich auch die Frage, inwieweit diese pathologischen Veränderungen reversibel sind. Ein erster vielversprechender Befund mittels Single-Photon-Emissionscomputertomografie (SPECT) wurde 1997 von van der Kolk berichtet. Bei einem erfolgreich mit EMDR (Eye Movement Desensitization and Reprocessing) behandelten Patienten mit Posttraumatischer Belastungsstörung kam es nach Abschluss der Therapie (im Vergleich zu der Messung vor der Therapie) zu einem Aktivierungsanstieg im anterioren cingulären Cortex sowie im linken präfrontalen Cortex. Es kam also zu einer stärkeren Aktivierung in Gehirnarealen, die u. a. für die Kontrolle emotionaler Prozesse relevant und bei Posttraumatischer Belastungsstörung eher unteraktiviert sind.

Auch Markowitsch et al. (1998; 2000) berichteten von einem traumatisierten Patienten, bei dem es parallel zur klinischen Verbesserung zu einer weitgehenden Normalisierung des Gehirnmetabolismus kam. Nach einem traumatisierenden Ereignis zeigte der Patient zunächst deutliche neuropsychologische Auffälligkeiten, wie etwa anterograde und retrograde Gedächtnisdefizite. Positronenemissionstomografie-(PET-)Bilder des Gehirns wiesen auf eine Verminderung des Glucosemetabolismus um bis zu 90 % hin, insbesondere in gedächtnisrelevanten temporalen Strukturen. Zwölf Monate später, nach einer eher unregelmäßigen psychiatrischen und psychotherapeutischen Behandlung, hatten sich die neuropsychologischen Befunde deutlich verbessert. In der PET-Untersuchung zeigte sich sogar eine komplette Normalisierung des Glucosemetabolismus.

Adenauer et al. (2011) berichteten, dass eine erfolgreich durchgeführte Expositionsbehandlung bei Patienten mit Posttraumatischer Belastungsstörung zu einem Aktivierungsanstieg in parietalen und okzipitalen Hirnarealen geführt hatte. Die Autoren interpretierten diesen Befund als Zunahme corticaler Top-down-Kontrolle.

In einer PET-Studie konnten Fani et al. (2011) zeigen, dass die Behandlung von Patienten mit Posttraumatischer Belastungsstörung mit Placebo oder einem selektiven Serontonin-Wiederaufnahmehemmer (Selective Serotonin Reuptake Inhibitor, SSRI) zu einer Besserung der Symptomatik und einem Durchblutungsanstieg im anterioren cingulären Cortex führten, wenn die Probanden mit Traumaskripts konfrontiert wurden. Mit dem SSRI wurden gegenüber Placebo tendenziell günstigere Effekte gefunden.

Einige Studien deuten auch an, dass mit einer Posttraumatischen Belastungsstörung assoziierte strukturelle Veränderungen des Gehirns reversibel sind. Vermetten et al. (2003) fanden bei Patienten mit Posttraumatischer Belastungsstörung im Laufe einer neun- bis zwölfmonatigen Behandlung mit SSRI eine Zunahme des Hippocampusvolumens von 4,6 % sowie eine Verbesserung der Gedächtnisleistung. Allerdings zeigte sich kein signifikanter Zusammenhang zwischen Veränderungen der anatomischen (Hippocampusvolumen) und funktionellen (Gedächtnis) Daten. Bossini et al. (2011; 2012) berichteten ähnliche Ergebnisse für psychotherapeutisch behandelte Patienten: Nach dreimonatiger Behandlung mit EMDR wiesen Patienten, welche die Therapie abschließen konnten, keine Diagnose Posttraumatische Belastungsstörung mehr auf und es fand sich eine Zunahme des Hippocampusvolumens. In einer Studie von Lindauer et al. (2005) hingegen zeigte sich keine Veränderung des Hippocampusvolumens bei Psychotherapierespondern.

Es gibt ebenfalls Hinweise darauf, dass sich der potenziell schädigende Einfluss von Stress auf das Gehirn vermindert, Schädigungen des Gehirns also möglicherweise vorgebeugt werden kann. In einer retrospektiven Analyse fanden Head et al. (2012), dass bei gesunden, älteren Probanden der negative Effekt von Stress auf den Hippocampus durch körperliche Betätigung kompensiert werden konnte.

Aufgrund der wenigen vorliegenden Studien kann die Frage nach der Reversibilität neuronaler Veränderungen nicht abschließend beurteilt werden. Jedoch geben diese Studien Anlass zu vorsichtigem Optimismus: Neuronale Veränderungen, die im Zusammenhang mit psychischer Traumatisierung auftreten, scheinen partiell reversibel zu sein. Es ist natürlich von Vorteil, wenn solche Veränderungen erst gar nicht auftreten. Erste Studien weisen darauf hin, dass den negativen Effekten von Stress entgegengewirkt werden kann.

4.5 Zusammenfassung

Die dargestellten Befunde sind zweifelsohne von grundlegendem wissenschaftlichem Interesse und verdeutlichen die enge Beziehung zwischen Körper und Seele: „Seelische Narben" manifestieren sich im Nervensystem, ebenso wie körperliche Voraussetzungen die psychische Verarbeitung von Traumata beeinflussen. Das Erleben und Verarbeiten von traumatischem Stress hat körperliche und psychische Korrelate; neurophysiologische Prozesse und psychische Repräsentationen sind zwei Seiten einer Medaille.

Aus den dargestellten Studien können auch wichtige klinische Schlüsse gezogen werden: Die Bildgebungsbefunde weisen darauf hin, dass Strukturen, die für deklarativ-autobiografische Gedächtnisprozesse relevant sind, strukturell verändert (insbesondere der Hippocampus) und funktionell minderaktiviert sind (insbesondere der ventrale präfrontale Cortex). Minderaktiviert sind ebenso sprachrelevante Strukturen (Broca-Areal). Umgekehrt scheinen emotional relevante Strukturen, wie die Amygdala, beim Abruf traumatischer Erinnerungen überaktiviert zu sein.

4.5 Zusammenfassung

> **Merke**
> Für die Behandlung von Traumata ist daraus abzuleiten, dass Patienten mit einer Posttraumatischen Belastungsstörung darin unterstützt werden müssen, ihre traumatischen Erinnerungen zu verbalisieren und in einen lebensgeschichtlichen Zusammenhang (mit einer Anknüpfung an deklarativ-autobiografische Gedächtnisinhalte) zu bringen.

Tatsächlich implizieren eine Reihe von Expositionsverfahren eine Versprachlichung und Integration emotionaler Erlebnisinhalte. So hat sich etwa die prolongierte Expositionsbehandlung, in welcher der Patient die traumatische Situation erinnern und im Gesamtkontext berichten soll, in zahlreichen Studien als sehr wirksam erwiesen (Bryant et al. 1999). Manche therapeutischen Ansätze sehen im Anfertigen eines Narrativs sogar die zentrale Komponente der Traumatherapie: Die Narrative Expositionstherapie (NET; Neuner et al. 2004; Schauer et al. 2011) wurde zunächst entwickelt, um schwer und mehrfach traumatisierten Menschen in Kriegs- und Krisengebieten ein effizientes Behandlungsverfahren anbieten zu können. In vier bis zehn Sitzungen wird ein Narrativ der gesamten Lebensgeschichte erstellt. Der Schwerpunkt liegt hier bei traumatischen Erinnerungen, die gemeinsam mit dem Therapeuten rekonstruiert werden. Mittlerweile hat sich gezeigt, dass die NET in verschiedenen kulturellen Kontexten und bei unterschiedlichen Arten von Traumatisierung wirksam ist (Neuner et al. 2004; Catani et al. 2009).

Wie oben dargestellt, beschrieben Lanius et al. (2010) verschiedene psychophysiologische Reaktionsweisen bei Posttraumatischer Belastungsstörung: Während die Patienten typischerweise mit einer erhöhten Aktivierung der Amygdala und verminderter Aktivierung präfrontaler Areale reagierten, gibt es auch Patienten mit Posttraumatischer Belastungsstörung , die erhöhte Aktivierungen präfrontaler Areale – wie insbesondere des dorsalen anterioren cingulären Cortex und des medialen präfrontalen Cortex – sowie verminderte Aktivierungen der Amygdala und der Inselregion zeigen. Statt Angstsymptomen stehen bei diesen Patienten Dissoziationen und Gefühlstaubheit im Vordergrund. Lanius et al. (2010) raten, bei diesen Patienten mit Expositionsverfahren vorsichtig zu sein, und empfehlen, zunächst die dissoziative Symptomatik, die Emotionsregulation und das Sozialverhalten zu behandeln.

Die klinische Bedeutung neuronaler Veränderungen bei traumatisierten Patienten zeigt sich auch durch Untersuchungsergebnisse, die nahelegen, dass neuroanatomische Faktoren den Therapieerfolg beeinflussen. So erwies sich ein größeres Volumen des rostralen anterioren cingulären Cortex von Patienten mit Posttraumatischer Belastungsstörung als günstiger Prädiktor für den Erfolg Kognitiver Verhaltenstherapie (Bryant et al. 2008a). Ähnliche Befunde sind auch bei depressiven Patienten bekannt (Mayberg et al. 1997). Der rostrale anteriore cinguläre Cortex scheint für die Vermittlung kognitiver Inhalte auf die emotionale Reaktion relevant zu sein. Da die Kognitive Verhaltenstherapie im Kern auf die Abschwächung der emotionalen Reaktion durch Exposition abzielt, unterstreicht diese Studie die Relevanz des rostralen anterioren cingulären Cortex für das Extinktionslernen. Auch funktionell neuronale Parameter scheinen den Therapieerfolg vorherzusagen: Bei Patienten mit Posttraumatischer Belastungsstörung, die nicht auf eine Kognitive Verhaltenstherapie ansprachen, zeigte sich eine erhöhte Aktivität der Amygdala und des ventralen anterioren cingulären Cortex (Bryant et al. 2008a), einer Struktur, die im Gegensatz zum rostralen (und dorsalen) anterioren cingulären Cortex primär bei emotionalen Prozessen aktiv ist. Diese Befunde legen nahe, dass Patienten mit entsprechenden neuronalen Auffälligkeiten besonderer therapeutischer Anstrengungen bedürfen.

Bildgebung kann die konzeptuelle Entwicklung und Evaluation von Traumatherapien natürlich nicht ersetzen. Die konzeptuelle „Auflösung" der Bildgebung ist zu grob und die Ergebnisse sind insgesamt auch nicht widerspruchsfrei. Wird aus der funktionellen Bildgebung etwa die Forderung nach „Versprachlichung traumatischer Erlebnisinhalte" abgeleitet, bleibt völlig offen, wie diese Versprachlichung therapeutisch zu realisieren ist und ob sie für alle Patienten, Traumaarten und Traumaphasen nützlich ist. So gibt es auch therapeutische Ansätze, die zwar etwas mit Versprachlichung zu tun haben, deren Wirksamkeit inzwischen aber zumindest angezweifelt wird, wie etwa das „Debriefing" kurz nach dem traumatisierenden Ereignis.

5 Risikofaktoren, Schutzfaktoren und Resilienz bei Misshandlung und Vernachlässigung

Doris Bender und Friedrich Lösel

Inhalt

5.1	Einleitung	77
5.2	Rahmentheoretische Überlegungen	79
5.3	Risiko- und Schutzfaktoren in der Entstehung von Misshandlung	82
	5.3.1 Merkmale der Eltern	82
	5.3.2 Merkmale des Kindes	88
	5.3.3 Merkmale des sozialen Umfeldes	92
	5.3.4 Gesellschaftliche und kulturelle Faktoren	93
	5.3.5 Aspekte der Evolution	97
5.4	Risiko- und Schutzfaktoren hinsichtlich der Folgen der Viktimisierung	98
5.5	Zusammenfassung	102

5.1 Einleitung

Die Misshandlung von Kindern hat in Europa und Nordamerika erst im 19. Jahrhundert gesellschaftliche Aufmerksamkeit erhalten. Dies hing mit der Industrialisierung zusammen, in deren Verlauf die Kindheit als ein besonders unschuldiger und verletzlicher Lebensabschnitt betrachtet wurde, der des Schutzes bedurfte (Ariès 1975). In der ersten Hälfte des 20. Jahrhunderts erschienen zwar vereinzelt Publikationen zur Kindsmisshandlung, die systematische Forschung in größerem Umfang begann jedoch erst ab den 1960er Jahren (Zigler u. Hall 1989). Dabei spielte der Fortschritt in der Radiologie eine Rolle, denn er ermöglichte eine genauere Diagnostik von Verletzungen, die wesentlich zur Konzeption des „Battered Child Syndrome" beitrug (Kempe et al. 1962). Etwa ab dieser Zeit wurde auch die Öffentlichkeit in verstärktem Maße für die Probleme der Kindesmisshandlung sensibilisiert (Martinius u. Frank 1990). Seit 1980 hat vor allem der sexuelle Missbrauch in der Wissenschaft und Öffentlichkeit große Aufmerksamkeit erhalten (Behl et al. 2003).

In der Forschung über Kindesmisshandlung lassen sich verschiedene Trends erkennen (Behl et al. 2003; Bender u. Lösel 2004). So hat sich der Anteil empirischer Arbeiten deutlich erhöht (Leventhal 2003). Verbessert hat sich auch die Qualität, zum Beispiel durch mehr repräsentative Befragungen und Kontrollgruppen in klinischen Studien. Die Probleme bei der Definition und Operationalisierung der verschiedenen Misshandlungsphänomene werden durch systematische Klassifikationen vermindert, in denen die Art, Schwere und Häufigkeit der Vorkommnisse, die Beziehung zum Täter und die Unterbringung des Kindes berücksichtigt werden (Barnett et al. 1993; Malinosky-Rummell u. Hansen 1993; Wolfe u. McGee 1994; Manly et al. 2001). Auch die besonders schwierig zu erfassende emotionale Misshandlung erfährt mehr Aufmerksamkeit (McGee et al. 1997; Cicchetti et al. 2000). Unter ihr werden teilweise die psychische Misshandlung und psychische Vernachlässigung zusammengefasst (McGee u. Wolfe 1991). Man differenziert aber nicht nur verstärkt zwischen den verschiedenen Misshandlungsformen, sondern arbeitet zugleich Gemeinsamkeiten heraus. Dabei zeigt sich, dass Komorbidität eher die Regel als die Ausnahme ist (Wolfe u. McGee 1994; Häuser et al. 2011). Viele Kinder werden sowohl körperlich als auch psychisch misshandelt oder vernachlässigt (Claussen u. Crittenden 1991; McGee u. Wolfe 1991; Stanley u. Goddard 1993). Auch sexuell missbrauchte Kinder sind nicht selten anderen Misshandlungen ausgesetzt (Wetzels 1997a). Obwohl der sexuelle Missbrauch in der Bevölkerung besondere Aufmerksamkeit erhält, gehen emotionale Misshandlung und Vernachlässigung mit ähnlichen internalisierenden und externalisierenden Symptomen einher (z. B. Mills et al. 2013). Schwerste psychische und soziale Vernachlässigung führt zu besonders langwierigen und gravierenden Entwicklungsproblemen (Nelson et al. 2011).

Trotz der Fortschritte in der einschlägigen Forschung werden aber auch Defizite festgestellt (Feiring u. Zielinski 2011; Tonmyr et al. 2012): Zum Beispiel sind viele Studien nur deskriptiv angelegt. Es gibt noch zu wenige Untersuchungen an repräsentativen Stichproben. Aussagekräftige prospektiv-längsschnittliche Studien sind seltener als querschnittliche und retrospektive Designs. Darüber hinaus ist es wichtig, nicht nur zu fragen, warum es unter bestimmten Bedingungen zur Misshandlung/Vernachlässigung und ihren negativen Folgen kommt, sondern auch danach, warum beides unter ähnlichen Umständen vermieden werden kann. Das heißt, es geht nicht nur um Risiken, sondern ebenso um protektive Faktoren und Mechanismen. Diese von der Pathogenese zur Salutogenese erweiterte Perspektive ist ein allgemeiner Trend in der Entwicklungspsychopathologie. Den Kenntnissen über die Variabilität von Entwicklungsverläufen tragen dort die Konzepte der Äqui- und Multifinalität Rechnung (Cicchetti u. Rogosch 1996). Äquifinalität besagt, dass ein bestimmtes Erlebens- oder Verhaltensproblem durch unterschiedliche Faktoren entstanden sein kann. Demgegenüber bedeutet Multifinalität, dass bestimmte negative Erfahrungen oder Ereignisse recht unterschiedliche Auswirkungen auf die weitere Entwicklung haben können.

Die Forschung zu protektiven Faktoren und Mechanismen geschieht häufig unter dem Stichwort der Resilienz (resilience). Dieser Begriff ist aus der Physik entlehnt, wo er die elastische Abfederung, Widerstandsfähigkeit oder selbstständige Rückkehr eines verformten Objekts in den Ausgangszustand betrifft. In der Entwicklungspsychopathologie bedeutet er eine verminderte Verletzlichkeit gegenüber negativen Erfahrungen, Stress und Entwicklungsrisiken (Rutter 1985, 2012). Mit ihrem Fokus auf protektiven Prozessen ist die Resilienz ein zentrales Konzept der Entwicklungspsychopathologie geworden (Luthar et al. 2003; Lösel u. Bender 2003a; Cicchetti 2010; Masten 2011; Rutter 2012). Die Resilienzforschung ist jedoch kein Alternativprogramm zur traditionellen Untersuchung von Risiken und Vulnerabilitäten, sondern dazu komplementär. Risiko- und Schutzfaktoren müssen gemeinsam berücksichtigt werden, um Multifinalität adäquat zu erklären.

Der vorliegende Beitrag folgt einer solchen Perspektive. Es werden zuerst einige rahmentheoretische Überlegungen dargestellt. Im Hauptteil betrachten wir ausgewählte Ergebnisse des Zusammenwirkens von Risiko- und Schutzfaktoren in der Entstehung von Misshandlung und Vernachlässigung. Dann widmen wir uns den Mechanismen bei der Verarbeitung einer Viktimisierung. Abschließend werden die wichtigsten Ergebnisse zusammengefasst und Folgerungen für die Prävention gezogen. Aus Platzgründen beschränken wir uns auf die körperliche Misshandlung und die Vernachlässigung. Etliche Ergebnisse lassen sich aber auch auf andere Phänomene übertragen (Slep u. Heyman 2001).

5.2 Rahmentheoretische Überlegungen

In den verschiedenen Bezugsdisziplinen wurde ein breites Spektrum potenzieller Risikofaktoren der Misshandlung untersucht (z. B. Engfer 1986; Black et al. 2001). Dabei ging man in frühen Ätiologiemodellen teilweise von einfachen bivariaten Zusammenhängen aus, konnte dadurch aber nur geringe Varianzanteile aufklären. Mit der Verbreitung von transaktionalen, psychobiologischen Modellen (Sameroff u. Chandler 1975) oder ökologischen Modellen (Bronfenbrenner 1981) der menschlichen Entwicklung wurden auch in der Forschung zur Kindesmisshandlung komplexere, multifaktorielle Konzepte entwickelt. Zum Beispiel integrieren die Modelle von Belsky (1993) sowie Cicchetti und Lynch (1993) Einflüsse auf der Ebene des Individuums (ontogenetische Entwicklung), der Familie (Mikrosystem), der Nachbarschaft und Gemeinde (Exosystem) sowie des gesellschaftlichen und kulturellen Kontexts (Makrosystem). Dabei betont man auch vermehrt bio-psycho-soziale Interaktionen (Cicchetti 2010; Rutter 2012). Auf den verschiedenen Ebenen werden distal oder proximal sowie mehr dauerhaft oder vorübergehend wirkende Faktoren berücksichtigt (Cicchetti u. Rizley 1981; Richters u. Martinez 1993).

Das Zusammenwirken einzelner Faktoren kann linear additiv, multiplikativ oder exponentiell sein (Masten et al. 1990; Lösel u. Farrington 2012).

> **Merke**
>
> Grundsätzlich gilt: Je mehr Risikofaktoren vorhanden sind, desto wahrscheinlicher werden spätere Erlebens- und Verhaltensprobleme. Und je mehr protektive Faktoren vorliegen, desto wahrscheinlicher ist ein günstiges Entwicklungsergebnis (Sameroff et al. 1998).

Diese Dosis-Reaktion-Beziehung (dose-response relationship) ist für Risikofaktoren gut bestätigt. Sie gilt z. B. auch für die Auswirkungen der körperlichen Züchtigung bzw. Misshandlung auf kindliche Erlebens- und Verhaltensprobleme (Straus 2010b).

Weniger erforscht ist die protektive Seite. Nach Art eines Ungleichgewichts wird angenommen, dass es vor allem dann zu kind-

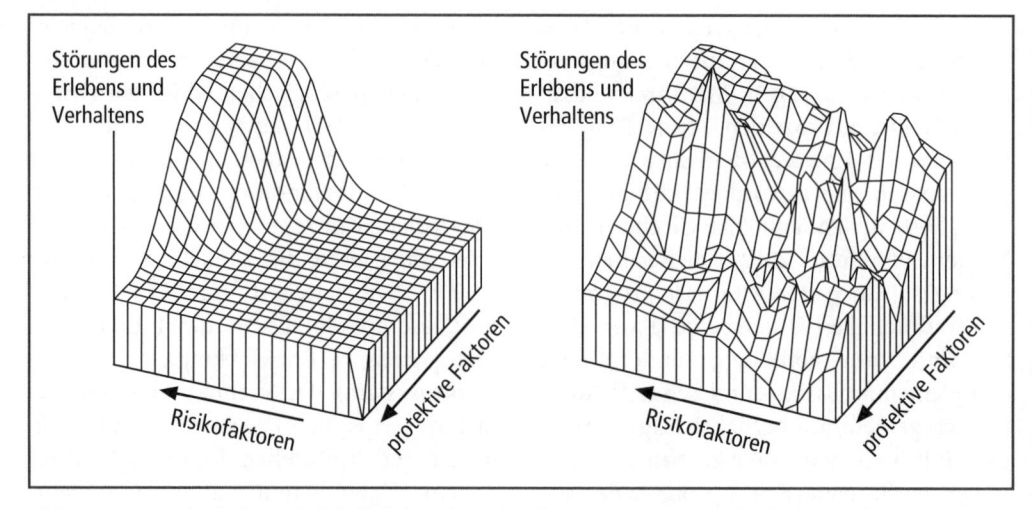

Abb. 5-1 Hypothetisches Modell (links) und empirischer Zusammenhang (rechts) zwischen der Ausprägung von Risikofaktoren, protektiven Faktoren und der Wahrscheinlichkeit bzw. Intensität von psychischen Störungen/Gesundheitsproblemen.

lichen Entwicklungsproblemen kommt, wenn die kumulierten Risiken nicht mehr durch Schutzfaktoren kompensiert werden können. Lösel und Bender (2003a) haben dies in einem dreidimensionalen Modell veranschaulicht, das recht gut ihren Daten von Heimkindern entsprach (Abb. 5-1). Im Rahmen solcher Modelle können die für Misshandlung relevanten Faktoren das Risiko potenzieren (dauerhafte Vulnerabilitäten und vorübergehende Belastungen) oder kompensieren (dauerhafte protektive Faktoren und temporäre Puffer).

Jene Fälle, in denen die kompensierenden Faktoren überwiegen, entsprechen dem Konzept der Resilienz. Nach Masten et al. (1990; s. a. Rutter 2012) gibt es drei hauptsächliche Resilienz-Phänomene:
- eine gesunde Entwicklung trotz eines Hochrisiko-Status (z. B. im Multiproblem-Milieu)
- die Aufrechterhaltung von Kompetenz unter spezifischen belastenden Lebensereignissen (z. B. bei der Bewältigung einer Scheidung)
- die Erholung von einem schweren Trauma (z. B. nach Kindesmissbrauch)

Bender und Lösel (1998) verweisen auf Ähnlichkeiten zu den elementaren biologischen Schutzmechanismen der
- Protektion (z. B. Immunabwehr),
- Regeneration (z. B. Schlaf) und
- Reparatur (z. B. Wundheilung).

Unter dem Resilienz-Begriff werden zugleich der Prozess der Anpassung an die belastenden Umstände und Ereignisse als auch dessen positives Ergebnis thematisiert. Manche Autoren sprechen auch von Resilienz im Sinne einer Personeneigenschaft, die für solche Prozesse disponiert. Ein Beispiel ist die „ego resiliency" nach Block und Block (1980). Auch damit ist aber keine absolute Widerstandskraft oder gar Unverletzlichkeit gemeint, sondern nur eine relativ große Flexibilität in der Anpassung bei Belastungen. Resilienz beruht zwar auch auf individuellen Dispositionen, variiert aber über die Zeit und Umstände hinweg

5.2 Rahmentheoretische Überlegungen

und resultiert aus komplexen Interaktionen von Anlage und Umwelt sowie von Person und Situation (Lösel u. Bender 2003a; Cicchetti 2010; Rutter 2012).

Die Resilienzforschung überlappt sich mit der Positiven Psychologie (Snyder u. Lopez 2007). Über die positive Terminologie hinausgehend sind aber verschiedene konzeptuelle Probleme zu beachten (Luthar et al. 2000, 2003; Lösel u. Bender 2003a; Masten 2011). Dazu gehört die **Mehrdeutigkeit von Merkmalen**. Bestimmte Faktoren sind nicht grundsätzlich risikohaft oder protektiv, sondern sie können je nach Forschungskontext mal in der einen und mal in der anderen Weise wirken. So gilt z. B. das Fehlen einer festen emotionalen Bezugsperson als ein Risikofaktor, bei vorhandenen Risiken hat eine emotionale Bezugsperson aber eine protektive Funktion (Wyman et al. 1991; Bender et al. 1996). Protektive Faktoren bilden somit nicht einfach die „Kehrseite der Medaille" von Risikofaktoren. In manchen Ansätzen wird der positive Pol einer Variablen als protektiv und der negative als risikohaft aufgefasst (Stouthamer-Loeber et al. 1993; Loeber u. Farrington 2012). Dies erfordert die Analyse nicht-linearer Zusammenhänge (Loeber u. Farrington 2012). Stouthamer-Loeber et al. (1993) fanden z. B., dass die Risikofunktion des negativen Pols wesentlich häufiger war als die protektive Funktion des positiven Pols.

Eine andere Problematik besteht in den unterschiedlichen **Kriterien für Resilienz** (Lösel u. Bender 2003a). Teilweise beschränkt man sich darauf, dass es nicht zu bestimmten Erlebens- und Verhaltensproblemen gekommen ist. Teilweise fordert man aber breitere Indikatoren der seelischen Gesundheit. Manchmal wird Resilienz auch nicht nur am Fehlen von Störungen, sondern an positiven Kriterien der Kompetenz festgemacht. Solche Unterschiede tragen zu unterschiedlichen Ergebnissen bei. Wenn beispielsweise ein Jugendlicher als „resilient" beurteilt wird, weil er trotz Misshandlung und Vernachlässigung keine externalisierenden Probleme zeigt, so kann er gleichwohl weniger offensichtliche internalisierende Probleme entwickelt haben. Nach einem breiteren Kriterium wäre er also nicht resilient. Allerdings gibt es auch dann Resilienz bei misshandelten Kindern, wenn vielfältige Störungsbereiche abgeklärt werden (McGloin u. Widom 2001). Je nach Kriterium kann aber die Schutzfunktion von Variablen variieren. So ist z. B. eine überdurchschnittliche Intelligenz ein Schutzfaktor gegen die Entwicklung von Delinquenz (Rutter et al. 1998), mit Hinblick auf internalisierende Störungen kann sie jedoch ein Risikofaktor sein, insbesondere für Frauen (Luthar 1991; McCord u. Ensminger 1997). Und bei anderen Problemen scheint weder eine Risiko- noch eine Schutzfunktion zu bestehen (Lösel u. Bliesener 1990; Luthar et al. 1992). Grundsätzlich muss deshalb immer die Frage gestellt werden: „Risiko wofür und Schutz wogegen?" (Lösel u. Bender 2003a) Dementsprechend entwickelt sich die Forschung von der allgemeinen Resilienz in Richtung spezifischerer Aussagen über verschiedene Risikograde, Dimensionen der Anpassung und darauf bezogene Schutzmechanismen (Luthar et al. 2000; Lösel u. Bender 2003a; Masten 2011). Gleichwohl scheinen manche Faktoren eine besonders breite Schutzfunktion gegenüber verschiedenen Entwicklungsproblemen zu haben (Kaufman et al. 1994; Basic Behavioral Science Task Force 1996; Lösel u. Bender 1999).

Ein weiteres Problem betrifft das **Ausmaß des Risikos**. Anders als Stouthamer-Loeber et al. (1993) spricht Rutter (1985) nur dann von protektiven Effekten, wenn deutliche Entwicklungsrisiken vorliegen, aber das Ergebnis positiv ist. Das heißt, es wird eine ansonsten bestehende Korrelation zwischen Risiko und Entwicklungsergebnis moderiert bzw. das Risiko wird abgepuffert. Allerdings unterscheiden sich die Studien zum Moderatoransatz erheblich darin, welche Intensität an Risiken vorausgesetzt wird. Raine et al. (1994) berücksichtigten z. B. nur einen Risikofaktor, Werner und Smith (1992) mindestens vier Risiken und Lösel und Bliesener (1994) bildeten einen Risikoindex mit zahlreichen Variablen. Aus methodischer Sicht verringert sich die Wahrscheinlichkeit, protektive Effekte aufzudecken, je mehr Variablen bereits auf der Risikoseite in eine Studie eingehen (Lösel u. Bender 2003a).

Wichtig sind aber auch andere Aspekte. So betreffen z. B. viele Studien ausgewählte Gruppen mit bestimmten Risiken/Vulnerabilitäten, während andere mehr oder weniger repräsentative Stichproben aus der Bevölkerung untersuchen. Teilweise handelt es sich nur um querschnitthafte oder retrospektive Untersuchungsdesigns, was kaum kausale Aussagen erlaubt. Eventuelle Vergleichsgruppen sind teilweise nicht äquivalent oder man beschränkt sich nur auf eine Datenquelle, was die Aussagekraft von Studien reduziert. Oft werden lediglich kurze Abschnitte im Entwicklungsverlauf erfasst, d. h. man kann nichts über langfristige Resilienz aussagen. Auch Unterschiede zwischen den Geschlechtern werden teilweise vernachlässigt. Der Schwerpunkt der Forschung liegt auf individuellen und mikrosozialen Faktoren. Makrosoziale protektive Mechanismen sind schwerer zu untersuchen, jedoch befasst man sich neuerdings auch mehr mit den Institutionen des Kinderschutzes und der Resilienz bei Kindesmisshandlung (Wekerle 2013; Wolfe 2013).

Trotz derartiger Probleme gibt es deutliche Fortschritte in der Forschung. Im Folgenden werden die empirischen Befunde über das Zusammenwirken von Risiko- und Schutzfaktoren auf verschiedenen Erklärungsebenen beschrieben. Wir orientieren uns dabei an einer Synthese der Modelle von Cicchetti und Lynch (1993) sowie Belsky (1993). Erörtert werden Merkmale und Prozesse auf den Ebenen des Individuums (Ontogenese), des Mikrosystems (Familie, Eltern-Kind-Beziehung), des Mesosystems (soziales Umfeld, Gemeinde), des Makrosystems (Gesellschaft, Kultur, Versorgungssystem) und der Evolution (Phylogenese).

5.3 Risiko- und Schutzfaktoren in der Entstehung von Misshandlung

5.3.1 Merkmale der Eltern

Hinsichtlich elterlicher Merkmale konzentrierte sich die Forschung auf die Kindheit misshandelnder Eltern, deren Persönlichkeit und psychische Ressourcen. Dass hierbei Mütter überwiegend Täter waren (z. B. Straus et al. 1980; Wetzels 1997a), wurde darauf zurückgeführt, dass sie die Hauptlast der Kindererziehung trugen und rein zeitlich mehr Gelegenheit zur Misshandlung hatten. Nationale repräsentative Studien aus den USA zeigen jedoch, dass zwischen dem elterlichen Geschlecht und Kindesmisshandlung kein klarer Zusammenhang besteht (Straus et al. 1998; Straus 2010a). In einer bundesweit repräsentativen Elternbefragung fanden sich ebenfalls keine Unterschiede zwischen Müttern und Vätern in der Anwendung von schwerer Gewalt in der Erziehung (BMFSFJ u. BMJ 2003).

5.3 Risiko- und Schutzfaktoren in der Entstehung von Misshandlung

Eigene Gewalterfahrung

In der Forschung zur Biografie misshandelnder Eltern wurde wiederholt bestätigt, dass diese in der Kindheit und Jugend oft selbst Opfer elterlicher Gewalt geworden waren (Herrenkohl et al. 1983; Dubowitz et al. 1987). Allerdings wurden etliche der für einen „cycle of violence" sprechenden Untersuchungen kritisiert, weil das Design retrospektiv war, nur kleine klinische Stichproben untersucht wurden oder adäquate Kontrollgruppen fehlten (Cicchetti u. Rizley 1981; Kaufman u. Zigler 1987).

Prospektive Studien zeigten aber ebenfalls einen signifikanten Zusammenhang zwischen selbst erlebter Misshandlung und der späteren Misshandlung eigener Kinder (Egeland et al. 1987; Pianta et al. 1989). Für die USA repräsentative Untersuchungen und klinische Studien mit Kontrollgruppen bestätigten dies (Coohey u. Braun 1997; Straus 2001). Der Zusammenhang blieb erhalten, wenn Effekte der sozialen Schicht, des Alters von Eltern und Kindern, des Geschlechts der Kinder und der Gewalt zwischen den Ehepartnern statistisch kontrolliert waren (Ross 1996). Für eine gewisse Weitergabe der eigenen Kindheitserfahrungen sprechen auch die Ergebnisse zum „normalen" Erziehungsverhalten in den Eltern- und Kindgenerationen (van Ijzendoorn 1992; Jaursch 2003).

Allerdings handelt es sich jeweils nur um einen relativen Transfer. Ein Großteil der Eltern gibt die selbst erfahrene Gewalt nicht an ihre Kinder weiter (Belsky 1993). Die Schätzungen der Rate des Gewalttransfers liegen bei etwa 30 % (Kaufman u. Zigler 1989; Oliver 1993). Dieser Wert kann als Orientierung dienen, ist jedoch von der Gewaltdefinition, den Stichproben und Follow-up-Zeiträumen der jeweiligen Studien abhängig. So können Eltern, die ihre Kinder in den ersten Lebensjahren nicht misshandeln, noch zu einem späteren Zeitpunkt oder an weiteren Kindern zu Tätern werden, z. B. wenn Belastungen auftreten.

Ein weiterhin erhöhtes Misshandlungsrisiko wird durch die größere Stressempfindlichkeit selbst misshandelter Eltern nahegelegt (Oliver 1993). Zu einer relativ hohen Rate des Gewalttransfers von fast zwei Dritteln kommt die deutsche Repräsentativerhebung von Wetzels (1997a). Diese Studie von Wetzels zeigt, dass nur 34 % der Eltern, die als Kinder Opfer elterlicher physischer Gewalt waren, in ihrer Elternrolle selbst keine körperliche Gewalt eingesetzt haben. Die größte Gefährdung für Kinder ging von Müttern mit kumulativer Gewalterfahrung aus. Jene Frauen, die in ihrer Kindheit Opfer körperlicher Misshandlung durch die Eltern waren und zugleich als Erwachsene durch schwere innerfamiliäre Aggression reviktimisiert wurden, wiesen die höchste Rate aktiver Gewalt gegen die eigenen Kinder auf.

Dass Viktimisierungen in der Kindheit die Wahrscheinlichkeit erhöhen, zu einem späteren Zeitpunkt selbst zum Täter zu werden, konnte auch für andere Gewaltbereiche bestätigt werden. Neben Kindesmisshandlung gilt dies für Gewaltverbrechen, allgemeine Kriminalität, Sexualdelikte und Misshandlungen der Ehefrau (Widom 1989; Farrington 1995; Rutter et al. 1998; Schumacher et al. 2001).

Das Risiko scheint um so größer zu sein, je jünger die Kinder zum Zeitpunkt der Misshandlung waren (Keiley et al. 2001). Eine Erklärung hierfür ist, dass das Gehirn in frühen Phasen der Entwicklung für Schädigungen vulnerabler ist. Kindesmisshandlung kann zu biochemischen, strukturellen und funktionalen Veränderungen im kindlichen Gehirn führen (Glaser 2000; Kaufman u. Charney 2001; Remschmidt 2014), die wiederum die Anfälligkeit gegenüber Stress erhöhen (Oliver 1993).

Die Mechanismen der Übertragung eigener Gewalterfahrungen auf die nächste Generation lassen sich mit verschiedenen theoretischen Ansätzen erklären. Zum Beispiel erwirbt man aus lerntheoretischer Perspektive aggressive Verhaltensweisen über Modelllernen und direkte Verstärkung (Bandura 1979). Das Verhalten wird dabei besonders veränderungsresistent, wenn die Verstärkung intermittierend erfolgt, wie dies beim inkonsistenten Erziehungsstil von misshandelnden Eltern der Fall ist (Oldershaw et al. 1986). Es besteht hier auch die Gefahr eskalierender Muster von gegenseitiger Erpressung und Verstärkung, die Patterson und Reid (1970) als Zwangsprozesse beschrieben haben. Im Rahmen der sozialkognitiven Lerntheorien kann außerdem erklärt werden, dass zwar gewalttätiges Verhalten gelernt wird, ohne bestimmte Auslöser aber später unterbleibt (Lösel et al. 1990).

Aus bindungstheoretischer Sicht entwickeln Kinder ein inneres Modell vom elterlichen Erziehungsverhalten und ein Modell von sich selbst. Diese mentalen Repräsentationen sind ein Abbild der Bindungsqualität zwischen Kind und primärer Bezugsperson (Bowlby 1969, 1980). So werden z. B. das Ausmaß und die Angemessenheit elterlicher Reaktionen auf Bedürfnisse und Signale ihrer Kinder verinnerlicht. Nach bindungstheoretischen Vorstellungen entwickeln misshandelte Kinder das Schema, dass die unmittelbare Versorgungsperson unsensibel, nicht verfügbar und zurückweisend ist. Sich selbst erleben die Kinder als nicht wert und nicht fähig, angemessene Aufmerksamkeit und Fürsorge bei ihrer Bezugsperson hervorzurufen (Morton u. Browne 1998). Da diese frühen mentalen Repräsentationen häufig auf spätere Beziehungen übertragen werden, ist es das kognitiv-emotionale Abbild des Umgangs der primären Bezugsperson mit dem Kind, das an die nächste Generation weitergegeben wird, und nicht die Gewalt an sich (Buchanan 1996).

Ähnliche Schemata werden auch in sozial-kognitiven Lerntheorien betont. Nach dem Modell von Crick und Dodge (1994) erwerben Kinder in sich wiederholenden, aggressiven Interaktionen charakteristische Muster der sozialen Informationsverarbeitung. Dies geschieht u. a. durch Erfahrungen in Familie, Peer-Gruppe und Schule (Lösel et al. 2007). Personen mit solchen Erfahrungen neigen dazu, in sozialen Situationen anderen mehr feindselige Intentionen zuzuschreiben, sind in ihren Zielsetzungen egozentrischer, speichern mehr aggressive Handlungsschemata, bewerten diese positiver und verfügen über weniger prosoziale Alternativen (Lösel u. Bliesener 2003). Diese Prozesse laufen weitgehend automatisch ab. Sie bilden eine Grundlage dafür, wie gehandelt wird, und beeinflussen nach Art eines Kreislaufs wiederum die weitere Informationsverarbeitung. Auf diese Weise verfestigen sich zur Gewalt affine Überzeugungen und Handlungsschemata (Fontaine u. Dodge 2009).

Bindungs- und lerntheoretisch ist anzunehmen, dass die Erfahrung von Misshandlung und Vernachlässigung, die im Gegensatz zu den kindlichen Bedürfnissen steht, die Entwicklung eines uneinfühlsamen und feindseligen Verhaltens fördert. Gleichzeitig werden die Kinder in der Bewältigung wichtiger Entwicklungsaufgaben behindert. Dementsprechend zeigt sich, dass misshandelte Kinder Probleme mit der Emotionsregulation, der Affektdifferenzierung sowie mit Aggression und Empathie aufweisen und ein negatives Selbstkonzept ausbilden (Cicchetti et al. 1992).

5.3 Risiko- und Schutzfaktoren in der Entstehung von Misshandlung

Da der Gewalttransfer in die nächste Generation nur bei einer Teilgruppe stattfindet, müssen in den anderen Fällen protektive Mechanismen vorhanden sein (z. B. Luthar et al. 2000). Nach bindungstheoretischen Vorstellungen ist die Voraussetzung für eine Wiederholung von negativen Erfahrungen der Kindheit, dass diese nicht erinnert oder nicht in ein revidiertes Repräsentationsmodell integriert werden (Bowlby 1988; s. a. Kap. 6). Wenn misshandelte Personen diese frühen Erfahrungen z. B. in einer therapeutischen Beziehung verarbeiten, ihre Peiniger realistisch sehen und sich innerlich distanzieren können, ist ein Durchbrechen des Zyklus möglich (Pianta et al. 1989; Langeland u. Dijkstra 1995). Die emotionale Distanzierung ist auch deshalb wichtig, weil die Kinder durchaus eng an misshandelnde Eltern gebunden sein können (Rajecki et al. 1979). Diese Prozesse werden durch eine emotional warme und zuverlässige Beziehung zu einer anderen Versorgungsperson, z. B. dem anderen Elternteil, ermöglicht. Solche protektiven Mechanismen haben sich in der Kindheit von Müttern bestätigt, die selbst misshandelt worden waren, aber ihren eigenen Kindern fürsorgliches Verhalten entgegenbrachten. In prospektiven Studien zeigte sich, dass diese Frauen in der Kindheit eine enge, unterstützende und gewaltfreie Beziehung zu dem anderen Elternteil und detailliertere Erinnerungen an die Vorfälle hatten als die Mütter mit Gewalttransfer (Egeland et al. 1987; Egeland u. Erickson 1990).

Von besonderer Bedeutung für ein fürsorgliches Erziehungsverhalten gegenüber den eigenen Kindern scheint der positive Einfluss einer guten, unterstützenden Beziehung zum momentanen Partner oder Ehemann zu sein (Belsky et al. 1990; Rutter 1990; Caliso u. Milner 1992). Weniger klar ist, inwieweit durch die Erfahrung einer emotional unterstützenden Beziehung innere Repräsentationen tatsächlich in der Weise verändert werden, wie die Bindungstheorie dies postuliert (z. B. Spangler u. Zimmermann 1995). Manche Bindungsforscher vermuten, dass die Beziehungen zu verschiedenen Bezugspersonen in unterschiedlichen kognitiv-emotionalen Schemata gespeichert werden und diese entsprechend der Wichtigkeit der Beziehung hierarchisch organisiert sind (Bretherton 1985). Hinsichtlich der Bedingungen für die glückliche „Wahl" eines unterstützenden Partners zeigte sich, dass diese Frauen Partner- und Berufswahl stärker planten und ein ausgeprägtes Erleben von Selbstwirksamkeit aufwiesen (Quinton u. Rutter 1984; Rutter 1990). Eine wichtige Quelle für die Ausbildung der Erfahrung von Selbstwirksamkeit ist wiederum eine vertrauensvolle und emotional warme Beziehung zu einer Bezugsperson (Cicchetti u. Toth 1995). Mit zunehmender Selbstständigkeit des Kindes wird diese Entwicklung vermehrt durch neue Erfahrungen selbst reguliert (Sameroff u. Chandler 1975). Zum Beispiel gibt es Bestätigungsmöglichkeiten durch schulische Leistungen, sportliche Aktivitäten oder andere Interessenbereiche, die im Kind das Selbstvertrauen wachsen lassen (Caliso u. Milner 1992; Werner u. Smith 1992). Die protektiven Effekte dieser Merkmale wurden unter verschiedenen Risikobedingungen bei resilienten Entwicklungen bestätigt (Bender u. Lösel 1998; Lösel u. Bender 1999, 2003a).

Weitere protektive Faktoren in der Durchbrechung des Kreislaufs der Gewalt sind eine gute Intelligenz und besondere Talente (Cicchetti u. Lynch 1993; Lösel u. Bender 2003a). Beide Kompetenzen können zu Erfahrungen von Selbstwirksamkeit und Selbstwerterleben beitragen. Bei Frauen scheint auch die physische Attraktivität eine Rolle zu spielen (Cicchetti u. Rizley 1981). Hier dürften die positiven Rückmeldungen der Umgebung und ein erleichterter sozialer Umgang die vermittelnden Mechanismen sein (Belsky 1993). Weitere protektive Faktoren gegen den Gewalttransfer sind eine gewisse Flexibilität im Denken und Verhalten, eine optimistische Einstellung zur Problembewältigung und ein Gefühl der Hoffnung auf eine bessere Zukunft (z. B. Caliso u. Milner 1992).

In jüngerer Zeit hat sich auch gezeigt, dass genetische Faktoren bzw. Anlage-Umwelt-Interaktionen zur Vermeidung des Gewaltkreislaufs beitragen. Bahnbrechend war hier die Dunedin-Studie in Neuseeland (Caspi et al. 2002). Darauf wird später im Abschnitt über protektive Faktoren gegen die negativen Folgen von Misshandlung eingegangen (Kap. 5.4). Biosoziale Interaktionen haben sich auch in der Ätiologie aggressiven Verhaltens nachweisen lassen, z. B. zwischen familiärer Belastung und physiologischer Erregung (Lösel u. Bender 1997; Raine 2013) oder Geburtskomplikationen (Brennan et al. 1997; Koglin 2003).

Persönlichkeitsmerkmale und psychische Störungen

Neben den Gewalterfahrungen in der Kindheit hat man bestimmte Persönlichkeitsprobleme und psychische Störung als Risiken für misshandelnde Eltern postuliert. Die empirische Forschung hierzu ist nicht völlig konsistent (Black et al. 2001). Während einige Autoren keine spezifischen psychischen Muster finden konnten (z. B. Wolfe 1985), wurden in anderen Studien Probleme der Impulskontrolle, geringes Selbstwertgefühl und eingeschränkte Empathiefähigkeit bei misshandelnden Eltern beobachtet (z. B. Altemeier et al. 1982; Friedrich u. Wheeler 1982; Rohrbeck u. Twentyman 1986). Auch zeigten sich Besonderheiten im Bewältigungsverhalten. Misshandelnde Mütter wandten häufiger emotionsbezogene und seltener problemorientierte Bewältigungsstrategien an und nahmen sich selbst als ineffektiver in der Lösung von Problemen wahr als Mütter, die ihre Kinder nicht misshandelten (Cantos et al. 1997). In der prospektiven Studie von Pianta et al. (1989) differenzierte die emotionale Labilität deutlich zwischen misshandelnden und fürsorglichen Müttern.

Dass nur in manchen Studien solche Gruppenunterschiede gefunden wurden, kann auf unterschiedliche Stichproben, Messinstrumente und Kriterien der Misshandlung zurückzuführen sein. Daneben spielen wahrscheinlich Wechselwirkungseffekte verschiedener Merkmale eine Rolle (Baldwin et al. 1990; Rutter 1990; Lösel 1994; Bender u. Lösel 1997a). Relativ konsistent sind aber Zusammenhänge zwischen Kindesmisshandlung und emotionaler Verstimmung (Milner u. Robertson 1990; Caliso u. Milner 1992), Depressivität (Dinwiddie u. Bucholz 1993; Chaffin et al. 1996; Sidebotham et al. 2001), Ängstlichkeit (Pianta et al. 1989) und geringem Selbstwertgefühl (Christensen et al. 1994). Indirekt werden diese Ergebnisse durch die Depressionsforschung bestätigt: Hier fand man Korrelationen zwischen affektiver Störung und feindseliger oder zurückweisender Versorgung sowie nicht responsivem Elternverhalten (Gelfand u. Teti 1990). Darüber hinaus zeigen faktorenanalytische Studien zur Persönlichkeit, dass Depression, Feindseligkeit und Ängstlichkeit miteinander korrelieren und auf dem Faktor des Neurotizismus bzw. der emotionalen Labilität laden (Eysenck u. Eysenck 1985; Costa u. McCrae 1991).

Protektiv gegenüber den Effekten dieser Risikofaktoren können Einflüsse wirken, welche die emotionale Labilität der Eltern

5.3 Risiko- und Schutzfaktoren in der Entstehung von Misshandlung

abpuffern, das Selbstwertgefühl steigern und direkt oder indirekt zur Bewältigung von Problemen beitragen. Hierzu zählen z. B. eine zufriedenstellende soziale Unterstützung durch das unmittelbare Umfeld, das Eingebundensein in stabile, informelle soziale Netzwerke, religiöse Gemeinschaften, die Unterstützung durch den (Ehe-) Partner und die Bestätigung des Selbstwerts durch außerfamiliale Aktivitäten (Cicchetti u. Lynch 1993; Pepin u. Banyard 2006; Sperry u. Widom 2013). Auch die Berufstätigkeit von Frauen kann einen solchen stabilisierenden Effekt haben (Sidebotham et al. 2002), vor allem bei Frauen aus Geburtskohorten, die oft schon in jungen Jahren berufstätig sind.

Neben allgemeinen Persönlichkeitseigenschaften spielen auch Überzeugungen, Erwartungen und Attributionsstile misshandelnder Eltern eine Rolle. Die Befürwortung von körperlicher Bestrafung als Erziehungsmittel (Straus 2001, 2010a), geringe erzieherische Kontrollüberzeugungen (Wolfner u. Gelles 1993), unrealistische und negativere Erwartungen an ihre Kinder (Larrance u. Twentyman 1983) sowie geringere Kenntnis von kindlichen Entwicklungsnormen (Williamson et al. 1991) differenzierten zwischen Misshandlungs- und Vergleichsfamilien. Die Attributionsmuster haben eine wichtige potenzierende Mediatorfunktion im Prozess der Misshandlung. Eltern mit geringen Kontrollüberzeugungen, die mit einem schwierigen Verhalten des Kindes umgehen müssen, erleben solche Situationen eher als bedrohlich. Dies führt zu einer erhöhten physiologischen Erregung und stärkerem negativen Affekt, was ein Überreagieren begünstigt, insbesondere wenn es mit einem generellen Mangel an Impulskontrolle einhergeht. Solche Einschätzungen der eigenen Möglichkeiten entstehen beispielsweise, wenn Misserfolge in der Erziehung (z. B. kindlicher Ungehorsam) internalen und stabilen Faktoren zugeschrieben werden (z. B. mangelnden Erziehungsfähigkeiten), Erfolge dagegen eher externalen und variablen Einflüssen (z. B. Glück, situativen Umständen; Larrance u. Twentyman 1983). Die Rolle der Kontrollüberzeugungen zeigte sich auch in konkreten Eltern-Kind-Interaktionen. Es verhielten sich jene Mütter eher eskalierend und reagierten aversiv auf unerwünschtes Kindverhalten, die in zweideutigen Situationen anderen negativere Absichten unterstellten (MacKinnon-Lewis et al. 1992). Dies stimmt mit den allgemeinen Befunden zur sozialen Informationsverarbeitung und Aggressivität überein (Dodge u. Crick 1990; Lösel u. Bliesener 2003).

Eltern-Kind-Interaktion und Erziehungsverhalten

In etlichen Vergleichen der Interaktionen von misshandelnden und nicht misshandelnden Eltern mit ihren Kindern lag nur ein querschnittliches Design vor. Dabei kann nicht entschieden werden, welche Merkmale eher Auslöser oder Folge des Elternverhaltens sind (z. B. Engfer 1992). Einige experimentelle Studien zeigten aber, dass misshandelnde Eltern auf kindliches Schreien und Weinen stärker physiologisch reagierten (Frodi u. Lamb 1980; Wolfe et al. 1983), weniger Sympathie empfanden und auf absichtliche Regelverletzungen der Kinder mit größerer Irritation und Gereiztheit antworteten (Bauer u. Twentyman 1985; Trickett u. Kuczynski 1986). Sie brauchten danach auch längere Zeit, um sich zu beruhigen, als die Kontrollgruppe (Wolfe et al. 1983). Vernachlässigende Mütter waren demgegenüber weniger responsiv. Sie initiierten weder eine Interaktion mit ihren Kindern noch reagierten sie deutlich auf eine kindliche Initiative (Bousha u. Twentyman 1984; Crittenden 1985a). In ähnlicher Weise zeigten ältere Kinder aus vernachlässigenden Familien eine geringere Rate an sozialer Interaktion und prosozialem Verhalten (Bousha u. Twentyman 1984).

Im Vergleich zur Kontrollgruppe unauffälliger Eltern verhielten sich misshandelnde Eltern ihren Kindern gegenüber verbal und nonverbal häufiger negativ und weniger unterstützend (Bousha u. Twentyman 1984), weniger emotional responsiv (Egeland et al. 1980), kontrollierender, häufiger unterbrechend und, wenn nicht offen, so doch öfter verdeckt feindselig (Crittenden 1985a). Auch für weniger schwerwiegende körperliche Züchtigungen spielen dysfunktionale und inkonsistente Erziehungsmuster eine Rolle (Haupt et al. 2014). In der Disziplinierung neigen misshandelnde Eltern öfter zu körperlicher Bestrafung und feindseligen verbalen Reaktionen (wie Missbilligung, Drohungen; z. B. Loeber et al. 1984; Trickett u. Susman 1988). Darüber hinaus sind sie weniger in der Lage, ihre Verhaltensweisen den Unterschieden im kindlichen Fehlverhalten anzupassen. Die Ergebnisse der dysfunktionalen Reaktivität stehen in Zusammenhang mit dem Persönlichkeitsmerkmal des Neurotizismus und der negativen Affektivität. Nach Belsky (1993) repräsentieren sie nur unterschiedliche Analyseebenen („state" versus „trait"). Vasta (1982) fand, dass es speziell das hohe Arousal bzw. die negative Reaktivität der Eltern ist, die eine körperliche Bestrafung in unkontrollierbare Aggression ausarten lässt. Umgekehrt sind protektive Effekte dann zu erwarten, wenn die Eltern relativ wenig impulsiv sind und über Mechanismen zur Wut- und Ärgerkontrolle verfügen (Novaco 2007). Ein Wirkungsmechanismus der physischen und emotionalen Misshandlung dürfte darin bestehen, dass durch das Elternverhalten die Kinder nicht in die Lage versetzt werden, ihre Affekte adäquat zu regulieren. Wie Moretti und Craig (2013) in einer prospektiven Längsschnittstudie gezeigt haben, hat die Misshandlung sowohl direkte als auch durch die Affektregulation vermittelte Effekte auf depressive Symptome in der Adoleszenz und im jungen Erwachsenenalter.

Die Bedeutung der allgemeinen Eltern-Kind-Interaktion für Misshandlung und Vernachlässigung wird nicht nur durch korrelative Untersuchungen belegt, sondern auch durch experimentelle Präventionsstudien. Ein Beispiel ist das „Nurse-Family Partnership"-Programm von Olds et al. (1999, 2007). Hier zeigte sich, dass regelmäßige Hausbesuche bei alleinerziehenden Müttern aus depriviertem Milieu vor und in den ersten zwei Jahren nach der Geburt den Umgang mit dem Kind verbesserten und Misshandlungen sowie Entwicklungsprobleme beim Kind reduzierten. Auch sehr langfristige Auswirkungen bis in die Adoleszenz konnten nachgewiesen werden (Eckenrode et al. 2010). Elterntrainings zur Förderung der Erziehungskompetenz und Kombinationen mit Präventionsprogrammen für die Kinder erwiesen sich ebenfalls im Durchschnitt als wirksam (Lösel 2012; Lösel u. Bender 2012; Weiss et al. 2015; s. a. Kap. 38 und 39).

5.3.2 Merkmale des Kindes

Da nicht alle Kinder in einer Familie gleichermaßen von Misshandlung betroffen sind, wurden auch kindliche Merkmale untersucht, die schädigendes Elternverhalten auslösen und aufrechterhalten oder dagegen schützen.

Alter des Kindes

Einige Studien berichten einen Häufigkeitsgipfel von **körperlicher Misshandlung** zwischen dem dritten Lebensmonat und dem dritten Lebensjahr sowie eine Abnahme mit zunehmendem Alter des Kindes (z. B. Powers u. Eckenrode 1988; Creighton 1992; Sidebotham u. The ALSPAC Study Team 2000). Dass jüngere Kinder eher physische Gewalt erfahren oder diese Misshandlungen häufiger zur Anzeige kommen, ist durchaus plausibel:
- Kleine Kinder sind physisch und psychisch von ihren Versorgungspersonen abhängiger und verbringen mehr Zeit mit ihnen.
- Sie können negative Verhaltensweisen und Gefühle noch weniger kontrollieren und dadurch feindseligere Reaktionen ihrer Eltern hervorrufen.
- Aufgrund ihrer körperlichen Unterlegenheit sind sie anfälliger für Verletzungen.

Die Häufung von Misshandlungen in den jüngsten Altersstufen wird allerdings nicht durchgängig bestätigt. In einer repräsentativen US-amerikanischen Stichprobe fanden sich Häufigkeitsgipfel von körperlicher Misshandlung im dritten und zwölften Lebensjahr (Wolfner u. Gelles 1993). Beide Gipfel markieren Entwicklungsphasen, in denen Kinder in der Regel stärkere Autonomiebestrebungen zeigen. Mit diesen können Eltern mit den oben genannten Merkmalen vermutlich weniger angemessen umgehen, weshalb es öfter zur Misshandlung kommt.

Trotz dieser plausiblen Erklärung bleibt festzuhalten, dass andere Studien keinen Zusammenhang zum Alter des Kindes feststellten (z. B. Connelly u. Straus 1992; Straus et al. 1998).

Hinsichtlich der **körperlichen Züchtigung** bestehen dagegen wiederum Altersunterschiede. Hier steigt die Prävalenz im Vorschulalter an und nimmt dann im Jugendalter wieder ab (Straus 2010a).

Die unterschiedlichen Häufigkeitsgipfel in den Prävalenzdaten können durch Unterschiede in den Definitionen der Misshandlung, den Erfassungsmethoden, im Anzeigeverhalten und in einer veränderten gesellschaftlichen Sensibilität für das Problem bedingt sein. Außerhalb der familiären Gewalt zeigt sich dagegen klar, dass insbesondere männliche Jugendliche am häufigsten als Opfer und Täter von Gewalt in Erscheinung treten (BMI u. BMJ 2001; Lösel u. Bliesener 2003). Im familiären Kontext dürfte dagegen das zunehmende Alter und die körperliche Entwicklung eine protektive Funktion haben, da sich die Jugendlichen leichter der elterlichen Gewalt entziehen können als jüngere Kinder (Finkelhor u. Dziuba-Leatherman 1994b).

Behinderung, Unreife, Geburtskomplikationen

Kindliche Merkmale wie geringes Geburtsgewicht, Unreife durch Frühgeburt oder angeborene geistige und körperliche Behinderungen wurden nicht nur in Polizei- und Gerichtsakten, sondern auch in klinischen Fallberichten mit Misshandlung in Verbindung gebracht (Martin et al. 1974). Solche Zusammenhänge scheinen plausibel zu sein, da diese Kinder häufiger schreien, sich schlechter beruhigen lassen, unrhythmische biologische Bedürfnisse zeigen und physisch oft weniger attraktiv sind. Die Befundlage ist jedoch widersprüchlich. Einige Studien, einschließlich prospektiver Untersuchungen (Hunter et al. 1978), konnten einen Zusammenhang zwischen körperlicher Unreife oder Mangelgeburt und häufigerer

Misshandlung bestätigen (Creighton 1985). Andere Untersuchungen fanden dagegen keine signifikante Beziehung (Brown et al. 1998). In einer repräsentativen englischen Studie war das Risiko späterer Misshandlung für Kinder mit geringem Geburtsgewicht mehr als doppelt so hoch wie für normal geborene Kinder (Sidebotham et al. 2003). Inkonsistente Ergebnisse bestehen auch hinsichtlich des Risikos durch perinatale Komplikationen, Behinderungen, Entwicklungsverzögerungen und allgemeine Beeinträchtigungen der körperlichen Gesundheit. Überwiegend spricht die Forschung aber für Zusammenhänge mit diesen Merkmalen (z. B. Goldson 1998; Sullivan u. Knutson 2000; Sidebotham et al. 2003).

Es ist jedoch nicht klar, inwieweit diese Ergebnisse auf Korrelationen mit Drittvariablen basieren. Ein wichtiger konfundierender Faktor ist z. B. die Zugehörigkeit zur unteren sozialen Schicht, die sowohl das Risiko für prä- und perinatale Komplikationen als auch für spätere Misshandlungen erhöht (z. B. Drake u. Pandey 1996; Spencer 1996). Bei entsprechender statistischer Kontrolle wurde für langfristige Auswirkungen festgestellt, dass ungünstige sozioökonomische Bedingungen entwicklungspsychopathologische Störungen besser vorhersagten (Sameroff u. Chandler 1975). In der Mannheimer Kohortenstudie (Schmidt 1990) ließen sich keine bedeutsamen Zusammenhänge zwischen prä- und perinatalen Risiken oder neurologischen Auffälligkeiten und Misshandlungen nachweisen, wenn eine Konfundierung dieser Variablen mit der Schichtzugehörigkeit ausgeschaltet war (Laucht 1990). In unserer Erlangen-Nürnberger Studie fand Koglin (2003) Interaktionseffekte zwischen Geburtskomplikationen, sozialen Risiken, dem Geschlecht der Kinder, der Elternpersönlichkeit und der kindlichen Entwicklung. Dies verweist darauf, dass eventuelle Risiko- oder Schutzmechanismen in diesem Bereich wahrscheinlich komplexer sind als teilweise angenommen wurde. Kindliche Behinderungen oder Geburtskomplikationen können eventuell sogar negativen Eltern-Kind-Interaktionen entgegenwirken, wenn sie gleichsam als Entschuldigung für Verhaltensprobleme interpretiert werden (Laucht 1990).

Kindliches Verhalten

Wird das Problemverhalten nicht auf solche Faktoren zurückgeführt, kann es zur Misshandlung beitragen. Zum Beispiel sind Kinder mit einem schwierigen Temperament (Thomas u. Chess 1977, 1989) leicht irritierbar, in ihren biologischen Funktionen sehr unregelmäßig, schwer zu beruhigen, ziehen sich zurück und reagieren stark negativ auf neue Reize. Solche und andere Verhaltensprobleme werden von misshandelnden Eltern häufiger wahrgenommen (z. B. Whipple u. Webster-Stratton 1991; Famularo et al. 1992). Das kindliche Problemverhalten kann die Fürsorgekompetenz der Eltern infrage stellen und eher aversive elterliche Reaktionen provozieren. Aufgrund der häufig retrospektiven und querschnittlichen Erhebungen lässt sich jedoch nicht entscheiden, inwieweit die kindlichen Verhaltensprobleme Ursache oder Folge der elterlichen Misshandlungen darstellen. Diese Frage ist nur in prospektiven Längsschnittstudien oder kontrollierten Interventionsstudien zu beantworten.

In einer repräsentativen Längsschnittstudie fand sich kein Zusammenhang zwischen Verhaltensproblemen in den ersten vier Wochen und der Misshandlung in den ersten sechs Lebensjahren (Sidebotham et al. 2003). Auch andere Befunde lassen den Schluss zu, dass sich später misshandelte

5.3 Risiko- und Schutzfaktoren in der Entstehung von Misshandlung

Kinder nach der Geburt sowie in den ersten drei Lebensmonaten in ihrem Verhalten nicht von später gut versorgten Kindern unterscheiden (Esser u. Weinel 1990; Laucht 1990; Engfer 1992). In einer Studie von Engfer (1991a; s. a. Engfer u. Gavranidou 1987) fanden sich in der Neonatalphase keine Unterschiede in der Irritierbarkeit und der sozialen Responsivität zwischen später misshandelten Kindern und einer nach demografischen Variablen parallelisierten Kontrollgruppe. Deutliche Unterschiede zeigten sich jedoch im Alter von neun und 33 Monaten. Misshandelte Kinder hatten eine gedrücktere Stimmungslage, waren weniger kooperativ und folgsam. Gleichzeitig verhielten sich die Mütter den misshandelten Kindern gegenüber negativer, ärgerlicher und repressiver. Die später misshandelnden Mütter zeigten aber bereits in der Neugeborenenphase eine geringere Sensibilität in ihren Interaktionen mit den Säuglingen als die Kontrollmütter.

Aufgrund dieser und ähnlicher Beobachtungen werden kindliche Verhaltensprobleme von den meisten Autoren als Folge unangemessenen elterlichen Erziehungsverhaltens und der Nichtreaktion auf das Kindverhalten interpretiert (z. B. Crittenden u. Ainsworth 1989; Esser u. Weinel 1990; Straus 2010a). Befunde der Bindungsforschung deuten in dieselbe Richtung. Kinder von unsensiblen Müttern verhielten sich diesen gegenüber passiv oder schwierig, während sie mit anderen Bezugspersonen durchaus kooperatives Verhalten zeigten (Main u. Weston 1981).

Weitere Belege liefern Interventionsstudien, welche die Veränderung des mütterlichen Verhaltens zum Ziel haben. Crittenden (1985a) konnte beispielsweise mithilfe eines Trainingsprogramms die mütterliche Sensitivität und Responsivität gegenüber den Kindern erhöhen und als Folge eine Verringerung des kindlichen Problemverhaltens feststellen. Auch in unserer Erlangen-Nürnberger Entwicklungs- und Präventionsstudie fanden wir ähnliche (moderate) Effekte von kurzen Trainings für Mütter mit depressiver Symptomatik (Bühler et al. 2011; Stemmler et al. 2013).

Insgesamt scheint den Eltern die wesentliche Rolle im Entstehungsprozess von Misshandlung zuzukommen. Maccoby und Martin (1983) kamen in ihrer Übersicht über Studien zum Sozialisationsprozess zu dem Schluss, dass die kindlichen Effekte auf das elterliche Fürsorgeverhalten eher kurzfristiger und kurzlebiger Natur sind. Das Kind kann in einer umgrenzten Verhaltenssequenz durchaus aktiv elterliche Reaktionen hervorrufen, die sich je nach kindlichem Verhalten unterscheiden. Es gibt aber nur wenig empirische Evidenz dafür, dass ein Baby oder Kleinkind die Fürsorgequalität der Eltern bzw. die Beziehung zu Mutter und Vater über einen langen Zeitraum hinweg überwiegend beeinflusst. Dafür spricht auch die Metaanalyse von Goldsmith und Alansky (1987). Sie fanden einen Effekt kindlicher Merkmale auf die Bindungsqualität zur Mutter. Betrachtete man jedoch kindliche Merkmale und mütterliche Sensibilität gemeinsam, zeigten die mütterlichen Attribute einen wesentlich stärkeren Einfluss.

Aus solchen Befunden lässt sich folgern, dass aufseiten des Kindes nur sehr begrenzte protektive Mechanismen gegen Misshandlung bestehen. Allerdings scheinen eine hohe adaptive Flexibilität (ego resilience) oder starke Impulskontrolle (ego overcontrol) dazu beizutragen, dass Misshandlungserfahrungen nicht weiter eskalieren und längerfristig besser verarbeitet werden (Cicchetti u. Rogosch 1997).

> **Merke**
> Die protektive Funktion kindlicher Merkmale dürfte vor allem in einer möglichst günstigen „Passung" zum Elternverhalten liegen. Denn unabhängig von der Kausalrichtung ist das Misshandlungsrisiko vor allem dann erhöht, wenn Kinder mit schwierigem Temperament auf selbst überlastete, unkontrollierte und wenig kompetente Eltern treffen.

5.3.3 Merkmale des sozialen Umfeldes

Sozio-ökonomische Faktoren

Auf der Ebene des Exosystems geht es um die formellen und informellen sozialen Strukturen, die das Umfeld der Familie charakterisieren. Dabei handelt es sich um eher distale Faktoren, die zur Kumulation von Risikofaktoren beitragen oder sich kompensierend auf die Qualität der Eltern-Kind-Beziehung auswirken können. Hierzu zählen insbesondere die Einbindung in soziale Netzwerke und die Nachbarschaft.

Zahlreiche Studien zeigen, dass sich Misshandlung und Vernachlässigung überzufällig häufig in einem Milieu finden, das durch Armut, Arbeitslosigkeit und soziale Deprivation gekennzeichnet ist (Wolfner u. Gelles 1993; Kotch et al. 1995; Brown et al. 1998; Gillham et al. 1998; Sidebotham et al. 2002; MacMillan et al. 2013). Dabei ist zum einen anzunehmen, dass die oben beschriebenen Merkmale der Eltern sowohl zu einer ungünstigen sozialen Lage als auch zu Problemen im Umgang mit ihren Kindern beitragen. Zum andern erhöhen die mit finanziellen Schwierigkeiten und Arbeitslosigkeit einhergehenden Probleme den Stress in der Familie, beeinträchtigen das Selbstwertgefühl, erhöhen das physiologische Erregungsniveau und reduzieren die Frustrationstoleranz und Impulskontrolle. Auch bei der weniger ausgeprägten körperlichen Züchtigung besteht ein inverser Zusammenhang zur sozialen Schicht (Haupt et al. 2014). Im Fall der Arbeitslosigkeit gibt es zudem rein zeitlich mehr Gelegenheiten für häusliche Konflikte und Misshandlungen.

Soziale Unterstützung und Nachbarschaft

Gleichwohl kommt es trotz Armut, Arbeitslosigkeit und eines anderweitig deprivierten familiären Milieus überwiegend nicht zu Übergriffen gegenüber den Kindern. So weisen die Befunde der Resilienzforschung darauf hin, dass außerfamiliäre Unterstützung der Eltern eine wichtige Schutzfunktion hat (Wertlieb et al. 1989; Wyman et al. 1991). Umgekehrt zeigt sich, dass Misshandlungsfamilien weniger Kontakt haben, weniger Hilfe von ihrer Familie und Verwandtschaft erhalten, sozial isolierter sind und kleinere soziale Netzwerke aufweisen als Vergleichsgruppen (Whipple u. Webster-Stratton 1991; Coohey 1996). Auch wenn hierbei wiederum Wechselwirkungen vorliegen, scheinen die Eltern doch selbst aktiv dazu beizutragen. Zum einen leben vernachlässigende und misshandelnde Familien eher kurz an einem Ort (Creighton 1985; Sidebotham et al. 2002), zum anderen nutzen sie vorhandene Ressourcen in der Gemeinde weniger als andere Familien (Garbarino 1977; Polansky et al. 1981). Die Ergebnisse prospektiver Studien legen nahe, dass die soziale Isolation und geringe soziale Unterstützung keine Folge der Misshandlungen sind, sondern ihnen vorausgehen (Sidebotham et al. 2002).

Wie bereits bei den elterlichen Merkmalen deutlich wurde, scheint der soziale Rückzug mit bestimmten Wahrnehmungen aufseiten der Eltern zusammenzuhängen.

Während misshandelnde und vernachlässigende Eltern ihre Nachbarn als unfreundlich und wenig hilfsbereit beschrieben, zeichneten „normale" Familien ein anderes Bild derselben Nachbarschaft (Polansky et al. 1985). Darüber hinaus gibt es Hinweise auf eine fehlende Reziprozität in den sozialen Beziehungen. Normale Familien suchten seltener Hilfe bei Misshandlungsfamilien (Polansky et al. 1985), während Letztere mehr Unterstützung erhielten, als sie anderen gaben (Crittenden 1985b). Neben einer solchen aktiven Konstruktion der eigenen Umwelt weisen Umgebungen, die sich deutlich im Auftreten von Misshandlung unterscheiden, auch objektiv ein anderes „Gemeindeklima" auf (Garbarino u. Kostelny 1992). Gegenden mit hoher Misshandlungsrate wirkten dunkel, deprimierend und mehr durch kriminelle Aktivitäten belastet, während vergleichbare Stadtteile mit geringem Ausmaß an Misshandlung zwar auch arm, aber doch weniger desorganisiert erschienen. Die soziale Organisation und Integration des nachbarschaftlichen Lebens scheint demnach eine protektive Funktion zu haben. Dies zeigte sich auch, wenn belastete Familien aus deprivierten Nachbarschaften in eine günstigere Umgebung umzogen (Sampson 2008).

Die Effekte der Nachbarschaft sind allerdings schwer von jenen der Bewohner abzugrenzen (Loeber et al. 1998; Lösel u. Bender 2003a). Die Risiken eines desorganisierten und deprivierten Umfeldes gelten wahrscheinlich mehr für weniger belastete Familien als für jene, bei denen bereits große Probleme auf individueller und familiärer Ebene vorliegen (Wikström u. Loeber 2000). Fraglich ist auch, inwieweit die Befunde aus den USA zu Einflüssen des unmittelbaren Wohnumfelds auf Länder übertragbar sind, in denen die Trennung der Bevölkerung nach Wohngegenden weniger ausgeprägt ist (Reiss 1995). Allerdings zeigen sich in deutschen Großstädten mittlerweile ähnliche Tendenzen der Segregation von sozialen Brennpunktvierteln, u. a. im Zusammenhang mit einigen Migrantenpopulationen (Buschkowsky 2012).

5.3.4 Gesellschaftliche und kulturelle Faktoren

Tradierte Erziehungseinstellungen

Die zuletzt genannten außerfamiliären Faktoren verweisen auf die Ebene des weiteren gesellschaftlichen und kulturellen Kontextes. Historische und ethnografische Berichte belegen, dass es zu allen Zeiten Kulturen und Subkulturen gab (und heute noch gibt), die an ihren Kindern vielfältige und offenkundige Misshandlungen vornahmen, einschließlich sadistischer und sexueller Praktiken sowie Tötungsrituale (z. B. Breiner 1990). Umgekehrt gab es immer Gesellschaften, die dem Wohle ihrer Kinder besondere Aufmerksamkeit widmeten (Barnett et al. 1993). Diese Varianten im Umgang mit Kindern entwickeln sich im Rahmen der jeweiligen kulturellen und gesellschaftlichen Werthaltungen und werden durch politische und legislative Maßnahmen direkt oder indirekt gefördert. Die Misshandlung und Tötung von Kindern kann sogar von staatlicher Seite erfolgen, wie das Beispiel der Kinder-Euthanasie in Nazi-Deutschland auf traurige Weise gezeigt hat (Müller-Küppers 1990).

Grundsätzlich hat sich jedoch, wie eingangs genannt, in den westlichen Ländern mit der Industrialisierung die Vorstellung von der Kindheit als eines eigenen, besonders schützenswerten Lebensabschnitts durchgesetzt (Ariès 1975). Die stark gewachsene Sensibilisierung für Probleme der Kindesmisshandlung in den modernen Gesellschaften entspricht – ähnlich wie die Betonung der Selbstbestimmung, des subjektiven Wohlbefindens, der Gleichstellung der Frau oder des Umweltschutzes – dem postmaterialistischen Wertewandel (Inglehart 1989). Dieser hängt mit der wirtschaftlichen und sozialen Sicherung in der zweiten Hälfte des 20. Jahrhunderts zusammen. Auch der Vergleich mit Entwicklungsländern legt nahe, dass vor allem unter günstigen ökonomischen Bedingungen solche Themen öffentliche Aufmerksamkeit erhalten. Nach Inglehart (2000) lassen sich Gesellschaften in den Wertedimensionen „Überleben versus Selbstartikulation" und „Traditionelle versus weltlich-rationale Autorität" unterscheiden. Gesellschaften, die jeweils am erstgenannten Pol der beiden Dimensionen liegen, haben ein niedriges, Gesellschaften an den zweitgenannten Polen ein relativ hohes Pro-Kopf-Brutto-Inlandsprodukt.

> **Merke**
> Dementsprechend gilt: Wenn der Großteil der Bevölkerung in Armut lebt und um das tägliche Überleben kämpft, erhalten Probleme wie die Kindesmisshandlung oder Vernachlässigung keine Priorität.

Allein die materiellen Ressourcen sind aber keine hinreichende Voraussetzung dafür, dass Gewalt gegen Kinder unterbleibt. Eine spezifischere Bedingung ist die gesellschaftliche Einstellung zu Kindern und ihrer Erziehung. Zum Beispiel ist die Akzeptanz von körperlicher Bestrafung im Erziehungsverhalten mit Kindesmisshandlung korreliert (Straus 2001, 2010a).

Entsprechend den postmaterialistischen Werten der körperlichen Unversehrtheit und Selbstbestimmung zeigte sich auch in Deutschland ein deutlicher Wandel in den erzieherischen Einstellungen, der vermutlich zu protektiven Effekten auf der makrosozialen Ebene führt. Während in der ersten Hälfte des 20. Jahrhunderts autoritäre Erziehungsformen und körperliche Züchtigung positiv bewertet wurden, sind sie in der zweiten Hälfte zunehmend geächtet worden. Dies schlägt sich darin nieder, dass heutige Eltern im Durchschnitt mit mehr emotionaler Wärme, weniger Strenge und auch weniger Körperstrafen erziehen als vorherige Generationen (z. B. Schneewind u. Ruppert 1995; Jaursch 2003). So sind nach repräsentativen Elternbefragungen in den Jahren 1996 und 2002 die psychischen Strafen (z. B. Niederbrüllen), leichtere körperliche Sanktionen (z. B. Klaps auf den Po) und schwere Körperstrafen (z. B. Schlagen mit dem Stock) erheblich seltener geworden (BMFSFJ u. BMJ 2003). Besonders deutlich ist die Abnahme, wenn die Jugendlichen selbst befragt wurden. Während 1992 fast ein Drittel von einer Tracht Prügel berichtete, waren dies 2002 nur noch 3 %. Allerdings bestehen in dieser Hinsicht subkulturelle Unterschiede, indem z. B. Jugendliche mit türkischem Migrationshintergrund von mehr häuslicher und mehr eigener Gewalt berichten (Baier et al. 2010).

Natürlich können in die Befragungen auch Effekte der sozialen Erwünschtheit einfließen. Eine gewisse Ambivalenz in der Ächtung von Gewalt zeigt sich z. B. darin, dass nur knapp die Hälfte der Eltern die schwere Körperstrafe einer Tracht Prügel eindeutig als Gewalt ansehen, während die Ohrfeige eines Lehrers von 62 % der Eltern als Gewalt definiert wird (BMFSFJ u. BMJ 2003). Wenngleich fast drei Viertel der körperlich züchtigenden Eltern verbal das Ideal einer gewaltfreien Erziehung anstrebten, meinte doch fast die Hälfte von ihnen, dass eine Ohrfeige oft der beste und schnellste Weg sei, Kindern klare Grenzen zu setzen.

Von den anderen Eltern bejahen dies nur 11 %.

Die Einschätzung der gewaltbelasteten Eltern trifft insofern zu, als körperliche Strafen tatsächlich zu unmittelbarer kindlicher Folgsamkeit bei Regelverletzungen führen (Gershoff 2002). Inwieweit selten vorgenommene und weniger schwere körperliche Züchtigungen zu negativen Entwicklungsfolgen beim Kind führen, ist umstritten. Baumrind et al. (2002) bzw. Larzerele und Baumrind (2010) verneinen dies. Sie unterscheiden diese gelegentlichen Disziplinierungsmethoden in ansonsten intakten Eltern-Kind-Beziehungen von den schwerwiegenden und misshandelnden Formen der Körperstrafen. Demgegenüber betonen Gershoff (2010) und Straus (2010a, b) die generell schädliche Auswirkung jeglicher Form der körperlichen Züchtigung. Die Mehrheit der Eltern rechtfertigt Körperstrafen heute aber nicht mehr mit erzieherischen Gründen, sondern führt diese auf Überforderung, Stress und Hilflosigkeit zurück (BMFSFJ u. BMJ 2003). Letzteres erhöht die Gefahr der Gewalteskalation.

Rechtliche Regelungen und soziale Dienste

Protektive Faktoren auf der gesellschaftlichen Ebene sind auch gesetzliche Verbote von Körperstrafen und deren praktische Umsetzung. Später als manche anderen Länder hat Deutschland ein gesetzliches Verbot der körperlichen Züchtigung eingeführt (Remschmidt et al. 1990). Seit 2002 ist in § 1631 Abs. 2 BGB das Recht der Kinder auf gewaltfreie Erziehung festgeschrieben (Balloff 2002). Eine Anzeigepflicht bei Verdachtsfällen besteht aber im Gegensatz zu etlichen anderen Ländern nicht, obwohl diese international als sehr wichtig gilt (Wekerle 2013). Der oben genannte Rückgang in der selbst berichteten Züchtigung deutet an, dass die gesetzliche Regelung zur Verdeutlichung von Erziehungsnormen beiträgt. Inwieweit sich auch die offizielle Prävalenz von Misshandlung langfristig verändert, bleibt abzuwarten. Ähnlich wie beim sexuellen Missbrauch oder anderen Straftaten ist zuerst mit einer Aufhellung des Dunkelfeldes und damit einer Zunahme bekannt gewordener Fälle zu rechnen. Dies deutet sich auch in einer Kampagne der Bundesregierung zur Verbreitung des gesellschaftlichen Leitbildes der gewaltfreien Erziehung an. Insgesamt wurde in kurzer Zeit fast ein Bekanntheitsgrad von einem Drittel erreicht. Dort, wo regionale Schwerpunktaktionen stattfanden, war man über die neuen Regelungen nicht nur besser informiert, sondern registrierte in den Beratungseinrichtungen auch mehr Fälle der Gewalt in der Erziehung (BMFSFJ u. BMJ 2003; Bussmann 2004).

Wichtige protektive Faktoren auf der makrosozialen Ebene sind auch die Angebote der Jugend- und Familienhilfe. Dazu gehören z. B. die Erziehungsberatung, ambulante und stationäre Hilfen für misshandelte Frauen und Kinder, Pflegschaften, familiengerichtliche Weisungen, Sorgerechtsentscheidungen oder therapeutische Angebote für gewalttätige Eltern. Wenngleich in diesem Bereich viel zu wenig kontrollierte Evaluationen vorliegen und auch schwierig sind (Akoensi et al. 2013), ist doch zu erwarten, dass ein enges Netz solcher Hilfsangebote Misshandlungen und Vernachlässigungen vorbeugt oder zumindest Wiederholungsfälle verhindert. Allerdings geschehen schwerste Misshandlungsfälle oft in Familien, die bereits länger von der Jugendhilfe betreut werden (z. B. Fitzgerald 1998). Spektakuläre Fälle der tödlich endenden Misshandlung oder Vernachlässigung ziehen dann nicht nur mediale Kritik oder juristische Folgen für die sozialen Dienste nach sich, sondern führen dazu, dass es zu vermehrtem Entzug des Sorgerechts bzw. zu Herausnahmen des Kindes aus der Familie kommt (was wiederum manchmal als unangemessen gilt).

Trotz intensiver Bemühung bestehen grundsätzliche Probleme in der Risikodiagnostik und im Risikomanagement. So fanden Lösel et al. (2000), dass bei etlichen Risikofaktoren (vor allem der Eltern) die Fallbearbeiter über keine validen Daten verfügten. Derartige Informationsdefizite entstehen z. B. durch den traditionellen Konflikt zwischen staatlicher Hilfe und Kontrolle, die Regelungen des Datenschutzes, den Verzicht auf systematische Diagnose- und Dokumentationssysteme und Probleme in der Vernetzung von Einrichtungen.

International gilt die Arbeit der professionellen Helfer als ein zentraler Ansatzpunkt zur Stärkung der Resilienz gegen Misshandlung und Vernachlässigung (Wekerle 2013; Wolfe 2013). Dazu gehören nach Pietrantonio et al. (2013) folgende Ansätze:
- Stärkung der Beziehung zwischen den Eltern/Versorgungspersonen und den Mitarbeitern der Familienhilfe und Gesundheitsversorgung
- Rahmenbedingungen und professionelle Kompetenz im Umgang mit ersten Bedenken über Misshandlungen und deren Bericht an die sozialen Dienste
- eine solide Aus- und Weiterbildung der professionellen Helfer

Neben spezifischen Versorgungsstrukturen sind schließlich auch allgemeine makrosoziale Rahmenbedingungen für die Kindesmisshandlung relevant. Dazu gehört z. B. die Verbreitung von sozialer Deprivation und Gewalt in einer Gesellschaft (Cicchetti et al. 2000). Da Kindesmisshandlung und Vernachlässigung mit Überforderungssituationen zusammenhängen, müssen all jene gesellschaftlichen Entwicklungen als Risikofaktoren gelten, welche die familiären Belastungen erhöhen (z. B. Arbeitslosigkeit). In ähnlicher Weise kann das allgemein erlebte Gewaltniveau dazu beitragen, dass sich aggressionsfördernde kognitive Schemata und Einstellungen verfestigen (Huesmann 1998; Lösel u. Bliesener 2003), die sich auch in der Familie niederschlagen (Cicchetti et al. 2000). So ist z. B. das Risiko für schwarze Jugendliche in den USA besonders hoch, durch Gewalt getötet zu werden (Richters u. Martinez 1993).

Um das alltägliche Gewaltniveau zu senken, hat man in den westlichen Ländern zahlreiche Präventionsansätze entwickelt (Farrington u. Welsh 2007; Lösel 2012). Dazu gehören insbesondere Trainingsmaßnahmen zur Förderung der sozialen Kompetenz von Kindern und Programme zur Förderung der Erziehungskompetenz von Eltern (Beelmann u. Lösel 2007; Lösel u. Bender 2012). Im Vergleich mit Nordamerika ist die systematische Evaluation solcher Maßnahmen hierzulande zwar noch weniger entwickelt, doch zeigen sich insgesamt positive Effekte (Lösel et al. 2006; Beelmann et al. 2014; Weiss et al. 2015).

In unserer Erlangen-Nürnberger Entwicklungs- und Präventionsstudie konnten wir signifikante kurzfristige und (in geringerem Ausmaß) langfristige Effekte nach fünf bis zehn Jahren nachweisen, wobei die Kombination von Eltern- und Kinderprogrammen am erfolgversprechendsten ist (Lösel et al. 2006, 2013). Die Effektstärken waren ähnlich moderat wie in Metaanalysen der internationalen Evaluationsforschung (Lösel 2012). Allerdings darf die praktische Bedeutung selbst kleiner Effekte nicht unterschätzt werden. Ähnlich wie in der Präventivmedizin und Gesundheitspsychologie kann auch von einer leichten Senkung des Risikos für zahlreiche Personen einer Population ein insgesamt substanzieller Effekt auf die Prävalenzrate ausgehen (Rose 1992). Denn es verschiebt sich damit die Häufigkeitsverteilung in Richtung eines insgesamt geringeren Risikos und damit auch die Zahl der Fälle im Hochrisikobereich.

Um solche Einflüsse der entwicklungsbezogenen Gewaltprävention nachzuweisen, sind mehr Studien mit „harten" Wirkungskriterien und längerem Follow-up erforderlich, die nicht nur auf den Programminhalt abzielen, sondern auch auf den jeweiligen Kontext und spezifische Merkmale der Zielgruppen (Lösel 2012). Darüber hinaus werden mehr Prozess-Evaluationen benötigt, da gerade die Implementierung von Programmen bei den besonders bedürftigen Gruppen Probleme aufwirft (Lösel et al. 2006). Für Effekte auf der makrosozialen Ebene ist es auch wichtig, dass die verschiedenen Maßnahmen zur Verminderung von Risikofaktoren und Stärkung von Schutzfaktoren in einem Mehrebenen-Konzept der Gewaltprävention gebündelt werden (Lösel 2004).

5.3.5 Aspekte der Evolution

Neben den bislang diskutierten Ebenen wurden auch evolutionstheoretische Hypothesen zur Erklärung von Kindesmisshandlung entwickelt. Grundsätzlich ist davon auszugehen, dass die stammesgeschichtlichen Verhaltensprogramme des Menschen auf die Weitergabe der eigenen Gene und die Gruppenselektion angelegt sind (Daly u. Wilson 1983). Die verhaltensbiologischen Aspekte der menschlichen Sexualität, Schwangerschaft und Geburt, die Bindungssignale in der Mutter-Kind-Dyade, die innerfamiliären Kommunikationsmuster, die längerfristig monogamen Paarbeziehungen und andere Verhaltensprogramme sind darauf angelegt, dass die relativ lange pflegebedürftigen menschlichen Nachkommen gesund und sicher aufwachsen (Eibl-Eibesfeldt 1995).

Die protektiven Mechanismen des Fürsorgeverhaltens können aber auch in einen Konflikt mit der Strategie der möglichst erfolgreichen Fortpflanzung geraten. Dies geschieht nach Burgess und Draper (1989) unter Umgebungsbedingungen wie Instabilität, Unvorhersagbarkeit oder Mangel an lebensnotwendigen Ressourcen. In solchen Kontexten ist zu erwarten, dass Eltern ihre psychischen, sozialen und materiellen Ressourcen mehr auf jene Kinder konzentrieren, die für die weitere Reproduktion am geeignetsten erscheinen. Bestätigungen für solche evolutionstheoretischen Thesen werden z. B. darin gesehen, dass Armut und Arbeitslosigkeit überzufällig häufig mit Kindesmisshandlung einhergehen (Straus et al. 1980; Whipple u. Webster-Stratton 1991; Straus 2010a). In gleicher Weise wird auch ein Zusammenhang zwischen „vermehrter Fruchtbarkeit" und Kindesmissbrauch gedeutet. Frühe Schwangerschaft und große Familien (Zuravin 1991) sowie geringe Geburtenabstände (Zuravin 1988) korrelieren mit Kindesmisshandlung und Vernachlässigung, selbst wenn der sozioökonomische Status statistisch kontrolliert wird.

Weitere Bestätigungen für die soziobiologische Theorie sieht man darin, dass Kinder in Adoptivfamilien häufiger misshandelt und/oder vernachlässigt werden (z. B. Gelles u. Harrop 1991). Da Adoptivkinder mit ihren Adoptiveltern keine gemeinsamen Gene haben, können sie nicht zu deren Reproduktion beitragen (Burgess et al. 1983; Gelles u. Harrop 1991). Dieser unbewusste Konflikt verschärft sich gleichfalls durch eine Verknappung von Ressourcen in der Umgebung. Wie oben dargestellt, können derartige Befunde aber auch im Rahmen des Belastungsmodells als Effekte von Stressoren interpretiert werden.

Nach einer anderen evolutionstheoretischen Interpretation sind die Folgen der Misshandlung beim Kind unter ungünstigen Lebensbedingungen biologisch vorteilhaft. Die opportunistischen zwischenmenschlichen Orientierungen, die oft bei misshandelten Kindern festgestellt wurden (z. B. Aggressivität, Mangel an Empathie), können ihre Reproduktionsfähigkeit erhöhen, wenn sie mit ähnlich widrigen Lebensumständen konfrontiert werden, wie sie zur eigenen Misshandlung geführt haben (Burgess u. Draper 1989). Misshandlung und Vernachlässigung wären daher Strategien, die nicht nur die elterliche Fortpflanzung bei begrenztem elterlichem Engagement maximieren, sondern auch die Reproduktion des Nachwuchses erhöhen, wenn dieser unter Bedingungen der ökologischen Instabilität aufwächst und sich fortpflanzt (Belsky et al. 1991). Vernachlässigt wird dabei allerdings, dass auch für nicht misshandelte Individuen je nach Kontext, Zeitpunkt und Geschlecht Adaptationsprobleme bestanden, die zu unterschiedlichen Paarungsstrategien geführt haben (Buss u. Schmidt 1993; Lösel u. Bender 2003b).

Die evolutionäre Perspektive im Kontext von Misshandlung und Vernachlässigung mutet teilweise spekulativ an. Auch schränken die relativ homogenen Umweltbedingungen der westlichen Industrienationen die ökologische Varianz ein. Dennoch sollte der Ansatz nicht vernachlässigt werden. Evolutionäre Programme können noch unbewusst wirken, selbst wenn sie heute nicht mehr funktional oder vielleicht sogar kontraproduktiv sind (z. B. bei einer langen Freiheitsstrafe der Misshandelnden). Biologische Programme werden auf komplexe Weise kulturell überformt, z. B. bei den Tötungen und Abtreibungen des weiblichen Nachwuchses in China und Indien, die primär sozial und materiell motiviert sind (Status und Mitgift), aber zu einer Verringerung der Bevölkerung und Reproduktionsmöglichkeiten der Männer führen. Kulturelle Überformungen evolutionärer Strategien bestehen auch in den westlichen Industrieländern. Hier sind zwar der Kinderschutz stark und die Kindersterblichkeit gering, dies gilt aber nicht gleichermaßen für das ungeborene Leben (Shweder 1998).

Die neuere evolutionsbiologische Forschung betont verstärkt die pränatale Programmierung (Pluess u. Belsky 2011). Dabei erweisen sich differenzielle Vulnerabilitäten und protektive Mechanismen als wichtig (Pluess u. Belsky 2009). Hierbei scheinen biosoziale Interaktionen bzw. Anlage-Umwelt-Interaktionen eine Rolle zu spielen, die Kinder unterschiedlich vulnerabel bzw. resilient gegenüber Umwelteinflüssen machen. Darauf wird im nächsten Abschnitt eingegangen.

5.4 Risiko- und Schutzfaktoren hinsichtlich der Folgen der Viktimisierung

Da die Folgen von Misshandlung und Vernachlässigung beim Kind bereits in klinischen und therapeutischen Beiträgen des Bandes ausführlich behandelt werden, sollen sie an dieser Stelle nur kurz aus der Perspektive der Entwicklungspsychopathologie betrachtet werden. Die Folgen sind dabei ähnlich komplex und multifaktoriell bedingt zu sehen wie die Ursachen.

Allgemein kann die Entwicklung des Kindes durch eine qualitative Neuorganisation innerhalb des biologischen und behavioralen Systems beschrieben werden, die mit

5.4 Risiko- und Schutzfaktoren hinsichtlich der Folgen der Viktimisierung

den Mitteln der Ausdifferenzierung und der hierarchischen Integration geleistet wird (Cicchetti 1990). Die „normale" Entwicklung von Kindern vollzieht sich über die Bewältigung einer Vielzahl von alterstypischen Aufgaben, die für eine kontinuierliche Anpassung des Kindes wichtig sind, jedoch mit dem Auftauchen neuer Entwicklungsaufgaben relativ an Bedeutung verlieren (Cicchetti u. Howes 1991).

Misshandlung in der frühen Kindheit durch die primäre Versorgungsperson gefährdet die Organisation und Entwicklung der Bindungsbeziehungen und des Selbstkonzepts sowie die Regulation und Integration des emotionalen, kognitiven, motivationalen und sozialen Verhaltens, da diese Merkmale die wesentlichen Anpassungsleistungen in dieser Entwicklungsperiode sind (Sroufe u. Rutter 1984; Cicchetti et al. 2000). Dementsprechend können Defizite in der Aufrechterhaltung und Regulation des physiologischen Erregungsniveaus, der Affektmodulation und Affektdifferenzierung, dem Spracherwerb und der sozialen Informationsverarbeitung auftreten (Cicchetti u. Toth 1995).

Frühe Anpassung fördert spätere Anpassung und Integration. Die pathologische Entwicklung ist demnach als ein Mangel an Integration zwischen den genannten Kompetenzen bzw. als eine Integration von pathologischen Strukturen zu verstehen (Cicchetti 1990). Da frühe Strukturen Teil von späteren sind, lassen frühe Funktionsstörungen spätere ernsthafte Schwierigkeiten erwarten. Frühe negative Folgen von Misshandlung, wie der eingeschränkte Gefühlsausdruck und die Ausbildung einer unsicheren Bindungsbeziehung mit der primären Bezugsperson, können daher mit späteren Strukturdefiziten verbunden sein, die z. B. für die Gestaltung der Beziehungen zu Gleichaltrigen relevant sind (Cicchetti et al. 1992).

Da Entwicklung ein transaktionaler Prozess zwischen Merkmalen der Eltern, des Kindes und der Umgebung ist (Sameroff u. Chandler 1975; Cicchetti u. Lynch 1993), spiegelt die kindliche Anpassung nicht nur die Qualität früherer Anpassung wider, sondern auch die Einflüsse des unmittelbaren sozialen Umfeldes. Zeigt ein Kind z. B. eine pathologische Entwicklung über eine lange Zeit, liegt ein kontinuierlicher, schädlicher Interaktionsprozess zwischen den genannten Merkmalen vor. Sind dagegen Entwicklungsverbesserungen festzustellen, müssen Veränderungen in einzelnen Merkmalen bzw. in deren Zusammenspiel stattgefunden haben. Im Gegensatz zu älteren Auffassungen haben auch psychoanalytische Arbeiten gezeigt, dass selbst sehr frühe und gravierende Deprivationen und Entwicklungsdefizite noch mehr oder weniger kompensiert werden können. Anna Freud (1951) gibt hierzu eindringliche Fallbeispiele von Waisenkindern aus Konzentrationslagern, bei denen vor allem die Kindergruppe eine protektive Funktion hatte. Auch zu den Folgen von fortgesetztem und schwerem Kindesmissbrauch und extremen Misshandlungssituationen gibt es ähnliche Fallstudien. Das sorgfältige Studium dieser Kinder hat das menschliche Regenerationspotenzial verdeutlicht, aber auch dessen Grenzen aufgezeigt (Skuse 1984a, b; Nelson et al. 2007). Solche extremen Formen der Misshandlung und Vernachlässigung sind eher selten, legen jedoch nahe, dass ungünstigen kindlichen Entwicklungen nach Misshandlung umso eher entgegengesteuert werden kann, je früher interveniert wird.

Die gravierenden negativen Folgen von Misshandlung und Vernachlässigung wurden in vielen Studien bestätigt. Sie betreffen z. B. Alkohol- und Drogenprobleme, Delinquenz, psychische Störungen wie Depression und Posttraumatische Belastungsstörung (Cicchetti u. Toth 1995; Knutson 1995; Straus 2010a). Seltener sind Studien zur Resilienz und protektiven Mechanismen (z. B. Cicchetti u. Rogosch 1997). Der jeweilige Anteil resilienter Entwicklungen infolge von Misshandlung und Vernachlässigung unterscheidet sich je nach Studie und wird von der jeweiligen Operationalisierung von Resilienz bestimmt. Mit der Anzahl der verwendeten Definitionskriterien sinkt die Prävalenz resilienter Kinder und Jugendlicher (z. B. Kaufman et al. 1994).

Eine sehr stringente Definition verwendeten z. B. McGloin u. Widom (2001): Als resilient wurden nur jene Studienteilnehmer eingestuft, die in mindestens sechs von acht Bereichen eine positive Entwicklung aufwiesen (z. B. Erfolg im Beruf, keine Substanzenabhängigkeit, keine psychiatrische Diagnose, keine offiziell erfasste und selbst berichtete Kriminalität). Dieses Kriterium erfüllten immerhin noch 22 % der jungen Erwachsenen, deren Misshandlung und Vernachlässigung mehr als zwei Jahrzehnte zurücklag. Darunter waren mehr Frauen als Männer (z. B. Werner u. Smith 1992). Bei weniger stringenter Operationalisierung von Resilienz ist mit höheren Anteilen positiver Entwicklungen zu rechnen.

Als psychische und soziale Schutzfaktoren gegenüber den negativen Folgen von Misshandlung und Vernachlässigung haben sich weitgehend jene Merkmale bestätigt, die wir bereits hinsichtlich des Durchbrechens des Gewaltkreislaufs diskutiert haben (Kap. 5.3; vgl. auch Kap. 38). Dazu gehören personale Ressourcen wie eine gute bis überdurchschnittliche Intelligenz, Planungsfähigkeit, schulischer Erfolg, ein positives Selbstkonzept, internale Kontrollüberzeugungen, Erfahrungen der Selbstwirksamkeit in außerschulischen Aktivitäten und Hobbys sowie hohe Ausprägungen in den Merkmalen der Ego-Resilienz und Ego-Kontrolle (z. B. Moran u. Eckenrode 1992; Cicchetti et al. 1993; Herrenkohl et al. 1994; Cicchetti u. Rogosch 1997). Zu den protektiven sozialen Ressourcen gehören eine positive emotionale Beziehung zu einem fürsorglichen Erwachsenen (z. B. Verwandte, Pflegeeltern, Lehrer), soziale Unterstützung auch außerhalb der Familie, ein gut strukturierter sozialer Kontext (z. B. in der Schule, beim Militär) und die Zugehörigkeit zu einer Gemeinschaft (z. B. in der Kirche) (z. B. Egeland et al. 1993; Herrenkohl et al. 1994; Toth u. Cicchetti 1996a, b). Auch im Erwachsenenalter wirkte eine gute soziale Unterstützung noch protektiv gegen Ängstlichkeit, Depressivität und Substanzmissbrauch bei Personen, die in der Kindheit misshandelt, sexuell missbraucht und vernachlässigt worden waren (Sperry u. Widom 2013).

Die protektive Bedeutung des sozialen Umfeldes zeigte sich ebenfalls in einer eigenen Studie an Jugendlichen aus Heimen, die aus einem Multiproblem-Milieu stammten und oft misshandelt und vernachlässigt worden waren (Lösel u. Bliesener 1990, 1994; Lösel 1994; Bender 1995). Wir verglichen eine Gruppe, die sich trotz ihrer schwierigen Kindheit emotional und sozial relativ gesund entwickelt hatte (Resiliente), mit einer Gruppe, die risikogemäße externalisierende und internalisierende Probleme aufwies. Vor allem die in der Jugend stabil Resilienten hatten häufiger eine gute Beziehung zu einer festen außerfamiliären Bezugsperson, waren zufriedener mit der erfahrenen sozialen Unterstützung, erlebten im Heim ein positiveres sozial-emotionales und zugleich strukturierendes Erziehungsklima, waren besser in die Schule eingebunden und hatten sich öfter von den problematischen Vätern distanziert. Die Gruppe zeigte auch ein aktiveres Bewältigungsverhalten, weniger erlebte Hilflosigkeit, ein flexibleres Temperament, eine realistischere Zukunftsperspektive und bessere Schulleistungen. Insgesamt waren die sozialen Ressourcen für die erfolgreiche psychosoziale Anpassung bedeutsamer als die personalen. Ähnliche Einflüsse des außerfamiliären Erziehungsklimas und der erfahrenen Unterstützung durch Bezugspersonen berichteten Hodges und Tizard (1989a, b) sowie Rutter und Quinton (1984). Allerdings sollten die genannten Merkmale, wie eingangs erwähnt, nicht zu pauschal als „protektiv" interpretiert werden. So können z. B. Merkmale des sozialen Netzwerks und der sozialen Unterstützung unter Umständen nicht nur eine Schutzfunktion haben, sondern auch vorhandene Probleme verstärken (Bender u. Lösel 1997a).

Eine besondere Rolle in der neueren Forschung spielen Gen-Umwelt-Interaktionen, die das Risiko von Entwicklungsproblemen misshandelter Kinder entweder erhöhen oder im Sinne der Resilienz verringern bzw. abpuffern. Ein funktioneller Polymorphismus des Transporter-Gens, das für das Enzym Monoaminoxidase A (MAO-A) codiert, moderierte die negativen Auswirkungen von Kindesmisshandlung (Caspi et al. 2002). MAO-A beeinflusst den Metabolismus der Neurotransmitter im menschlichen Gehirn. Eine veränderte zentralnervöse Aktivität von Noradrenalin und Serotonin steht in Zusammenhang mit externalisierenden und internalisierenden Problemen. Die Dunedin-Studie zeigte unter anderem, dass misshandelte Jungen mit dem Genotyp einer erniedrigten Expression von MAO-A signifikant häufiger im frühen Erwachsenenalter gewalttätiges und antisoziales Verhalten entwickelt hatten als nicht misshandelte Kinder desselben Genotyps. Eine hohe MAO-A-Aktivität erwies sich demgegenüber als protektiv: Misshandelte Jungen dieses Genotyps verhielten sich nicht signifikant dissozialer als Jungen ohne Gewalterfahrung. Inwieweit diese Ergebnisse auch auf das weibliche Geschlecht zutreffen, ist noch fraglich. Einige Daten weisen in dieselbe Richtung (Caspi et al. 2002). Allerdings sind die Analysen insofern schwieriger, als das Gen für die MAO-A-Expression auf dem X-Chromosom liegt und es für Frauen somit zwei Gene mit eventuell unterschiedlichem Expressionsniveau gibt.

Die Dunedin-Ergebnisse konnten nur teilweise oder lediglich für kaukasische (und nicht schwarze) Subgruppen repliziert werden (Foley et al. 2004; Widom u. Brzustowicz 2006). Studien zu kritischen Lebensereignissen kamen zu anderen Ergebnissen (Risch et al. 2009), doch bezogen sich diese nicht auf Misshandlung als Umweltfaktor (Caspi et al. 2010). Es wird auch bezweifelt, ob die genetische Disposition ähnlich bedeutsam ist wie die faktische MAO-A-Aktivität im Gehirn (Fowler et al. 2007; Alia-Klein et al. 2008). Eine Metaanalyse verschiedener Studien zeigt aber doch, dass der Befund von Caspi et al. (2002) relativ robust ist (Kim-Cohen et al. 2006).

Die Ergebnisse der Dunedin-Studie sind beispielhaft für neuere Ansätze der Resilienzforschung, in denen das Zusammenwirken biologischer und umgebungsbedingter Faktoren deutlich wird. Mit der Berücksichtigung neurobiologischer Risiko- und Schutzfaktoren geht es keineswegs darum, die Ätiologie von Entwicklungsproblemen quasi auf eine grundlegende Erklärungsebene zurückzuführen, sondern um echte Anlage-Umwelt-Interaktionen. Derartige interaktive Mehrebenen-Ansätze sind in der Resilienzforschung sehr vielversprechend (Cicchetti 2010; Rutter 2012). Zunehmend bedeutsam erscheint es, Anlage-Umwelt-

Modelle nicht statisch, sondern im Sinne der Epigenetik dynamisch zu verstehen. Hierbei kann eine förderliche Umwelt während der Schwangerschaft und frühen Kindheit wesentlich zu Gen-Expressionsmechanismen führen, die andere Entwicklungsrisiken erhöhen oder abpuffern (Tremblay u. Szyf 2010; Wang et al. 2012).

5.5 Zusammenfassung

Die dargestellten Untersuchungen legen nahe, dass die Entstehung von Kindesmisshandlung und Vernachlässigung sowie deren Folgen für das Kind durch ein Bündel von Faktoren bedingt sind. Einfache lineare Kausalketten sind eher selten, oft bestehen Kumulations-, Moderator- und Mediatoreffekte. Auf unterschiedlichen Ebenen wirken proximale und distale Risiko- und Schutzfaktoren zusammen und beeinflussen in komplexer Weise den Eintritt und das Ergebnis von Misshandlungen. Gesellschaftliche Rahmenbedingungen wie die ökonomische Situation, die Einstellung zum Kind, die Toleranz gegenüber Gewalt in der Erziehung, rechtliche Regelungen und die Verfügbarkeit von staatlichen Hilfen können ebenso eine Rolle spielen wie verhaltensbiologische Reaktionsbereitschaften.

Auf der Ebene der konkreten Eltern-Kind-Interaktion sprechen die Forschungen für folgenden typischen Entstehungszusammenhang: Selbst durch psychische, ökonomische und andere Stressoren belastete, sozial eher isolierte, wenig responsive, zu Depression und Feindseligkeit neigende Eltern(teile) ärgern sich über ihr Kind, versuchen es in starrer Weise physisch zu kontrollieren, regen sich jedoch – auch durch die Zuschreibung negativer Intentionen gegenüber dem Kind – so sehr auf, dass sie die Kontrolle über sich verlieren und die als Disziplinierung gedachte Maßnahme über das Ziel hinausschießt. Diese Verhaltensmuster werden durch die Erfahrung von Misshandlungen in der eigenen Kindheit zu emotional-kognitiven Schemata geformt und durch kumulierte Belastungen sowie manchmal auch durch Merkmale des viktimisierten Kindes aktualisiert. Umgekehrt tragen eine gute Beziehung zum Partner, soziale Unterstützung von außerhalb der Familie, soziale Kompetenzen, Selbstkontrolle, konstruktive Auseinandersetzungen mit den eigenen Gewalterfahrungen und andere protektive Faktoren dazu bei, das Misshandlungsrisiko bei ansonsten gefährdeten Eltern zu mindern.

In Fällen misshandelter Kinder bestehen ebenfalls vielfältige potenzierende oder abpuffernde Faktoren, welche die weitere Entwicklung unterschiedlich beeinflussen können. Langzeiteffekte von Misshandlung und Vernachlässigung in der Kindheit sind vor allem dann zu erwarten, wenn entweder ein organischer Schaden vorliegt oder die protektiven Prozesse innerhalb des Versorgungssystems unzureichend sind.

Gravierende negative Auswirkungen können die Kinder zumindest teilweise kompensieren, wenn folgende Faktoren vorliegen:
- eine protektive genetische Disposition hinsichtlich der Neurotransmitter-Regulation
- eine stabile emotionale Beziehung zu mindestens einem Elternteil oder einer anderen Bezugsperson
- ein unterstützendes und strukturgebendes soziales Klima in den jeweiligen Erziehungskontexten
- soziale Unterstützung durch Personen außerhalb der Familie
- Modelle für ein konstruktives Bewältigungsverhalten bei Belastungen

5.5 Zusammenfassung

- kognitive Kompetenzen wie eine gute praktische Intelligenz
- ein aktives und nicht vermeidendes Bewältigungsverhalten
- Erfahrungen der Selbstwirksamkeit und ein realistisch-positives Selbstkonzept
- Wahrnehmungen von Sinn und Struktur in der eigenen Entwicklung

Die Schutzmechanismen gelangen mit wachsendem Alter zunehmend unter die Kontrolle des Individuums. Dadurch können sich ältere Kinder oder Jugendliche aus ungünstigen Familienverhältnissen bessere Entwicklungskontexte suchen oder selbst protektive Beziehungen aufbauen. Formelle und informelle Maßnahmen der Prävention und möglichst frühzeitige Intervention sollten auf den verschiedenen Einflussebenen ansetzen und sowohl vorhandene Risikofaktoren mindern als auch protektive Faktoren stärken. Die systematische Evaluation solcher Programme und des Gesundheitssystems in diesem Bereich muss verstärkt werden.

6 Vernachlässigung und Misshandlung aus der Sicht der Bindungstheorie

Bernhard Strauß und Dominique Schwartze

Inhalt

6.1	Einleitung	104
6.2	Grundannahmen der Bindungstheorie	105
	6.2.1 Zentrale Forschungsparadigmen der Bindungsforschung	106
	6.2.2 Transgenerationale Übertragung von Bindung	108
6.3	Bindung und Trauma	110
6.4	Bindungsentwicklung traumatisierter Kinder	112
6.5	Bindungsrepräsentanzen traumatisierter und traumatisierender Erwachsener	114
6.6	Auswirkungen elterlicher Traumatisierung auf die Kindesentwicklung	115
6.7	Interventionen	117
6.8	Zusammenfassung	117

6.1 Einleitung

Die von dem englischen Psychiater und Psychoanalytiker John Bowlby (1975, 1976, 1983) entwickelte Bindungstheorie bietet ein entwicklungspsychologisches Modell für die Entstehung von sozialen Beziehungen und inneren Repräsentanzen bzw. Arbeitsmodellen von Bindungserfahrungen („kognitiv-affektiv-motivationalen Schemata" von Bindung; vgl. Berman u. Sperling 1994). Die Theorie geht davon aus, dass unterschiedliche Qualitäten der Bindung zwischen Eltern und Kind individuelle Unterschiede im Vertrauen gegenüber Anderen sowie im Selbstvertrauen determinieren, ebenso wie die Bereitschaft, bei emotionaler Belastung um Hilfe zu bitten bzw. Hilfe zu geben. Die internalisierten Bindungserfahrungen beeinflussen die Fähigkeit sowohl von Kindern als auch Erwachsenen, Affekte zu regulieren und Beziehungen aufzubauen und aufrechtzuerhalten (Fonagy et al. 2004; Grossmann u. Grossmann 2008).

Die Bindungstheorie spielt in der Entwicklungspsychologie schon seit Langem eine wichtige Rolle, wurde jedoch – beginnend in den 1980er Jahren – erst relativ spät in klinische Konzepte reintegriert. In diesem Zusammenhang sind auch die Auswirkungen von traumatischen Erfahrungen auf die Bindungsentwicklung bzw. die Organisation der inneren Repräsentanzen von Bindung untersucht und theoretisch reflektiert worden (vgl. z. B. Cassidy u. Shaver 2008; Strauß 2008).

In diesem Kapitel sollen die Grundannahmen der Bindungstheorie kurz zusammengefasst werden, bevor – aus verschiedenen Perspektiven – auf die Zusammenhänge zwischen Bindungsorganisation und traumatischen Erfahrungen, wie Missbrauch, Misshandlung und Vernachlässigung, eingegangen wird. Gegenüber der letzten Auflage dieses Buches ist die Zahl der Publikationen zum Thema gigantisch angestiegen, was eigentlich aufwendige Metaanalysen nahelegen würde. Wir werden stattdessen einige neuere Studien exemplarisch diskutieren.

6.2 Grundannahmen der Bindungstheorie

Merke
Die knappste Formulierung der Grundkonzeption der Bindungstheorie durch Bowlby (1988, Übers. des Autors) lautet: *„Von der Wiege bis zur Bahre fühlen wir uns alle am glücklichsten, wenn unser Leben als eine Reihe von Ausflügen organisiert werden kann, die kürzer oder länger dauern und die von einer sicheren Basis ausgehen, die uns von Bindungspersonen bereitgestellt wird."*

Differenzierter lassen sich die Grundannahmen der Theorie folgendermaßen formulieren:
- Die Erfahrung der Präsenz einer primären Bindungsperson schützt vor Angstentwicklung.
- Die Beziehung zur Bindungsperson ist durch Suche nach Nähe gekennzeichnet, welche durch Trennung, später auch Bedrohung, Krankheit oder Erschöpfung aktiviert wird. Das Bindungsverhaltenssystem steht in einem Antagonismus zum System des Explorationsverhaltens. Ist das eine System aktiviert, kann das andere nicht gleichzeitig aktiv sein.
- Das Vertrauen in die Zuverlässigkeit/Verfügbarkeit der Bindungsperson entwickelt sich im Säuglings-, Kindes- und Jugendalter und prägt die Bildung eines inneren Arbeitsmodells (inner working model [IWM]; dieses Konstrukt spielt heute in fast allen Therapierichtungen – wenn auch mit anderen Bezeichnungen – eine Rolle, in psychoanalytischen Theorien würde man das IWM als spezifische Repräsentanz auffassen, in kognitiven Theorien als Schema, in humanistischen Therapietheorien etwa als Skript oder Konzept; das Konstrukt entspricht im Wesentlichen auch Sterns [1992] Modell der „RIGs", i. e. „representations of interactions that have been generalized").
- Die vielgestaltigen Erfahrungen bezüglich der Zuverlässigkeit und Empfänglichkeit der Bindungsperson sind ziemlich genaue Spiegelungen der tatsächlichen Erfahrungen. Die wiederholten realen Erfahrungen formen das – wie Stern (1992) es bezeichnet – „Schema des Miteinanders".

Die Grundannahmen seiner Theorie formulierte Bowlby aus der klinischen Praxis, aber auch gestützt auf Befunde der Verhaltensforschung zum Kontaktverhalten und basierend auf der Überlegung, dass die Psychoanalyse der Nachkriegszeit sich allzu sehr mit den kindlichen Fantasien und zu wenig mit tatsächlichen Ereignissen, wie z. B. Verlusten und Trennungen in Familien, beschäftigt hatte. Durch Untersuchungen über die Folgen mütterlicher Deprivation bei Heimkindern auf die Entwicklung der Persönlichkeit oder das Studium antisozialer Jugendlicher kam Bowlby zu der Auffassung, dass bei Unterbrechungen der Bindungsbeziehung häufig mit psychopathologischen Auffälligkeiten zu rechnen sei. Diese Beobachtungen sind in der (auf Deutsch zwischen 1975 und 1983) von Bowlby verfassten Trilogie „Bindung", „Trennung", „Verlust, Trauer und Depression" niedergelegt (Bowlby 1975, 1976, 1983). Nachdem die Bindungstheorie mittlerweile vermehrt Eingang in die klinische Forschung gefunden hat, liegt eine ganze Reihe von aktuellen Zusammenfassungen der Theorie im Lichte empirischer Forschungsbefunde vor (z. B. Grossmann u. Grossmann 2004; Cassidy u. Shaver 2008; Strauß 2008; Grossmann u. Grossmann 2010; Strauß 2014).

Bowlby war primär Kliniker und Theoretiker. Es war zunächst seiner Schülerin, der Entwicklungspsychologin Mary Ainsworth, zu verdanken, dass die Theorie vielfach empirisch überprüft wurde.

6.2.1 Zentrale Forschungsparadigmen der Bindungsforschung

Das grundlegende Forschungsparadigma der Bindungsforschung bei Kleinkindern ist die sogenannte **Fremde Situation**, die von Ainsworth und Mitarbeitern Ende der 1960er Jahre entwickelt wurde. In dieser standardisierten „Versuchsanordnung" werden Mutter und Kind zweimal getrennt und wiedervereinigt. Die Situation der Trennung soll der Theorie zufolge das Bindungsverhaltenssystem zuungunsten des Explorationsverhaltens beim Kleinkind aktivieren. Wesentliches Ziel der Anordnung ist die Beschreibung des beobachtbaren Verhaltens der Kinder (die i. d. R. um 12 Monate alt sind) in der Situation der Wiedervereinigung.

Mary Ainsworth und nach ihr zahlreichen anderen Arbeitsgruppen gelang es, mithilfe dieser Versuchsanordnungen vier Muster von Bindungsverhalten zu differenzieren (Tab. 6-1), nämlich die sichere Bindung, die unsicher-vermeidende, die unsicher-ambivalente und die unsicher-desorganisierte Bindung. Letztere wurde erst relativ spät als eigenständige Kategorie definiert, die im Verhalten durch „subtile Widersprüche", vorübergehendes Erstarren in der Annäherungssituation bis hin zu Anzeichen extremer Belastung und Angst in Gegenwart der Bindungsperson charakterisiert ist (Grossmann u. Grossmann 2004). Mittlerweile ist bekannt, dass Kinder mit desorganisierter Bindung auf einer physiologischen Ebene die deutlichsten Anzeichen von Stress zeigen (z. B. Spangler et al. 2000). Wie weiter unten ausgeführt, wird desorganisierte Bindung auch mit traumatischen Erfahrungen und Dissoziation in Verbindung gebracht.

Verbunden mit der Frage nach einer möglichen Entsprechung von Bindungsstilen aufseiten der primären Bezugsperson der Kinder wurde von Mary Main und Mitarbeitern in den 1980er Jahren der Versuch unternommen, einen Zugang zu dem von Bowlby als **inneres Arbeitsmodell** bezeichneten Komplex, also den Repräsentanzen der Bindungserfahrungen, zu finden.

Der noch immer als Goldstandard auf diesem Weg geltende Ansatz ist das *Adult Attachment Interview (AAI)*, ein halb-

6.2 Grundannahmen der Bindungstheorie

Tab. 6-1 Charakteristika verschiedener Bindungsstrategien bei Kindern und entsprechende Bindungsrepräsentanzen bei Erwachsenen

Kind	Erwachsene(r)
Sicher • kann positive und negative Gefühle zeigen • durch Trennung gestresst, zeigt Stress • aktive Begrüßung bei Wiedervereinigung • kann beruhigt werden • wendet sich nach Beruhigung dem Spiel zu	**autonom** • offene, kohärente und konsistente Erzählungen • Fähigkeit zur Reflexion • Integration guter und schlechter Erfahrungen und entsprechender Gefühle • eher positive Sicht des Selbst und Anderer • Vertrauen zu Bezugspersonen • Achtung von Bindung
Unsicher-vermeidend • umgeht schmerzvolle Zurückweisung durch Vermeidung • zeigt keine offenen Anzeichen von Stress • ignoriert Bindungsperson bei Wiedervereinigung • Aufmerksamkeit stark auf Exploration gerichtet	**unsicher-distanziert** • Angaben sind kurz, inkohärent und unvollständig • manchmal Idealisierung der Kindheit • Erinnerungslücken • Affektarmut, Überregulation des Affekts • Bemühen um Unabhängigkeit • negative Sicht Anderer • Abwertung von Bindungen
Unsicher-ambivalent • zeigt ausgeprägte Affekte wie Angst, Wut • ist stark gestresst und schlecht zu beruhigen • Suche nach Kontakt und Nähe bei gleichzeitiger Abwendung von der Bindungsfigur • Aufmerksamkeit stark auf Bindung gerichtet	**verstrickt** • inkonsistente Darstellung von Beziehungserfahrungen (ungeordnet, strukturlos, endlos, irrelevant, verwirrend) • überflutet von Erinnerungen, in problematische Geschichte verstrickt • affektreiche Selbstdarstellung, Unterregulation des Affekts • starke Betonung von Beziehungserfahrungen
Desorganisiert • zeigt unvereinbare Verhaltensweisen, Phasen von Starrheit, Angst gegenüber Elternteil • verfügt bei Trennung über keine Verarbeitungsstrategie • kann weder Nähe herstellen noch Ablenkung suchen	**unverarbeitetes Trauma** • Erzählungen von nicht-verarbeiteten traumatischen Erlebnissen auf verwirrte und desorganisierte Weise • „Fehler" in Beschreibungen • „Brüche" im Affekt • sprachliche Abweichungen vom Gesamteindruck (Inkohärenzen, fehlerhafte Sprache, gekünsteltes Sprechen, irrationale Zusammenhänge) als Indikatoren für das Eindringen dissoziierter Gedächtnisinhalte

strukturiertes Interview, in dem die aktuelle Repräsentation von Bindungserfahrungen auf der Basis von Erzählungen der Interviewten (Bindungsgeschichten) erschlossen wird. Bei der Bewertung des Interviews ist weniger der Inhalt der Geschichte als die Art und Weise relevant, *wie* über Beziehungserfahrungen berichtet wird. Hier wiederum ist das Ausmaß der Kohärenz im linguistischen Sinne von wesentlicher Bedeutung. Tabelle 6-1 fasst verkürzt jeweils die Hauptcharakteristika kindlicher Bindungsstile (erhoben in der Fremden Situation) und ihrer Analoga bei Erwachsenen (erfasst über das AAI) zusammen.

Das Erwachsenenbindungsinterview legt relativ wenig Wert auf die Einschätzung des tatsächlichen Verhaltens, sondern auf die Organisation von Erinnerungen. Umgekehrt ist aber anzunehmen, dass bindungsbezogenes Verhalten bei ähnlicher Organisation der Arbeitsmodelle verschiedene Ausformungen annehmen kann, wie dies z. B. aus der Sicht der interpersonalen Theorie von Benjamin (1998) dargelegt wird. Benjamin geht davon aus, dass die Bildung von Repräsentanzen über „Kopierprozesse" erfolgt, die sich unterschiedlich beschreiben lassen. So kann die Kopie in einer „Übernahme" erlebter Interaktionsformen erfolgen (im Sinne von Identifikation), in einer Wiederholung dieser Formen (Rekapitulation) oder in deren Verinnerlichung (eine Person verhält sich selbst gegenüber so, wie es wichtige Bezugspersonen üblicherweise taten; Introjektion). Es ist somit davon auszugehen, dass das Verhalten Erwachsener keinen ausreichenden Indikator für die Organisation der inneren Arbeitsmodelle darstellt, umgekehrt diese Organisation nur bedingt eine Vorhersage des Bindungs- und Beziehungsverhaltens zulässt. Mittlerweile liegen dementsprechend eine Vielzahl anderer Messinstrumente zur Erfassung von Bindungsqualitäten bzw. bindungsbezogenem Verhalten bei Erwachsenen vor, die z. T. – ähnlich wie das AAI – auf die sprachliche Organisation der bindungsbezogenen Narrative fokussieren (z. B. das Adult Attachment Projective [AAP]; Buchheim et al. 2003), z. T. aber auf eher verhaltensnahe Kategorien, wie z. B. das Erwachsenenbindungs-Prototypen-Rating (EBPR; Strauß et al. 1999). Auch Fragebogenmethoden kommen zur Diagnostik infrage, wenngleich Selbstbeschreibungen von Bindungsmerkmalen nur gering mit Fremdbeurteilungen auf Interviewbasis übereinstimmen (Roisman et al. 2007).

Die Gegenüberstellung kindlicher und erwachsener Bindungsstile ist auch vor dem Hintergrund des Befundes sinnvoll, dass die Bindungsrepräsentanzen Erwachsener (primär der Mütter) mit den Bindungsstilen der Kleinkinder übereinstimmen (z. B. van IJzendoorn 1995; Cassidy u. Shaver 2008).

6.2.2 Transgenerationale Übertragung von Bindung

Es gibt also eine transgenerationale Übertragung von Bindung, deren Hintergründe bislang allerdings nur partiell erklärt sind. Diese Übertragung und die Hinweise darauf, dass Aspekte der Interaktion die inneren Arbeitsmodelle maßgeblich und spezifisch formen, stellen einen Befund dar, der auch für das Verständnis der therapeutischen Interaktion mit missbrauchten Patienten von grundlegender Bedeutung ist.

Ein wichtiger Faktor, der aber letztlich nur ca. 12 % der Gesamtvarianz erklärt, ist die sogenannte **Feinfühligkeit** der Bezugsperson. Diese Feinfühligkeit wurde lange Zeit als die Hauptgrundlage für eine sichere Bindung des Kindes betrachtet. Nach Ainsworth et al. (1978) äußert sich die Feinfühligkeit im Wesentlichen in vier Merkmalen:

6.2 Grundannahmen der Bindungstheorie

- der Fähigkeit, die Verhaltensweisen des Säuglings überhaupt wahrzunehmen
- diese richtig aus der Lage des Säuglings zu interpretieren
- der prompten Reaktion, damit es dem Säugling möglich wird, eigenes Verhalten mit den Wirkungen der mütterlichen Reaktion zu verknüpfen und somit ein Gefühl eigener Effektivität zu entwickeln
- der Angemessenheit der Reaktion, also ein entwicklungsgemäßes Eingehen auf das, was der Säugling verlangt

Befunde der Säuglingsforschung legen nahe, dass neben der Feinfühligkeit eine Reihe spezifischer interaktioneller Merkmale eine „gute" Beziehung zwischen Mutter und Kind charakterisieren (vgl. z. B. Papousek u. Wollwerth de Chuquisengo 2003).

In jüngster Zeit wird die klinische Bindungsforschung durch Arbeiten bestimmt, die sich mit dem Konzept der **Metakognition** bzw. **Mentalisierung** befassen, speziell mit einer Verknüpfung von Bindungsmustern bei Kindern und der Qualität der Metakognition der Mütter, also ihrer Fähigkeit, die repräsentationale Natur des Denkens zu erkennen.

Zu dieser Metakognition sind Kinder zunächst nicht in der Lage, sie können anfangs nicht zwischen realen Erfahrungen und einem dahinter stehenden mentalen Zustand differenzieren. Es dauert z.B., bis Kinder in der Lage sind, Zurückweisungen nicht auf sich selbst, sondern auf den emotionalen Zustand der Bezugsperson zurückzuführen. Wenn die Kinder diese Fähigkeit erworben haben (was keineswegs unbedingt der Fall sein muss), können sie sich besser vor narzisstischen Kränkungen schützen. Main (1991) nimmt an, dass jene psychischen Prozesse, die zu der Einsicht führen, dass die eigene Person und auch andere Personen von mentalen Befindlichkeiten motiviert sein können, eine Entwicklungsleistung darstellt, die nur auf der Grundlage einer sicheren Bindungsbeziehung möglich ist.

Von Fonagy (1998a) stammt der Versuch, das Konstrukt der Metakognition zu operationalisieren und zu untersuchen, wie die Bindungsfähigkeit von Kindern durch die Metakognition der Bindungsperson beeinflusst wird. Mit der *Skala des reflexiven Selbst (reflective self-scale, RSS)*, die im Kontext des Erwachsenenbindungsinterviews benutzt wird, soll das Ausmaß erfasst werden, inwieweit nicht nur die Repräsentanzen des eigenen Befindens, sondern auch die anderer Personen klar und strukturiert sind. Die Skala erfasst folgende Kategorien (Daudert 2002; Schultz-Venrath u. Döring 2013):

- spezielle Erwähnung mentalen Befindens
- Einfühlungsvermögen in die Merkmale mentalen Befindens
- Einfühlungsvermögen in die Komplexität und Unterschiedlichkeit mentalen Befindens
- spezielle Bemühungen, beobachtbares Verhalten mit mentalem Befinden zu verknüpfen
- Anerkennung der Veränderungsmöglichkeit mentalen Befindens und des entsprechenden Verhaltens

Es gibt inzwischen eine Reihe empirischer Befunde, die auf Ergebnissen mit der RSS basieren. So konnte gezeigt werden, dass Väter und Mütter mit hohen Werten in der Skala drei- bis viermal so häufig sicher gebundene Kinder haben wie Eltern mit niedrigen Werten. Eine eingeschränkte Selbstreflexivität findet sich bei Persönlichkeitsstörungen, insbesondere in Verbindung mit antisozialen Zügen und mit Missbrauchserfahrungen. Die Fähigkeit zur Metakognition scheint besonders wichtig im Kontext traumatischer Erfahrungen.

Fonagy (1998a) beschreibt die Ergebnisse einer Studie bei 27 Müttern, die im Laufe ihrer eigenen Entwicklung besonderen Deprivationen und Belastungen ausgesetzt waren. Zehn dieser Mütter hatten hohe Werte in der RSS. Alle Kinder dieser Mütter wurden als sicher gebunden klassifiziert. Von 17 Müttern mit niedrigen Werten in der RSS hatte nur eine einzige ein sicher gebundenes Kind. Die Befunde, die eine Verbindung zwischen dissoziativen Störungen auf Elternseite und desorganisierten Bindungsmustern bei Kindern nahelegen, sprechen ebenfalls für einen Zusammenhang von Bindung und Mentalisierung (z. B. Liotti 2008; s. u.).

> **Merke**
> Die bisherigen Ergebnisse sprechen dafür, dass „die Fähigkeit der Eltern, Geist und Seele des Kindes wahrzunehmen, das generelle Verständnis des Kindes von Geist und Seele fördert. Die Verfügbarkeit einer reflexiven Bezugsperson erhöht die Wahrscheinlichkeit der sicheren Bindung des Kindes, und die wiederum fördert die Entwicklung einer Theorie des Geistes und der Seele. Metakognitive Steuerung bringt einen Aspekt des transgenerationalen Zyklus zum Abschluss" (Fonagy 1998a, S. 365).

Diese Befunde setzen Akzente für das Verständnis der Entwicklung des Selbst. Fonagy (1998a) weist darauf hin, dass die traditionelle Psychoanalyse von der Internalisierung des Containing-Objekts ausginge, „nicht von der Internalisierung des denkenden Selbst im Inneren des Containing-Objekts". Die Bindungsforschung lege nahe, dass das Kind im Verhalten der Mutter nicht nur deren Reflexivität wahrnehme, „auf die es schließt, um ihr Verhalten be-

gründen zu können", es nehme „zuvor in der Haltung der Mutter ein Bild seiner selbst als mentalisierendes, wünschendes und glaubendes Selbst wahr [...] Sie denkt mich als denkend, also existiere ich als denkendes Wesen" (Fonagy 1998a, S. 366).

6.3 Bindung und Trauma

Aus bindungstheoretischer Sicht beziehen sich traumatische Erfahrungen auf jene Erfahrungen eines Kindes mit erwachsenen Bindungsfiguren, durch welche die Bindung erschüttert oder bedroht wird. Dies kann zum einen dadurch geschehen, dass die affektive Bindung durch längere oder wiederkehrende Trennungen oder durch Verluste unterbrochen wird, zum anderen „kann Traumatisierung durch eine Übergriffigkeit in der Bindung entstehen, wenn in einer forcierten, grenzüberschreitenden Nähe das Kind zum Opfer der sexuellen oder aggressiven Impulse der Bindungsfigur wird. Sexueller Missbrauch, Vernachlässigung und körperliche Misshandlung sind die anderen Formen von Bindungstraumata, bei denen das affektive Band vom Erwachsenen passager für andere Motive missbraucht wird und die Bindungsfigur dem Kind seine eigenen sexuellen oder aggressiven Bedürfnisse aufzwingt" (Hauser 2001, S. 227).

Traumatisierende Erfahrungen, die zu einer Störung der Bindungsentwicklung beitragen, zeigen sich auf unterschiedliche Weise in den oben beschriebenen Methoden. In der Fremden Situation gibt das Vorliegen desorganisierter Bindungsstrategien Hinweise auf Störungen der Bindungsentwicklung, die entweder durch Traumatisierungen des Kindes oder durch Traumatisierungen aufseiten der erwachsenen Bindungspersonen entstehen können (Schmücker u. Buchheim 2002; Hesse u. Main

2006). Die vorliegenden Untersuchungen zur desorganisierten Bindung sind wahrscheinlich diejenigen, die von größter klinischer Relevanz sind. Desorganisierte Bindung in der Kindheit steht offensichtlich im Zusammenhang mit kontrollierenden Verhaltensweisen gegenüber den Bezugspersonen, aggressiven und ängstlich getönten Beziehungen zu Gleichaltrigen, Problemen mit Internalisierung und Externalisierung im Vorschul- und Grundschulalter und mit dissoziativen und internalisierenden Symptomen im Jugendalter. Umgekehrt sind die Befunde zum Zusammenhang zwischen desorganisierter Bindung von Kindern und dissoziativen Symptomen bei deren primären Bezugspersonen mittlerweile derart überzeugend, dass sie eine plausible Verbindung zwischen entwicklungspsychologischen Phänomenen und der Entstehung von Psychopathologie sichtbar machen (z. B. die Übersicht von Lyons-Ruth u. Jacobvitz 2008a).

Bei Erwachsenen wird angenommen, dass die Art und Weise der Konstruktion von „Bindungsgeschichten", wie sie etwa über das Adult Attachment Interview (AAI) generiert werden, Aufschluss gibt über die emotional-kognitive Organisation von früheren Bindungserfahrungen, die zur Entwicklung innerer Arbeitsmodelle beigetragen haben. Bowlby (1983) ging immer davon aus, dass es multiple Arbeitsmodelle gäbe, über die widersprüchliche Erfahrungen mit den Bindungsfiguren organisiert werden. Hierbei werden defensive Prozesse wirksam, über die inkompatible (Teil-)Modelle konstruiert werden. Unter Bezugnahme auf das Gedächtnismodell von Tulving (1972), der zwischen einem semantischen und einem episodischen Gedächtnis differenziert, wurde vermutet, dass bestimmte Informationen mit potenziell pathogener Wirkung aus dem semantischen Gedächtnis ausgeschlossen werden. Die Abwehrvorgänge des defensiven Ausschlusses („defensive exclusion") sind dabei in der Form der Deaktivierung für die vermeidend Gebundenen charakteristisch, die der Unterbrechung („disconnection") bindungsrelevanter Information für verstrickt gebundene Personen, nach Bowlby insbesondere für den zwanghaft fürsorglichen bzw. ängstlichen Bindungstypus. Im Zusammenhang mit traumatischen Erfahrungen im Kontext der Bindungsentwicklung wurde von Bowlby eine dritte Abwehrform, nämlich die der isolierten Systeme („segregated systems") beschrieben, bei der schmerzliche Erfahrungen vollständig aus dem Bewusstsein ausgeschlossen werden. In Narrativen wird die Existenz dieser Systeme im Zusammenhang mit Berichten über traumatische bzw. bedrohliche Situationen, die im AAI direkt erfragt werden, deutlich an einer fehlenden Integration „segregierten Materials" und an Hinweisen auf einen Zusammenbruch des Bindungssystems, also eine Desorganisation innerer Modelle, wie sie bei unverarbeiteten Verlusten und Traumatisierung mittlerweile gut belegt ist (vgl. Buchheim u. Strauß 2002; Buchheim et al. 2003).

Unverarbeitete Missbrauchserfahrungen zeigen sich also z. B. im AAI – ähnlich wie unverarbeitete Verluste – an mentaler Desorientierung. Das Auswertesystem des AAI enthält eine spezifische Missbrauchsskala, in der Indikatoren für sexuellen Missbrauch und körperliche Misshandlungen codiert werden (Details s. Hauser 2001). Anzeichen für eine kognitive Desorientierung sind z. B. Verleugnung, irrationale Überzeugungen bezüglich der eigenen Rolle in dem Geschehen, verwirrte Äußerungen und auf einer sprachlichen Ebene ein unangemessener Sprachstil und inkohärente Schilderungen des Geschehens inkl. Fragmentierungen. Es wird vermutet, dass sich die kognitive Desorientierung im interaktiven Verhalten traumatisierter Bindungspersonen mit ihrem Kind als „frightened/frightening behavior" äußert und darüber die kindliche Bindungsdesorganisation fördert (s. Kap. 6.6).

Will man die Auswirkungen traumatischer Erfahrungen, wie sexuellen Missbrauchs, Vernachlässigung und Misshandlung, auf die Bindungsentwicklung verstehen, sind aufgrund der oben genannten transgenerationalen Wirkungsmechanismen bezüglich des Bindungssystems zwei Perspektiven zu unterscheiden: Zum einen gilt es, die unmittelbaren Auswirkungen von Traumatisierungen auf die Bindungsentwicklung von Kindern zu untersuchen, zum anderen stellt sich die Frage, über welche Bindungsrepräsentanzen erwachsene Menschen mit unverarbeiteten Traumatisierungen verfügen und wie diese Repräsentanzen sich wiederum auf die Entwicklung eigener Kinder auswirken. Mittlerweile liegen eine große Zahl empirischer Befunde vor, die es ermöglichen, die Fragen aus beiden Perspektiven vorläufig zu beantworten.

6.4 Bindungsentwicklung traumatisierter Kinder

Bevor in der entwicklungspsychologischen Bindungsforschung die Kategorie des desorganisierten Bindungsverhaltens eingeführt worden war, kamen mehrere Studien zu dem Schluss, dass misshandelte und sexuell missbrauchte Kinder überwiegend eine unsichere Bindungsqualität entwickeln (z. B. mehr als zwei Drittel in den Studien von Egeland u. Sroufe 1981; Schneider-Rosen u. Cicchetti 1984). Dieser Zusammenhang ist in neueren Studien – auch für Erwachsene (z. B. Briere et al. 2012) – mehrfach belegt worden (z. B. Cyr et al. 2010). Mehrere Studien haben mittlerweile auch nachgewiesen, dass sichere Bindung vor negativen Konsequenzen früher Traumatisierungen zu schützen vermag und somit als Mediator zwischen traumatischen Erfahrungen und der Entwicklung von Psychopathologie wirkt (z. B. Aspelmeier et al. 2007; Muller et al. 2012).

Nach der Definition desorganisierter Bindung zeigten Untersuchungen zur Auswirkung von Kindesmisshandlung auf die Bindungsentwicklung, dass ein sehr hoher Anteil (bis über 80 %) betroffener Kinder eine desorganisierte Bindungsstrategie entwickelt (Howe et al. 1999), während in nichtklinischen Stichproben die Prävalenz desorganisierten Bindungsverhaltens zwischen 14 % (bei Kindern aus mittleren sozialen Schichten) und 24 % (Kinder aus unteren Schichten) beziffert wird (van IJzendoorn et al. 1999). Der Metaanalyse von van IJzendoorn et al. (1999) zufolge ist desorganisiertes Bindungsverhalten am häufigsten mit ambivalenten Mustern als sekundärer Strategie gekoppelt (46 %), gefolgt von vermeidender (34 %) und sicherer (14 %) Bindung. Lyons-Ruth und Jacobvitz (2008a) zählen die Kindesmisshandlung zu den wichtigsten Risikofaktoren für die Entwicklung desorganisierter Bindung, daneben gelten als weitere Risikofaktoren psychische Erkrankungen eines Elternteils (Depression, bipolare Störungen, Sucht; vgl. Grossmann u. Grossmann 2004). In einer neueren Metaanalyse (Cyr et al. 2010) waren misshandelte Kinder noch erheblich häufiger unsicher bzw. desorganisiert gebunden als Kinder in sozialen Hochrisikogruppen.

In Interaktionsstudien zeigten sich spezifische Interaktionsmuster zwischen Müttern und Kindern beim Spiel. Misshandelnde und vernachlässigende Mütter wurden

6.4 Bindungsentwicklung traumatisierter Kinder

in diesen Studien als weniger stimulierend und reaktiv beschrieben, was sich auf die mütterliche Affektabstimmung negativ auszuwirken scheint (Kreß et al. 2012). Misshandelte Kinder erscheinen in Spielsituationen eher als schwierige Interaktionspartner, während vernachlässigte Kinder entweder als schwierig oder als sehr passiv und zurückgezogen beschrieben wurden (z. B. Esser et al. 1993). Speziell misshandelte Kinder sind in der Folgeentwicklung, d. h. im Kindergarten bzw. Vorschulalter, gehäuft auffällig. Beispielsweise beschrieben Lyons-Ruth und Jacobvitz (2008a) 71 % der Kinder, die in der Fremden Situation als desorganisiert klassifiziert wurden, als besonders aggressiv. Umgekehrt wurde gezeigt, dass es auch protektive Faktoren gibt, die misshandelten Kindern eine günstigere Entwicklung ermöglichen. Dazu zählen vor allem eine höhere Intelligenz und die Erfahrung mindestens einer vertrauensvollen Beziehung in der Vergangenheit (z. B. Starr et al. 1991).

> **Merke**
>
> Es versteht sich, dass aus bindungstheoretischer Sicht ein Unterschied besteht, ob ein Kind traumatische Erfahrungen durch eine Bindungsperson oder durch andere Personen erlebt. Für die Bindungsentwicklung dürfte Ersteres dramatischere Folgen haben. Grossmann und Grossmann (2008) weisen darauf hin, dass traumatische Erfahrungen durch Bindungspersonen einem „Verrat am Kind gleichkommen", während bei Verletzung durch andere die feinfühlige Unterstützung durch eine Bindungsperson protektiv wirken kann.

Verschiedene Längsschnittstudien haben gezeigt, dass Kinder mit desorganisiertem Bindungsmuster im Alter von sechs Jahren gegenüber ihren Bindungspersonen eine kontrollierende Haltung einnehmen, was als eine Rollenumkehr (von der Opfer- in die Täterrolle) interpretiert wird und dazu zu dienen scheint, ein kohärentes Selbstgefühl zu erhalten. In Stresssituationen ist diese Konstruktion aber fragil und kann rasch in eine Desorganisation umschlagen. Dafür spricht, dass es mittlerweile deutliche Hinweise dafür gibt, dass desorganisierte Bindung auch mit dissoziativen Verhaltensweisen gekoppelt ist (Liotti 2008).

Insgesamt gesehen haben also Missbrauchserfahrungen und Vernachlässigung potenziell eine Entwicklung in Richtung unsichere Bindung und/oder desorganisierter Bindungsstrategien zur Folge, was per se nicht gleichbedeutend ist mit Psychopathologie, aber einen erheblich Risikofaktor für die Entwicklung psychopathologischer Zustände ausmacht.

Bindungsstörungen als Formen schwerwiegender Psychopathologie im Kleinkindalter, wie sie auch in den diagnostischen Manualen (DSM, ICD) definiert sind, scheinen nach neueren Befunden häufig die Folge von traumatischen Erfahrungen zu sein. Nach Brisch (2012) sind Bindungsstörungen, die sich z. B. in extremem Rückzug, vermehrter Aggression bis zum völligen Fehlen von Bindungsverhalten zeigen können, in der Regel die Folge von sequenziellen, permanenten Traumatisierungen, zu denen wiederholte (sexuelle) Gewalt und extreme Formen von Vernachlässigung zählen. Neuere Studien zeigen diesen Zusammenhang für das Bild einer „reaktiven Bindungsstörung" (Brisch 2012; Kay u. Green 2013; Minnis et al. 2013). Eine neuere Studie in einer Risikostichprobe zeigte eine Prävalenz der reaktiven Bindungsstörung von 1,4 % (Minnis et al. 2013).

6.5 Bindungsrepräsentanzen traumatisierter und traumatisierender Erwachsener

Angesichts der generationsübergreifenden, relativen Stabilität von Bindungsmerkmalen ist davon auszugehen, dass traumatische Erfahrungen bei Erwachsenen einen wesentlichen Einfluss auf deren Interaktion mit ihren eigenen Kindern ausüben. Tatsächlich wird vermutet, dass misshandelte und missbrauchte Erwachsene zu einem beträchtlichen Teil ihre traumatischen Erfahrungen an ihre Kinder weitergeben oder zumindest unter besonderen Belastungen gefährdet sind, mit den eigenen Kindern ebenfalls traumatisierend umzugehen (Hauser 2001): *„A maltreating caregiver is a frightened or frightening caregiver whose current mental state is characterized by a lack of resolution of loss or trauma, resulting in contradictory and unintegrated mental contents"* (Lyons-Ruth u. Jacobvitz 1999, S. 544).

Elterliches Verhalten der „frightened/frightening" Kategorie umfasst nach Hesse und Main (2006) aggressiv wirkende Gesten, Gesichtsausdrücke und Bewegungen, unerklärliche Furcht und Erschrecken gegenüber dem Kind, plötzliche Bewusstseinsänderungen, Einfrieren und Stimmveränderungen, ggf. ein ängstlich-unterwürfiges oder ein exzessiv intimes Verhalten bzw. Elternverhalten, das dem eines desorganisierten Kindes ähnelt. All diese Verhaltensweisen tragen zu einer „disrupted maternal communication" (Lyons-Ruth u. Jacobvitz 2008a) bei, die Bindungsdesorganisation beim Kind fördert.

Die Erwachsenenbindungsforschung zeigt, dass sich unverarbeitete Verluste, Trennung und Traumatisierung verschiedener Art auf die Organisation innerer Arbeitsmodelle von Bindung im Sinne einer Desorganisation auswirken und spezifische Abwehrprozesse bedingen. Bindungsdesorganisation bei Erwachsenen zeigt sich zum einen in den spezifischen Indikatoren für unverarbeitete Verluste/Traumata im AAI (Tab. 6-1). Zum anderen werden Kategorien entwickelt (vgl. Lyons-Ruth u. Jacobvitz 2008a), die unter den Bezeichnungen „verstrickt, durch Trauma überwältigt" (E3 im AAI) sowie „nicht klassifizierbar" (Cannot Classify) beschrieben werden. Die erstgenannte Kategorie ist eine Variante der verstrickten Bindungsrepräsentation und zeichnet sich dadurch aus, dass traumatische Erfahrungen im gesamten Interview eine „intrusive" Rolle spielen. Die zweite Kategorie markiert einen generellen Zusammenbruch bzw. Fragmentierungen von Bindungsstrategien (nicht nur bezogen auf traumabezogene Themen), charakterisiert durch kontrastierende mentale Zustände im Interview, die scheinbar unvereinbar vermeidend/abweisende und verstrickte Muster beinhalten.

In einigen klinischen Studien wurde belegt, dass insbesondere Erwachsene mit schwerer Psychopathologie den beiden Kategorien zuzuordnen sind (z. B. Borderline-Persönlichkeitsstörungen; Levy et al. 2006b). Die Kombination verstrickter Bindungsrepräsentanzen mit Hinweisen auf unverarbeitete Traumata ist bei vielen psychopathologischen Bildern häufig (vgl. Strauß u. Schwark 2007). Im Zusammenhang mit sexuellem Missbrauch haben z. B. Stalker und Davies (1995) gezeigt, dass von 40 Frauen, die in der Vergangenheit sexuell missbraucht worden waren, bei 60 % die Kategorie „unverarbeitetes Trauma" (U) zutraf und insgesamt 88 % als „verstrickt" klassifiziert wurden. Ohne dass diese Kategorie explizit verwendet worden wäre, geben die Autoren an, dass 37,5 % *eigentlich* in die Kategorie „nicht klassifizierbar" gepasst hätten.

Untersuchungen zur Bindungsorganisation misshandelnder Eltern sind bislang noch rar. Die Arbeitsgruppe um Lyons-Ruth hat mehrfach zeigen können, dass schwer traumatisierte Mütter, die gehäuft Kinder mit desorganisierten Bindungsstrategien haben, in ihrem Verhalten dem Kind gegenüber oft zurückgezogen und feindselig sind (Lyons-Ruth u. Jacobvitz 1999).

Speziell in der forensischen Literatur sind darüber hinaus mehrfach Zusammenhänge zwischen Traumatisierungen in der Kindheit und späteren Gewalttaten beschrieben (z.B. Renn 2002). Die Rede ist hier von einem „cycle of violence" oder „cycle of maltreatment". Auch wenn die Befundlage hierzu aufgrund methodischer Einschränkungen nicht ganz eindeutig ist (Thornberry et al. 2012), kann doch davon ausgegangen werden, dass kindliche Misshandlung ein Prädiktor für Gewalt im Erwachsenenalter darstellt (Forsman u. Langström 2012). Aus bindungstheoretischer Sicht haben Crittenden et al. (1991) in einer Stichprobe misshandelnder Eltern mit dem Erwachsenenbindungsinterview gezeigt, dass die Mehrzahl misshandelnder Elternteile als „distanziert" klassifiziert wurde, die vernachlässigenden bzw. vernachlässigenden und missbrauchenden Elternteile eher als „verstrickt".

> **Merke**
>
> Die Wahrnehmung der eigenen Kinder ist bei misshandelnden Eltern ganz offensichtlich verzerrt, was eine Reihe von Studien, die z.B. Dornes (2000) zusammenfasste, belegt: Die Betroffenen sehen ihre Kinder deutlich problematischer als neutrale Beobachter, was als eine Projektion negativer Anteile des Selbst auf die Kinder verstanden werden kann. Diese negativen Anteile werden wiederum in den Bindungsrepräsentanzen der misshandelnden Elternteile sichtbar.

6.6 Auswirkungen elterlicher Traumatisierung auf die Kindesentwicklung

Für die oben beschriebene transgenerationale Übertragung traumatischer Erfahrungen gibt es verschiedene Erklärungsmodelle. Die Bedeutung der Metakognition bzw. der selbstreflexiven Funktionen wurde mittlerweile nachhaltig belegt (s.o.).

> **Merke**
>
> Es wird davon ausgegangen, dass Kinder, die schwere Misshandlungen erfahren haben, ihre Bindungspersonen als Gefahr oder Quelle von Angst erleben und darauf mit einer Hemmung selbstreflexiver Funktionen reagieren. Dies ist als eine Art von Selbstschutz zu verstehen, der verhindert, bindungsrelevante Personen als tatsächliche Quelle von Gefahr wahrnehmen zu müssen.

Es kann davon ausgegangen werden, dass infolge derartiger Erfahrungen die Fähigkeit, sich in den mentalen Zustand anderer einzufühlen, nachhaltig und dauerhaft gestört bleibt, was die Transmission der traumatischen Erfahrung in der Interaktion mit eigenen Kindern wahrscheinlicher macht (vgl. Fonagy et al. 2004). Zusammenhänge zwischen traumatischen Erfahrungen und Beeinträchtigungen der selbstreflexiven Funktionen wurden inzwischen in mehreren empirischen Studien belegt (vgl. Liotti 2008).

Die Forschung zur Eltern-Säugling-Interaktion hat in den letzten Jahren eindrücklich gezeigt, dass sich Risikofaktoren auf elterlicher Seite auf der konkreten Ebene der Kommunikation niederschlagen (Papousek u. Wollwerth de Chuquisengo 2003), wobei hier immer auch Faktoren auf kindlicher Seite eine Rolle spielen (z. B. spezifische Charakteristika des Temperaments, konstitutionelle Variabilitäten der Selbstregulation). Auf der Seite der Eltern beeinflussen Risikofaktoren, zu denen insbesondere neurotische Beziehungsstörungen und unbewältigte traumatische Erfahrungen gehören, vor allem die Ausprägung und Abstimmung der intuitiven elterlichen Kompetenzen (Papousek 1996), deren Beeinträchtigung sich im wahrnehmbaren Interaktionsverhalten, „in der Alltagsarena des Stillens, Wickelns, Zwiegesprächs oder Schlafenlegens" (Papousek u. Wollwerth de Chuquisengo 2003) zeigt. Auf dieser Ebene kommt es somit zu einer Störung der Kommunikation, über die eine Transmission der nicht integrierten Anteile elterlicher Repräsentanzen erfolgen kann: *„Hier kommen psychodynamische Abwehrmechanismen der Verdrängung, Verleugnung, projektiven Identifikation oder Dissoziation ins Spiel, die die Wahrnehmung des realen Babys verzerren, die intuitiven Verhaltensbereitschaften durch Reinszenierung neurotischer Beziehungsmuster außer Kraft setzen oder durch Abspaltung den Zugang zu den intuitiven Kompetenzen komplett versperren"* (Papousek u. Wollwerth de Chuquisengo 2003, S. 149).

Die Befunde der Kleinkindforschung, die sich auf ein breites Spektrum von Verhaltensweisen beziehen (z. B. Kreß et al. 2012), lassen sich problemlos auf bindungsspezifische Verhaltenskategorien übertragen. Lyons-Ruth und Jacobvitz (2008a) haben die Übertragung von desorganisierter Bindung in einem Modell der „Beziehungsdiathese" zusammengefasst. Danach bietet eine organisierte (auch unsichere) Bindung ausreichend Schutz, solange unangenehme Erfahrungen ein Ausmaß besitzen, das in die mentalen Modelle integriert werden kann. Nur wenn die traumatische Erfahrung gewisse Grenzen überschreitet, ist zu erwarten, dass eine Desorganisation mentaler Modelle und des Verhaltens beim Kind resultieren. Ebenso dürften sich nur extrem auffällige Muster der Kommunikation und des Schutzverhaltens von Bindungspersonen in einer Art und Weise auf die Erfahrungen des Kindes auswirken, dass eine desorganisierte Bindung resultiert: *„This implies that there should be an additive or interactive effect between the presence and characteristics of the trauma and the quality of the childhood attachment relationship in producing disorganized/controlling/unresolved states"* (Lyons-Ruth u. Jacobvitz 1999, S. 547).

Green und Goldwyn (2002) zeigen in einer Literaturübersicht, dass desorganisierte Bindung bei Kindern assoziiert sei mit „distorted parenting", welches keineswegs gleichzusetzen ist mit mangelnder Feinfühligkeit im oben beschriebenen Sinne, sondern extremere Verhaltensweisen im Umgang mit dem Kind umfasst und tatsächlich häufig mit traumatischen Erfahrungen aufseiten der Bindungsperson assoziiert ist: *„Attachment disorganization is a powerful predictor of a range of later social and cognitive difficulties and psychopathology"* (Green u. Goldwyn 2002, S. 835). Mittlerweile liegt eine Metaanalyse von Madigan et al. (2006) vor, die den Zusammenhang zwischen unaufgelösten Traumata/Verlusten (U) und auffälligem Verhalten auf Elternseite und desorganisierter Bindung beim Kind beschreibt. Der Zusammenhang zwischen „U" und auffälligem Verhalten war moderat (auf der Basis von immerhin 12 Studien mit 851 Familien; r = .26). Der Zusammenhang von „U" und kindlicher Bindungsdesorganisation betrug r = .21, der von auffälligem Elternverhalten und Bindungsdesorganisation r = .34.

Zajac und Kobak (2009) zeigten, dass Verhaltensauffälligkeiten bei Kindern besonders häufig waren, wenn deren primäre Bindungsperson eine unsichere Bindungsrepräsentation in Kombination mit unverarbeiteten Verlusten aufwies.

6.7 Interventionen

Der transgenerationale Zyklus von Misshandlung und Missbrauch, der durch die Ergebnisse der Bindungsforschung gestützt wird, kann – dies zeigen mehrere Studien – durchaus unterbrochen werden. Längs- und Querschnittstudien machen deutlich, dass gute Beziehungserfahrungen, wie sie z. B. auch in Psychotherapien erlebt werden, der Verarbeitung traumatisierender Missbrauchs- und Misshandlungserfahrungen dienen und zu einer Durchbrechung des Missbrauchszyklus führen können (vgl. z. B. Allen et al. 2004; Kirchmann et al. 2012). Bindungstheoretisch haben dies Grossmann und Grossmann (2004, S. 131) wie folgt formuliert: *„Die Narben unerfüllter oder zurückgewiesener Bindungsbedürfnisse mögen bleiben, aber sie können durch neue, sichere, reflektierte Arbeitsmodelle in ihrem Einfluss zurückgedrängt werden."*

Basierend auf den zahlreichen Befunden zu den Folgen von Missbrauch, Misshandlung und Traumaerfahrungen auf die Entwicklung der inneren Arbeitsmodelle gibt es zahlreiche Bemühungen, Präventionsprogramme und -interventionen zu entwickeln und zu evaluieren (Bakermans-Kranenburg et al. 2003, 2005).

6.8 Zusammenfassung

Traumatische Erfahrungen – wie Verluste und Trennungen, aber auch Missbrauch, Misshandlung und Vernachlässigung – haben aus bindungstheoretischer Sicht weitreichende Auswirkungen auf die Organisation innerer Arbeitsmodelle von Bindung bei Kindern und Erwachsenen. Die Untersuchung von Kindern mit frühen desorganisierten Bindungen, die erst seit wenigen Jahren intensiver betrieben wird, zeigt, dass sich desorganisierte Strategien von Bindung, die sich als Fehlen von Bewältigungsstrategien in bedrohlichen Situationen und unvereinbare Verhaltensweisen manifestieren, gehäuft finden, wenn das Kind innerhalb seiner Bindungsbeziehungen traumatisiert wurde, aber auch, wenn die Bindungspersonen traumatische Erfahrungen nicht verarbeitet haben.

Dies verlangt, im Zusammenhang mit Missbrauch, Misshandlung und Vernachlässigung mindestens eine Zwei-Generationen-Perspektive einzunehmen, wenn es darum geht, die Organisation der Bindungsrepräsentanzen zu verstehen.

Es wurde mehrfach gezeigt, dass traumatisierte Kinder häufiger eine unsichere Bindung, oft gekoppelt mit desorganisierten Mustern von Bindung, entwickeln. Ebenso können unverarbeitete traumatische Erfahrungen auf der Seite der Bindungsperson zur Entwicklung einer desorganisierten Bindung bei deren Kindern beitragen, wobei verschiedene Wege der transgenerationalen Weitergabe von Traumaerfahrungen beschrieben sind. Zu diesen gehört – neben Merkmalen der affektiven Interaktion – die als Folge einer Traumatisierung unzureichend präsente selbstreflexive Funktion bzw. Metakognition, die eine wesentliche Voraussetzung für die Förderung von Bindungssicherheit bei Kindern darstellt. Unabhängig davon, ob Bindungsdesorganisation die Folge direkter Traumawirkungen oder die Konsequenz traumatischer Erfahrungen eines Elternteils darstellt, ist mittlerweile gesichert, dass diese einen wesentlichen, wenngleich durchaus kompensierbaren Risikofaktor für zahlreiche Entwicklungsauffälligkeiten im sozialen und kognitiven Bereich sowie für die Entstehung psychopathologischer Bilder darstellt. In den letzten Jahren wurde eine stetig wachsende Zahl an Interventionen und Präventionsprogrammen entwickelt, die im Hinblick auf eine Reduktion von Traumafolgestörungen und eine Durchbrechung der transgenerationalen Weitergabe von Traumaerfahrungen vielversprechend sind.

7 Langzeitfolgen von Trennung und Scheidung

Matthias Franz

Inhalt

7.1	Einleitung	119
7.2	Wachsende Anzahl von Ein-Eltern-Familien	121
7.3	Der fehlende Vater	121
7.4	Die Situation alleinerziehender Mütter	124
	7.4.1 Hohes Armutsrisiko	124
	7.4.2 Gesundheitliche Risiken	124
7.5	Folgen für die Kinder	129
	7.5.1 Vorschulalter	132
	7.5.2 Schulalter	132
	7.5.3 Kinder und Jugendliche	133
	7.5.4 Adoleszenz und junges Erwachsenenalter	133
	7.5.5 Erwachsenenalter	134
7.6	Interventionsmöglichkeiten	135

7.1 Einleitung

Ein großer Teil der heute heranwachsenden Kinder wird von Trennung oder Scheidung ihrer Eltern und den damit zusammenhängenden Konflikten betroffen. In den letzten zehn Jahren erlebten in Deutschland jedes Jahr etwa 150 000 minderjährige Kinder und Jugendliche die Scheidung ihrer Eltern. Etwas mehr als die Hälfte der aktuell etwa 170 000 jährlichen Ehescheidungen betreffen Ehen mit Kindern. Zusammen mit ca. 50 000 Kindern, die jedes Jahr von der Trennung nicht ehelicher elterlicher Lebensgemeinschaften betroffen sind, erleben in Deutschland also etwa 200 000 Kinder die konflikthafte Trennung ihrer Eltern. Insgesamt etwa 20 % aller Kinder leben in Deutschland in einer Ein-Eltern-Familie, in 90 % der Fälle bei der Mutter.

Die Langzeitfolgen für diese Kinder können dabei sehr unterschiedlich ausfallen und hängen von zahlreichen weiteren Einflüssen ab. Beispielsweise kann eine Trennung der Eltern bei Bestehen eines schweren Partnerschaftskonflikts mit Alkoholabusus und chronischer elterlicher Gewalt für die Entwicklung des Kindes die bessere Lösung darstellen, insbesondere wenn dies zu einer Beendigung der direkten Konflikt- und Gewaltzeugenschaft des Kindes führt und im Weiteren eine stabile Bezugsperson für das Kind verfügbar ist. Hingegen kann eine Trennungserfahrung aus einer relativ wenig konflikthaften Partnerkonstellation heraus die spätere Entwicklung des Kindes gefährden, insbesondere dann, wenn sich die Eltern nach der Trennung in einen andauernden, destruktiv eskalierenden Konflikt verwickeln (Gilman et al. 2003a). Etwa 10 % aller Trennungen verlaufen hochstrittig. Das bedeutet zum Teil jahrelange Auseinandersetzungen auch nach der Scheidung oder Trennung um Unterhalt, Umgangs- oder Sorgerechtsregelungen. Dies kann beim Kind Loyalitätskonflikte bewirken, die zu Beeinträchtigungen der emotionalen Entwicklung und Beziehungsfähigkeit führen können.

Jacobs (1988) und Wallerstein (1985) betonen in diesem Zusammenhang die Bedeutung der kindlichen Wahrnehmung und Verarbeitung trennungsbedingter narzisstischer Verletzungen beispielsweise bei der das Kind versorgenden Mutter. Das Kind kann sich – bei Fehlen alternativer emotional positiver Bezugspersonen – in einer solchen Situation mit der als verletzt oder bedroht erlebten Mutter identifizieren. Schließlich kann es im Sinne einer Rollenumkehr oder Parentifizierung (Amato 1999, S. 154 ff.) die Funktion übernehmen, die (emotional vom Kind abhängige) Mutter vor weiteren Verlusten zu schützen – um den Preis der Beziehung zum Vater. Es erahnt in einer Umkehr der empathischen Funktion die narzisstische Bedürftigkeit der Mutter, passt sich an deren – ggf. auch neurotische – Bedürfnisse an und „versorgt" sie loyal, aber latent angstvoll unter Verzicht auf die Entwicklung eigener Impulse und Emotionalität. Dies resultiert aus kindlichen Fantasien, in welchen das Kind – möglicherweise gefördert durch subtile Signale der Mutter – die Realisierung eigener Wünsche als weitere bedrohliche Verletzung der Mutter erlebt und damit die Beziehung zu ihr auch noch gefährdet erscheint. Derartige kindliche Anpassungsprozesse sind umso wahrscheinlicher, je belasteter, depressiver oder psychosozial beeinträchtigter die beim Kind verbleibende Bindungsperson ist. Die sich unter solchen Umständen entwickelnde seelische Struktur bezeichnete Winnicott (1965) als „falsches Selbst".

Eine Extremvariante dieser Konstellation hat als „pariental alienation syndrome" (PAS; Gardner 1987) in den letzten Jahren zunehmende Aufmerksamkeit erfahren. Mit diesem Begriff wird die manipulative Entfremdung des Kindes von seinen eigenen Bindungs- und Entwicklungsbedürfnissen bezeichnet, wobei ein Elternteil den anderen dem Kind gegenüber entwertet und diffamiert, um die Beziehung des Kindes zu diesem Elternteil zu unterbinden. Als wichtiges Kennzeichen des PAS gilt die nur vorgeblich auf den Wunsch des Kindes zurückgehende Ablehnung beispielsweise des Vaters. Das PAS stellt jedoch kein konsistentes, spezifisch abgrenzbares und kausal aus einem Trennungskonflikt folgendes klinisches Krankheitsbild eines Kindes dar, sondern eher eine pathogene familiendynamische Konfliktverarbeitung, die bei den Beteiligten zu unterschiedlichen Belastungen und psychischen Auffälligkeiten führen kann (Johnston 2003).

Als diagnostische Entität ist dieses Störungsbild nicht unumstritten. Es impliziert allerdings bemerkenswerterweise ein relationales ätiologisches Störungsverständnis und stellt insofern einen konzeptionellen Gegenentwurf zu einer ursächliche Zusammenhänge psychosozialer Art verleugnenden Medikalisierung kindlichen Problemverhaltens dar.

7.2 Wachsende Anzahl von Ein-Eltern-Familien

Neben der traditionellen ehelichen Familie mit einem Elternpaar und Kindern (heute in Deutschland 69,8 % aller Familien; s. Statistisches Jahrbuch 2012, S. 53) haben sich in den letzten Jahrzehnten auch andere Familienformen etabliert. Hierzu zählen die unverheiratet mit ihren Kindern zusammenlebenden Elternpaare (7,2 %) sowie die Alleinerziehenden (22,9 %). Die Zahl der Familien mit Kindern unter 18 Jahren nimmt in Deutschland seit Jahren kontinuierlich ab, derzeit liegt sie bei 8,1 Millionen. Der prozentuale Anteil von Ein-Eltern-Familien bezogen auf alle Familienformen steigt entgegen diesem allgemeinen Trend seit über vier Jahrzehnten ebenso kontinuierlich an (MASFS 2009; BMFSFJ 2010; Statistisches Jahrbuch 2012, S. 59). Aktuell beträgt der Anteil der Ein-Eltern-Familien an allen Familien mit minderjährigen Kindern in Deutschland 19,7 % (entsprechend ca. 1,6 Millionen Ein-Eltern-Familien; Ehepaare mit Kindern unter 18 Jahren: 5,8 Mio., Lebensgemeinschaften: 0,7 Mio.; Statistisches Jahrbuch 2012), 1996 betrug er lediglich 13,8 %. In urbanen Zentren und in den neuen Bundesländern liegt der Anteil Alleinerziehender erheblich höher. Etwa 2,2 Millionen minderjährige Kinder leben heute in Ein-Eltern-Familien, zu 90 % bei ihren Müttern (BMFSFJ 2010; Statistisches Jahrbuch 2012, S. 59). Aufgrund einer etwas weiter gefassten – aber nicht unbedingt realitätsfernen – Definition der Erfassungskriterien lagen die Häufigkeitsangaben für Deutschland vor mehr als einem Jahrzehnt noch deutlich höher. Nach Angaben des Bundesamtes für Statistik wurden damals in Deutschland zur Gruppe der Alleinerziehenden sogar 2,82 Millionen gerechnet (davon 2,31 Mio. Frauen oder ca. 82 %) (Stegmann 1997; Statistisches Bundesamt 1999, S. 64).

Benachteiligungen bestimmter Familienformen sind bei schwindendem sozialem Zusammenhalt mit Risiken auch für die Kinder verbunden. Die Gruppe der Alleinerziehenden ist dabei in besonderer Weise von psychosozialen Belastungen mit langfristig wirksamen Folgen für die körperliche und seelische Gesundheit der Kinder und damit auch von transgenerationalen Risikoverkettungen betroffen (Amato 2005; Franz 2012). Verwitwete alleinerziehende Mütter stellen eine relativ kleine Sondergruppe dar, deren Kinder aufgrund des in der Regel fehlenden elterlichen Konfliktes als Trennungsanlass und besserer ökonomischer Rahmenbedingungen eine günstigere Entwicklungsprognose zu haben scheinen als Kinder aus Familien mit einer konflikthaft motivierten elterlichen Trennung (Canetti et al. 2000).

7.3 Der fehlende Vater

Viele der Kinder verlieren nach einer Trennung der Eltern den Kontakt zum Vater. Diese Konstellation – das konfliktbedingte Fehlen des einen und die strukturelle Überforderung des anderen Elternteils – wirkt sich in vielerlei Hinsicht risikoerhöhend auf die psychosoziale Entwicklung der betroffenen Kinder aus. Dies führt auch im Erleben vieler Kinder zu einer vaterlosen Kindheit oder zumindest einer defizitären Vaterbeziehung.

Die Forschung hat in den letzten Jahren die Bedeutung des Vaters für die kindliche Entwicklung zunehmend auch in empirischen Studien belegt (Sarkadi et al. 2008; Franz 2011). Der Vater ist aus **entwicklungspsychologischer Sicht** in vielerlei Hinsicht wichtig. Nach der Geburt des Kindes kann er die Mutter dabei unterstützen, eine **sichere Bindung** zum Säugling herzustellen (Eiden et al. 2002). Väter steuern jedoch auch eigene Beziehungsaspekte bei (Grossmann et al. 2002; Kindler u. Grossmann 2004). In empirischen Untersuchungen ließ sich belegen, dass Väter von Anfang an einen von Müttern unterschiedlichen Interaktionsstil mit ihren Kindern zeigen. Dabei betonen sie motorisch-spielerische und stimulativ-explorative Aspekte in der Beziehung zum Kind, während in der Beziehungsgestaltung der Mütter eher körperliche Nähe und feinfühlige Zentrierung auf affektive Prozesse wichtig sind (Parke 1996; Russel u. Saebel 1997). Diese **separative Funktion** des Vaters fördert die Autonomieentwicklung des Kindes gerade auch, wenn das Kind im Alter von ein bis zwei Jahren beginnt, sich von der Mutter zu lösen. Die durch Reifung der körperlichen und kognitiven Funktionen verstärkten Trennungsbestrebungen und in diesem Zusammenhang auftretenden heftigen Affekte wie z. B. Wut und Ängste des Kindes können mithilfe des Vaters moderiert bzw. aufgefangen werden, wenn er sich dem Kind als „triangulierende" stabile Beziehungsalternative vermittelt, innerhalb der das Kind seine Selbstständigkeit entwickeln und affektmoderiert durch den Vater erproben kann. Darüber hinaus kann der Vater in späteren Entwicklungsstadien, etwa zwischen dem vierten und sechsten Lebensjahr, auch die **sexuelle Rollenfindung** und die partnerbezogenen Kompetenzen des Kindes unterstützen. Hierzu trägt das zwischen Töchtern und Söhnen stärker nach Geschlechtsrollen differenzierende Verhalten von Vätern bei (Siegal 1987; Kiviniemi et al. 2011).

Insgesamt wirkt sich ein intensives väterliches Engagement bereits bei Vorschulkindern positiv auf soziale und kognitive Kompetenzen wie Empathie und späteren Schulerfolg sowie auf die Verinnerlichung moralischer Standards aus (Fthenakis 1999). Aufgrund dieser Zusammenhänge kann die Abwesenheit des Vaters – besonders wegen elterlicher Trennungskonflikte oder Scheidung – die Entwicklung vor allem von Jungen negativ beeinflussen (Fthenakis et al. 1982; Franz 2013). Von Bedeutung für derartige Entwicklungsrisiken sind unter anderem ein junges Alter des Kindes zum Zeitpunkt der Trennung (Antecol u. Bedard 2008; Culpin et al. 2013), familiäre Gewalt (Turner et al. 2006), beeinträchtigte Elternkompetenzen (Demuth u. Brown 2004), die Dauer der Abwesenheit des Vaters (Antecol u. Bedard 2008) oder eine anhaltende Hochstrittigkeit der Eltern (Gilman et al. 2003a).

Das Fehlen des Vaters in den kindlichen Entwicklungsjahren wurde auch in epidemiologischen Längsschnittuntersuchungen als ein Risikofaktor für spätere psychische/ psychosomatische Beeinträchtigung im Erwachsenenalter beschrieben (Werner u. Smith 1992; Franz et al. 1999; Sarkadi et al. 2008; Franz 2011). Allerdings scheint in den Fällen, in welchen vor einer Trennung oder Scheidung in der elterlichen Beziehung ein chronifizierter, gravierender Partnerkonflikt bestand, eher die andauernd konflikthafte Elternbeziehung als allein die Trennung vom Vater einen negativen Einfluss auf das spätere Erkrankungsrisiko zu besitzen (Tress 1986; Amato u. Keith 1991; Amato u. Booth 2000b, 2001).

7.3 Der fehlende Vater

Bereits in Zwei-Eltern-Familien sind Väter zumeist berufsbedingt über weite Bereiche der frühkindlichen Entwicklung nur wenig präsent. Trotz öffentlich eingeforderter und propagierter neuer Rollenleitbilder zeigen Untersuchungen, dass Väter – mitbedingt durch ihre weit überwiegend vollzeitige Berufstätigkeit als Versorger ihrer Familien – auch heute noch ihre Kindern seltener direkt betreuen als die Mütter. Die Vollerwerbsquote beträgt bei Vätern in Deutschland etwa 95 %, bei Müttern ungefähr 30 % (Keller u. Haustein 2012). Allerdings scheint sich der zeitliche Anteil der Väter an der Gesamtbetreuungszeit ihrer Kinder im Generationenvergleich in den letzten Jahrzehnten doch erhöht zu haben (Pleck 1997; Forsa 2011). Nach einer Erhebung des Bundesfamilienministeriums in über 5400 Haushalten widmeten sich Väter ihren Kindern täglich knapp 1 ¼ Stunden, Mütter hingegen 2 ¾ Stunden (BMFSFJ 2003). Das Fehlen alternativer männlicher Bezugspersonen und die fast ausschließliche weibliche Präsenz in kindlichen Entwicklungsräumen wie Kindergärten und Grundschulen ist in diesem Zusammenhang bedeutungsvoll und für Jungen insbesondere aus Trennungsfamilien möglicherweise nicht unproblematisch.

Das Fehlen der Väter ist in Deutschland kein neues Phänomen. Infolge des Zweiten Weltkrieges und der zivilisatorischen Katastrophe des Nationalsozialismus starben auch fast fünf Millionen deutsche Soldaten – darunter viele Väter. Darüber hinaus befanden sich Millionen deutscher Soldaten in Kriegsgefangenschaft, und die, die zurückkehrten, waren häufig so schwer traumatisiert, dass sie in ihren Familien über Jahre hinweg Fremde blieben. Für ein Viertel der Kinder der Kriegs- und Nachkriegszeit in Deutschland bedeutete dies eine Kindheit ohne Vater, ungezählte andere hatten eine gestörte Beziehung zu einem kriegstraumatisierten Vater. Dies ist bis heute in zahlreichen psychotherapeutischen Behandlungen der Kriegskindergeneration ein leidvolles und häufig jahrzehntelang verdrängtes zentrales Thema. Die psychischen Folgen dieser in Kriegsfolge gesetzten Traumatisierungen werden in Deutschland erst in den letzten Jahren systematisch erforscht.

Eine psychosomatisch-epidemiologische Studie (Mannheimer Kohortenstudie; Schepank 1987; Franz et al. 2000), in welcher auch der Langzeitverlauf psychischer/psychosomatischer Erkrankungen untersucht wurde, erbrachte als ein wesentliches Ergebnis, dass die Kriegskinder der Geburtsjahrgänge 1935 und 1945, denen in den ersten sechs Lebensjahren der Kontakt zum Vater fehlte, noch über 50 Jahre später ein deutlich höheres Risiko für psychische/psychosomatische Störungen aufwiesen als die Kriegskinder derselben Jahrgänge, welche aber einen konstanten Kontakt zum Vater hatten (Franz et al. 1999). Eine repräsentative Replikationsstudie erbrachte auch noch 60 Jahre nach Kriegsende die gleichen Befunde (Franz et al. 2007). Aus psychoanalytischer Sicht verdeutlichte Radebold (2000) diese Zusammenhänge anhand eindrucksvoller Fallschilderungen.

Zusätzlich zu diesem transgenerational tradierten kollektiv-traumatischen und dem strukturellen Vaterdefizit in unserer heutigen Gesellschaft ist die wachsende Gruppe der alleinerziehenden Mütter und ihrer Kinder von dem Fehlen des Partners und Vaters in besonderer Weise betroffen. Welche Auswirkungen haben nun das Fehlen der Väter, Trennung oder Scheidung auf die soziale Situation sowie die körperliche und seelische Gesundheit alleinerziehender Mütter und ihrer Kinder?

7.4 Die Situation alleinerziehender Mütter

7.4.1 Hohes Armutsrisiko

Das deutlich erhöhte Armutsrisiko und ein relativ niedriger sozioökonomischer Status alleinerziehender Mütter sind international und auch für Deutschland vielfach belegt (Helfferich et al. 2003; Statistisches Jahrbuch, 2010, 2012). Bereits vor 20 Jahren wies Napp-Peters (1995) auf das hohe Armutsrisiko von Alleinerziehenden in Deutschland hin. Der Befund ist bis heute der gleiche. In einer eigenen Untersuchung (Düsseldorfer Alleinerziehendenstudie; Franz et al. 2003) war der sozioökonomische Status der alleinerziehenden Mütter im Vergleich zur Kontrollgruppe verheirateter Mütter signifikant erniedrigt. Sie verfügten über niedrigere Bildungsabschlüsse, arbeiteten doppelt so häufig Vollzeit wie verheiratete Mütter und gaben trotzdem ein wesentlich geringeres monatliches Haushaltsnettoeinkommen an. Die Sozialhilferate der alleinerziehenden Mütter war gegenüber der Kontrollgruppe um das Zehnfache erhöht. In der Zusammenstellung des Robert Koch-Institutes (Helfferich et al. 2003) weisen alle Armutsindikatoren in die gleiche Richtung. In Deutschland waren laut Statistischem Jahrbuch 2010 31 % der alleinerziehenden Mütter von Transferzahlungen wie Sozialhilfe oder Arbeitslosengeld II (ALG II) abhängig, bei den Müttern in Paarfamilien waren es lediglich 6 % (Statistisches Jahrbuch 2010). In den Kommunen sind Alleinerziehende die Gruppe mit den höchsten finanziellen Aufwendungen für frühe Hilfen (Fendrich et al. 2011). Das Äquivalenzeinkommen Alleinerziehender ist im Vergleich zu anderen Familienformen deutlich niedriger und die Armutsgefährdungsquote mit 43 % massiv erhöht (Bevölkerungsdurchschnitt 16 %; Statistisches Jahrbuch 2012, S. 178). Eine aktuelle Studie hat die wachsende Artmut Alleinziehender in Deutschland anhand einer hohen Sozialtransferrate (ALG-II-Rate 39,2 % bei Alleinerziehenden gegenüber 7,1 % in Haushalten von Paarfamilien mit Kindern) erneut belegt (Lenze 2014).

7.4.2 Gesundheitliche Risiken

Dass eine Mutter mit ihrem Kind oder sogar ihrem Baby ohne soziale Unterstützung und ohne einen sozial garantierten Schutzraum allein lebt, ist im evolutionsbiologisch entwickelten Verhaltensrepertoire unserer gruppal-kooperativ formatierten Spezies vermutlich nicht vorgesehen. Trotzdem werden alleinerziehende Mütter mit kleinen Kindern in einer existenziellen, hochvulnerablen Lebensphase tragischerweise häufig allein gelassen.

Alleinerziehende Mütter leiden häufiger unter sozialer Randständigkeit, biografischen Brüchen oder einer beeinträchtigten Bildungs- und Berufsentwicklung. Dies in Verbindung mit den oft erheblichen organisatorischen Belastungen, der druckvollen Alleinverantwortung im Alltag, den vielfach ungesunden Wohnbedingungen, dem emotionalen Stress durch einen häufig noch nicht verarbeiteten Paarkonflikt und nicht selten auch durch die latente Konfrontation mit eigenen Schuldgefühlen und Selbstzweifeln stellt in vielen Fällen eine komplexe Überlastung dar, die erhöhte Morbiditätsrisiken nach sich zieht (Helfferich et al. 2003; Atkins 2010; Sperlich et al. 2011c). Natürlich sind nicht alle alleinerziehenden Mütter in dieser Weise beeinträchtigt. Nach Brand und Hammer (2002) sind allerdings lediglich 35,3 % der Alleinerziehenden mit ihrer Lebenssituation zufrieden. Etwa zwei Drittel leiden unter verschiedenen Problemlagen wie Unzufriedenheit mit der be-

7.4 Die Situation alleinerziehender Mütter

ruflichen Situation, belasteter Familiensituation, Schwierigkeiten in der Kleinkindbetreuung oder sozialer Isolation.

Studien zur gesundheitlichen Situation alleinerziehender Mütter stammen zumeist aus dem angelsächsischen und skandinavischen Raum. Generell wurde in den meisten Studien bei alleinerziehenden Müttern, z. T. unabhängig vom sozioökonomischen Status, ein erhöhtes Risiko für verschiedene – auch körperliche – Erkrankungen sowie soziale Beeinträchtigungen gefunden. In Ländern mit völlig unterschiedlichen Sozialleistungen für alleinerziehende Mütter besteht bei Geschiedenen und getrennt lebenden Personen ebenfalls ein erhöhtes Risiko für körperliche, aber auch psychische Erkrankungen, Suizid, Unfälle, Alkoholismus (Gove u. Shin 1989; Ringback Weitoft et al. 2000; Whitehead et al. 2000; Sarfati u. Scott 2001; Crosier et al. 2007; Sperlich et al. 2011c). Ringback Weitoft et al. (2000) fanden an einer großen schwedischen Stichprobe sogar ein um 70 % erhöhtes Mortalitätsrisiko für Alleinerziehende auch nach Berücksichtigung des sozioökonomischen Status und vorher bestehender Erkrankungen. Die erhöhte Sterblichkeit alleinerziehender Mütter stand in Verbindung mit einem erhöhten Suizidrisiko, Gewalteinwirkung und Alkoholproblemen. In großen epidemiologischen Studien in Großbritannien (Shouls et al. 1999) blieben alleinerziehende Mütter im Vergleich zu verheirateten Frauen über größere Zeiträume zeitstabil gesundheitlich beeinträchtigter trotz zwischenzeitlich deutlicher politischer und ökonomischer Veränderungen. Whitehead et al. (2000) fanden in Großbritannien und Schweden einen etwa gleich großen Unterschied in der Selbsteinschätzung der Gesundheitssituation und im Auftreten von chronischen Erkrankungen zum Nachteil der alleinerziehenden im Vergleich zu verheirateten Müttern, obwohl die politischen und sozialen Rahmenbedingungen in beiden Ländern sehr unterschiedlich sind. In England leben etwa 58 % der Alleinerziehenden in Armut, in Schweden dagegen nur ca. 10 %. Dies spricht dafür, dass neben dem sozioökonomischen Status auch andere Faktoren das Erkrankungsrisiko Alleinerziehender beeinflussen. Saul und Payne (1999) befragten in einer epidemiologischen Studie in Großbritannien über 16 000 Personen zu gesundheitlichen Beeinträchtigungen und ihrer sozioökonomischen Situation. Es zeigte sich, dass der sozioökonomische Status *und* der Ein-Eltern-Status am höchsten mit psychosomatischen Erkrankungen korreliert waren. Auf der Datengrundlage des Bundesgesundheitssurveys 1998 errechneten Helfferich et al. (2003) eine signifikant höhere Belastung alleinerziehender Mütter durch allgemeine Befindlichkeitsstörungen, Schmerzen und verschiedene, vorwiegend chronische Erkrankungen wie Bronchitis, Nierenerkrankungen oder Leberentzündungen. Die subjektive Einschätzung ihres Gesundheitszustandes und der gesundheitsbezogenen Lebensqualität war dementsprechend in der Gruppe der alleinerziehenden Mütter signifikant schlechter. Ebenfalls an einer großen deutschen Stichprobe von über 3000 Müttern konnten Sperlich et al. (2011c) den deutlich schlechteren körperlichen und psychischen Gesundheitszustand alleinerziehender Mütter belegen. Eine 2014 erschienene repräsentative Bevölkerungsstudie zur Situation von Familien in Deutschland erbrachte erneut in allen erhobenen gesundheitlichen Indikatoren erheblich höhere Belastungen bei den Alleinerziehenden. Insbesondere seelische Probleme wurden dreimal häufiger von Alleinerziehenden angegeben als von Eltern in Paarfamilien (SINUS 2014).

Depressivität

Psychische Belastungen und Erkrankungen sind bei alleinerziehenden Müttern etwa doppelt bis dreimal so häufig wie bei Müttern, die in Partnerschaft leben. Erklärende Hypothesen verweisen auf statistische Zusammenhänge seelischer Beschwerden mit Armut und Einsamkeit (Crosier et al. 2007). Beide Risikofaktoren sind bei Alleinerziehenden Müttern deutlich häufiger. Allerdings wurden diese Zusammenhänge in den vorliegenden Untersuchungen jedoch zumeist querschnittlich erhoben und gestatten keine kausal gerichteten Aussagen.

Von besonderer Bedeutung, gerade auch für die Entwicklung der hiervon mitbetroffenen Kinder, ist das in der Gruppe der alleinerziehenden Mütter erhöhte Depressionsrisiko (Cairney et al. 2003; Franz et al. 2003; Wang 2004; Atkins 2010; Wade et al. 2011). Für die Entwicklung depressiver Beschwerden stellen alleinerziehenden Mütter eine vulnerable Bevölkerungsgruppe dar. Dies gilt besonders für diejenigen, die in schwierigen wirtschaftlichen Verhältnissen und ohne soziale Unterstützung leben.

Wenngleich die Gruppe der alleinerziehenden Mütter soziologisch heterogen ist und der Familienstatus „alleinerziehend" häufig eine relativ kurze Phase innerhalb der Gesamtbiografie der Mütter (allerdings nicht unbedingt in der ihrer Kinder) darstellt, bedeuten das Erleben des konflikthaften Scheiterns einer primär auf Dauer angelegten Liebespartnerschaft und der Verlust der Paarbeziehung einen spezifischen und starken Stressor, der nicht selten aus tiefen seelischen Verletzungen heraus in andauernde emotional belastende Konflikte um narzisstische Restitution, Macht, Geld, die Kinder und das Sorgerecht mündet. Armut, niedrige Bildung, drohender sozialer Abstieg, Rollenbrüche, unterbrochene Berufskarrieren, die durch die Trennung gegebene Alleinverantwortlichkeit und der Zeitdruck im Alltag, ein anhaltender Paarkonflikt, das häufig mit unausgesprochenen Schuldgefühlen belastete Wissen um eigene Konfliktbeiträge, der Verlust von Freunden und die damit einhergehende Einsamkeit stellen erhebliche Belastungen für viele alleinerziehende Mütter dar, mit deren Bewältigung eine große Teilgruppe überfordert ist und entsprechend mit körperlichen oder psychosomatischen Beschwerden sowie depressionstypischen Verhaltensweisen reagiert.

Ihr Depressionsrisiko ist im Vergleich zu in Partnerschaft lebenden oder verheirateten Müttern auf etwa das Doppelte erhöht (Wang 2004). Dies liegt zumindest teilweise an einer Akkumulation depressionsassoziierter Risikofaktoren. Hierzu zählen bei alleinerziehenden Müttern gehäuft auftretende belastende Lebensereignisse, eine relativ schlechtere soziale Unterstützung, Armut, ein niedriger sozioökonomischer Status, niedrigere Bildungsabschlüsse sowie eine beeinträchtigte Selbstwertregulation (Crosier et al. 2007; Atkins 2010). Eine anhaltende depressive Beeinträchtigung geht zudem häufig mit einem Verlust von Fähigkeiten einher, die wichtig für ein selbstfürsorgliches Gesundheitsverhalten sind. Ein beeinträchtigter Antrieb und Niedergeschlagenheit, Motivationsverlust, Hoffnungslosigkeit, depressionstypische Gefühle von Hilflosigkeit, Schuldgefühle und Selbstzweifel bis hin zur Demoralisierung stellen insofern auch Risikofaktoren für die körperliche Gesundheit, das Wohlbefinden und die Lebensqualität dar.

Eine erhöhte Beeinträchtigung durch Depressivität und Ängste bei Alleinerziehenden wurde bemerkenswerterweise in kulturell und wirtschaftlich sehr unterschiedlichen Ländern wie Kanada (Lipman

7.4 Die Situation alleinerziehender Mütter

1997; Cairney et al. 2003; Wang 2004), den USA (Gove u. Shin 1989; Walters 1993), Großbritannien (Blaxter 1990; Brown u. Moran 1997; Baker u. North 1999), China (Cheung u. Liu 1997), Puerto Rico (Burgos et al. 1995), Deutschland (Franz u. Lensche 2003; Franz et al. 2003; Sperlich et al. 2011a, c), Schweden (Ringback Weitoft et al. 2000) oder Australien (Crosier et al. 2007) gefunden. Verschiedene Autoren beschreiben die stabile Assoziation von Depressivität und Alleinerziehendenstatus im Vergleich zu verheirateten Personen auch noch nach Berücksichtigung psychosozialer Ressourcen, Sozialstatus und Selektionseinflüssen (Cotten 1999; Ringback Weitoft et al. 2000). So untersuchten Cairney et al. (2003) in einer Sekundäranalyse eines großen kanadischen Datensatzes (das 1994–1995 durchgeführte National Population Health Survey; n = 2921) den Einfluss von Kindheitsbelastungen, chronischen und aktuellen Stressoren und sozialer Unterstützung auf das Ausmaß der Depressivität bei alleinerziehenden Müttern. Die Prävalenz depressiver Störungen (major depressive disorder) war bei den Alleinerziehenden doppelt so hoch wie in der Kontrollgruppe verheirateter Mütter. Ebenso gaben die Alleinerziehenden erhöhte Kennwerte für adverse Kindheitsbelastungen, chronische und aktuell belastende Stressoren sowie eine verringerte soziale Unterstützung an, sodass sich innerhalb von Regressionsmodellen ca. 40 % der erhöhten Depressionsbelastung der alleinerziehenden Mütter auf diese Einflussfaktoren zurückführen ließen. Auch noch nach zusätzlicher Kontrolle des Sozialstatus und des Alters war die erhöhte Depressivität mit dem Alleinerziehendenstatus assoziiert.

In einer weiteren Studie untersuchten Targosz et al. (2003) 5281 Frauen der Zufallsstichprobe des British National Survey of Psychiatric Morbidity auf das Vorkommen depressiver Störungen und sozialer Benachteiligung. Alleinerziehende Mütter wurden verglichen mit anderen Müttern und Frauen, welche nicht in elterliche Sorgefunktionen eingebunden waren. Die Häufigkeit depressiver Episoden betrug bei den alleinerziehenden Müttern 7 % und war damit dreifach gegenüber den anderen Gruppen erhöht. In dieser – allerdings von Laieninterviewern durchgeführten – Untersuchung war nach statistischer Kontrolle sozialer Ressourcen das Depressionsrisiko Alleinerziehender nicht spezifisch erhöht. Eine Minderung des Zusammenhangs zwischen Ein-Eltern-Status und Depressivität bei Berücksichtigung intervenierender Variablen (Armut, Einsamkeit) fanden Crosier et al. (2007).

In der Düsseldorfer Alleinerziehendenstudie (Franz u. Lensche 2003; Franz et al. 2003) war die mittlere psychische/psychosomatische Gesamtbeeinträchtigung der alleinerziehenden Mütter im Vergleich zur Kontrollgruppe ebenfalls statistisch signifikant erhöht. Dies galt insbesondere für die Depressivität, die bei den alleinerziehenden Müttern auch in dieser Untersuchung besonders stark ausgeprägt war. Ausgesprochen hohe Belastungswerte zeigten alleinerziehende Mütter ohne weitere Unterstützungsperson für ihr Kind, jüngere sowie arme alleinerziehende Mütter. Nach multivariater Kontrolle möglicher Einflussfaktoren war der spezifische Zusammenhang von erhöhten Belastungswerten mit dem Familienstatus der Mütter insgesamt nur schwach, aber zuungunsten der alleinerziehenden Mütter (Franz et al. 2003). Ähnliche Befunde berichten für eine große deutsche Stichprobe Sperlich et al. (2011a).

Möglicherweise aufgrund einer depressionsbedingt reduzierten Selbstfürsorglichkeit und eines Initiativverlustes nehmen alleinerziehende Mütter seltener an Präventionsprogrammen teil, obwohl sie häufiger an erhöhtem Blutdruck, Übergewicht oder an einem erhöhten Cholesterinspiegel leiden (Atkins 2010).

Insgesamt verdichten sich also in der Gruppe der alleinerziehenden Mütter zahlreiche Gesundheitsrisiken im Sinne eines sozialen Morbiditätsgradienten. Die unzureichende Verfügbarkeit spezifischer Unterstützungsangebote, der deutlich erniedrigte Sozialstatus alleinerziehender Mütter, eine verringerte Situationskontrolle und soziale Partizipation, das erhöhte Risiko für Depression und narzisstische Demoralisierung tragen zu einem dysfunktionalen oder gar selbstschädigenden Gesundheitsverhalten, zu Suchtproblemen und letztlich zur erhöhten Morbidität alleinerziehender Mütter bei.

Suchterkrankungen

Suchterkrankungen können in sozial und psychisch sehr belastend erlebten Lebenssituationen auch als pathologisches Bewältigungsverhalten verstanden werden. Daher erscheint es nicht überraschend, dass in verschiedenen epidemiologischen Untersuchungen ein bei alleinerziehenden Müttern erhöhtes Risiko für das Bestehen von Suchterkrankungen beschrieben wurde. Alleinerziehende Mütter schädigen sich häufiger durch den Konsum von Alkohol oder Zigaretten als in Partnerschaft lebende Mütter. In der Untersuchung von Helfferich et al. (2003) war der Anteil rauchender Mütter bei den Alleinerziehenden mit 45,6 % doppelt so hoch wie bei den verheirateten Müttern (23,6 %). Besonders hoch ist der Anteil stark rauchender Mütter (> 20 Zigaretten/Tag) bei den alleinerziehenden Müttern (Sperlich et al. 2011b). Entsprechend sind ihre Kinder doppelt so häufig dem bedeutsamen Gesundheitsrisiko des Passivrauchens ausgesetzt (Scharte et al. 2013). Ähnliche Ergebnisse liegen aus internationalen Studien vor (Siahpush 2004; Rahkonen et al. 2005). Siahpush et al. (2002) untersuchten die Häufigkeit der Nikotinabhängigkeit an einer großen epidemiologischen australischen Stichprobe und den möglichen Einfluss sozioökonomischer Faktoren (n = 1184 alleinerziehende Mütter mit mindestens einem Kind unter 15 Jahren). Insgesamt 46,3 % der alleinerziehenden Mütter rauchten, wobei insbesondere die jüngeren, schlechter ausgebildeten und ärmeren von ihnen betroffen waren. Auch nach Kontrolle dieser Einflüsse persistierte ein starker spezifischer Effekt des Alleinerziehendenstatus. Die alleinerziehenden Mütter hatten im Vergleich zu verheirateten Müttern ein 2,4-fach erhöhtes Risiko zu rauchen und ein zweifach erhöhtes Risiko verglichen mit allein lebenden Frauen.

Alkoholmissbrauch tritt bei alleinerziehenden Müttern ebenfalls häufiger auf (Ringback Weitoft et al. 2000). In einer vom Umfang allerdings nicht vergleichbaren deutschen Erhebung (Franke et al. 2001; Fragebogenerhebung, auswertbarer Rücklauf 25,8 %, n = 850) zur Prävalenz von Abhängigkeitserkrankungen bei Frauen waren unter den Frauen mit einem hohen Alkoholkonsum alleinerziehende Mütter mit 57,9 % deutlich überrepräsentiert gegenüber Frauen, die mit ihrem Kind und einem Partner zusammenlebten (36,8 %).

Mögliche Moderatoren

Wenngleich die im Mittel stärkere gesundheitliche Beeinträchtigung Alleinerziehender überzeugend belegt ist, bleibt die Frage, welche Faktoren auf den Gesundheitszustand und die psychosoziale Beeinträchtigung Alleinerziehender in positiver oder negativer Weise Einfluss nehmen, unzureichend geklärt. Zahlreiche Variablen sind mit dem Trennungskonflikt selbst assoziiert und können sich in vielfältiger Weise auf den Gesundheitszustand und die psychosoziale Beeinträchtigung von Alleinerziehenden auswirken. Hierzu zählen beispielsweise das Ausmaß der Konflikte mit dem anderen Elternteil vor und nach der Trennung oder Verhaltensauffälligkeiten der Kinder im Gefolge der Trennung (Wallerstein u. Kelley 1980; Berman u. Turk 1981; Hetherington et al. 1985; Propst et al. 1986). Auch die andauernde Konfrontation mit eigenen Konfliktbeiträgen z. B. hinsichtlich der Partnerwahl, Selbstzweifel und – oft nicht artikulierbare – Schuldgefühle dem Kind gegenüber bewirken zusammen mit den wirtschaftlichen Unsicherheiten häufig eine strukturelle Überforderung und die deutlich überdurchschnittliche gesundheitliche Belastung alleinerziehender Mütter.

Eine bessere Ausbildung, ein gesichertes Arbeitsverhältnis sowie umfangreiche und qualitativ zufriedenstellende supportive Netzwerke werden als protektive Faktoren für geringere Depressivität und Ängste und wichtig für ein besseres Wohlbefinden Alleinerziehender beschrieben (Berman u. Turk 1981; Plummer u. Koch-Hattem 1986; Propst et al. 1986; Nestmann u. Stiehler 1998; Whitehead et al. 2000). Funktionelle und emotional supportive soziale Netze sind für alleinerziehende Mütter zur Bewältigung der geschilderten Mehrfachbelastungen von besonderer Wichtigkeit. Allerdings sind sowohl die quantitativen Kennwerte als auch die qualitativ wahrgenommene Güte des sozialen Netzes bei alleinerziehenden Müttern im Vergleich zu denen verheirateter Mütter schlechter ausgeprägt (Helfferich et al. 2003). Andere Autoren berichten hierzu differenzierend von einer teilweise widersprüchlichen Befundlage, je nachdem, in welcher Phase sich Alleinerziehende nach einer Trennung und dem hiermit oft einhergehenden Abbruch sozialer Beziehungen bzw. dem später folgenden Wiederaufbau eines sozialen Netzes befinden (Nestmann u. Stiehler 1998). Die intime, wechselseitige Vertrauens- und körperlich erlebbare Liebesbeziehung, die sich zahlreiche Alleinerziehende wünschen, kann im Erleben der Betroffenen aber weder durch Support der Herkunftsfamilie noch durch Freunde und Bekannte ersetzt werden (Nestmann u. Stiehler 1998). Bislang wenig untersucht sind Persönlichkeitsfaktoren, die aufseiten Alleinerziehender eine konflikthafte Partnerwahl oder eine Trennung begünstigen. Die kindliche Erfahrung elterlicher Konflikte oder Trennung erhöht jedoch die Wahrscheinlichkeit eigener späterer Beziehungskonflikte oder Trennung/Scheidung.

In einer Übersicht resümiert Amato (2000) bezüglich der Heterogenität der längerfristigen Verarbeitung der Trennungsfolgen, dass in einer Subgruppe der Alleinerziehenden eine Rekompensation erfolgt (crisis model), wohingegen in einer zweiten Subgruppe lang andauernde gesundheitliche Probleme resultieren (chronic strain model). Kitson und Morgan (1992) zufolge umfasst die erste Subgruppe ca. 50 %, die zweite 25 % der Alleinerziehenden.

7.5 Folgen für die Kinder

Aufgrund der geschilderten Mehrfachbelastungen sind alleinerziehende Mütter in ihrer emotionalen Zuwendungsfähigkeit ihren Kindern gegenüber häufig beeinträchtigt und oft selbst unterstützungsbedürftig. Die durch die erhöhte ökonomische, psychosoziale und gesundheitliche

Belastungen alleinerziehender Mütter gegebene chronische strukturelle Überforderung kann sich zahlreichen Studien zufolge negativ auf die Entwicklung, das Wohlbefinden und das Verhalten betroffener Kinder bis in das Erwachsenenalter auswirken (Hetherington et al. 1985; Morash u. Rucker 1989; Amato 1994; McLanahan 1999; Amato 2000; Gilman et al. 2003a). Bekannte Risikofaktoren für die spätere Entwicklung eines Kindes sind häufig mit einer psychischen und sozialen Überforderung oder gesundheitlichen Beeinträchtigung ihrer Eltern verknüpft. Hierzu zählen psychische Störungen (Tress et al. 1989; Egle u. Hoffmann 1997; Bromet et al. 1998; Mendes et al. 2012) und schwere körperliche Erkrankungen der Mutter (Dührssen 1984; Werner u. Smith 1992; Egle u. Hoffmann 1997), chronische elterliche Disharmonie (Werner u. Smith 1992; Sadowski et al. 1999; Amato u. Booth 2001), unkompensierte berufsbedingte Abwesenheit der Mutter im ersten Lebensjahr (Baydar u. Brooks-Gunn 1991), emotionale Ablehnung und Unerwünschtheit des Kindes (Matejcek 1991; Amendt u. Schwarz 1992; Kubicka 1995), jugendliches Alter (Lieberz u. Schwarz 1987; Fergusson et al. 1994) sowie niedrige Schulbildung der Mutter (Lieberz u. Schwarz 1987; Werner u. Smith 1992).

> **Merke**
> Die vorliegenden Untersuchungen erlauben insgesamt den Schluss, dass Einflüsse, welche Mütter in ihrer mütterlichen Fürsorge und Bindungsfähigkeit bzw. -bereitschaft beeinträchtigen können, zu einem erhöhten gesundheitlichen Entwicklungsrisiko des Kindes beitragen.

Nach Letourneau et al. (2010) können depressive Störungen zu bedeutsamen Einschränkungen von elterlichen Kompetenzen führen. Von besonderer Bedeutung erscheint in diesem Zusammenhang aus psychosomatischer und **bindungstheoretischer Sicht** die erhöhte Depressivität alleinerziehender Mütter, die mit einer reduzierten Feinfühligkeit und einer hierdurch suboptimalen Versorgung der Kinder einhergeht. Zahlreiche Studien belegen eine bei depressiv beeinträchtigten Müttern häufiger herabgesetzte Qualität elterlicher Einfühlung und Zuwendung (Simons u. Johnson 1996; Mendes et al. 2012) und brachten eine maternale Depression in Zusammenhang mit einer beeinträchtigten Bindungsqualität (Hipwell et al. 2000; Martins u. Gaffan 2000; Campbell et al. 2004; Moehler et al. 2006).

Durch eine starke depressive Beeinträchtigung sind die feinfühlige mütterliche Kontaktaufnahme mit dem Kind wie auch ein positiv verstärkender und ermutigender Erziehungsstil erschwert.

Depressive Störungen gehen mit verschiedenen affektiven Beeinträchtigungen einher. Es besteht ein verringertes Interesse an sozialer Interaktion und eine selektiv reduzierte Wahrnehmung und Erkennung emotional positiver Reize bei depressiven Personen (Bradley et al. 1997; McCabe u. Toman 2000; Eizenman et al. 2003). Dagegen zeigen Depressive im Gegensatz zu Gesunden keine inhibierte Reaktivität auf emotional aversive Signale (Hill u. Dutton 1989; McCabe u. Gotlib 1995; Nunn et al. 1997). Bezogen auf die Erkennung von affektexpressiver Gesichtsmimik wurde hierzu passend bei klinisch depressiven Patienten eine verminderte Leistungsfähigkeit bei der Erkennung emotional positiver Gesichtsmimik gefunden (Mandal u. Bhattacharya 1985; Archer et al. 1992; George et al. 1998; Suslow et al. 2001). Depressiv erkrankte Patienten erkennen aversive Gesichtsmimik (Trauer, Wut, Angst) besser als

7.5 Folgen für die Kinder

hedonische Affektzustände (Freude). Diese Befunde könnten dafür sprechen, dass intuitive elterliche Empathie, welche essenziell für eine angemessene externe Stressregulation (und damit auch für die Gehirnentwicklung; Newport et al. 2002; Kaffman u. Meaney 2007; Weaver 2009) des Kindes durch die Mutter ist, bei depressiven Müttern beeinträchtigt ist. Eine stärker ausgeprägte Depression kann zudem die mütterliche mimische Affektexpressivität beeinträchtigen (Beesdo-Baum u. Wittchen 2011), sodass das Gesicht der Mutter dem Kind nicht mehr in seiner Funktion als interaktiver, affektresonanter Spiegel zur Verfügung steht (Franz 2007). Ein ausdrucksvolles mimisches Verhalten dient nicht nur der affektgesteuerten Festigung eines sicheren Bindungsmusters, sondern hat auch eine Bedeutung für die Entwicklung selbstregulatorischer Kompetenzen des Kindes (Reck et al. 2001). Mütterliche Depressivität kann daher die elterlichen Zuwendungsfunktionen, die Wahrnehmung von und Einfühlung in kindliche Bedürftigkeitssignale einschränken (Brody u. Forehand 1988; Murray et al. 1993; Forehand et al. 2002; Lipman et al. 2002; Mendes et al. 2012). Darüber hinaus könnte die selektive Sensitivität depressiver Mütter für emotional aversive Informationen und Gesichtsmimik die kleinkindliche mimische Affektexpression geradezu auf den Ausdruck von Trauer oder Angst konditionieren, um für das Kind wenigstens auf diesem Wege die Nähe und Aufmerksamkeit der (depressiven) Bindungsperson zu gewährleisten. Passend hierzu wurden bei Kleinkindern depressiver Mütter in elektrophysiologischen Studien nicht nur EEG-Veränderungen im Frontalhirnbereich, sondern auch eine vermehrte negative mimische Affektexpression gefunden (Dawsen et al. 1997).

> **Merke**
> Daher stellt der Befund einer bei alleinerziehenden Mütter erhöhten Depressivität einen bedeutsamen Risikofaktor für die Entwicklung der betroffenen Kinder dar.

Nach elterlicher Trennung sind Kinder alleinerziehender Mütter häufig weiteren Risiken ausgesetzt: verschlechterte sozioökonomische Lage und Wohnsituation (Franz u. Lensche 2003; Franz et al. 2003; Helfferich et al. 2003; Scharte et al. 2013), erhöhte perinatale Mortalität (Forssas et al. 1999), somatische Erkrankungen (Williams 1990), Lern- und Kommunikationsprobleme (Hogan et al. 1997), aggressive Verhaltensstörungen und Suizidalität (besonders bei Jungen), Verminderung des kindlichen Selbstwertgefühls und Nachlassen der schulischen Leistungen (Hetherington et al. 1985; Amato 1999, S. 147 ff.; McLanahan 1999), Schulabbruch, Arbeitslosigkeit. Bei Mädchen aus Ein-Eltern-Familien besteht eine erhöhte Wahrscheinlichkeit für Frühschwangerschaften (McLanahan 1999; Ellis et al. 2003). Belastungsverstärkend wirkt eine negativ erlebte Mutter-Kind-Beziehung (O'Connor et al. 1998; Carlsund et al. 2012) oder eine negativ erlebte Beziehung zum Vater (Schmidt-Denter u. Beelmann 1997; Amato 1999; Amato u. Booth 2000b; Carlsund et al. 2012). Das Ausmaß elterlicher Konflikte vor und nach einer Trennung gehört dabei zu den gut gesicherten Einflussfaktoren auf das kindliche Wohlbefinden (Amato u. Keith 1991; Cherlin et al. 1998; Amato u. Booth 2000b; Gilman et al. 2003a). Heute vorliegende Studien lassen eine altersbezogene Einschätzung möglicher Entwicklungsrisiken von Scheidungskindern zu.

7.5.1 Vorschulalter

Clarke-Stewart et al. (2000) untersuchten bei 170 alleinerziehenden Müttern die Auswirkungen elterlicher Trennung auf dreijährige Kleinkinder. Kinder aus Familien mit Mutter und Vater wurden hinsichtlich der untersuchten kognitiven und sozialen Fähigkeiten, Bindungssicherheit und Problemverhalten deutlich besser eingeschätzt als die Kinder alleinerziehender Mütter. Nach statistischer Kontrolle des mütterlichen Bildungsstandes und des Familieneinkommens waren diese Gruppenunterschiede jedoch nicht mehr bedeutsam. In unserer Düsseldorfer Alleinerziehendenstudie, die an Müttern von Kindern im Vorschulalter von fünf bis sechs Jahren durchgeführt wurde, war die erhöhte Depressivität alleinerziehender Mütter hoch mit Verhaltensauffälligkeiten ihrer Kinder korreliert (Franz u. Lensche 2003; Franz et al. 2003). Die Jungen alleinerziehender Mütter zeigten signifikant stärker ausgeprägte Verhaltensstörungen als die Jungen aus Zwei-Eltern-Familien. In einer Teilstichprobe (n = 60) von Kindern alleinerziehender Mütter, denen ein Angebot zu einer gruppentherapeutischen Intervention unterbreitet wurde, waren 83 % der Jungen und 57 % der Mädchen – also ein ungewöhnlich hoher Anteil – unsicher gebunden (Geschichten-Ergänzungsverfahren [GEV] nach Gloger-Tippelt und König 2003). Dieser Befund wird von einer Untersuchung zum Bindungsverhalten alleinerziehender Mütter gestützt, in welcher Gaffney et al. (2000) ebenfalls einen gehäuft unsicheren Bindungsstil bei alleinerziehenden Müttern beschrieben. Ein unsicheres Bindungsmuster wiederum stellt einen empirisch belegten Risikofaktor für die weitere kindliche Entwicklung dar. Darüber hinaus wurde bei Kindern alleinerziehender Mütter bereits im Vorschulalter ein generell schlechterer Gesundheitszustand und beispielsweise ein deutlich erhöhtes Risiko für Übergewicht, Karies, Asthma, Hyperaktivität oder Problemverhalten beschrieben (Bzostek u. Beck 2011; Plutzer u. Keirse 2011; Schmeer 2012; Scharte et al. 2013; Rattay et al. 2014).

7.5.2 Schulalter

Zahlreiche Untersuchungen belegen den im Mittel beeinträchtigten Schulerfolg von Kindern aus Ein-Eltern-Familien (Lanza et al. 2010; Martin 2012). Lipman et al. (2002) untersuchten anhand der Daten des kanadischen National Longitudinal Survey of Children and Youth (1994–1995) Kinder von alleinerziehenden Müttern und aus Zwei-Eltern-Familien im Grundschulalter zwischen sechs und elf Jahren (n = 9398). Wiederum zeigten die Kinder alleinerziehender Mütter häufiger eine beeinträchtigte soziale Entwicklung, psychische Verhaltensauffälligkeiten und geringere Schulleistungen. Die Assoziation mit dem Familienstatus war jedoch abgeschwächt, wenn andere Risikofaktoren wie das Haushaltseinkommen berücksichtigt wurden. Mütterliche Depressivität und adverse Haltung dem Kind gegenüber standen in engem Zusammenhang mit einer beeinträchtigten psychosozialen Entwicklung des Kindes. Im Rahmen einer Kölner Längsschnittstudie (Schmidt-Denter 2000) wurden 46 von ursprünglich 60 Kindern im Alter zwischen vier und zehn Jahren ab 1990 nach Trennung der Eltern über sechs Jahre hinweg viermal untersucht. Wenngleich die Stichprobe nicht repräsentativ war, ist diese Studie aufgrund der langen Verlaufsbeobachtung und der differenzierten Untersuchungsmethodik wertvoll. 48 % der Kinder wurden einem kontinuierlich hochbelasteten Verlaufstyp zugeordnet. Eine schlechte Beziehung zum Vater, ein bestrafender Erziehungsstil der Mutter, ein geringes Alter

7.5 Folgen für die Kinder

der Kinder (5 Jahre) zum Zeitpunkt der Trennung und Sorgerechtskonflikte waren bei ihnen häufig. 34 % der Kinder erreichten nach initialer Hochbelastung im Verlauf eine deutliche Besserung. Eine intensive Kommunikation mit Mutter und Geschwistern sowie ein positiv verstärkender mütterlicher Erziehungsstil waren mit diesem Cluster assoziiert. Lediglich 18 % waren zu keinem Zeitpunkt wesentlich beeinträchtigt. Diese Kinder verfügten über eine positive Beziehung zur Mutter und zum Vater, es bestanden keine sorgerechtlichen Konflikte zwischen den Eltern, der mütterliche Erziehungsstil war nicht bestrafend-entwertend und die Kinder dieses Verlaufstyps waren zum Zeitpunkt der Trennung relativ älter (9 Jahre). Als wesentliche Risikofaktoren für die kindliche Entwicklung nach elterlicher Trennung konnten in dieser Studie eine erhöhte Komplexität familiärer Strukturen, elterliche Konflikte und gegenseitiges Misstrauen sowie ein geringes Alter der betroffenen Kinder identifiziert werden.

7.5.3 Kinder und Jugendliche

In einer schwedischen Untersuchung an über einer Million Kindern und Jugendlichen wurde – auch unabhängig vom Sozialstatus der Eltern – bei Kindern aus Ein-Eltern-Familien ein mehrfach erhöhtes Risiko für verschiedene Erkrankungen und Verhaltensauffälligkeiten gefunden. Ringback Weitoft et al. (2003) fanden in dieser zwischen 1991 und 1998 durchgeführten Studie bei Kindern aus Ein-Eltern-Familien ein signifikant erhöhtes Risiko für psychische Erkrankungen, Suizide/Suizidversuche, Unfälle, Suchterkrankungen auch nach Adjustierung für sozioökonomischen Status, psychische oder Suchterkrankungen der Eltern (Tab. 7-1). Bramlett und Blumberg (2007) berichteten ähnliche Zu-

Tab. 7-1 Folgen elterlicher Trennung für die Kinder (nach Ringback Weitoft et al. 2003)

- n >1 Mio. Kinder (EEF 65 000, ZEF 920 000), 1991–1998
- erhöhtes Risiko für psychische Erkrankungen, Suizid, Suizidversuch, Unfälle, Sucht
- auch nach Adjustierung für SES, psychische oder Suchterkrankung der Eltern
- RR Mädchen 2,1 (1,9–2,3[1]), Jungen 2,5 (2,3–2,8[1]): psychische Erkrankung
- RR Mädchen 2,0 (1,9–2,2[1]), Jungen 2,3 (2,1–2,6[1]): Suizidversuch/Suizid
- RR Mädchen 2,4 (2,2–2,7[1]), Jungen 2,2 (2,0–2,4[1]): alkoholbedingte Störungen
- RR Mädchen 3,2 (2,7–3,7[1]), Jungen 4,0 (3,5–4,5[1]): Drogenprobleme
- höhere Risiken für Jungen auch für Mortalität

[1] 95 %-Konfidenzintervall
EEF = Ein-Eltern-Familie; SES = sozioökonomischer Status; ZEF = Zwei-Eltern-Familie; RR = relatives Risiko

sammenhänge, die jedoch bei differenzierender Berücksichtigung konfundierender Risikofaktoren wie familiäre Gewalt oder beeinträchtigte Elternkompetenzen statistisch nicht mehr signifikant sind. Das heißt, nicht so sehr die Familienform an sich, sondern das (in Trennungsfamilien allerdings häufigere) Bestehen von familiärer Gewalt oder eingeschränkten elterlichen Kompetenzen beeinträchtigt die Entwicklung der Kinder (Demuth u. Brown 2004; Turner et al. 2006).

7.5.4 Adoleszenz und junges Erwachsenenalter

Bei Jugendlichen und jungen Erwachsenen aus Ein-Eltern-Familien fand Amato in verschiedenen groß angelegten epidemiologischen Untersuchungen ebenfalls Hinweise auf negative Langzeitwirkungen auf von elterlicher Trennung betroffene Kinder. Diese erreichten im Mittel schlechtere Bildungsabschlüsse und damit nur niedrigere Einkommen (Amato u. Keith 1991). Ihre Partnerbeziehungen schilderten sie instabiler und konflikthafter und sie waren von einer erhöhten Scheidungsrate betroffen (Amato u. Booth 1991; Amato 1996), ihre Beziehungen zu den Eltern waren belasteter (Amato et al. 1995) und ihre allgemeine Lebenszufriedenheit war geringer im Vergleich zu Erwachsenen, die als Kinder aus harmonischen und konflikthaften Elternehen stammten.

Amato identifizierte drei zentrale Konsequenzen der elterlichen Trennung:
- den geringeren Schulerfolg
- konflikthaftere Partnerbeziehungen
- eine schlechtere Beziehung zu den Eltern auch im jungen Erwachsenenalter

Diese Faktoren prädizieren innerhalb des Modells in hohem Grade die bei den Scheidungskindern verringerte Lebenszufriedenheit. Bemerkenswerterweise berichtet Kirby (2002) aufgrund seiner Untersuchung einer repräsentativen Stichprobe US-amerikanischer Jugendlicher – ganz in Analogie zur erhöhten Prävalenz der Nikotinabhängigkeit alleinerziehender Mütter – eine bei Jugendlichen nach elterlicher Trennung signifikant erhöhte Wahrscheinlichkeit, mit dem Rauchen zu beginnen. Das Erleben der elterlichen Trennung und deren Folgen sind in Abhängigkeit von den jeweiligen Umständen für einige Kinder aber belastender als für andere. Amato und Booth (2000a) haben in einer Langzeitverlaufsuntersuchung gezeigt, dass insbesondere das Ausmaß der elterlichen Konflikte im Vorfeld der Trennung einen Einfluss auf die Langzeitentwicklung der betroffenen Kinder hat. Führt die Trennung zur Beendigung einer belasteten Familiensituation (z. B. durch chronische Ehekonflikte, Drogen oder Gewalt), stellt eine stabilisierte und supportive Ein-Eltern-Familie für das Kind eine bessere Entwicklungsumgebung dar. Kommt es hingegen in einer äußerlich relativ konfliktarmen, aber latent unglücklichen Elternbeziehung zu einer Trennung, beispielsweise weil ein Elternteil sich persönlich von einem attraktiveren Partner eine größere Zufriedenheit verspricht, kann ein trennungsbedingter Übergang in eine vom Kind belastender erlebte familiäre Situation durchaus zu größeren Anpassungs- und Entwicklungsproblemen führen. Auch ein hohes Ausmaß elterlicher Konflikte nach der Trennung (z. B. wegen Unterhaltszahlungen, Besuchsregelungen, Sorgerechts- oder Erziehungsfragen) trägt zu langfristigen psychischen Beeinträchtigungen der betroffenen Kinder und Jugendlichen bei (Amato u. Booth 2000a).

7.5.5 Erwachsenenalter

In einer kasuistischen Langzeitverlaufsstudie an Scheidungskindern konnten Wallerstein et al. (2002) deren Entwicklung nach der elterlichen Trennung im Kindesalter schließlich bis ins Erwachsenenalter verfolgen. Diese Autoren beschreiben spätere Beziehungskonflikte und eine allgemein verringerte Lebenszufriedenheit in der von ihnen über 25 Jahre hinweg untersuchten Gruppe von Trennungskindern. Die weiter bestehenden seelischen Beeinträchtigungen und Verwundungen sind dabei häufig durchaus subtil, bleiben hinter einer Fassade sozialen Funktionierens im emotionalen Bereich aber bei entsprechend differenzierter qualitativer Diagnostik fassbar. In einer epidemiologischen Untersuchung konnten auch Sadowski et al. (1999) zeigen, dass elterliche Trennung zu einem erhöhten Risiko für depressive Erkrankungen im späteren Leben beiträgt. Eine eindrucksvolle Längsschnittstudie hierzu legten Gilman et al. (2003) vor. Sie untersuchten über 1100 Erwachsene, deren Mütter bereits vor und sieben Jahre nach Geburt der Teilnehmer zur familiären Kohäsion und dem sozioökonomischen Status befragt worden waren. Die Studienteilnehmer selbst wurden für die Altersspanne zwischen 18 und 39 Jahren in strukturierten Interviews auf depressive Erkrankungen hin untersucht. Elterliche Scheidung war noch Jahrzehnte später mit einem erhöhten Depressionsrisiko verbunden. Besonders stark waren diese Effekte unter den Bedingungen eines ausgeprägten und andauernden elterlichen Trennungskonfliktes. Das Langzeitdepressionsrisiko von mittlerweile erwachsenen Kindern aus Stieffamilien war bei elterlicher Hochstrittigkeit mit fast 60 % dreifach gegenüber dem Depressionsrisiko in der Normalbevölkerung erhöht. Darüber hinaus war ein erniedrigter sozioökonomischer Status der Eltern ebenfalls ein signifikanter Langzeitprädiktor für eine spätere depressive Erkrankung im Erwachsenenalter. Für Jungen aus Ein-Eltern-Familien wurde in einer prospektiven finnischen Langzeitstudie eine statistisch signifikant erhöhte Wahrscheinlichkeit für Suizidversuche beschrieben (Alaräisänen et al. 2012). Friedman et al. (1995) konnten in einer Langzeitstudie zu Prädiktoren der Langlebigkeit eine verringerte Lebenserwartung von Erwachsenen aus Scheidungsfamilien nachweisen.

7.6 Interventionsmöglichkeiten

Die vorliegenden Untersuchungen lassen sicher keine einfachen Generalisierungen zu. Aber die Mehrzahl der Studien belegt die überdurchschnittliche psychosoziale Mehrfachbelastung alleinerziehender Mütter und ihrer Kinder. Dabei sind von risikoerhöhender Bedeutung:
- niedriger sozioökonomischer Status (Armut, schlechtere Schul-/Ausbildung)
- fehlende soziale Unterstützung der Mutter
- eingeschränkte elterliche Kompetenzen (Hochstrittigkeit, familiäre Gewalt)
- konflikthafte Beziehung zum Vater des Kindes
- fehlende alternative Bezugsperson für das/die Kind/er
- geringes Alter des Kindes bei elterlicher Trennung, fehlender Kontakt zum Vater
- schlechterer Gesundheitszustand der Mutter
- erhöhte psychische Beeinträchtigung der Mutter (Depressivität, Suchterkrankungen)

Diese Faktoren tragen zu einer langfristig wirksamen Risikoerhöhung auch für die Entwicklung der Kinder alleinerziehender Mütter bei. Je nach Ausprägung dieser nicht immer für den Alleinerziehendenstatus spezifischen Einflussfaktoren (Kelly 2000; McMunn et al. 2001) lassen sich in verschiedenen Studien Langzeiteffekte auch bei den später erwachsenen Kindern aus Trennungsfamilien nachweisen. Diese erstrecken sich auf den sozioökonomischen Erfolg (geringer), die Qualität der späteren Partnerschaft (konflikthafter), die Beziehung zu den Eltern (stärker beeinträchtigt), die Lebenszufriedenheit (geringer) und die seelische Gesundheit (stärker beeinträchtigt). Diese Effekte sind zwar nicht sehr stark, denn die Risiken werden durch zahlreiche intervenierende, kompensatorisch wirkende Einflüsse moderiert. Vielen Kindern aus Trennungsfamilien gelingt deshalb eine erfolgreiche Entwicklung. Jedoch aufgrund der großen und zunehmenden Häufigkeit elterlicher Trennung oder Scheidung kommt diesen Zusammenhängen eine hohe gesellschaftliche Bedeutsamkeit zu. Insofern bieten die genannten Einflussfaktoren auch gleichzeitig sozialpolitische Ansatzpunkte zu einer langfristig wirksamen Prävention der Folgen elterlicher Konflikte und Trennung.

Möglichkeiten, den dargestellten Entwicklungen präventiv entgegenzuwirken, werden in den Kapiteln 38 bis 41 aufgeführt. Generell erscheint es wünschenswert, frühzeitig bereits dem Entstehen unglücklicher Elternbeziehungen entgegenzuwirken und Beziehungskompetenzen zu stärken. Als denkbare Maßnahmen erscheinen:
- die kindgerechte und bindungsorientierte Förderung des emotionalen Lernens und der Aggressionsbewältigung bereits im Kindergarten- und Grundschulalter
- eine (bindungstheoretisch) qualifiziertere Ausbildung der Erzieher und Lehrer
- eine stärkere personale Präsenz qualifizierter männlicher Erzieher und Lehrer in Kindergärten und Grundschulen
- entwicklungspsychologisch und bindungstheoretisch fundierte Informationsangebote für junge Eltern („Elternschule")
- routinemäßige Screenings zur Identifikation besonders belasteter alleinerziehender Mütter bereits während der Schwangerschaft, in Geburtskliniken, bei kinderärztlichen Routineuntersuchungen, in Kindergärten und bei der Einschulung
- Einübung eines erwachsenen Interessenausgleiches und konstruktiven Konfliktverhaltens sowie Thematisierung kindlicher Entwicklungsbedürfnisse und der Langzeitverantwortung der Elternschaft bereits in der Schule („Beziehungslehre")

Im Trennungsfall sollten sich Eltern im Interesse des Kindes beraten lassen (Whiteside u. Becker 2000), entsprechende Angebote existieren („Mediation"). Derartige Beratungen sind in anderen bindungskritischen Zusammenhängen – z. B. der Schwangerschaftsunterbrechung – sogar gesetzlich verpflichtend. Das elterliche Sorgerecht sollte im Scheidungsfalle nach Möglichkeit gemeinsam beiden Eltern zugesprochen werden, sodass das Kind auch nach der Trennung der Eltern Alltag mit Mutter und Vater erleben kann. Bleibt das Kind nach der Trennung bei der Mutter, sollte der Vater – wenn keine überzeugenden Gegengründe (wie z. B. Gewalthandlungen) bestehen – ein Umgangsrecht erhalten und dies auch wahrnehmen. Spezielle niedrigschwellige Beratungs- und Hilfsangebote sollten stark belasteten Alleinerziehenden und ihren Kindern (Fthenakis 1995) aktiv unterbreitet und ggf. mit materiellen Unterstützungsleistungen verknüpft werden. Diese Mütter und ihre Kinder könnten bereits in Kindergärten, im Rahmen kinderärztlicher Routineuntersuchungen oder in der Schuleignungsuntersuchung identifiziert und aktiv angesprochen werden und Beratungs- und Unterstützungsangebote erhalten. Unterstützungsprogramme für besonders belastete alleinerziehende Mütter sollten auf die Besserung einer bestehenden Depression oder Suchtproblematik und die Förderung der kindgerechten Wahrnehmung der Elternfunktion abzielen. Darüber hinaus erscheint im Bedarfsfall eine Stabilisierung des sozialen Umfeldes beispielsweise durch eine weitere zuverlässig präsente Bezugsperson (z. B. ehrenamtlich tätige, qualifizierte Frauen in „Großmutterfunktion") für das Kind und die alleinerziehende Mutter sinnvoll.

In unserer Arbeitsgruppe wurde mit **wir2** (www.wir2-bindungstraining.de) ein

7.6 Interventionsmöglichkeiten

Elterntraining speziell für alleinerziehende Mütter mit Kindern im Vor- und Grundschulalter entwickelt. Das strukturierte Gruppenprogramm basiert auf entwicklungspsychologischen und bindungstheoretischen Grundlagen und widmet sich besonders dem Erleben und dem Umgang mit Gefühlen. Die Mütter werden zumeist in Kitas angesprochen und auf das wir2-Angebot vor Ort aufmerksam gemacht.

Die wesentlichen Ziele sind die Stärkung des mütterlichen Selbstvertrauens und der intuitiven Elternkompetenzen, die Besserung der häufig bestehenden depressiven mütterlichen Stimmungslage, die Erleichterung der Einfühlung in die Signale und das Erleben des Kindes sowie die Stärkung sozialer Kompetenzen. Die Entkoppelung des Paarkonfliktes von der gemeinsamen Verantwortung beider Eltern für das Kind ist hierfür von zentraler Bedeutung. Das bindungstheoretisch fundierte Konzept und die didaktische Umsetzung von „wir2" (früher PALME) wurde in zehnjähriger Arbeit entwickelt, in der Praxis erprobt und erfolgreich evaluiert (Franz et al. 2009, 2010; Weihrauch et al. 2014).

Praxistipp

Elterntraining „wir2"
Durchgeführt werden die „wir2"-Gruppen mit den Müttern auf der Basis eines detaillierten Manuals von einem Paar speziell geschulter Gruppenleiter – zumeist von Erziehern, Sozialpädagogen, Psychologen oder Ärzten – in 20 wöchentlich stattfindenden Gruppensitzungen.
Die Sitzungen gliedern sich in vier Module:
- Selbstbild und Gefühlswahrnehmung der Mutter
- Einfühlung in das Erleben und die Bedürfnisse des Kindes
- Trennung von Paarkonflikt und Elternverantwortung sowie Bedeutung des Vaters
- Konflikt- und Alltagsbewältigung auf Verhaltensebene

In den Gruppensitzungen werden wichtige Informationen vermittelt und Lösungsansätze für typische Konfliktfelder im Alltag von Alleinerziehenden erarbeitet. Entscheidend und besonders an „wir2" ist, dass dies innerhalb eines stark affektmobilisierenden interaktionellen Gruppenprozesses geschieht, der von beziehungsstärkenden Mutter-Kind-Übungen für Zuhause begleitet wird.

Das Programm gibt ein Beispiel für die nachhaltige Wirksamkeit bindungsorientierter Prävention. Es wurde mittlerweile deutschlandweit in vielen Kommunen und Institutionen eingeführt.

Natürlich bedeutet die breite Etablierung derartiger familien- und bindungsorientierter Supportangebote gerade für die besonderen Herausforderungen ausgesetzte Gruppe der Alleinerziehenden auch eine gesellschaftliche Neuausrichtung am Kindeswohl. Und sofort stellt sich die Frage nach der kurzfristigen Finanzierbarkeit. Die langfristige gesellschaftliche Rendite derartiger präventiver Unterstützungsprogramme für besonders belastete Familien ist jedoch belegt (Heckman et al. 2010; Hilgers 2013). Eine Gesellschaft, welche die Existenz fester zwischenmenschlicher und familiärer Bindungen als Voraussetzung *jeglicher* Produktivität aus dem Auge verliert, wird langfristig gerade die personalen Voraussetzungen verlieren, die erforderlich sind, um die Solidarität zwischen den Generationen zu erhalten oder die heute wachsende soziale und biografische Fragmentierung seelisch zu ertragen.

8 Sexueller Missbrauch und Vernachlässigung in Familien

Peter Joraschky und Katja Petrowski

Inhalt

8.1	Einleitung	138
8.2	Empirische Studien zu den Familienfunktionsstörungen	140
8.2.1	Unterschiede zwischen vernachlässigenden, gewalttätigen und sexuellen Missbrauchsfamilien	141
8.2.2	Empirische Untersuchungen zu Risikofaktoren für sexuellen Missbrauch	142
8.3	Ebenen familiärer Funktionsstörung aus klinischer Sicht	144
8.4	Vulnerabilitätsfaktoren, auslösende Ereignisse und Coping-Mechanismen	145
8.4.1	Die soziale Isolation	145
8.4.2	Die individuelle Perspektive aus klinischer Sicht	146
8.5	Die Familienstruktur inzestvulnerabler Systeme	148
8.5.1	Familientypen	148
8.5.2	Typische Rollenmuster	148
8.6	Grenzenstörungen in Familien	150
8.6.1	Generationsgrenzenstörungen bei inzestvulnerablen Familien	150
8.6.2	Interaktionsstil bezüglich der Sexualität: Die „inzestoide Familie"	151
8.6.3	Die Bindungsstrukturen in inzestoiden Familien	152
8.7	Zusammenfassung anhand eines Fallbeispiels	153

8.1 Einleitung

Es gibt wenig familiäre Probleme, die soviel Zerrissenheit und so viele negative Konsequenzen mit sich bringen wie der sexuelle Übergriff auf ein Kind der eigenen Familie.

Das meist mit Schweigen und Heimlichkeit einhergehende inzestuöse Verhalten führt bei vielen Kindern dazu, dass sie mit Zweifeln an ihrer Fähigkeit, die Wirklichkeit zu prüfen, aufwachsen. Die Familie als Zone des Schutzes und des Vertrauens ist in ihrer

8.1 Einleitung

haltgebenden Funktion zerstört. Das Kind zwischen vier und zwölf Jahren versucht in der Regel, den Zusammenhalt um jeden Preis herzustellen – eine Aufgabe, die entwicklungsbehindernd ist und bis zur Selbstaufopferung gehen kann.

Aber auch für die Entwicklung der Familie haben sexuelle Übergriffe zerstörerische Langzeitwirkungen. Obwohl *noch keine prospektiven Langzeituntersuchungen* über die Auswirkungen von Inzest auf Familien durchgeführt worden sind, zeigen umfangreiche klinische Erfahrungen, dass die Familien große Leiden durch den in der Mehrheit Vater-Tochter-Inzest und seine Aufdeckung durchleben. Mütter und Geschwister empfinden *Schuldgefühle, Scham, Zorn und Misstrauen*. Die Familie als Ganzes zeigt häufig eine Tabuisierungsneigung und übt einen immer stärker werdenden Druck auf die Familienmitglieder aus, „das Geheimnis" für sich zu behalten. Hier sind aber durch Öffentlichkeitskampagnen und das Outing vieler Opfer spürbare Veränderungen eingetreten.

Paradigmatisch für sexuelle Grenzüberschreitungen soll der Vater-Tochter-Inzest beschrieben werden. Auf den klinisch bedeutsamen Geschwisterinzest wird im Kapitel 36 eingegangen. Zum Inzest liegt klinisch, weniger empirisch, eine kaum überschaubare Zahl von familientherapeutischen Arbeiten vor. Die Fallzahlen der empirischen Untersuchungen sind trotz der Entwicklung von Familientherapieprogrammen in „Missbrauchskliniken" nicht sehr hoch.

Eine große Zahl von Studien beschäftigt sich mit einzelnen Faktoren, die im Zusammenspiel ein Inzestgeschehen ermöglichen. Diese Faktoren sind als **Risikofaktoren** anzusehen, die schließlich ein System als ein **„inzestvulnerables System"** konstituieren können, wie Trepper und Barrett (1991, S. 81) feststellen: „*Es gibt keine einzige Ursache für inzestuöse Übergriffe: Vielmehr sind alle Familien mit einer gewissen Vulnerabilität ausgestattet, die auf familiäre wie individuelle Faktoren und auf Faktoren der Umgebung wie der Ursprungsfamilien zurückzuführen ist. Diese Vulnerabilität kann den Inzest begünstigen, wenn entsprechende Ereignisse dafür den Anstoß geben und die Fähigkeiten der Familie, sich damit erfolgreich auseinanderzusetzen, nicht ausreichen.*"

An diesem Modell (Abb. 8-1) soll sich auch die vorliegende Darstellung orientieren, wobei heute in familiendynamischen Untersuchungen die Familie sowohl auf individueller, dyadischer wie systemischer Ebene betrachtet wird (Tierney u. Corwin 1983; Conte 1986). Schon in den Übersichtsarbeiten von Finkelhor (1978, 1980a) wurde das Thema unter verschiedenen Perspektiven untersucht. Von psychoanalytischer Seite hat vor allem Hirsch (1994) in seiner Monografie einen differenzierten Überblick aus individueller psychodynamischer Sicht zur familiendynamischen Perspektive gegeben. In der hier vorliegenden Darstellung soll vor allem die **Grenzenstörung** als ein zentraler familiendynamischer Aspekt sowohl aus systemischer wie psychodynamischer Sicht in den Mittelpunkt gestellt werden. Generell kann gesagt werden, dass das sehr heterogene Bild über Störungsprozesse in Familien auch daraus abzuleiten ist, dass häufig kaum vergleichbare Störungsgrade sowohl auf der Ebene der Dysfunktionalität der Familie wie des Inzestgeschehens bestehen. Konzepte, die aus Therapieprozessen der Opfer abgeleitet werden, orientieren sich meist an sehr schweren, mehrjährigen Inzestbeziehungen mit frühkindlichen Vernachlässigungsanteilen, wobei die Elemente des Alters des Kindes, der Gewalteinwirkung, der Persönlichkeit des Täters und der sozialen Einbettung der gesamten Familie

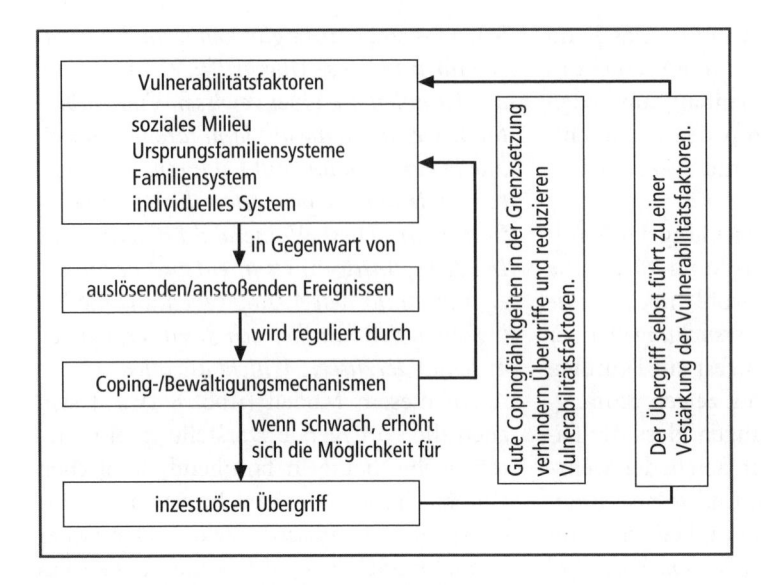

```
┌─────────────────────────────────┐
│  Vulnerabilitätsfaktoren        │◄────┐
├─────────────────────────────────┤     │ Gute Copingfähigkeiten in der Grenzsetzung    Der Übergriff selbst führt zu einer
│  soziales Milieu                │     │ verhindern Übergriffe und reduzieren           Vestärkung der Vulnerabilitätsfaktoren.
│  Ursprungsfamiliensysteme       │◄──┐ │ Vulnerabilitätsfaktoren.
│  Familiensystem                 │   │ │
│  individuelles System           │   │ │
└─────────────────────────────────┘   │ │
              │ in Gegenwart von      │ │
              ▼                       │ │
┌─────────────────────────────────┐   │ │
│  auslösenden/anstoßenden         │──┘ │
│  Ereignissen                    │    │
└─────────────────────────────────┘    │
              │ wird reguliert durch   │
              ▼                        │
┌─────────────────────────────────┐    │
│  Coping-/Bewältigungsmechanismen│    │
└─────────────────────────────────┘    │
              │ wenn schwach, erhöht   │
              │ sich die Möglichkeit für
              ▼                        │
┌─────────────────────────────────┐    │
│  inzestuösen Übergriff          │────┘
└─────────────────────────────────┘
```

Abb. 8-1 Modell der Inzestvulnerabilität (nach Trepper u. Barrett 1991).

ein sehr unterschiedliches Wechselspiel der Faktoren bewirken. Hinzu kommt aus familiendynamischer Sicht die Notwendigkeit, in einer Mehrgenerationenperspektive den Transfer von Vernachlässigung, Bindungsstörung, Grenzenverletzung, Tabuisierung und Traumatisierung (s. Kap. 6) zu beurteilen. Hierzu sind dringend Längsschnittuntersuchungen zu fordern.

8.2 Empirische Studien zu den Familienfunktionsstörungen

Insgesamt gibt es eine Reihe methodischer Probleme bei der Familienuntersuchung. Besonders bei Missbrauchsfamilien finden sich sehr häufig geringe Bereitschaft und Offenheit bei Selbsteinschätzungen. Beobachtungsmethoden mit Rating-Verfahren, mit denen das Familiensystem sowie Substrukturen erfasst werden, sind aufwendig. Die Familienkonstellationen bei grenzüberschreitenden Aktionen sind sehr heterogen: Die Opfer haben ein sehr unterschiedliches Alter, das Familiensystem ist in unterschiedlichem vulnerablem Lebenszyklus und durch die Tataufdeckung finden sich häufig zerfallende Familiensysteme (Trickett u. Putnam 1998; Tyler 2002).

Zur Bestimmung der Konstellation verschiedener Missbrauchsformen in Familien führten Barnett et al. (1993) ein Codierungssystem der Misshandlungsuntertypen ein. Mit diesem Codierungssystem untersuchten Howes et al. (2000) Risikofamilien mit Vorschulkindern. Dabei fanden sich bei 90,5% emotionaler Missbrauch, bei 90,5% Vernachlässigung, bei 59,5% körperliche Misshandlung und in 26,2% der Fälle sexueller Missbrauch. Die Erfassung der Störung der Familienstruktur ergab die umgekehrte Reihenfolge, d. h., bei sexuellem und körperlichem Missbrauch lagen die ausgeprägtesten Störungen der Familienstruktur vor. Problematisch für die Differenzierung ist der hohe Zusammenhang zwischen emotionalem Missbrauch und Vernachlässigung, was die Schwierigkeiten der Differenzierung darstellt.

Familienstrukturen bei innerfamiliärem Missbrauch wurden von Howes et al. (2000)

8.2 Empirische Studien zu den Familienfunktionsstörungen

mit Rating-Verfahren auf drei Ebenen erfasst:
- **Familienorganisation:** Die Familienorganisation, mit der die Zusammenarbeit und das zielorientierte Handeln in Familien, das Finden einer gemeinsamen Lösung überprüft wird, präsentiert ein deutliches familiäres Chaos mit Unklarheit der Familienhierarchie und Koordinationsschwäche. Auf der Kindebene zeigt sich eine Rollenumkehr (Macfie et al. 1999), die Kinder sind parentifiziert und übernehmen die Beschützerrolle in der Mutter-Kind-Dyade. Die Rollenunklarheit zeigt sich auch in der Schwäche der Abgrenzung und Differenzierung zum anderen (Toth et al. 1997).
- **Beziehungscharakteristika:** Es findet sich eine unsichere Bindung sowohl vermeidend wie unsicher verstrickt (Cicchetti u. Barnett 1991) sowie häufig eine desorganisierte Bindung (Barnett et al. 1999). Die Gewalt zwischen den Ehepartnern ist signifikant häufiger (Margolin 1998). Missbrauchsopfer haben Schwierigkeiten mit Gleichaltrigen (Bolger et al. 1998).
- **Affektive Störungen:** Es finden sich wenig Äußerungen von positiven Affekten, verstärkt Ärger, Furcht. Misshandelte Kinder haben Schwierigkeiten, Emotionen zu regulieren, vor allem beim Umgang mit negativen Emotionen (Shields u. Cicchetti 1997; Howes et al. 2000).

8.2.1 Unterschiede zwischen vernachlässigenden, gewalttätigen und sexuellen Missbrauchsfamilien

Die Bindungsrepräsentanzen in **vernachlässigenden Familien** sind organisiert um Hilflosigkeit, begrenzte Konsistenz im Verhalten, Passivität und geringe Erwartungen auf positive Unterstützung. Diese Familien zeigen wenig Affektausdruck, eine niedrige Organisationsstruktur und einen desengagierten Beziehungsstil (Crittenden u. Ainsworth 1989).

Sexuelle Missbrauchsfamilien weisen weniger offene Kommunikation, geringere verbale Konfliktlösungen (Silber 1990) auf, sind weniger geschickt im Umgang mit Disziplinschwierigkeiten, zeigen weniger zielorientierte Handlungen und häufiger negative Interaktionen (Rogosch et al. 1995). Im Unterschied zu Familien mit körperlicher Gewaltanwendung dominieren bei Familien mit sexuellem Missbrauch vermehrt Vertrauensverlust und Konfusion (Trickett et al. 1997).

Familien, bei denen **körperliche Misshandlung** vorliegt, zeigen höhere negative Affekte, eine rigide Organisation, signifikant mehr Schwierigkeiten, Ärger auszudrücken, weniger adaptive flexible Beziehungsstrategien und verstrickte Beziehungsmuster.

Fragebogenuntersuchungen: Fragebogen, mit denen die Beziehungen der Eltern untereinander und zu den Kindern im Beziehungsbereich untersucht werden, sind vor allem die Instrumente „Parental Bonding" und „Parental Style". In den Untersuchungen findet sich die beschriebene Schwierigkeit, dass eine nur geringe Offenheit im Antwortverhalten bei den Eltern, von denen sexueller Missbrauch ausging, vorliegt. In der Untersuchung von Gladstone et al. (1999) wurde bei den Vätern niedrige Fürsorge festgestellt, bei den Müttern eine höhere Indifferenz. Im „Parental Style" findet sich Kritik, Schuld- und Bedrohungsinduktion, die Mütter zeigen weniger Schutz und höhere Distanz. Die Unterschiede zur Kontrollgruppe waren mit einer Odds-Ratio (OR) von 6 bis 12 im Hinblick auf Gewalttätigkeit, hohe Kritik, Schuldinduktion, Bedrohung vonseiten des Vaters sehr hoch. Auch bei den Müttern war die OR mit 6 bis 9 in den Bereichen Vermittlung von Unsicherheit, Zurückweisung, Vernachlässigung und Gefahrinduktion erhöht. Insgesamt findet sich signifikant häufiger eine instabile Elternbeziehung, die Eltern sind nicht protektiv, nicht supportiv, konfliktträchtig, gewalttätig und zeigen eheliche Turbulenzen.

Familienklima und Familienfunktion: Familiäre Dysfunktionen sind sowohl ein Risikofaktor für Missbrauch als auch eine Folge der Aufklärung eines Missbrauchs (Svedin et al. 2002). Svedin et al. untersuchten das Familienklima mit halbstrukturiertem Interview und mit Fragebogen. Geheimnis, Isolation und Familienprobleme waren typische Ergebnisse bei den Interviews. Im Familienklimatest fand sich ein niedriges Niveau an Nähe und große Distanz, kombiniert mit einer niedrigen Spontaneität und hohen Chaoswerten.

Familienkohäsion: Familien, bei denen ein Kind Opfer eines sexuellen Missbrauchs ist (sowohl intra- wie extrafamiliär), zeigen eine geringere Kohäsion, eine größere Desorganisation und mehr Dysfunktion als Kontrollfamilien (Madonna et al. 1991; Elliot 1994). Bei intrafamiliärem Missbrauch sind häufiger Kommunikationsprobleme, ein Mangel an emotionaler Nähe sowie Flexibilität und soziale Isolation messbar (Dadds et al. 1991).

8.2.2 Empirische Untersuchungen zu Risikofaktoren für sexuellen Missbrauch

Individuelle Faktoren: Die **Mütter** von sexuell missbrauchten Kindern waren häufiger Alleinerziehende mit niedrigem Einkommen (OR 4,9) (Finkelhor et al. 1997) und weniger emotional unterstützt als die Kontrollgruppe (Pianta et al. 1989). Die Mütter werden psychopathologisch als depressiver, ängstlicher, skeptischer, ruheloser und konfuser geschildert. Mütter von Kindern, die sexuell missbraucht wurden, waren ihrerseits zwischen 32 und 36 % selbst missbrauchte Kinder (Newberger et al. 1993; Oates et al. 1998).

Väter: Ausbildung, Anstellung, berufliche Qualifikation lagen bei den Tätern unter dem Niveau der Kontrollgruppe (Allen u. Pothast 1994). Sie zeigten höhere Werte an Stress, Einsamkeit, Rigidität und Unglücklichkeit (Milner u. Robertson 1990).

Kinder mit Vernachlässigungserfahrungen hatten ein erhöhtes Risiko für kindlichen sexuellen Missbrauch (OR 2,1), bei Kindern mit körperlicher Gewalterfahrung konnte ebenfalls ein erhöhtes Risiko für sexuellen Missbrauch (OR 3,4) festgestellt werden (Boney-McCoy u. Finkelhor 1995; Finkelhor et al. 1997). Bei vorausgegangener sexueller Viktimisierung liegt das Risiko noch wesentlich höher (OR 11,7).

Familiencharakteristika als Risikofaktoren: Körperliche Gewalt, sowohl zwischen den Eltern als auch zwischen Eltern und Kind, ist ein allgemeiner Risikofaktor auch für sexuellen Missbrauch. Familien, die das Kind lange Zeit allein lassen, zeigten ebenso ein erhöhtes Risiko (OR 3,4) wie Familien, in denen ein distanziertes Verhältnis zwischen Mutter und Tochter (OR 11,6) bestand (Finkelhor et al. 1997). Schlechte sexuelle Beziehungen (OR 2,6), eine unbefriedigende Ehe (OR 7,19) (Paveza 1988), Gewalt in der Ehe (OR 6,51) (Paveza 1988) und sexuelle Viktimisierung der Eltern (OR 10,2) (Finkelhor et al. 1997) waren mit signifikantem Risikoanstieg verbunden.

8.2 Empirische Studien zu den Familienfunktionsstörungen

Auch Peleikis et al. (2004) heben hervor, dass die Bedeutung von allgemeinen Familienrisikofaktoren in Bezug auf den sexuellen Missbrauch unterschätzt wird. Die Autoren plädieren für eine differenziertere Erfassung der elterlichen Arbeitssituation, der häuslichen Atmosphäre, der Geschwistersituation, des Kontaktes mit anderen Kindern und von Verlusterlebnissen (Family Background Riskfactors [FBRF]).

Gesellschaftliche Faktoren: Eine Vielzahl von Studien wurde in den letzten Jahren zur kumulativen Viktimisierung innerhalb der Familien in Bezug auf das gesellschaftliche Umfeld durchgeführt. Profile kumulativer Viktimisierung beschreiben den körperlichen Missbrauch durch die erwachsene Fürsorgeperson, sexuelle Viktimisierung, Zeugnis der Gewalt in der Elternbeziehung in unterschiedlichen Ausprägungsgraden (Edwards et al. 2014; Kennedy et al. 2014). Frühe Belastungsfaktoren, die eine Stresssensitivierung mit sich bringen, werden heute unter verschiedenen Kontexten, verbunden mit weiteren Risikofaktoren wie Armut, soziale Deprivation, adoleszente Schwangerschaft, Gewalt und sexueller Viktimisierung sowohl zu Hause als auch in der Gesellschaft (Finkelhor et al. 2007; Mrug et al. 2008), betrachtet: Konstellationen der Belastungsfaktoren werden in großen Studien vor allem für die Zielrichtung Prävention etwa bei adoleszenten Müttern mit belastetem Hintergrund analysiert (Zinzow et al. 2009; Nurius et al. 2013).

In den letzten zehn Jahren richten sich die Forschungsanstrengungen vor allem auf die Klärung der multifaktoriellen Zusammenhänge und Interkorrelation der verschiedenen Belastungsfaktoren. In großen epidemiologischen Studien konnte vor allem nachgewiesen werden, dass es notwendig ist, die Vielzahl der Faktoren nicht, wie es aus klinischer Perspektive leicht passiert, reduktionistisch auf einzelne besonders imponierende familiendynamische Faktoren zu beziehen. Für Entstehung und Verlauf sind die Konstellationen, aber auch die Anzahl der Belastungsfaktoren detailliert zu betrachten.

Hier hat die Arbeitsgruppe um Finkelhor und Turner große repräsentative Untersuchungen über familiäre Variablen unter dem Stichwort „Sichere, stabile und fürsorgliche Beziehungen" (Safe, Stable and Nurturing Relationship [SSNR]) durchgeführt (Turner et al. 2012). Als Variablen werden der emotionale Missbrauch, inkonsistentes oder feindseliges Elternverhalten, alle Formen von Misshandlung und Vernachlässigung, Geschwistermisshandlung und Misshandlungszeuge innerhalb der Familie untersucht.

Das Grundmodell beruht auf den umfassenden Erfahrungen über die multiplen Formen von Beschädigungen innerhalb der Familie und hat ein Modell der kumulativen Risikofaktoren als wissenschaftlichen Hintergrund (Dong et al. 2004a; Finkelhor et al. 2007). Dieses Modell, welches sich auf drei familiäre Dimensionen bezieht, wurde auch bereits für präventive Intervention eingesetzt (Mercy u. Saul 2009). Die **Sicherheit** bezieht sich auf Faktoren der Angst vor familiären Grenzverletzungen, die Unberechenbarkeit und Widersprüchlichkeit im Zuwendungsverhalten. Die **Stabilität** bezieht sich auf die Konsistenz und Vorhersagbarkeit der elterlichen Beziehungspraktiken, der sozialen und Wohnungsstabilität sowie auf soziale Faktoren wie Scheidung oder Arbeitsverlust. Die **Fürsorge** wird charakterisiert durch die Verfügbarkeit, Sensibilität und Wärme in Bezug auf die kindlichen Bedürfnisse. Turner et al. (2012) fanden, dass regelhaft hohe Interkorrelationen zwischen den familiären Beschädigungsfaktoren bestanden. Dabei erwiesen sich die drei Dimensionen eng miteinander verknüpft. Elterliche Störungen durch Drogen- oder Alkoholmissbrauch waren besonders mit allen Indikatoren von Instabilität verbunden und zeigten ein großes Risikopotenzial. Vor dem Hintergrund eines hohen Konfliktniveaus bei den Eltern mit Feindseligkeit konnte ein starker Zusammenhang zu den feindseligen Konflikten zwischen den Geschwistern hergestellt werden. Häufiger Wohnortwechsel, Instabilität im familiären Zusammenhalt sind ein typischer Hintergrund für chaotische strukturelle Störungen in den Familien.

Die Arbeitsgruppe um Finkelhor bestätigt mit diesen Forschungen ein **Modell der kumulativen Risikofaktoren** und kann eine *lineare Beziehung* zwischen der Traumasymptomatik bei den Kindern und Risikobedingungen feststellen. Aufgrund dieser Untersuchungen macht es Sinn, einen sehr breiten Bereich von Risikofaktoren zu screenen, um dann auf das Individuum bezogen das Wechselspiel und die Konstellation der Risikofaktoren zu betrachten. Familiäre Risikofaktoren und schlechte elterliche Funktionalität sind eng mit den psychischen Problemen der Kinder verbunden. Familiäre protektive Faktoren und zuverlässige Beelterung sagen vor allem positive Entwicklungsprozesse wie die Führungsfähigkeiten und Verantwortlichkeiten bei den Kindern voraus. Immer wieder werden als ein zentraler Faktor der emotionale Missbrauch und die inkonsistente und feindselige Eltern-Kind-Interaktion gefunden, vor dessen Hintergrund auch der sexuelle Missbrauch betrachtet werden muss (Fitzgerald et al. 2008).

8.3 Ebenen familiärer Funktionsstörung aus klinischer Sicht

Unter systemischer Perspektive beschreiben Mrazek und Bentovim (1981) die Familien nach „Oberflächenaktionen" und „Tiefenstruktur" im Sinne systemischer Familiendiagnostik. Sie führen aus, dass in den Oberflächenaktionen eine angemessene Befriedigung der Bedürfnisse nach seelischem und leiblichem Wohl nicht zugelassen wird. Körperlicher Kontakt wird ersatzweise sexualisiert, wobei die Sexualisierung die Dysfunktionalität noch verstärkt. Insgesamt herrschen enge Beziehungen vor, Intimität unter den Erwachsenen kann jedoch nicht eingegangen werden, andererseits wird jede Trennung oder Desintegration mit Verlassenheit assoziiert. Es treten in wechselseitiger Beziehung problematische Kommunikationsmuster wie gleichzeitige Qualifikationen und Disqualifikationen auf.

Folgende klinische Kategorien zur Familiendynamik sollten – z. T. auch mehrgenerationell – erfasst werden:
- Wie sah der Teufelskreis von Vernachlässigung – Gewalt – Verführung – sexueller Missbrauch in der Herkunftsfamilie des Täters und der Mutter aus?
- Welche positiven Ressourcen zur Grenzenregulation, Bewältigung von Krisen, Trennungen oder Gewalt in den Familien liegen vor?
- Welches Ausmaß an Spaltung und Chaos der Nähe-Distanz-Regulierung ist in der Elterndyade des Opfers festzustellen?
- In welchem Ausmaß wird offen kommuniziert, welche Tabuisierungsneigung, welche Macht des Geheimnisses bestimmt Verleugnungsprozesse in den Familien?
- Welche Rigidität hat die Triangulierung des Opfers in die Elterndyade?

- Wo liegen die Bindungsstörungen und Bindungsressourcen des Opfers, welche ambivalenten oder vermiedenen Abhängigkeitsprozesse resultieren daraus?
- Welche Tradierung narzisstischer Objektbindungen besteht in den Familien, wo liegen Empathieressourcen?
- Welche Rigidität der Familien-Umwelt-Grenze korrespondiert mit welcher intrafamiliären Grenzenverwischung?

Diese nur stichpunktartig hervorgehobenen Prozesse sollen nun auf den einzelnen Ebenen des multisystemischen Zusammenspiels betrachtet werden.

8.4 Vulnerabilitätsfaktoren, auslösende Ereignisse und Coping-Mechanismen

Alkohol- oder Drogenmissbrauch geht in der Mehrzahl der Fälle inzestuöser Episoden voraus (Maisch 1972; Virkkunen 1974; Finkelhor 1978; Cole u. Putnam 1992). Der Rausch verursacht nicht den Übergriff. Vielmehr wirkt er auf den Vater, der bereits inzestuöse Impulse empfindet (Finkelhor 1984) und in einer gefährdeten Familie lebt, enthemmend. Alkohol und Drogen leisten auch dem Mechanismus des Leugnens der Tat Vorschub.

Ein anderes, häufig erwähntes auslösendes Ereignis ist der **Gelegenheitsfaktor**. Er kommt bei gefährdeten Familien vor, wenn Vater und Tochter über einen längeren Zeitraum allein gelassen sind, z.B. wenn die Mutter in Nachtschichten arbeitet oder sich einer Krankenhausbehandlung unterzieht.

Akuter **Stress** kann die labile Familienhomöostase schwächen, z.B. Verlust des Arbeitsplatzes, eine neu aufgetretene körperliche Behinderung oder eine Veränderung in der Zusammensetzung der Familie, beispielsweise durch ein neugeborenes Kind.

Die Bewältigungsmechanismen der Familie hängen auch davon ab, wie sie **soziale Unterstützung** durch Freunde, durch die erweiterte Familie oder auch durch Arbeitskollegen erreichen kann. Wenn die Tochter z.B. eine enge Bindung an ihre Großmutter hat, der sie sich anvertrauen kann, so ist dies ein protektiver Faktor gegen die intrafamiliären Grenzüberschreitungen. Bedeutsam sind Ressourcen im Rahmen der Konfliktbewältigungsfähigkeit, des emotionalen Austausches und der Problemlösungsfähigkeiten in Familien.

8.4.1 Die soziale Isolation

Im Fall der sozialen Isolation unterliegt die Familie nicht der Kontrolle durch äußere Systeme, die normalerweise für ein gewisses Maß an Überprüfung abweichender Verhaltensweisen sorgen. Einige Autoren (z.B. Finkelhor 1978; Mrazek u. Kempe 1981; Sgroi 1982) haben die soziale Isolation der Familie als ein Hauptkorrelat für inzestuöse Übergriffe bezeichnet.

Eine Schichtspezifität wird heute in der Regel bestritten. Da Familien niedrigerer sozialer Schichten häufiger mit Jugend- und Sozialämtern oder dem Gesetz zu tun haben, sind sie wohl in den Statistiken überrepräsentiert (Finkelhor u. Hotaling 1984).

Soziokulturelle Aspekte sind im Kontext mit den anderen Vulnerabilitätsfaktoren bedeutsam. Vor allem seitens feministischer Erklärungsansätze wird die Bedeutung patriarchalischer gesellschaftlicher Aspekte betont mit männlicher Überlegenheit, traditionellen Rollenverteilungen und Akzeptanz der väterlichen Macht. Einen Hintergrund für die Zunahme sexueller Übergriffe sieht Finkelhor (1984) vor allem in der *Änderung der Frauenrolle*, die nicht mehr als „Kindfrau" dem Mann zur Verfügung steht, und dem gewachsenen Selbstbewusstsein, welches die Dominanz des Mannes infrage stellt. In einer empirischen Untersuchung stellen Herman und Hirschman (1981) dar, dass von 20 Frauen und Vätern mit Inzestvergangenheit stereotype antiquierte Rollenbilder vorlagen: Der Vater betrachtete es etwa als sein Recht, in sexualisierter, oft auch violenter Weise mit seinen Kindern umgehen zu können.

8.4.2 Die individuelle Perspektive aus klinischer Sicht

Das „Täter-Profil" des Vaters

Die Erwartung, dass der Täter auch schwere psychopathologische Symptome haben müsste, ist ein Mythos (Renshaw 1982). Therapeuten finden ein weites Spektrum an Persönlichkeitsstörungen bei den Tätern, sie sind jedoch auch immer wieder überrascht, wie normal die betreffenden Menschen erscheinen. In der Regel lässt sich der Täter nicht den diagnostischen Kategorien der ICD zuordnen. Selten sind Psychosen (Meiselman 1978) oder Borderline-Persönlichkeitsstörungen mit einem Mangel an Impulsbeherrschung, Bedürfnis nach unmittelbarer Befriedigung und fehlendem Schuldbewusstsein (Summit u. Kryso 1978). Es finden sich Väter mit Schwierigkeiten, ihre Aggressionen zu beherrschen und Stress zu ertragen (Cavallin 1966; Herman u. Hirschman 1981).

> **Merke**
> Vorherrschend ist in den Fallbeschreibungen das Bild des **passiven, emotional und sozial abhängigen Täters** (ca. 85 %; Übersicht s. Hirsch 1994, 2004). Er ist um ein gutes soziales Ansehen nach außen bemüht und hat innerhalb der Familie große Probleme, seine Position als Partner und Vater zu finden. Dieser Tätertypus gilt als eher schüchtern, introvertiert, er sucht in der Liaison mit der Tochter eine Beziehung, der er sich gewachsen fühlt (Rosenfeld 1979; Mrazek u. Bentovim 1981).

Sehr viel seltener ist der Typus des tyrannischen Täters (ca. 15 %). Hier beansprucht der Vater seine Familienmitglieder als Besitz, mit einer rigiden patriarchalischen Einstellung zur Macht, wobei die moralischen Vorstellungen von einer dogmatischen religiösen Einstellung geprägt sein können. Auch hier ist der Täter intellektuell nicht normabweichend (Cole u. Putnam 1992). Die in der Missbrauchssituation vorherrschende Gewalt wird als geschwächte Impulskontrolle in der Regel nicht außerhalb der Familie ausgeübt (Dietz u. Craft 1980; de Chesnay 1985).

Als gemeinsamer Aspekt der Täter werden vor allem narzisstische Defizite, ein *besonders fragiles Selbstbewusstsein*, beschrieben. Gehäuft findet sich auch eine auffällige Unfähigkeit zur emotionalen Identifikation des Täters mit dem Opfer, sodass er die verheerenden Folgen seines inzestuösen Tuns in der Regel verleugnet (Justice u. Justice 1979). Unter anderem wird der *besondere Empathiemangel* (Cole u. Putnam 1992) auf Abwesenheit oder pathologische Distanz bei der Pflege und beim Umsorgen des Kindes im Säuglings- und Kleinkindalter zurückgeführt.

Die Herkunftsfamilie des Vaters

Untersuchungen der Täter zeigen, dass sie *selbst oft in ihrer Kindheit Opfer eines familiären Übergriffs waren* (Finkelhor 1978; Summit u. Kryso 1978; Backe et al. 1986; McCarthy 1986). Dieses Faktum sollte je-

8.4 Vulnerabilitätsfaktoren, auslösende Ereignisse und Coping-Mechanismen

doch auch nicht überschätzt werden (Batten 1983): Kaufman und Zigler (1987) kommen in ihrer Übersicht auf eine Übertragungsrate von Generation zu Generation von 30 %.

> **Merke**
> Täter sind sehr oft in einer Familie aufgewachsen, deren Atmosphäre von Angst vor dem Verlassenwerden geprägt wird (Lustig et al. 1966). Die Lebensgeschichte dieser Männer ist durch Trennungen und Verlust (Weiner 1962) sowie durch frühe Zurückweisung durch die Eltern (Gutheil u. Avery 1977) gekennzeichnet. Es findet sich meistens eine Addition von Vernachlässigung und Übergriffen im Sinne von Gewalterfahrungen. Hieraus leiten sich dann impulsive Verhaltensweisen, autodestruktive Tendenzen und gestörte Selbstachtung ab.

Insbesondere zum eigenen Vater findet sich eine schlechte Beziehung (Gebhard et al. 1965). Die Väter werden als gewalttätig und gefürchtet oder die Familie früh verlassend dargestellt. Der abwesende Vater und/oder der brutale Vater werden als Prägnanztypen wiederholt in den Vordergrund gestellt (Weiner 1962).

Die Mütter der Täter werden häufig als gleichgültig, kritisch, sehr religiös und streng beschrieben. Überdurchschnittlich finden sich Todesfälle der Mütter, Depressionen, aber auch sehr enge Bindungen an die Mütter im Sinne einer dominanten Mutter (Parker u. Parker 1986).

Zusammenfassend wird in der Literatur (Hirsch 1994) bei den Tätern eine *emotionale Vernachlässigung und Deprivation in der Kindheit* beschrieben. Dadurch blieben sie auch als Erwachsene in ihren zwischenmenschlichen Beziehungsfähigkeiten gestört.

Die Mutter

In Selbstberichten Betroffener nimmt die Mutter in der Regel einen größeren Raum ein als der Täter (Gardiner-Sirtl 1983). Die individuelle Betrachtung der Mutter ist davon abhängig, ob sie aus retrospektiven Fallschilderungen der Opfer oder aus Familientherapien resultiert (Hirsch 1994). In den Einzeltherapien stellt sich die Mutter in den Erinnerungen oft als *abweisend, kalt, ignorant, verleugnend* dar und zieht ein hohes Maß an Feindseligkeit der Töchter auf sich.

Bei individueller Betrachtung der Mütter in Familientherapien zeigt sich jedoch eine *Kontextabhängigkeit:* In Familientherapien, wo die Initiative von den Müttern ausgeht, findet sich in der Regel eine völlig andere Situation als bei institutionell eingeleiteten Therapien, wo die Mütter viel häufiger eine verleugnende Position beibehalten.

Bei der Direktbeobachtung von Müttern in Familientherapien stellt die auf der Handlungsebene zurückweisende Mutter die Minderheit dar. Häufiger ist die „Silent"-Mutter, bei der höchstens unbewusst die Ausgrenzung der Tochter stattfindet. Das Spektrum reicht von der offen bagatellisierenden, massiv verleugnenden Mutter bis hin zu den Müttern, die sich aktiv an den Kinderschutzbund wenden, die nach Sirles und Franke (1989) in 78,2 % der Fälle den Berichten der Töchter geglaubt haben.

Die Beurteilung der nicht schuldigen Mutter sollte keine Schuldzuweisung beinhalten. Trotzdem muss untersucht werden, in welcher Weise die Mutter zur Inzestvulnerabilität der Familie beigetragen hat, welche Rolle etwa ihre Passivität, das mangelnde Selbstbewusstsein und ihre Abhängigkeit spielen. Gerade die abhängigen, infantilen Mütter zeigen häufig eine Rollenverkehrung mit der Tochter, so als bedürfe die

Mutter der elterlichen Leitung eines Kindes (Zuelzer u. Reposa 1983).

Die Herkunftsfamilie der Mutter

Gehäuft findet sich in den Patientenschilderungen das Phänomen, dass „Väter der Mütter ihre Familien verlassen haben, sodass die Mütter der Inzestopfer früh mit ihren eigenen Müttern alleingelassen waren" (Hirsch 1994, S. 138). Die als kalt, fordernd und kontrollierend geschilderten Eigenschaften der Mütter können auch als Reaktion auf dieses Verlassenwerden verstanden werden: Töchter, insbesondere wenn sie dem verlorenen Partner ähnlich sind, werden bevorzugt zum Projektionsträger feindseliger Gefühle. Der Tochter werden weibliche Identifikationsmöglichkeiten unbewusst verweigert. Kaufman et al. (1954) fanden, dass diese Mütter bei ihren Töchtern ihre „Jungenhaftigkeit" betonen. In der Tradition mütterlicher Selbstattribution zeigt sich *ein durchgängiges Muster geringen Selbstwerts* und die Vorstellung, Männer seien bevorzugt, sie könnten sich alle ihre sexuellen Wünsche erfüllen, während sie nur Angst haben müssen, verlassen zu werden (Gutheil u. Avery 1977).

Typisch scheint in den Berichten das Bild einer in der Kindheit deprivierten Mutter voller Zurückweisung, Verlassenheit, Ambivalenz. Umgekehrt bleiben gerade die Mütter, wohl vermittelt durch tiefe Schuldgefühle, mit ihren ungeliebten Töchtern, den Inzestopfern, am engsten verbunden und wünschen sich, dass diese sich ständig um sie kümmern (Lustig et al. 1966).

8.5 Die Familienstruktur inzestvulnerabler Systeme

8.5.1 Familientypen

Seit der Arbeit von Weinberg (1955) sind in klinischen Untersuchungen Zuordnungen zu bestimmten Familientypen versucht worden, die sich bei Inzestfamilien fanden.

> **Merke**
> Am häufigsten wird dabei die „endogame Familie" gesehen, wobei 40% (Braun-Scharm u. Frank 1989) bis 80% (Justice u. Justice 1979) diesem Typus zuzuordnen sind. Es handelt sich um oberflächlich unauffällige, gut angepasste Familien, die jedoch keine echten Außenkontakte haben. Die Familien sind bei genauerer Betrachtung durch einen gespannten Zusammenhalt mit Konfliktvermeidung, Grenzstörungen, Verlassenheits- und Desintegrationsängsten charakterisiert. Grundbedürfnisse nach seelischem und körperlichem Wohlergehen und Wärme werden sexualisiert.

8.5.2 Typische Rollenmuster

Die Vater-Exekutive: Diese Struktur geht von einer Familie aus, in welcher der *Vater eine dominante, mächtige Person ist* und die Mutter wie eines der Kinder behandelt. Die Mutter fühlt sich abhängig. Sie kann eine gewisse Erleichterung zeigen, wenn ihre Tochter viele Funktionen der Ehefrau übernimmt. Die Tochter wiederum kann in dieser Familie ein „elterliches" Kind für beide Elternteile sein. Diese Struktur führt zu einer größeren Inzestvulnerabilität, besonders wenn der Vater zuneigungsbedürftig ist.

Die Mutter-Exekutive: Bei dieser Struktur ist die *Mutter die dominante, mächtige Person*

8.5 Die Familienstruktur inzestvulnerabler Systeme

und behandelt den Vater wie eines der Kinder. Hier ist die Mutter die Verantwortliche für die Entscheidungen in der Familie und fühlt sich von ihrem Mann isoliert. Der Vater scheint sich wie ein Jugendlicher zu verhalten, sein sexueller Kontakt zu seiner Tochter mutet wie sexuelle Spielerei unter Geschwistern an, kann aber auch gewalttätiger auftreten, insbesondere wenn die Übergriffe Aggressionsaustausch oder Zorn widerspiegeln. Die generationellen Abwärts- und Aufwärtsbewegungen können fluktuieren und auf Zwischenpositionen häufig widersprüchliche Verhaltensmuster zeigen.

Die chaotische Struktur: Die chaotische Struktur geht von einer Situation aus, bei der sich alle Familienmitglieder auf derselben Generationsebene befinden. Bei diesen Familien scheint entweder niemand die Verantwortung zu tragen oder die Führung wechselt von einer Person zur anderen. Solche Väter berichten häufig, sie hätten sich nicht wie der Vater der Tochter gefühlt. Diese Struktur beinhaltet auch eine hohe Vulnerabilität für Übergriffe unter den Geschwistern oder innerhalb der erweiterten Familie.

Entfremdeter Vater: Diese Struktur ist durch einen Vater charakterisiert, der seiner Familie emotional fern steht, der aber, wenn er sich wieder in die Familie hineinbegibt, dies auf der Generationsebene der Tochter tut. Er ist oft fordernd und aggressiv, wenn er wieder in der Familie auftaucht.

Stieffamilien: Diese Familien, die alle diese Strukturen ebenfalls enthalten, sind besonders gefährdet in Bezug auf inzestuöse Übergriffe (Russell 1986; Gordon 1989). Finkelhor (1980a) stellt eine fünfmal größere Wahrscheinlichkeit der sexuellen Übergriffe in Stieffamilien fest. In Stieffamilien herrscht eine viel geringere Bindung von Säugling an. Gestörte Strukturen sind in den Stieffamilien häufiger, da sie meist weniger Zeit hatten, funktionale Hierarchien zu etablieren und angemessene Regeln, Rollen und Grenzen in Familien zu entwickeln.

Die Untersuchungen von Hehl und Werkle (1993) konnten die Hypothese, dass Missbrauchsfamilien untereinander eine starke Bindung und Verstrickung aufweisen, nicht bestätigen. Im Gegenteil zeigen sie im Vergleich zu Kontroll-Familien eine eindeutige *Tendenz zur Spaltung in der Partnerschaft* wie auch zur deutlichen *Distanzierung eines Elternteils zur missbrauchten Tochter*. Die geringe Zuwendung der Mutter zur missbrauchten Tochter kann ebenfalls als Spaltung zwischen Mutter auf der einen Seite und Vater und Tochter auf der anderen Seite interpretiert werden. Die Partner zeigten sich voneinander enttäuscht, verletzt und versuchen die Verantwortung dem anderen zuzuschieben. Auf der einen Seite ziehen sie sich verbittert zurück, auf der anderen Seite trennen sie sich trotz der deutlich schlechteren Beziehung – etwa im Vergleich zu Trennungspaaren – nicht. Die Erklärung für dieses Phänomen wird darin gesehen, dass die Partner durch schwerwiegende Trennungserlebnisse in der Kindheit den Zerfall um jeden Preis verhindern möchten und so die Beziehung durch eine destruktive Bindung zu erhalten suchen. In der Regel ist es die Mutter, die sich von Mann und Tochter abwendet. Mann und Tochter verhalten sich eher passiv und reagieren auf die Mutter mit einem Bündnis. Diese Ergebnisse stimmen mit den Überlegungen zur endogamen Inzestsituation und psychodynamischen Hypothesen (s. Kap. 36) überein. Auch Fürniss (1984) sowie Fürniss und Phil (1986) gehen davon aus, dass der Vater nach außen hin die bestimmende Position innehat, dass aber die Mutter diese in der Familie einnimmt. Sie entzieht sich dem Mann auf sexueller Ebene und macht ihn dadurch emotional von ihr abhängig. Durch die latente Trennungsangst und Abhängigkeit kann der Mann sich nicht trennen. So entsteht häufig die Situation, dass der Vater Sexualität erleben möchte, ohne sich von seiner Frau trennen zu müssen, die Mutter Sicherheit erfahren möchte, ohne für den Mann Sexualpartnerin sein zu müssen. Hier ist der Inzest in die Konfliktregulierung einbezogen.

Madonna et al. (1991) untersuchten mit der Beavers-Timberlawn Family Evaluation Scale **interaktionelle Muster in Inzestfamilien** im Unterschied zu Nicht-Inzestfamilien. Es fanden sich folgende Ergebnisse:
- Die Grenzen zwischen den einzelnen Individuen einer Familie erscheinen undefiniert und verwaschen.
- Die Koalition der Eltern ist schwach.
- Während die intergenerationellen Grenzen durchlässig sind, sind die Grenzen zur Außenwelt rigide.
- Die Möglichkeiten der individuellen Annäherung und Distanzierung sind beschränkt.
- Es findet sich eine höhere Intrusivität innerhalb der Familie.
- Rollen- und Aufgabenverteilung sind unscharf.
- Die elterliche Fürsorge wird minimiert oder sexualisiert.
- Es findet sich eine verminderte Offenheit innerhalb der Familie und gegenüber der Außenwelt.
- Die Akzeptanz der Gefühle, Handlungen und Gedanken anderer Familienmitglieder ist gering.
- Typisch ist die Konfliktvermeidung in den Familien. Es findet sich eine geringere Fähigkeit zur konstruktiven Problemlösung.
- Kommunikationsprobleme: Widersprüchliche oder unklare Botschaften, Tabuisierungen, Geheimnisse sind in diesen Familien kohäsionsfördernd.
- Affektiver Austausch in der Familie: Die Ausdrucksfähigkeit der Gefühle ist herabgesetzt.
- Eine interpersonelle Empathie ist deutlich reduziert.

Diese Familienparameter sind sozusagen die Familienoberfläche, die von einer Tiefenstruktur abhängen. Letztere wiederum wird geprägt von meist unbewussten Bindungs- und Loyalitätsmustern, die mehrgenerationell tradiert werden.

8.6 Grenzstörungen in Familien

8.6.1 Generationsgrenzstörungen bei inzestvulnerablen Familien

Schon in den Anfängen der Familienforschung fielen pathologische Prozesse in Familien ins Auge, welche die individuellen Entwicklungs- und Anpassungsmöglichkeiten hemmten oder blockierten. Zunächst wurden diese unter Spezifitätsannahmen besonders im Zusammenhang mit ätiologischen Fragen zur Schizophrenie betrachtet. Hier wurden vor allem von Lidz et al. (1965) die Elternkoalition, die „schiefe" (skewed) und „gespaltene" (schismatic) Ehe als häufiger Hintergrund für starre Triangulierungen und grenzübergreifende Koalitionen in Familien gefunden. Ausgehend von diesen Konzepten (Übersicht s. Joraschky u. Cierpka 2009) wurden die Konzepte der Triangulierung, Parentifizierung (das Kind als Elternersatz) und des Gatten-Substituts

8.6 Grenzenstörungen in Familien

(Fitzgerald et al. 2008) bei Inzestfamilien untersucht.

In dynamischer Betrachtungsweise bedeutet dies, dass Rollendelegationen über die Generationsgrenze an das Kind ergehen, die dieses überfordern und zur Konfusion führen. In diesem Sinne versteht Haley (1980) die **Eltern-Kind-Koalition**, die gegen den Dritten gerichtet ist, als „perverses Dreieck". Pathologisch werden diese Prozesse, wenn sie an Flexibilität verlieren und zu starr-verstrickten (Minuchin 1974) oder ausstoßenden Mustern führen. Zur Diffusion der Grenzen tragen dann verschiedene Mechanismen bei, wie Kommunikationsstörungen, Tabuisierungen und insbesondere die Bedeutung, die der andere für die Selbstwert- und Bedürfnisregulation eines Elternteils hat.

Die Durchlässigkeit der Generationsgrenzen ist nicht gleichbedeutend mit Inzestvulnerabilität, sondern stellt klassische triadische, verführerische und verstrickte Situationen dar, die von Braun-Scharm und Frank (1989) als „inzestoide Familie" beschrieben wurden. Hirsch (1993b) spricht vom „latenten Inzest".

Inzestoide Strukturen entstehen immer dann, wenn sich anstelle einer reifen Partnerschaft der Eltern eine sogenannte „vertikale Ehe" (Bauriedl 1992) ausbildet. Dabei wird die Eltern-Kind-Beziehung der Partnerschaft vorgezogen und das Kind zum idealisierten Objekt stilisiert, das selbst zwischen Grandiosität (als vermeintlich besserer Partner) und Minderwertigkeit (aus Angst vor Verlust dieses Status) schwankt und aufgrund dessen eine diffuse Ich-Struktur entwickelt. Noch instabiler und verlockender wird die kindliche Position, wenn beide Elternteile abwechselnd um das Kind konkurrieren.

8.6.2 Interaktionsstil bezüglich der Sexualität: Die „inzestoide Familie"

Geschlechtsgrenzenstörungen in Familien zeigen sich oft darin, dass intime Praktiken wie gemeinsames Baden und Schlafen ungewöhnlich lange über die Latenzzeit beibehalten werden. Die spielerische Erotik beim Baden, Abtrocknen oder Anziehen der Kinder wird entweder über die altersadäquate Grenze betrieben oder abrupt abgebrochen. Der Abbruch plötzlichen Körperkontakts gewinnt eine Angst machende, verunsichernde Qualität. Es zeigt sich, dass die Gefahr vor zu großer Nähe (Inzest) und zu großer Distanz (Trennung und Auflösung) nicht ausgehalten wird. Dies führt beim Kind zu Schuld- und Schamgefühlen, wobei diese Gefühle nicht ihren angemessenen Ausdruck und Austausch finden können. Sexualisiertes Verhalten spielt sich oft in Anspielungen, Andeutungen, diskreten Distanzminderungen und Grenzüberschreitungen, in erotisierter Atmosphäre ab. Von entscheidender Bedeutung ist die Empfänglichkeit, die das Kind für derartige Signale entwickelt.

Heims und Kaufman (1963) beschrieben Verhaltensmuster von Familien, in denen die Geschlechtsgrenzenstörungen durch inzestuöse Fantasie des Vaters induziert werden. Die Mischung aus Verbietendem und Stimulierendem im väterlichen Verhalten wird auch als Hintergrund für verführerische Verhaltensweisen des Kindes gesehen.

Die **Sexualisierung von Beziehungen** bedeutet auch die Möglichkeit, Bindungen abzusichern, Gefühle zu kontrollieren und die Anwesenheit des anderen zu erhalten. Sie kann also nicht allein der sexuellen Bedürfnisbefriedigung dienen, sondern auch der *Bindungssicherung* und der *Nähe-Distanz-Regulation*.

Während in flexiblen Familienstrukturen die Entwicklung einer abgegrenzten Identität möglich wird, bleibt bei der inzestoiden Familie die Ablösung erschwert, da dem Kind das *Austragen aggressiv-rivalisierender Anteile nicht erlaubt* ist. Hier treten Entweder-oder-Muster ein – entweder das Kind unterwirft sich oder es wird ausgegrenzt und fallen gelassen. Dieser Hintergrund ist ein bestimmender Faktor für inzestvulnerable Familien, reicht jedoch nicht aus, um den qualitativen Sprung von Grenzendurchlässigkeit bis hin zu grenzüberschreitendem Verhalten zu erklären. Hierzu sind in der Regel weitere Faktoren notwendig.

Wie die Geschlechtsgrenzenstörungen schon in der Mutter-Kind-Dyade ihre Wurzel haben können, zeigen Direktbeobachtungen von Kindern im Alter von drei bis 20 Monaten in Interaktion mit ihren Eltern: Haynes-Seman und Krugman (1989) dokumentieren eindrucksvoll selektiv unterschiedliche Stimulationen erogener Zonen bei den Kleinkindern. In mikroanalytischen Interaktionsstudien beschreiben sie z. B. eine in der Kindheit sexuell missbrauchte Mutter, die sich im Hautkontakt zu ihren Zwillingen sehr unterschiedlich verhielt: Während sie zu dem einen Zwilling überwiegend Augen- und normalen Hautkontakt aufnahm, ignorierte sie den anderen und stimulierte ihn im Wechsel besonders am Po und den Genitalien. Die Autoren ziehen das Fazit: „Solche Erfahrungen *früher sexueller Stimulationen* während der Pflege ohne das Gefühl, von empathischen Eltern versorgt und geliebt zu werden, können das Kind in seinem sozialen Agieren beeinflussen und die Vulnerabilität gegenüber späterem Missbrauch durch andere erhöhen."

In eigenen Untersuchungen mit dem Interaktions-Rorschach konnte zu den Geschlechtsgrenzen festgestellt werden, dass in Missbrauchsfamilien bei destruktiven Deutungen eines Rorschach-Bildes wie „zerschmettertes Becken, aus dem Blut spritzt" kein innerfamiliärer Bewältigungsprozess, wie er sonst zu erwarten wäre, in Gang gesetzt wird. Hier lässt sich mikroanalytisch feststellen, welche pathologischen Abwehrprozesse vorherrschen werden. Häufig werden die Affekte von den Vätern völlig ignoriert, die Mütter halten sich aus dem Bewältigungsprozess heraus. Es finden sich rasche Wechsel von fusionierenden und distanzierenden, ignoranten Interaktionen mit gehäuften Sexualisierungen und Wahrnehmungsblockaden. Weitere systematische Untersuchungen zu den Familieninteraktionen stehen noch aus, jedoch eignen sich projektive Interaktionsverfahren besonders, die unbewusste Dynamik in diesen Familien gerade im Hinblick auf die Geschlechtsgrenzenstörung darzustellen.

8.6.3 Die Bindungsstrukturen in inzestoiden Familien

Die Rolle des Bindungstraumas, welches in diesem Buch als allgemeiner Vulnerabilitätsfaktor unter den kumulativen Kindheitsbelastungen herausgestellt wurde, kann im Kontext der inzestösen Familie auch als Schlüsselstelle für das „perverse Dreieck" angesehen werden. Die bindungstraumatisierte Mutter kann keine sichere Bindung zum Kind herstellen. Das Kind sucht sich in der verzweifelten Oszillation zwischen den Eltern beim Vater die bindungssichere Person. Dieser kann dann in der sogenannten ödipalen Phase im dritten und vierten Lebensjahr aufgrund eigener Bindungsunsicherheit und grenzendurchlässiger Strukturen die infantil sexuelle Beziehung des Kindes aktivieren. Es entsteht eine Pseudo-Bindungssicherheit auch mittels Sexualisierung, in der das Kind aufgrund der frühen Bindungsabhängigkeit besonders gefährdet ist und gefangen bleiben kann. Diese Grundstruktur macht die besonders schwierigen Abhängigkeitsprozesse („Ödipalisierung") besonders pathogen, weil ihre Intensität durch die Trennungsangst des Mädchens schwer auflösbar ist. Diese Ersatzbindung macht Mädchen abhängig und zur Projektionsfläche für emotionalen Missbrauch, insbesondere für bedürftige, Halt suchende, aber auch machtvolle narzisstische Bedürfnisse des Täters. Auf dieser bindungstraumatisierten Grundstruktur spielen also alle Konstellationen pathogener Faktoren der Eltern, die zusätzliche sexuelle, aggressive oder narzisstische Missbrauchserfahrung der Mutter wie des Vaters, woraus sich die sehr heterogenen und individuell immer unterschiedlichen Konstellationen des „perversen Dreiecks" ergeben. Zentral ist, dass das Opfer in die gespaltene Partnerschaft der Eltern trianguliert wird, was meist für beide Eltern eine narzisstisch stabilisierende Funktion erfüllt wie auch für den Familienerhalt funktional ist. Im Opfer schließlich entstehen dann auf dem Boden der Spaltung eine Vielzahl möglicher sogenannter ödipaler Konstellationen, die durch die projektiven Aufladungen in der Rolle des Partner- bzw. Elternersatzes besonders tief greifende strukturelle Störungen verursachen können.

8.7 Zusammenfassung anhand eines Fallbeispiels

Fallbeispiel

Vom Nervenarzt wird auf Drängen der Ehefrau ein Vater von drei Kindern überwiesen, nachdem die älteste Tochter Sonja der Mutter berichtete, dass der Vater sie seit zwei Jahren sexuell missbrauche. Die Mutter hatte noch keine Anzeige erstattet, sich dies jedoch vorbehalten. Die Mutter berichtete von der Aufdeckung: Sie war gleich sehr verstört, als die Tochter ihr berichtete, und voller Schuldgefühle, weil sie als Hauptverdienerin tagsüber viel außer Haus war, sich aber auch für Frauenfragen politisch aktiv engagiert hatte und so auch abends selten zu Hause war. Nicht zuletzt war sie auch im Kinderschutzbund aktiv und war in tiefstem Ausmaß beschämt und verzweifelt, dass sie über so lange Zeit nichts gemerkt hatte. Für ihren Mann hatte sie nur noch Verachtung übrig, sie konnte mit ihm nicht mehr sprechen, wusste nicht mehr, wie es weitergehen sollte.

Familiengespräch: Der Vater war 35, die Mutter 33, die Tochter Sonja zwölf Jahre alt. Es gab weiterhin eine achtjährige Tochter und einen sechsjährigen Sohn. Es war noch nicht bekannt, was die beiden Geschwister von den sexuellen Übergriffen wussten. Der Täter saß mit gesenktem Haupt wie auf der Anklagebank und betonte, alles tun zu wollen, um es wieder gutzumachen. Er könne es sich nicht erklären, alles sei ihm fremd. Auf Details angesprochen, verleugnete er, wich aus. Seine Einsicht in die Auswirkungen der Beschädigungen erschien rein intellektuell, ohne emotionale Beteiligung. Die emotionalen Beweggründe in der Versuchungssituation sowie Belastungsfaktoren wurden nicht klar.

Der Vater kommt aus einem Offiziershaus, durchlebte viele Wohnortwechsel in der Kindheit. Er empfand geringe emotionale Wärme vonseiten der Mutter und eiserne Strenge des Vaters, der für ihn Vorbild war, bei dem er aber nie Akzeptanz erreichen konnte. Die Partnerschaft der Eltern war durch Pflicht und Disziplin gekennzeichnet. Drill und Gehorsam, starre religiöse Dogmen bestimmten das Wertesystem der Familie. Er selbst wurde Gymnasiallehrer, geriet dann aber nach dem Referendariat in eine Zeit der Lehrerschwemme und fand keine Stellung. Inzwischen hatte er drei Kinder und arbeitete in Heimarbeit als Übersetzer. Seine Ehefrau, Krankenschwester, sah sich aufgrund der finanziellen Not gezwungen, ganztags zur

Arbeit zu gehen. So wechselten sie die Rollen, der Vater wurde Hausmann, sie Hauptverdienerin.

Die Ehefrau fühlte sich von der Partnerschaft enttäuscht, intellektuell entwertet, suchte außerhalb der Familie Bestätigung. Sie selbst hatte das Elternhaus früh verlassen, als sie die völlige Machtlosigkeit ihrer Mutter in einer sehr zerrissenen Ehe, in der sie häufig auch unter den Machtausübungen und Schlägen des Vaters litt, erfahren hatte.

Beide Eltern waren unter einem Familienideal der Harmonie gestartet; die Mutter wollte, dass ihre Kinder eine sehr vertrauensvolle, offene, herzliche Umgebung haben sollten. Sie war dann jedoch von ihrem Mann enttäuscht, konnte nicht mehr zu ihm aufschauen. Der Vater wurde eher mütterlich-fürsorglich, seine Frau zog sich zurück, Sexualität fand nicht mehr statt. Die Hintergründe wurden mit Stress im Beruf erklärt. Der Ehemann seinerseits, abhängig von seiner Frau, konnte seine Selbstwertkonflikte nicht austragen. Stolz berichtete er, wie er bei Einkäufen besonders preisgünstig Angebote ersteht.

Erst in der Therapie war der Vater in der Lage, emotionale Hintergründe für den jahrelangen Missbrauch anzugeben: die Sehnsüchte nach Geborgenheit. Gelegenheit zum Missbrauch ergab sich während schulfreier Stunden, da er durch das Zimmer der Tochter in sein Arbeitszimmer gehen musste. Versuchte er seine Sehnsucht nach Zärtlichkeit und Sexualität bei seiner Frau zu stillen, fühlte sie sich von ihm in die Enge getrieben und unter Druck gesetzt. Im Laufe der Zeit eskaliert dieser Wechselwirkungsprozess, die Frau zieht sich zurück, emanzipiert sich, kann aber gleichzeitig nicht das Familienideal der Harmonie aufgeben, weil sie die trennenden Aktivitäten ihrer Eltern als sehr bedrohlich erlebt hat. Deshalb bleibt sie bei ihrem ungeliebten Mann und tut so, als ob sie ihn nach wie vor mag. Außerdem kümmert er sich sehr liebevoll um die Kinder, sie erlebt hier bei sich Defizite, die sie rasch von sich schiebt. Die älteste Tochter rückt dem Vater zusehends näher und er macht sie auch zur Vertrauten seiner Eheprobleme.

In diesem Sinne kann sehr häufig von *gestörten Elternbeziehungen* als einem *Hauptrisikofaktor* gesprochen werden. Wie im Fallbeispiel kommt es in der Regel zu einem komplexen Wechselwirkungsprozess zwischen Vater, Tochter und Mutter: Je mehr sich die Mutter vom Vater abwendet, umso mehr wendet sich die Tochter dem Vater zu, je mehr sich die Tochter mit dem Vater beschäftigt, umso stärker wird der Wunsch des Vaters, die Tochter zu berühren. Aufgrund der sexuellen Defizite kommt es sowohl zu einem Drängen nach Zärtlichkeit, schließlich zur Geschlechtsgrenzenstörung. Die Tochter war hier in der Lage, die Mutter ins Vertrauen zu ziehen, häufig ist die Tochter jedoch in der Ambivalenz gefangen und ihr ist es unmöglich, den Missbrauch offenzulegen, auch aus Angst vor dem Familienzerfall und vor der Tatsache, dass der Vater dann ins Gefängnis kommt und sie die gesamte Verantwortung und Schuld dafür übernehmen muss.

9 Familien von Kindern mit aggressiven Verhaltensweisen

Manfred Cierpka und Katharina Ratzke

Inhalt

9.1 Aus der Praxis: Die Probleme von Familie K. 155
9.2 Die Verschiebung der Aggression – im Ort und in der Zeit 159
9.3 Die Entstehung von Aggression in der Familie 160
    9.3.1 Das Erziehungsverhalten 161
    9.3.2 Die Paarbeziehung der Eltern 164
    9.3.3 Die Familienbeziehungen 164
    9.3.4 Der gesellschaftliche Kontext von Familien 167
9.4 Das Familienrisikomodell für die Entwicklung von aggressivem Verhalten bei Kindern 168
    9.4.1 Familiendynamik und Erziehung in der Risikofamilie 169
    9.4.2 Erklärungen für die mangelnde Entwicklung der Erziehungsfertigkeiten 171
    9.4.3 Im Vordergrund stehende familiäre Konflikte 172
    9.4.4 Bei den Kindern entstehende Entwicklungsdefizite 172
9.5 Interventionen 173

9.1 Aus der Praxis: Die Probleme von Familie K.

Fallbeispiel

Frau K. meldet sich auf „Drängen" einer Sozialarbeiterin vom Jugendamt in unserer Beratungsstelle, um mithilfe einer Familientherapie eine angedrohte Fremdunterbringung ihres Sohnes zu verhindern. Zum Erstgespräch erscheint die 32-jährige Mutter zusammen mit ihrem Sohn, dem neunjährigen Dennis, und ihrer 58-jährigen Mutter. Die Tochter sagt, dass sie ihre Mutter mit zu diesem Termin gebracht habe, da diese viel Zeit mit ihrem Enkel verbringe und nicht zuletzt aus diesem Grund an dessen Problemen „beteiligt" sei. Darüber hinaus wollte sie nicht allein zu dem Erstgespräch erscheinen. Ihr Verlobter, Herr B., der leibliche Vater von Dennis, sei während der Woche be-

ruflich unterwegs, sodass er nicht mitkommen könne.
Der Verlauf des Erstgesprächs wird durch die sehr resolute und dominante Großmutter geprägt. Diese eröffnet nicht nur mit einem minutenlangen Monolog das Gespräch, sondern unterbricht ihre Tochter mehrmals und entwertet wiederholt den nicht anwesenden Vater von Dennis. Die Tochter wirkt sehr zurückgenommen, resigniert und deprimiert. Sie betont während des Gesprächs mehrmals ihre eigene erzieherische Inkompetenz und Unfähigkeit, verteidigt ihren Verlobten vehement gegenüber der Kritik ihrer Mutter und wirft dieser gleichzeitig vor, an den Schwierigkeiten von Dennis mit „schuld" zu sein. Dennis zeigt sich im Gespräch ziemlich unruhig und wenig konzentriert, wirkt jedoch gleichzeitig sehr traurig und „alleingelassen". Im zweiten Gespräch, an dem auch sein Vater teilnimmt, wirkt er bis zum Äußersten angespannt und voller Angst.
Dennis lebt zusammen mit seinen Eltern in einer Kleinstadt, in der sowohl die Großeltern mütterlicherseits als auch die Schwester der Mutter mit ihrer Familie wohnen. Die Eltern haben sich vor 16 Jahren kennengelernt und sich seitdem mehrere Male getrennt. Die letzte Trennung erfolgte in der Zeit der Schwangerschaft von Frau K. Als der gemeinsame Sohn Dennis 1,5 Jahre alt war, kehrte der Vater zu Frau K. zurück. Eine langjährige Beziehung zu einer anderen Frau war damals jedoch noch nicht beendet (vgl. Genogramm der Familie in Abb. 9-1).

Nachdem Herr B. viele Jahre arbeitslos war, ist er seit drei Jahren als Fernfahrer beschäftigt. Frau K. ist zurzeit Hausfrau und arbeitet einige Stunden in der Woche als Reinigungskraft. Dennis geht in die 3. Klasse der örtlichen Grundschule, wo es zu zahlreichen Problemen kommt, da er den Unterricht stört, keine Hausaufgaben macht und jüngere Kinder in der Pause drangsaliert und schlägt.

Die Gespräche bei uns wurden durch das Jugendamt initiiert. Dennis hatte ein Auto gestohlen und war damit gefahren. Die Mutter schildert im Erstgespräch, dass sie mit der Erziehung ihres Sohnes völlig überfordert und „nervlich" am Ende sei. Seit Jahren nimmt sie Beruhigungstabletten ein; im letzten Jahr war sie für

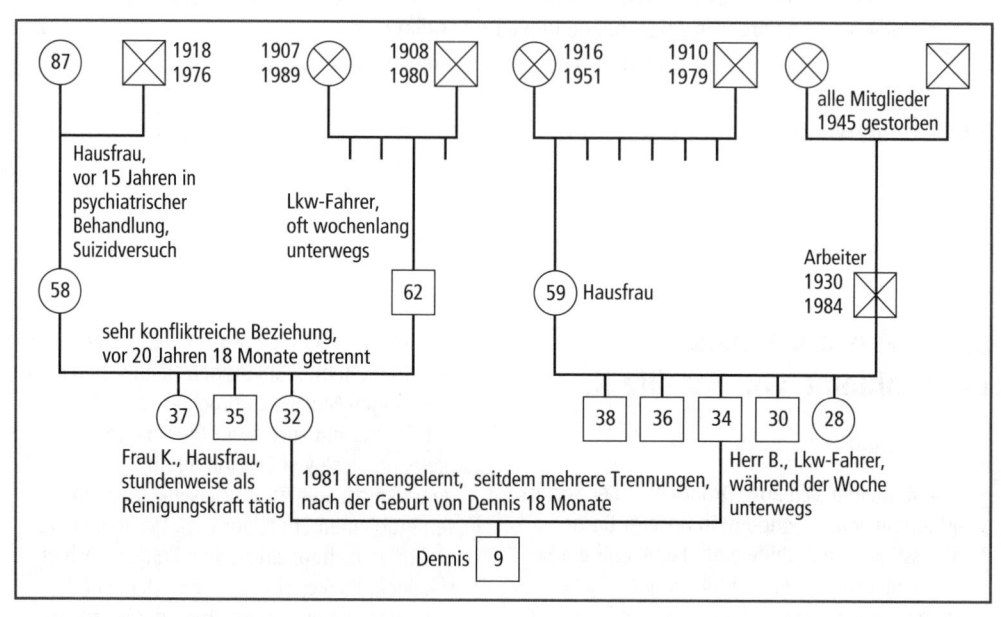

Abb. 9-1 Das Genogramm von Familie K.

9.1 Aus der Praxis: Die Probleme von Familie K.

einige Wochen in einer psychosomatischen Klinik. Dennis war nach Angaben seiner Mutter schon als Kleinkind schwierig und unruhig, hatte heftige Wutanfälle und setzte sich ihr gegenüber immer durch. Er hatte schon mehrmals gezündelt, sein Zimmer demoliert und vor vier Jahren auch in Brand gesteckt. Der Brandstiftung war eine Misshandlung durch den Vater vorangegangen, die nach Angaben der Eltern ein einmaliger Vorgang war.

Die Großmutter hingegen berichtet von wiederholten gewalttätigen Übergriffen von Herrn B. gegenüber Dennis und auch von kinderärztlicher Seite besteht seit dem zweiten Lebensjahr von Dennis, also von dem Zeitpunkt an, als der Vater in die Familie kam, der Verdacht auf Kindesmisshandlung.

Seit dem vierten Lebensjahr von Dennis hat die Familie aufgrund zunehmender Schwierigkeiten zwischen Frau K. und ihrem Sohn verschiedene psychotherapeutische Behandlungen in Anspruch genommen, die jedoch ausnahmslos nach wenigen Kontakten abgebrochen wurden. So war Dennis zweimal für einige Wochen in einer kinder- und jugendpsychiatrischen Einrichtung, einmal in heilpädagogischer Behandlung, zweimal zu Gesprächen in einer Erziehungsberatungsstelle und im letzten Jahr, während des Aufenthalts seiner Mutter in der psychosomatischen Klinik, war er in einer stationären therapeutischen Kinder- und Jugendwohngruppe untergebracht.

Ökonomische, strukturelle und familiendynamische Aspekte scheinen für die Entstehung und Aufrechterhaltung des aggressiven kindlichen Verhaltens von Dennis verantwortlich zu sein. Die materielle Situation der Familie war aufgrund der lang andauernden Arbeitslosigkeit von Herrn B. in den ersten Jahren sehr desolat. Die hiermit einhergehende finanzielle Abhängigkeit von den jeweiligen Herkunftsfamilien erschwerte ebenso die „Gründung" einer eigenen Familie wie die Tatsache, dass sich Herr B. lange Zeit nicht dazu entschließen konnte, mit Frau K. und dem gemeinsamen Sohn zusammenzuleben. Die dieser Ambivalenz zugrunde liegenden Paarkonflikte wurden jedoch nicht thematisiert, sondern verdeckt ausgetragen.

Frau K. fühlte sich in der Beziehung zu ihrem Sohn von Anfang an überfordert und erlebte sich ihrem Sohn gegenüber zunehmend genauso hilflos und ausgeliefert wie gegenüber der eigenen Mutter. Diese zweifach erfahrene Ohnmacht und Inkompetenz verstärkten ihre bereits bestehenden Selbstzweifel und Minderwertigkeitsgefühle und führten zu einem inkonsequenten Erziehungsverhalten. Von ihrem Partner allein gelassen, fühlte sie sich in der täglichen Auseinandersetzung mit Dennis oft zu erschöpft, um ihm klare Regeln zu setzen und auf deren Einhaltung zu achten und auf Grenzsetzungen zu bestehen.

Herr B., der seit einigen Jahren nur am Wochenende am Familienleben teilnehmen kann, übernimmt in Bezug auf den Umgang mit Aggressionen und Gewalttätigkeit in zweifacher Hinsicht Modellfunktion. Zum einen ist er sehr streng, bestraft Dennis immer wieder mit Schlägen und lebt seinem Sohn so vor, dass Gewalt in zwischenmenschlichen Beziehungen eingesetzt werden kann. Zum anderen stellt Herr B. Nähe zu Dennis dadurch her, dass er sich zusammen mit ihm seinem Hobby, Motorrädern und schnellen Autos, widmet und Dennis dann auch erlaubt, mit seinem Auto zu fahren. In diesen Situationen sind ansonsten drakonisch bestrafte Regelüberschreitungen nicht nur erlaubt, sondern erscheinen sogar als Ausdruck gemeinsam gelebter Männlichkeit.

Die fehlende Abgrenzung von Frau K. gegenüber ihrer Herkunftsfamilie und insbesondere gegenüber ihrer Mutter, die bereits im Erstgespräch deutlich zutage trat, weist auf die Bedeutung des aggressiven Verhaltens im mehrgenerationalen Kontext hin. Dennis war und ist das stabilisierende Bindeglied für eine Partnerschaft, die einzugehen beiden Elternteilen aus unterschiedlichen Gründen sehr schwerfällt. Während sich der Vater, wie bereits erwähnt, lange Zeit nicht zwischen zwei Frauen entscheiden konnte, fiel es Frau K. schwer, ihre Mutter zu verlassen und selbst die Rolle einer Mutter bzw. Lebenspartnerin zu übernehmen. Die Verhaltensauffälligkeiten von Dennis bestätigen Frau K. in ihrer angenommenen Inkompetenz als Mutter, sodass die Großmutter weiterhin als Erziehungsperson gebraucht wird und sich Frau K. nicht individuieren kann. Bei deren ersten Ablösungsbestrebungen vom Elternhaus hatte die Großmutter von Dennis einen Suizidversuch unternommen, an dem sich Frau K. nach wie vor schuldig fühlt.

Aufgrund der auftretenden Probleme macht es Dennis seinem Vater fast unmöglich, seine Verlobte und seinen Sohn ein zweites Mal allein und „im Stich" zu lassen. Darüber hinaus sind die Energien beider Eltern durch die Sorgen und Aufregungen um Dennis so gebunden, dass Konflikte auf der Paarebene nicht besprochen werden. Verhielte sich Dennis wie ein „normaler" Junge, müssten sich seine Eltern mit der Frage auseinandersetzen, ob sie eine Familie sein wollen bzw. können und welche Auswirkungen dies insbesondere auf die Herkunftsfamilie von Frau K. hätte. Diese Frage steht ebenfalls immer dann im Raum, wenn es um eine mögliche Fremdunterbringung des Sohnes geht. Das Festhalten der Familie am Status quo und das Beharren auf Nichtveränderung werden vor diesem Hintergrund eher nachvollziehbar und spiegeln sich in den Therapieabbrüchen wider. Therapeutische Hilfe wird nur in „Notfällen" als eine Art „Feuerwehr" in Anspruch genommen, um die ansonsten drohende Fremdunterbringung abzuwenden. In eine andere Richtung weist die Deutung der Unfreiwilligkeit als Ausdruck noch vorhandener Selbstachtung und Zuversicht der Familie in ihre eigenen Kompetenzen für die Problemlösung (Conen 1999).

Darüber hinaus zeigt sich an diesem Fallbeispiel, wie das Spannungsverhältnis von Beratung und Therapie einerseits versus sozialer Kontrolle andererseits zu Kontextvermischungen und in der Folge dann zu Therapieabbrüchen führen kann. Zu Beginn der Behandlung muss für alle Beteiligten transparent gemacht werden, welche Funktionen die Therapeuten übernehmen und unter welchen klar definierten Umständen sie auch Aufgaben der sozialen Kontrolle ausüben werden.

Im Rahmen der psychotherapeutischen Arbeit im Modellprojekt „Kinder und Gewalt"[1] behandelten wir Familien, die wegen der aggressiven Symptomatik eines Kindes therapeutische Hilfe suchten. Viele dieser Familien hatten ähnliche Probleme wie Familie K. (s. a. Cierpka 1999).

Die uns vorliegenden Genogramme der Familien spiegeln eindrucksvoll die Diskontinuitäten und vielen Brüche in den Biografien der sich aggressiv verhaltenden Kinder wider. Das oft erfolgte Auseinanderbrechen der Herkunftsfamilien, das in den meisten Fällen zu einem Abbruch der Beziehung zum leiblichen Vater bzw. zu anderen familiären Bezugspersonen führt, geht für die betroffenen Kinder mit zahlreichen weiteren Verlusten einher. Umzüge in andere Wohngebiete oder andere Städte bedingen Kindergarten- und Schulwechsel, somit auch den Verlust bestehender Freundschaften und Nachbarschaftsbezüge und stellen die oft verunsicherten Kinder vor die Aufgabe, sich wieder in neue Gemeinschaften zu integrieren.

Von den Experten der Delphi-Studie[2] wurden folgende drei Aspekte, die sowohl mit den Erklärungsansätzen in der Literatur als auch mit unseren Erfahrungen aus der therapeutischen Praxis übereinstimmen, als wesentliche familiendynamische Dimensionen für die Erklärung aggressiver Verhaltensweisen genannt:

---

1 Ein Modellvorhaben des Bundesministeriums für Familie, Frauen, Jugend und Senioren, 1995–1998.

2 Bei der Delphi-Studie ging es um eine mehrstufige schriftliche Befragung von insgesamt 47 Experten, die anhand ihrer Auswertung von fünf Fallbeispielen die klinische Relevanz familiendynamischer Konzepte von Familien mit sich aggressiv verhaltenden Kindern überprüften.

- ungünstiges elterliches Erziehungsverhalten
- Paarkonflikte der Eltern und damit einhergehende ungeklärte häusliche bzw. familiäre Situationen
- Gewalt und Aggressionen als tradierte bzw. gelernte Konfliktlösestrategien in den jeweiligen Herkunftsfamilien

Das ungünstige elterliche Erziehungsverhalten resultiert einerseits aus den konträren Erziehungsvorstellungen der beiden Elternteile, die wiederum Ausdruck und/oder Folge bestehender erheblicher Paarkonflikte sind, und andererseits aus den Schwierigkeiten in der Familie, klare Regeln und Grenzen zu setzen und aufrechtzuerhalten; eine Schwierigkeit, die sich auch in anderen Bereichen zeigt, wie zum Beispiel in der häufig zu beobachtenden fehlenden Abgrenzung eines oder beider Elternteile gegenüber der eigenen Herkunftsfamilie.

9.2 Die Verschiebung der Aggression – im Ort und in der Zeit

Die Entschlüsselung und das Verständnis für ein aggressives Verhalten eines Kindes gestalten sich häufig schwierig, weil es oftmals keinen unmittelbar einsichtigen Grund für das verletzende Verhalten gibt. Das liegt daran, dass der Ort der Gewaltentstehung nicht mit dem Ort identisch sein muss, an dem die Gewalt ausgeübt wird. In der Familie erlebte Abweisung und Herabsetzung können dazu führen, dass ein Kind in der Schule wegen eines nichtigen Anlasses gegenüber einem anderen Kind oder dem Lehrkörper „ausrastet". Für die Lehrer ist es dann schwierig, den eigentlichen Grund für das aggressive Verhalten des Kindes zu eruieren. Nur das Kind kann im Gespräch den Zusammenhang verständlich machen. Nicht immer ist dem Kind selbst dieser Zusammenhang bewusst.

> **Merke**
> Sowohl für das Kind als auch für die Umgebung ist es aber sehr wichtig, die aggressive Handlung verständlich zu machen. Wenn das Verhalten aus der Sicht des Kindes nicht als „verstehbar" wahrgenommen wird, besteht die Gefahr, dass das Kind mit einem aggressiven Verhalten zu einem grundlos aggressiven Kind abgestempelt und dadurch weiter ausgegrenzt wird.

Es gibt weiterhin die Verschiebung der Aggression auf der Zeitachse. Da das kindliche Gehirn zu Beginn es Lebens (prä-, peri- und postnatal) die größte Plastizität aufweist, kann es gerade in der frühen Kindheit zu entscheidenden Einschränkungen und Entwicklungsdefiziten beim Kind kommen, was für die Prävention Konsequenzen hat. Hinzu kommt, dass die Menschen, verglichen mit allen anderen Lebewesen, am längsten ihre Bezugspersonen, in der Regel ihre Familie, brauchen, um adäquat wachsen und reifen zu können. Dies kann zu einer jahrelangen negativen Einflussnahme auf die kindliche Entwicklung führen.

> **Merke**
> Da das Kind existenziell von seinen Bezugspersonen abhängig ist, kann es seine eigene Aggressivität diesen gegenüber oft nicht äußern. Das Aggressionspotenzial bleibt jedoch erhalten – die als Opfer empfundene Aggression wird später vom jugendlichen bzw. erwachsenen Täter ausgeübt.

Zahlreiche Längsschnittstudien belegen den Zusammenhang zwischen frühkindlichen Gewalterfahrungen und späterem aggressivem Verhalten bei Jugendlichen und Erwachsenen. Diese Studien führten zu

Entwicklungsmodellen der Gewaltentstehung mit der Identifizierung von Risikofaktoren und deren Wechselwirkungen. Einige der umfangreichen Längsschnittuntersuchungen basieren auf großen Datensätzen: das Modell der „Early and Late Starters" (Patterson u. Yoerger 1993, 1997), das Modell der „Developmental Pathways" (Loeber u. Hay 1997) und das Modell der „Adolescence Limited und Life Course Persisters" (Moffitt 1993) sowie die Mannheimer Risikokinderstudie im deutschsprachigen Raum (Laucht et al. 2000). Das nachstehend beschriebene Familienrisikomodell versucht, die Befunde dieser Studien in einem Modell zusammenzustellen (s. Kap. 9.4).

9.3 Die Entstehung von Aggression in der Familie

Obwohl die meisten Gewalttaten in Familien auftreten, ist die Familie nicht allein für die Entstehung und Ausübung von Gewalt verantwortlich. Familien sind in die Gesellschaft eingebettet und unterliegen deren Regeln, Normen und Wertvorstellungen. Manchmal müssen sie sich jedoch den gesellschaftlichen Forderungen so sehr anpassen, dass es zu erheblichen Einschränkungen und Belastungen im Zusammenleben für die einzelnen Familienmitglieder kommt.

> **Merke**
> Galtung (1975) definiert diese strukturelle Gewalt als die Differenz zwischen dem gesellschaftlich zu einem bestimmten Zeitpunkt Möglichen und dem tatsächlich Realisierten.

In diesem Kontext bedeutet Gewalt, dass Einzelne und Familien gesellschaftlichen Erscheinungsformen wie Arbeitslosigkeit, mangelnden Perspektiven, z.B. nach der Wiedervereinigung in Deutschland, oder sozialen Auflösungserscheinungen durch den Individualisierungs- und Mobilisierungsdruck derart stark ausgesetzt sind, dass ihre aktuellen Möglichkeiten zur Verwirklichung ihrer Bedürfnisse geringer sind als die potenziell vorhandenen Möglichkeiten. Strukturelle Gewalt kann so die Entwicklung des Einzelnen einschränken und zu Gewaltbereitschaft motivieren. Gesellschaftliche Instabilitäten führen auch ganz offensichtlich zu einer Zunahme des Rechtsradikalismus, des Fremdenhasses und der Gewaltbereitschaft in diesem Kontext. Die durch die Arbeitslosigkeit zunehmende Armut ist ein weiterer gesellschaftlicher Parameter, der zur Verschlechterung der sozioökonomischen Situation und damit zu einer Vergrößerung der individuellen und familiären Verunsicherung führt.

Die Verschlechterung der gesellschaftlichen Bedingungen allein reicht jedoch als Erklärung für Gewaltbereitschaft nicht aus. Für die Entstehung von Gewalt sind eine Reihe von Risikofaktoren zu benennen, die auf der individuellen, der familiären und der sozialen Ebene anzusiedeln sind. In den vergangenen Jahren hat sich ein multifaktorielles Bild individueller Aggression und Gewalt herausgebildet (Cierpka et al. 2007). Zu diesen Faktoren gehören Geschlecht, Alter, genetische Disposition, vorgeburtliche oder geburtliche Faktoren, neurohumorale Veränderungen, starke psychische Belastungen (Traumatisierungen) in der frühen Kindheit sowie negative psychosoziale Erfahrung von Gewalt in der eigenen Familie und im engeren Lebensbereich.

Der Familie kommt, und darin ist sich die Wissenschaft einig, als nach wie vor wichtigster Sozialisationsinstanz bei der Entstehung und Aufrechterhaltung aggressiver Verhaltensweisen von Kindern eine

9.3 Die Entstehung von Aggression in der Familie

besondere Bedeutung zu (Loeber 1990; Cierpka 1999). Dies gilt umso mehr für jene Kinder, die bereits früh durch ihre aggressiven Verhaltensweisen auffallen (Petermann u. Petermann 1994; Patterson 1996). Die ersten Beziehungserfahrungen sammeln Kinder in ihren Familien (Winnicott 1974; Lidz 1982; Stern 1992; Cierpka 2012): Hier erleben sie z. B., ob sie mit ihren Bedürfnissen wahrgenommen werden und bei emotionaler Belastung Trost und Nähe erfahren oder ob sie aufgrund der Bedürftigkeit ihrer Eltern für diese elterliche Aufgaben und Rollen übernehmen müssen bzw. im Fall erheblicher elterlicher Verunsicherung und Überforderung vernachlässigt oder gar misshandelt werden. Die beiden grundlegenden Dimensionen elterlichen Erziehungsverhaltens – zum einen die affektive Qualität der Beziehung zwischen dem Kind und seinen Eltern und zum anderen deren angewendete Kontrollstrategien – können prosoziale Verhaltensweisen wie z. B. Empathie im Sinne von Mitgefühl (Körner 1998; Cierpka 2005) fördern oder aber hemmen bzw. aggressive Handlungsalternativen verstärken. Darüber hinaus erlebt das Kind, wie in seiner Familie mit unterschiedlichen Sichtweisen und Meinungen sowie ärgerlichen und wütenden Gefühlen umgegangen wird. Es erfährt, ob Konflikte positiv oder negativ bewertet werden, ob man diese zulässt und möglicherweise gewalttätig austrägt oder aber ob Auseinandersetzungen tabuisiert werden und jeder mögliche Konfliktstoff im Familienalltag umgangen wird.

9.3.1 Das Erziehungsverhalten

Es ist in der Forschung unbestritten, dass das elterliche Erziehungsverhalten unter den familiären Sozialisationsbedingungen, die aggressives Verhalten mit aufrechterhalten, eine herausragende Rolle spielt (Patterson 1982; Patterson u. Blank 1989; Patterson et al. 1992; Petermann u. Petermann 1994). Hierbei lassen sich insgesamt folgende fünf Aspekte unterscheiden:

- Disziplin
- Beaufsichtigung bzw. Begleitung
- familiäre Problemlösestrategien
- elterliches Interesse
- positive Rückmeldungen

Unter **Disziplin** wird unter anderem verstanden, ob es in der Familie klare und eindeutige Regeln gibt, wie transparent diese für alle Familienmitglieder sind und welche Konsequenzen bei Regelübertretungen erfolgen.

In Bezug auf den Aspekt der Disziplin lassen sich zwei gegensätzliche elterliche Positionen und damit einhergehende Verhaltensweisen beobachten:

- In den Familien, in denen sich die Eltern durch die Erziehung ihrer Kinder überfordert fühlen, werden wenige Grenzen gesetzt und auf Regelverletzungen der Kinder erfolgen inkonsequente und inkonsistente Reaktionen. Diese **Laissez-faire-Haltung** resultiert vielfach aus dem hohen Anspruch, für die Kinder „bessere" Eltern zu sein, als es die eigenen Eltern für einen selbst gewesen sind. Die Kinder allerdings erleben ihre so agierenden Eltern als unberechenbar und nicht greifbar. Da sie die elterlichen Reaktionen vielfach nicht vorhersehen können, haben sie auch wenige Möglichkeiten, auf diese positiv Einfluss zu nehmen.
- Im völligen Gegensatz zu dieser Haltung setzen die Eltern mit einem **extrem autoritären Erziehungsverhalten** zu viele und nicht verhandelbare, rigide Regeln. Bei einem derartigen Verhalten, das dem Kind kaum Freiräume und Mitsprache-

recht einräumt, wächst das Risiko, dass die betroffenen Kinder Wutanfälle und aggressive Durchbrüche zeigen (Bründel u. Hurrelmann 1994), um mehr Autonomie zu erlangen. Ein autoritäres Erziehungsverhalten führt ebenfalls dazu, dass die Eltern ständig damit beschäftigt sind, ihre Kinder zu kontrollieren bzw. deren Verhalten zu sanktionieren, sodass positive Begegnungen zwischen Eltern und Kindern und gemeinsame Familienaktivitäten immer seltener werden. Bei einigen dieser Familien stehen darüber hinaus drastische (körperliche) Bestrafungen der Kinder am Ende eskalierender Erziehungsprobleme. Die geschlagenen Kinder erleben, dass körperliche Gewalt als scheinbar legitimes Mittel zur Durchsetzung eigener Interessen und als Lösungsstrategie für Konflikte eingesetzt wird, und ahmen dieses Verhaltensmuster nach, wenn sie selbst vor der Bewältigung problematischer Situationen stehen.

Andere Eltern pendeln in ihrem Umgang mit Regeln und Sanktionen zwischen einer extrem gewährenden und einer rigiden, autoritären Haltung hin und her.

Welche besondere Rolle die **Beaufsichtigung** bzw. die **Begleitung** der Kinder durch die Eltern und damit einhergehend auch das **elterliche Interesse** bzw. Engagement für die Manifestation aggressiver Verhaltensweisen spielen, konnte in verschiedenen Studien gezeigt werden (Patterson u. Blank 1989; Funk 1996). Die Kinder, die durch ihre Eltern aus unterschiedlichen Gründen nicht beaufsichtigt wurden bzw. deren Eltern nicht über die Unternehmungen ihrer Kinder informiert waren, waren signifikant häufiger an aggressiv ausgetragenen Konflikten beteiligt.

Die Art und Weise der **Problemlösung** in einer Familie nimmt ebenfalls einen wichtigen Einfluss auf die Entstehung aggressiver Verhaltensweisen. Werden auftretende Probleme weder wahrgenommen noch besprochen oder gar gewalttätig ausgetragen (s. o.) bzw. fehlt es an der Bereitschaft, nach Lösungen zu suchen, die für alle Beteiligten akzeptabel sind, können die Kinder wichtige soziale Kompetenzen im Elternhaus nicht erwerben (Cierpka 2005).

Des Weiteren verstärken Eltern die aggressiven Verhaltensweisen ihrer Kinder – oft unbeabsichtigt – dadurch, dass sie ihnen bei störendem Verhalten (negative) Aufmerksamkeit schenken und diese Verhaltensweisen oft auch noch dadurch „belohnen", dass sie den Forderungen der Kinder nachgeben und diese z. B. von bestimmten Pflichten im Haushalt und anderen Aufgaben befreien. Zeigen die Kinder hingegen erwünschte Verhaltensweisen, werden diese oft entweder nicht wahrgenommen oder nicht positiv hervorgehoben (fehlende **positive Rückmeldungen**), sodass prosoziale Verhaltensweisen nicht konsequent verstärkt und somit langfristig auch nicht in das Verhaltensrepertoire aufgenommen werden. Der Erwerb sozialer Kompetenzen wird in vielen Familien auch dadurch verhindert, dass beide Elternteile in wesentlichen Erziehungsfragen oft konträre Meinungen vertreten und sich in der Folge im Alltag gegenseitig boykottieren.

Die referierten Aspekte elterlichen Erziehungsverhaltens sind eingebettet in die jeweilige affektive Qualität der Beziehung zwischen Eltern und Kind. Die Forschung im Bereich der pädagogischen Psychologie verweist in diesem Zusammenhang auf die besondere Bedeutung eines wertschätzenden Erziehungsklimas für die Entwicklung von empathiefähigen und prosozial han-

9.3 Die Entstehung von Aggression in der Familie

delnden Individuen (Rheinberg u. Minsel 1986; Schneewind 2002).

Die Beziehungen zwischen Eltern und Kind und damit auch das elterliche Erziehungsverhalten werden jedoch nicht nur durch die jeweiligen Persönlichkeiten der Eltern bestimmt, sondern vom Zeitpunkt der Geburt an auch aktiv vom Säugling und dessen individuellen Besonderheiten mitgestaltet und geprägt. „Schwierige" Säuglinge und Kleinkinder, also Kinder, die unruhig sind, viel schreien, schlecht schlafen oder trinken (sog. „regulationsgestörte" Säuglinge und Kleinkinder; Cierpka 2012), sind mehr als „unproblematische" Kinder gefährdet, innerhalb der Familie Gewalt zu erfahren bzw. in späteren Jahren Verhaltensauffälligkeiten zu zeigen (Engfer 1991b).

Für exzessiv schreiende Säuglinge ist das Misshandlungsrisiko besonders hoch. Von 3259 untersuchten niederländischen Eltern von Kindern unter sechs Monaten gaben 5,6 % in einem anonymisierten Fragebogen an, schon mindestens einmal das Kind aufgrund des Schreiens geschlagen oder geschüttelt bzw. versucht zu haben, das Schreien zu ersticken (Rejineveld et al. 2005). In einer US-amerikanischen Untersuchung fanden Fujiwara et al. (2009), dass bei 72 getöteten Kleinkindern unter zwei Jahren mehr als die Hälfte misshandelt worden war, in ca. 70 % der Fälle von den Vätern bzw. Stiefvätern. Die Mordrate an Babys beträgt in den USA 6/100 000 und ist zehnmal höher als bei sieben- bis achtjährigen Kindern.

> **Merke**
> Die sich als überfordert erlebenden Eltern sind schneller irritiert und ungeduldig, was möglicherweise eine gesteigerte Unruhe und Überaktivität des Kindes zur Folge hat, auf welche die Eltern mit noch mehr Ohnmacht und Hilflosigkeit reagieren.

Aus diesem Gefühl heraus setzen viele Eltern keine Grenzen oder eindeutigen Regeln bzw. schlagen oder misshandeln ihre Kinder, wenn sie sich anders nicht mehr zu helfen wissen.

Bei vielen alleinerziehenden Elternteilen, in der überwiegenden Mehrheit sind dies die Mütter, stellt die alleinige Verantwortung und fehlende Unterstützung im oft aufreibenden Alltag mit den Kindern eine enorme Herausforderung dar, die in Verbindung mit sozioökonomischen Stressfaktoren (s. u.) zu den beschriebenen Schwierigkeiten im Umgang mit den Kindern führen kann.

Aggression zeigt sich bei beiden Geschlechtern, allerdings mit unterschiedlichem Verhalten. Während gewaltbereite Jungen meistens körperliche Aggression einsetzen, um sich durchzusetzen, bevorzugen Mädchen „indirekte" bzw. „relationale Aggressionsformen". Sie schaden oder zerstören Beziehungen durch soziale Manipulation (Björkqvist et al. 1992). Im Alter zwischen acht und 14 Jahren scheint es bei ihnen zu einem Übergang von offener zu eher relationaler Aggression zu kommen.

Die Geschlechtsunterschiede im gewaltbereiten Verhalten wurden bislang in den wissenschaftlichen Untersuchungen wenig berücksichtigt (Strüber et al. 2014). In vielen Studien zeigen Männer im Vergleich zu Frauen im Verhalten mehr Dominanzstreben und Durchsetzungswillen (Hyde 2005). Inwiefern dies durch höhere Testosteronspiegel ausgelöst wird, ist unklar. Möglich ist auch die Gegenthese, dass es durch die Aggressivität zu höherer Testosteronausschüttung kommt, um die Dominanz aufrechtzuerhalten (Bauer 2011). Wahrscheinlich ist, dass auch diese Frage nicht allein durch Sozialisationsunterschiede bzw. durch genetische Unterschiede beantwortet werden kann. Wechselwirkungsprozesse zwischen Genen und Umwelt sind auch hier anzunehmen.

9.3.2 Die Paarbeziehung der Eltern

Unstimmigkeiten zwischen den Eltern in Bezug auf Erziehungsfragen korrespondieren oft mit Konflikten auf der Paarebene. Ein Teil der sich später aggressiv verhaltenden Kinder wird im Rahmen dieser Paarkonflikte Zeuge **gewalttätiger Auseinandersetzungen** ihrer Eltern (Achterberg 1992; Bründel u. Hurrelmann 1994). Die Kinder lernen auf diese Art und Weise am Modell ihrer Eltern, dass Gewalt und Aggression als mögliche Lösungsstrategien für konflikthafte Situationen eingesetzt werden.

Die Partner haben in ihren eigenen Herkunftsfamilien oft Beziehungserfahrungen gesammelt, die es ihnen schwer machen, in einer Beziehung Bindungs- und Autonomiewünsche zu balancieren. Wünsche nach Nähe und Zuwendung werden nicht direkt geäußert, sondern es wird versucht, diese über ggf. mit Gewalt durchgesetzte Machtansprüche, Vorschriften etc. zu realisieren. Gewalt in der Partnerschaft erscheint vor diesem Hintergrund als Mittel der Kontrolle über die Aufrechterhaltung der Beziehung bzw. als ein Mittel, um Nähe herzustellen (Retzer 1993).

Inzwischen ist nachgewiesen, dass Kinder „mit-leiden", wenn sie die Gewalt zwischen den Eltern beobachten. Der einem Elternteil zugefügte Schmerz wird so empfunden, als wäre man diesem selbst ausgesetzt (Bauer 2011). Unabhängig davon, ob die Paarkonflikte „handgreiflich" ausgetragen werden, leiden die Kinder auch dann unter diesen Streitereien, wenn es den Eltern nicht gelingt, diese auf der Paarebene zu klären und sie stattdessen ihre Kinder in ihre Konflikte hineinziehen. Die Kinder werden in den Auseinandersetzungen zum Verbündeten bzw. Beschützer eines Elternteils oder sollen als Schiedsrichter Streit schlichten. Aus Loyalität stellen sie sich in vielen Fällen vor den vermeintlich schwächeren Elternteil, während sie dem anderen Elternteil ablehnend bis feindselig begegnen, da sie ihm vorwerfen, an den Konflikten schuld zu sein. Weitere Belastungen ergeben sich daraus, wenn Kinder zu Partnersubstituten werden bzw. als „Sündenbock" die negativen Anteile des Partners zugeschrieben bekommen (Jarczyk u. Rosenthal 1994).

Doch auch nach real erfolgten Trennungen oder Scheidungen, die von einem oder beiden Partnern emotional noch nicht bewältigt worden sind, können Kinder als Spielball in den Auseinandersetzungen instrumentalisiert werden. **Ungelöste Trennungskonflikte** der Eltern korrespondieren bei deren Kindern in der Regel mit belastenden und verunsichernden Loyalitätskonflikten (Reich 1991). Aggressive, aber auch autoaggressive Verhaltensweisen erscheinen in diesem Kontext als ein Lösungsversuch der Kinder, die Verbundenheit mit beiden Elternteilen zu leben (Bauers et al. 1986).

9.3.3 Die Familienbeziehungen

Aggressives Verhalten geht nicht auf einen Aggressionstrieb zurück, sondern muss entschlüsselt werden (Bauer 2011).

> **Merke**
>
> Aggressivität entsteht vor dem Hintergrund hochgradig konflikthafter Beziehungen des Kindes mit seinen Bezugspersonen. Das Verhalten des Kindes ist eine Reaktion auf abweisendes, herabsetzendes, aggressives und verletzendes Verhalten. Die Aggressivität des Kindes signali-

9.3 Die Entstehung von Aggression in der Familie

> siert seine Schutzlosigkeit und dient dem eigenen Schutz. Erst später „entdeckt" das Kind/der Jugendliche die instrumentelle Macht der Aggression, die dann instrumentell und gezielt eingesetzt wird, meistens zum Schaden des Kindes/Jugendlichen selbst.

Den frühen Interaktionen zwischen Kind und Bezugspersonen kommt bei der Entwicklung von aggressivem Verhalten ein besonders großes Gewicht zu (Laucht 2003). Die entwicklungspsychologische Forschung konnte einige relevante Faktoren identifizieren, die bei der Gewaltentstehung maßgebend sind. Eine entscheidende Rolle bei der Entwicklung von aggressivem Verhalten des Kindes gegenüber der Bezugsperson spielt die **Bindungsqualität**. Nach Zeanah et al. (2000) kommt es bei den Kindern zu einer Störung der Sicherheitsbasis (secure base distortions), sie zeigen eine tief greifende Störung der emotionalen Sicherheit. Misshandelte Kinder weisen signifikant häufiger unsichere Bindungen zu ihren primären Bindungsfiguren auf als nicht misshandelte Kinder. Je nach Untersuchung wird der Anteil unsicherer Bindungen bei misshandelten Kindern mit 70–100 % angegeben (Egeland et al. 1988), während man bei den nicht misshandelten Kindern lediglich in ca. 30 % der Fälle solche Muster antrifft (Crittenden u. Ainsworth 1989). Ihr Verhalten ist durch ein Explorations- und Erkundungsverhalten in unbekannten Situationen ohne Rückversicherung charakterisiert. Die Kinder sind umtriebig und ruhelos und verhalten sich in Gegenwart der Bindungsperson aggressiv oder autoaggressiv, obwohl sie die Nähe zu ihr suchen. Daneben demonstrieren sie provokatives Verhalten, um Aufmerksamkeit und Schutz der sonst nicht verfügbaren Bindungsperson zu gewinnen. Trotz des gestörten Bindungsverhaltens haben sie aber eine klare Vorliebe für die Bezugsperson. Auffällig ist allerdings, dass ihre Suche nach Nähe häufig mit Ärger durchsetzt ist. Auch bei geringer Frustration kommt es bei diesen Kindern zu schweren und anhaltenden Wutanfällen.

Das elterliche aggressionsfördernde Verhalten führt zu unterschiedlichen **Bindungserfahrungen** beim Kind:

- *Unsicher-vermeidende Bindungserfahrungen* des Kindes gehen häufig mit einem elterlichen Verhalten einher, das als vernachlässigend, Furcht einflößend und/oder unempathisch charakterisiert werden kann. Die offene Zurückweisung der Kinder geht oft mit psychischen und physischen Misshandlungen einher.
- Ein *unsicher-ambivalentes Bindungsmuster* ist für unabgegrenzte Beziehungserfahrungen typisch. Das emotionale Überengagement seitens der wichtigen Bezugspersonen manifestiert sich in einengenden Kontrollversuchen oder in der Verweigerung von Autonomie.
- Kinder mit *desorganisierten Bindungserfahrungen* zeigen abwechselnd Strategien der Kontaktaufnahme und der Kontaktvermeidung. Die Bezugspersonen geben dem Kind einerseits Sicherheit und Nähe, sie erzeugen andererseits aber auch Furcht. Das ergibt sich aus einer Sequenz von zunächst konsistent reagierendem mütterlichem Verhalten, das plötzlich und unvorhersehbar durch inadäquates Verhalten abgelöst wird.

Diese desorganisierten Bindungsstile finden sich bei Eltern mit unbewältigten Trauerreaktionen oder traumatischen Erfahrungen. Die Verunsicherung liegt für das Kind darin, dass sich seine auf die Mutter abgestimmten Erwartungen angesichts des veränderten Verhaltens als irreführend erweisen. Das sich entwickelnde Arbeitsmodell zeichnet sich dadurch aus, dass Angst und Kummer nicht kontrolliert werden können. Statt Trost zu suchen, bleiben die Kinder distanziert. Das Empfinden von Emotionen wird gemieden. Die Forschungsergebnisse deuten darauf hin, dass Kinder aufgrund solcher fehlenden Abstimmungsprozesse ganze Empfindungsbereiche im Repertoire für intime Beziehungen tilgen (Crittenden 2008). Main et al. (1985) konnten 80 % zwölf Monate alter Kinder aus misshandelnden Familien diesem desorganisierten Bindungstyp zuordnen. Carlson et al. (1989) bestätigten, dass vor allem misshandelte Jungen zur Ausbildung dieses Bindungsverhaltens neigen, insbesondere dann, wenn der Vater fehlt.

Bindungsunsichere Kinder können sich nicht mehr genügend schützen und „übersehen" in der Folge schädigende Effekte von Misshandlung und Missbrauch (Zeanah u. Zeanah 1989), weshalb sie leichter erneut viktimisiert werden können. Es bedarf weiterer Untersuchungen, um die genauen Zusammenhänge der zugrunde liegenden Mechanismen erklären zu können (Fonagy 1998a). Ein wichtiger Schlüssel liegt im genaueren Verständnis der Entwicklung mentaler Fähigkeiten innerhalb einer sicheren Bindung. Fonagy stellt dar, dass sicher gebundene Kinder leichter eine „theory of mind" mit einem moralischen Bewusstsein entwickeln und damit besser vor gewaltsamem Handeln geschützt sind, weil sie sich besser in andere hineinversetzen können (Fonagy u. Target 1997, S. 10 f.; Fonagy 1998a, b). Weil die Kinder keine Gelegenheit zur Teilhabe an den emotionalen Abstimmungsprozessen in gewaltbelasteten Familien hatten und sich nicht mit einer „empathischen", affektspiegelnden und die Gefühle des Kindes regulierenden Mutter identifizieren konnten, entsteht bei ihnen ein Entwicklungsdefizit für Empathie. Fonagy bezeichnet diesen Empathiemangel als Defizit der „reflexiven Funktion" (Fonagy u. Target 1997). Diesen Kindern fällt es dann auch schwer,
- sich und andere als denkend und fühlend realisieren zu können,
- die Reaktion anderer zu antizipieren,
- die Perspektive der anderen übernehmen zu können und
- die Veränderung von inneren Zuständen und deren Folgen reflektieren zu können.

Durch Aggression geprägte Interaktionsmuster werden manchmal über Generationen hinweg weitergegeben und äußern sich z. B. in Vernachlässigung, körperlicher bzw. psychischer Misshandlung und/oder sexuellem Missbrauch (Reich et al. 2008).

Wenngleich gewalttätige Erfahrungen in den Herkunftsfamilien zwar häufig zur Reproduktion aggressiver Konfliktlösestrategien führen, so kann in diesem Zusammenhang jedoch nicht von einem zwangsläufigen Automatismus gesprochen werden. Ob es in den Familien wirklich zu einer **Tradierung gewalttätiger Interaktionen** kommt, scheint eher von Depressionen und anderen Krankheiten der Eltern sowie dem Gefühl, in der Beziehung zum Kind überfordert zu sein, abzuhängen (Engfer 1991b; Jarczyk u. Rosenthal 1994).

Opfer bzw. Zeuge gewalttätiger innerfamiliärer Verhältnisse zu sein, führt bei vielen Betroffenen unter anderem zu starkem Misstrauen in anderen Beziehungen, einem geringen Selbstwertgefühl und, wenn sie selbst Eltern werden, zu verzerrten Wahrnehmungen und damit einhergehend zu unrealistischen Erwartungen an die Kinder (Jarczyk u. Rosenthal 1994). Diese werden z. B. als „kleine Tyrannen" erlebt (Cierpka u. Cierpka 2012), gegenüber deren Ansprüchen sich die Eltern behaupten müssen, oder sie werden als erwachsene Personen gesehen, von denen die Eltern für sich selbst Trost oder Zuwendung erwarten.

Die Situation der Überforderung seitens der Eltern führt in Verbindung mit Ressourcenarmut (s. u.) in den betroffenen Familiensystemen zu **Zyklen von Bindung und Ausstoßung** (Minuchin et al. 1967; Stierlin 1977; Schweitzer 1987, 1997). In den Phasen, in denen die Bindung zwischen Eltern und Kindern im Vordergrund steht, engagieren sich die Eltern – verbunden mit hohem Aufwand an Zeit und Energie – sehr in der Erziehung ihrer Kinder, indem sie z. B. versuchen, auf deren Alltag Einfluss zu nehmen. Da sie sich bis dato ihren Kindern gegenüber oft inkonsistent und inkonsequent verhalten haben bzw. sich jetzt zu regulierend und kontrollierend zeigen, sind Konflikte vorprogrammiert. In deren Folge ziehen sich viele Eltern, insbesondere diejenigen, denen wenige Ressourcen zur Verfügung stehen, resigniert, frustriert und erschöpft aus ihrer Erziehungsverantwortung zurück. Sie reagieren auf ihr „Scheitern" mit Ausstoßungstendenzen, indem sie ihre Kinder vernachlässigen oder misshandeln und/ oder indem sie sich physisch oder psychisch aus dem Familienleben zurückziehen (Schweitzer 1987, 1997).

Wenn die Kinder dann aus den Familien genommen werden oder wenn sich die Eltern von den Erziehungsstrapazen erholt haben, rücken die bindenden Kräfte wiederum in den Vordergrund der Beziehung zwischen Eltern und Kindern und beide Seiten tun mehr oder weniger alles, um wieder zusammenleben zu können.

Die erwähnte psychische oder physische Abwesenheit vieler Eltern führt dazu, dass den Kindern erwachsene Bezugspersonen fehlen, mit denen sie sich auseinandersetzen können (Hardtmann 1993). Ein Teil der Jungen mit aggressiven und delinquenten Verhaltensweisen hat darüber hinaus Väter, die aufgrund gescheiterter Biografien **keine positiven männlichen Identifikationsfiguren** darstellen. Delinquenz und aggressives Verhalten erscheinen in diesem Zusammenhang auch als Ausdruck einer Suche nach starken Vaterfiguren.

Durch die Mitgliedschaft in **gewalttätigen** und **straffälligen Peergroups** erhalten die Kinder bzw. Jugendlichen einerseits ein Forum, in dem sich das gelernte aggressive Verhalten auszahlt und belohnt wird, sie entgehen andererseits der drohenden oder bestehenden sozialen Isolation (Patterson 1996; Roderburg 2001). Die gemeinsamen Aktivitäten in diesen Gruppen führen sowohl zur Stabilisierung als auch zur Ausweitung aggressiver Verhaltensweisen, was wiederum das Risiko späterer Delinquenz und Kriminalität erhöht (Petermann u. Petermann 1994; Patterson 1996).

9.3.4 Der gesellschaftliche Kontext von Familien

Die gesellschaftlichen Rahmenbedingungen von Familien werden durch die gesamtgesellschaftlichen Modernisierungsprozesse in westlichen Industriegesellschaften geprägt.

> **Merke**
>
> Mit dem Begriff der **Modernisierungsprozesse** ist insbesondere die Individualisierung von Lebenswelten verknüpft, die mit einem Verlust an traditionellen und kollektiven Lebenszusammenhängen einhergeht.

Im Bereich der Familie zeigt sich dies in der **Pluralisierung familiärer Lebensformen**, die neue Entscheidungsspielräume oft um den Preis von zunehmender Verunsicherung eröffnet. Familien werden nicht nur durch den Wegfall traditioneller Sicherheiten in Bezug auf gemeinsam geteilte Norm- und Wertvorstellungen herausgefordert, sondern sehen sich gleichzeitig dem stetig wachsenden Anspruch an das private Glück im Familienkreis gegenüber. Wie die Diskrepanzen zwischen wirklichem Familienalltag und dem angestrebten und in den Medien oft propagierten Familienideal wahrgenommen und bewertet werden und welche individuellen Lösungen und Entwürfe für die eigene Familie gefunden werden, hängt nicht zuletzt von den jeweiligen individuellen und familiären Ressourcen ab.

Die erwähnten Veränderungen von Familienstrukturen können nach Ansicht anderer Autoren (Cloer 1992) zu einer „**Verarmung" der Kindheit** führen, da Geschwister und weitere Bezugspersonen wie Großeltern oder andere Verwandte entweder ganz fehlen oder nicht in der Nähe der Familie leben. Den Kindern, die eine problematische Beziehung zu ihren Eltern haben, stehen weniger potenzielle Bezugspersonen aus dem Familiensystem zur Verfügung, um korrigierende Lern- und Beziehungserfahrungen zu sammeln.

Der Lebensabschnitt „Kindheit" wird auch durch den Wandel der räumlichen Umgebung beeinflusst und verändert. Durch die zunehmende Verstädterung und Zersiedelung wird die für ältere Generationen in deren Kindheit noch typische „Straßensozialisation" immer seltener. Die fehlenden Möglichkeiten zum körperlichen Austoben und spielerischen Erproben der eigenen Kräfte einerseits, andererseits die fehlenden Freiräume, um mit Gleichaltrigen eigene Regeln für unterschiedliche konflikthafte Situationen auszuhandeln, können mit zur Entstehung und Aufrechterhaltung aggressiver Verhaltensweisen beitragen.

Ein weiteres Phänomen, das Kindheit in der heutigen Gesellschaft maßgeblich beeinflusst, ist die zunehmende **Rezeption von Medien** durch immer jüngere Kinder. Die Darstellung gewalttätiger Szenen scheint mit dazu beizutragen, dass sich Kinder aggressiv verhalten. Auch wenn das **Wirkungsrisiko** nach dem gewaltbelasteten Medienkonsum nicht unabhängig von den jeweiligen individuellen, situativen und kontextuellen Bedingungen gesehen werden kann (Gröbel u. Gleich 1993), nehmen die empirisch gesicherten Befunde über negative Effekte durch die in den Medien dargestellte Gewalt zu, Jugendliche werden infolge des Konsums gewaltbelasteter Medienangebote auch selbst vermehrt aggressiv (Anderson u. Dill 2000; Anderson et al. 2008). Dies gilt offenbar umso mehr, wenn es sich um Kinder handelt, die neben einem hohen Fernseh- bzw. Videokonsum in ihren Lebenszusammenhängen realen Gewalterfahrungen ausgesetzt sind bzw. sich mit zahlreichen belastenden und/oder frustrierenden Situationen konfrontiert sehen (Hurrelmann 1993).

9.4 Das Familienrisikomodell für die Entwicklung von aggressivem Verhalten bei Kindern

Unser Familienrisikomodell versucht, eine zusammenfassende Erklärung zur Entstehung aggressiven und gewaltbereiten Verhaltens bei Kindern zu geben.

Wir sprechen von einem **Entwicklungsmodell**, weil wir davon ausgehen, dass sich die Problematik des aggressiven Verhaltens bei einem Kind über eine längere Zeit entwickelt. Meistens sind auch mehrere Generationen bei der Betrachtung der Entwicklungslinien einzubeziehen, dann z. B., wenn Scheidungskinder heiraten und es in der aktuellen Familie erneut zur Trennung oder Scheidung kommt.

Wir bezeichnen diesen Entwurf als **kontextuelles Modell**, weil sich die individuelle Entwicklung eines Kindes mit den familiären und sozialen Prozessen so verschränkt, dass die Ergebnisse der Entwicklung – die Persönlichkeit, die Beziehungsstrategien, das Verhalten etc. – stets aus Wechselwirkungsprozessen zwischen Individuum und Umgebung entstanden sind (Kreppner u. Lerner 1989). Entlang der Theorie der Koevolution (Willi 1990) postulieren wir eine gegenseitige Beeinflussung in den Entwicklungsmöglichkeiten von Menschen. In einem spiralförmigen Prozess des gegenseitigen Sich-Herausforderns, Sich-Unterstützens und Begrenzens schafft sich das Individuum einen Beziehungsraum, der ihm die weitere Entwicklung ermöglicht. Zu psychischen Störungen kommt es dann, wenn das Individuum – im Bestreben, von der Umwelt „beantwortet" zu werden – sich abgelehnt, frustriert und ausgegrenzt fühlt. Teufelskreisläufe, die durch das Rückzugsverhalten wegen dieser Kränkungen ausgelöst werden, können entstehen. Die Beziehungssuche des Einzelnen wird dann nicht mehr funktional oder gar optimal vom Gegenüber beantwortet.

Dieses Modell ist auch als **Risikomodell** zu verstehen. Veränderungen in der Familienstruktur, z. B. nach einer Scheidung oder bei Verwitwung, können zu Instabilitäten im Familienleben und zu Brüchen in der Beziehungskontinuität führen, die bei manchen Eltern das Risiko erhöhen, den Boden unter den Füßen zu verlieren. In seltenen Fällen können diese massiven Veränderungen sogenanntes „antisoziales" oder gar delinquentes Verhalten bei einem Elternteil fördern. Der in unserem Sprachraum mit Vorsicht zu verwendende Begriff „antisozial" stammt aus dem angloamerikanischen Bereich und meint im deskriptiven Sinne Handlungen wie stehlen, lügen, betrügen. Ein-Eltern-Familien scheinen zwar unter einem größeren Risiko zu stehen, im Kontext von ungünstigen Umgebungsbedingungen „antisozial" zu werden, der weitaus größere Prozentsatz der Alleinerziehenden stellt jedoch einem Kind bzw. den Kindern „genügend gute" Sozialisationsbedingungen zur Verfügung (Weitoft et al. 2003).

9.4.1 Familiendynamik und Erziehung in der Risikofamilie

Aggressives und gewaltbereites Verhalten bildet sich entlang sehr unterschiedlicher Entwicklungslinien aus. Manche Familien, die mit einem Kind zur Beratung kommen, schildern eine Entwicklungsgeschichte, die sowohl für die Familie als auch für das Kind von Krisen, Inkonsistenzen und Chaos gekennzeichnet ist. Die **soziale Benachteiligung**, die **ökonomischen Krisen** und die **instabilen Herkunftsfamilien** stellen Faktoren dar, die auch zu Instabilität in der Gegenwartsfamilie beitragen. Andere Familien erscheinen auf den ersten Blick eher „intakt" und „vollständig". Das aggressive und gewaltbereite Verhalten des Kindes ist zunächst wenig verständlich, die Gründe und Ursachen sind zu erschließen.

In allen Familien erschien uns die Erziehungspraxis problematisch. Das Erziehungsverhalten der Eltern gegenüber ihren Kindern war zum Schauplatz der innerfamiliären Konflikte und der ohnmächtigen Konfliktlöseversuche geworden. In unserem Modell steht ein sich aufbauender Teufelskreis (Abb. 9-2) zwischen der **ungenügenden und inadäquaten Erziehungspraxis** und den **gestörten zwischenmenschlichen Beziehungen** in der Familie im Mittelpunkt.

Einerseits erlauben gestörte zwischenmenschliche Beziehungen in der Partnerschaft keine adäquate Erziehungspraxis, andererseits rufen die Erziehungsschwierigkeiten ihrerseits erhebliche Konflikte und zunehmende innerfamiliäre Spannung hervor, insbesondere zwischen den Eltern. Diese Verstärkung der innerfamiliären Konflikte und die damit verbundenen gestörten Beziehungen führen zu einer Eskalation der Erziehungsprobleme.

Immer wieder findet sich ein spezifischer **Teufelskreis der negativen Gegenseitigkeit** in den Interaktionen, den Patterson (1982) als „coercive cycle" beschrieben hat: Auf das aversive Verhalten des Kindes folgt so lange das Gewährenlassen der Eltern, bis sie ihre aufgestaute Wut nicht mehr kontrollieren können. Dann strafen die Eltern das Kind und zwingen es zur Unterwerfung, was wiederum aversives Verhalten beim Kind auslöst und die Situation eskalieren lässt.

Inkonsistenzen im Erziehungsstil und/oder mangelnde Übereinstimmung zwischen den Eltern, was die Erziehungsziele anbetrifft, und/oder mangelnde Empathie gegenüber den Bedürfnissen eines Kindes oder gar mangelnde Fürsorge garantieren in der Konsequenz dem Kind keine „genügend gute und fördernde familiäre Umwelt" (Winnicott 1974) für seine psychosoziale Entwicklung. Der Teufelskreis wird durch provokatives und schwieriges Verhalten des Kindes aufrechterhalten. Vergebliche Erziehungsversuche steigern die Ohnmacht und die gegenseitige Isolierung von Eltern und Kind.

Die Erziehungsschwierigkeiten sind oftmals das Ergebnis erheblicher Familienkonflikte. In diesem Fall sind die Erziehungsfertigkeiten durchaus vorhanden, den Eltern oder einem Elternteil gelingt es jedoch nicht, sie dem Entwicklungsstand des Kindes und seinen Bedürfnissen angemessen einzusetzen. In anderen Fällen erscheinen diese „parenting skills" bei den Eltern erst gar nicht oder nur ungenügend ausgebildet. Die Eltern wirken durch die an sie gestellten Aufgaben überfordert. Beide Ursache-Wirkungs-Ketten stimmen in ihrer Endstrecke überein – der Ausbildung eines Teufelskreises von Erziehungsproblemen und gestörten innerfamiliären Beziehungen, der sich zirkulär verstärkt und eskaliert.

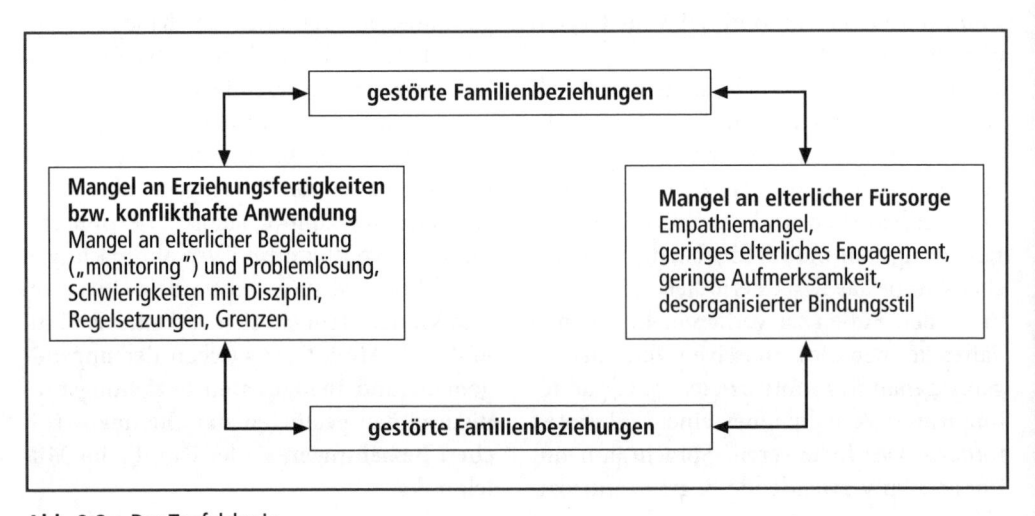

```
                    gestörte Familienbeziehungen
          ┌──────────────────────────────────────────┐
          ▼                                          ▼
┌─────────────────────────┐              ┌─────────────────────────┐
│ Mangel an Erziehungs-   │              │ Mangel an elterlicher   │
│ fertigkeiten            │              │ Fürsorge                │
│ bzw. konflikthafte      │              │ Empathiemangel,         │
│ Anwendung               │              │ geringes elterliches    │
│ Mangel an elterlicher   │              │ Engagement,             │
│ Begleitung              │              │ geringe Aufmerksamkeit, │
│ („monitoring") und      │              │ desorganisierter        │
│ Problemlösung,          │              │ Bindungsstil            │
│ Schwierigkeiten mit     │              │                         │
│ Disziplin,              │              │                         │
│ Regelsetzungen, Grenzen │              │                         │
└─────────────────────────┘              └─────────────────────────┘
          ▲                                          ▲
          └──────────────────────────────────────────┘
                    gestörte Familienbeziehungen
```

Abb. 9-2 Der Teufelskreis.

9.4.2 Erklärungen für die mangelnde Entwicklung der Erziehungsfertigkeiten

Ein größerer Teil der betroffenen Eltern, die über ein nicht ausreichend ausgebildetes Handwerkszeug in Erziehungsfertigkeiten verfügen, kommt aus den unteren sozialen Schichten, ist und fühlt sich auch sozial benachteiligt. Bei diesen Eltern findet man eine **Kumulation von sozioökonomischen Stressoren** bei gleichzeitig fehlenden Ressourcen. Gemeint sind Familien, die seit Generationen aufgrund wirtschaftlicher und sozialer Missstände am Rand der Gesellschaft leben und in denen es aufgrund chaotischer innerfamiliärer Strukturen immer wieder zu Misshandlungen bzw. Verwahrlosung und damit einhergehenden Fremdunterbringungen der Kinder gekommen ist. Bei diesen deprivierten oder sozial benachteiligten Familien stellt sich die Frage, inwieweit das aggressive Verhalten in diesem Milieu als eine elementare oder sogar als die (scheinbar) einzige Überlebensstrategie zu verstehen ist.

Aggressives und gewalttätiges Verhalten in sozialen Randgruppen und damit in bestimmten Herkunftsmilieus erscheint in diesem Kontext als Ausdruck sozialer Ungleichheit (Bründel u. Hurrelmann 1994; Jarczyk u. Rosenthal 1994). Das hier zutage tretende **gesellschaftliche Desintegrationspotenzial** (Heitmeyer 1992, 1993) verweist auf gesellschaftliche Bedingungen und Strukturen, die das Problem mit verursachen bzw. mit aufrechterhalten. Die Lebenssituation vieler Familien verschlechtert sich aufgrund der hohen Arbeitslosigkeit und der damit einhergehenden gravierenden sozialen und wirtschaftlichen Folgeerscheinungen, die durch den parallelen Abbau staatlicher Sozialleistungen noch verschärft werden. Allerdings fördern erst die mangelnde soziale Integration und die Neigung zum sozialen Rückzug die Gewaltbereitschaft innerhalb der Familie (Schwind et al. 1990; Wahl 1990).

Wichtig ist, dass nicht allein die Brokenhome-Situation maßgebend für die Entwicklung von antisozialen Tendenzen bei einem Kind aus diesem sozialen Milieu ist. Die Instabilität in der Herkunftsfamilie scheint durch die **Häufigkeit von abrupten Wechseln** in der Familienstruktur gekennzeichnet zu sein (Rutter u. Giller 1983). So sind Scheidungen ein elementares Verlusterlebnis für das Kind, der Wechsel zur Stiefelternfamilie oder zur Ein-Eltern-Familie eine erneute Umstellung, die das Kind in seinen Bindungs- und Beziehungsmustern verunsichert. Erhebliche Partnerschaftskonflikte tragen ebenfalls dazu bei, dass Trennung und Verlust das affektive Familienklima stark beeinträchtigen. Gerade bei häufigen abrupten Veränderungen in einer Familie leiden die elterliche Fürsorge und die Erziehung sehr stark.

Capaldi und Patterson (1991) konnten in einer Studie zeigen, dass zwischen der Anzahl der abrupten Familienwechsel und dem Auftreten von Anpassungsproblemen beim Kind eine lineare Beziehung besteht. Diese Autoren meinen, dass diese Kinder mit einer erhöhten Wahrscheinlichkeit Eltern haben, die schon vor den abrupten Wechseln in der Familienstruktur sogenannte antisoziale Züge aufwiesen. Männer und Frauen, die antisoziale Persönlichkeitszüge zeigen, neigen zu häufigen abrupten Lebensveränderungen (Lahey et al. 1988).

Bei einer Verschärfung der Familiensituation wird der Überlebenskampf härter, die Aggression als Modell zur Konfliktlösung spiegelt die Auseinandersetzung der Familie mit der als feindlich erlebten Außenwelt. Tragisch ist, dass sich die Kinder in der Sozialisation mit diesem Modell der Konfliktlösung durch Gewalt identifizieren und so vom Opfer zum Täter werden können.

Eltern, die vorwiegend mit ihrem eigenen Überleben und dem Überleben der Familie beschäftigt sind, scheinen wenige Ressourcen für die Erziehung ihrer Kinder zur Verfügung zu haben. Diese **Strukturpathologie** wirkt sich in zweierlei Hinsicht aus:
- Ein Mangel an elterlicher Fürsorge zeigt sich oftmals schon rein äußerlich im geringen elterlichen Engagement für die Kinder. Die Ausrichtung der Aufmerksamkeit bei den Eltern für die Kinder ist schwach. Die Kinder sind oft sich selbst überlassen, sie suchen früh den Kontakt zu Gleichaltrigen auf der Straße. Viele Umstände können dazu beitragen, dass es zu einer unsicheren Bindung zwischen Mutter und Kind kommen kann, wenn das Kind z. B. nicht erwünscht war, vom Vater abgelehnt wurde oder es die Erwartungen der Eltern nicht erfüllt. Dadurch, dass die Eltern sehr stark mit ihrem eigenen emotionalen und sozialen Überleben beschäftigt sind, fällt es ihnen schwer, sich in die Bedürfnisse ihrer Kinder einzufühlen (Diepold u. Cierpka 1997).
- Bei der Entwicklung prosozialer Fertigkeiten werden die Kinder von den Eltern nicht ausreichend begleitet. Weil die elterliche Begleitung und Beaufsichtigung („monitoring") mehr oder weniger fehlt, bekommen die Kinder in ihrem Verhalten und in ihren Affekten kein sicheres Gefühl für „richtig" oder „falsch", auch nicht für Regeln und Grenzsetzungen.

9.4.3 Im Vordergrund stehende familiäre Konflikte

In manchen Familien scheinen die Erziehungsfertigkeiten vorhanden zu sein, sie werden aber aufgrund von erheblichen innerpsychischen oder zwischenmenschlichen Konflikten der Eltern nicht genutzt und schränken deshalb die entwicklungsgerechte Erziehung des Kindes ein. Diese Familien leiden meist nicht unter sozialen Benachteiligungen. Sie erscheinen auf den ersten Blick eher „intakt" und „vollständig". Es liegen weniger abrupte Veränderungen in der Herkunfts- und Gegenwartsfamilie vor.

Bei diesen Familien gehen wir davon aus, dass sich problematisches und konflikthaftes Erziehungsverhalten der Eltern vor dem Hintergrund einer **Konfliktpathologie** verstehen lässt. Das Kind wird in die inneren Konflikte und/oder die Beziehungskonflikte der Eltern so einbezogen, dass ein neurotisches innerfamiliäres Beziehungsmuster entsteht und eine adäquate affektiv-kognitive Entwicklung des Kindes verhindert wird.

In der mehrgenerationalen Sichtweise können Delegationen die Kinder an die Eltern binden, wenn z. B. das Kind etwas ausleben soll, was die Mutter oder der Vater selbst nicht durfte. Häufig werden Kinder bei Partnerschaftskonflikten zu Bündnisgenossen für einen Elternteil. Um das Kind im Bündnis zu halten, werden ansonsten selbstverständliche Regeln außer Kraft oder keine Grenzen gesetzt. Das Kind wird für seine „Treue" belohnt. Beziehungsdynamische Prozesse nehmen also so auf die Eltern-Kind-Beziehung Einfluss, dass sich das Erziehungsverhalten ändert und dem Kind nicht mehr die entwicklungsgerechten Sozialisationsbedingungen zur Verfügung stehen.

9.4.4 Bei den Kindern entstehende Entwicklungsdefizite

Der letzte Schritt vom Entwicklungsdefizit zum aggressiven und gewaltbereiten Verhalten beim Kind oder später beim Jugendlichen scheint sehr durch die Interaktion mit Peers stimuliert zu werden. Oft dient die Peergroup als Familienersatz. Dort wird das Gemeinschaftsgefühl gefunden, das es zu Hause nicht mehr gibt. Durch die (häufig unkritische) Identifikation mit den Gruppennormen und -regeln werden Ohnmachtsgefühle durch Dominanzstreben kompensiert. Die Jugendlichen in der Peergroup haben „gelernt", dass man „psychisch und sozial" nur dann überleben kann, wenn man sich unter allen Umständen durchsetzt. Die Verunsicherung des Selbstvertrauens und der Identität (Steele 1994) soll durch die Gruppenidentität kompensiert werden.

Die Jugendlichen weisen meistens Entwicklungsdefizite auf, die als **Empathiemangel, Identitäts- und Selbstwertstörung** sowie als **mangelnde Steuerungsfähigkeit** zu charakterisieren sind (Cierpka u. Cierpka 1997). Im Verhalten imponieren die Schwierigkeiten in der Empathie, der Impulskontrolle und im Umgang mit der Wut. Der Empathiemangel der Kinder zeigt sich in der Schwierigkeit, sich in die Gefühle, Ängste und auch in die Schmerzen anderer Kinder einfühlen zu können. Anderen Kindern Schmerz zuzufügen oder Gewalt anzutun, wird deshalb oft nicht als „Schuld" erlebt. Dies sind dann die Schwierigkeiten, die sich in den Beziehungen in der Familie, im Kindergarten und in der Schule manifestieren. Erzieher und Lehrer wenden sich an die Eltern, weil das Kind „auffällig" ist. Auffällig bedeutet nach Cierpka (2003):

- Die Kinder können Aggressionen nur unzutreffend einschätzen.
- Sie zeigen emotionale Reaktionen wie Ärger, Furcht oder Angst in einer Ausprägung bis zur Gewaltbereitschaft bzw. Gewalttätigkeit, die sie in der Entwicklung des gewünschten Verhaltens behindert.
- Die Kinder wissen nicht, was angemessenes Verhalten ist, weil ihnen Modelle für alternative Konfliktlösungen fehlen oder sie keine Übung darin haben.

Verhaltensauffälligkeiten in der Empathie, in der Impulskontrolle und im Umgang mit Ärger und Wut allein verweisen auf keine lineare Ursache-Wirkungs-Kette. Die symptomatische Endstrecke erscheint wie ein Flaschenhals, in dem sich die genannten Entwicklungsdefizite ausbilden. In der Flasche selbst entwickeln sich zuvor jedoch ganz unterschiedliche Gährungsprozesse, je nachdem, welche Faktoren in Wechselwirkung stehen und zur Entwicklung der gestörten zwischenmenschlichen Familiendynamik beitragen.

Zu aggressiven und gewalttätigen Handlungen neigen Kinder und später Jugendliche vor allem dann, wenn ihr ohnehin sehr labiles Selbstwertgefühl bedroht und ihre Autonomie eingeschränkt werden. Das Kind reagiert dann so, als ob es sich beweisen muss, dass es das Recht hat, sich unter allen Umständen für sich selbst einsetzen zu dürfen, auch wenn das auf Kosten anderer geht.

9.5 Interventionen

In Familien, in denen Gewalt vorkommt, leiden alle Familienmitglieder – allerdings in unterschiedlichem Ausmaß. Kinder mit aggressivem Verhalten zählen zu den schwächeren Mitgliedern und damit zu den Verlierern. Sie fordern die Therapeuten in besonderem Maße heraus, weil sie nicht nur Täter, sondern eben auch Opfer sind. Deshalb müssen sich die Interventionen gegen Gewalt in der Familie an der Maßgabe orientieren, dass nicht nur das Symptom behandelt wird, sondern auch die Ursachen für die Aggressivität. In der Praxis sind die Maßnahmen meist schwierig umzusetzen, weil die Ursachen multifaktoriell bedingt sind, was die Expertise und das Engagement der Therapeuten herausfordert.

Auf der Grundlage des Familienrisikomodells (Abb. 9-3) lassen sich differenzielle Indikationsüberlegungen ableiten, die wiederum zu unterschiedlichen therapeutischen Interventionen führen.

Die für das psychotherapeutische Vorgehen entscheidende Frage ist dabei, ob bei den Eltern eine ausreichend fördernde Umwelt und adäquate Erziehungsfertigkeiten vorhanden sind:

- Wenn davon auszugehen ist, dass die Erziehungsfertigkeiten bei den Eltern nicht ausreichen, muss zunächst an eine strukturorientierte Intervention zur Steigerung der elterlichen erzieherischen Kompetenzen gedacht werden. Diese Maßnahme kann zum hauptsächlichen Inhalt einer **Paarberatung**, aber auch als **Elterntraining** durchgeführt werden, das während einer Paar- und Familientherapie oder auch in einer Elterngruppe stattfindet (s. Kap. 38).
- Wenn dagegen Partnerschaftskonflikte im Vordergrund stehen, die ihrerseits zu unterschiedlichen Erziehungszielen und -stilen der Eltern führen, jedoch die eigentlichen Erziehungsfertigkeiten vorhanden sind, steht die **Paartherapie** im Vordergrund der Maßnahmen. Bei der Ablehnung einer Therapie durch die betroffenen Eltern oder bei getrennt lebenden Paaren kann der Fokus auf die Konflikte um die Erziehungsprobleme im Zusammenhang mit den Sorgerechtsregelungen für das Kind gelegt werden. Manchmal muss dem sich streitenden Paar die Pflicht zur elterlichen Sorge um die Kinder sehr deutlich gemacht werden.
- Wenn die familiären Konflikte im Vordergrund stehen, kommt eine **Familientherapie** infrage. Vor allem bei familiären Krisen und Umbrüchen in der Familie ist fast immer eine Familienberatung oder -therapie indiziert (Krannich u. Ratzke 1999). Auch bei sogenannten Multiproblemfamilien – und um solche handelt es sich bei Gewaltproblemen fast immer – ist die Familientherapie vielen einzeltherapeutischen Maßnahmen vorzuziehen.
- Konflikte können zwischen Schule und Familie entstehen. Auseinandersetzungen der Kinder und Eltern mit einer Erzieherin oder einer Lehrerin führen bei den Kindern zu entsprechenden Loyalitätsproblemen bis hin zur Schulverweigerung. Gerade weil der Ursprungsort von Gewalt nicht immer mit dem Ort identisch sein muss, an dem die Gewalt auftritt, muss der Transfer von Gewalt zwischen Schule und Familie oder umgekehrt unterbrochen werden. In diesen Fällen sind **Interventionen** nicht nur in der Familie, sondern auch **im Kindergarten oder in der Schule** hilfreich (Cierpka 2005). Rundtischgespräche bringen die unterschiedlichen Parteien zusammen, um die Konflikte zu besprechen. Schweitzer (2001) spricht in diesem Zusammenhang auch von der wichtigen Bedeutung eines kooperationsfördernden Settings mit neuen Kooperationsformen. Es gehe darum, ungewöhnliche Ressourcen zu finden, ungewöhnliche Kontakte zu knüpfen und ungewöhnliche Konferenzen einzuberufen (s. a. Ratzke u. Zander 2003).
- **Sozialpädagogische Familienhilfe** ist bei schwierigen sozialen Familienverhältnissen und chaotischen innerfamili-

9.5 Interventionen

ären Beziehungen indiziert. Wenn der familiäre Alltag nicht geregelt werden kann, benötigen diese Familien ganz konkrete Hilfestellungen durch aufsuchende Familienarbeit. Diese Maßnahmen sind basal notwendig, wenn die psychotherapeutischen Interventionen greifen sollen. Zugangswege und Ideen für eine hilfreiche eigene Haltung aufseiten der Familienhelfer bzw. Berater bei der Arbeit mit sogenannten Multiproblemfamilien finden sich u. a. bei Conen (1996, 1999) und Bünder (2002).

- Bei sozial schwachen Familien oder Familien in ökonomischen Krisen ist fast immer eine **materielle Unterstützung**

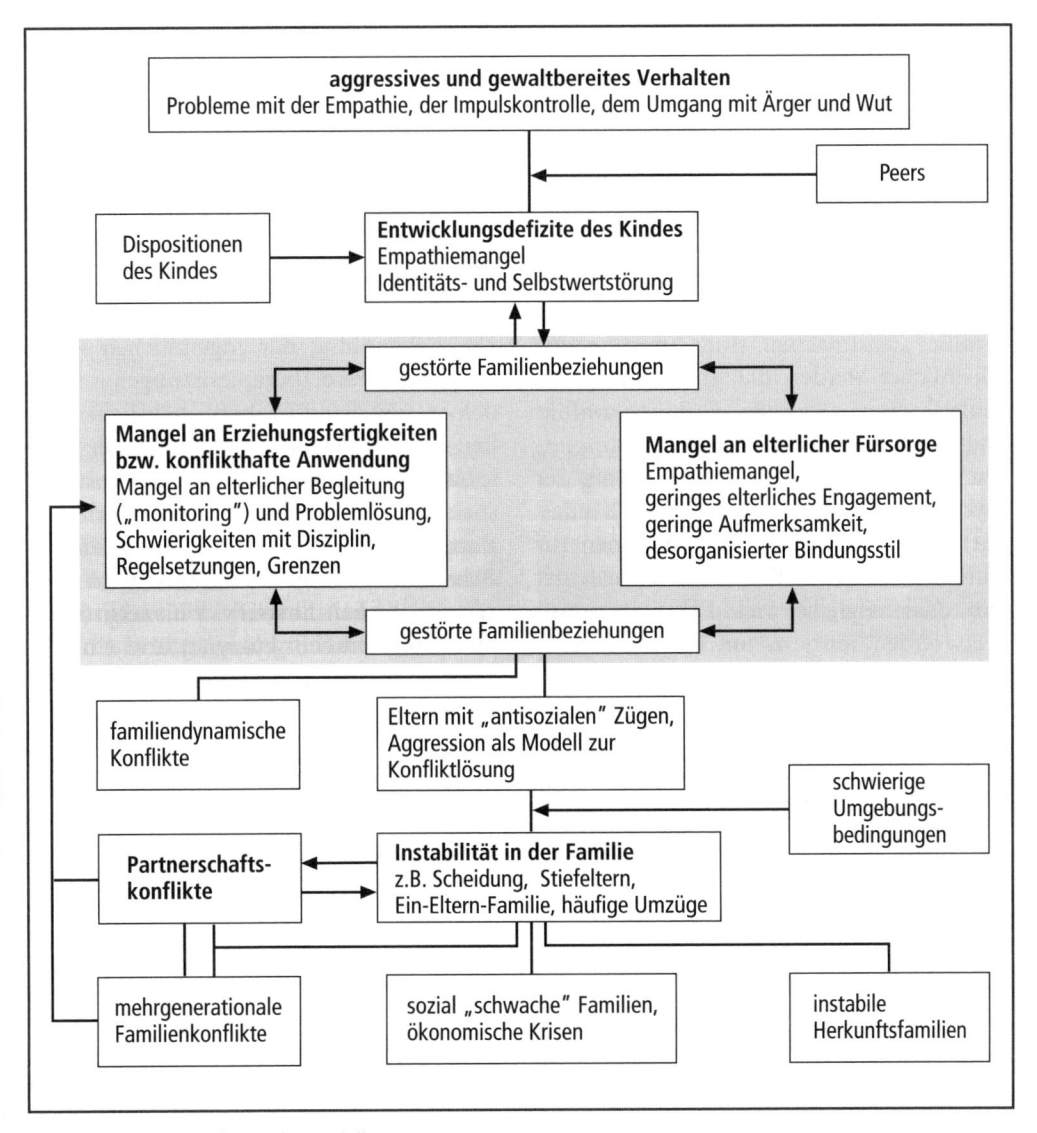

Abb. 9-3 Das Familienrisikomodell.

Voraussetzung für weitere Maßnahmen. Eine Entschuldungsberatung und/oder eine Betreuung über das Sozialamt sind oft unumgänglich. Therapeutisch sind die eigenen Ressourcen der Familie zu berücksichtigen, um deren Selbstwertregulation nicht weiter zu untergraben. Um die soziale Isolation der Familien aufzuweichen und verschiedene Hilfeleistungen zu vernetzen, bietet sich die Analyse und stärkere Berücksichtigung sozialräumlicher Bedingungen an (Kaisen 2001).

Das Zusammenspiel der Risikofaktoren bei der Entstehung von Gewalt weist Synergieeffekte auf: Die Risikofaktoren potenzieren sich durch positive Feedbackprozesse in ihrer Wirkung. Je mehr Risikofaktoren in der Familie auszumachen sind, umso wahrscheinlicher werden die Entwicklung des Teufelskreises zwischen Familienkonflikt und mangelhaften Sozialisationsbedingungen und damit eine Beeinträchtigung der psychosozialen Entwicklung des Kindes. Für das Überlegen von Interventionen zur Durchbrechung des Teufelskreises bedeutet dies, dass möglichst viele Faktoren verändert werden müssen, um Synergieeffekte für die Stärkung der Familie und die Förderung der für das Kind günstigen Reifungsbedingungen zu nutzen. Nur ein Maßnahmenbündel kann die Wahrscheinlichkeit bei Kindern, auf aggressives und gewaltbereites Verhalten zurückzugreifen, reduzieren.

Diese theoretischen Überlegungen werden am konsequentesten von der Multisystemischen Therapie (MST) umgesetzt (Henngeler u. Svenson 2005; Heekerens 2006; Fürstenau u. Rhiner 2009). Dieses Therapiekonzept verbindet verhaltenstherapeutische und systemische Grundsätze miteinander. Es fokussiert eine vermehrte Präsenz und konsistente Erziehungshaltung der Eltern und weiterer erwachsener Bezugspersonen, womit dem Jugendlichen eine Entwicklung hin zu einem geregelten Tagesablauf mit Schule/Ausbildung und aktiver Freizeitgestaltung in einem prosozialen Kollegenkreis ermöglicht werden soll. Die Behandlung der Jugendlichen – pro Woche mehrere Therapiesitzungen – findet dementsprechend in ihrem häuslichen Milieu unter Einbezug ihrer Familie, der Schule oder des Lehrbetriebs sowie des gesamten sozialen Umfeldes (Freunde, Nachbarn) statt. Um die Effizienz und Intensität der Behandlung zu gewährleisten, wird konzeptuell die Fallzahl auf vier bis sechs Familien pro Therapeut begrenzt und eine Behandlungsdauer von drei bis fünf Monaten vorgesehen.

10 Neuere psychodynamische Theorien und Modelle zu Traumafolgestörungen

Wolfgang Wöller

Inhalt

10.1 Einleitung ... 177

10.2 Moderne Gedächtnistheorie und traumaspezifisch veränderte Informationsverarbeitung ... 178

10.3 Die Perspektive der Ressourcenaktivierung ... 181

10.4 Traumabedingte Störungen der Emotionsregulierung und der Begriff der Bindungs- und Beziehungstraumatisierung ... 182

10.5 Das Mentalisierungskonzept ... 182

10.6 Bindungstraumatische Erfahrungen und nicht integrierte Selbstzustände ... 184

10.7 Therapiekonzeption zur Behandlung traumabedingter Persönlichkeitsstörungen ... 185

10.8 Zusammenfassung ... 185

10.1 Einleitung

Das folgende Kapitel beschäftigt sich mit psychoanalytischen Theorien und Verständnismodellen zu Auswirkungen psychischer Traumatisierungen, die ausdrücklich den Brückenschlag zu den Nachbarwissenschaften gesucht haben, insbesondere zu den Befunden der Säuglings- und Kleinkindforschung, der Bindungsforschung und der Neurowissenschaften.

Verschiedene Aspekte trugen dazu bei, die psychoanalytische Sicht auf psychische Traumatisierungen durch Perspektiven der Nachbarwissenschaften zu erweitern:

- Seit Freud (Freud 1895d/1977c) die Metapher des ‚Fremdkörpers' im psychischen Gewebe geprägt hatte, waren von psychoanalytischer Seite immer wieder die Andersartigkeit der traumatischen Erfahrungswelt hervorgehoben und die Grenzen ihrer Analysierbarkeit benannt worden.

- Beginnend mit Kardiner (1941), der den Kern der „Kriegsneurose" des Zweiten Weltkriegs wegen ihrer ausgeprägten physiologischen Begleiterscheinungen in einer Physioneurose sah, richtete sich der Blick zunehmend auf die biologische Dimension psychischer Traumatisierungen. Die im Gefolge des Vietnamkrieges einsetzende neurowissenschaftliche Forschung zur Posttraumatischen Belastungsstörung (PTBS) hat in den letzten Jahrzehnten wesentlich zum Verständnis posttraumatischer Phänomene beigetragen. Neue Interventionen wurden entwickelt; als einer der ersten Psychoanalytiker hat Horowitz (1976) therapeutische Interventionen zur Behandlung psychotraumatischer Störungen vorgeschlagen, die noch heute zum Bestand traumaadaptierter Psychotherapie zählen. Die Erkenntnisse der neurobiologischen PTBS-Forschung und die traumaadaptierten Interventionen wurden in zunehmendem Maße auch von psychodynamischen Forschern, Theoretikern und Praktikern rezipiert (Davies u. Frawley 1994; Wilson 2006; Sachsse 2009; Reddemann 2012).
- Die vielfach replizierten empirischen Hinweise auf schwere Traumatisierungen in der Vorgeschichte von Patienten mit schweren Persönlichkeitsstörungen und somatoformen Störungen veranlassten psychoanalytische Forscher, sich mit den Befunden der Säuglings- und Kleinkindforschung und ihrem Beitrag zu bindungstraumatischen Einflüssen in der frühen Kindheit zu befassen (Lichtenberg 1983/1991; Stern 1992). Auch die von der Psychoanalyse anfänglich wenig geschätzte Bindungstheorie weckte zunehmend das Interesse psychoanalytischer Theoretiker (s. Kap. 6).

Diese Hinwendung zu den Nachbarwissenschaften wurde in der psychoanalytischen Community durchaus kontrovers diskutiert. Vertreter einer interpretativ-hermeneutischen Auffassung der Psychoanalyse relativierten die Befunde der Beobachtungswissenschaften unter Hinweis auf die Besonderheit des psychoanalytischen Gegenstandes und die durch die psychoanalytische Methode vermittelte Einzigartigkeit der Erkenntnisgewinnung (Green 1996). Demgegenüber fordern Forscher, die den Kontakt zu den Nachbarwissenschaften für unverzichtbar halten, dass psychoanalytische Theorien – ungeachtet der wissenschaftstheoretischen Sonderstellung der Psychoanalyse (Strenger 1991) – nicht im Widerspruch zu Befunden der Bindungsforschung, der Psychotherapieforschung und der Neurowissenschaften stehen und ihren Anregungen gegenüber offen sein sollen (Leuzinger-Bohleber et al. 2003; Fonagy 2008; Deneke 2013).

Ohne diese Diskussion an dieser Stelle weiter vertiefen zu können, lässt sich feststellen, dass die auf der letztgenannten Position basierenden psychoanalytischen Theorien und Modelle Wesentliches zum Verständnis psychischer Traumatisierungen und zur Entwicklung neuerer therapeutischer Zugänge beigetragen haben. Sie sollen im Folgenden im Überblick referiert werden.

10.2 Moderne Gedächtnistheorie und traumaspezifisch veränderte Informationsverarbeitung

Wichtige Impulse erhielt die psychoanalytische Theorienbildung durch die Wiederbelebung der Dissoziationsforschung und die Auseinandersetzung mit der modernen Ge-

10.2 Gedächtnistheorie und Informationsverarbeitung

dächtnisforschung. Durch die wichtigen Beiträge zur Introjektionsdynamik bei Kindheitstraumatisierungen (Ferenczi 1933/1982) und die objektbeziehungstheoretischen Ansätze zu traumatischen Objektbeziehungen (Ehlert-Balzer 1996) waren die von Freud (1920g/1976d) beschriebenen ökonomischen Aspekte der durchbrochenen Reizschranke mit unkontrolliert überflutender Angst und seine Beobachtungen zum Wiederholungscharakter der Traumaphänomene in den Hintergrund getreten (Baranger et al. 1988).

Die Auseinandersetzung mit der Frage einer veränderten Erinnerungsverarbeitung erschien jedoch notwendig, da in der psychoanalytischen Literatur zahlreiche Fälle berichtet wurden, bei denen sich die Spuren von Traumaerinnerungen ausschließlich in stereotypen Verhaltensweisen, wiederkehrenden Träumen, Flashbacks oder in sich zwanghaft aufdrängenden Gedanken mitteilten. In früher Kindheit traumatisierte Kinder bilden ihre Traumata in Verhaltensweisen nach (Terr 1979); Veteranen des Vietnamkrieges wiederholten Details ihrer Kriegserfahrungen in Alltagshandlungen (Blank 1985; van der Kolk 2000). Zwei Forschungsrichtungen erwiesen sich dabei als bedeutsam:

Zum einen erfuhr die Forschung zu *dissoziativen Phänomenen*, die seit den wichtigen Arbeiten von Janet (1889) sowie Freud (1895d/1977c) über Jahrzehnte kaum noch Beachtung gefunden hatte, eine bemerkenswerte Renaissance. Gleichzeitig und weitgehend unabhängig voneinander hatten die Forscher bei hysterischen Patientinnen veränderte Bewusstseinszustände nach psychischen Traumatisierungen beschrieben und psychisches Material entdeckt, das weder verdrängt noch vergessen, sondern abgespalten und nur in einem anderen Bewusstseinszustand zugänglich war. Sie hatten damit in der Frühzeit der Psychoanalyse die Basis für ein Konzept der traumatischen Dissoziation gelegt, das in seinen wesentlichen Zügen von der modernen empirischen Forschung bestätigt wurde.

Zum anderen wurde, basierend auf der modernen Gedächtnisforschung und der Entdeckung zweier weitgehend unabhängig voneinander funktionierender Gedächtnissysteme – des impliziten (oder prozessualen) und des expliziten (oder deklarativen) Gedächtnisses (Tulving 1972) –, die *Theorie eines besonderen Traumagedächtnisses* formuliert. Die Theorie eines besonderen Traumagedächtnisses geht davon aus, dass unter der Einwirkung traumatischer Einflüsse dissoziative Mechanismen einen veränderten Bewusstseinszustand erzeugen, um die mit der Alltagsbewältigung befasste Persönlichkeit vor extrem hohen Erregungsniveaus zu schützen. Statt einer sprachlichen Codierung der Erfahrung im expliziten Gedächtnis entstehen im impliziten Gedächtnis nicht symbolisierte Erinnerungsspuren, die dem Bewusstsein nicht direkt zugänglich sind und nicht durch aktives Erinnern abgerufen werden können. Sie können jedoch durch Auslösebedingungen aktiviert werden, die der ursprünglichen affektiven und physiologischen traumatischen Erfahrung ähneln oder mit ihr assoziativ in Verbindung stehen, und manifestieren sich dann in flashbackartigen Körpersensationen, traumatischen Träumen oder Verhaltensinszenierungen. Da die Erinnerungsspuren nicht in das sprachlich zugängliche Alltagsbewusstsein integriert wurden, werden sie mit derselben intrusiven Wirkung wie das ursprüngliche Trauma wiedererlebt (van der Kolk 2000).

Die Implikation der Theorie des besonderen Traumagedächtnisses, dass in den Verhaltensinszenierungen und traumatischen Träumen die ursprünglichen traumatischen Ereignisse im Wesentlichen unverändert abgespeichert sind, wurde in der Folgezeit zum Ausgangspunkt heftiger und z. T. polemisch ausgetragener Kontroversen. Einer eher „klassischen" Auffassung der Psychoanalyse verpflichtete Autoren wiesen darauf hin, dass traumatische Erfahrungen wie alle anderen Erfahrungen der inneren Verarbeitung durch Abwehrvorgänge und Fantasiebildungen unterliegen. Gerade im Moment völliger Hilflosigkeit würden archaische Ängste und Fantasien aktiviert, die sich mit den traumatischen Erinnerungen überlagern. Eine unveränderte Abbildung der ursprünglichen traumatischen Erfahrung sei daher höchst unwahrscheinlich und die Annahme eines besonderen Traumagedächtnisses problematisch (Ehlert-Balzer 1996). Andere mit der Behandlung traumatisierter Patienten befasste Psychoanalytiker (Kluft 1991; Davies u. Frawley 1994; Sachsse 2009; Reddemann 2012) betonten dagegen die Besonderheit der traumatischen Informationsverarbeitung. Sie warnten nachdrücklich davor, die Rolle von Fantasien zu überschätzen und die Realität der traumatischen Einwirkungen zu unterschätzen.

Am plausibelsten erscheint eine vermittelnde Position, wie sie u. a. Bohleber (2000) vertritt. Danach unterliegen Traumatisierungen zwar spezifischen psychodynamischen Einschränkungen und Operationen, aber ihre Abspaltung schließt sie nicht gänzlich aus dem Fluss des seelischen Geschehens und auch nicht von der Überformung durch bewusste und unbewusste Fantasien aus. So konnte gezeigt werden, dass auch chronische posttraumatische Albträume einer Traumarbeit unterliegen (Lansky 1995) und „traumatisch" imponierende Ängste im Dienste der Abwehr von Scham und Schuldgefühlen stehen können (Oliner 1996). Die Theorie des Traumagedächtnisses kann dann ihre Gültigkeit behalten, wenn man von der Annahme absieht, dass ihre Verhaltensmanifestationen getreue Abbildungen der traumatischen Realität beinhalten. Die klinische Erfahrung mit traumatisierten Patienten zeigt zudem, dass die Berücksichtigung von Abwehrvorgängen und Fantasiebildungen nicht zwangsläufig zur Vernachlässigung des Einflusses der äußeren Realität führen muss, wie umgekehrt die Einnahme einer traumatherapeutischen Perspektive nicht zwangsläufig eine Vernachlässigung intrapsychischer Faktoren mit sich bringt.

Die Rückbesinnung auf die frühe bahnbrechende, wenngleich zwischenzeitlich nahezu in Vergessenheit geratene Dissoziationsforschung hat – in Verbindung mit der Rezeption der neueren Gedächtnisforschung – neue behandlungstechnische Wege für klinische Situationen eröffnet, bei denen herkömmliche psychodynamische Interventionen an ihre Grenzen stoßen.

Grenzen der herkömmlichen psychodynamischen Interventionstechnik ergeben sich vor allem beim Vorliegen intrusiver traumatischer Erinnerungsfragmente im Rahmen einer Posttraumatischen Belastungsstörung (PTBS). Nach weitverbreiteter Auffassung führen weder klassische einsichtsfördernde Maßnahmen zur Bewusstmachung unbewusster Konflikte noch Interventionen zur Stärkung defizitärer Ich-Funktionen zu einer spürbaren Reduktion der traumatischen Stressbelastung (Reddemann 2012; Flatten et al. 2013; Wöller 2013). Auch fehlt auf der Ebene empirischer Studien eine überzeugende Evidenz für die Wirksamkeit psychodynamischer Therapie bei Vorliegen einer PTBS (Leichsenring 2014).

Entsprechend fordert die deutsche S3-Leitlinie der Arbeitsgemeinschaft der Wissenschaftlichen Medizinischen Fachgesellschaften (AWMF) zur Posttraumatischen

Belastungsstörung (Flatten et al. 2013) eine dosierte Rekonfrontation mit dem auslösenden Ereignis mit dem Ziel der Durcharbeitung und Integration unter geschützten therapeutischen Bedingungen mithilfe einer dafür geeigneten evidenzbasierten Behandlungsmethode.

Als eine solche wurde auf der Basis umfangreicher Metaanalysen und systematischer Reviews u. a. die Methode des *„Eye Movement Desensitization and Reprocessing"* (EMDR) identifiziert (Flatten et al. 2013; Shapiro 2013; Hofmann 2014; s. Kap. 32). Nicht zuletzt wegen des gemeinsamen Wirkungsprinzips der freien Assoziation und seiner offenbar guten praktischen Integrierbarkeit wird EMDR bereits in erheblichem Umfang in psychodynamischen Therapien eingesetzt (Wöller 2012).

10.3 Die Perspektive der Ressourcenaktivierung

Mit der Entdeckung und Enttabuisierung des Ausmaßes sexueller Kindheitstraumatisierungen beschäftigten sich traumatherapeutisch engagierte Psychoanalytiker zunehmend auch mit Pathologien im Rahmen komplexer Traumafolgestörungen, insbesondere mit schweren dissoziativen Störungen. Die begrenzte Wirksamkeit herkömmlicher psychoanalytischer Interventionen veranlasste sie, sich – abseits des Mainstreams der Psychoanalyse – mit den Erkenntnissen der *Hypnotherapie* und den Beiträgen ihres Begründers Milton Erickson (Erickson 1980) auseinanderzusetzen. Sie integrierten nicht nur die von Erickson formulierten Prinzipien der positiven Suggestion und der Nutzung natürlicher positiver Trancezustände, sondern auch die in der hypnotherapeutischen Behandlungspraxis entwickelten ressourcenaktivierenden imaginativen Verfahren. In den USA war dies vor allem Richard Kluft (1991), in Deutschland waren es Luise Reddemann (2012) und Ulrich Sachsse (2009).

Reddemann (2012) entwickelte daraus den in Deutschland äußerst einflussreichen Ansatz der *„Psychodynamisch-imaginativen Traumatherapie"* (PITT). Der phasenorientierte Therapieansatz verbindet eine Fülle ressourcenaktivierender Techniken zur Förderung von Selbstheilungskräften mit einem psychoanalytischen Grundverständnis. Die heilenden Kräfte der Imagination sollen den Bildern der traumatischen Erfahrung kontrolliert eine Welt guter innerer Bilder entgegensetzen.

Das Konzept impliziert einen gegenüber der „klassischen" psychoanalytischen Behandlungstechnik veränderten therapeutischen Umgang mit den Phänomenen von Regression und Übertragung. Anders als bei dieser soll sich die Traumapathologie gerade *nicht* in einer regressiven Übertragungsbeziehung entfalten. An die Stelle der therapeutischen Beziehung als Medium zur Heilung tritt die „Arbeit mit dem inneren Kind", bei der ein erwachsener Persönlichkeitsanteil verletzte und traumatisierte kindliche Persönlichkeitsanteile nachbeelternd versorgt. Der Vorteil dieses Vorgehens besteht darin, dass regressive Bedürfnisse „auf der inneren Bühne" zugelassen werden können, ohne dass es zu einer Regression auf der Ebene der therapeutischen Beziehung kommen muss.

Mit der Programmatik „psychoanalytisch verstehen – systemisch denken – suggestiv intervenieren" hat Fürstenau (2007) die Integration suggestiver ressourcenaktivierender Interventionen in die psychodynamische Behandlungstechnik auch theoretisch zu fassen versucht.

10.4 Traumabedingte Störungen der Emotionsregulierung und der Begriff der Bindungs- und Beziehungstraumatisierung

> Gewalt in der Kindheit durchweg in einem Familienklima entstehen, das durch mangelnde Geborgenheit, elterliche Unzuverlässigkeit, zahlreiche Brüche von Bindungen und emotionale Vernachlässigung charakterisiert ist.

Angesichts der vielfach replizierten Befunde, dass Patienten mit schweren Persönlichkeitsstörungen in hohem Maße Kindheitstraumatisierungen aufweisen – bei der Borderline-Persönlichkeitsstörung in bis 80% der Fälle (Zanarini et al. 2002) – verschob sich der Fokus in der psychoanalytischen Theoriebildung zu diesen Störungsbildern. Stand bisher bei der Psychogenese die Bedeutung konstitutioneller Faktoren im Vordergrund (Kernberg 1983/2011), wurden nun traumatische Einflüsse stärker berücksichtigt (Sachsse 1995).

Die *Störungen der Emotionsregulierung* lassen sich unter dieser Perspektive so verstehen, dass Alltagsstimuli der Gegenwart unbewusst assoziativ mit traumatischen Erinnerungen verknüpft werden; das Gegenwartserleben wird durch die traumatischen Affekte der Vergangenheit emotional aufgeladen und erhält dadurch eine traumawertige Qualität.

Ähnliches gilt für die unter den Begriff der *„Alexithymie"* subsumierten Ich-Funktionsstörungen im Bereich der Affektwahrnehmung bei somatoformen Störungen und Somatisierungsstörungen (Krystal 1988), bei denen ebenfalls hohe Prävalenzraten von Kindheitstraumatisierungen gefunden wurden (Loewenstein u. Goodwin 1999; Imbierowicz u. Egle 2003; s. Kap. 23).

> **Merke**
> Die Forschung zu schweren Persönlichkeitsstörungen und somatoformen Störungen hat deutlich gemacht, dass Kindheitstraumatisierungen durch körperliche, sexuelle und emotionale

Dieser Sachverhalt hat psychoanalytisch orientierte Bindungs- und Entwicklungsforscher in zunehmendem Maße veranlasst, für die frühen Schädigungseinflüsse den Begriff der *Bindungs- und Beziehungstraumatisierung* vorzuschlagen (Schore 2007; Fonagy 2008). Allerdings wurde eine derartige Ausweitung des Traumabegriffs auf die bisher als Entwicklungspathologien bezeichneten Störungen auch kritisch beurteilt (Rudolf 2012).

Ungeachtet dieser terminologischen Fragen kann festgehalten werden, dass eine strukturorientierte Betrachtung defizitärer Ich-Funktionen (Rudolf 2013) nicht im Gegensatz zu einer traumaorientierten Betrachtung stehen muss; vielmehr dürfte die doppelte Perspektive dazu beitragen, der Komplexität besser gerecht zu werden.

10.5 Das Mentalisierungskonzept

Als eine spezielle, für das Verständnis traumatisierter Personen jedoch bedeutsame Ich-Funktion kann die Mentalisierungsfunktion betrachtet werden. Ein *entwicklungspsychologisches Modell zur Entstehung der Mentalisierungsfunktion* haben Fonagy et al. (2011) vorgelegt. Mentalisierung ist nach diesem Modell der mentale Prozess, durch den ein Individuum implizit oder explizit eigene oder fremde Verhaltensweisen als bedeutungsvoll auf der Basis von Absichten, Wünschen, Bedürfnissen, Gefühlen und Gedanken interpretiert.

10.5 Das Mentalisierungskonzept

Das Modell von Fonagy et al. (2011) kombiniert die psychoanalytische Idee der „Symbolisierung" oder „Symbolbildung" (Segal 1957) mit Befunden der Bindungsforschung und der Theory-of-Mind-Forschung (Premack u. Woodruff 1978). Der Begriff der Mentalisierung war bereits seit den 1960er Jahren von französischen Psychoanalytikern eingeführt worden, um die „pensée opératoire", d. h. die konkretistischen Denkstile, die Fantasiearmut und den Mangel an psychischen Repräsentanzen bei schweren psychosomatischen Erkrankungen zu beschreiben (Marty 1991; De M'Uzan 1994; Lecours u. Bouchard 1997). In der Tradition der psychoanalytischen Konzeptbildungen kann Mentalisierung als eine spezifische Form Symbolisierungsfähigkeit verstanden werden, wobei das Konzept Gedanken weiterführt, die schon in den Modellen des Möglichkeitsraums (Winnicott 1971) und der „Alpha-Funktion" (Bion 1962) angedacht worden waren. Bezogen auf das psychodynamische Traumaverständnis greift das Konzept die Beobachtung einer verminderten Fähigkeit von Traumaopfern auf, Erinnerungsspuren in Form mentaler Objektrepräsentanzen zu organisieren (Küchenhoff 1998).

Kerngedanke der Mentalisierungstheorie von Fonagy et al. (2011) ist die Annahme, dass sich die Mentalisierungsfunktion in einer sicheren Bindungsbeziehung entwickelt. Zwar ist der Prozess ihres Erwerbs biologisch-reifungsmäßig gebahnt, doch kann er durch bindungstraumatische Erfahrungen nachhaltig beeinträchtigt werden. Erst die „markierte" und kontingente Spiegelung der kindlichen mentalen Zustände durch eine Bezugsperson trägt dazu bei, dass bei dem heranwachsenden Kind ein Bewusstsein seiner emotionalen Zustände entsteht. Indem die Bezugsperson die affektiven Zustände des Kindes „markiert", d. h. langsam, in hoher Stimmlage und mit variierten Wiederholungen („Ammensprache"; Papousek u. Papousek 1995) als *seine* Affektzustände kenntlich und von *ihren eigenen* unterscheidbar macht, ermöglicht sie dem Kind ein Verständnis seiner inneren Erfahrung (Stern 1992; Fonagy et al. 2011).

Ein anderer Teil der Theorie betrifft die sich entwickelnde Fähigkeit, „mit der Realität zu spielen" (Fonagy u. Target 2001). Ab dem Alter von anderthalb Jahren nehmen die Autoren zwei Modalitäten an, zwischen denen das Kind oszilliert: den Als-ob-Modus („pretend mode") und den Modus psychischer Äquivalenz („psychic equivalence mode"). Im *Als-ob-Modus* spielt das Kind Interaktionen seiner Alltagswelt nach; es hat dabei jedoch immer ein intuitives Verständnis, dass es sich um ein Spiel handelt. Im *Äquivalenzmodus* erlebt das Kind hingegen seine Gedanken so, als seien sie mit der Realität identisch. Der Gedanke an ein ängstigendes Ereignis hat die gleiche ängstigende Wirkung wie das Ereignis selbst. Im *reflektierenden Modus*, der nicht vor dem vierten Lebensjahr verfügbar ist, kommt es zu einer Integration dieser Modi in der Weise, dass das Kind seine Gedanken und Gefühle als eine subjektive Reaktion auf die Realität verstehen kann. Es versteht, dass seine Gedanken zwar von der Realität beeinflusst werden, aber weder Abbilder derselben noch durch sie hervorgerufen sind.

Auch wenn nicht alle Teile der Mentalisierungstheorie bisher uneingeschränkte Akzeptanz gefunden haben, muss sie in jedem Falle als äußerst fruchtbar und stimulierend angesehen werden, da sie vielfältige neue Perspektiven eröffnet und wichtige Anregungen für die Interventionstechnik bei traumatisierten Patienten mit schweren Persönlichkeitsstörungen hervorgebracht hat. Die *klinische Implikation* des Konzepts betrifft den Umgang mit Schwankungen des Mentalisierungsniveaus bei Patienten mit unterschiedlichen Störungsbildern, vor allem aber Patienten mit schweren Persönlichkeitsstörungen und somatoformen Störungen. Eine an das Mentalisierungsniveau der Patienten angepasste Interventionsstrategie kann wesentlich dazu beitragen, die therapeutische Beziehung auch unter den Bedingungen eingeschränkter Mentalisierungsfunktion so zu gestalten, dass sie als hilfreich erlebt wird.

10.6 Bindungstraumatische Erfahrungen und nicht integrierte Selbstzustände

Bereits in der Frühzeit der Psychoanalyse waren Theorien formuliert worden, die eine Vielfalt von Selbstzuständen und ihre gelingende oder misslingende Integration in der normalen oder pathologischen Entwicklung beschreiben. Genannt seien hier die *„Theorie der Ich-Kerne"* (Glover 1932) und die *„Theorie der Ich-Zustände"* (Federn 1958). Wie auch in anderen Zusammenhängen wurden frühe psychoanalytische Konzeptionen, die lange in Vergessenheit geraten waren, erst viele Jahre später im Lichte moderner Forschung in ihrer Bedeutung neu entdeckt. Die Psychoanalytiker Watkins und Watkins (2012) haben, unter explizitem Bezug auf Glover und Federn, mit ihrer *Theorie der Ego-States* eine Konzeption geschaffen, die überwiegend außerhalb des Mainstreams der Psychoanalyse eine breite Rezeption erfuhr. Auch Bromberg (2001) hat die frühen Konzepte von Glover und Federn in seiner *Theorie des Selbst* als einer Multiplizität von Selbst-Objekt-Konfigurationen aufgegriffen.

Die entwicklungspsychologische Forschung lässt keinen Zweifel daran, dass die Persistenz getrennter Selbstzustände als eine Folge frühkindlicher Traumatisierungen und Deprivationserfahrungen im Bindungskontext anzusehen ist (Siegel 1999). Nur wenn widersprüchliche Selbstzustände mithilfe dissoziativer Mechanismen voneinander getrennt gehalten werden, ist ein Überleben unter bindungstraumatischen Lebensumständen möglich – jedoch um den Preis einer pathologisch veränderten inneren Repräsentanzenwelt. Dissoziative Mechanismen prägen auch das auf schwere Bindungstraumatisierungen verweisende unsicher-desorganisierte Bindungsmuster (Liotti 1999b). Die von Kernberg (2010) beschriebenen Wechsel zwischen Idealisierung und Entwertung und die raschen Änderungen der Stimmungslage von Patienten mit Borderline-Störungen lassen sich im Rahmen moderner Dissoziationstheorien durch den Wechsel dissoziativer Selbst-Zustände erklären (Howell 2005; Meares 2012).

Ein gerade von psychodynamisch orientierten Traumatherapeuten viel beachtetes Modell zum Verständnis der Identitätsprobleme von Patienten mit schweren Persönlichkeitsstörungen und dissoziativen Störungen ist die neurobiologisch fundierte *Theorie der Strukturellen Dissoziation der Persönlichkeit* (van der Hart et al. 2008). Die explizit auf Janet (1889) Bezug nehmende Theorie geht davon aus, dass traumatische Einflüsse die Integration psychobiologisch präformierter „Aktionssysteme" beeinträchtigen (Panksepp 1998). Wird das Bedrohungs-Verteidigungs-System durch anhaltende Misshandlungs- oder Vernachlässigungserfahrungen immer wieder aktiviert, gelingt eine Integration defensiver und alltagsorientierter Aktionssysteme nicht. Stattdessen sind die Aktionssysteme der Bedrohung und Verteidigung und diejenigen zur Bewältigung des Alltagslebens

„dissoziiert" und in alternierenden und kompetitiven Subsystemen der Persönlichkeit organisiert.

Trotz der Unterschiedlichkeit ihres theoretischen Hintergrundes haben die verschiedenen Modelle zu multiplen Selbstzuständen und die aus ihnen abgeleiteten Techniken der Arbeit mit „Persönlichkeitsanteilen" das Interventionsrepertoire psychodynamisch orientierter Therapeuten im Umgang mit nicht integrierten Persönlichkeitszuständen schwer traumatisierter Patienten wesentlich bereichert.

10.7 Therapiekonzeption zur Behandlung traumabedingter Persönlichkeitsstörungen

Eine phasenorientierte Therapiekonzeption, welche die neurobiologischen und psychotraumatologischen Befunde zu Entwicklungs- und Bindungstraumatisierungen aufgreift und mit einem psychodynamischen Beziehungsverständnis verbindet, ist die *Ressourcenbasierte Psychodynamische Therapie* (RPT) für traumabedingte Persönlichkeitsstörungen (Wöller 2013, 2014a).

Die Auswirkungen der schädigenden Beziehungs- und Bindungserfahrungen auf alle aktuellen Beziehungen machen, so die Grundannahme des Konzepts, ein psychodynamisches Beziehungsverständnis auf neurobiologischer, bindungstheoretischer und traumatherapeutischer Grundlage unverzichtbar. Als wichtige Ergänzung der psychodynamischen Perspektive beim Verständnis der maladaptiven Verhaltensmuster und der wechselnden Ich-Zustände der Patienten erweist sich dabei die *Theorie der Strukturellen Dissoziation der Persönlichkeit* (van der Hart et al. 2008).

Behandlungspraktisch ergänzen die Traumaperspektive und das Prinzip der Ressourcenaktivierung das herkömmliche psychodynamische Konflikt- und Strukturverständnis. Gerade weil persönlichkeitsgestörte Menschen durch den Sog ihrer negativen Emotionen nur schwer Zugang zu ihren Potenzialen und Kompetenzen finden, ist ein ressourcenaktivierendes Vorgehen von großem Vorteil. In dieser Hinsicht ist das Konzept der *Psychodynamisch-imaginativen Traumatherapie* (Reddemann 2012) verpflichtet. Ressourcenaktivierende Techniken können nicht nur durch die Aktivierung positiver emotionaler Zustände den Einfluss undifferenzierter negativer Affektzustände begrenzen, sie können auch im Rahmen strukturbezogener Psychotherapie (Rudolf 2013) die Arbeit an defizitären Ich-Funktionen unterstützen.

10.8 Zusammenfassung

Die aus der modernen Traumaforschung resultierenden Befunde haben dazu beigetragen, das Verständnis posttraumatischer Phänomene über die vertrauten psychoanalytischen Perspektiven hinaus zu erweitern und wertvolle traumaorientierte Interventionen unterschiedlicher Provenienz in die psychodynamische Behandlungspraxis zu integrieren.

Der faktisch vollzogenen Integration entspricht bisher jedoch nicht immer eine angemessene theoretische Integration in die psychodynamische Behandlungstheorie. Die anderen Therapieschulen entstammenden Elemente werden von vielen Psychodynamikern noch immer wie „Fremdkörper" im Gesamt der psychodynamischen Behandlungstechnik empfunden; anhaltende Kontroversen zur Frage, wie weit „fremde" Elemente die psychodynamische Behandlung durchsetzen dürfen, bestimmen bis heute die Diskussion.

Erste Versuche einer theoretischen Integration wurden bereits gemacht. Das Verdienst der Arbeitsgruppe von Fonagy ist es zweifellos, die psychoanalytische Theorie und die Bindungstheorie einander näher gebracht zu haben (Fonagy 2008). Größere Probleme der theoretischen Integration bestehen jedoch noch immer bei der Integration therapeutischer Methoden, die sich auf die Annahme einer veränderten Informationsverarbeitung stützen, und solchen, die sich auf dissoziierte Persönlichkeitszustände beziehen. Sowohl die Inkompatibilität der Theoriesprachen als auch das Fehlen angemessener psychodynamischer Modellbildungen stehen einer Integration bisher im Wege. In beiden Fällen lassen sich jedoch Anknüpfungspunkte in der frühen psychoanalytischen Theorieentwicklung finden (Freud 1895d/1977c).

Es kann eine lohnende Herausforderung sein, die theoretischen Lücken zu schließen und – in Anlehnung an bestehende Therapiemodelle anderer Therapieschulen – psychodynamische Modelle zu entwickeln, die zur Sprache der psychodynamischen Behandlungstechnik passen (Wöller 2014b). Eine solche Bemühung setzt allerdings zweierlei voraus: eine grundsätzliche Offenheit gegenüber Denkmodellen der Nachbarwissenschaften und zum anderen die Bereitschaft zur Integration von Therapieelementen anderer Therapieschulen in die psychodynamische Behandlungspraxis.

11 Die Auswirkungen von Vernachlässigung, Misshandlung, Missbrauch auf Körperbild und Selbstgefühl

Peter Joraschky und Karin Pöhlmann

Inhalt

11.1	Historische Hintergründe der Thematik	187
11.2	Körpergefühl und Selbstgefühl	188
11.3	Das implizite Körpergedächtnis und die Entwicklung des Körperselbst	189
	11.3.1 Berührungserfahrungen und der Aufbau der Körper- und Selbstgrenzen	190
11.4	Erhebungsmethoden der Störungen des Körpererlebens	190
	11.4.1 Fragebögen	190
	11.4.2 Das Körperepisoden-Interview	192
11.5	Empirische Untersuchungen zur Störung von Körperselbst und Selbstgefühl	192
11.6	Dissoziation im Körperselbst als Schutzmechanismus im Körpererleben	193
11.7	Störungen des Körpererlebens und Traumatisierung	193
11.8	Zusammenfassung	195

11.1 Historische Hintergründe der Thematik

Die Bedeutung des Körpergedächtnisses wie auch moderne traumatherapeutische Gesichtspunkte wurden vor allem von Ferenczi (1916/1917, 1964) vorgedacht. Es ist ein Verdient von Hirsch (2004), dies herausgearbeitet zu haben. *„Wenn man sich klar macht, dass Traumatisierungen sich immer auch gegen den Körper richten […] und dass Ferenczi mit den Konzepten der Körperdissoziation und des traumatischen ‚Körper'-Gedächtnisses die Befunde moder-*

ner Trauma- und Gedächtnisforschung in den Grundzügen vorwegnahm, kann man nur konstatieren, dass die Geschichte seine bahnbrechenden Gedanken bestätigt hat." (Hirsch 2004, S. 33)

„Der Schatten aufgegebener Objekte" (Freud 1895/1905e, 1981c) wird nicht nur auf den Körper projiziert, vielmehr zeigt die entwicklungspsychopathologische Stressforschung, dass die meisten frühkindlichen Belastungen direkt Beschädigungen des Körpererlebens in Form von körperlicher Vernachlässigung und Gewalt, taktiler Deprivation und/oder Überstimulation und Verletzung der körperlichen Schamgrenzen sind, die mit frühen emotionalen Vernachlässigungen meist Hand in Hand gehen. Die Modulation negativer Affekte wie Angst oder Schmerz findet in der frühen Entwicklung durch Beruhigung oder auch durch Unter- bzw. Überstimulation am Körper statt. Die Emotionsregulation, die intersubjektiv im körperlichen Austausch zwischen Eltern und Kind vermittelt wird, steht in engem Zusammenhang mit der Etablierung eines integrierten Körperselbstgefühls. Das beschädigte Körpererleben stellt in diesem Sinne eine *Grundstörung*, eine basale Vulnerabilität für spätere Selbstgefühlstörungen, dar. Umso erstaunlicher, dass bei der Diagnostik der Persönlichkeitsstörungen wie z. B. bei der Borderline-Persönlichkeitsstörung, wo die Traumatisierungen ein wichtiger ätiologischer Faktor sind, die Störung des Körpererlebens nicht als DSM-IV-Kriterium vorkommt. Auch in der Psychotherapie wird es nur unzureichend berücksichtigt (Joraschky et al. 2006).

11.2 Körpergefühl und Selbstgefühl

Definition

Das **Selbstgefühl** ist die Vorstellung, ein abgegrenztes, auf Andere bezogenes Wesen mit individuellen Gefühlen, Gedanken und Reaktionen zu sein, das bestimmte dauerhafte Eigenschaften hat.

Traumatisierte Patienten stellen in Selbstberichten ihr verzweifeltes Ringen um ein intaktes **Körpergefühl** dar. Gefühle der Verunstaltung in Kombination mit Depersonalisationsgefühlen, Leeregefühle mit Affektblockaden gehen insgesamt häufig mit einem quälenden Selbstgefühl einher, welches auch in den Therapien dieser Patienten eine zentrale Rolle spielt.

Wenn das Selbstgefühl desintegriert, stehen verschiedene Selbstzustände nebeneinander bzw. wechseln sich ab und können nicht zu einem kohärenten Selbstgefühl integriert werden. Auch die Bezugspersonen werden widersprüchlich geschildert, sodass man sich als Außenstehender von den Beziehungen der Patienten kein klares Bild machen und sich nur schwer in ihr Erleben hineinversetzen kann.

Diese inkongruenten Teile im Selbstgefühl aktivieren das *Schamgefühl*, welches als eine Funktion den Abbau der Inkongruenz hat. Das Ausmaß der Schamgefühle hängt davon ab, wie weit eine Passung der Widersprüche erzielt werden kann oder ob Inkompatibilitäten vorliegen, etwa ein perfektionistisches Normenbild von sich selbst, dem nicht integrierte Triebimpulse, z. B. aggressive Art, gegenüberstehen. Vor allem bei Traumatisierungen sehen wir häufig Patienten, die das Gefühl inkompatibler Fremdkörper im Selbstgefühl haben und sich im Sozialverhalten ständig reparativ um Integrität bemühen, entsprechend ständige Anerkennung von außen suchen müssen. Diese Selbstunterdrückung im Dienste der Anpassung ist sehr häufig zum Scheitern verdammt. In der Therapie, in der ein Ziel die Integration der Selbstanteile ist, spielt der Umgang mit den Schamaffekten eine zentrale Rolle (Joraschky et al. 2005).

> **Merke**
> Das gelungene Zusammenspiel zwischen Säugling und elterlichen Bezugspersonen wird mit dem Begriff der *„Feinfühligkeit"* beschrieben.

11.3 Das implizite Körpergedächtnis und die Entwicklung des Körperselbst

Seit 30 Jahren werden durch die empirische Säuglingsforschung (Übersicht s. Beebe u. Lachmann 2004; Geißler 2007) Interaktionsstudien vorgelegt, die heute für Forschungen zur Entwicklung von Emotions- und Selbstregulation grundlegend sind. Das Neugeborene ist mit basalen Fähigkeiten im Sinne interaktiver Kompetenzen ausgestattet, die sich offenbar evolutionär als vorteilhaft erwiesen haben. Im Rahmen der relationalen Betrachtung der Lebensprozesse geht Stern (1992) davon aus, dass am Beginn ein *ganzheitliches Erleben* steht, das auf Integration von Informationen aus unterschiedlichen Sinneskanälen fußt.

Das Baby erschließt sich ab dem dritten Monate schrittweise die „Welt der Kontakte", in der Erfahrungen gemacht werden mit Nähe und Distanz, mit körperlichen Positionierungen, mit wechselseitigem Erregungsniveau und wechselseitiger Kontrolle. Diese körperliche Regulation erfolgt auch im Dienst der eigenen körperlichen Bedürfnisbefriedigung (z. B. Streichel-, Kitzelspiele).

Diese impliziert, dass die Signale des Kindes richtig wahrgenommen und interpretiert werden, dass die Betreuungspersonen dem Entwicklungsstand des Kindes entsprechend reagieren und die Reaktionen zeitlich gut abgestimmt erfolgen. Das nonverbale Know-how umfasst die Fähigkeiten zum Aufbau einer guten rhythmischen Architektur im Handeln, von Augenkontakt und Berührungen (Downing 2004), die Fähigkeit, dem Kind die Führung zu überlassen, ablehnende kindliche Signale zu tolerieren und die Interaktion zu stoppen und zu begrenzen. Stern (1998) legt Wert darauf, dass die Austauschprozesse analog einem Musikstück nur über das Gesamte eine Wirkung haben und eine einzelne Note nichts aussagt: *„Wie der Erwachsene den Tanz, so erlebt der Säugling die soziale Welt in erster Linie als Welt der Vitalitätsaffekte, bevor sie sich zu einer Welt formaler Handlungen entwickelt."* (Stern 1998, S. 42)

Die *Entwicklung des Mentalen* geschieht nach psychoanalytischer Ansicht über den Körper als erstem Objekt (Gaddini 1998). Sensorisch ausgelöste Zustände bilden einen ersten mentalen Raum, der noch keine Struktur aufweist, über stufenweise Integrationsprozesse entstehen Fantasietätigkeit, Raum- und Zeitvorstellungen. In ihrer Theorie zur multiplen Codierung verbindet Bucci (1997) psychoanalytische, neurobiologische und informationstheoretische Konzepte. Wie Bucci (1997) gehen Säuglings- und Kleinkindforscher heute davon aus, dass Interaktionserfahrungen zunächst präsymbolisch repräsentiert werden, dass sie sich in Affektbereitschaften, in körperlichen Ausdrucksformen darstellen, bevor sie sprachlich und damit symbolisch zugeordnet werden können. Dieser Fortschritt zum Symbolischen erfolgt auf einer intersubjektiven Grundlage, immer in Beziehung zum anderen.

> **Merke**
>
> Klinisch bedeutet dies, dass das nicht sprachfähige Kind nach einem Objekt suchen muss, das in der Lage ist, die bedrohlichen körperlichen Zustände einzuordnen, ihnen Struktur zu geben, sie zu beruhigen.

11.3.1 Berührungserfahrungen und der Aufbau der Körper- und Selbstgrenzen

Aus Berührungserfahrungen resultiert das grundlegende Selbstgefühl. Die Haut als Kontakt- und Schutzorgan wird nach Anzieu (1991) im Austausch mit der mütterlichen Haut als „Haut-Ich" zum Kernbereich der Individuation. Abgesichert durch die lustvollen Komponenten des Kontaktspiels mit Anspannungs- und Entspannungsphasen wird die Haut ein Ort des *Zusammenhalts*.

Diese Containing-Funktion kann bei Störungen des Kontakts durch Unter- und Überstimulation bei körperlicher Vernachlässigung fundamental gestört werden. Die taktile Deprivation bewirkt Instabilität der **Abgrenzungssicherheit**, der **Selbstberuhigungsfähigkeit**, eine Störung der emotionalen Balance und kann als Vulnerabilitätsfaktor einen **Kernstörungsbereich** der Persönlichkeitsstörungen (s. Kap. 11.7 Fallbeispiel) bilden. Die Grundbalance der Emotionen kann gestört werden, was neben erhöhter Stressanfälligkeit auch für die Entwicklung des Selbstgefühls und der Selbstgrenzen besondere Bedeutung hat.

Die Stabilität der Körpergrenzen ist nicht allein durch die adäquate Antwort in der Interaktion mit dem Anderen, in der „perfekten Resonanz" zu sehen, sondern entwickelt sich auch durch den Unterschied, durch tolerable Frustration von emotionalen Bedürfnissen, wodurch die Emotionen markiert werden. Nach Stern (1992) wird die *Selbstkohärenz* auf körperliche Grenzenerfahrungen zurückgeführt. Stern spricht von der Selbstaffektivität, der Erfahrung, dass Gefühle zur eigenen Person gehören, und der Selbstgeschichtlichkeit, der Vorstellung einer Selbstkonstanz über die Zeit.

Berühren und Berührtwerden sind nicht zu trennen. Die Leib-Leib-Beziehung, die Merleau-Ponty (1964) **Zwischenleiblichkeit** nennt, bedeutet, dass ich in jeder Berührung mich selbst und gleichzeitig den Anderen spüre. Mimische sowie stimmliche Interaktionen sind neben der Berührung weitere affektive Modulatoren des Kontakts, klinisch relevant z. B. in der Interaktion des Kleinkindes mit Müttern, die an Depressionen, Ängsten oder Persönlichkeitsstörungen und Psychosen leiden.

11.4 Erhebungsmethoden der Störungen des Körpererlebens

Die komplexe Struktur unbewusster und bewusster Determinanten des Körpererlebens spiegelt sich in unterschiedlichen methodischen Zugangswegen (Übersicht s. Joraschky et al. 2009). Es soll im Folgenden nur kurz auf einige Methoden eingegangen werden, die sich klinisch bewährt haben.

11.4.1 Fragebögen

Da das Körpererleben sprachlich unzureichend erfasst werden kann, bieten Selbstbeschreibungsmethoden nur einen begrenz-

11.4 Erhebungsmethoden der Störungen des Körpererlebens

ten Zugang zum Körpererleben. Durch vorformulierte Äußerungen ist es jedoch möglich, im Sinne von Screeningverfahren die Körperakzeptanz, Unterkategorien des Körpererlebens, die häufig schamhaft besetzt und schwer formulierbar sind, einer individuellen Bewertung zugänglich zu machen (Übersicht s. Pöhlmann et al. 2008).

Vier im deutschen Sprachraum häufig verwendete mehrdimensionale Fragebögen, die generelle, situationsübergreifende Einstellungen der Person zu ihrem eigenen Körperbild messen, sind der *Fragebogen zum Körperbild* (FKB-20; Clement u. Löwe 1996), der *Fragebogen zur Beurteilung des eigenen Körpers* (FBeK; Strauß u. Richter-Appelt 1996), die *Frankfurter Körperkonzeptskalen* (FKKS; Deusinger 1998) und der *Dresdner Körperbildfragebogen* (DKB-35; Pöhlmann et al. 2008, 2014) (Tab. 11-1).

Merke
In klinischen wie auch in ersten empirischen Untersuchungen hat sich der Dresdner Körperbildfragebogen (DKB) als reliables und valides Instrument sowohl für die Querschnittsdiagnostik als auch für den Verlauf erwiesen.

Die Arbeiten von Dyer et al. (2013) weisen im DKB den kumulativen Einfluss von Traumatisierung durch sexuellen Missbrauch nach. Untergruppen von Borderline-Patienten mit und ohne Essstörungen zeigen differenzielle Ansprechbarkeit auf Psychotherapie. Wir konnten in unseren

Tab. 11-1 Instrumente zur Erfassung des Körperbildes

Instrument	Beschreibung
Dresdner Körperbildfragebogen (DKB-35)	Der Fragebogen von Pöhlmann et al. (2008, 2014) beinhaltet fünf Skalen, die Vitalität, Körperakzeptanz, Körpernarzissmus, Körperkontakt und sexuelle Erfüllung erfassen. Der Test ist in der klinischen Diagnostik und Verlaufsmessung sowie in der Grundlagenforschung einsetzbar.
Fragebogen zur Beurteilung des eigenen Körperbildes (FBeK)	Der Fragebogen von Strauß und Richter-Appelt (1996) umfasst drei Skalen, die die körperlichen Konstrukte Unsicherheit/Missempfinden, Attraktivität/Selbstvertrauen und Akzentuierung/Sensibilität erfassen.
Fragebogen zum Körperbild (FKB-20)	Der Fragebogen von Clement und Löwe (1966) dient der Diagnoseerfassung von Körperbildstörungen sowie von nicht klinischen subjektiven Aspekten des Körpererlebens. Er umfasst die beiden Skalen Ablehnende Körperbewertung (AKB) und Vitale Körperdynamik (VKD).
Frankfurter Körperkonzept-skalen (FKKS)	Das Inventar von Deusinger (1998) erfasst mit neun Skalen Körperkonzepte. Die vom FKKS untersuchten Körperkonzepte werden als Selbstkonzepte verstanden. Es sollen individuelle Einstellungen im Sinne von Kognitionen, Emotionen und Verhalten gegenüber dem eigenen Körper abgebildet werden.

Untersuchungen feststellen, dass insbesondere die Trias negative Berührungserfahrungen in der Skala Körperkontakt, negative Erfahrungen in der Skala Sexualität sowie geringe Körperakzeptanz eine *maligne Trias* für einen negativen Outcome bei persönlichkeitsgestörten wie komplex traumatisierten Patienten ist (s. Kap. 11.7 Fallbeispiel).

11.4.2 Das Körperepisoden-Interview

In Form bedeutsamer Körperepisoden werden für das subjektive Körpererleben relevante Faktoren erfasst, z. B. Erleben von Krankheit bzw. Verletzung, Umgang und Einstellungen bedeutsamer Bezugspersonen zum eigenen Körper. Patienten können zum Erleben vor dem Spiegel, in Schamsituationen wie auch in Situationen, in denen der Körper als angenehm erlebt wird, z. B. beim Baden, befragt werden. Das Erleben des Gehaltenwerdens in der Kindheit, körperliche Tröstungserfahrungen, lustvoller Hautkontakt, Essensrituale, Umgang mit Sinnlichkeit, Sexualität in der Familie sowie Selbstberuhigungs- und Entspannungsfähigkeit sind typische Themen.

Das Körperepisoden-Interview kann mittels Rating-Verfahren zum Körpererleben auf der Strukturachse nach OPD eingeschätzt werden (Küchenhoff u. Agarwalla 2013).

11.5 Empirische Untersuchungen zur Störung von Körperselbst und Selbstgefühl

Als „interne Repräsentation des eigenen Körpers" umfassen Körperkonzepte Einstellungen (Bewertung, Wahrnehmungsaspekte) und emotionale Aspekte gegenüber dem eigenen Körper. In Bezug auf das *Selbst* werden Körperkonzepte z. T. als eigene Selbstkonzepte aufgefasst, zum anderen aber auch als Aspekte, die sich prinzipiell vom Selbstkonzept unterscheiden, auch wenn sie eng miteinander verbunden sind (Cash u. Pruzinsky 1990). Es finden sich empirisch überwiegend positive hochkorrelierende Zusammenhänge zwischen Dimensionen des Körperkonzeptes und dem Selbstkonzept (Deusinger 1998).

Klinische Beobachtungen zeigen, dass vor allem Patientinnen mit frühkindlichen Belastungserfahrungen auffällige Störungen im Körpererleben haben. Die Patientinnen empfinden Hass und Ekel gegenüber dem Körper, können diesen als völlig getrennt von sich erleben, viele haben eine ausgeprägte Angst vor körperlichen Berührungen. Diese Störungen des Körpererlebens sind schon seit Langem Thema bei Essstörungen. Nur wenige Untersuchungen berücksichtigen erstaunlicherweise den Einfluss von traumatischen Erfahrungen in der Vorgeschichte auf Körperkonzepte (Waller et al. 1993; Schaaf u. McCanne 1994; Byram et al. 1995; Kulkoski u. Kilian 1997).

Die meisten empirischen Untersuchungen liegen zum sexuellen Missbrauch vor: Martin und Runtz (2002) fanden bei Studentinnen mit einer Vorgeschichte von sexuellem Missbrauch im Vergleich zu gleichaltrigen Nichtmissbrauchten größere Identitätsdefizite. Missbrauchte Frauen berichteten außerdem mehr Schwierigkeiten in Beziehungen, die Sexualität und Nähe beinhalteten.

Nur wenige Untersuchungen beziehen sich auf die Körpergrenzen, die durch grenzüberschreitende sexuelle oder aggressive Gewalt in ihrer Schutzfunktion destabilisiert oder zerstört werden. Betroffene suchen häufig Abkapselungen bis hin zum schizoiden Rückzug oder fast wahllos wirkende Nähekontakte, in denen sie wieder Gefahr laufen, Grenzen verletzt zu bekommen. Die Stabilität und Permeabilität der Körpergrenzen wurden vor allem mit dem Rorschach-Test bei traumatisierten Patienten erfasst (Joraschky u. Arnold 2009).

Haaf et al. (2001) beschreiben die ausgeprägten Störungen der Körperkonzepte bei Patienten mit Borderline-Persönlichkeitsstörungen, die die gestörten Körperkonzepte der Bulimikerinnen noch signifikant übertrafen. Auffällig war, dass der Einfluss von traumatischen Erfahrungen auf die Körperkonzepte sehr heterogen ist. Signifikant gestört sind vor allem die Skalen des Körperkontakts, der Sexualität, der Selbstakzeptanz des Körpers und der Akzeptanz des Körpers durch andere. 72 % der Patientinnen gaben einen sexuellen Missbrauch an. Es fand sich ein signifikanter Unterschied im Körperkontakt, nicht jedoch in der Sexualität und in der Körperakzeptanz. Dies weist darauf hin, dass die alleinige Betrachtung des sexuellen Missbrauchs im Hinblick auf die Körperakzeptanz und die Körperselbstkonzepte nicht ausreicht, sondern dass die Kombination der Körpervernachlässigung mit anderen Faktoren detaillierter erfasst werden muss.

11.6 Dissoziation im Körperselbst als Schutzmechanismus im Körpererleben

> **Merke**
> Die Oszillation von Körper-Haben und Leib-Sein ermöglicht es, dass ein akut erkrankter Körperbereich „objekthaft" verarbeitet wird. Damit wäre eine Abgrenzung zum Körper-Sein gelungen, es hilft dem Menschen, den erkrankten Körperbereich in die Verantwortung Anderer zu übergeben und z. B. medizinisch behandeln oder operieren zu lassen. In der Regel ist hierbei das Gesamtkörpererleben geschützt, selbst lebensbedrohliche Erkrankungen sind durch diese Fähigkeit des Isolierens, welches das Körperleben und die Integrität schützt, kontrollierbar. Bei länger bestehenden Belastungen mit Ängsten und/oder Schmerzen ist allerdings das Körpererleben oft nachhaltig in seiner Kohärenz bedroht. Eine längerfristige Isolierung des erkrankten und schmerzenden Körperbereichs gefährdet möglicherweise die Integration des gesamten Körpererlebens.

Diagnostisch ist bei Selbstgefühlsstörungen zu klären, inwieweit die Dissoziation im Körpererleben die Selbstregulation und damit den Selbstwert stabilisiert oder bereits als Schutzmechanismus versagt. Dies macht auch verständlich, dass selbst das Körpererleben massiv bedrohender Eingriffe wie Brustoperationen bei Mammakarzinom, Anus praeter oder Amputationen nur in 10–20 % zu depressiven Verarbeitungsstilen und negativem Körpererleben führt. Wir können hier von einer erfolgreichen Dissoziation als protektivem Faktor des Körperselbst sprechen (Borkenhagen 2000).

Anders ist dies bei einem vulnerablen Körperselbst durch frühe Emotionsregulationsstörungen und Traumatisierungen, wo die Dissoziation den gesamten Körper ausgrenzt oder die Dissoziation nicht in der Lage ist, das Körpererleben zu schützen, sodass hier basale Störungen der Körperakzeptanz sowie Desintegrationsprozesse erfolgen.

11.7 Störungen des Körpererlebens und Traumatisierung

Patienten mit komplex-traumatischen Störungen, Borderline-Störungen, sind heute in der stationären Psychotherapie, aufgrund ihrer Chronifizierungstendenz, eine wesentliche Klientel. Die Patienten sind in ihrer Selbstregulation hochvulnerabel, zeigen dies in ihrer Depressionsanfälligkeit, Suizidalität, Emotionsdysregulation, in Leeregefühlen und Angstzuständen (Remmel et al. 2006). Leitaffekte sind dabei Scham, Ekel und Selbsthass (Krause et al. 2006), Affekte, die in Verbindung mit der Körpergrenzregulation stehen. Neben den gestörten Körpergrenzen sind es vor allem die Dissoziationen des Körperselbst, die als Desintegrationsprozesse ausgeprägten Einfluss auf die Stabilität der Persönlichkeit haben. Daraus resultieren besondere Herausforderungen an die Therapie, denen sich neue Entwicklungen in der Körpertherapie traumatisierter Patienten stellen (Übersicht s. Vogt 2007; Trautmann-Voigt u. Voigt 2007).

Die Patientinnen zeigen überwiegend eine Vereinseitigung im Körpererleben auf eine funktional-objekthafte Dimension. Sie sind kaum noch zu einer Oszillation in ihrem Leib-Erleben in der Lage und können nur noch eingeschränkt in die Erlebensweise des Körpers als Subjekt eintauchen.

Fallbeispiel

Die 26-jährige Patientin R. leidet an einer ausgeprägten Bulimie und Borderline-Persönlichkeitsstörung mit massiven Selbstverletzungen. Nachdem im 16. Lebensjahr die Krankheit zunächst für zwei Jahre mit einer anorektischen Essstörung begann, wurde sie dann von einer Bulimie abgelöst. Die Patientin konnte vor zwei Jahren die Selbstverletzungen kontrollieren, hat jedoch bei Leeregefühlen suchtartige Brechzustände, die über Stunden anhalten und bei denen sie sich völlig verausgabt. Schließlich tritt darunter der Spannungsabfall ein und die Hocherregungszustände werden beendet.

Die Patientin beschreibt sich in der Kindheit als Nähe meidend, bei Verlassenheitsgefühlen hatte sie sich nicht tröstend in den Arm nehmen lassen. Wegen ihrer frühen Selbstständigkeit wurde sie gelobt. Im Sport hatte sie Erfolge als Judokämpferin.

Die Anorexie begann, als sie den Judosport mit 14 abbrach, weil sie nach einem Griff am Unterleib panische Angst hatte, sich nicht schützen zu können. Erst sehr spät in der Therapie konnte sie den sexuellen Missbrauch mit zwölf Jahren durch zwei Mitschüler, die sie vergewaltigten, bearbeiten. Mit 25 hat sie sich aus Torschlusspanik zum sexuellen Kontakt gezwungen, wodurch sie in dissoziative Zustände geriet und die Ekelanfälle sich verstärkten. Selbstberührungen waren ihr unmöglich, beim Duschen und Baden musste sie ihren Körper als Fremdkörper behandeln. Im Sitzen musste sie die Beine extrem verknotet halten, um die Körpergrenzen zu spüren, da sie ansonsten Angst hatte, dass ihr die Grenzen verschwimmen, was Dissoziationen auslöst.

Im Körperbildtest (DKB-35; Abb. 11-1) hatte sie massive negative Besetzungen der Problemzonen, sie schnitt sich in die Bauchdecke, Unterarme und Oberschenkel. An den einzelnen Körperzonen inszenierte sie im Sinne der Täter-Opfer-Thematik die Wendung von passiver Ohnmacht in aktive Kontrolle. Die Körperinszenierungen wiederholten auch die Missbrauchsszene und führten zu Fragmentierungserlebnissen, die durch Schneiden beendet wurden.

Befund nach stationärer Psychotherapie und dreijähriger ambulanter Nachbehandlung

Die Patientin konnte die Selbstverletzungen stoppen und die Impulsivität deutlich besser steuern. Sie hat ihr Studium erfolgreich abgeschlossen, einen kleinen Freundeskreis aufgebaut. Sie erfüllt nicht mehr die vollen Kriterien einer Borderline-Persönlichkeitsstörung. Geblieben ist eine hohe Vulnerabilität im Körperselbst. Sie sieht sich zu keiner Intimbeziehung in der Lage. Berührung wie auch Sexualität werden weiterhin konstant vermieden. Das Thema ignoriert sie im Gespräch. Während der stationären Therapie hatte sie 20 Stunden Kon-

11.8 Zusammenfassung

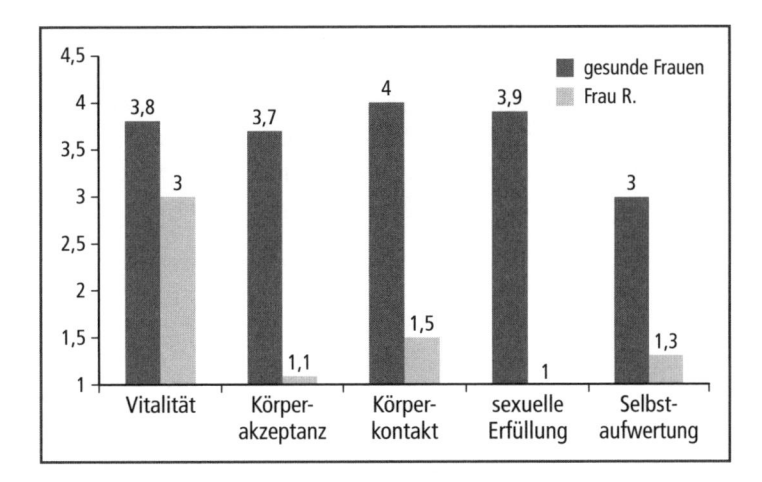

Abb. 11-1 Körpererleben (DKB-35) der Patientin R.

[Balkendiagramm: gesunde Frauen vs. Frau R.
- Vitalität: 3,8 / 3
- Körperakzeptanz: 3,7 / 1,1
- Körperkontakt: 4 / 1,5
- sexuelle Erfüllung: 3,9 / 1
- Selbstaufwertung: 3 / 1,3]

zentrative Bewegungstherapie sowie Yoga (Achtsamkeitstraining) und Feldenkrais. Sie konnte in der Körpertherapie vor allem über die Bewegung deutlich mehr Freude entwickeln und setzte dies auch in Freizeitaktivitäten motorisch fort, sodass sie sich insgesamt deutlich vitaler und die Körperaktivitäten positiver erlebte. Die Kontaktsensitivität blieb unverändert. Hier stellt sich die Frage, inwieweit ihr eine intensivere, länger dauernde körperorientierte Psychotherapie Fortschritte gebracht hätte. Obwohl in der psychodynamischen Psychotherapie viel Wert auf Affektdifferenzierung und Affekttoleranz gelegt wurde und auch das Körpererleben häufig Thema war, zeigte sich über die verbale Therapie keine entscheidende positive Beeinflussung.

Ähnlich wie bei der Patientin sahen wir diesen dargestellten Verlauf mit rigidem Körpererleben bei komplex posttraumatischen Patienten sehr häufig.

Zusammenfassend finden sich typische klinische Phänomene bei desintegrierten dissoziierten Körpererlebensformen (Joraschky et al. 2005):

- Inszenierungen der Deprivation und Überstimulierung an den Körpergrenzen, z. B. durch Schneiden, wobei sich Täter-Opfer-Konstellationen mit Penetration im Wechsel mit Vernachlässigung wiederholen
- Dissoziationen im Körpererleben können als „tote Zonen" und Fragmentierungen beschrieben werden (Plassmann 1989a; Übersicht und Fallbeispiele s. Joraschky u. Pöhlmann 2005)

11.8 Zusammenfassung

Forschungen im Bereich der frühkindlichen Belastungsfaktoren und Traumatisierungen lassen weitere Erkenntnisse über Vulnerabilitäts- und Resilienzfaktoren in der Entwicklung erwarten. Global lässt sich feststellen, dass etwa 10 % der Bevölkerung durch sogenannte Kindheitstraumatisierungen und Bindungstraumata belastet sind. Von ihnen hat mindestens ein Drittel massive Störungen im Körperselbst und damit eine erhöhte Vulnerabilität für Persönlichkeitsstörungen. Daran wird deutlich, dass vielfältige protektive Faktoren auch in der Entwicklung beachtet werden sollten.

Die neuen Forschungen im Bereich der Säuglings-, Emotions- und Selbstregulationsforschung stellen die große Bedeutung von Vulnerabilitätsfaktoren im Körpererleben für die Entwicklung psychosomatischer Erkrankungen dar. Die bessere Diagnostik des Körpererlebens und der emotionalen Dysregulationen hat für die Psychotherapie die Konsequenz, dass nonverbale Verfahren verstärkt in der Prävention von Dysregulation und die Kombination nonverbaler mit verbalen Verfahren zur Behandlung von komplexen Selbstregulationsstörungen entwickelt werden.

Diagnostische Aspekte

12 Standardisierte Verfahren zur retrospektiven Erfassung von Kindheitsbelastungen

Bernd Kappis und Jochen Hardt

Inhalt

12.1	Einleitung	199
12.2	Längsschnittstudien versus retrospektive Erfassung	200
12.3	Standardisierte Methoden zur retrospektiven Erfassung von Kindheitsbelastungen und Eltern-Kind-Beziehungen	201
	12.3.1 Interview-Verfahren	201
	12.3.2 Fragebogenverfahren	202
12.4	Beispiele für Interview-Verfahren	203
	12.4.1 CECA – Childhood Experience of Care and Abuse	204
	12.4.2 MSBA – Mainzer Strukturierte Biografische Anamnese	208
	12.4.3 CARI – Colorado Adolescent Rearing Interview	210
12.5	Beispiele für Selbstbeurteilungen (Fragebogen)	211
	12.5.1 CECA.Q – Childhood Experience of Care and Abuse Questionnaire	212
	12.5.2 CTQ – Childhood Trauma Questionnaire	212
	12.5.3 CTS – Conflict Tactics Scales	213
	12.5.4 FEB – Fragebogen zur elterlichen Bindung	214
	12.5.5 FEE – Fragebogen zum erinnerten elterlichen Erziehungsverhalten	214
	12.5.6 KFB – Kindheitsfragebogen	215
	12.5.7 ESI – Erziehungsstil-Inventar	216
12.6	Zusammenfassung	218

12.1 Einleitung

Als Kindheitsbelastungen werden hier insbesondere diejenigen Faktoren verstanden, für die ein negativer Einfluss auf die psycische und körperliche Gesundheit im Erwachsenenalter anzunehmen ist (eine Aufstellung findet sich in Kapitel 2). Verschiedene Verfahren erfassen hierbei sehr unterschiedliche Bereiche, die von dimensionalen Beschreibungen der Eltern-Kind-Beziehungen bis hin zum Vorliegen manifester Belastungen wie Vernachlässigung, Misshandlung oder sexuellem Missbrauch reichen.

Hierbei wird häufig eine retrospektive Erhebung der Kindheitsbelastungen vorgenommen, bei der die Befragten – in der Regel im Erwachsenenalter – Auskünfte über ihre Vergangenheit geben. Eine solche retrospektive Befragung ist mit spezifischen methodischen Problemen verbunden, die in diesem und im nächsten Kapitel erläutert werden.

Die Zahl der Erhebungsverfahren (insbesondere Fragebogen) zur Ursprungsfamilie, zu Kindheitsbelastungen und Eltern-Kind-Beziehungen oder Bindung ist groß und kann an dieser Stelle nicht umfassend beschrieben werden (für einen Überblick s. insbesondere Dix u. Gershoff 2001; Höger 2002; vgl. auch Melchert 1998; O'Leary 1999). Grundsätzlich werden zwei Arten von Befragungsmethoden, Interviews und Fragebogen, unterschieden. Obwohl sehr viele Fragebogenverfahren zu Kindheitsbelastungen vorliegen, wird im klinischen Bereich den Interviews im Allgemeinen der Vorzug gegeben.

An dieser Stelle sollen zunächst einige Vorüberlegungen zur retrospektiven Erhebung im Vergleich zu Längsschnittstudien von Kindheitserlebnissen dargestellt werden. Anschließend werden beispielhaft drei Interviews und sieben Fragebogen genauer erläutert.

12.2 Längsschnittstudien versus retrospektive Erfassung

Experimente zu Kindheitsbelastungen lassen sich aus ethischen Gründen nur an Tieren bzw. beim Menschen nur zu spezifischen Detailfragen durchführen. Das Rückgrat zur Interpretation aller Ergebnisse zu den Langzeitfolgen von Kindheitsbelastungen bilden daher die großen Längsschnittstudien (zusammenfassend s. Kap. 2), in denen gezeigt werden konnte, dass verschiedene Kindheitsbelastungen mit einer Reihe von Folgen im Erwachsenenalter assoziiert sind.

Doch auch in Längsschnittstudien bleibt die Frage nach der Kausalität streng genommen offen. Wenn sich in einer Untersuchung beispielsweise ein Zusammenhang zwischen Erziehungsrepräsentationen der Eltern und Persönlichkeitsmerkmalen der Kinder zeigt, wird eher vermutet, dass das Erziehungsverhalten die Persönlichkeit des Kindes beeinflusst hat und nicht umgekehrt die Persönlichkeitsmerkmale der Kinder das Verhalten der Eltern. Es sind aber auch wechselseitige Beeinflussungen vorstellbar: Elternverhalten kann z. B. durch die Belastung durch hyperaktive Kinder beeinflusst werden (Thomas et al. 1963). Weiterhin können nicht beobachtete Hintergrundvariablen für einen erfassten Zusammenhang verantwortlich sein, im oben genannten Beispiel läge eine Beteiligung gemeinsamer genetischer Veranlagung nahe (die auch in verschiedenen Studien nachgewiesen wurde; s. Dunn u. Plomin 1996).

Weiterhin besteht die Gefahr einer Konfundierung durch Drittvariablen. Dies betrifft alle nicht-experimentellen Studien; Längsschnittstudien zwar in geringerem Maße als Querschnittstudien, da durch die zeitliche Erstreckung der Erhebung ein Teil der konfundierenden Variablen entfällt, doch können Effekte durch Drittvariablen nicht sicher ausgeschlossen werden.

Ein genereller Nachteil von Längsschnittstudien ist der vergleichsweise hohe Aufwand. Zur Erforschung seltener Ereignisse wie beispielsweise des schweren sexuellen

12.3 Methoden zur Erfassung von Kindheitsbelastungen

Tab. 12-1 Vor und Nachteile von Quer- und Längsschnittstudien

Studienart	Vorteile	Nachteile
Querschnitt	• ökonomisch	• besondere Gefahr der Konfundierung durch Drittvariablen • Gefahr der kausalen Interpretation zufälliger Zusammenhänge
Längsschnitt	• keine (lange) Erinnerung notwendig • Befragung Dritter möglich • breite Erfassung der Folgen von Belastungen • Berücksichtigung von Alterseffekten	• aufwendig, lange Dauer, teuer • große Stichprobe notwendig, Drop-outs möglich • wenig Flexibilität bei abhängigen Variablen und Erhebungsverfahren • Konfundierung durch Drittvariablen möglich • Interventionen nötig

Missbrauchs und insbesondere der spezifischen Umstände dieser Ereignisse sind große Stichprobenumfänge erforderlich. Tabelle 12-1 zeigt eine Zusammenfassung der Vor- und Nachteile der unterschiedlichen Studiendesigns.

Zusammenfassend gibt es bisher keine optimale Längsschnittstudie zu den Langzeitfolgen von Kindheitsbelastungen, die alle genannten methodischen Erwägungen berücksichtigt. Der erforderliche organisatorische, zeitliche und finanzielle Aufwand, die Inflexibilität sowie spezifische Probleme bei der Befragung von Kindern und der Erfassung sozial unerwünschter Ereignisse lassen die Längsschnittstudie im Bereich der Kindheitsbelastungen bei genauerer Betrachtung nur noch bedingt als optimal erscheinen. Möglicherweise aus diesen Gründen basiert die Mehrzahl der Untersuchungen zu Kindheitsbelastungen auf rein retrospektiven Befragungen, die selbst aber mit weiteren methodischen Problemen behaftet sind. Diese beziehen sich insbesondere auf die Fragen, wie valide Erinnerungen an lange zurückliegende Ereignisse sein können und inwieweit die Erinnerungen mit aktuellen Stimmungen oder Erkrankungen zusammenhängen. Diese Aspekte werden ausführlich im Kapitel 13 dieses Buches besprochen.

An dieser Stelle sollen beispielhaft einige Verfahren zur retrospektiven Erfassung vorgestellt werden. Dabei haben wir den Schwerpunkt auf solche Verfahren gelegt, die in deutscher Sprache vorliegen.

12.3 Standardisierte Methoden zur retrospektiven Erfassung von Kindheitsbelastungen und Eltern-Kind-Beziehungen

12.3.1 Interview-Verfahren

Interview-Verfahren können
a) nach ihrem Strukturierungsgrad unterschieden werden und
b) danach, inwieweit die Urteilsabgabe beim Probanden oder beim Interviewer liegt.

Unstrukturierte Interviews („offene Interviews") zeigen in allen Bereichen, in denen Untersuchungen vorliegen, geringe Übereinstimmungen zwischen verschiedenen Interviewern (Miller 2001). Die wichtigste Ursache hierfür ist nicht die unterschiedliche Beurteilung einzelner Belastungsfaktoren, sondern die Tatsache, dass in bestimmten Interviewer-Interviewten-Dyaden manche Belastungsfaktoren überhaupt nicht angesprochen und dann fälschlicherweise als nicht vorhanden klassifiziert werden. Es ist ein offenbarer Unterschied, ob beispielsweise die Frage nach sexuellem Missbrauch in der Kindheit verneint oder ob sie nicht gestellt wurde. Im letzteren Fall wäre es ein Fehler, davon auszugehen, dass kein Missbrauch vorlag, denn nicht jeder trägt solche Erlebnisse von sich aus vor.

> **Merke**
>
> Aus diesem Grund sind zur Erfassung manifester Kindheitsbelastungen strukturierte oder semistrukturierte Interviews, die sich an einem vorgegebenen Leitfaden orientieren, zu empfehlen.

Liegt die Urteilsabgabe überwiegend bei den Befragten oder ordnen diese ihre Antworten selbst mehr oder weniger vorgegebenen Kategorien zu, erhält man Daten, die sich nicht wesentlich von Fragebogendaten unterscheiden. Der einzige Vorteil eines solchen Interviews gegenüber einem selbst auszufüllenden Fragebogen besteht dann darin, dass im Gespräch Missverständnisse und Unklarheiten beseitigt werden können. Liegt die Urteilsabgabe hingegen beim Interviewer, können die subjektiven Angaben durch gezieltes Nachfragen objektiviert werden. Die Gefahr falsch positiver Nennungen von Kindheitsbelastungen kann dadurch verringert werden. Dafür werden die Anforderungen an die Interviewer höher und deren personenspezifische Merkmale gewinnen an Relevanz. Auf die Nicht-Nennung von tatsächlich stattgefundenen Ereignissen wird der Interviewer insgesamt wenig Einfluss nehmen können.

12.3.2 Fragebogenverfahren

Anders als Interview-Verfahren zeichnen sich Fragebogen insbesondere durch ihre Ökonomie aus: Es werden keine trainierten Interviewer benötigt, eine Zeit- und damit Kostenersparnis ist evident, insbesondere wenn die Interviews auf Narrative der Befragten abstellen. Hinzu kommt, dass manche Befragten die „Anonymität" eines Fragebogens schätzen, gerade bei belastenden Themen. Dem stehen die Nachteile von Fragebogenerhebungen gegenüber, die insbesondere die Validität der Ergebnisse einschränken können. Die gelegentlich stärker den Fragebogenverfahren zugerechneten Fehlerquellen der Antworttendenzen (z. B. soziale Erwünschtheit oder Aggravation) und der beabsichtigten Falschantworten (z. B. Simulation oder Bagatellisierung) gelten für alle Selbstbeurteilungen, also auch für Antworten der Befragten in Interviewsituationen. Die Vor- und Nachteile der verschiedenen Erhebungsverfahren sind in Tabelle 12-2 dargestellt.

Es ist nicht unproblematisch, eine intime Frage wie die nach sexuellen Missbrauchserlebnissen in einer Befragung zu stellen. Daher gibt es Überlegungen, ob ein Survey, der solche Fragen enthält, besser in mündlicher oder in schriftlicher Form oder sogar per Internet durchgeführt werden sollte (eine telefonische Befragung gilt bei persönlichen Themen als wenig geeignet, die Teilnehmer fühlen sich möglicherweise überrumpelt und belästigt). Der mündlichen Form wird die höchste Validität zuge-

Tab. 12-2 Vor- und Nachteile von Interview und Fragebogen

	Vorteile	Nachteile
Interview	• Unklarheiten und Missverständnisse können im Gespräch ausgeräumt werden • meist vom Probanden bevorzugt, deshalb bessere Compliance	• aufwendig • Schulung der Interviewer notwendig • Interview-Situation als zusätzliche Fehlerquelle: z. B. Sympathie oder Antipathie
Fragebogen	• ökonomisch • „anonym" • objektive Durchführung	• Missverständnisse möglich • schlechtes Image

schrieben, da im Gespräch Unklarheiten beseitigt werden können. Die schriftliche Erhebung erlaubt hingegen, dass sich die Befragten über Art und Umfang der Fragen informieren, sodass sie keine unliebsamen Überraschungen befürchten müssen, wenn sie die Einstiegsfragen positiv beantworten. Martin et al. (1993) verglichen die Angaben einer schriftlichen Befragung an 500 Personen zu verschiedenen Schweregraden des sexuellen Missbrauchs mit denjenigen, die in einem darauffolgenden persönlichen Interview gemacht wurden. In einer sehr detaillierten Analyse zeigen sie auf, dass für ca. 80 % der Frauen die Angaben in beiden Befragungen übereinstimmen, während jeweils ca. 10 % der Missbrauchserlebnisse im Interview entweder als geringere Form des Missbrauchs/kein Missbrauch oder als schwerere Form eingeschätzt wurden, als die Probandinnen es in der schriftlichen Befragung angegeben hatten. Die Autoren bemerken, dass insbesondere Fälle ohne Körperkontakt zu diesen 20 % der Nicht-Übereinstimmungen gehören. Damit erscheint die schriftliche Befragung beim Thema sexueller Missbrauch der mündlichen in etwa ebenbürtig. Internetbefragungen zum Thema Kindheitsbelastungen wurden bisher noch nicht systematisch mit mündlichen oder schriftlichen Befragungen verglichen.

12.4 Beispiele für Interview-Verfahren

Das **Childhood Experience of Care and Abuse** (**CECA**; Bifulco et al. 1993, 1994, 2005) wird hier ausführlicher vorgestellt, weil daran exemplarisch deutlich wird, wie ein komplexer und scheinbar schwierig zu untersuchender Bereich der kindlichen Vernachlässigung und des Missbrauchs hochgradig strukturiert werden kann. Zusätzlich erfolgt im CECA eine sorgfältige Operationalisierung der Konstrukte durch ausführliche Beispiele.

Die anschließend vorgestellte **Mainzer Strukturierte Biografische Anamnese** (**MSBA**; Egle 1993; Egle u. Hardt 2004) ist ein deutschsprachiges Interview, das den Bereich der Kindheitsbelastungsfaktoren erfasst. Darüber hinaus erlaubt die MSBA eine Einordnung der Beschwerden in den lebensgeschichtlichen Kontext. Außerdem werden hierbei protektive Faktoren erhoben.

Schließlich stellt das **Colorado Adolescent Rearing Interview** (**CARI**; Crowley et al. 2003) ein Verfahren dar, das für den

Einsatz bei Kindern und Jugendlichen entwickelt wurde und dementsprechend eine kürzere Retrospektive beinhaltet. Mit dem CARI werden allerdings nur die Bereiche der Vernachlässigung, der körperlichen Misshandlung und des sexuellen Missbrauchs erfasst.

12.4.1 CECA – Childhood Experience of Care and Abuse

Das Childhood Experience of Care and Abuse (CECA; Bifulco et al. 1993, 1994, 2005; Brown et al. 2007; www.cecainterview.com) ist ein semistrukturiertes Interview für den Einsatz bei Erwachsenen, die Kindheitserlebnisse bis zum 17. Lebensjahr retrospektiv erinnern müssen. Es gibt zusätzlich eine Fragebogenversion (Bifulco et al. 2005). Eine deutsche Fassung von Interview und Fragebogen liegt von Kaess et al. (2011) vor (Kontakt: michael.kaess@med.uni-heidelberg.de).

Die Beurteilung der Probandenantworten liegt ausschließlich beim Interviewer. Das CECA fokussiert insbesondere auf Übergänge zwischen unterschiedlichen Lebenssituationen („transitions"), um diese einzelnen voneinander abgrenzbaren Lebenssituationen detailliert beschreiben zu können. Es stellt eines der Verfahren dar, die neben den Belastungen auch gleichzeitig positive Erfahrungen der Kindheit, also mögliche protektive Faktoren, berücksichtigen. Die Kindheit wird anhand eines Fragenkataloges exploriert, wobei ausdrücklich darauf hingewiesen wird, Narrative der Befragten zu berücksichtigen. Während des Gesprächs wird eine Ton-Aufnahme angefertigt, die zur nachträglichen Codierung der erhaltenen Information dient. Dies erfolgt, um dem Interviewer eine optimale Konzentration auf die Gesprächsführung zu ermöglichen. Die Interviewer werden angehalten, zu jedem Themenbereich möglichst mehrere Beispiele zu erfragen, um die entsprechenden Dimensionen zu codieren. Die Antworten werden in eine von mehreren – in der Regel vier – vorgegebenen Kategorien eingeordnet, z. B. 1: „trifft sehr stark zu" bis 4: „trifft gar nicht/kaum zu".

Das CECA wurde unter anderem in Problemfamilien im Süden Londons entwickelt, entsprechend sind die Kategorien so ausgebildet, dass sie eher schwere bis sehr schwere Belastungen abbilden. Beim sexuellen Missbrauch wird beispielsweise ein einmaliger Vorfall, selbst wenn er mit einer Penetration verbunden war, je nach den Umständen eher als moderat denn als schwer kategorisiert. Das Interview ist modular aufgebaut, d. h., es werden bei unterschiedlichen Familienverhältnissen und Belastungen unterschiedliche Fragen gestellt. Es liegt ein ausführliches Manual mit vielen Beispielen zur Codierung vor. Für die Durchführung des zentralen Teils des CECA werden 40 Minuten angegeben (Bifulco et al. 1993), die Codierung erfolgt beim Abhören der Aufnahme und dauert in etwa gleich lange.

Zu Beginn werden im CECA die Lebensumstände erfasst, unter denen der Proband aufgewachsen ist. Dies beinhaltet z. B. Tod oder Trennung der Eltern oder eigene Heimaufenthalte. Falls ein Proband seine Kindheit und Jugend in verschiedenen Haushalten verbrachte, werden alle Dimensionen für jeden Haushalt erfragt, in dem er mehr als ein Jahr lebte. Der Hauptteil erfasst die eigentlichen Kindheitsbelastungsfaktoren und grundlegenden Beziehungen zu den Erziehungspersonen und wird, falls es unterschiedliche Lebenssituationen gab (z. B. leibliche Eltern, Heimaufenthalte, Ersatzeltern), für jeden Lebensabschnitt getrennt durchgeführt. In einem dritten Teil können zusätzliche Informationen erhoben werden und im abschließenden Teil erfolgt

12.4 Beispiele für Interview-Verfahren

eine Zusammenfassung des Interviews. Die zentralen Dimensionen des CECA sind in Tabelle 12-3 dargestellt.

Unter der Dimension **Elterliche Antipathie** werden elterliche Kritik, Abneigung, Zurückweisung, Feindseligkeit oder Kälte gegenüber dem Kind erfasst. Hierbei wird Antipathie für jeden Elternteil und bei Bedarf für weitere Erziehungspersonen separat abgefragt. Antipathie des Kindes, die gegen die Eltern gerichtet ist, kann separat erfasst werden. Beispiele für die vier möglichen Antwortkategorien sind:
- Ausgeprägt: Versuch der Mutter, das Kind im Bad zu ertränken. Oder: Das Kind darf generell nicht ins Haus, wenn die Eltern fernsehen, weil es stört.
- Moderat: Ein Geschwister wird extrem und konsistent bevorzugt.
- Etwas: Launische, verletzende oder abwertende Bemerkungen.
- Kaum/gar nicht: Die Eltern zeigten niemals Ablehnung oder Abneigung.

Im Bereich **Elterliche Vernachlässigung** werden materielle wie emotionale Vernachlässigung der Bedürfnisse des Kindes erfasst, insbesondere missachtendes oder vernachlässigendes Verhalten der Eltern. Vernachlässigung wird für Mutter, Vater und insgesamt erhoben. Beispiele für die vier möglichen Antwortkategorien sind:
- Ausgeprägt: Komplette Vernachlässigung der grundlegenden kindlichen Bedürfnisse, beispielsweise wenn mehrere der folgende Situationen in der Regel zutreffen: ohne Essen in die Schule gehen, Geburtstage vergessen, Kleidung selbst in die Reinigung bringen.
- Moderat: Vorliegen grober Vernachlässigung, wenn aber gleichzeitig manche Bedürfnisse erfüllt waren (z. B. es gab immer ein Geburtstagsgeschenk).

Tab. 12-3 Die zentralen Dimensionen des CECA (Erläuterungen im Text; Übersetzung durch die Autoren)

- Elterliche Antipathie
- Elterliche Vernachlässigung
- Elterliche Kontrolle
    - Disziplin
    - Beaufsichtigung
- Familiäre Disharmonie und Gewalt
    - Zwietracht und Spannungen
    - Gewalt zwischen den Eltern
    - Nicht-personenbezogene Gewalt
- Körperliche Misshandlung
- Sexuelle Misshandlung/Missbrauch

- Etwas: Eine grobe Versorgung ist gegeben, aber bestimmte Bereiche bleiben vernachlässigt, z. B. fehlende Sorge und Fürsorge bei Erkrankungen oder Verletzungen.
- Kaum/gar nicht: In diesem Bereich sind keine besonderen Auffälligkeiten festzustellen.

Im Bereich der **Elterlichen Kontrolle** werden zwei Skalen unterschieden: *Disziplin* und *Beaufsichtigung*. Beide Skalen werden getrennt für Vater und Mutter sowie als Gesamteinschätzung erhoben.

Mit der Skala *Disziplin* wird das Ausmaß an elterlicher Strenge bewertet, das sich als vom Kind erlebte Freiheiten bzw. Einschränkungen ausdrückt. Es wird nach gesellschaftlichen Verhaltensweisen des Kindes (Betragen, Tischmanieren, Regeln und Pflichten im Haushalt, Kleidung, Umgang mit Freunden, Alkohol- und Nikotinkonsum) und deren Bewertung durch die Eltern gefragt, wobei insbesondere die Art und Weise des elterlichen Verhaltens bei der Durchsetzung der Regeln interessiert. Es stehen wieder vier Antwortkategorien zur Verfügung, wobei die vierte („variabel")

eher eine seltene und qualitative Beschreibung darstellt.
- Hoch: Übertriebene Strenge („Ich durfte niemals Widerworte geben").
- Moderat: Beschreibt ein angemessenes Maß an Disziplin und deren Durchsetzung bei gleichzeitiger Flexibilität.
- Lax: Eine Laissez-faire-Haltung, die bis hin zum Desinteresse geht („Meine Eltern haben mir nie etwas verboten, und wenn, habe ich es trotzdem gemacht").
- Variabel: Bei extrem inkonsistentem Erziehungsverhalten, also dem Wechsel zwischen übertriebener Strenge und laissez faire.

Mit der Skala *Beaufsichtigung* wird das Ausmaß an elterlicher Sorge für eine sichere und ungefährliche Lebensumwelt des Kindes erhoben. In übertriebener Kontrolle, die nur wenige Möglichkeiten für neue kindliche Erfahrungen lässt, kann sich ängstliches oder auch dominantes Elternverhalten abbilden. Andererseits kann eine fehlende Beaufsichtigung der kindlichen Aktivitäten zu ernsthaften Gefahren für das Kind führen. Fragen im Interview betreffen elterliche Beaufsichtigung von Kinderspiel, frühes Alleine-zu-Hause-lassen oder Restriktionen beim abendlichen Nach-Hause-Kommen. Beispiele für die vier Antwortkategorien sind:
- Hoch: Im Alter von 15 oder 16 Jahren haben die Eltern einen Nachbarn um Beaufsichtigung der Kinder gebeten. Ausgangszeit bis 24.00 Uhr bis zum Alter von 21 Jahren.
- Moderat: Das Kind ist in der Nacht nie alleine ohne Erziehungsperson. Als Teenager um 22.00 Uhr zu Hause sein müssen. Die Eltern wissen normalerweise, wo das Kind ist.
- Lax: Eltern arbeiten tagsüber und eine Betreuung ist nicht organisiert. Ein zehnjähriges Kind wird über Nacht alleine gelassen („Es schien so, als hätten sich die Eltern keine Sorgen um mich gemacht").
- Variabel: Inkonsistentes Verhalten der Eltern, extremer Wechsel zwischen strenger Überwachung und nachlässiger Handhabung von Sorgepflichten.

Familiäre Disharmonie und Gewalt bezieht sich in der Regel auf das Verhältnis zwischen den Eltern, aber auch Spannungen zwischen Eltern und Kind oder den Geschwistern werden erfasst. Drei Subskalen werden unterschieden: *Zwietracht und Spannungen* in der Familie, *Gewalt zwischen den Eltern* und *Nicht-personenbezogene Gewalt* zwischen den Eltern.

Zwietracht und Spannungen wird auf einer vierstufigen Skala erfasst und beschreibt chronisch disharmonische Familienverhältnisse:
- Ausgeprägt: Ständiger Streit und Auseinandersetzung, auch körperlicher Art, aber auch monatelanges Nicht-Miteinander-Sprechen.
- Moderat: Häufiger Streit, aber nicht jeden Tag. Gelegentliche körperliche Auseinandersetzungen.
- Etwas: Gelegentliche Auseinandersetzungen, aber nicht körperlicher Art.
- Kaum/gar nicht: Höchstens leichte Meinungsverschiedenheiten.

Das Ausmaß körperlicher Gewalttätigkeiten zwischen den Eltern wird mit der Skala *Gewalt zwischen den Eltern* separat erfasst. Die Antwortkategorien bedeuten:
- Schwer: Körperliche Auseinandersetzungen, die die Möglichkeit von schweren, multiplen bis hin zu lebensbedrohlichen Verletzungen beinhalten.
- Wesentlich: Beschreibt gewalttätige Auseinandersetzungen in einem Ausmaß,

12.4 Beispiele für Interview-Verfahren

das die Wahrscheinlichkeit von leichten oder mittelschweren Verletzungen, beispielsweise durch Schläge mit Gegenständen, beinhaltet.
- Mittelstark: Beispielsweise Schläge mit der Hand, die immerhin die Möglichkeit geringfügiger Verletzungen beinhalten.
- Mäßig: Körperliche Auseinandersetzungen, bei denen Verletzungen unwahrscheinlich sind.
- Gering: Leichter Klaps oder Schubs.

Nicht-personenbezogene Gewalt beschreibt Aggressionen, die sich gegen Dinge richten. Hierbei darf ein möglicher Schaden einer Person nicht vorkommen. Diese Form der Gewalt wird in vier Kategorien eingeteilt. Beispiele sind:
- Ausgeprägt: Zerschmettern von Mobiliar oder des Fernsehgerätes.
- Moderat: Herumwerfen schwerer oder teurer Gegenstände, Zerbrechen von Geschirr.
- Etwas: Herumwerfen von nicht wertvollen Gegenständen oder Essen, aber auch heftiges Türenschlagen.
- Kaum/gar nicht: Kein solches Ereignis.

Körperliche Misshandlungen betreffen alle Arten der körperlichen Gewalt gegen das Kind, die von Haushaltsangehörigen (in der Regel den Eltern) ausgeübt werden. Es werden sowohl einmalige als auch fortdauernde Gewalterfahrungen und deren Begleitumstände (Schwere, Dauer, Ausmaß der Bedrohung, Alter, Beziehung zum Täter, Involviertheit von öffentlichen Stellen, Bewältigung, Unterstützung, Gründe der Beendigung) dokumentiert. Eine Unterscheidung von „typischen" und „schlimmsten" Gewalterfahrungen kann vorgenommen werden. Die Einordnung der Patientenantworten erfolgt in fünf Stufen, die analog zur Gewalt zwischen den Eltern konzipiert sind. Hierbei zählen die Stufen vier und fünf nicht als körperliche Misshandlung. Beispiele sind:
- Schwer: Gewaltanwendung mit der Folge schwerer, multipler bis hin zu lebensbedrohlichen Verletzungen, vom Täter in Kauf genommen (Bedrohung mit einer Waffe oder einem Messer).
- Wesentlich: Gewaltanwendung mit hoher Wahrscheinlichkeit von Verletzungen, beispielsweise durch Schläge mit Gegenständen.
- Mittelstark: Beispielsweise Schläge mit der Hand, die immerhin die Möglichkeit geringfügiger Verletzungen beinhalten.
- Mäßig: Schläge, bei denen Verletzungen unwahrscheinlich sind (Pantoffel auf den Po oder Lineal auf die Hand schlagen).
- Gering: Leichter Klaps oder Schubs.

Gesondert von der Dimension Körperliche Misshandlung erfolgt die Erfassung der Dimension **Sexuelle Misshandlung/Missbrauch**. Sexueller Missbrauch beinhaltet unfreiwillige, sexuelle, körperliche Kontakte vor dem Alter von 17 Jahren (s. Definitionen des sexuellen Missbrauchs in Kap. 1). Der mögliche Täter kann, anders als bei der Skala „Körperliche Misshandlung", auch ein weiterer Verwandter oder Fremder sein, sexuelle Missbrauchshandlungen durch den Vater werden wegen des unterstellten Vertrauensbruchs als grundsätzlich belastender eingeschätzt. Wiederum werden einmalige und andauernde Missbrauchssituationen erfasst und das Ausmaß der Bedrohtheit dokumentiert. Exhibitionismus (durch eine fremde Person) oder Belästigungen durch obszöne Anrufe werden nicht als Missbrauch gewertet. Die Einordnung der Antworten erfolgt vierstufig und sollte die Häufigkeit des Missbrauchs ebenso berücksichtigen wie das Ausmaß der Gewalt,

die Bekanntheit des Missbrauchers und die Begleitumstände der Missbrauchssituation.
- Ausgeprägt: Vergewaltigung oder gewaltsam erzwungene Befriedigung.
- Moderat: Erzwungene, gegenseitige Berührungen.
- Etwas: Einmalige genitale Berührung, beispielsweise im Kino durch einen Fremden.
- Kaum/gar nicht: Kein solches Ereignis.

Die Autoren (Bifulco et al. 1994; Brown et al. 2007) berichten gute Werte für die Reliabilitäten und Validitäten der erfassten Dimensionen (Kappa > .78). Sie untersuchten hierzu verschiedene Stichproben in einem zweiten Interview bzw. befragten Geschwister. Aufgrund der geringen Größen der Teilstichproben wurde auf eine genaue Analyse der unterschiedlichen Angaben zu den verschiedenen Dimensionen verzichtet, da die Konfidenzintervalle der Schätzungen zu groß sind.

12.4.2 MSBA – Mainzer Strukturierte Biografische Anamnese

Die Mainzer Strukturierte Biografische Anamnese (MSBA; Egle 1993; Egle u. Hardt 2004) ist ein an Patienten mit psychischen und psychosomatischen Störungen entwickeltes Verfahren.

Ziel dieses stark strukturierten Interviews ist eine Dokumentation der Beschwerden und ihrer Entwicklung sowie deren Einordnung in den biografischen Kontext. Die Erfassung der Kindheitsbelastungsfaktoren stellt nur einen Teil der MSBA dar. Hintergrund des Interviews ist ein bio-psycho-soziales Krankheitsverständnis (Engel 1976).

Im Unterschied zum CECA, das auf unterschiedliche Lebenssituationen während der Kindheit und Jugend fokussiert, wird in der MSBA versucht, eine einheitliche Abbildung der gesamten Kindheit und Jugend (bis zum 14. Lebensjahr) zu entwickeln.

Die MSBA besteht aus zwei Teilen: dem eigentlichen *Interview-Heft*, welches nur für den Interviewer gedacht ist, und dem *Patientenbogen*, der während des Interviews vor dem Patienten liegt und in den dieser bei verschiedenen Fragen seine Antworten bzw. Einschätzungen einträgt. Das Prinzip des Interviews besteht darin, dass der Interviewer dem Patienten die vorgegebenen Fragen stellt (dieser Text ist fett gedruckt) und die Antworten des Patienten so lange hinterfragt und Beispiele nennen lässt, bis er sie einer der vorgegebenen Kategorien zuordnen kann. Keinesfalls sollten die vorgegebenen Kategorien den Patienten zur Auswahl vorgelesen werden, weil damit die Antworten verfälscht werden könnten.

Die MSBA ist so aufgebaut, dass sich ein normales, aber strukturiertes Patientengespräch ergibt, sofern alle Fragen der Reihenfolge nach gestellt werden. Alle Fragen zur Kindheit beziehen sich auf die Zeit von der Geburt bis zum Ende des 14. Lebensjahres. Die Fragen, die der Untersucher dem Patienten stellt, sind vorformuliert und gliedern sich in acht Abschnitte zuzüglich einem Vorgespräch (Tab. 12-4). Die Durchführungsdauer beträgt ca. 60 Minuten, kann aber in Einzelfällen auch länger sein. Bei Vorliegen vieler Kindheitsbelastungen und/oder einer umfangreichen Krankengeschichte sind manchmal zwei Gesprächstermine notwendig.

Die Erfassung der Belastungsfaktoren in Kindheit und Jugend erfolgt mit insgesamt 68 Fragen im Abschnitt 4, einzelne belastende Faktoren werden in den anderen Abschnitten erfragt. Zusätzlich zu den Kindheitsbelastungsfaktoren erfasst die MSBA auch protektive Faktoren, die zur Einschätzung des individuellen Belastungsscores

12.4 Beispiele für Interview-Verfahren

Tab. 12-4 Die Abschnitte der MSBA

Vorgespräch	Aufwärmphase, Angstabbau, Orientierung für den Patienten und den Interviewer; Dauer 3–5 Minuten
1. Beschwerdeentwicklung	Beschwerdeintensität und -dauer, bisherige Behandlungen, Klinikaufenthalte und Krankschreibungen
2. Symptomabklärung	Beschwerdelokalisation und -beschreibung, verstärkende und lindernde Faktoren, Medikation, andere Erkrankungen
3. Altanamnese	funktionelle Symptome, andere Beschwerden, Klinikaufenthalte als Kind
4. Entwicklung in Kindheit und Jugend	Belastungsfaktoren in Kindheit und Jugend, Krankheiten in der Familie, Familienatmosphäre
5. Jetzige Lebenssituation	Partnerbeziehung, familiäre Situation, soziale Unterstützung
6. Berufliche Situation	Arbeitsfähigkeit, berufliche Belastungen
7. Zusammenfassung	subjektives Verständnis der Beschwerden, Stimmung, Kontakt zur Umwelt
8. Einschätzung des Interviewers	Einschätzung des Patientenverhaltens während des Interviews

wichtig sein können. Die Belastungsfaktoren, die innerhalb der MSBA erhoben werden, können in fünf Gruppen geordnet werden, hinzu kommen die protektiven Faktoren:

- körperliche Belastungen als Kind
  - chronische Erkrankung oder körperliche Beeinträchtigung
  - Geburtskomplikationen
  - Krankenhausaufenthalte
- Belastungen im Zusammenhang mit den Eltern
  - Aufwachsen bei den (leiblichen) Eltern
  - Alter der Eltern bei der Geburt
  - längere Trennung vom Elternhaus/ Abwesenheit eines Elternteils
  - Tod eines Elternteils
  - Trennung oder Scheidung der Eltern
  - Krankheit oder Behinderung bei den Eltern
  - psychische Probleme/Schmerz/Sucht eines Elternteils
  - häufiger Streit oder Gewalt zwischen den Eltern
  - berufliche Situation im Elternhaus/ Verfügbarkeit der Mutter
  - finanzielle Situation im Elternhaus
  - Wohnsituation im Elternhaus
- familiäre Belastungsfaktoren
  - Anzahl Geschwister/Stellung in der Geschwisterreihe/Altersabstand
  - Krankheit oder Behinderung von Geschwistern
- selbst erlebte Belastungen
  - körperliche Gewalterfahrungen
  - Gefühl der körperlichen Bedrohtheit
  - sexueller Missbrauch
  - Entwertungen, Beschimpfungen

- physische Vernachlässigung
- fehlender Kontakt zu Gleichaltrigen
• emotionale Belastungen
  - Gefühl, als Kind unerwünscht zu sein
  - frühe Verantwortungsübernahme
• protektive Faktoren
  - zusätzliche Bezugspersonen
  - „Ersatzeltern"/Ersatzobjekt
  - Erfolg in der Schule/Schulabschluss (Intelligenz)
  - Lehrer/Lehrerin als emotionale Bezugsperson
  - Peergroups/Vereinszugehörigkeit
  - Temperament

Abbildung 12-1 zeigt ein Beispiel aus der MSBA, hier die Frage nach psychischen Störungen bei der Mutter. Links steht die Nummer der Frage (MSBA 416), die ebenso wie die Nummerierung der Antworten der späteren Datenverarbeitung dient. Der fett gedruckte Text kann vom Interviewer vorgelesen werden, der übrige Text dient der Erläuterung des Items. In diesem Beispiel wird zusätzlich der Beginn der „seelisch-nervlichen Probleme" in Kategorien erfasst. Die Antwortmöglichkeit „nicht abgeklärt" ist für diejenigen Fälle vorgesehen, in denen die Frage nicht gestellt wurde oder nicht hinreichend genau beantwortet werden konnte. Das Layout der MSBA ist so gestaltet, dass an vielen Stellen ausreichend Platz für individuelle Kommentare und Notizen ist.

In der klinischen Praxis empfiehlt sich eine qualitative Auswertung der erhobenen Informationen.

12.4.3 CARI – Colorado Adolescent Rearing Interview

Das Colorado Adolescent Rearing Interview (CARI; Crowley et al. 2003) ist für den Einsatz bei Kindern und Jugendlichen (13–19 Jahre) entwickelt. Dieses hochstrukturierte, nur englischsprachig verfügbare Interview untersucht mit 51 Fragen die folgenden drei Bereiche:
• Vernachlässigung
• emotionale/körperliche Misshandlung
• sexueller Missbrauch

Denken Sie bitte weiterhin an Ihre ersten 14 Lebensjahre zurück, Herr/Frau [Name]

MSBA 416
Litt Ihre Mutter während dieser Zeit unter seelisch-nervlichen Problemen
(z. B. Ängsten, Depressionen, Selbstmordgedanken, psychiatrischen Erkrankungen …)?

Versuchen Sie, das Ausmaß genauer zu ermitteln. Wenn eine nervenärztliche Behandlung stattgefunden hat, kann von einer relevanten Problematik ausgegangen werden. Wurde vom Hausarzt behandelt
(z. B. „Beruhigungsmittel"), klären Sie das Ausmaß der Problematik. War die Mutter lediglich „häufig gereizt" oder „oft traurig", ist das kein zwingender Hinweis auf eine psychische Störung. Hinweis: Patienten neigen in Bezug auf ihre Eltern eher zur Untertreibung als zur Übertreibung.

1		ja, Beginn vor dem 7. Lebensjahr
2		ja, Beginn zwischen dem 7. und 14. Lebensjahr
3		nein
8		nicht abgeklärt

Abb. 12-1 Beispielfrage aus der MSBA.

12.5 Beispiele für Selbstbeurteilungen (Fragebogen)

Bei positiven Antworten auf die Interviewfragen wird das jeweilige Ereignis mithilfe weiterer Dokumentationsbogen genauer erfragt und damit verifiziert. Die Dauer des Interviews wird mit 25–40 Minuten angegeben, die computergestützte Auswertung erfordert weitere Zeit.

Der Bereich **Vernachlässigung** umfasst 15 Fragen und erfragt körperliche, emotionale und erzieherische Aspekte. Beispiele[1] sind:

- „Hattest du immer passende Schuhe und Kleidung, die einigermaßen sauber waren?" (Frage 3)
- „Haben dich deine Eltern immer zur Schule geschickt und dafür gesorgt, dass du die Hausaufgaben machtest?" (Frage 9)

Im zweiten Bereich werden **emotionale** (8 Fragen) **und körperliche Misshandlungen** (13 Fragen) erhoben. Beispiele hierfür sind:

- „Gab es eine Zeit im Leben, in der ein Erwachsener aus der Familie dich fast täglich angeschrien, verflucht oder mit Worten bedroht hat?" (Frage 17)
- „Wurdest du jemals mit der Faust geschlagen?" (Frage 26)

Mit den letzten 14 Fragen wird der Bereich **sexueller Missbrauch** untersucht. Hierfür werden z. B. folgende Fragen eingesetzt:

- „Hat dir irgendwann jemand die Kleidung ausgezogen oder dich dazu aufgefordert, sodass er deine Brüste [nur bei Mädchen], Geschlechtsorgane oder den Po sehen konnte?" (Frage 40)
- „Hat jemand seine Geschlechtsteile an dir gerieben oder hatte Geschlechtsverkehr mit dir?" (Frage 45)

Durch Nachfragen werden dann die besonderen Umstände der entsprechenden Ereignisse ermittelt. Neben Häufigkeit und erstmaligem Auftreten der Ereignisse, die immer dokumentiert werden, werden für die Bereiche der körperlichen Misshandlung und des sexuellen Missbrauchs auch die Täter erfragt. Hierzu wird ein Blatt mit verschiedenen möglichen Tätern vorgelegt („Who did it? Card"), was die Beantwortung erleichtern kann. Zusätzlich wird das Verhalten anderer Bezugspersonen abgefragt. Beim sexuellen Missbrauch wird der Bezug zum Täter ebenso erhoben wie der Altersunterschied. Für alle dokumentierten Ereignisse wird insbesondere erfragt, ob sie unter Drogeneinnahme der Erziehungspersonen oder des Interviewten selbst stattfanden.

Das CARI ist mit genauen Anweisungen für den Interviewer und Kommentaren zu den einzelnen Fragen gut dokumentiert. Insgesamt erscheint uns dieses Interview geeignet für den klinischen Einsatz bei Kindern und Jugendlichen, weil es trotz relativ direkter Fragen nach den belastenden Ereignissen gleichzeitig Einfühlsamkeit in die jugendliche Lebenssituation erkennen lässt.

Eine deutsche Version des CARI liegt nicht vor. Eine elektronische Version und dazugehörige Hinweise können im Internet unter http://ibgwww.colorado.edu/cadd/a_drug/links/cari_home.html abgerufen werden.

12.5 Beispiele für Selbstbeurteilungen (Fragebogen)

An dieser Stelle werden exemplarisch einige Fragebogen vorgestellt, die gleichzeitig das Spektrum der vorhandenen Instrumente aufzeigen. Es reicht von der Erfassung manifester Traumatisierungen über Bindungs-

---

[1] Übersetzung durch die Autoren.

repräsentationen bis hin zu Erziehungsstilen der Eltern.

Von den Verfahren zur Beschreibung der Eltern-Kind-Beziehungen haben insbesondere das im Jahr 1979 vorgestellte **Parental Bonding Instrument** (PBI; Parker 1979) und das ein Jahr später erschienene **Egna Minnen Beträffende Uppfostran** (EMBU; Perris et al. 1980) international weite Verbreitung gefunden. Beide Verfahren zielen auf das erinnerte Verhalten der Eltern in der eigenen Kindheit und Jugend. Diejenigen Verfahren, die in der Tradition der Bindungsforschung stehen, können hier nicht besprochen werden. Strauß et al. (2002) liefern eine Zusammenstellung wichtiger Aspekte der klinischen Bindungsforschung.

12.5.1 CECA.Q – Childhood Experience of Care and Abuse Questionnaire

Aus den oben genannten ökonomischen Gründen wurde der Childhood Experience of Care and Abuse Questionnaire (CECA.Q) entwickelt, der im Sinne eines Screening-Instrumentes eingesetzt werden soll. Der Fragebogen erfasst vier CECA-Dimensionen (Smith et al. 2002):
- Körperliche Misshandlung
- Sexuelle Misshandlung/Missbrauch
- Elterliche Antipathie
- Elterliche Vernachlässigung

Die Fragen beziehen sich ebenso wie das CECA-Interview auf den Zeitraum bis zum 17. Lebensjahr. Für die Dimensionen *Körperliche Misshandlung* und *Sexuelle Misshandlung/Missbrauch* werden jeweils einleitende Fragen gestellt, die eine Missbrauchssituation überhaupt identifizieren sollen. Daran schließen sich detaillierte Fragen nach Art, Ausmaß, Häufigkeit und Begleitumständen an. Die Dimensionen *Elterliche Antipathie* und *Elterliche Vernachlässigung* werden mit jeweils acht Items erfragt und bilden jeweils einen Skalenwert.

Für Screening-Zwecke stellt der CECA.Q ein reliables und valides Selbstbeurteilungsinstrument dar. Eine deutsche Version liegt von Kaess et al. (2011) vor.

12.5.2 CTQ – Childhood Trauma Questionnaire

Der Childhood Trauma Questionnaire (CTQ; Bernstein et al. 1994; Bernstein u. Fink 1998) ist eines der am häufigsten verwendeten Verfahren zur Erfassung manifester Belastungen. Der Fragebogen liegt heute in einer Kurzform in verschiedenen Sprachen vor (Bernstein et al. 2003). Aus insgesamt 28 Items werden die die folgenden fünf Subskalen gebildet:
- emotionaler Missbrauch
- physischer Missbrauch
- sexueller Missbrauch
- emotionale Vernachlässigung
- physische Vernachlässigung

Mit *emotionalem Missbrauch* sind im CTQ überwiegend verbale Entwertungen gemeint, mit *physischem Missbrauch* klare Fälle von Misshandlung. Der *sexuelle Missbrauch* wird im CTQ eher weit gefasst, nicht alle Items sind konkret (z. B. „Ich glaube, ich wurde sexuell missbraucht"). Die *emotionale Vernachlässigung* kann als fehlende Wärme zusammengefasst werden, die *physische Vernachlässigung* umfasst Essen, Kleidung, Arztbesuche, Drogeneinnahme der Eltern.

Ursprünglich wurde eine 90-Item-Version verwendet, aus der mittels Faktorenanalysen die heutige (Lang-)Form mit 70 Items gebildet wurde.

Es liegen zwei ähnliche deutsche Adaptationen des CTQ vor, eine von Bader et al. (2009) und eine weitere von Wingenfeld et

12.5 Beispiele für Selbstbeurteilungen (Fragebogen)

al. (2010) bzw. Klinitzke et al. (2012). Sie zeigen ähnliche psychometrische Kennwerte wie das amerikanische Original, kritisch sind teilweise sehr hohe Korrelationen zwischen den Skalen.

12.5.3 CTS – Conflict Tactics Scales

Dieser auch in deutscher Sprache verfügbare Fragebogen enthält im amerikanischen Original 19 Items (Straus 1979b). In der deutschsprachigen Version (Wetzels 1997a) werden diejenigen zehn Items dargestellt, die die Subskalen „leichte Gewalterlebnisse" (Items 1–3) und „körperliche Misshandlung" (Items 4–10) bilden. Die Aussagen beschreiben Verhaltensweisen, die bei Streitigkeiten oder Auseinandersetzungen auftreten können, und sind nach Schwere der Aggression angeordnet. Der Wortlaut der Items ist in Tabelle 12-5 wiedergegeben.

Entwickelt wurde der Fragebogen, um Gewalt innerhalb von Partnerbeziehungen zu erheben, weswegen eine Anwendung mit dem Ziel der retrospektiven Erfassung *eigener kindlicher* Gewalterlebnisse von manchen Autoren als nicht unproblematisch angesehen wird. Weitere Kritikpunkte an der CTS sind die fehlende Berücksichtigung der hervorgerufenen Verletzungen und des Kontextes der Gewalthandlungen (Bock 2002).

Die Antworten erfassen, wie häufig eine Person diese Verhaltensweisen erfahren hat, die Codierungen reichen dabei in acht Stufen von „nie" bis zu „mehr als 20-mal im letzten Jahr". Je nach Ziel der Erhebung kann die Instruktion verändert sein und lauten: „Meine Eltern haben …". Die Items sind in den Formulierungen sehr konkret, sodass man von einer Augenscheinvalidität sprechen kann. Reliabilitätsanalysen werden mit der CTS in der Regel nicht durchgeführt, vielmehr wird bei Überschreiten eines Cut-off-Wertes (z. B. häufiger als „selten") die jeweilige Dimension als Vorhanden gewertet.

Eine Weiterentwicklung (**CTS2**; Straus et al. 1996) enthält 39 Items und berücksichtigt zusätzlich Verletzungsfolgen sowie die Dimension Sexuelle Gewalt. Straus und Michel-Smith (2014) führten eine Untersuchung an über 11 000 Studenten aus 15 Ländern durch und ermittelten mit dem CTS2 Gewalt in ca. 13 % der Familien, schwere Gewalt in ca. 7 %.

Eine weitere interessante Variante dieses Fragebogens besteht in der Eltern-Kind-Version (**CTSPC**; Straus et al. 1998), die mit

Tab. 12-5 Die Aussagen der CTS

	Familien- oder Haushaltsmitglieder haben bei Streit oder Auseinandersetzung …
1.	… mit einem Gegenstand nach mir geworfen.
2.	… mich hart angepackt oder gestoßen.
3.	… mir eine runtergehauen.
4.	… mich mit der Faust geschlagen, getreten oder gebissen.
5.	… mich mit einem Gegenstand geschlagen oder zu schlagen versucht.
6.	… mich geprügelt, zusammengeschlagen.
7.	… mich gewürgt.
8.	… mir absichtlich Verbrennungen oder Verbrühungen beigefügt.
9.	… mich mit einer Waffe, z. B. einem Messer oder einer Schusswaffe, bedroht.
10.	… eine Waffe, z. B. ein Messer oder eine Schusswaffe, gegen mich eingesetzt.

22 Items Eltern nach ihrem Verhalten gegenüber den Kindern fragt. Hierbei werden neben der körperlichen Gewalt auch Disziplinierungen (Erklärungen des Fehlverhaltens oder Wegschicken: „time-out"), psychische Misshandlungen (Anschreien oder Entwerten) und Vernachlässigung erhoben. Eine deutschsprachige Version der CTSPC liegt unseres Wissens nicht vor.

12.5.4 FEB – Fragebogen zur elterlichen Bindung

Der Fragebogen zur elterlichen Bindung (FEB; Lutz et al. 1995) ist die deutsche Übersetzung des **Parental Bonding Instrument** (**PBI**; Parker 1979).

Der Fragebogen erfasst mütterliche und väterliche **Fürsorge** („care") und **Kontrolle/Überbehütung** („overprotection"). Beide Dimensionen wurden auf Basis einer großen Anzahl Items (114 je Elternteil) faktorenanalytisch gewonnen und umfassen in der veröffentlichten Form 25 Items je Elternteil. Zu allen Items soll auf einer vierfach gestuften Skala geantwortet werden (trifft zu: gar nicht – eher nicht – eher – sehr).

Das PBI zeigt auch in der deutschen Version gute Kennwerte der Reliabilität und Validität. Beispiel-Items der Skalen, hier in der Formulierung für den Vater, sind:
- Fürsorge
  - „Mein Vater war warmherzig zu mir."
  - „Von meinem Vater bekam ich nicht die Hilfe, die ich mir gewünscht hätte." (wird invertiert)
- Kontrolle/Überbehütung
  - „Mein Vater wollte nicht, dass ich erwachsen werde."
  - „Mein Vater ermunterte mich, eigene Entscheidungen zu treffen." (wird invertiert)

Das PBI wurde mehrfach modifiziert (z. B. Gamsa 1987; Cubis et al. 1989; Gomez-Beneyto et al. 1993; Kendler 1996; Murphy et al. 1997; Parker et al. 1997b). Eine dieser Modifikationen ist das **Measure of Parenting Style** (**MOPS**; Parker et al. 1997a), das im Wesentlichen eine Erweiterung um die Dimension „Missbrauch" darstellt.

Das MOPS liegt als **Fragebogen dysfunktionaler elterlicher Beziehungsstile** (**FDEB**) auch auf Deutsch vor (Rumpold et al. 2002). Der FDEB besteht aus zweimal 15 Items, jeweils für Vater und Mutter, die vierstufig beantwortet werden sollen. Beispiele für die neue, zusätzliche Skala „Missbrauch" sind: „Mein Vater schlug und misshandelte mich", „Das Verhalten meines Vaters machte mich unsicher".

Ein weiterer Fragebogen, der ebenfalls auf dem PBI aufbaut, ist der **Fragebogen zu Erziehungseinstellungen und Erziehungspraktiken** (**FEPS**; Richter-Appelt et al. 2004). Hier werden mit insgesamt 58 Items die Skalen „Fürsorge", „Autonomie", „geringe Bestrafung" und „geringe materielle Belohnung" gebildet. Die konkreten Erziehungspraktiken sollen mit den beiden letztgenannten Skalen besser abgebildet werden. In einer aktuellen Untersuchung an 186 stationär behandelten alkoholabhängigen Erwachsenen konnte die faktorielle Struktur bestätigt werden (Lotzin et al. 2013).

12.5.5 FEE – Fragebogen zum erinnerten elterlichen Erziehungsverhalten

Der Fragebogen zum erinnerten elterlichen Erziehungsverhalten (FEE; Schumacher et al. 1999, 2000) ist eine gekürzte deutsche Version des international verbreiteten **EMBU (Egna Minnen Beträffende Upp-**

12.5 Beispiele für Selbstbeurteilungen (Fragebogen)

Tab. 12-6 Items des FEE-US

Skala	Item
Ablehnung und Strafe	• Wurden Sie von Ihrem Vater (Ihrer Mutter) hart bestraft, auch für Kleinigkeiten? • Kam es vor, dass Sie vom Vater (von der Mutter) ohne Grund Schläge bekamen?
Emotionale Wärme	• Wurden Sie von Ihrem Vater (Ihrer Mutter) getröstet, wenn Sie traurig waren? • Konnte Ihr Vater (Ihre Mutter) mit Ihnen schmusen?
Kontrolle und Überbehütung	• Versuchte Ihr Vater (Ihre Mutter) Sie anzutreiben, „Bester" zu werden? • Finden Sie, dass Ihr Vater (Ihre Mutter) übertrieben ängstlich war, dass Ihnen etwas zustoßen könnte?

fostran [deutsch: Meine Erinnerungen an die Erziehung]; Perris et al. 1980).

Hiermit wird retrospektiv das subjektiv wahrgenommene elterliche Erziehungsverhalten beurteilt. Der faktorenanalytisch entwickelte EMBU-Fragebogen enthält in seiner Originalform 81 Items, die vier Faktoren zugeordnet werden: Zurückweisung (Rejection), Emotionale Wärme (Emotional Warmth), Überbehütung (Overprotection) und Bevorzugung (Favouring Subject). In späteren Studien haben sich nur die ersten drei Faktoren als international replizierbar erwiesen (Arrindell et al. 1994). Der FEE enthält als Kurzform 24 Items, die auf vier Stufen von „nein, niemals" bis „ja, ständig" getrennt für Vater und Mutter beurteilt werden und damit 48 Antworten der Befragten ergeben. Es werden die folgenden drei Skalen gebildet:
• Ablehnung und Strafe
• Emotionale Wärme
• Kontrolle und Überbehütung

Der FEE ist psychometrisch sorgfältig untersucht und verfügt über gute Validität mit Normwerten, die auf großen repräsentativen Stichproben basieren (Lutz et al. 1995; Schumacher et al. 1999; Rumpold et al. 2002; Petrowski et al. 2009).

Seit Kurzem liegt eine gekürzte Screening-Version des FEE (**FEE-US**, ultra-short) vor (Petrowski et al. 2012). Der FEE-US fragt mit jeweils sechs Items väterliches und mütterliches Erziehungsverhalten ebenfalls mit vierstufigen Antworten ab und ergibt die gleichen drei Skalen wie die längere Version des Fragebogens. Die Items wurden faktorenanalytisch aus dem FEE ermittelt und könnten auch im klinischen Interview als Screening-Fragen eingesetzt werden (Tab. 12-6).

12.5.6 KFB – Kindheitsfragebogen

Ein im Vergleich zu den genannten Instrumenten stärker differenziertes Bild der Eltern-Kind-Beziehungen liefert der Kindheitsfragebogen (KFB; Engfer 1997; Hardt et al. 2003). Mit diesem Fragebogen werden die Dimensionen
• Liebe,
• Strafe,
• Bagatellisierung des Strafverhaltens,

- Kontrolle,
- Ehrgeiz,
- Rollenvorbild,
- Rollenumkehr

sowie bei Vorhandensein von Geschwistern
- die Geschwisterrivalität

vonseiten beider Elternteile erfasst. Beispiel-Items finden sich in Tabelle 12-7. Teilweise ähneln die in diesem Fragebogen operationalisierten Konzepte den Skalen anderer Fragebögen zu Eltern-Kind-Beziehungen. Darüber hinaus werden aber auch Gefühlsqualitäten in der Beziehung zu Vater und Mutter erfasst, die man im „Adult Attachment Interview" (deutsch: Main u. Goldwyn 1984; Gloger-Tippelt, 2001b) anhand qualitativen Interviewmaterials sehr viel aufwendiger zu eruieren versucht.

Der Kindheitsfragebogen gliedert sich in drei Teile, die Mutter, Vater und Elternhaus während Kindheit und Jugend betreffen. Aus insgesamt 128 Items werden 20 Skalen gebildet. Die Aussagen zur Beziehung zu beiden Elternteilen sind identisch formuliert. Die Skalen beinhalten Erinnerungen an das Verhalten der Eltern (z. B. Item 9: „Meine Mutter war immer sehr liebevoll zu mir") sowie das Gefühl, dass die Probanden zu diesem Verhalten erinnern (z. B. Item 2: „Ich fühlte mich von meiner Mutter oft ungerecht bestraft"). Außerdem sind Bewertungen enthalten (z. B. Item 32: „Wirkliche Liebe habe ich von meiner Mutter nicht erfahren"). In die Beurteilung der Kindheitsbeziehungen gehen damit auch Erfahrungen des Erwachsenen ein, beispielsweise darüber, was „wirkliche Liebe" ist. Dennoch scheinen sich diese Perspektiven zu ergänzen, denn die Skalen weisen fast alle hohe interne Konsistenzen auf. Die Skalen zur Beschreibung des Elternhauses sind „glückliche Kindheit", „soziale Unterstützung von außerhalb des Elternhauses", „Ehe der Eltern" und „sozioökonomischer Status" der Ursprungsfamilie.

Die Skalen des KFB weisen durchweg plausible Interkorrelationen auf. Beispielsweise zeigen die Skalen „Liebe" und „Strafe" Korrelationen von $r = .69$ für die Mutter und $r = .66$ für den Vater. Das Erziehungsverhalten von Müttern und Vätern wird demnach ähnlich, aber nicht als identisch beschrieben. Die Korrelationen zwischen gleichen Skalen für Mütter und Väter liegen zwischen $.32 < = r < = .56$ (Hardt et al. 2003). Weiterhin zeigen sich geschlechtsspezifische Charakteristika. Beispielsweise ist die wahrgenommene Liebe bei Müttern größer als bei Vätern, dies wird insbesondere von Jungen berichtet (Hardt et al. 2011). Eine Dimension des KFB zeigte sich in besonderer Weise mit Langzeitfolgen assoziiert: die Rollenumkehr. Probanden, die hohe Werte der „Rollenumkehr – Mutter" in Kindheit und Jugend berichten, zeigten drastisch erhöhte Werte für depressive Symptome im Erwachsenenalter (Schier et al. 2011).

Es liegt eine Kurzform des Kindheitsfragebogens vor, die mütterliche und väterliche Liebe, Kontrolle, Rollenumkehr und Ehrgeiz erfasst (Hardt et al. 2012).

12.5.7 ESI – Erziehungsstil-Inventar

Für die Anwendung bei Kindern und Jugendlichen gibt es im Deutschen auch das Erziehungsstil-Inventar (ESI; Krohne u. Pulsack 1995). Das ESI wurde in Anlehnung an das Zwei-Prozess-Modell elterlicher Erziehungswirkungen auf die Entwicklung von Angst und Angstbewältigungsstrategien entwickelt. Danach hängt das Ausmaß erlebter Angst beim Kind wesentlich von Stärke und Häufigkeit der elterlichen Rückmeldungen (Lob und Strafe) sowie deren Konsistenz ab (Krohne 1985).

12.5 Beispiele für Selbstbeurteilungen (Fragebogen)

Tab. 12-7 Die Skalen des KFB zur Beschreibung der Beziehung zur Mutter, zum Vater und des Elternhauses

Skala		n	Beispiel-Item(s) (Item-Nr. und Polung ±)
1	Wahrgenommene Vaterliebe	9	Mein Vater[a] war sehr liebevoll zu mir (9+)[a]. Wirkliche Liebe habe ich von meinem Vater nicht erfahren (32−)[b].
2	Strafe durch den Vater	9	Ich fühlte mich von meinem Vater oft ungerecht bestraft (2+). Mein Vater hat viel mit mir geschimpft (21+).
3	Rollenvorbild des Vaters	4	Ich will nie so werden wie mein Vater (7−). Mein Vater ist mir bis heute ein Vorbild (27+).
4	Bagatellisierung des väterlichen Strafverhaltens	3	Wenn mich mein Vater bestraft hat, so hatte ich das auch wirklich verdient (49+).
5	Väterlicher Ehrgeiz	6	Mein Vater wollte unbedingt, dass ich es zu etwas bringe (16+).
6	Rollenumkehr Vater	5	Ich fühlte mich oft für meinen Vater verantwortlich (5+). Ich war der Seelentröster meines Vaters (19+).
7	Väterliche Kontrolle	7	Mein Vater hat mir seinen Willen aufgezwungen (14+). Ich musste genauso sein, wie mein Vater sich das vorstellte (24+).
8	Geschwister-Rivalität (Vater)	3	Ich fühlte mich als Kind häufig zurückgesetzt, weil mein Vater meine Schwester oder meinen Bruder vorzog (8+).
E1	Ehe der Eltern	6	Meine Eltern führten eine sehr glückliche Ehe (1+). Meine Eltern hätten im Grunde nicht heiraten sollen (20−).
E2	Sozioökonomischer Status	4	Ich stamme aus einer Familie mit hohem sozialem Ansehen (2+). In meiner Familie war das Geld recht knapp (4−).
E3	Soziale Unterstützung	3	Außer meinen Eltern gab es andere erwachsene Personen, die für mich besonders wichtig waren (3+).
E4	Glückliche Kindheit	6	Meine Kindheit war glücklich und unbeschwert (5+). Wir Geschwister haben immer zusammengehalten (17+).

n = Anzahl Items; [a] = die Items zur Mutter sind analog formuliert; [b] = wird invertiert

Mithilfe des ESI können die folgenden sechs Dimensionen des elterlichen Verhaltens erfasst werden:
- Unterstützung
- Einschränkung
- Lob (positive Rückmeldung)
- Tadel
- Inkonsistenz
- Strafintensität

Die insgesamt 65 Items liegen in einer Vater- und Mutterversion vor. Das ESI ist normiert für Kinder und Jugendliche von acht bis 16 Jahren.

12.6 Zusammenfassung

Für die Erfassung von Kindheitsbelastungsfaktoren liegen heute verschiedene standardisierte Verfahren vor. Sie reichen von einfachen Fragebogen bis zu hochstrukturierten Interviews.

> **Merke**
> Die Gütekriterien der Verfahren sind zumeist ausreichend, sodass von einem nichtstandardisierten Vorgehen abgeraten wird.

In der Praxis wird es je nach individueller Situation und Fragestellung verschiedene Vorgehensweisen geben:
Interessieren stärker die manifesten Belastungsfaktoren wie Misshandlung und Missbrauch (z. B. bei gezielten Fragestellungen eines Jugendamtes oder einer Beratungsstelle), ist ein erster Schritt der Einsatz eines Fragebogens. Hierbei ist die **Conflict Tactics Scale (CTS)** der derzeit einzige deutschsprachige Bogen, mit dem Gewaltverhalten erfasst werden kann.

> **Merke**
> Grundsätzlich empfehlen wir das persönliche Gespräch mit den Betroffenen.

Bei individuellen Befundungen sind in einer direkten Interaktion viele Fehlerquellen, die beim Einsatz von Fragebogen bestehen, ausgeräumt, wenngleich neue Probleme entstehen können. Ein Gespräch über Belastungen in der Kindheit und Jugend setzt eine vertrauensvolle Beziehung zwischen den Gesprächspartnern voraus. Eine Befragung „zwischen Tür und Angel" ist hierfür ebenso wenig geeignet wie ein unstrukturiertes Gespräch. In klinischen Settings und auch in anderen Einrichtungen kann bei ausreichend gut etablierter Beziehung zum Betroffenen ein strukturiertes Interview helfen, weite Bereiche der möglichen belastenden Erlebnisse in der Kindheit zu eruieren. Hierfür bietet sich die deutschsprachige **Mainzer Strukturierte Biografische Anamnese (MSBA)** an, die neben Belastungs- und protektiven Faktoren auch weitere wichtige anamnestische Informationen erhebt. Bei Forschungsfragestellungen können Fragebogen hingegen eine ökonomische Alternative darstellen.

13 Können Kindheitsbelastungen retrospektiv bei Erwachsenen erfasst werden?

Jochen Hardt

Inhalt

13.1 Kritik der retrospektiven Erfassung 219
    13.1.1 Funktionen des Gedächtnisses 221

13.2 Empirische Untersuchungen zur retrospektiven Erfassung
von Kindheitsbelastungen 223
    13.2.1 Sexueller Missbrauch 224
    13.2.2 Körperliche Misshandlung 231
    13.2.3 Vernachlässigung 233
    13.2.4 Chronische familiäre Disharmonie 234
    13.2.5 Demografische und sozioökonomische Merkmale 235

13.3 Zusammenfassung 237

13.1 Kritik der retrospektiven Erfassung

„So ist die Geschichte also eine Erinnerung an eine Erinnerung, allerdings an eine falsche. Viele echte Erinnerungen sind zweifellos von derselben Art" (Piaget 1975, S. 240 f.).

Der berühmte Entwicklungspsychologe Jean Piaget berichtet von einer seiner frühesten Erinnerungen. Er erinnerte sich – wie er schreibt, mit großer visueller Genauigkeit –, dass er im zweiten Lebensjahr von einem Mann überfallen wurde, während er im Kinderwagen von seiner Amme über die Champs-Elysées geschoben wurde. Die Amme wehrte sich tapfer und trug Kratzer im Gesicht davon, bis ein Polizist erschien und der Mann flüchtete. Als Piaget 15 Jahre alt war, gestand die Amme den Eltern in einem Brief, dass sie diese Geschichte erfunden und sich die Kratzer selbst zugefügt hatte. Piaget formuliert:

Gleichermaßen kritisch wurde die retrospektive Befragung zu Kindheitsbelastungen in ersten wissenschaftlichen Arbeiten angesehen (Yarrow et al. 1970; Bower 1981). Hier wurden retrospektive Berichte Erwachsener über ihre Kindheit mit denjenigen von Sozialarbeitern, Lehrern oder Eltern aus der damaligen Zeit verglichen. Die Ergebnisse fielen katastrophal aus, für die meisten erfragten Aspekte gab es kaum Übereinstimmung zwischen retrospektiver

Befragung und den Berichten der damaligen Zeit. Auch neuere Studien mit diesem Design zeigen z. T. kaum Übereinstimmung der beiden Formen der Erfassung (Widom 1997; Offer et al. 2000; White et al. 2007). Die nahe liegende Schlussfolgerung war, dass die retrospektive Befragung verzerrte Ergebnisse liefert. Neben zufälligen Fehlern wurde insbesondere befürchtet, dass es ein systematisches Bias gibt, d. h. dass diejenigen Probanden, die im Erwachsenenalter Probleme haben, vermehrt über negative Ereignisse in der Kindheit berichten (McBeth et al. 2001; Raphael et al. 2004; Widom et al. 2004). Zusammenhänge zwischen Kindheitsbelastungen und Problemen im Erwachsenenalter wären demnach nicht in dem Sinne zu interpretieren, dass die Kindheitsbelastungen Ursache der später auftretenden Störungen sind, sondern der Zusammenhang ein Artefakt der retrospektiven Befragung darstellt.

Die genannten Studien beinhalten jedoch drei Probleme, welche die fehlende Übereinstimmung erklären könnten:

1. Es werden Daten von verschiedenen Personen verglichen. In der retrospektiven Befragung berichten die Probanden über ihre Kindheit, während man bei den zeitgenössischen Berichten auf Eltern oder Sozialarbeiter zurückgreift. Das erscheint logisch, denn insbesondere die Befragung kleiner Kinder ist problematisch. Achenbach zeigte aber bereits 1987, dass die Übereinstimmung zwischen Selbstbericht und demjenigen von Eltern, Lehrern oder Sozialarbeitern gering ist, die Korrelationen liegen für zeitnahe Erfassungen nur im Bereich von $r = .25$ (Achenbach et al. 1987). Dass größere Zeitfenster den Zusammenhang noch geringer werden lassen, erscheint nahe liegend (Durrett et al. 2004).

2. In mehreren Studien wurden unterschiedliche Formulierungen für die zeitgenössische und die retrospektive Befragung verwendet. Auch das erscheint zunächst logisch, da die beiden Formen der Erfassung aus unterschiedlichen Perspektiven geschehen. Kritisch betrachtet ist es aber nahe liegend, dass verschiedene Befragungen auch unterschiedliche Ergebnisse liefern. Enthalten die Fragen Einschätzungen (z. B. „War Ihre Mutter streng?"), kommt hinzu, dass sich die Bewertung über die Zeit verändert.

3. Vergleiche zwischen offiziell dokumentierten Kindheitsbelastungen und retrospektiven Befragungen zeigen häufig, dass die genannten Raten an Missbrauch oder Misshandlung in der retrospektiven Befragung vier- bis sechsmal höher liegen als in den dokumentierten Berichten (Raphael et al. 2002; Everson et al. 2008). Dabei ist es weniger plausibel, anzunehmen, dass die retrospektive Befragung viele falsch positive Angaben liefert, als dass in den zeitgenössischen Befragungen viele Ereignisse verpasst wurden (Fergusson et al. 2000; Hardt u. Rutter 2004). Beispielsweise wird ein sexueller Kindesmissbrauch in den meisten Fällen geheim gehalten, Eltern, Lehrer oder Sozialarbeiter wissen nichts davon. Dabei sind falsch positive Berichte in retrospektiven Befragungen keineswegs komplett auszuschließen, wie Studien zu falschen Erinnerungen zeigen (Boakes 1995). Doch auch in zeitgenössischen Berichten kommen solche falsch positiven Angaben vor (Williams 2000).

Aus den genannten Gründen und wegen ihrer hervorragenden Ökonomie gegenüber Längsschnittstudien wird die retrospektive Befragung weiterhin in wissenschaftlichen

13.1 Kritik der retrospektiven Erfassung

Untersuchungen verwendet, auch in sehr umfangreichen (z. B. Scott et al. 2011). Brewin und Andrews (1998) fassten die zentrale Aussage der bisherigen Forschungsergebnisse dahingehend zusammen, dass die Erinnerungen an traumatische Ereignisse relativ valide bezüglich der Frage, ob ein Ereignis stattgefunden hat oder nicht, erfasst werden können. Details hingegen werden häufig verändert erinnert.

Brewin et al. (1998) empfehlen zur retrospektiven Erfassung von Kindheitsbelastungen Folgendes:
- Durchführung strukturierter Interviews
- den Probanden konkrete Fragen zu Ereignissen stellen – anstelle globaler Einschätzungen
- Einholung einer Bestätigung der erfragten Ereignisse durch Aussagen von Geschwistern, anderen Personen oder mittels offizieller Dokumente

Während die ersten beiden Punkte heute noch als Empfehlung gelten können, erweist es sich als fraglich, ob der Aufwand für das Einholen von Bestätigungen lohnt. Die Raten offiziell dokumentierter Fälle von Missbrauch und Misshandlung liegen so niedrig, dass kaum eine nennenswerte Bestätigung auf diesem Wege zu bekommen ist. In der Befragung von Geschwistern zeigt sich, dass diese oft in der Erinnerung eigene Erlebnisse von denen des Geschwisters nicht unterscheiden können (Robins et al. 1985; Bifulco et al. 1997). Die Befragung von Eltern hat sich ebenfalls als wenig sinnvoll herausgestellt. Eltern erinnern selbst ihr eigenes Erziehungsverhalten nur schlecht (Cournoyer u. Rohner 1996; Jaspers et al. 2010) und sie haben die Tendenz, die Kindheit ihrer Kinder zu positiv zu beurteilen (Parker 1989).

13.1.1 Funktionen des Gedächtnisses

Die o. g. zentrale Aussage von Brewin und Andrews (1998) deckt sich mit Ergebnissen aus der experimentellen Gedächtnisforschung (Schacter 1996, 2001). Untersuchungen zeigen, dass unser Gedächtnis nicht wie eine Tonbandaufzeichnung funktioniert, deren Klang mit der Zeit dumpf wird, bis er ganz verblasst.

> **Merke**
> Bereits Bartlett (1932/1995) zeigte, dass nur wesentliche Kernpunkte unserer Erlebnisse gespeichert und um diese herum die Ereignisse beim Erinnern wieder rekonstruiert werden.

Sowohl das Wiederabrufen der Kernpunkte als auch insbesondere die Rekonstruktion der Details unterliegen Fehlern.

Normales Vergessen als Funktion der Zeit oder Nicht-Erinnern aufgrund fehlender Speicherung dürfte bei schwer traumatischen Erlebnissen nicht den Regelfall darstellen. Doch die nachfolgend dargestellten Ergebnisse zeigen, dass auch dies vorkommen kann, insbesondere wenn es sich um frühe Traumatisierungen handelt. Insgesamt zeigen sich die besten autobiografischen Erinnerungen etwa aus der Zeit zwischen dem zehnten und dem 30. Lebensjahr (Rubin et al. 1998; Rubin 2000). Die Gründe dafür bestehen wahrscheinlich z. T. darin, dass in dieser Zeit die Selbst-Identität aufgebaut wird. Die Erlebnisse sind auf der einen Seite prägend, auf der anderen Seite ist man in diesem Alter schon reif genug, um die Erfahrungen bewusst zu erleben und zu encodieren. Weiterhin besitzen viele Erlebnisse aus dieser Zeit den Charakter des „ersten Males", was das Erinnern zusätzlich fördern dürfte. Erlebnisse, die im oder vor dem dritten Lebensjahr eingetreten sind, werden allerdings kaum erinnert, zumindest nicht verbal (Terr 1988; eine detaillierte Diskussion hierzu findet sich bei Howe u. Courage 1993). Im Zusammenhang mit der Erfassung von Kindheitsbelastungen muss aber auch bedacht werden, dass über Ereignisse in der Familie gesprochen werden kann, sodass auch sehr frühe Ereignisse in einer Befragung genannt werden können. Wie im eingangs zitierten Beispiel von Piaget beruht dies dann aber nicht auf einer direkten Erinnerung, sondern auf einem Wissen über das Ereignis.

Häufig wird hingen angenommen, dass traumatische Erinnerungen unterdrückt oder verdrängt werden. Beides kann das Befinden und Verhalten eines Individuums beeinflussen, denn man nimmt an, dass diese Erinnerungen unbewusst weiterwirken. Verschiedene Krankheitstheorien bauen auf diesem Mechanismus auf (Power u. Brewin 1991). Nach kognitiven Theorien des Gedächtnisses sollte dieser Mechanismus insbesondere bei intrafamiliären Traumatisierungen auftreten, bei denen die Erinnerung an das Ereignis mit dem Wunsch nach Geborgenheit interferiert.

Erinnerungen verändern sich mit der Zeit (Schacter 2001). In Experimenten wurde klar demonstriert, dass unserem Gedächtnisapparat Fehler in der Konstruktion der Erinnerungen unterlaufen. Beispielsweise können Details zugeordnet werden, die aus anderen Erlebnissen stammen oder gar nicht stattgefunden haben. Auch können Fragen nach einem Erlebnis die Erinnerungen an das Ereignis verändern. Dies gilt insbesondere für suggestive Fragen. Auf der anderen Seite zeigen die Experimente zur Veränderung von Gedächtnisinhalten, dass die Manipulierbarkeit Grenzen hat, und zwar insbesondere dann, wenn es um persönlich sehr relevante Ereignisse geht (Hyman u. Billings 1998; Porter et al. 1999).

Eine weitere für das vorliegende Thema besonders relevante Fragestellung ist die der stimmungskongruenten Erinnerung. In Experimenten und Quasi-Experimenten wurde gezeigt, dass Depressive, neben generell schlechteren Erinnerungsleistungen als Gesunde, überwiegend negative Reize erinnern, Gesunde hingegen eher positive (zusammenfassend s. Stroemgren 1977; Matt et al. 1992; Mineka u. Nugent 1995). Dieses Ergebnis zeigte sich sowohl für induzierte Emotionen als auch in klinischen Stichproben. Überträgt man diesen Befund auf die retrospektive Erfassung von Kindheitsbelastungsfaktoren, so könnte die oftmals beobachtete Beschreibung einer schlechten Kindheit bei Depressiven alleine aufgrund der stimmungskongruenten Erinnerungen zustande kommen. Die tatsächlichen Situationen in der Kindheit müssten dabei gar keine Unterschiede zwischen Depressiven und Gesunden aufgewiesen haben (Bower 1981).

Bei genauerer Analyse muss jedoch die Allgemeingültigkeit einer solchen Einschätzung relativiert werden. In einigen experimentellen Studien zeigte sich der Effekt der stimmungskongruenten Erinnerung in der postulierten Weise, in anderen fand sich lediglich ein Effekt für schlechtere Erinnerung positiver Erlebnisse, während sich die Erinnerung negativer Erlebnisse als von der Stimmung unabhängig erwies (Singer u. Salovey 1988). Die meisten dieser experimentellen Untersuchungen wurden mithilfe von unpersönlichen Reizen, z. B. verbalen, numerischen oder visuellen Stimuli, durchgeführt, welche die Probanden für einen Zeitraum von Stunden bis Tagen behalten sollten. Beispielsweise wurden für positive Reize Adjektive wie „aufrichtig", „ehrlich", „schick" gewählt, für negative „unecht", „grausam", „undankbar". Für diese Adjektivlisten lässt sich das Ausmaß des

Effektes quantifizieren, indem die erinnerten positiven und negativen Adjektive verglichen werden. Matt et al. (1992) haben dies im Rahmen einer Metaanalyse getan und konnten zeigen, dass das Ausmaß dieses Effektes selbst unter ungünstigen Bedingungen kaum mehr als 6 % ausmacht (Effektstärke $d \sim -.15$). Gesunde hingegen haben ein Erinnerungsbias zugunsten der positiven Reize von 6–8 % (Effektstärke $d \sim +.15$). Die Effekte zeigen sich bei Depressiven überwiegend während einer depressiven Episode, nicht in Zeiten der Remission (Mineka u. Nugent 1995).

Zusätzlich geben Untersuchungen Hinweise auf eine Verzerrung der Erinnerungen bei gesunden Personen, allerdings in der anderen Richtung. Die Selbsteinschätzung von gesunden Personen ist deutlich zu optimistisch (Taylor u. Brown 1988). Als eine mögliche Folge ist anzunehmen, dass positive Erlebnisse besser erinnert werden als negative, da hierdurch ein positives Selbstbild gestärkt wird. Wagenaar (1986) führte einen jahrelangen Selbstversuch durch, währenddessen er u. a. seine Erinnerung an positive, neutrale oder negative Ereignisse testete. Es zeigte sich in der autobiografischen Erinnerung ein Effekt dahingehend, dass er positive Ereignisse besser erinnerte als neutrale oder negative. Insofern bestätigt dies die o. g. Hypothese. Allerdings ließ die Effektstärke nach, je länger die Ereignisse zurücklagen. Hunzinger et al. (2007) verglichen die Einschätzungen der Eltern-Kind-Beziehungen bei 100 Probanden, die im Abstand von zwei Jahren wiederholt denselben Fragebogen hierzu ausfüllten. Gleichzeitig hatten die Probanden zu beiden Zeitpunkten einen Fragebogen zur aktuellen Stimmung ausgefüllt. In dieser eher sensiblen Einschätzung waren die Übereinstimmungen der beiden Messungen generell hoch (um $r = .80$) und der Anteil Varianz, der durch die Stimmung erklärt wurde, gering (zwischen 0 und 5 %).

13.2 Empirische Untersuchungen zur retrospektiven Erfassung von Kindheitsbelastungen

Maughan und Rutter (1997) nennen vier Stufen zur Überprüfung der methodischen Qualität von retrospektiven Erfassungen. Zumindest sollte in zwei unabhängigen Befragungen der Anteil an übereinstimmenden Aussagen hoch sein, dies ist die Reliabilität der Erfassung. Die Objektivität der Erfassung kann bei Interviews mithilfe von Video- oder Tonbandaufnahmen und anschließender unabhängiger Beurteilung durch einen zweiten Beobachter erfolgen. In einer schriftlichen Befragung ist die Objektivität bereits durch den Fragebogen dokumentiert. Eine Methode zur Bestimmung der Validität von Aussagen zu korrekt erfassten und übersehenen Ereignissen ist es, Erwachsene retrospektiv über ein Ereignis zu befragen, das zum Zeitpunkt des Auftretens offiziell dokumentiert wurde. Die Möglichkeit hierzu ergibt sich beispielsweise durch Aufzeichnungen in Kliniken oder durch Gerichtsakten. Falsch und richtig positive Erinnerungen hingegen lassen sich nicht immer unterscheiden. Es ist für viele Ereignisse unmöglich, herauszufinden, ob sie einem Probanden tatsächlich zugestoßen sind, gleich welchen Aufwand man auch betreiben mag. Gibt jemand beispielsweise an, in der Kindheit sexuell missbraucht worden zu sein, wird es in vielen Fällen keine Möglichkeit geben, zu prüfen, ob dies tatsächlich stattgefunden hat oder nicht.

Aus den genannten Gründen ist die Validität der retrospektiven Methode nicht bekannt. Es gibt lediglich Schätzungen. In der

Literatur werden oft auch Messungen zur Objektivität und Reliabilität im Sinne der Validität interpretiert. In der Regel wird die Übereinstimmung zwischen zwei Erfassungen mittels der Maßzahl Kappa (Bartko u. Carpenter 1976) bestimmt. Diese gibt die Verbesserung der Übereinstimmung zweier Messungen gegenüber dem Zufall an. Ein Problem im Zusammenhang mit der Erfassung von Kindheitsbelastungen besteht darin, dass der Koeffizient Kappa bei seltenen Ereignissen kleiner ausfällt als bei häufigen (Cicchetti u. Feinstein 1990; Feinstein u. Cicchetti 1990). Für die Erfassung von kontinuierlichen Größen werden sinnvollerweise Intraclass-Korrelationen berechnet (Bartko u. Carpenter 1976). Mit diesen werden Abweichungen zwischen zwei Messreihen bestimmt. Häufig wird in Untersuchungen allerdings ein einfacher Korrelationskoeffizient nach Pearson angegeben. Zu beachten ist, dass dieser in der Regel größer ausfällt als der entsprechende Intraclass-Koeffizient. Dies bedeutet, dass durch die Verwendung unterschiedlicher statistischer Verfahren bzw. solcher, deren Eigenschaften von Baseline-Werten abhängen, eine zusätzliche Variation in die Schätzung der Zusammenhänge eingeht.

Hardt und Rutter (2004) untersuchten in einer narrativen Metaanalyse die Validität und Reliabilität der Methode der retrospektiven Befragung zu den Belastungsfaktoren „sexueller Missbrauch", „körperliche Misshandlung", „Vernachlässigung" und „chronische familiäre Disharmonie". Aus insgesamt 39 identifizierten Studien wurden acht ausgewählt, aus denen Aussagen zur Validität abgeleitet werden konnten. Die Kriterien hierfür waren unabhängige Messungen desselben Konstruktes entweder in der Kindheit sowie im Erwachsenenalter oder eine Bestätigung der im Erwachsenenalter erhobenen Aussage durch eine offizielle Dokumentation oder eine andere Person (z. B. Schwester). Es wurden nur Untersuchungen mit Stichproben von n > 40 einbezogen. Sechs weitere Studien zur Reliabilität der retrospektiven Befragung wurden ausgewertet. Es wurden diejenigen Studien ausgewählt, die einen Zeitraum von mindestens sechs Monaten zwischen den Befragungen aufwiesen. Die weitaus meisten Untersuchungen zur Validität retrospektiver Erfassung sind zum sexuellen Missbrauch durchgeführt worden.

An dieser Stelle soll daher anhand des sexuellen Missbrauchs eine Auswahl der in dieser Metaanalyse untersuchten Studien dargestellt werden, um deren Vorgehen und Schlüsse transparent zu machen. Die weiteren Ergebnisse werden dann nur zusammenfassend berichtet.

13.2.1 Sexueller Missbrauch

Stichprobenselektionseffekte

Zunächst kann es eine Selektion in der ausgewählten Stichprobe geben. Dies sei wieder am Beispiel des sexuellen Missbrauchs demonstriert. In der Regel werden in Repräsentativbefragungen Teilnahmequoten von maximal 60–70 % erreicht, d. h., etwa ein Drittel der Probanden verweigert die Befragung, einige davon, nachdem sie gesehen haben, dass Fragen zu sexuellem Missbrauch enthalten sind.

Zwei gegensätzliche Mechanismen könnten in diesem Zusammenhang einen Selektionseffekt bewirken: Zum einen könnten gerade diejenigen, die ein solches Erlebnis zu berichten haben, vermehrt an der Untersuchung teilnehmen, da sie etwas zum Thema beitragen können. Aber auch das Gegenteil wäre vorstellbar, nämlich dass genau diese Probanden die Befragung verweigern, etwa um die emotionale Belastung zu ver-

13.2 Empirische Untersuchungen zur retrospektiven Erfassung

meiden, die mit dem Bericht des Erlebnisses verbunden sein kann.

Edwards et al. (2001) führten eine Untersuchung zum Selektionsbias bei der Befragung nach sexuellen Missbrauchserlebnissen durch. In einem medizinischen Evaluationsbogen, der an 13 500 Personen einer medizinischen Vorsorge-Klinik ausgegeben wurde, war eine Screening-Frage zu sexuellen Missbrauchserlebnissen in der Kindheit enthalten[1]. Diese Personen erhielten einen ausführlicheren Fragebogen zu verschiedenen Kindheitsbelastungen, der unter anderem vier Fragen zu sexuellem Missbrauch enthielt (Felitti et al. 1998). 9508 Personen beantworteten den zusätzlichen Fragebogen, 3986 nicht. Von denjenigen Personen, die an der zusätzlichen Befragung teilnahmen, gaben 6,1 % in der Screening-Frage an, als Kind vergewaltigt oder sexuell belästigt worden zu sein. In der Gruppe, die nicht an der zusätzlichen Befragung teilnahm, waren es hingegen 5,4 %. Trotz des großen Stichprobenumfangs ist der Unterschied nicht signifikant ($X^2 = 2,39$; $p = 0,12$), die Tendenz geht in die Richtung, dass missbrauchte Personen eher an einer Untersuchung zum Missbrauch teilnehmen als sie zu verweigern. Die Effektstärke ist jedoch so gering, dass man sie vernachlässigen kann (Abb. 13-1).

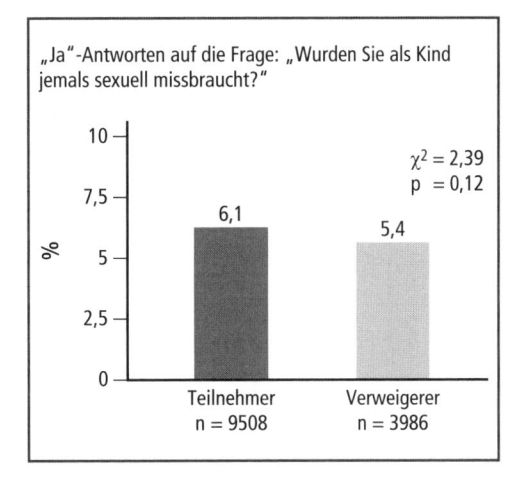

Abb. 13-1 Selektionseffekte bei der Frage nach kindlichem sexuellem Missbrauch (nach Edwards et al. 2001).

Verschweigen, Vergessen oder Unterdrücken der Erinnerungen

Weiterhin können Probanden in Befragungen bewusst Ereignisse verschweigen, Ereignisse können vergessen oder Erinnerungen unterdrückt werden. Ersteres betrifft insbesondere sozial unerwünschte Ereignisse, wie körperliche Misshandlungen oder Vernachlässigungen durch die Eltern. Bestimmte Ereignisse, wie z. B. Missbrauchserlebnisse, werden zudem manchmal verschwiegen, weil Probanden die emotionale Belastung durch den Bericht vermeiden möchten.

Williams (1994) führte eine Untersuchung an 139 jungen erwachsenen Frauen durch, die in Kindheit oder Jugend aufgrund einer sexuellen/körperlichen Misshandlung als Notfall in einer Klinik behandelt wurden. Die Frauen wurden im Schnitt 17 Jahre später retrospektiv zu sexuellen Missbrauchserfahrungen in der Kindheit befragt und ihre Aussagen mit den damaligen Protokollen verglichen. Sie wurden nicht darüber informiert, dass es sich um einen Vergleich handelt. Williams räumt allerdings ein, dass manche von sich aus einen Vergleich hergestellt haben könnten, da die Untersuchung vom gleichen Krankenhaus aus durchgeführt wurde, in dem sie als Kinder damals behandelt wurden. Drei der 139 Frauen gaben an, dass der Missbrauch nicht in der damals angegebenen Art und

---

1 Die Frage lautete: „Were you ever raped or molested as a child?"

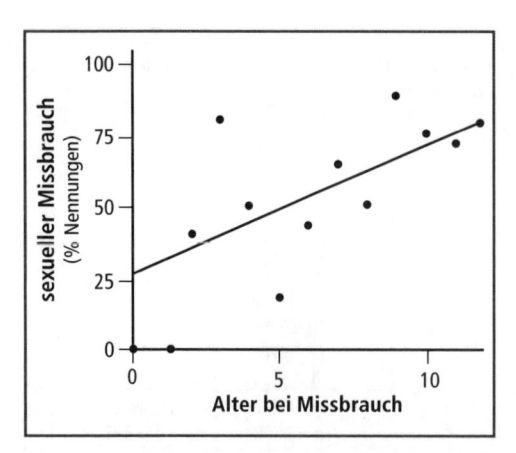

Abb. 13-2 Nennung eines dokumentierten sexuellen Kindesmissbrauchs in Abhängigkeit vom Alter (nach Williams 1995).

Weise stattgefunden habe, sondern von ihnen oder anderen initiiert wurde. Sie wurden aus den Analysen ausgeschlossen.

In 62 % der verbliebenen 136 Fälle wurde das Ereignis genannt, welches damals die Behandlung in der Klinik erforderlich machte, die übrigen 38 % der Befragten nannten das Ereignis nicht. Eine hohe Zahl, nämlich 68 % der Frauen in dieser Stichprobe mit schwerem sexuellem Missbrauch, berichtete jedoch von weiteren Missbrauchserlebnissen. Dies war unabhängig davon, ob das ursprüngliche Ereignis genannt wurde oder nicht. Williams wertet dies als einen Hinweis darauf, dass es sich bei den 38 % überwiegend um Vergessen oder Unterdrücken der Erinnerung handelt, und nicht um bewusstes Verschweigen. Unterstützt wird diese Interpretation dadurch, dass es einen deutlichen Zusammenhang zwischen Alter des Kindes/der Jugendlichen zum Zeitpunkt des Missbrauchs und der Wahrscheinlichkeit eines Berichtes hierüber gab. Erlebnisse aus einem sehr jungen Alter wurden kaum berichtet (Abb. 13-2).

Erinnerungen an spezifische Aspekte des Missbrauchs

In einer weiteren Analyse verglichen Banyard und Williams (1996) verschiedene Merkmale des Missbrauchs (Anwendung körperlicher Gewalt, Täter war ein Angehöriger der engen Familie, genitale Penetration) zwischen der retrospektiven Untersuchung und den Protokollen der Klinik. Es zeigten sich keine hohen Übereinstimmungen zwischen den beiden Formen der Erfassung (Kappa-Werte von .14, .43 und –.02). Beispielsweise wurde eine genitale Penetration von der Mehrzahl der Frauen angegeben, auch wenn dies nach Aktenlage nicht der Fall war. Banyard und Williams (1996) interpretieren diese Ergebnisse vor dem Hintergrund, dass 68 % der Frauen in Kindheit und Jugend mehrfach sexuell missbraucht wurden und dass sie das eine Mal, weswegen sie in der Klinik behandelt wurden, nicht unbedingt in der Erinnerung von den anderen Malen unterscheiden können. Weiterhin gilt es zu bedenken, dass nicht alle Merkmale des Missbrauchs in die Akten eingegangen sein müssen.

Geschlechtsunterschiede

Eine Rate von etwa zwei Drittel an Nennungen dokumentierter Missbrauchsfälle in der retrospektiven Befragung, wie sie oben beschrieben wurde, wird für Frauen durch eine Untersuchung von Widom und Morris (1997) bestätigt. In einer Stichprobe von 75 Frauen, für die aus Gerichtsakten dokumentierte Fälle von sexuellem Missbrauch vorlagen, berichteten in einer retrospektiven Befragung etwa 20 Jahre später 64 %, dass sie jemals im Leben sexuell missbraucht worden seien. Anders verhielt es sich jedoch bei Männern: Von 19 dokumentierten Missbrauchsfällen gaben nur drei

Männer (16 %) in der retrospektiven Befragung an, jemals sexuell missbraucht worden zu sein. Nur acht Männer (42 %) berichteten überhaupt über sexuelle Erfahrungen als Kind mit Erwachsenen. Dieses Ergebnis lässt zwei Schlussfolgerungen zu: Zum einen scheinen Männer eine andere Bewertung von sexuellem Missbrauch zu haben. Erfahrungen mit älteren Frauen in der Jugend werden oft nicht als Missbrauch angesehen (Brockhaus u. Kolshorn 1993, S. 69). Doch berichtet die Hälfte der Männer, in der Kindheit überhaupt keine sexuellen Erfahrungen mit Erwachsenen gemacht zu haben. Hier kann das Argument einer anderen Bewertung nicht gelten. Möglicherweise haben Männer eine andere Erinnerung an sexuelle Erlebnisse der Kindheit oder aber sie haben eine stärkere Tendenz, solche Erlebnisse zu verschweigen. Leider führten die Autorinnen keine Auswertungen für geschlechtsspezifische Interviewer-Interviewten-Dyaden durch.

Validierung durch Befragung von Geschwistern

Die Methode des Vergleichs der Aussagen von Geschwistern zur Bestimmung der Validität der Befragungsergebnisse wurde von Bifulco et al. (1997) angewendet. Die Autoren befragten 87 Probandinnen mit je einer Schwester, die im gleichen Haushalt aufgewachsen war und deren Altersabstand weniger als fünf Jahre betrug, mittels eines halbstrukturierten Interviews (Childhood Experience of Care and Abuse [CECA]; s. Kap. 12) nach verschiedenen Kindheitsbelastungen, unter anderem auch nach sexuellem Missbrauch. Sie versuchten, die Angaben jeweils durch die Schwester bestätigen zu lassen. Ein berichteter eigener sexueller Missbrauch wurde nur in der Hälfte der Fälle von der Schwester bestätigt.

Tab. 13-1 Übereinstimmung der Aussagen von Schwestern zum sexuellen Kindesmissbrauch (nach Bifulco et al. 1997)

Betroffene: Missbrauchsbericht	Schwester: Missbrauchsbericht	
	Ja	Nein
Ja	18	18
Nein	2	136
Kappa	.58	–

Berücksichtigt man die Tatsache, dass in dieser Studie Geschwisterpaare ausgewählt wurden, für die eine hohe Wahrscheinlichkeit bestand, dass sie über etwaige Missbrauchserlebnisse Bescheid wussten, ist die Übereinstimmung eher gering. Weiterhin ist die Übereinstimmung zwischen den Aussagen der Schwestern in hohem Maße davon abhängig, ob beide/keine der Schwestern sexuell missbraucht wurde oder ob dies nur einer der beiden zugestoßen war: Im ersten Fall ist die Übereinstimmung hoch (Kappa = .72), im anderen praktisch nicht vorhanden (Kappa = .14). Die Methode der Validierung anhand der Befragung von Geschwistern erscheint demnach beim sexuellen Missbrauch ungeeignet (Tab. 13-1).

Reliabilität der Frage nach sexuellem Missbrauch

Fergusson et al. (2000) befragten 983 junge Erwachsene mit 18 Jahren und erneut mit 21 Jahren nach sexuellem Missbrauch und nach regelmäßiger körperlicher Züchtigung (Tab. 13-2). Obwohl der zeitliche Abstand mit drei Jahren relativ eng gefasst war, zeigte sich eine vergleichsweise geringe Übereinstimmung zwischen den Angaben zu beiden Messzeitpunkten. Nur etwa die

Tab. 13-2 Übereinstimmung der Aussagen zum sexuellen Kindesmissbrauch bei Befragungen in unterschiedlichem Alter (nach Fergusson et al. 2000)

Befragung mit 18 Jahren	Befragung mit 21 Jahren	
	Ja	Nein
Ja	46	54
Nein	37	843
Kappa	.45	–

Hälfte derjenigen, die zu einem Messzeitpunkt angaben, sexuell missbraucht worden zu sein, gaben dies auch zum anderen Messzeitpunkt an. Die Angabe, nicht sexuell missbraucht worden zu sein, war hingegen relativ stabil.

Fergusson et al. (2000) interpretieren dies insofern, dass es kaum falsch positive Nennungen gibt, aber die Angaben zu Prävalenzen in retrospektiven Befragungen die tatsächlichen Werte bei Weitem unterschätzen. Die Berechnungen hierzu beruhen auf einer weiten Definition des sexuellen Missbrauchs, in die auch Erlebnisse ohne Körperkontakt einbezogen wurden. Doch blieb die Übereinstimmung in dieser Studie ähnlich gering, wenn engere Definitionen des Missbrauchs zugrunde gelegt wurden.

Etwas höhere Zusammenhänge werden aus einer australischen Studie berichtet. Hier wurden 1532 Zwillinge (524 Hoch-Risiko, 373 Kontrollen) von 6265 ausgewählt und nach sieben Jahren erneut zu Kindheitsbelastungen befragt. Für verschiedene Schweregrade des sexuellen Missbrauchs zeigen tetrachorische Korrelationen zwischen $.62 < r < .85$. Der Koeffizient für Missbrauch überhaupt betrug ebenfalls $r = .86$ (Nelson et al. 2010). Die entsprechenden Werte für gleichgeschlechtliche Zwillingspaare betrugen $r = .57$ und für gegengeschlechtliche Zwillingspaare $r = -.27$.

Möglicherweise spielt es eine Rolle, wie alt die Personen zum Zeitpunkt der Befragung sind. In dieser Gruppe sehr junger Erwachsener zeigt sich eine geringe Übereinstimmung bei dem vergleichsweise kurzen Zeitraum zwischen den Befragungen. Gegebenenfalls sind die Angaben zum kindlichen sexuellen Missbrauch bei Jugendlichen und jungen Erwachsenen weniger valide als von Personen im höheren Alter. Es bedarf vielleicht einiger Jahre, um schwere traumatische Kindheitserlebnisse zu bewältigen. Erst danach wird man verschiedenen Untersuchern in der gleichen Art darüber berichten können, wie es solche Untersuchungen zur Reliabilität erfordern. Diese Interpretation wird unterstützt durch eine Beobachtung von Finkelhor und Dziuba-Leatherman (1994a), nach der insbesondere Frauen zwischen dem 20. und 30. Lebensjahr in retrospektiven Befragungen angeben, dass die Frage nach dem Missbrauch sie belaste oder als unangenehm empfunden werde.

Hardt et al. (2006) befragten 100 Probanden mit einem durchschnittlichen Alter von 40 Jahren im Abstand von zwei Jahren wiederholt nach verschiedenen Kindheitsbelastungen, darunter auch sexuellem Missbrauch. Beide Befragungen wurden von verschiedenen Interviewern durchgeführt, bei denen es sich um Medizinstudenten in fortgeschrittenen Semestern handelte. Es zeigte sich eine Übereinstimmung im niedrigen bis mittleren Bereich (Kappa = .64). Im Wesentlichen gingen unterschiedliche Angaben in dieser Befragung jedoch nicht auf die Probanden zurück, sondern auf eine Interviewerin. Dieser Studentin war es unangenehm, die Fragen nach sexuellem Missbrauch zu stellen. Sie hatte sie im Interviewleitfaden übersprungen und „kein

13.2 Empirische Untersuchungen zur retrospektiven Erfassung

Missbrauch" angekreuzt, damit es niemand bemerkt.

Mündliche versus schriftliche Befragung

Eine intime Frage wie die nach sexuellen Missbrauchserlebnissen in einem Survey zu stellen ist nicht unproblematisch. Daher gibt es Überlegungen, ob ein Survey, der solche Fragen enthält, besser in mündlicher oder in schriftlicher Form durchgeführt werden sollte. Eine telefonische Befragung gilt bei persönlichen Themen als wenig geeignet, die Teilnehmer fühlen sich möglicherweise überrumpelt oder belästigt. Der mündlichen Form wird die höchste Validität zugeschrieben, da im Gespräch Unklarheiten beseitigt werden können. Die schriftliche Befragung hat hingegen den Vorteil, dass die Befragten sich über Art und Umfang der Fragen informieren, sodass sie keine unliebsamen Überraschungen befürchten müssen, wenn sie die Einstiegsfragen positiv beantworten.

Martin et al. (1993) verglichen die Angaben einer schriftlichen Befragung an 500 Personen zu verschiedenen Schweregraden des sexuellen Missbrauchs mit denjenigen, die in einem darauffolgenden persönlichen Interview gemacht wurden. In einer sehr detaillierten Analyse zeigen sie auf, dass für ca. 80 % der Frauen die Angaben in beiden Befragungen übereinstimmen. Jeweils ca. 10 % der Missbrauchserlebnisse wurden im Interview entweder als geringere Form des Missbrauchs/kein Missbrauch oder als schwerere Form eingeschätzt, als die Probandinnen es in der schriftlichen Befragung angegeben hatten. Die Autoren bemerken, dass insbesondere Fälle ohne Körperkontakt zu diesen 20 % der Nicht-Übereinstimmungen gehören.

Durrett et al. (2004) befragten zwischen 170 und 356 Studenten einer amerikanischen Universität ebenfalls im Abstand von zwei Jahren mit einem standardisierten Interview und mit einem Selbstausfüller-Fragebogen zu verschieden Aspekten des sexuellen Missbrauchs. Während die Übereinstimmungen zum selben Zeitpunkt sehr hoch waren (Kappa bis zu .91), variierte die zeitliche Stabilität im Bereich zwischen .33 < Kappa < .75.

Damit erscheint die schriftliche Befragung beim Thema sexueller Missbrauch der mündlichen in etwa ebenbürtig.

Wieder zu Bewusstsein gekommene Erinnerungen

Zur Frage der Möglichkeit des Vergessens und Wiederkehrens von traumatischen Erinnerungen bzw. der Richtigkeit der wiedergekehrten Erinnerung gab es in den 1990er Jahren eine ausführliche und kontroverse Debatte. Insbesondere in den USA hat diese Frage eine hohe rechtliche Relevanz, da die Verjährungsfrist eines kindlichen sexuellen Missbrauchs mit der Erinnerung daran beginnt. Übersichten hierzu geben beispielsweise Briere und Elliott (1993) sowie Loftus (1993, 1994), sehr gegensätzliche Positionen finden sich bei Pope und Hudson (1995) sowie bei Davies (1996). Williams (1995) fand in ihrer Untersuchung an schwer sexuell missbrauchten Frauen heraus, dass 16 % angaben, zeitweise keine Erinnerung an den Missbrauch gehabt zu haben. Den gleichen Prozentsatz für eine zeitweise vollständige Amnesie berichten Herman und Harvey (1997) in einer Untersuchung an 67 Frauen und zehn Männern, die sexuell missbraucht und/oder körperlich misshandelt wurden; ebenso viele Personen hatten zeitweise nur eine eingeschränkte Erinnerung an das traumatische Erlebnis.

Selektive Erinnerungen

Es gibt nur wenige Untersuchungen, in denen Zusammenhangschätzungen zwischen Kindheitsbelastungsfaktoren und potenziellen Langzeitfolgen, basierend auf prospektiven Daten und retrospektiven Befragungen, gegenübergestellt wurden.

In der bereits zitierten Untersuchung von Banyard und Williams (1996) wurden beispielsweise die Zusammenhänge zwischen psychischen Beschwerden während der letzten zwei Monate vor der retrospektiven Befragung mit den Ergebnissen der prospektiven und retrospektiven Erfassung zum sexuellen Missbrauch verglichen. Die Autorinnen stellten keine expliziten Hypothesen zu den Unterschieden zwischen diesen beiden Formen der Erfassung der Kindheitsbelastungen auf, erwarteten aber generell positive Zusammenhänge zwischen Kindheitsbelastungen und psychischen Beschwerden. Es zeigten sich insgesamt niedrige Koeffizienten für die Vorhersage der psychischen Beschwerden ($-.13 < \beta < .29$). Für die Variable „Täter war ein enger Familienangehöriger" zeigt sich eine deutliche Diskrepanz. Vergleicht man die damaligen Aufzeichnungen aus den Akten mit dem Befinden 20 Jahre später, zeigt sich kein oder sogar ein schwach negativer Zusammenhang ($-.13 < \beta < -.05$). Nimmt man die Aussagen der retrospektiven Befragung als Basis, so zeigen sich durchweg zwar immer noch niedrige, nun aber durchweg positive Beziehungen zu den unterschiedlichen Maßen der psychischen Beschwerden ($.07 < \beta < .29$). Die Interpretation dieses Ergebnisses lässt zwei Möglichkeiten offen.

1. Es gibt keinen Zusammenhang zwischen der Variable „Täter war ein enger Familienangehöriger" und dem psychischem Befinden 20 Jahre später. Die positiven Koeffizienten zwischen den beiden Messungen der retrospektiven Befragung wären dann falsch und ließen sich beispielsweise als selektive, stimmungskongruente Erinnerungen interpretieren. Eine solche Interpretation wird von Raphael et al. (2001) geteilt, die ebenfalls keine Zusammenhänge zwischen dokumentierten Missbrauchserlebnissen, Misshandlungen und chronischen Schmerzen im Erwachsenenalter finden, wohl aber zwischen retrospektiven Befragungen nach Missbrauchserlebnissen und Schmerzen.
2. Möglicherweise sind die positiven Koeffizienten aber auch richtig. Zwei Drittel der Frauen dieser Stichprobe wurden mehrmals missbraucht. Die schlimmsten Ereignisse müssen nicht notwendigerweise in den Akten dokumentiert sein. Demnach ist anzunehmen, dass einige von ihnen innerfamiliäre Missbrauchserfahrungen hatten, die nicht dokumentiert wurden. Hinzu kommt, dass zumindest ein Teil der Kinder mit amtlich dokumentierten Fällen im Verlauf Hilfe erhalten haben wird – sei es, dass die Familiensituation geändert wurde oder dass psychotherapeutische Interventionen erfolgten (van Houdenhove u. Egle 2002).

Die Variable „Anwendung körperlicher Gewalt als Teil des Missbrauchs" zeigt ein umgekehrtes Zusammenhangsmuster, hier sind die Effekte in der retrospektiven Erfassung überwiegend niedriger ($.06 < \beta < .11$) als in der prospektiven ($-.04 < \beta < .27$). Es ist möglich, dass verschiedene Akte körperlicher Gewalt in der retrospektiven Befragung nicht berichtet wurden. In diesem Falle wären die Zusammenhänge, so wie sie in der Längsschnittuntersuchung gefunden wurden, valider. Es ist aber ebenfalls mög-

13.2 Empirische Untersuchungen zur retrospektiven Erfassung

lich, dass mit der amtlichen Dokumentation der Gewalt insgesamt ein sozial schlechteres Milieu erfasst wurde, sodass in der Längsschnittstudie in diesem Falle erhöhte Zusammenhänge geschätzt werden.

Zusammenfassung zum sexuellen Kindesmissbrauch

Zusammenfassend kann man davon ausgehen, dass der sexuelle Missbrauch bei Frauen retrospektiv hinreichend valide erfasst werden kann. Es ist auch davon auszugehen, dass in wissenschaftlichen Untersuchungen eher eine Unter- als Überschätzung der Prävalenzen gefunden wird. Das Ausmaß der Unterschätzung hängt von verschiedenen Faktoren ab. Selbst in Untersuchungen, in denen eine enge Definition des Missbrauchs zugrunde gelegt und hinreichend sorgfältig nach den Erlebnissen gefragt wurde, beträgt es wahrscheinlich mindestens 30 %. Es zeigten sich Hinweise, dass zwischen retrospektiven Befragungen und prospektiven Erhebungen systematische Unterschiede bestehen. Dabei ist anzunehmen, dass schwere und/oder lang andauernde Missbrauchserlebnisse in der retrospektiven Befragung eher berichtet werden als leichtere oder einzelne Episoden; insbesondere der Missbrauch ohne Körperkontakt erscheint problematisch. Mit großer Wahrscheinlichkeit werden sehr frühe Missbrauchserlebnisse seltener berichtet als solche, die ab einem Alter von fünf bis sechs Jahren stattfanden. Möglicherweise ist die retrospektive Befragung bei jungen Frauen weniger genau als bei älteren, für die das kindliche Missbrauchserlebnis natürlich längere Zeit zurückliegt.

Bei Männern hingegen erscheinen die Angaben zum sexuellen Missbrauch in retrospektiven Befragungen weitaus weniger valide. Allerdings liegt für Männer bis heute nur eine Untersuchung zur Validität der retrospektiven Methode zur Erfassung des sexuellen Missbrauchs vor (Widom u. Morris 1997). Doch weisen die Ergebnisse dieser Studie darauf hin, dass die Antworten auf diese Frage in der retrospektiven Erfassung bei Frauen und Männern nicht gleich behandelt werden können.

Die Wahrscheinlichkeit von falsch positiven Aussagen kann nur grob abgeschätzt werden. Geht man jedoch von einer Definition des schweren sexuellen Missbrauchs aus, ist sie vermutlich gering und kann für wissenschaftliche Untersuchungen vernachlässigt werden.

13.2.2 Körperliche Misshandlung

In einer Untersuchung von Widom und Shepard (1996) wurden unter anderem 110 Erwachsene, für die aus Gerichtsakten dokumentierte Fälle von Kindesmisshandlung vorlagen, etwa 20 Jahre später retrospektiv zu körperlichen Misshandlungen befragt. Je nach verwendetem Fragenkatalog erfüllten zwischen 56 und 73 % der Befragten das Kriterium für die körperliche Misshandlung. Als mögliche Gründe für die Nicht-Nennung von Misshandlungen, die immerhin schwer genug waren, um gerichtlich dokumentiert zu werden, nennen die Autoren das Vermeiden einer peinlichen Situation, Verschweigen zum Schutz der Eltern, fehlendes Vertrauen in den Interviewer und den Wunsch, eine unangenehme Erfahrung zu vergessen. Anders als beim sexuellen Missbrauch zeigte sich kein Zusammenhang zum Alter, in dem die Misshandlung dokumentiert wurde.

Ein nahe liegendes Design zur Untersuchung von unterschiedlichen Angaben in zwei Befragungen wurde von Della Femina et al. (1990) verwendet. Sie befragten elf Personen aus einem größeren Kollektiv, die zu zwei verschiedenen Befragungen unterschiedliche Angaben zur körperlichen Misshandlung gemacht hatten, ein drittes Mal. In allen elf Fällen hatte die Misshandlung stattgefunden. Als Gründe für die Nicht-Nennung der Misshandlungen wurden Vermeidung der emotionalen Folgen des Berichtes, Schutz des Täters, mangelndes Vertrauen in den Interviewer und mangelnde Sympathie zum Interviewer genannt.

Im Vergleich der Aussagen von Geschwistern finden Bifulco et al. (1997) in Bezug auf körperliche Misshandlungen eine etwas bessere Übereinstimmung zwischen Schwestern als für den sexuellen Missbrauch. 85 % der Angaben der Schwestern stimmen überein. Dennoch bleibt die Validierung der Angaben durch Geschwister unbefriedigend niedrig, denn die Bedingungen in dieser Studie waren durch den geringen Altersabstand und die sorgfältige Durchführung der Befragung mittels CECA (s. Kap. 12) ausgesprochen günstig. Analog zu den Ergebnissen für den sexuellen Missbrauch hängt die Übereinstimmung zwischen den Aussagen der Schwestern in hohem Maße davon ab, ob beide/keine der Schwestern misshandelt wurden oder ob dies nur einer der beiden zugestoßen war: Im ersten Fall ist die Übereinstimmung wiederum hoch (Kappa = .74), im anderen nicht vorhanden (Kappa = −.01) (Tab. 13-3).

In den genannten Befragungen von Fergusson et al. (2000) in Neuseeland an fast 1000 jungen Erwachsenen im Alter von 18 und 21 Jahren wurde neben dem sexuellen Missbrauch auch die regelmäßige körperliche Züchtigung erfasst (Tab. 13-3). Ähnlich den Ergebnissen zum sexuellen Missbrauch gab nur etwa die Hälfte derjenigen, die zu einem Befragungszeitpunkt angaben, körperlich hart bestraft worden zu sein, dies auch beim anderen Messzeitpunkt an. Die Angabe hingegen, nicht hart körperlich bestraft worden zu sein, war erneut relativ stabil. Fergusson et al. (2000) schließen daraus, dass es sich bei falsch negativen Angaben um kein spezifisches Phänomen des sexuellen Missbrauchs handelt, sondern um Prozesse, die generell bei der Erfassung von Kindheitsbelastungen bereits bei jungen Erwachsenen auftreten (Tab. 13-4). Aus der australischen Studie an 1532 Zwillingen zeigen sich für verschiedene Formen des körperlichen Missbrauchs tetrachorische Korrelationen zwischen $.67 < r < .76$ (Nelson et al. 2010). Die entsprechenden Werte für gleichgeschlechtliche Zwillingspaare betrugen $r = .55$ und für gegengeschlechtliche Zwillingspaare $r = .25$.

Die Untersuchung von Fergusson et al. (2000) zeigte sowohl in Bezug auf den sexuellen Missbrauch als auch auf die körperliche Misshandlung eine hohe Stabilität in den Schätzungen von Zusammenhängen zu psychischen Symptomen. Das bedeutet, dass trotz vergleichsweise geringer Übereinstimmung der Angaben zu beiden Messzeitpunkten jeweils ähnliche Ergebnisse gefunden wurden, je nachdem, ob man die Missbrauchsangabe/körperliche Strafen aus dem 18. Lebensjahr separat, dem 21. Le-

Tab. 13-3 Übereinstimmung der Aussagen von Schwestern zur körperlichen Misshandlung (nach Bifulco et al. 1997)

Betroffene: Misshandlungsbericht	Schwester: Misshandlungsbericht	
	Ja	Nein
Ja	47	19
Nein	8	100
Kappa	.66	–

Tab. 13-4 Übereinstimmung der Aussagen zur regelmäßigen körperlichen Züchtigung bei Befragungen in unterschiedlichem Alter (nach Fergusson et al. 2000)

Befragung mit 18 Jahren	Befragung mit 21 Jahren	
	Ja	Nein
Ja	61	50
Nein	59	813
Kappa	.47	–

bensjahr separat, dem Vorliegen einer positiven Nennung entweder im 18. oder 21. Lebensjahr oder einer „Latent-class"-Schätzung heranzieht. Für die sexuellen Missbrauchserlebnisse variieren die relativen Risiken zwischen 1,8 und 1,9 für das Vorliegen irgendeiner psychischen Störung und zwischen 4,3 und 5,8 für Suizidversuche. Für die regelmäßige körperliche Bestrafung betragen die relativen Risiken zwischen 1,3 und 1,5 für das Vorliegen irgendeiner psychischen Störung und zwischen 3,1 und 3,7 für Suizidversuche. Wenn ein Bias auch wahrscheinlich ist, so ist er zumindest nicht von kurz- oder mittelfristigen Veränderungen abhängig, sondern scheint sich erst in einer langfristigen Entwicklung herauszubilden (Fergusson et al. 1996a; Fergusson u. Mullen 1999).

Zusammenfassend kann man davon ausgehen, dass auch die Angaben zur Prävalenz körperlicher Misshandlungen und regelmäßiger körperlicher Strafen in retrospektiven Befragungen die tatsächliche Prävalenz eher unterschätzen. Körperliche Misshandlungen oder Züchtigungen werden wahrscheinlich zu etwa 60 % in retrospektiven Erfassungen genannt. Zudem zeigen sich im Vergleich zwischen Geschwistern etwas mehr Fälle, in denen die körperliche Misshandlung in der Fremdbeurteilung genannt wird, nicht hingegen in der Selbstbeurteilung, als dies für den sexuellen Missbrauch der Fall ist. Zu bedenken ist, dass körperliche Misshandlungen meist in Gestalt von Bestrafungen durch die Eltern erfolgen, sodass ein gewisser Interpretationsspielraum bleibt, ob eine bestimmte Handlung schon als Misshandlung oder noch als gerechte Strafe zu bewerten ist, der in die Beantwortung der Frage einfließt. Scheinbar tendieren die Befragten eher dazu, die Misshandlungen zu verharmlosen, teilweise um das Gesicht ihrer Eltern zu wahren oder sozial unangenehme Situationen zu vermeiden.

13.2.3 Vernachlässigung

In der Studie von Bifulco et al. (1997) zeigt sich eine hohe Übereinstimmung zwischen Aussagen von Schwestern bezüglich der Frage, ob sie als Kind vernachlässigt wurden (Tab. 13-5). Berücksichtigt wurden hier nur grobe Fälle der Vernachlässigung (z. B. Geburtstage vergessen, ohne Essen in die Schule gehen, unzureichende Kleidung).

Tab. 13-5 Übereinstimmung der Aussagen von Schwestern zur Vernachlässigung (nach Bifulco et al. 1997)

Betroffene: Vernachlässigungsbericht	Schwester: Vernachlässigungsbericht	
	Ja	Nein
Ja	31	7
Nein	5	147
Kappa	.80	–

Anm.: Einige Kinder wuchsen in mehr als einem Haushalt auf, sodass für sie mehrere Vergleiche gezogen wurden.

Auf Grundlage dieser Definition machten Schwestern nur in 7 % der Fälle diskrepante Angaben. Es ist anzunehmen, dass in einem großen Teil der Haushalte entweder beide Schwestern vernachlässigt wurden oder keine, während die Vernachlässigung einzelner Kinder vermutlich eher die Ausnahme darstellt. Insofern bezieht sich die Aussage über die Schwester in diesem Falle meist auf eine gleichermaßen selbst erlebte Situation. Unter diesem Vorbehalt erscheint die Methode der Befragung von Geschwistern hinsichtlich der Vernachlässigung im Gegensatz zum sexuellen Missbrauch und zu körperlicher Misshandlung ein indirektes Validierungsverfahren zu sein.

13.2.4 Chronische familiäre Disharmonie

Eine Untersuchung von Henry et al. (1994) enthielt unter anderem eine Frage zu Familienkonflikten (Tab. 13-6). Auf einer Skala von 0 bis 10 hatten die Probanden anzukreuzen, wie häufig es zwischen ihrem siebten und 15. Lebensjahr Konflikte in der Familie gab. Als Kriterium wurde die Einschätzung der Konflikte durch die Eltern, erfasst mithilfe der Konfliktskala der Family Environment Scale (Moos u. Moos 1981), gemittelt über mehrere Jahre verwendet. Da sich für unterschiedliche Messskalen kein Kappa berechnen lässt, wurde der Korrela-

Tab. 13-6 Zusammenhänge zwischen prospektiver und retrospektiver Erfassung verschiedener Variablen (nach Henry et al. 1994)

Variable (Alter)	Art der retrospektiven Erfassung	r	Kappa
Wohnortwechsel (bis 15)	1 Item, Range 0–15	.76	.35
Größe (9–11)	1 Item, Likert-Skala 0–10	.67	–
Gewicht (9–11)	1 Item, Likert-Skala 0–10	.59	–
Anzahl Verletzungen (7–15)	1 Item, Range 0–12	.42	.34
Leseniveau (11–13)	1 Item, Likert-Skala 1–3	.66	.45
Bindung zu den Eltern (13–15)	1 Item, Likert-Skala 0–10	.43	–
Familienkonflikt (7–15)	1 Item, Likert-Skala 0–10	.21	–
Depression der Mutter (7–15)	1 Item, Likert-Skala 0–10	.20	–
Angst/Depression Selbst (9–11)	1 Item, Likert-Skala 0–10	.12	–
Hyperaktivität Selbst (9–11)	1 Item, Likert-Skala 0–10	.05	–
Anzahl Gesetzesverstöße (bis 17)	10 Items	.25	–
Polizeikontakte (bis 17)	1 Item, Ja/Nein	.51	.41
Alter bei der ersten Festnahme	1 Item	.43	.30

tionskoeffizient angegeben. Dieser beträgt r = .21 und zeigt praktisch keine Übereinstimmung zwischen der prospektiven und der retrospektiven Erfassung.

In der Erforschung der Langzeitfolgen von Kindheitsbelastungen ist die Validität der Erfassung insbesondere deshalb relevant, da Zusammenhänge zu Maßen der späteren Befindlichkeit bestimmt werden. Eine Untersuchung von Maugham et al. (1995) zeigt hierzu ein alarmierendes Ergebnis: Die Autoren untersuchten die Beziehung zwischen prospektiv und retrospektiv erfasster elterlicher Feindseligkeit (ein Konstrukt, das nicht identisch zu familiärer Disharmonie, jedoch damit verwandt ist). In der Kindheit wurde die elterliche Feindseligkeit über eine Verhaltensbeobachtung erfasst, in der retrospektiven Erfassung wurden die Probanden befragt. Die Analysen wurden separat für Personen durchgeführt, die wenig vs. viele Probleme als Erwachsene berichteten. Es zeigt sich ein Effekt dahingehend, dass unter den Personen, deren Eltern im Verlauf der prospektiven Studie als feindselig eingestuft wurden, solche mit vielen Problemen im Erwachsenenalter wesentlich häufiger die Feindseligkeit ihrer Eltern in der retrospektiven Befragung berichteten als Personen mit wenigen Problemen im Erwachsenenalter. Dies zeigte sich insbesondere für Mütter: In Bezug auf die Zurückweisung der elterlichen Feindseligkeit trat dieser Effekt in geringem Ausmaße auf. Übertragen auf eine Fall-Kontroll-Studie bedeutet dieses Ergebnis, dass von unbelasteten Erwachsenen ein höherer Anteil an falsch negativen Aussagen zu einem Kindheitsbelastungsfaktor gemacht wurde als von belasteten Erwachsenen. Falsch positive Aussagen zu dem Kindheitsbelastungsfaktor werden hingegen kaum gemacht. Als Konsequenz wird jedoch der Zusammenhang zwischen Kindheitsbelastung und Folgen im Erwachsenenalter durch diesen Effekt überschätzt. In der Studie von Hardt et al. (2006) wurden vier Bereiche zu elterlichen Konflikten erfragt, Eifersucht, Alkohol, finanzielle Probleme und sonstige Konflikte. Mit Ausnahme von Konflikten aufgrund von Alkohol (Kappa = .65) war die Übereinstimmung zwischen den zwei Messzeitpunkten gering (Kappa = .35)

Zusammenfassend lässt sich sagen, dass die vorliegende Evidenz deutliche Zweifel aufwirft, ob das Merkmal „Familienkonflikt" in der retrospektiven Befragung hinreichend genau erfasst werden kann.

13.2.5 Demografische und sozioökonomische Merkmale

Eine der ersten Studien, in der mit unterschiedlichen Methoden die hier aufgeworfenen Fragen zur Validität der retrospektiven Befragung sehr sorgfältig untersucht wurden, stammt von Robins et al. (1985). Die Autoren verglichen die Aufzeichnungen aus Klinik- und Gerichtsakten von 310 Probanden zu verschiedenen Lebensumständen in der Kindheit mit den Angaben einer retrospektiven Befragung 30 Jahre später. Ergänzend wurden 91 Geschwisterpaare über ihre Kindheit befragt. Es zeigen sich keine großen Unterschiede zwischen Gesunden und Personen mit psychischen Erkrankungen (hier Depression und Alkoholismus). Sogar Patienten mit diagnostizierten Antisozialen Persönlichkeitsstörungen, denen man eine besondere Tendenz zur Verzerrung ihrer Erlebniswelt unterstellen könnte, wichen in dieser Untersuchung nicht deutlich von Gesunden und den beiden anderen genannten Patientengruppen ab.

Es zeigen sich jedoch deutliche Unterschiede für die erfassten Dimensionen.

Während die Aussage „Lebte nicht immer mit beiden Eltern zusammen" von etwa 90 % der Betroffenen in der retrospektiven Befragung korrekt genannt wurde, betragen die entsprechenden Werte für Aussagen wie „Familie lebte zeitweise von öffentlicher sozialer Unterstützung" oder „Vernachlässigung" nur etwa 40 %. Leider machen die Autoren keine weiteren Angaben zur Genauigkeit der Erfassung der einzelnen Faktoren, sodass ihre Ergebnisse nur global zusammengefasst werden können.

Robins et al. (1985) kommen zu dem Schluss, dass die retrospektive Methode insgesamt brauchbare Ergebnisse liefert. Sie nennen zwei Einflussfaktoren, die zu einer geringen Validität der retrospektiven Befragung führen: Dies ist zum einen Unkenntnis über einen Sachverhalt. Die Kategorie „Familie lebte zeitweise von öffentlicher sozialer Unterstützung" wies möglicherweise deshalb eine schlechte Validität in der retrospektiven Befragung auf, da nicht alle Eltern ihren Kindern mitgeteilt haben müssen, dass die Familie solche Gelder bezog. Weiterhin stellten sie fest, dass die Abgabe eines Urteils, z. B. „Vernachlässigung", generell schlechtere Validitäten zeigte als Fragen, die sich auf konkrete Fakten beziehen.

Usher und Neisser (1993) befragten College-Studenten nach Erinnerungen an die Geburt eines jüngeren Geschwisters, eigenen Krankenhausaufenthalten, Tod eines Familienmitgliedes und Wohnortwechsel. Ereignisse aus dem ersten Lebensjahr werden kaum erinnert, zu Ereignissen aus dem zweiten Lebensjahr gaben im Mittel etwa die Hälfte der Befragten zumindest eine Antwort. Für Ereignisse ab dem dritten Lebensjahr sind die Erinnerungen wesentlich besser, zur Geburt eines jüngeren Geschwisters gaben ca. 90 % der Befragten mindestens eine Antwort, zu eigenen Krankenhausaufenthalten waren es sogar 100 %.

Zum Tod eines Familienmitgliedes zeigt sich eine mit zunehmendem Alter stetig ansteigende Erinnerung, erst Todesfälle ab dem fünften Lebensjahr werden von 90 % der Befragten mit mindestens einer Frage beantwortet. In dieser Untersuchung wurde nicht zwischen engen und weiteren Familienangehörigen unterschieden, sodass das letztgenannte Ergebnis schwer zu interpretieren ist. Wohnortwechsel werden ab dem vierten Lebensjahr zu 90 % erinnert. Ein Vergleich der Angaben der Befragten mit denjenigen der Eltern zeigte in 61 % der Fälle Übereinstimmung, in 12 % der Fälle gaben die Eltern an, dass die Erinnerung des Kindes wahrscheinlich falsch sei, in 10 % der Fälle gaben die Eltern an, dass sie eine andere Erinnerung haben, aber das Kind möglicherweise recht hatte, und in 11 % der Fälle bezogen sich die Angaben auf unterschiedliche Aspekte der Ereignisse (andere Gründe der Nicht-Übereinstimmung: 6 %).

Henry et al. (1994) untersuchten die Erinnerungen an Faktoren wie Wohnortwechsel bis zum Alter von 15 Jahren oder Größe und Gewicht im Alter von neun bis elf Jahren in einer retrospektiven Befragung an ca. 1000 jungen Erwachsenen (18-Jährigen), für die prospektive Daten aus einer Verlaufsuntersuchung vorlagen. Die Mehrzahl der Angaben in der retrospektiven Befragung wurde mittels eines einzelnen Items erfasst. Als Kriterien für die Validität wurden unterschiedliche Angaben aus der Verlaufsstudie herangezogen, die von den Probanden selbst, ihren Eltern und Lehrern stammen. Henry et al. (1994) berichten teilweise Korrelationen von $r > .70$ zwischen prospektiven und retrospektiven Daten, allerdings wesentlich geringere Kappa-Werte. Sie interpretieren dies als Anhalt dafür, dass die Ereignisse nur ungefähr, aber nicht genau erinnert werden. Beispielsweise beträgt die Korrelation zwischen den Angaben zur Häufigkeit des Wohnungswechsels $r = .76$, während Kappa $= .35$ beträgt. Die Anzahl der Wohnungswechsel variierte in der Stichprobe zwischen 0 und 15. In der Berechnung des Kappa-Wertes wird beispielsweise ein Befragter, der in einer Befragung drei, in der anderen hingegen vier Wohnortwechsel angab, als nicht konkordant gewertet. In den Korrelationskoeffizienten hingegen geht dieser Unterschied als eine geringe Abweichung ein.

Aus der Untersuchung lässt sich ableiten, dass die Faktoren Wohnortwechsel, Größe, Gewicht, Lesefähigkeit und möglicherweise die Tatsache, ob es Polizeikontakte gab, hinreichend genau mit einem Item erfragt werden können.

In der Studie von Hardt et al. (2006) zeigen die Fragen zu Tod oder Trennung der Eltern, Anzahl Geschwister, Erstgeboren mit Kappa-Werten > .90 die höchsten Übereinstimmungen.

Hardt et al. (2010) verglichen die Auswirkung von zehn Kindheitsfaktoren (z. B. Erstgeborenenstatus, Armut, längere Krankheit) auf das psychische Befinden im Alter von 40 Jahren aus einer prospektiven und einer retrospektiven Untersuchung in zwei relativ großen Stichproben. Neben bivariaten Analysen wurde auch ein multivariates Modell verglichen. Als Ergebnis zeigten sich ebenfalls durchweg geringe, jedoch keine unterschiedlichen Effekte in beiden Stichproben.

13.3 Zusammenfassung

Zusammenfassend zeigt sich, dass die retrospektive Befragung von Kindheitsbelastungen bei Erwachsenen brauchbare Ergebnisse liefern kann, die allerdings gewissen Einschränkungen unterliegen. Selbst unter Verwendung qualitativ hochwertiger Befragungstechniken wird man eine Unterschätzung der Prävalenzen erhalten. Falsch positive Aussagen sind kaum in nennenswertem Maße zu erwarten. Präzise Aussagen zu Details sind ebenfalls in der Regel nicht zu erwarten, die Wahrscheinlichkeit besteht, dass hier Aspekte verschiedener Erlebnisse vermischt werden.

Zudem treten teilweise systematische Verzerrungen auf. Beim sexuellen Missbrauch ist beispielsweise damit zu rechnen, dass Männer geringere Raten berichten als Frauen und dass frühe Ereignisse zu einem geringeren Anteil berichtet werden als solche, die in der späteren Kindheit stattfanden. Für die regelmäßige körperliche Züchtigung ließ sich bisher keine systematische Verzerrung nachweisen. Für die retrospektive Einschätzung der elterlichen Feindseligkeit oder Konflikte zeigte sich generell keine hohe Stabilität und zudem eine schlechtere Erinnerung derjenigen Personen, denen im Erwachsenenalter eine gute Lebensanpassung gelungen war. Demografische Angaben erscheinen unproblematisch.

Diese Aussagen gelten nur für Befragungen, die klare, strukturierte Fragen ohne Suggestionen verwenden. Unpräzise Fragen liefern erwartungsgemäß keine brauchbaren Ergebnisse. Beobachtungen an Psychotherapiepatientinnen und empirische Untersuchungen an erwachsenen Probanden zeigen, dass suggestive Befragungen einen erhöhten Anteil an falsch positiven Antworten erzielen können (Hyman u. Billings 1998).

Auf einem Kongress in den USA wurde von einem des Missbrauchs bezichtigten Mann berichtet, der eine Detektivin, getarnt als Patientin, zur Psychotherapeutin der Tochter schickte (NN 1996). Sie wurde angewiesen, keinerlei Hinweise auf einen sexuellen Kindesmissbrauch zu geben.

Doch auch der Detektivin wurde nach wenigen Therapiestunden nahegelegt, dass ihre Symptome auf einen sexuellen Missbrauch in der Kindheit schließen ließen.

Durch derartige Fälle wurde die Glaubwürdigkeit von retrospektiven Berichten über sexuellen Missbrauch diskreditiert. Benedek und Schetky (1987) sprachen von einer „new cottage industrie", die sich um die Therapie der Langzeitfolgen des kindlichen sexuellen Missbrauch etablierte. Seit den 1990er Jahren erfolgte eine Konsolidierung des Missbrauchsbegriffs (Fergusson u. Mullen 1999). Probleme der Definition von Missbrauch (s. Kap. 1) und der Erinnerung an lang zurückliegende Ereignisse werden zunehmend ernst genommen und sachlich betrachtet.

Folgen für Kinder und Jugendliche

14 Diagnostisches Vorgehen bei Misshandlung, Missbrauch und Vernachlässigung

Inge Seiffge-Krenke und Annika Krick

Inhalt

14.1	Einleitung	242
14.2	**Diagnostik bei Misshandlung**	242
	14.2.1 Anamnese	243
	14.2.2 Klinische Untersuchung	244
	14.2.3 Bildgebung	244
	14.2.4 Labor	245
	14.2.5 Befunde an einzelnen Organen	245
	14.2.6 Exploration und Verhaltensbeobachtung	249
	14.2.7 Differenzialdiagnostik: Münchhausen-by-Proxy-Syndrom	250
14.3	**Diagnostik bei Missbrauch**	250
	14.3.1 Anamnese	251
	14.3.2 Klinische Untersuchung	251
	14.3.3 Befunde	252
	14.3.4 Exploration, Spiel und Verhaltensbeobachtung	254
	14.3.5 Beurteilung der familiären Situation, Beobachtungen bei Eltern und Begleitpersonen	254
14.4	**Diagnostik bei Vernachlässigung**	255
	14.4.1 Anamnese	255
	14.4.2 Exploration und Verhaltensbeobachtung	256
	14.4.3 Weitere Befunde	257
	14.4.4 Bewertung der Befunde	257
14.5	**Multiple Formen**	258
14.6	**Fragebogenverfahren und klinische Interviews**	259
14.7	**Zusammenfassung**	260

14.1 Einleitung

Das diagnostische Vorgehen ist in der Regel *multiprofessionell* und erfordert die Zusammenarbeit von verschiedenen Experten. Der ärztliche Beitrag zur Diagnosefindung ist je nach Form der Misshandlung unterschiedlich. Während die Diagnose einer körperlichen Misshandlung zu einem erheblichen Teil auf der korrekten Identifizierung und Bewertung körperlicher Verletzungen beruht, spielen medizinische Befunde nur bei einem kleinen Teil sexuell missbrauchter Kinder eine Rolle für die Diagnose. Vernachlässigungen sind lediglich in ihren körperlichen Ausprägungen medizinisch fassbar, aber ätiologisch schwieriger als Misshandlungsform einzuordnen (Kinderschutz-Zentrum Berlin 2000). Im klinisch-psychologischen Kontext steht das breite Methodeninventar der psychologischen Diagnostik (Exploration, Verhaltensbeobachtung, Interaktionsbeobachtung, standardisierte Fragebögen, psychometrische Testverfahren etc.) zur Verfügung, das durch die Erhebung relevanter psychodiagnostischer Zusatzinformationen über die Bezugspersonen (Familienanamnese, Entwicklung des Kindes, Fragebögen zu Verhaltensauffälligkeiten, sexueller Kenntnisstand etc.) zu ergänzen ist.

Grundsätzlich ist der *Prozesscharakter der Diagnostik* zu unterstreichen, denn der Verdacht auf Misshandlung, Vernachlässigung oder Missbrauch kann auf verschiedene Weise entstehen:
- aufgrund von körperlichen Symptomen, z. B. eine ungeklärte Fraktur beim Säugling oder Zeichen mangelnder Hygiene
- aufgrund einer auffälligen zeitlichen Verzögerung zwischen Verletzungszeitpunkt und der Vorstellung in einer Arztpraxis
- aufgrund von auffälligem Verhalten des Kindes, z. B. plötzlich eintretender Schulleistungsknick mit sozialem Rückzug
- aufgrund von anamnestischen Angaben, z. B. unvollständige Vorsorgeuntersuchungen und Impfungen oder gehäufte Unfälle
- aufgrund einer gestörten familiären Interaktion, z. B. mangelnde Zuwendung der Mutter oder feindseliges Verhalten gegen das Kind

14.2 Diagnostik bei Misshandlung

Symptome und Hinweise auf Misshandlung sind oft mehr- und uneindeutig. Die Diagnose erfordert dann gezieltes und überlegtes medizinisch-diagnostisches Vorgehen sowie spezielle Kenntnisse über die Art medizinischer Befunde bei Misshandlungen. Die fachgerechte und wissenschaftlich abgesicherte Erhebung, Interpretation und Abgrenzung zu möglichen anderen Ursachen misshandlungsverdächtiger Verletzungen sind Voraussetzungen, um den Schritt von einem körperlichen Symptom hin zu einer Diagnose mit weitreichenden psychosozialen Implikationen zu vollziehen.

Somatische Befunde sind oft der Ausgangspunkt des Verdachtes auf eine körperliche Kindesmisshandlung. Im Sinne der Diagnosefindung sind sie einer der „härtesten" und im sozio-legalen System bestangesehensten Parameter. Wichtig ist ein kindgerechtes Untersuchungsverhalten. Die Symptomsuche kann in unauffälliger Form erfolgen. Hilfreich ist, auch das Positive einer Untersuchung hervorzuheben. Ziel ist es, dem Kind die Sicherheit zu vermitteln, dass es über seine Gewalterfah-

14.2 Diagnostik bei Misshandlung

rungen frei sprechen kann und diese ernst genommen werden.

14.2.1 Anamnese

Der erste Schritt der Diagnose, die gründliche Anamnese, umfasst die detaillierte Aufklärung des aktuellen Geschehens, welches zur Aufnahme führte. Dabei ist es wichtig, bereits primär die Fakten möglichst früh, präzise und ausführlich zu erheben und zu dokumentieren (Tab. 14-1).

Die Anamnese beginnt mit der genauen Erhebung der aktuellen Verletzungen, Umstände, Zeugen, vorangegangener Stresssituationen, potenzieller Auslöser sowie der Familienanamnese. Zur gründlichen Beurteilung der Gesamtsituation ist das Gespräch mit den Eltern unerlässlich, dabei ist auch die psychosoziale Belastung der Familie zu erheben. Differenzialdiagnostisch ist das Münchhausen-by-Proxy-Syndrom zu berücksichtigen.

Tab. 14-1 Anamnestische und allgemeine Hinweise auf nicht-akzidentelle Verletzungen

- fehlende, vage, unklare, wechselnde Erklärungsmuster
- alle unklaren schweren Verletzungen bei banalen Unfällen
- für das Alter bzw. den individuellen Entwicklungsstand inadäquater Unfallmechanismus
- verzögertes Aufsuchen medizinischer Hilfe bei schweren Verletzungen
- schwere Verletzungen angeblich durch das Kind selbst oder Geschwister zugefügt
- Entdecken zusätzlicher, zuvor nicht angegebener Verletzungen bei der Untersuchung
- rezidivierende unklare Verletzungen mit gehäuftem Wechsel der medizinischen Betreuung
- Hinweise von Dritten oder dem Kind selbst

> **Merke**
> Die Diskrepanz zwischen der angegebenen Vorgeschichte und dem klinischen Befund ist der wichtigste Baustein der Diagnose einer Kindesmisshandlung (Kleinman 1998; AAP 2000; Zimmermann 2001). Bei Unfällen gibt es nahezu immer eine Erklärung des Unfallgeschehens, bei Misshandlungen fehlt sie in etwa 40 % der Fälle (Alexander et al. 2001; Herrmann 2002). Unpassende, unpräzise, vage oder fehlende Erklärungsmuster sind somit sehr verdächtig.

Bei der Bewertung der Umstände einer möglichen nicht akzidentellen Verletzung ist es von entscheidender Bedeutung, die Plausibilität zu prüfen, mit der ein angegebener Mechanismus eine vorliegende Verletzung oder Verletzungskonstellation verursacht haben könnte. Bei Unfällen wird in der Regel rasch medizinische Hilfe aufgesucht, bei Misshandlungen ist ein verzögerter Arztbesuch typisch. Kritisch muss auch immer die Verursachung schwerer Verletzungen durch Geschwister oder andere Kinder betrachtet werden. Bei all diesen Punkten ist stets zu berücksichtigen, dass Eltern aus Angst oder Scham den wahren, womöglich tatsächlich akzidentellen Hergang verschweigen, weil sie Konsequenzen (Jugendamt) fürchten oder ihr „Versagen" als Eltern nicht eingestehen wollen (Herrmann 2000; Kinderschutz-Zentrum Berlin 2000).

Das Einholen zusätzlicher Informationen umfasst das Gespräch mit dem Haus- oder Kinderarzt. Im Weiteren wird die medizinische Vorgeschichte nach früheren Erkrankungen und Verletzungen, Gedeihstörungen, chronischen Erkrankungen oder Behinderungen als familiäre Stressfaktoren erfragt. Auch fehlendes Wahrnehmen von

Impfungen und Vorsorgeuntersuchungen kann Hinweise auf strukturelle Defizite einer Familie geben. Darüber hinaus ist die Sozial-, Verhaltens- und Entwicklungsanamnese von größter Bedeutung: Handelt es sich um ein „schwieriges Kind", eine belastete Eltern-Kind-Beziehung, eine Familie in einer chronischen Stress- oder einer Krisensituation? Insbesondere vorausgegangene, unter Umständen fehlbewertete Warnhinweise, die eine Überforderung oder Erschöpfung der Eltern signalisieren, sind wichtige Hinweise (Kinderschutz-Zentrum Berlin 2000; Deegener u. Körner 2005).

14.2.2 Klinische Untersuchung

Die gezielte medizinische Diagnostik möglicherweise misshandelter Kinder erfordert eine schonende, aber gründliche und vollständige körperliche Untersuchung mit sorgfältiger, möglichst fotografischer Dokumentation. Das Erkennen von zusätzlichen akuten Verletzungen oder Hinweisen auf frühere Verletzungen, insbesondere wenn sie von den Eltern nicht angegeben wurden, ist von großer Bedeutung.

> **Merke**
> Daher gilt, dass immer eine Ganzkörperuntersuchung des vollständig entkleideten Kindes durchführen ist.

Zu beachten sind alterstypische Verletzungsbereiche (Motzkau 2000; Feldman et al. 2001):
- am Kopf bis zu drei Jahren
- an Beinen, Gesäß und Becken zwischen drei und zwölf Jahren
- an Kopf, Hals und Schultern bei Jugendlichen

Dabei sollte auch der Anogenitalbereich untersucht werden, um Spuren eines möglichen koexistierenden sexuellen Missbrauchs nicht zu übersehen. Gegebenenfalls sollten auch Geschwisterkinder untersucht werden, da diese ebenfalls ein erhöhtes Misshandlungsrisiko tragen.

> **Merke**
> In Abwesenheit eines adäquaten akzidentellen Unfallmechanismus zählen zu den stärksten somatischen Hinweisen das Shaken-Baby-Syndrom, retinale Blutungen, komplexe Schädelfrakturen, Rippenfrakturen, meta- und epiphysäre Frakturen, multiple Frakturen unterschiedlichen Alters, multiple Hämatome an ungewöhnlichen Lokalisationen, geformte Hämatome oder Verbrennungen, Immersionsverbrennungen und intramurale Duodenalhämatome.

14.2.3 Bildgebung

Die medizinische Diagnostik umfasst zunächst die Wachstumsparameter Gewicht, Länge und Kopfumfang, da Gedeihstörungen ein wichtiger Hinweis auf Misshandlung und Vernachlässigung sind und eine gute spätere Kontrolle über den Erfolg ergriffener Maßnahmen bieten. Bei allen Kindern unter zwei bis drei Jahren ist ein sogenanntes Röntgenskelettscreening Methode der ersten Wahl und internationaler Standard. Dabei werden alle wesentlichen Knochen auf der Suche nach frischen oder alten Knochenbrüchen konventionell geröntgt (AAP 2000; Deegener u. Körner 2005).

Von essenzieller Bedeutung neben der klinischen Untersuchung einschließlich des Röntgenskelettscreening ist die Fundoskopie (Kleinman 1998). Sie geniest aufgrund der hohen Korrelation retinaler Blutungen mit nicht akzidentellen ZNS-Verletzungen einen herausragenden Stellenwert. Bei

14.2 Diagnostik bei Misshandlung

Kopfverletzungen ist akut immer die zerebrale Computertomografie (CCT) die Methode der ersten Wahl. Die Magnetresonanztomografie (MRT) dient der Verlaufskontrolle sowie der genaueren Festlegung des Ausmaßes einer zerebralen Schädigung.

14.2.4 Labor

Erforderliche Labor- und apparative Untersuchungen hängen von den Umständen der Verletzungen ab. Das Basislabor umfasst Blutbild, Glutamat-Oxalacetat-Transaminase (GOT), Glutamat-Pyruvat-Transaminase (GPT), Gamma-Glutamyl-Transferase (γ-GT), Amylase, Lipase, alkalische Phosphatase (AP), Calcium, Phosphor, Quick und partielle Thromboplastinzeit (PTT). Damit wird eine orientierende Abschätzung des Schweregrades von Verletzungen, des Knochenstoffwechsels und des Gerinnungssystems ermöglicht.

14.2.5 Befunde an einzelnen Organen

Hämatome

Die Haut als größtes Organ des Körpers ist auch am häufigsten, d. h. in nahezu 90 % der Fälle misshandelter Kinder, betroffen. Für die Beurteilung von Hautbefunden als Indikatoren einer Misshandlung spielen Ort, Art und mit Einschränkungen die Mehrzeitigkeit von Verletzungen eine wichtige Rolle. Multiple Hämatome unterschiedlichen Alters gelten gemeinhin als einer der bekanntesten und stärksten Hinweise auf eine Misshandlung. Bei chronisch misshandelten Kindern scheint die Hämatomresorption beschleunigt zu sein. Unterschiedlich gefärbte Hämatome können durchaus gleichzeitig entstanden sein.

Von größerer Bedeutung sind Lokalisation und Verteilung der Hämatome. Vor allem Kinder im Lauflernalter sind häufig an prädisponierten, mit der Umwelt interagierenden Körperteilen („leading edges") mit Hämatomen übersät. Dagegen sind Hämatome an untypischen und bei akzidentellen Stürzen empirisch selten betroffenen Lokalisationen verdächtig auf eine nicht akzidentelle Genese: Thorax, Rücken, Nates, Genitale, dorsale Oberschenkel, Ohren, Kieferwinkel, Mastoid, Wangen, Oberlippe, Frenulum der Lippe (Zwangsfüttern), Hals (Würgemale), Nacken, ventrale Unterarme (Schutz vor Schlägen), Schulter, Oberarme symmetrisch, Handrücken (Hermann 2002).

Ebenso bedürfen Hämatome bei kleinen, nicht mobilen Säuglingen plausibler Erklärungen und werden mit gesicherter akzidenteller Genese selten gefunden („*Those who don't cruise rarely bruise*"; Glaser 2002b).

Fast ausschließlich bei misshandelten Kindern finden sich geformte Hämatome durch den Abdruck von Gegenständen (Stöcke, Seile, Schlingen etc.), Händen oder Würgemale (Jenny 2001). Einer besonderen Beachtung bedürfen Bissmarken.

Verbrennungen und Verbrühungen

Misshandlungsbedingte Verbrennungen sind schwerwiegender, haben eine deutlich höhere Mortalität (ca. 30 %) als akzidentelle Verbrennungen (2 %) und ein signifikant erhöhtes Risiko schwerwiegender posttraumatischer emotionaler Störungen. Hauptsächlich werden Verbrühungen (80 %) und Kontaktverbrennungen gefunden.

Wie bei Hämatomen sind Verbrennungsmuster und Lokalisation von größter Bedeutung. Während bei Unfallverbrennungen meist ein sehr inhomogenes Spritz- und Tropfmuster mit multiformen und irregulär begrenzten Effloreszenzen entsteht („Splash and drop pattern"), zeigen misshandlungsbedingte Verbrühungen Besonderheiten. Wenn ein Kind absichtlich in ein heißes Bad gesetzt wird, sind Gesäß und Hände oder Hände und Füße gleichzeitig betroffen. Dieses Verletzungsmuster kann nicht entstehen, wenn das Kind selbstständig in die Badewanne steigt; dann ist nur eine Hand oder ein Fuß betroffen. Kreisförmige Verbrennungen am Handteller, unter den Fußsohlen und am Bauch können durch Zigaretten verursacht sein. Große runde Verbrennungen am Gesäß entstehen auch dadurch, dass Kinder auf die heiße Herdplatte gesetzt werden. Bei akzidentellen Verbrennungen sind zumeist die tastenden Finger oder Palmarflächen der Hände betroffen. Misshandlungsverbrennungen (Haartrockner, Heizungsroste, Herdplatten, Bügeleisen u.a.) sind geformt und bilden den betreffenden Gegenstand ab. Zigarettenverbrennungen haben etwa 8–10 mm Durchmesser, imponieren tief ausgestanzt und sind oft an Hand- oder Fußrücken gelegen, gelegentlich anogenital (Purdue et al. 1988; Jenny 2001; Bays 2001).

Frakturen

Bis zu 50 % misshandelter Kinder weisen eine oder mehrere Frakturen auf (im Schnitt 3,6 pro Kind), zumeist im Schädel- oder Thoraxbereich und an den Extremitäten. Misshandlungsbedingte Frakturen betreffen 8–12 % aller Frakturen bei Kindern, darunter nahezu jede zweite Fraktur im ersten Lebensjahr.

> **Merke**
> Frakturen reflektieren besonders gewalttätige Misshandlungen, da sie erhebliche Kräfte erfordern.

Sie werden überwiegend bei Kindern unter drei Jahren gefunden (55–70 % unter 1 Jahr, 80 % unter 18 Monaten), wohingegen akzidentelle Frakturen häufiger ältere Kinder betreffen (in 2 % unter 18 Monaten, in 85 % bei über 5-Jährigen). Als klassische Misshandlungskonstellation gelten multiple Frakturen in verschiedenen Heilungsstadien, wiederum ohne adäquate akzidentelle Erklärungen. Radiologisch finden sich zwischen null bis zehn Tagen Weichteilschwellungen, Ödeme, Blutungen, sichtbare Frakturlinien und -fragmente.

Metaphysäre und epiphysäre Frakturen sind nach Ausschluss eines schweren Unfalls nahezu pathognomisch für eine Misshandlung. Sie werden bei Unfällen im Kleinkindesalter nur in Ausnahmefällen gefunden und erfordern massive Schleuder- und Scherkräfte. Sie unterscheiden sich auch morphologisch von den bei älteren Kindern gefundenen akzidentellen epi- und metaphysären Frakturen. Eine sehr hohe Spezifität haben Rippenfrakturen, auch diaphysäre Frakturen der langen Röhrenknochen werden häufiger bei misshandelten Kindern gefunden. Humerusfrakturen sind vor allem bei Kindern unter 15 Lebensmonaten hochverdächtig (in 66–100 % der Fälle nicht akzidentell). Unterarmfrakturen in Schaftmitte können als „Parierfraktur" auf den Versuch der Abwehr eines Schlages hinweisen. Die Benutzung der Unterarme oder der Oberarme als Hebel zum Schütteln oder Schleudern eines Kindes deuten weitere nicht akzidentelle Frakturmechanismen an. Femurfrakturen unter einem Jahr sind ebenfalls hochverdächtig. Sternum-, Scapula- und Beckenfrakturen werden selten bei Misshandlungen gefunden, haben jedoch aufgrund der dafür benötigten erheblichen Kräfte eine hohe Spezifität (Kleinman 1998; Cooperman u. Merten 2001). Schädelfrakturen werden bei 8–10 % der Misshand-

14.2 Diagnostik bei Misshandlung

lungsopfer gefunden. Bei den sogenannten banalen Stürzen von Wickeltisch, Bett oder Sofa aus etwa 1,2–1,5 m Sturzhöhe kommt es in 3–5 % der Fälle zu einfachen, linearen, parietalen Frakturen. Verdächtig sind dagegen multiple, komplexe, also lange Frakturen (> 5 cm) (Alexander et al. 2001; Bays 2001).

Bei Skelettverletzungen ist zu beachten, dass äußere Schwellungen und Hautblutungen als Markersymptome häufig, aber nicht immer vorhanden sind. Schreit ein völlig ruhiges Kind immer wieder, wenn es hochgenommen oder gefüttert wird, kann u. U. ein Rippenbruch vorliegen, der von außen nicht erkennbar ist. Schädelfrakturen, die über mehrere Nähte verlaufen, Impressions- oder Trümmerfrakturen ohne entsprechende Vorgeschichte und wachsende Frakturen müssen immer den Verdacht auf eine Misshandlung nahe legen.

> **Merke**
> Wenn zu Schädelfrakturen noch verschieden alte und unterschiedlich lokalisierte Hämatome am übrigen Körper und/oder ältere Frakturen anderer Skelettanteile hinzukommen, muss die Diagnose der Kindesmisshandlung ausgesprochen werden, auch wenn dies von den Eltern verneint wird (Jacobi 1995).

ZNS

Nicht akzidentelle Verletzungen des Zentralnervensystems haben die gravierendsten Auswirkungen bezüglich Morbidität und Mortalität misshandelter Kinder. 10–20 % der Misshandlungen sind gravierende ZNS-Verletzungen, davon treten etwa 80 % im ersten Lebensjahr auf. Sie sind die häufigste misshandlungsbedingte Todesursache (75 %). Rund 80 % der Todesfälle an ZNS-Verletzungen im Säuglingsalter gehen auf nicht akzidentelle Verletzungen zurück (Krug et al. 2002).

Shaken-Baby-Syndrom

Die größte klinische Bedeutung hat das Schütteltrauma des Säuglings (oder Shaken-Baby-Syndrom, SBS).

> **Merke**
> Aufgrund der Konstellation aus subduralen Hämatomen, ausgeprägten retinalen Blutungen sowie schweren und prognostisch ungünstigen, diffusen Hirnschäden durch schweres Schütteln eines Säuglings stellt das Shaken-Baby-Syndrom ein potenziell lebensgefährliches Ereignis dar. Es erfordert in seiner vollen Ausprägung massivstes, heftiges, gewaltsames Schütteln eines Kindes, welches zu unkontrolliertem Umherrotieren des kindlichen Kopfes führt.

Um Gehirnschädigungen, wie sie für das SBS typisch sind, hervorzurufen, sind also erhebliche physikalische Kräfte erforderlich.

Das Spektrum klinischer Symptome umfasst leichte neurologische Auffälligkeiten wie Irritabilität, Trinkschwäche, Schläfrigkeit, reduzierten Allgemeinzustand bis hin zu Apathie, Koma, zerebrale Krampfanfälle, Atemstörungen, Temperaturregulationsstörungen, Erbrechen durch Hirndruck und Tod (Conway 1998; Alexander et al. 2001).

Diagnostisch gesichert wird das SBS durch die typische Symptomkonstellation, die Funduskopie, das initiale CCT und im Verlauf durch ein MRT. Die Prognose ist schlecht: Über zwei Drittel der Überlebenden erleiden mehr oder weniger schwere neurologische Folgeschäden in Form von Entwicklungsstörungen, schweren Seh-, Hör- und Sprachausfällen bis hin zu bleibenden Behinderungen oder Tod; die Mortalität beträgt 12–27 % (Hermann 2005).

Prädisponierend ist das Alter; das physiologische „Hauptschreialter" kleiner Säuglinge von zwei bis fünf Monaten überlappt weitgehend mit der Altersverteilung beim SBS.

> **Merke**
> Schreien ist der einzige durchgängig nachweisbare Risikofaktor, der zum SBS führt (Lazoritz u. Palusci 2001).

Bei der Entstehung des SBS werden kindliche, elterliche und soziale Faktoren nachgewiesen. Neben den erwähnten Problemen der gestörten Selbstregulation der Säuglinge mit exzessivem (oder so empfundenem) Schreien finden sich bei den Eltern eigene ungelöste biografische Konflikte, Defizite der Elternkompetenz, Frustrationsintoleranz, dem Alter der Kinder unangemessene Erwartungen und Partnerprobleme. Hinzu kommen soziale Probleme wie Armut, Arbeitslosigkeit oder mangelnde soziale Unterstützung und Ressourcen.

Thorakale und abdominale Befunde

Schätzungen zufolge sind 1–11 % aller abdominalen Traumata misshandlungsbedingt, in 65 % der Fälle finden sich Begleithinweise. Wie bei allen Misshandlungsformen sind die Opfer im Schnitt deutlich jünger als bei Unfällen (2,5 vs. 7,5 Jahre), die Inanspruchnahme medizinischer Hilfe ist verzögert (81 % innerhalb von 3 Stunden vs. 100 % später als 3 Stunden) und die Anamnese oft fehlend, vage, unklar oder wechselnd, wohingegen sie bei Unfällen klar und plausibel ist und mit den Verletzungen korrespondiert (Hermann 2002).

Verletzungen des Bauchraums und Brustkorbes als Folge von Schlägen oder Tritten sind selten, stellen jedoch die zweithäufigste Todesursache bei Misshandlungen dar. Während im Bauchraum bei Unfällen zumeist Milz, Nieren oder Leber betroffen sind, finden sich bei nicht akzidentellen Verletzungen vor allem Hohlorganverletzungen, seltener Leber-, Pankreas- oder Nierentraumata und kaum Milzverletzungen. Bei fehlendem überzeugendem akzidentellem Mechanismus ist ein intramurales Duodenalhämatom pathognomonisch für eine Misshandlung. Bei thorakalen Verletzungen finden sich neben den bereits erwähnten Rippenfrakturen Herz- und Lungenkontusionen, Pneumothoraces, Hämatothoraces, selten auch Bronchial- oder Gefäßabrisse (Ng et al. 1997).

Sonstige Manifestationen im Kopf- und Halsbereich

Gesicht, Nacken und HNO-Bereich sind häufig involvierte Körperteile; sie sind bei 65–75 % der misshandelten Kinder betroffen. Etwa die Hälfte betrifft das Gesicht oder die Mundhöhle. Am häufigsten finden sich äußere Hämatome, die bei Handabdrücken oder Gegenständen leicht identifizierbar sind. Ebenso sind Ekchymosen und Prellungen des Gesichtes und der Lippen gut erkennbar. Strangulationsmarken, typisch angeordnete Fingerabdrücke oder Ligaturen sind Hinweise am äußeren Hals oder Nacken. Äußere Verletzungen der Ohren sind starke Hinweise und entstehen durch direkte Schläge, Ziehen („die Ohren lang ziehen"), Kneifen oder Reißen. Gelegentlich kommt es zu penetrierenden Verletzungen des Trommelfells durch spitze Gegenstände.

Eine Vielzahl von äußeren Augenverletzungen kann Folge körperlicher Misshandlung sein (Levin 2000). Unerklärliches plötzliches Schielen ist ein Symptom, das auf Misshandlung hinweisen kann. Ursache

14.2 Diagnostik bei Misshandlung

sind in diesem Fall Augenhintergrundverletzungen oder ein Hirnschaden. Selten auftretende mögliche Augenveränderungen sind Glaskörperblutungen im Anschluss an ein Schädel-Hirn-Trauma mit intracranialer Blutung. Feine flohstichartige Blutungen in den Augenbindehäuten und an den äußeren Lidhäuten können als Stauungsblutungen entstehen, wenn die Halsvenen beim Würgen oder Drosseln zugedrückt wurden, der arterielle Zufluss aber noch erfolgte. Flächenhafte Blutungen sind Folgen eines direkten Schlages auf das Auge.

Intoxikationen

> **Merke**
> Absichtliche Intoxikationen sind eine unterdiagnostizierte Variante der Kindesmisshandlung und werden als Disziplinierung oder aus sadistischen Motiven verübt.

Dabei verwendete Substanzen umfassen Ipecac, Laxanzien, Pfeffer (gehäuft letaler Ausgang durch Aspiration), Kochsalz, Trinkwasser (durch zwangsweise orale oder rektale Applikation), Kohlenmonoxid, Medikamente, Haushaltschemikalien, Alkohol und Drogen.

Generell werden eine höhere Letalität als bei akzidentellen Intoxikationen, ein ungewöhnliches Alter (unter 1 Jahr oder zwischen 5 und 10 Jahren), eine fehlende oder unpassende Anamnese, multiple oder ungewöhnliche Toxine, verzögertes Aufsuchen medizinischer Hilfe und koexistierende Hinweise auf Misshandlung oder Vernachlässigung angegeben (Bays u. Feldman 2001).

14.2.6 Exploration und Verhaltensbeobachtung

Während des stationären Aufenthalts ist es oft möglich, Verhaltensauffälligkeiten des Kindes wahrzunehmen. Manche misshandelten Kinder sind extrem ängstlich, gehemmt, passiv und immer bemüht, alles recht zu machen, keine Fehler zu begehen. Andere Kinder erdulden klaglos schmerzhafte Eingriffe (z. B. Blutentnahme), sind überhöflich oder überangepasst.

Bei etlichen Betroffenen lässt sich ein unsicher gespannt und traurig wirkender Gesichtsausdruck, die sogenannte *eisige Wachsamkeit* („frozen watchfulness"), beobachten: Das Kind sitzt still auf seinem Platz und beobachtet seine Umgebung aus den Augenwinkeln, ohne sich zu bewegen. Es bewegt sich erst dann, wenn es sich unbeobachtet fühlt.

Als weitere typische Symptome für misshandelte Kinder werden emotionale Störungen (anhaltende Traurigkeit, Ängstlichkeit, Stimmungslabilität und mangelndes Selbstvertrauen) und Schwierigkeiten im Sozialverhalten beschrieben. Die Kinder sind entweder auffallend ruhig und zurückgezogen oder aber besonders aktiv, unruhig und schwierig (Aggressivität, Distanzlosigkeit). Bei der Entwicklungsbeurteilung findet man häufig Rückstände in Motorik und Sprache. Andere Kinder fallen wiederum durch hyperaktives, aggressives, asoziales oder destruktives Verhalten auf.

Verbale Hinweise von Kindern selbst sind immer ernst zu nehmen. Manchmal geben misshandelte Kinder verschlüsselte Botschaften wie: „Hier gefällt es mir" oder „Ich gehe gern ins Krankenhaus", die aussagen können, dass die Situation zu Hause schwer erträglich ist, ohne sie als solche zu benennen. Manche Kinder, die in einer deprivierenden Umgebung leben, entwickeln sich in einer neuen Situation (z. B. während des Klinikaufenthaltes) rasch zum Positiven.

Psychosoziale Entwicklungsverzögerungen sind ebenfalls zu beachten. Misshandelte Kinder sind im Durchschnitt weiter zurück in intellektuellen Fähigkeiten als die nicht misshandelte Vergleichsgruppe (Lynch 1989).

14.2.7 Differenzialdiagnostik: Münchhausen-by-Proxy-Syndrom

Das Münchhausen-by-Proxy-Syndrom (MSBP; oder Münchhausen-Stellvertreter-Syndrom) ist eine seltene, vermutlich deutlich unterdiagnostizierte und schwerwiegende Sonderform der Kindesmisshandlung. Vorwiegend Mütter mit schweren Persönlichkeitsstörungen erfinden oder produzieren aktiv schädigend auf vielfältige Weise Krankheitssymptome bei ihren gesunden Kindern. Auch können vorhandene Erkrankungen erheblich aggraviert werden. Ziel sind immer wiederholte ärztliche Untersuchungen, Aufmerksamkeit und Zuwendung zugunsten des Erwachsenen.

Hinweise und Inhalte der sogenannten Jones-Kriterien zur Diagnose sind u. a. anhaltende oder immer wiederkehrende Symptomatiken ohne eine plausible Erklärung nach ausgiebiger Diagnostik, Diskrepanz zwischen Anamnese und klinischen Befunden, ungewöhnliche, von der klinischen Erfahrung abweichende Krankheitsverläufe, bei Trennung von der Mutter ausbleibende Symptome, Therapieresistenz ohne klinische Begründbarkeit, wiederholte Klinikaufenthalte und eingreifende Diagnostik ohne klare Resultate und ein wenig beunruhigter Elternteil, der das medizinische Personal anhaltend positiv verstärkt und immer neue, auch schmerzhafte Diagnostik begrüßt.

14.3 Diagnostik bei Missbrauch

Sexueller Kindesmissbrauch kann nur multiprofessionell diagnostiziert werden. Da ein normaler körperlicher Untersuchungsbefund bei Opfern sexuellen Kindesmissbrauchs häufig ist, kann der forensische Aspekt der Untersuchung nicht das Haupt- oder gar das ausschließliche Ziel der Untersuchung sein. Die medizinische Untersuchung muss im Bewusstsein der Möglichkeiten, aber auch der Beschränkungen, Grenzen und möglichen Risiken durchgeführt werden. Es ist entscheidend, dass die Bedürfnisse des Kindes absolute Priorität über dem Wunsch haben, forensisches Beweismaterial zu sammeln.

> **Merke**
> Die ärztliche Untersuchung von sexuell missbrauchten Kindern kann potenziell zu einem emotional eingreifenden und traumatisierenden Erlebnis werden, wenn sie nicht auf eine qualifizierte und einfühlsame Art durchgeführt wird. Dies wird auch als *potenzielle Reviktimisierung* beschrieben.

Da die Mehrzahl missbrauchter Kinder eine gestörte und verzerrte Körperwahrnehmung hat (Amann u. Wipplinger 1998b), ist es von größter Bedeutung, dem Kind zu versichern, dass sein Körper normal, physisch unbeschädigt und intakt ist oder dass die Aussicht auf Heilung besteht.

Häufig liegt zunächst ein Verdachtsmoment vor, der u. a. in Folgendem bestehen kann:
- direkte Zeugenschaft eines Dritten
- situative Wahrnehmung Dritter
- körperliche Anzeichen am Kind (Spermaflecken, genitale Verletzung, Blutung oder Entzündung)
- direkte Äußerungen des Kindes

14.3 Diagnostik bei Missbrauch

- indirekte Äußerungen des Kindes, die interpretativ als Hinweis verstanden werden können; besondere Aufmerksamkeit ist auf sexualisierte Äußerungen und entsprechendes Verhalten zu richten
- Verhaltensweisen des Kindes, die neu sind (wesensverändernd)
- Verhaltensweisen, die auf Traumatisierung hindeuten

In jedem Fall ist ein persönliches Interview mit dem Melder unabdingbar, bevor die Diagnostik beginnt. In diesem Interview geht es um dessen Kompetenz, aber auch die möglicherweise vorhandenen Motive für eine Meldung (z. B. im Rahmen eines Sorgerechtsstreits).

14.3.1 Anamnese

Es ist ratsam, eine separate Anamnese des Kindes und der Begleitperson zu erheben. Wie die Untersuchung sollte auch die Anamneseerhebung jegliche zusätzliche Traumatisierung des Kindes vermeiden. Je nach den Umständen einer möglichen vorherigen Befragung ist es daher nicht immer erforderlich oder ratsam, diese in allen Details zu wiederholen, da dies oft schwierig und peinlich für das Kind ist. In einigen Fällen jedoch tragen ergänzende Informationen zum Ablauf des Missbrauchs dazu bei, unspezifische physische Symptome im Zusammenhang mit der Anamnese zu interpretieren und zu bewerten.

Eine freundliche und offene Einstellung des Untersuchers sowie eine ruhige und akzeptierende Atmosphäre sind wesentliche Voraussetzungen für das Gelingen des Gesprächs.

Eine vom Missbrauch unabhängige pädiatrische bzw. kindergynäkologische Anamnese sollte immer Bestandteil der Vorgeschichte sein.

Des Weiteren sind Rollen und innerfamiliäre Beziehungsstrukturen zu erheben. Bei Inzestverdacht sollte der Schädiger einbezogen werden. Familiendynamik, soziales Milieu, Informationen zur Ursprungsfamilie und zur individuellen Psychopathologie sind ebenfalls zu erheben.

14.3.2 Klinische Untersuchung

> **Merke**
> Auch für Nicht-Kinderärzte ist eine vollständige Untersuchung „von Kopf bis Fuß" obligatorisch.

Die somatische Untersuchung bei Verdacht auf sexuellen Missbrauch setzt sich zusammen aus der Erhebung eines Allgemeinstatus und eines Genitalstatus.

Bei der *Allgemeinuntersuchung* ist ein pädiatrischer Status enthalten, bei dem insbesondere die Körperteile, die in sexuelle Aktivitäten oft einbezogen sind, genau untersucht werden, wie z. B. Brustbereich, Mund, Gesäß, Oberschenkelinnenseite. Da das betroffene Kind eine körperliche Untersuchung als einen weiteren Übergriff erleben kann, sollte die *genitale Befunderhebung* bei hinreichendem Verdacht nur durch eine dafür ausgebildete gynäkologische Kollegin oder einen Kollegen vorgenommen werden.

> **Merke**
> Jegliche Form von Druck, gewaltsamem Festhaltens oder massivem Überreden ist streng kontraindiziert.

Voraussetzungen und Bedingungen einer schonenden Untersuchung sind (Hermann u. Navratil 2005):
- möglichst Wahlmöglichkeiten und damit Kontrolle über die Situation anbie-

ten; alle Untersuchungsschritte in altersentsprechender Terminologie erklären
- Betonung des Normalen: schauen, ob alles „in Ordnung", gesund ist
- Integration von Puppen oder Kuscheltieren, die potenzielle Ängste der Kinder verbalisieren; dies ermöglicht über den Umweg der Beruhigung der Puppe die Vorwegnahme der eigenen Untersuchung
- Sedierungen sind nur bei einer akuten blutenden Untersuchung indiziert
- Spekula sind bei präpubertären Kindern unter der Fragestellung eines Missbrauchs kontraindiziert, bei Adoleszenten möglich, aber nicht zwingend erforderlich; keine anale oder vaginale Palpation
- die Erhebung des Ganzkörperstatus ist obligatorisch, dies vermeidet das alleinige Fokussieren auf den Anogenitalbereich und das Übersehen extragenitaler Zeichen von sexueller oder koexistierender körperlicher Misshandlung

Kindern bei bekanntem Missbrauch zu bestätigen, dass es gut war, sich zu offenbaren, kann häufig entlastend und quasi-therapeutisch wirken. Fragen sollten einfach und nicht suggestiv sein.

Die gründliche Dokumentation ist für das weitere Prozedere von großer Bedeutung. Aus forensischen Gründen sollte insbesondere für männliche Untersucher eine weibliche Assistentin während der Untersuchung anwesend sein und idealerweise auch die spielerische Vorbereitung der Kinder durchführen. Bei weniger als ein bis zwei Tagen zurückliegendem Missbrauch (Adoleszente bis 72 Stunden) und bei akuten, blutenden anogenitalen Verletzungen sollte sofort untersucht werden. Da die meisten Untersuchungen jedoch mit einem längeren Intervall zum zurückliegenden Missbrauch stattfinden, stellen sie normalerweise keinen Notfall dar (AAP 1999; Herrmann 2002; Hermann et al. 2010).

14.3.3 Befunde

Da die Täter häufig wenig physische Gewalt anwenden, sind viele der entstehenden Verletzungen oberflächlich und heilen rasch. Die meisten dieser oberflächlichen Befunde sind innerhalb von zwei bis drei Tagen nach dem Trauma nicht mehr nachweisbar. Die Art der Befunde variiert beträchtlich mit der Art des Missbrauchs, hierbei verwendeter Objekte, dem Grad der angewendeten Gewalt, dem Alter des Kindes und der Häufigkeit des Missbrauchs.

Insbesondere die neueste Revision einer von Adams (2001) entwickelten Skala stellt ein aktuelles, sehr differenziertes und umfassendes Kategorisierungsschema dar. Es besteht aus der Klassifizierung von anogenitalen Untersuchungsbefunden und der zusammenfassenden Beurteilung der Wahrscheinlichkeit eines Missbrauchs. Im zweiten Teil werden klinische Befunde und anamnestische Angaben integriert.

Kinder werden selten akut vergewaltigt und in der Mehrzahl der Fälle wird wenig oder keine physische Gewalt angewendet. Deshalb weisen nur einige der Opfer offensichtliche frische oder alte Verletzungen als Folge des Missbrauchs auf. Als *spezifische Symptome* gelten alle Verletzungen im Anogenitalbereich ohne plausible Anamnese. Dazu gehören Hämatome, Quetschungen, Striemen, Einrisse und Bisswunden. Häufig entstehen auch ein weiter Eingang der Vagina bzw. Rötung, Einrisse oder venöse Stauung im Analbereich. Zur Klärung sollte eine Kollegin oder ein Kollege mit kindergynäkologischer Ausbildung hinzugezogen werden.

14.3 Diagnostik bei Missbrauch

Zu den oben beschriebenen Verhaltensweisen werden weitere Verhaltensauffälligkeiten beobachtet. Diese *unspezifischen Symptome* müssen weiter abgeklärt werden: gestörtes Essverhalten, Schlafstörungen, Rückfall in ein Kleinkindverhalten (Regression), Weglaufen von zu Hause, Distanzlosigkeit, sexualisiertes Verhalten, Ablehnung des eigenen Körpers, Sexualstörungen, Alkohol- und Drogenmissbrauch, Affektlabilität, Depressivität, erhöhtes Sicherheitsbedürfnis, Albträume, unklare Angstzustände, Schmerzen (z. B. Bauchschmerzen), Sprachstörungen, Stehlen und anderes delinquentes Verhalten, Beziehungsschwierigkeiten, Borderline-Persönlichkeitsstörungen und Konversionssyndrome. Bei einer Schwangerschaft in der Frühpubertät muss man immer an die Folge eines Missbrauchs denken. Daneben gibt es unspezifische Symptome, die ebenfalls beim Missbrauch entstehen können. Dazu zählen rezidivierende Harnwegsinfekte, vaginale Infektionen, sekundäre Enuresis und Enkopresis. Sexuell übertragbare Krankheiten wie z. B. Gonorrhoe oder Condylomata acuminata sind vor der Geschlechtsreife des Kindes mit größter Wahrscheinlichkeit missbrauchsbedingt.

Der Zeitpunkt der Untersuchung beeinflusst die Häufigkeit positiver Befunde, hauptsächlich aufgrund der schnellen und oft vollständigen Heilung anogenitaler Verletzungen. Der Befund hängt demnach stark von der Art und Invasivität des Missbrauchs ab.

> **Merke**
> Für die Beurteilung medizinischer Befunde bei Verdacht auf sexuellen Kindesmissbrauch ist die Kenntnis des Normalzustands in den verschiedenen Altersstufen von größter Bedeutung, um Fehlschlüsse zu vermeiden. Viele Befunde, die in der Vergangenheit als missbrauchsbedingt interpretiert wurden, sind mittlerweile als Normvarianten identifiziert worden.

Die Art missbrauchsbedingter Befunde variiert erheblich mit der Art der Missbrauchshandlung, dabei beteiligter Körperteile oder Gegenstände, dem Grad der Gewaltanwendung, dem Alter des Kindes, der Häufigkeit und der Zeitspanne seit der letzten Episode. Akute Befunde sind leichter zu beschreiben und zu werten als chronische; missbrauchte Kinder werden jedoch selten akut vorgestellt.

> **Merke**
> Die Mehrheit missbrauchter Kinder – nach einer Metaanalyse über 50 % – weist einen unauffälligen körperlichen Untersuchungsbefund auf.

Die Häufigkeit von Normalbefunden variiert von 23–94 %, basierend auf Unterschieden der Definition von Missbrauch und der jeweiligen Befunde (Amann u. Wipplinger 1998b). Hatte der Täter die Penetration zugegeben, wiesen immer noch 39 % der Opfer normale Befunde auf. Der wichtigste Grund für die relative Seltenheit pathologischer körperlicher Befunde ist die Art des Missbrauchs selbst. Häufig findet er ohne gewaltsamen körperlichen Kontakt statt, sodass er keine bleibenden physischen Folgen nach sich zieht (Berührungen, oraler Missbrauch, Masturbation, pornografische Aufnahmen etc.). Normalbefunde sind also bei Opfern sexuellen Missbrauchs häufig, in erster Linie weil viele Missbrauchshandlungen keine körperlich fassbaren Spuren hinterlassen.

Im Falle von Verletzungen durch den Missbrauch kann aufgrund der enormen Regenerationsfähigkeit anogenitaler Gewebe zum Untersuchungszeitpunkt bereits wieder eine vollständige Heilung eingetreten sein. Daher kann der Aspekt der Beweissicherung durch die Untersuchung nur einen begrenzten Stellenwert einnehmen. Dennoch gibt es eine Reihe von missbrauchsbedingten körperlichen Befunden, die im Einzelfall einen wertvollen Baustein der Diagnostik darstellen können. Die Zeit seit dem letzten traumatischen Ereignis und die Angabe von Schmerzen oder vaginaler Blutung sind die zwei einzigen Faktoren, die signifikant mit der Diagnose eines missbrauchsassoziierten Befundes korrelieren. Klassifizierungen von Befunden und Befundkonstellationen (am verbreitetsten die von Adams 2001) sind hilfreich, sollten aber mit Umsicht verwendet werden.

Unverzichtbare Grundlage der Diagnose sexueller Kindesmissbrauch ist jedoch die *Aussage des Kindes*. Die körperliche Untersuchung von Missbrauchsopfern ist nicht zwangsläufig erneut traumatisierend, wenn sie qualifiziert und einfühlsam durchgeführt wird. Die schonend durchgeführte Untersuchung, die Befunderhebung und deren kritische Würdigung erfordern jedoch spezielle Kenntnisse und Erfahrung. Da missbrauchte Kinder ein erheblich gestörtes Körperselbstbild aufweisen, ist eine der wichtigsten Funktionen der medizinischen Untersuchung die ärztliche Rückversicherung körperlicher Normalität und Integrität. Bei begründetem Verdacht auf sexuellen Kindesmissbrauch ist die Zusammenarbeit mit anderen Institutionen unerlässlich. Die medizinische Untersuchung darf nie isoliert bleiben, sondern muss immer als Bestandteil und Ergänzung eines multidisziplinären Ansatzes durchgeführt werden.

14.3.4 Exploration, Spiel und Verhaltensbeobachtung

Bei der Verhaltensbeobachtung geht es u. a. um die Ermittlung des Entwicklungsstands, der kognitiven und sprachlichen Fähigkeiten des Kindes, aber auch um den Realitätsbezug. Von Bedeutung ist ebenfalls die Qualität des Kontaktes zum Interviewer, z. B. ist das Kind ängstlich-abwehrend?

Arbeiten mit Zeichnungen können erleichternd für Kinder wirken, der diagnostische Wert reicht allerdings nur so weit, wie das Kind die Zeichnung kommentiert. Zu bedenken ist, dass Kinder zwischen zwei und vier Jahren, wenn sie ihre Geschlechtsidentität als Junge oder Mädchen entwickeln, häufiger Genitalien malen, ohne dass dies als Hinweis auf sexuellen Missbrauch zu werten ist.

Auch das Spiel mit den anatomisch korrekten Puppen ist aus diesem entwicklungsbedingten Interesse am Geschlecht nicht sehr aussagekräftig und wird problematisiert (Fegert u. Mebes 1993).

Eindeutiges Zeichen ist dagegen der *spontane Bericht eines Kindes* über Missbrauchserfahrungen oder Handlungen. Suggestivfragen sind unbedingt zu vermeiden, da bei kleinen Kindern eine starke Ja-Sage-Tendenz besteht.

14.3.5 Beurteilung der familiären Situation, Beobachtungen bei Eltern und Begleitpersonen

Das Verhalten der Bezugspersonen kann weitere Hinweise geben (Schuck u. Widom 2005). Eltern, die ihr Kind missbraucht haben, verhalten sich in vielerlei Hinsicht anders als solche, deren Kinder durch einen Unfall verletzt wurden. Eltern können im Falle außerfamiliären Missbrauchs Verhaltensbeobachtungen machen, die aufschlussreich sind: Es zeigt inadäquates, sexualisiertes Verhalten oder nicht altersentsprechendes Wissen über Sexualität, das im Spiel oder in Zeichnungen dargestellt wird. Als Folge einer Missbrauchssituation kann eine plötzliche Verhaltensveränderung ohne ersichtlichen Grund entstehen, welche die Eltern irritiert: Kinder meiden das Alleinsein mit einer bestimmten Person oder haben einen Schulleistungsknick, häufig verbunden mit sozialem Rückzug (internalisierendes Verhalten) oder unangemessener Aggressivität (externalisierendes Verhalten).

Insgesamt ist die familiäre Situation in ähnlicher Weise zu erheben, wie im Folgenden für Fälle von Vernachlässigung vorgeschlagen.

Tab. 14-2 Ablauf des diagnostischen Vorgehens bei Vernachlässigung

- Dokumentation und Verlauf der somatischen Entwicklung, Körpermaße, Pflegezustand, Zahnstatus
- gegebenenfalls Ausschluss organischer Ursachen einer Gedeihstörungen
- Dokumentation des (Nicht-)Wahrnehmens der Vorsorgeuntersuchungen, Impfungen, Zahnvorsorge, Karies-Rachitis-Prophylaxe
- Beurteilung der psychischen, emotionalen, kognitiven Entwicklung
- Dokumentation der Interaktion in der Praxis bzw. bei Kenntnis aus anderen Bereichen
- Beschreibung von Verhaltensauffälligkeiten der Kinder oder Jugendlichen

14.4 Diagnostik bei Vernachlässigung

Vernachlässigung wurde, auch wegen des eher schleichenden Verlaufs, lange Zeit weniger beachtet, obwohl sie wesentlich häufiger vorkommt. Man geht davon aus, dass Vernachlässigung die häufigste Form der Misshandlung von Kindesrechten darstellt. Unter den Klienten deutscher Jugendämter machen Vernachlässigungen ca. zwei Drittel aller betreuten Misshandlungsfälle aus.

Es gibt kein eindeutiges Merkmal und kein gesichertes diagnostisches Instrument, um seelische Gewalt zu erkennen. Hilfreich ist am ehesten eine ruhige Exploration des Kindes in vertrauter Umgebung. Es ist jedoch möglich, zumindest einen Verdacht zu erhärten. In der Literatur wird eine Vielzahl von diagnostischen Hinweisen auf seelische Misshandlung gegeben, wenn organische Ursachen ausgeschlossen sind. Die meisten dieser Symptome sind auch bei sexuellem Missbrauch zu beobachten oder gehen mit körperlicher Gewalt einher (Eggers 1994).

Der Verdacht einer Vernachlässigung erfordert wie bei allen Misshandlungen in hohem Maße die innere Bereitschaft, die Diagnose überhaupt in Betracht zu ziehen, die Kenntnis der entsprechenden Hinweise und des erforderlichen Vorgehens (Tab. 14-2), insbesondere die Bereitschaft zur Kooperation mit Jugendamt, Kinderpsychologen, Kinder- und Jugendpsychiatern, Beratungsstellen, gelegentlich auch der Polizei und anderen Fachleuten.

14.4.1 Anamnese

Im Rahmen der Anamneseerhebung sind die Belastungsfaktoren im sozialen Umfeld des Kindes bzw. Jugendlichen besonders aussagekräftig. Hierbei können zunächst allgemeine Fragen zur Familiensituation helfen:
- Wer gehört zur Familie?

- Ist jemand weggegangen (Todesfall, Partnerverlust, Trennung) oder dazugekommen (Geschwisterkind, neuer Partner)?
- Wen gibt es sonst noch an Angehörigen?
- Wie geht es den Eltern/der Mutter?
- Wie kommt die Mutter mit dem Kind (den Kindern) zurecht?
- Gibt es Konfliktstoffe (mit dem Kind, Alkohol, Schulden)?
- Hat das Kind schulische Probleme?
- Wie ist die Wohnsituation?
- Gibt es Spielsachen für das Kind, hat es ein eigenes Bett?
- Wie ist der Kontakt zu Angehörigen?
- Gibt es Nachbarn, Freunde, Bekannte, an die man sich auch im Notfall wenden kann?
- Wer hat die bisherigen Vorsorgeuntersuchungen gemacht?
- Haben die Eltern oder das Kind Kontakt zum Jugendamt oder zu Beratungsstellen?

Zur Familien- und der Sozialanamnese gehören auch familiäre Belastungen und die Eigenanamnese der Eltern (Gewalterfahrung, Trennung, Scheidung, Depressionen, Suchtprobleme u. a.). Auch ein Hausbesuch kann eine gute Möglichkeit sein, die eigenen Wahrnehmungen zu überprüfen und den Lebensraum des Kindes zu beurteilen. Niedergelassene Ärzte haben gegenüber den Klinikärzten den Vorteil, die soziale Situation und die Lebenssituation des Kindes zu sehen und in differenzialdiagnostische Überlegungen einfließen zu lassen.

14.4.2 Exploration und Verhaltensbeobachtung

Die Schilderungen der Eltern werden erweitert durch die eigene Beobachtung in der Untersuchungssituation und die Beobachtung von Dritten wie Pflegepersonal, Psychologen, Pädagogen. Beispiele für *auffälliges Verhalten* eines dreimonatigen Kindes bei der Früherkennungsuntersuchung U4 sind:

- reaktives Lächeln fehlt
- wenig Blickkontakt des Kindes
- Kind auffallend ruhig/apathisch

Des Weiteren findet sich in diesem frühen Stadium häufig eine Gedeihstörung wegen inadäquater Ernährung, des Weiteren ist ein schlechter Pflegezustand (wie rezidivierende Windeldermatitis) zu beobachten. Bereits bei den Säuglingen lassen sich auffällige Beziehungsmuster diagnostizieren. So kann man *offene und versteckte Ablehnung* eines Kindes am Beispiel der Früherkennungsuntersuchung U4 beobachten:

- Mutter vermeidet Körperkontakt mit dem Kind
- Mutter übergeht deutliche Signale des Kindes

Die Väter müssen in der Regel ausdrücklich einbestellt werden, damit man einen Eindruck von der Interaktion zwischen ihnen und ihren Kindern bekommt.

Ganz generell kann das Verhalten der Bezugspersonen weitere Hinweise geben. Eltern, die ihr Kind vernachlässigt haben, lehnen oftmals adäquate Behandlung oder weitergehende Untersuchungen ab, obwohl dieses dringend angezeigt ist. Viele Eltern berichten widersprüchlich von dem „Unfall", der sich zugetragen haben soll; der Befund passt nicht zur Schilderung des Unfallhergangs. Die Reaktion der Eltern kann der Verletzung nicht angemessen sein; sie ist entweder übertrieben oder untertrieben. Manchmal klagen Eltern im Detail über Belanglosigkeiten, die in keinem Zusammenhang zur Verletzung stehen. Ein Kind kann deutliche Anzeichen von Pflegeman-

14.4 Diagnostik bei Vernachlässigung

gel und Unterernährung aufweisen, während die Eltern sich jedoch als perfekte Eltern darstellen. Der Entwicklungsstand des Kindes kann nicht altersgerecht sein, die Eltern bemerken dies aber nicht. Der Umgang mancher Eltern mit dem Kind ist ständig lieblos oder überfordernd; die Erwartungen an das Kind sind völlig unrealistisch. Gegebenenfalls kann man Erregungszustände oder Kontrollverlust bei den Eltern beobachten.

Folgende Beobachtungen können auf *Ablehnung und Vernachlässigung durch die Eltern* hinweisen:
- liebloser Umgang mit dem Kind, z. B. kein Eltern-Kind Kontakt
- geringe Zärtlichkeit, z. B. kaum Berührungen, Mutter vermeidet Körperkontakt mit dem Kind
- häufig verbale Restriktionen, z. B. sehr negative Feststellungen über das Kind, Vorwürfe in sehr ärgerlichem Ton
- Mutter übergeht deutlich die Signale des Kindes (lächeln, quengeln, schreien)
- reaktives (soziales) Lächeln des Kindes fehlt (mangelnder Blickkontakt)
- die Beziehung zwischen Mutter und Kind ist von Unsicherheit, geringer Vorhersagbarkeit und mangelnder Verlässlichkeit gekennzeichnet
- die Mutter wirkt überfordert und nimmt das Kind nicht in seinen kindlichen Bedürfnissen wahr

14.4.3 Weitere Befunde

Vernachlässigung kann sich in einem Mangel an elterlicher Aufsicht zeigen, z. B. bei *Vergiftungen*. Folgende Symptome lassen daran denken: Müdigkeit, Apathie, „Abwesenheit", Gangunsicherheit und Bewusstlosigkeit. Vergiftungen können bei Säuglingen und Kleinkindern aus folgenden Gründen vorkommen:

- Überdosierung eines verordneten Schlaf- oder Beruhigungsmittels (das Kind schläft nicht, das Kind ist unruhig); evtl. wurden Beruhigungsmittel auch verabreicht, um das Kind ruhigzustellen, damit die Betreuungsperson ungestört ist bzw. anderen Aktivitäten nachgehen kann
- Einnahme eines ungesicherten Medikaments durch Kleinkinder (Aufbewahrung von Medikamenten und Sicherungsmaßnahmen diskutieren)
- Medikamentengabe als Tötungsversuch bei erweitertem Selbstmordversuch oder im Rahmen eines Münchhausen-by-Proxy-Syndroms

Beim Verdacht auf Vergiftung sollte unbedingt eine Klinikeinweisung erfolgen (Drogenscreening und Blutalkoholuntersuchung).

Ebenso kann auch ein zerstörtes Milchzähnegebiss durch mangelnde Mundhygiene entstanden sein und so ein Zeichen für Vernachlässigung des Kindes darstellen.

14.4.4 Bewertung der Befunde

Alle erhobenen Befunde sind zusammenfassend zu bewerten. Die Diagnose beschreibt den körperlichen und psychischen Befund des Kindes, die familiäre Interaktion und die Familiensituation. Es wird festgestellt, ob ein Kind normal entwickelt ist, ob Auffälligkeiten in seiner Entwicklung bestehen und ob diese Auffälligkeiten das Ausmaß von Behandlungsbedürftigkeit erreichen.

Die Ergebnisse der Interaktionsbeobachtung und die Erhebung der Belastungsfaktoren führen so zu einer Einschätzung von Belastungen und Stärken der Familie und von fördernden und hemmenden Einflüssen auf die Entwicklung des Kindes. Aus der Verteilung von Belastungen und Stärken kann sich ergeben, welche Hilfen erforderlich sind.

Wenn der Verdacht noch nicht ganz gesichert ist, ist es nicht sinnvoll, mit der Familie bzw. den Eltern darüber zu sprechen. Wichtig ist, das Vertrauen der Familie zu gewinnen. Das Kind kann häufiger wieder einbestellt werden, damit man sowohl zum Kind als auch zu den Eltern eine positive Beziehung aufbauen und weiterhin beratend zur Seite stehen und den Gesundheitszustand des Kindes beobachten kann.

Im Einzelfall kann es schwierig sein, den Zeitpunkt genau zu bestimmen, an welchem unbedingt eingeschritten werden muss. Ärzte sollten deshalb bei der Abwägung der Risiken nach Möglichkeit einen Kollegen hinzuziehen und sich mit den Fachkräften im Jugendamt in Verbindung setzen (Kindler 2006).

14.5 Multiple Formen

Bei einem Kind können gleichzeitig mehrere Erscheinungsformen vorkommen (Andrews et al. 2004). So kann z. B. die Einschüchterung des Kindes nach der körperlichen Misshandlung als emotionaler Missbrauch verstanden werden. Misshandlungen können sowohl aktiv (Prügel) als auch passiv (in Form von Vernachlässigung) verübt werden. Multitype Misshandlung bezieht sich demnach auf die Koexistenz einer oder mehrerer der folgenden Formen der Misshandlung: sexueller Missbrauch, körperliche Misshandlung, emotionale/psychologische Vernachlässigung, körperliche Vernachlässigung, Zeugen von familiärer Gewalt. Higgins und McCabe (1998) unterscheiden in ihrer Untersuchung zwischen Individuen, die eine Form von Kindesmisshandlung erlebten (single-type maltreatment), und solchen, die mehr als eine Form erlebten (multi-type maltreatment).

Es gibt zunehmende Evidenz, dass die Misshandlungsformen nicht unabhängig voneinander auftreten (Edwards et al. 2003). Eine signifikante Anzahl von misshandelten Kindern erlebt nicht nur eine Form von Misshandlung, sondern ist oft Opfer von multiplen Formen der Misshandlung (Higgins u. McCabe 2001). Higgins und McCabe (2000) belegen, dass multiple Formen der Misshandlung zu größeren Beeinträchtigungen und Leiden aufseiten der Kinder führen als einzeln auftretende Formen der Misshandlung. 43 % der Befragten hatten mittelschwere bis hohe Werte auf mehr als einer der fünf Misshandlungs-Skalen (sexueller Missbrauch, körperliche Misshandlung, psychische Misshandlung, Vernachlässigung und Gewalt in der Familie), was auf einen hohen Grad der Überlappung zwischen den Erfahrungen der verschiedenen Arten der Kindesmisshandlung deutet. Die Befragten mit „multityper Misshandlung" zeigten deutlich mehr Anpassungsprobleme als diejenigen, die höhere Werte auf nur einer oder höchstens zwei der Misshandlungs-Skalen hatten.

Die wenigen in Deutschland vorliegenden Studien, die verschiedene Formen der familiären und außerfamiliären Gewalterfahrungen von Kindern und Jugendlichen gemeinsam untersuchten, deuten ebenfalls auf eine Überlappung der Misshandlungstypen hin. Das hochsignifikante Zusammentreffen unterschiedlicher Misshandlungsformen zeigt sich sowohl im Feld (Wetzels 1997b, c) als auch in Inanspruchnahmepopulationen (Fegert 2001). So berichtete Wetzels (1997c) über signifikante Zusammenhänge von sexuellen Missbrauchserfahrungen und der Viktimisierung durch körperliche Elterngewalt. Opfer mit sexuellen Missbrauchserfahrungen haben häufiger zusätzliche Erfahrung von körperlicher elterlicher Gewalt (87,0 %) als die Vergleichsgruppe (73,6 %). In einer Studie an der stationären Inanspruchnahmepopulation zweier bundesdeutscher Universitätskinderkliniken gab es einen hohen Grad an Überlappung zwischen Misshandlung und Vernachlässigung (Frank u. Kopecky-Wenzel 2002).

Insofern ist davon auszugehen, dass viele spätere Langzeitfolgen Zustandsbilder darstellen, die als kumulative Folge unterschiedlicher Belastungen zu verstehen sind (Remschmidt 2011; Norman et al. 2012). Der Begriff der *sequenziellen Traumatisierung* bezeichnet das Erleben aufeinanderfolgender traumatischer Ereignisse und erklärt, dass dann schließlich relativ geringfügig wirkende erneute Traumata zu schweren psychischen Folgen oder Dekompensationen führen können, die von anderen, nicht vorbelasteten Kindern der gleichen Altersklasse scheinbar symptomfrei verarbeitet werden (Keilson 1979; Krüger 2006; Fegert 2007b).

14.6 Fragebogenverfahren und klinische Interviews

Diagnostisch betrachtet ist das Feststellen von psychischer bzw. emotionaler Vernachlässigung äußerst schwierig, da es kaum an beobachtbaren Faktoren festgemacht werden kann. Für den Bereich der Diagnostik von körperlicher Misshandlung und sexuellem Missbrauch gibt es mittlerweile sehr viel Literatur und zahlreiche Dokumentationsanleitungen. Notwendig sind hingegen nicht nur medizinische Diagnostik, sondern auch Fragebogenverfahren.

Wegen des Vorliegens von multiplen Formen bzw. Traumatisierungen empfiehlt sich ein Screeninginstrument wie *das Essener Trauma-Inventar für Kinder und Jugendliche* (*ETI-KJ*; Tagay et al. 2013). Des Weiteren ist das *Early Trauma Inventory* (*ETI*) zu erwähnen (Bremner et al. 2000), welches ein breites Spektrum an traumatischen Ereignissen erhebt. Es handelt sich dabei um ein halbstandardisiertes klinisches Interview mit den Skalen „Emotionale Erfahrungen", „Erzieherische/Körperliche Bestrafung", „Sexuelle Erlebnisse" und „Generelle Traumata".

Insbesondere für den Bereich sexuellen Missbrauchs wurden zahlreiche Fragebogenverfahren entwickelt. Dazu gehört unter anderem das *Child Sexual Behavior Inventory* (*CSBI*; Friedrich 1997). Dieses 38-Item-Inventar wurde entwickelt, um zu erfassen, ob ein Kind sexuell missbraucht wurde, oder um diejenigen zu erfassen, bei denen ein sexueller Missbrauch vermutet wird. Der Gesamtwert zeigt das Gesamtlevel des sexuellen Verhaltens an, welchem ein Kind ausgesetzt wurde. Für eine retrospektive Erfassung von frühen traumatischen Erfahrungen in der Kindheit, wie Kindesmisshandlungen, stellt die deutsche Kurzversion des *Childhood Trauma Questionnaire* (*CTQ*; Gast et al. 2001) ein reliables und valides Selbstbeurteilungsinstrument dar, welches sowohl in klinischen Populationen als auch in der Allgemeinbevölkerung einsetzbar ist. Erfasst werden konkrete Aspekte des kindlichen Missbrauchs und der Vernachlässigung. Anhand von 28 Items werden körperlicher, sexueller und emotionaler Missbrauch (abuse) sowie körperliche und emotionale Vernachlässigung (neglect) erhoben (Bernstein et al. 2003).

Des Weiteren ist der *Short Questionnaire for Risk Indices Around Birth* (*RIAB*) zu nennen (Kindler 2009; Besier et al. 2012). Dieser Kurzfragebogen basiert auf einer systematischen Literaturrecherche von relevanten Risikofaktoren der Gefährdung des

Kindeswohls und Entwicklungscharakteristika (Ziegenhain et al. 2010) und beinhaltet folgende fünf Hauptrisikobereiche:
A) mindestens einen besonderen sozialen Stressor
B) mehrere verpasste antenatal/pädiatrische Vorsorgeuntersuchungstermine
C) das Kind hat Bedürfnisse, die die familiären Fähigkeiten übersteigen
D) Nachweis erheblicher Schwierigkeiten eines Teils der primären Bezugspersonen mit der Akzeptanz und Fürsorge für das Kind
E) die primäre Bezugsperson beschreibt schwere Angst vor der Zukunft, das Gefühl, überwältigt zu sein, oder das Gefühl, dass das Kind ihn oder sie ablehnt

Es gibt speziell formulierte Faktoren für die Bereiche A, C und D, die für die Durchführung einer gezielten Risikobewertung eingesetzt werden. Alle fünf gefährdeten Bereiche müssen mit Ja/Nein hinsichtlich ihrer Präsenz vom Krankenhauspersonal (in der Regel Hebammen) beantwortet werden. Wenn mindestens ein Risiko wahrgenommen wird, ist eine genauere Diskussion mit der Familie empfohlen, um eine weitere Klärung der Risiken und die Notwendigkeit für Unterstützung wahrzunehmen.

Die deutsche Version des *Child Abuse Potential Inventory* (*CAPI*; Milner 1986), das *Eltern-Belastungs-Screening zur Kindeswohlgefährdung* (*EBSK*; Deegener et al. 2009), ist ein Fragebogen zur Dokumentation des Belastungsgrades von Eltern oder anderen primären Bezugspersonen zur Abschätzung des Risikos für eine Kindeswohlgefährdung und Kindesmisshandlung. Das Verfahren beinhaltet eine primäre klinische Skala zur Dokumentation elterlichen Stresses (S-Werte). Die Rohwerte können in Übereinstimmung mit einem Ampel-Schema zu einer grünen (S ≤ 161), gelben (161 ≤ S ≤ 185), orangen (185 ≤ S ≤ 207) oder roten (207 > S) Fläche dargestellt und zugeordnet werden; diese Farben spiegeln jeweils eine eskalierende Gefahr der möglichen Gefährdung eines Kindes wider. Die interne Konsistenz des CAPI wird mit α = .91 als gut eingestuft. In einer Validierungsstudie war das CAPI in der Lage, zwischen Gruppen von missbräuchlichen und nicht missbräuchlichen Eltern zu trennen, und stellt derzeit das einzige selbstberichtbasierte Instrument dar.

14.7 Zusammenfassung

Zahlreiche Studien zeigen, dass die Prävalenz von Vernachlässigung weitaus höher ist als sexueller oder körperliche Gewalt bei Kindern (Kaplan et al. 1999). Dennoch ist der sexuelle Missbrauch in der öffentlichen Diskussion sehr viel präsenter und sind Präventions- und Interventionsprogramme in diesem Bereich sehr viel häufiger als etwa bei Vernachlässigung.

> **Merke**
> In der Öffentlichkeit wird der Bereich der Vernachlässigung kaum beachtet, obwohl er sehr viel öfter vorkommt.

Bezüglich des Behandlungsangebots für misshandelte, missbrauchte oder vernachlässigte Kinder, Jugendliche oder Erwachsene werden Therapien bei Posttraumatischer Belastungsstörung (PTBS) oder auch imaginative Verfahren vorgeschlagen. Allerdings wird in den letzten Jahren die klinische Brauchbarkeit des PTBS-Konzeptes für fortgesetzte Belastungen im Kindes- und Jugendalter problematisiert und das Konzept der Traumaentwicklungsstörung in die Debatte eingebracht (Schmid et al.

14.7 Zusammenfassung

2010). Gerade bei multiplen Formen der Misshandlung und des Missbrauchs kann es häufiger zu einer sequenziellen Traumatisierung mit schwerwiegenden Folgen für die Persönlichkeit und die weitere Entwicklung kommen. Hinsichtlich des Therapieangebots stellt sich die Frage, ob diese stützend oder aufdeckend arbeiten sollten, da möglicherweise eine Traumatisierung vorliegt und eine aufdeckende Therapie erneut traumatisierend wirken kann. In Fällen von sexuellem Missbrauch, körperlicher Misshandlung und körperlicher oder emotionaler Vernachlässigung wird verstärkt diskutiert, wie man versuchen soll, das „Ich" der Patienten zu stärken.

Für eine gute Diagnostik benötigt man insgesamt eine bessere und vor allem interdisziplinäre, multiprofessionelle Zusammenarbeit (Butchart et al. 2006). Die Vernetzungsarbeit zwischen den verschiedenen involvierten Institutionen ist noch nicht optimal; vielfach werden Patienten durch alle Institutionen gereicht. Auch die Sicherstellung der zeitnahen Versorgung ist wegen der inadäquaten Vorgaben für die Bedarfsplanung derzeit nicht erfüllbar (Richter 2012). Die psychotherapeutische Versorgung von vernachlässigten und misshandelten Kindern ist immer noch schlecht, u. a. auch dadurch bedingt, dass Psychotherapeuten nach wie vor zu stark auf Mittelschichtpatienten mit guter Sprachfähigkeit ausgebildet und für die oftmals körperlich oder auf andere averbale Weise ausgedrückten Bedürfnisse und Beziehungswünsche nicht gerüstet sind.

Aber auch bei der in den letzten Jahren verstärkt beachteten psychotherapeutischen Versorgung von Opfern sexuellen Missbrauchs gibt es einen großen Mangel. 2010 wurde der Runde Tisch „Sexueller Kindesmissbrauch in Abhängigkeits- und Machtverhältnissen in privaten und öffentlichen Einrichtungen und im familiären Bereich" eingerichtet und in der Folge auch die psychotherapeutische Versorgung von Opfern problematisiert. Rahmenempfehlungen zur Verbesserung der Informationen und zur Sicherstellung eines zeitnahen Zugangs zur Behandlung sind herausgearbeitet worden. Die seit 2013 laufende Kampagne „Kein Raum für Missbrauch" setzt sich für einen verbesserten Schutz von Kindern vor sexuellem Missbrauch ein. Gefordert werden eine bessere Versorgung von Opfern, bessere Informationen über geeignete Therapieangebote und die Vernetzung (Zusammenarbeit der Einrichtungen regionaler, spezialisierter Netzwerke von Behandelnden, die Nutzung bestehender Qualitätszirkel und Interventionsgruppen von berufsübergreifenden Fortbildungsveranstaltungen), die bessere Erreichbarkeit von Hilfsangeboten sowie die Sicherstellung eines zeitnahen Zugangs.

Die Auswirkungen sexuellen Missbrauchs können vielfältig sein. Eine PTBS, aber auch andere psychische Störungen, wie Depression, somatoforme Störungen, Persönlichkeitsstörungen, Suchtverhalten oder Angststörungen, können in der Folge auftreten. Bei Betroffenen, die sich an die Anlaufstelle der Unabhängigen Beauftragten zur Aufklärung des sexuellen Kindesmissbrauchs gewendet hatten und die von psychischen Erkrankungen berichteten, waren im Durchschnitt 4,2 unterschiedliche klinische Diagnosen festgestellt worden (UBSKM 2011).

In Deutschland zeigt sich die derzeitige Praxis in einer hohen und unübersehbaren Heterogenität der jeweils verwendeten Verfahren zur Risikoeinschätzung bzw. zu Vorgehensweisen sowie in ihrer Qualität. Bisher fehlt eine interdisziplinäre Verständigung auf standardisierte und wissenschaftlich geprüfte Verfahren und Vorgehensweisen, die systematisch und verbindlich angewendet werden, und zwar sowohl innerhalb der Kinder- und Jugendhilfe als auch in der Zusammenarbeit mit der Kinder- und Jugendpsychiatrie oder der Pädiatrie (Ulmer Aufruf zum Kinderschutz 2006). Weitere Maßnahmen umfassen sogenannte Hilfeplangespräche, in denen Vertreter des Jugendamtes, Psychotherapeuten und die betroffene Familie zum Wohl des Kindes eng zusammenarbeiten. Es wurde bereits darauf hingewiesen, dass in der Psychotherapieausbildung speziell auf Misshandlung, Missbrauch und Vernachlässigung eingegangen werden sollte. Aber auch kontinuierliche Schulungen für bereits niedergelassene oder in Institutionen arbeitende Kollegen sind notwendig, in denen Kooperation und Vernetzung der Institutionen, aber auch Runde Tische, bei denen Probleme diskutiert werden können, regelhaft installiert werden. Es stehen also noch viele Maßnahmen und Verbesserungsmöglichkeiten der aktuellen Praxis in diesem Bereich an.

15 Kinder und Jugendliche als Täter und Opfer

Inge Seiffge-Krenke und Franz Petermann

Inhalt

15.1	Einleitung	264
15.2	**Täter-Opfer-Beziehungen bei Missbrauch**	265
15.2.1	Die Täter: Wer begeht sexuellen Missbrauch?	265
15.2.2	Die Opfer und die Gefahr der sexuellen Reviktimisierung	266
15.2.3	Was ist typisch für männliche Jugendliche, die sexuelle Gewalt ausüben?	267
15.2.4	Junge Mädchen und junge Frauen als Täterinnen: eine übersehene, aber wichtige Gruppe	268
15.3	**Vom Opfer zum Täter? Modelle und Mechanismen der Transition**	269
15.3.1	Analyse der biografischen Risikofaktoren für Täter und Opfer	271
15.3.2	Mechanismen der Transition vom Opfer zum Täter	271
15.4	**Sexueller Missbrauch unter Geschwistern und jungen Paaren**	272
15.4.1	Sexuelles Verhalten von Kindern: Normale Entwicklung oder Indikator für einen Missbrauch?	272
15.4.2	Häufigkeit und Kennzeichen sexueller Übergriffe durch Geschwister	273
15.4.3	Zur Frage der möglichen Traumatisierung	273
15.4.4	Familiäre Hintergründe für sexuelle Übergriffe unter Geschwistern	274
15.4.5	Täter-Opfer-Beziehungen: Bindung und Geschwisterinzest	275
15.5	**Sexuelle Gewalt unter Gleichaltrigen: Opfererfahrungen unter Jugendlichen und jungen Erwachsenen**	276
15.5.1	Häufigkeit von sexueller Aggression in Partnerbeziehungen von Jugendlichen und jungen Erwachsenen	276
15.6	**Täter-Opfer-Beziehungen bei Misshandlung und Gewalt**	277
15.6.1	Gewalt unter Schülern	278
15.6.2	Stabilität von Opfer- und Täterrollen	278
15.6.3	Motive des Täters: Dominanz und Status	279
15.6.4	Jeder kann Opfer werden	279
15.6.5	Was Täter beim Bullying so erfolgreich macht	280
15.7	**Zusammenfassung**	281

15.1 Einleitung

Die polizeiliche Kriminalstatistik weist für Deutschland 2012 (BMI 2013) rund 28 % aller Delikte gegen die sexuelle Selbstbestimmung bei Kindern und Jugendlichen aus, d. h. sie machen über ein Viertel aller Sexualdelikte aus. In einer Zusammenschau von Pillhofer et al. (2011) auf der Basis der amtlichen polizeilichen Kriminalstatistik wurde deutlich, dass die Opfergefährdung im Zeitraum von 1994 bis 2009 leicht variierte, jedoch nicht zunahm. Für Kinder bis zum 14. Lebensjahr beträgt die durchschnittliche Gefährdung 9,8 Fälle pro 100 000; für Jugendliche zwischen 14 und 18 Jahren liegt die durchschnittliche Gefährdung bei 18,6 Fällen pro 100 000. In einer repräsentativen Befragung in Deutschland (Häuser et al. 2011), in der Erwachsene retrospektiv über ihre Kindheit und Jugendzeit Auskunft geben sollten, ob sie einen Missbrauch erfahren haben, zeigte sich, dass 12,9 % der Befragten von einer leichten und 1,9 % von einer schweren sexuellen Misshandlung berichteten. Nach Wetzels (1997a, zitiert nach Pillhofer et al. 2011) wurden zwei Drittel der sexuell missbrauchten Kinder vor ihrem 14. Lebensjahr mit einem solchen Erlebnis konfrontiert. Kinder und Jugendliche sind überwiegend Opfer von Gewalt, Missbrauch und Vernachlässigung. Dennoch darf man nicht übersehen, dass Kinder und Jugendliche selbst auch Gewalt und Missbrauch ausüben können. Die Zahlen hierfür sind schwer zu ermitteln, weil nur Fälle über 14 Jahre strafrechtlich verfolgt werden und zur Anzeige gebrachte Taten von jüngeren Kindern als Bagatellstraftaten – auch wegen Überlastung – von der Polizei nicht weiter verfolgt werden. In Bezug auf Kinderdelinquenz ermittelten Wetzels und Pfeiffer (1997a) leichte Anstiege auf 0,045.

In den letzten Jahren gibt es verstärkt Forschung zu Gewalt, auch zu sexualisierter Gewalt unter Schülern, welche die Frage der Abgrenzung von normalen Entwicklungserfahrungen gegenüber traumatischen Erfahrungen aufwerfen. Dies ist auch aus der Sicht der veränderten Gesetzgebung relevant, denn auffälligerweise wurden schulische Gewalt und körperliche Erziehungsmaßnahmen in der Schule bereits 1973 unter Strafe gestellt, während häusliche Gewalt erst 2000 gesetzlich als Straftatbestand verankert wurde. Bei der Auseinandersetzung mit dem Thema Missbrauch und Gewalt ist in der Öffentlichkeit, aber auch in der Forschung, eine starke emotionale Beteiligung spürbar, die immer dann besonders deutlich wird, wenn in Institutionen, die zum Schutz von Kindern und Jugendlichen da sind (Familie, Schule, Kirche, Heime), Gewalt und Missbrauch von Kindern entdeckt werden (Kinzinger 2012).

Der Schwerpunkt dieses Kapitels liegt auf Kindern und Jugendlichen als Täter und Opfer in den Bereichen Gewalt und Missbrauch. Dies umfasst Studien zu Geschwisterinzest, zu sexuellen Übergriffen unter Gleichaltrigen und geht auf neuere Entwicklungen in Schulen ein („Bullying", „Mobbing"), wo das sadistische Quälen von Mitschülern deutlich zugenommen hat. Die Frage, inwieweit Kinder und Jugendliche eine Chance haben, sich trotz dieser beeinträchtigenden Erfahrungen weiterzuentwickeln und nicht wiederum zum Täter zu werden, ist ebenfalls Gegenstand dieses Kapitels.

Die Folgen von Missbrauch, Misshandlung oder Vernachlässigung sind eher unspezifisch und können zu einer Posttraumatischen Belastungsstörung oder Anpassungsstörungen führen. Je früher die Gewalt erfahren wird, desto höher ist das Risiko für eine Reviktimisierung (Jaffee u. Maikovich-Fong 2011).

15.2 Täter-Opfer-Beziehungen bei Missbrauch

Die Untersuchungen zum sexuellen Missbrauch zeigen übereinstimmend, dass sexualisierte Gewalt gegen Mädchen und Jungen überwiegend im familiären Umfeld stattfindet. Dabei sind Mädchen in weitaus größerer Zahl Opfer und die Täter dagegen in großer Überzahl männlich. Sexueller Missbrauch ist in allen gesellschaftlichen Schichten zu finden. Die Täter und Täterinnen missbrauchen das Vertrauen der Opfer und nutzen dabei die Macht- und Abhängigkeitsverhältnisse zwischen Erwachsenen und Kindern aus. Sie erreichen dies, indem sie emotionalen Druck ausüben, die Loyalität eines Kindes ausnutzen, durch Bestechung mit Geschenken, Versprechungen, Erpressungen – oder aber auch mit dem Einsatz körperlicher Gewalt. Viele der erwachsenen Täter und Täterinnen verpflichten oder erpressen die Kinder zum Schweigen über den Missbrauch.

> **Merke**
> Im Unterschied zu körperlicher oder seelischer Gewalt gegen Kinder, die häufig aus Hilflosigkeit und Überforderung ausgeübt wird, ist die sexuelle Gewalt an Kindern in der Regel ein planvolles, oft über Jahre andauerndes Verhalten, das sich in seiner Intensität allmählich steigert. Während Kindesmisshandlung von Männern und Frauen verübt wird, geht die sexuelle Gewalt überwiegend von Männern bzw. männlichen Jugendlichen aus.

Wir werden zunächst auf allgemeine Merkmale von Tätern und Opfern eingehen und anschließend spezifische Konstellationen von Kindern und Jugendlichen als Opfer bzw. Täter betrachten.

15.2.1 Die Täter: Wer begeht sexuellen Missbrauch?

Legt man die amtlichen Verurteilungsstatistiken zugrunde, liegt der Anteil männlicher Täter bei etwa 98 %. Viele sexuelle Missbrauchsdelikte passieren innerhalb von Familien (bis zu einem Fünftel der Fälle bei weiblichen Opfern; Fegert 2004). Wie Wetzels und Pfeiffer (1997b) berichten, wurden die Taten überwiegend von Bekannten verübt (42 %), gefolgt von Familienangehörigen (27 %) und unbekannten Tätern (26 %). Sexueller Missbrauch durch Väter oder Stiefväter wurde von 1,3 % der Frauen und 0,3 % der Männer berichtet. Angezeigt wurden nur etwa 9,5 % der berichteten Handlungen, 2 % der innerfamiliären und 14,1 % der außerfamiliären Delikte. Dies entspricht einem Verhältnis von 1:9 angezeigte auf nicht angezeigte Fälle im außerfamiliären Bereich und einem Verhältnis von 1:50 im innerfamiliären Deliktbereich (Wetzels 1997a). Allerdings ist davon auszugehen, dass diese gemeldeten Delikte die Statistiken hinsichtlich der Täter-Opfer-Beziehungen verzerren, da fremde Täter bei den angezeigten Straftaten überrepräsentiert sind (Müller et al. 2001).

Unabhängig von der Definition und der Erhebungsmethode ist epidemiologisch jedoch gerade beim innerfamiliären Missbrauch von einer sehr hohen Dunkelziffer auszugehen, sodass letzten Endes keine genauen Angaben über das Vorkommen von sexuellem Missbrauch gemacht werden können. Die Täter sind meist männlich (Murray 2000), während Frauen nur in wenigen Fällen Täter sind (z. B. Christiansen u. Thyer 2003).

15.2.2 Die Opfer und die Gefahr der sexuellen Reviktimisierung

Insgesamt werden vorrangig Mädchen Opfer sexuellen Missbrauchs; die Statistiken nennen Zahlen zwischen 70 und 80%. Es sind alle Altersgruppen betroffen, zumeist aber jüngere Kinder. Jugendliche machen etwa 25% der Opfer aus, wobei hier besonders der Missbrauch durch Gleichaltrige eine Bedeutung hat („date rape"). Verschiedene Studien haben familiäre Belastungsfaktoren wie Armut, alleinerziehende Eltern (Finkelhor 1994; Finkel u. DeJong 2001) gefunden. Aber wichtiger ist ein Entwicklungskontext, in dem die Eltern selbst Missbrauch erlebt haben und in ihren Elternfunktionen stark beeinträchtigt und vernachlässigend sind (Salter et al. 2003; MacMillan et al. 2013). Die Opfer weisen Bindungsstörungen und zahlreiche internalisierende Störungen wie Angst und Depression, aber auch somatoforme Störungen und selbstverletzendes Verhalten auf (Fergusson et al. 1997a; Fegert 2004). Sie haben es schwer, aufgrund ihrer desaströsen Erfahrungen Unterstützung durch andere anzunehmen. Es gibt Belege, das entwicklungsverzögerte oder geistig beeinträchtigte Kinder häufiger Opfer von Missbrauch werden (AAP 2001).

Retrospektive Befragungen erbrachten hohe Raten der Reviktimisierung. So nennen Fergusson et al. (1997a) Viktimisierungsraten von 33–68% von Opfern früherer sexueller Gewalt. Spatz-Widom et al. (2008) berichten von rund einem Drittel der Fälle von Reviktimisierung. Die sich über 18 Jahre erstreckende Längsschnittstudie von Barnes et al. (2009) an Kindern und Jugendlichen (begonnen im Durchschnittsalter von 11 Jahren), die schweren Missbrauch erlebt hatten (mittlere Dauer 2 Jahre, 70% davon mit vaginalem Verkehr, 60% der Missbraucher waren Väter, Stiefväter oder nahe Verwandte), wiesen Reviktimisierungsraten von 25% auf. Die meisten Reviktimisierungen erfolgten bereits wenige Jahre nach dem ersten Missbrauch, also in einem vergleichsweise jungen Alter, im Schnitt zwei Jahre nach dem ersten Missbrauch, und dann durch andere Erwachsene, aber auch durch Gleichaltrige. Diejenigen, die eine Reviktimisierung erleben mussten, waren beim ersten Missbrauch im Schnitt jünger. Auch die prospektive Längsschnittstudie von Spatz-Widom et al. (2008) von zwei Kohorten, die im Abstand von fünf Jahren erneut untersucht wurden, fanden ein Reviktimisierungsrisiko nur bei einer kleinen Gruppe, und zwar Kinder und Jugendliche, die lang andauernder sexueller und physischer Gewalt, kombiniert mit Vernachlässigung, ausgesetzt waren.

Reviktimisierungen waren dagegen selten bei Personen, die nur eine einmalige Erfahrung wie eine Vergewaltigung erlebt hatten.

> **Merke**
>
> Ein einzelner Missbrauch hat offenkundig kein hohes Prädiktionsrisiko für spätere Reviktimisierung, sondern es ist die Schwere des Missbrauchs – d. h. die Dauer, der frühe Beginn und die Tatsache, dass er durch Personen ausgeübt wurde, die zum Schutz von Kindern da sein sollten (Familie, nahe Angehörige, pädagogisches Personal; Loeb et al. 2011).

Eine Erklärung für die hohe Rate von Reviktimisierungen ist, dass sich die missbrauchten und misshandelten Mädchen später an Partner wandten, die selbst aggressiv und misshandelnd mit ihnen umgingen. Es werden nicht nur die Erfahrungen des Opfers, das keine anderen als die gewaltsamen und sexuell übergriffigen Erfahrungen kennt und entsprechend später eben solche Kontexte wieder aufsucht, verantwortlich gemacht, sondern auch das Phänomen des „blaming the victim" (Back u. Lips 1998). Der Vorwurf, das Opfer sei ja selbst an der Tat schuld, hätte es nicht anders gewollt, hätte durch sein Verhalten die Tat geradezu herausgefordert, ist eine Abwehrstrategie der Täter. Diese (fehlerhafte) Attribution wird dann vom Opfer übernommen und führt zu Schamgefühlen, Zögern beim Anzeigen der Täter und zu vielfachen Symptomen, die Ausdruck von Schuld und Selbstbestrafung sind, wie selbstverletzendem Verhalten.

15.2.3 Was ist typisch für männliche Jugendliche, die sexuelle Gewalt ausüben?

Immerhin 20% aller Delikte sexuellen Missbrauchs wurden in Großbritannien von jungen Leuten zwischen 14 und 20 Jahren begangen (Vitard 2007). Bentovim (2002) nennt ebenfalls eine beträchtliche Zahl von männlichen jugendlichen Tätern, die Missbrauch begehen.

Die Frage der intergenerationalen Transmission wurde zumeist auf der Basis der Querschnittsdaten gestellt und nennt dann relativ hohe Transmissionsraten von 69%, während Längsschnittstudien, die einen echten Verlauf über die Zeit messen, zu niedrigeren Raten (18%; Bentovim 2002) kommen.

In einer der wenigen Längsschnittstudien untersuchten Salter et al. (2003) frühere männliche Opfer von Gewalt, um herauszufinden, wer selbst später zum Täter wurde. Sie fanden ebenfalls nur eine kleine Gruppe von 12%, die vom Opfer zum Täter wurde. Die Studie zeigt, dass das Risiko niedriger ist, als man gemeinhin annimmt.

Der Frage, ob der Missbrauch durch Frauen ein besonderes Risiko für männliche Kinder spielt, sind Tsopelas et al. (2012) nachgegangen. Sie fanden, dass diese Kinder in sexuelle Akte von nahen Verwandten einbezogen wurden, häufig unter Zwang, mit erheblichen psychischen Folgen und Langzeitkonsequenzen für diese Kinder. Identitätsprobleme traten häufig auf und die Identifikation mit der Täterin, die oft die Mutter war, enthielt ein erhöhtes Risiko, selbst später zum Täter zu werden.

In der Metaanalyse von Seto und Lalumiere (2010), die 59 Studien einschloss und die spezifischen Bedingungskonstellationen und Charakteristiken von jugendlichen Missbrauchern analysiert, zeigten sich zum einen Überlappungen mit jugendlichen Delinquenten in einigen Variablen, wie desaströse familiäre Beziehungen mit Vernachlässigung und Gewalt, in der Folge schlechte Bindungsfähigkeit und, als Konsequenz, schlechte Emotionskontrolle und Defizite in der Empathie. Spezifisch war für jugendliche Sexualtäter aber das hohe Risiko, wenn sie selbst missbraucht worden waren, zumeist in sehr jungen Jahren und über einen längeren Zeitraum. Entsprechend fand man ein frühes Interesse an Pornografie, Masturbation und sexuelle Erregung in Bezug auf Kinder. Auffällig war, dass das Sexualverhalten Elemente aufnahm, die sie selbst erfahren hatten.

In ganz ähnlicher Weise beschreibt Bentovim (2002) die typischen Charakteristiken von jungen Männern, zumeist Jugendlichen, die nach einer Geschichte von Vernachlässigung und Gewalt in der Familie später selbst zu Tätern werden. Sie lebten in einem Klima familiärer Gewalt, wurden geschlagen, von weiblichen Personen innerhalb der Familie missbraucht und erlebten eine sehr schlechte und diskontinuierliche Beelterung. Herausnahme aus dem Elternhaus und Heimaufnahme waren nicht selten. In diesen Studien wird betont, dass für die Entwicklung zum Täter häufig eine komorbide Opfererfahrung typisch ist, d. h. in der Kindheit gemachte Erfahrungen von Gewalt, sexuellem Missbrauch und Vernachlässigung.

Hilfreich ist auch die Unterscheidung in early- und late-onset des sexuell missbräuchlichen Verhaltens (Vitard 2007). Die Early-onset-Gruppe der sexuellen Angreifer im jugendlichen Alter war entsprechend den oben geschilderten Merkmalen (Komorbidität von Missbrauch, Vernachlässigung und Gewalt, frühe Vernachlässigung, gewaltbereite Eltern, mangelhafte Beelterung) auffällig, wies aber auch noch perinatale Komplikationen auf. Demgegenüber war die Gruppe der sexuell motivierten jugendlichen Täter, die einen späten Beginn (late-onset) dieser Handlungen im Jugendalter zeigte, kaum von der Gruppe unauffälliger Jugendlicher zu unterscheiden, sodass es sich möglicherweise um ein Experimentierverhalten handelte oder um Kommunikationsmissverständnisse. Auch die Gruppe junger Frauen (ca. 20 %), die als 15-Jährige Sex mit wesentlich älteren Männern hatte, wies keinerlei Auffälligkeiten auf (Vitard 2007; Loeb et al. 2011). Dies betont nochmals die Schwierigkeit der Abgrenzung zwischen normalen, experimentellen Formen der sexuellen Erfahrung und die enorme Bedeutung eines sehr jungen Alters bei der Viktimisierungserfahrung.

15.2.4 Junge Mädchen und junge Frauen als Täterinnen: eine übersehene, aber wichtige Gruppe

Viele Jahre war man davon ausgegangen, dass Frauen selten sexuelle Gewalt gegenüber Kindern ausüben. Die Überblicksarbeiten von Grayson und De Luca (1999) sowie Tsopelas et al. (2012) zeigen allerdings, dass sie zwar weniger als 5 % aller Missbrauchsfälle verüben, aber diese weisen spezielle Merkmale auf. Ihre Opfer sind meist Kinder im Vorschul- und Schulalter und die Mehrzahl davon sind Mädchen, obwohl es auch Täterinnen gibt, die Kinder beiderlei Geschlechts missbrauchen. Der Prozentsatz von Täterinnen, die Jungen missbrauchen, hat zugenommen (Tsopelas et al. 2012). Das Durchschnittsalter der missbrauchten Kinder ist sehr jung (5,4 Jahre) und zumeist sind die Übergriffe sehr schwerwiegend.

In der Regel sind die Täterinnen jung. Eine kleine Zahl der Taten fand während des Babysittings durch jugendliche Mädchen statt. Die meisten Täterinnen sind jedoch zwischen 20 und 30 Jahre alt und verübten den Missbrauch zusammen mit einem männlichen Partner; dies war bei 73 % der jungen Frauen der Fall. Männliche Täter sind dagegen zu 90 % Einzeltäter. Das Verhalten der Täterinnen ist eher passiv, d. h. sie lassen den Missbrauch geschehen oder involvieren die Kinder unter Androhung oder mit Gewalt in die sexuellen Aktivitäten ihres Partners oder anderer Männer. Androhung und Zwang sind nicht nur bei Täterinnen im innerfamiliären Missbrauch, sondern auch bei solchen in pädagogischen Einrichtungen wie Kindergärten gefunden worden, Missbrauch mit Penetration mit Objekten bei Mädchen und Oralsex bei Jungen sind häufige Methoden.

Auffällig ist nicht nur das junge Alter im Vergleich zu männlichen Tätern, sie haben häufig keinen Schulabschluss, sind geistig nicht selten behindert und in ihren mütterlichen Fertigkeiten unreif und vernachlässigend (Scannapieco u. Connell-Carrick 2008). Die Täterinnen stammen aus einem Entwicklungskontext, in dem Vernachlässigung und sexuelle Gewalt die Regel waren; dieser Zusammenhang wurde in verschiedenen Studien bei 31–100 % der Täterinnen gefunden (Finkelhor u. Williams

1988). Vielfache Übergriffe durch männliche und weibliche Familienangehörige und Verwandte waren die Regel bei denjenigen Täterinnen, die wegen ihrer Missbrauchshandlungen an kleinen Kindern im Gefängnis saßen.

Eine weitere Besonderheit ist die hohe Rate von Alkohol- und Drogenabusus bei diesen Täterinnen. Relativ wenige Studien haben untersucht, inwieweit abweichende sexuelle Erregung, Fantasien und Interessen in diesem Zusammenhang eine Rolle spielen könnten (Green u. Kaplan 1994). Ähnlich wie Täter spielen Täterinnen häufig die Tat herunter; auch Scham und Schuldgefühle treten oft auf. Aufgrund der frühen und umfangreichen Missbrauchs- und Misshandlungserfahrungen durch verschiedene Personen ist es aber auch hochwahrscheinlich, dass sexuell abweichende Fantasien, Präokkupation mit Sexualität und ein Gefühl, das sei „normal", eine Rolle spielen können. Immerhin berichtet jede zweite Täterin, dass sie selbst in ihrer gegenwärtigen Beziehung häufig Gewalt und Missbrauch ausgesetzt ist. Dies weist auf die Transition von der Opfer- zur Täterrolle hin.

Die Kinder als Opfer dieser Frauen sind besonders bemüht, ihre Mutter nicht als Täterin zu nennen. Hier spielen Scham, Verleugnung und die Angst, möglicherweise auch noch dieses Familienmitglied zu verlieren, eine große Rolle (Tsopelas et al. 2012). Ein Schwanken zwischen Liebe und Hass wird häufig berichtet.

15.3 Vom Opfer zum Täter? Modelle und Mechanismen der Transition

In der Analyse des sexuellen Missbrauchs wie auch der Gewalt werden verschiedene Erklärungsmodelle herangezogen, die begründen sollen, dass Opfer sexuellen Missbrauchs eine erhöhte Wahrscheinlichkeit haben, selbst zum Täter zu werden, wie zahlreiche Studien belegen (zur Übersicht s. Seto u. Lalumiere 2010).

Die Kernhypothese des Modells, das auch als These der intergenerationalen Opfer-Täter-Abfolge (Urban u. Lindhorst 2004), als Missbrauchs-Zyklus-These (Schneider 1999) oder als „cycle of sexual abuse" (Salter et al. 2003) bezeichnet wird, besagt, dass ein passiv erlebter sexueller Missbrauch in der Kindheit ein späteres missbräuchliches Verhalten im sexuellen Bereich begünstigt. Urban und Fiebig (2011) beleuchten in ihrer Studie eine besondere Opfer-Täter-Transition: Sie stellen mit der POTT-Hypothese (Pädosexuelle Opfer-Täter-Transition) die spätere Täterschaft im Rahmen von pädosexueller Delinquenz, also sexuellen Delikten, die nach der kindlichen Missbrauchserfahrung ebenfalls bei Kindern vorgenommen werden, in den Fokus ihrer Analysen. Andere Autoren führen die soziale Lerntheorie von Bandura (1977) an, um zu erklären, das missbräuchliches Verhalten beobachtet und gelernt wird. Diese Annahme erklärt aber auch nicht zureichend, warum es nicht alle missbrauchten und misshandelten Kinder „lernen".

Für die Opfer-Täter-Transition werden verschiedene Mechanismen vermutet. Sexueller Missbrauch stellt für das Opfer eine außergewöhnliche Belastung hinsichtlich seiner psychischen und körperlichen Gesundheit dar, sodass es Verarbeitungsstrategien zur Stressbewältigung einsetzt, durch die negative Effekte und die subjektive Wahrnehmung von Wert- und Hilflosigkeit nach Missbrauchserfahrungen verarbeitet werden. Durch Beschreibung *positiver Empfindungen* während der Tat (Urban u. Fiebig 2011) kommt es zu einer Neubewertung des Erlebten. Normalisierung kann aber auch bedeuten, dass durch Übernahme der Täterrolle, also durch konkrete Handlungen, eine Entlastung herbeigeführt wird, da ja der damalige Täter in seiner Missbrauchshandlung erfolgreich war. Dieser Handlungserfolg wird zum Motiv des ehemaligen Opfers, wieder über sein eigenes Selbst bestimmen zu können.

Ein anderer Mechanismus soll eher in nichtsexuelle Gewaltdelikte bei Menschen mit Missbrauchserfahrungen münden: Zeigen ehemalige Opfer in der Folge der Tat dominantes Verhalten zum Zwecke der Machtkontrolle (z. B. durch aggressive Verhaltensweisen), so sollen Gewalttaten ohne sexuellen Missbrauch die durch die erlebte Traumatisierung entstandenen negativen Emotionen und Überzeugungen ausgleichen. Die Studie zur sog. *Aggressivitätshypothese* von Urban und Fiebig (2011) konnte belegen, dass Personen mit Missbrauchserfahrungen, die ihre erlittene Traumatisierung mittels aggressivem Verhalten kompensieren, weniger gefährdet sind, in Zukunft ihrerseits Sexualdelikte zu begehen.

Die Fokussierung auf gewalttätiges Verhalten infolge kindlichen Missbrauchs wurde mehrfach untersucht (Wolfe 1999), vor allem von internalen mediierenden Prozessen, durch die das Risiko für Verhaltens- und emotionale Störungen erhöht wird, indem die Fähigkeit zur Emotionsregulation und das Verstehen von sozialen Hinweisreizen vermindert werden.

Nach dem Modell von Herrenkohl et al. (2003), das verschiedene Faktoren als Mediatoren des Missbrauchs in Bezug auf seinen möglichen prädiktiven Wert analysiert, stellt Missbrauch in der Kindheit zwar einen wichtigen prädiktiven Faktor dar, den größten erklärenden Einfluss haben hiernach aber proximale Variablen, wie z. B. die Zugehörigkeit zu aggresiven Gleichaltrigen oder die Bereitschaft zu schulischen Verpflichtungen. Die Befundlage zu den spezifischen Charakteristika von als Kind sexuell missbrauchten Tätern mit nicht-sexuellen Delikten ist im Gegensatz zu viktimisierten Sexualstraftätern allerdings noch nicht zufriedenstellend (Rossegger et al. 2011).

Allgemein kann an dieser Stelle festgehalten werden, dass es für die Transition vom Opfer zum Täter keine einfachen Erklärungen gibt (Ryan 2002; Fegert u. Petermann 2011). Es ist zwar so, dass unter den späteren Tätern frühere Opfer überrepräsentiert sind, aber es gibt auch eine stabile Gruppe von Personen, die in ihrer Kindheit Opfer von Gewalt und Missbrauch waren und nie zum Täter wurden. Insbesondere die hohe Dunkelziffer an Sexualdelikten in der Kindheit, d. h. Missbrauchsfälle, die nie zur Anzeige gebracht wurden, sowie die methodische Problematik der retrospektiven Datengewinnung von Täterprofilen erschweren die Analyse von Mechanismen der Opfer-Täter-Transition zusätzlich. Vorliegende Studien beziehen sich in der Regel auf Aussagen von Inhaftierten, welche nicht zwingend repräsentativ für Personen sind, die Missbrauch an Kindern und Jugendlichen begangen haben (Craissati et al. 2002). So können die Antworten der Inhaftierten einem Bias unterliegen, wenn auf ein wohlwollendes Gutachten seitens der Täter spekuliert wird (Thomas et al. 2013). Studien, bei denen ein Großteil der befragten Inhaftierten angibt, als Kind missbraucht worden zu sein, sollten demnach vorsichtig interpretiert werden (Simons et al. 2002).

Merke
Generell gilt: Die meisten Opfer werden nicht zum Täter (Ryan 2002).

15.3.1 Analyse der biografischen Risikofaktoren für Täter und Opfer

Wie in den vorangegangenen Abschnitten dargestellt wurde, zeigen sich einige übereinstimmende Faktoren, die eine enge Beziehung zwischen der Täter- und Opferrolle bedingen können. So fand man zum einen Belege für ein erhöhtes Viktimisierungsrisiko bei Missbrauchsopfern in unterschiedlichen Stichproben an weiblichen Opfern, aber auch für männliche Opfer sexuellen Missbrauchs ist eine erhöhte Wahrscheinlichkeit erneuter Opfererfahrungen belegt (Hines 2007).

Des Weiteren sind sexuelle Missbrauchserfahrungen in der Kindheit in verschiedenen Studien in Zusammenhang mit der Ausübung sexueller Gewalt gebracht worden (z. B. Loh u. Gidycz 2006). In einer Längsschnittstudie über fünf Jahre zeigte White (2004), dass Jungen, die als Kinder sexuelle oder körperliche Gewalt erfahren hatten, als Jugendliche oder junge Erwachsene mit höherer Wahrscheinlichkeit sexuell aggressiv waren.

Belege für einen Opfer-Täter-Kreislauf ließen sich nicht nur für Männer, sondern auch für Frauen mit Missbrauchserfahrung finden (Johansson-Love u. Fremouw 2006; Schatzel-Murphy et al. 2009). In Übereinstimmung mit einer breiten internationalen Forschungsliteratur erwiesen sich in beiden Studien Missbrauchserfahrungen in der Kindheit als signifikante Prädiktoren späteren sexuell aggressiven Täterhandelns, die auch bei Berücksichtigung sexueller Aktivitätsmuster und uneindeutiger Kommunikationsstrategien signifikant blieben. Damit stützen die Ergebnisse die Annahme eines Opfer-Täter-Kreislaufs.

Witt et al. (2013, S. 816) stellen die sozialen Risikofaktoren für Missbrauch und Vernachlässigung zusammen und führen an:

- minderjährige Elternschaft
- geringe Ausbildung der Eltern
- eigene Erfahrungen von Missbrauch, Misshandlung und Vernachlässigung
- Alleinerziehende
- Arbeitslosigkeit

Hinzu kommen:
- soziale Isolation
- Armut
- beengte Wohnverhältnisse

Eine aktuelle Übersicht (Afifi u. MacMillan 2011) verdeutlicht, dass vor allem ein unterstützendes soziales Umfeld die Resilienz betroffener Kinder und Jugendlicher stärkt; ungefähr 20–50 % der Betroffenen bleiben demnach resilient.

15.3.2 Mechanismen der Transition vom Opfer zum Täter

Identifikation mit dem Aggressor und Modelllernen sind häufige Formen der Verarbeitung, worauf auch die Ähnlichkeit in den Delikten von inhaftierten Vätern und Söhnen hinweist. Des Weiteren ist die Tatsache, dass sexuelle Erregung und Sexualität als Copingstrategie mit diesen frühen Erfahrungen verbunden sein können, ebenfalls ein Mechanismus, der später fortgeführt werden kann. Es gibt allerdings nur wenige Studien, welche die Mechanismen der Transition vom Opfer zum Täter direkt untersuchen. Die meisten Untersuchungen in diesem Zusammenhang wurden an Collegestudenten (!) bzw. verurteilten Straftätern und Pädophilen gemacht.

In einer der wenigen Längsschnittstudien untersuchten Salter et al. (2003) frühere männliche Opfer von Gewalt, um herauszufinden, wer später selbst zum Täter wurde. Unter den 224 früheren Opfern während der Kindheit (Durchschnittsalter

10 Jahre) wurde nach sieben bis 19 Jahren nur eine kleine Gruppe von 12 % zum Täter. Das heißt, dass eine erhebliche Zahl dieser Kinder als junge Männer unauffällig war. Diejenigen, die später vom Opfer zum Täter wurden, d. h. selbst in sexuelle Aktivitäten gegenüber wesentlich jüngeren Kindern, teilweise unter Zwang, involviert waren, wiesen eine Reihe von Risikofaktoren auf: Sie wuchsen in armen Haushalten ohne gute materielle und emotionale Versorgung auf, erfuhren wenig Interesse und soziale Aufsicht/Kontrolle in ihrem Elternhaus und wurden zumeist von einer weiblichen Person missbraucht. Später, im Alter zwischen 16 und 19 Jahren, fielen die Opfer-Täter dadurch auf, dass sie ihren ersten Übergriff um das 14. Lebensjahr und zumeist gegenüber weiblichen (48 %), seltener gegenüber männlichen Opfern (24 %) ausübten, vorwiegend mit Penetration. Etwa ein Drittel der missbrauchenden Personen stammte aus dem unmittelbaren Umfeld des Jugendlichen. Auffällig war, dass sie auch andere aggressive Akte begingen, z. B. zeigten 30 % massive Quälerei von Tieren.

Die umfangreiche kanadische Studie von Bagley et al. (1994) an 1500 Jugendlichen und jungen Erwachsenen ergab, dass 12 % der männlichen Jugendlichen und 23 % der weiblichen Jugendlichen sexuelle Übergriffe vor einem Alter von 17 Jahren erlebt hatten, und zwar davon 29 % innerhalb der Familie und 14 % von männlichen bzw. 5 % von weiblichen Tätern außerhalb der Familie (wie Pfarrer, Lehrer). Die spätere Symptombelastung war deutlich höher bei denjenigen Opfern, die mehrfache sexuelle Übergriffe erleiden mussten. Die gegenwärtigen Beziehungen und sexuellen Interessen dieser früheren Opfer waren dadurch gekennzeichnet, dass sie selbst sexuelle Kontakte zu deutlich jüngeren Personen, teilweise im Kindesalter, aufnahmen. Finkelhor (1984) hat bereits auf die arretierte emotionale Entwicklung der Opfer hingewiesen und beschrieb die sexuellen Kontakte zu deutlich Jüngeren als eine Möglichkeit, selbst wieder „emotional congruence" zu gewinnen. Schon Anna Freud (1936) hat auf die Identifikation mit dem Aggressor als eine Möglichkeit der Verarbeitung von aggressiven Erfahrungen hingewiesen.

Die deutsche Studie von Urban und Fiebig (2011) an pädophilen und nicht-pädophilen Inhaftierten belegte zunächst einen hohen Viktimisierungsgrad in der Gruppe der pädosexuellen Inhaftierten (sie waren zu 48 % selbst Opfer von Übergriffen in der Kindheit gewesen), machte aber auch deutlich, dass offen aggressives Verhalten in den Lebensjahren nach der Opfererfahrung die Wahrscheinlichkeit eigener sexueller Übergriffe reduzierte. Möglicherweise kann eine offen ausgelebte Aggressivität zumindest teilweise den Verlust von Selbstwirksamkeitserfahrungen kompensieren.

15.4 Sexueller Missbrauch unter Geschwistern und jungen Paaren

Wie in bereits beschrieben, ist ein Alters- und Machtgefälle indikativ für einen Missbrauch. In den letzten Jahren gibt es verstärkte Forschungen zu Gewalt, auch zu sexualisierter Gewalt unter Kindern und Jugendlichen, welche die Frage der Abgrenzung zwischen Normalität und Pathologie aufwerfen.

15.4.1 Sexuelles Verhalten von Kindern: Normale Entwicklung oder Indikator für einen Missbrauch?

Sexuell auffälliges Verhalten wird u. a. als indikativ für einen möglichen Missbrauch

15.4 Sexueller Missbrauch unter Geschwistern und jungen Paaren

diskutiert. Dabei ist es wichtig, Rahmendaten für die normale sexuelle Entwicklung von Kindern und Jugendlichen zu kennen (Volbert 1998): So sind etwa im Alter von zwei Jahren genitale Exploration und das Berühren der Genitalien anderer beobachtbar, im Alter von drei bis fünf Jahren das Masturbieren und sexuelle Spiele unter Gleichaltrigen und Geschwistern. Im Alter zwischen sechs und zwölf Jahren erfolgt die Masturbation vor allem, wenn das Kind alleine ist; sexuelle Spiele unter Geschwistern und Gleichaltrigen, aber auch Küssen, gegenseitiges Masturbieren und simulierter Geschlechtsverkehr können vorkommen. Diese sexuellen Spiele werden vor Erwachsenen geheim gehalten. Das Interesse für in Medien gezeigte Sexualität nimmt deutlich zu. Mit Beginn der körperlichen Reife erfolgt die Exploration vor allem in Bezug auf das andere Geschlecht.

Empirische Studien zeigen, dass sexuell missbrauchte Kinder und Jugendliche ein altersunangemessenes sexuelles Verhalten zeigen können (z. B. exzessives und öffentliches Masturbieren, Einführen von Gegenständen in die Vagina oder den Anus). Das sexualisierte Verhalten kann, muss aber keineswegs ein Indikator für sexuellen Missbrauch sein.

15.4.2 Häufigkeit und Kennzeichen sexueller Übergriffe durch Geschwister

Geschwisterinzest ist die am wenigsten erforschte, wahrscheinlich aber häufigste Form des Inzests (Adler u. Schutz 1995). Daie et al. (1989) weisen darauf hin, dass, wenn man in psychotherapeutischen Erstgesprächen routinemäßig direkt nach sexuellen Missbrauchserfahrungen fragt, insbesondere von Frauen häufig inzestuöse Erlebnisse mit einem Bruder berichtet werden.

15 % der Frauen und 10 % der Männer einer repräsentativen Gruppe amerikanischer Studenten (n = 796) gaben an, sexuelle Erfahrungen mit Geschwistern zu haben (Finkelhor 1980b).

In einer Fallsammlung von 14 Familien, in denen ein aufgedeckter missbräuchlicher Geschwisterinzest zu einer psychosozialen Hilfsmaßnahme führte, waren 13 der 16 Opfer zwischen zwei und zehn Jahren Mädchen (81 %) und 14 der 15 Täter zwischen 13 und 17 Jahren Jungen (93 %) (Gilbert 1992).

Hier fällt zum einen die deutliche Altersdifferenz auf, die auf ein Machtgefälle in der missbräuchlichen Beziehung hinweist. Die Zahlen sind aber auch ein ernüchternder Hinweis darauf, dass sich bei Kindern wiederholt, was von Erwachsenen bekannt ist: männliche Täter – weibliche Opfer. Viele Befragungen bestätigen des Weiteren die bereits angesprochene Altersdifferenz zwischen den Geschwistern (Bange u. Körner 2002).

15.4.3 Zur Frage der möglichen Traumatisierung

In der modernen Psychotraumatologie wird ein seelisches Trauma folgendermaßen definiert (Fischer u. Riedesser 1998, S. 545):

> **Definition**
>
> **Seelisches Trauma**
> „Vitales Diskrepanzerlebnis zwischen bedrohlichen Situationsfaktoren und individuellen Bewältigungsmöglichkeiten, das mit Gefühlen von Hilflosigkeit und schutzloser Preisgabe einhergeht und so eine dauerhafte Erschütterung von Selbst- und Weltverständnis bewirkt."

An diese Definition, in der Trauma nicht als äußeres Ereignis, sondern als innerseelischer Prozess verstanden wird, knüpft sich zwingend eine entwicklungspsychologische Dimension, da die jeweilige Fähigkeit, ein belastendes Erlebnis zu verarbeiten und zu bewältigen, vom Stand der kognitiven, emotionalen und psychosexuellen Reifeentwicklung abhängt (Romer u. Riedesser 1999).

In Bezug auf traumatische Folgen von Geschwisterinzest nimmt Hirsch (1999) an, dass dieser häufig ohne schädliche psychische Folgen bleibt. Da von allen bekannten Inzestformen der Geschwisterinzest als der am wenigsten schwere Verstoß gegen das kulturelle Inzesttabu gilt, wird vermutet, dass die zu erwartenden Schuldgefühle des Inzestopfers, die bekanntlich wesentlich zu dieser psychischen Problematik beitragen, weniger ausgeprägt sind. Während jede Form von sexuell motivierter Annäherung eines Erwachsenen an ein Kind als sexueller Angriff zu verstehen ist, bietet im Unterschied hierzu die strukturelle Gleichberechtigung innerhalb der Geschwisterbeziehung grundsätzlich die Möglichkeit einvernehmlicher sexueller Handlungen.

Da experimentelle sexuelle Annäherungen im Rahmen von kindlichem Neugierverhalten („Doktorspielen") unter Geschwisterkindern weitverbreitet sind, sollte der Begriff des Geschwisterinzests ausschließlich für sexuelle Handlungen reserviert bleiben, bei denen eine vaginale oder rektale Penetration oder ein Oralverkehr erfolgt (Friedrich et al. 1991; Klees 2009). Lediglich in den Fällen, bei denen dieser Geschwisterinzest mit Gewalt erzwungen wird, nimmt Hirsch (1999) eine nachhaltige Traumatisierung des Opfers an und stellt das Geschehen in seiner Dynamik und seinen Folgen dem Vater-Tochter-Inzest weitgehend gleich.

Grundsätzlich lassen sich zwei Formen von Geschwisterinzest unterscheiden: Neben *machtorientiertem Inzest*, der sadistische, ausbeuterische Elemente enthält und eine Form sexueller Gewalt ist, wird auch der *fürsorglich-liebevolle Inzest* beschrieben, der einvernehmlich geschieht, von Lust und gegenseitiger Loyalität geprägt ist und von den beteiligten Geschwistern als Insel liebevoller Zuwendung in einer emotional defizitären familiären Umwelt erlebt wird (Bank u. Kahn 1982).

Von einem sexuellen Angriff ist zweifelsfrei auszugehen, wenn Gewalt, Zwang bzw. Bedrohung angewendet oder eine Penetration versucht wurde oder wenn eine Form von Verletzung des Opfers dokumentiert ist. Ab einem Altersunterschied von fünf Jahren muss grundsätzlich eine sexuelle Aggression angenommen werden, d. h., dass beim deutlich jüngeren Kind kein Einvernehmen hergestellt werden kann, auch nicht durch Geschenke.

15.4.4 Familiäre Hintergründe für sexuelle Übergriffe unter Geschwistern

Wie findet Sexualität überhaupt Eingang in eine Geschwisterbeziehung? Die Einflussfaktoren sind vielfältig. So kann es sein, dass ein Kind selbst sexuelle Übergriffe von einem Erwachsenen oder einem älteren Jugendlichen erlebt oder in einer sexualisierten Atmosphäre aufwächst. Es ist aber auch möglich, dass sexuelle Handlungen für das Kind ein Ventil sind, um seine innere Not, seine Angst, Einsamkeit oder Aggression auszudrücken.

Romer und Walter (2002) haben die folgenden relevanten familiendynamischen Faktoren zusammengestellt, die Geschwisterinzest begünstigen.

Sexualisierte Atmosphäre: Die familiäre Atmosphäre ist insgesamt sexualisiert. Dazu gehören z. B. eine sexualisierte Sprache, ein leichter Zugang für die Kinder zu pornografischem Material und das Miterleben von sexuellen Handlungen zwischen den Eltern.

Unklare Generationen- und Geschlechtergrenzen: Im Laufe ihrer Entwicklung müssen Kinder lernen, ihre eigenen Grenzen wahrzunehmen und zu verteidigen sowie die Grenzen von anderen zu respektieren. Dieser Prozess wird massiv beeinträchtigt, wenn die hierarchischen Beziehungen zwischen Eltern und Kindern nicht deutlich werden oder die Signale für angemessene Geschlechtergrenzen diffus und verwischt sind.

Wechselnde intime Außenbeziehungen der Eltern: Wenn Eltern oder ein Elternteil wechselnde Intimbeziehungen unterhalten, können Kinder zu Mitwissern von sexuellen Geheimnissen der Erwachsenen werden. Infolgedessen sind sie gezwungen, auf der emotionalen Ebene nach Auswegen zu suchen, um die Belastung aushalten zu können.

Chaotische Familienstruktur: In Familien, in denen Geschwisterinzest stattfand, wurden die Kinder häufiger sich selbst überlassen, weil die Eltern aus gesundheitlichen, beruflichen oder anderen Gründen oft abwesend waren. Die elterliche Kontrolle und Aufsicht waren also unzureichend.

Unzureichende emotionale Beziehungen: In Familien, in denen Geschwisterinzest auftrat, waren die Eltern oder wichtige Bezugspersonen für die Kinder emotional oder körperlich häufig nicht erreichbar. Sind emotionale Reaktionen der Eltern für die Kinder nicht oder kaum vorhersagbar, erschwert dies die Aufrechterhaltung emotionaler Beziehungen zusätzlich.

Transgenerationale Dynamik: Oft entsteht in einer Familie eine Dynamik mit inzestuösen Beziehungen, die sich über mehrere Generationen erstrecken können. Dieser Umstand kann wiederum die Wahrnehmung der Eltern für sexuelle Grenzverletzungen an ihren Kindern beeinträchtigen.

15.4.5 Täter-Opfer-Beziehungen: Bindung und Geschwisterinzest

Bei der Kontrolle von Affekten und Impulsen, bei der Steuerung von Aufmerksamkeit und Verhalten sowie beim Aufsuchen und Vermeiden von Gefahr spielen die Bindungserfahrung und das daraus resultierende Bindungsmuster eine wichtige Rolle (Bott u. Saller 2005).

> **Merke**
>
> Für Kinder, die von Geschwisterinzest betroffen sind, sind die Eltern oder andere nahe Bezugspersonen emotional häufig kaum oder gar nicht erreichbar. Die Bindung zwischen Geschwistern intensiviert sich im selben Maß, in dem andere emotional befriedigende Beziehungen, insbesondere zu den Eltern, fehlen (Bank u. Kahn 1989).

Die Gründe für Geschwisterinzest sind jedoch vielschichtig und nicht nur durch defizitäre Bindungen innerhalb der Familie und der Umgebung erklärbar. Ebenso wie im außerfamiliären Bereich sind bei sexuellen Handlungen zwischen Geschwistern deutliche Machtgefälle zu beobachten. Typische Opfer von sexuellem Missbrauch weisen eher Ängstlichkeit und Unsicherheit auf. Dies gilt ebenso für das missbrauchte Geschwisterkind. Da die Familie in der Regel den ersten Ort zum Erproben zwischenmenschlicher Interaktionen darstellt, kann es bei bestimmten Konstellationen (unterschiedliche Persönlichkeitsdispositionen der Geschwister) zu grenzüberschreitendem Verhalten in Richtung sexualisierter Handlungen kommen. Konnten innerhalb des familiären Kontextes darüber hinaus wenige positive Bindungserfahrungen gemacht werden und handelt es sich um ein im systemischen Sinne geschlossenes Familiensystem, ist das Risiko dieser Art von Grenzüberschreitung erhöht (Klees 2008). Aus Angst und gegenseitiger Abhängigkeit bleiben die sexuellen Handlungen unter Geschwistern oft jahrelang ein Geheimnis. Dies gibt den Geschwistern eine enorme Macht (Bank u. Kahn 1989). Die Sexualisierung einer Geschwisterbeziehung treibt die Beziehung in den Untergrund, außer Sichtweite der Eltern und der anderen Geschwister, in eine Art „geschwisterliche Unterwelt" (Pincus u. Dare 1978).

15.5 Sexuelle Gewalt unter Gleichaltrigen: Opfererfahrungen unter Jugendlichen und jungen Erwachsenen

Wir haben bislang auf die rechtliche Seite, u. a. auf die Altersdifferenz zwischen Täter und Opfer, sowie die Tatsache, dass das Opfer der Handlung nicht einvernehmlich zustimmen kann, hingewiesen. In den letzten Jahren wurden zahlreiche Untersuchungen, ausgehend von der amerikanischen Forschung zu Gewalt in Liebesbeziehungen, speziell bei jungen Paaren („date rape"), durchgeführt, die belegen, dass die sexuellen Erfahrungen durchaus nicht immer einvernehmlich und oft sogar unter Gewalt geschehen.

15.5.1 Häufigkeit von sexueller Aggression in Partnerbeziehungen von Jugendlichen und jungen Erwachsenen

In einer repräsentativen Befragung in den USA zu den sexuellen Erfahrungen 13- bis 18-jähriger Mädchen fanden z. B. Leitenberg und Saltzman (2000), dass 3,5 % der Befragten ihren ersten Geschlechtsverkehr unter Androhung oder Einsatz körperlicher Gewalt erlebten. In einer weiteren groß angelegten US-Studie mit mehr als 80 000 Schülern der 9. bis 12. Klassen berichteten 4,4 % der Mädchen und 3,4 % der Jungen, schon einmal Opfer eines „date rape", d. h. eines sexuellen Übergriffs durch einen Beziehungspartner geworden zu sein (Ackard u. Neumark-Sztainer 2002). Schließlich ergab eine Repräsentativerhebung, dass jede achte Schülerin und jeder sechzehnte Schüler unfreiwillige sexuelle Kontakte erlebt hat (Basile et al. 2006). Knapp unter 30 % berichteten unfreiwillige sexuelle Erfahrungen mit Männern, die im Sinne der zugrunde gelegten Klassifikation als schwerwiegend zu betrachten sind.

In Deutschland haben dazu bislang kaum Daten vorgelegen. Die Studie von Barbara Krahé (2009) belegt, dass sexuelle Aggressionen und Opfererfahrungen, in denen Jugendliche und junge Erwachsene gegen ihren Willen zu sexuellen Kontakten genötigt werden, vorkommen. An über 1000 Probanden fand sie, dass sexuelle Aggressionen von Männern gegenüber Frauen viel häufiger auftreten (46 %) als von Frauen gegenüber Männern (14 %). Immerhin 12 % der sexuellen Aggression von Männern gegenüber Frauen bzw. 4 % der sexuellen Aggression von Frauen gegenüber Männern wurden als „schwere Aggression" bezeichnet (vollzogener sexueller Akt unter Androhung bzw. mit Einsatz von körperlicher Gewalt bzw.

unter Ausnutzung der Widerstandsunfähigkeit – aufgrund von Alkoholkonsum), während sich der Rest auf mittelschwere Aggression (vollzogene unfreiwillige sexuelle Akte aufgrund von verbalem Druck) bezog. Die Ergebnisse der Teilstichprobe an Jugendlichen waren noch deutlicher: Nur 35 % der weiblichen Jugendlichen hatten konsensuelle sexuelle Erfahrungen gemacht, 30 % dagegen berichteten einen unfreiwilligen Sexualkontakt wie Geschlechtsverkehr unter verbalem Druck, unter Alkohol oder Drogen. Insgesamt zeigten junge Mädchen bzw. Frauen weniger sexuelle Aggression, jedoch noch immer in einer Größenordnung, die Aufmerksamkeit verdient.

Diese Ergebnisse sind zum einen wichtig, weil die Quelle, die den Verbreitungsgrad sexueller Aggression im Jugend- und Erwachsenenalter dokumentiert, die polizeiliche Kriminalstatistik, lediglich die angezeigten Fälle wiedergibt. Sie zeigen immerhin für das Jahr 2013, das 24 % aller Tatverdächtigen bei den Delikten Vergewaltigung und Nötigung unter 21 Jahre sind, davon zu 99 % männlich. Die Ergebnisse sind aber auch bedeutsam, weil sich Jugendliche und junge Erwachsene in einer sensiblen Phase befinden, in welcher dem Erleben unfreiwilliger Sexualkontakte eine besondere Bedeutung im Hinblick auf die Entwicklung und Konsolidierung einer befriedigenden Sexualität und Partnerbeziehung zugemessen wird.

In den deutschen Studien von Krahé (2009; Krahé et al. 1999) waren kindliche Missbrauchserfahrungen zwar der wichtigste Prädiktor für eigene sexuelle Aggression gegenüber einem Partner, aber uneindeutige Kommunikationsmuster bezüglich sexueller Absichten bzw. bestimmte sexuelle Verhaltensmuster waren ebenfalls von Bedeutung. Diejenigen Befragten, die durch sexuell aggressives Täter-Verhalten in Erscheinung traten, berichteten mehr Sexualpartner, unbekannte Sexualpartner und einen früheren Beginn des ersten Geschlechtsverkehrs. Bei Frauen bzw. jungen Mädchen, die Opfer von solchen aggressiven Verhaltensweisen wurden und selbst über Missbrauchserfahrungen in der Kindheit berichteten (das war bei etwa 7 % der männlichen und 18 % der weiblichen Probanden der Fall), waren uneindeutige Kommunikationsmuster wie Bereitschaft, gegen den eigenen Wunsch in sexuelle Kontakte einzuwilligen, häufig. Es zeigte sich ein beachtlicher Zusammenhang zwischen hoher sexueller Aktivität und der Wahrscheinlichkeit weiterer Opfererfahrungen. Dies verdeutlicht, dass man in der Prävention das Augenmerk nicht nur auf Missbrauchserfahrungen in der Kindheit, sondern auch auf möglicherweise daraus entstandene aktuelle Verhaltensweisen legen muss.

15.6 Täter-Opfer-Beziehungen bei Misshandlung und Gewalt

Bei der Kindesmisshandlung geschieht die Schädigung des Kindes nicht zufällig. Meistens wird eine verantwortliche erwachsene Person wiederholt gegen ein Kind gewalttätig. Häufig ist die Gewaltanwendung der Erwachsenen ein Ausdruck eigener Hilflosigkeit und Überforderung. Vielfach sind misshandelnde Mütter oder Väter als Kind selbst Opfer von Gewalt gewesen. Gewalt hat vielschichtige Ursachen und ist in gesellschaftliche Verhältnisse eingebunden. Diesen Verhältnissen sind Menschen je nach ihrer sozialen Lage unterschiedlich ausgesetzt. Die Häufung von Einschränkungen und Belastungen, von sozialen Benachteiligungen, von materieller Armut und psychischem Elend ist eine oft übersehene Ursache für Gewalt gegen Kinder.

15.6.1 Gewalt unter Schülern

Spezifisch für den Kontext Schule definiert Olweus (1991) das im nordeuropäischen Sprachraum als Mobbing und im angloamerikanischen Sprachraum als Bullying bezeichnete Phänomen so:

> **Definition**
>
> **Mobbing/Bullying**
> „Ein Schüler wird viktimisiert, wenn er oder sie wiederholt und über längere Zeiten negativen Handlungen eines oder mehrerer anderer Schüler ausgesetzt ist."

Damit wird deutlich, dass kurzfristige Konflikte oder nicht systematisch auftretende Aggression sowie Situationen, wo zwei Kinder oder Jugendliche, die gleich stark sind, miteinander Krach haben, nicht als Mobbing bezeichnet werden.

> **Definition**
>
> Smith (1994) präzisiert die Definition und charakterisiert **Mobbing** als den systematischen und wiederholten Missbrauch sozialer Macht in Kindergarten und Schule.

Beim Mobbing kommt es neben körperlichen Misshandlungen auch zu anderen Aggressionsformen wie dem Zerstören von Eigentum des Opfers (z. B. Schultaschen, Kleidungsstücke) oder verschiedenen verbalen Aggressionsformen. Vielfach werden Opfer von Gruppenaktivitäten ausgeschlossen und es werden Anlässe geschaffen, um sie vor anderen lächerlich zu machen (Petermann u. Koglin 2013). In jüngster Zeit wird vor allem über die Auswirkungen von **Cyber-Mobbing** diskutiert. Der „soziale Terror" im Rahmen des Cyber-Mobbings erfolgt unter Verwendung der modernen Informations- und Kommunikationstechnologie (Petermann u. von Marées 2013). Ein Cyber-Täter kann ohne Probleme seine Identität verbergen, wodurch das Machtgefälle zwischen Opfer und Täter vergrößert wird und die negativen Folgen für das Opfer noch schlimmer ausfallen.

Es gibt verschiedene Verfahren zur Erfassung von Mobbing; bei der Mehrzahl handelt es sich um eine adaptierte Version des Bully/Victim-Questionnaire von Olweus (1989). Da Einschätzungen in Selbst- und Fremdurteil beim Mobbing oft nicht übereinstimmen, entwickelten von Marées und Petermann (2010) einen Bi-Informantenansatz, bei dem man das Urteil des betroffenen Kindes mit dem Erzieher- oder Lehrerurteil in Relation setzen kann.

Die deutschen Zahlen zeigen, dass die Prävalenzen hohe Raten in den Grundschulen (zwischen 15 und 35 %) und niedrigere Werte in weiterführenden Schulen (5–16 %) aufweisen. Dies betrifft die Gruppe der Opfer. Die Prävalenzraten für Täter zeigen im Gegensatz dazu weniger Veränderung zwischen dem Grundschulbereich (zwischen 7 und 12 %) und weiterführenden Schulen (10 %).

15.6.2 Stabilität von Opfer- und Täterrollen

In der Grundschulzeit ist die Stabilität der Opferrolle sowohl auf der Basis von Peererhebungen (Hörmann u. Schäfer 2009) als auch von Selbstberichten (Kochenderfer u. Ladd 1996) vergleichsweise gering. So fand man nur rund 4 % der Kinder zwischen Kindergarten und der dritten Klassenstufe, die zu allen vier Messzeitpunkten eine Opferrolle einnahmen. Demgegenüber scheint die Täterrolle nach Auskunft der Mitschüler, nicht aber auf der Basis von Selbstberichten stabil. Es gibt also offenkundig eine

15.6 Täter-Opfer-Beziehungen bei Misshandlung und Gewalt

Diskrepanz zwischen hohen Prävalenzraten, aber auch einer geringen Stabilität der Opferrolle in der Grundschulzeit. Das kann damit zusammenhängen, dass Kinder, die andere Kinder attackieren, das eher explorativ und spielerisch machen als systematisch als Zielscheibe der Aggression. Zugleich ist dies eine Phase, in der körperliche Auseinandersetzungen, also physische Aggression, noch relativ häufig sind. Außerdem sind hier symmetrische Beziehungen typisch, sodass zwar relativ schnell mal geschlagen und geschubst wird, das aber noch nicht systematisch erfolgt.

In weiterführenden Schulen ist die Stabilität von Täter- und Opferrollen dagegen deutlich höher als in der Grundschulzeit. Aktuelle Zahlen bestätigen, dass zwischen dem 13. bis 16. Lebensjahr von einer Verfestigung sowohl der Täter- als auch der Opferrolle ausgegangen werden kann (Stoiber u. Schäfer 2013). Etwa 70 % der Schüler, die in der neunten und zehnten Klasse als Opfer nominiert wurden, hatten diese Rolle auch schon in der sechsten Klasse und ein Jahr später inne.

15.6.3 Motive des Täters: Dominanz und Status

Anders als lange Zeit für aggressive Kinder angenommen, verfügen diejenigen, die Mobbing initiieren, über gute sozial-kognitive und sozial-emotionale Fähigkeiten, die sie geschickt einsetzen, um ihr soziales Umfeld zu manipulieren (Garandeau u. Cillessen 2006). Gerade in weiterführenden Schulen unterscheiden sich diejenigen, die mobben, von z. B. den Assistenten und Verstärkern dadurch, dass sie signifikant mehr prosoziale, aber gleichzeitig auch erpresserische Strategien und Ressourcenkontrolle in der Klasse einsetzen.

> **Merke**
> Es sind die sogenannten *Bi-Strategen*, die eine hohe physische und relationale Aggression zeigen, aber gleichzeitig auch ein sozial kompetentes Verhalten im Umgang wiederum mit den Peers und den Erwachsenen (Hawley 2003).

Mobbing scheint auch deshalb so schwer zu reduzieren zu sein, weil die systematische Viktimisierung geeigneter Opfer in einem sozialen Kontext wie der Schule sehr gut funktioniert und es sich als eine erfolgreiche Strategie erweist, das Opfer zu schädigen, aber sich zugleich mit den restlichen Personen in der Klasse gut zu verstehen. Die Mitschüler stellen schließlich in 85 % aller Mobbingsituationen die Zuschauer dar, wobei jeweils die meisten Peers zusehen, einige aber auch mitmachen, wenn gemobbt wird, und die Mobbingepisode umso länger dauert, je mehr Beobachter zugegen sind. Nur in etwa 10 % der Fälle intervenieren die Mitschüler zugunsten des Opfers – und damit aber noch engagierter als die Lehrer, die lediglich in 5 % der Fälle dem Opfer zu Hilfe eilen (Graig u. Pepler 1995).

Auch bei jüngeren Kindern scheint deren sichtbare Aggression Erwachsene zu beeindrucken. Hier darf man jedoch nicht vergessen, dass die überwiegend männlichen Täter weiblichen Erziehungspersonen gegenüberstehen.

15.6.4 Jeder kann Opfer werden

Generell konnte nachgewiesen werden, dass Jungen nicht nur häufiger Täter, sondern auch häufiger Opfer werden. Olweus (1991) und Smith et al. (2007) nennen Zahlen, denen zufolge Jungen dreimal häufiger Täter und Opfer werden als Mädchen. Mädchen werden generell seltener und wenn, dann zu 80 % von Jungen gemobbt. Auch 80 % der

Jungen werden ausschließlich von Jungen gemobbt (Olweus 1991). Dies hängt mit der Frage von Macht und Status in Klassen zusammen, aber auch damit, dass physische Aggression unter Jungen immer noch stärker gefördert/toleriert wird und Mädchen aufgrund ihrer stärkeren Empathie eher davor zurückschrecken, ein Opfer zu quälen, das deutliche Zeichen von Leiden zeigt. Dies betrifft den Grundschul- und weiterführenden Schulbereich.

Im Kindergarten sind Alsaker (2003) zufolge diese Geschlechtsunterschiede nicht so ausgeprägt, da in diesem Alter Auseinandersetzungen mit physischer Aggression bei beiden Geschlechtern noch relativ häufig sind. Außerdem fehlt die sadistische, entwürdigende Komponente, die aufgrund der sozial-kognitiven Unreife noch nicht möglich ist.

Mit sehr großem Geschick, potenzielle Opfer zu erkennen, beschreiben Täter die Merkmale eines Opfers als die, die sich nicht wehren, nicht sehr stark sind und die sich zu sehr fürchten, dem Lehrer oder jemand anderem davon zu erzählen. Olweus unterschied schon 1991 zwischen den *ängstlichen und unterwürfigen passiven Opfern* mit geringem Selbstwert und zwischen den *provokativen Opfern*, die auf Drangsalieren ihrer Mitschüler ihrerseits mit Aggression reagieren. Das kann dann letztendlich die Attacken sogar rechtfertigen.

Wenn sich solche Attacken über Monate oder Jahre als andauerndes Drangsalieren hinziehen, können sich immer mehr Mitschüler beteiligen. Das Schuldgefühl lässt nach. Hinzu kommen die Verantwortungsdiffusion („die anderen machen es ja auch") und die pluralistische Ignoranz („irgendwie finden es alle okay"), aber auch die reduzierte Perspektivenübernahme, welche die Einsicht in die Notlage der Opfer verhindert (Schäfer 2012). Das sind Prozesse, die ein zivilcouragiertes Handeln seitens der Mitschüler immer unwahrscheinlicher machen.

15.6.5 Was Täter beim Bullying so erfolgreich macht

Lange Zeit hat man aggressives Verhalten vor allem aus der Defizitperspektive betrachtet, vor allem sind Defizite in der sozial-kognitiven Informationsverarbeitung und der Emotionsregulation herangezogen worden.

> **Merke**
> Inzwischen weiß man aber, dass aggressive Täter (Bullies) auf eine überdurchschnittlich entwickelte Theory of Mind zurückgreifen können, die sie kompetent einsetzen, um ihre soziale Umgebung zu täuschen und zu manipulieren.

Wie bereits beschrieben, dominieren ab den weiterführenden Schulen die *Bi-Strategen*, die ihre sozialen Fertigkeiten geschickt und unterschiedlich einsetzen. Diese Strategien finden in einem verstärkenden Kontext statt: Mobbing wird nur möglich, wenn Mitschüler mitmachen, und zwar zum einen als Assistenten und Verstärker, die Mobbing initiieren, aktiv unterstützen und verstärken, und zum anderen, indem sie als Außenstehende passiv bleiben und damit ebenfalls aggressionsverstärkend agieren.

> **Merke**
> Nur ein klar gegen die Aggression der Täter gerichtetes Verhalten ist geeignet, die Erfolgserwartung der Täter zu enttäuschen.

Das gelingt den Verteidigern, wenn sie Lehrer zu Hilfe rufen, wenn diese dann sofort und angemessen reagieren oder wenn sie

15.7 Zusammenfassung

selbst qua hoher Position in der Klasse oder gemeinsam mit anderen Verteidigern den Attacken entgegentreten (O'Connell et al. 1999). Das mag erklären, warum sich in den weiterführenden Schulen nur einer von zwei Mobbingfällen stabilisiert.

Was bringt Mobbing den Tätern? Spaß, einen höheren Selbstwert, mehr Ressourcen und eine zwiespältige Beliebtheit in der Klasse (Alsaker 2003).

Mobbing steht – wie auch andere Missbrauchs- und Misshandlungserfahrungen – im Zeichen des Schweigens. Oft erfahren Erwachsene erst nach langer Zeit von den Quälereien, die diesen Kindern wiederfahren sind.

Merke
Lehrer sprechen sehr selten mit den involvierten Kindern.

Das hat Alsaker (2003) beim Vergleich der Norwegischen und Schweizer Daten als ein übereinstimmendes Ergebnis herausgearbeitet. Einer der Gründe für das Schweigen der Opfer ist die Angst, der Täter könnte sich dann an ihnen rächen. Tatsächlich drohen Täter ihren Opfern oft mit weiteren Attacken, wenn sie die Vorfälle weitersagen. Die Opfer haben auch Schamgefühle, denn viele der Attacken enthalten entwürdigende Erfahrungen.

15.7 Zusammenfassung

Der Beitrag zeigt, dass nur ein kleiner Teil der Kinder und Jugendlichen, die Gewalt und Missbrauch ausgesetzt waren, zu Tätern werden. Diese Kinder und Jugendlichen sind vor allem dadurch gekennzeichnet, dass (verschiedene) traumatisierende Erfahrungen (Misshandlung, Missbrauch und Vernachlässigung) in einem desolaten familiären Kontext stattfanden. Die prägenden Erfahrungen mit den engen Bezugspersonen erhöhen das Risiko für sexuelle und gewaltbezogene Viktimisierung sehr stark. Unter den kindbezogenen Risikofaktoren für die Täter-Opfer-Transition hat die bisherige Forschung vor allem das Augenmerk auf Missbrauchserfahrungen in der Kindheit gelegt. Es konnte allerdings deutlich werden, dass man in der Prävention und Behandlung auch auf weitere Prädiktoren sexueller Viktimisierung wie unklare Kommunikationsmuster und bestimmte sexuelle Verhaltensweisen eingehen muss, die ein erhöhtes Viktimisierungsrisiko darstellen.

Unter den jugendlichen Tätern bei sexueller Gewalt konnte vor allem der frühe Beginn mit entsprechend komorbiden Erfahrungen, d. h. länger andauernden multiplen Gewalterfahrungen, als entscheidender Risikofaktor identifiziert werden. Auf die bedeutsamen anderen Umstände, unter denen Mädchen und junge Frauen vom Opfer zum Täter werden, wurde ebenfalls eingegangen. Bei der therapeutischen Bearbeitung der Reviktimisierung ist es wichtig, das Problem der Scham und der Übernahme von Schuld zu bearbeiten. Bei Täter-Opfer-Transitionen sind die Identifizierung mit dem Aggressor oder das Modelllernen zwar wichtige Mechanismen, erklären aber letztlich nicht hinreichend die komplexen Zusammenhänge, beispielsweise im Kontext von Armut, Abhängigkeit und geringen Ressourcen.

Besonders zu beachten sind jugendliche Täter, die einen frühen Beginn zeigen. Demgegenüber war die Gruppe der sexuell motivierten jugendlichen Täter, die einen späten Beginn dieser Handlungen im Jugendalter zeigte, kaum von der Gruppe unauffälliger Jugendlicher zu unterscheiden.

Gleiches gilt für die Gruppe weiblicher Jugendlicher um 15 Jahre, die sexuelle Aktivitäten mit wesentlich älteren Männern aufnehmen.

Wichtig ist ebenfalls, nach der Schwere des Missbrauchs zu unterscheiden, um die Gefahr der Reviktimisierung (Loeb et al. 2011) und die Transition vom Täter zum Opfer (Salter et al. 2003) einschätzen zu können. Denn einmalige oder weniger schwere Opfererfahrungen haben ein deutlich reduziertes Risiko sowohl der Reviktimisierung als auch der Täter-Opfer-Transition.

Die Verhinderung von Gewalt, Aggression und sexuellem Missbrauch im Kindes- und Jugendalter setzt auch positive gesellschaftliche und gesetzliche Rahmenbedingungen voraus. Zweifellos ist die Einführung des § 8a in das Kinder- und Jugendhilfegesetz (SGB VIII) im Jahr 2005 für Deutschland ein Fortschritt. Mit dieser gesetzlichen Regelung werden das Kindeswohl unterstrichen und die Verantwortung des Staates gegenüber Familien gestärkt. Es wird außerdem die staatliche Wächterfunktion betont, wobei diese Vorgaben im Jahre 2011 durch das Bundeskinderschutzgesetz abgelöst wurden. Der Staat wird durch diese Regelung (z. B. durch das Jugendamt) eindrücklich verpflichtet, entsprechende Hilfen („Frühe Hilfen") anzubieten, um möglichst frühzeitig und präventiv auf Kindeswohlgefährdungen zu reagieren (Büttner 2013, S. 773).

In diesem Beitrag wurde die Bedeutung der Differenzierung zwischen normalem und klinisch auffälligem Verhalten deutlich. Überraschend waren neuere Befunde, die zeigen, dass insbesondere in den höheren Klassenstufen Aggression alleine gegenüber Opfern nicht ausreicht, um sich einen Status in der Klasse zu sichern, sondern dass Täter (Bullies) häufig sehr geschickt ihre sozial-kognitiven Vorteile zu einem bi-strategischen Verhalten ausnutzen: freundlich und unterstützend zu Freunden und Mitläufern, sadistisch und entwertend zu Opfern. Bei Interventionen müssen daher nicht nur die Opfer, sondern auch die Täter, deren gezielte Manipulation und die soziale Dynamik in der Klasse, wo auch Inaktivität einen verstärkenden Effekt auf Mobbing hat, im Fokus der Aufmerksamkeit stehen. Daraus resultiert zugleich, dass Interventionen gegen Mobbing weder schnell noch einfach umzusetzen sind, denn sie verlangen Restrukturierung auf Schul- und Klassenebene. Das ist auch der Grund, weshalb Olweus (1991) fordert, dass sich die Präventions- und Interventionskonzepte auf die gesamte Schule beziehen müssen.

Für die Klassifikation von Traumafolgestörungen, die im Rahmen von kindlichen Missbrauchserfahrungen als heterogen zu bezeichnen sind, wurden in das DSM-5 (APA 2013) entwicklungsspezifische Faktoren innerhalb der Kategorie der trauma- und stressbezogenen Störungen aufgenommen, wie sie in der Vergangenheit oftmals gefordert wurden (Schmid et al. 2010). Eine Sensibilisierung für das Thema hat also auch in den neuen Diagnosekriterien Einzug gehalten und impliziert einmal mehr die Wichtigkeit für die klinische Arbeit mit missbrauchten Kindern und Jugendlichen.

16 Kinder als Opfer von Gewalt: Spezifische Risiken und Herausforderungen zugewanderter Familien

Haci-Halil Uslucan

Inhalt

16.1	Einleitung	283
16.2	Lebensweltliche Risiken von Zuwandererfamilien	284
16.3	Häusliche Gewalt in Familien mit Zuwanderungsgeschichte	288
16.4	Transmission von Gewalt	292
16.5	Präventions- und Interventionsmaßnahmen	294
	16.5.1 Prävention auf der Individualebene	294
	16.5.2 Prävention auf der Gemeindeebene	296
16.6	Ausblick und methodische Probleme der Gewaltforschung	297

16.1 Einleitung

In den letzten Jahren spielen kulturspezifische Dimensionen sowohl bei der Erklärung von Gewalt als auch im Hinblick auf Präventions- und Interventionsmaßnahmen eine immer größere Rolle, u. a. aufgrund einer immer heterogener werdenden Zusammensetzung der Bevölkerung. So beträgt z. B. in bundesdeutschen Großstädten der Anteil von Kindern und Jugendlichen mit Zuwanderungsgeschichte gegenwärtig rund 30 %. In diesem Kontext wird deshalb auch die Frage gestellt, inwieweit kulturspezifische Risiken und Ressourcen (unterschiedlicher Stellenwert von Kindern und Frauen in anderen gesellschaftlichen/kulturellen Milieus), aber auch Zusammenhänge, die sich erst durch einen Minderheitenstatus (so etwa soziale Ausgrenzungs- und Diskriminierungserlebnisse) ergeben, als Moderatorvariablen der Gewaltbelastung von Familien mit Zuwanderungsgeschichte heranzuziehen sind.

Merke
Die Daten und Ergebnisse der Mehrbelastung von Zuwandererfamilien mit Gewalt sind alles andere als einheitlich: Häufig haben sie höhere

> Belastungen, wenn die Differenzen nur entlang nationaler Zugehörigkeiten betrachtet werden, jedoch verschwinden oder reduzieren sich diese, wenn man soziodemografische Unterschiede bzw. ungleiche Lebensbedingungen berücksichtigt.

Besonders deutlich wurde dies in einer jüngeren Studie (Euser et al. 2011) zu häuslicher Gewalt und Kindesmisshandlung, die einheimische holländische Familien mit zugewanderten marokkanischen, türkischen, surinamischen sowie Familien von den Antilleninseln verglich: Traditionsgebundene, aber auch weniger traditionale Migrantenfamilien wiesen zwar signifikant höhere Gewaltwerte als einheimische Familien auf (bis zu dreimal höheres Risiko der Viktimisierung für Kinder), jedoch gingen diese bei traditionalen Migrantenfamilien (Arbeitsmigranten, die schon länger in Holland leben) deutlich zurück, wenn der Bildungshintergrund kontrolliert wurde. Bei nicht traditionalen Familien blieben die höheren Risiken der Gewaltbelastung jedoch bestehen. Dabei handelte es sich um Flüchtlingsfamilien sowie Familien mit komplizierten Asylverfahren und einer traumatischen Migrationsgeschichte.

Sowohl für die Entstehung als auch bei der Frage der Aufrechterhaltung krimineller bzw. gewalttätigen Verhaltens ist nicht allein der kulturelle und ethnische Hintergrund ausschlaggebend. Vielmehr ist Gewalthandeln als ein multikausales Geschehen zu begreifen, in welches biologische, psychologische, soziologische und situative Faktoren eingehen, die vielfach miteinander verflochten sind. Nicht zuletzt sollte stets vor Augen geführt werden, dass Formen emotionaler und körperlicher Misshandlungen nach wie vor auch in der einheimischen Bevölkerung eine recht hohe Prävalenzrate aufweisen: So weist z. B. die für Deutschland repräsentative Studie von Iffland et al. (2013) Raten zwischen 10,2 (emotionale Misshandlung) und 12 % (körperliche Misshandlung) auf.

Für eine unverzerrte Situationsbeschreibung reicht es daher nicht aus, nur auf den ethnisch-kulturellen Hintergrund zu fokussieren, sondern es bedarf des Einbezugs lebensweltlicher Belastungsmomente, wie etwa soziale Deprivation oder erlittene Anerkennungsdefizite in der Familie, der Schule sowie in den außerschulischen Beziehungen. Deshalb soll in diesem Kapitel zunächst auf die lebensweltlichen Risiken von Zuwandererfamilien eingegangen werden. Da die türkischstämmigen Migranten mit annähernd drei Millionen in Deutschland die größte ethnische Gruppe bilden, werden sich die Beispiele und Erläuterungen weitestgehend an ihnen orientieren. Danach wird es um häusliche Gewalt (zwischen den Partnern sowie in der Eltern-Kind-Beziehung) gehen und die Frage der Gewalttransmission wird skizziert. Abschließend richtet sich der Blick auf Fragen der Prävention und Intervention bei Gewalt in Zuwandererfamilien. Der Beitrag endet mit einigen methodischen Hinweisen für eine kritische Deutung von Gewaltstudien. Als ein roter Faden soll im Text durchgehend die Frage nach „kulturspezifischen" Risiken von Zuwandererfamilien präsent sein, wobei sowohl auf Risiken aus der Herkunftskultur, aber auch solche, die sich erst durch die Migration und das interkulturelle Zusammenleben ergeben, eingegangen werden soll.

16.2 Lebensweltliche Risiken von Zuwandererfamilien

Außergewöhnliche, non-normative kulturelle und soziale Veränderungen, wie etwa ein Verlassen gewohnter geografischer und sozialer Räume im Kontext einer Migration, führen in der Regel zu Stress und Überforderung, insbesondere wenn die Diskrepanz zwischen der Herkunftskultur und der Aufnahmegesellschaft sehr groß ist und die innerhalb der Herkunftskultur eingelebten und routinierten Handlungsformen nun versagen. Reaktionen auf solche Verunsicherungen sind – neben aktiven Bewältigungsversuchen – auch ein Rückzugsverhalten, ein starres Festhalten an eigenen Werten und Normen, selbst wenn diese sich als dysfunktional erweisen.

> **Merke**
> Oft sind die Entwicklungsaufgaben, denen zugewanderte Familien begegnen, anspruchsvoller als jene der Einheimischen, aber zugleich auch anspruchsvoller als die nicht migrierter „Landsleute". Identitätskonstruktion und Identitätswahrung stehen unter der Spannung, eine Balance zwischen dem Eigenen und dem Fremden zu halten. Dabei gilt: Zu viel Wandel und Aufgeben des Eigenen führen zu Chaos, zu wenig Wandel jedoch zu Rigidität.

Integration nach innen (Erhalten von Traditionen) und Öffnung nach außen erweisen sich dabei als notwendige, aber in einigen Fällen auch als widersprüchliche Anforderungen. Oftmals haben hierbei Eltern höhere Anpassungsleistungen an die neue Kultur zu leisten als ihre in Deutschland geborenen und sozialisierten Kinder (Garcia Coll u. Magnusson 1997). Denn in dem Maße, in dem ein allmählicher Erwerb der Verhaltensstandards der Aufnahmekultur erfolgt, weil die Kinder sich aufgrund ihrer schulischen Sozialisation im Einwanderungsland rascher und intensiver als ihre Eltern akkulturieren, empfinden Eltern, die noch eine eigene aktive Zuwanderungsgeschichte haben und ihre primäre Sozialisation nicht in Deutschland verbracht haben, diese „Anpassung" ihrer Kinder häufig als eine Entfremdung von den Werten ihrer Herkunftskultur (Buriel u. de Ment 1997). So werden z. B. vielfach jugendliche Autonomiebestrebungen und Integrationsbemühungen in die – Individualismus und Independenz betonende – Mehrheitsgesellschaft als eine Abwendung von herkunftskulturellen Orientierungen wahrgenommen. Diese halten dagegen eine stärkere Betonung kollektivistischer, gruppenwohlorientierter Werte und stärkere Interdependenz der Familienmitglieder für erstrebenswert.

Folge dieses unterschiedlichen Akkulturationstempos bzw. des „Akkulturationsgap" können verschärfte *Generationskonflikte* sein, welche die Familien zusätzlich belasten, die elterliche Erziehung negativ beeinflussen und auch das Risiko innerfamiliärer Gewalt erhöhen (Pfeiffer u. Wetzels 2000). Denn Eltern stehen vor der Frage, wie sie auf der einen Seite sowohl die eigene Integration als auch die Integration ihres Kindes fördern und andererseits kulturelle Wurzeln aufrechterhalten und pflegen können. Möglicherweise ist Gewalt – sei es die innerfamiliäre, gegen die eigenen Kinder oder den Ehepartner gerichtete, sei es die, welche sich nach außen gegen Mitmenschen richtet – ein Ausdruck des Misslingens dieser schwierigen Syntheseleistungen. Dabei sind die besonderen Herausforderungen der Identitätsbildung, denen Kinder aus interethnischen Ehen – mit 21 % keine zu vernachlässigende Anzahl – ausgesetzt sind, bislang in der Literatur zu wenig berücksichtigt (für eine vertiefende Analyse s. Seiffge-Krenke 2012).

Doch nicht nur Gewalterfahrungen und Traumatisierungen in der Familie belasten Migranten, sondern auch *minderheitenfeindliche Einstellungen und Übergriffe*. Dabei scheint nicht nur der erlebte Schaden, sondern bereits dessen Antizipation ein traumatisierender Stressor zu sein (Özkan u. Hüther 2012), wie z. B. die Reaktion Türkischstämmiger auf Wohnungsbrände in Deutschland, nachdem 1993 fünf türkische Menschen nach einem Brandanschlag in Solingen ihr Leben verloren haben.

Richtet man hingegen den Blick nur auf die Jugendlichen, so wird auch hier klar, dass diese spezifischen Belastungen in der *Identitätsentwicklung* ausgesetzt sind: Von ihrer frühen Sozialisation an beginnen sie, in mindestens zwei kulturellen Bezügen zu denken und sich zumindest geistig alternative Handlungsoptionen vorzustellen. In der frühen Adoleszenz haben sie nicht nur eine angemessene Identität und ein kohärentes Selbst zu entwickeln (personales Selbst) und, mit anderen gemeinsame Werte und Normen teilend, ein soziales Selbst auszubilden. Sie müssen sich auch noch mit der Frage der Zugehörigkeit zu einer ethnischen Minderheit auseinandersetzen und eine „ethnische Identität", die für Zuwanderer eine wichtige Copingressource sein kann (Seiffge-Krenke 2012), entwickeln. Daher ist ihre Identitätsbildung einer dreifachen Anforderung (personales, soziales und ethnisches Selbst ausbilden) ausgesetzt, was zum einen hohe biografische Ressourcen voraussetzt, andererseits auch ein größeres Erprobungsfeld gelingender Identität schafft. Denn ethnische Identitäten entstehen in der Regel erst im Kontext der Präsenz und des Kontakts von Menschen unterschiedlicher Herkunft sowie dem Gefühl der Bedrohung eigener Identität. Dies wird vielfach erst in der Migrationssituation als einer zentralen Dimension der Persönlichkeit bewusst (Phinney 1998). Freundschaften in interethnischen Beziehungen sind oft spannungsreicher als in ethnisch homogenen Konstellationen. Dies könnte psychologisch eine wichtige Erklärung (Reduzierung des Stresses) und eine ziemlich rationale Haltung der oft kritisierten „Ghettobildung" der Migrantenjugendlichen sein (Seiffge-Krenke 2012).

Was die Familien angeht, muss die Ungleichheit der *materiellen Ausstattung* von einheimischen und zugewanderten Familien als eine wichtige Ressource bedacht werden. So zeigten z. B. die Daten des DJI-Kinderpanels, dass etwa 54 % der türkischen Familien ein Haushaltseinkommen aufwiesen, das zu den untersten 10 % des Äquivalenzeinkommens aller Haushalte gehörte; dieser Satz lag bei deutschen Familien nur bei ca. 7 % aller untersuchten Familien. Dagegen hatten 48 % aller deutschen, aber nur 20 % aller türkischen Familien ein mittleres Haushaltseinkommen (Alt u. Holzmüller 2006). Die materielle Deprivation ist darüber hinaus auch ein wichtiger Indikator, um Erziehungs- und Integrationsfolgen abschätzen zu können: Denn arme Kinder aus Migrantenfamilien haben ein doppelt so großes Risiko, desintegriert bzw. gering integriert zu sein, wie Kinder aus Durchschnittseinkommens-Familien (Beisenherz 2006).

Familien mit Zuwanderungsgeschichte sind in der Regel jünger und kinderreicher als einheimische Familien. So werden in der Forschung insbesondere jugendliche Mütter als eine Hochrisikogruppe eingeschätzt. Sie verfügen vielfach nur über eingeschränkte Erziehungs- und Pflegequalitäten. Im Vergleich zu älteren Müttern haben sie weniger Kenntnisse über das Entwicklungstempo der Kinder und über die Entwicklungsangemessenheit kindlicher Verhaltensweisen. Auch neigen sie häufiger zu Erziehungseinstellungen, die Strafen bevorzugen, und sind im Umgang mit ihrem Säugling und Kleinkind oft weniger feinfühlig (Ziegenhain et al. 2004). Von *früher Mutterschaft* als Risikofaktor sind insbe-

16.2 Lebensweltliche Risiken von Zuwandererfamilien

sondere Migrantinnen, vor allem türkische Mütter, deutlich stärker betroffen. Ferner erweist sich *geringe mütterliche Bildung* als ein weiteres Risiko, Gewalt in der Erziehung anzuwenden (Euser et al. 2011). Hier ist mit Blick auf türkischstämmige Mütter festzuhalten, dass ein Großteil von ihnen, insbesondere die aus den ländlichen Regionen zugewanderten, nur eine Grundschulbildung aufweist, weil in der Türkei bis 1998 nur eine fünfjährige Schulpflicht bestand. Hieraus wird deutlich, dass sich eine Vielzahl von Risikofaktoren mit potenziellen Langzeitfolgen für die Stressvulnerabilität, wie sie Egle (2012) herausgearbeitet hat, in Migrantenfamilien wiederfindet.

Zuletzt sind als spezifische Belastungen von Zuwanderern auch die Erfahrungen der *Ausgrenzung*, der *Entwertung* und des „Nicht-Dazugehörens" zu nennen. Kränkungen durch alltägliche Diskriminierung können die Integrationsbemühungen von Zuwandererfamilien torpedieren sowie zu einer schwächeren Ausbildung von sozialen Stützsystemen führen. Vor allem bei den „gut integrierten" Zuwanderern führen sie eine kognitive Verunsicherung herbei, weil sich ihnen unweigerlich die Frage stellt, was sie noch tun müssten, um „richtig dazuzugehören", und sie als Folge in „eigenkulturellen Rückzugsräumen" Zuflucht suchen oder diesen Ausgrenzungen mit Frustrationen und Gewalt entgegentreten.

Auch wenn die subjektive Diskriminierungswahrnehmung natürlich nicht immer tatsächliche bzw. objektive Diskriminierung abbildet, so ist sie doch – trotz dieser Verzerrung – für den Einzelnen handlungsleitend. Exemplarisch sind hier die Ergebnisse der jährlichen Mehrthemenbefragung (an einer repräsentativen türkischstämmigen Haushaltsstichprobe) zu nennen, die das Zentrum für Türkeistudien und Integrationsforschung (ZfTI) für das Land Nordrhein-Westfalen durchführt, und in der auch die Diskriminierungserfahrungen abgefragt wurden (Sauer 2011). So haben im Jahre 2010 rund 81 % der türkischstämmigen Befragten angegeben, im alltäglichen Leben die Erfahrung ungleicher Behandlung von Ausländern und Einheimischen gemacht zu haben. Im Zeitverlauf zeigte sich, dass die Erfahrung mit Ungleichbehandlung von 1999 bis etwa 2003 stetig anstieg, von 2004/2005 bis etwa 2009 langsam zurückging, aber im Jahr 2010 – der Hochphase der Sarrazin-Debatte – die Diskriminierungen einen Höchststand erreichten.

> **Merke**
>
> Eine Mehrbelastung ethnischer Minderheiten mit häuslicher Gewalt oder jugendlicher Gewaltbelastung kann als Resultat einer *misslungenen Integration* gedeutet werden. Sie kann aber auch Ursache künftiger misslingender Integrationsprozesse in den sozialen Alltag sowie in den Arbeits- und Bildungsmarkt sein. Deshalb ist eine kritische Analyse ihrer spezifischen Risiken vonnöten, um zukünftige Präventions- und Interventionsmaßnahmen wirkungsvoller zu gestalten.

Um jedoch Missverständnissen, den gelegentlich medialen Verdächtigungen und Diskriminierungen, keinen Raum zu bieten, ist hier zu unterstreichen, dass Migranten nicht per se, nur weil sie eine andere Zugehörigkeit haben, gewalttätiger sind, sondern weil sich bei ihnen in erster Linie Risikolagen wie etwa Armut, Überforderung, geringe Bildung, beengte Wohnverhältnisse, soziale Isolation und Ausgrenzung gehäuft finden, die in ähnlicher Konstellation auch bei Einheimischen zu höherer Gewaltbereitschaft führen.

Denn auch in einheimischen deutschen Familien sind, wie eine repräsentative Studie dies zeigt, etwa 9 % der Kinder häuslicher Gewalt ausgesetzt (Egle 2012). Geringes familiales Einkommen, Arbeitslosigkeit und niedriger sozioökonomischer Status sind vor allem in Ansätzen, die das Familien-Stress-Modell als Erklärung heranziehen, immer wieder als signifikante Prädiktoren von Vernachlässigung und körperlichem Missbrauch herausgestellt worden (Euser et al. 2011). Auch sind belastende Ereignisse der Eltern vor der Migration zu berücksichtigen, wie etwa Traumatisierungen bzw. traumatische Kriegs- und Gewalterlebnisse in den Herkunftsländern (so etwa aus dem Libanon, Bosnien etc.), die zu einer individuell deutlich höheren Gewalttoleranzschwelle führen. Sowohl Flüchtlingsfamilien als auch deren Kinder sind deutlich vulnerabler; das Risiko der Gewaltanwendung aufgrund eines höheren Stresspegels ist bei diesen Familien deshalb auch größer (Euser et al. 2011). Darüber hinaus sind sicherlich unterschiedliche kulturelle Muster, Traditionen, Werthaltungen, etwa die gerade unter türkischen und arabischen Jugendlichen auftretenden Konflikte um die Familienehre, Aspekte, die einen Teil der Mehrbelastung mit Gewalt erklären.

16.3 Häusliche Gewalt in Familien mit Zuwanderungsgeschichte

Das bereits erwähnte unterschiedliche Akkulturationstempo kann zu Parentifizierung und Rollendiffusion bei Kindern führen (d. h. Kinder übernehmen dann die „Elternfunktion" in der kognitiven Sozialisation ihrer Eltern, weil sie über bessere Sprachkenntnisse den Zugang zu wichtigen gesellschaftlichen Ressourcen und Institutionen sichern), die in der Folge auch mit Gewalt assoziiert sind. Denn dadurch werden übliche Rollenerwartungen erschüttert und eine Abhängigkeit der Eltern von ihren Kindern geschaffen, die zu einer Umkehr der traditionellen, hierarchischen Eltern-Kind-Beziehung führen und die Erziehungsarbeit der Eltern erschweren. Eltern könnten diese „Abwertung" sowie die wachsende Selbstständigkeit der Kinder als ein Aufbegehren, als eine Revolte und Respektlosigkeit ihnen gegenüber werten und sich genötigt fühlen, zu erzieherisch härteren Sanktionen greifen zu müssen. So konnte bereits Duben (1985) zeigen, dass familiäre Netzwerkstrukturen in ihrer Bedeutung auch bei verändertem sozial-ökologischem Kontext fortbestehen, sich durch eine Migration sogar verstärken. Konvergierend zu diesem Befund belegen bereits die Studien von Nauck (1990), dass gerade Familien türkischer Herkunft in der Aufnahmegesellschaft einen stärker behütenden und kontrollierenden Erziehungsstil als Familien in der Türkei entwickeln.

Deshalb ist davon auszugehen, dass sich erzieherische Strategien türkischer Eltern und die erzieherischen Impulse, denen ihre Kinder ausgesetzt sind, von denen in deutschen Familien unterscheiden. Nicht zuletzt zeigen auch kulturpsychologische Studien, dass die Annahmen der in der westlich geprägten erziehungspsychologischen Forschung mit ihrem favorisierten autoritativen Erziehungsstil, der sich durch hohe Zuwendung, Unterstützung, Wärme und Gewährung hoher Selbstständigkeit bei gleichzeitig hohen Forderungen an das Kind auszeichnet, in erster Linie als optimal in einem westeuropäischen bzw. amerikanischen Kulturkontext gelten (Baumrind 1991; Darling u. Steinberg 1993). Im Kontrast hierzu wird ferner angenommen, dass sich ein autoritärer Erziehungsstil (d. h. eine rigide Durchsetzung der elterlichen Autorität, geringe Selbstständigkeit und hohe Kontrolle des Kindes) eher ungünstig auf die Entwicklung von Kindern auswirkt. Allerdings ließen sich diese Befunde nicht auf die Erziehung in allen Kulturen verallgemeinern (Leyendecker 2003). Ein autoritärer Erziehungsstil kann sich unter bestimmten Umständen als durchaus funktional und sinnvoll erweisen, und zwar dann, wenn das Kind in entwicklungsgefährdenden bzw. delinquenzförderlichen Umwelten aufwächst, was in einigen Fällen für türkische Jugendliche zu vermuten ist (Schneewind 2000). Deshalb könnten türkische Eltern ihre strenge Erziehung für angemessen halten, auch wenn es von außen als kritisch bzw. entwicklungshemmend bewertet wird.

Vor dem Hintergrund interkulturell vergleichender Studien kann davon ausgegangen werden, dass im deutschen kulturellen Kontext sowohl körperliche Bestrafung von Kindern als auch die physische Gewalt innerhalb der partnerschaftlichen Beziehung der Eltern gesellschaftlich weniger gebilligt werden als im herkunftskulturellen Kontext türkischer Familien, wie sie durch mentalitätsgeschichtliche Studien eindrucksvoll rekonstruiert worden sind (Waldhoff 1995). Es ist allerdings zu präzisieren, dass das erzieherische Verhalten türkischer Eltern wesentlich von ihrem Ausbildungsniveau beeinflusst wird, wobei eine längere Schulbildung mit geringeren traditionellen Geschlechtsrollenorientierungen und geringeren behütenden Erziehungseinstellungen einhergeht (Nauck 1990). In einer relativ umfassenden repräsentativen Studie (N = 44 610), die verschiedene Migrantengruppen sowie die deutschstämmige Bevölkerung (jeweils Jugendliche in Schulen) umfasste, konnten Baier et al. (2009) bei der Häufigkeit elterlicher Gewaltanwendung in der Kindheit bei allen Jugendlichen mit einem Migrationshintergrund höhere Werte als bei deutschen Jugendlichen feststellen, die im Folgenden hier kurz wiedergegeben werden: Während 1,3 % der deutschen Befragten von „häufigen" Misshandlungen in der Kindheit berichteten, lag diese Rate bei den türkischstämmigen Befragten bei 4,7 %, bei Personen aus dem ehemaligen Jugoslawien bei 4,8 % und bei Personen aus Nordafrika sogar bei 5,1 %. Obwohl sich die Rate derjenigen, die elterlicher Gewalt ausgesetzt sind, in der Jugend bei allen Migrantengruppen reduziert, lag sie bei den türkischstämmigen Jugendlichen mit rund 10 % substanziell höher als bei deutschen Jugendlichen, wo sie etwa 2,9 % betrug (Baier et al. 2009).

Zugleich ist jedoch darauf hinzuweisen, dass sowohl die Deutung als auch die Auswirkungen von Gewalt milieu- und kulturspezifisch geprägt sein können: So führten leichte körperliche Bestrafungen in afroamerikanischen Familien zu geringeren Verhaltensproblemen, während dieselbe Maßnahme (Klaps auf den Po) in weißen amerikanischen Familien die Eltern-Kind-Beziehung stärker belastete und eher als ein Zeichen mangelnder Erziehungskompetenz gedeutet wurde (Deater-Deckard u. Dodge 1997). Auch die Folgen einer harschen Disziplinierung scheinen bei Vorliegen einer grundsätzlich emotional warmen Beziehung zwischen Eltern und Kindern längst nicht so gravierend zu sein wie bei einer emotional problematischen Beziehung (Beelmann et al. 2007). Insbesondere mütterliche Wärme wirkt als Puffer gegen ungünstige Einflüsse bis in das Jugendalter hinein positiv. Auf US-amerikanische Verhältnisse bezogen diskutierten Malley-Morrison und Hines (2004) ausführlich die kultur- bzw. ethniespezifischen Risiken und Schutzfaktoren sowie Konsequenzen familialer Gewalt.

> **Merke**
>
> Insbesondere die kulturvergleichenden Studien zu Auswirkungen häuslicher Gewalt zeigten, dass es nicht primär die körperliche Bestrafung ist, von der die wesentlichen negativen Effekte auf die kindliche Entwicklung ausgehen, sondern vorrangig die wahrgenommene Ablehnung und Zurückweisung des Kindes seitens der Eltern (Rohner 2004). Spezifisch für Familien in der Türkei konnte gezeigt werden, dass zum einen die körperlich disziplinierenden Praktiken weitestgehend von den Müttern ausgeübt werden (88 % Mütter vs. 8 % Väter), zum anderen lediglich die elterliche Zurückweisung – unabhängig von Alter und Geschlecht des Jugendlichen – direkt mit jugendlichen Anpassungsstörungen assoziiert war (Erkman u. Rohner 2006). Elterliche Akzeptanz bildete hierbei die Mediatorvariable zwischen körperlicher Bestrafung (seitens der Eltern) und jugendlichen Anpassungsstörungen.

Was die häusliche Gewalt in Migrantenfamilien in Deutschland betrifft, so liegen auch Belege für höhere Raten und Risikolagen in der Partnerschaftsgewalt vor: In einer eigenen Studie wurden 304 deutsche Jugendliche und 214 Jugendliche türkischer Herkunft im Alter von 13–16 Jahren in einer standardisierten Fragebogenstudie in Schulen gefragt, in welchem Ausmaß sie sowohl Opfer als auch Zeugen elterlicher Gewalt geworden sind (Tab. 16-1; Uslucan et al. 2005).

Deutlich wird, dass mit über 80 % in beiden Gruppen die meisten Jugendlichen weder Opfer mütterlicher noch väterlicher Gewalt geworden ist. Hinsichtlich der mütterlichen Gewalt zeigt sich, dass 10,6 % der deutschen und 13 % der türkischen Jugendlichen selten der Gewalt ihrer Mutter ausgesetzt waren. Fasst man die Werte zu gelegentlichen und öfteren Gewaltanwendungen zusammen, so berichteten 2,3 % der deutschen und 3,2 % der türkischen Jugendlichen von Viktimisierungen seitens ihrer Mütter. Hinsichtlich der väterlichen Gewalterfahrung berichteten rund 6 % der deutschen und 8 % der türkischen Jugendlichen, des Öfteren der Gewalt ihres Vaters ausgesetzt gewesen zu sein. Körperliche Bestrafungen sind also diesen Selbstberichten von Jugendlichen zufolge in türkischen Elternhäusern tendenziell etwas höher.

Tab. 16-1 Gewalt im Elternhaus von deutschen (D) und türkischen Jugendlichen (T) (Angaben in prozentualer Häufigkeit; Uslucan et al. 2005)

Item		Nie	Selten	Manchmal	Oft – sehr oft
Meine Mutter hat mir eine runtergehauen.	D	87,0	10,6	1,7	0,6
	T	83,6	13,1	2,3	0,9
Mein Vater hat mir eine runtergehauen.	D	81,9	12,1	5,3	0,8
	T	84,2	7,9	6,4	1,5
Ich habe gesehen, wie ein Elternteil den anderen mit der Hand geschlagen hat.	D	84,8	7,6	5,5	2,1
	T	78,4	10,2	7,4	4,0

16.3 Häusliche Gewalt in Familien mit Zuwanderungsgeschichte

Tab. 16-2 Zusammenhänge von Gewalt im Elternhaus und eigener Gewaltbelastung; Pearson-Korrelationen (Korrelationskoeffizient r; Uslucan et al. 2005)

Familiale Gewalt	Deutsche Jugendliche			Türkische Jugendliche		
	Gewaltakzeptanz	Aktive Gewalttat	Viktimisierung	Gewaltakzeptanz	Aktive Gewalttat	Viktimisierung
Mütterliche Gewalterfahrung	0,18*	0,17*	0,15*	0,21*	0,28*	0,26*
Väterliche Gewalterfahrung	0,10	0,07	0,18*	0,18*	0,29*	0,27*
Beobachtete Elterngewalt	0,19*	0,29*	0,14*	0,14*	0,12	0,16*

* Signifikante Korrelationen: $p < 0,05$.

Bei der Beobachtung der Gewalt zwischen den Elternteilen hatten türkische Jugendliche mit etwa 11,4 % („manchmal" bis „sehr oft" zusammengezogen) höhere Werte als deutsche (7,6 %). Obgleich die interkulturellen Unterschiede nicht allzu gravierend ins Gewicht fallen, darf die Bedeutung der Zeugenschaft von Gewalt bzw. die Beobachtung von Gewalthandlungen im Elternhaus generell nicht unterschätzt werden. So zeigen frühere Studien, dass Kinder, die elterliche Partnergewalt miterlebten, achtmal so häufig Opfer von Gewalt und dreimal so häufig Opfer sexuellen Missbrauchs werden, im Vergleich zu Kindern, die keine Gewalttätigkeit zwischen den Eltern miterlebten (Wetzels 1997a). Denn eine häufige Zeugenschaft gewalttätiger Auseinandersetzungen zwischen den Elternteilen vermittelt Kindern ein bestimmtes Muster der Konfliktaustragung. Anzunehmen ist, dass die Kontinuität von Gewalt über mehrere Generationen auf ein Fortbestehen von Gewaltakzeptanz, familiären Werten und Verhaltensmustern zurückzuführen ist, die wiederum ihrerseits auch von kulturellen Werten, traditionellen Orientierungen sowie der Kohäsion einer Familie abhängig sind (Amato 2003).

Exemplarisch haben wir in der oben erwähnten Studie (Uslucan et al. 2005) in einem interkulturellen Vergleich überprüft, welche Zusammenhänge zwischen der Gewalt im Elternhaus und der eigenen Gewaltbelastung (Akzeptanz, Täterschaft und Opferschaft) existieren (Tab. 16-2).

Deutlich wurde dabei ein relativ einheitlicher Zusammenhang zwischen häuslicher bzw. familialer Gewaltbelastung und der eigenen Gewaltbereitschaft der Jugendlichen: Zwischen häuslichen Gewalterfahrungen und der Billigung von Gewalt existierten bei deutschen wie bei türkischen Jugendlichen signifikante Zusammenhänge; dieser Zusammenhang war aber bei deutschen Jugendlichen etwas schwächer ausgeprägt und hinsichtlich der väterlichen Gewalterfahrung nicht signifikant. Dagegen stand eine Zeugenschaft elterlicher Gewalt bei deutschen Jugendlichen in einem signifikanten positiven Zusammenhang mit der eigenen Gewaltbelastung; bei türkischen Jugendlichen war dieser „Spill-over"-Effekt, das „Überschwappen" beobachteter Gewalt auf die eigene aktive Gewalttat im Sinne einer Imitierung elterlicher Modelle, etwas schwächer ausgeprägt. Schließlich zeigte sich, dass Gewalterfahrungen im familialen Umfeld auch das Risiko eigener Viktimisierung im Peer-Kontext berühren: Wer vermehrt im Elternhaus Opfer von Gewalt wird oder diese beobachtet, wird mit einem größeren Risiko auch Opfer der Gewalt von Gleichaltrigen. Hier war dieser Zusammenhang bzw. dieses Risiko für türkische Jugendliche ebenfalls stärker ausgeprägt.

Was die vom Partner erfahrene Gewalt betrifft, so geht aus einer großen repräsentativen Studie (N = 6441) des Familienministeriums (Schröttle 2008) hervor, dass die partnerschaftliche Gewalt bei Familien mit Zuwanderungsgeschichte höher ist. So hatten hier vor allem bei der „sehr schweren Gewalterfahrung durch den Partner" sowohl Frauen aus der Türkei (35,2 %) als auch Frauen aus der ehemaligen Sowjetunion (27,9 %) deutlich höhere Werte als deutsche Frauen (9,8 %). Die Familienforschung zeigt, dass gewisse migrationsbedingte Partnerschaftskonstellationen „gewaltanfälliger" sind: So scheinen die größte Traditionalität und die geringste Flexibilität bei der Rollen- und Aufgabenverteilung in jenen türkischen Familien vorzufinden zu sein, in denen der Mann zuerst eingewandert ist (Pionierwanderstatus). Dagegen sind jene Familien deutlich flexibler und gleichberechtigter, die von vornherein eine gemeinsame Wanderungsgeschichte haben und sich sehr früh bereits in Deutschland aufgrund gleichen Wissensstandes gemeinsam abstimmen und kooperieren mussten. Des Weiteren haben sich jene Familienformen als anfällig und konfliktträchtig erwiesen, bei denen die Frau zuerst eingewandert ist und einen Mann aus der Türkei heiratet (Seiser 2006). Vermutlich löst diese Konstellation bei Männern starke Rolleninkonsistenzen aus: Auf der einen Seite fühlen sie sich als Repräsentanten der Familie und beanspruchen Dominanz; auf der anderen Seite fühlen sie sich zugleich rechtlich, sozial und sprachlich depotenziert, was sie kränkt und frustriert.

16.4 Transmission von Gewalt

Fokussiert auf die Frage der intergenerationalen Transmission von Gewalt zeigt sich sowohl in der klinisch-psychologischen Praxis als auch in der entwicklungspsychologischen Forschung, dass Gewalterfahrungen der Eltern in ihrer eigenen Kindheit zu einer höheren Gewaltbereitschaft und einer vermehrten Anwendung von Gewalt bei der Erziehung der eigenen Kinder führen. Wenngleich diese Formulierung als eine direkte Kausalaussage bislang kaum bestätigt werden konnte, denn Gewalt erfahrende Kinder können später auch depressive Verstimmungen und Rückzugsneigungen haben, so ist doch festzuhalten, dass das Risiko der Gewaltweitergabe bei selbst erfahrener Gewalt steigt, weil in der individuellen Entwicklung vor allem der aggressive Stil der erlebten Interaktion, also die speziellen Muster der Konfliktaustragung und Emotionsregulierung der Eltern, erworben und weitergegeben werden (Simons et al. 1991).

Sehr klar konnten diese Zusammenhänge bei der aufwendigen und anspruchsvollen Längsschnittstudie „Rochester Youth Development Study" (Thronberry 2009) gezeigt werden: Hier war ein direkter Einfluss von erfahrener Gewalt auf die ausgeübte Gewalt festzustellen. Dabei hatte die elterliche Gewalterfahrung im Alter zwischen zwölf und 17 Jahren deutlich stärkere Effekte (um das 5,2-Fache gegenüber unbelasteten Jugendlichen) auf das eigene Gewaltverhalten im Vergleich zu Jugendlichen, die

16.4 Transmission von Gewalt

Gewalt nur im Alter zwischen null und elf Jahren erfuhren (um das 1,7-Fache). Am stärksten war die Gewaltbelastung der Jugendlichen, wenn sie bereits früh begann und immer noch anhielt.

Für die Einschätzung des Risikos früher Gewalterfahrung in der Herkunftsfamilie auf spätere Gewalttätigkeit und die Ableitung von Maßnahmen für die Intervention (Kaufman u. Zigler 1989; Belsky 1993) lässt sich aus diesen Arbeiten der Befund festhalten, dass diejenigen Eltern, die trotz eigener Gewalterfahrung keine Gewalt ausübten, in ihrer Kindheit mindestens zu einem Elternteil eine positive Beziehung hatten und als Erwachsene über ein wesentlich höheres Maß an sozialer Unterstützung verfügten (Wetzels 1997a). Darüber hinaus erwies sich die gegenwärtig erlebte Partnerschaftsbeziehung als ein entscheidender Moderator, wobei eine positive Partnerbeziehung mit einer Verminderung des Risikos der intergenerationalen Transmission von Gewalt einherging (Caliso u. Milner 1992). Auf der anderen Seite ist auch in einer jüngeren 40-Jahre-Längsschnittstudie darauf hingewiesen worden, dass eine problematische Kindheit den stärksten Prädiktor für Partnerschaftsgewalt bildet: So konnte für Männer wie für Frauen gezeigt werden, dass antisoziales Verhalten im Alter von sieben bis neun Jahren Prädiktor für aktive Partnerschaftsgewalt im Alter von 21 Jahren war (Lussier et al. 2009).

Während kulturspezifische oder interkulturelle Aspekte in den oben genannten Arbeiten kaum explizit benannt wurden, sind wir in eigenen Studien der Frage nachgegangen, welche Rolle und Bedeutung die gesellschaftliche Integration von Zuwanderern für die Gewalttransmission hat (Mayer et al. 2005). Dabei wurde deutlich, dass insbesondere die Transmission von mütterlicher Gewalt auf jugendliche Gewalt deutlich von der Integration der Mutter abhängig war, die väterliche Integration hingegen zeigte kaum Wirkungen bei der Transmission von väterlicher Gewalt auf jugendliche Gewalt. Dieser Befund ist sowohl für das Verständnis als auch für den Abbau von Gewalt in türkischen Familien von Bedeutung, denn er zeigt: Je besser es der Mutter gelingt, sich zwischen den beiden Kulturen ausgewogen zurechtzufinden, je besser also ihre gesellschaftliche Integration ist, desto weniger reagiert sie bei Konflikten in der Mutter-Kind-Beziehung mit körperlicher Bestrafung. Entsprechend wird auch die Gewaltweitergabe durch eine geringe Integration der Mütter besonders verstärkt. Das Ausbleiben dieses Effekts für die türkischen Väter unterstreicht noch einmal die besondere Bedeutung der Mütter in türkischstämmigen Familien, die oft für die Erziehungsarbeit zuständig sind.

Für die unterschiedlichen Wirkungen der Akkulturation von Müttern gegenüber Vätern und Kindern finden sich empirische Belege auch in einer Studie mit chinesischen Migrantenfamilien in Kanada (Costigan u. Su 2004). Die Autorinnen vermuten, dass die eingewanderten Mütter – im Unterschied zu den Vätern und Kindern – die sozialen Bindungen an ihre Herkunftskultur und eigenethnische Beziehungen innerhalb der Aufnahmekultur stärker pflegen und ihre Möglichkeiten, an der Kultur des Aufnahmelandes zu partizipieren, eher eingeschränkt sind.

Merke
Für die familiäre Intervention bedeutet das, dass der Fokus nicht nur auf die Förderung und Integration von Migrantenkindern zu richten ist, sondern besonders auch die Integration der Mütter gefördert werden muss. Gleichzeitig gilt es zu berücksichtigen, dass sich starker

> Akkulturationsstress, der z. B. durch einen hohen Assimilationsdruck erzeugt wird, blockierend auf das Lernvermögen von Migranten auswirkt (Özkan u. Hüther 2012).

Deshalb bedarf es einer viel stärkeren kultursensiblen Atmosphäre, quasi einer „sicheren Umgebung", wenn zugewanderte Familien von Präventions- und Interventionsmaßnahmen profitieren sollen.

16.5 Präventions- und Interventionsmaßnahmen

Bevor auf Präventions- und Interventionsmaßnahmen bei Familien mit Zuwanderungsgeschichte eingegangen wird, ist zunächst kritisch die Frage zu stellen, ob Gewaltpräventionsprojekte, so löblich sie auch sind, stets die erwünschten Effekte zeigen. So ist z. B. mit Blick auf die Prävention von jugendlichem Gewalthandeln in einer methodisch aufwendigen Studie von Dishion et al. (1999) gezeigt worden, dass unter bestimmten Bedingungen Interventionsmaßnahmen sogar Gewalt steigern können. Die Autoren haben festgestellt, dass bei einer Gruppe sogenannter „high-risk youths", also bei Jugendlichen mit hohem Gefährdungspotenzial, Gruppentrainingsmaßnahmen kontraproduktive Effekte hatten, und zwar dann, wenn die Jugendlichen in einem post-pubertären Alter waren. Zurückgeführt wird dieser Effekt auf negative Verstärker, die von Peers ausgingen: So war der Einfluss Gleichaltriger ca. neunmal stärker als der Einfluss von Erwachsenen, Trainern oder Lehrern. Die höhere Dichte der Peer-Einflüsse hatte also die von den Trainern und Erwachsenen ausgehenden gewalthemmenden Einflüsse unterminiert. In einem Überblick über mehrere hundert Interventionsstudien kamen Dishion et al. (1999) zu der Einschätzung, dass fast ein Drittel der Interventionsprojekte (29 %) auch negative Effekte hatten. Diese hohe Rate ist vermutlich noch eine Unterschätzung, weil Studien mit sogenannten Null-Effekten (also wirkungslose) sowie Evaluationen, die am Ende negative Effekte zeigen, seltener berichtet werden, da sie sowohl theoretisch die Maßnahme als auch in der Praxis die damit verbundenen Kosten, Ausgaben und möglicherweise auch die Kompetenzen der Programmverantwortlichen infrage stellen.

Allerdings muss hinzugefügt werden, dass eine Effektivitätsmessung vor allem bei Präventionsprogrammen immer schwierig bzw. problembehaftet ist: Denn mit Prävention sind solche Maßnahmen gemeint, die vorbeugend agieren und letztlich die Ausbildung oder die Ausprägung eines unerwünschten Ereignisses oder Persönlichkeitsmerkmals (z. B. Aggression, antisoziale Persönlichkeit) verhindern sollen. Dies lässt sich nur schwer nachweisen, weil es explizit darum geht, etwas nicht Vorhandenes oder nicht Ausgebildetes, also die Unterdrückung eines solchen Merkmales, direkt mit der Wirkung einer Maßnahme zu erklären, da es ja nicht der Normalfall ist, dass sich solche Merkmale immer ausbilden. So wächst eine Vielzahl von Menschen ohne antisoziale Tendenzen auf, schlägt ihre Kinder oder ihre Partner nicht, ohne dass sie an irgendwelchen Präventionsmaßnahmen teilnehmen (Gollwitzer 2007).

16.5.1 Prävention auf der Individualebene

Im Kindesalter scheinen Präventionsprogramme dann wirksam zu sein, wenn sie zunächst bei den Eltern und deren Erziehungskompetenz ansetzen: So wurde bei

16.5 Präventions- und Interventionsmaßnahmen

aggressiv-verhaltensauffälligen vierjährigen Kindergartenkindern, also einer selektiven Gruppe, mithilfe eines Elterntrainings sowie durch Einsatz von Familienhelfern das auffällige Verhalten substanziell gemindert, wobei die Effekte auch nach einem Jahr stabil waren (Lehmkuhl et al. 2002). Jedoch sind Elterntrainings allein wenig wirksam, wenn Familien mehrfachen Belastungen und Risiken ausgesetzt sind, so etwa Partnerschaftsprobleme und psychische Auffälligkeiten haben, sozial isoliert leben (dadurch wenig soziale Kontrolle, aber auch wenig soziale Unterstützung genießen) sowie von sozioökonomischen Benachteiligungen betroffen sind, wie vielfach Migrantenfamilien. Bei diesen Konstellationen ist nur mit mäßigem Erfolg zu rechnen. Viel stärker müssten hier therapeutische Interventionen sowie konkrete Verbesserungen der Lebenslage der Familien erfolgen.

> **Merke**
> Programme zur Stärkung der Erziehungskompetenz der Eltern sollten deutlich stärker die Bedeutung der psychischen Auswirkungen der Gewalt auf die kindliche Entwicklung fokussieren und hier zum einen die Notwendigkeit der gewaltfreien Erziehung (sowie die Strafbarkeit elterlicher körperlicher Gewalt) unterstreichen als auch die in jeder Kultur existierenden, Gewalt begünstigenden Ideologien in der Erziehung offensiv thematisieren und ihre psychologische Widersinnigkeit und Unhaltbarkeit aufzeigen (so etwa im Türkischen: „Kızını dövmeyen, dizini döver", Wer die Tochter nicht beizeiten schlägt, schlägt sich aus Verzweiflung später auf die Knie; im Deutschen: „Wer nicht hören will, muss fühlen").

Für die Interventionsforschung gilt als zentrales Prinzip, dass frühe Interventionen nur dann erfolgreich sind, wenn sie an die Familie bzw. an die familialen Werte und die Verwirklichung dieser Werte in Alltagsroutinen anknüpfen, also auch spezifische kulturelle Einflussfaktoren berücksichtigen. Mit Blick auf Familien mit Zuwanderungsgeschichte heißt das, dass Interventionsmaßnahmen und Trainingsprogramme an deren alltagsweltliche Überzeugungen anschlussfähig sein müssen (und das setzt voraus, dass man diese erst einmal kennt), wenn sie eine Realisierung und Effekte bei den betroffenen Kindern und Familien zeitigen sollen (Guralnick 2008).

Exemplarisch für eine sehr wirkungsvolle Intervention und Prävention häuslicher Gewalt sowie die Förderung elterlicher, aber auch spezifisch väterlicher Erziehungskompetenz ist das vom ACEV, einer Stiftung für die Förderung mütterlicher Erziehungskompetenz in Istanbul, durchgeführte Programm „Baba olmak güzel bir şey" („Vater sein ist was Schönes"). In diesem Programm werden nicht nur Mütter in ihrer Erziehungskompetenz gestärkt, sondern auch explizit Väter einbezogen, die durch Gewalt gegenüber ihren Kindern oder ihrer Partnerin aufgefallen sind.

> **Merke**
> Aus einer psychologischen Perspektive könnten sich bei sogenannten „Ehrkonflikten" von Jugendlichen Programme als hilfreich erweisen, die Selbstkontrolle bzw. Ärgerkontrolle zum Ziel haben. Bei diesen Programmen geht es darum, in der konkreten Situation die eigenen negativen und den Ärger bekräftigenden Gedanken zu erkennen, gezielter zu urteilen und schließlich diese Gedanken auch zu ändern. Begleitet wird dieser Prozess von Entspannungsübungen, Atemtechniken und Selbstberuhigungen.

Mit Blick auf Migrantenjugendliche hat sich auch eine Stärkung des Rechtsbewusstseins, eine Verdeutlichung der Normen und der Folgen von Gewalt für die eigene Lebensplanung als gewaltpräventiv erwiesen. Es ließ sich über verschiedene Gruppen hinweg (türkische Migranten, Aussiedler und deutsche Jugendliche) konsistent belegen, dass sich das Vertrauen in das Rechtssystem statistisch signifikant reduzierend auf aggressive antisoziale Aktivitäten auswirkt. Dieser Effekt war sogar bei den türkischstämmigen Jugendlichen noch deutlicher ausgeprägt (Brüß 2004).

Ferner sollte in die bisherigen Programme die Förderung von Sprach- und Kommunikationskompetenzen junger Menschen mit Zuwanderungsgeschichte implementiert werden. So ist in einer Untersuchung mit türkischen Jugendlichen bereits 1992 festgestellt worden, dass nicht die Aufenthaltsdauer allein, sondern vielmehr die Sprachkompetenz mit einem höheren Akkulturationsniveau einherging. Höhere Sprachkompetenzen reduzierten interethnische Spannungen, ermöglichten eine differenzierte Selbstdarstellung und erleichterten dadurch die soziale Akzeptanz (Jerusalem 1992). In entwicklungspsychologischen Studien gilt der Zusammenhang von fehlenden sprachlichen/kommunikativen Kompetenzen und höherer Gewaltbelastung als gesichert (Moffitt 1993). Festgestellt wurde, dass bei persistent Delinquenten verbale Fähigkeiten beeinträchtigt sind: Mangelnde kommunikative Möglichkeiten bzw. Ausdrucksrepertoire erweisen sich deshalb als Gewalt begünstigend, weil deeskalierende diskursive Fähigkeiten schwächer ausgebildet sind. Deshalb könnte also auch die Förderung kommunikativer Kompetenzen/Sprachkompetenzen indirekt gewalthemmende Wirkungen entfalten.

16.5.2 Prävention auf der Gemeindeebene

Wie lässt sich Gewalt in und von Familien mit Zuwanderungsgeschichte jenseits psychologischer oder pädagogischer Projekte auf einer Gemeindeebene reduzieren?

> **Merke**
> Zunächst gilt es, auch wenn hier das Thema auf Gewalt fokussiert ist, die Wahrnehmung von Migranten in ihrer „Normalität" zu fördern und sie nicht nur als eine potenzielle Bedrohung zu sehen. Hierzu können exemplarisch Medien, Polizei und Einrichtungen wie Jugendamt und Frauenhäuser Wesentliches beitragen.

So ist es unabdingbar, dass im alltäglichen Umgang mit Migranten rassistische Haltungen, vorurteilsvolle Bilder und diskriminierende Praktiken vermieden werden sowie aktiv dagegen vorgegangen wird. Wenn in öffentlichen medialen Diskursen um Migration stets Assoziationen wie Ehrenmorde und Jugendgewalt aktiviert werden, werden bestimmte Bilder verfestigt und zugleich andere Lebensrealitäten von erfolgreichen Migrationsgeschichten ausgeblendet. Zwar mag der Effekt des Werbens für ein diskriminierungsfreies Zusammenleben für die unmittelbare Gewaltprävention gering sein, er ist aber als ein öffentliches Signal bedeutsam und kann in Institutionen prägend für ein Klima von Respekt sein.

Gleichzeitig ist für die Gewaltprävention sowohl eine Einbindung zentraler Migrantenorganisationen (wie etwa den Moscheevereinen etc.), aber auch eine Einbindung von Medienvertretern (Journalisten, Filmemacher bzw. Programmgestalter) mit Zuwanderungsgeschichte sinnvoll, die in migrantischen Medien arbeiten, um z. B. durch einen reflektierten Umgang mit medialer

Gewalt eine kritische Haltung zu Themen wie häusliche und partnerschaftliche Gewaltdarstellung zu entwickeln.

Mit Blick auf die Rolle der Polizei ist es wichtig, ihre Bedeutung und ihr Tätigkeitsfeld – und zwar nicht nur als Repressionsorgan und Kontrolle, sondern auch als Präventionsinstanz – durch intensivere Zusammenarbeit mit migrantischen Medien stärker in die Migrantencommunity zu kommunizieren. Dabei gilt es, zum einen auf verzerrte Wahrnehmungen und Darstellungen/Berichterstattungen der „deutschen Polizei" in den migrantischen Medien zu reagieren, so etwa, wenn dieser pauschalisierend Diskriminierung vorgeworfen wird. Zum anderen sind jedoch auch tatsächliche Diskriminierungen von Migranten durch die Polizei rechtlich genau zu verfolgen und diese Transparenz auch in der migrantischen Öffentlichkeit zu platzieren. Darüber hinaus ist eine stärkere Werbung und Öffnung der Polizei für Personal mit Zuwanderungsgeschichte auf allen Arbeitsebenen notwendig, weil so Spannungen und (sprachliche) Missverständnisse im Vorhinein abgebaut werden können. Zugleich ist an eine intensivere Fortbildung der Mitarbeiter in Diversity-Kompetenzen, im Umgang mit kultureller Heterogenität zu denken, damit diese vor allem bei häuslicher Gewalt oder Gewalttaten in der Eltern-Kind-Beziehung wirkungsvoller intervenieren können. Generell muss eine Sensibilität für „kulturelle Heterogenität" Bestandteil der Ausbildung sowie der Fort- und Weiterbildung helfender Berufe sein.

> **Merke**
> Sowohl die Polizei als auch andere in die Gewaltprävention einbezogene Institutionen (Jugendämter, Frauenhäuser etc.) sollten – neben bundesweit bekannten Telefonhotlines mit sprach- und kultursensiblen Mitarbeitern – ihre Aufklärungsprogramme in einigen verbreiteten Migrantensprachen wie etwa türkisch, arabisch, russisch, polnisch, serbo-kroatisch verfassen, damit sie zumindest eine große Gruppe an Zugewanderten erreichen.

Jedoch sind nicht nur Unkenntnis über helfende Einrichtungen ein Hemmnis, frühere Diskriminierungserfahrungen von Migrantinnen bei Behörden, Institutionen etc. können dazu führen, dass diese bei häuslicher Gewalt den gewalttätigen Partner nicht anzeigen und somit die Gewalt aufrechterhalten. Darüber hinaus besteht bei einer Vielzahl von insbesondere traditionell orientierten Migrantinnen die Überzeugung, dass familiale Gewalt ein privates Problem sei, sowie die Vorstellung, Frauen hätten um jeden Preis die Familie „zusammenzuhalten", was natürlich das Ausbrechen aus Gewaltbeziehungen erschwert. Ferner fällt es konservativ-religiösen oder traditionellen Migrantinnen schwer, die feministischen „Philosophien" in Frauenhäusern zu akzeptieren und diese in ihr Leben zu integrieren, auch wenn sie es schaffen, sich aus gewaltförmigen Beziehungen zu lösen.

16.6 Ausblick und methodische Probleme der Gewaltforschung

Gewalt und Gewaltfolgen in Migrantenfamilien betreffen nicht nur einzelne Individuen und Familien, sondern die gesamte Gesellschaft. Deshalb muss es unser genuines Interesse sein, hier sowohl wirkungsvolle Präventionen, aber auch therapeutische Zugänge zu entwickeln. Die bisherigen, an der einheimischen Bevölkerung orientierten Verfahren und Umgangsweisen erweisen sich als suboptimal oder als nicht nachhaltig genug, weil sie die hierzu erforderliche Kultursensibilität nicht aufweisen. Erster positiver Ansatz, insbesondere für den therapeutischen Kontext, ist, Sanktionen nicht zu ignorieren: So haben türkischstämmige Psychotherapeuten die Essener Leitlinien zur interkulturellen Psychotherapie entwickelt, in denen sie sehr klar die Notwendigkeit interkultureller Sensibilität in verschiedenen Phasen der Therapie herausstellen (in der Begegnung mit dem Patienten, in der Deutung und Bearbeitung der Symptome, in der Aus- und Fortbildung, aber auch in strukturellen Maßnahmen wie Personalpolitik von Kliniken; Erim et al. 2010). Deutlich früher schon hat Tumani (2002) die Möglichkeiten und Grenzen der Traumatherapie für ethnische Minderheiten aufgezeigt, die sich auch höchst nützlich für die Behandlung von Gewaltfolgen erweisen. Mit Blick auf den Umgang mit gewalttätigen Migrantenjugendlichen plädiert Sandvoß (2009) dafür, die konfrontative Pädagogik kultursensibel zu erweitern (Auseinandersetzung mit dem Begriff der Ehre, Umgang mit Männlichkeitskonzepten, mit familialen Autoritäten, Einbeziehung des religiösen oder ethnischen Hintergrundes etc.).

> **Merke**
> Was jedoch hier und da in Einzelfällen richtig gemacht wird, muss systematischen Eingang in die Forschung und Intervention finden: Menschen mit Zuwanderungsgeschichte/kultureller Heterogenität müssen in angemessenem Verhältnis schon bei der Konstruktion und Eichung von Testverfahren, der Rekrutierung der Stichproben in empirischen Studien sowie der Gestaltung und Implementierung von Präventions- und Interventionsmaßnahmen vorkommen. Sie sind keine Störgrößen oder ephemeren Erscheinungen, sondern ein bleibender Teil dieser Gesellschaft.

Methodisch stellt die Gewaltforschung die Beteiligten vor einige Herausforderungen. Daten zu Gewaltbilligung und Gewalthandlungen, die über Selbstauskünfte eingeholt werden, sind mit einiger Skepsis zu lesen, unterliegen sie doch einer starken normativen Bewertung und werden häufig durch Antworttendenzen in Richtung sozialer Erwünschtheit verzerrt. Vor allem Daten zur häuslichen Gewalt, bei der eine familiale und intime Beziehung zwischen Täter und Opfer vorliegt, können durch das Wissen um eventuelle rechtliche Konsequenzen (so etwa eine strafrechtliche Verfolgung der Eltern, der Verwandten etc. bei ihrer Aufdeckung) verzerrt sein. Retrospektiv erhobene Daten können nachträglich „verzerrt" werden, weil das Gedächtnis nicht nur memorierend, sondern rekonstruktiv verfährt und im Lichte neuer Erkenntnisse die Erlebnisse möglicherweise anders wertet und erinnert. Nicht zuletzt ist bei Fragestellungen, in denen kulturspezifische oder -vergleichende Aspekte thematisiert werden, zu bedenken, dass sie kaum generalisierbar sind, weil sie häufig aus Gelegenheitsstichproben bestehen und darüber hinaus mit dem Problem der Konfundierung von Ethnie und Schicht konfrontiert sind, denn oft finden wir eine Überschneidung von Schichtzugehörigkeit (z. B. Unterschicht) und ethnischer Zugehörigkeit. Dann wird eine Vielzahl von Phänomenen, wie etwa häusliche Gewalt oder Gewalt zwischen den Partnern, die eventuell nur vor dem Hintergrund unterschiedlicher sozialer Zugehörigkeiten zu verstehen wäre, unreflektiert ethnisiert. Gerade bei Migrantenfamilien brauchen wir viel mehr Hinter-

16.6 Ausblick und methodische Probleme der Gewaltforschung

grundwissen: ob es sich z. B. bei ihnen eventuell auch um eine (stigmatisierte) Minderheit im Herkunftsland gehandelt hat (wie etwa lange Zeit Kurden in der Türkei), sie spezifischeren Risiken und Verwundbarkeiten ausgesetzt waren oder ob sie eine längere familiale Traumatisierungsgeschichte aufweisen.

Ferner brauchen wir in Studien mit Zuwandererfamilien nicht nur Wissen über ihre Nationalität, ihren Aufenthaltsstatus, ihre Ausreisemotive (freiwillig oder erzwungen), sondern je nach Fragestellung auch über frühere Erfahrungen mit Migration (Binnenmigration), über Familiensprachen (so ist die Nationalsprache nicht immer die Familiensprache, wie etwa türkisch und kurdisch oder spanisch und katalanisch), über religiöse Zugehörigkeiten, die nicht immer direkt aus der Mehrheitsreligion ihrer Herkunftsländer ableitbar sind, jedoch wichtige Indikatoren für familienpsychologische Fragestellungen sind (etwa das Gebot der Endogamie bei türkischen Yeziden, die in der Regel eine christliche Religiosität aufweisen).

> **Merke**
> Bei Vergleichen zwischen Einheimischen und Migranten steht vielfach das Trennende im Fokus, jedoch überwiegen in der konkreten Alltagswirklichkeit die Schnittmengen bzw. Überlappungen in der Lebensgestaltung deutlich. Durch stete Thematisierung der Differenzen werden aber Unterschiede verfestigt – sie werden reifiziert, bekommen eine ontologische Dignität als „Fremdes". Im Kontext einer reflexiven Migrationsforschung ist es daher geboten, sensibel dafür zu sein, damit durch eine vorwiegend an defizitären Lebensausschnitten von Migranten orientierte wissenschaftliche Berichterstattung (Familiengewalt, Jugendgewalt, patriarchale Beziehungsmuster, Zwangsheiraten, Bildungsmisserfolge etc.) die Gefahr einer weiteren Stigmatisierung und Diskriminierung dieser Gruppen nicht weiter steigt.

17 Therapie psychisch schwer traumatisierter Patienten

Miriam Rassenhofer, Cornelia König und Jörg M. Fegert

Inhalt

17.1	Behandlungsansätze müssen dem Einzelfall gerecht werden	300
17.2	Determinanten des psychosozialen Befindens nach Missbrauch bzw. Misshandlung	301
17.2.1	Variablen des Kindes	302
17.2.2	Reaktionen des sozialen Umfeldes	304
17.2.3	Dispositionen und Reaktionen des Therapeuten	305
17.3	Therapeutische Interventionsmöglichkeiten bei Missbrauch und Misshandlung	305
17.3.1	Voraussetzungen und allgemeine Handlungsprinzipien	305
17.3.2	Aufbau einer therapeutischen Beziehung	309
17.3.3	Familientherapie im Kontext von sexuellem Missbrauch	310
17.3.4	Therapeutische Ziele und konkrete Interventionsmöglichkeiten	311
17.3.5	Begleitende Psychopharmakotherapie	316
17.3.6	Anregungen zur Gestaltung des Therapieendes bei Missbrauch und Misshandlung	317
17.4	Zusammenfassung	317

17.1 Behandlungsansätze müssen dem Einzelfall gerecht werden

Die Folgen von Misshandlung bzw. Missbrauch sind nicht als abgrenzbares Störungsbild anzusehen, sondern als Konglomerat verschiedenster Folgeerscheinungen in Abhängigkeit von den jeweiligen Begleitumständen (Finkelhor u. Berliner 1995; Jones u. Ramchandani 1999; Putnam 2003b; Schmidt et al. 2013; s. auch Kap. 1), dem Entwicklungsstand und den Ausgangsbedingungen. Das in der Kinder- und Jugendpsychiatrie gebräuchliche multiaxiale System nach ICD-10 trägt diesem Umstand durch eine Codierung des sexuellen Missbrauchs und der Kindesmisshandlung auf Achse V Rechnung. Seit 2013 kann nun auch im Krankenhaus die in Deutschland gültige ICD-10, Version ICD-10 GM, mit ihren diagnostischen Kategorien zur Dokumentation von Vernachlässigung, Misshandlung und Missbrauch als krankheitsmitbedingende Faktoren in der Kategorie T74 dokumentiert werden (Fegert et al. 2013). Für die Kinder- und Jugendlichentherapie empfiehlt sich ein multimodaler Ansatz, welcher besonders auch Dispositionen und Reaktionen des sozialen Umfeldes und der Helfer bzw. Therapeuten einbezieht, da auch an diesen Personen die Auswirkungen des Traumas in der Regel nicht spurlos vorübergehen.

Ausgehend von einem klassischen Stressbewältigungsmodell sollen im Folgenden zunächst die Determinanten behandelt werden, die das psychosoziale Befinden Betroffener nach Missbrauch bzw. Misshandlung beeinflussen und damit die Ausgangssituation einer therapeutischen Behandlung bilden. Vor diesem Hintergrund werden dann generelle therapeutische Ansätze dargestellt. In Anbetracht der Fülle an Variationsmöglichkeiten sei jedoch betont, dass in der Praxis auf jeden Einzelfall individuell eingegangen werden muss.

17.2 Determinanten des psychosozialen Befindens nach Missbrauch bzw. Misshandlung

Sexueller Missbrauch, körperliche und/oder emotionale Misshandlung stellen für die Betroffenen angst- und stressbesetzte Lebensereignisse von unterschiedlicher Dauer dar. Die *Transaktionale Stresstheorie* von Lazarus und Folkman (1984) geht davon aus, dass die Stressbewältigung (Coping) einerseits davon abhängt, wie das betroffene Individuum den Stressor kognitiv bewertet (primary appraisal), anderseits aber auch davon, wie das Individuum seine vorhandenen Ressourcen einschätzt (secondary appraisal). Stress entsteht immer dann, wenn das Zusammenspiel (die Transaktion) zwischen der Situation und der Person nicht mehr funktioniert und die Anforderungen die Ressourcen der Person übersteigen. Stressreaktionen können infolgedessen sowohl kognitiv als auch emotional, behavioral und physiologisch in Erscheinung treten und als Konsequenz auf längere Sicht zu überdauernden Störungen verschiedenster Art führen. Landolt (2003) transferierte diese Theorie in die Kinderpsychotraumatologie und definiert die Bewältigung eines Traumas als „aktiv gestaltetes, transaktionales Geschehen im Rahmen einer Wechselwirkung von Trauma, Kind und Umwelt" (Landolt 2003, S. 76). Um für den therapeutischen Prozess aber von Anfang an auch den Einfluss des Therapeuten zu verdeutlichen, wird von uns nachfolgend auch die Determinante „Therapeut" mit in das Modell aufgenommen und die Variable „Kind" weiter spezifiziert (Abb. 17-1). Dabei stehen die zum Zeitpunkt des Therapiebeginns vorzufindenden Determinanten des sozialen Befindens des Kindes im Zentrum. Dazu wurden die bei Landolt (2003) ebenfalls genannten Variablen *Bewertung*, *Coping* und *psychosoziales Befinden* spezifiziert und die zusätzliche Variable *Kind* eingegrenzt auf dispositionelle Voraussetzungen, auf welche zu diesem Zeitpunkt weder das soziale Umfeld noch der Therapeut Einfluss ausüben können. Direkter bzw. indirekter Einfluss kann lediglich auf die Bewertung sowie das Coping-Verhalten und infolgedessen auf das soziale Befinden genommen werden.

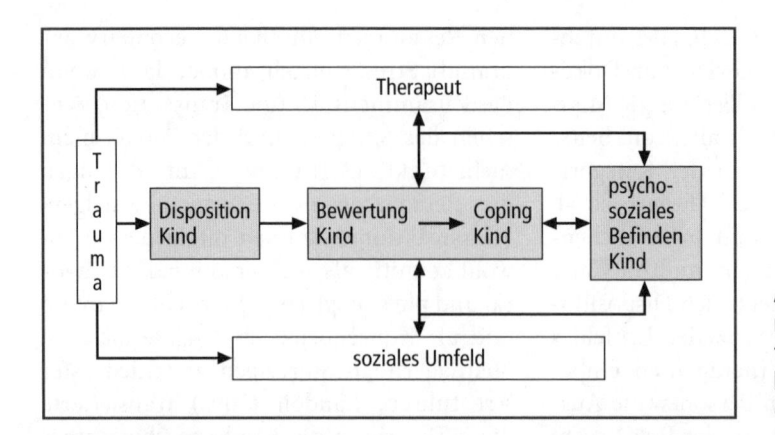

Abb. 17-1 Erweiterte und modifizierte Version des transaktionalen Traumabewältigungsmodells (nach Landolt 2003).

17.2.1 Variablen des Kindes[1]

Dispositionen des Opfers

Die Auswirkungen der Dispositionen des Kindes auf die Entwicklung einer posttraumatischen Belastungsreaktion oder anderer Reaktionen auf Missbrauch bzw. Misshandlung wurden bisher wenig untersucht. Es ist jedoch aufgrund individueller Herangehensweisen, Verarbeitungsstrategien und bisheriger Lernerfahrungen des Opfers von einem gewissen Einfluss auf die Ausbildung derartiger Störungen auszugehen. Kinder mit Missbrauchs- bzw. Misshandlungserfahrungen sind ständig auf der Hut vor erneuten Übergriffen. Sie sind auch besonders offen für therapeutische Interventionen, da ihre Anpassungsfähigkeit als sehr hoch einzuschätzen ist (Kempe 2002). Je früher die Intervention also erfolgt, desto besser.

Bewertungen und Coping-Verhalten des Opfers

Nach schweren, chronischen Formen des Missbrauchs ist die Wahrscheinlichkeit, dass Betroffene psychopathologische Auffälligkeiten entwickeln, erhöht (Faust u. Katchen 2004). Doch die kognitive Bewertung des Erlebten sowie soziale Unterstützung durch nicht-missbrauchende Bezugspersonen nach dem Vorfall müssen ebenfalls berücksichtigt werden. Bal et al. (2009) fanden, dass vor allem mangelnde Unterstützung sowie negative Bewertungen des Missbrauchs die Entwicklung von Symptomen von sexuell missbrauchten Jugendlichen erklärten.

Im Fall von *innerfamiliärem sexuellem Missbrauch* scheinen vor allem Ambivalenzgefühle des Opfers eine zentrale Rolle zu spielen: Auf der einen Seite sind die Betroffenen auf den Schutz und die Zuwendung ihrer Eltern bzw. Familienangehörigen angewiesen, auf der anderen Seite sind sie jedoch Opfer, auf deren Bedürfnisse und Gefühle keine Rücksicht genommen wird. Ambivalenzgefühle sind die Folge, die – je nach Altersstufe, Vergleichsmöglichkeiten und anderen Ressourcen – für die Betroffenen mehr oder weniger bewältigbar erschei-

---

[1] Wenn im Folgenden von „Kind" gesprochen wird, sind hierunter im Allgemeinen auch „Jugendliche/Jugendlicher" zu verstehen.

nen. So empfinden früh missbrauchte bzw. misshandelte Kinder die Übergriffe mangels außerfamiliärer Vergleichsmöglichkeiten zunächst oft als normal, da sie ihre Erfahrungen fast ausschließlich innerhalb des familiären Kontextes machen (Kempe 2002). Sie verfügen zudem noch nicht über ausreichende Informationsmöglichkeiten bezüglich der Bedeutung sexueller Kontakte. Eine wissentliche Zustimmung („informed consent") ist ihnen daher noch nicht möglich und übersteigt ihre kognitiven Bewertungsmöglichkeiten. Mit zunehmendem Alter verfügen sie jedoch über immer mehr Informationen, die sie in ihre bisherigen Erfahrungen integrieren müssen bzw. müssten. Das erklärt unter anderem die eventuell erst später auftretenden Folgen des Missbrauchs (Sleeper-Effekt).

Neben diesen Ambivalenzgefühlen spielen, insbesondere bei Opfern sexuellen Missbrauchs, oft auch Schuldgefühle und die Überzeugung, den Missbrauch durch eigenes Verhalten ausgelöst zu haben, eine bedeutende Rolle (aufreizendes Verhalten, Kleidung usw.). Hinzu kommt auch die Angst, schuld am Zusammenbruch der Familie zu sein. Für die Opfer stellt demnach jede Art der Entscheidung einen Verlust dar: einerseits den Verlust des intakten Elternbildes, andererseits den Verlust der wenn auch nicht immer vorhandenen, so doch fantasierten familiären Geborgenheit.

Derartige Bewertungen und Befürchtungen sind bei *außerfamiliärem Missbrauch* ebenfalls zu beobachten, wenn ein Abhängigkeitsverhältnis besteht. Das Gefühl der Hilflosigkeit und des Ausgeliefertseins stellt sich jedoch sowohl hier als auch bei innerfamiliären Übergriffen ein. Verdrängung und dissoziative Abspaltung fungieren daher als eine Art „gesunder" Schutzmechanismus gegen die Konfrontation mit unerträglichen bzw. unvereinbaren Fakten.

Psychosoziales Befinden des Opfers – Mögliche Folgen von Missbrauch bzw. Misshandlung

Wie bereits einleitend erwähnt, gibt es keine missbrauchs- bzw. misshandlungstypischen Folgeerscheinungen. Trotz der Fülle von Untersuchungen unterscheiden sich die Ergebnisse zu den Folgen früher Belastungen durch Vernachlässigung, Misshandlung und Missbrauch teilweise, je nachdem, zu welchem Zeitpunkt des Lebenslaufs sie erfragt wurden und ob es sich um primär retrospektive oder um prospektiv angelegte Untersuchungen handelt. Fegert et al. (2013) beschreiben dies anhand der bisher größten Erfassung von Opferberichten und individuellen Betroffenenberichten von den Personen, die sich an die Anlaufstelle der Unabhängigen Beauftragten zur Aufarbeitung des sexuellen Kindesmissbrauchs in Deutschland gewendet haben. Betrachtet wurden die subjektiv erlebten Folgen in ihrer Entwicklung. Dort findet sich auch eine ausführliche Darstellung der Literatur zu den Folgeerscheinungen (s. auch Witt et al. 2013). Diese eingeschränkte Kenntnis der Folgen ist neben der Variationsbreite möglicher traumatischer Erfahrungen auch auf methodische Probleme zurückzuführen. Deshalb ist die Studie von Fergusson et al. (1996b) hervorzuheben, die in einer neuseeländischen Prospektivkohorte psychische Belastungen bei Kindern und Jugendlichen durch Untersucher erfassen ließen, die blind für die Misshandlungserfahrungen waren und dann im Übergang zum Erwachsenenalter retrospektiv die Misshandlungsvorgeschichte erhoben.

Jones (2002) beschreibt ein Modell aus entwicklungspsychologischer Perspektive mit sowohl kompensierenden als auch potenzierenden Einflussfaktoren im Zusammenhang mit Misshandlung/Missbrauch

(Reaktion der Familie, des sozialen Umfelds, Persönlichkeit des Kindes und der Eltern etc.) und kommt hinsichtlich der Folgen von Missbrauch/Misshandlung zu folgendem Schluss: *„Bei dieser Betrachtung der Dinge wird deutlich, dass es vielleicht gar nicht so entscheidend darauf ankommt, welche Form das Misshandlungsgeschehen annimmt, sondern dass der Kontext und die nachfolgenden Ereignisse genauso wichtig, wenn nicht sogar wichtiger sind"* (Jones 2002, S. 777).

17.2.2 Reaktionen des sozialen Umfeldes

Im sozialen Umfeld ist zwischen missbrauchenden bzw. misshandelnden Tätern und nicht-missbrauchenden bzw. nicht-misshandelnden Bezugspersonen und Familienmitgliedern zu unterscheiden.

Reaktionen der Täter

Auf der Seite der *Missbraucher bzw. Misshandler* lässt sich neben einem offenkundigen Überwiegen männlicher Täter kein einheitliches Täterbild verallgemeinern (Peter 2009; Fegert et al. 2013). In vielen Studien und auch in der Praxis hat man es im Rahmen von sexuellem Missbrauch zwar überproportional häufig mit sozial benachteiligten Familien zu tun. Dies ist jedoch nicht zwangsläufig darauf zurückzuführen, dass in Familien der Mittel- und Oberschicht derartige Vorfälle nicht vorkommen, sondern hier wird häufiger von einer Anzeige abgesehen (Gomes-Schwartz et al. 1990). Nicht selten werden von Täterseite auch eigene sexuelle Missbrauchserfahrungen berichtet (Jespersen et al. 2009). Diese sind jedoch nicht als automatische Auslöser anzusehen. Eine sehr häufig anzutreffende Reaktion besteht im Leugnen bzw. Uminterpretieren des Missbrauchs, indem z. B. Liebe und Sexualerziehung angeführt werden oder die Verantwortung auf das Opfer übertragen wird (Glaser 2002a; Fegert et al. 2013).

Reaktionen der nicht-misshandelnden Bezugspersonen bzw. Familienmitglieder

Zahlreiche Studien belegen psychopathologische Symptome auch bei den direkten Bezugspersonen der missbrauchten Kinder (Forbes et al. 2003). Einige Studien sprechen zudem dafür, dass die Wahrnehmung des sexuellen Übergriffs, die Unterstützung und der aktive Schutz durch nicht-missbrauchende Bezugspersonen als die wesentlichsten Einflussfaktoren auf das psychische Wohlbefinden des Opfers anzusehen sind (Runyan et al. 1992; Murthi u. Espelage 2005). Umso wichtiger erscheint es, auch für die Bezugspersonen Rat und therapeutische Begleitung bereitzustellen (Cohen et al. 2009).

Die traumafokussierte kognitive Verhaltenstherapie für Kinder und Jugendliche kann heute als die weltweit am besten untersuchte Methode der Wahl bei Kindern mit Posttraumatischer Belastungsstörung (insbesondere durch sexuellen Missbrauch) angesehen werden, auch bei Kindern mit einer Symptomatik, welche die Schwellenwerte in den diagnostischen Manualen nicht erreicht, die aber dennoch eine klare posttraumatische Belastungssymptomatik zeigen. Gerade die Einbeziehung der unterstützenden Bezugspersonen macht diese Form der Kinder- und Jugendlichentherapie besonders Erfolg versprechend, denn häufig haben diese nicht-misshandelnden Bezugspersonen erhebliche eigene Konflikte und Belastungen zu bewältigen. Sie haben einerseits die Vermutung bzw. die Gewissheit über den Missbrauch vor Augen, wollen oder können es aber andererseits nicht wahrhaben. Sie haben Mitleid mit dem Kind, sehen sich aber unter Umständen zugleich auch in einer Konkurrenzsituation mit dem Opfer um die Gunst des Täters bzw. Partners. Zu diesem Zwiespalt der Gefühle gesellen sich in der Regel der drohende Verlust des Mannes und der bisherigen Lebensformen mit all ihren Absicherungen. Verleugnungen bzw. Verdrängungen sind vor diesem Hintergrund daher durchaus zu verstehen (Trepper u. Barret 1991). Zudem haben einige Untersuchungen gezeigt, dass die Mütter missbrauchter Kinder oft über eigene Missbrauchserfahrungen verfügen und deshalb in gewisser Weise vorbelastet bzw. nicht frei in ihrem Denken und Handeln sind.

Die Reaktionen der anderen Familienmitglieder wie Geschwister oder Großeltern und deren Einfluss auf das psychische Befinden des Opfers sind noch weitgehend unerforscht. Glaser (2002a) rät jedoch unabhängig davon allein aus protektiven Gründen, auch Geschwister, welche oft „stille Zeugen" darstellen, in die Therapie mit einzubeziehen.

17.2.3 Dispositionen und Reaktionen des Therapeuten

Die Reaktionen des Therapeuten im Umgang mit Missbrauch und Misshandlung haben ebenfalls großen Einfluss auf das psychische Befinden der Opfer. Sie stellen gewissermaßen die Basis für die therapeutische Beziehung und den Erfolg der Therapie dar. Dies erfordert ein hohes Maß an emotionaler Stabilität. Zeigt sich der Therapeut betroffen bezüglich des Traumas, so haben Opfer hierfür sehr feine Antennen und werden, analog ihren bisherigen Erfahrungen, ihre Zuhörer intuitiv schonen.

Kinder erinnern nur so viel, wie der Therapeut hören kann! Sowohl im Umgang mit sexuellem Missbrauch als auch mit körperlicher und emotionaler Misshandlung muss sich der Therapeut daher seiner eigenen Haltung und Geschichte auf diesem Gebiet bewusst werden. Von ihm wird zudem Offenheit verlangt und er sollte fähig sein, mit subjektiven Schamgrenzen umzugehen. Dies ist unter anderem wichtig, um unerfragte Details nicht in der eigenen Fantasie zu vervollständigen und so von einem nicht der Realität entsprechenden Vorfall im jeweiligen Missbrauchsfall auszugehen. Supervisorische Begleitung ist daher jedem Therapeuten umso nachdrücklicher zu empfehlen (für weitere Aspekte sozialpsychologischer Abwehrprozesse als Reaktion auf Missbrauch/Misshandlung s. Fischer u. Riedesser 2003, S. 180 ff.).

Ein Einfluss des Geschlechts wurde vielfach diskutiert, konnte jedoch nicht explizit nachgewiesen werden (z. B. Thurn u. Wils 1998; Okiishi et al. 2003). Ein in Bezug auf den Täter gegengeschlechtlicher Therapeut erscheint jedoch erstrebenswert. Im Gruppensetting erweist sich eine beidgeschlechtliche Therapeutenwahl als modellhaft.

17.3 Therapeutische Interventionsmöglichkeiten bei Missbrauch und Misshandlung

17.3.1 Voraussetzungen und allgemeine Handlungsprinzipien

Nach Misshandlung und Missbrauch erscheint eine multimodale Therapie am erfolgversprechendsten. Ansatzpunkte hierfür bietet das von uns adaptierte *Transaktionale Traumabewältigungsmodell*. Es gibt zwar für einige Teilbereiche durchaus strukturierte Therapieprogramme, die im

Folgenden aufgeführt werden – es sei jedoch nochmals darauf hingewiesen, dass sich die konkrete Intervention im Einzelfall nicht auf ein derartiges Therapieprogramm beschränken darf, sondern die jeweiligen Situationsbedingungen mit einbezogen und individuelle Ziele bzw. Bedürfnisse des Opfers erarbeitet werden müssen (Jones u. Ramchandani 1999; Macdonald 2001). Jones (2002) empfiehlt, als Hilfestellung die Situation aus dem Blickwinkel des Kindes zu reflektieren und sich als Therapeut zu verdeutlichen, was es z. B. bedeutet, als Kind jeden Tag in dieser Familie aufzuwachen und zu leben.

Eine Trennung zwischen Diagnostik und Therapie ist in der Praxis nicht immer möglich. So ist z. B. die Misshandlung bzw. der Missbrauch oft nicht der Vorstellungsgrund und Anzeichen hierfür ergeben sich erst im Laufe der Therapie. Praktische Erfahrungen zeigen, dass sich Kinder erst dann öffnen, wenn sie sich in Sicherheit fühlen. Verdacht und Aufdeckung sind daher mit der Therapie aufs engste verwoben und die kriminalistische Ebene läuft immer mehr oder weniger bewusst mit. Aus diesen Gründen erweist sich eine sehr genaue Dokumentation der Vorgänge als unerlässlich. Sollte es früher oder später zu einer Anzeige kommen, können die einzelnen Aussagen vom Gericht als aussagekräftige Beweismittel herangezogen werden, was eine entscheidende Grundlage für die Glaubwürdigkeit der Opfer darstellt. Jones (2002) verweist darauf, dass sich die Risikoeinschätzung oft durch alle Stadien des Behandlungsprozesses zieht. Eine enge Kooperation zwischen allen Beteiligten kann daher als Bedingung für ein effektives Risikomanagement angesehen warden.

Eine weitere Voraussetzung für die psychotherapeutische Behandlung nach Missbrauch und Misshandlung besteht in der *Kenntnis der wichtigsten juristischen Hintergründe*. In Fällen des Missbrauchs bzw. der Misshandlung besteht keine Anzeigepflicht; es handelt sich bei derartigen Fällen um ein sogenanntes „Offizialdelikt". Dies bedeutet, dass die Kriminalpolizei ermitteln muss, wenn sie von derartigen Vorwürfen in Kenntnis gesetzt wird. Die Staatsanwaltschaft nimmt daraufhin die Ermittlungen auf und entscheidet über Einstellung oder Weiterführung derartiger Verfahren, unabhängig von dem Bestreben des Anzeigenerstatters (Fegert 1997). Eine Anzeige sollte daher stets wohlüberlegt und für den individuellen Fall abgewogen werden. Des Weiteren ist es für den Therapeuten wichtig zu wissen, welche juristisch verankerten Hilfsmöglichkeiten es im Bereich des Kinderschutzes über sein Therapieangebot hinaus gibt. Nur so kann er seinen Klienten Orientierung geben und weiß auch, an wen er sich kooperativ wenden kann (weitere Ausführungen diesbezüglich sind der kostenlosen Broschüre „Kindesmisshandlung. Erkennen und Helfen" zu entnehmen, die im Jahr 2000 vom Kinderschutz-Zentrum Berlin herausgegeben wurde; s. auch Fegert 1992, 2004).

Weil nicht davon ausgegangen werden kann, dass sich betroffene Kinder und Jugendliche primär an erfahrene Fachkräfte wenden, wenn sie Vertrauenspersonen suchen, wurde im Rahmen des Bundeskinderschutzgesetzes in Ergänzung mit § 8b SGB VIII die Möglichkeit der anonymisierten Beratung mit einer erfahrenen Fachkraft beim Jugendamt geschaffen. Diese Möglichkeit kann von Vertrauenspersonen im therapeutischen, medizinischen, schulischen und erzieherischen Bereich genutzt werden. Insgesamt wurde durch das Bundeskinderschutzgesetz, welches zum 1.1.2012 in Kraft getreten ist, eine sogenannte „Befugnisnorm" für Berufsgeheim-

17.3 Therapeutische Interventionsmöglichkeiten

nisträger eingefügt. In Bezug auf Güterabwägungen, die die Schweigepflicht betreffen, ist nun geregelt, dass Berufsgeheimnisträger, welche mit Kindern arbeiten, zunächst zu prüfen haben, ob sie mit ihren Hilfen zur Sicherheit und zum Schutz des Kindes beitragen können. Sollte dies nicht möglich sein, kann eine Mitteilung an das zuständige Jugendamt erwogen werden. In dieser Konfliktsituation kann die Beratung durch eine erfahrende Fachkraft nach § 8b SGB VIII eine entscheidende Unterstützung sein, die von dem Therapeuten auch dokumentiert werden sollte. Der Bruch der Schweigepflicht bleibt eine Ultima Ratio, der Weg zur Mitteilung an das Jugendamt ist nun aber vom Gesetzgeber klar beschrieben und durch eine eigene Befugnisnorm geregelt worden (Fegert et al. 2013).

> **Merke**
> Da die Entscheidung über eine Erstattung bzw. Unterlassung einer Anzeige oft auch im Rahmen der Therapie angesprochen wird, sollte dem Therapeuten folgendes Handlungsprinzip im Umgang mit sexuellem Missbrauch, aber auch mit Misshandlung bewusst sein: **Nicht übereilt handeln!** Der Wunsch nach einer schnellen Lösung ist zwar verständlich, man sollte jedoch immer auch bedenken, dass eine falsche Lösung das Leid des Kindes womöglich noch verschlimmert.

Das Risiko einer Falschbeschuldigung und deren Auswirkungen sind gemeinsam mit den Opfern und ihren nicht-missbrauchenden bzw. -misshandelnden Bezugspersonen zu bedenken. Um die Mühen eines Prozesses nicht umsonst auf sich zu nehmen, sind hier vor allem die Eindeutigkeit des Verdachtes und die Stabilität des Opferzeugen abzuwägen. Bei unklarer Beweislage wird im Zweifel immer für den Angeklagten entschieden, was bei dennoch stattgefundenem Missbrauch bzw. Misshandlung ein schweres Los für die Opfer darstellt, das es auch im Rahmen der Therapie zu thematisieren gilt. Vor diesem Hintergrund kann nur nochmals ausdrücklich auf die möglichst *lückenlose und genaue Dokumentation aller Aussagen* hingewiesen werden.

Eine weitere wichtige Voraussetzung für die konkrete therapeutische Arbeit stellt die *Gewährleistung des Schutzes* dar. Im Rahmen der Verdachtsabklärung bedarf es daher im Vorfeld zunächst einer genauen Analyse der familiären Situation und der Suche nach kooperativ erscheinenden Bezugspersonen. Können diese nicht gefunden werden, erscheint eine Konfrontation nur dann sinnvoll, wenn der Schutz des Kindes in der Folge sicherzustellen ist und die Indizien zumindest hinreichend sind. Je weniger jedoch der Schutz des Kindes garantiert werden kann, umso wichtiger wird die Kooperation unter den Helfern. Vor allem die Zusammenarbeit mit dem Jugendamt ist hier von handlungsrelevanter Bedeutung.

Bei konkreten Therapieinhalten besteht das vorrangige Problem darin, dass zwar inzwischen eine Vielzahl von Therapien und Behandlungsformen untersucht und zumindest kognitiv-verhaltenstherapeutische, supportive sowie psychodynamische Verfahren als wirkungsvoll eingestuft wurden (Sanchez-Meca et al. 2011), diese Verfahren jedoch noch nicht flächendeckend in der Versorgungspraxis angekommen sind.

Auch in die Ausbildung der Kinder- und Jugendlichenpsychotherapeuten hält die Thematik erst langsam Einzug und beschränkt sich dort meist auf Prävention und Diagnostik, weniger auf konkrete Therapieinhalte. Neben kognitiv-behavioralen Interventionsmanualen (Celano et al. 2002; Saxe et al. 2007; Ruf et al. 2008; Cohen et al. 2009) sind Darstellungen und Evaluationen weiterer therapeutischer Interventionsformen etwas seltener zu finden.

In der Behandlung von erwachsenen traumatisierten Patienten hat sich „Eye Movement Desensitization and Reprocessing" (EMDR), das 1995 von Shapiro für den Erwachsenenbereich entwickelt wurde, als anerkannte und effektive Methode zur Behandlung posttraumatischer Stresssymptome erwiesen. Für den Kinder- und Jugendlichenbereich gibt es jedoch erst wenige Studien (s. Hensel 2006). Aufgrund dieser Studienlage hat der Wissenschaftliche Beirat Psychotherapie EMDR als Therapieform im Kindes- und Jugendalter in Deutschland bislang noch nicht anerkannt.

Eine weitere wirksame Methode zur Traumabehandlung von erwachsenen Patienten ist die Psychodynamisch Imaginative Traumatherapie (PITT; Reddemann 2004; Lampe et al. 2008). Dieses Verfahren wurde für Kinder und Jugendliche adaptiert (Reddemann u. Krüger 2007), ein Effektivitätsnachweis liegt jedoch nicht vor.

Im Vergleich schneidet die kognitiv-behaviorale Intervention, insbesondere mit Einbeziehung unterstützender Bezugspersonen, in zahlreichen kontrollierten Studien am besten ab. Zentrales Wirkmoment hierbei scheint neben der Elternunterstützung, die auch zu einer psychischen Entlastung z. B. depressiver Elternteile führen kann, die Erarbeitung eines Traumanarrativs zu sein, mit dem dann die Expositionsarbeit ermöglicht wird (Sanchez-Meca et al. 2011). Die Ansätze sollten altersspezifisch modifiziert werden. Diesbezüglich kann der Therapeut zwar auf zahlreiche Einzelfalldarstellungen zurückgreifen, wie z. B. die Einzelfalldarstellung der zwölfjährigen Therapie eines schwerst misshandelten und missbrauchten zweijährigen Kindes von Terr (2003). Neben konkreten Vorgehensweisen besteht das Hauptproblem jedoch in der mangelnden Verallgemeinerbarkeit.

Zum einen ist kritisch anzumerken, dass Autor und Therapeut in der Regel ein und dieselbe Person sind, was auf mangelnde Objektivität hinweisen kann. Schwierig erscheint zudem, dass die eigentlichen Wirkungsfaktoren in derartigen Studien nur schwer auszumachen sind. Abgesehen von dem mit zwölf Jahren doch sehr langen Therapie- und Beobachtungszeitraum bei der Einzelfalldarstellung von Terr (2003) stellen die gängigen Ausführungen dieser Art in der Regel eher einen querschnittartigen Rückblick auf die erfolgte Therapie dar und lassen Aussagen über die längerfristige Wirksamkeit vermissen. Zudem stellt sich die Frage nach der Unterscheidung zwischen der angewandten Methode und der Qualität der Beziehung bzw. der Interaktion zwischen Patient und Therapeut im jeweils konkreten Fallbericht.

Um diese Mängel zu beheben, unternahmen Thurn und Wils (1998) den Versuch, handlungspraktisches Wissen erfahrener Therapeuten zusammenzutragen und zu systematisieren. In acht Sitzungen diskutierten eine reine Frauengruppe und eine gemischtgeschlechtliche Gruppe über Traumabehandlungen. Aus den Transkripten dieser Gruppendiskussionen wurden missbrauchsspezifische therapeutische Fragestellungen, Interaktionen und Vorgehensweisen herausgearbeitet. Die Autorinnen machten jedoch die Erfahrung, dass nicht – wie eigentlich geplant – jeweils ein Fall in seinen therapeutischen Einzelheiten vorgestellt wurde, sondern stattdessen die Abhandlung einer Fülle an Falldarstellungen erfolgte, die keine intensive Auseinandersetzung mit einzelnen Fallverläufen zuließ. Als Ursache hierfür nannten die Autorinnen ein großes Bedürfnis der Diskussionsteilnehmer nach Sicherheit und Angst vor Offenlegung womöglich wenig effektiver therapeutischer Interaktionen.

Trotz aller methodischen Schwierigkeiten gibt es dennoch einige Spezifika, die im Folgenden beschrieben werden sollen. Aufgrund der wenigen Effektivitätsnachweise ist der Therapeut jedoch in der Anwendung und der Kombination dieser und relevanter anderer störungsspezifischer Aspekte auf sein Wissen um die charakteristischen Gegebenheiten seines konkreten Falles und nicht zuletzt auf sein therapeutisches Feingefühl angewiesen.

17.3.2 Aufbau einer therapeutischen Beziehung

Beziehungsaufbau zum Kind

Die Betroffenen merken in der Regel sehr schnell, ob der Therapeut Erfahrung im Umgang mit sexuell missbrauchten Kindern hat. Im direkten Umgang mit diesen Kindern muss sich der Therapeut neben sexualisierendem Verhalten auch auf „austestendes" Verhalten vonseiten der Kinder einstellen. Aber auch sehr ruhige, in sich gekehrte Patienten erfordern beim Therapeuten ein hohes Maß an Geduld und Einfühlsamkeit.

Unabhängig davon scheint die Regulierung von Nähe und Distanz in Anbetracht modellhaften Lernens ein zentrales Thema im Umgang mit missbrauchten Kindern zu sein. Gerade im Kontext von sexualisierendem Verhalten übernimmt der Therapeut hier durch das klare Setzen von Grenzen eine stellvertretende und modellhafte Funktion von Schutz und Verantwortung. Übergriffige, distanzlose Angebote sollten deutlich zurückgewiesen und beispielsweise stattdessen in ein zeitgleiches adäquates Kontaktangebot „umgelenkt" werden (z. B. auf dem Schoß sitzen oder ein Spiel spielen;

Thurn u. Wils 1998). Distanzloses Verhalten der Opfer irritiert, macht verlegen und stutzig. Eine spontan abwehrende Haltung des Therapeuten erscheint daher verständlich, ruft jedoch zugleich die Befürchtung hervor, das missbrauchte bzw. misshandelte Kind zurückzuweisen. Diesem Dilemma kann durch ein eindeutiges und strukturiertes Verhalten in der Therapiesituation und begleitender Supervision für den Therapeuten begegnet werden. Diesen Kindern ist ein möglichst klares und transparentes Setting anzubieten, welches größtmögliche Orientierung gibt. Da Betroffene sexuellen Missbrauchs oft nur durch derartig grenzüberschreitendes Verhalten Zuneigung erfahren haben, bedarf es des Aufzeigens alternativer Wege, um dieses menschliche Grundbedürfnis zu befriedigen.

Beziehungsaufbau zu den Eltern

> **Merke**
> Beim Vorliegen von sexuellem Missbrauch bzw. Misshandlung sollte, wenn möglich, mit der gesamten Familie gearbeitet werden.

Unter der Voraussetzung einer weitestgehenden Wahrnehmung des Missbrauchs bzw. der Misshandlung durch den jeweiligen missbrauchenden bzw. nicht-missbrauchenden Elternteil sollten folgende Aspekte in den ersten Kontakten mit den Eltern thematisiert werden:
- Verständnis für die Gefühle und das Verhalten des Kindes wecken
- Aufklärung über mögliche Schwierigkeiten (z. B. phasenweise Verschlechterung der Symptomatik des Kindes nach Beginn der Therapie)
- Einschätzung der Belastbarkeit der unmittelbaren Bezugspersonen (meist der Mutter)

- Suche nach Ressourcen in der Familie: positive Aspekte sind in anderen Bereichen durchaus vorhanden; wichtig für weitere Planung
- Ausloten des sozialen Umfeldes der Familie, Hilfen vorhanden?

Als ungünstige Ausgangsvariable für die Therapie erweisen sich hier Familien mit starrer und passiver Anspruchshaltung. Je weniger bekannt bzw. verwandt der Täter mit dem Opfer ist, desto wahrscheinlicher ist eine Unterstützung des Kindes durch die Familie (Kempe 2002).

Ein weiteres Problem besteht in den Verdrängungs- und Vermeidungstendenzen mancher Eltern gegenüber einem innerfamiliären Missbrauch – sowohl des missbrauchenden als auch des nicht-missbrauchenden Elternteils. Ist dies der Fall, sollte man unproduktive Konfrontationen nach dem Motto „Nun geben Sie es doch endlich zu" vermeiden (Fürniss 1990). Der Therapeut muss, ähnlich wie bei dem nicht-missbrauchenden Elternteil, den Selbstschutz durch Verleugnung bzw. Verdrängung berücksichtigen. Er sollte sich jedoch vor einem stillschweigenden Einverständnis mit der Leugnung hüten und die Arbeit an deren Aufhebung stets im Blick behalten (Fürniss 1990). Ein über einen längeren Zeitraum erarbeitetes Eingeständnis ist hierbei als weitaus wertvoller anzusehen als ein einmaliges fadenscheiniges Eingeständnis ohne wirkliche Erkenntnis. Ist die Einsicht dann vorhanden, sollten der Therapeut bzw. die weiteren involvierten Therapeuten darauf achten, dass das Mitleid für den reuigen Täter nicht vor den Schutz des Kindes tritt.

Bei sexuellem Missbrauch sieht sich der Therapeut aufgrund der oft zahlreichen involvierten Personen und Institutionen zudem mit den unterschiedlichsten Zielvorstellungen konfrontiert. Diese Einflüsse erscheinen nach Thurn und Wils (1998) umso wahrscheinlicher, je unklarer die Begleitumstände des Missbrauchs bzw. der Schutz des Kindes sind.

17.3.3 Familientherapie im Kontext von sexuellem Missbrauch

Die Einstellung und das Befinden der nächsten Bezugspersonen haben einen sehr großen Einfluss auf den psychischen Zustand der Opfer (Trowell et al. 2002; Ramchandani u. Jones 2003; Forbes et al. 2003). Jones (2002, S. 782 f.) gibt eine übersichtliche Aufstellung der Determinanten des Therapieerfolges. Hierbei wird deutlich, dass die wahrhafte Einsicht des Täters und der Familie einen entscheidenden Stellenwert einnimmt. Als günstig erweisen sich auch Ressourcen der Familie in anderen Bereichen. Dies macht die Wichtigkeit einer gründlichen Familienanamnese deutlich, denn um am richtigen Punkt therapeutisch anzusetzen, bedarf es gerade bei diesem Störungsbild eines eingehenden Verständnisses des Zustandekommens dieser Vorfälle, auch um eine Wiederholung zu vermeiden (für weitere Anregungen bzw. Fallstricke im therapeutischen Vorgehen s. Macdonald 2001).

Im direkten therapeutischen Kontakt mit den Eltern ist zwischen der klassischen Familientherapie und der Therapie bzw. Psychoedukation mit dem nicht-missbrauchenden Elternteil zu unterscheiden. Das Manual für die Therapie mit dem nicht-missbrauchenden Elternteil (Levenson u. Morin 2001a, b) besteht aus einem Handbuch, in dem der Therapeut ausführlich auf die Situation des nicht-missbrauchenden Elternteils eingestimmt wird. Es ist als strukturiertes Gruppenprogramm konzipiert, das sich jedoch auch im Einzelkontakt als hilfreich erweist, und besteht aus einem einleitenden Interview zum gegenwärtigen Ist-Zustand des nicht-missbrauchenden Elternteils, zehn Stunden Psychoedukation, acht unterstützenden Gruppensitzungen und sechs Sitzungen mit dem Ziel der Erarbeitung eines realistischen und individuellen Sicherheitsplanes. Im Fall einer Reintegration des misshandelnden Elternteils sind darüber hinaus so viele klärende Sitzungen wie nötig vorgesehen. Themen dieses Manuals sind Verleugnung des Missbrauchs, Gefühle für den Täter, mögliche Folgen von sexuellem Missbrauch für die Opfer und die Familie, mögliche Anzeichen für sexuellen Missbrauch, Thematisierung möglicher eigener Missbrauchserfahrungen, Verstehen der Täter und deren Behandlungsmöglichkeiten etc.

Rushton und Miles (2000) erachten es zudem als wichtig, die Eltern über die jeweiligen Therapieschritte und deren Inhalte zu informieren, damit sie Bescheid wissen und die hier erarbeiteten Themen im Alltag weiter unterstützen können.

17.3.4 Therapeutische Ziele und konkrete Interventionsmöglichkeiten

Sexueller Missbrauch

Die grundsätzliche Symptomvielfalt sollte dem Therapeuten immer gegenwärtig bleiben (als Hilfestellung hierbei kann die Checkliste von Macdonald 2001, S. 266 f., dienen).

Der Wunsch nach „Wiedergutmachung" der Übergriffe erscheint aus Sicht des Therapeuten verständlich, Ziel kann es aber nur sein, den Umgang mit dem Trauma zu ermöglichen und im Idealfall zu einer Integration des Vorfalls in die Lebensgeschichte beizutragen. Das Problem der Verleugnung und Verdrängung erweist sich auch bei der Festlegung der Therapieziele als schwierig.

Hier sieht sich der Therapeut oft auf einer Gratwanderung zwischen transparentem und verdecktem Arbeiten, zwischen Zielen der Hilfesuchenden und der eigenen fachlichen, aber auch menschlichen Verantwortlichkeit. Die Abwägung zwischen offenem therapeutischem Vorgehen und der Furcht vor einem Therapieabbruch erweist sich gerade in diesem Zusammenhang im Einzelfall als äußerst schwierig. Die Gefahr, unklare Therapieaufträge anzunehmen, nur um die Familie zu halten, wurde in den Gruppendiskussionen bei Thurn und Wils (1998) des Öfteren thematisiert. Es entstehen heimliche Ziele, welche die therapeutische Beziehung einerseits gefährden können, andererseits aber auch einen Schritt in Richtung Befreiung aus der Missbrauchssituation darstellen.

Am einfachsten ist es in Einrichtungen, die speziell auf die Bewältigung sexuellen Missbrauchs ausgerichtet sind. Um Missverständnisse zu umgehen, empfiehlt Jones (2002), Ziele und Vereinbarungen zu Beginn bzw. Revisionen im Therapieverlauf schriftlich festzuhalten und von allen Beteiligten unterzeichnen zu lassen. Auf diese Weise können bei Unstimmigkeiten den Eltern nochmals die gemeinsam erarbeiteten Abmachungen vorgelegt werden. Darüber hinaus dient dies auch der reibungsloseren Kommunikation zwischen allen Beteiligten.

In der konkreten Ausführung von Interventionsmöglichkeiten unterscheidet man zwischen *Einzel- und Gruppentherapie*. Gruppentherapie erfolgt in der Regel erst im Anschluss an eine Einzeltherapie, zumindest jedoch in Verbindung mit einer solchen (Tab. 17-1).

Die Teilnahme an einer Gruppentherapie scheint zwar offenbar von Vorteil zu sein, die qualitativen Nachteile überwiegen jedoch, sodass eine Indikation für eine

Tab. 17-1 Übersicht über die Vor- und Nachteile einer Gruppentherapie im Zusammenhang mit sexuellem Missbrauch

Vorteile	Nachteile
• erfahren, dass anderen Ähnliches passiert ist	• vor allem kurz nach der Aufdeckung kontraindiziert, weil die Thematik zu schambesetzt ist
• alternative Erfahrungen zu Isolation, Geheimhaltung und Scham	
• Erlernen und Erweitern der sozialen Kompetenz	• Gefahr der Imitation
• Erfahrung, dass man selbst auch anderen etwas weitergeben kann	• geringe Möglichkeit, auf individuelle Aspekte und Zusammenhänge einzugehen
• wenn gegengeschlechtliches Therapeutenpaar, dann modellhaftes Beziehungslernen möglich	

Gruppentherapie stets sorgfältig zu prüfen ist. Hirsch (1995b) hat diesbezüglich für Erwachsene starke Ich-Grenzen, ausreichende Schamtoleranz, nicht zu große paranoide und projektive Tendenzen als Eingangsvoraussetzungen genannt. Die grundlegendste Voraussetzung für eine Teilnahme stellt jedoch die Offenlegung des Missbrauchs dar.

Corder (2000) entwickelte ein strukturiertes Gruppenprogramm für die Altersgruppen sechs bis neun und neun bis zwölf Jahre unter Einbeziehung der jeweils nichtmissbrauchenden Bezugsperson. Als Therapieziele werden genannt:
• Verbesserung der kognitiven und emotionalen Traumabewältigung
• Aufbau von Selbstwertschätzung
• Verbesserung der Problemlösefähigkeit
• Förderung der Kommunikationsfähigkeit

Neben den zahlreichen Therapiematerialien sind im Manual zudem Fragebögen zur Symptomeinschätzung und zum Attributionsstil vor und nach der Therapie enthalten, ebenso ein symptombezogenes Frage- und Antwortspiel für die jeweiligen Altersstufen (Moving-on- and getting-stronger-Play und Life-Game). Hier ein paar Beispiele aus der Version für die Neun- bis Zwölfjährigen:
• Knowing-Yourself-Cards: „What was the last compliment you got? What did you think about it?"
• Understanding-Each-Other-Cards: „Does the way a person acts on the outside always show how she or he feels on the inside? Give examples using yourself and something you have done and felt."
• Learning-Cards: „What is a bad touch? Give an example of a bad touch. Ask the people on your left and right to tell you an example of a bad touch."
• Problem-Solving-Cards: „You argue with your parents over a person you choose as a friend. Act out the scene and discuss with the group."

Diese Materialien können inhaltlich auch für die Einzelbehandlung adaptiert werden (für weitere Anregungen s. Williams et al. 2002).

In Anlehnung an den annähernden zeitlichen Verlauf einer Therapie werden im Folgenden einzelne, nicht manualisierte In-

17.3 Therapeutische Interventionsmöglichkeiten

terventionsmöglichkeiten ohne Anspruch auf Vollständigkeit dargestellt:

- Ist der Missbrauch offenkundig, so ist es an erster Stelle *für das Kind wichtig zu wissen, dass ihm geglaubt wird*. Dies kann bereits als ein erster Schritt der „Behandlung" angesehen werden.
- Die *Sicherstellung des Schutzes* kann als *oberstes Gebot* angesehen werden. Auch wenn dies selbst nach der Aufdeckung nicht immer hundertprozentig zu gewährleisten ist, so sollte vor dem Beginn der Therapie dennoch versucht werden, eine Beendigung des Missbrauchs sicherzustellen.
- Das *Thema Missbrauch muss nicht zwangsläufig gleich zu Beginn der Therapie angegangen werden*. Stattdessen sollten vielmehr die individuellen Eigenheiten des Einzelfalls handlungsleitend sein. Um gesunde Abwehrmechanismen vonseiten des Opfers nicht vorzeitig zu zerstören, sollte man das Kind den Zeitplan indirekt mitbestimmen lassen. Als wesentliche Orientierungspunkte sind hier die Symptome des Kindes anzusehen. Die „Bearbeitung" des Traumas muss demnach nicht zwangsläufig am Beginn der Behandlung stehen, geschweige denn, dass sie überhaupt erfolgen muss. Die Vorgehensweise ist stets vom psychischen Befinden des Kindes abhängig zu machen. Um hier ein ganzheitliches Bild zu erhalten, ist der regelmäßige Kontakt mit der nicht-missbrauchenden Bezugsperson, die zu einer genauen Beobachtung angehalten werden sollte, unabdingbar. Die Thematik ist dem Kind also nicht aufzudrängen, sondern davon abhängig zu machen, was für das Kind erträglich erscheint.
- Gerade bei Jugendlichen ist zu beobachten, dass sie die Thematik oft nur „abladen" wollen und ein *reguläres Therapiesetting oft erst im Erwachsenenalter* möglich ist (Thurn u. Wils 1998, S. 82).
- Unabhängig von der Thematisierung des sexuellen Missbrauchs kann der *mangelnden Ausdrucksfähigkeit von Gefühlen und Ängsten entgegengewirkt* werden (z. B. Angst vor Heimunterbringung und/oder Verlust des Vaters, Ambivalenzgefühle). So kann mit Opfern an dieser Stelle z. B. aus dem Zusammenhang ihrer individuellen Vorgeschichte erarbeitet werden, warum ihnen das Äußern von Gefühlen so schwerfällt. Danach kann nach individuellen Ausdrucksmöglichkeiten gesucht werden (Kempe 2002). Die Opfer sollten einerseits lernen, Gefühle zuzulassen, zugleich aber auch die Privatheit bestimmter Gefühle zu wahren. Kindern mit sexualisierendem Verhalten sind zudem die Reaktionen anderer zu verdeutlichen, wenn diese Privatheit nicht eingehalten wird (Hall et al. 1998).
- Ein weiteres Ziel bezüglich der Thematisierung von Gefühlen ist es, den Opfern zu vermitteln, dass sie *nicht schuld am Zusammenbruch der Familie* sind, sondern dass der missbrauchende Täter dies durch seine Tat verschuldet hat.
- Ziel sollte es sein, die eigenen Bedürfnisse zu spüren, auszudrücken, umzusetzen und falls nötig in der Lage zu sein, sie zurückzustellen. Auf diese Weise werden die Konfliktfähigkeit und die Belastbarkeit gefördert, was *Sicherheit durch Kontrollierbarkeit* zur Folge hat.
- Neben dem selbstbezogenen Äußern von Gefühlen sollte diese Fähigkeit in der Folge auch auf *soziale Beziehungen* erweitert werden, z. B. in Form von Rollenspielen. Dies erscheint besonders im Hinblick auf die Prävention weiterer Übergriffe sinnvoll (Jones 2002).

- Da sich ein positiver Selbstwert positiv auf das psychische Befinden der Opfer auswirkt, sollte beständig auch *nach den individuellen Stärken gesucht* werden. Dies kann auf verschiedenste Arten erfolgen. Als Anregungen – nicht nur für kleinere Kinder – können beispielsweise Bilderbücher zu den Themen Selbstbehauptung (z. B. „Das große und das kleine Nein" von Braun u. Wolters 1991), Selbstsicherheit (z. B. für kleinere Kinder: „Ich bin Ich" von Monnier 2001; im Grundschulalter: „Das Stark-mach-Buch" von Schneider 2004) und positive Sichtweise (z. B. „Die Glücksfee" von Funke u. Hein 2003) herangezogen werden.

Wenn die Enttabuisierung des Missbrauchs in der Familie stattgefunden hat und das Kind ausreichend belastbar erscheint, lassen sich speziell für Aspekte des sexuellen Missbrauchs folgende Interventionsmöglichkeiten anführen:
- Um das Geschehen besser einordnen zu können, aber auch um neuen Übergriffen vorzubeugen, ist es wichtig, den Opfern sexueller Übergriffe das *Recht am eigenen Körper* zu vermitteln. Neben Rollenspielen vorher gesammelter Übergriffssituationen können auch hier Bilderbücher gute Dienste leisten. Es geht also darum, *Grenzen erkennen und setzen zu lernen* und Abgrenzungsmöglichkeiten zu erarbeiten und einzuüben (z. B. über Rollenspiele). Die Kinder sollen auf diesem Wege erlernen, Zärtlichkeitswünsche adäquat auszudrücken, um in der Folge zu erfahren, dass sie auch ohne distanzlos zu werden Zuwendung erhalten.
- Da missbrauchte Kinder oft erstaunlich schlecht aufgeklärt sind (Thurn u. Wils 1998), ist eine *altersadäquate Sexualaufklärung* sowohl zur rückblickenden Einordnung der vorgefallenen Übergriffe als auch im Hinblick auf die Prävention weiterer Übergriffe zu empfehlen. Im Einzelnen erscheint es zunächst erforderlich, gemeinsame Worte zu finden, um über Sexualität überhaupt sprechen zu können. Hierbei ist gerade vor dem Hintergrund der sexuellen Übergriffe darauf zu achten, dass nicht nur beschönigende Darstellungen von Sexualität vorgenommen werden, sondern den Kindern ebenfalls vermittelt wird, dass Sexualität auch etwas Bedrohliches haben kann, wenn sie nicht in gegenseitigem Einvernehmen erfolgt (Buchtipps zum Thema Aufklärung: für kleinere Kinder „Mutter sag, wer macht die Kinder?" von Janosch 2002; für Jugendliche „Total normal. Was du schon immer über Sex wissen wolltest" von Harris u. Emberley 2002; für Eltern und Therapeuten als Anregung „Wie kläre ich mein Kind auf? Tipps und Gesprächshilfen für den gesunden Umgang mit Sexualität" von Darvill u. Powell 2001).

Beim Vorliegen posttraumatischer Belastungserscheinungen infolge sexuellen Missbrauchs im Kinder- und Jugendlichenbereich kommen spezielle Interventionstechniken zum Einsatz.

Exposition im Rahmen der Therapie posttraumatischer Belastungserscheinungen: Ziel dieser Methode ist das bewusste und steuerbare Wiedererleben als Voraussetzung für eine erfolgreiche Integration des Traumas in die Realität der eigenen Lebensgeschichte. Anders als bei der Verdachtsabklärung geht es hier nicht darum, möglichst viele Einzelheiten des Missbrauchs zu erinnern, sondern um einen besseren Umgang mit den sich automatisch aufdrängenden Erin-

17.3 Therapeutische Interventionsmöglichkeiten

nerungen an das Trauma. Es soll also vor allem das erinnert werden, was emotional erfahren wurde. Der Bedeutungsgehalt des Erlebten ist entscheidend. Dies hat unter Umständen zwischenzeitliche Verschlechterungen zur Folge, soll aber durch das gezielte Wiedererleben und Wiederabschalten Sicherheit und Kontrolle vermitteln. Erinnern fungiert hier sozusagen als Mittel zur Integration. Im therapeutischen Wiederholen und Durcharbeiten sollen neue Lösungen gefunden werden. Ziel hierbei ist auch die Aufhebung des Traumas als Tabu. Durch genaues Beobachten soll Überforderung vermieden werden.

Eye Movement Desensitization and Reprocessing (EMDR): EMDR ist eine von Shapiro (1989) entwickelte Methode zur Traumabehandlung. Auf dem Weg der bilateralen Stimulation (z. B. Augenbewegungen, Fingerberührungen oder akustische Signale) während des Prozesses der Wiedererinnerung soll eine Stabilisierung erfolgen und infolgedessen eine Traumabearbeitung und Neuorientierung ermöglicht werden. Die Methode findet aufgrund ihres pragmatischen und relativ unaufwendig erscheinenden Vorgehens zunehmend Anhänger, aber trotz erster positiver Befunde (z. B. van der Kolk 1998; Hensel 2006) kann für den Kinder- und Jugendlichenbereich noch nicht von einer gesicherten Evidenz ausgegangen werden. Bisher kann es demnach nur bei folgendem Statement bleiben (Smith 2003, S. 85): *„Treating a disorder whose components are not fully understood is similar to shooting in the dark, some shots have hit their mark and some have missed. More than ten years after its conception, the question of whether Eye Movement Desensitization and Reprocessing (EMDR) is a hit or a miss is still debated. If understanding the pathophysiology of PTSD is still recent, understanding the possible physiology behind EMDR is just beginning."*

Einen Überblick über die Hintergründe gibt Maxfield (2002). Eine ausführliche Einführung in die Methodik ist bei Beaulieu (2003) zu finden.

Symbolisches Spiel/Spieltherapie: Symbolisches Spielen erweist sich in der Traumabehandlung gerade bei kleinen Kindern, die ihre Emotionen noch nicht auf verbaler Ebene ausdrücken können, als hilfreich. Aber auch vielen Erwachsenen fällt es leichter, ihre emotionale Dynamik über das symbolische Spiel auszudrücken. Um ein Abdriften in Fantasiewelten zu verhindern, hat der Therapeut stets die Verankerung in der Realität auf Dauer sicherzustellen. Mit ebenso wachsamem Auge muss er vermeiden, dass über diese Methode eine Tabuisierung durch nicht konkretes Ansprechen vermieden wird, was für den Therapeuten eine gewisse Gratwanderung bedeutet (Knell u. Ruma 2003).

Weitere spezifische Therapiemethoden: Auf weitere spezifische Therapiemethoden sei im Folgenden noch kurz verwiesen:
- Hypnotherapie (Rhue et al. 1996)
- Psychodrama (Stiegler 1993)
- Gestalttherapie (Garbe 1993)
- Kunst- und Maltherapie (Reichelt 1994)
- Anatomische Puppen (Fegert u. Mebes 1993)

Der Einsatz anatomischer Puppen ist unter anderem durch das BGH-Urteil zur Glaubhaftigkeitsbegutachtung (StR 618/98 vom 30. Juli 1999) in Verruf geraten. Solange sie nicht als explizites Beweismittel dienen, können sie dem Opfer aber im Rahmen der Therapie dennoch als Veranschaulichungsmaterial dienen.

Körperliche und emotionale Misshandlung

Oberstes Gebot ist auch hier der Schutz bzw. die Sicherstellung der Grundbedürfnisse des Kindes. Vor allem bei sehr kleinen Kindern, die auf die Versorgung durch ihre Eltern angewiesen sind, ist aufgrund der potenziellen Lebensgefährdung ein rasches Eingreifen erforderlich. Das Problem besteht jedoch oft darin, dass von den Eltern kein Handlungsbedarf gesehen wird.

> **Merke**
>
> Als Leitlinie kann gelten: Je schwerer die Misshandlung, desto weniger Erfolg versprechend erweist sich Psychotherapie als alleinige Maßnahme.

Die Herausnahme als lebensrettende bzw. -sichernde Maßnahme gilt in solchen Fällen häufig nicht nur als Ultima Ratio, sondern als Intervention der Wahl. Begleitend zur verstärkten Debatte um den Kinderschutz in Deutschland ist in den letzten fünf Jahren (2008–2013) ein deutlicher Anstieg der Inobhutnahmen nach § 42 SGB VIII (Kinder- und Jugendhilfegesetz) in Deutschland zu beobachten.

Die Basis einer Psychotherapie ist in leichten bis mittelschweren Fällen in erster Linie auf Veränderungen des Umfeldes (z. B. Schaffung geeigneter Wohn-, Betreuungs- und idealerweise auch Arbeitsverhältnisse) und auf die Symptomreduzierung bei den Eltern (Alkohol- bzw. Drogenmissbrauch, psychische Erkrankung) ausgerichtet. Jones (2002) hält zudem den Weg aus der Isolation für grundlegend. Eine Kooperation des Kinder- und Jugendlichenpsychotherapeuten mit den relevanten Stellen erscheint daher gerade in Fällen von Misshandlung als maßgeblich für eine Veränderung.

Zur weiteren Verankerung erweisen sich auch Hausbesuche als hilfreich, was in der Regel Aufgabe des Jugendamtes ist. Kempe (2002) empfiehlt, die Eltern auf ihre persönlichen Kindheitserfahrungen anzusprechen und auf diesem Wege Verständnis für das eigene Kind entstehen zu lassen. Nach einer eingehenden Psychoedukation, je nach Bedarf, erscheint die Erfahrung eines positiven alternativen Umgangs mit dem Kind bzw. den Kindern zentral für Eltern und Kinder zu sein.

Das Therapiemanual von Lutzker et al. (1998; Project 12 Ways) zeigt zwölf Wege der Behandlung auf:

1. Eltern-Kind-Trainings
2. allgemeines Verhaltensmanagement
3. Stressreduzierung
4. Ernährung
5. Basisfähigkeiten bei den Kindern
6. Problemlösung
7. Geld-Management-Training
8. Streitberatung
9. soziale Unterstützung
10. Alkoholberatung
11. Heimsicherheitstraining
12. Mütterunterstützung

17.3.5 Begleitende Psychopharmakotherapie

Da zahlreiche Kinder nach Vernachlässigungs-, Misshandlungs- und Missbrauchserlebnissen in der Vorgeschichte unterschiedliche psychische Störungen entwickeln, gilt für die Psychopharmakotherapie primär, dass sie dann indiziert ist, wenn für die zu behandelnde Symptomatik eine nachgewiesene Indikation für den Einsatz von Psychopharmaka besteht. Dies gilt z. B. bei mittelschweren und schweren Depressionen oder auch starken Angstsymptomen in Bezug auf den Einsatz selektiver Serotonin-Wiederaufnahmehemmer (SSRI).

Eine Psychopharmakotherapie der Posttraumatischen Belastungsstörung im Kindes- und Jugendalter ist im Einzelfall zu begründen und eher als adjuvante Therapie zu verstehen.

17.3.6 Anregungen zur Gestaltung des Therapieendes bei Missbrauch und Misshandlung

Gerade in Fällen von Missbrauch und Misshandlung sind sich die Therapeuten oft unsicher hinsichtlich des richtigen Zeitpunktes einer Therapiebeendigung. Aufseiten der Kinder kann das in Aussicht gestellte Ende der Therapie verschiedene Reaktionen hervorrufen: Bei einigen Kindern löst es Angst aus, während andere Kinder unter Umständen auch von sich aus deutlich machen, dass jetzt „genug geredet" ist. Ein deutliches Zeichen für das Ende der Therapie ist es, wenn sich das Kind im Alltag wieder relativ normal verhält, keine größeren Schwierigkeiten im Sozialkontakt mehr vorhanden sind und das psychische Wohlbefinden überwiegt.

Unabhängig von diesen mehr oder weniger sichtbaren Erfolgen kommen jedoch nicht nur dem Therapeuten gelegentlich Zweifel an der dauerhaften Veränderung der ungünstigen Familiensituation. Hier ist aber, wie einleitend bereits aufgeführt, von einer Optimallösung Abstand zu nehmen. Es steht in der Regel nicht in der Macht eines Therapeuten, eine missbrauchende bzw. misshandelnde Familienstruktur gänzlich zu verändern.

Der Inhalt der letzten Therapiestunden sollte darin bestehen, die erfolgten Entwicklungsschritte nochmals Revue passieren zu lassen und vor allem dem Kind weitere Schutzmöglichkeiten aufzuzeigen (eigenes Verhalten, Anlaufstellen, Adressen, Bücher, Broschüren etc.). Eine schöne Verabschiedungsmöglichkeit besteht darin, dem Kind ein individuelles Symbol für seine erfolgreichen Entwicklungsschritte mitzugeben (z. B. als Zeichen seiner Stärke ein Nilpferd, Sorgenpüppchen oder Mutmacher).

17.4 Zusammenfassung

Wie dargelegt wurde, erscheint im Falle von sexuellem Missbrauch und Misshandlung eine umfassende multimodale Therapie vonnöten, die sowohl Gefühl als auch Verstand und Körper anspricht: *„Die meisten Therapeuten sind dafür ausgebildet mit Gefühlen und Wahrnehmungen zu arbeiten. Therapeuten, die mit sexuell misshandelten Kindern arbeiten, müssen gleichwohl im Blick behalten, dass diese Klienten sich ihren misshandelten Körper gleichsam zurückerobern müssen."* (Lamers-Winkelman 1993, S. 84)

Die obigen Ausführungen machen jedoch auch bestehende Mängel und Lücken in der wissenschaftlichen Grundlage traumatherapeutischen Arbeitens mit Kindern und Jugendlichen deutlich. So fehlt nahezu gänzlich die Berücksichtigung entwicklungspsychologischer Aspekte (für eine Ausnahme s. Kempe 2002). Der Therapeut ist hier im Einzelfall auf einen verantwortlichen und reflektierten Rückgriff auf Einzelfalldarstellungen aus den verschiedenen Altersbereichen und eigene therapeutische Erfahrungen angewiesen. Selbiges gilt für den Umgang mit behinderten Kindern. Aufgrund ihrer Abhängigkeit von der Pflege anderer haben sie, auch in Anbetracht ihrer weitestgehenden sozialen Isolation, ein zwei- bis dreimal höheres Risiko, missbraucht zu werden (Sullivan u. Knutson 2000). Sie können sich nicht wehren und sind oft auch nicht fähig, sich zu artikulieren. Die evaluative Erforschung therapeutischer Interventionen sollte daher auch auf diesem Gebiet intensiviert werden. Ebenso stehen hinsichtlich anderer komorbider Störungen bei den Opfern explizite Forschungsergebnisse noch aus (Ramchandani u. Jones 2003).

Wie die Praxis zeigt, scheinen Empathie und das Gefühl von Sicherheit wohl mit die wichtigsten Determinanten für das Wohlbefinden des Opfers zu sein, auch wenn sich dies nur schwer messen lässt und daher in vergleichenden Studien eher selten zu finden ist. Es stellt sich daher die Frage, ob die Schwierigkeiten der evaluativen Therapieforschung in einem Problem der Therapiemethode oder einem Problem der Forschung an sich begründet liegen. Abgesehen davon konnte gezeigt werden, dass sich die Therapie bei sexuellem Missbrauch auf keine einschlägige Therapierichtung bzw. starre Therapiemanuale beschränken darf. Die Therapie muss sich vielmehr aus den jeweils gegebenen familiären und situativen Bedingungen ableiten. Der jeweilige Fall muss individuell betrachtet und hinsichtlich seiner Voraussetzungen, Gegebenheiten und Bedürfnisse analysiert werden. Darüber hinaus sollte man als Therapeut stets ein Auge auf prozessuale Veränderungen im Verlauf der Therapie haben und sein therapeutisches Handeln daraufhin anpassen. Auf diese Weise wird der Gefahr des mechanischen Befolgens von Therapiemanualen entgegengewirkt. Manuale können zwar sehr gute Anregungen für die konkrete therapeutische Arbeit geben, dürfen jedoch nicht als starres Leitschema angesehen werden.

18 Stationäre Psychotherapie und transgenerationale Aspekte des Misshandlungstraumas

Stefan Eisenbeis, Eva Möhler und Franz Resch

Inhalt

18.1	Einleitung	319
18.2	Folgen der Misshandlung im Entwicklungskontext	320
18.3	Möglichkeiten und Methoden der stationären Psychotherapie des Misshandlungstraumas	321
18.3.1	Schwerpunkt 1: Stabilisierungsarbeit in der stationären Traumatherapie im Setting einer zertifizierten DBT-A-Station	321
18.3.2	Schwerpunkt 2: Traumaexpositionsbasiertes Verfahren im Rahmen der stationären Psychotherapie	323
18.3.3	Klinische Fallbeispiele	324
18.4	Transgenerationale Aspekte des Misshandlungstraumas	327
18.4.1	Kreislauf der Misshandlung	327
18.4.2	Mütterliche Wahrnehmungsverzerrungen	328
18.4.3	Beeinträchtigung der mütterlichen emotionalen Verfügbarkeit im Misshandlungskontext	329
18.5	Präventionsansätze gegen den intergenerationalen Misshandlungszyklus	330
18.6	Zusammenfassung	330

18.1 Einleitung

Körperliche, sexuelle und emotionale Misshandlung und Missbrauch sind ein hochprävalentes Thema in unserer Gesellschaft. Kinder in Hochrisikosituationen können neben unmittelbarer gewalttätiger Bedrohung auch in ihrer sozial-emotionalen Entwicklung gefährdet sein. Sie tragen längerfristig das Risiko, schwere emotionale Probleme und Verhaltensstörungen zu entwickeln (Ziegenhain u. Fegert 2008).

Die Prävalenz eines sexuellen Missbrauchs unter jungen Frauen wird von Kessler et al. (1995) auf 13 % und von Goodman et al. (1998) auf 25 % geschätzt. Hingegen rangieren die Schätzungen für das Auftreten körperlicher Gewalterfahrungen zwischen 13 % (Kessler et al. 1995) und 40 % (Goodman et al. 1998).

Eine mögliche Auswirkung eines Missbrauchs ist die Posttraumatische Belastungsstörung (PTBS). Opfer von Missbrauchserfahrungen haben ein erhöhtes Risiko, eine PTBS zu entwickeln (Widom 1999). In einer Studie von Lundberg-Love et al. (1992) zeigten Frauen, die als Kind Opfer von Inzest waren, infolgedessen mehr Depressivität, ein Gefühl der Entfremdung und sexuelle Enthemmung als Frauen ohne diese Erfahrung. Es wird auch diskutiert, dass die chronische PTBS zu einer Borderline-Störung führen kann, da Borderline-Patienten zu etwa 65 % von sexuellen Missbrauchserfahrungen, zu 60 % von körperlichen Gewalterfahrungen und zu etwa 40 % von schwerer Vernachlässigung berichten (Zanarini et al. 1997b).

18.2 Folgen der Misshandlung im Entwicklungskontext

Laut Egeland et al. (2002) hat eine Misshandlung zur Folge, dass die Fähigkeit zur Bewältigung typischer Entwicklungsschritte in den verschiedenen Altersstufen beeinträchtigt ist.

In der *Säuglings- und Kleinkindzeit* führt Misshandlung zu Bindungsstörungen (Cicchetti u. Barnett 1991). Dies bedeutet lang andauernde, persistierende Störungen im Beziehungs- und Bindungsverhalten, insbesondere mit desorganisierten und/oder hochambivalenten Bindungsmustern. Im *Kleinkindalter* haben misshandelte Kinder Schwierigkeiten, über innere Zustände und Gefühle von sich und anderen zu erzählen (Beeghly u. Cicchetti 1994). In *fortschreitender Kindheit und Adoleszenz* treten vermehrt Verhaltensprobleme auf. In der Schulzeit kommt es zu Problemen im Umgang mit anderen Kindern: Die missbrauchten Kinder sind im Vorschulalter und in den ersten Schuljahren oft impulsiver, weniger beliebt und eher verschlossen oder distanzlos (Dodge et al. 1994; Egeland et al. 2002). In der Adoleszenz zeigen sie dann vermehrt impulsives und/oder antisoziales Verhalten (Egeland et al. 2002). Auch Selbstverletzungen oder Depressionen sind beschrieben. Impulshaft ausagierendes Verhalten wiederum kann zu Störungen in vielen Bereichen führen, insbesondere hinsichtlich Promiskuität, Drogen- und/oder Alkoholkonsum, Schulversagen, Delinquenz und/oder Weglauftendenzen.

Eisenbeis und Schweiger (2010) fanden unter stationären kinder- und jugendpsychiatrischen Patienten mit selbstverletzendem Verhalten zu mindestens 30 % Jugendliche mit Missbrauchs- oder Misshandlungshintergrund.

Insbesondere in der Kinder- und Jugendpsychiatrie ist dabei eine transgenerationale Perspektive wichtig, da aktuelle Forschungsergebnisse zeigen, dass Misshandlungsphänomene innerhalb von Familien oft in mehreren Generationen hintereinander vorkommen, dafür aber noch keine befriedigende und schlüssige Erklärung gefunden wurde. Sowohl unter präventiven als auch unter therapeutischen Gesichtspunkten ist es sehr wichtig, diesem Phänomen auf den Grund zu gehen. Dieser Artikel wird daher die wissenschaftliche Erkenntnis dieses Phänomens und dessen praktische Berücksichtigung im vollstationären Kontext zusammentragen.

18.3 Möglichkeiten und Methoden der stationären Psychotherapie des Misshandlungstraumas

Grundsätzlich gibt es zwei Schwerpunkte der Psychotraumatologie, die parallel oder einzeln zur Anwendung kommen können.

Schwerpunkt 1 ist die *Ressourcenarbeit*, der eine wesentliche und wichtige Stabilisierungsfunktion zukommt. Ressourcenarbeit ist insbesondere bei schwer und komplex traumatisierten Kindern und Jugendlichen unerlässlich und arbeitet an Basiskompetenzen wie Affektregulation, Impulskontrolle, Selbstwert und Selbststeuerungskompetenzen sowie Selbstwirksamkeitserwartungen und den Objektbeziehungen. Insbesondere bei Patienten mit Selbstverletzungen kommt diesen Kompetenzen eine Schlüsselrolle in der Therapie zu. Der Ressourcenarbeit in all ihren Aspekten trägt ganz besonders die *Dialektisch-Behaviorale Therapie (DBT)* Rechnung.

Schwerpunkt 2 ist die *Trauma-Exposition*, auf der vor allem verhaltenstherapeutische Trauma-Therapieverfahren basieren, die mit dem Prinzip der Habituation bzw. Desensibilisierung arbeiten. Inwieweit eine Trauma-Exposition wichtig und anzustreben ist, muss der Therapeut unter Berücksichtigung der individuellen Gegebenheiten des Patienten, seines Umfeldes, seiner Stabilität und nicht zuletzt auch seiner Motivation abwägen. Eine Exposition setzt in der Regel immer eine vorherige Stabilisierungsarbeit im Sinne einer Stärkung der Ressourcen voraus, z. B. hinsichtlich einer Regulation der bei einer Exposition unvermeidlich entstehenden heftigen Affekte. Auf Expositionsarbeit basiert unter anderem die *traumafokussierte kognitive Verhaltenstherapie* (*TF-CBT*, Trauma-Focused Cognitive Behavioral Therapy), das am besten evaluierte Verfahren, dessen Einsatz auf der kinderpsychiatrischen Station wir im Folgenden beschreiben.

18.3.1 Schwerpunkt 1: Stabilisierungsarbeit in der stationären Traumatherapie im Setting einer zertifizierten DBT-A-Station

Die Dialektisch-Behaviorale Therapie (DBT) zur Stärkung der Affektregulation und Basisressourcen wurde von Marsha Linehan (Seattle, USA) in den 1980er Jahren als störungsspezifische Therapie für chronisch suizidale Patienten mit Borderline-Persönlichkeitsstörung (BPS) entwickelt.

> **Definition**
> Die Dialektisch-Behaviorale Therapie (DBT) integriert ein weites Spektrum an therapeutischer Methodik aus dem Bereich der Verhaltenstherapie, der kognitiven Therapie, der Gestalttherapie, der Hypnotherapie und der Meditation (Zen-Buddhismus).

Da bislang keine störungsspezifische Therapie für suizidale und/oder sich selbst verletzende Jugendliche existierte, entstand Mitte der 1990er Jahre aus der DBT eine für Heranwachsende modifizierte Form, die Dialektisch-Behaviorale Therapie für Adoleszente (DBT-A, Dialectical Behavioral Therapy for Adolescents; Miller et al. 2007a).

Die DBT-A setzt sich aus Einzel- und Gruppentherapie (Skills-Training, Achtsamkeits- und Körpertherapie) zusammen und bezieht Familienangehörige bzw. weitere Bezugspersonen der Jugendlichen intensiv mit ein. Das Programm liegt in manualisierter Form vor und wurde an der

Kinder- und Jugendpsychiatrie Freiburg (Böhme et al. 2001) ins Deutsche übersetzt.

Während im Erwachsenenbereich mittels kognitiver Module an einer Verbesserung von Selbstwirksamkeit und Selbstwert der Patienten gearbeitet wird, lässt sich dies in der Arbeit mit den Adoleszenten sehr viel unmittelbarer auch in erlebnis- und handlungsorientierten Settings (Klettern, Kajak-/Kanufahren und Hochseilgarten) transferieren. Ansonsten eher abstrakt bleibende Begriffe wie „Trauen" und „Vertrauen" werden (etwa in einer Zweier-Seilschaft beim Klettern) in der Interaktion zwischen Therapeut (Sichernder) und Patientin (Kletternde) unmittelbar, geradezu physisch und emotional erfahrbar. Im Anschluss lassen sich die in solch einem handlungsorientieren Setting erworbenen Erfahrungen der Jugendlichen im Einzeltherapie-Setting reflexiv nachbearbeiten, im Sinne von Metaphern (therapeutischer Prozess als Bergtour) und/oder als positive Selbstvalidierung („so wie ich die schwierige Kletterroute durchstiegen habe, werden ich auch das Therapieprogramm schaffen") nutzen.

Die DBT-A gliedert sich in drei Phasen; es wird eine *Hierarchisierung von Behandlungszielen* postuliert:
- In *Phase I* steht die Bearbeitung von Suizidalität und Selbstverletzungen sowie von Verhaltensweisen, welche die Lebensqualität der Jugendlichen in erheblichem Maße beeinträchtigen (z. B. Drogen-/Alkoholkonsum, Essstörungen, dissoziative Symptomatik, unklare Wohnungs- und Lebenssituation) im Vordergrund.
- In *Phase II* geht es um die Behandlung kognitiver und emotionaler Folgen früher Traumatisierung.
- *Phase III* schließt mit Neuorientierung und Integration bzw. der Entwicklung von Lebensplänen in den Bereichen Familie, Peergroup, Schule und Ausbildung ab.

> **Merke**
> Hierarchisierung von Behandlungszielen meint, dass der Behandlungsfokus auf dem jeweils gravierendsten Problem liegt. Das heißt: Die Behandlung akuter Suizidalität hat Vorrang vor Therapiegefährdung. Diese wiederum steht vor der Behandlung von schweren Störungen der Verhaltenskontrolle bzw. des emotionalen Erlebens. Auf der unteren Ebene stehen dann Probleme der Lebensbewältigung.

Das manualisiert vorliegende DBT-A-Therapieprogramm setzt sich aus den folgenden fünf Modulen zusammen:
- Stresstoleranz
- Emotionsregulation
- Zwischenmenschliche Fertigkeiten
- „Walking the middle path"
- Achtsamkeit

Dabei lernen die Jugendlichen, anders mit Stress umzugehen, wieder mehr Kontrolle über schwierige Gefühle zurückzuerlangen und adäquate Beziehungen zu Gleichaltrigen und erwachsenen Bezugspersonen aufzubauen.

Zentral sind das Erlernen und Einsetzen sogenannter Skills als Handlungsalternativen zu selbstschädigendem und selbstverletzendem Verhalten. Die Skills werden von den Jugendlichen mit Unterstützung (Bezugspersonenstunde) individuell für o. g. Module und unterschiedliche Zustände innerer Anspannung zusammengestellt, erprobt, immer wieder eingeübt und überprüft (therapeutische Hausaufgaben in den Skills-Gruppen).

Ein ganz wesentlicher Bestandteil des DBT-A-Konzeptes betrifft den Einbezug von Eltern bzw. weiteren erwachsenen Bezugspersonen der Jugendlichen. Dem amerikanischen Beispiel folgend haben wir begonnen, die Eltern in die Skills-Gruppenarbeit einzubeziehen. Angefangen mit dem Modul „Walking the middle path", welches typische Konfliktsituationen bzw. Dilemmata zwischen pubertierenden Jugendlichen und ihren Eltern bzw. Bezugspersonen thematisiert (z. B. „Problemverhalten bagatellisieren vs. typisches Jugendlichenverhalten überbewerten" oder „Autonomie erzwingen vs. Abhängigkeit fördern"), kommen die Eltern und Bezugspersonen mittlerweile zu jedem Modul einmal mit in die Skills-Gruppen.

Die wertschätzende Wahrnehmung der jeweils anderen Perspektive, das konstruktive Aushandeln von Vereinbarungen und tragfähigen Kompromissen unter gleichzeitiger Beachtung von Beziehungssicherung und Selbstachtung sind zentrale Ziele dieser therapeutischen Arbeit.

Darüber hinausgehend verfolgen eher psychoedukative Elterngruppen das Ziel, über das Störungsbild aufzuklären, Anlage-Umwelt-Zusammenhänge darzustellen und mit den zentralen Inhalten des DBT-A-Programms vertraut zu machen.

18.3.2 Schwerpunkt 2: Traumaexpositionsbasiertes Verfahren im Rahmen der stationären Psychotherapie

Eine affektive Instabilität, aber insbesondere die Symptome von Traumafolgestörungen wie dissoziative Störungen, Wiedererleben in Form von Intrusionen, Flashbacks, Albträumen, Vermeiden/emotionale Taubheit als auch ein vegetatives Hyperarousal und damit einhergehende Reizbarkeit, Wutausbrüche und Konzentrationsprobleme sowie dysfunktionale Coping-Strategien wie Alkohol- und Cannabisabusus machen eine ambulante traumatherapeutische Behandlung oft nicht möglich. Vor der Exposition muss dabei immer und unbedingt auch eine Stabilisierung stattfinden.

> **Merke**
>
> Für eine spezifische expositionsbasierte Arbeit ist eine vorausgehende, ausführliche spezifische Diagnostik zu Traumatisierung und Traumafolgestörungen (UCLA-Screening, IBS-KJ, KIDDIE-SADS) unerlässlich, denn nicht jedes Kind, jeder Jugendliche, die eine Traumatisierung erfahren haben, entwickeln auch eine Traumafolgestörung.

Weitere Voraussetzungen für eine traumatherapeutische Behandlung sind Umgang mit Suizidalität, Selbstverletzungen und Dissoziationen und es muss eine reale Verbesserung der Lebensqualität erreichbar erscheinen. Die Therapeuten sollten in einem traumatherapeutischen Verfahren gut ausgebildet sein und über entsprechende Erfahrung verfügen.

Wir orientieren uns in der stationären Traumatherapie an der traumafokussierten kognitiven Verhaltenstherapie (TF-CBT; Cohen et al. 2006), integrieren aber auch Elemente der Narrativen Expositionstherapie (NET; Schauer et al. 2011) und der DBT-PTSD (Steil et al. 2010).

Die ersten Sitzungen beinhalten neben der Psychoedukation hinsichtlich Traumatisierung und Traumafolgestörungen die Vermittlung eines von den Jugendlichen selbst durchzuführenden Entspannungsverfahrens und geeigneter Methoden zur kognitiven Umstrukturierung. Ausdruck und Modulation von Affekten werden, wie oben ausgeführt, bereits im DBT-A-Modul Emotionsregulation hinlänglich vermittelt.

Kernstück i. S. von Trauma-Exposition ist das sogenannte Trauma-Narrativ, d. h., der Jugendliche schreibt eine mehrere Kapitel umfassende Geschichte über seine traumatische Erfahrung. Bei Jugendlichen hat sich hierbei das Schreiben auf einem Laptop als hilfreiche Methode herausgestellt. In einem zweiten Schritt werden Details angereichert, was meint, dass traumatische Gedanken und Gefühle in das Narrativ integriert werden. Die Jugendlichen werden dabei desensibilisiert, über das Geschehene zu reden, sogenannte „hot spots" oder „schlimmste Momente" zu identifizieren und die Belastung vor, während und nachher selbst einzuschätzen (SUD-Skala: Subjective Unit of Distress).

In einem abschießenden Kapitel beschreibt der Jugendliche, was nun anders ist, was er gelernt hat bzw. was er anderen Jugendlichen sagen kann, die das Gleiche erlebt haben.

Nach Abschluss des Narrativs geht es um das kognitive Reprocessing, d. h. die Identifikation, Exploration und Korrektur kognitiver Irrtümer, wie z. B. Selbstbeschuldigungen, Überschätzung zukünftiger Gefährdung, veränderte Sicht der Welt. Des Weiteren stellt die Klärung von Verantwortung versus Bedauern einen wesentlichen Bestandteil dieser Arbeit dar. Im Sinne der Übernahme elterlicher Verantwortung werden in Anschluss hieran mit den Jugendlichen im Voraus besprochene und abgestimmte Teile des Narrativs den Eltern oder anderen wichtigen erwachsenen Bezugspersonen vorgestellt.

18.3.3 Klinische Fallbeispiele

Fallbeispiel

Angelina, 18 Jahre, Borderline-Persönlichkeitsstörung, Posttraumatische Belastungsstörung
Angelina kommt über die Spezialambulanz für Borderline-Störung/Traumatisierung zur stationären Behandlung. Vorausgegangen sind eine teilstationäre und stationäre kinder- und jugendpsychiatrische Behandlung und der gescheiterte Versuch der Unterbringung im Rahmen einer stationären Jugendhilfemaßnahme.

Angelina ist als jüngstes von sieben Geschwistern in sehr instabilen Familienverhältnissen aufgewachsen: die Kindeseltern geschieden, die nachfolgend alleinerziehende Mutter immer wieder wegen manisch-depressiven Erkrankung in psychiatrischer Behandlung, der Kindesvater trockener Alkoholiker, kaum Kontakt. Mit 14 Jahren Umzug in den Haushalt ihrer ältesten Schwester und deren Mann. Dort sexueller Missbrauch durch ihren Schwager. Strafverfahren zunächst ergebnislos eingestellt, weitere Zerrüttung der innerfamiliären Beziehungen. Die diagnostischen Untersuchungen ergaben eine ausgeprägte Emotionsregulationsstörung (FEEL-KJ) im Sinne äußerst defizitär ausgeprägter adaptiver und hochausgeprägter maladaptiver Emotionsregulation, weit überdurchschnittlich ausgeprägtes Erleben von Emotionsüberflutung und korrespondierend weit unterdurchschnittlich ausgeprägtes Erleben von Selbstkontrolle und Emotionsregulation (SEE). Im SKID-II (Strukturiertes Klinisches Interview für DSM-IV, Achse II, Persönlichkeitsstörungen) erfüllt Angelina zu Therapiebeginn sieben von neun Kriterien für eine Borderline-Persönlichkeitsstörung. Auf der Achse I lassen sich diagnostisch eine schwere depressive Episode (DIKJ) und Hinweise auf eine Angststörung (SCL-90 R, STAI) sowie eine bulimische Essstörung finden. Aufgrund der Traumadiagnostik (UCLA-Screening und IBS-KJ) müssen die Kriterien für eine PTBS als gegeben erachtet werden. Durchschnittliche allgemeine kognitive Leistungsfähigkeit (Gesamt-IQ 92; WIE).

Wir bieten Angelina unser stationäres DBT-A-Programm in Kombination mit einer traumatherapeutischen Behandlung an. Nach Abschluss der DBT-A-Module Stresstoleranz und Emotionsregulation setzt die traumatherapeutische Behandlung nach o. g. Vorgehensweise ein. Im Verlauf der Traumatherapie arbeiteten wir auch mit Zeichnungen (Abb. 18-1) und Imaginationsübungen.

18.3 Möglichkeiten und Methoden der stationären Psychotherapie

Stabilisierung: Imaginationsübung „Mein innerer sicherer Ort"
Durch eine geheime Gasse, die nur ich kenne, komme ich auf auf eine weite Wiese mit einem glasklaren See.
Um die Wiese herum sind viele Bäume, dicht aneinander, wie eine Mauer, durch die ich vor allem Bösen beschützt werde.
Niemand sonst kann dorthin – und dort scheint immer die Sonne.
Von ganz weit weg kommt entspannende Musik.
Tiere, die umherspringen, Rehe.
Es sind ganz viele Blumen auf dieser Wiese.
Ich sitze mitten drin und fühle mich sicher und beschützt vor allem.

Erstellung des Trauma-Narrativs durch die Patientin in der Therapiestunde
… mein Schwager sieht heute aber anders aus. Seine Augen sind rot unterlaufen.
Ich frage ihn, was mit ihm los ist. Er sagt, dass ich noch mitbekommen werde, was los ist. Ich denke, dass es bestimmt Stress zu Hause ist. Na endlich, wir kommen an. Er hält an dem Parkplatz, der von der Wohnung nicht einzusehen ist. Sonst parkt er immer direkt vor der Wohnung. Ich will aussteigen und auf einmal sagt er mit dunkler Stimme, die ich sonst nicht von ihm kenne: „Bleib noch kurz sitzen!" Er fragt mich: „Ziehst Du bitte Deine Hose aus?" Ich frage warum und sage „Nein!" Er sagt: „Mach jetzt!" Ich frage ihn, warum ich das machen

Abb. 18-1 … immer wieder auftauchende Fragen nach dem „Warum?" bzw. „Warum ich?"

soll, und er antwortet wieder: „Mach einfach!" Ich tue es, da ich Angst habe. Angst, ich darf dann nicht mehr bei meiner Schwester wohnen und muss zurück zu meinem Vater.
Er sagt dann, dass ich meine Unterhose auch ausziehen soll. Ich will aber nicht, denke ich, mache es aber dennoch. Jetzt zieht er sich die Hose runter und will, dass ich ihm zwischen die Beine fasse. Ich habe Angst, ich zittere, kann mich nicht bewegen. Er nimmt einfach meine Hand und drückt sie zwischen seine Beine. Ich ziehe sie weg und sage ihm, dass ich das nicht will. Er macht meinen Sitz zurück, ich wehre mich nicht, sage keinen Ton, bin still. Er zieht meine Schuhe aus und meine Hose und Unterhose, nur bis zu den Knien. Er drückt meine Beine auseinander, legt sich auf mich. Ich spüre nichts, bin still, wehre mich nicht. Ich höre nichts, bin starr vor Schock, kann keinen Gedanken fassen.
Als er fertig ist, fragt er: „Willst Du trotzdem bei mir wohnen?" – Ich sage nichts, steige aus. Ich gehe duschen und ins Bett. Mir wird klar, das ist die Hölle, ich bin tot ...

Cognitive Reprocessing: Verarbeitung und Bewältigung
Mithilfe der Methode der kognitiven Umstrukturierung gelingt es, für Angelina drängende Fragen nach eigener Verantwortung für das Geschehen im Sinne von Schuld zu klären und durch Bedauern für das, was ihr widerfahren ist, zu ersetzen. Immer wieder erforderliche Realitätsüberprüfung und Diskriminationslernen ermöglichen Angelina, ganz allmählich Teile ihres Vermeidungsverhaltens aufzugeben.

Ausblick
Nach erfolgreich abgeschlossener Therapie entlassen wir Angelina in deutlich stabilisiertem psychischem Allgemeinzustand in eine Mädchenwohngruppe mit angeschlossener Verselbstständigungseinheit.
Angelina hat genügend Kraft gesammelt, um erneut Anzeige wegen sexuellen Missbrauchs gegen ihren Schwager zu erstatten und sich einer Glaubwürdigkeitsbegutachtung zu stellen.

Fallbeispiel

Sabine, 15 Jahre, Posttraumatische Belastungsstörung, Alkoholabusus, Borderline-Persönlichkeitsstörung
Sabine kommt nach vorausgegangener Kriseninterventionsaufnahme über die Warteliste zur stationären DBT-A- und Traumatherapiebehandlung. Gründe für die Notaufnahme sind wiederholte massive Impulsdurchbrüche in stark alkoholisiertem Zustand und fremdaggressives Verhalten der Mutter gegenüber.
Die ausführliche computergestützte Diagnostik während der Kriseninterventionsaufnahme ergibt eine Emotionsregulationsstörung i. S. einer beginnenden Borderline-Persönlichkeitsstörung (SKID-II: 3 von 9 DSM-IV-Kriterien mit Intensität 3 gegeben) und eine ausgeprägte Traumafolgestörung (UCLA-Screening, IBS-KJ-klinisches Interview).
Der massive Alkoholabusus der 15-Jährigen ist an der Grenze zwischen schädlichem Gebrauch und beginnender Abhängigkeit einzuschätzen und im Sinne einer dysfunktionalen Coping-Strategie im Umgang mit Flashbacks und Intrusionen zu verstehen.
Die Eltern sind getrennt. Sabine lebt bei der Mutter und deren neuem Lebensgefährten. Der jüngere Bruder lebt nach der Trennung und Scheidung der Eltern beim Vater, der Sabine im Alter von acht Jahren während Umgangskontakten missbrauchte. Seitdem herrscht kein Kontakt zu ihrem Bruder, da der Vater dies unterbindet.

Unterschied subjektives – objektives Trauma
Wir beginnen die traumatherapeutische Behandlung mit der „Flowers & Stones"-Technik, angelehnt an die Narrative Expositionstherapie. Dabei soll die Patientin anhand eines Seils ihre Lebenslinie darstellen (Abb. 18-2). Anschließend wählt sie für jedes bedeutsame schöne Ereignis/angenehme Lebenserfahrung eine Blume oder einen Stern und für jedes bedeutsame schwierige Lebensereignis/traumatische Erfahrung einen Stein, wobei die verschiedenen Grö-

18.4 Transgenerationale Aspekte des Misshandlungstraumas

ßen der Steine unterschiedlich schwierige Erfahrungen/Traumatisierungen symbolisieren. Wir erachten diese Methode als einen guten Einstieg in die traumatherapeutische Arbeit mit den Jugendlichen. Einerseits wird diese durch den handlungsorientierten Zugang erleichtert und zum anderen eine entlastende Erfahrung für die Betroffenen, denn neben Steinen (traumatische Erfahrung) finden sich in dialektischem Sinne immer auch Sterne (schöne, angenehme Erinnerungen).

18.4 Transgenerationale Aspekte des Misshandlungstraumas

Eine wie oben beschriebene hinreichende Behandlung des Misshandlungstraumas ist aber nicht nur in der dargestellten intraindividuellen Hinsicht hochbedeutsam, sondern auch aus der transgenerationalen Perspektive.

18.4.1 Kreislauf der Misshandlung

Elterliche Missbrauchserfahrungen werden in der Literatur häufig als ein Risikofaktor für die Misshandlung der eigenen Kinder gesehen. Wurden Eltern in ihrer Kindheit körperlich oder sexuell missbraucht, besteht ein großes Risiko für einen erneuten körperlichen oder sexuellen Missbrauch der Kinder durch die Eltern (Sidebotham et al. 2001). Viel zitiert in der Literatur ist die Schätzung von Kaufman und Zigler (1987), wonach ca. 30 % der als Kinder misshandelten Eltern ihre Kinder entweder missbrau-

Abb. 18-2 Traumatherapeutische Behandlung mit der „Flowers & Stones"-Technik.

chen oder vernachlässigen. Oliver (1993) dagegen behauptet, dass ein Drittel der misshandelten Eltern ihre Kinder nicht missbrauchen, d. h., dass zwei Drittel dieser Eltern ihre Kinder missbrauchen. Die Schätzungen zur Anzahl übertragener Missbrauchserfahrungen variieren in den Studien aufgrund der verschiedenen Durchführungen. Eine generationsübergreifende Studie von Leifer et al. (2004) zeigt, dass rund 50 % missbrauchter Eltern ihre Missbrauchserfahrungen ihren Kindern weitergeben. Wenn sexuell missbrauchte Mütter nicht zu erneuten Täterinnen werden, erhalten sie den Gewaltkreislauf oft dadurch aufrecht, dass sie ihre Kinder dem Missbrauch durch Ehepartner oder Liebhaber aussetzen. Dabei rangieren die Zahlen dieser indirekten Transmission von sexuellem Missbrauch von 24–42 % (Faller 1989).

> **Merke**
> Die Symptomatik eines Missbrauchstraumas scheint die Fähigkeit der Eltern zu hemmen, eine das Kind schützende Familienumgebung zu schaffen und damit dem Risiko einer Misshandlung vorzubeugen.

Niemand weiß genau, wie die Fähigkeit des Elternseins von einer Generation an die andere weitergegeben wird (Kempe u. Kempe 1980). Wahrscheinlich ist der wichtigste Kanal die Erfahrung, die man selbst mit seiner eigenen elterlichen Betreuung gemacht hat. Diese präverbalen Erfahrungen beeinflussen die Eltern unterbewusst im Umgang mit ihren Kindern und machen es ihnen schwer, ihr Fehlverhalten zu verändern. In der Geschichte von Familien, in denen Misshandlung vorkam, wird oft von einer Generation zur anderen ein Muster von Misshandlung, Vernachlässigung und Elternverlust oder Deprivation wiederholt.

Dieses Muster ist es, was den Kreislauf der Misshandlung ausmacht. Die Beziehung zwischen Eltern und Kind scheint in jeder Generation so verzerrt, dass dem Kind die körperliche und geistig-seelische Betreuung fehlt, die es braucht, um sich voll zu entwickeln. Die intergenerationale Transmission psychosozialer Risiken stellt laut Bifulco et al. (2002a) eine Bedrohung für die Kindesentwicklung dar und hat damit eine große Relevanz für unsere Gesellschaft.

In der Kindheit kann es durch Misshandlungserfahrungen im Rahmen einer Posttraumatischen Belastungsstörung zu Bindungsstörungen, internalisierenden Störungen, externalisierenden Störungen, kognitiven Störungen oder Lernstörungen kommen. Es kann sich in fortgeschrittener Kindheit bis zur Adoleszenz eine Verhaltensstörung herausbilden oder ein Substanzmissbrauch stattfinden. Im Übergang von der Adoleszenz zum Erwachsenenalter besteht die Gefahr von Persönlichkeitsstörungen und im Erwachsenenalter ist ein erhöhtes Risiko gegeben, die eigenen Kinder wiederum zu missbrauchen.

Eine erneute Kindesmisshandlung oder Vernachlässigung durch die Eltern wird von De Bellis (2001) auch als das Ergebnis des Ausmaßes traumatischen Kindheitsstresses auf die spätere elterliche biopsychosoziale Entwicklung beschrieben. Daraus folgert er eine ungünstige elterliche Gehirnentwicklung, die wiederum mentale Erkrankungen zur Folge hat und einen ungünstigen Erziehungsstil hervorbringt.

18.4.2 Mütterliche Wahrnehmungsverzerrungen

Missbrauchten Müttern fällt es schwerer als nicht missbrauchten Müttern, die emotionalen Signale ihres Kindes richtig zu identifizieren (Kropp u. Haynes 1987). Möhler et al. (2001) gehen hierbei von projektiven Verzerrungen in der Wahrnehmung der eigenen Kinder aus. Die elterlichen Bedürfnisse werden von denen der Kinder nicht getrennt wahrgenommen und deshalb verzerrt interpretiert. Dabei kommt es häufig zu negativen Interpretationen, z. B. von kindlichen Stressreaktionen auf unbekannte Reize (Leerkes u. Crockenberg 2003).

Die inneren Vorstellungen und Repräsentationen, welche die Eltern von ihrem Kind haben, können übermäßig kritisch („Mein zehn Monate altes Baby wirft Spielsachen auf den Boden, um mich zu ärgern") oder auch übermäßig idealisiert sein („Mein zehn Monate altes Kind kann schon viele Wörter sprechen").

Unvollständige, gefilterte oder verzerrte Repräsentationen jedoch hemmen feinfühliges Verhalten (Ziegenhain u. Fegert 2008). Mütter mit Gewalterfahrungen zeigen weniger affektive Reaktivität und eine verringerte empathische Responsivität mit ihren Kindern (Milner et al. 1995). Cierpka und Cierpka (1997) nehmen an, dass eine allgemeine Störung der Empathie dazu führt, dass es ehemaligen Gewaltopfern schwerer fällt, die Perspektive des Kindes einzunehmen, wodurch es zu Fehlinterpretationen der kindlichen Bedürfnisse kommen kann (Möhler u. Resch 2000). Dies kann ungünstige Auswirkungen auf die elterliche Kommunikation in der Mutter-Kind-Interaktion haben. Eine Verzerrung der Wahrnehmung kindlicher Signale kann zur Fehlinterpretation einer Interaktionssequenz führen. Eine Mutter kann sich infolge dessen abgelehnt fühlen („Mein Kind liebt mich nicht") oder sich bedroht fühlen („Mein Kind kratzt, beißt, schlägt oder hasst mich") (Fuchs et al. 2014). Es kann auch zu einer Rollenumkehr kommen (ein neun Monate altes Kind tröstet die Mutter, wenn sie weint). Oder die Mutter verhält sich selbst ablehnend und frustriert, weil sie aufgrund eigener unbewältigter Erfahrungen aus der Vergangenheit das kindliche Verhalten als Fehlverhalten ansieht („Mein vier Monate altes Baby tritt mich beim Wickeln aggressiv in den Bauch").

18.4.3 Beeinträchtigung der mütterlichen emotionalen Verfügbarkeit im Misshandlungskontext

Die emotionale Verfügbarkeit beschreibt die emotionale Qualität der Beziehung zwischen einem Kind und seiner Mutter. Dabei stehen dyadische Prozesse in der Evolution der Beziehung im Mittelpunkt, die durch das Verhalten beider Interaktionspartner gleichermaßen determiniert werden. Das Konzept der emotionalen Verfügbarkeit wurde zu Forschungszwecken entwickelt und basiert auf der Bindungstheorie (Biringen u. Robinson 1991). Mütter mit Misshandlungserfahrungen zeigen Veränderungen der emotionalen Verfügbarkeit im Sinne intrusiverer Verhaltensmuster (Möhler et al. 2007). Häufig wird eine Störung in der Mutter-Kind-Bindung als Folge von Kindesmissbrauch beschrieben (z. B. Zeanah et al. 2004).

Wenig feinfühlige Mütter sind gegenüber ihrem Säugling nur auf nicht vorhersagbare Weise verfügbar (Grossmann u. Grossmann 2001). Durch diese fehlende Vorhersagbarkeit äußern einige Säuglinge ihre Bindungsbedürfnisse in verunsichernden Situationen äußerst stark und dramatisch, um überhaupt Beachtung zu finden. Das Bindungssystem dieser Säuglinge ist chronisch aktiviert und sie stecken bei Belastung ihre Neugier und Erkundungslust zugunsten ihres übersteigerten Bindungsverhaltens zurück. Andere Kinder lernen im Laufe des ersten Lebensjahres, ihre Signale nach Nähe und Kontakt stark einzuschränken, weil ihr Bindungsverhalten oft mit zurückweisendem oder impulsivem Verhalten der Mutter beantwortet wird (Möhler et al. 2009). Diese Erfahrungen werden als Erwartungen verinnerlicht und bilden die Grundlage für eine unsichere Bindungsorganisation.

18.5 Präventionsansätze gegen den intergenerationalen Misshandlungszyklus

Neben der Mobilisierung faktischer Entlastung für die Mutter wird ein ganz wesentlicher Aspekt des Kinderschutzes durch den entscheidenden Wirkfaktor der Therapie geleistet, welcher in der Interaktionstherapie und zuallererst der Behandlung der Wahrnehmungsverzerrungen liegt, wie weiter oben beschrieben. Hier bietet sich insbesondere die mentalisierungsbasierte Eltern-Kind-Arbeit an.

Weitere therapeutische Interventionsmöglichkeiten, die auch präventiv ansetzen, sind in Kapitel 17.3 besprochen.

18.6 Zusammenfassung

Das Misshandlungstrauma ist einer der wesentlichen pathogenen Einflussfaktoren auf die gesamte menschliche emotionale Entwicklung, insbesondere im Hinblick auf die in diesem Artikel hervorgehobene große Prävalenz von Kindesmisshandlung und -missbrauch.

Neben den unverzichtbaren wichtigen therapeutischen Aspekten fokussiert dieser Beitrag auf wesentliche subklinische Effekte von Misshandlung sowie auf Interaktions- und Beziehungsbereitschaft. Störungen Letzterer sind für die gesamte menschliche Entwicklung eine Belastung. Besonders risikobehaftet sind diese „diskreteren"

Misshandlungserscheinungen aber in der Interaktion ehemals misshandelter Eltern mit ihren Kindern. In systematischen Kontrollgruppendesigns zeigen sich hier Auffälligkeiten, welche ihrerseits als Risikofaktoren gewertet werden können und somit die pathogene Auswirkung von Misshandlung und Missbrauch jenseits der direkten Krankheitsentstehung belegen. Da diese Aspekte bislang sowohl didaktisch, wissenschaftlich als auch klinisch nur wenig Beachtung erfahren, stellt dieser Artikel die Datenlage zu physiologischen und Interaktionsauffälligkeiten misshandelter Eltern mit ihrem Kindern besonders intensiv dar.

Dies geschieht nicht zuletzt unter präventiven Gesichtspunkten, denn je früher Auffälligkeiten identifiziert werden, umso rascher und effizienter können spezifische Präventionsansätze entwickelt werden und greifen. Letztere sind in der Entwicklung begriffen, müssen aber ausgebaut und intensiviert werden, um Kindesmissbrauch und -misshandlung gezielter und flächendeckender zu verhüten.

Nicht zuletzt aus diesem Grund ist es unverzichtbar wichtig, psychopathologische Folgeerscheinungen von Misshandlung frühzeitig und ausreichend psychotherapeutisch und/oder medizinisch zu behandeln. Dazu sind gezielte Konzepte erforderlich, deren Wirksamkeit bereits in Kontrollgruppendesigns nachgewiesen werden konnte, wie die Dialektisch-Behaviorale Therapie. Deren Ablauf und Möglichkeiten sind daher in diesem Beitrag ausführlich dargestellt.

Da Misshandlungsphänomene ein erhebliches gesellschaftliches Problem darstellen, sind präventive Ansätze ebenso wie die beschriebenen evaluierten therapeutischen Konzepte von ganz besonderer Bedeutung.

Krankheitsbilder bei Erwachsenen

19 Depressive Störungen und Suizidalität

Peter Joraschky und Ulrich Tiber Egle

Inhalt

19.1	Einleitung	333
19.2	Diagnostik	335
19.3	Chronische Depression	336
19.4	Psychodynamik der Depression	338
19.5	Wissenschaftliche Studien zur Bedeutung von Kindheitsbelastungsfaktoren für depressive Erkrankungen im Erwachsenenalter	338
	19.5.1 Sexuelle Missbrauchserfahrungen	339
	19.5.2 Frühe Verluste	342
	19.5.3 Multiple Belastungsfaktoren	342
19.6	Therapie	348
19.7	Kindheitsbelastungsfaktoren und Suizidalität	350

19.1 Einleitung

Noch Anfang der 1960er Jahre gab es im Zusammenhang mit Wiedergutmachungsprozessen heftige Diskussionen, inwieweit anhaltende Depressionen in traumatischen Belastungen begründet sein können. In den für eine Entschädigung erforderlichen psychiatrischen Gutachten war zu lesen, dass *„alle noch so schweren psychischen Traumen abklingen, wenn die psychisch traumatisierende Wirkung aufhört"* (Niederland 1965). Bei einem Patienten Niederlands handelte es sich um einen jüdischen Akademiker, der vom Obergutachter als *„ein Alltagsfall völlig durchschnittlichen Profils"* bezeichnet wurde. Einige Monate nach dem Einsetzen der Rassenverfolgungen begann er unter depressiven Verstimmungen zu leiden. Er geriet unter zunehmenden Verfolgungsdruck und büßte seine Klientel, Existenz, Selbstachtung, innere und äußere Sicherheit ein. Nach den Terrorereignissen der Kristallnacht wurde er wochenlang in ein KZ verschleppt und schließlich in die Emigration gezwungen, um nach einer Reihe von Hospitalisierungen wegen wiederkehrender Depressions-, Angst- und Erregungszustände zu versterben. Der Obergutachter diagnostizierte eine Zyklothymie und verneinte jede Beziehung zu den traumatischen Verfolgungsereignissen, da für „keine der stärkeren oder leichteren krankhaften Phasen von Gemütsverstimmtheit eine wesentliche Teil- oder Mitverursachung durch erlebte Widerfahrnisse und Beeinträchtigungen der Verfolgungszeit glaubhaft zu machen" sei. Traumatische Syndrome imponieren hier als eine im Grunde vom Trauma unabhängige Reaktionsform „abnormer Persönlichkeiten". Der ursprünglich Gesunde würde nach dem Sistieren der traumatischen Einwirkung zur Gesundheit zurückkehren.

Nun steht bei derartigen schwersten Traumatisierungen außer Frage, dass in diesem Kontext das Modell eines linearen Ursache-Wirkungs-Zusammenhangs am ehesten zutrifft. Diskussionen um die Auswirkung des sexuellen Missbrauchs zeigen jedoch auch, dass große Gefahren in der Herstellung eines zu einfachen Kausalzusammenhangs liegen und dass es bei jedem Einzelfall notwendig ist, das Zusammenspiel von destruktiven, deformierenden Kräften und Schutzfaktoren zu diagnostizieren. Dies impliziert gerade bei derartigen ubiquitären, epidemiologisch gehäuft auftretenden Störungen wie depressiven Verstimmungen, dass es sehr wichtig ist, das Zusammenspiel der Faktoren, welche die Reaktion auf Verlusterfahrungen determinieren, genau zu betrachten.

Unter historischem Aspekt gründet die Traumaforschung zur Depression auf den Arbeiten von René Spitz über die maternale Deprivation. Die extrem hohe Säuglingssterblichkeit gegen Ende des 19. Jahrhunderts war die Grundlage, Schutzfaktoren in der Fürsorge für Mutter und Kind zu erforschen. Spitz begann 1935 gemeinsam mit Charlotte Bühler seine Untersuchungen mit Direktbeobachtungen von Säuglingen (Spitz 1946). Nach der Emigration in die USA untersuchte er die seelische Not elternloser Heimkinder. Das *Deprivationssyndrom*, das Spitz unter dem Titel „Anaclitic depression" (1946) als Folge einer unzureichenden mütterlichen Fürsorge definierte, war bis dahin in keinem kinderärztlichen Lehrbuch beschrieben. Er teilte die anaklitische Depressionsentwicklung in drei Phasen:
1. die Phase der Unruhe
2. die Phase der Resignation
3. die Phase des Verfalls

In letzterem Stadium macht sich die schwerste Form des *Hospitalismus* bemerkbar, nämlich die völlige Widerstandslosigkeit gegen infektiöse Schäden (parenterale Infekte, Pneumonien, Pyodermien etc.). Spitz führte mit diesen Untersuchungen auch empirische Methoden der Interaktionsforschung zwischen Müttern und Babys in die Psychoanalyse ein und verkörperte in der eigenen Person, wie empirische Kinderverhaltensforschung und Psychoanalyse sich wechselseitig befruchten können.

Hellbrügge (2009) beschreibt in seinen Untersuchungen aus der Sozialpädiatrie in der Tradition von Spitz Deprivationssyndrome bei Kindern, die in der SS-Organisation „Lebensborn" gezüchtet und in staatlich besonders geförderten Heimen aufgezogen worden waren. Die Kinder waren körperlich im Bestzustand, da sie besonders „gehegt und gepflegt" wurden. Trotzdem stellten sie sich in einem erbärmlichen Zustand dar: Sie konnten mit zwei Jahren kaum ein Wort sprechen, hatten keinen Blickkontakt und schrien vor Angst, wenn man sich ihnen näherte. Wenn sie untereinander Kontakt aufnahmen, geschah dies immer in Form von Aggressionen. *„Sie schlugen einander ohne einen Grund mit oder ohne Gegenstand an den Kopf und nahmen es gelassen hin, wenn das angegriffene Kind schrie"* (Hellbrügge 2009, S. 34).

19.2 Diagnostik

Diese Hospitalismusphänomene als emotionale Deprivation wurden in vielen Filmen festgehalten, welche die enorme Bedeutung der emotionalen Vernachlässigung für die Depression vor Augen führten.

19.2 Diagnostik

In der ICD-10 sind unter der Rubrik F32 als Merkmale der depressiven Episode aufgeführt: Bedrücktheit, Interessenverlust, Freudlosigkeit und Antriebsminderung sowie auch Pessimismus, Konzentrationsstörungen, Selbstwertminderung, Schuldgefühle und Suizidgedanken. In der schweren, typischen (major) Form zeigt sich diese Symptomatik vertieft mit Verlust des Selbstwertgefühls, Gefühlen von Nutzlosigkeit oder Schuld, hohem Suizidrisiko und Erschöpfung. Hinzu kommen oft Vitalstörungen sowie Inappetenz, Gewichtsverlust, Hypotonie, Amenorrhoe und Schlafstörungen.

Die intensiven Bemühungen, mithilfe der operationalisierten Klassifikationsanweisungen neue Untertypen und syndromale Einheiten zu finden (Philipp et al. 1991), bestätigen im Wesentlichen den Satz von Heimann, dass *„bei den depressiven Syndromen die Monotonie des Erscheinungsbildes sich einer syndromalen oder ätiologischen Klassifizierung entgegenstellt"* (Heimann 1993, S. 19). So bietet sich nach wie vor die phänomenologische Interpretation an Einzelfällen besonders prägnanter depressiver Syndrome als Ausgangspunkt für weitere Fragestellungen an. Die Hoffnung, aus dem Querschnittsbild auf der Ebene der Symptomatologie eine allgemeingültige Zuordnung vornehmen zu können, welche gleichzeitig auch ätiologische Konsequenzen hat, muss aufgegeben werden.

Für eine praxisrelevante *syndromale Diagnostik* haben sich folgende *neun Diagnosekriterien* bewährt, die drei Bereichen zuzuordnen sind (Heimann 1991).

Auf intrapsychischer Ebene:
- ein *fruchtloses Grübeln*, meistens über eine Schuld oder über ein Versagen, mit der Unfähigkeit, sich von diesen Gedankeninhalten zu lösen
- Zeichen der *Selbstentwertung*, ein Gefühl des Ungenügens, der Verfehlung, des Versagens, der ungenügenden Leistung
- die *vitale Verstimmung*, d. h. negative Körperempfindungen, das Gefühl der Abgeschlagenheit, der Oppression, einer körperlich empfundenen quälenden Last

Die zweite Ebene betrifft *das* **Verhältnis des Depressiven zu seiner Umwelt** („Rückzugssymptomatik"):
- *Verlust des Interesses*. Dies zeigt sich vor allem am Verhältnis zu den Angehörigen oder in der Vernachlässigung früherer sozialer Aktivitäten und Hobbys.
- *Verlust der Genussfähigkeit*. Was sinnliche Lust bereitet hat, Essen, Sexualität, anregende Gespräche etc., hat diese Wirkung verloren.
- *Verlust der Arbeitsfähigkeit*. Das heißt, der Depressive empfindet verminderte Belastbarkeit, erlebt sich nach immer neuen Anläufen meist als ineffizient, steht ruhelos vor unerledigten Verpflichtungen.

Auf somatischer Ebene finden wir:
- *Appetit- und Gewichtsverlust*
- *Verlust der Libido*
- charakteristische depressive *Schlafstörungen*

19.3 Chronische Depression

35 % aller Depressionen nehmen einen chronischen Verlauf (Arnow u. Constantino 2003). Hierfür sind frühkindliche Traumatisierungen als Risikofaktoren in der Literatur gut belegt (Heim et al. 2009a). Sexuell Missbrauchte haben sowohl längere depressive Episoden als auch eine hohe Wahrscheinlichkeit für einen chronischen Verlauf (Zlotnik et al. 2003; Braun u. Bock 2013).

Auch ein *frühes Ersterkrankungsalter* (vor dem 21. Lebensjahr) und der Schweregrad der depressiven Symptomatik zeigen einen positiven Zusammenhang zu Kindheitsbelastungen (Riso et al. 2002; Klein u. Santiago 2003). Chronisch Depressive zeigen auch höhere Prävalenzen in den Kategorien schwere emotionale Vernachlässigung und schwerer emotionaler Missbrauch (nach Childhood Trauma Questionnaire, CTQ) (Brakemeier et al. 2013). Bifulco et al. (2002b) weisen darauf hin, dass es eine signifikante Dosis-Wirkungs-Beziehung zwischen Stärke der Traumatisierung (definiert als Anzahl bzw. Häufigkeit der erlebten unterschiedlichen Traumata) und der Schwere der chronischen Depression gibt.

Wir haben es also bei rezidivierenden Depressionen wie bei chronifizierter dysthymer Verstimmung mit auf verschiedenen Ebenen eines bio-psycho-sozialen Krankheitsmodells wirksamen Faktoren zu tun, die für die Ätiologie und Aufrechterhaltung der Erkrankung bedeutsam sind. Psychologisch handelt es sich in der Regel um eine Vielzahl von Verlust- und Belastungssituationen, die individuell in einer bestimmten Lebenssituation nicht bewältigbar sind und mit Gefühlen der Hilf- und Hoffnungslosigkeit einhergehen.

Da es sich in vielen Fällen um gemischte Zustände von Angst und Depression handelt, kann häufig von einer *zweizeitigen Pathogenese* gesprochen werden: Bei einer Traumagenese affektiver Störungen finden wir oft zunächst den Angstaffekt als Ausdruck einer unkontrollierbaren, willkürlich einbrechenden äußeren Situation, auf die der Organismus mit Kampf- oder Fluchtmechanismen reagiert hat. Wiederholen sich diese äußeren Situationen oder, stellvertretend, innere impulsive, als unkontrollierbar erlebte Affekte, so kommt es häufig sekundär zu einer Depression im Sinne eines resignativen Rückzugs. Dieser Rückzug kann bei vorbestehender Traumatisierung auch sofort eintreten, wenn der Verlust nicht nur als potenziell bedrohlich angesehen wird, sondern sofort als endgültig bewertet wird, wie es oft vor dem Hintergrund frühkindlicher Verluste geschieht.

Wie bei allen Frühmanifestationen psychischer Erkrankungen gehen diese mit häufigen Problemen im beruflichen und Beziehungsbereich einher, sodass die psychosozialen Folgeprobleme (frühe Beziehungsprobleme, Verluste, Trennung, Mobbing) Traumanarben triggern können. Patienten mit der chronischen Verlaufsform zeigen häufiger Suizidversuche und werden öfter stationär aufgenommen. Naturgemäß sind sie für einen substanziellen Anteil der enormen direkten und indirekten Kosten verantwortlich, die im Zusammenhang mit Depressionen stehen.

Die Komorbidität mit anderen psychischen Erkrankungen bedingt ein erhöhtes Risiko für einen ungünstigen Verlauf. Besonders häufig ist die Komorbidität der Angst- und Panikerkrankungen (20–30 %), die einen deutlich höheren Grad an Therapieresistenz und Chronifizierung zeigen. Prognostisch negative Faktoren liegen in der Komorbidität mit Abhängigkeitserkrankungen und begleitenden Persönlichkeitsstörungen (Narzisstische, Histrioni-

19.3 Chronische Depression

sche, Borderline-, Vermeidend-Abhängige und Anankastische Persönlichkeitsstörung), die in ca. 50 % der Fälle einer chronischen Depression vorliegen. Weiterhin sind typische Komorbiditäten zur Depression wie selbstdestruktives Verhalten, Somatisierungssyndrome, Suchttendenzen, sexuelle Störungen und Suizidversuche zu berücksichtigen.

Betrachten wir die neun Kriterien des depressiven Syndroms (s. o.), so finden wir bei den traumatisierten Patienten in der Regel im Kernsyndrom auf der intrapsychischen Ebene extreme Ausprägungen der Selbstentwertung, des Grübelns über Schuld und Versagen sowie ein *globales Unwerterleben im Selbstgefühl, Selbstbild und Körperbild* (s. Kap. 11).

Merke

Dabei können die Aspekte der Selbstwertminderung und Schuldgefühle vor allem mit den Verlusterlebnissen und frühkindlichen Belastungserfahrungen in Verbindung gebracht werden. Zusätzliche Gewalt- und sexuelle Missbrauchserfahrungen schlagen sich besonders in hoher Selbstentwertungsneigung, Schamproblemen und impulsiven Durchbrüchen einschließlich Suizidversuchen nieder.

Fallbeispiel

Eine 32-jährige Patientin wird von ihrem Mann in stationäre psychotherapeutische Behandlung gebracht, nachdem sie sich an das Kinderbett ihres jüngsten Kindes klammerte, um sich nicht durch einen Sprung aus dem Fenster umzubringen. Sie hatte seit einem Jahr immer wieder depressive Einbrüche mit Suizidimpulsen, Gefühlen des Unwerts und Rückzug mit leichter Erschöpfbarkeit und Antriebslosigkeit gehabt. Sie hatte im letzten halben Jahr 8 kg an Gewicht verloren, einen gestörten Schlaf mit Früherwachen und Libidoverlust. Als Hintergrund sieht sie eine Erschöpfung, ausgelöst durch die Betreuung ihrer drei Söhne (sechs, vier und zwei Jahre), wobei der Mittlere hyperkinetisch ist und sie zu ihm nie einen Draht gefunden habe. Sie könne oft ihren Hass gegen ihn nicht zügeln, sei voller Schuldgefühle und wisse oft nicht ein noch aus. Ihren Mann könne sie auch nicht belasten, er sei beruflich völlig überbeansprucht, habe gehäuft Herzattacken. Dadurch trat eine Wiederannäherung an die Eltern auf, auf deren Unterstützung sie angewiesen ist, was sie jedoch völlig verwirrt und zusätzlich belastet.

Biografie: Ihr Vater ging mit der Familie, als die Patientin ein Jahr alt war, aus beruflichen Gründen nach Indien. Dort erkrankte die Patientin an Typhus, konnte gerade noch am Leben erhalten werden, die Mutter kehrte daraufhin nach Deutschland zurück. Im Unterschied zu ihrer zwei Jahre jüngeren Schwester hat die Patientin nie eine herzliche Beziehung zur Mutter entwickelt, bis heute könne sie keinen Hautkontakt mit ihr ertragen. Im sechsten Lebensjahr kam der Vater zurück, er wurde ihre Hauptbezugsperson. Der Vater war sehr wechselhaft, vergötterte sie, dann wieder schlug er sie, vor allem, wenn er betrunken war. Zwischen dem achten und zehnten Lebensjahr wurde die Beziehung zum Vater schwierig, sie ekelte sich vor ihm, er versuchte immer wieder, Zungenküsse mit ihr auszutauschen und griff ihr unter den Rock. Überall lagen pornografische Zeitschriften herum. Gleichzeitig war die Familie sehr prüde und fromm. Als sie dann mit 17 Jahren ihren späteren Mann kennenlernte, wurde der Vater rasend vor Eifersucht. Als sie die Kinder bekam, bezeichnete er sie als „Gebärmaschine" und wandte sich radikal von ihr ab. In der Therapie spielt zusätzlich eine Rolle, angestoßen durch Hinweise ihrer Schwester, dass sie zusammen mit ihrer Schwester vom zwölften bis zum 14. Lebensjahr sexuellen Verführungen vonseiten des Pfarrers, der ihre Vertrauensperson war, ausgesetzt war. Sie meisterte ihr Leben dann beruflich mit hohen Leistungsidealen und zwanghafter Perfektion. Sie genoss dadurch immer ein hohes Ansehen bei ihrem Chef, der eine stabilisierende Größe in ihrem Leben war. Ihren Körper verachtete sie, Zärtlichkeiten konnte sie nicht ertragen, in der Sexualität war sie zeitweise erlebnisfähig, bis ihr Ehemann sie durch berufliche Inanspruchnahme allein ließ. Jetzt konnte sie seine Nähe nicht mehr ertragen. Bis auf den Kontakt zu ihrer Schwester hatte sie sich aus sozialen Beziehungen völlig zurückgezogen.

19.4 Psychodynamik der Depression

In der Psychodynamik der Depression (Hoffmann u. Hochapfel 1995) geht es im Rahmen der Selbstwertregulation um die *Ideal-Selbst- und Über-Ich-Dynamik*. Diese Faktoren tragen in unterschiedlicher Intensität zur depressiven Vulnerabilität auf psychologischer Ebene bei und diese steht wiederum in Verbindung mit dem psychobiologischen Rückzugs- und Konservierungsmuster (Engel 1976), welches genetische und entwicklungspsychologische Aspekte enthält. Zu dieser Vulnerabilität auf psychobiologischer Ebene tragen aus psychoanalytischer Sicht vor allem frühe Trennungserfahrungen bei.

Systematisch wird – ausgehend vom Attachment-Ansatz Bowlbys (1980) – von der beobachtenden interaktionellen Säuglingsforschung die Bedeutung emotionaler Entbehrung erfasst (s. Kap. 6 und Kap. 20), etwa inwieweit der Säugling für die Selbstwert- oder Affektregulation der Mutter im Sinne eines Selbstobjektes gebraucht wird. Die Traumaforschung analysiert die Bedeutung von Abtreibungsversuchen, Ablehnung des Geschlechts, Bezugspersonenwechsel, Trennung und Ausschließungserfahrungen als Risikofaktoren. Häufig finden wir bei den vulnerablen Kindern, dass sie ihr Selbstwertgefühl z. B. durch forcierte Leistung stabilisieren, um damit Anerkennung, Zuneigung und Stolz der Bezugsperson zu erringen. Auf die Vielfalt der Über-Ich-Pathologie der Depression hat Wurmser (1990, 1993a, b) hingewiesen. Im Beziehungsbereich sind die altruistische Abtretung und die Selbstverleugnung typisch.

Aus dem unsicheren Selbstgefühl oder der fehlenden Erwartung der Verfügbarkeit hilfreicher Anderer (Bindungsunsicherheit) resultiert eine überstarke Abhängigkeit an den „dominanten Anderen" (Arieti u. Bemporad 1983), verknüpft mit der hohen Idealbildung und Normenorientierung, dem Anderen zu entsprechen. Diese Grundtypen, die von Blatt und Zuroff (1992) „anaklitisch versus introjektiver Modus" genannt werden, entsprechen in der Bindungstheorie den ambivalenten oder verstrickten Bindungsstrategien. Introjektive und an Idealen orientierte Menschen zeigen wahrscheinlich Bezüge zu vermeidenden Bindungsstrategien. Depressive erweisen sich als überwiegend verstrickt gebunden (Rosenstein u. Horowitz 1996). Da sich in den Untersuchungen regelhaft Überlappungen mit der Angststörung zeigen, sei hier auf die ausführlich dargestellten Bedeutungen der Bindungssicherheit und des Bindungstraumas bei affektiven Störungen verwiesen (Kap. 20).

19.5 Wissenschaftliche Studien zur Bedeutung von Kindheitsbelastungsfaktoren für depressive Erkrankungen im Erwachsenenalter

Der Zusammenhang zwischen psychosozialen Belastungsfaktoren in der Kindheit und späterer psychischer Erkrankung ist

19.5 Wissenschaftliche Studien

bei depressiven Störungen mit am umfassendsten untersucht. Die nachfolgende Übersicht beschränkt sich insofern auf die methodisch besten und damit aussagekräftigsten Studien zu dieser Thematik. Unterschieden wird dabei zwischen Studien, die vorwiegend die Bedeutung sexueller Missbrauchserfahrungen in der Kindheit im Hinblick auf spätere depressive Erkrankungen untersuchen (ausführliche Übersicht in Joraschky et al. 2005), und solchen, die auch weitere Kindheitsbelastungsfaktoren einbeziehen, wie frühe Verluste durch Tod, Scheidung bzw. Trennung der Eltern, ein körperlich und/oder psychisch chronisch krankes Elternteil bzw. Geschwister sowie chronische Disharmonie in der Familie.

19.5.1 Sexuelle Missbrauchserfahrungen

Der Zusammenhang zwischen sexuellen Missbrauchserfahrungen und depressiver Erkrankung bzw. Symptomatik wurde in Populationen in der Allgemeinbevölkerung und in Allgemeinpraxen (Tab. 19-1) sowie in ambulanten bzw. stationären psychiatrischen Patientenpopulationen (Tab. 19-2) untersucht. Fast ausschließlich handelte es sich dabei um Frauen bzw. Patientinnen. Die Studien verwendeten allerdings unterschiedliche Definitionen des sexuellen Missbrauchs und Altersgrenzen zwischen zwölf und 16 Jahren. Unterschiedlich war auch der im Hinblick auf das Auftreten ei-

Tab. 19-1 Sexueller Missbrauch und Depression bei Frauen; Studien in der Allgemeinbevölkerung und in Allgemeinpraxen

Autor(en)	Jahr	n	Definition	Ergebnisse
Mullen et al.	1988	314	eng; sexueller Missbrauch vor dem 12. Lebensjahr	• sexueller Missbrauch 13 % • depressive Symptome (lebenslang) 21 % • KG: 6 %
Bushnell et al.	1992	301	eng; sexueller Missbrauch vor dem 16. Lebensjahr	• sexueller Missbrauch 13 % • depressive Symptome (lebenslang) 2-fach erhöht
Mullen et al.	1993	596	eng; sexueller Missbrauch vor dem 16. Lebensjahr	• sexueller Missbrauch 32 % • depressive Symptome (lebenslang) 13 % • KG: 5 %
McCauley et al.	1997	1931	weit	• 7,2 % mit sexuellem Missbrauch • signifikant höherer Depressions-Score im SCL-90
Cheasty et al.	1998	1189	weit	• von n = 132 Depressiven 37 % mit sexuellem Missbrauch • KG: 23 %
Cheasty et al.	2002	237	eng; sexueller Missbrauch vor dem 16. Lebensjahr	• sexueller Missbrauch 31 % • depressive Symptome 64 %

KG = Kontrollgruppe

Tab. 19-2 Sexueller Missbrauch und Depression bei Frauen; Studien an Risiko- und klinischen Populationen

Autor(en)	Jahr	n	Definition	Ergebnisse
Bagley u. McDonald	1984	87	eng	• wegen sexuellen Missbrauchs aus Familie herausgeholt: n = 20 • wegen Vernachlässigung aus Familie herausgeholt: n = 37 • KG aus Normalfamilien: n = 30 • signifikant mehr depressive Symptome in Gruppe mit sexuellem Missbrauch
Vize u. Cooper	1995	180	weit	• bei n = 40 Patienten mit starker Depression: 25 % sexueller Missbrauch • KG: 8 %
Brodsky et al.	2001	136	weit; sexueller Missbrauch vor dem 14. Lebensjahr	• sexueller Missbrauch 38 % • Missbrauchte zeigten häufiger Borderline-Persönlichkeitsstörungs-Diagnosen, häufiger Suizidversuche, aber keine Unterschiede in Depressionsschwere
Harkness u. Wildes	2002	245	eng; sexueller Missbrauch vor dem 18. Lebensjahr	• sexueller Missbrauch 45 % • depressive Symptome 31 % • Missbrauchte zeigten häufiger Angststörung als Komorbidität
Johnson et al.	2001c	89 sexuell Missbrauchte	weit	• Major-Depression 41 % • PTSD 78 % • Dysthymie 27 %

KG = Kontrollgruppe; PTSD = Posttraumatische Belastungsstörung

ner depressiven Störung bzw. Episode erfasste Zeitraum.

Vor diesem Hintergrund sind die in Tabelle 19-1 für die verschiedenen Studien angegebenen Prozentwerte nur sehr beschränkt vergleichbar. Im Sinne einer Kurzcharakterisierung der einzelnen Studien entschieden wir uns trotzdem dafür, sie in der Tabelle jeweils anzugeben.

Die beiden neuseeländischen Untersuchungen (Mullen et al. 1988, 1993) legten die engste Definition von Missbrauch zugrunde: „genitaler Kontakt" vor dem zwölften bzw. vor dem 16. Lebensjahr. Im Vergleich zur Kontrollgruppe (6 bzw. 5 %) traten während des gesamten Erwachsenenlebens depressive Episoden bzw. Störungen bei Frauen mit sexuellen Missbrauchserfahrungen in der Kindheit um ein Mehrfaches häufiger auf. In der Untersuchung von Bushnell et al. (1992) war das Auftreten einer depressiven Erkrankung um das Doppelte gesteigert, wenn es sich um einen intrafamiliären sexuellen Missbrauch gehandelt hatte. Auch bei den verbleibenden drei Studien in der Allgemeinbevölkerung, bei denen breitere Missbrauchsdefinitionen zugrunde gelegt worden waren, war das Auftreten einer depressiven Episode – unterschiedlich bezogen auf einen Zwölf-Monats- bzw. Drei-Jahres-Zeitraum – signifikant erhöht.

Zwei Studien wurden an großen Stichproben von Allgemeinpraxen durchgeführt (McCauley et al. 1997; Cheasty et al. 1998). Patientinnen mit sexuellen Missbrauchserfahrungen wiesen im Vergleich zu nicht Betroffenen signifikant höhere Werte in der Depressionsskala des SCL-90 auf. In der zweiten Studie gaben 37% der als depressiv diagnostizierten Frauen sexuelle Missbrauchserfahrungen in der Kindheit an, während diese Rate in der nicht depressiven Vergleichsgruppe nur bei 23% lag. Beiden Studien lag eine eher weite Missbrauchsdefinition zugrunde. Tabelle 19-2 gibt eine Übersicht über Studien zum Zusammenhang zwischen sexuellem Missbrauch und Depression in Risiko- und klinischen Populationen.

Eine der ersten Studien zum Zusammenhang von Missbrauch und Depression überhaupt (Bagley u. McDonald 1984) untersuchte in einem prospektiven Ansatz 20 Mädchen, die aufgrund sexueller Missbrauchserfahrungen aus ihren Familien herausgenommen worden waren, und verglich sie mit 37 Mädchen, die aufgrund von körperlicher Vernachlässigung bzw. Misshandlung ebenfalls von ihren Familien getrennt wurden. Als weitere Vergleichsgruppe dienten 30 junge Frauen aus Normalfamilien. Auch hier zeigte sich, dass die Gruppe mit sexuellen Missbrauchserfahrungen im Vergleich zu den beiden anderen Gruppen, die sich voneinander nicht unterschieden, signifikant mehr depressive Symptome aufwies.

Erwähnt seien schließlich Untersuchungen, die an Patientinnen psychiatrischer Kliniken durchgeführt wurden (Gorcey et al. 1986; Bryer et al. 1987; Pribor u. Dinwiddie 1992; Vize u. Cooper 1995) und die ausnahmslos eine erhöhte Wahrscheinlichkeit für eine depressive Erkrankung im Erwachsenenalter bei vorausgegangenen sexuellen Missbrauchserfahrungen in der Kindheit bestätigen.

Eine Reihe von Untersuchungen fand, dass Frauen nach sexuellem Missbrauch wesentlich häufiger als Männer an Depressionen erkranken (Cutler u. Nolen-Hoeksema 1991). In Stichproben von Carmen et al. (1984) litten 70% der weiblichen Missbrauchten unter Depressionen, aber nur 27% der männlichen Missbrauchsopfer. Cutler und Nolen-Hoeksema (1991) erklären den Geschlechtsunterschied folgendermaßen: Mädchen sind oft schwerwiegenderen Missbrauchsformen als Jungen ausgesetzt. Ferner beschuldigen Frauen eher sich selbst für das Geschehene als Männer. Und schließlich weisen Frauen eher einen autoaggressiven Affekt-Regulations-Stil auf, der depressive Langzeitreaktionen begünstigt.

Obwohl der Zusammenhang zwischen sexuellem Missbrauch und Depression bei Frauen eindeutig belegt ist, ist noch unklar, in welchem Maße Missbrauch, familiäre Umstände oder Vernachlässigung (Oakley-Browne et al. 1995) für ein erhöhtes Depressionsrisiko verantwortlich sind (Brown et al. 1999). Erschwerend wirken Einflussfaktoren wie Elternverlust (Briere et al. 1988), Behinderungen, chronische Erkrankungen, schwieriges Temperament des Kindes, elterliche Substanzabhängigkeit, elterlicher schlechter Gesundheitszustand, Armut, Gewalt und Stress in der Familie (Kessler u. Magee 1993) oder in der Umgebung auf diesen Zusammenhang ein (Brown et al. 1998). Da meistens mehr als einer dieser Faktoren vorhanden ist, ist unklar, ob der Ausbruch der depressiven Erkrankung auf den Missbrauch oder auf die weiteren erschwerenden

Variablen zurückzuführen ist und in welchem Maße die Faktoren für den Anstieg des Risikos verantwortlich sind.

Merke

Immer wieder wird jedoch auch die eigenständige Wirkung von sexuellem Missbrauch herausgearbeitet. Fergusson et al. (1996b) konnten unabhängig von familiären und kindlichen Risikofaktoren ein erhöhtes Risiko für Depressionen bei sexuellem Missbrauch feststellen. Auch Brown et al. (1999) fanden bei Jugendlichen und Erwachsenen ein drei- bis viermal größeres Risiko für Depressivität und Suizidalität. Kontextuelle Faktoren haben einen Einfluss auf Depression und Suizidalität, dieser Einfluss ist allerdings geringer als der von sexuellen Missbrauchserfahrungen (Brown et al., 1999). Zusätzlich besteht eine positive Korrelation zwischen der Schwere des sexuellen Missbrauchs und der Depressionsinzidenz (Comijs 2007).

19.5.2 Frühe Verluste

Schon Freud (1978c) und Abraham (1979) wiesen auf die Bedeutung des frühen Verlustes eines Elternteils für eine spätere depressive Erkrankung hin. Später wurde dies auch von Bowlby (1951, 1976) betont. Die sich daran anschließende erste Phase einer systematischen Erforschung dieses Zusammenhangs führte in drei Übersichtsarbeiten, die alle 1980 erschienen, zu sehr unterschiedlichen Schlussfolgerungen:
- „Der in der Kindheit erlebte Verlust eines Elternteils durch Tod erhöht das Risiko für eine depressive Erkrankung um den Faktor 2 oder 3." (Lloyd 1980)
- „Der Tod eines Elternteils in der Kindheit konnte für eine Depression im Erwachsenenalter nicht als ätiologisch bedeutsamer Faktor belegt werden." (Crook u. Eliot 1980)
- „Der Tod eines Elternteils in der Kindheit hat einen gewissen Effekt, wenngleich einen schwachen, im Hinblick auf das Risiko für eine Depression im Erwachsenenalter." (Tennant et al. 1980)

Da es sich beim Tod eines Elternteils um einen „harten", d. h. auch bei retrospektiver Erhebung reliablen Faktor handelt, hatte die Frage des Zusammenhangs von Kindheitsbelastungen vor dem Tod und dem Verlusterlebnis für die systematische Untersuchung der Langzeitwirkung von Kindheitsbelastungsfaktoren eine sehr grundsätzliche Bedeutung. Das Fehlen eines solchen Zusammenhangs hätte möglicherweise das Ende für die weitere Erforschung solcher Zusammenhänge bedeutet.

Ende der 1980er und in den 1990er Jahren erschienen dann Studien, die im Hinblick auf die Bedeutung früher Verluste zusätzliche Parameter berücksichtigen. Ganz wesentlich ist demnach die familiäre Atmosphäre vor bzw. nach einer Trennung der Eltern (Briere et al. 1988; Tennant 1988; Franklin et al. 1990; Seiffge-Krenke 1993). Der Tod eines Elternteils für sich alleine scheint hingegen keine Langzeitwirkung zu haben (Schoon u. Montgomery 1997; s. Tab. 19-3). Umstritten ist, ob dies möglicherweise nur für Frauen gilt (Roberts u. Gottlib 1997b) oder für beide Geschlechter Gültigkeit hat (Schoon u. Montgomery 1997).

19.5.3 Multiple Belastungsfaktoren

Einen wichtigen Beitrag zur Klärung des Zusammenhangs zwischen Kindheitsbelastungsfaktoren und der späteren Entwicklung einer depressiven Symptomatik leistet die prospektive britische National Child Development Study, dank der über 9000 in einem bestimmten Zeitraum im Jahre 1958 in verschiedenen Regionen in Großbritan-

19.5 Wissenschaftliche Studien

Tab. 19-3 Depression und Kindheitsbelastungsfaktoren in der prospektiven britischen National Child Development Study (1958–1991) (nach Schoon u. Montgomery 1997)

	Normalpopulation (n = 8181)		Depressive Personen (n = 824)		Signifikanz
	n	%	n	%	(p)
Finanzielle Probleme	440	5,4	107	13,0	<0,001
Familiäre Disharmonie	311	3,8	73	8,9	<0,001
Scheidung	220	2,7	43	5,2	<0,001
Tod eines Elternteils	122	1,5	13	1,6	nicht signifikant
Längere Trennung (>6 Monate) vor dem 7. Lebensjahr	120	1,4	34	4,2	<0,001

nien geborene Kinder bis zu ihrem 33. Lebensjahr verfolgt werden konnten (Tab. 19-3 und Tab. 19-4).

Finanzielle Probleme, familiäre Disharmonie, Scheidung und auch längere Trennung (>6 Monate) von den Eltern vor dem siebten Lebensjahr prägten danach die Kindheit jener, die im Erwachsenenalter eine depressive Symptomatik entwickelten, signifikant häufiger. Interessant an dieser Studie ist auch die Differenzierung zwischen Männern und Frauen: Für beide Geschlechter wird das relative Risiko, an einer Depression zu erkranken, durch eine längere Trennung von der Mutter (mehr als 6 Monate) sowie durch chronische finanzielle Probleme in der Familie deutlich erhöht.

Die Ergebnisse des an einer repräsentativen Stichprobe von 8000 Personen durchgeführten US-amerikanischen National Comorbidity Survey erbrachten im Rahmen einer multivariaten Analyse unter Berücksichtigung soziodemografischer Parameter, dass der Tod des Vaters und Scheidung bzw. Trennung der Eltern, sexuelle Missbrauchserfahrungen sowie ein psychisch krankes Elternteil in der Kindheit das relative Risiko für die Entwicklung einer depressiven Störung deutlich erhöhen. Dies gilt für jeden einzelnen der genannten Faktoren, umso mehr natürlich für deren **Kumulation**. Im Vergleich zum Auftreten von Angst- und Suchterkrankungen waren Verluste (Tod, Scheidung bzw. Trennung von Eltern) ebenso wie sexuelle Missbrauchserfahrungen für die Entwicklung einer depressiven Erkrankung sehr viel bedeutsamer, während eine psychische Erkrankung eines Elternteils das relative Risiko für bestimmte Angst- und Suchterkrankungen ebenfalls erhöhten.

Familiäre Dysfunktionalität, Kindheitsbelastungen und Depression

Zerrüttete Familienverhältnisse oder mangelnde elterliche Wärme während der Kindheit erhöhen das Risiko, an einer Depression zu erkranken (Yama et al. 1993; Gilman et al. 2003b). Gladstone et al. (1999) fanden

Tab. 19-4 Erhöhung des relativen Risikos für eine depressive Symptomatik durch bestimmte Kindheitsbelastungsfaktoren, differenziert nach Geschlecht, in der prospektiven britischen National Child Development Study (1958–1991) (nach Schoon u. Montgomery 1997)

	Relatives Risiko		
	Gesamt	Männer	Frauen
Geschlecht (weiblich)	2,0		
Niedrige soziale Schicht	1,5	–	1,8
Hohe Haushaltsdichte (>1 Person/Raum)	1,4	–	1,4
Familiensituation			
• finanzielle Probleme	1,7	1,9	1,7
• chronische Disharmonie	1,6	2,1	–
• Scheidung	–	–	–
• Tod eines Elternteils	–	–	–
Trennung von Mutter (>6 Monate)	2,5	2,4	2,4
Schikanen anderer Kinder	2,1	2,4	2,0

in Familienuntersuchungen, dass die Väter depressiver Frauen mit kindlichem sexuellem Missbrauch signifikant häufiger Alkoholiker waren. Gemessen mit dem Parental-Bonding-Instrument fanden sich bei beiden Eltern höhere Werte für Ignorieren und Missbrauch im Erziehungsstil. Beim Vater waren es erhöhte Werte für körperliche Gewalt, Kritik, Schuld und Angst einflößendes Verhalten und bei der Mutter verunsicherndes und zurückweisendes Vernachlässigungsverhalten. Tabelle 19-5 und Tabelle 19-6 veranschaulichen Zusammenhänge zwischen Erziehungsverhalten, Familiencharakteristika und Erkrankungsrisiken.

Vernachlässigung im Wechsel mit protektiven interpersonellen Faktoren

Kindlicher Missbrauch und der *Mangel an elterlicher Fürsorge* sind mit Depression im Erwachsenenalter verbunden (Bifulco et al. 1991; Mullen et al. 1993; Fergusson et al. 1996b). Figueroa et al. (1997) und Gladstone et al. (1999) betonen als Mediator-Variable für Major Depression die *interpersonelle Sensitivität*, die sich gehäuft bei Patienten nach sexuellem Missbrauch findet. Hill et al. (2001) untersuchen mit ausführlichen Interviews den Zusammenhang zwischen kindlichem sexuellem Missbrauch, Vernachlässigung, mangelnder Fürsorge und dem Einfluss der erwachsenen Liebesbeziehung auf das Auftreten von Depressionen.

19.5 Wissenschaftliche Studien

Tab. 19-5 Selbst-Auskunfts-Aussagen (Erziehungsstilfragebogen Measure of Parental Style; Parker et al. 1997b), die am stärksten mit der Depression in der Kindheit sexuell missbrauchter Frauen korrelieren (Gladstone et al. 1999)

Selbst-Auskunfts-Aussagen		Ranked Odds-Ratio
Vater	körperlich gewalttätig gegen mich	12,6
	mich kritisierend	6,4
	versuchte in mir Schuldgefühle hervorzurufen	5,7
	rief ein Gefühl der Bedrohung hervor	5,7
Mutter	rief ein Gefühl der Bedrohung hervor	9,4
	erzeugte ein Gefühl der Unsicherheit/Schutzlosigkeit	7,7
	wies mich zurück	6,4
	wollte nichts mehr von mir wissen	6,0

Tab. 19-6 Familien-Charakteristika von depressiven Frauen mit sexuellen Missbrauchserfahrungen in der Kindheit (Gladstone et al. 1999)

Familien-Charakteristika des elterlichen Environment	Sexueller Missbrauch in der Kindheit (n = 40)		Kein sexueller Missbrauch in der Kindheit (n = 131)		Ranked Odds-Ratio
	n	%	n	%	
Fehlender Schutz bei Bedrohung durch andere	27	68	22	17	10,1***
Ein Gefühl der Bedrohung beim Kind auslösen	21	53	22	17	6,1***
Allgemein dysfunktionaler Vater	33	83	59	45	5,7***
Verbaler Missbrauch	25	63	33	25	5,0***
Dysfunktionale elterliche Ehe	32	82	64	49	4,7***
Eltern getrennt lebend	21	53	24	19	4,7***
Zurückweisung	25	63	41	33	4,0***
Mangelnde Unterstützung in Notlagen	25	63	40	31	3,9***
Körperlicher Missbrauch	16	40	20	15	3,8***

Sowohl sexuelle Missbrauchserfahrungen wie mangelnde Fürsorge waren zu 70% mit *belasteten Intimitätsbeziehungen* verbunden. Die Verknüpfung von Major Depression mit defizitären Intimitätsbeziehungen hing jedoch sehr stark von Kindheitserfahrungen ab: Bei Frauen, die mangelnde Fürsorge erlebt, aber gute Intimitätsbeziehungen hatten, waren 22% depressiv, verglichen mit 53,7% mit defizitären Kindheits- und Intimitätsbeziehungen. Whiffen et al. (2000) bestätigen die Bedeutung interpersoneller Probleme als Mediatorvariable bei Frauen und Männern (s. auch Joraschky u. Petrowski 2002).

Traumatisierung und Resilienz bei Depressionen

Nach der Resilienzskala von Wagnild und Young (1993) besitzt jede Person die Kapazität, auf Widrigkeiten resilient zu reagieren. Wagnild geht davon aus, dass Personen Grundvoraussetzungen für eine resiliente Reaktion mitbringen, die durch bestimmte Verhaltensweisen gestärkt werden können. Sie sieht also Resilienz sowohl als Persönlichkeitsmerkmal wie auch bestimmte Verhaltensweisen in Interaktion mit der Umwelt. Die Stärke des Resilience Core beschreibt sie in fünf Komponenten:
- ein zweckerfülltes Leben
- Beharrlichkeit
- Gleichmut
- das Bewusstsein über die eigenen Fähigkeiten
- die Erkenntnis, in vielen Dingen der Welt auf sich allein gestellt zu sein

Grabe et al. (2013) setzten in der Study of Health in Pomerania (SHIP) bei 2238 Probanden neben dem Childhood Trauma Questionnaire die Resilienz-Skala RS-25 (Schumacher et al. 2005) ein. Wenn Traumatisierte hohe Resilienzwerte angaben, hatten sie eine nur unwesentlich erhöhte Lebenszeitprävalenz depressiver Erkrankungen von 13,8% gegenüber 11,2% bei resilienten nicht traumatisierten Probanden. Traumatisierte Menschen mit niedriger Resilienz jedoch hatten in 29,7% der Fälle depressive Störungen gegenüber 18,4% nicht traumatisierter Probanden (Tab. 19-7). Dies belegt, wie schon in den Grundlagen ausgeführt, die große Bedeutung der Kontexte von Belastungsfaktoren vor dem Hintergrund protektiver Faktoren.

Tab. 19-7 Anteil der Probanden mit Major Depression (Lebenszeitprävalenz) mit und ohne Kindheitstraumata und Vernachlässigung (Childhood Trauma Questionnaire) bezüglich hoher und niedriger Resilienzausprägung (RS-25; LEGENDE-Studie; n = 2238)

Prozentualer Anteil von Probanden mit Depression	Niedrige Resilienz		Hohe Resilienz		Gesamt
	n	%	n	%	%
Kindheitstraumata (+) (severe – moderat)	357	29,7	282	13,8	22,7
Kindheitstraumata (–) (none – mild)	765	18,4	834	11,2	14,7

19.5 Wissenschaftliche Studien

Die Einordnung und Beurteilung des Stellenwertes einzelner Belastungsfaktoren im Zusammenspiel kann nicht aus der einfachen Addition der Risikofaktoren abgeleitet werden, sondern es ist im Einzelfall zu überprüfen, wo besonders verletzliche Emotionsdysregulationen festzustellen sind, die mit einer Mentalisierungsstörung einhergehen, und wo ein Kohärenzzerfall oder dissoziative, verleugnende, affektisolierende Abwehrmechanismen festzustellen sind, ausgehend von der Reaktivierung durch die Auslösesituation. Klinische Fragestellungen sind: Wie werden Selbst und Selbstwertgefühl reguliert, wie Affekte und Impulse, wie Nähe und Distanz, wie funktionieren Reizschutz und Abgrenzung? In welchem Kontext stehen Entwicklungsstörungen und eingeschränkte Ich-Funktionen? Psychotherapie als Mittel der Wahl muss den Bindungs-, Emotions- und Selbstregulationsstörungen Rechnung tragen. In der Praxis legen Therapieverfahren daher heute besonders hierauf Wert, vor allem die strukturorientierte Psychotherapie (Rudolf 2013).

Genetik und veränderte Stressreaktivität – neuroendokrine und neurodegenerative Folgen bei traumatisierten Depressiven

Aus Zwillingsstudien kann abgeleitet werden, dass der Einfluss von Stressoren etwa gleich stark wie der von genetischen Faktoren ist. Jeder Bereich trägt etwa 30 % zur Varianzaufklärung bei (Tennant 2002). Bei der Aufrechterhaltung depressiver Erkrankungen sind Stressoren im Erwachsenenleben dominant, doch ist die Kumulation von Beziehungsstress häufig mit frühen Kindheits-, Bindungs- und Beziehungserfahrungen wie Traumatisierungen verbunden.

In der biologischen Depressionsforschung findet sich heute ein Konsens, dass in der multifaktoriellen Pathogenese der Depression nach dem Vulnerabilitäts-Stress-Modell dem Erleben traumatischer Ereignisse als relevante Risikofaktoren eine wesentliche Bedeutung zukommt (Grabe et al. 2013). Aus den Forschungen der Entwicklungsneurobiologie (s. Kap. 3) wissen wir, dass während sensibler Phasen der Gehirnentwicklung im Kindes- und Jugendalter wichtige Gehirnregionen besonders sensitiv gegenüber aversiven Erfahrungen zu sein scheinen. Traumata können verschiedene Gehirnregionen und neuronale Prozesse z. T. irreversibel prägen, was dann zu einer erhöhten Reaktivität auf Stress und belastende Lebensereignisse führt und zu einer Veränderung in der emotionalen Verarbeitung beiträgt. Auch auf endokrinologischer Ebene finden wir eine Dysregulation der HPA-Achse, bei Depressionen eine chronische Überaktivität der HPA-Achse und damit einhergehend eine dysregulierte Stressantwort. Eine lang anhaltende Cortisolfreisetzung kann eine toxische Wirkung auf hippocampale Neuronen ausüben und einen Verlust ihrer dendritischen Verästelung verursachen. BDNF (brain-derived neurotrophic factor), ein neurotropher Faktor, ist maßgebend für die neuronale Zellentwicklung und schützt bei Gesunden neuronale Zellstrukturen. Durch frühe Traumata kann sich über Methylierungsprozesse die BDNF-Genexplosion verändern, was zu einer Beeinträchtigung der Neurogenese führt. Dies könnten Hinweise sein, wie eine Atrophie des Hippocampusvolumens entsteht. So kann es über die Schädigung der neurochemischen Stressverarbeitung zu neuroanatomischen Veränderungen kommen, die eine „biologische Narbe" als Grund für die Vulnerabilität gegenüber Stress im Erwachsenenalter darstellen.

Die Langzeitstudie von Caspi et al. (2003) mit einem repräsentativen Teil eines Geburtsjahrgangs in Neuseeland konnte den Einfluss eines bestimmten Allels, des Serotonin-Transporter-Gens (ss-Allel), belegen. Dessen Vorhandensein hatte zur Folge, dass bei negativen frühen Umwelterfahrungen mit höherer Wahrscheinlichkeit spätere depressive Entwicklungen auftraten, als wenn das ll- oder das sl-Allel vorlag. Weiterhin konnte gezeigt werden, dass ein bestimmtes Allel des Serotonin-Rezeptors offensichtlich z. T. die Voraussetzung dafür ist, dass förderliche Umwelteinflüsse (z. B. mütterliche Zuwendung und Schutz) überhaupt genutzt werden können. Dies macht es notwendig, genetische Effekte auch in ein komplexes bio-psycho-soziales Modell einzubinden (Übersicht s. Grabe et al. 2013).

19.6 Therapie

Als Indikation für einen psychodynamischen Ansatz gelten das Vorliegen eines chronischen Gefühls der Sinnlosigkeit, eine schwere chronische Selbstwertproblematik und eine Kindheitsgeschichte von Missbrauch und Verlustereignissen. Insbesondere Patienten mit einer koexistierenden Persönlichkeitsstörung scheinen häufig nur in einer langfristig orientierten Therapie adäquat behandelbar zu sein. Eine Folge dieser Einschätzung ist das in der Psychiatrie erfolgreich initiierte und von McCullough (2000) etablierte „Cognitive behavioral analysis system of Psychotherapy" (CBASP), das speziell für chronisch depressive Patienten entwickelt wurde. In diesem Therapieprozess werden vier Ziele angesteuert:

- die Selbstwahrnehmung der Konsequenzen des eigenen Verhaltens einschließlich der Mentalisierungsfähigkeit
- die Arbeit an der Empathie
- das Erlernen sozialer Problemlösefähigkeiten und Bewältigungsstrategien
- die Bewältigung interpersoneller Belastungen durch frühe Traumatisierungen

McCullough greift damit Grundlagen der strukturellen Psychotherapie auf, einschließlich der Bedeutung von Übertragungs- und Gegenübertragungsmustern. Mit der „Situationsanalyse" soll der Patient eine Beziehung zwischen seinen Beziehungsmustern und den prägenden Erfahrungen an seinen primären Bezugspersonen herstellen. Dies orientiert sich an der psychodynamischen Therapie mit dem zentralen Beziehungskonfliktthema nach Luborsky sowie an zyklisch maladaptiven Interaktionsmustern mit selbstbezüglicher und zwischenmenschlicher Destruktivität, wie sie von Benjamin (2001) ausgearbeitet wurden. Spezielle traumaorientierte Interventionsformen finden sich hier nicht. Mit diesem Verfahren liegt jedoch ein empirisch überprüftes manualisiertes Verfahren vor, welches als empirisch erfolgreich in kontrollierten Studien überprüft wurde (Nemeroff et al. 2003; Schramm et al. 2011).

Für die notwendige Langzeitpsychotherapie, die häufig auch in sequenziellen Therapien mit stationären Traumabehandlungen stattfindet, haben sich in den letzten 15 Jahren klinisch eine Reihe von Verfahren bewährt (Übersicht s. Sack u. Sachsse 2013). Für die chronische Depression ist vor allem die strukturbezogene Psychotherapie nach Rudolf (2013) gut mit Ansätzen der Mentalisierungsbasierten Psychotherapie von Fonagy zu verbinden (Allen et al. 2008; Bolm 2010) (Abb. 19-1). Diese Therapien gründen bei der Bearbeitung der Emotionen und

19.6 Therapie

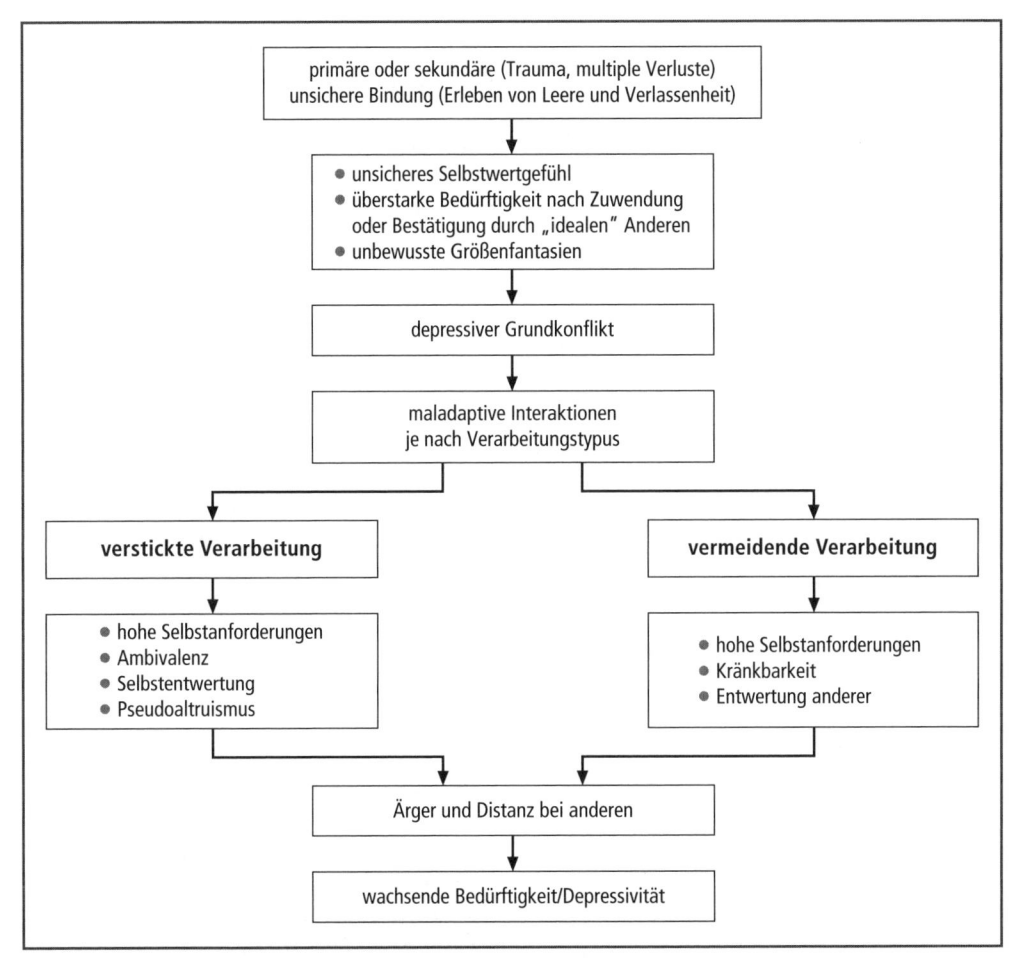

Abb. 19-1 Strukturbezogene Psychotherapie des depressiven Grundkonflikts unter Berücksichtigung der Bindungsstile (Rudolf 2003).

Selbstregulation auf der Bindungstheorie mit Ergänzung traumatherapeutischer Techniken (Sack u. Sachsse 2013).

Fallbeispiel

(Fortsetzung)
Für die Patientin war unerträglich, dass sie ihr Kind nicht lieben konnte, sie fühlte sich in ihrer mütterlichen Identität ihrer eigenen „selbstlosen" Mutter nahe. Hier stellten sich das Problem ihrer massiven Selbstkritik und Selbstverurteilung, die Probleme von Scham und Schuld dar.

In einer vierjährigen Analyse wurde die Therapie im Wesentlichen auf die Scham- und Schuldaffekte zentriert, ein Vorgehen, welches sich an Wurmser (1990) orientiert. Bei der Patientin war jede Entwicklung, jede Freude sofort mit einer Verschlechterung verknüpft. Alles Gute musste zerstört werden, sie verdiente keinen Erfolg, durfte sich selbst nichts gönnen. Durchdringend war die Scham, überhaupt zu sein. Nur durch ihre selbstverzehrende Hingabebereitschaft an die Arbeit hatte sie Wert. Es fiel ihr ungeheuer schwer, sich abzugrenzen, Nein zu sagen. Eigen und Selbst zu sein galt ihr als böse. Am schlimmsten war es, einen eigenen Körper zu haben. So mussten Akne-Pickel immer sofort ausgekratzt werden. Was immer an eigenen Triebimpulsen erwachte, musste entwertet werden und trug zur Verächtlichkeit bei.

So lebte sie ständig in einer doppelten Wirklichkeit: in der Welt der Vernunft, in äußerer Anpassung und Leistung zu funktionieren und damit den hohen Erwartungen des Vaters zu entsprechen. Gleichzeitig sollte sie sich ihm jedoch unterwürfig ergeben und ausgeliefert sein. So beraubte sie sich ihrer Bedürftigkeit, ihrer Gefühle und Sehnsüchte.

Bei dieser Patientin mit frühen Traumatisierungen erwies es sich als wichtig, dass sie neben der analytischen Einzeltherapie zusätzlich bei einer Körpertherapeutin in einem langwierigen Prozess ihre Körpergefühle Schritt für Schritt wiederentdeckte und zulassen konnte.

So gelang es ihr, ihre toten Zonen im Körper-Selbst (Kap. 11) deutlich zu verändern, Berührung zuzulassen und die damit verbundenen schrecklichen Gefühle der Ohnmacht und Verlorenheit tolerieren zu lernen. Die schwierige Verknüpfung von Erinnerungen mit Gefühlen, die sich in der verbalen Therapie immer wieder als lähmend darstellte, konnte durch eine ergänzende Mal-Therapie im Sinne von Benedetti (1992) als hilfreicher Klärungsprozess einbezogen werden. Hier konnte die Patientin ihre Gefühle Gestalt, Farbe und Ausdruck finden lassen. Gerade bei Patienten, deren Traumata vor der Symbolisierungsfähigkeit liegen, scheinen diese nonverbalen Ansätze für die Integration von Affekten und deren Symbolisierung neue Möglichkeiten zu eröffnen.

In der Fünf-Jahres-Katamnese berichtet die Patientin, dass sie keine depressiven Rezidive hatte. Sie hat sich eigenständig um eine Familientherapie gekümmert, wo sie die Partnerbeziehung systematisch reflektierte, insbesondere sich aber auch im Umgang mit ihren Kindern beobachten und unterstützen ließ.

19.7 Kindheitsbelastungsfaktoren und Suizidalität

Aus klinischer Sicht finden sich auffällig viele traumatisierte Patienten mit Depressionen, die gehäuft Suizidgedanken haben und Suizidversuche unternehmen. Dieser Zusammenhang wird unter psychodynamischem Aspekt vor allem in der *Vulnerabilität des Selbstwertgefühls* bei traumatisierten Patienten gesehen. Empirische Untersuchungen scheinen diesen Zusammenhang zu bestätigen (Briere u. Runtz 1988). Studenten (18–30 Jahre) zeigen vor dem Hintergrund von Missbrauchserfahrungen erhöhte Raten von Suizidversuchen (Garcia et al. 2002). Im Vergleich der unterschiedlichen Missbrauchsformen liegt speziell bei sexuellem Missbrauch das höchste Risiko für Suizidalität vor (Harkness u. Monroe 2002).

> **Merke**
>
> Die Kombination von emotionalem, körperlichem und sexuellem Missbrauch in der Kindheit steigert in der Kumulation die Suizidversuchsrate im Erwachsenenalter (Dube et al. 2001; Anderson et al. 2002). Die Suizidversuchsrate steht in direktem Zusammenhang mit der Höhe der ACE-Werte (Adverse Childhood Experiences).

Neben der Suizidalität finden sich auch eine erhöhte Impulsivität und Aggressivität (Brodsky et al. 2001) sowie eine gesteigerte Hoffnungslosigkeits- und Selbstverletzungsrate bei Patienten mit einer Missbrauchsgeschichte (Stanley et al. 2001).

Einige Studien untersuchen speziell Suizidversuche von männlichen Jugendlichen. Jungen, die etwa 20 % der Opfer sexuellen Missbrauchs ausmachen (Finkelhor 1993), sind häufiger Opfer gleichgeschlechtlichen Missbrauchs (Wellmann 1993; Peters u.

19.7 Kindheitsbelastungsfaktoren und Suizidalität

Range 1995, 1996), insbesondere Opfer extrafamiliären Missbrauchs, verbunden mit Gewalt. Aus diesen Untersuchungen ergab sich die Hypothese, dass die Besonderheit des gleichgeschlechtlichen Missbrauchs eine Identitätsunsicherheit bezüglich der Homosexualität und besondere Selbstwertvulnerabilitäten hervorruft.

In einer repräsentativen Untersuchung von Garnefski und Diekstra (1997) an 151 männlichen und 594 weiblichen *Jugendlichen* wurde die Bedeutung der Kindheitsbelastungsfaktoren bei Suizidalität bestätigt. Anhand einer Fragebogenuntersuchung zu Vernachlässigungs- und Missbrauchserlebnissen stellten die Autoren fest, dass bei traumatisierten Jugendlichen erhöhte emotionale Probleme (Selbstwert, Einsamkeit, Depression), aggressive/kriminelle Verhaltensweisen, Sucht (Alkohol, Drogen) sowie Suizidgedanken und -versuche als vier große Symptombereiche vorliegen. Die Odds-Ratio, das Ausmaß der Inzidenz von Suizidgedanken und -versuchen bei sexuell Missbrauchten im Vergleich zu Nichtmissbrauchten war von den vier Störungsbereichen am höchsten. Bei Mädchen war die Suizidrate 4,8-mal höher bei Missbrauchten als bei Nichtmissbrauchten, bei Jungen 10,8-fach so hoch. Insgesamt bestand bei 36,4 % der Mädchen und 50 % der männlichen Jugendlichen Suizidalität. Bei männlichen Jugendlichen fanden sich außerdem höhere Raten von Sucht und aggressiven Problemen als bei Mädchen. Insgesamt war jedoch nicht nur die Kombination von sexuellem Missbrauch mit emotionalen Problemen, sondern vor allem mit *aggressivem Verhalten* als Störungskombination ein besonderer Risikoprädiktor (Odds-Ratio bei Mädchen 20). Dies macht die Einschätzung von *Gewalterfahrungen* und sexuellem Missbrauch neben der eigenständigen Wirkung der Schwere von Angststörungen und Depressionen auf die Suizidalität besonders bedeutsam (Beitchman et al. 1992).

Der Einfluss der Depressionsvariablen *Verzweiflung und Hoffnungslosigkeit* erwies sich als selektiv bedeutsam: Missbrauchserfahrungen hatten keinen Einfluss auf das Ausmaß der Verzweiflung, wohl aber auf die Schwierigkeiten, Zuversicht und Hoffnung für die Zukunft zu entwickeln. Hoffnung wird nicht zum Gegenpol der Verzweiflung, sondern ist eigenständig im Sinne einer generalisierten negativen Erwartung für die Zukunft wirksam (Garnefski u. Diekstra 1997).

Die *Komorbidität* depressiver Episoden mit Posttraumatischen Belastungsstörungen (Oquendo et al. 2003) sowie Borderline-Persönlichkeitsstörungen (Soloff et al. 2002) erhöht das Risiko suizidalen Verhaltens (Suizidrate 10 %). Gladstone et al. (1999) konnten nachweisen, dass die enge Verknüpfung zwischen sexuellem Missbrauch und der Umsetzung von Suizidgedanken in Suizidversuche, also die Impulsdurchbrüche, vor allem durch die Komorbidität der *Borderline-Persönlichkeitsstörung* begründet wurde. Der sexuelle Missbrauch ist wiederum ein Haupteinflussfaktor auf die Borderline-Persönlichkeitsstruktur, sodass diesem Persönlichkeitsaspekt bei Depressiven besondere Aufmerksamkeit geschenkt werden muss.

> **Fallbeispiel**
>
> Ein 62-jähriger Patient machte vor zehn Jahren erstmals wegen Depressionen eine psychodynamische Kurzpsychotherapie. Dabei ergaben sich folgende Zusammenhänge: Er war als Beratungslehrer für die Berufsschüler hochengagiert, hatte verschiedene Zusatzqualifikationen erreicht und damit auf der einen Seite Anerkennung, jedoch bei Vorgesetzten und im Ministerium wegen seiner Streitlust immer wieder Ab-

lehnung erzeugt und Kränkungen ausgelöst. Er konnte als reflektierter Patient die Mobbing-Situationen, die er geschaffen hatte, reflektieren, war aber über die Zeit im Überengagement immer wieder dermaßen enttäuscht und zurückgewiesen worden, dass er über Jahre Burnout-Symptome hatte, die er jedoch durch die Zuwendung zu Problemschülern kompensieren konnte. Zum Zeitpunkt der damaligen Behandlungsaufnahme war er suizidal – ihn halte nichts, seine Frau könne ihr eigenes Leben führen, er habe keine Kinder, die Schule sei für ihn ein abgeschlossenes Kapitel. Die Beziehungsaufnahme in der Therapie war von seiner Seite äußerst zynisch, abweisend, verletzend. Sein mimischer Affekt war bestimmt von Verachtung und Ekel. Dies änderte sich blitzartig nach einigen Stunden, als ich Details aus seinem Leben aus vorangegangenen Stunden aufgriff, zusammenführte und er sich plötzlich wahrgenommen und angenommen fühlte. Seine eisige Verachtung taute auf. Er vermochte, in den Psychotherapiestunden seine Entwicklung besser zu verstehen: Er war zwischen dem achten und zwölften Lebensjahr von seinem älteren Bruder und seinem Vater gewalttätig anal missbraucht worden – umfangreiche Narben am After ließ er sich als Folgen der Analfissuren ärztlich bestätigen. Er führte mit dem Vater und dem Bruder im Schutz der Therapie eine Abrechnung durch und brach den Kontakt ab. Er konnte seinen depressiven Grundkonflikt medial lösen, indem er seine Freude an der Vogelkunde ausbaute und im Naturschutz eine kämpferische Protagonistenrolle einnahm. Er war in Ökologie-Kreisen nicht nur wegen seiner messerscharfen Argumentation, sondern auch wegen seines Humors beliebt. Die Schultätigkeit reduzierte er auf 50 %. Im Paargespräch mit seiner Frau konnte eine leichte Verbesserung der Akzeptanz an Fürsorge erreicht werden. Vor allem war er in der Lage, wieder hoffnungsvoll Interessen aufzubauen (Bau eines Wochenendhauses, Restauratorenausbildung).

Aktuell kam er suizidal als Krisenpatient in unsere Ambulanz. Auslösend war das Scheitern ökologischer Initiativen an der Politik, sein geliebtes Wochenendhaus entwickelte mehr und mehr Risse und die Pensionierung seiner Frau führte zu Beziehungsängsten. Die Depression war schwerstgradig, wahnhaft (hypochondrisch). Die sofort eingeleitete stationäre psychiatrische und medikamentöse Behandlung mit Olanzapin und SSRI brachte kaum eine Besserung. In der Mal-Therapie konnte er für andere Patienten da sein und war im Rahmen seiner Borderline-Depression abgespalten, plötzlich stimmungsmäßig ausgeglichen, sodass er rasch entlassen wurde. Nach drei Wochen ambulanter Therapie war er wieder hochdepressiv, er wurde wiederum in die psychiatrische Klinik eingewiesen. Dort sprang er – wenige Minuten, bevor seine Frau ihn besuchen konnte – vom Dach in den Tod.

An diesem Beispiel soll verdeutlicht werden, wie die aggressiven und sexuellen Kindheitstraumatisierungen bei Patienten mit Borderline-Depression als Risikofaktor im Hinblick auf raptusartige Suizidversuche äußerst ernst genommen werden müssen und Borderline-Depressionen eigenständige komplexe Behandlungsstrategien erfordern.

20 Angsterkrankungen

Peter Joraschky und Katja Petrowski

Inhalt

20.1	Einleitung	354
20.2	Klinisches Erscheinungsbild	354
20.3	Komplexe Angststörungen	355
20.4	Empirische Untersuchungen zu Kindheitsbelastungsfaktoren bei Angststörungen	357
20.4.1	Sexueller Missbrauch	357
20.4.2	Interpersonelle Schwierigkeiten als Auslösesituation	357
20.5	Psychobiologische Angstvulnerabilität	359
20.5.1	Das Disstresssystem und die Trennungssensitivität	359
20.5.2	Traumabedingte psychobiologische Vulnerabilität und das Bindungstrauma	359
20.5.3	Empirische Bindungsforschung bei Angststörungen	361
20.5.4	Die Rolle des Bindungstraumas in der Ätiologie der Angststörungen	361
20.6	Ein integratives Modell der Panikvulnerabilität und Agoraphobie	363
20.7	Struktur- und bindungsorientierte psychodynamische Therapie der Panik und Agoraphobie	363
20.8	Soziale Angststörungen und emotionaler Missbrauch	366
20.8.1	Soziale Phobie und Kindheitsbelastungsfaktoren	366
20.8.2	Fallbeispiel: Sozialphobie	368

20.1 Einleitung

Angst ist ein normales grundlegendes Gefühl und eine biologisch festgelegte Reaktion unseres Körpers auf bedrohliche, ungewisse oder unkontrollierbare Situationen. Entwicklungsgeschichtlich dient die Angst als Alarmreaktion, in bedrohlichen Situationen auf Flucht oder Kampf vorzubereiten. Phobien (griech. phobos = Furcht; griech. Gottheit mit der besonderen Fähigkeit, Feinde zu erschrecken) sind demgegenüber Ängste, die über ein normales Ausmaß an Furcht hinausgehen. Dabei entspricht die pathologische Angst, die durch eine bestimmte Situation oder ein Objekt ausgelöst wird, nicht der objektiven Gefahr. Diese Ängste liegen meist außerhalb der Kontrolle der Patienten und führen zu Vermeidungsverhalten oder einer intensiven Furcht, wenn die Personen der angstauslösenden Situation ausgesetzt sind.

Der Mensch, als Nesthocker geboren, benötigt das Kampf-Flucht-System erst später in seiner Entwicklung. Der primäre Angstaffekt tritt als *Trennungsangst* auf und hat die Schutzfunktion, die Bindung zu lebenserhaltenden Personen abzusichern (Bindungssicherheit). In den Konzepten der Bindungssicherheit und -unsicherheit wurde damit ein *ätiologisches Grundkonzept* für soziale Stressvulnerabilität definiert, insbesondere für das Auftreten verstärkter bzw. pathologisch vermiedener Angstreaktionen vor und nach Trennungen. Panik als potenziell *traumatische Angst* aktiviert biologische Traumanarben, sodass hier häufig die Angsttoleranz strukturell eingeengt ist, was therapeutische Probleme aufwirft.

20.2 Klinisches Erscheinungsbild

Die schon von Freud (1895d/1977c) beschriebenen Angstanfälle wurden mit der Einführung des DSM-III (APA 1980) als Panikattacken und *Panikstörungen* operationalisiert.

> **Definition**
> Unter **Panikstörungen** werden zeitlich umgrenzte Episoden („Anfälle") akuter Angst, von den Betroffenen häufig spontan („wie aus heiterem Himmel") erlebt, verstanden.

Panikattacken verstärken sich innerhalb von Minuten, bis sie nach etwa zehn Minuten ihren Höhepunkt erreichen und dann nach ungefähr 30 Minuten sistieren. Länger anhaltende oder erinnerte Panikattacken sind bedingt durch den Versuch, sie zu unterdrücken und unter Kontrolle zu bekommen, wodurch die Anspannung aufrechterhalten wird.

Die häufigsten *körperlichen Symptome* sind Herzklopfen, Herzrasen, Atemnot, Schwindel, Benommenheit, Schwitzen und Brustschmerzen sowie Druck- oder Engegefühl in der Brust. Daneben treten üblicherweise *kognitive Symptome* auf, welche die mögliche Bedeutung dieser körperlichen Erfahrungen betreffen, z. B. „Angst zu sterben", „Angst, verrückt zu werden" oder „Angst, die Kontrolle zu verlieren".

Panikattacken steigern auch die Angst vor einer weiteren, unkontrollierbar erscheinenden Panikattacke und führen rasch zu einer *Erwartungsangst*. Gelegentlich kommt es zu *Derealisations- und Depersonalisationserlebnissen*, Gefühlen, sich selbst oder der Umwelt entfremdet zu sein, die als dissoziative Symptome auf die *potenziell traumatische Wirkung der Panik* verweisen.

Während des Panikanfalls tritt als Ausdruck extremer Bedrohung hilfesuchendes Verhalten, in der Regel Arztsuche, die Suche nach einem sicheren Ort, ein.

Nach den Kriterien des DSM-IV (APA 2000) ist für eine Panikstörung relevant, dass sich die betroffene Person im Anschluss an einen Panikanfall mindestens einen Monat lang über das Auftreten weiterer Panikanfälle oder über die Bedeutung der Panikanfälle sorgt oder deutliche Verhaltensänderungen infolge des Panikanfalls zeigt.

Tritt neben den Panikanfällen auch Vermeidungsverhalten auf, wird nach dem DSM-IV (APA 2000) eine Panikstörung mit Agoraphobie diagnostiziert.

Panikstörung mit Agoraphobie (F40.01): Das Vermeidungsverhalten kann eng umgrenzt sein, kann aber auch in extremen Fällen so stark generalisieren, dass die Betroffenen ohne Begleitung das Haus nicht mehr verlassen können. Ob z. B. in Kaufhäusern, Restaurants oder beim Autofahren: Das gemeinsame Merkmal der Situation ist, dass die Patienten immer das ohnmächtige Gefühl haben, *ausweglos gefangen zu sein, keine Hilfe* zur Verfügung zu haben und es sehr *peinlich* wäre, die jeweilige Situation zu verlassen. Deshalb werden von Agoraphobikern vor allem die Situationen als bedrohlich erlebt, die eine Entfernung von „sicheren" Orten (meist ihr Zuhause) oder eine Einschränkung ihrer Bewegungsfreiheit bedeuten. Um die Angst zu reduzieren, werden häufig „Sicherheitssignale" eingesetzt wie das Beisichtragen von Medikamenten, Handys, Entspannungsformeln oder der Telefonnummer des Arztes.

20.3 Komplexe Angststörungen

Die klaren diagnostischen Kriterien für Paniksymptome und Agoraphobie und die guten Behandlungsmöglichkeiten dieser Störungen ließen Verlaufsaspekte in den Hintergrund treten. Komplexe Angststörungen allerdings weisen eine hohe Chronifizierungsrate auf. Über 40 % der Agoraphobiker und etwa 20–30 % der Panikpatienten zeigen eine schlechte Therapieresponse und chronifizieren (Fava et al. 1995). Von behandelten Patienten sind sechs bis zehn Jahre nach der Behandlung etwa 30 % der Betroffenen symptomfrei, 40–50 % gebessert und 20–30 % gleich schlecht oder verschlechtert.

Folgen chronischer Angstkrankheiten sind oft soziale Isolierung, Verlust des Selbstwertgefühls, Einschränkung der beruflichen und privaten Mobilität, Verlust des Arbeitsplatzes, häufige Krankenstände, Alkohol- oder Medikamentenabhängigkeit, ausgeprägte Partnerkonflikte und eingeschränkte Sexualität.

Die epidemiologischen Studien zeigen übereinstimmend eine *hohe Komorbidität* der Panikstörung und Agoraphobie mit anderen Angststörungen sowie Depressionen, somatoformen Störungen und Abhängigkeitsstörungen. Wittchen (1991) fand in einem Längsschnitt über sieben Jahre, dass nur 14,2 % der Panikpatienten keine Komorbidität aufwiesen. Ferner treten komorbide Persönlichkeitsstörungen wie Dependente Persönlichkeitsstörung und Histrionische Persönlichkeitsstörung mit 12–25 %, vermeidende Persönlichkeitsstörungen mit 19–25 % und Borderline-Störungen mit 6–16 % auf (Bronisch u. Klerman 1991).

Langzeit-Katamnesen belegen ein stark ansteigendes Rückfallrisiko für Agoraphobiker fünf Jahre nach der Behandlung bei zusätzlichem Vorliegen einer *Persönlichkeitsstörung* (Fava et al. 1995). Vor diesem Hintergrund äußern sich Margraf und Becker (1997) zu der Ätiologie der Angststörungen: „… *dass ein auch nur ansatzweise vollständiges Verständnis der Angststörungen ohne die Einordnung in den breiteren Kontext der Emotions- und Persönlichkeitsforschung nicht möglich ist*". Butollo et al. (1999) beschreiben zur Ätiologie von Angststörungen, dass es unabdingbar ist, verschiedene Modelle wie soziale Ängstlichkeit, vulnerables Selbstbild, unsicherer Bindungsstil, konfluente Beziehungsmuster und negative emotionale Schemata zu berücksichtigen. Alle diese Faktoren sind traumatisierungssensitiv, daher ist es nicht überraschend, dass eine enge Beziehung von frühkindlichen Belastungsfaktoren und Missbrauchserfahrungen zu Angsterkrankungen vorliegt (Grawe 1998).

Zusammenfassend werden heute umfassende *komplexe Angstmodelle*, die neben den symptomatischen Aspekten auch Aspekte der Persönlichkeit einschließlich der Traumatisierung und der biografischen Entwicklung berücksichtigen, favorisiert. Beispiele für komplexere Modelle sind die Theorien von Chambless et al. (1996), Guidano und Liotti (1983) sowie Butollo et al. (1999).

Fallbeispiel

Angstkrankheit als Folge eines Verlusterlebnisses

Ein 34-jähriger Patient kommt wegen chronifizierter Panikattacken (ohne Agoraphobie), die täglich mehrfach auftraten, in stationäre Behandlung. Eine ambulante Verhaltenstherapie sowie eine nervenärztliche Behandlung mit selektiven Serotonin-Wiederaufnahmehemmern (SSRI) erbrachten nur kurzfristige Erfolge. Der Patient erlebt die Symptomatik in engem Zusammenhang mit dem Berufsstress: Als Gastwirt hatte er sehr erfolgreiche Jahre der Expansion hinter sich mit sehr gutem Verdienst. Während dieser expansiven Zeit konnte er nie Grenzen setzen. Er rauchte 40 Zigaretten am Tag und hatte mitten in der Nacht Heißhungeranfälle mit Süßigkeiten. Der familiäre Hintergrund war stabil, seine zwei kleinen Kinder liebte er über alles, seine Frau stehe zu ihm. Konflikte, wie sie seine Frau schilderte, wurden von ihm verleugnet. Er projizierte sein Harmonieideal auf seine Familie. Affektive Erschütterungen konnten im Gespräch eruiert werden, wenn es gelang, seinen kontraphobischen, gefühlsvermeidenden Redefluss zu bremsen und ihn mit seinen Affekten zu konfrontieren. Er erlebt die Unberechenbarkeit der Kundschaft, insbesondere wenn Leere in der Gastwirtschaft auftritt, als unerträglich. Diese Leeregefühle muss er mit hyperaktiven Aktionen vermeiden, ansonsten peinigen ihn vernichtende Gefühle voller Existenzangst, alles könnte zusammenbrechen. Als Hintergrund für die Leere konnte der plötzliche Tod seines Vaters in seinem achten Lebensjahr bei einem Autounfall eruiert werden. Danach musste die Familie eine bescheidene Unterkunft beziehen. Die Mutter kämpfte Tag und Nacht ums Überleben der Familie, um die drei Kinder zu ernähren. Er lernte früh, hart gegen sich selbst zu sein, und gleichzeitig war er ein Rebell, ein Ausbrecher, der die Schule verweigerte. Um den Vater konnte nicht getrauert werden, das Überleben war wichtiger. Seither wittert er Verunsicherung, kämpft gegen alle Widernisse und ist auf der einen Seite absolut sicherheitsbetont, auf der anderen Seite auch eine Spielernatur mit übergroßer Risikofreude. Seine Krankheitsbewältigung war maladaptiv: Er fand keine Grenzen in der Stressbelastung, konnte 18 Stunden arbeiten. Er zeigte keine Sensibilität für Körpersymptome, im Gegenteil kämpfte er gegen auftretende Erschöpfungszustände. Er war wie ein Kind, das im Stehen in den Schlaf fällt und bis zur letzten Sekunde aktiv sein muss. Katastrophal sind für ihn körperliche Erkrankungen in der Familie oder bei sich selbst. Hier gerät er in Katastrophengedanken der Vernichtung und des Untergangs. Über die Krankheit lernte er die Annäherung an seine Frau, um sich Halt zu suchen. Die Untersuchung des Bindungsstils zeigte ein Bindungstrauma bei vermeidender Bindungsunsicherheit (Unresolved Trauma).

20.4 Empirische Untersuchungen zu Kindheitsbelastungsfaktoren bei Angststörungen

Empirische Studien wurden seit den 1980er Jahren im Zusammenhang zu Kindheitsbelastungsfaktoren durchgeführt (Faravelli et al. 1984; David et al. 1995; Stein et al. 1996b). Servant und Parquet (1994) fanden eine hohe Rate von 34 % der Patienten, die schwerwiegende Verlusterlebnisse vor dem 15. Lebensjahr erfahren hatten. Bandelow et al. (2001) untersuchten 115 Panikpatienten, die klinisch behandelt wurden, und 124 gesunde Kontrollpersonen mit einem umfangreichen Fragebogen zu frühkindlichen Traumata. Nur 31,3 % der Panikpatienten, aber 62,9 % der Kontrollpersonen gaben an, kein schwerwiegendes Trauma erlebt zu haben (Tab. 20-1).

20.4.1 Sexueller Missbrauch

Neben Bandelow et al. (2001; Tab. 20-1) berichten auch weitere Studien einen häufigeren sexuellen Missbrauch bei Angstpatienten als bei gesunden Kontrollpersonen (Pribor u. Dinwiddie 1992; Walker et al. 1992a; David et al. 1995; Stein et al. 1996b). Kendler et al. (2000a, b), die 1411 weibliche Zwillinge untersuchten, fanden für die Panikstörung *gleich hohe Erkrankungsrisiken* nach sexuellem Missbrauch wie für generalisierte Angst oder Depression. Bezüglich der Familien-Belastungsfaktoren für den sexuellen Missbrauch liegt für Panikstörungen eine Odds-Ratio von 1,99 vor und wird so als gewichtiger Stressfaktor beschrieben.

Im Hinblick auf den *Zeitpunkt* der Missbrauchserfahrung (Kindheit, Jugend, Erwachsenenalter) zeigen Carlson et al. (2003) bei 557 Frauen der Primärversorgung, dass sowohl körperlicher wie sexueller kindlicher Missbrauch verbunden waren mit signifikantem Risikoanstieg für Depression und Ängste. Ferner zeigte sich ein deutlicher Zusammenhang zwischen schweren kumulativen Missbrauchsformen und Ängsten (je nach Schwere drei- bis siebenfach erhöhtes Prävalenzrisiko).

In einer kontrollierten Studie (Peleikis et al. 2004) zeigte sich allerdings, dass das Langzeitrisiko von sexuellem Missbrauch überschätzt wird und andere Risikofaktoren unterschätzt werden. Wenn andere Kindheitsbelastungsfaktoren mitberücksichtigt werden, verringert sich der Anteil des sexuellen Missbrauchs als Risikofaktor (Mullen et al. 1993; Fergusson et al. 1997; Fleming et al. 1999), aber er stellt einen eigenständigen Risikofaktor neben anderen Kindheitsbelastungen dar (Molnar et al. 2001).

20.4.2 Interpersonelle Schwierigkeiten als Auslösesituation

Eine Vielzahl von Studien ergab Hinweise auf eine hohe Belastung durch Lebensereignisse vor Beginn der Panikstörung/Agoraphobie. Dem Beginn von Panikattacken gingen häufig interpersonelle Konflikte, körperliche Überbelastung (Stampler 1982) sowie Verluste wichtiger Bezugspersonen und körperliche Bedrohung (Foa et al. 1984) voraus. Als häufigste Stressoren im Vorfeld für eine Panikerkrankung fanden Kleiner und Marshall (1987) Partnerkonflikte

Tab. 20-1 Frühe Traumata bei Panikpatienten und gesunden Kontrollpersonen bis zum 15. Lebensjahr: einige Beispiele (Fisher's Exact Test bzw. Wilcoxon-Mann-Whitney-Test) (Bandelow et al. 2001)

Belastungsfaktoren	Patienten	Kontrollpersonen	p
	Mittelwert (SD) oder Anzahl n (%)	Mittelwert (SD) oder Anzahl n (%)	
Tod der Mutter – n (%)	6 (5,2)	6 (4,8)	1,0 (n.s.)
Längerer Aufenthalt der Mutter im Krankenhaus – n (%)	38 (33,5)	34 (27,4)	0,29 (n.s.)
Tod des Vaters – n (%)	17 (14,8)	7 (5,7)	0,019
Längerer Aufenthalt des Vaters im Krankenhaus – n (%)	52 (45,2)	34 (27,4)	0,004
Vorwiegend nicht bei den Eltern aufgewachsen (z. B. Tante, Großeltern) – n (%)	23 (20,0)	6 (4,8)	< 0,0003
Eheprobleme der Eltern, Skala 0–4, Mittelwert (SD)	1,84 (SD 1,6)	1,22 (SD 1,4)	0,002
Trennung der Eltern – n (%)	18 (15,7)	17 (11,4)	0,72 (n.s.)
Vater schlug Kinder – n (%)	68 (59,1)	41 (33,1)	< 0,001
Mutter schlug Kinder – n (%)	68 (59,1)	46 (37,1)	0,001
Vater gewalttätig gegen Mutter – n (%)	27 (23,5)	5 (4,0)	< 0,001
Mittlerer bis schwerer Alkoholmissbrauch des Vaters – n (%)	68 (59,1)	36 (29,0)	0,001
Mittlerer bis schwerer Alkoholmissbrauch der Mutter – n (%)	48 (41,7)	21 (29,0)	0,001
Sexuelle Belästigung durch Erwachsenen (nicht genital) – n (%)	21 (18,4)	7 (5,6)	0,002
Sexueller Missbrauch durch Erwachsenen (genital) – n (%)	11 (9,7)	2 (2,4)	0,045

n.s. = nicht signifikant

20.5 Psychobiologische Angstvulnerabilität

(84 %) und familiäre Konflikte (64 %) (Last et al. 1984).

Für die Analyse der Beziehungskonflikte ist es in der Klinik hilfreich, vor dem Hintergrund unterschiedlicher Bindungsmuster Konfliktanfälligkeiten zu unterscheiden: Während beim verstrickt-bindungsunsicheren Typus Trennungssituationen zentrale Stressoren sind, sind es bei dem vermeidenden Typus Situationen, wo sich der Betroffene nicht in die Autarkie retten kann, wie z. B. Krankheit des Partners, eigene Krankheiten und Verluste mit dem Bedürfnis nach Trost und Zuwendung (z. B. Posttraumatische Belastungsstörung).

20.5 Psychobiologische Angstvulnerabilität

Ein Modell für das **Furchtsystem**, das tierexperimentelle, pharmakologische und klinische Befunde zu integrieren versucht, postuliert, dass die Panikattacken ihren Ursprung im Locus coeruleus haben und eine Hyperaktivität der Amygdala bei blockierter Steuerung durch den präfrontalen Cortex vorliegt (unzureichende Top-down-Kontrolle).

Längst gelöschte Furchtreaktionen in der Amygdala können unter Stress wieder auftreten, was dadurch erklärt wird, dass der präfrontale Cortex wie der Hippocampus durch starken Stress in ihrer Funktion beeinträchtigt werden, sodass vor allem die Kontrollfunktion geschwächt wird (Ansatzpunkt für Psychotherapie). Bei *chronifizierten Angstzuständen* befindet sich das Defensivsystem in permanent erhöhter Erregungsbereitschaft (z. B. vegetative Übererregbarkeit und motorische Spannung). Die Umgebung wird ständig nach potenziell bedrohlichen Hinweisreizen (dies können insbesondere interorezeptive Reize sein) abgesucht (Hypervigilanz; Übersicht s. Joraschky u. Petrowski 2012).

20.5.1 Das Disstresssystem und die Trennungssensitivität

Panksepp (1998) sieht das Disstresssystem als Modell der *Trennungsangst*. Das Disstresssystem reagiert, wenn Säuglinge oder Kleinkinder sich mutterseelenallein fühlen. Wird dieses Disstresssystem aktiviert, reagieren Säuglinge so, dass sie Laute von sich geben, sogenannte Disstressvocalisations. Frequenz und Klang dieser Laute des Säuglings sind so, dass sie für den Erwachsenen besonders unangenehm sind und Mütter unter Stress setzen. Dieser Stress führt dazu, dass die Mutter das Kind „stillt". Sie regelt ihre eigene Stressreaktivierung herunter, indem sie die Stressphysiologie des Säuglings beruhigt. Diese Beruhigung ist sehr befriedigend und bindungsfördernd. *Neurobiologisch* scheinen für Disstressvocalisations das periaquäduktale Grau (PAG) in der Formatio reticularis, das laterale Septum im limbischen System und der Gyrus cinguli beteiligt zu sein. Dieses System wird im Wesentlichen durch den Neurotransmitter Glutamat erregt. Beruhigt wird es durch die Stoffgruppe der Opioide und das Oxytocin. Opioide werden bei Hautkontakt, bei Nähe, Musik und vertrauter Umgebung ausgeschüttet.

20.5.2 Traumabedingte psychobiologische Vulnerabilität und das Bindungstrauma

Frühkindliche Verlaufsmodelle zur Stressvulnerabilität vor dem Hintergrund der Beziehungstraumatisierung stammen von Panksepp und Perry. Panksepp (1998) hat dabei grundsätzliche Differenzierungen im

Bereich der Angstentwicklung vorgeschlagen: Er unterscheidet das Furchtsystem (basic fear system) von dem Paniksystem (panic system).

Panksepp stellt die psychobiologisch plausiblen Hypothesen auf, dass die durch äußere oder innere Bedrohung ausgelöste Angst zunächst die Aktivierung des Sympathicus-Systems, welches das *Flucht- oder Kampfverhalten* auslöst, umfasst und dann im Anschluss das *Paniksystem* mit der Aktivierung des Parasympathicus bei der Trennungs-Panik. Dies wiederum setzt das Bindungssystem in Gang, was die Suche nach protektiven Personen aktiviert.

Bei Bedrohung körperlicher oder seelischer Integrität kann es zu einer persistierenden Alarmreaktion kommen, insbesondere dann, wenn die Alarmsituation nicht durch die Aktivierung des Bindungssystems beruhigt wird.

Als Anpassungsmechanismus auf die Unmöglichkeit, flüchten oder kämpfen zu können, werden dissoziative Mechanismen eingesetzt. Diese akute und wirkungsvolle Notfallreaktion, die das Überleben absichert, hat jedoch gravierende Nachteile für die weitere Persönlichkeitsentwicklung: Die Affekte werden „eingefroren". Die mit starkem Kummer verbundenen Trennungs-Affekte lösen über das parasympathische autonome Nervensystem entsprechende Körperempfindungen der Schwäche, Kloß im Hals, erhöhte Darmmotilität etc., aus. Wird die Bindungssuche nicht adäquat beantwortet, bleibt im Kontext der maternalen Deprivation nur noch die „Freeze"-Reaktion, der Totstellreflex. Im Wechselspiel beider Systeme lassen sich vielfältige Muster zwischen dem Sympathicuspol (ergotropes Arousal) und dem trophotropen Arousal mit der parasympathischen Erregung verdeutlichen. Wenn durch fehlende Bindungssicherheit das Furchtsystem nicht kontrollierbar ist, kommt es zur Erregung beider autonomen Systeme (Perry et al. 1996). Erfolgen sich häufig wiederholende, kumulative Mikrotraumata, können im prozeduralen Gedächtnis die heftigen Gefühle der Spannung, der Angst und der Wut verknüpft sein. Die Chronifizierung der Übererregungsreaktion könnte die Angstvulnerabilität konstituieren. Traumatische Ereignisse definieren sich also durch die physiologischen Übererregungszustände, die zur Selbstaufgabe und Dissoziation beim Opfer geführt haben.

In diesem eskalierenden Dilemma der Erregungsregulation kann es schließlich zu hohen Erwartungsspannungen, fehlender Selbstberuhigung und fehlender Kontrollüberzeugung kommen. Die Kinder können ängstlich, hyperreaktiv, hypersensibel sein, zu Verhaltensimpulsivität, Schlafproblemen, Angst wie auch zur Apathie und Schüchternheit neigen. Sie können sich rasch von leichter Ängstlichkeit über das Gefühl der Bedrohung in eine Panik steigern.

Den Zustand gleichzeitiger sympathischer und parasympathischer Aktivierung nennt Schore (2001) den „traumatic state", den er dann in seinen Untersuchungen als Ursache für frühkindliche Reifungsstörungen der Neuronenarchitektur sieht. Schore unterscheidet zwei Arten von Beziehungstraumata:

- Vernachlässigung (Neglect), welche zu einer chronischen Unterstimulierung des Säuglings mit überwiegend parasympathischer Steuerung und Bereitstellung von Phasen der Übererregung im Wechsel führt
- Misshandlung bzw. Missbrauch (Abuse), welche zur Überstimulierung, zum fixierten sympathogenen Hyperarousal führt

20.5 Psychobiologische Angstvulnerabilität

Im Zentrum der Untersuchungen von Schore (2001) stehen die Überlegungen zur Funktion der rechten Hemisphäre, der orbitofrontalen Kontrolle im Kontext früher Beziehungstraumata.

20.5.3 Empirische Bindungsforschung bei Angststörungen

Bisher wurden Bindungsstrukturen bei der allgemeinen Hauptdiagnose Angststörung (de Ruiter u. van Ijzendoorn 1992; Fonagy et al. 1996; de Ruiter u. Hildebrand 2003; Dick et al. 2005) bzw. für einzelne Untergruppen wie Agoraphobie (Caviglia et al. 2002) analysiert. Auf die Unspezifität von Bindungsrepräsentationen bezüglich der Psychopathologie in klinischen Stichproben verweist die Metaanalyse von van Ijzendoorn und Bakermans (1996). Eine Studie bestätigt Bowlbys Hypothese, dass ängstlich-ambivalenter Bindungsstil für die Entwicklung einer Agoraphobie prädisponiere (de Ruiter u. van Ijzendoorn 1992). Prospektiv konnte die Entwicklung von Angststörungen (größtenteils soziale Phobie, Überängstlichkeit und Trennungsangst) im Jugendalter durch *ängstlich-ambivalente Bindung* vorhergesagt werden (Warren et al. 1997). Die Angststörungen fielen durch den höchsten Anteil in der Klassifikation „unresolved" mit 86 % im Vergleich zu 76 % in der klinischen Gesamtgruppe und durch die höchste Komorbidität mit Achse-II-Diagnosen auf. Die Klassifikation „unresolved" wird vergeben, wenn im Interview deutlich wird, dass vom Interviewten eine *traumatische Erfahrung* (Verlust seiner Bindungsperson, Missbrauch und andere Traumata) noch nicht genügend verarbeitet werden konnte.

20.5.4 Die Rolle des Bindungstraumas in der Ätiologie der Angststörungen

Störungen der Erregungsregulation sowie Schwierigkeiten der Emotionsdifferenzierung und Mentalisierung lassen sich nach Untersuchungen der Bindungsforschung mit dem Hintergrund des Bindungstraumas plausibel machen. Die Bedeutung des Bindungstraumas als Vulnerabilitätsfaktor für kumulative Traumatisierungen sowie Selbst- und Emotionsdysregulationen werden für die Entwicklung von Angststörungen mit Persönlichkeitsstörungsanteilen zunehmend relevant. Die Bedeutung kumulativer Traumatisierung in der Folgezeit wird durch diesen Vulnerabilitätsfaktor verständlicher gemacht (Joraschky u. Petrowski 2008).

Aufgrund unsicherer Fürsorge durch Eltern, die misshandelt, vernachlässigt, sexuell missbraucht wurden, oder durch unreife und inkompetente Eltern wird kein konsistentes Bindungsmodell aufgebaut. Beim Kind entstehen dadurch unter Umständen mehrere Modelle von sich und den Bezugspersonen, die sich widersprechen und *nicht integrierbar* sind (segregated systems). Die Bindungsforschung definiert diese Modelle als *Bindungsdesorganisation*.

Die Bindungstheorie postuliert, dass ein Kind, das sich fürchtet, versucht, bei einer Bindungsperson Sicherheit zu erlangen. Stellt diese Bindungsperson nun gleichzeitig die *Quelle der Bedrohung* dar, steht das Kind vor einem unlösbaren Problem. Dieses Dilemma hat häufig ein desorganisiertes Bindungsmuster zur Folge (George u. West 1999; Lyons-Ruth u. Jacobvitz 1999). Die Impulsivität kann Folge dieser unlösbaren Widersprüche im Rahmen der Orientierungslosigkeit an der Bindungsfigur sein. Das Zusammenbrechen von organisierten

Strategien in bindungsrelevanten Situationen wird in der Bindungstheorie als Desorganisation bezeichnet und wurde in Studien bei Kindern, aber auch bei Erwachsenen mit einer erhöhten Wahrscheinlichkeit für eine psychopathologische Entwicklung assoziiert (Buchheim 2008).

Desorganisierte Kinder zeigen im **Fremde-Situation-Test**, einem experimentellen Mutter-Kind-Trennungstest, folgende Phänomene: Es finden sich stereotype Bewegungen nach dem Aufsuchen von Nähe, Phasen der Starrheit (freezing), *Ausdruck von Angst* gegenüber einem Elternteil, plötzliche aggressive Gestik und tranceähnliche Zustände. Die Bindungsstrategie des Kindes wird unterbrochen, es findet eine „*Frightening-Frightened-Kollusion*" statt. Dies bedeutet, dass das Kind in den unlösbaren Konflikt gerät, mit seinen Bindungssignalen auf die Bindungsperson ängstigend zu wirken und gleichzeitig selbst von der Bindungsperson geängstigt zu werden. Es kommt zum *ständigen Hin- und Herpendeln von Vermeiden und Annäherung* (Liotti et al. 2008).

Das auf Bindungsdesorganisation basierende Modell sieht Traumata in Verbindung mit *unverarbeiteten Affekten* und *dissoziierten impliziten Gedächtnisinhalten* über Bindungserfahrungen. Diese unverarbeiteten Affekte sind im impliziten Gedächtnis, z. B. somatischen Zuständen, gespeichert. Unverarbeitete Affekte und implizite, nicht integrierte multiple Repräsentationen (segregated systems) bleiben in einem weitgehend ruhenden Zustand, bis sie durch eine starke Aktivierung des Bindungsmotivationssystems wieder aufleben.

Diese Aktivierung kann z. B. die emotionale Reaktion gegenüber einer Bindungsperson sein, die nicht vor Missbrauch geschützt hat. Das Kind erlebt sich im Vertrauen verraten. Die angeborene Neigung des Kindes, die Bindungsbeziehung zur Fürsorgeperson zu erhalten und ihr Vertrauen entgegenzubringen, kollabiert bei Kindern, wo Bindungsfiguren den Missbrauch anderer Familienmitglieder gedeckt oder geleugnet haben.

Die Fähigkeit, in emotional bedrohlichen Situationen nachzudenken, ist bei desorganisierten Patienten eingeschränkt. Sie haben keine Flexibilität, zwischen inneren und äußeren mentalen Zuständen zu unterscheiden. Das Einfühlungsvermögen in die Komplexität mentalen Befindens und die Fähigkeit, dabei unterschiedliche Perspektiven einzunehmen, sind nach Fonagy et al. (2002) eine Entwicklungsleistung, die er als *Mentalisierungsfähigkeit* bezeichnet, die ein zentraler Resilienzfaktor ist.

Unsichere Bindungsstile, wie sie bei komplexen Angststörungen regelhaft vorliegen, sind eng mit *negativen emotionalen Schemata*, d. h. der konflikthaften Vermeidung bedrohlicher Affekte, verknüpft (Grawe 1998). Bei vorliegenden negativen emotionalen Schemata aktiviert nach Wolfe (1989) die Stressbelastung als Auslösesituation vermiedene emotionale Konflikte. Wolfe interpretiert das Katastrophisieren bei Angstpatienten nicht als Fehlinterpretation ungewöhnlicher Körperempfindungen, sondern als das Aufbrechen nichtintegrierter emotionaler Schemata, die mit vergangenen interpersonellen Traumata zusammenhängen.

In der Panik werden die Emotionen Angst und Aggression gleichzeitig aktiviert, sodass die Inkongruenzspannungen eine Integration und Differenzierung dieser beiden Affektsysteme erforderlich machen. Dies entspricht psychodynamischen Konzepten der Emotionsregulation und Abwehr sowie den Traumatheorien. Patienten mit Angststörungen erleben nach Markert (1984) ihre aggressiven Gefühle (Wut, Hass,

Verachtung, Entwertung, Ärger) als tödlich und mörderisch. Vor diesem Hintergrund wird die Vermeidung des Bewusstwerdens dieser Gefühle gut verständlich, was den kognitiven Theorien entspricht, dass die bei der Angst entstehenden Emotionen kausal nicht richtig attribuiert werden können und als unangenehme autonome Erregung wahrgenommen werden. Liotti (1991; Liotti et al. 2008) stellt fest, dass praktisch bei jedem Agoraphobiker die Vermeidung von Emotionen festzustellen ist. Die unerklärliche Erregung wird in der Regel negativ bewertet, die Symptome sind dann „unerklärlich und verrückt". Die Inkompatibilität von Angst mit Gefühlen von Wut und Trauer verhindert nach Butollo et al. (1999) die Wahrnehmung dieser Gefühle. Statt des Differenzierens unerwünschter Gefühle wird ein undifferenziertes Gefühlsgemisch erlebt.

20.6 Ein integratives Modell der Panikvulnerabilität und Agoraphobie

Als integratives Modell für die Panikvulnerabilität hat Shear (1996) einen Vorschlag gemacht, der als allgemeines Panikmodell große Akzeptanz findet (Abb. 20-1). Es muss hinzugefügt werden, dass die initiale Angstattacke der Hauptauslöser auch für die Agoraphobie ist, sodass sie in dieses Modell einbezogen wird. Ergänzt wird das Stress-Diathese-Modell durch inzwischen weitere gesicherte empirische Prädiktoren, Bindungs- und Traumatisierungsfaktoren, die auf die Dysregulation negativer Affekte Einfluss nehmen.

20.7 Struktur- und bindungsorientierte psychodynamische Therapie der Panik und Agoraphobie

Wichtig ist bei der psychodynamischen Therapie, dass je nach Bindungstyp bei der vermeidenden oder verstrickten Bindungsunsicherheit sehr unterschiedliche Beziehungsgestaltungen und Therapieschritte durchgeführt werden sollten. Besonders bei vermeidenden, kontraphobischen Patienten kann eine zunächst sehr technische, sachlich-distanzierte Heranführung mit Erklärungen notwendig sein, um dann über Affektsensibilisierung und Symbolisierung den bedrohlichen Raum emotionaler Abhängigkeit zu öffnen. Umgekehrt sind bei der verstrickt-abhängigen Beziehung die Klärung, Selbstreflexion und Distanzierung als Haupttherapiestrategie in einzelnen Schritten durchzuführen, wie sie schematisch in der Tabelle 20-2 als Möglichkeit zur Diskussion gestellt werden.

In der folgenden Fortsetzung des Fallbeispiels (s. Kap. 20.3) steht die Therapie der Panikstörung im Kontext unverarbeiteter Trauer bei vermeidendem Bindungsstil im Mittelpunkt.

Fallbeispiel

Fortsetzung

Der 34-jährige Patient nahm zunächst an einer Verhaltenstherapie teil. Er ging die Panikzustände kontraphobisch an, die Attacken „schlugen zwei- bis dreimal täglich ein". Er arbeitete intensiv an den kognitiven Kontrollen.
In der Panik blieb ihm oft nur die Hoffnung, „ich habe es bisher immer überlebt, es wird auch diesmal klappen", er biss sich durch, geriet jedoch in ausgeprägte Erschöpfungszustände. „Aber das Herz entzog sich meinem Verstand und der Tod war allgegenwärtig."

Die Auslösesituation, welche die Symptomatik massiv verschlechterte, war, dass er nach sehr erfolgreichen beruflichen Jahren als Gastwirt in der Rezession häufig immer mehr der „Unberechenbarkeit zwischen Leere und Fülle" erlag. Wenn der Gastraum leer war, geriet er in existenzielle Panik, obwohl am Jahresende der finanzielle Erfolg erreichbar war. Ähnlich wie mit der Arbeit ging er auch mit seinem Körper um. Immer wieder setzte er sich radikalen Diäten aus, stoppte das Rauchen. Dann wurde er wieder durch Panikattacken malträtiert, sodass er sich wieder suchtartig beruhigen musste. Eine Ressource war seine familiäre Stabilität. Ihm war wichtig, seine Rolle als Vater nicht zu vernachlässigen. Seine Frau als Krankengymnastin versuchte, ihn immer wieder zu motivieren und zu einem ruhigeren Lebensstil zu veranlassen. In der zweijährigen psychodynamischen Therapie exponierte er sich, konfrontiert mit den Leeregefühlen, seiner Traumatisierung, wie er als Achtjähriger den Unfalltod seines Vaters nicht

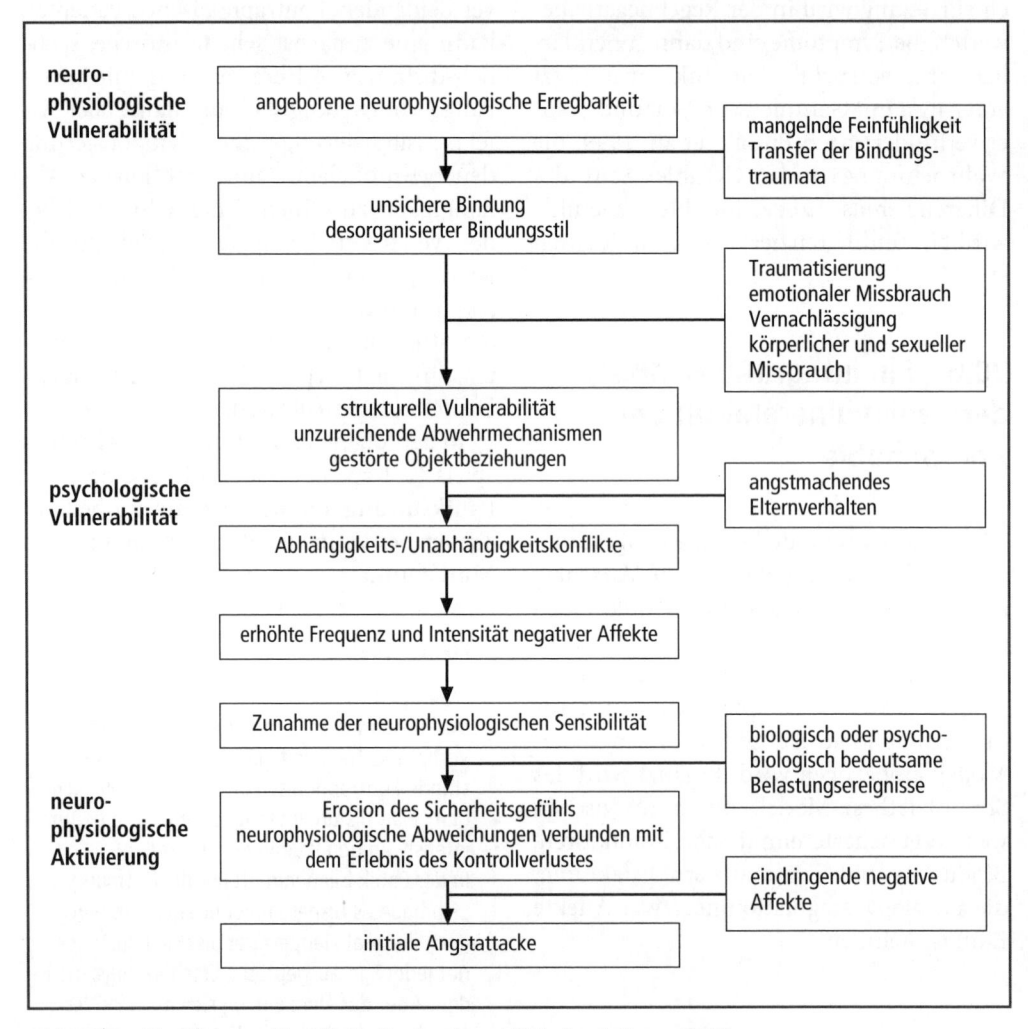

Abb. 20-1 Modifiziertes Modell der Panikvulnerabilität (nach Shear 1996).

betrauern konnte, sondern sofort als ältester von drei Brüdern dessen Stelle einnahm und die Mutter tröstete und ihr moralisch beim Überleben half. Er lernte, die Selbst- und Körperwahrnehmung zu sensibilisieren und zu reflektieren, wie er sich in den Intervallen zwischen den Paniketappen besser entspannen konnte, mit Sport eine sehr gute vegetative Stabilisierung zu erreichen. Aber in den Todesgefühlen der Panik und in Leeregefühlen wurde er hyperaktiv. Geradezu suchtartig schien er sich durch die Panik zu vitalisieren, um die unerträgliche Verlorenheit zu vermeiden.

In der affektkonfrontierenden psychodynamischen Therapie konnte er in den Verarbeitungsphasen Trauergefühle in der therapeutischen Beziehung zulassen, sich im Alleinsein mit Yoga und Atemtechniken Halt geben und in der Paartherapie mit stufenweiser Anlehnung an seine Frau eine besserer Affekttoleranz erlangen. Diese Phasen wurden immer wieder unterbrochen durch ohnmächtige Wutanfälle. Er konnte aber auch Ressourcen des Haltens und Anlehnens aus der frühen Mutterbeziehung mit einbeziehen. Mit verbesserter Affekttoleranz konnte er auch die Sexualität wieder genussvoller aufnehmen, sich der Flug- und Mobilitätsangst exponieren und die Agoraphobie durch Reisen zum Sistieren bringen. Der Patient ist seit fünf Jahren rückfallfrei.

20.8 Soziale Angststörungen und emotionaler Missbrauch

Soziale Phobien (ICD-10: F40.1) stellen eine Gruppe von gerichteten Ängsten dar, bei denen Handlungen oder Kontakte, die eine reale oder befürchtete Interaktion mit anderen Menschen beinhalten, nachhaltig vermieden werden. Gegenstand der Befürchtung ist eine *abwertende Einschätzung* durch die Anderen in der sozialen Situation. Je nachdem, ob es sich um einen begrenzten Vermeidungsbereich handelt, wird eine *umschriebene oder generalisierte soziale Phobie* unterschieden:

- Leistungssituationen: Ängste, in der Öffentlichkeit zu reden (damit verbunden Prüfungsängste!), zu essen, zu trinken, Unterschriften zu leisten
- soziale Interaktionen in kleinen Gruppen (weniger anonyme Menschenmengen): Ängste vor dem Kontakt mit Autoritäten, Fremdeln, Angst vor der Kontaktaufnahme zum anderen Geschlecht

Für die Psychosomatik sind *körperbezogene Ängste* bedeutsam: Ängste, einzunässen oder einzukoten, Anfälle mit imperativem Harn- und Stuhldrang, durch Hautkrankheiten auffällig zu werden (Akne, Neurodermitis etc.). Hier besteht eine enge Verbindung zu körperdysmorphen Störungen, Sexualängsten, Ängsten vor Achselschweiß oder wegen Schweißausbrüchen kritisch beobachtet zu werden.

Das Leid der Menschen kann kaum überschätzt werden, da sie ihre Unsicherheit in der Öffentlichkeit als „linkisch", teils als „arrogant" erscheinen lässt. Viele Bereiche im Leben, persönliche und berufliche Ziele, Freizeitgestaltung, persönliche Beziehungen, werden beeinträchtigt. Aufgrund der in sozialen Situationen aktivierten *Schamaffekte* werden diese Ängste in der Regel nicht offen geäußert, sodass immer noch von einer verborgenen Krankheit gesprochen werden kann. Die Bedeutung dieser tief greifenden Kränkbarkeit liegt vor allem in der Selbstwertvulnerabilität, der erschwerten Selbstakzeptanz und Körperakzeptanz. Im Beziehungsbereich spielt sie durch die häufig verknüpfte Sexualphobie eine dramatische Rolle in der Beziehungsaufnahme zum anderen Geschlecht.

Tab. 20-2 Zur bindungsorientierten Psychotherapie bei Angststörungen

Grundprinzipien der psychodynamischen Psychotherapie bei	
vermeidendem Bindungsstil	ambivalent verstrickter Bindungsorganisation
Aktive Beziehungsaufnahme (Prinzipien Verfügbarkeit, Verlässlichkeit)	Förderung der Übertragungsbeziehung
Vermittlung des Stressmodells	Klärung der widersprüchlichen Übertragungsmuster
Strukturiertes Symptommanagement	Stärkung der selbstreflexiven Kompetenz
Expositionsübungen unter Wahrung der Autarkie	Förderung der Selbstkohärenz
Wahrnehmungssensibilisierung für Körpersignale	Bearbeitung der abgewehrten Aggressionskonflikte
Entspannungsübungen	Differenzierung von Verlassenheitsgefühlen, Verlorenheits- und Vernichtungsängsten
Differenzierung von vermiedenen und abgewehrten Angst- und Wutaffekten	Klärung sexueller Triebkonflikte (Schamaffekte)
Klärung der Aggressionskonflikte	Stabilisierung der Grenzendurchlässigkeit
Klärung von Verlusten	Klärung der Partnerkonstellation mit Empathieförderung
Vermiedene Trauer unter Einbeziehung von Traumatechniken	Erhöhung der Konflikttoleranz sowie Wiederholung und Durcharbeiten in der Übertragung
Nähesensibilisierung und Kontaktübungen mit dem Partner (Entängstigung der Nähesituation)	
Empathieförderung für das eigene ignorante Verhalten	

20.8.1 Soziale Phobie und Kindheitsbelastungsfaktoren

Die soziale Phobie stellt in ihrer komplexen, d. h. generalisierten Form unter psychodynamischen Aspekten eine Selbstwertstörung dar, die einen weiten Überlappungsbereich mit der selbstunsicheren Persönlichkeit hat. Bei der generalisierten Form sind eine Vielzahl von Interaktionssituationen betroffen. Bei der vorliegenden Sensitivität gegenüber Ausgrenzung, Kritik und Schaminduktion (z. B. Hänseleien) vor allem während der Kindheit und Jugendzeit kann bereits eine manifeste Symptomatik auftreten. Etwa bei 20 % der generalisierten Sozialphobiker beginnt die Krankheit ab dem vierten Lebensjahr, bis zum 18. Le-

20.8 Soziale Angststörungen und emotionaler Missbrauch

bensjahr sind 90 % der Betroffenen erkrankt (Stangier u. Fydrich 2002). Durch die hohe narzisstische Vulnerabilität während der Persönlichkeitsentwicklung können sich Kindheitsbelastungen besonders gravierend auswirken. Dazu gehören neben den angsttypischen familiären Bindungsstörungen, der damit verbundenen Trennungssensitivität und den affektiven Regulationsschwierigkeiten bei der Sozialphobie vor allem die narzisstische Kränkbarkeit, die hohe Abhängigkeit von externaler Anerkennung bei gleichzeitiger Unfähigkeit, diese zur Selbstwertverbesserung zu nutzen, und die hohe Empfindlichkeit gegenüber Selbstgefühlstraumatisierungen durch Vernachlässigung, Gewalt und sexuellen Missbrauch.

Kessler et al. (1997b) prüften verschiedene Kindheitsbelastungsfaktoren wie Verlusterlebnisse, Scheidung, elterliche Psychopathologie, interpersonelle Traumata wie Vergewaltigung und Missbrauch und andere Traumatisierungen. Diese Faktoren waren vor allem mit der Auslösung der Angststörung verbunden. Die stärksten Faktoren waren elterliche Streitigkeiten, sexueller Missbrauch und eine psychiatrische Störung der Mutter. Die Möglichkeit des Auftretens einer Störung wuchs mit der Zahl der Kindheitsbelastungen. Es fand sich jedoch eine geringe Spezifität bezüglich der Belastungsfaktoren und der psychopathologischen Auffälligkeit. Magee (1999) untersuchte die Wirkungen von zwölf negativen Lebenserfahrungen und zehn chronischen Kindheitsbelastungsfaktoren auf das Auftreten einer sozialen Phobie. Er fand, dass sexuelle Grenzüberschreitungen durch ein Familienmitglied und verbale Aggressionen zwischen Eltern einen signifikanten Effekt auf das Auftreten der sozialen Phobie hatten, auch bei Kontrolle einer größeren Zahl von komorbiden Störungen und anderen Kovariablen (Tab. 20-3).

Potenzielle Kindheitsrisikofaktoren sollten bei der sozialen Phobie in einem weiteren Spektrum betrachtet werden. Berücksichtigt werden sollten Jugendgerichtsverfahren, die Einbeziehung von Fürsorgestellen, Wegrennen von zu Hause, Ehekonflikte in der Familie, elterlicher Tod vor dem 16. Lebensjahr, die Mobilität der Ursprungsfamilie, das Leben auf dem Land und der sozioökonomische Status der Familie. In der Untersuchung von Chartier et al. (2001; Tab. 20-3) fanden sich häufiger frühes Schulversagen, aufwendige Unterstützungsprogramme, Scheitern im Gymnasium, Einbezogensein in Fürsorgeprogramme, von zu Hause wegrennen und körperlicher Missbrauch.

Wichtig erscheint bei der sozialen Phobie, dass der Familienselbstwert, der nach außen häufig überbetont intakt dargestellt wird, nicht mit den innerfamiliären Regelungen übereinstimmt, wo häufig Grenzdurchlässigkeiten, Entwertungen und schambetonte Krankheiten wie Alkoholismus im Verborgenen stattfinden. Die In-

Tab. 20-3 Potenzielle Kindheitsbelastungsfaktoren bei sozialer Phobie (nach Chartier et al. 2001) (statistisch signifikant p < 0,05 gegenüber der Kontrollgruppe)

→ Straffälligkeit
→ Inanspruchnahme der Jugendfürsorge
→ Wegrennverhalten von zu Hause*
→ Mangel einer engen Beziehung mit einem Erwachsenen*
→ elterliche psychiatrische Erkrankung*
→ mehr als drei Umzüge in der Kindheit
→ schwerer körperlicher Missbrauch*
→ schwerer sexueller Missbrauch
→ Schulversagen*
→ spezielle Erziehungsprobleme*

* signifikant häufiger bei Sozialphobie als bei Phobien und Depressionen

kongruenz von hohen Ansprüchen an soziale Etikette und den in keiner Weise entsprechenden innerfamiliären Normentgleisungen, die häufig verleugnet werden, machen auch verständlich, dass Kinder nicht nur im internalisierenden Hemmungsbereich, sondern auch im dissozialen Bereich auffällig werden können, wie die Untersuchung von Chartier et al. (2001; Tab. 20-3) zeigt. Diese Unehrlichkeit der Doppelmoral verunsichert Kinder häufig, indem sie Angst haben, die Familie zu verraten und das Familienideal zu zerstören. Auch werden sie häufig in ihrem normabweichenden Verhalten streng sanktioniert, ohne dass sich die Eltern selbst an diese Normen halten. Systemisch kann bei der sozialen Phobie auch der umfassendere Kontext der Ausgrenzungen in sozialen Subgruppen – Kindergarten, Schule, durch Hänseleien, die einen zum Außenseiter machen, harte Ausgrenzungen und Stigmatisierungen während der Schulzeit – als traumatisierend angesehen werden. Dies bedeutet eine *Perspektivenerweiterung* von frühkindlichen Beschädigungserfahrungen auf *spätere vulnerable Phasen* des Selbstgefühls.

Soziale Zurückweisung wird als relevanter Risikofaktor identifiziert. In Familien besteht häufig die Diskrepanz zwischen äußerem Schein und inneren Konflikten, äußerer Etikette und destruktiven innerfamiliären Konflikten (z. B. Alkoholismus des Vaters) und anderen Familiengeheimnissen. Als *Ausschließungsprozesse* sind vor allem Mobbing in der Schulklasse, Hänseln, Ausgrenzung beim Sport, Außenseiter in Peer-Gruppen zu beachten. Neideskalationen sind in Geschwisterkonstellationen häufig. Für die Selbstwertregulation sind die narzisstische Vulnerabilität der Eltern und die Wahl als narzisstisches Objekt eines Elternteils relevant. Für die Entwicklung des Selbst, der Selbstregulation und des Selbstwertes liegen vor allem entwicklungspsychologisch orientierte theoretische Arbeiten vor. Wichtige Konzepte sind dabei der emotionale Missbrauch durch Entwertung, Kritik und Feindseligkeit von einer Bindungsperson sowie mehrgenerationelle Traumata (Suizid, gesellschaftliche Außenseiter, Kriegstraumata, Vertreibung).

20.8.2 Fallbeispiel: Sozialphobie

Fallbeispiel

Eine 23-jährige Studentin, sehr attraktiv, stark geschminkt, kommt wegen Prüfungsängsten, Sprechängsten bei Referaten und Schamattacken mit Erröten. Wenn sie sich an den Tisch mit ihren bekannten Kommilitonen setzt, verschweigt sie zunächst ihre Beziehungsängste, ihre Ängste vor sexuellem Kontakt. Inzwischen lebt sie weitgehend sozial isoliert.
Zur Entwicklung der Patientin ist verkürzt darzustellen, dass sie als Vatertochter immer für den Vater etwas Besonderes war. Während die Mutter sich um ihren zwei Jahre jüngeren Bruder kümmerte, war ihr Vater aufregend: Er führte sie in den Leistungssport ein, sie wurde erfolgreiche Stabhochspringerin. Der Vater kaufte ihr schicke Kleider, nahm sie zu Formel-Eins-Rennen und zu seinen Parteiveranstaltungen mit, wo sie sich in der Pubertät schon in der Jugendorganisation betätigte. Als sie mit 16 in die USA fuhr, veränderte sie sich radikal. Sie nahm an Gewicht zu, aß genussvoll, verweigerte zeitweise die Schule, streunte herum, war auf Selbstfindung. Nach Deutschland zurückgekehrt, musste sie wegen der Gewichtszunahme den Leistungssport aufgeben. Wegen ihres zeitweise exaltiert-arroganten Verhaltens wurde sie in der Klassengemeinschaft ausgegrenzt. Der Vater ließ sie fallen, sie hatte das Gefühl, wie ein Stein aus dem Ring zu fallen. Der Vater strafte sie mit Verachtung ab. Besonders eklatant: Als der Vater auf der Toilette noch eine Binde von ihr fand, verwies er sie wegen ihrer Ekligkeit in die Kellertoilette.

20.8 Soziale Angststörungen und emotionaler Missbrauch

In der Therapie stand die Auseinandersetzung mit dem narzisstischen Vater, dessen Selbstobjekt sie war, im Mittelpunkt. Der Vater war gleichzeitig Bindungsperson. Die Mutter blieb völlig blass, sie war frühzeitig eifersüchtig auf ihre Tochter und distanzierte sich von ihr. Im Rahmen der persönlichkeitsorientierten Psychotherapie konnte durchgearbeitet werden, wie sie auch ihre Freundinnen häufig narzisstisch entwertete, wie sie mit ihrem Körper, den sie zur Selbstaufwertung einsetzte, gleichzeitig vernachlässigend umging. Die narzisstischen Komponenten erschwerten den Zugang zu den verletzlichen Selbstanteilen. In der strukturbezogenen Psychotherapie wurde die Dynamik der Selbstentwertung entschärft, die Selbstakzeptanz, eine bessere Selbstwahrnehmung und interpersonelle Kompetenz wurden gefördert. Symptombezogen wurde auch die verhaltenstherapeutische Phobieexposition einbezogen (psychotherapeutische Kurztherapie, Supportive Expressive Therapie; Leichsenring et al. 2004; Hoffmann 2008).

21 Posttraumatische Belastungsstörungen (PTSD)

Guido Flatten

Inhalt

21.1	Einleitung und historischer Rückblick	370
21.2	Definition und klinisches Erscheinungsbild	372
21.3	Fallbeispiele	375
21.4	Psychodynamische, kognitiv-behaviorale und neurobiologische Modelle der Entstehung posttraumatischer Belastungsreaktionen	377
	21.4.1 Psychodynamische Modelle	377
	21.4.2 Kognitiv-behaviorale Modelle	378
	21.4.3 Neurobiologische Modelle	380
21.5	Epidemiologische Daten und empirische Zusammenhänge	384
21.6	Therapie der Posttraumatischen Belastungsstörung	387
	21.6.1 Fortsetzung der Fallbeispiele	388
21.7	Zusammenfassung	390

21.1 Einleitung und historischer Rückblick

Erst seit etwa zwanzig Jahren beschäftigen sich in Deutschland Psychosomatische Medizin und Psychiatrie ernsthaft mit Fragen der Psychotraumatologie, auch wenn deren Vorgeschichte bis in die Mitte des 19. Jahrhunderts zurückreicht. Schwere Unfallereignisse waren es, die damals mit der aufkommenden Industrialisierung und der Entwicklung schneller Verkehrsmittel, wie der Eisenbahn, neben medizinischen Problemen auch Fragen der Haftung und Entschädigung nach sich zogen. Der englische Chirurg Erich Erichsen (1866) beobachtete bei seinen Patienten nach Eisenbahnunfällen Symptome der Angst, Gedächtnis- und Konzentrationsstörungen, Schlafstörungen, belastende Träume, Irritierbarkeit und eine Vielzahl somatischer Erscheinungen. Er erklärte diese körperliche und seelische

21.1 Einleitung und historischer Rückblick

Symptomatik als Folge einer traumatischen Rückenmarksschädigung durch die unfallbedingte Erschütterung und gab dem Krankheitsbild den Namen *Railway-Spine-Syndrome*. Wenig später vertrat sein psychiatrischer Kollege Herbert Page (1885) die Gegenposition und erklärte, dass die railway-spine nicht durch eine organische Ursache zu erklären sei, sondern als Symptom einer *traumatischen Hysterie* verstanden werden müsse (s. auch Stein et al. 1997). 1889 war es dann der deutsche Neurologe Hermann Oppenheim, der den Begriff der *traumatischen Neurose* prägte (Oppenheim 1889). Ähnlich wie Erichsen betonte Oppenheim, dass die traumatische Neurose Folge einer organischen Erschütterung sei, jedoch müssten zum Verständnis der Störungsentstehung vor allem der seelische Schreck und die Gemütsbewegung beachtet werden. Neben den seelischen Folgen von Unfallereignissen beschäftigte sich die frühe Psychotraumatologie auch bereits mit den seelischen Folgen sexueller Gewalt. Nach den gemeinsamen Studien mit Breuer hielt Freud 1896 vor der Wiener Ärztegesellschaft seinen berühmten Vortrag „Zur Ätiologie der Hysterie", in welchem er die hysterischen Symptome als Abkömmlinge unbewusst wirkender Erinnerungen erklärte. Er vertrat dabei die Ansicht, *„zugrunde jedes Falles von Hysterie befinden sich – durch die analytische Arbeit reproduzierbar, trotz des Dezennien umfassenden Zeitintervalles – ein oder mehrere Erlebnisse von vorzeitiger sexueller Erfahrung, die der frühesten Jugend angehören"* (Freud 1999). Freud konnte bei dieser ersten Ausarbeitung seiner Theorie auf seine Beobachtungen an der Pariser Salpêtrière Bezug nehmen, wo Charcot und Janet sich seit Längerem mit den Phänomenen der hysterischen Symptombildung auseinandersetzten. Bekannt ist, dass Freud bei den Wiener Ärzten weitgehend Ablehnung für seine Hypothesen erntete und dass er in der späteren Ausarbeitung der analytischen Theorie die Bedeutung der Realtraumatisierung deutlich relativierte. Die Tabuisierung sexueller und körperlicher Gewalt im Kindes-, aber auch im Erwachsenenalter setzte sich für die nächsten Jahrzehnte fort. Psychotraumatologische Themen fanden nur durch die schweren Kriegstraumatisierungen des Ersten Weltkrieges kurzzeitig medizinische und gesellschaftliche Beachtung. Jetzt waren es die *Kriegszitterer*, die durch ihre Symptomatik auf die schweren seelischen Belastungen an der Kriegsfront aufmerksam machten. Ihre Behandlung erfolgte in eigens dafür eingerichteten Lazaretten und hypnotische Methoden zeigten – wie schon von Charcot erfolgreich angewandt – erneut gute Wirksamkeit. Im Zweiten Weltkrieg war es dann der amerikanische Militärpsychiater Abraham Kardiner (1941), der mit dem Begriff der *Physioneurose* erneut das komplexe Wechselspiel körperlicher und seelischer Faktoren bei Kriegsopfern beschrieb und damit den Grundstein für das heutige Verständnis posttraumatischer Störungen legte. Mit der Diagnose einer *Gross Stress Reaction* wurden nach dem Zweiten Weltkrieg im amerikanischen DSM-I (APA 1952) erstmals psychische Traumafolgen zusammengefasst, doch schon wenig später relativierte man diese klare Aussage und die Diagnose der massiven Stressreaktion wurde ersetzt durch den Begriff einer *Transient Adjustment Disorder* (APA 1968). Letztlich waren es die verheerenden Erfahrungen des Vietnamkrieges und die erstarkende Frauenbewegung, die in Amerika Mitte der siebziger Jahre des letzten Jahrhunderts dazu führten, dass die seelischen Folgen von Traumatisierung gesellschaftlich bleibende Beachtung fanden und als medizinische Diagnose unter dem

Namen *Posttraumatic Stress Disorder* (PTSD) Aufnahme in das DSM-III (APA 1980) fanden. Diese Entwicklung sehr widerstreitender gesellschaftlicher und medizinischer Kräfte bei der *Entdeckung von seelischen Traumafolgestörungen* zusammenfassend, schrieb Barbara Jones 1995: „*A medical diagnosis like PTSD is culturally bound and by no means scientifically objective or acceptable to all mental health professionals or their patients.*"

Ein internationaler Vergleich zeigt, dass die deutsche Medizin erst mit erheblicher Latenz diese neue Entwicklung aufnahm. Es muss vermutet werden, dass es die besonderen Erfahrungen des Zweiten Weltkrieges in der Opfer- und Täterrolle waren, die in Deutschland erst ab Mitte der 1990er Jahre eine ernsthafte medizinische und wissenschaftliche Auseinandersetzung mit der Thematik seelischer Traumafolgestörungen zuließen. Selbstkritisch mag so erklärbar sein, dass, obwohl die Konfrontation mit biografischen Traumatisierungen und Belastungsfaktoren zum therapeutischen Alltag in der Behandlung psychosomatischer und psychiatrischer Patienten gehört, die Symptomatik einer Posttraumatischen Belastungsstörung kaum beachtet wurde. Erst mit der Einführung der ICD-10 (1994) wurden Belastungsreaktionen als medizinische Diagnose in Deutschland klassifizierbar.

21.2 Definition und klinisches Erscheinungsbild

> **Definition**
> Die Posttraumatische Belastungsstörung ist eine mögliche Folgereaktion eines oder mehrerer traumatischer Ereignisse (wie z. B. Erleben von körperlicher und sexualisierter Gewalt, auch in der Kindheit [sogenannter sexueller Missbrauch], Vergewaltigung, gewalttätige Angriffe auf die eigene Person, Entführung, Geiselnahme, Terroranschlag, Krieg, Kriegsgefangenschaft, politische Haft, Folterung, Gefangenschaft in einem Konzentrationslager, Natur- oder durch Menschen verursachte Katastrophen, Unfälle oder die Diagnose einer lebensbedrohlichen Krankheit), die an der eigenen Person, aber auch an fremden Personen erlebt werden können. In vielen Fällen kommt es zum Gefühl von Hilflosigkeit und durch das traumatische Erleben zu einer Erschütterung des Selbst- und Weltverständnisses (Flatten et al. 2013).

Die hier wiedergegebene Definition aus der S3-Leitlinie zur Posttraumatischen Belastungsstörung ist eng angelehnt an die Definitionen des DSM und der ICD. Die sehr heterogene Auflistung potenzieller traumatischer Auslöser zeigt, dass es weniger die objektiven Faktoren des traumatischen Ereignisses sind, sondern vielmehr recht einheitliche Reaktionsweisen der Betroffenen, die psychodynamisch und inzwischen auch neurobiologisch gut verstehbare Krankheitssymptome nach sich ziehen und zur Ausbildung des syndromalen Störungsbildes führen. Besondere Beachtung verdient dabei die Tatsache, dass inzwischen neben den klassischen traumatischen Ereignissen auch die Konfrontation mit der Diagnose einer lebensbedrohlichen Krankheit als möglicher Auslöser einer posttraumatischen Belastungsreaktion aufgenommen wurde. Damit wird deutlich, dass neben dem Faktor einer vermeintlich objektivierbaren Traumaschwere zunehmend auch die besondere Bedeutung subjektiver Faktoren für die Entwicklung des Störungsbildes beachtet wird. In Anlehnung an die DSM-IV-Kriterien der Posttraumatischen Belastungsstörung werden drei diagnosti-

21.2 Definition und klinisches Erscheinungsbild

sche Symptomgruppen unterschieden. Die Diagnose einer Posttraumatischen Belastungsstörung ist positiv zu stellen, wenn eine Mindestanzahl an Symptomen aus jeder Kriteriengruppe erfüllt ist. In der klinischen Anwendung der diagnostischen Kriterien zeigte sich jedoch, dass häufig auch Patienten, die nicht das volle Symptombild einer Posttraumatischen Belastungsstörung erfüllen, unter erheblichem Leidensdruck stehen und Behandlungsbedarf indizieren. Während das DSM-IV die Posttraumatische Belastungsstörung der Gruppe der Angststörungen zuordnet, wurde in der ICD-10 eine eigene diagnostische Gruppe von Belastungsreaktionen geschaffen. Sie umfasst neben der *Akuten Belastungsreaktion* und der *Posttraumatischen Belastungsstörung* auch die *Anpassungsstörungen* nach einschneidenden Lebensveränderungen, deren Symptomatik weniger durch intrusive Wiedererinnerungen als vielmehr durch ängstliche und depressive Symptome geprägt ist. Als weitere Unterformen der Anpassungsstörungen werden inzwischen die *Posttraumatische Verbitterungsstörung* und die *komplizierte Trauerreaktion* vorgeschlagen.

Im aktuell erschienenen DSM-5 erfährt die Posttraumatische Belastungsstörung eine Sonderstellung in einem eigenen Kapitel „Trauma- and Stressor-Related Disorders". Das DSM-5 folgt damit der schon in der ICD-10 realisierten ätiologischen Sichtweise einer belastungsreaktiven Störungskategorie. Weggefallen ist im DSM-5 die bislang als A2-Kriterium formulierte Forderung, dass es zu intensiven Gefühlen von Hilflosigkeit, Ohnmacht und Kontrollverlust kommen muss, da sich diese Symptome nicht als ausreichend prädiktive Marker der späteren Entwicklung einer Posttraumatischen Belastungsstörung bestätigen ließen. Eine weitere Differenzierung findet sich jedoch bei den diagnostischen Kriterien, die neben den Wiedererlebensphänomenen, dem Vermeidungsverhalten und den Übererregungssymptomen als neue und zusätzliche diagnostische Dimension die Entwicklung von negativen Gedanken und Stimmung aufnehmen sowie das Gefühl der Entfremdung von sich und wichtigen Bezugspersonen. Insgesamt zeigt sich in dieser aktuellsten Überarbeitung damit eine Würdigung der inzwischen umfangreichen Forschungsbefunde zu den Traumafolgestörungen. Eine ähnlich positive Entwicklung wird auch für die ICD-11 erwartet.

Abbildung 21-1 zeigt zudem, dass zum Komplex der Traumfolgestörungen auch komorbide Störungsbilder gezählt werden. In vielfachen Untersuchungen wurden Prävalenzraten für psychisch komorbide Erkrankungen von bis zu 80 % bei Patienten mit Posttraumatischer Belastungsstörung bestätigt, auch wenn davon auszugehen ist, dass deren traumatische Genese häufig übersehen wird (Shore et al. 1989; Davidson u. Foa 1991; Kessler et al. 1995; Yehuda 1998; Creamer et al. 2001; Zlotnick et al. 2006). Als wichtigste komorbide Störungsbilder finden sich Angst und Depression, Suchterkrankungen sowie somatoforme und dissoziative Störungen. Die S3-Leitlinie zur Posttraumatischen Belastungsstörung weist gesondert auf die Gefahr hin, dass bei klinisch dominierender komorbider Symptomatik leicht die zugrunde liegende Traumasymptomatik übersehen werden kann und diese Zusammenhänge in der diagnostischen Exploration deshalb besonders zu beachten sind.

Als ernst zu nehmender Mangel wird von vielen Klinikern ebenso festgehalten, dass mit der Kernsymptomatik der Posttraumatischen Belastungsstörung nur die kleine Gruppe von Betroffenen diagnos-

```
                    Trauma
          ┌───────────┴───────────┐
          ▼                       ▼
   Anpassungsstörung         akute
                             Belastungsreaktion
```

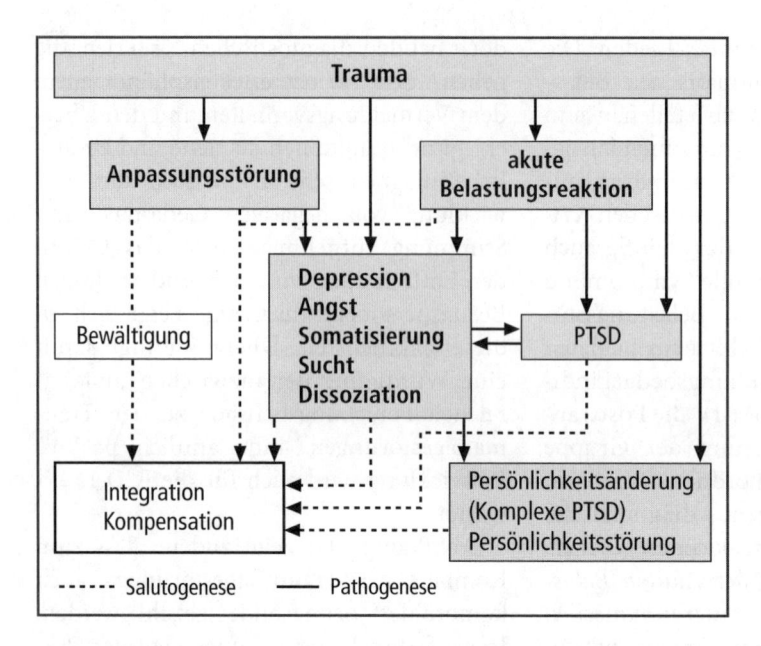

Abb. 21-1 Übersicht über die Traumafolgestörungen (nach Flatten et al. 2013). PTSD = Posttraumatic Stress Disease.

- - - - - Salutogenese   ——— Pathogenese

Kasten (mittig): Depression, Angst, Somatisierung, Sucht, Dissoziation ↔ PTSD

Bewältigung → Integration / Kompensation

Persönlichkeitsänderung (Komplexe PTSD) / Persönlichkeitsstörung

---

tisch zu erfassen ist, deren Traumatisierung im Erwachsenenalter und bei schon abgeschlossener Persönlichkeitsentwicklung erfolgte. Im klinischen Alltag wesentlich relevanter sind jedoch die Folgen von Traumatisierungen, die in der vulnerablen Phase der Persönlichkeitsentwicklung im Kindes- und Jugendalter entstehen, auch wenn sie häufig erst im Erwachsenenalter, also mit erheblicher zeitlicher Latenz, klinisch manifest werden. Herman (1992a; 1993) prägte für diesen Störungstyp den Begriff *Komplexe Posttraumatische Belastungsstörung* und beschrieb als typische Symptomatik Probleme der Affektregulation, Schwierigkeiten, intensive Gefühle, insbesondere Ärger, zu modulieren, selbstdestruktives und suizidales Verhalten. Für die zugrunde liegenden Ereignisse besteht häufig eine weitgehende Amnesie oder nur fragmentarische Erinnerung. Patienten mit Komplexer Posttraumatischer Belastungsstörung zeigen zudem häufig Symptome von Dissoziation sowie Aspekte einer chronischen Persönlichkeitsveränderung, die mit einer verzerrten Wahrnehmung der Realität einhergehen. Auch finden sich Verhaltenstendenzen, erneut Opfer zu werden oder die traumatische Erfahrung über eine Täterrolle zu wiederholen. Die Komplexe Posttraumatische Belastungsstörung kann entsprechend der DSM-IV-Klassifizierung diagnostisch nur als Restkategorie *DESNOS* (Disorder of Extreme Stress Not Otherwise Specified) erfasst werden. Im DSM-5 wurde das DESNOS-Konzept nicht mehr aufgenommen, jedoch scheint die klinische Bedeutsamkeit einer solchen Störungskonzeption unumstritten. Die ICD-10 kennt stattdessen die Kategorie F62, also die Diagnose einer andauernden Persönlichkeitsänderung nach Extrembelastung. Per definitionem wird hierbei jedoch angenommen, dass das Störungsbild fixiert und keiner therapeutischen Verbesserung mehr zugänglich ist. Eine kliniknahe Orientierung findet sich im Vorschlag, eine Typisierung der Posttraumatischen Belastungsstörung nach vier

21.3 Fallbeispiele

Tab. 21-1 Typisierung von Traumafolgestörungen (nach Sack et al. 2013, S. 49)

Typ	Traumafolgestörung	Beschreibung
Typ I	Einfache PTBS	Intrusionen, Vermeidungsverhalten, Hyperarousal
Typ II	PTBS oder partielle PTBS plus traumakompensatorische Symptomatik	plus Komorbidität, z. B. Angst, Depression, Abhängigkeit, Depersonalisation/Derealisation, Phobien, Zwangssymptome
Typ III	PTBS oder partielle PTBS plus persönlichkeitsprägende Symptomatik	plus schwere emotionale Instabilität, dissoziative Symptomatik, Bindungs- bzw. Beziehungsstörungen, verändertes Weltbild
Typ IV	PTBS oder partielle PTBS plus komplexe dissoziative Symptomatik	plus Amnesien, Teilidentitätsstörungen, Identitätswechsel

PTBS = Posttraumatische Belastungsstörung

Schweregraden durchzuführen (Tab. 21-1) (Sack et al. 2013). Die so mögliche differenzialdiagnostische Betrachtung von Traumafolgestörungen unterscheidet zwischen der „einfachen Posttraumatischen Belastungsstörung" als Folge einer Monotraumatisierung beim Erwachsenen und den „komplexen", durch Beziehungsstörung, Dissoziation und selbstschädigendes Verhalten gekennzeichneten Folgen biografisch früher Traumatisierungen.

21.3 Fallbeispiele

Fallbeispiel

Fallbeispiel A: Komplexe Posttraumatische Belastungsstörung mit Bulimarexie nach sexueller Gewalterfahrung in Kindheit und Jugend

Bei der ersten Vorstellung in der psychosomatischen Ambulanz berichtet die 36-jährige Patientin über einen Gewichtsverlust innerhalb der letzten zwölf Monate von 68 auf 43 Kilogramm. Sie werde von häufigen Heißhungerattacken geplagt und führe selbst das Erbrechen nach jeder Mahlzeit in einer Frequenz von fünf- bis sechsmal pro Tag herbei. Neben einem schweren Nikotinabusus mit bis zu 40 Zigaretten pro Tag ist die medizinische Vorgeschichte von vielen Erkrankungen seit der Kindheit geprägt. Aus ihrer Kindheit sei der frühe Tod ihres Vaters zu nennen, der starb, als sie 14 Jahre alt war. Vier Jahre später führte – so ihr Erstbericht – die Trennung von einem Freund zu ernsten Suizidgedanken. Sie habe dann relativ früh, mit 21 Jahren, geheiratet, kurze Zeit darauf wurde die einzige Tochter geboren, die inzwischen 14 Jahre alt sei und deren pubertären Problemen sie sich nicht mehr gewachsen fühle. Schon bald nach der Geburt habe sie wieder gearbeitet und sei über die Jahre immer berufstätig gewesen, zuletzt als Verkäuferin in einem Baumarkt. Die berufliche Tätigkeit habe sie als große Selbstbestätigung wahrgenommen, jedoch sei sie jetzt seit Monaten arbeitsunfähig.
Aktuell findet sich bei der Patientin neben der körperlichen Symptomatik eine deutlich ausgeprägte depressive Stimmungslage mit seltenen Suizidgedanken. Bei insgesamt bedrohlich reduziertem Allgemeinzustand wird zunächst die Indikation zu einer stationär internistischen Therapie zur Gewichtsstabilisierung bzw. -steigerung gestellt. Im weiteren Verlauf zeigt sich, dass das vorübergehend durch Infusionstherapie anhebbare Gewicht jedoch durch das anhal-

tende Erbrechen immer wieder auf ca. 41 Kilogramm fällt. Das Serum-Kalium liegt trotz Substitutionstherapie bei 2,5 mmol/l. Mehrere stationär internistische Aufenthalte können an diesem Teufelskreis nichts ändern. Trotz des gefährdeten körperlichen Allgemeinzustandes wird deshalb die Aufnahme auf die psychosomatische Station geplant.

Im Rahmen der biografischen Arbeit tauchen zunächst nur fragmentarisch, aber zunehmend auch konkret werdende Erinnerungen aus der Kindheit auf. Im Alter von acht bis zwölf Jahren kam es mehrfach durch den acht Jahre älteren Bruder zu sexuellen Übergriffen mit erzwungenem Oralverkehr. Eng verbunden mit diesen szenischen Erinnerungen ist jetzt das Gefühl von Übelkeit und Brechreiz. Die damaligen Versuche, sich der Mutter mitzuteilen, scheiterten, da diese die Erzählungen als Fantasien erklärte und weitere Gespräche darüber ablehnte. Nach dem frühen Tod des Vaters musste die Familie um das wirtschaftliche Überleben kämpfen, sodass die Mutter, um die fünf Kinder ernähren zu können, häufig durch Arbeit abwesend war.

Eine weitere Erinnerung kann die Patientin erst nach einer langen Phase des Vertrauensaufbaus und vielfachen vergeblichen Anläufen berichten. Mit 17 Jahren befand sich in ihrer Jugend-Clique ein ca. 15 Jahre älterer Mann, zu dem sie ein Vertrauensverhältnis aufbaute und den sie als einen Vaterersatz erlebte. Nach einem Diskothekenbesuch begleitete sie ihn nach Hause, wo er plötzlich über sie herfiel, sie mit einem Messer bedrohte und brutal über Stunden vergewaltigte. Als er sie habe gehen lassen, habe sie sich zu Hause stundenlang unter die Dusche stellen müssen, um das Gefühl der Beschmutzung und Besudelung loszuwerden. Aufgrund seiner Morddrohungen habe sie sich nicht getraut, etwas zu erzählen. Wenig später unternahm sie den ersten Suizidversuch mit Tabletten, den sie mit der jetzigen Erzählung in einen neuen Kontext stellt.

Ihren jetzigen Mann lernte sie wenig später kennen und fand bei ihm Wärme und Geborgenheit. Über viele Jahre verschwand das Erlebte ganz aus ihrem Gedächtnis. Die Erinnerung tauchte vor zwei Jahren plötzlich wieder auf, als sie in der Tageszeitung zufällig die Todesanzeige ihres Vergewaltigers fand. Wenig später setzten das Erbrechen und die Gewichtsabnahme ein. Die Szenen ihrer Vergewaltigung erlebe sie seitdem fast täglich in Flashbacks und nächtlichen Albträumen. Sie wache dann schweißgebadet auf und könne sich nicht mehr beruhigen. An Schlaf sei danach nicht mehr zu denken, sodass sie seit Monaten nur noch eine minimale Anzahl an Schlafstunden habe.

Mit therapeutischer Unterstützung gelingt es ihr während des ersten stationär psychosomatischen Aufenthaltes, diese frühen Erfahrungen ihrem Mann mitzuteilen. Die körperliche Symptomatik wird jedoch weiterhin bestimmt von vielfachen somatischen Komplikationen, anhaltendem Erbrechen und verschiedensten Entzündungsprozessen. Aufgrund einer chronischen Parodontitis müssen fast sämtliche Zähne gezogen werden. Die chronifizierte Hypokaliämie führt zu einer irreparablen Nierenschädigung. Trotz mehrfacher psychosomatischer Behandlungen und inzwischen vertrauensvollem therapeutischem Kontakt inszeniert sich die Krankheitsdynamik als Vernichtungsprozess, der sich mit aller Wut gegen den eigenen Körper richtet – wie es scheint, um diesen zu vernichten und damit das erlittene Unrecht ungeschehen zu machen.

Fallbeispiel

Fallbeispiel B: Posttraumatische Belastungsstörung im Erwachsenenalter nach Vergewaltigung in der Jugend
Frau K. stellte sich mit 46 Jahren erstmals in der psychosomatischen Ambulanz vor. Seit ca. einem Jahr beobachte sie zunehmende Konzentrationsstörungen, Erschöpfung und Unruhe, innere Erregung und häufig auch Schlaflosigkeit. Frau K. ist Lehrerin und seit 25 Jahren verheiratet; sie hat drei inzwischen fast erwachsene Kinder. Seit etwas mehr als einem Jahr leide der Ehemann an einer bösartigen Krebserkrankung und es sei derzeit unklar, wie lange er noch leben werde. Mit dem Weggehen der Kinder und

der Erkrankung des Ehemannes scheine ihr ganzes Familienglück zu zerbrechen.
Nur zögerlich erzählt sie, dass vor einem Jahr auch Erinnerungen aus der Kindheit und Jugend aufgetaucht seien, die sie heute zunehmend als belastend empfinde und die sie nicht mehr loslassen könne. Ihr Elternhaus sei immer auf Funktionieren ausgerichtet gewesen. Über Gefühle sei nicht gesprochen worden, der Vater habe sie häufig geschlagen. Da die Familie abseits vom Ort wohnte, habe sie einen langen Fußweg alleine gehabt. Im Alter von ca. 14 Jahren sei sie von drei ihr bekannten Jugendlichen an einer Brücke überfallen und brutal vergewaltigt worden. Anschließend habe man ihr mit weiterer Gewalt gedroht, wenn sie etwas erzählen würde. Mit zerrissenen und verschmutzten Kleidern sei sie erheblich verspätet und weinend nach Hause gekommen. Noch bevor sie etwas habe berichten können, habe der Vater sie aufgrund ihrer Verspätung und der beschädigten Kleidung heftigst geschlagen. Später habe sie sich aus lauter Scham nie mehr getraut, etwas mitzuteilen. Über viele Monate habe sie das Gefühl gehabt, nicht mehr leben zu wollen. Sie habe sich damals beschmutzt und verletzt gefühlt. Ein Suizidversuch mit Medikamenten ein Jahr später sei jedoch zum Glück glimpflich verlaufen und ohne bleibende Konsequenzen geblieben. Schon sehr bald habe sie sich danach als Jugendliche in eine feste Beziehung geflüchtet und früh geheiratet, um das Elternhaus verlassen zu können. Die Erinnerung an die Vergewaltigung sei seitdem aus ihrem Gedächtnis verschwunden gewesen und erst mit dem drohenden Verlust des Ehemannes vor einem Jahr wieder aufgetaucht. Der Geruch ihrer Vergewaltiger sei jetzt noch für sie riechbar. Auch erlebe sie jetzt mehrfach pro Woche die Szenen ihrer Vergewaltigung in nächtlichen Albträumen und Flashbacks und fühle sich dadurch massivst gequält. Seit mehreren Monaten sei sie bereits in ihrer Tätigkeit als Lehrerin arbeitsunfähig. Durch die Schülerinnen, die im gleichen Alter seien, wie sie selbst es zum Zeitpunkt ihrer Vergewaltigung war, fühle sie sich seitdem permanent an die eigenen Erlebnisse erinnert. In ambulanten Vorgesprächen bei ihrer Psychotherapeutin habe sie bereits erste Stabilisierungsübungen kennengelernt; sie fühle jedoch, dass sie sich noch einmal intensiv mit den Ereignissen aus ihrer Kindheit auseinandersetzen müsse.

21.4 Psychodynamische, kognitiv-behaviorale und neurobiologische Modelle der Entstehung posttraumatischer Belastungsreaktionen

Was müssen ätiopathogenetische Modelle zum Verständnis der Posttraumatischen Belastungsstörung leisten? Sie müssen erklären, wie es zum Phänomen der wiederkehrenden Erinnerungen und der scheinbaren Unfähigkeit, zu vergessen, kommt. Sie müssen die anhaltende Angst, die Sensibilisierungsreaktion und die vermehrte Verletzbarkeit vortraumatisierter Menschen erklären. Sie müssen sich mit den traumareaktiv veränderten Kognitionsmustern und der veränderten Einstellung von Traumatisierten zu sich selbst und zur Welt auseinandersetzen und sie müssen die anhaltenden körperlichen Übererregungszustände erklären können. Wohl kein anderes psychisches Störungsbild hat in den letzten Jahren so vielfältige und in sich kohärente ätiopathogenetische Modelle zur Störungsgenese hervorgebracht. Drei Modelle sollen hier überblickartig vorgestellt werden.

21.4.1 Psychodynamische Modelle

Die ersten psychodynamischen Überlegungen zur Genese posttraumatischer Störungen gehen – wie bereits erwähnt – auf die frühen Studien Freuds zurück, die er Ende des 19. Jahrhunderts in Wien der ärztlichen Öffentlichkeit vorstellte. Im Mittelpunkt der hysterischen Symptombildung standen für ihn die frühe sexuelle Traumatisierung sowie deren Scheinbewältigung durch Konversion und Verdrängung. Bereits einige Jahre zuvor hatte Janet (1889) die Dissoziation als Folge einer Durchbrechung des persönlichen Reizschutzes durch die traumatische Belastung gedeutet und damit die hysterischen Symptome als reaktive Abwehrphänomene erklärt. Dissoziative Amnesie und Wiederholungszwang, aber auch die Neigung zur Selbstbeschuldigung und Selbstschädigung wurden so verständlich als misslingende Bewältigungsversuche. In neuerer Zeit postulierte Horowitz (1986) die Entstehung spezifischer Bewusstseinszustände als *States of Mind*, die bei der Posttraumatischen Belastungsstörung als Wechselspiel von Intrusion und Konstriktion zu beobachten sind. Der intrusive Zustand umfasst die überflutend und eindringend erlebten Erinnerungen; der Zustand der Konstriktion beschreibt das individuelle Bemühen, sich dieser Überflutung zu entziehen, sich innerlich zu schützen und zurückzuziehen. Grundlegend ist dabei für Horowitz die Annahme einer Überforderung der Informationsverarbeitung durch die traumatische Erfahrung, die nicht in innere Ordnungsschemata einzuordnen ist. Nach Horowitz ergibt sich daraus ein oszillierender Prozess zwischen Verleugnung und Überflutung, mit dem das betroffene Individuum versucht, die innere Kontrolle wiederherzustellen. Treibende Kraft ist dabei eine innere Tendenz des psychischen Systems zur Vervollständigung und Zusammenführung der erlebten Erfahrungen. Dieser selbstständig ablaufende Prozess kommt erst mit der Integration des Erlebten zur Ruhe. Gelingt es dem Individuum nicht, Autonomie und Kontrolle wiederherzustellen, so führt dies zur Chronifizierung der Traumafolgestörung. Nach Lindy (1996) wird das Denken, Handeln und Fühlen Traumatisierter eingebettet in ein komplexes Opfer-Schema vom Selbst und den anderen. Ein solches Opfer-Schema soll Gefühlszustände und Abwehrmechanismen ebenso wie Objektbeziehungen und kognitive Bewertungen umfassen. Aus analytischer Sicht beschreibt das traumakompensatorische Schema (Fischer u. Riedesser 1998) die Bemühungen des Individuums, der immer wieder drohenden Überflutung durch das Trauma-State zu begegnen und eine verbesserte Anpassung zwischen verletztem Selbst und verändert erlebter Umwelt zu ermöglichen.

21.4.2 Kognitiv-behaviorale Modelle

In Anlehnung an die Lerntheorie verhaltensmedizinischer Modelle formulierten Foa et al. (1989) eine Netzwerktheorie der Posttraumatischen Belastungsstörung, die sich in wesentlichen Aspekten an den verhaltenstherapeutischen Modellen der Angstentstehung orientiert. Zentral ist dabei die Idee einer in neuronalen Netzwerken fixierten Furchtstruktur. Intrusionen wiederholen nach den Prinzipien der klassischen Konditionierung die Traumaerfahrung als emotional gelerntes und neuronal verankertes Reiz-Reaktionsmuster. Die Minussymptome wie Vermeidung und emotionale Taubheit verstärken sich negativ im Sinne operanter Konditionierung. Stimulusgeneralisierung führt, wie bei den Angststörungen, zur Vervielfältigung möglicher Triggerreize und soll die mit zunehmender Krankheitsdauer häufig beobachtbare leichtere Aktivierbarkeit intrusiver Erinnerungen erklären. Trauma-Netzwerke integrieren entsprechend dem Modell der Furchtstrukturen eine breite Palette von

21.4 Psychodynamische, kognitiv-behaviorale, neurobiologische Modelle

Informationen über die traumatische Erfahrung, zugehörige Sinneseindrücke, Informationen über Umgebungsfaktoren, situative Assoziationen, aber auch emotionale Reaktionsmuster und kognitive Interpretationen. Ausschlaggebend für die Stabilität der Traumaerfahrung sind die Intensität der erlebten emotionalen Reaktion sowie die Wahrnehmung einer massiven Bedrohung, die nicht durch herkömmliche Bewältigungsschemata kontrollierbar scheint. Die individuelle Überforderung durch die traumatische Erfahrung im Sinne einer vermehrten Vulnerabilität wird nach Foa und Rothbaum (1998) durch vorbestehende rigide Lebenseinstellungen begünstigt. Je rigider und einseitiger die Welt- und Selbstsicht der Betroffenen vor dem Trauma bereits ist, umso leichter sind diese Annahmen durch die Traumaerfahrungen zu erschüttern.

Das von Ehlers und Clark (2000) und Ehlers et al. (2005) formulierte kognitive Modell der Entwicklung einer Posttraumatischen Belastungsstörung fokussiert ergänzend auf die paradoxe Beobachtung, dass traumatisierte Patienten häufig voll Angst in die Zukunft schauen, obwohl das überstandene traumatische Ereignis ja der Vergangenheit angehört. Sie schließen daraus auf eine inadäquate Informationsverarbeitung der traumatischen Erfahrung, die dazu führt, dass das Gefühl von anhaltender Bedrohung und Unsicherheit aufrechterhalten wird. Entsprechend dem kognitiven Modell sind traumatisierte Patienten vor allem durch ihre negativen Bewertungsprozesse geprägt, die zu einer Übergeneralisierung eigener Schwächen und zu einer Überbetonung möglicher Fremdperspektiven führen: „Andere können sehen, dass ich ein Opfer bin", „Ich bin selbst schuld, dass mir dies passiert ist", „Ich werde nie mehr in der Lage sein, mich auf andere Menschen einzulassen", „Andere denken, dass ich zu schwach bin, um mit dem Ereignis umzugehen". Die Beobachtung, dass die traumatische Erfahrung wesentliche Grundüberzeugungen zur eigenen Person und zur Verlässlichkeit und Sicherheit der Welt verletzt, wird ergänzt durch die Erfahrung, dass vor allem Menschen mit einer Tendenz zur negativen Selbstbewertung durch das traumatische Ereignis in einen Teufelskreis negativer Attributionsprozesse gezogen werden. Maladaptive Verhaltensweisen führen zu einer negativen Verstärkung der zugrunde liegenden Fehlbewertungen. So haben sich vor allem vermeidende Verhaltensstrategien und der Versuch, die erlebte Angst durch Drogen- und Alkoholkonsum zu kontrollieren, als prognostisch besonders ungünstige Strategien herausgestellt. Ebenso ungünstig scheinen die ängstliche Erwartung und die daraus resultierende selektive Aufmerksamkeit für mögliche erneute Bedrohungsreize zu sein. Die derzeitige Befundlage bestätigt in vielfacher Weise die besondere Bedeutung kognitiver Coping- und Bewertungsprozesse sowie daraus resultierender Verhaltensmodalitäten für die Entstehung oder Aufrechterhaltung der Symptomatik einer Posttraumatischen Belastungsstörung. Entsprechend fokussieren kognitive Behandlungsstrategien auf eine Umbewertung dysfunktioneller Kognitionen über das Trauma sowie auf die Bearbeitung eigener Schuldzuschreibungen und Selbstzweifel. Grundlegend können psychoedukative Informationen schon in frühen Behandlungsstadien helfen, dass die eigene Reaktion als „normale Reaktion auf ein unnormales Ereignis" anstatt als Folge eigener Schwäche verstanden und angenommen werden kann. Gelingt die Bearbeitung dysfunktioneller Interpretationen, so kann dies als wichtige Voraussetzung für sich daraus ableitende veränderte Verhaltensmuster angesehen werden: Wenn ich weiß, dass ich richtig und normal und nicht schuldhaft oder aus eigener Schwäche und Unfähigkeit gehandelt habe, kann ich leichter reaktive Verhaltensweisen kontrollieren und abbauen, die sonst zur Stabilisierung der Symptomatik beitragen würden.

21.4.3 Neurobiologische Modelle

Neuroendokrine Befunde und funktionelle Bildgebung haben in den letzten Jahren detaillierte Einblicke in die Prozesse der Informationsverarbeitung und Gedächtnisbildung sowie ihrer Störmöglichkeiten durch traumatische Ereignisse erlaubt. Eine Übersicht wichtiger Befunde zur Neurobiologie der Posttraumatischen Belastungsstörung findet sich in Kapitel 3 und Kapitel 4 sowie bei Flatten (2011b). Es kann als biologischer Überlebensmechanismus aus einer langen evolutionären Entwicklung verstanden werden, dass eingehende sensorische Reize, noch vor ihrer (aufwendigen) Bewusstwerdung, im limbischen System einer internen Gefahrenkontrolle unterzogen werden und dabei eine emotionale Bewertung erfahren, die die neuen Informationen als harmlos und vertraut oder aber als gefährlich und beängstigend klassifiziert. Dieser emotionale Bewertungsprozess scheint eng mit den Mandelkernen (Amygdalae) verknüpft zu sein und setzt vorbewusst, je nach erkannter Gefahrenstufe, eine Kaskade weiterer Reaktionen in Gang. Zum biologischen Alarmsystem des Körpers gehört die enge Verschaltung der limbischen Kerngebiete mit den neuroendokrinen Stressachsen. Über Hypothalamus und Hypophyse erfolgt Corticotropin-Releasing-Hormon(CRH)-gesteuert die Stimulierung der Nebennierenrinde und die konsekutive Freisetzung des Stresshormons Cortisol, das als akuter Stressmarker nach Belastungsereignissen erhöht nachgewiesen werden kann. Die zweite Gefahrenalarmierung erfolgt über Bahnsysteme zu dem im Hirnstamm gelegenen Locus coeruleus, der eine Aktivierung des adrenergen Stresssystems im Nebennierenmark sowie Aktivierungen im Sympathikus-Parasympathikus-System vermittelt. Als weitere im Hirnstamm gelegene Strukturen sind der Nucleus raphe für den Neuromodulator Serotonin und der Nucleus reticularis für das Acetylcholinsystem bei der Stressregulation beteiligt.

Sehr eng mit den frühen affektiven Bewertungen verknüpft ist das Bemühen, neue Informationen kontextuell einzuordnen und mit vorbestehenden Erfahrungen zu vergleichen. Dazu dienen Bahnsysteme, die als basolaterale Schleife oder als Papez-Schaltkreis verschiedene limbische Kerngruppen mit frontalen Hirnarealen verbinden. Der Hippocampus wird dabei als Organisator des bewusstseinsfähigen, deklarativen Gedächtnisses und räumlicher Orientierungsprozesse angesehen. In Tierversuchen konnte nachgewiesen werden, dass nächtliche Aktivitätszustände des Hippocampussystems im Schlaf genau die Aktivitäten reproduzieren, die im vorgeschalteten Tagesexperiment dort hervorgerufen wurden (Louie u. Wilson 2001). Bildhaft ergibt sich daraus für das Hippocampussystem die Vorstellung eines Arbeitsspeichers, der in nächtlichen Arbeitsphasen ein „Downloading" auf die corticale Festplatte erfährt (Cameron et al. 2001; Frank et al. 2001). Dies darf jedoch nicht als einmaliger Vorgang verstanden werden. Nach derzeitigem Wissensstand ist zu vermuten, dass dieser Prozess der Gedächtnisbildung zeitabhängig in einer Dimension von Tagen bis Monaten, evtl. auch Jahren erfolgt. So konnte nachgewiesen werden, dass bei Patienten mit traumatischer Hippocampusschädi-

21.4 Psychodynamische, kognitiv-behaviorale, neurobiologische Modelle

gung die Einspeicherung neuer Informationen in das deklarative Gedächtnis gestört ist, was zum klinischen Bild der anterograden Amnesie führt, während biografisch alte Erinnerungen unabhängig von einer intakten Hippocampusfunktion abgerufen werden können (Markowitsch 1998). Diese funktionelle Spezifität des Hippocampus hat auch für das Verständnis komplexer Traumafolgestörungen nach früher Traumatisierung Bedeutung. Bildgebungsstudien fanden mehrfach bestätigt, dass sich bei Patienten mit einer chronifizierten posttraumatischen Stresserkrankung – z. B. bei Patienten nach früher sexueller Traumatisierung oder nach Kriegstraumatisierung bei Vietnam-Veteranen – volumetrisch eine Verkleinerung des Hippocampus darstellt (Bremner et al. 1995; Gilbertson et al. 2002). Obwohl für die Volumenunterschiede inzwischen eine genetische Prädisposition mitdiskutiert wird, weisen interessante Befunde darauf hin, dass die Volumenverminderung als cortisolinduzierter neurotoxischer Effekt verstanden werden kann. So ist bekannt, dass Teilgebiete des Hippocampus eine besonders hohe Dichte an Glucocorticoid-Rezeptoren vorweisen und es stressinduziert zu einer Vermehrung dieser Rezeptorstrukturen kommt (Yehuda 1998). So wäre erklärbar, dass sich trotz des auffälligen Befundes eines (Feedback-induzierten) peripheren Hypocortisolismus bei Patienten mit chronifizierter Posttraumatischer Belastungsstörung eine zentral gesteigerte Empfindlichkeit für Stressbelastungen findet. Dies kann zumindest als Baustein zum Verständnis einer gesteigerten Sensibilität und damit erhöhten Vulnerabilität von Patienten mit frühen Stresserfahrungen angesehen werden. Interessant sind aber auch die sich aus einer funktionellen Hippocampusschädigung nach früher Stressbelastung ergebenden Konsequenzen. Mit der Annahme, dass durch eine Hippocampusschädigung eine eingeschränkte Verarbeitungskapazität für Wahrnehmungsreize entsteht und so auch die Gedächtnisabspeicherung qualitativ und quantitativ beeinflusst wird, könnten klinisch auffällige Befunde bei Patienten mit anhaltender Persönlichkeitsänderung (Komplexe Posttraumatische Belastungsstörung) erklärbar werden, die nach früher Stressbelastung pathologisch veränderte Wahrnehmungsprozesse sowie eine rasche Dissoziationsneigung beschreiben. Befunde aus Bildgebungsstudien legen nahe, dass dissoziative Prozesse nach Traumatisierung andere neuronale Netzwerke aktivieren, als dies von gesunden Probanden bekannt ist (Lanius et al. 2002). Dissoziation wird so auch mit einer funktionellen Blockade der normalen Informationsverarbeitung in Zusammenhang gebracht. So sprechen Aktivierungsbefunde der funktionellen Bildgebung inzwischen dafür, dass zukünftig eine Unterteilung der Posttraumatischen Belastungsstörung gemäß einem Hyperarousal- und einem Dissoziations-Typus möglich ist (Lanius et al. 2010).

Abbildung 21-2 gibt dazu einen schematischen Überblick. Brewin et al. (1996) formulierten entsprechend dieser neurobiologischen Grundüberlegungen eine *Dual Representation Theory* des Traumagedächtnisses: Alltagserfahrungen werden als kontextreiche Informationen in einem System von *Verbally Accessible Memories* abgelegt und sind gekennzeichnet durch ihre Veränderbarkeit, häufig auch Lückenhaftigkeit und geringe Präzision. Sie sind integriert in ein zeitliches Kontinuum biografischer Erfahrungen und Erinnerungen. Solche Ereignisse werden deshalb auch als zur Vergangenheit gehörend erlebt. Dies kann als Charakteristikum von Gedächtnisprozessen verstanden werden, die durch den Hippocampus organisiert werden. Traumatische Er-

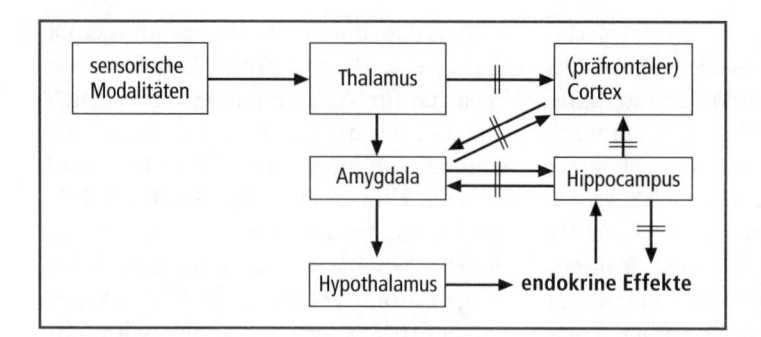

Abb. 21-2 Störungsmodell der traumatischen Informationsverarbeitung und Erinnerung.

fahrungen werden nach Brewins Theorie dagegen in einem System von *Situationally Accessible Memories* abgespeichert, die dadurch charakterisiert sind, dass Informationen nur auf primärer Wahrnehmungsebene mit sensorischer Qualität und nicht durch weitere Erfahrungen moduliert repräsentiert werden. Solchen traumatischen Erinnerungen fehlt die zeitliche Dimension und Integration in einen autobiografischen Kontext, sodass traumatische Wiedererinnerungen erlebt werden, als würden sie erneut und gegenwärtig geschehen.

Auf vergleichbaren Netzwerkmodellen beruhen auch die derzeitigen Hypothesen zur Wirksamkeit der *Eye Movement Desensitization and Reprocessing(EMDR)-Methode* (Shapiro 1995), die davon ausgehen, dass Eye Movement Desensitization and Reprocessing zu einer „beschleunigten Verarbeitung" traumatisch blockierter Informationsprozesse führt. Obwohl die bisherige Darstellung der aktuellen neurobiologischen Modelle eine anatomische Lokalisierbarkeit zerebraler Funktionen nahelegt, steht als übergeordnetes Modell die Vorstellung strukturübergreifender neuronaler Netzwerke. Diese Netzwerke sollen erfahrungsabhängig, entsprechend dem Prinzip der Neuroplastizität, in der Intensität ihrer Verbindungen moduliert werden. Neuronale Netzwerke beinhalten dementsprechend nicht nur die Qualitäten einer Wahrnehmung (z. B. sensorischer Informationen), sondern sind als übergreifende Repräsentanten von umfassenden *Kognitions-Emotions-Verhaltens-Mustern* (KEV-Muster) zu verstehen. Neuronale Netze und die in ihnen gespeicherten komplexen Informationen bieten damit in ihrer derzeitigen modellhaften Ausformulierung eine inhaltliche Nähe zu dem von Horowitz bereits 1972 formulierten Modell der *States of Minds*, das davon ausgeht, dass unterschiedliche Verhaltensmuster kontextabhängig abrufbar sind und durchaus sprunghaft ineinander übergehen können (Horowitz 1972). Interessante Aspekte ergeben sich auch aus der Anwendung *synergetischer Modellvorstellungen* auf neurobiologische Aspekte der Posttraumatischen Belastungsstörung (Flatten 2003, 2011b; Flatten et al. 2003). Traumadominierte Netzwerke zeigen eine Tendenz zur Reaktivierung und Selbststabilisierung und entsprechen so prototypisch der Modellvorstellung von *Attraktoren*, die aufgrund ihrer Hyperstabilität immer wieder gleiche neuronale Aktivierungszustände erzwingen. Im Bild einer Potenziallandschaft ausgedrückt entsprechen Attraktoren tiefen Mulden und Tälern, die dazu führen, dass gemäß dem Energiegefälle dieser Landschaft eine Kugel immer wieder in das gleiche Tal rollen

21.4 Psychodynamische, kognitiv-behaviorale, neurobiologische Modelle

würde und damit auch zur Aktivierung der diesem neuronalen Attraktor zugehörigen Kognitions-Emotions-Verhaltens-Muster führt (Abb. 21-3). Für therapeutische Überlegungen ergibt sich daraus die bedeutsame Konsequenz, dass die alleinige Aktivierung traumatischer Erfahrungen im Rahmen von Konfrontationstechniken (z. B. mit dem Ziel einer Katharsis) nur zur Wiederholung desselben führt, letztlich also eine weitere Stabilisierung des traumatischen Attraktors begünstigt. Dies entspräche klinisch einer Retraumatisierung. Abzuleiten daraus ist, dass sich das therapeutische Vorgehen zunächst an der Ausbildung alternativer Netzwerkstrukturen und ressourcenorientierter Attraktoren orientieren muss, die – erneut bildhaft gesprochen – zu alternativen Talbildungen neben dem traumatischen Attraktor führen sollten. Stabilisierung in der Traumatherapie kann als Ausbildung solch ressourcenorientierter Verhaltens- und Erlebensmuster (Attraktoren) verstanden werden. Die Phase der Traumabearbeitung selbst würde danach erst auf die Veränderung des traumatischen Attraktors ausgerichtet sein.

Gesichert scheint, dass sich mit der Rekonfrontation und der damit verbundenen Aktivierung von traumatischen Erinnerungsnetzwerken ein neurobiologisch definiertes Zeitfenster von vier bis sechs Stunden öffnet, in dem traumatische Inhalte einer emotionalen und kognitiven Neubewer-

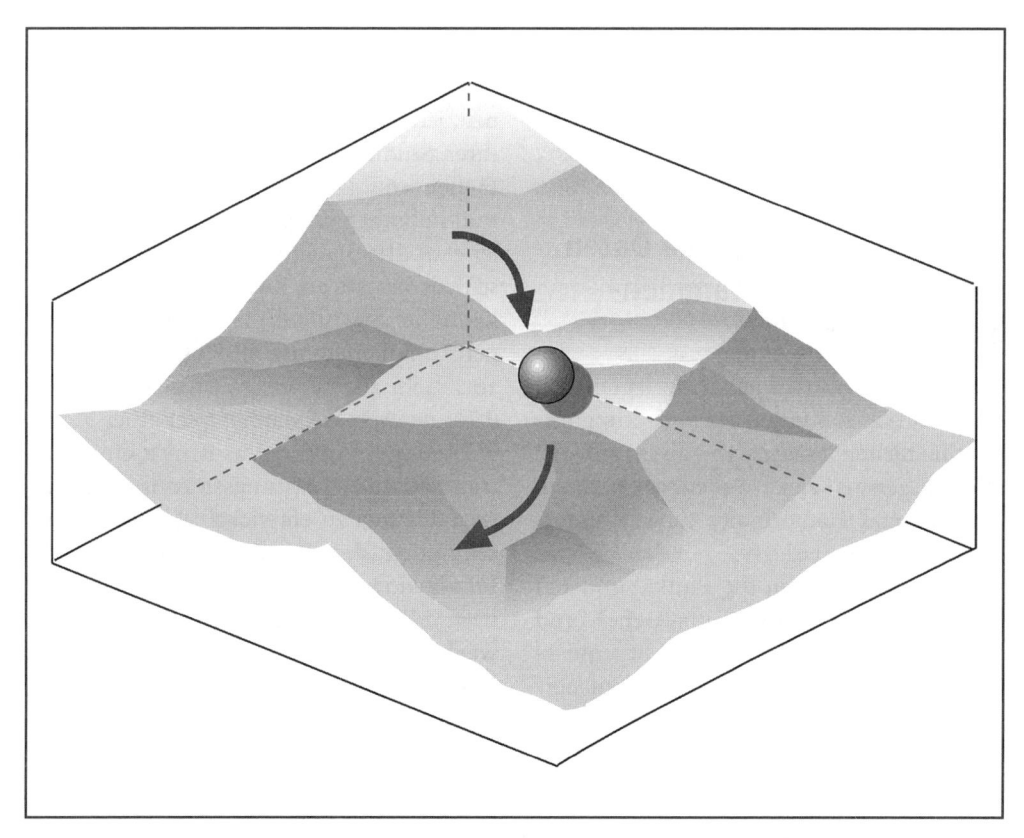

Abb. 21-3 Traumatischer Attraktor in Potenziallandschaft.

tung zugeführt werden können, welche durch die nachfolgende Rekonsolidierung des Gedächtnisinhaltes erhalten bleiben. Traumanachbearbeitung hat so nicht das Ziel, traumatische Inhalte zu löschen, sondern deren emotionale Herabwertung und eine neue kontextuelle Einordnung zu ermöglichen.

Zusammenfassend kann für die derzeitigen Modellvorstellungen zur Störungsentwicklung der Posttraumatischen Belastungsstörung gesagt werden, dass sich gerade das zunehmende neurobiologische Wissen als Integrationsbasis anbietet, bislang schulenspezifisch ausgearbeitete psychodynamische und kognitiv-behaviorale Modellvorstellungen zu überwinden und diese zu einem weitgehend kohärenten Verständnis der posttraumatischen Symptomatik und ihrer Entstehungsbedingungen zusammenzuführen. Sie bilden damit die Basis für eine Neuropsychotherapie posttraumatischer Störungen (Flatten 2011a).

21.5 Epidemiologische Daten und empirische Zusammenhänge

Schon früh konnte in groß angelegten epidemiologischen Studien die Bedeutung unterschiedlicher Traumaereignisse auf die Störungsgenese belegt werden. Im Rahmen des National Comorbidity Survey untersuchten Kessler et al. (1995) in den USA an knapp 6000 Personen die Punkt- und Lebenszeitprävalenz posttraumatischer und komorbider Störungen. Ihre Ergebnisse (Tab. 21-2) bestätigen, dass vor allem persönliche und sexuelle Traumatisierungen mit der höchsten Prävalenzrate für die Entwicklung einer Posttraumatischen Belastungsstörung einhergehen.

> **Merke**
> Demnach muss bei jeder zweiten Frau, die Opfer einer Vergewaltigung wird, die Entwicklung eines behandlungsbedürftigen Störungsbildes erwartet werden.
> Werden Kinder und Jugendliche Opfer von sexueller Gewalt und Vernachlässigung, so ist bei ca. einem Drittel der Betroffenen mit der Entwicklung einer Posttraumatischen Belastungsstörung zu rechnen.

Als Vergleich sei aufgeführt, dass schwere Unfallereignisse mit einer deutlich niedrigeren Prävalenzrate für die Entwicklung einer Posttraumatischen Belastungsstörung in Höhe von 5–15 % einhergehen.

Überschaut man die derzeit vorliegenden epidemiologischen Daten, so ist mit einer Lebenszeitprävalenz für eine Posttraumatische Belastungsstörung in der Allgemeinbevölkerung zwischen 2 und 5 % zu rechnen, jedoch fanden Resnick et al. (1996) in ihrer Studie eine Lebenszeitprävalenz für Frauen von 12,3 %. In Abhängigkeit vom traumatischen Ereignis konnten auch Kessler et al. (1995) deutliche Geschlechtsunterschiede bestätigen. Zwar hatten laut amerikanischer Statistiken 25 % der Männer einen Unfall erlebt und nur 14 % der Frauen, aber mehr als 9 % der Frauen gegenüber nur 0,7 % der Männer waren Opfer einer Vergewaltigung geworden. Das Risiko, eine Posttraumatische Belastungsstörung nach einem Trauma zu entwickeln (ohne Berücksichtigung der Traumaschwere), war bei Frauen doppelt so hoch wie bei den Männern (Männer 5,0 %, Frauen 10,4 %). Immer wieder wurde auch bestätigt, dass bei einer Vorgeschichte sexueller Traumatisierung das Risiko, aufgrund nachfolgender Ereignisse eine Posttraumatische Belastungsstörung zu entwickeln, deutlich erhöht ist (Acierno et al. 1999).

21.4 Psychodynamische, kognitiv-behaviorale, neurobiologische Modelle

Tab. 21-2 Prävalenzraten für die Entwicklung einer Posttraumatischen Belastungsstörung in Abhängigkeit von unterschiedlichen traumatischen Auslösern (nach Kessler et al. 1995)

	Traumahäufigkeit (%)	Störungshäufigkeit (%)
Vergewaltigungen	5,5	55,5
Sexuelle Belästigung	7,5	19,3
Krieg	3,2	38,8
Waffengewaltandrohung	12,9	17,2
Körperliche Gewalt	9,0	11,5
Unfälle	19,4	7,6
Zeuge von Unfall und Gewalt	25,0	7,0
Feuer/Naturkatastrophen	17,1	4,5
Misshandlungen in der Kindheit	4,0	35,4
Vernachlässigung in der Kindheit	2,7	21,8
Andere lebensbedrohliche Situationen	11,9	7,4
Andere Traumata	2,5	23,5
Irgendein Trauma	60,0	14,2

Perry et al. (1996) weisen darauf hin, dass frühe Stresserfahrungen und das Vorliegen einer Posttraumatischen Belastungsstörung bei Kindern einen inneren „erfahrungsabhängigen" Umbau der Gehirnstruktur und so eine bleibende Sensibilisierung der Alarmsysteme bedingen. Durch die Reaktivierung schon vorgebahnter Verarbeitungswege erhöht sich die Wahrscheinlichkeit, als Erwachsener durch erneute Belastungen eine Posttraumatische Belastungsstörung oder ein dissoziatives Störungsbild zu entwickeln. Schore (2001) postulierte als Folge früher Beziehungstraumatisierung eine Störung in der Entwicklung der rechten Hirnhälfte mit der Folge einer bleibenden Beeinträchtigung der Affektregulation. Nur hingewiesen werden kann an dieser Stelle auf die komplexen psychosozialen und somatischen Folgeerkrankungen, wie sie in der Adverse Childhood Experiences (ACE) Study bei 17 000 amerikanischen Bürgern als Folge kindlicher Belastungsfaktoren dargestellt wurden (Felitti et al. 1998; Felitti 2002). Die Vulnerabilität der Persönlichkeit in sensiblen Lebensphasen wie Kindheit und Jugend bedingt, dass die klinische Symptomatik nach früher Traumatisierung wesentlich komplexer ist und nicht mehr – wie oben dargestellt – allein durch die einfache Symptomatik einer Posttraumatischen Belastungsstörung zu beschreiben ist. In einer Übersicht von Wenninger (1997) wurden die Prävalenzangaben zur Häufigkeit sexueller Traumatisierung mit großer Schwankungsbreite zwischen 5 und 62 % angegeben, was auch auf die unterschiedliche Strenge der Definitions- und Alterskriterien zurückzuführen ist. Nach einer Übersicht von Elliger und Schötensack (1991) lag die Prävalenzrate bei 1000 befragten Schülern für sexuelle Übergriffe vor dem 14. Lebensjahr in Süddeutschland bei ca. 9,7 % für Mädchen und 3,9 % für Jungen. In der Stichprobe von Perkonigg et al. (2000) fanden sich bei Adoleszenten sexuelle Traumatisierungen mit einer Häufigkeit von 3,8 % bei Mädchen und 0,3 % bei Jungen. Einer Übersicht von Lampe (2002) folgend, schwanken die durch Studien gesicherten Prävalenzzahlen für sexuellen Missbrauch in Europa zwischen 6 und 36 % bei den Mädchen unter 16 Jahren und zwischen 1 und 15 % bei den Jungen. Für körperliche Misshandlung schwanken die Angaben zwischen 5 und 50 %. Mullen et al. (1994) machten darauf aufmerksam, dass sexuelle Misshandlungen meist nicht der einzige Traumatisierungsfaktor sind, da diese Ereignisse häufig in dysfunktionalen Familien und im Zusammenhang mit Substanzmissbrauch, mangelnder Zuwendung und ehelicher Gewalt auftreten. Bei der Untersuchung klinischer Stichproben fanden sich für das Vorliegen sexueller Traumatisierungen im Kindesalter, aber auch für den Faktor körperliche Misshandlung während der Kindheit im Vergleich zur Allgemeinbevölkerung deutlich höhere Punktprävalenzraten (Brown u. Anderson 1991; Rodriguez et al. 1997).

Bremner und Vermetten (2001) schlussfolgern nach einer Auswertung von 145 Studien, dass bereits beim derzeitigen Wissensstand davon auszugehen ist, dass frühe Stresserfahrungen andauernde Veränderungen im Gehirn und in den weiterführenden Stresssystemen bedingen (s. auch Bremner 2003), deren Beteiligung ebenfalls bei der Posttraumatischen Belastungsstörung bei Erwachsenen nachgewiesen ist (s. auch Golier u. Yehuda 1998; Lipschitz et al. 1998; Yehuda et al. 2001). In besonderer Weise soll dies die HPA-Achse und die adrenergen Systeme betreffen. Diese Langzeiteffekte sind als körperliche Sensibilisierungsreaktion im Sinne einer erhöhten Vulnerabilität für eine Posttraumatische Belastungsstörung und komorbide Erkrankungen wie Depression zu verstehen (de Bellis 2002). Begic und Jokic-Begic (2002) wiesen darauf hin, dass das Erleben von Gewalt eine Posttraumatische Belastungsstörung verursacht, eine chronifizierte Posttraumatische Belastungsstörung aber auch mit Impulsstörungen und vermehrter Aggressivität einhergehen kann; mit anderen Worten: Gewalt schafft eine Posttraumatische Belastungsstörung und eine Posttraumatische Belastungsstörung unterhält Gewalt. Dieser Teufelskreis dürfte vor allem zum gesellschaftlichen Verständnis anhaltender Gewalt- und Missbrauchsbelastungen bei Kindern wichtig sein.

Immer wieder untersucht wurde auch die Nähe der Symptomatik zwischen Komplexer Posttraumatischer Belastungsstörung und Borderline-Persönlichkeitsstörung (Herman u. van der Kolk 1987; Sabo 1997; Driessen et al. 2003). In ihrer Übersicht fanden Driessen et al. (2003) bestätigt, dass beide Erkrankungen auf der Annahme eines Diathese-Stress-Modells beruhen, wobei Traumatisierung eine häufige, aber nicht hinreichende Ursache darstellt. Ähnliche Zusammenhänge beschreiben Post et al. (2001) nach Auswertung von 112 Studien für psychosoziale Stressoren im Entwicklungsalter. Insofern finden sich zwar deutliche Parallelen zwischen der Borderline-Persönlichkeitsstörung und einer früh einsetzenden Komplexen Posttraumatischen Belastungsstörung, jedoch sind diese Erkrankungen beim derzeitigen Wissensstand auch bezüglich ihrer Ätiologie nicht gleichzusetzen. In einer Review-Übersicht von 17 Studien, die kindliches und elterliches Verhaltensmuster nach Traumatisierung untersuchten, fanden Scheeringa und Zeanah (2001) fast durchgängig eine Beziehung zwischen ungünstigen elterlichen Variablen und maladaptiven kindlichen Entwicklungsmustern.

21.6 Therapie der Posttraumatischen Belastungsstörung

Patienten mit Posttraumatischer Belastungsstörung leiden unter anhaltendem innerem Stress. Dies wird durch die amerikanische Bezeichnung „Posttraumatic Stress Disorder" besser wiedergegeben als durch die deutsche Übersetzung als Belastungsstörung. Insofern sollte vorrangiges Ziel aller therapeutischen Bemühungen sein, diesen inneren Stress zu reduzieren und für die Betroffenen beherrschbar zu machen.

Charakteristisch für die psychosoziale Situation vieler komplex traumatisierter Patienten ist zudem, dass das soziale und familiäre Umfeld, in dem die Traumatisierung erfolgte, weiter besteht und damit traumaassoziierte Belastungsfaktoren andauern. Dies mag unter anderem daran liegen, dass die Betroffenen die Wahrnehmungsfähigkeit für den belastenden Faktor durch die Dynamik der Erkrankung verloren haben oder aber eine ausreichende Kontroll- und Distanzierungsfähigkeit nie erworben werden konnte.

> **Merke**
> Die Behandlungsstrategien der Posttraumatischen Belastungsstörung orientieren sich deshalb zunächst an den drei Grundregeln: Herstellung von *äußerer Sicherheit*, *interpersoneller Sicherheit* und *intrapersoneller Sicherheit*.

Für Patienten, die unter den Bedingungen von sexueller und körperlicher Gewalt aufgewachsen sind und dazu neigen, diese Beziehungsmuster in ihren Alltagsbeziehungen zu wiederholen, bedeutet ein traumatherapeutisches Vorgehen, dass weiterer Täterkontakt unterbunden und eine ausreichende reale Distanz und Sicherheit aufgebaut werden muss. Als Basis einer auf Traumabewältigung ausgerichteten Strategie kann somit am Beginn der Therapie eine intensive Phase psychosozialer Interventionen und entsprechender Wahrnehmungsschulung notwendig sein. Der Gesamtbehandlungsplan sollte am Drei-Phasen-Modell der Traumatherapie orientiert sein, das die Phasen Stabilisierung, Traumabearbeitung und psychosoziale Reintegration unterscheidet. Eine detaillierte Darstellung traumatherapeutischen Vorgehens findet sich im Kapitel 31 am Beispiel der psychodynamisch imaginativen Psychotherapie. Es dürfte der wichtigste Fortschritt in der derzeitigen Konzeption traumatherapeutischer Strategien sein, dass ein traumabearbeitendes Vorgehen bei noch nicht ausreichender affektiver Stabilität als kontraindiziert angesehen wird, weil es prinzipiell die Gefahr einer Retraumatisierung und Verschlechterung des klinischen Befindens in sich birgt.

> **Merke**
> Die S3-Leitlinie empfiehlt deshalb: Manche Patienten mit Posttraumatischer Belastungsstörung haben eine unzureichende Affektregulation (z. B. mangelnde Impulskontrolle, dissoziative Symptome, Substanzmissbrauch, Selbstverletzungen, Suizidalität), die diagnostisch abgeklärt werden muss und initial in der Behandlungsplanung (individueller Stabilisierungsbedarf) zu berücksichtigen ist (Flatten et al. 2013).

Aus der Darstellung der lerntheoretischen und neurobiologischen Modelle zur Störungsentstehung wurde abgeleitet, dass die traumatische Erfahrung durch isolierte neuronale Netzwerke repräsentiert wird, deren Aktivierung immer wieder zu den Phänomenen der intrusiven Überflutung führen kann. Mit der Idee der Traumabearbeitung ist verbunden, dass eine möglichst vollständige Aktivierung solcher Trauma-Netzwerke unter kontrollierten und sicheren Bedingungen notwendig ist, um einerseits den Prozess einer Habituation einzuleiten („ich kann das Wiedererleben der traumatischen Situation jetzt innerlich aushalten und die damit verbundene innere Belastung geht zurück"), andererseits aber auch zu deren inhaltlicher Umstrukturierung beizutragen („ich kann jetzt Aspekte der Traumaerfahrung erkennen, die mir eine neue Betrachtungs- und Bewertungsmöglichkeit eröffnen"). Für die Rekonfrontationsarbeit der traumabearbeitenden Phase haben sich mehrere Techniken bewährt, die schulenübergreifend dem Prinzip folgen, dass das Wiedererleben der traumatischen Situation unter für den Patienten kontrollierbaren und emotional sicheren Bedingungen stattfinden muss, um eine erneute Retraumatisierung zu vermeiden. Hierzu gehören sowohl psychodynamische wie auch verhaltenstherapeutische Techniken der In-sensu- und In-vivo-Desensibilisierung, hypnotherapeutische und imaginative Verfahren wie die Screen- und Beobachter-Technik oder das seit Beginn der 1990er Jahre neu eingeführte Eye Movement Desensitization and Reprocessing (EMDR). Für alle benannten Verfahren ist die therapeutische Wirksamkeit inzwischen durch vielfältige Studien gut evidenzbasiert gesichert. Für die Eye Movement Desensitization and Reprocessing-Methode liegt seit 2006 zudem die Anerkennung durch den Wissenschaftlichen Beirat Psychotherapie vor und seit 2014 die störungsspezifische Integration in die Richtlinien-Verfahren. Eine aktualisierte Übersicht zum derzeitigen Forschungsstand der traumaspezifischen Therapiemethoden findet sich im Leitlinienreport zur S3-Leitlinie (Flatten et al. 2013). Besondere Wichtigkeit erhält die psychosoziale Reintegration durch die Tatsache, dass gerade die komplexen Traumafolgestörungen als Folge biografisch früher Traumatisierungen ihre spezifischen Narben in einer eingeschränkten Fähigkeit zur Beziehungsgestaltung und anderen individuellen Verhaltensmustern hinterlassen haben und so von einer haltgebenden therapeutischen Begleitung auch nach gelungener Phase der Traumabewältigung profitieren. Eine Übersicht zu den therapeutischen Behandlungsstrategien findet sich in Abbildung 21-4.

21.6.1 Fortsetzung der Fallbeispiele

> **Fallbeispiel**
>
> **Fallbeispiel A**
> Die Psychotherapie im Fallbeispiel A gestaltete sich als Intervalltherapie mit mehreren stationären Behandlungsphasen sowie begleitender und nachfolgender ambulanter Psychotherapie. Es erwies sich als große Aufgabe für die Patientin, das Erbrechen, das als stabiles somatisches

21.6 Therapie der Posttraumatischen Belastungsstörung

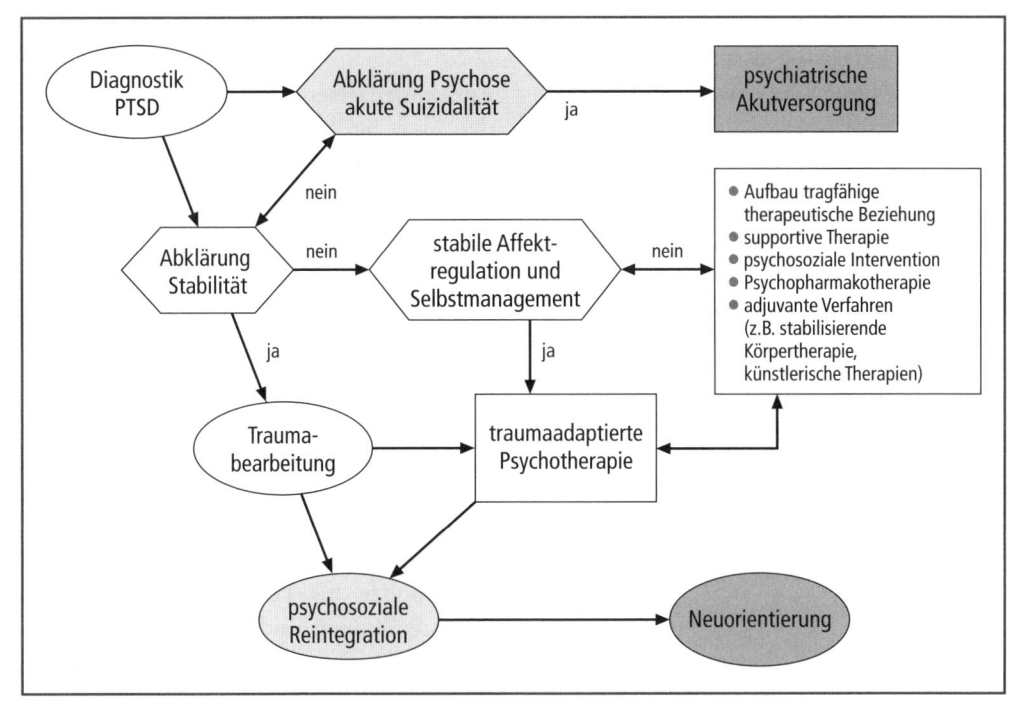

Abb. 21-4 Behandlungsstrategien bei Posttraumatischer Belastungsstörung (nach Flatten et al. 2013).

Reaktionsmuster mit dem Wiedererleben der Traumaerfahrungen verbunden war, kontrollieren zu lernen und durch andere Verhaltensmuster zu ersetzen, die eine psychodynamische Bearbeitung der Thematik ermöglichten. Diese Lernphase wurde erleichtert durch eine verhaltenstherapeutisch orientierte Tagesplanung und durch das Erlernen von Selbstschutz- und Distanzierungsübungen, die die Patientin auch innerhalb der therapeutischen Gruppe anzuwenden lernte. Immer wiederkehrendes Thema dabei war die Selbstzerstörungsdynamik, die sowohl in den körperlichen Krankheitsprozessen als auch in vielfachen alltäglichen Verhaltensmustern wiederzufinden war. Ziel war es, diese destruktive Dynamik als *Täter-Introjekt* zu erkennen und auf dieser Basis geeignete Gegenmaßnahmen gemeinsam planen zu können. Nach dem Erlernen imaginativer Distanzierungs- und Selbstberuhigungstechniken wurde eine Phase der Traumabearbeitung mit der Eye Movement Desensitization and Reprocessing (EMDR)-Methode integriert, die zentrale Aspekte der traumatischen Erinnerung und assoziativ damit verknüpfter Inhalte fokussierte. Dabei erwies sich das Ausmaß der mit der Wiedererinnerung verbundenen inneren Belastung als so groß, dass die Phase der Traumabearbeitung unterbrochen werden musste, um erneut Gewicht auf Stabilisierung und den Erwerb alltagstauglicher Verhaltensmuster zu legen. Erschwerend kam hinzu, dass die über viele Jahre stabilisierende Ehebeziehung unter den Belastungen der aktuellen Erkrankung zerbrach und auch die bislang als sehr unterstützend erlebte Arbeitstätigkeit aufgrund des schlechten Allgemeinzustandes nicht wieder aufgenommen werden konnte. Dies entspricht der Erfahrung bei vielen früh traumatisierten Patienten, deren komplexe Traumatisierung so schwerwiegend ist, dass eine komplette Integration und Auflösung der traumatischen Erfahrung nur bedingt erreichbar ist. Als therapeutischer Erfolg ist es dann bereits zu werten, wenn es gelingt, die

Selbstschutz- und Distanzierungsfähigkeiten im Alltag so auszubauen, dass die traumatische Erfahrung angemessen kontrolliert und ausgehalten werden kann und ihren schädlichen Einfluss auf die Gestaltung von Beziehung und Alltag verliert. Übersetzt heißt dies: In Abhängigkeit von der Schwere der Traumatisierung müssen Patienten lernen, mit ihren Narben zu leben.

Fallbeispiel B
Fallbeispiel B erwies sich im therapeutischen Vorgehen als deutlich unkomplizierter, da die Patientin neben der umschriebeneren traumatischen Erfahrung ausreichende Anteile einer kompetenten und selbstsicheren Persönlichkeit aufgebaut hatte. Besonders unterstützend war dabei auch der Rückblick auf die über zwei Jahrzehnte anhaltende Phase von Stabilität, in der sie eine gut funktionierende Beziehung und eine Familie mit vielen supportiven Verhaltensmustern hatte aufbauen können. Dieses Erleben der eigenen Kompetenz und von angemessenen Problemlösestrategien ermöglichte der Patientin, rasch mithilfe der imaginativen Übungen die Phasen des inneren Wiederlebens des Ereignisses zu verkürzen und zu kontrollieren. Nach einer intensiven Phase der Traumabearbeitung der Vergewaltigungsszenen verlor die traumatische Wiedererinnerung einen großen Teil ihrer subjektiven Belastung und Bedeutung. Die Patientin konnte sich jetzt zunehmend aktiv mit vielen realitätsnahen Fragen auseinandersetzen, wie sie durch die bösartige Erkrankung des Ehemannes und das Selbstständigwerden ihrer Kinder anstanden. Dabei ging es darum, die bevorstehenden Veränderungen im Familienleben durch neue, angemessene Verhaltensmuster zu beantworten. Frau K. konnte diese Veränderungsschritte in zwei Phasen einer stationären Intervalltherapie erarbeiten und suchte sich danach zur weiteren Stabilisierung und Integration die Begleitung einer ambulanten Psychotherapie.

21.7 Zusammenfassung

Zusammenfassend kann festgehalten werden, dass bei lange zurückliegender Traumatisierung die Gefahr besteht, die komplexen Konsequenzen früher traumatischer Erfahrungen auch im psychotherapeutischen Kontext zu übersehen und in ihrer Bedeutung für die Behandlungsplanung zu unterschätzen. Es wurde darauf hingewiesen, dass diese Gefahr gerade bei einer Dominanz komorbider Symptome besteht. Diese Problematik spiegelt sich auch in der noch unzureichenden Klassifizierungsmöglichkeit komplexer Traumafolgestörungen wider. In zunehmendem Maße lernen wir neurobiologisch verstehen, wie frühe Stresserfahrungen als körperliche Sensibilisierungsreaktionen und vorgebahnte Verhaltensmuster überdauern und damit die Wahrscheinlichkeit erhöhen, in einem späteren Lebensabschnitt erneut zu erkranken.

Für das therapeutische Vorgehen hat sich eine mehrphasige Behandlungsplanung bewährt, die die Stufen *Stabilisierung, Traumabearbeitung und psychosoziale Reintegration* beachtet und auf die *individuellen Möglichkeiten, Ressourcen und Kompetenzen* der betroffenen Patienten abgestimmt ist. Ziele sind die Wiederherstellung von Kontrollfähigkeit und Autonomie in Bezug auf die erlebte traumatische Erfahrung und die Entwicklung angepasster Verhaltensmuster. Die Phase der Traumabearbeitung ist ein wichtiger, aber nicht immer erreichbarer Bestandteil des therapeutischen Vorgehens.

22 Dissoziative Störungen[1]

Ellert R. S. Nijenhuis

Inhalt

22.1 Definition dissoziativer Störungen nach DSM-5 392
    22.1.1 Probleme des DSM-5 hinsichtlich Definition, Klassifikation und Inhalt 393
    22.1.2 Posttraumatische Belastungsstörung (PTBS): eine dissoziative Störung....... 394
    22.1.3 Das Konzept der Dissoziation.................... 395

22.2 Prävalenz 396
    22.2.1 Allgemeinbevölkerung 396
    22.2.2 Psychiatrische Stichproben.................... 396
    22.2.3 Major DID 397
    22.2.4 Minor DID 397
    22.2.5 Komorbidität 397
    22.2.6 Fehldiagnosen.................... 397

22.3 Psychometrische Instrumente zur Einschätzung der strukturellen Dissoziation der Persönlichkeit.................... 397

22.4 Dissoziation und Trauma.................... 398
    22.4.1 Probleme bei der Integration 398
    22.4.2 Soziale Unterstützung.................... 399
    22.4.3 Integrative Prozesse 399

22.5 Prototypische dissoziative Anteile 400
    22.5.1 Die komplexe Dimension der strukturellen Dissoziation 401
    22.5.2 Bio-psycho-soziale Forschungsarbeiten zu anscheinend normalen und emotionalen Persönlichkeitsanteilen.................... 401

22.6 Therapie.................... 405

22.7 Fallbeispiel 408

22.8 Zusammenfassung 410

---

[1] Übersetzung aus dem Englischen von A. Lampe.

22.1 Definition dissoziativer Störungen nach DSM-5

Definition

Das DSM-5 (Diagnostic and Statistical Manual of Mental Disorders 5) definiert die wesentlichen Kennzeichen einer dissoziativen Störung als *„eine Spaltung und/oder Diskontinuität in der normalen Integration von Bewusstsein, Gedächtnis, Identität, Emotion, Wahrnehmung, Körperrepräsentation, motorischer Kontrolle und Verhalten"* (APA 2013, S. 291).

Diese Spaltung zeigt sich in dissoziativen Symptomen, die in negative (funktionelle Beeinträchtigungen wie Amnesie und Lähmung) und positive Symptome (Intrusionen wie Flashbacks oder Stimmen) (Nijenhuis u. Van der Hart 2011) eingeteilt werden können. Sie können auch als „psychoform" oder kognitiv-emotional (Symptome wie Amnesie und Stimmen hören) und „somatoform" oder sensomotorisch (Symptome wie körperliche Anästhesie und Tics) klassifiziert werden.

Das DSM-5 beschreibt verschiedene dissoziative Störungen:

Dissoziative Identitätsstörung (DID): Die Dissoziative Identitätsstörung wird als eine Teilung der Identität in zwei oder mehrere voneinander getrennte Persönlichkeits-Zustände definiert. Eine Dissoziative Identitätsstörung beinhaltet jedoch weit mehr als nur die Teilung der Persönlichkeit: Abgesehen von einer deutlichen Diskontinuität im Selbsterleben und Handeln treten im Zusammenhang mit einer Dissoziativen Identitätsstörung wesentliche Veränderungen (alterations) hinsichtlich Affekten, Verhalten, Bewusstsein, Gedächtnis, Wahrnehmung, Kognition und sensomotorischen Funktionen auf.

Dissoziative Amnesie (Erinnerungslücken): Diese Störung beschreibt die Unfähigkeit, wesentliche autobiografische Erfahrungen und autobiografisches Wissen zu erinnern. Die Amnesie betrifft üblicherweise mentale Inhalte, die normalerweise erinnert werden würden, kann sich aber auch auf Fertigkeiten der Patienten beziehen. Die Erinnerungslücken betreffen zumeist direkt traumatische Erfahrungen oder zumindest das Wissen über traumatische oder belastende Erlebnisse. Die vermeintlich verloren gegangenen Inhalte sind jedoch nicht aus dem Gedächtnis gelöscht, die Erinnerung daran wird eher vermieden. Durch eine spezifische Psychotherapie kann diese Vermeidung oft überwunden werden.

Depersonalisations-/Derealisationsstörung: Patienten mit einer Depersonalisations- oder Derealisationsstörung erleben ein mehr oder weniger durchgehendes und andauerndes Gefühl von Unwirklichkeit oder Distanziertheit oder das Gefühl von Fremdheit. Manche Patienten erleben sich beispielsweise wie ohne ein eigenes Selbst, automatenhaft, sie fühlen nicht ihre eigenen Gefühle und denken Gedanken, die sie nicht als zu ihnen zugehörig empfinden. Dieser Mangel an Personifizierung kann deshalb auch zu einer verminderten Aktivität und dem Gefühl, nicht mehr Herr seiner selbst zu sein, führen. Patienten mit dieser Störung können mehr oder weniger lange oder intensive Episoden erleben, in denen sie sich abgelöst von der Welt fühlen oder den Eindruck haben, die sie umgebende Umwelt – Menschen, Objekte, Umfeld – sei nicht real.

Weiterhin werden im DSM-5 verschiedene **„nicht näher bezeichnete dissoziative Störungen"** („Dissociative disorders not otherwise specified") beschrieben. Darun-

22.1 Definition dissoziativer Störungen nach DSM-5

ter fallen dissoziative Zustände, die nicht den Vollkriterien einer definierten klassifizierten dissoziativen Störung (Dissoziative Identitätsstörung, Dissoziative Amnesie, Depersonalisations-/Derealisationsstörung) entsprechen. Sie umfassen chronische und wiederkehrende Syndrome mit verschiedenen dissoziativen Symptomen, wie z.B. Identitätsstörungen infolge anhaltender und intensiver Zwangsbeeinflussung, akute dissoziative Reaktionen auf Stress-Erlebnisse und dissoziative Trance-Zustände. Die chronischen und rezidivierenden Syndrome mit gemischten dissoziativen Zuständen sind die am meisten verbreiteten dissoziativen Störungen (s. Kap. 22.2).

Die Bezeichnung dieser Störungen ist im DSM-5 zu unspezifisch, da sie in gleicher Weise wie die Dissoziative Identitätsstörung erfolgt. Eine Lösungsmöglichkeit wäre hier, die Bezeichnungen *Major* und *Minor DID (Dissociative Identity Disorder)* zu verwenden, wie es in diesem Kapitel erfolgt.

Im DSM-5 wird ebenfalls ein Subtyp der Posttraumatischen Belastungsstörung (PTBS) als dissoziativ beschrieben. In diesem Kontext bezieht sich der Begriff *Dissoziation* jedoch ausschließlich auf die negativen Symptome Depersonalisation und Derealisation.

22.1.1 Probleme des DSM-5 hinsichtlich Definition, Klassifikation und Inhalt

Die Beschreibung der Dissoziation im DSM-5 enthält einige Unklarheiten, welche auch generell in der Psychiatrie zu finden sind.

Sensomotorische Dissoziation: Während sensomotorische dissoziative Symptome im DSM-5 den dissoziativen Störungen zugeordnet werden, werden sensomotorische dissoziative Störungen als Konversionsstörungen deklariert. In der Beschreibung zur Konversionsstörung finden sich sensomotorische dissoziative Symptome als Konversionssymptome, es wird jedoch nicht ausgeführt, mit welcher Begründung oder wie sich Konversionssymptome von sensomotorischen dissoziativen Phänomenen unterscheiden. Die Autoren des DSM-5 haben konzeptuelle und empirisch belegte Vorschläge zurückgewiesen, welche anregen, die *Konversionsstörungen* im DSM-IV als somatoforme und sensomotorische dissoziative Störungen umzubenennen und neu zu kategorisieren (Nijenhuis 2004; Brown et al. 2007). Wären sie dem Vorschlag gefolgt, befände sich das DSM-5 in einer Linie mit der ICD-10 (WHO 1992), in welcher die Konversionsstörungen folgerichtiger als dissoziative Störungen der Körperbewegung und der Empfindung (*dissociative disorders of movement and sensation*) klassifiziert wird.

Sensomotorische dissoziative Störungen bleiben also im DSM-5 weiterhin zu wenig beachtet. So wird z.B. die Dissoziative Identitätsstörung hauptsächlich als Störung kognitiv-emotionaler Funktionen beschrieben. Das DSM-5 geht nicht darauf ein, dass laut empirischer Studien die Störung in gleichem Maße sensomotorische dissoziative Symptome wie Analgesie, Anästhesie und Körperstarre oder Lähmung und Bewegungshemmung (negative Symptome) bzw. intrusive Schmerzen, Veränderungen des Körpererlebens und der Körperwahrnehmung sowie der Bewegungen des Körpers (positive Symptome) umfasst (Nijenhuis u. Den Boer 2009).

Persönlichkeits-Zustände: Demgegenüber werden im DSM-5 als Merkmale der Dissoziativen Identitätsstörung eindeutige, voneinander abgegrenzte dissoziative Persönlichkeits-States angeführt. Empirisch gesehen lässt sich diese Beschreibung aber nicht halten, da sich dissoziative States in mehrerlei Hinsicht überschneiden. Die experimentelle Forschung hat in klinischen Studien gezeigt, dass Persönlichkeits-States implizite und explizite autobiografische Erinnerungen miteinander teilen (Huntjens et al. 2003; Kong et al. 2008). Sie teilen auch sehr ähnliche subjektive, physiologische und neuronale Reaktionsmuster bezogen auf Erinnerungen an persönliche nicht bedrohliche Ereignisse (Reinders et al. 2006). Darüber hinaus können sich die verschiedenen Persönlichkeits-States gegenseitig durchdringen. Diese Intrusionen können enormen Stress verursachen, insbesondere wenn die Inhalte der Intrusionen unangenehm sind (z. B. schreiende oder weinende Stimmen). Dissoziative Persönlichkeits-States sind also nicht eindeutig abgegrenzt, sondern Anteile eines gemeinsamen Ganzen: unterschiedlich, aber dennoch in bestimmten Bereichen miteinander verbunden.

Das konzeptuelle und empirische Problem des Begriffs Persönlichkeits-State ist, dass die Persönlichkeit eines jeden Individuums eine Menge unterschiedlicher States umfasst und dass dissoziative Persönlichkeits-States wiederum üblicherweise mehrere verschiedene Persönlichkeits-States einschließen. Die menschliche Persönlichkeit beinhaltet ein komplettes bio-psychosoziales System, welches überdauernde Muster von Erleben, Gedanken und Verhalten steuert. Deshalb müsste man die Dissoziation der Persönlichkeit eher als Teilung zwischen zwei oder mehreren Subsystemen konzeptualisieren (s. Kap. 22.1.3). Jedes bewusste dissoziative Subsystem oder jeder „Teil" der Persönlichkeit beinhaltet eine Vielfalt von mentalen States und Gehirnaktivitäten oder mentalen Zuständen/States, die wiederum mit den Dispositionen und Aktionen eines Individuums zusammenhängen und bis zu einem gewissen Grad einzigartig sind.

22.1.2 Posttraumatische Belastungsstörung (PTBS): eine dissoziative Störung

Ein weiteres Klassifikationsproblem des DSM-5 ist, dass nur ein einziger Subtyp der Posttraumatischen Belastungsstörung als dissoziative Störung angesehen wird. Das herausragende Problem bei allen Formen der Posttraumatischen Belastungsstörung ist eine nicht oder ungenügend erfolgte Integration traumatischer Erinnerungen. Diese Patienten erleben ihre quälenden Erinnerungen immer und immer wieder mehr oder weniger vollständig. Dieses Wieder-Erleben ist höchst emotional und sensomotorisch geprägt sowie verbunden mit einer zeitlichen und örtlichen Desorientierung. Die Patienten verlieren die Orientierung im Hier-und-Jetzt und tauchen emotional und physisch in ein „Hier-und-Jetzt" ein, welches tatsächlich ein „Dort-und-Damals" ist. Was dabei üblicherweise übersehen oder ignoriert wird, ist die Tatsache, dass in diesem Wieder-Erleben ein Wechsel zu einem früheren Selbsterleben, zu einem früheren „Ich" (die Erste-Person-Perspektive, EPP) stattfindet. Dieser Wechsel umfasst auch die Beziehungen dieses „Ich" zu „mich, mein, ich selbst" (die Quasi-Zweite-Person-Perspektive, q2PP), zu anderen (Zweite-Person-Perspektive, 2PP) und zu Objekten und Umwelt (Dritte-Person-Perspektive, 3PP). So kann es z. B. vorkommen, dass Patienten in diesem Zustand den Therapeuten oder Partner für einen realen oder potenziellen Täter halten und sich vor ihm zu verstecken versuchen. Sie werden zu denen, die sie waren, als sie verletzt wurden – Trauma bedeutet Verletzung – und verlieren dadurch die Sichtweisen ihrer gegenwärtigen Persönlichkeit, welche ihnen sagen würde, dass sie tatsächlich in Sicherheit sind. In diesem wiederkehrenden Wechsel verschiedener Sets von Erste-Person-Perspektive, Quasi-Zweite-Person-Perspektive, Zweite- und Dritte-Person-Perspektive, der normalerweise nicht zu einer Integration führt, ist nicht klar, warum das Wieder-Erleben traumatischer Erinnerungen bei der Posttraumatischen Belastungsstörung nicht als Manifestation eines bewussten dissoziativen, mehr oder weniger rudimentären Persönlichkeits-Subsytems gelten sollte.

Einige eindeutige Erscheinungsbilder einer Persönlichkeits-Teilung werden im DSM-5 im Bereich der dissoziativen Symptome und Störungen nicht angesprochen oder bewusst davon ausgenommen bzw. widersprüchlich verwendet. Letzteres soll anhand der DSM-5-Passage zur Posttraumatischen Belastungsstörung veranschaulicht werden, in der das Konzept von dissoziativen Reaktionen (z. B. dissoziative Rückblenden), durch die sich das Individuum verhält und sich fühlt, als ob das/die traumatische/-n Ereignis/-se noch einmal geschehen würde/-n, sehr wohl inkludiert wird. Es wird nicht erklärt, warum die Posttraumatische Belastungsstörung mit den dissoziativen Reaktionen, den intensiven Emotionen und dem Körpererleben sowie dem physiologischen Hyperarousal nicht zu den dissoziativen Störungen zählt, während Depersonalisation und Derealisation als Antworten auf traumatische Erlebnisse als dissoziativ gelten. Um es klar auszudrücken: Eine Posttraumatische Belastungsstörung wird im DSM-5 ausschließlich beim Auftreten einer bestimmten Negativ-Symptomatik als dissoziativ gesehen. Positive dissoziative Symptome werden vernachlässigt – und das widerspricht sich selbst.

22.1.3 Das Konzept der Dissoziation

Dissoziation und dissoziative Störungen bezogen sich im ursprünglichen Konzept auf die Teilung der Persönlichkeit eines Individuums (als vollständiges bio-psycho-soziales System) in zwei oder mehrere Subsysteme von Ideen und Funktionen (Janet 1907). Die *Ideen* beinhalteten Gefühle, Wahrnehmungen, Gedanken, Erinnerungen und Fantasien. Die *Funktionen* umfassten im Wesentlichen alles, was ein Individuum wünscht und zu erreichen versucht.

In den letzten Jahren wurden das Konzept und die Definition dissoziativer Störungen in bestimmten Bereichen erweitert, jedoch gleichzeitig in anderen Bereichen deutlich enger. Dissoziation kann nun sowohl gewöhnliche und nicht-pathologische Bereiche betreffen als auch das Bewusstsein, die mentale Abwehr, die Spaltung der Persönlichkeit, die Symptome dieser Teilung, nur die spezifisch definierten Symptome oder andere Phänomene. Auch Absorption und selektive Aufmerksamkeit werden als dissoziative Phänomene beschrieben. Infolge dieser Bedeutungserweiterung, die nicht mit dem Kriterium der Spezifität zusammenpasst, beschränken manche Autoren den Begriff der Dissoziation wieder auf verschiedene Negativ-Symptome und dabei häufig auf negative kognitiv-emotionale Symptome (z. B. niedriger Bewusstseinslevel). In diesem Kontext werden sensomotorische dissoziative Symptome als Konversionssymptome betrachtet.

Die konzeptuelle Verwirrung bezüglich der Dissoziation wirkt sich negativ auf die Klassifikation (s. o.), die klinische Praxis und die Forschung aus. Ohne Spezifizierung ist nicht klar, welches Phänomen oder Prinzip die Kliniker und Forscher meinen, wenn sie die Bezeichnung verwenden, und die Spezifizierung fehlt zumeist. So beinhalten beispielsweise die meisten Studien zur Dissoziation keine Definition der Dissoziation. Das hat zum Ergebnis, dass häufig nicht klar ist, was z. B. eine Korrelation von „Dissoziation" mit anderen Phänomenen nun tatsächlich bedeutet.

Die folgende Definition, in leicht veränderter Form zu einer vorhergehenden Version (Nijenhuis u. Van der Hart 2011), versucht dieses „Nebelfeld" ein wenig zu klären:

> **Definition**
>
> **Dissoziation**
> Dissoziation bei Traumatisierung verursacht eine Teilung der Persönlichkeit des Individuums, d. h. des dynamischen, bio-psycho-sozialen Systems als ein Ganzes. Dieses System bestimmt die charakteristischen mentalen Aktionen und Verhaltensweisen des Individuums. Die Teilung der Persönlichkeit stellt den Kern eines Traumas dar. Sie entwickelt sich, wenn das Individuum nicht mehr fähig ist, negative Erfahrungen völlig oder teilweise zu integrieren. Sie kann dadurch eine Anpassung an den Kontext unterstützen, beinhaltet jedoch gleichzeitig eine Beschränkung dieser Anpassungsleistung. Die Spaltung schließt zwei oder mehrere unzureichend integrierte dynamische (d. h. veränderbare), jedoch überaus rigide Subsysteme ein. Die Subsysteme üben Funktionen aus und können unzählige unterschiedliche mentale und verhaltensmäßige Aktionen und implizite States umfassen. Diese Subsysteme und States können latent vorhanden und in einer Sequenz oder parallel aktiviert sein. Jedes dissoziative Subsystem, d. h. jeder dissoziative Teil der Persönlichkeit, beinhaltet seine eigenen, zumindest rudimentären Personenperspektiven (EPP, q2PP, 2PP, 3PP).
> Prinzipiell kann ein dissoziativer Anteil eines Individuums mit anderen dissoziativen Anteilen und anderen Individuen interagieren. Dissoziative Anteile haben durchlässige psychobiologische Grenzen, die sie voneinander getrennt halten, die sich jedoch prinzipiell auflösen können. Phänomenologisch manifestiert sich diese Spaltung der Persönlichkeit in kognitiv-emotionalen oder sensomotorischen dissoziativen Symptomen, welche in negativer und positiver Form auftreten können.

22.2 Prävalenz[2]

22.2.1 Allgemeinbevölkerung

Etwa 3 % der Allgemeinbevölkerung zeigen pathologische Ausprägungen dissoziativer Symptome. Die lebenslange Prävalenz dissoziativer Störungen bei Frauen in einer türkischen Gemeinde betrug z. B. 18,3 %, wobei 1,1 % dieser Frauen eine Major DID zeigten. In einer Studie in einer äthiopischen Landgemeinde zeigte sich eine Prävalenz dissoziativer Störungen von 6,3 %, gleichauf mit affektiven Störungen (6,2 %), somatoformen Störungen (5,9 %) und Angststörungen (5,7 %). Eine ähnliche Prävalenzrate (7,3 %) für dissoziative Störungen (nach ICD-10) wurde bei einer Stichprobe psychiatrischer Patienten in Saudi-Arabien gefunden.

22.2.2 Psychiatrische Stichproben

In verschiedenen Stichproben psychiatrischer Patienten in Europa und Nordamerika lag die Prävalenz dissoziativer Störungen zwischen 5 und 17 %. In Indien waren dissoziative motorische Störungen mit 43,3 % bei ambulanten Patienten und 37,7 % bei stationären Patienten die häufigsten disso-

---

[2] Zur Übersicht siehe van der Hart und Nijenhuis (2008) sowie Nijenhuis (2015).

22.3 Psychometrische Instrumente

ziativen Störungen, gefolgt von dissoziativen Krämpfen (23% ambulante Patienten, 27,8% stationäre Patienten). In einer türkischen psychiatrischen Notaufnahme war die Zahl dissoziativer Störungen außergewöhnlich hoch.

22.2.3 Major DID

In Norm-Stichproben zeigte sich eine Prävalenzrate zwischen 0,4 und 1,5% und in psychiatrischen Stichproben zwischen 1 und 6%.

22.2.4 Minor DID

Die Minor DID tritt häufiger auf als die Major DID. So wurde z. B. in einer Stichprobe einer nordamerikanischen Gemeinde innerhalb eines Jahres eine Prävalenz von 0,8% für eine Depersonalisationsstörung, für eine Dissoziative Amnesie von 1,8%, für eine Major DID von 1,5% und für eine Minor DID von 4,4% gefunden. Die lebenslange Prävalenzrate einer Minor DID bei Frauen einer türkischen Gemeinde lag bei 8,3%.

22.2.5 Komorbidität

Komplexe dissoziative Störungen haben eine sehr hohe Komorbidität zu Persönlichkeitsstörungen und Posttraumatischer Belastungsstörung. Die hohe Komorbidität zwischen Major DID, Minor DID und Posttraumatischer Belastungsstörung legt die Vermutung nahe, dass diese Störungen Gemeinsamkeiten haben.

22.2.6 Fehldiagnosen

In der allgemeinen klinischen Praxis werden dissoziative Störungen häufig übersehen. Zum Beispiel stellte die Mehrheit einer beachtlichen Anzahl von nordirischen Ärzten in einem eindeutigen Fall von Dissoziativer Identitätsstörung diese Diagnose nicht (Dorahy et al. 2005). In einem chinesischen Gesundheitszentrum zeigten von 98 Patienten, von denen viele ursprünglich als schizophren diagnostiziert worden waren, 28% eine – leicht erkennbare – dissoziative Störung (Yu et al. 2010).

22.3 Psychometrische Instrumente zur Einschätzung der strukturellen Dissoziation der Persönlichkeit

Dissoziative Störungen werden mittels dissoziativer Symptome erfasst, welche in komplexen Fällen chronisch, schwerwiegend und vielfältig sind. Es gibt verschiedene Selbsteinschätzungs-Fragebögen, welche den Schweregrad dieser Symptome ermitteln.

Im deutschsprachigen Raum wird als gängiges Erfassungs-Instrument der *Fragebogen zu dissoziativen Symptomen (FDS)* (Freyberger et al. 1999) verwendet. Er beinhaltet Items zu kognitiv-emotionalen und sensomotorischen Symptomen. Zusätzlich enthält er Items zu allgegenwärtigen Bewusstseinsveränderungen (wie z. B. der Absorption), welche nicht notgedrungen Manifestationen dissoziativer Persönlichkeitsanteile sind.

Ein Instrument zur spezifischen Erfassung sensomotorischer dissoziativer Symptome ist der *„Somatoform Dissociation Questionnaire" SDQ-20* (Nijenhuis 2004, 2009). Die Major DID wird mit schweren, die Minor DID mit deutlichen und die Posttraumatische Belastungsstörung sowie die Konversionsstörung des DSM-5 mit mäßigen sensomotorischen dissoziativen Symptomen in Verbindung gebracht. Der SDQ-20 ist ein effizientes Screening-Instrument für komplexe dissoziative Störungen (Nijenhuis 2004, 2009). Die psychometrischen Eigenschaften des SDQ-20 sind exzellent, auch in der deutschsprachigen Version (Mueller-Pfeiffer et al. 2010).

Selbsteinschätzungs-Fragebögen können nicht als diagnostische Instrumente verwendet werden. Das beste diagnostische Instrument ist das *„Strukturierte klinische Interview für Dissoziative Störungen"* SKID-D (Steinberg 2000). Das Interview wurde von Gast et al. (2000) für den deutschsprachigen Raum übersetzt und validiert.

22.4 Dissoziation und Trauma

Komplexe dissoziative Störungen sind meist mit schweren und/oder chronischen belastenden Ereignissen verbunden, insbesondere mit sexuellem, physischem und emotionalem Missbrauch in der frühen Kindheit sowie emotionaler Vernachlässigung (Van der Hart et al. 2006). Das bedeutet aber nicht, dass diese Ereignisse als einzige verursachende Faktoren aufgefasst werden können (eine philosophische Diskussion zur Kausalität bei chronischen Traumatisierungen und dem Konzept von verursachenden Ereignissen s. Nijenhuis 2014a, 2015). Daneben gibt es auch andere Faktoren, wie z. B. eine desorganisierte Bindung, ein Mangel an sozialer Unterstützung, das Alter, in dem die negativen Ereignisse erstmals auftraten, und die Hirnreifung.

Misshandelte Vorschulkinder zeigten mehr dissoziative Symptome als nichtmisshandelte Gleichaltrige, diese Symptome wurde im Laufe der Zeit stärker (Macfie et al. 2001a, b). Praktisch alle Patienten mit dissoziativen Störungen berichten über chronische belastende Erlebnisse (Draijer u. Boon 1993). Der deutlichste Beweis dafür, dass negative Erlebnisse dissoziative Symptome auslösen können, findet sich in prospektiven Studien mit dokumentierten belastenden Kindheitsereignissen. Es ist auch bekannt, dass frühe traumatische Kindheitserfahrungen, schmerzhafte und physisch verletzende medizinische Behandlungen und eine desorganisierte Bindung in der frühen Kindheit als prädiktiv für andauernde dissoziative Symptome gelten (Diseth 2006; Lyons-Ruth et al. 2006; Ogawa et al. 2007; Dutra et al. 2009; Trickett et al. 2011). Darüber hinaus sind peritraumatische und fortbestehende dissoziative Symptome für eine Posttraumatische Belastungsstörung prädiktiv (Van der Hart et al. 2008; Werner u. Griffin 2012).

Die überwiegende Mehrzahl der Patienten mit komplexen dissoziativen Symptomen berichtet über Kindheitstraumatisierungen (Hornstein u. Putnam 1992; Draijer u. Boon 1993; Lewis et al. 1997; Chu et al. 1999; Nijenhuis 2015). Eine Minderheit der Fälle steht in Zusammenhang mit schwerer Vernachlässigung ohne sexuelle und physische Gewalt oder sehr abnormalem elterlichem Verhalten, das beim Kind zu einer desorganisierten Bindung führt (Draijer u. Langeland 1999; Liotti 1999a; Blizard 2003).

22.4.1 Probleme bei der Integration

Die Fähigkeit, traumatische Ereignisse zu integrieren, hat Grenzen. Diese Fähigkeit ist bei Kindern und Jugendlichen geringer ausgeprägt als z. B. bei Erwachsenen, die sicher im Rahmen einer liebevollen Familie aufgewachsen sind. Die Fähigkeit, Affektregulation zu lernen, ist bei Kindern und Jugendlichen durch die noch unreifen Verbindungen zwischen dem präfrontalen Cortex und dem emotionalen Gehirn begrenzt (Harter et al. 1997; Levesque et al. 2004). Kinder sind daher sehr auf die Hilfe ihrer Eltern oder anderer naher Bezugspersonen bei der

Integration und Koordination intensiver Gefühle und traumatischer Ereignisse angewiesen (Shevlin et al. 2008). Eltern oder nahe Bezugspersonen erfüllen die Rolle externer „Affekt-Regulatoren". Fehlende Unterstützung kann zu traumabezogenen bio-psycho-sozialen Problemen beitragen (Schore 2002). Darüber hinaus sind chronische Belastungen schwieriger als einzelne traumatische Ereignisse zu integrieren (Delahanty u. Nugent 2006). Daher ist es für Kinder und Jugendliche schwierig, chronisch wiederkehrende belastende Erfahrungen zu integrieren.

22.4.2 Soziale Unterstützung

Je weniger Unterstützung von den Eltern oder anderen wichtigen Bezugspersonen (wie guten und nahen Freunden) erfahren wird, desto problematischer wird sich die Integration negativer Ereignisse gestalten. Der Mangel an sozialer Unterstützung in der Zeit nach traumatischen Ereignissen ist sogar prognostisch relevant für die Entwicklung einer Posttraumatischen Belastungsstörung (Brewin et al. 2000). Die ungünstigste soziale Konstellation ist eine Traumatisierung durch eine oder mehrere bedeutsame Personen bei gleichzeitig emotional nicht verfügbaren Eltern oder anderen Bezugspersonen (Liotti 1999a). Diese Erwachsenen können dem Kind nicht bei der Integration seiner traumatischen Erfahrungen helfen, weil sie entweder diejenigen sind, die selbst ihr Kind missbrauchen, misshandeln oder vernachlässigen, weil sie selbst traumatisiert sind oder aber weil sie nicht fähig sind, ihre eigenen Emotionen und die des Kindes zu regulieren (z. B. aufgrund einer Depression oder von Substanzmissbrauch).

22.4.3 Integrative Prozesse

Das Integrieren beinhaltet verschiedene Prozesse: Synthese, Personifizierung und Präsentifikation (Van der Hart et al. 2006; Nijenhuis u. Den Boer 2009).

> **Definition**
> Der Begriff **Synthese** steht für die Schaffung von Kohäsion und Kohärenz unter aktuellen sensomotorischen, emotionalen, kognitiven und verhaltensbezogenen Prozessen. So muss z. B. ein missbrauchtes Kind Schmerz, Angst, Erstarrungsreaktionen und Gedanken wie „das ist schrecklich" miteinander verbinden. **Personifikation** ermöglicht die Verknüpfung dieser Synthesen, sodass man selbst zum Akteur („ich erstarre") und Eigentümer („die Erfahrung passiert mir") wird. **Präsentifikation** ist der Prozess der Verbindung von eigenen bereits personifizierten Synthesen zu allen anderen, um so eine Lebensgeschichte zu entwickeln.

Bei dieser Verknüpfung muss immer die Gegenwart als präsent und am meisten real erfahren werden. Die nahe Vergangenheit und die nahe antizipierte Zukunft sollten vom Individuum ebenso als ziemlich real erlebt werden – und generell realer als die entfernte Vergangenheit und die entfernte antizipierte Zukunft.

Die Präsentifikation der Vergangenheit beinhaltet Symbolisation, wodurch Erfahrungen in Symbolen ausgedrückt werden können. Normale autobiografische Erinnerungen sind daher meistens narrative Geschichten. Realisierung bedeutet mehr als zu erfahren und zu wissen, dass ein Ereignis oder eine Tatsache real ist. Es schließt auch verantwortungsvolles Handeln auf Basis der erfahrenen und bekannten Realität ein.

> **Merke**
> Traumatisches Geschehen führt zu gravierenden Problemen hinsichtlich der Integration (Van der Hart et al. 2006). So weist z. B. körperliche und emotionale Gefühllosigkeit auf eine unvollständige Synthese hin. Depersonalisationsphänomene beruhen auf einem Mangel an Personifikation, sensomotorische und emotionale Reinszenierungen traumatischer Erinnerungen treten bei einer mangelnden Präsentifikation auf. Alle diese Symptome stehen in Verbindung mit einer mangelhaften Integration der Persönlichkeit.

22.5 Prototypische dissoziative Anteile

Die grundlegende Dissoziation vollzieht sich nach der *Theorie der strukturellen Dissoziation der Persönlichkeit* (Van der Hart et al. 2006; Nijenhuis 2015) zwischen zwei prototypischen dissoziativen Subsystemen oder „Anteilen": den „emotionalen Persönlichkeitsanteilen" und den „anscheinend normalen Persönlichkeitsanteilen".

> **Merke**
> Die **emotionalen Persönlichkeitsanteile**, welche vorwiegend in traumatischen Erinnerungen verankert sind, reagieren auf vermutete oder tatsächliche Bedrohung häufig mit bei Säugetieren bekannten Abwehrreaktionen und/oder mit dem Bindungsschrei und/oder mit Bemühungen, sich mit dem Täter anzufreunden.

Jedes dieser Handlungsmuster ist verwandt mit jenen, welche in der Evolution der Säugetiere entwickelt wurden und in evolutionär „alten" Gehirnregionen verankert sind (Panksepp 1998). Das Verteidigungssystem der Säugetiere ist ein komplexes Handlungssystem, welches sympathische (Erschrecken, Erstarren, Flüchten, Kämpfen) und parasympathische (Totstellen) Komponenten beinhaltet (Nijenhuis u. Den Boer 2009). Der Bindungsschrei ist eine Komponente des Bindungssystems.

> **Merke**
> Die **anscheinend normalen Persönlichkeitsanteile** sind hauptsächlich gesteuert von Handlungssystemen, welche das Funktionieren im täglichen Leben gewährleisten und fokussieren auf Interessen wie Exploration, Fürsorge, soziales Engagement, Spiel und Sexualität.

Treten unerwartete Intrusionen eines emotionalen Persönlichkeitsanteils mit den dazugehörigen traumatischen Erinnerungen auf, reagiert der anscheinend normale Persönlichkeitsanteil ängstlich sowohl auf diese sensomotorischen und hochaffektiv besetzten Reinszenierungen als auch auf den emotionalen Persönlichkeitsanteil an sich sowie auf andere Reize und Ereignisse, die mit den traumatischen Erinnerungen verbunden sind. Der emotionale Persönlichkeitsanteil seinerseits reagiert phobisch auf den zurückweisenden anscheinend normalen Persönlichkeitsanteil.

Bei einer chronischen interpersonellen Traumatisierung können sich ein oder mehrere emotionale Persönlichkeitsanteile herausbilden, deren Aufgabe es ist, ein Gefühl der Macht und des Einflusses über das eigene Schicksal aufrechtzuerhalten. Es können auch suizidale emotionale Persönlichkeitsanteile existieren, ebenso wie anscheinend normale Persönlichkeitsanteile (die manchmal Züge von emotionalen Persönlichkeitsanteilen aufweisen können), welche die primären anscheinend normalen Persönlichkeitsanteile unterstützen.

22.5.1 Die komplexe Dimension der strukturellen Dissoziation

Bei der einfachen Posttraumatischen Belastungsstörung und bei einfachen sensomotorischen dissoziativen Störungen treten normalerweise ein anscheinend normaler Persönlichkeitsanteil und ein emotionaler Persönlichkeitsanteil auf. Die Komplexe Posttraumatische Belastungsstörung, komplexe sensomotorische dissoziative Störungen und die Minor DID beinhalten häufig einen anscheinend normalen Persönlichkeitsanteil und mehrere emotionale Persönlichkeitsanteile. Dabei können einige dieser emotionalen Persönlichkeitsanteile ziemlich gut ausgebildet sein. Patienten mit Major DID weisen normalerweise mehrere anscheinend normale Persönlichkeitsanteile und mehrere emotionale Persönlichkeitsanteile auf, von denen einige sehr deutlich ausgebildet sind.

22.5.2 Bio-psycho-soziale Forschungsarbeiten zu anscheinend normalen und emotionalen Persönlichkeitsanteilen

Neuere Studien zeigen bei Personen mit komplexen dissoziativen Störungen strukturelle und funktionelle Veränderungen im Gehirn. Diese Veränderungen sind denen der Posttraumatischen Belastungsstörung sehr ähnlich, was darauf hindeutet, dass komplexe dissoziative Störungen traumabezogen und Posttraumatische Belastungsstörungen sowie komplexe Dissoziationen eng verwandte Störungsbilder sind.

Strukturelle Veränderungen

Traumatisierungen in der Kindheit führen in verschiedenen Gehirnregionen zu Veränderungen der weißen und grauen Substanz, vor allem im dorsolateralen und ventromedialen präfrontalen Cortex, aber auch in Hippocampus, Amygdala und Corpus callosum (Hart u. Rubia 2012). Studien mittels Diffusions-Tensor-Bildgebung zeigten strukturelle interregionale Verbindungsdefizite zwischen diesen Regionen, die auf neuronale Netzwerkdefizite hinweisen (Hart u. Rubia 2012).

Veränderungen der grauen Substanz: Posttraumatische Belastungsstörungen wie auch Major DID sind mit ähnlichen, wenn auch nicht identischen volumetrischen Hirnveränderungen assoziiert (Chalavi 2013; Chalavi et al. 2014). Verglichen mit einer gesunden Kontrollgruppe hatten Patienten insgesamt ein niedrigeres Volumen der grauen Substanz im frontalen, temporalen Cortex und der Insel. Patienten mit einer Dissoziativen Identitätsstörung dagegen hatten kleinere hippocampale und größere Caudatum-/Pallidum-Volumina als die gesunde Kontrollgruppe sowie größere Putamen- und Pallidum-Volumina als Patienten mit Posttraumatischen Belastungsstörungen.

Es konnten negative Korrelationen zwischen der Schwere der Traumatisierung und dem Volumen des frontalen, parietalen und temporalen Cortex sowie auch dem Gesamtcortexvolumen gezeigt werden (Chalavi 2013; Chalavi et al. 2014). Darüber hinaus ist das hippocampale Volumen zunehmend kleiner bei Menschen, die traumatischen Ereignissen ausgesetzt waren (Woon et al. 2010), eine Posttraumatische Belastungsstörung (Karl et al. 2006; Woon et al. 2010; Chen u. Shi 2011), Minor DID (Ehling et al. 2008) und Major DID (Vermetten et al. 2006; Ehling et al. 2008; Chalavi 2013; Chalavi et al. 2014) hatten, als bei gesunden Kontrollpersonen (Abb. 22-1).

Veränderungen der weißen Substanz: In der ersten Studie bei Patienten mit Dissoziativer Identitätsstörung fand Chalavi (2013) Unterschiede zwischen Frauen mit Posttraumatischer Belastungsstörung, Dissoziativer Identitätsstörung (mit Posttraumatischer Belastungsstörung) und gesunden Kontrollpersonen. Verglichen mit den gesunden Kontrollpersonen zeigten Frauen mit einer Posttraumatischen Belastungsstörung eine statistisch signifikant geringere Integrität der weißen Substanz. Die Störungen betrafen die Faszikel der weißen Kommissur und assoziierte Fasern, wie den bilateralen oberen Fasciculus longus, das rechte Cingulum, als auch verschiedene Projektionsbahnen. Auch Frauen mit Dissoziativer Identitätsstörung zeigten eine geringere Integrität der weißen Substanz als gesunde Kontrollpersonen, vor allem im Knie des Corpus callosum. Vergleiche zwischen Frauen mit Dissoziativer Identitätsstörung und Posttraumatischer Belastungsstörung zeigten, dass Erstere deutlich mehr Hirnregionen mit schlechterer Diffusion haben als Frauen mit Posttraumatischer Belastungsstörung. Die Unterschiede zwischen Patienten mit Dissoziativer Identitätsstörung und Posttraumatischer Belastungsstörung waren kleiner als die Unterschiede zwischen den beiden klinischen Gruppen und der gesunden Kontrollgruppe.

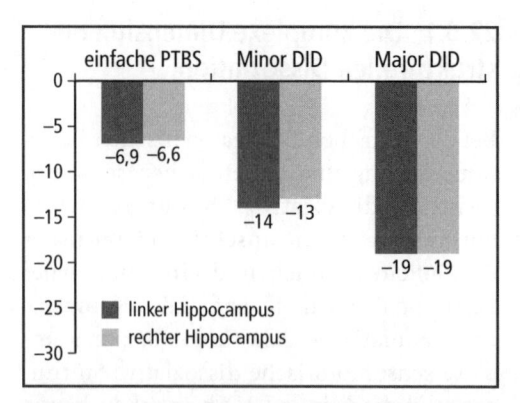

Abb. 22-1 Hippocampales Volumen für verschiedene dissoziative Störungen: je komplexer die Dissoziation, desto weniger hippocampales Volumen. Die negativen Werte in der Grafik stehen für die Abweichungen im hippocampalen Volumen bei Personen mit dissoziativen Störungen, verglichen mit anderen psychisch Erkrankten. Die Unterschiede sind in Prozent angegeben.
PTBS: Diese Werte stammen aus einer Metaanalyse von Smith (2005). Sehr ähnliche Werte wurden von Wang et al. (2010) und für eine chinesische Population von Shu et al. (2013) berichtet.
Minor DID: Werte nach Ehling et al. (2008). Major DID: Mittelwerte aus drei Studien (Vermetten et al. 2006; Ehling et al. 2008; Chalavi et al. 2014).
PTBS = Posttraumatische Belastungsstörung; DID = Dissoziative Identitätsstörung.

Funktionelle Abnormitäten des Gehirns

Frauen mit Dissoziativer Identitätsstörung zeigten jeweils als anscheinend normale Persönlichkeitsanteile oder als emotionale Persönlichkeitsanteile sehr verschiedene subjektive, physiologische und neuronale Reaktionsmuster, wenn sie mit Traumaskripts konfrontiert wurden (Reinders et al. 2003, 2006). Die Skripts, die sich auf traumatische Erinnerungen der emotionalen Persönlichkeitsanteile bezogen, wurden von anscheinend normalen Persönlichkeitsanteilen nicht als eigenes Ereignis erkannt. Emotionale Persönlichkeitsanteile, nicht aber anscheinend normale Persönlichkeitsanteile waren übererregt, und Hirnstrukturen, die in emotionale und Verteidigungsreaktionen involviert sind, waren in emotionalen Persönlichkeitsanteilen stärker aktiviert.

Durch die Konfrontation mit Reizen, die an das traumatische Ereignis erinnern, werden bei übererregten emotionalen Persönlichkeitsanteilen von Patienten mit Post-

22.5 Prototypische dissoziative Anteile

traumatischer Belastungsstörung und Dissoziativer Identitätsstörung sehr ähnliche Bereiche des Gehirns aktiviert. Darunter fallen die Amygdala, der insuläre Cortex, Teile der Basalganglien, der sensorische Cortex, der inferiore und mittlere Gyrus und Teile des Kleinhirns (Nijenhuis 2014b). Diese Strukturen spielen eine wichtige Rolle bei konditionierten und unkonditionierten emotionalen und motorischen Abwehrreaktionen in Bezug auf tatsächliche oder vermutete Bedrohungen sowie bei der Wahrnehmung von (alarmierenden) körperlichen Empfindungen und Zuständen.

Diese neuronale Hyperreaktivität hängt mit wenig aktivierten frontalen corticalen Arealen zusammen und weist auf eine fehlende Hemmung konditionierter emotionaler Reaktionen auf frühere Bedrohungen (Rauch et al. 1996) hin. Eine verminderte Aktivität der hippocampalen Regionen könnte auf eine fehlende Kontextevaluation hindeuten (Rauch et al. 2006), die zu anhaltenden Alarmreaktionen in Bezug auf Trigger, die an das Trauma erinnern, beitragen.

Untererregung bei Posttraumatischer Belastungsstörung, Dissoziativer Identitätsstörung und Depersonalisationsstörung

Patienten mit einer Posttraumatischen Belastungsstörung, die auf Erinnerungen an das traumatische Erlebnis mit Depersonalisation oder Derealisation und emotionaler Taubheit reagieren, zeigten Gehirnaktivitäten, die mit jenen für anscheinend normale Persönlichkeitsanteile bei Patienten mit Dissoziativer Identitätsstörung übereinstimmen (Nijenhuis 2014b). Es sind frontale (Brodmann-Areale [BA] 9, 10, 24, 32), parietale (BA 7, 40), okzipitale (BA 19) und hippocampale Regionen betroffen. Viele dieser Regionen sind während emotionaler Erinnerungen unterdrückt, sie werden bei psychisch gesunden Personen aktiviert, wie z. B. frontale Areale (BA 4, 6, 8, 10/47), der anteriore cinguläre Cortex (BA 32) oder der intraparietale Sulcus (Reinders et al. 2006). Bei Patienten mit Depersonalisationsstörungen sind die Brodmann-Areale 7 und 19 noch stärker aktiviert als bei gesunden Kontrollpatienten.

Versteckte Stimuli für traumatische Ereignisse bei Posttraumatischer Belastungsstörung und Dissoziativer Identitätsstörung

Sakamoto et al. (2005) konfrontierte Patienten mit einer Posttraumatischen Belastungsstörung mit verdeckten Bildern traumatischer Ereignisse und führte eine komplette Gehirnanalyse durch (andere Studien mit verdeckten Stimuli bei Posttraumatischer Belastungsstörung beinhalteten keine solche Analyse). Die Aktivierung im ventralen frontoparietalen Netzwerk, die mit visuellen Aufmerksamkeitsprozessen assoziiert wird, war abgeschwächt. Das linke hippocampale Areal der Patienten, welches mit episodischen und autobiografischen Erinnerungen assoziiert wird, wurde ungewöhnlich leicht aktiviert. Dieses Muster *„entspricht gut der klinischen Charakteristik von Posttraumatischer Belastungsstörung, bei der schwache traumatische Stimuli intrusive Erinnerungen oder Flashbacks auslösen, trotz einer generellen Verminderung der Aufmerksamkeit und Konzentrationsfähigkeit"* (Sakamoto et al. 2005, S. 813).

Ähnliche Befunde zeigten sich, als Frauen mit Dissoziativer Identitätsstörung im Zustand des anscheinend normalen Persönlichkeitsanteils bzw. emotionalen Persönlichkeitsanteils neutrale und wütende Gesichter gezeigt wurden (Schlumpf et al. 2013). Eine Expositionszeit von 16,7 Millisekunden und eine Maskierung verhinderten eine bewusste Wahrnehmung der Gesichter. Wie übererregte emotionale Persönlichkeitsanteile aktivierten Frauen mit Dissoziativer Identitätsstörung und mit einer Posttraumatischen Belastungsstörung in Reaktion auf maskierte neutrale Gesichter den parahippocampalen Gyrus. Dieses Areal sowie der Hippocampus korrelieren mit der Intensität von Flashbacks bei übererregten Patienten mit einer Posttraumatischen Belastungsstörung (Osuch et al. 2001) und sind am Abrufen autobiografischer Erinnerungen beteiligt.

Übereinstimmend mit klinischen Beobachtungen können *neutrale Gesichter* widersprüchlich und bedrohlich für emotionale Persönlichkeitsanteile bei Dissoziativer Identitätsstörung sein. Neutrale Gesichter könnten die Patienten an die emotionale Ablehnung von gefühlsmäßig kalten Bezugspersonen erinnern, mit ähnlichen Effekten wie das starre Gesicht einer Bezugsperson im „still face paradigm" (Tronick et al. 1978; Weinberg et al. 2008). Es könnte auch bzw. stattdessen sein, dass ein neutrales Gesicht Aufmerksamkeit weckt, da ein neutrales Gesicht nicht mitteilen wird, was als Nächstes passiert (z. B. ist das Gesicht eines Täters vor der Tat immer neutral; es stellt sich also die Frage, wann genau der Täter gefährlich werden wird, z. B. wütend oder sexuell erregt). Aus welchen Gründen auch immer scheint ein neutrales Gesicht eine vorbewusste Suche nach der entsprechenden Bedeutung auszulösen, emotionale Persönlichkeitsanteile zeigen aktive Verteidigungsreaktionen, wie die Aktivierung des temporalen Pols und des superioren temporalen Gyrus, ein Teil des semantischen Systems (Schlumpf et al. 2013). Diese Interpretation wird von Ergebnissen gestützt, dass bei Dominanz des übererregten emotionalen Persönlichkeitsanteils Frauen mit Dissoziativer Identitätsstörung langsamer auf eine bewusst wahrnehmbare Veränderung der Farbe eines Punktes auf dem Computerbildschirm, auf den sofort eine subliminale Projektion eines neutralen Gesichtes folgt, reagieren. Authentische emotionale Persönlichkeitsanteile und anscheinend normale Persönlichkeitsanteile (Dissoziative Identitätsstörung) sowie simulierte anscheinend normale Persönlichkeitsanteile und emotionale Persönlichkeitsanteile (Schauspieler) drückten schneller einen Knopf, um zu signalisieren, dass sie eine Veränderung der Farbe wahrgenommen hatten. Die Ergebnisse weisen darauf hin, dass sich Frauen mit Dissoziativer Identitätsstörung als emotionale Persönlichkeitsanteile vorbewusst mit neutralen Gesichtern beschäftigen (Schlumpf et al. 2013). Dasselbe zeigte sich für wütende Gesichter, aber etwas weniger stark. Das könnte mit der Tatsache zusammenhängen, dass die Bedeutung eines wütenden Gesichtes klarer ist als jene eines neutralen Gesichtes.

Areale, die eine höhere Aktivität bei emotionalen Persönlichkeitsanteilen bei Patienten mit Dissoziativer Identitätsstörung zeigen als bei emotionale Persönlichkeitsanteile simulierenden Schauspielern, schließen Strukturen mit Funktionen in frühen Phasen der Gesichtswahrnehmung und motorische Areale, die defensive Reaktionen auf wahrgenommene Bedrohungen unterstützen, mit ein. Im Vergleich zwischen anscheinend normalen Persönlichkeitsanteilen bei Patienten mit Dissoziativer Identitätsstörung und emotionalen Persönlichkeitsanteilen bei den Schauspielern wurden ähnliche, aber weniger ausgeprägte Muster neuronaler Aktivität gefunden. Die geringere Involvierung anscheinend normaler Persönlichkeitsanteile in bewusst wahrgenommene traumaassoziierte Reize (Reinders et al. 2003, 2006, 2012) könnte ihre Ursache in deren gedämpften (z. B. vermeidenden) vorbewussten Reaktionen auf traumabezogene Reize haben.

In einer neueren Studie dokumentieren Schlumpf et al. (2014), dass anscheinend normale und emotionale Persönlichkeitsanteile auch mit unterschiedlichen Mustern der Hirnaktivität verbunden sind, wenn sie entspannen. Beispielsweise zeigten Schauspieler, die aufgefordert wurden, diese beiden prototypischen Persönlichkeitsanteile zu simulieren, sehr unterschiedliche neuronale Aktivierungsmuster.

Kontrollen

Weder gering oder starke fantasiebegabte Personen noch Schauspieler, die instruiert wurden, anscheinend normale Persönlichkeitsanteile und emotionale Persönlichkeitsanteile zu simulieren, zeigten dieselben physiologischen, neuronalen und Verhaltensreaktionen wie authentische anscheinend normale Persönlichkeitsanteile und emotionale Persönlichkeitsanteile (Reinders et al. 2012; Schlumpf et al. 2013, 2014). Diese Ergebnisse sind der beste Beweis dafür, dass eine Dissoziative Identitätsstörung nicht aufgrund von Suggestion, Fantasie oder motiviertem Rollenspiel, wie manche Autoren vermutet haben, zustande kommt (Lilienfeld u. Lynn 2003). Im Gegenteil: Patienten mit Dissoziativer Identitätsstörung haben keine ausgeprägte Fantasie (Nijenhuis u. Reinders 2012; Schlumpf et al. 2013, 2014). Darüber hinaus weisen sowohl Patienten, die über ein Trauma berichten und aus Kulturen stammen, in denen der Zusammenhang zwischen Trauma und Dissoziation bekannt ist, als auch Patienten aus Kulturen, in denen der Zusammenhang nicht klar ist, ein ähnliches Ausmaß dissoziativer Symptome auf (China: Ross et al. 2008; Uganda: Van Duijl et al. 2010).

Es gibt eine hohe Übereinstimmung auf der Ebene des Gehirns zwischen übererregter Reinszenierung traumatischer Ereignisse bei Posttraumatischer Belastungsstörung – die, entsprechend der vorliegenden Analyse, emotionale Persönlichkeitsanteile einschließen – und emotionalen Persönlichkeitsanteilen bei Dissoziativer Identitätsstörung, die bei Erinnerung an das traumatische Ereignis oder bei wahrgenommener Bedrohung die Abwehr aktivieren. Die Passung bezieht sich auf supraliminal- und subliminal gezeigte Reize. Die Gemeinsamkeiten bestehen auch bei anscheinend normalen Persönlichkeitsanteilen bei Dissoziativer Identitätsstörung, Untererregung in Posttraumatischer Belastungsstörung und Depersonalisationsstörungen. Die Ergebnisse der kontrollierten bio-psycho-sozialen Studien unterstützen traumabezogene Modelle von Dissoziativer Identitätsstörung, vor allem die Theorie von struktureller Dissoziation der Persönlichkeit, und falsifizieren das soziokognitive Modell.

22.6 Therapie

Das Hauptproblem aller dissoziativen Störungen (inkl. der einfachen und der Komplexen Posttraumatischen Belastungsstörung) ist ein Mangel an Integration und Koordination. Menschen mit diesen Störungen waren nicht in der Lage, eine oder mehrere traumatische Erinnerungen und die dazugehörigen mentalen Inhalte und Handlungen zu synthetisieren, präsentifizieren und personifizieren. Dabei kann es sich um traumabezogene oder andere Körpergefühle handeln, Wahrnehmungen und Vorstellungen, Gedanken, Wünsche oder Bedürfnisse. Im Falle von inkonsistenten oder dissoziativen Bindungsmustern tendieren die verschiedenen dissoziativen Anteile dazu, gegensätzliche Bedürfnisse zu haben, die nicht miteinander vereinbart werden können. Einige Anteile suchen Liebe von missbrauchenden oder vernachlässigenden Eltern oder anderen primären Bezugspersonen, andere Anteile fürchten sich zutiefst vor diesen, wieder andere Anteile sind sehr wütend. Die mangelnde Integration, die wir bei dissoziativen Störungen beobachten können, betrifft natürlich auch all diese dissoziativen Anteile eines Individuums.

> **Merke**
> Um eine vollständige Heilung (wieder) zu erlangen, muss das Individuum alle seine Persönlichkeits-Subsysteme mit ihren Meinungen und Aufgaben zusammenbringen, sodass ein konsistentes „Ich" entwickelt werden kann, eine kohärente und kohäsive Erste-Person-Perspektive mit *einer* Erfahrung und *einer* Sichtweise der Dinge.

Die Behandlung kann gute und relativ schnelle Fortschritte machen, wenn die Fähigkeit eines Individuums, mitzuarbeiten, hoch ist. So können die traumatische Erfahrung, die dazugehörige Empfindung und Vorstellung vom Ich und seinen Handlungen z. B. bei Menschen mit Posttraumatischer Belastungsstörung, welche vor der Traumatisierung einen hohen Level an mentalen Fähigkeiten und Handlungsfähigkeit sowie einen sicheren Bindungsstil aufwiesen, oft in einigen wenigen Stunden integriert werden (z. B. bei einem emotionalen Persönlichkeitsanteil mit nur wenigen mentalen und handlungsbezogenen Inhalten). Einige psychotherapeutische Methoden, die diese Integration aktiv fördern (z. B. EMDR oder andere Methoden der Trauma-Exposition), haben sich hier als sehr effektiv herausgestellt.

Auf der anderen Seite gibt es Individuen, welche schon von früher Kindheit an extremen und chronischen Traumatisierungen ausgesetzt waren und unter Umständen aktuell noch sind, die nie Aufmerksamkeit und Unterstützung erfahren haben und deshalb auch keine guten Fähigkeiten der Affektregulation entwickeln konnten, die keine adäquate Erziehung erfahren konnten, in gegensätzlichen Bindungsmustern gefangen sind und infolgedessen höchst dissoziative Anteile entwickelt haben. Diese Individuen können nicht von streng „durchgezogenen" therapeutischen Interventionen zur Integration ihrer massiv traumatisierenden Erfahrungen und Erinnerungen profitieren.

In diesen Fällen ist es unerlässlich, die Patienten darin zu unterstützen, zuallererst eine Beendigung des Traumas herbeizuführen. Das durchgängige Bedürfnis eines oder mehrerer dissoziativer Anteile nach Akzeptanz, Aufmerksamkeit und Liebe von Eltern oder primären Bezugspersonen ist ein Grund für die Aufrechterhaltung der Traumatisierung. Diese Anteile der Patienten werden immer wieder zu den Eltern zurückkehren, was auch immer diese ihnen antun. Die Traumatisierung kann nur gestoppt werden, wenn den dissoziativen Anteilen dabei geholfen wird, ihre sehr verständlichen, aber höchst zerstörerischen Tendenzen zu überwinden.

Das bedeutet, dass der Psychotherapeut den Patienten darin unterstützen muss, die dissoziativen Anteile ausfindig zu machen und insgesamt die dissoziative Organisation der Persönlichkeit zu erkennen. Dissoziative Anteile müssen voneinander wissen, aber das ist noch nicht genug. Sie müssen auch lernen, sich zu verstehen, zu akzeptieren, zu respektieren und zusammenzuarbeiten. In diesem Kontext können dann die Patienten immer mehr Fähigkeiten zur

22.6 Therapie

Affektregulation und kognitiven Anpassung erwerben. Das kann wiederum nur funktionieren, wenn der Patient lernt, dem nicht verurteilenden, unterstützenden Psychotherapeuten zu vertrauen, was nach dem chronischen Vertrauensbruch der Eltern, die dem Kind eine sichere, wertschätzende Umgebung hätten geben sollen, üblicherweise eine große Hürde ist.

Diese Patienten können nur sehr schwer akzeptieren, dass sie eine Existenzberechtigung haben, dass sie wertvolle Individuen sind, dass die meisten Menschen nicht darauf aus sind, sie früher oder später „dranzukriegen". Die Erfahrung einer nahen Beziehung zu einem vertrauenswürdigen Menschen vergrößert die Fähigkeit zur Integration aber signifikant.

Hier haben wir es jedoch mit einem Paradox zu tun: Um zu heilen, muss der Patient lernen, zu vertrauen. Aber vertrauen und abhängig sein von einer Person in der Machtposition ist der gefährlichste und verbotenste Akt, da ja die Signale der emotionalen Persönlichkeitsanteile kontrolliert werden müssen. Gerade diese emotionalen Persönlichkeitsanteile werden aber besonders aktiv, wenn andere Anteile (anscheinend normale Persönlichkeitsanteile, fragile emotionale Persönlichkeitsanteile) beginnen „nachzugeben" und sich auf Vertrauen einzulassen. Kontrollierende emotionale Persönlichkeitsanteile machen keine halben Sachen, sie werden die anderen „dummen" Anteile beschimpfen, sie werden ihren Körper verstümmeln, ihnen verbieten, zu essen oder zu trinken, oder versuchen, „ihr" Leben zu nehmen.

Die Komplexität dissoziativer Störungen liegt zwischen den Extremen der „einfachen" Posttraumatischen Belastungsstörung und der hochkomplexen Dissoziativen Identitätsstörung. Welches Ausmaß und welche Art der Behandlung heilsam sind, hängt von Faktoren wie der Komplexität der Dissoziation, dem Energielevel, dem Grad des mentalen und verhaltensmäßigen Funktionierens, dem Vorhandensein und der Qualität interpersoneller Beziehungen und den Lebensumständen ab (z. B. Ausbildungsstatus, Arbeit, Finanzen, soziale Unterstützung).

Die Methode der Wahl ist ein *phasenorientierter therapeutischer Zugang* (Van der Hart et al. 2006), wobei die einzelnen Phasen nicht unbedingt hintereinander erfolgen müssen, sondern sie müssen immer wieder dahingehend überprüft werden, ob nicht bereits eine höhere Funktionsebene in der Therapie erreicht wurde.

Die drei Phasen beinhalten folgende Hauptziele:
- Diagnosestellung; Überwinden der Angst vor der Diagnose; Erkennen, Akzeptieren und Verstehen der Dissoziativen Persönlichkeitsorganisation; Überwinden der Ängste, die einzelne dissoziative Anteile voreinander haben; Kooperation der dissoziativen Anteile; Überwindung der Angst vor Körpergefühlen oder Emotionen; Überwinden der Bindungs- und Verlustängste, damit eine funktionierende therapeutische Beziehung erst möglich wird; Entwicklung effektiverer Fähigkeiten zur Affektregulation und Beziehungsgestaltung; Psychoedukation hinsichtlich der Störung sowie hinsichtlich normaler Beziehungen und normaler Grenzen zwischen verschiedenen Individuen
- Überwindung von Bindungs- und Verlustängsten, damit eine intensivere Beziehung zum Therapeuten aufgebaut werden kann, welche zur Überwindung traumatischer Erinnerungen und der damit verbundenen Integrations-Problemen eben dieser Erinnerungen nötig ist;

schrittweises Integrieren dieser Erinnerungen in einem erreichbaren Ausmaß
- Überwinden der Angst vor Intimität und – wenn es der Patient wünscht – Sexualität; Lernen, ein „normaleres" Leben zu führen und Entwicklung der Fähigkeiten, die dazu erforderlich sind; Beenden verletzender Beziehungen; Lernen, sich vom Therapeuten zu trennen und ohne seine Unterstützung leben zu können

22.7 Fallbeispiel

Fallbeispiel

Lina, eine 48 Jahre alte Frau, wurde während ihrer Kindheit von ihrem Vater sexuell missbraucht. Der Missbrauch war sadistisch und Körper und Psyche der Patientin wurden dadurch schwer verletzt. Beendet wurde das Martyrium im Alter von 18 Jahren. Wie bei den meisten Vergewaltigungen üblich, versprach auch ihr der Vater unter Tränen, dass er ihr niemals wieder etwas antun würde. Im Laufe der Behandlung begann sie erkennen, dass diese Tränen nichts anderes waren als ein Mittel, sie zum Schweigen zu bewegen. Eine zusätzliche emotionale Vernachlässigung und ein emotionaler Missbrauch geschahen sowohl durch ihren Vater als auch durch ihre Mutter.

Bevor die Patientin zu mir in die Behandlung kam, war sie fünf Jahre lang weger einer Dissoziativen Identitätsstörung in ambulanter Behandlung gewesen. Lina hatte dort vieles gelernt (z. B. Grenzen setzen, Affektregulation, Psychoedukation zu Dissoziativer Identitätsstörung) und sie schätzte die Therapeuten, die ihr dabei geholfen hatten. Diese hatten ihr – d. h. dem anscheinend normalen Persönlichkeitsanteil – geholfen, ein stärkeres Individuum zu werden. Sie wurde angeleitet, sich den Aufträgen der unterschiedlichen emotionalen Persönlichkeitsanteile – von denen einige auch Aufgaben des täglichen Lebens zu erfüllen hatten – zu widersetzen. Diese emotionalen Persönlichkeitsanteile hatten auch einige anscheinend normalen Persönlichkeitsanteilen ähnliche Züge. Es wurde immer wieder eingeübt, wie sie „die emotionalen Persönlichkeitsanteile wegschicken konnte". Lina sollte ganz im Hier-und-Jetzt bleiben und den anderen Anteilen erklären, dass sie deren Hilfe nicht mehr benötigen würde.

Ihre Persönlichkeit beinhaltete auch einen männlichen, kontrollierenden emotionalen Persönlichkeitsanteil namens Bart. Die Therapeuten hatten Lina instruiert, Bart zu unterdrücken und ihn wegzuschicken.

Die Anteile aber verweigerten diese Anordnungen. Der fragile emotionale Persönlichkeitsanteil (EP) intrudierte Lina weiterhin in Form eines anscheinend normalen Persönlichkeitsanteils (ANP), zwei Teenager-EPs mit einigen ANP-Zügen verstanden überhaupt nicht, warum sie aufhören sollten, für Lina das zu tun, was sie taten. Bart fühlte sich zurückgewiesen und wurde sogar wütender. Und eines Tages übernahm er vollständig die Kontrolle und beging einen sehr ernst zu nehmenden Suizidversuch. Daraufhin fürchtete sich Lina immer mehr vor ihm.

Die Therapeuten hatten ihre therapeutischen Grenzen erreicht, aber sie wussten auch, dass Lina mehr Hilfe benötigte und verwiesen sie an mich. Gemeinsam begutachteten die Therapeuten, Lina und ich das bisher Erreichte sowie die Grenzen ihrer Arbeit. Ich erklärte, warum meiner Ansicht nach dissoziative Anteile nicht einfach „weggeschickt" werden könnten, sondern eingeladen werden müssten, im Team mitzuarbeiten. Lina gefiel diese Idee – und ebenso vielen ihrer dissoziativen Anteile. Sie konnte sie in ihrem Kopf mit ihr reden hören.

Als ich erwähnte, dass diese Zusammenarbeit auch das Kennenlernen, Treffen und Kooperieren mit Bart beinhalten würde, reagierte Lina sehr angespannt. Sie konnte Bart nicht sprechen hören, fühlte aber seine Anwesenheit. Weil ich Bart von der ersten Stunde an erreichen wollte, sprach ich ihn direkt an: „Bart, ich nehme an, Sie haben sehr gute Gründe dafür,

22.7 Fallbeispiel

was Sie getan haben und was Sie tun. Sie sind genauso wichtig wie alle anderen Anteile. Ich möchte, dass Sie das wissen. Lina fürchtet sich vor Ihnen, aber ich glaube nicht, dass Sie gekommen sind, um sie zu quälen, stimmt das? Ich würde Sie gerne kennenlernen und sicherstellen, dass Sie wertgeschätzt werden." Lina hatte das starke Gefühl, dass Bart sie töten wollte, und ließ mich wissen, dass sie nicht bereit war, ihn zu treffen, was ich akzeptierte. Während der ersten 20 Sitzungen verbesserte sich das Funktionieren der Patientin im alltäglichen Leben sehr. Auf meinen Vorschlag hin richtete Lina einen imaginären Besprechungsraum ein und lud alle Anteile ein, an gemeinsamen Meetings teilzunehmen. Was sie sich jedoch nicht traute, war Bart einzuladen. Die eingeladenen Anteile kamen, einer nach dem anderen. Sie teilten mit, dass sie Lina nicht verlassen würden. Warum sollten sie das auch wollen? Waren sie nicht wichtig? Ich versicherte ihnen, dass sie äußerst wichtig wären und dass sie niemand mehr wegschicken würde. Lina lernte sie kennen und lernte mit ihnen zusammenzuarbeiten, genauso wie jeder einzelne Anteil lernte, mit den anderen zu kooperieren. Sie lernte, für die kleinen fragilen emotionalen Persönlichkeitsanteile zu sorgen, und sie begann, die Aufgaben des Alltags zusammen mit den emotionalen Persönlichkeitsanteilen, welche anscheinend normalen Persönlichkeitsanteilen ähnliche Züge hatten, zu meistern.

Diese „Gruppe" war nicht sehr erfreut über meine andauernden Versuche, Bart zu erreichen. Nach einen halben Jahr Behandlung war Lina überzeugt von meiner Auffassung, dass es möglicherweise gefährlicher sei, Bart zurückzuweisen als ihn einzuladen und zu treffen. Als sie es dann endlich schaffte, ihn einzuladen, er sich aber nicht zeigte, war sie verblüfft. Ich schlug vor, dass sie die Tür des Besprechungszimmers offen lassen könnte. Eine oder zwei Sitzungen später vermutete Lina ihn versteckt hinter einer Ecke und schließlich kam er nach weiteren gemeinsamen Einladungen herein. Lina und einige der dissoziativen Anteile waren verwundert, dass er eher wie ein Junge als wie ein böser Mann wirkte. Lina lernte mit ihm zu sprechen, und Bart lernte, mit ihr und mit den anderen zu sprechen. Er hatte Lina und die anderen beschützt, indem er die Wut in Grenzen hielt und indem er sie daran hinderte, anderen Menschen und im Besonderen Erwachsenen zu vertrauen. Als Lina versucht hatte, ihn und die anderen emotionalen Persönlichkeitsanteile wegzuschicken, war er so zornig und verzweifelt geworden, dass er beschloss, Mord (d. h. Lina und die anderen Anteile zu töten) und Suizid zu begehen (undeutlich realisierte er auch, dass das Töten des Körpers auch seinen Tod bedeuten würde): Das Leben war furchtbar und der Friede im Tod ein willkommener Ausweg vor noch mehr Schmerz.

Bart teilte mit, dass meine durchgehende positive Haltung ihm und den anderen Anteilen gegenüber ihn sehr berührt hätte. Es war ein großer Anreiz für ihn, das Risiko einzugehen, mehr von sich zu zeigen. Er fühlte sich auch bestärkt darin, dass ich seinen Standpunkt akzeptierte, und fügte hinzu, dass es nun, da Lina und die anderen Anteile stärker geworden und damit besser für das Leben ausgerüstet waren, möglicherweise mehrere Möglichkeiten der Bewältigung geben könnte.

Diese und ähnliche Arten der Intervention erwiesen sich als effektiv. Bart wurde sehr kooperativ. Seine Stärken wurden zur Integration traumatischer Erinnerungen und zum Bewältigen komplexer Lebenssituationen genutzt. Lina ging eine Beziehung zu einem einfühlsamen und verständnisvollen Mann ein. Sie entschieden, getrennt voneinander zu leben. Er akzeptierte ihre Verfassung, regte sie an, ihre therapeutische Arbeit zu machen, und unterstützte sie auf den Wegen, die wir gemeinsam besprochen hatten. Einer nach dem anderen fusionierten die dissoziativen Anteile mit Lina. Alle Anteile sind zurzeit integriert und Lina geht es sehr gut. Sie begann mit einer Ausbildung, überwand geistige Blockaden während Prüfungen und kann diese nun bewältigen.

22.8 Zusammenfassung

Dissoziative Störungen treten häufig auf, bleiben aber zu oft unerkannt oder werden falsch diagnostiziert. Sie sind normalerweise in einer Dosis-Wirkungs-Beziehung mit Traumatisierung verknüpft. Die neuere Forschung hat theoretische Annahmen und klinische Beobachtungen bestätigt, denen zufolge es große bio-psycho-soziale Unterschiede zwischen verschiedenen prototypischen dissoziativen Anteilen der Persönlichkeit gibt. Es kann traumatisierten Kindern und reiferen Individuen helfen, im täglichen Leben als anscheinend normale Persönlichkeitsanteile bei weiterbestehendem Trauma zu funktionieren. Um die Störung zu bewältigen, müssen die anscheinend normalen Persönlichkeitsanteile jedoch die emotionalen Persönlichkeitsanteile und traumatischen Erinnerungen integrieren. Im Falle von chronischem und schwerem Missbrauch, Misshandlung und Vernachlässigung in der Kindheit wird eine phasenbezogene Trauma-Behandlung empfohlen.

23 Stressinduzierte Hyperalgesie (SIH) als Folge von emotionaler Deprivation und psychischer Traumatisierung in der Kindheit

Ulrich T. Egle

Inhalt

23.1	Einleitung	411
23.2	Stressinduzierte Hyperalgesie (SIH) – Definition und klinisches Bild	412
23.3	Fallbeispiel	413
23.4	Neurobiologische Zusammenhänge von Schmerz- und Stressverarbeitung	415
23.5	Stressinduzierte Hyperalgesie (SIH) und Somatisierung als Folge von belastenden Umweltbedingungen in der Kindheit	417
23.6	Differenzialdiagnosen bei stressinduzierter Hyperalgesie	420
23.7	Therapie	421
23.7.1	Differenzielle Therapiestrategien am Beispiel des Fibromyalgie-Syndroms	421
23.7.2	Interaktionelle Gruppenpsychotherapie bei stressinduzierter Hyperalgesie	422

23.1 Einleitung

Schmerz wurde sehr lange ausschließlich als Warnsignal für eine Gewebs- bzw. Nervenschädigung verstanden. Die vorherrschende Vorstellung der Schmerzverarbeitung im zentralen Nervensystem hatte viel Ähnlichkeit mit einer Art „Telefonkabel", das Aktionspotenziale von einem Ort zu einem anderen leitet, in denen Informationen über Beginn, Dauer, Stärke, Lokalisation und Qualität eines peripheren nozizeptiven Reizes codiert sind (Woolf 2011). Erstmals widersprachen Melzack und Wall (1965) diesem reduktionistischen Reiz-Reaktions-Konzept und stellten die These auf, dass dieses sensorische System auf Rückenmarksebene durch ein hemmendes Kontrollsystem moduliert werden kann. Dieses hemmende System konnte Mitte der 1980er

Jahre schließlich auch nachgewiesen werden (Basbaum u. Fields 1984). In Verbindung mit der Entdeckung der Enkephaline und Endorphine (Hughes et al. 1975; Guillemin et al. 1977) führte dies damals zu einer verstärkten Erforschung hemmender Schmerzmechanismen, während Faktoren, welche schmerzverstärkend wirksam werden können, in der Forschung zunächst weiterhin unberücksichtigt blieben. Erst später konnten zentrale Sensitivierungsprozesse nachgewiesen werden, durch die deutlich wurde, dass Schmerz nicht ausschließlich peripher bedingt sein muss bzw. durch zentrale Einflussfaktoren wesentlich moduliert werden kann. Dies führte schließlich zu der Erkenntnis, dass auch ohne jedweden peripheren Input zentrale Mechanismen Schmerz auslösen können und dass sich dieser Schmerz von einem Schmerz, der durch einen nozizeptiven Stimulus peripher ausgelöst wird, nicht unterscheiden lässt (vgl. Derbyshire et al. 2004; Koyama et al. 2005; Woolf 2011).

Bis heute werden diese neuen wissenschaftlichen Erkenntnisse von einem großen Teil der Ärzte nicht zur Kenntnis genommen. Bei vielen Schmerzpatienten, bei denen zentrale Mechanismen der Hyperalgesie zugrunde liegen, werden die Schmerzen als Ausdruck von Aggravation oder gar Simulation fehlinterpretiert. Dass es sich dabei um ein reales neurobiologisches Phänomen handeln könnte, wird nicht in Betracht gezogen. Bis heute herrscht bei vielen chronischen Schmerzpatienten ebenso wie bei vielen Ärzten immer noch die Vorstellung vor, dass Schmerz nur infolge einer Gewebeschädigung entstehen kann und die Stärke des Schmerzes dem Ausmaß der Gewebeschädigung entspricht. Dieses Mitte des 17. Jahrhunderts von Descartes postulierte reduktionistische Schmerzverständnis hat bis heute weitreichende Folgen für Diagnostik und Therapie chronischer Schmerzpatienten und führt nicht zuletzt zu enormen Kosten im Gesundheitswesen.

23.2 Stressinduzierte Hyperalgesie (SIH) – Definition und klinisches Bild

Emotionale (v. a. Angst und traumatische Prägungen) und kognitive Einflussfaktoren wirken auf das Schmerzempfinden modulierend (Butler u. Finn 2009; Wiech u. Tracey 2009; Bushnell et al. 2013; Egloff et al. 2013). Ist das Einwirken negativer Emotionen kurz und intensiv (z. B. körperliches Trauma), so führt dies zur Einschränkung der Schmerzwahrnehmung („Schmerzhemmung"), während über längere Zeit einwirkende negative Emotionen und Disstress eine Senkung der Schmerzschwelle und damit eine verstärkte Schmerzwahrnehmung zur Folge haben (Rhudy u. Meagher 2000; Rhudy et al. 2006; Neugebauer 2007). In zwei prospektiven Studien (Kivimäki et al. 2004; Ferrie et al. 2005) ließ sich eine zeitlich enge Verknüpfung zwischen dem Auftreten einer chronischen Schmerzsymptomatik ohne nachweisbare Gewebeschädigung und einer anhaltend belasteten äußeren Stresssituation nachweisen.

Bei der Untersuchung von gesunden Freiwilligen im Labor konnte gezeigt werden, dass Personen mit hohen Werten für eine ängstliche Grundpersönlichkeit bei der Applikation eines nozizeptiven Reizes signifikant mehr Schmerzen angaben als jene, bei denen eine solche Grundpersönlichkeit nicht bestand (Thompson et al. 2008). Vergleichbare Zusammenhänge wurden auch in einer ganzen Reihe von Studien zu postoperativer Schmerzstärke und präoperativer Angst gefunden (z. B. Vaughn et al. 2007; Ip et al. 2009; Papaioannou et al.

2009). Bei der Untersuchung verschiedener Gruppen chronischer Schmerzpatienten wurde deutlich, dass viele bereits lange vor Beginn der Schmerzsymptomatik unter einer Angsterkrankung litten (Knaster et al. 2012).

> **Merke**
> Eine akute umschriebene Gefahr führt also zu Hypalgesie, eine permanente „Hab-Acht-Haltung" zu Hyperalgesie.

Besonders bedeutsam sind diese Zusammenhänge bei Patienten mit traumatisch induzierter Schmerzstörung (Moeller-Bertram et al. 2012; Egloff et al. 2013; Ulirsch et al. 2014), Fibromyalgie-Syndrom (van Houdenhove et al. 2004; Egle et al. 2011), unspezifischen Lendenwirbelsäulen(LWS)- und Schulter-Nacken-Schmerzen (Nilsen et al. 2007), komplex regionalem Schmerzsyndrom (complex regional pain syndrome, CRPS; Grande et al. 2004), Colon irritabile (Walker et al. 2012) sowie Frauen mit Pelvipathie (s. Kap. 24).

23.3 Fallbeispiel

Fallbeispiel

Herr B., 55 Jahre alt, litt seit fast zwölf Jahren unter anhaltenden LWS-Schmerzen ohne freie Intervalle. Die Abklärung in einer orthopädischen Facharztpraxis und einer orthopädischen Universitätsklinik erbrachte chronisch-rezidivierende Lumbalgien mit pseudoradikulärer Ausstrahlung beidseits bei deutlich ausgeprägter Hohl-Rundrückenbildung sowie leichter Osteochondrose, eine Spondylarthrose L4/L5, L4/S1 sowie leichte Bandscheibenprotrusionen in den Bereichen L4/L5 sowie L5/S1. Darüber hinaus wurden eine leichte Hüftgelenksdysplasie und eine Coxarthrose beidseits diagnostiziert sowie der Verdacht auf Irritation des Nervus cutaneus femoris lateralis links geäußert. Wesentliche orthopädische oder neurologische Schädigungen, welche die Schmerzsymptomatik erklären könnten, wurden nicht gefunden. Alle somatischen Behandlungsansätze blieben erfolglos: Dazu zählten drei unterschiedliche Behandlungen mittels Injektionen bzw. Infiltrationen sowie eine langjährige Opioidtherapie mit WHO-Stufe-3-Präparaten (Fentanyl-Pflaster 100 µg alle 3 Tage plus 20 mg Morphin), welche nach zwischenzeitlich neunjähriger Applikation zu einer zunehmenden Ausweitung des Schmerzgeschehens als Hinweis auf eine opioidinduzierte Hyperalgesie (OIH) geführt hatte. Zusätzlich nahm Herr B. noch hochdosiert Gabapentin ein, ohne dass eine neuropathische Schmerzursache fachärztlich diagnostiziert worden war. Allerdings führte dies ebenso wie die Opiatbehandlung zu deutlichen kognitiven Einschränkungen.

Seit acht Jahren führte Herr B. auf Empfehlung seines Schmerztherapeuten täglich ein Schmerztagebuch. Die Schmerzstärke schwankte – trotz der Medikation – zwischen 7 und 10 (auf der numerischen Ratingskala von 0 bis 10). Aufgrund längerer Krankschreibungen war Herrn B. von seiner Krankenkasse nahegelegt worden, einen Rentenantrag zu stellen. Unter der Diagnose einer komorbiden Depression war Herr B. seit vier Jahren in psychiatrischer Behandlung, welche sich auf die Applikation eines Antidepressivums (Duloxetin) und eines Schlafmittels beschränkte.

Beruflich hatte Herr B. nach dem Hauptschulabschluss eine Ausbildung zum Koch absolviert. Nach der Zeit bei der Bundeswehr habe er als Koch gearbeitet, dann eine Fachoberschule besucht und mit der Fachhochschulreife abgeschlossen. Zum Zeitpunkt der AU-Schreibung vor vier Jahren war er Vertreter des Küchenchefs in einer Firmen-Großküche. Seine Tätigkeit sei zu ca. 80 % auf Arbeiten in der Küche bezogen gewesen. Dabei sei die Arbeit meist im Stehen und mit vielen Drehbewegungen erfolgt. Er habe auch schwere Töpfe, Wannen mit Salat oder Tragekörbe mit Nachtisch heben müssen. Nur ca. 20% der Tätigkeit seien Schreibtisch- bzw. Bildschirmarbeit gewesen. Etwa vier Jahre vor Beginn der AU sei ein neuer Küchenchef gekommen, was einen kompletten Umbau der Küche zur Folge hatte. Er habe in dieser Zeit zusätzlich zu seiner regulären Arbeit die Dienstpläne gemacht. In der neuen Küche habe er dann versucht, eine Art Puffer zwischen dem „Chaos des neuen Küchenchefs" und den Mitarbeitern zu sein. Dabei habe er keine Rücksicht auf sich selbst genommen, viele Überstunden geleistet, sei für alles da gewesen und immer für andere eingesprungen. Er sei bestrebt gewesen, seine Arbeit immer gut zu machen.

Seit vier Jahren war er arbeitsunfähig. Eine stufenweise Wiedereingliederung zu Beginn des darauffolgenden Jahres war bereits nach drei Tagen wegen starker Schmerzen gescheitert. Das Arbeitsverhältnis bestand noch, ruhte jedoch. Der Arbeitgeber habe keine leichte Arbeit für ihn.

Bei genauer Exploration wurde zusätzlich eine im engen zeitlichen Zusammenhang mit dem Schmerzbeginn stehende Belastungssituation im familiären Bereich deutlich: Beim Bau eines Hauses wurde Herr B. von seinem Bruder finanziell betrogen. Darüber hinaus hatte Herr B. ohne Wissen seiner Frau eine Bürgschaft für die Firma dieses Bruders übernommen. Als die Firma des Bruders bankrott ging, kam kurz vor dem erstmaligen Auftreten der Schmerzsymptomatik die Bürgschaft zum Tragen. Herrn B. kam in eine mehrfach determinierte psychosoziale Belastungssituation: Finanziell war die Situation durch den Betrug des Bruders und die Fälligkeit der Bürgschaft stark belastet. Zusätzlich bestand eine erhebliche emotionale Belastung im zwischenmenschlichen Bereich mit dem Bruder und auch mit der Ehefrau. Hinzu kam dann noch kurz vor Schmerzbeginn eine somatische Labilisierung (biologischer Stressor) durch einen schweren und anhaltenden grippalen Infekt (dokumentiert durch den Hausarzt). Dieser Zusammenhang wurde nach knapp zehn Jahren Schmerzkarriere im Rahmen eines stationären Aufenthalts in einer orthopädisch-psychosomatischen Fachklinik erkannt und beschrieben – leider ohne therapeutische Konsequenzen.

Die Ehefrau hat zwischenzeitlich eine schwergradige rezidivierende Depression entwickelt und im Jahr vor der Begutachtung einen Suizidversuch unternommen. Sie ist inzwischen in psychotherapeutischer Behandlung; seither gelinge es besser, Konflikte miteinander zu lösen.

Neben dieser beruflichen Überlastungs- und privaten Belastungssituation von Herrn B. konnte – im Hinblick auf das Vorliegen einer stressinduzierten Hyperalgesie – auch eine stark belastete Entwicklung in Kindheit und Jugend exploriert werden: In seiner Kindheit war Herr B. sowohl selbst physischer Misshandlung ausgesetzt als auch Zeuge schwerster Gewalt seitens des alkoholabhängigen Vaters gegenüber der Mutter. Die jüngste Schwester habe sich suizidiert. Die nach ihm geborene Schwester habe ebenfalls einen Suizidversuch unternommen. Kurz vor ihrem Tod habe die Mutter ihm erzählt, dass er als Kleinkind häufig bei den Schwiegereltern gewesen sei. Jedes Mal, wenn der Vater fremdgegangen sei, hätten die Schwiegereltern ihn als Faustpfand für ihren Sohn zu sich genommen. Die Mutter habe dann nur mithilfe eines Pfarrers Zutritt zur Wohnung der Schwiegereltern bekommen. Als er ca. ein Jahr alt gewesen sei, habe sie ihn dort einmal mit Händen und Füßen am Laufstall festgebunden gefunden. Von der nach ihm geborenen Schwester habe er erfahren, dass diese durch den Vater und einen Onkel längere Zeit sexuell missbraucht worden war. Auch die jüngste Schwester, die sich das Leben genommen habe, sei sexuell missbraucht worden. Weiter habe er von einer Tante erfahren, dass ein weiteres Geschwisterkind im Alter von einem Jahr durch Gewalt des Vaters gestorben sei. Während seiner Jugend sei der Vater auch mindestens einmal für eineinhalb Jahre im Gefängnis gewesen. Die Familie habe häufig unter großen finanziellen Schwierigkeiten gelitten und sei bis zu seinem 16. Lebensjahr zehnmal umgezogen.

Aus der Summation dieser Belastungsfaktoren vor Schmerzbeginn kam es zur Reaktivierung

von Gefühlen des Ausgeliefertseins, welche früher mit Schmerz (in Form von Misshandlungen durch den Vater) einhergegangen waren. Dies löste die anhaltende stressinduzierte Hyperalgesie aus. Die diagnostischen Kriterien einer Posttraumatischen Belastungsstörung waren nicht erfüllt.
Als zweite, für die Einschätzung der Schmerzsymptomatik wesentliche Diagnose bestand bei Herrn B. ein langjähriger, ursprünglich iatrogen induzierter Opiatfehlgebrauch, welcher zwischenzeitlich zu einer opiatinduzierten Hyperalgesie geführt hatte.
Nach einer stationären Behandlung in einer auf Schmerz spezialisierten Psychosomatischen Fachklinik war Herr B. ca. neun Monate später weitgehend schmerzfrei. Eine deutliche Schmerzreduktion hatte sich bereits nach sukzessivem Absetzen des Opiats nach etwa zwei Wochen eingestellt. Im Rahmen der interaktionellen Gruppentherapie wurde dann eine Problemaktualisierung durch Erkennung stressverstärkender Schemata sowie unreifer Konfliktbewältigungsstrategien im Umgang mit sich und Anderen herbeigeführt und Veränderungsoptionen erprobt. Die Biofeedback-Therapie ebenso wie die Musiktherapie halfen ihm bei der Wahrnehmung innerer Anspannungen als Indikator zur Überprüfung seiner situativen emotionalen Verfassung (Schmerz-Affekt-Differenzierung). Dies führte dazu, dass er seine Bedürfnisse und Interessen anderen gegenüber besser vermitteln und ggf. auch besser durchsetzen konnte. Durch Sport- und Bewegungstherapie entdeckte er ein für sich hilfreiches Spannungsventil. Vor allem die Einzeltherapie verstand er zunehmend als „Fenster nach Innen", das für ihn lange verschlossen gewesen war – um sich in der Kindheit vor dem unkontrollierbaren Gewaltverhalten des Vaters ebenso wie den emotionalen Auswirkungen der häufigen Ortswechsel zu schützen.
Bereits nach sechswöchiger Behandlung waren seine Dauerschmerzen vollständig verschwunden. Nur bei schwereren körperlichen Anstrengungen traten noch zeitlich umschrieben vereinzelt LWS-Schmerzen auf. Die Schmerzmittel waren vollständig entzogen und abgesetzt. Medikamentös war Herr B. noch auf das Antidepressivum Sertralin eingestellt.

23.4 Neurobiologische Zusammenhänge von Schmerz- und Stressverarbeitung

Periphere Schmerzreize werden nach Umschaltung im Hinterhorn des Rückenmarks vom ersten auf das zweite Neuron zum Thalamus geleitet. Von den lateralen Thalamuskernen erfolgt eine Umschaltung in Richtung des somatosensorischen Cortex, wo eine „topografische Verortung" der Schmerzreize stattfindet („Homunculus"). Darüber hinaus wird die Reizstärke festgestellt, ohne dass dies jedoch – wie man sich dies früher vorstellte – bereits die Schmerzstärke wäre. Diese wird vielmehr durch die Aktivierung anderer Hirnareale bedingt, die von den medialen Kernen des Thalamus ausgeht. Dabei handelt es sich um Gyrus cinguli, vordere Insula, Amygdala, Hippocampus und verschiedene Bereiche des Präfrontalcortex. All diese Bereiche sind auch Teil des zentralen Stressverarbeitungssystems, sodass Schmerz für das Gehirn nur eine besondere Variante von Stress darstellt. Im Bereich des vorderen Gyrus cinguli erfolgt eine emotionale Bewertung des Schmerzreizes. Gleichzeitig kann die affektive Verfassung (z. B. Depression, Angst, Katastrophisieren) Einfluss auf das Schmerzerleben nehmen. Das Wechselspiel zwischen Amygdala und vorderem Teil des Hippocampus bedingt eine „biografische Verortung" des Schmerzreizes durch einen Abgleich mit vergleichbaren früheren Schmerzerfahrungen. Bereiche des Präfrontalcortex sind für die kognitive Bewertung der Gesamtsituation zuständig: Ist eine adäquate Bewertung kognitiv möglich, führt dies im Sinne einer „Top-Down-Regulation" zu einer Unterdrückung der emotionalen und biografischen Einflussfaktoren. Im Umkehrschluss bedeutet dies, dass die fehlende Möglichkeit zur kognitiven Bewertung den Einfluss emotionaler und biografischer Einflussfaktoren auf das Schmerzerleben besonders ausgeprägt werden lässt (vgl. Neugebauer et al. 2004; Vogt 2005; Neugebauer 2007; Wiech et al. 2008; Wiech u. Tracey 2009). Durch diese Verknüpfungen ist es möglich, dass Schmerz nicht nur als Folge einer Gewebe- oder Nervenschädigung, sondern auch einer psychosozialen Belastungssituation bzw. der Reaktivierung einer solchen aus der Vergangenheit auftreten kann. Die Ausschüttung des zentralen Stresshormons Corticotropin-Releasing-Hormon (CRH) führt darüber hinaus zu einer Einflussnahme auf einem Bereich des Hirnstamms, das periaquäduktale Grau (PAG), welches Ausgangspunkt der deszendierend hemmenden Schmerzbahnen ist. Diese deszendierend hemmenden Schmerzbahnen modulieren die Umschaltung peripherer Schmerzreize vom ersten auf das zweite Neuron im Bereich des Hinterhorns auf Rückenmarksebene. Während akute Stresssituationen darüber zu einer kurzzeitigen Schmerzunterdrückung füh-

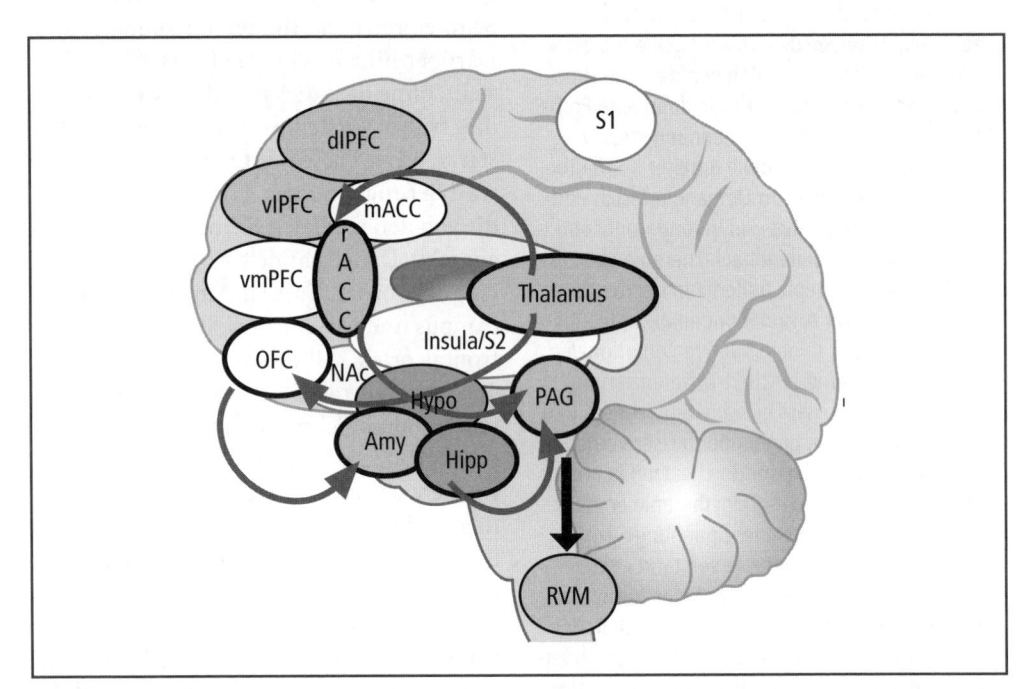

Abb. 23-1 Störung der zentralen Schmerzverarbeitung bei Fibromyalgie-Syndrom (nach Jensen et al. 2013).
Amy = Amygdala; dlPFC = dorsolateraler präfrontaler Cortex; Hipp = Hippocampus; Hypo = Hypothalamus; mACC = medialer anteriorer Gyrus cinguli; NAc = Nucleus accumbens; OFC = orbitofrontaler Cortex; PAG = periaquäduktales Grau; rACC = rostraler anteriorer Gyrus cinguli; RVM = rostroventromediale Medulla; S1 = primär-sensible Areale des somatosensorischen Cortex; S2 = sensible Assoziationsareale des somatosensorischen Cortex; vlPFC = ventrolateraler präfrontaler Cortex; vmPFC = ventromedialer präfrontaler Cortex.

ren, bewirken anhaltende Stresssituationen eine Senkung der Schmerzschwelle auf Rückenmarksebene und damit eine erhöhte Schmerzempfindlichkeit.

Bei Patienten mit somatoformer Schmerzstörung kommt es sowohl bei der Applikation peripherer Schmerzreize als auch bei der Applikation von Leistungsstress im Vergleich zu Gesunden zu einer signifikant stärkeren Aktivierung von Amygdala, Hippocampus und Gyrus cinguli, d.h. jener Bereiche der zentralen Schmerzverarbeitung, welche gleichzeitig auch für die Stressverarbeitung zuständig sind. Während bei der Wiederholung des gleichen Schmerzreizes eine Adaptation stattfindet – die negative Erwartungshaltung aufgrund früherer Schmerzerfahrungen konnte an der jetzigen Realität überprüft werden –, ist dies bei der Wiederholung des Leistungsstress nicht der Fall (Stoeter et al. 2007). Dies könnte mit einer eingeschränkten „Top-down-Kontrolle" infolge einer geringeren Aktivierung präfrontaler Bereiche zusammenhängen (Gündel et al. 2008). Eine fehlende „Top-down-Kontrolle" infolge einer weitgehend fehlenden Aktivierung aller an der Stressverarbeitung beteiligten Hirnareale und des deszendierend-hemmenden Schmerzsystems wurde auch bei Patienten mit Fibromyalgie-Syndrom im Vergleich zu Gesunden beobachtet (Jensen et al. 2013; Abb. 23-1). Experimentell induzierter Schmerz nach vorausgegangener Stressexposition führt bei Patientinnen mit Fibromyalgie-Syndrom zu einem im Vergleich zu Gesunden verstärkten Schmerzempfinden (Crettaz et al. 2013). Dies kann durch zentrale Mechanismen und/oder mit einer erhöhten Muskelanspannung erklärbar sein, wie sie zuvor bereits bei Patienten mit chronischem Rückenschmerz beobachtet wurde (z. B. Glombiewski et al. 2008).

23.5 Stressinduzierte Hyperalgesie (SIH) und Somatisierung als Folge von belastenden Umweltbedingungen in der Kindheit

Bereits 1959 wies der amerikanische Internist und Psychoanalytiker George L. Engel anhand sorgfältiger klinischer Beobachtungen darauf hin, dass bei einer Gruppe chronischer Schmerzpatienten ohne nachweisbare Gewebsschädigung auffallend häufig psychische Deprivation und Traumatisierungen in der Kindheit exploriert werden können (Engel 1959). Engel sprach von einer „pain-proneness". Eine systematische wissenschaftliche Überprüfung der von Engel herausgearbeiteten Kindheitsbelastungen erfolgte von Adler et al. (1989), Egle et al. (1991), Egle und Nickel (1998) sowie Imbierowicz und Egle (2003). Zusammenfassende Übersichtsarbeiten stammen von Davis et al. (2005) und van Houdenhove et al. (2009a). Lange wurde diesen Studien das meist retrospektive Erhebungsdesign angekreidet und die Ergebnisse wurden häufig als spekulativ abgetan. Eine kritische Sichtung der entsprechenden Studien erbrachte diesbezüglich jedoch eher eine Unterschätzung, keinesfalls aber eine Überschätzung der gefundenen Zusammenhänge (Hardt u. Rutter 2004; Hardt et al. 2006; Nelson et al. 2010). Bereits bei Kindern und Jugendlichen mit Somatisierung wurden familiäre Auffälligkeiten beobachtet: körperliche Erkrankungen oder Somatisierung bei den Eltern, unsichere Bindung, psychopathologische Auffälligkeiten bei nahen Familienangehörigen sowie ein dysfunktionales Familienklima (Spertus et al. 2003; Brown et al. 2005; Schulte u. Petermann 2011). In verschiedenen Studien wurden Störungen der Affektregulation und Alexithymie beschrieben (Sayer et al. 2004; Waller u. Scheidt 2006; Mattila et al. 2008; Strathearn 2011). Bondo Lind et al. (2014) sprechen von einer „emotionalen Vermeidungskultur", in der diese Patienten aufgewachsen sind und die ihr späteres Leben im Umgang mit sich und Anderen prägt.

Tierexperimentell konnte die Arbeitsgruppe um Meaney (vgl. Weaver et al. 2004; Meaney u. Szyf 2005) in den letzten Jahren nachweisen, wie frühe Bindungserfahrungen auf die spätere Stressvulnerabilität Einfluss nehmen: Bei Ratten führte intensive Fellpflege und viel Lecken als Ausdruck einer intensiven Bindung zwischen Muttertier und Rattenbaby zu epigenetischen Veränderungen. Durch die Entfernung von Methylgruppen wird der für die Exprimierung von Glucocorticoid-Rezeptoren zuständige Genabschnitt ablesbar. Die erhöhte Exprimierung dieser Rezeptoren im Bereich des Hippocampus bedingt aufgrund eines Feedback-Mechanismus niedrigere Glucocorticoid-Spiegel im Blut und damit eine erhöhte Stressresistenz im Erwachsenenalter. Im Umkehrschluss bedeutet dies, dass ein unzureichendes Bindungsverhalten seitens des Muttertieres zu einer Einschränkung der Ablesbarkeit dieses Genabschnittes und damit zu einer eingeschränkten Exprimierung von Glucocorticoid-Rezeptoren im Bereich des Hippocampus führt, was aufgrund des Feedback-Mechanismus erhöhte Glucocorticoid-Spiegel im Blut zur Folge hat. Später konnte gezeigt werden, dass beim Menschen ganz ähnliche Mechanismen ablaufen dürften (McGowan et al. 2009).

Darüber hinaus konnte nachgewiesen werden, dass durch die skizzierten epigenetischen Mechanismen die Stressvulnerabilität transgenerationell weitergegeben wird, d. h. bei unzureichendem Bindungsverhalten der Mutter die Rattenbabys nicht nur später stressempfindlicher sind, sondern ihre eigenen Kinder als Mütter ebenfalls ein eingeschränktes Bindungsverhalten zeigen. Letzteres hat mit der Aktivierung des Oxytocin-Systems zu tun, dessen Einfluss auf Bindung und Stressresistenz schon länger bekannt ist (Uvnäs-Moberg 1998; Weaver et al. 2004). Zwischenzeitlich belegen eine ganze Reihe von tierexperimentellen Studien – und einige wenige auch am Menschen – die Bedeutung von Oxytocin auch für eine erhöhte Schmerztoleranz bzw. -empfindlichkeit (vgl. Rash et al. 2014).

Ebenfalls tierexperimentell konnte nachgewiesen werden, dass es im Schmerzverarbeitungssystem durch postnatal einwirkende Schmerzreize zu Sensitivierungsprozessen mit der Folge einer späteren Hyperalgesie kommen kann (vgl. Schwaller u. Fitzgerald 2014). Ebenso kann als Folge von postnatalem Disstress, z. B. längere Trennung vom Muttertier, eine anhaltende Belastungssituation im Erwachsenenalter zur Auslösung von Muskelschmerzen führen (Alvarez et al. 2013). Vor diesem Hintergrund wurde von der gleichen Arbeitsgruppe (Green et al. 2011a, b) ein tierexperimentelles Modell für das Fibromyalgie-Syndrom entwickelt. Dabei konnte gezeigt werden, dass frühe Stresseinwirkungen zu einer muskulär empfundenen Hyperalgesie sowie einer nozizeptiven Sensitivierung bei ausgewachsenen Ratten führen können. Eine wesentliche Rolle bei der Vermittlung von Disstress und Schmerz scheint dem Neuropeptid Cholezystokinin (CCK) und seiner Interaktion mit dem CCK-2-Rezeptor zuzukommen (Lovick 2008; Bowers et al. 2012). Cholezystokinin ist auch hinsichtlich seiner Bedeutung bei der Vermittlung Nocebo-induzierter Schmerzen gut untersucht (Benedetti et al. 2006), d. h. es geht dabei um die Wechselwirkungen zwischen in-

23.5 Stressinduzierte Hyperalgesie (SIH) und Somatisierung

dividuellem Angsterleben und Schmerzempfinden.

Auch beim Menschen gibt es einige wenige Studien, die einen Zusammenhang zwischen frühen Schmerzerfahrungen und später erhöhter Schmerzvulnerabilität belegen (Taddio et al. 1997; Lidow 2002).

In einer Reihe von Studien wurde wissenschaftlich belegt, dass ein unsicheres Bindungsverhalten bei chronischen Schmerzpatienten weitreichende Auswirkungen auf zahlreiche Parameter hat:

- Es besteht signifikant häufiger ein emotionsbezogenes (z. B. Katastrophisieren) und seltener ein problembezogenes Coping (Mikulincer u. Florian 1998).
- Schmerzbezogen ist das Ausmaß an Angst, Depression und die Neigung zum Katastrophisieren signifikant ausgeprägter (Ciechanowski et al. 2003; Meredith et al. 2008).
- Schmerz wird deutlich bedrohlicher erlebt und es kommt damit schneller zur Überforderung (Meredith et al. 2005).
- Die Schmerzintensität wird ebenso wie die Beeinträchtigung signifikant stärker erlebt (McWilliams et al. 2000).
- Insgesamt werden neben Schmerzen signifikant mehr weitere körperliche Beschwerden berichtet (Schmidt et al. 2002).

Alle genannte Parameter waren nicht nur bei chronischen Schmerzpatienten, sondern auch bei Probanden mit unsicherem Bindungsverhalten, denen im Labor Schmerz appliziert wurde, signifikant stärker ausgeprägt (McDonald u. Kingsbury 2006; Meredith et al. 2006; McWilliams u. Asmundson 2007). Neurobiologisch führt eine emotional Sicherheit gebende Hauptbezugsperson über die Aktivierung des ventromedialen Präfrontalcortex experimentell zu Schmerzdämpfung (Eisenberger et al. 2011), während das Erleben von Zurückweisung und sozialer Ausgrenzung über eine Aktivierung im Bereich des dorsalen anterioren Gyrus cinguli (dACC) mit einem verstärkten Schmerzerleben verknüpft ist (Eisenberger 2012).

Als Fazit kann also festgehalten werden, dass das Stressverarbeitungssystem des Menschen zwar genetisch präformiert ist und die Aufgabe hat, ein bedrohtes inneres Gleichgewicht durch körperliche, psychische oder soziale Belastungssituationen wiederherzustellen („Allostase"), jedoch Einschränkungen seiner Ausreifung durch ungünstige Umweltbedingungen in der Kindheit in Abhängigkeit von der Hirnentwicklung („vulnerable Zeitfenster") determiniert werden (vgl. Lupien et al. 2009). Während eine überschaubare (kontrollierbare) Stresssituation (zeitlich limitierte Ausschüttung von CRH) vor allem im Bereich des Hypothalamus über eine Aktivierung des Sympathikus („LC-NE-Achse") zur Ausschüttung von Adrenalin und Noradrenalin im Nebennierenmark sowie über die Aktivierung der Hypophysen-Nebennierenrinden-Achse („HPA-Achse") zur Ausschüttung von Glucocorticoiden in der Nebennierenrinde führt und darüber sowohl Stoffwechsel- als auch Lernvorgänge induziert werden, welche der Adaptation dienen, führen lang dauernde und unkontrollierbare Stresssituationen über eine anhaltend hohe Glucocorticoid-Ausschüttung sowohl zu bleibenden Schädigungen im Bereich von Hippocampus und Präfrontalcortex als auch zu Einschränkungen im adaptiven Lernen (Sapolsky 1996; McEwen 2003; Roozendaal et al. 2009). Eine Folge ist auch eine verstärkte Aktivierung des Sympathikus im Hirnstamm (Locus coeruleus) und damit einhergehend die Entwicklung multipler psychovegetativer Beschwerden („Somatisierung").

23.6 Differenzialdiagnosen bei stressinduzierter Hyperalgesie

Nach ICD-10 sind zunächst verschiedene psychische Störungen mit dem Leitsymptom Schmerz zu differenzieren (Abb. 23-2).

Bei der **Posttraumatischen Belastungsstörung** finden sich typischerweise Intrusionen (Flashbacks) in Form von nächtlichen Alb- oder Tagträumen (dissoziative Zustände), in denen bildhafte und bedrohlich erlebte Erinnerungen der traumatischen Situation wieder aufleben. Typisch sind auch eine deutlich eingeschränkte affektive Schwingungsfähigkeit („numbness") sowie weitere dazugehörige Symptome (z. B. Vermeidungsverhalten oder Panikattacken bei Konfrontation mit der traumatischen Situation). Die Diagnose kann dabei über ein strukturiertes Interview (Clinician-Administered PTSD Scale, CAPS) gesichert werden, was im Rahmen von Begutachtungen zur Diagnosesicherung unbedingt erforderlich scheint.

Unterschiede zwischen der Definition nach ICD-10 und DSM-IV ergeben sich hinsichtlich des Kriteriums A, der **traumatisch erlebten Auslieferungssituation**. Während nach ICD-10 diesbezüglich ein ungewöhnliches Ausmaß an Traumatisierung nach Einschätzung des Untersuchers bedeutsam ist, berücksichtigt DSM-IV-TR vor allem das subjektive Erleben des Ausgeliefertseins, das der Betroffene in der Auslösesituation erlebt hat. Dies führt immer wieder zu gutachterlichen Kontroversen.

Als weitere psychische Störungen mit potenziellem Leitsymptom Schmerz sind differenzialdiagnostisch die **Hypochondrie** bzw. der **hypochondrische Wahn** sowie die **coenästhetische Psychose** (i. S. einer monosymptomatischen Körperhalluzination) abzugrenzen. Auch bei **depressiven Störungen** kann Schmerz Leitsymptom sein, doch müssen dann auch weitere Kriterien der Depression (nach ICD-10 zwei von drei Hauptsymptomen sowie mindestens eines von sieben Nebensymptomen) erfüllt und die Schmerzsymptomatik zeitgleich parallel zur depressiven Symptomatik aufgetreten sein.

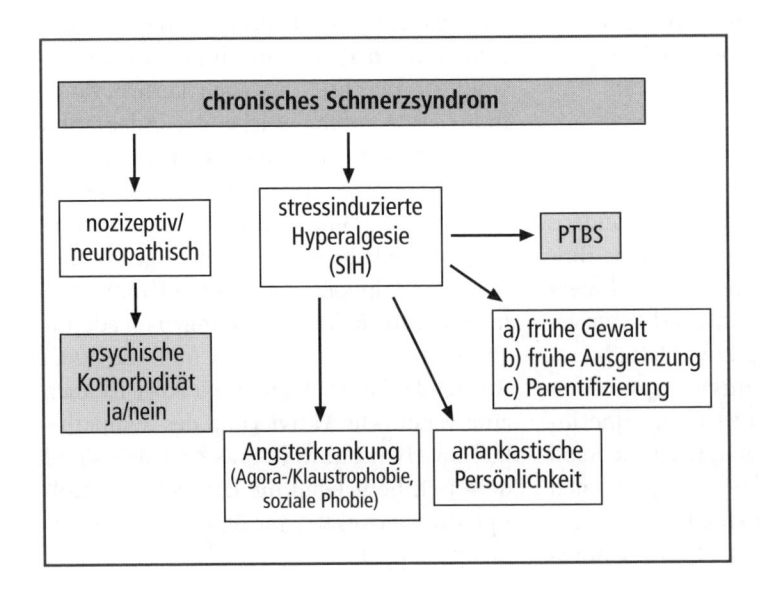

Abb. 23-2 Bio-psychosoziale Differenzialdiagnose bei chronischem Schmerz. PTBS = Posttraumatische Belastungsstörung.

23.7 Therapie

> **Merke**
> Die Diagnose einer „larvierten Depression", welche früher im Grunde genommen alle psychischen Störungen mit Leitsymptom Schmerz ohne hinreichende Gewebsschädigung umfasste, sollte der Vergangenheit angehören.

Auch funktionelle Schmerzsyndrome mit tastbaren muskulären Verspannungen meist in Verbindung mit einer zusätzlichen Angsterkrankung oder Anankastischen Persönlichkeitsstörung (z. B. Lumbalgie, craniomandibuläre Dysfunktion, Spannungskopfschmerz) können sich hinter einer stressinduzierten Hyperalgesie verbergen. Unter der Diagnose eines Fibromyalgie-Syndroms können sich differenzialdiagnostisch alle genannten Störungsbilder „verstecken", weshalb eine sorgfältige Differenzierung nach zugrunde liegenden Mechanismen und eine daraus abgeleitete differenzielle Indikationsstellung erforderlich ist.

Hinzu kommen Patienten, deren Schmerzen auf eine körperliche und psychische Komorbidität zurückzuführen sind, d.h. wenn es zu Wechselwirkungen zwischen peripherem (nozizeptivem bzw. neuropathischem) Input und zentralen Einflussfaktoren kommt.

23.7 Therapie

23.7.1 Differenzielle Therapiestrategien am Beispiel des Fibromyalgie-Syndroms

Liegt dem Fibromyalgie-Syndrom eine **Posttraumatische Belastungsstörung (PTBS)** zugrunde, was sehr viel häufiger der Fall ist, als dies vor dem Hintergrund der Prävalenz in epidemiologischen Studien in der Allgemeinbevölkerung wahrscheinlich ist (vgl. Egle et al. 2014), so sollte eine traumabezogene Psychotherapie durchgeführt werden.

Geht dem Fibromyalgie-Syndrom eine langjährige **Angsterkrankung** voraus, so sollte der Schwerpunkt der Behandlung zunächst auf einem Angstbewältigungstraining und/oder einem sozialen Kompetenztraining liegen, das vor dem Hintergrund multipler muskulärer Verspannungszustände durch Sport- und Bewegungstherapie sowie Physiotherapie und Biofeedback-Training ergänzt werden sollte.

Besteht eine hohe Neigung zur Selbstüberforderung vor dem Hintergrund überzogener Leistungsansprüche und Perfektionismus (**anankastische Persönlichkeitszüge** bzw. **Anankastische Persönlichkeitsstörung**), sollten neben sporttherapeutischen Maßnahmen Achtsamkeitstraining und Musiktherapie sowie interaktionelle Gruppenpsychotherapie durchgeführt werden. Auch ein Biofeedback-Training zu besserer Körperwahrnehmung und Entspannung kann eine sinnvolle Ergänzung darstellen, um der dauerhaft angespannten Muskulatur ebenso wie dem vegetativen Hyperarousal entgegenzuwirken.

Handelt es sich beim Fibromyalgie-Syndrom um eine durch körperliche oder psychische Traumatisierungen oder durch frühe Ausgrenzung in der Kindheit determinierte **somatoforme Störung**, so steht die Durchführung einer interaktionellen Gruppenpsychotherapie ganz im Vordergrund, bei der es um eine neue Ausbalancierung der mit der Umsetzung psychischer Grundbedürfnisse verknüpften Verhaltensweisen im Umgang mit sich und Anderen im Alltag geht.

23.7.2 Interaktionelle Gruppenpsychotherapie bei stressinduzierter Hyperalgesie

Aufgrund der oben skizzierten frühen Umweltbedingungen in der Kindheit kam es im Hinblick auf die Beantwortung der psychischen Grundbedürfnisse seitens der Umgebung zu Vermeidungsschemata (Saariaho et al. 2011). Diese Verhaltensschemata, die ursprünglich den Versuch beinhalteten, mit den Möglichkeiten eines Kindes die psychischen Grundbedürfnisse zu schützen, verselbstständigen sich durch frühe Lernprozesse und laufen später mehr oder weniger automatisch ab. Dabei hätte der Betreffende als Erwachsener sicherlich geeignetere Möglichkeiten, die psychischen Grundbedürfnisse zu schützen bzw. seiner Umwelt zu kommunizieren als früher. Bei Patienten mit stressinduzierter Hyperalgesie konnte beobachtet werden (vgl. Egle u. Zentgraf 2014), dass die folgenden vermeidenden Verhaltensschemata bezogen auf die psychischen Grundbedürfnisse sehr häufig im Vordergrund stehen (Abb. 23-3):

- **Grundbedürfnis Orientierung und Kontrolle:** Das Verhalten ist bestimmt von einem ausgeprägten Kontrollverhalten und Perfektionismus. Alles wird vorgeplant, Spontaneität fehlt. Häufig handelt es sich um die Langzeitfolge des Einwirkens eines (alkoholabhängigen) zur Gewalt neigenden Vaters oder Stiefvaters.
- **Grundbedürfnis Bindung:** Das Verhalten ist geprägt von der Neigung zur Selbstausgrenzung. Die Betreffenden verlassen sich nur auf sich selbst und können niemanden um etwas bitten.

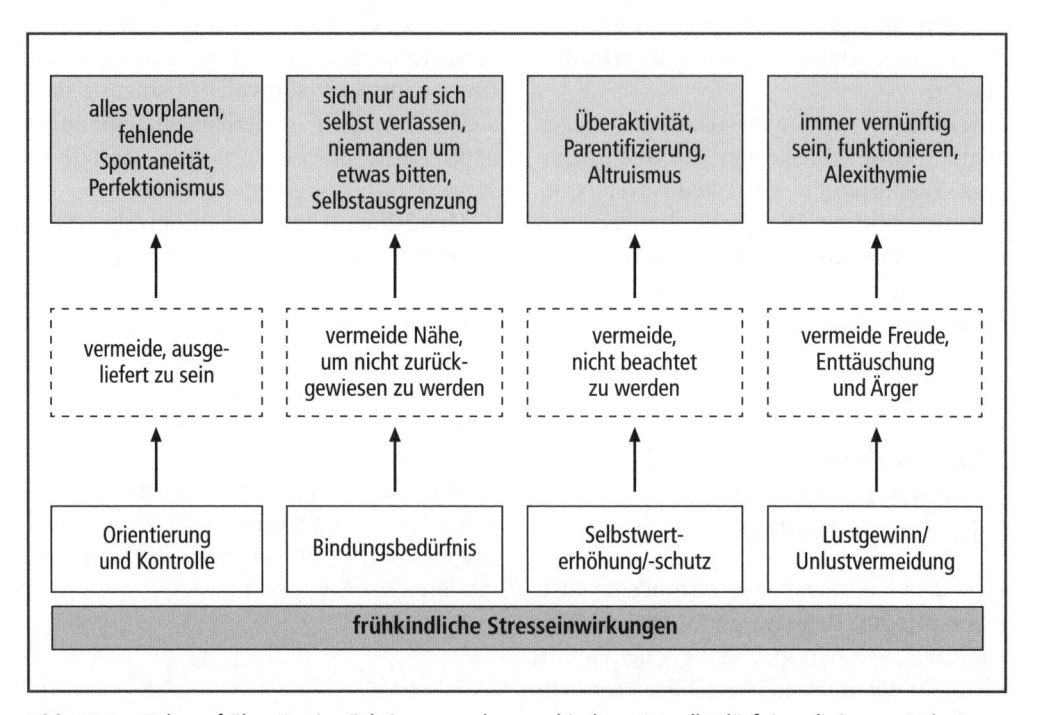

Abb. 23-3 Folgen früher Beeinträchtigungen der psychischen Grundbedürfnisse bei stressinduzierter Hyperalgesie.

23.7 Therapie

Es handelt sich dabei häufig um die Langzeitfolge preußisch strikter Erziehungsmethoden mit früher emotionaler Vernachlässigung bzw. Zurückweisung (unsicher-vermeidendes Bindungsverhalten).

- **Grundbedürfnis Selbstwerterhöhung/ -schutz:** Aufgrund des Fehlens von Lob und Anerkennung in der Primärfamilie kommt es zu einer ausgeprägten Aufmerksamkeitssuche in Form von Überaktivität („action-proneness") und/oder Altruismus. Dies kann sich beruflich in einer permanenten Selbstüberforderung, z. B. im Rahmen eines Pflegeberufes, niederschlagen.
- **Grundbedürfnis Lustgewinn/Unlustvermeidung:** Das Verhalten ist durch ausgeprägte Rationalität und das permanente Bemühen, zu funktionieren, geprägt, Gefühle ebenso wie Freude und Spaß stellen hierbei Störfaktoren dar. Häufig handelt es sich um die Langzeitfolge verschiedener Formen früher Parentifizierung (vgl. Schier et al. 2011, 2015).

Die emotionale Grundbedürfnisse verletzenden frühen Erfahrungen führen zur Entwicklung durch Vermeidungsstrategien geprägter motivationaler Schemata und zu einem inneren Erleben von Inkongruenz (Grawe 1998). Dies erhöht die spätere Stressvulnerabilität bei der Bewältigung belastender Lebenserfahrungen. Dabei spielen auch unreife Konfliktbewältigungsstrategien (Wendung gegen das Selbst, Projektion, Identifikation mit dem Aggressor) eine wesentliche Rolle, welche mit frühkindlichen Stresserfahrungen einhergehen (Nickel u. Egle 2001a, 2006). Die so entstandenen inneren Inkonsistenzen (vgl. Grawe 1998) bedingen einen Teufelskreis im Hinblick auf Stresserleben und -verarbeitung, der – ausgelöst durch belastende Lebensereignisse oder „daily hassels" (vgl. Egle et al. 2004) – letztlich zur Auslösung einer stressinduzierten Hyperalgesie (Somatisierungsstörung bzw. Fibromyalgie-Syndrom) führen kann.

Die Behandlung somatoformer Schmerzpatienten in homogenen interaktionellen Gruppen (vgl. Nickel u. Egle 2001b; Nickel et al. 2010) bietet nach vorausgegangener Edukation über die oben skizzierten neurobiologischen Zusammenhänge die Möglichkeit zum Verstehen und zur Bearbeitung dieser dysfunktionalen Verhaltensschemata und daran sich anschließender Veränderungsübungen. Ziel ist dabei, dass diese Patienten in ihrem Alltag eine Balance bei der Umsetzung der genannten vier psychischen Grundbedürfnisse finden. Meist bedeutet dies, den Grundbedürfnissen nach Bindung sowie Lustgewinn/Unlustvermeidung mehr Raum zu geben und gleichzeitig die Bedeutung von Kontrolle und Selbstwert bezogener Verhaltensschemata zu reduzieren. Gelingt dies, so führt es zu einer deutlichen Schmerzreduktion bei dieser Untergruppe von Patienten mit stressinduzierter Hyperalgesie; bei vielen verschwindet ihr oft viele Jahre dauernder Schmerz vollständig und anhaltend.

> **Merke**
> Eine stressinduzierte Hyperalgesie als Folge kindlicher Traumatisierungen und emotionaler Deprivation kann durch eine Mechanismen-bezogene psychosomatische Behandlung vollständig und anhaltend zum Verschwinden gebracht werden. Ein Schmerzbewältigungstraining ist dafür nicht geeignet, wie Metaanalysen belegen (Eccleston et al. 2009; Williams et al. 2012).

Gleiches gilt auch für jene große Subgruppe von Patienten mit stressinduzierter Hyperalgesie, bei denen vor Beginn der Schmerzen bereits eine langjährige Angststörung bestand (Knaster et al. 2011): Auch von diesen sind viele nach erfolgreichem Angstbewältigungstraining (ggf. mit Exposition) – ergänzt um EMG-Biofeedback – schmerzfrei. Die therapeutisch schwierigste Gruppe ist jene Subgruppe von Patienten mit Fibromyalgie-Syndrom, bei der Perfektionismus und andere Merkmale einer Anankastischen Persönlichkeitsstörung bestehen (Molnar et al. 2012). Dadurch ist in der Regel auch ihre Umstellungsfähigkeit beeinträchtigt, sodass diesen Patienten trotz aller Edukation die Reflexion ebenso wie der Zugang zu ihren Affekten und damit die ersten Schritte zur Erkennung und Veränderung von Verhaltensschemata oft schwerfällt. Ein Stresstest unter Biofeedback-Bedingungen, Achtsamkeitstraining und Musiktherapie können gerade bei dieser Subgruppe hilfreich sein, da sie einen wesentlichen Beitrag zur Schmerz-Affekt-Differenzierung leisten können. Eine solche ist als erster therapeutischer Schritt in der Behandlung von großer Bedeutung, um den durch Alexithymie geprägten Umgang mit sich (fehlender „Blick nach Innen") zu verändern (vgl. Nickel et al. 2010).

Vor Beginn einer gezielten psychosomatischen Behandlung muss bei einer zunehmenden Zahl von Schmerzpatienten zunächst ein iatrogener Opiatfehlgebrauch therapeutisch angegangen werden (Baron u. McDonald 2006). Dieser entwickelt sich meist als Folge einer therapeutischen „Ultima Ratio", da viele schmerztherapeutisch tätige Ärzte mit den oben dargestellten wissenschaftlichen Erkenntnissen einer stressinduzierten Hyperalgesie nicht vertraut sind. Stattdessen kommt es durch eine lang dauernde Opiatverordnung ohne hinreichende Indikation (vgl. AWMF-Leitlinie LONTS) bei einer Reihe dieser Patienten zusätzlich zu einer opiatinduzierten Hyperalgesie (OIH; vgl. Streltzer u. Linden 2008). Alle chronischen Schmerzpatienten sind zunächst ausführlich über die dargestellten Zusammenhänge bei ihrer Schmerzerkrankung aufzuklären („Schmerzedukation"), um die Voraussetzungen für eine aktive Mitarbeit zu schaffen. Auch kann Schmerzedukation bereits schmerzreduzierend wirksam sein (van Oosterwijck et al. 2013).

Tab. 23-1 Wesentliche Veränderungsprozesse in der Behandlung der stressinduzierten Hyperalgesie (idealtypisch)

- Veränderung des kognitiven Schmerzverständnisses (Edukation)
  - kartesianisches vs. bio-psycho-soziales Schmerzverständnis
  - Konsequenzen für die Behandlung
  - ggf. Analgetika-Entzug unter Berücksichtigung deren Funktion als Sicherheit gebendes Ersatzobjekt

- Schmerz-Affekt-Differenzierung

- Erkennung von Verhaltensschemata aus Kindheitsprägungen
  - frühe Zurückweisung → unsicher-vermeidende Bindung
  - frühe Misshandlung → Hilflosigkeitserleben bzw. Schmerz als Erinnerungsmarker (z. B. Riechen)
  - frühes Funktionieren → Parentifizierung

- Veränderung von
  - Vermeidungsschemata hinsichtlich eigener Grundbedürfnisse
  - unreifen zu reifen Konfliktbewältigungsstrategien

- Veränderung der Grundbedürfnis-Dysbalance im Alltag

- Ergänzung der Psychotherapie um Sport- und Bewegungstherapie und Entspannungsverfahren (insbesondere Biofeedback-Therapie)

23.7 Therapie

In Tabelle 23-1 sind die verschiedenen Schritte des therapeutischen Vorgehens aufgeführt. Behandlungsziel bei stressinduzierter Hyperalgesie ist Schmerzfreiheit. Die Ergebnisse eigener Studien zur Wirksamkeit ambulant durchgeführter interaktioneller Gruppenpsychotherapie und multimodaler stationärer Behandlung (Hardt et al. in Vorb.; Egle et al. in Vorb.) zeigen, dass dies für einen Teil der Patienten mit stressinduzierter Hyperalgesie durchaus erreichbar ist, sofern es im Rahmen des vorausgegangenen Chronifizierungsprozesses nicht zu iatrogenen Schädigungen (operativ, medikamentös) gekommen ist.

24 Pelvipathie bei Frauen

Astrid Lampe und Wolfgang Söllner

Inhalt

24.1 Krankheitsbild 427

24.2 Untersuchungen zu chronischem Unterleibsschmerz und sexuellem Missbrauch 428
    24.2.1 Deskriptive Untersuchungen 428
    24.2.2 Kontrollierte Untersuchungen 429

24.3 Diskussion des bisherigen Forschungsstandes 432
    24.3.1 Unterschiede in der Definition von sexuellem Missbrauch 432
    24.3.2 Unterschiede der Erhebungsmethoden 433
    24.3.3 Psychische Vulnerabilität und unterschiedliche Verarbeitung von Missbrauchserlebnissen 433

24.4 Psychodynamisches Verständnis 435
    24.4.1 Chronischer Unterleibsschmerz und weiblicher Lebenszyklus 435
    24.4.2 Kindheitstraumata und konflikthafte Entwicklung der weiblichen Identität 436
    24.4.3 Auslösesituationen und Paardynamik 437
    24.4.4 Der Schmerz im Unterleib als „Erinnerung an das Trauma" 438
    24.4.5 Traumatisierende und protektive Faktoren bei kindlichem Missbrauch und ihre Auswirkung auf die intrapsychischen Abwehrmechanismen 438

24.5 Therapeutische Konsequenzen 439

24.1 Krankheitsbild

Die AWMF definiert den chronischen Unterbauchschmerz (chronic pelvic pain, CPP) folgendermaßen:

> **Definition**
> „Der chronische Unterbauchschmerz ist ein andauernder, schwerer und quälender Schmerz der Frau mit einer Dauer von mindestens 6 Monaten. Er kann sich zyklisch, intermittierend-situativ oder nicht zyklisch chronisch ausprägen. Dieser Schmerz führt zu einer deutlichen Einschränkung der Arbeitsqualität. Bei einem Teil der Patientinnen können körperliche Veränderungen als überwiegend ursächlich anzusehen sein. Bei anderen Patientinnen können emotionale Konflikte oder psychosoziale Belastungen als entscheidende ursächliche Faktoren gelten."

Die europäischen Leitlinien, die den chronischen Unterbauchschmerz gleich wie die AWMF definieren, beschreiben noch einen Subtyp des CPP als „chronisches Unterbauchschmerzsyndrom" (CPPS; Engeler et al. 2012).

> **Definition**
> Es wird dann von einem **chronischen Unterbauchschmerzsyndrom (CPPS)** gesprochen, wenn keine nachweisbare Infektion oder eine andere organische Ursache für den Schmerz nachgewiesen werden kann. Das Syndrom ist häufig mit negativen Kognitionen und Verhaltensmustern, negativen sexuellen oder negativen emotionalen Folgen assoziiert.

Der Schmerzcharakter ist sehr heterogen und wird als ziehend, drückend, stechend, krampfartig oder brennend beschrieben. Bei der vaginalen Untersuchung wird das Anheben der Portio, der Druck auf die Ligamenta lata oder die Darmbeinschaufel häufig als schmerzhaft empfunden.

Der Begriff „chronic pelvic pain" wird durchaus nicht einheitlich verwendet. Ein systematischer Review, der 100 Artikel zur Definition des chronischen Unterbauchschmerzes überprüfte, fand, dass 93 % der Studien den Schmerz nach der Lokalisation, 74 % nach der Pathologie und 44 % nach der Dauer des Schmerzes definieren (Williams et al. 2004). Die Autoren schließen daraus, dass es keine explizite Definition des chronischen Unterbauchschmerzes gibt, sodass die bisherigen Forschungsresultate unter diesem Blickpunkt gesehen werden müssen.

In amerikanischen Studien beträgt die geschätzte **Prävalenz** von chronischen Unterbauchschmerzen 15 % bei Frauen im gebärfähigen Alter (Meltzer-Brody u. Leserman 2011), 37 von 1000 Frauen im Alter von 15–73 Jahren geben chronische Unterbauchschmerzen an. Damit ist die Prävalenz ähnlich hoch wie von Asthma (3,7 %) oder Rückenschmerzen (4,1 %) (Howard 2003). Schätzungen gehen davon aus, dass ca. ein Viertel der Patientinnen einer allgemeinen gynäkologischen Praxis (Vercellini et al. 1990) bzw. 38 % der Patientinnen einer gynäkologischen Klinik (Walker et al. 1992a) wegen länger als sechs Monate bestehender Schmerzen im kleinen Becken ihren Gynäkologen aufsuchen. Vor allem junge Frauen im gebärfähigen Alter mit einem Häufigkeitsmaximum zwischen dem 25. und 40. Lebensjahr leiden unter chronischen Unterleibsschmerzen. In den USA werden 40 % aller Laparoskopien (Howard 2003) wegen chronischer Unterleibsbeschwerden durchgeführt. Bei 10–19 % stellt der chronische Unterleibsschmerz die Hauptindikation zur Durchführung einer Hysterektomie dar (Reiter u. Gambone 1990).

> **Merke**
> Wurde in älteren Arbeiten zwischen einer primär organischen Verursachung der Schmerzen und Schmerzen ohne organischen Befund unterschieden, wird diese Dichotomisierung in neueren Studien aufgegeben. Mehrere Autoren weisen auf die multifaktorielle Genese der Schmerzen hin und schlagen eine bio-psycho-soziale Sichtweise des Schmerzgeschehens vor, die belastende Lebensumstände wie Missbrauch und Misshandlung, Coping-Strategien sowie genetische und körperliche Voraussetzungen in die Diagnostik und Therapie einbezieht (z. B. Meltzer-Brody u. Lasermann 2011).

24.2 Untersuchungen zu chronischem Unterleibsschmerz und sexuellem Missbrauch

24.2.1 Deskriptive Untersuchungen

Die ersten Autoren, die sexuelle Missbrauchserfahrungen bei Patientinnen mit chronischen Unterleibsschmerzen beschrieben, waren Castelnuovo-Tedesco und Krout (1970). Im Rahmen einer Untersuchung zu psychosozialen Faktoren bei Frauen mit rezidivierenden Unterleibsschmerzen berichteten zwei der Patientinnen über Missbrauchserfahrungen in ihrer Kindheit. Beide Patientinnen wurden über einen längeren Zeitraum hinweg von ihren Stiefvätern sexuell missbraucht („*... and two carried on prolonged sexual affairs with their stepfathers ...*"; Castelnuovo-Tedesco u. Krout 1970, S. 117).

Zwölf Jahre später machte die Arbeitsgruppe um Gross (Gross et al. 1980/81; Caldirola et al. 1983) eine für die Autoren damals überraschende Entdeckung: In einer multidisziplinären Studie wurden 25 Frauen mit chronischen Unterleibsschmerzen mithilfe eines tiefenpsychologischen Interviews, das von einer Sozialarbeiterin mit den Patientinnen geführt wurde, untersucht. Neun Patientinnen (36 %) wurden in ihrer Kindheit im Durchschnitt über einen Zeitraum von acht Jahren sexuell missbraucht. Inzestuöser Missbrauch wurde von den Autoren als „*jeder physische Kontakt der Sexualorgane unter Familienmitgliedern mit dem Ziel der sexuellen Stimulation*" definiert. 58 % der missbrauchten Mädchen lebten in dysfunktionalen Familien, in denen ein oder beide Elternteile Alkoholiker waren oder einer der beiden Elternteile häufig den Partner wechselte.

Im Rahmen einer Therapiestudie an der Gynäkologischen Universitätsklinik Leiden gaben von den 106 untersuchten Frauen, die unter chronischen Unterleibsschmerzen litten, 20 % an, in der Kindheit Opfer sexuellen Missbrauchs geworden zu sein (Peters et al. 1991). Die Autoren machen in ihrer Publikation jedoch keine weiteren Angaben darüber, wie kindlicher Missbrauch definiert wurde und wie das Interview, in dem die Daten erhoben wurden, gestaltet war.

Zu deutlich höheren Prozentzahlen bezüglich sexuellen Missbrauchs gelangt eine Fragebogenuntersuchung von Toomey et al. (1993). 36 Patientinnen mit chronischen Unterleibsschmerzen wurde ein Fragebogen (nach Badgley et al. 1984) vorgelegt, in dem sie anhand von fünf Fragen ihre Missbrauchserfahrungen in der Kindheit (vor dem 14. Lebensjahr) und später angeben sollten. Die fünf Fragen umfassten Exhibitionismus, angedrohten sexuellen Kontakt, Berührung der Geschlechtsorgane, den Zwang, die Geschlechtsorgane eines anderen zu berühren, und erzwungenen und vollzogenen Geschlechtsverkehr. Mit Ausnahme von Exhibitionismus wurden die gleichen Fragen für das Erwachsenenalter gestellt. Insgesamt gaben 58 % der Frauen sexuelle Missbrauchserfahrungen an (vier

24.2 Chronischer Unterleibsschmerz und sexueller Missbrauch

Patientinnen in der Kindheit, sechs Patientinnen im Erwachsenenalter und neun Patientinnen in der Kindheit und im Erwachsenenalter).

Mit dem gleichen Instrument erhoben Drossman et al. (1990) sexuelle Missbrauchserfahrungen bei 206 Patientinnen mit ungeklärten abdominalen Beschwerden. Von den untersuchten Frauen litten 20 Patientinnen unter chronischen Unterleibsschmerzen. Die Autoren stellten fest, dass Frauen, die sexuellem Missbrauch unterworfen waren, ein viermal höheres Risiko hatten, chronische Unterleibsschmerzen zu entwickeln, als nicht missbrauchte Frauen.

24.2.2 Kontrollierte Untersuchungen

Die erste kontrollierte Studie zu chronischem Unterleibsschmerz im Zusammenhang mit sexuellen Missbrauchserfahrungen publizierten Walker et al. (1988). Mithilfe des strukturierten Interviews nach Russell wurden 25 Frauen, die länger als drei Monate unter Unterleibsschmerzen litten, und 30 schmerzfreie Frauen, die wegen eines unerfüllten Kinderwunsches die gynäkologische Ambulanz aufsuchten, untersucht. Bezüglich der Missbrauchserfahrungen der Patientinnen wurde zwischen leichtem sexuellem Missbrauch (z. B. Exhibitionismus), versuchter sexueller Belästigung und schwerem sexuellem Missbrauch unterschieden. 64 % der Patientinnen mit Unterleibsschmerzen gaben Missbrauchserfahrungen an, wohingegen nur 23 % der schmerzfreien Patientinnen über solche Erlebnisse berichteten. Schweren Missbrauch vor dem 14. Lebensjahr erlebten nur Patientinnen mit Unterleibsschmerzen. Vier Jahre später berichteten Walker et al. (1992a) ähnliche Ergebnisse aus einer kontrollierten Untersuchung bei 50 Unterleibsschmerz-Patientinnen und 50 schmerzfreien Frauen: 23 % der Schmerzpatientinnen und 4 % der schmerzfreien Frauen berichteten über sexuelle Missbrauchserfahrungen.

Auch in einer Fragebogenuntersuchung (Reiter u. Gambone 1990) an 106 Frauen mit funktionellen Unterleibsschmerzen und einer gesunden Kontrollgruppe ergaben sich signifikante Unterschiede hinsichtlich der Häufigkeit sexueller Missbrauchserfahrungen (48 vs. 6,5 %), wobei jedoch nicht zwischen Erfahrungen in der Kindheit und im Erwachsenenalter differenziert wurde. Ein Jahr später publizierten Reiter et al. (1991) eine weitere Arbeit, in der sexueller Missbrauch bei Patientinnen, für deren Unterleibsschmerzen ein organisches Korrelat diagnostiziert werden konnte (n = 47), und bei Frauen, deren Schmerzursache ungeklärt blieb (n = 52), erhoben wurde. Missbrauch wurde als Inzest oder wiederholte sexuelle Belästigung, die jede Berührung der Genitale einschloss, definiert. Signifikant mehr Frauen der „funktionellen Gruppe" berichteten über solche Erfahrungen vor ihrem 20. Lebensjahr (65 vs. 28 %). Dies steht im Gegensatz zu den Ergebnissen von Walker et al. (1988) und Rapkin et al. (1990), die in ihren Studien keine Unterschiede zwischen den Gruppen fanden. Ehlert et al. (1999) untersuchten mithilfe eines semistrukturierten Interviews nach Russell Frauen mit idiopathischen chronischen Beckenschmerzen im Vergleich zu Frauen mit Adhäsionen im kleinen Becken und Frauen, die sich wegen Infertilität einer diagnostischen Laparoskopie unterzogen. Patientinnen mit idiopathischen Schmerzen erlebten signifikant häufiger sexuelle Übergriffe als die beiden Kontrollgruppen. Zu ähnlichen Ergebnissen kam eine Studie von Reed et al. (2000), die Patientinnen mit chronischen Unterbauchschmerzen mit Patientinnen, die unter Vulvodynie litten, und einer gesunden Kontrollgruppe verglichen. Die Patientinnen mit Unterbauchschmerzen gaben signifikant häufiger sexuelle Missbrauchserfahrungen an.

Neben Rapkin et al. (1990) und Walling et al. (1994) untersuchten Collett et al. (1998) sowie Lampe et al. (2000) sexuelle Missbrauchserfahrungen bei Frauen mit chronischen Unterleibsschmerzen im Vergleich zu Patientinnen mit Schmerzen anderer Lokalisation und einer schmerzfreien Patientinnengruppe. Fanden Rapkin et al. (1990) weder im Kindes- noch im Erwachsenenalter signifikante Unterschiede hinsichtlich jeglicher sexueller Missbrauchserfahrungen zwischen Patientinnen mit chronischen Unterleibsschmerzen, Patientinnen mit Schmerzen anderer Lokalisation und der schmerzfreien Kontrollgruppe, konnten Walling et al. (1994), Collett et al. (1998) und Lampe et al. (2000) eine höhere Rate an schweren missbräuchlichen sexuellen Erfahrungen bei Frauen mit Unterleibsschmerzen im Vergleich zu Patientinnen mit Schmerzen anderer Lokalisation und der gesunden Kontrollgruppe feststellen.

Interessant erscheinen die Ergebnisse zweier Studien, die jeweils an einer nichtklinischen Stichprobe durchgeführt wurden. In der Arbeit von Jamieson und Steege (1997) wurden 581 Frauen bei einem praktischen Arzt nach sexuellen Missbrauchserfahrungen in ihrer Kindheit und im Erwachsenenalter befragt. Es zeigten sich signifikante Zusammenhänge zwischen dem Auftreten von sexuellen Missbrauchserfahrungen in der Kindheit der Frauen und der späteren Entwicklung von chronischen Unterbauchschmerzen. Noch deutlicher war der Zusammenhang bei den Frauen, die sowohl im Erwachsenenalter als auch in ihrer Kindheit sexuellen Missbrauchserfahrungen ausgesetzt waren. Romans et al. (2002) untersuchten 173 Frauen, die sexuellen Missbrauch in ihrer Kindheit erlebt, und 181 Frauen, die keine solchen Erfahrungen gemacht hatten. Die Stichprobe stammt aus einer epidemiologischen Studie einer neuseeländischen Allgemeinbevölkerung. Frauen, die sexuellem Missbrauch in ihrer Kindheit ausgesetzt waren, litten tendenziell häufiger an chronischen Unterbauchschmerzen, hingegen zeigte sich ein signifikanter Zusammenhang zwischen sexuellem Missbrauch im Erwachsenenalter und dem Auftreten der Schmerzsymptomatik im kleinen Becken. Die Autorinnen vermuten den Missbrauch im Erwachsenenalter als Mediator zwischen Missbrauchserfahrungen in der Kindheit und dem Auftreten von chronischen Beckenschmerzen im Erwachsenenalter. Hilden et al. (2004) untersuchten in einer skandinavischen Multicenterstudie über 3500 Frauen, die gynäkologische Kliniken aufsuchten. Sie fanden signifikante Zusammenhänge zwischen sexuellem Missbrauch und dem Auftreten chronischer Unterbauchschmerzen. Eine 2001 in den USA durchgeführte Studie (Raphael et al. 2001) widerspricht den oben genannten Ergebnissen: Bei 676 Fällen von gerichtlich dokumentierter Vernachlässigung oder sexuellem Missbrauch von Kindern wurde in einer prospektiven Studie keine Häufung von Schmerzsyndromen im Erwachsenenalter im Vergleich zu einer Kontrollgruppe (n = 520) gefunden. Allerdings gaben 47 % der Studienteilnehmer in der Kontrollgruppe an, ebenfalls Missbrauchserfahrungen in ihrer Kindheit gemacht zu haben. Diese zwar nicht gerichtlich dokumentierten, jedoch berichteten Fälle von Missbrauch in der Kindheit wurden von der Datenanalyse nicht ausgeschlossen, und wie Van Houdenhove und Egle (2002) in einem Kommentar richtig feststellen, dürfte die Anzeige bei Gericht zu einer Unterbrechung des Missbrauchsgeschehens geführt

24.2 Chronischer Unterleibsschmerz und sexueller Missbrauch

und so eher einen protektiven Faktor für die Betroffenen dargestellt haben. Darüber hinaus werden noch die Art der Datenerhebung, die ungenaue Diagnosestellung sowie die Interpretation der Ergebnisse dieser Studie kritisiert (Van Houdenhove u. Egle 2002; Hardt u. Rutter 2004). Eine von Raphael und Widom (2011) selbst durchgeführte Katamnese zehn Jahre später zeigte den Zusammenhang zwischen der Entwicklung einer Posttraumatischen Belastungsstörung (PTBS) und der Entstehung chronischer Schmerzsyndrome in der oben beschriebenen Stichprobe.

Leserman et al. (2006) konnten in einer empirischen Studie an fast 300 Patientinnen sieben Subtypen chronischer Schmerzen im Unterleib differenzieren (diffuse abdominale oder Beckenschmerzen, vulvovaginale Schmerzen, zyklusabhängige Schmerzen, neuropathische Schmerzen, Patientinnen mit nicht lokalisierbaren Schmerzen, schmerzhafte Triggerpunkte und Schmerzen durch fibroide Tumoren). Nur die länger als sechs Monate bestehenden diffusen Schmerzen in Bauch und kleinem Becken waren mit traumatischen sexuellen Erfahrungen in der Kindheit assoziiert. Latthe et al. (2006) kommt in einem Review von 122 Studien zu dem gleichen Ergebnis: Patientinnen mit sexuellen Missbrauchserfahrungen in der Kindheit hatten eine signifikant größere Wahrscheinlichkeit, nicht zyklische chronische Schmerzen zu entwickeln. Eine Studie an einer spezialisierten Schmerzklinik zeigte, dass ca. 50 % der Frauen mit chronischen Beckenschmerzen von traumatischen sexuellen oder physischen Missbrauchserfahrungen berichteten. Eine von drei Frauen mit chronischem Unterbauchschmerz zeigte ein positives Screening in Bezug auf eine Posttraumatische Belastungsstörung, was für eine hohe psychische Komorbidität der Frauen spricht und Schmerzwahrnehmung als auch Schmerzverarbeitung beeinflusst (Meltzer-Brody et al. 2007). Entsprechende Modelle, die das Zusammenspiel zwischen Schmerz und Posttraumatischer Belastungsstörung erklären, konnten in empirischen Untersuchungen belegt werden (Knaevelsrud et al. 2012, S. 170).

Neuropsychoimmunologische Befunde von Heim et al. (1998) weisen auf Veränderungen des Hypothalamus-Hypophysen-Systems bei Patientinnen mit chronischen Unterbauchschmerzen hin. An 16 Patientinnen mit chronischen Unterbauchschmerzen konnten die Autorinnen erniedrigte Cortisolspiegel im Speichel nach einem CRH-Stimulationstest und eine verzögerte Suppression des Cortisols im Speichel nach Dexamethason-Belastung im Vergleich zu einer schmerzfreien Kontrollgruppe beobachten. Dabei gaben 66,7 % der Frauen mit chronischen Unterbauchschmerzen an, sexuelle Missbrauchserfahrungen in ihrer Kindheit (< 14 Jahre) oder im Erwachsenenalter gemacht zu haben, 46 % gaben an, sehr schwerem Missbrauch ausgesetzt gewesen zu sein. Bei 40 % der Schmerzpatientinnen wurde eine Posttraumatische Belastungsstörung diagnostiziert. Im Vergleich zur Kontrollgruppe waren die Unterschiede signifikant. Bedingt durch die Störung der Hypothalamus-Hypophysen-Nebennierenrinden-Achse haben in ihrer Kindheit traumatisierte Patientinnen ein größeres Risiko, an Schmerzsyndromen zu erkranken (Heim et al. 2001).

Eine von Nijenhuis et al. (2003) in den Niederlanden durchgeführte Studie über den Zusammenhang zwischen somatoformer Dissoziation, psychischer Dissoziation und dem Erleben von Trauma bei Patientinnen mit chronischen Unterbauchschmerzen zeigte eine niedrige Prävalenz von dissoziativen Störungen in dieser Patientinnengruppe. Dennoch waren bei Frauen mit Unterbauchschmerzen, die einem Trauma ausgesetzt waren, deutlichere Zusammenhänge zwischen Trauma und somatoformer Dissoziation zu beobachten.

McLean et al. (2012) beschreiben eine Häufung multilokulärer Schmerzen nach einer Vergewaltigung. Dabei geben die Opfer bis zu zehn extragenitale Schmerzregionen mit z. T. sehr hoher Schmerzintensität an. Unmittelbar nach der Vergewaltigung wurde am häufigsten über Kopf-, Bauch- und Rückenschmerzen geklagt.

Mehrere Studien zeigen den Zusammenhang zwischen Gewalt in der Partnerschaft und dem Auftreten chronischer Unterbauchschmerzen (Coker et al. 2000; Campell et al. 2002; Wuest et al. 2008).

24.3 Diskussion des bisherigen Forschungsstandes

Trotz eines unterschiedlichen methodischen Vorgehens, besonders in Bezug auf die Definition von sexuellem Missbrauch und die Art der Datenerhebung, weisen vor allem klinische Studien auf einen deutlichen Zusammenhang zwischen dem Erleben von sexuellen Missbrauchserfahrungen in der Kindheit und dem Auftreten chronischer Unterleibsschmerzen im Erwachsenenalter hin. Die deutlichsten Unterschiede zwischen Patientinnen und Kontrollgruppe ergeben sich dann, wenn zur Datenerhebung strukturierte Interviewmethoden verwendet und Art und Schwere des sexuellen Missbrauchs untersucht und definiert werden. Dies entspricht den Befunden aus der Lebensereignisforschung, die davon ausgeht, dass einzelne stark belastende Lebensereignisse unabhängig vom Zeitpunkt des Auftretens und der Befragung valide erinnert werden. Auch Hardt kommt in einer Übersichtsarbeit zu dem Schluss: „Zusammenfassend lässt sich sagen, dass Erinnerungen an traumatische Ereignisse vergleichsweise valide bezüglich der Frage, ob ein Ereignis stattgefunden hat oder nicht, erfasst werden können. Details hingegen werden häufig verändert erinnert ... Epidemiologische Untersuchungen tendieren zu einer Unterschätzung der realen Prävalenzen." (Hardt u. Rutter, zit. in Egle et al. 2002, S. 425)

24.3.1 Unterschiede in der Definition von sexuellem Missbrauch

Wird, wie z. B. bei Walling et al. (1994) und Hilden et al. (2004), zwischen „major sexual abuse" (jede Form der Penetration und des Berührens der unbekleideten Geschlechtsorgane oder des Anus) und „any sexual abuse" unterschieden, differenzieren andere die Art der Missbrauchserfahrungen nicht. Manche der bisher zitierten Arbeiten ordnen auch Patientinnen, die Erfahrungen mit Exhibitionisten machten, der sexuell missbrauchten Gruppe zu.

Teilweise werden in den genannten Studien nur wiederholte sexuelle Übergriffe als Missbrauch gewertet. So schließen Rapkin et al. (1990) und Reiter et al. (1991) einmalige sexuelle Überfälle oder Belästigungen von der weiteren Datenauswertung aus, wohingegen bei den meisten anderen Autoren diese Erfahrungen in die Ergebnisse miteinbezogen werden.

Sofern zwischen Missbrauchserfahrungen in der Kindheit und im Erwachsenenalter unterschieden wird, ist das, was als kindlicher Missbrauch definiert wird, durchaus nicht einheitlich: Es werden darunter Missbrauchserfahrungen von Mädchen unter 18 Jahren (z. B. Hilden et al. 2004) bis zu Missbrauchserfahrungen von unter 13-Jährigen verstanden (z.B. Leserman et. 2006; Meltzer-Brody et al. 2007).

24.3.2 Unterschiede der Erhebungsmethoden

In den zitierten Studien werden *Fragebögen*, die entweder von den Patientinnen allein (z.B. Drossman et al. 1990; Toomey et al. 1993) oder im Beisein einer Krankenschwesternschülerin (Reiter u. Gambone 1990; Reiter et al. 1991) ausgefüllt werden, zur Datenerhebung verwendet. Eine Alternative stellen *Interviewtechniken* dar, die von strukturierten einzelnen Fragen – mitunter per Telefon – bis hin zu tiefenpsychologisch orientierten Interviews reichen: Walling et al. (1994) verwendeten eine „inverted funnel technic"; dabei wurden die Patientinnen per Telefon zuerst mit den schlimmsten, den Missbrauch betreffenden Fragen konfrontiert und erst in der Folge nach leichteren Formen missbräuchlicher Erfahrungen gefragt. Rapkin et al. (1990) hingegen stellten ihren Patientinnen zuerst eine standardisierte, offene Frage zu sexuellem Missbrauch, die bei Bejahen mit den weiteren Fragen „durch wen" und „in welcher Art" komplettiert wurde.

Nach Wyatt und Peters (1986) und Finkelhor (1979) bzw. Finkelhor und Baron (1986) beeinflussen die *Art des Settings und die Anzahl der gestellten Fragen* entscheidend die berichteten Raten an sexuellen Missbrauchserfahrungen. Finkelhor und Baron (1986) belegen in einer methodischen Übersichtsarbeit, dass die Rate der berichteten Missbrauchserfahrungen mit der Anzahl der gestellten Fragen steigt. Wyatt und Peters (1986) betonen die höhere Reliabilität der Befragungen in einer vertrauensvollen Interviewsituation.

24.3.3 Psychische Vulnerabilität und unterschiedliche Verarbeitung von Missbrauchserlebnissen

Bislang wurde vor allem die Posttraumatische Belastungsstörung als mögliche moderierende Variable für die Entstehung und Aufrechterhaltung chronischer Schmerzsyndrome bei vorbestehender Traumatisierung untersucht. Zahlreiche Befunde sprechen für eine gegenseitige Beeinflussung der Posttraumatischen Belastungsstörung und der Schmerzsymptomatik sowie die Bedeutung der Posttraumatischen Belastungsstörung bei der Chronifizierung der Schmerzen (Meltzer-Brody et al. 2007; Schur et al. 2007; Burris et al. 2009; Raphael u. Widom 2011). Liedl et al. (2010) konnten den Zusammenhang zwischen dem Auftreten akuter Schmerzen nach einem traumatischen Ereignis, Hyperarousal und der Entwicklung von chronischen Schmerzen zeigen. Dabei waren Flashbacks und Übererregung nach zwölf Monaten durch das Auftreten von Schmerzen drei Monate nach dem Ereignis mediiert.

Zusätzlich könnten zukünftig weitere, moderierend oder verstärkend wirkende Variablen der Betroffenen im Fall von Missbrauch und Misshandlung, wie individuelle Vulnerabilität (z.B. Coping-Mechanismen) oder psychosoziale Ressourcen (schützende oder tröstende Bezugsperson), einbezogen werden.

Das folgende Beispiel schildert die Geschichte einer Patientin, die im Rahmen des Liasondienstes an der Universitätsklinik für Gynäkologie gesehen wurde.

Fallbeispiel

Die 28-jährige, kleine und zierliche Frau K. wirkt sehr kindlich. Sie kommt gemeinsam mit ihrem deutlich älteren, 50-jährigen Ehepartner in die gynäkologische Ambulanz und möchte, dass er sie auch zum psychotherapeutischen Erstgespräch begleitet. Nach kurzem Zögern entscheidet der Ehemann, in der Zwischenzeit die Mutter der Patientin, die sich zu diesem Zeitpunkt in stationärer Behandlung in der Inneren Medizin befand, zu besuchen. (Wie sich später herausstellte, lag die Mutter der Patientin zu diesem Zeitpunkt schon wegen eines Herzinfarkts auf der Intensivstation, was die Patientin jedoch während des Gespräches nicht erwähnte.)
Kaum hat die Patientin im Zimmer Platz genommen, beginnt sie rasch zu erzählen:
Die Unterleibsschmerzen bestehen seit ihrem zwölften Lebensjahr. Sie hätten mit Beginn der zweiten Regelblutung begonnen und sich seit sechs Jahren verschlimmert. Von sich aus äußert die Patientin die Vermutung, dass ihre Schmerzen damit in Zusammenhang stünden, dass sie von ihrem Vater „miss-gebraucht" worden sei.
Vom fünften Lebensjahr an sei sie in einem Kinderheim aufgewachsen, nachdem der Vater plötzlich seinen Arbeitsplatz und die Familie die Wohnung verloren hätte. Die beiden älteren Brüder seien in ein anderes Heim gekommen. Ihre Tante habe ihr erzählt, dass sie schon als Säugling von ihrem Vater mit einem Kleiderbügel sexuell missbraucht worden sei. Im Kinderheim sei sie häufig geschlagen und auch für Vergehen, die sie nicht begangen hätte, hart bestraft worden. Sie habe sich in dieser Zeit oft verletzt, sich z. B. mehrfach einen Arm gebrochen. Besuche der Mutter im Kinderheim seien von der Heimleitung verboten worden mit der Begründung, dass die Kinder sonst zu viel Heimweh hätten. Die Mutter habe immer versprochen, sie aus dem Heim zu holen, habe es aber nie getan. Briefe und seltene Geschenke habe die Patientin nur von ihrer Tante erhalten. Am Wochenende und in den Ferien sei sie zu Hause zu Besuch gewesen. Für einige Jahre sei ihr Vater „verschwunden" gewesen. Als die Patientin ca. zehn Jahre alt gewesen sei, sei der Vater wieder aufgetaucht.
Im Alter von zwölf Jahren hätten die Vergewaltigungen durch den Vater begonnen. Obwohl die Mutter und die Brüder davon wussten, hätten sie die Patientin mit dem Vater am Wochenende oft allein zu Hause gelassen. Niemand habe sie geschützt. Mit 19 Jahren sei sie durch den Vater schwanger geworden, woraufhin eine Abtreibung in Deutschland durchgeführt worden sei.
Zum damaligen Zeitpunkt arbeitete die Patientin in einer geschützten Werkstatt eines sozialen Vereins. Auf Drängen und mit Unterstützung der damaligen Vorgesetzten zeigte die Patientin den Vater an. Der Vater wurde zu einer einjährigen Haftstrafe verurteilt.
Die Abtreibung sei von ihrer Mutter und ihrer älteren Stiefschwester (einer im Ausland lebenden Tochter der Mutter, die jedoch nie in der Herkunftsfamilie der Patientin lebte) „organisiert" worden.
Nach dem Abbruch der Schwangerschaft zog die Patientin in den Haushalt der Stiefschwester, der sie als eine Art Hausmädchen zur Hand gehen sollte. Die Patientin beschreibt dort eine schreckliche Zeit. Sie sei von ihrem Schwager neuerlich vergewaltigt und geschlagen worden. Die Stiefschwester habe ihr nie geglaubt und sie um ihren versprochenen Lohn betrogen. Die Patientin berichtet, dass sie es dort nicht mehr ausgehalten habe und in der Folge in ihren Heimatort zurückgekehrt sei.
Zum Zeitpunkt des Gespräches lebt die Patientin gemeinsam mit ihrem Partner, einem Freund ihres älteren Bruders, und ihren Eltern in einem gemeinsamen Haushalt. Der Vater habe sich nach der Haft verändert, sie sei ihm heute nicht mehr böse, er würde sie jetzt, da sie einen Ehepartner habe, in Ruhe lassen.
Mit ihrem Mann habe sie keinen Geschlechtsverkehr, sobald er sie berühre, habe sie heftige Schmerzen. Zu Hause sei sie für den Haushalt zuständig, ihren Mann empfinde sie als Schutz gegen den Vater. Wegen der Schmerzen ist die

Patientin frühberentet. Auch ihr Mann ist wegen einer Lungenerkrankung arbeitsunfähig und bezieht eine Rente. Zu den beiden Brüdern bestehe kaum Kontakt, beide seien kriminell geworden.
Im Gespräch wird die Enttäuschung über und die Wut auf die Mutter, die sie nicht aus dem Heim geholt und vor dem Missbrauch beschützt hätte, deutlich. Zwischen Erstgespräch und Zweitgespräch verstirbt die Mutter der Patientin. Die Patientin wirkt völlig ungerührt. Die gynäkologische Untersuchung ergibt eine Unterbindung der Eileiter, von der die Patientin selbst nichts wusste.
Vom Missbrauch berichtet sie „hemmungslos", scheinbar ohne Scham. Die Patientin wirkt einerseits misstrauisch und ängstlich, andererseits „im Leid exhibitionistisch" („schau, wie schrecklich ich es gehabt habe"). Im Kontakt wirkt die Patientin leblos.
Frau K. wollte telefonisch einen weiteren Termin vereinbaren. Bis heute hat sie jedoch weder zur Therapeutin noch zur behandelnden Gynäkologin Kontakt aufgenommen.

24.4 Psychodynamisches Verständnis

24.4.1 Chronischer Unterleibsschmerz und weiblicher Lebenszyklus

Als Auslöser für den Beginn der Schmerzsymptomatik werden häufig der Beginn sexueller Beziehungen, die Entscheidung zu einer länger dauernden Bindung an einen Partner und die erste Schwangerschaft angegeben (Benson et al. 1959; Gidro-Frank et al. 1960; Castelnuovo-Tedesco u. Krout 1970). Fast alle Frauen klagen über eine *ausgeprägte Störung des sexuellen Erlebens* (Dyspareunie, Vaginismus, Anorgasmie) und der intimen Partnerbeziehung. Gidro-Frank et al. (1960) berichteten, dass die von ihnen untersuchten, an chronischem Beckenschmerz leidenden Frauen im Vergleich mit gesunden schwangeren Frauen signifikant häufiger an Konflikten, welche ihre weibliche Identität betrafen, litten: Sie waren in einem hohen Ausmaß mit ihrer Lebenssituation und ihrer Partnerbeziehung unzufrieden, wobei Wünsche nach einem selbstbestimmteren Leben unerfüllt blieben. Schwangerschaften erlebten diese Frauen häufig als psychisch belastend und hatten dabei häufiger Komplikationen (Hyperemesis, Depression, hypochondrische Ängste, übermäßige Gewichtszunahme) als gesunde Frauen.

> **Merke**
> Oft bieten chronische Unterbauchschmerzen Frauen die Möglichkeit, sich von einer unbefriedigenden, unerwünschten oder konflikthaften sexuellen Beziehung zurückzuziehen. Dies ist bei Frauen, die sexuellen Missbrauchserlebnissen ausgesetzt waren, besonders verständlich.

Bei der von uns untersuchten Stichprobe war dies bei 80 % der Patientinnen der Fall. In den Untersuchungen von Castelnuovo-Tedesco und Krout (1970) sowie Gross et al. (1980/81) wird jedoch trotz dysfunktioneller Sexualität von einer ausgeprägten sexuellen Aktivität und häufig wechselnden Partnerbeziehungen berichtet. Unter dem Gesichtspunkt der frühen Misshandlung stellt dies keinen Widerspruch dar, da diese Frauen dabei gerade nicht die Befriedigung durch partnerschaftliche Sexualität suchen, sondern vielmehr die Erfüllung von Wünschen nach emotionaler Wärme und Geborgenheit. Häufig drücken Patientinnen in Fantasien und Tagträumen Wünsche nach zärtlichen Beziehungen zu Männern, die keine sexuelle Beziehung fordern, aus. Gleichzeitig können sexuell schwer traumatisierte Frauen emotionale und intime Nähe in einer Partnerschaft nicht ertragen und brechen Beziehungen häufig wieder ab.

Frühe tiefenpsychologisch orientierte Einzelfallstudien bestätigen dies: Frauen mit chronischen Beckenschmerzen bezeichneten sich im Sentence Completion Test als *einsam, isoliert, unerwünscht*, auf der Suche nach menschlicher Nähe, die sie nicht erreichen können, voll Zukunftsangst, fühlten sich als Frauen insuffizient und schuldig und äußerten gleichzeitig Angst vor Männern und vor Zurückweisung durch diese (Castelnuovo-Tedesco u. Krout 1970). Dieselben Autoren beschrieben, dass die Frauen im Thematischen Apperzeptions-Test (TAT) trotz allen Misstrauens gegenüber Männern sogar noch größere Schwierigkeiten zeigten, Nähe und Schutz bei Frauen zu finden, welche sie als gefährlich und destruktiv darstellten. Gidro-Frank et al. (1960) baten ihre Patientinnen, eine Variante des Figure-Drawing-Tests in Form der Zeichnung eines Paares anzufertigen. Dabei waren die Zeichnungen der Frauen mit Unterleibsschmerzen im Vergleich zur Kontrollgruppe auffallend infantil und bezüglich der Geschlechtsidentität undifferenziert. Die Interpretation der Autoren, dass dies ein Hinweis auf ein *unreifes weibliches Selbstkonzept* sei, erhält im Lichte der Ergebnisse der jüngeren Untersuchungen über Missbrauchserlebnisse in Kindheit und Jugend der Patientinnen einen neuen Aspekt.

24.4.2 Kindheitstraumata und konflikthafte Entwicklung der weiblichen Identität

Schon in den frühen Studien über Frauen mit chronischen Beckenschmerzen wird durchgehend auf ein hohes Ausmaß an traumatischen und schmerzhaften frühen Erinnerungen (Gewalt und Vernachlässigung in der Herkunftsfamilie) hingewiesen.

Eine Beurteilung auf der Grundlage des heutigen Wissensstandes über sexuelle Missbrauchserfahrungen in der Kindheit dieser Patientinnen zeigt eine auffallende Übereinstimmung der Beschreibung psychodynamischer Zusammenhänge in diesen Untersuchungen mit den publizierten Arbeiten über die Psychodynamik bei Missbrauchsopfern und im Speziellen bei Inzestopfern (vgl. Hirsch 1987b und die diesbezüglichen Beiträge in diesem Buch).

„Patienten mit Unterleibsschmerzen sprachen häufig mit tiefer Zuneigung von ihren Vätern, die sie aber zugleich als gewalttätig und missbrauchend beschrieben. Sie tolerierten bei ihren Vätern ein Verhalten, für das sie ihre Ehemänner streng verurteilten. Dies legt den Schluss nahe, dass Angst und Wut auf den Ehemann übertragen wurden, um sich ein idealisiertes Vaterbild bewahren zu können." (Gidro-Frank et al. 1960, S. 1198; Übers. vom Verf.)

Möglicherweise ist die Bewahrung des idealisierten Vaterbildes auch ein Werk des „gemeinsamen Unbewussten" (der gemeinsamen Verleugnung) der Patientinnen und der (überwiegend männlichen) Untersucher gewesen.

Bei den von uns untersuchten Patientinnen fällt auf, dass sich trotz z. T. schwerster Missbrauchserfahrungen durch Männer (und in einigen Fällen gerade durch die Väter) *Wut, Zorn und Enttäuschung in der Hälfte der Fälle stärker gegen die Mütter richteten, denen die Patientinnen vorwarfen, sie zu wenig beachtet und geliebt und nicht ausreichend gegen die sexuellen Übergriffe geschützt zu haben*. Die fehlende Möglichkeit der Identifikation mit einer warmen, liebevollen, beschützenden Mutterfigur scheint die Ausbildung eines „guten" Selbstbildes als Frau verhindert zu haben. Die eigene Sexualität wird entweder verleugnet

24.2 Chronischer Unterleibsschmerz und sexueller Missbrauch

oder in den Dienst der Suche nach Zuwendung gestellt (sexualisierendes Verhalten).

Im Gegensatz zu amerikanischen Untersuchungen ist die Häufigkeit von offen sexualisierendem Verhalten bei den von uns untersuchten Frauen weit geringer. Hier könnte auch ein kultur- oder schichtspezifischer Grund vorliegen: Alle von Castelnuovo-Tedesco und Krout (1970) untersuchten Patientinnen gehörten der Unterschicht an, wobei 65 % in zerrütteten Herkunftsfamilien aufwuchsen. Gross et al. (1980/81) machen keine genaueren Angaben zur sozialen Schicht der von ihnen untersuchten Frauen, beschreiben aber einen durchweg „gestörten, chaotischen und unstabilen Lebensstil".

24.4.3 Auslösesituationen und Paardynamik

Rezidivierende Unterleibsschmerzen treten auffallenderweise zum ersten Mal in der Spätpubertät und Adoleszenz auf, wenn eigene sexuelle Bedürfnisse und Wünsche nach Partnerbeziehungen, welche wiederum sexuelle Anforderungen mit sich bringen, auftauchen. Die Kollusion zwischen einer Jugendlichen mit einer konflikthaften psychosexuellen Entwicklung, einer überbesorgten und fordernden Mutter und einem forschen Chirurgen führt häufig zur Appendektomie, welche in den deutschsprachigen Ländern in über 60 % der Fälle ohne zwingende Indikation durchgeführt wird (Hontschik 1989). Hontschik (persönliche Mitteilung) bestätigte, dass er als Chirurg immer wieder intuitiv aufgrund der szenischen Gestaltung den Eindruck gehabt habe, dass ein sexuell missbräuchliches Geschehen vorliegen könne, dies aber nicht systematisch untersucht habe.

Ihren Häufigkeitsgipfel finden chronische Beckenschmerzen im jungen Erwachsenenalter, wenn im Zuge der lebensgeschichtlichen Entwicklung sexuelle Wünsche und das Bedürfnis nach Geborgenheit in einer Partnerschaft und Familie zu Forderungen an die Patientin als Frau führen. Das Symptom ist hier einerseits *direkte regressive „Erinnerung" an das Trauma*, quasi eine psychische Wiederholung des Traumas (im Sinne einer Überforderung der psychischen Abwehrmechanismen durch die schwere Traumatisierung), andererseits aber doch auch eine *psychische Abwehr- bzw. Schutzleistung* des Individuums, die auch als somatoforme Dissoziation verstanden werden kann.

Die seelischen Folgen des Traumas werden auf den körperlichen Schmerz im Unterleib eingeschränkt und häufig von den begleitenden unerträglichen Affekten isoliert oder dissoziiert. So belastend die Beckenschmerzen und deren Folgen für die Patientin auch sind, so ist doch ihr seelisches und existenzielles Funktionieren nicht gefährdet. Aufgrund neurobiologischer Zusammenhänge zwischen Schmerzerleben und Posttraumatischer Belastungsstörung kann davon ausgegangen werden, dass der Schmerz bei Posttraumatischer Belastungsstörung als Erinnerungsmarker fungiert und dissoziative oder Vermeidungsreaktionen auslöst (Egle et al. 2014).

Die Partnerbeziehung der von uns untersuchten Frauen verlief entlang zweier typischer paardynamischer Muster:

- in Form einer **„Wiederholung der Traumatisierung"**, wobei die Frauen sich wiederum gewalttätige, tyrannische und misshandelnde Männer als Partner wählten (drei von zehn Frauen)
- in Form einer **„Vermeidung des Traumas"**, wobei besonders verständnisvolle und versorgende Partner gewählt wurden, die vor allem auch bezüglich der sexuellen Beziehung zurückhaltend sind

und nicht oder wenig sexuelle Aktivität fordern (sieben von zehn Frauen); aber auch aus dieser Gruppe berichtete nur eine einzige Frau, dass ihre intime Partnerbeziehung für sie befriedigend verlaufe.

Auffallend ist, dass sechs der zehn Frauen kinderlos sind, wobei bei vier von ihnen ein ausgeprägter Kinderwunsch besteht. Eine Patientin kam ursprünglich in die Klinik, um eine In-vitro-Fertilisation durchführen zu lassen, bei einer anderen Patientin (Frau K.; s. Fallbeispiel) wurde – anscheinend ohne ihr Wissen – nach einem abdominalen Eingriff eine Unterbindung der Eileiter durchgeführt.

24.4.4 Der Schmerz im Unterleib als „Erinnerung an das Trauma"

Chronische Beckenschmerzen stellen eine unbewusste Symptomwahl dar, die jene körperlichen Bereiche betrifft, welche in erster Linie der weiblichen Sexualität und Reproduktion dienen. Im Unterschied zu anderen Spätfolgen des sexuellen Missbrauchs scheint dabei eine Besonderheit in der Form vorzuliegen, dass die Schmerzen eine direkte körperlich wahrnehmbare „Erinnerungsspur" des schmerzhaft erlebten Traumas darstellen können.

Dies trifft sicher nur bei einem Teil der betroffenen Frauen in dieser direkten Form zu und scheint nur jenen Betroffenen (wie Frau K.) bewusst zu sein, bei denen die traumatische Erfahrung so überwältigend war, dass sie nicht verdrängt werden konnte, sondern mithilfe „unreiferer" Formen der Abwehr, wie Verleugnung, Spaltung oder Dissoziation, bewältigt werden musste.

Menschen, die als Kinder Opfer sexuellen Missbrauchs geworden sind, entwickeln zumeist intensive Gefühle der Scham und der Schuld, vor allem dann, wenn der Missbrauch in der eigenen Familie stattgefunden hat. Diese Schuld- und Schamgefühle werden im späteren Leben vor allem dann aktualisiert, wenn eigene sexuelle Wünsche und Empfindungen auftauchen.

Merke

Schmerzen im Bereich der Genitalorgane können unter anderem den unbewussten Versuch darstellen, Entlastung von Schuldgefühlen zu erzielen. In diesem doppelten Sinn stellt das Symptom Unterleibsschmerz also sowohl eine Wiederholung des seelischen Traumas als auch einen Versuch zu dessen psychischer Bewältigung dar.

24.4.5 Traumatisierende und protektive Faktoren bei kindlichem Missbrauch und ihre Auswirkung auf die intrapsychischen Abwehrmechanismen

Die psychischen und psychosomatischen kurz- und langfristigen Folgen von sexuellem Missbrauch werden außer durch die Art und Schwere des Missbrauchs auch durch die Qualität der Beziehungen in der Herkunftsfamilie und die intrapsychischen Abwehrmöglichkeiten in ihrer jeweils ganz individuellen Ausprägung entscheidend bestimmt.

Ein Missbrauchserlebnis, das zwar subjektiv als schwere Beeinträchtigung erlebt wurde, bei dem das Missbrauchsopfer aber gleichzeitig in einem beschützenden Familienklima mit relativ stabilen Beziehungen zu beiden Eltern aufwuchs, wird sicher nicht jene massive und überwältigende Form der seelischen Traumatisierung darstellen wie im Fall von Frau K. Stabile Beziehungserfahrungen in der Kindheit sind auch eine Voraussetzung für die Ausbildung „reiferer" Formen der Bewältigung von seelischen Traumata und Konfliktsituationen (wie z. B. der Verdrängung und der Konversion).

Solche protektiven Faktoren sind bei inzestuösem Missbrauch, zumindest wenn er in der Kernfamilie stattgefunden hat, in der Regel nicht gegeben. Bei Frau K. liegt eine äußerst schwere und lang anhaltende Traumatisierung durch sexuellen Missbrauch in der Kindheit vor, der mit psychischer Vernachlässigung in völlig zerrütteten Familienverhältnissen einherging, wodurch kaum stabile und schützende Beziehungen zu Familienangehörigen aufgebaut werden konnten. Wut und Enttäuschung richten sich mehr gegen die Mutter, ein Phänomen, das mehrfach bei schwerem Inzest beschrieben wurde (Hirsch 1987b) und darauf hinweist, dass Frau K. versucht hat, *die emotionale Kälte und Zurückweisung, die sie durch ihre Mutter erlebte, durch Hinwendung zum Vater zu kompensieren.* Bis ins Erwachsenenalter kann sie der Mutter die Vernachlässigung nicht verzeihen, wohl aber dem Vater nach Verbüßen seiner Haftstrafe den lang anhaltenden sexuellen Missbrauch. Sie kann sich auch nicht von ihrer Herkunftsfamilie lösen, sondern sucht sich einen älteren, wenig fordernden Partner als beschützende Bezugsperson, der mit ihr quasi als „guter Vater und gute Mutter in einem" weiter in der Herkunftsfamilie lebt.

Im Sinne früher Abwehrmechanismen spaltet sie ihre Gefühle von dem nicht verleugbaren lang währenden kindlichen Trauma ab (**Isolierung des Affekts**). Die Opferrolle, die durch das anhaltende Leiden und die damit verbundene Invaliditätsberentung zementiert wird, scheint eine Art narzisstische Plombe (Hoffmann u. Egle 1989) zur Aufrechterhaltung eines minimalen Selbstwertgefühls darzustellen.

24.5 Therapeutische Konsequenzen

> **Merke**
> Allen Frauen, bei denen ein Zusammenhang zwischen sexuellen Missbrauchserlebnissen und chronischen Beckenschmerzen vermutet wird, sollte psychotherapeutische Unterstützung angeboten werden. Da die meisten Frauen eine rein somatische Sichtweise ihrer Beschwerden haben, ist die Absprache mit der behandelnden Gynäkologin und noch besser deren Einbeziehung in die Therapieplanung nicht nur sinnvoll, sondern zumeist unumgänglich.

Spezifische Therapiestudien liegen bisher nicht vor. Eigene klinische Erfahrungen zeigen, dass Frauen, welche an chronischen Unterleibsschmerzen leiden und sexuellen Missbrauchserlebnissen ausgesetzt waren, nur selten ein ambulantes Psychotherapieangebot aufgreifen oder häufig die Therapie nach wenigen Gesprächen wieder abbrechen. Dies scheint die tiefe Vertrauenskrise und Beziehungsstörung schwer traumatisierter Frauen widerzuspiegeln.

Rückblickend scheint uns, dass unser damaliges Vorgehen, berücksichtigt man die Forschung zum „traumatischen Stress" (Van der Kolk 1996), die Patientin überfordert haben könnte. Sollte im Rahmen einer gynäkologischen Untersuchung oder Behandlung ein Gespräch über traumatische Kindheitserlebnisse zustande kommen, empfiehlt es sich, in diesem Kontext die Klärung der Geschehnisse zunächst nicht weiter zu vertiefen, sondern bei den Ressourcen der Patientin anzuknüpfen. Uns erscheinen dabei Fragen, die auf Stabilisierung und Ich-Stärkung fokussieren, sinnvoll, beispielsweise: „Wie gelang es Ihnen, trotz der furchtbaren Geschehnisse in Ihrer Kindheit Ihr Leben so zu meistern?" Entscheidend ist dabei, das Erlebte in seinem Schrecken anzuerkennen und gleichzeitig die vorhandenen Ressourcen der Patientin anzusprechen.

Eine Behandlung des Traumas und der Traumafolgeerkrankungen ist sicher nur in einer Fachpsychotherapie und nicht im klinisch-gynäkologischen Alltag möglich. Doch ist es speziell bei Patientinnen, die wegen chronischer Unterbauchschmerzen eine Klinik aufsuchen und bei denen der Verdacht auf Missbrauchserfahrungen besteht, besonders wichtig, an der somatischen Sicht ihrer Beschwerden anzuknüpfen. Manchmal gelingt es, im Rahmen eines in die Frauenklinik integrierten Liaisondienstes oder im Gespräch mit einem psychotherapeutisch ausgebildeten Arzt oder Ärztin die Patientin zu einer Behandlung in einer Fachklinik zu motivieren. Stationäre psychosomatische Behandlungsangebote, die bei der somatischen Krankheitssicht der Patientinnen ansetzten und zunächst eine eher wenig konfrontierende und stärker schützende Atmosphäre bieten, können helfen, Ängste abzubauen, eine gezielte Traumatherapie vorzubereiten und in der Folge eine Symptomreduktion zu erzielen.

Die psychotherapeutische Behandlung dieser Patientinnen unterscheidet sich nicht prinzipiell von der Psychotherapie anderer traumatisierter Patienten. Dabei bestimmen der Grad der Traumatisierung sowie das Ausmaß und die Form der psychischen Verarbeitung die Art des therapeutischen Vorgehens: Je nach Ich-Stärke ist eine kürzere oder längere Phase der Ich-Stärkung („Stabilisierung"; s. Kap. 31) anzuraten, anschließend ist in einigen Fällen die Traumabearbeitung sinnvoll und möglich. – Bei der oben beschriebenen Patientin Frau K. erscheint dies allerdings schwierig, da sie unter anderem in engem Kontakt mit dem Täter lebt. In diesem Fall müsste an den Hintergründen der Täterbindung gearbeitet und der Patientin ein Weg aufgezeigt werden, sich aus der Abhängigkeit zu befreien.

25 Psychoneuroimmunologische Langzeitfolgen frühkindlicher Traumatisierung und Stresserfahrungen

Christian Schubert, Silvia Exenberger, Benjamin Aas, Astrid Lampe und Günter Schiepek

Inhalt

25.1	Einleitung	441
25.2	Frühe Traumatisierung und spätere Erkrankung	442
25.3	Psychoneuroimmunologie und Stresssystem	443
25.4	Vernetzung von Störungen der Gehirn- und Immunaktivität	444
25.5	Die Autoimmunkrankheit systemischer Lupus erythematodes als Beispiel für eine körperliche Krankheitsfolge früher Stresserfahrungen	446
25.6	Integratives Einzelfalldesign in der Psychoneuroimmunologie-Forschung	448
25.7	Zwei integrative Einzelfallstudien zur Erforschung der psychosomatischen Komplexität des systemischen Lupus erythematodes	449
25.8	Psychosomatische Interpretation der Studienergebnisse	455
25.9	Zusammenfassung	458

25.1 Einleitung

Die Psychoneuroimmunologie beforscht die Mechanismen, mittels derer psychische Belastungsfaktoren körperliche Störungen bis hin zu manifesten Erkrankungen hervorrufen können. Zeitlich gesehen beziehen sich diese Wirkverbindungen üblicherweise auf kurz- und mittelfristige psychosomatische Aspekte, etwa auf psychoimmunologische Effekte im Labor oder immunologische Folgen von psychisch belastenden Lebensereignissen. In den letzten Jahren hat sich für die Psychoneuroimmunologie ein zusätzliches Forschungsfeld eröffnet, das – flankiert von neurowissenschaftlichen Erkenntnissen rund um Epigenetik (Meaney et al. 2007) und Neuroplastizität (Davidson u. McEwen 2012) – den mitunter jahrzehntelangen Einfluss von frühen Traumatisierungen und Stresserfahrungen auf die Entwicklung von späteren Entzündungserkrankungen und frühzeitigem Tod thematisiert (Schubert 2014). Dieses Kapitel stellt Forschungsergebnisse aus diesem Bereich vor und zeichnet am Beispiel von sogenannten „integrativen Einzelfallstudien" neue Wege der psychoneuroimmunologischen Forschung zur validen Diagnostik und Heilung von stressassoziierten Erkrankungen auf.

25.2 Frühe Traumatisierung und spätere Erkrankung

Die *Adverse Childhood Experiences Study* (ACE-Studie) des Mediziners Vincent Felitti, Leiter der Abteilung für Präventivmedizin der „Kaiser Permanente"-Krankenversicherung im kalifornischen San Diego, und seiner Kollegen stellt die Pionierarbeit zu frühkindlicher Belastung als möglicher Ursache für schwere Erkrankungen im Erwachsenenalter dar. In zwei Umfragen wurden insgesamt 26 824 Personen jeweils zwei Wochen nach einer ausführlichen körperlichen Untersuchung aufgefordert, Fragen zu ihren Kindheitserfahrungen und gesundheitsschädlichen Verhaltensweisen der ersten 18 Lebensjahre zu beantworten (Felitti et al. 1998). Thematisiert wurden dabei emotionale, körperliche und/oder sexuelle Misshandlung sowie andere potenziell belastende Umstände im Elternhaus (Drogenkonsum, psychische Erkrankung, Gewalt gegenüber der weiblichen Bezugsperson, kriminelles Verhalten, Trennung). Für jedes Individuum wurde ein ACE-Score durch einfaches Zusammenzählen der erlebten widrigen Kindheitserfahrungen entwickelt, wobei nicht die Anzahl der Vorfälle in einer Kategorie zählte, sondern die erreichte Menge an unterschiedlichen Kategorien.

Bei Rücklaufquoten von 70 bzw. 67,5 % konnte eindrücklich eine lineare Abhängigkeit zwischen dem Ausmaß frühkindlicher Traumatisierungen und einer Vielzahl von Entzündungserkrankungen im Erwachsenenalter, wie z. B. koronare Herzkrankheit (KHK), Krebs, chronische Lungenerkrankung, Frakturen und Lebererkrankung, gezeigt werden (Felitti et al. 1998; Dong et al. 2004b). Zusätzlich konnten Felitti et al. (1998) belegen, dass Gesundheitsrisiken für Alkoholismus, Drogenmissbrauch, Depression und Suizidversuche mit zunehmendem ACE-Score anstiegen. Wenn traumatisierende Kindheitserfahrungen und Gesundheitsrisiken in einer Kausalkette gesehen wurden, verdeutlichten die Ergebnisse der ACE-Studie auch, dass weiter zurückliegende Einflussfaktoren, wie schwierige Kindheitsverhältnisse, eine höhere Vorhersagekraft für ein späteres Auftreten von Entzündungskrankheiten hatten als später wirksame, traditionelle Risikofaktoren, z. B. gesundheitsschädliches Verhalten (Dong et al. 2004b).

> **Merke**
> Dies lässt sich als klares Zeichen verstehen, dass eine möglichst frühe soziale Unterstützung gefährdeter Familien im Sinne einer Primärprävention erfolgen muss, um langfristigen Belastungen des Gesundheitssystems durch spätere Entzündungserkrankungen effektiv zu begegnen.

25.3 Psychoneuroimmunologie und Stresssystem

> **Definition**
>
> **Entzündung** ist eine Abwehrreaktion des Organismus und seiner Gewebe gegen verschiedenartige (schädigende) Reize. Ziel der Entzündung ist es in der Regel, das schädigende Agens und seine Folgen zu beseitigen. Entzündung ist also im Grunde ein Übergangszustand, der eine erfolgreiche Abwehr ermöglichen soll (Murphy et al. 2008).

Was aber, wenn es sich beim schädigenden Reiz um eine Belastung handelt, die Jahre oder Jahrzehnte andauert und vom Immunsystem nicht beseitigt werden kann? Die Psychoneuroimmunologie versucht diese Frage zu klären.

Dabei ist insbesondere das Stresssystem in das Visier der Untersuchungen geraten und es deutet heute alles darauf hin, dass früher Stress die Entwicklung des Immunsystems tief greifend stört.

> **Definition**
>
> Als **Stresssystem** werden jene anatomisch und funktionell verknüpften Bereiche des Gehirns, wie Hippocampus, Amygdala, frontaler Cortex, Hypothalamus, sowie bestimmter peripherer Strukturen verstanden, die bei Stress, also bei Anpassung des Organismus an Innen- und Außenreize, aktiviert werden. Aufgrund der starken Verbindungen mit der Nerventätigkeit und den daraus resultierenden wechselseitigen Beeinflussungen lassen sich auch Teile des Hormon- und Immunsystems dem Stresssystem zurechnen (Tsigos u. Chrousos 2002).

Um den komplexen funktionellen Wechselwirkungen zwischen Nerven-, Hormon- und Immunsystem Rechnung zu tragen, sprechen Besedovsky und Sorkin (1977) von einem „immuno-neuro-endokrinen Netzwerk", welches in ständiger tonischer Anpassungsdynamik an seine Umgebungsbedingungen steht und die einzelnen Netzwerkbestandteile dauernd über den Funktionszustand des gesamten Netzwerks informiert.

Wird der menschliche Organismus gestresst – dies kann durch einen somatisch-materiellen Stressor wie eine Virusinfektion oder Verwundung, aber ebenso durch einen psychisch-immateriellen Stressor erfolgen –, kommt es zunächst zu einer vor allem durch das sympathische autonome Nervensystem (SAN) vermittelten physiologischen Aktivierung (u.a. zur Energiemobilisierung), die auch das angeborene Immunsystem betrifft. Dabei schütten Makrophagen Entzündungsproteine aus, die sogenannten T-Helfer-Typ-1(TH1)-Zytokine. Dazu gehören u.a. Interleukin(IL)-1, IL-2, IL-12, Interferon-Gamma (IFN-γ) und Tumor-Nekrose-Faktor-Alpha (TNF-α). Diese Entzündungsstoffe fördern die Organisation eines Abwehrwalls, falls im Rahmen von Verwundungen oder Infektionen des Organismus rasch Erste Hilfe durch das zelluläre Immunsystem nötig werden sollte. Die Aktivierung von Makrophagen und die nachfolgenden entzündlichen TH1-Zytokinanstiege sind jedoch nur für kurze Zeit im Sinne der Heilung von Wunden, Abwehr von Fremdantigenen und Überwachung von Krebszellen physiologisch sinnvoll. Längerfristige Erhöhungen dieser Immunmediatoren müssen vermieden werden, da die Entzündungsstoffe dann eigene Zellen und Gewebe schädigen, zur malignen Entartung von Zellen führen und die Immunabwehr hemmen (Sapolsky et al. 2000; Tsigos u. Chrousos 2002; Dragoș u. Tănăsescu 2010).

Um solcherart physiologisch unnötigen und schädlichen Erhöhungen der Entzündungsaktivität entgegenzuwirken, besitzt der Organismus eine Art Schutzsystem, die Hypothalamus-Hypophysen-Nebennierenrinden(HPA)-Achse, die bei Entzündung durch pro-inflammatorische Zytokine sehr effizient aktiviert wird und daraufhin Cortisol freisetzt (Besedovsky u. del Rey 2007). Cortisol wiederum verringert u. a. die TH1-Immunaktivität und reduziert damit die Entzündung (Sapolsky et al. 2000). Im Gegenzug steigt unter Cortisoleinfluss des Immunsystems die T-Helfer-Typ-2(TH2)-Immunaktivität, messbar an der Freisetzung von TH2-Zytokinen IL-4, IL-5, IL-6 und IL-10, die ihrerseits antiinflammatorisch wirksam sind und die proinflammatorischen TH1-Zytokine herunterregulieren. Während die TH1-Immunität vornehmlich gegen intrazelluläre Infektionen gerichtet ist und Wunden heilt, besteht die Aufgabe des TH2-Systems in der Abwehr von extrazellulären Erregern wie Bakterien und Parasiten. TH2-Zytokine fördern aber auch Wachstum und Aktivitätszustand von Basophilen, Mastzellen und Eosinophilen sowie die Differenzierung des humoralen B-Zellsystems und sind damit wesentlich bei der Entwicklung einer Allergie beteiligt. Stressbedingte Cortisolanstiege reduzieren also die TH1-Immunaktivität (entzündungshemmend) und steigern die TH2-Immunaktivität (proallergen). Dies wird als *TH1/TH2-Shift* bezeichnet (Elenkov u. Chrousos 2002).

25.4 Vernetzung von Störungen der Gehirn- und Immunaktivität

Merke
Entzündung kann also als ein zweischneidiges Schwert angesehen werden. Einerseits ist sie lebenswichtig, wenn der Organismus in direkter Auseinandersetzung mit einem schädigenden Agens steht, andererseits gefährlich, wenn eine Entzündung unangemessen stark oder lange im Organismus aktiv ist.

Dies gilt bereits für die Mutter-Kind-Einheit während der Schwangerschaft. Wiederholt auftretende Fehlgeburten im ersten Trimenon der Schwangerschaft lassen sich in etwa der Hälfte der Fälle auf TH1/TH2-Imbalancen an der feto-maternalen Schnittstelle zurückführen (Sugiura-Ogasawara et al. 2002). Somit dürften bereits intrauterin stressbedingte Entzündungsanstiege im Zusammenhang mit Angst (z. B. vor einer erneuten Fehlgeburt), Depression und Traumatisierung der Mutter mit einem erhöhten Risiko von Schwangerschaftskomplikationen und Fehlgeburten einhergehen.

Wie ist es jedoch möglich, dass früher Stress, wie eingangs dargestellt wurde, auch noch nach der Geburt zu schweren Erkrankungen des Kindes führen kann, die bis in das Erwachsenenalter hineinreichen? Die Antwort auf diese Frage dürfte in belastungsbedingten Entwicklungsstörungen des kindlichen Stresssystems liegen. Studien am Tier und beim Menschen zeigten, dass das Gehirn während früher Kindheit sehr anfällig auf Stress reagiert, möglicherweise weil es in dieser Zeit wesentliche Veränderungen durchmacht. Dabei spielen Glucocorticoide eine besondere Rolle (Lupien et al. 2009). Wird Cortisol intrauterin

25.4 Vernetzung von Störungen der Gehirn- und Immunaktivität

sowie nach der Geburt zu viel oder zu wenig freigesetzt, so stört das die Entwicklung des Gehirns und aufgrund der starken Vernetzung von Gehirn- und Immunaktivität auch die Entwicklung des Immunsystems.

Mütterliches Cortisol ist plazentagängig und schützt den Fetus intrauterin vor dem Einfluss erhöhter TH1-Immunität. Dies ist besonders im letzten Trimenon der Schwangerschaft der Fall, wo entzündliche Aktivität leicht zu Frühgeburten führen kann (Bielas u. Arck 2008). Der Preis für diese cortisolbedingte TH1-Verminderung im fetalen Organismus ist eine Verschiebung der fetalen Immunlage in Richtung TH2 (*TH1/TH2-Shift*) (Mastorakos u. Ilias 2003). Dieser natürliche antiinflammatorische TH2-Anstieg im kindlichen Organismus verstärkt sich dann noch einmal bei der Geburt, da das Kind physiologisch mit einer sehr stresssensitiven und damit leicht aktivierbaren HPA-Achse auf die Welt kommt und somit selbst geringfügiger Stress des Kindes (z.B. Konfrontation mit einem Clown) bereits ausreicht, um Cortisol und damit die TH2-Immunität ansteigen zu lassen.

> **Merke**
> Im ersten Lebensjahr nimmt diese gesteigerte Reagibilität der HPA-Achse wieder ab und bis zur Pubertät des Kindes folgt dann eine Phase der geringeren Stimulierbarkeit der HPA-Achse, die sogenannte *stress hyporesponsive period* (SHRP) (Gunnar 2003).

Während dieser Phase lässt sich das Stresssystem des Kindes nur schwer aktivieren; es wird vermutet, dass die Eltern bei sicherer Bindung – quasi schützend – Stressoren, die das Kind betreffen, „wegpuffern" und damit das Risiko kindlicher Cortisolerhöhungen verringern (Nachmias et al. 1996). Immunologisch gesehen macht die SHRP Sinn, da sich während dieser Phase durch Nachreifung des TH1-Systems eine gesunde TH1/TH2-Balance einstellen kann, so die sogenannte Hygiene-Hypothese (Strachan 1989). Denn wird in der SHRP weniger Cortisol ausgeschüttet, bedeutet dies auch weniger TH1-Verringerung und weniger TH2-Erhöhung für das Kind.

Bei unsicher gebundenen Kindern ist der eben angesprochene elterliche Schutz vor Stressoren nicht gleichermaßen wirksam wie bei sicher gebundenen Kindern, die SHRP ist weniger ausgeprägt (Spangler u. Grossmann 1993). Dies bedeutet, dass genau in jener Phase der Immunentwicklung, die zur gesunden TH1/TH2-Balance führen soll, stressbedingt vermehrt Cortisol ausgeschüttet wird (Hypercortisolismus). Immunologisch gesehen ist die Folge der vermehrten Cortisolfreisetzung nicht nur, dass sich bei früh gestressten Kindern TH1 nicht ausreichend entwickeln kann (u.a. Gefahr von viralen Infektionskrankheiten), sondern dass auch TH2 weiterhin überwiegt – mit der Gefahr der Entwicklung von z.B. allergischen Erkrankungen (Coe u. Lubach 2003). Dauert der Stress der Kinder an, z.B. aufgrund des Verbleibens von traumatisierten Kindern in widrigen Familienverhältnissen, kommt es zum „*Crash* des Stresssystems" (van Houdenhove et al. 2009b). Die Folge ist, dass die dauernden stressbedingten TH1-Entzündungsanstiege wegen mangelhafter Cortisolausschüttung (Hypocortisolismus) und/oder zu geringer entzündungshemmender Aktivität von Cortisol (Glucocorticoidresistenz) nicht mehr angemessen zurückreguliert werden können und persistieren. Hier schließt sich der Kreis zu den eingangs dargestellten Ergebnissen der ACE-Studie. Denn nun dürfte es in den darauffolgenden Jahren und Jahrzehnten über das Zusammenwirken von psychischer Störung, neuroendokriner Dysregulation und immunologischer Fehlprogrammierung zu einer chronischen Erhöhung von Entzündungsmarkern und zur langfristigen Entwicklung von Entzündungserkrankungen mit entsprechender Verringerung der Lebenserwartung kommen (Dong et al. 2004b; Danese et al. 2009).

25.5 Die Autoimmunkrankheit systemischer Lupus erythematodes als Beispiel für eine körperliche Krankheitsfolge früher Stresserfahrungen

Bei den allergischen Erkrankungen (z. B. Asthma bronchiale) besteht mittlerweile kein Zweifel mehr darüber, dass sie Folge früher traumatisierender Stresserfahrungen und gestörter Immunentwicklung sein können (Überblick s. Schubert 2014). Nun mehren sich Hinweise, dass dies auch für Autoimmunerkrankungen gilt (Schubert u. Exenberger 2015). Je häufiger in der bereits erwähnten ACE-Studie (Felitti et al. 1998) die untersuchten Personen in den ersten 18 Jahren traumatischen Erfahrungen im Elternhaus ausgesetzt waren, desto höher war die Wahrscheinlichkeit, später aufgrund einer TH1-/TH2-assoziierten, TH2-rheumatischen oder aufgrund einer anderen der 21 Typen von Autoimmunerkrankungen hospitalisiert zu werden (Dube et al. 2009). Dabei zeigte sich, dass die Wahrscheinlichkeit für einen Krankenhausaufenthalt bei Frauen sowie Männern mit einem ACE-Score von 2 oder ≥ 3 im Vergleich zu jenen Personen ohne ACE-Score tendenziell höher war und dass dieser Zusammenhang bei Frauen – nicht jedoch bei Männern – statistisch signifikant war. Für jeden zusätzlichen ACE-Score erhöhte sich bei Frauen die Wahrscheinlichkeit für einen Klinikaufenthalt um 20 % und bei Männern um 10 % (Dube et al. 2009).

> **Definition**
>
> Der **systemische Lupus erythematodes (SLE)** ist eine prototypische Autoimmunerkrankung, die v. a. Frauen mit einem Geschlechtsverhältnis von 9:1 betrifft (Sepp et al. 1994). Der systemische Lupus erythematodes verläuft in Schüben, die im Durchschnitt alle 20 Monate auftreten. Das klinisch-entzündliche Beschwerdebild umfasst neben unspezifischen Entzündungssymptomen wie Schwäche, Müdigkeit und Depressivität organspezifische Pathologien, die lebensbedrohlich sein können (u. a. Nieren- und Herzversagen), sowie charakteristische Hautmanifestationen. Im Gesicht entwickelt sich im Bereich der Nase ein sogenanntes Schmetterlingserythem, das nach einer Reihe von Entzündungsschüben und Vernarbungen ein Aussehen hinterlassen kann, als ob ein Wolf der betroffenen Person mitten ins Gesicht gebissen habe („Lupus") (Sepp et al. 1994).

Wie bei anderen Autoimmunerkrankungen sind auch beim systemischen Lupus erythematodes auf der Basis tief greifender immunologischer Störungen (u. a. Defizienz dendritischer Zellen, Immuntoleranz gegenüber Autoantigenen, TH1/TH2-Gleichgewichtsstörung; Lisciandro u. van den Biggelaar 2010) autoreaktive T-Helferzellen gegen körpereigene Zellen und Gewebe gerichtet. Beim systemischen Lupus erythematodes sind diese Autoimmunreaktionen jedoch nicht wie bei vielen anderen Autoimmunerkrankungen auf ein bestimmtes Organsystem gerichtet, sondern sie sind multipel und komplex und führen zu gleichzeitigen Gewebsschädigungen an mehreren Stellen des Organismus (Bellone 2010).

25.5 Systemischer Lupus erythematodes

Die Ursache des systemischen Lupus erythematodes ist unbekannt, daher gibt es auch noch keine Therapie zur Heilung. Die Erkrankung hat eine erbliche Komponente (z. B. Gene, die für human leukocyte antigens [HLA] codieren), doch reicht diese allein für eine klinische Manifestation nicht aus. Studien an eineiigen Zwillingen zeigten, dass trotz identischer genetischer Disposition nur Konkordanzraten von 20–40 % für den systemischen Lupus erythematodes bestehen.

Letztendlich benötigt es also zur Auslösung des systemischen Lupus erythematodes bestimmte Umweltfaktoren. Hierzu zählt – neben Infektionen, Rauchen, Impfungen und weiteren Faktoren wie Siliziumdioxid, Sonnenlicht und Vitamin D – auch psychischer Stress (Muniz Caldas u. Freire de Carvalho 2012).

Es existieren in der psychosomatischen Literatur einige Hinweise für die Rolle von psychischem Stress in der Pathogenese des systemischen Lupus erythematodes. Zum einen der besagte langfristige Zusammenhang zwischen früher Traumatisierung und späterer Hospitalisierung wegen einer Autoimmunerkrankung (Dube et al. 2009). Weiter belegen Studien klar, dass psychische Belastungen mit Krankheitsverschlechterungen bei systemischem Lupus erythematodes assoziiert sein können (Schubert u. Schiepek 2003; Peralta-Ramírez et al. 2004; Bricou et al. 2006). Auch wurden für den systemischen Lupus erythematodes Störungen in den antiinflammatorischen Regelkreisen des Stresssystems mit Unterfunktion der HPA-Achse (Hypocortisolismus, Glucocorticoidresistenz) nachgewiesen (Heim et al. 2000a; Zietz et al. 2000), die bereits vor Ausbruch der Erkrankung nachweisbar sein können (Jara et al. 2006).

> **Merke**
> Man kann also bezüglich der Pathogenese des systemischen Lupus erythematodes davon ausgehen, dass es mit den Jahren und Jahrzehnten chronischer psychischer Belastung zu einem Aktivitätsverlust der HPA-Achse kommt, der dann bei erneuter funktioneller Beanspruchung der HPA-Achse, z. B. im Rahmen eines aktuell psychisch belastenden Ereignisses, einen Abfall der Cortisollevel und einen Anstieg von entzündlicher Aktivität bis hin zum klinischen Vollbild der Erkrankung systemischer Lupus erythematodes zur Folge haben kann.

Es konnte gezeigt werden, dass Patientinnen mit systemischem Lupus erythematodes verkürzte Telomere (DNA-Protein-Schutzkappen an den Chromosomen-Endigungen) in den Zellkernen von Blutzellen aufweisen, was als klares Zeichen für beschleunigte Zellalterungsprozesse angesehen werden kann (Haque et al. 2013). Telomerverkürzungen und Verminderungen der Aktivität der Telomerase (Enzym zur Verlängerung der Telomere) werden typischerweise bei chronisch gestressten Individuen (z. B. früh Traumatisierte, pflegende Angehörige) gefunden, deren beschleunigtes Altern sich im vermehrten Auftreten chronischer Entzündungserkrankungen sowie in einer verringerten Lebenserwartung manifestiert (Price et al. 2013). Auch dies untermauert die Erkenntnis, dass sich der systemische Lupus erythematodes auf einer Trajektorie des beschleunigten Alterns befindet, die von frühkindlicher Traumatisierung und chronischen Stresserfahrungen über Entzündungserkrankungen im Erwachsenenalter zu verringerter Lebenserwartung reicht (Schubert 2014).

Neben den eher unspezifischen Hinweisen zur Psychosomatik des systemischen Lupus erythematodes lassen sich qualitative Interviewstudien aus der Mitte des letzten

Jahrhunderts anführen, die interessante Einblicke in die Psychodynamik von SLE-Patienten und damit in die mögliche psychische Prädisposition zur Entwicklung eines systemischen Lupus erythematodes geben. Otto und Mackay (1967) gehen nach aufwendigen Interviewanalysen davon aus, dass die Kindheit von Patienten und Patientinnen mit systemischem Lupus erythematodes oftmals durch geringe elterliche Zuneigung gekennzeichnet sei. Einer der Elternteile von SLE-Kranken sei oft überstreng und emotional distanziert, der andere dagegen eher schwach, dafür aber emotional wärmer (McClary et al. 1955). Zudem dürfte bei SLE-Kranken ein Defizit in der Affektregulierung bestehen, indem sie Ärger und Feindseligkeit insbesondere dort nicht angemessen ausdrücken können, wo ihnen Liebe vorenthalten wird oder die Trennung von einer geliebten Person droht. Anstelle Frustration, Wut und Angst zu zeigen, lässt sich dann bei SLE-Kranken häufig ein besonderer Drang nach körperlicher Aktivität und Unabhängigkeit beobachten. Oft zeigte sich in Gesprächen mit den Patientinnen, dass schwere emotionale Belastungssituationen (z. B. Tod von Bezugspersonen, Scheidung) der Erstmanifestation des systemischen Lupus erythematodes oder späteren Krankheitsschüben zeitlich unmittelbar vorausgingen (Otto u. Mackay 1967). Betroffene der Erkrankung sehen ihre Symptome darüber hinaus häufig als Strafe für Geiz, Selbstsüchtigkeit oder sexuelle Übertretungen, also u. a. dafür, dass sie sich mehr um die eigenen Belange als um die der anderen gekümmert haben (McClary et al. 1955). Psychotherapeutische Versuche, den Betroffenen beizubringen, ihre unterdrückte Wut und Feindseligkeit zuzulassen, führten zu Verbesserungen ihres Gesundheitszustands (Otto u. Mackay 1967).

25.6 Integratives Einzelfalldesign in der Psychoneuroimmunologie-Forschung

Im Sinne einer spezifischen Psychosomatik des systemischen Lupus erythematodes, in der psychodynamische und immunologische Dysfunktion bei der Entstehung und Aufrechterhaltung des SLE zumindest bei einzelnen Erkrankten als kausal verbunden oder, besser gesagt, als kohärent angenommen werden, ließe sich nun die Psychoneuroimmunologie-Hypothese aufstellen, dass es zur spezifischen psychodynamischen Pathologie von SLE-Kranken eine entsprechende gestörte Immundynamik geben müsse, also eine empirisch nachweisbare Synchronizität zwischen psychischen und physischen Vorgängen existiert (Ribi 2011). Eine derartige Hypothese zu prüfen macht jedoch eine veränderte Forschungsmethodik notwendig, da wir der Meinung sind, dass mit den üblichen Methoden der Psychoneuroimmunologie (Prä-post-Design, randomisierte kontrollierte Studie) komplexe Fragestellungen der Psychosomatik nicht untersucht werden können (Schubert 2015).

In Innsbruck entwickelten wir daher ein sogenanntes „integratives" Einzelfalldesign, mithilfe dessen Komplexitätskriterien psychosomatischer Forschung wie Zeitverzögerungen, Reaktionsmuster und Ursache-Wirkungs-Verhältnisse zwischen psychosozialen, psychischen und Stresssystemvariablen im Lebensalltag („life as it is lived") valide analysiert werden können (Schubert et al. 2012; für ein Beispiel der integrativen Erfassung von Psycho- und Neurodynamik in der Psychotherapie s. Schiepek et al. 2009). Dabei sammeln Personen über einen Zeitraum von mindestens 50 Zwölf-Stunden-Einheiten ihren gesamten Harn, füllen Fragebögen in Zwölf-Stunden-Abständen aus und werden einmal pro Woche ausführlich zu ihren Alltagserlebnissen interviewt. Zeitreihenanalysen ermöglichen daraufhin, persönlich bedeutsame Alltagsereignisse mit Stresssystemvariablen über die Zeit zu korrelieren und psychoimmunologische Dynamiken zu identifizieren, die Hinweise auf funktionsgestörte Stresssysteme bzw. kausale Verquickungen zwischen Pathopsychologie und körperlicher Erkrankung ermöglichen.

25.7 Zwei integrative Einzelfallstudien zur Erforschung der psychosomatischen Komplexität des systemischen Lupus erythematodes

Im Folgenden soll exemplarisch an zwei integrativen Einzelfallstudien verdeutlicht werden, wie psychoimmunologische Mikroanalysen des Alltags neue Erkenntnisse zur Pathogenese des systemischen Lupus erythematodes ermöglichen können. Die erste Studie betrifft eine Patientin mit systemischem Lupus erythematodes und wurde bereits ausführlich in Schubert und Schiepek (2003) beschrieben. Die zweite Studie zur Einschätzung normaler psychoimmunologischer Aktivität wurde an einer gesunden Probandin durchgeführt. Für die Analyse der Verbindungen zwischen psychologischen und immunologischen Zeitreihen verwendeten wir sowohl lineare (z. B. ARIMA-Modellierung, Kreuzkorrelationsanalysen) als auch non-lineare (z. B. Kennwert der dynamischen Komplexität) Zeitreihenanalysetechniken.

Fallbeispiel

Integrative Einzelfallstudie 1 (systemischer Lupus erythematodes)
Die Patientin mit systemischem Lupus erythematodes war in Krankheitsremission und nahm daher auch keine Medikamente ein. Sie war zum Untersuchungszeitpunkt 40 Jahre alt und krankheitsbedingt bereits in Frühpension. Sie rauchte etwa 30 Zigaretten pro Tag. Im Alter von 37 Jahren wurde die Patientin hysterektomiert. Die Patientin ist die zweitjüngste von vier Töchtern. Die Mutter wird als „Gluckhenne" und „Frau mit Zepter" bezeichnet. Vom Vater, der nur gearbeitet hätte, sei sie das „Goldherz" gewesen und „Loli" genannt worden. In der Operationalisierten Psychodynamischen Diagnostik (Arbeitskreis OPD 1998) wurden die folgenden beiden Beziehungskonflikte als zentral angesehen: ödipal-sexueller Konflikt und Versorgungskonflikt, jeweils mit passivem Modus.[1] Es bestehen deutliche Bezüge der Erkrankung zu schweren Verlusterlebnissen der Patientin: Die Krankheit manifestiert sich erstmals drei Monate nach dem Tod ihres Vaters und in der Zeit ihres eigenen Auszugs aus dem Elternhaus und ihrer Heirat (damalige Diagnose: chronisch diskoider Lupus erythematodes [CDLE]). Elf Jahre später kommt es im Anschluss an den Tod der Mutter zu einer schweren Krankheitsver-

---

1 Eine sexuell-missbräuchliche Konnotation hat das anthropomorphe Bild, das die Patientin von ihrem systemischen Lupus erythematodes zeichnet: „Der systemische Lupus erythematodes sei für die Patientin ein schlanker, magerer Mann mit Trenchcoat und Schlapphut, der unterirdisch in nasskalten Gängen lebt. Immer dann, wenn dieser Mann hämisch grinsend seinen Hut zieht, würde es bei der Patientin zu einer gefährlichen Verschlechterung ihrer Krankheit kommen. Er würde ihr dabei mit einem dicken Strohhalm die letzte Energie aussaugen, bis sich die Patientin total schwach fühlt. Sie würde ihn dann darum bitten, ihr nicht die ganze Kraft zu nehmen und, im Wissen um sein Wiederkommen, eine Verschnaufpause zu lassen" (Schubert u. Schiepek 2003, S. 502).

schlechterung mit der Diagnosestellung systemischer Lupus erythematodes. Die Patientin ist verheiratet und hat einen 21-jährigen Sohn, der drei Monate vor dem letzten Krankheitsschub der Patientin berufsbedingt das Elternhaus verließ und in eine etwa 500 km entfernte Stadt zog. Die Patientin berichtet in den Interviews über keine Traumata, Missbrauchserfahrungen und Misshandlungen, einzig seien „viele Sachen erlebt worden, die sehr gekränkt und verletzt haben".

Nach der gründlichen medizinischen und psychologischen Eingangsuntersuchung sammelte die Patientin im prospektiven Teil der Studie 63 Tage lang in regelmäßigen Abständen, d.h. jeweils von etwa 20 Uhr abends bis 8 Uhr früh, ihren gesamten Harn zur späteren Messung von Neopterin mittels High Pressure Liquid Chromatography (HPLC) (Wachter et al. 1989). Neopterin ist ein Marker der zellulären Immunaktivität und gilt bei einer Reihe von chronischen Entzündungserkrankungen, u.a. auch bei systemischem Lupus erythematodes, als verlässlicher Indikator der Krankheitsaktivität (Murr et al. 2002). Weiter füllte die Patientin jeweils am Ende eines Tages Fragebögen zur emotionalen Befindlichkeit (*3-Skalen-Eigenschaftswörterliste [EWL]*; Becker 1988; 28 Items zur gehobenen vs. gedrückten Stimmung, emotionalen Gereiztheit und mentalen Aktiviertheit), zum subjektiven Krankheitserleben (*visuelle Analogskala [VAS]*) und zur Alltagsroutine (*DIARI[Daily Inventory of Activity, Routine, and Illness]-Fragebogen*; Schubert et al. 1999: u.a. Alkohol- und Nikotinkonsum, Medikamente) aus. Einmal in der Woche kam die Patientin in die Klinik. Hier wurde sie körperlich untersucht und zur Erfassung der Alltagsstressoren der vergangenen Woche mithilfe des *Incidents and Hassles Inventory (IHI*; Brown u. Harris 1989; Schubert et al. 1999) interviewt.

Aus den Inhaltsanalysen der Interviewtranskripte ging hervor, dass die Patientin ein Ereignis während der Studie besonders stresste: die am 25. Tag der Studie stattgefundene Abreise ihres 21-jährigen Sohns. Die Patientin meinte im vierten Interview, im Zusammenhang mit der bevorstehenden Abreise des Sohns bereits Tage zuvor sehr traurig gewesen zu sein – sie habe aber dabei ihre Tränen unterdrückt, um ihren Sohn nicht zu belasten. Als der Sohn dann abreiste, sei sie sehr traurig gewesen und habe beim Abschied und auch nach der Abreise des Sohns geweint. Die Tränen kamen der Patientin auch während des Interviews am 29. Tag der Studie. Bei keinem anderen Ereignis während der Studie reagierte die Patientin in nur annähernd belasteter Weise. Das Ausmaß dieser Stressreaktion überraschte u.a. auch, weil die Patientin wusste, dass der Sohn bereits zwei Wochen später zu ihrem vierzigsten Geburtstag wieder in den Heimatort zurückkehren würde. In der Gegenübertragung nahm die Interviewerin die gesamte Studie hindurch nicht nur bei sich selbst verstärkten Ärger, sondern auch bei der Patientin eine latente Aggression wahr, die im vierten Interview in Verbindung mit der bevorstehenden Abreise des Sohns an Stärke zunahm. Zudem erschien es der Interviewerin, als ob die Patientin bei der Abreise des Sohnes wie von der Trennung von einem Liebhaber spreche. Die linearen Zeitreihenanalysen (ARIMA-Modellierung, Kreuzkorrelationsanalysen) ergaben, dass Alltagsereignissen, die als „mäßig belastend" eingeschätzt wurden (inkl. der Abreise des Sohns), Anstiege der Urin-Neopterinkonzentrationen mit einer zeitlichen Verzögerung von 36–48 Stunden signifikant vorausgingen (Schubert et al. 1999). Neopterin gilt als verlässlicher serieller Einzelindikator der Krankheitsaktivität des systemischen Lupus erythematodes (Leohiron et al. 1991; Lim et al. 1994). Somit werteten wir diese ersten Ergebnisse als Hinweise dafür, dass bei der Patientin bestimmte psychische Belastungen mit einer erhöhten Entzündungsaktivität bei systemischem Lupus erythematodes einhergingen.

In einem nächsten Schritt setzten wir uns mit der Frage auseinander, ob aus der Art und Weise, wie die Patientin mit dem für sie emotional besonders belastenden Ereignis der Abreise des Sohns psychoimmunologisch umging, erste Rückschlüsse auf eine mögliche psychosomatische Pathogenese des systemischen Lupus erythematodes gezogen werden können. Dabei stützten wir uns auf metatheoretische Konzepte

25.7 Zwei integrative Einzelfallstudien

und Methoden der Theorie komplexer dynamischer Systeme bzw. Synergetik (Haken u. Schiepek 2010). Diesen Konzepten zufolge liegt die chaotische Dynamik in physiologischen Systemen darin begründet, dass der Organismus, um sich an die dauernd wechselnden internen und externen Anforderungen anpassen zu können, das Zusammenwirken von beidem benötigt, von Flexibilität und Sensibilität einerseits sowie von Stabilität andererseits (Attraktoreigenschaften) (an der Heiden 1992). An den Systemfluktuationen, die aus dem komplexen Zusammenspiel zwischen dynamischer Umgebung, einem dem biologischen System inhärenten Rauschen und deterministischen, möglicherweise chaotischen Mechanismen resultieren, lässt sich demnach erkennen, wie der Organismus mit den verschiedenartigen Anforderungen des Lebens zurande kommt (Glass u. Mackey 1988; Glass 2001).

Bewegen sich die Anpassungsprozesse und damit auch die Systemfluktuationen innerhalb bestimmter individueller Anforderungsgrenzen, so dürfte das für die Entwicklung des Individuums von Nutzen sein, da darauf Wachsen und Lernen in komplexen Umwelten basiert. Wird das Individuum jedoch durch besonders intensive Einflüsse (z. B. psychische Stressoren) überfordert, reagieren wesentliche Systemkomponenten mit kritischen Instabilitäten, also deutlichem Anstieg oder Abfall der Fluktuationsintensität (starke Aktivierung oder Hemmung von Feedbackschleifen und anderen Regulationsmechanismen) und mit sich verändernden Formen dynamischer Synchronisation, was mit sogenannten Ordnungs- oder Phasenübergängen von gesunden zu krankheitsassoziierten Systemdynamiken einhergehen kann (Glass u. Mackey 1988; Belair et al. 1995). Mackey und an der Heiden (1982) haben für eine in diesem Zusammenhang auftretende neue pathophysiologische Ordnung den Begriff der *„dynamischen Krankheit"* eingeführt.

Um den Grad der stressbedingten psychoimmunologischen Fluktuationen zu bestimmen und mögliche Ordnungsübergänge und krankheitsassoziierte Ordnungsparameterdynamiken in der Grunderkrankung der untersuchten Patientin zu identifizieren, benötigten wir eine Analysemethode, die auch bei kürzeren und gröber skalierten Messreihen sinnvoll anwendbar war. Wir verwendeten daher das *non-lineare Berechnungsverfahren der dynamischen Komplexität* (Schiepek et al. 2003; Schiepek u. Strunk 2010) (Abb. 25-1). Dieses gleitet über die Zeitreihe und tastet in einem Messwerte-Fenster, das eine bestimmte Skalen- und Fensterbreite (in dieser Auswertung: 7 Tage) umfasst, überlappend von Messwert zu Messwert sowohl den Grad der Fluktuation (wird groß bei vielen hohen Messwertesprüngen in kurzer Zeit) als auch die Verteilung der Messwerte (wird groß, wenn die Messwerte-Skala in voller Breite gleichmäßig ausgenutzt wird) ab. Die dynamische Komplexität errechnet sich aus dem Produkt des Fluktuations- und Verteilungswerts (Haken u. Schiepek 2010). Abbildung 25-1 zeigt auf der linken Seite die Zeitreihen der reinen Messwerte der sich von Tag zu Tag verändernden zellulären Immunaktivität (Urin-Neopterin) und Befindlichkeit der Patientin (Stimmung, Gereiztheit, mentale Aktiviertheit, subjektives Krankheitserleben). Auf der rechten Seite sind die Zeitreihen derselben psychoimmunologischen Variablen in Form der dynamischen Komplexität dargestellt (jeder Wert resultiert hier aus der Komplexitätsanalyse eines Scanning-Fensters von 7 Tagen bzw. 7 Messwert-Breiten).

Dabei wird ersichtlich, dass die dynamische Komplexität (die auch die Fluktuationsintensität enthält) des Urin-Neopterins um den Zeitpunkt der Abreise des Sohns deutlich zunimmt, d. h. die Konzentration des Neopterins im Harn um den Zeitpunkt der Abreise des Sohns von Tag zu Tag stärker schwankt (s. Abb. 25-1, links). Zur Neopterin-Fluktuation sehr ähnlich verhält sich die dynamische Komplexität der Stimmung. Auch stimmungsmäßig reagiert die Patientin um den Zeitpunkt der Abreise des Sohns sehr flexibel, d. h. ihre Stimmung ist von Tag zu Tag nicht durchgängig schlecht oder gut, sondern immer stärker schwankend, differenziert und variabel, und erreicht zwei Tage nach der Abreise des Sohns (Zeiteinheit 27) ein Komplexitätsmaximum. Auffallend divergent zu den Fluktuationen des Neopterins und der Stimmung ver-

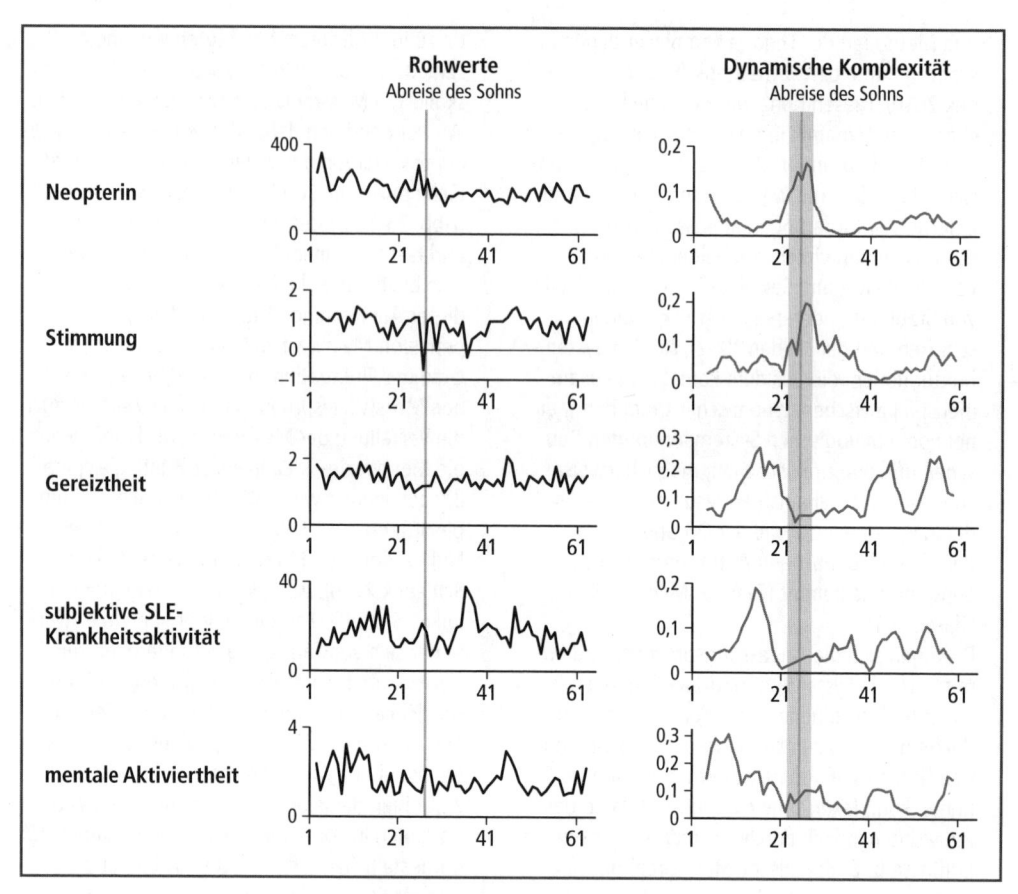

Abb. 25-1 Rohwerte und Werte der dynamischen Komplexität in der Einzelfallstudie 1. **Links:** Messwerte der täglich (n = 63 Tage) gemessenen Neopterin-Konzentrationen (Nachtharn, angegeben in µmol/mol Kreatinin), Stimmung, Gereiztheit, subjektiven Krankheitsaktivität und mentalen Aktiviertheit.
Rechts: Komplexitätsverläufe der entsprechenden Messreihen (Scanning-Breite: 7 Messpunkte bzw. 7 Tage, womit sich die Zeitreihe auf 57 Punkte reduziert). Die senkrechte graue Linie markiert die Abreise des Sohnes. Das hellgraue Umfeld dieser Linie stellt den gesamten Berechnungsraum der dynamischen Komplexität dar (7 Messpunkte).

hält sich die Patientin in der Angabe der Gereiztheit. Diesbezüglich wird sie bereits Tage vor der Abreise des Sohns zunehmend weniger schwingungs- und anpassungsfähig, die Patientin erstarrt förmlich im Ausdrücken emotionaler Gereiztheit, was darin ersichtlich ist, dass sie von Tag zu Tag immer ähnlichere Gereiztheitswerte angibt, mit einem Komplexitätsminimum der Gereiztheit einen Tag vor der Abreise des Sohns (Zeiteinheit 24). Ein erneuter starker Abfall der Gereiztheitskomplexität lässt sich auch zwischen den Zeiteinheiten 49–51 erkennen, als der Sohn nach der Feier zum 40. Geburtstag der Patientin zum zweiten Mal innerhalb von zehn Tagen an seinen Wohn- und Arbeitsort zurückreist. Die dynamische Komplexität der mentalen Aktiviertheit der Patientin zeigte keine Auffälligkeiten um den Zeitpunkt der Abreise des Sohns.
Möglicherweise von besonderer Bedeutung für die Ausgangsfrage nach der psychosomatischen Pathogenese des systemischen Lupus erythe-

25.7 Zwei integrative Einzelfallstudien

matodes ist die folgende Beobachtung: Die Patientin rief den Studienleiter drei Tage nach der Abreise ihres Sohns (Tag 28) zu Hause an und fragte, ob sie die Studie abbrechen müsse, da sie im Bett liegen würde mit Fieber, Frösteln, Anschwellen der kleinen Fingergelenke, Leistungsabfall und Müdigkeit – alles Zeichen eines SLE-Krankheitsschubs (Sepp et al. 1994). Die Beschwerden hätten, wie sie einen Tag danach im Interview berichtet, am Tag der Abreise des Sohns mit „extremen" Kreuzschmerzen mit Taubheitsempfinden in den Füßen begonnen. In den täglichen Aufzeichnungen zum subjektiven Krankheitserleben war jedoch von dieser Episode nichts zu sehen, im Gegenteil, die täglichen Werte des subjektiven Krankheitserlebens erreichten nach der Abreise des Sohns die tiefsten Werte und verhielten sich in ihrer Fluktuationsdynamik verdächtig unflexibel und „erstarrt", ganz so wie die Fluktuationsdynamik der Gereiztheit auch. Und wie bereits bei der ersten Abreise des Sohns verhielt sich die Fluktuationsdynamik des subjektiven Krankheitserlebens der Patientin auch bei der zweiten Abreise des Sohns um den Zeitpunkt 49 (nach der Geburtstagsfeier der Mutter) kohärent zur Gereiztheitskomplexität (Abb. 25-1, rechts).

In Tabelle 25-1 sind die Unterschiede in den Korrelationen der psychoimmunologischen Komplexitätsverläufe von Patient 1 mit systemischem Lupus erythematodes zusammenfassend dargestellt.

Fallbeispiel

Integrative Einzelfallstudie 2 (gesunde Probandin)
Die eben gezeigten Resultate ließen sich in einer Folgestudie an einer weiteren Patientin mit systemischem Lupus erythematodes replizieren (Schubert et al. 2006). Nun stellte sich die Frage, wie die psychoimmunologischen Komplexitätsverläufe von Neopterin und den oben genannten emotionalen Befindlichkeiten in gesunden Stresssystemen aussehen. Dazu untersuchten wir eine gesunde 25-jährige Frau mithilfe einer integrativen Einzelfallstudie. Die Probandin sammelte für die Dauer von 63 Tagen in Zwölf-Stunden-Abständen ihren gesamten Harn und beantwortete parallel dazu alle zwölf Stunden diverse Fragebögen, u. a. die aus 60 Items bestehende Originalfassung der *3-Skalen-Eigenschaftswörterliste* (EWL; Janke u. Debus 1978). Auch sie wurde wöchentlich zu den während des Erhebungszeitraums stattgefundenen emotional bedeutsamen Alltagsereignissen interviewt (Schubert et al. 2012).

Die gesunde Probandin ist Nichtraucherin, nimmt keine oralen Kontrazeptiva und erfuhr, mit Ausnahme einer Tonsillektomie im Alter von acht Jahren, keine chirurgischen Eingriffe. Kurz vor der Geburt der Probandin trennten sich ihre Eltern. Aufgrund der Berufstätigkeit der Mutter lebte sie vorerst großteils bei Großeltern und Tante. Der Kontakt zur Mutter blieb auf die Wo-

Tab. 25-1 Korrelationen der dynamischen Komplexität (Fensterbreite: 7 Tage bzw. 7 Messpunkte) von Neopterin, Stimmung, Gereiztheit, mentaler Aktiviertheit und subjektivem SLE-Krankheitserleben bei Patientin 1 mit systemischem Lupus erythematodes

	Stimmung	Gereiztheit	Mentale Aktiviertheit	Subjektives SLE-Krankheitserleben
Neopterin	0,568*	–0,329*	–0,019	–0,330*
Stimmung		–0,341*	–0,048	–0,139
Gereiztheit			0,065	0,651*
Mentale Aktiviertheit				0,111

* $p < 0,05$

chenenden beschränkt. Ihren biologischen Vater sah sie nur einmal persönlich (etwa ein Jahr vor Studienbeginn). Die wenigen Telefonate, die sie mit ihm unterhielt, beschränkten sich auf finanzielle Themen. Als die Probandin fünf Jahre alt war, heiratete ihre Mutter ihren ersten Ehemann. In den folgenden elf Jahren wurden vier Halbbrüder geboren. Die Probandin ist ledig und Doktoratsstudentin (Biologie). Eine Beziehung zu einem Mann endete nach sechs Jahren, drei Jahre, bevor die Studie begann. Mithilfe der Operationalisierten Psychodynamischen Diagnostik (OPD; Arbeitskreis OPD 1998) ließ sich bei der Probandin ein Selbstwertkonflikt mit einem passiven Modus als zentral identifizieren. Lineare Zeitreihenanalysen konnten, wie schon in der zuvor beschriebenen Untersuchung, zyklische Urin-Neopterin-Levelveränderungen im Anschluss an emotional negative und positive Ereignisse ermitteln. Diese biphasischen Psychoneuroimmunologie-Veränderungen verhielten sich aber diametral zu jenen bei systemischem Lupus erythematodes (Hypofunktion des Stresssystems bei systemischem Lupus erythematodes): Traten psychische Belastungen im Leben der gesunden Probandin auf, kam es zunächst null bis zwölf Stunden vor einem Ereignis (antizipatorisch) zu einem Anstieg und 48–60 Stunden danach zu einem Abfall der Neopterin-Konzentrationen im Harn. Erlebte die Probandin hingegen emotional positive Ereignisse im Zusammenhang mit Leistung und dem Erreichen von Zielen, fiel das Neopterin im Harn zunächst zwölf bis 24 Stunden vor dem Ereignis (antizipatorisch) ab und stieg dann zwölf bis 24 Stunden danach an (Schubert et al. 2012).

Abbildung 25-2 zeigt links die Zeitreihen der Urin-Neopterin-Konzentrationen und der emotionalen Befindlichkeiten mentale Aktiviertheit, Angst/Depression sowie Gereiztheit der gesunden Probandin. Auf der rechten Seite der Abbildung 25-2 sind die entsprechenden Komplexitätszeitreihen dieser Variablen dargestellt. Betrachtet man die dynamische Entwicklung der Komplexitätsreihen näher, so fällt auf, dass die Komplexitätswerte aller in Abbildung 25-2 gezeigten Variablen zu Beginn der Studie am höchsten waren. Wir vermuten, dass dies mit den für die Probandin ungewöhnlichen Anforderungen der Studie (Studienprozeduren, Interviews etc.) und einer damit einhergehenden erhöhten psychoimmunologischen Anpassungsaktivität zu tun gehabt haben dürfte. Entsprechend ihrer raschen Eingewöhnung in die Studie sanken dann diese erhöhten psychoimmunologischen Fluktuationen z. T. sehr schnell wieder ab. Hinsichtlich der Ausgangsfragestellung von besonderer Wichtigkeit ist, dass in keiner Phase der Studie eine belastungsassoziierte inverse Korrelation zwischen den dynamischen Komplexitäten des Neopterin und der Gereiztheit zu beobachten war, so wie es bei den beiden von uns bisher untersuchten Patientinnen mit systemischem Lupus erythematodes vor Krankheitsverschlechterungen gesehen werden konnte (Schubert u. Schiepek 2003; Schubert et al. 2006). Dies zeigt sich sowohl grafisch (Abb. 25-2, rechts) als auch rechnerisch in den Korrelationen der Komplexitätsverläufe, die durchwegs positive Effektstärken aufwiesen (Daten nicht dargestellt).

Vorläufige Überlegungen zu den neuerlichen deutlichen Komplexitätsanstiegen in den Urin-Neopterin-Konzentrationen der Probandin um die Zeitfenster 73 und 80 gehen davon aus, dass sich die Probandin, die sich zum Zeitpunkt der Studie in keiner Paarbeziehung befand, für einen jungen Mann interessierte und es in den genannten Zeitfenstern zu ersten Annäherungsversuchen seinerseits kam, denen die Probandin aber nicht nachgab. Darüber hinaus rief in der Zeiteinheit 71 überraschend der leibliche Vater der Probandin an, mit dem die Probandin schon lange Zeit keinen Kontakt mehr hatte. Auch hier gilt festzuhalten, dass sich die Komplexitätsentwicklung der Gereiztheit während dieses Untersuchungsintervalls nicht invers zum Komplexitätsverlauf des Neopterins und den anderen emotionalen Befindlichkeiten verhielt, so wie es bei den Patientinnen mit systemischem Lupus erythematodes der Fall gewesen ist (Schubert u. Schiepek 2003; Schubert et al. 2006).

25.8 Psychosomatische Interpretation der Studienergebnisse

Bei der in dieser Arbeit dargestellten Untersuchung einer SLE-Patientin (Einzelfallstudie 1) führte ein psychodynamisch relevantes (Arbeitskreis OPD 1998) und emotional sehr belastendes Trennungserlebnis (Abreise des Sohns), das systemtheoretisch gesehen wie ein Kontrollparameter fungierte, zu krankheitsspezifischen Synchronisierungen der gemessenen psychoimmunologischen Variablenverläufe, zu einem krankheitsassoziierten Ordnungsübergang und – damit zusammenhängend – zu einer Krankheitsverschlechterung des systemischen Lupus erythematodes (Schubert u. Schiepek 2003). Eine weitere in dieser Arbeit nicht näher dargestellte Studie an einer Patientin mit systemischem Lupus erythematodes kam zu sehr ähnlichen Ergebnissen (Schubert et al. 2006).

Wir sehen die in unseren Studien zum systemischen Lupus erythematodes in Verbindung mit Trennungsereignissen aufgetretene inverse Beziehung zwischen den dynamischen Komplexitäten der Subsysteme

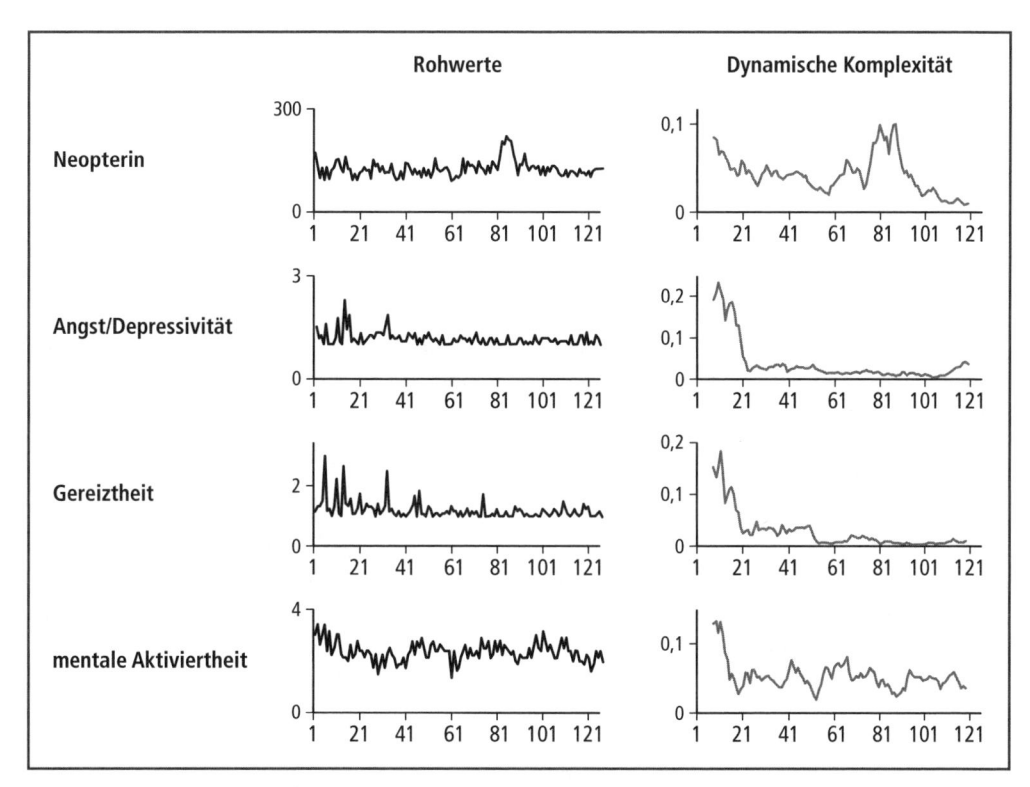

Abb. 25-2 Rohwerte und Werte der dynamischen Komplexität in der Einzelfallstudie 2. **Links:** Messwerte der zweimal täglich (n = 126 Zwölf-Stunden-Einheiten, also 63 Tage) gemessenen Neopterin-Konzentrationen (im Tag- und Nachtharn, angegeben in µmol/mol Kreatinin), Angst/Depressivität, Gereiztheit und mentalen Aktiviertheit.
Rechts: Komplexitätsverläufe der entsprechenden Messreihen (Scanning-Breite: 14 Messpunkte, also 7 Tage, womit sich die Zeitreihe auf 113 Punkte reduziert).

Neopterin/Stimmung und Gereiztheit/subjektives Krankheitserleben als zentralen Hinweis für eine mögliche psychosomatische Pathogenese der SLE-Krankheitsaktivitätszunahme. Bei der untersuchten gesunden Probandin (Einzelfallstudie 2) waren keine derartigen Auffälligkeiten erkennbar. Unsere empirischen Ergebnisse bestätigen somit systemtheoretische Überlegungen, nach denen Gesundheit eher mit flexibler Ordnung und deterministischem Chaos assoziiert ist, Krankheit hingegen mit erstarrter Ordnung und/oder chaotischen Prozessen außerhalb kohärenter Ordner und dem damit verbundenen Verlust, sich flexibel an Umweltveränderungen anpassen zu können (Gerok 1989).

In Übereinstimmung damit schien es, als ob die SLE-Patientinnen während ihrer Trennungserlebnisse spezifische emotionale Zustände, nämlich Wut und Ärger, nicht mehr flexibel wahrnehmen konnten und aus ihrem Bewusstsein ausschließen mussten. Das Erleben dieser negativen Affekte war so gesehen also prinzipiell zwar noch möglich, schien aber unter spezifischer Stressbedingung eingeschränkt (funktionsgestört) und aus den Patientinnen gleichsam ausgelagert, wenn man berücksichtigt, dass sich Wut und Ärger in der Gegenübertragungsreaktion der Interviewerin wiederfanden.

Man könnte den beobachteten Mechanismus der Patientinnen daher psychodynamisch gesehen der Verdrängung oder, spezifischer, der Affektisolierung zuordnen.

> **Definition**
>
> Die **Affektisolierung** ist nach Anna Freud (1936/1980) ein weitgehend unbewusster Mechanismus zur Abwehr von Angst, die dadurch entsteht, dass die im Zusammenhang mit der Trennungsfrustration aufkommende Wut gegen die geliebte Person zum Verlust derselben führen könnte (s. zum Phänomen der Affektisolierung und Alexithymie bei Suchtpatienten und deren Darstellung in dynamischen Mustern Patzig u. Schiepek 2014).

Beland (2008) sieht in der Unerträglichkeit subjektiver Erfahrungen und Erfahrungsinhalte den Grenzwert, jenseits dessen solche Abwehrmechanismen ausgelöst werden, die dann objektive körperliche Veränderungen bewirken. In der Tat zeigten sich bei den von uns untersuchten SLE-Patientinnen in unmittelbarer zeitlicher Assoziation mit den immer deutlicher werdenden Verminderungen der Gereiztheitskomplexitäten signifikante Zuwächse der dynamischen Komplexität des Entzündungsindikators Neopterin und Anstiege in der Krankheitsaktivität. Es liegt daher der Verdacht nahe, dass sich bei den Patientinnen die mit den Trennungserlebnissen verbundene Wut unbewusst in Form von körperlichen Symptomen und Beschwerden ausdrückte, was typisch für einen weiteren Abwehrmechanismus wäre, den der **Somatisierung**. Spezifische psychodynamische Überlegungen zur Pathogenese des systemischen Lupus erythematodes (McClary et al. 1955; Otto u. Mackay 1967; s. o.) decken sich weitgehend mit dieser Interpretation.

Bereits Alexander (1950) nahm bei der stressbedingten Verschlechterung psychosomatischer Erkrankungen eine inverse Beziehung zwischen emotionaler Expression und physiologischem Arousal an. Auch die psychosomatischen Konzeptionen der „negativen Affektivität" (Watson u. Pennebaker 1989), der „Hemmung" (Pennebaker 1989) und des „repressiven Coping-Stils" (Weinberger et al. 1979) ließen sich in diesem Zusammenhang anführen.

25.8 Psychosomatische Interpretation der Studienergebnisse

Die Abwehrmechanismen der Affektisolierung und Somatisierung könnten, nach allem, was wir bis dato empirisch in Erfahrung bringen konnten, auch für die Überlegungen zur Pathogenese von Autoimmunerkrankungen wie dem systemischen Lupus erythematodes gelten. Empirischen Rückhalt erhält diese Annahme dadurch, dass Somatisierung im Zusammenhang mit Organen steht, die weitgehend oder vollständig vegetativ innerviert werden (Schüßler 2011). Es kann mittlerweile als erwiesen angesehen werden, dass zu diesen Organen auch die Immunorgane – z. B. die Mastzellen in der Haut – gehören (Felten et al. 1985).

Affektisolierung und Somatisierung als ausschließliche Abwehrmechanismen für die in unseren Studien gezeigten stressbedingten Krankheitsaktivierungsanstiege zugrunde zu legen, erscheint jedoch unzureichend, da sie die selbstschädigende Komponente des systemischen Lupus erythematodes, die Autoimmunreaktion, nicht erklären können. Eine weitere Interpretation unserer Ergebnisse könnte daher sein, dass die von uns untersuchten SLE-Patientinnen ihre von der emotional bedeutsamen Umgebung isolierten aggressiven Affekte nicht nur somatisiert, sondern in Form einer Autoimmun- bzw. Autoaggressionsreaktion gegen das eigene Selbst gewendet haben. Autoaggression und Wendung gegen das eigene Selbst (Freud 1980) könnten also als weitere unbewusste Mechanismen verwendet worden sein, um die im Zusammenhang mit den Trennungserlebnissen aufkommende Angst abzuwehren. Durch unsere Untersuchungen dürfte somit auch psychoimmunologisch deutlich geworden sein, wie unzertrennlich Liebe und Aggression bzw. Libido und Aggressionstrieb miteinander verbunden sind (Kernberg 2014). Die Möglichkeit, dass entzündliche immunologische Reaktionen unbewusst als Instrumente der potenziell lebensbedrohlichen Selbstschädigung verwendet wurden, wird durch neuroimmunologische Ergebnisse gestützt, dass der systemische Lupus erythematodes nachgewiesenermaßen mit einer tief greifenden Störung des Stresssystems einhergeht, bei der die zerstörerische Aktivität des zellulären Immunsystems nicht mehr durch die HPA-Achse angemessen eingedämmt werden kann (Besedovsky u. del Rey 2007) (s. o.).

So gesehen würden wir es bei den gezeigten psychoimmunologischen Verbindungen nicht einfach mit einer Somatisierung zu tun haben, sondern spezifischer mit einer Konversion, d. h. mit dem Umlagern eines psychischen Konflikts (verdrängte Wut) auf somatische Symptome (Autoimmunreaktion), die eine symbolische Beziehung zum Konflikt haben (autoaggressiv/autoimmun). Den Autoren ist durchaus bewusst, dass Begriffe wie „autoaggressiv" und „autoimmun" de facto erst einmal nichts miteinander zu tun haben und insbesondere im psychodynamischen Denken regelhaft dazu neigen, sich zu *reifizieren* (Kaplan 1964), gegenständlich zu werden. Wie auch immer, mit der (durchaus gewagten) Hypothese einer Konversion von autoaggressiv zu autoimmun entfernt sich die Interpretation der Ergebnisse aus unseren Untersuchungen an Patientinnen mit systemischem Lupus erythematodes noch weiter von reduktionistisch orientierten Überlegungen zur Affektregulationsstörung (z. B. „Somatische Marker-Hypothese", Damasio 1996; zur Kritik s. Hlobil 2009), unterstützt psychoanalytische Spezifitätsüberlegungen zur Psychosomatik (Alexander 1950; Hoffmann u. Hochapfel 1995) und nähert sich auch weiteren komplexen psychosomatischen Konzepten an, wie z. B. jenen von Broom (2007), der im körperlichen Symptom den bildhaft-symbolischen Ausdruck einer von

Lebensbeginn des Individuums an existierenden Körper-Geist-Einheit sieht („somatische Metapher"). Das Konzept der Symbolisierung würde auch am ehesten die bei unseren Patientinnen mit systemischem Lupus erythematodes beobachteten inversen Korrelationen zwischen Stimmung/Neopterin und subjektivem Krankheitserleben verstehen lassen. Denn wenn Wut und Ärger von den Patientinnen aus Angst vom Bewusstsein ferngehalten werden müssen und gegen das eigene Selbst gerichtet werden, muss auch das Wissen um die somatischen Folgen der nach innen gerichteten Wut verdrängt werden. Möglicherweise konnten die SLE-Patientinnen deshalb die eigene erhöhte Krankheitsaktivität über die jeweils gemessenen Zeiteinheiten hinweg nicht mehr flexibel wahrnehmen (Schubert u. Schiepek 2003; Schubert et al. 2006).

25.9 Zusammenfassung

Je höher der Belastungsscore in den Untersuchungen rund um die von Vincent Felitti initiierte ACE-Studie war, desto größer war auch die Wahrscheinlichkeit, im Erwachsenenalter an einer schweren chronischen Entzündungserkrankung zu laborieren (Felitti et al. 1998). Dieser lineare Zusammenhang zwischen frühkindlichen traumatisierenden Stresserfahrungen und späterer körperlicher Krankheit galt in weiterer Folge auch für den systemischen Lupus erythematodes und andere Autoimmunerkrankungen (Dube et al. 2009).

Die von uns untersuchten Patientinnen waren über weite Strecken ihres Lebens nicht schwer an systemischem Lupus erythematodes erkrankt, sie befanden sich während der Studien in Remission und die letzten ausgeprägten Krankheitsschübe lagen schon Jahre zurück. Darüber hinaus berichteten sie in den umfangreichen Interviews zu Beginn der Studien über keine Traumatisierungen in ihrer Kindheit und auch die Beziehungsanalyse aus den verschiedenen Phasen unserer Studien ergab keine klaren Hinweise darauf, dass die Patientinnen traumatisiert wären. Manche Autoren sehen jedoch nicht nur in den schweren Traumata, Missbrauchserfahrungen und Misshandlungen, sondern ebenso in den mikroskopischen und wiederholten emotionalen Schäden, wie sie z. B. durch elterliche Fehler im Attunement und in der Reaktion auf die emotionalen Erfordernisse und Bedürfnisse des Kindes stattfinden können, traumatische Einflüsse (Vega et al. 2005). Diese wiederum können durchaus auch im Leben der von uns untersuchten Patientinnen mit systemischem Lupus erythematodes stattgefunden haben. Nimmt man also ein psychoimmunologisches Kontinuum von schwer traumatisiert und strukturell gestört bis körperlich und psychisch weniger stark beeinträchtigt an, so könnten die in dieser Arbeit gezeigten und diskutierten Ergebnisse einen ersten weitergehenden Einblick in die möglicherweise bei schwererer Traumatisierung entsprechend stärker gestörten psychosomatischen Funktionszusammenhänge gegeben haben.

Dabei zeigte sich, dass das Konzept der Synchronizität ein wichtiger Impuls für die Psychosomatik werden könnte (Ribi 2011). Bereits C. G. Jung schrieb in diesem Zusammenhang: *„Die Synchronizitätsphänomene weisen, wie mir scheint, in diese Richtung, indem ohne kausale Verbindung sich Nicht-Psychisches wie Psychisches et vice versa verhalten kann."* (Ribi 2011) Aufgrund unseres speziellen integrativen Vorgehens war es möglich, der Soziopsychoimmundynamik und damit verbunden den psychodynamischen Abwehrmechanismen unserer Patientinnen mit systemischem Lupus erythe-

25.9 Zusammenfassung

matodes unter Echtzeitbedingungen des Alltags quasi zuzusehen (Schubert et al. 2006) und dabei genau zu studieren, wie psychisch belastende Ereignisse über die unbewusste Verarbeitung des emotionalen Schmerzes zu Verschlechterungen von Krankheitsaktivität führen bzw. „... *wie das Leben nach Überwindung der heutigen Bewusstseinsstufe durch das Unbewusste zum Körper führt ...*" (Ribi 2011). Es steht außer Frage, dass noch weitere integrative Einzelfallstudien durchgeführt werden müssen, um weiterreichende Aussagen zur Pathogenese des systemischen Lupus erythematodes anstellen zu können. Für solche Einzelfallstudien wäre es auch von großem Interesse, die Komplexität der Psychodynamik von Patientinnen und Patienten in Form von idiografischen Systemmodellen zu erarbeiten und zu visualisieren (z. B. Schiepek et al. 2013) und dabei die Prozesse mit erweiterten Methoden (z. B. mit dem Synergetischen Navigationssystem [SNS]) zu erfassen (Schiepek u. Matschi 2013).

Dies würde dann auch neue psychologische Wege in der Therapie des systemischen Lupus erythematodes und anderer Autoimmunerkrankungen eröffnen. Studien der Psychoneuroimmunologie zeigen, dass die durch frühe psychische Belastung bedingte chronische Unterfunktion des Stresssystems nicht permanent sein dürfte und durch soziale Interventionen zumindest vorübergehend reversibel ist (Gunnar u. Quevedo 2008; Lupien et al. 2009). Dies ist ein vielversprechendes Zwischenergebnis auf dem Weg hin zu neuen Therapieansätzen von stressassoziierten Erkrankungen.

Die in der vorliegenden Arbeit gezeigten Ergebnisse aus dynamischen Analysen psychoimmunologischer Prozesse bei systemischem Lupus erythematodes sprechen darüber hinaus für eine psychosozial bedingte, konfliktassoziierte Hemmung von Wut- und Ärgeraffekten in der Krankheitsgenese des systemischen Lupus erythematodes, die psychotherapeutisch gesehen die Konfliktbearbeitung und ein Zulassen von Wut und Ärger nahelegt (McClary et al. 1955; Solomon u. Moos 1965; Otto u. Mackay 1967). In der Tat zeigten sich erste Hinweise zur psychoimmunologischen Wirksamkeit von diagnostisch-therapeutischen Gesprächen in den hier referierten SLE-Studien (Schubert u. Schiepek 2003; Schubert et al. 2006). Es bleibt jedoch zu zeigen, ob durch ein erweitertes soziopsychoimmundynamisches Verständnis des systemischen Lupus erythematodes, so wie es in den in dieser Arbeit gezeigten Studien erfolgte, in Zukunft wirklich spezifische Diagnose- und Behandlungsansätze entwickelt werden können, die dann zur relevanten Verbesserung oder sogar Heilung dieser schweren und potenziell lebensbedrohlichen Entzündungserkrankung führen. Wir sind davon überzeugt, dass dies, wenn überhaupt, nur durch eine grundlegende Veränderung der Art und Weise, wie in der Medizin geforscht wird, zu erreichen ist (Schubert 2015). Angesichts des jahrzehntelangen Elends der Betroffenen und des diagnostisch wie therapeutisch desaströsen Umgangs der mechanisierten Biomedizin mit Menschen, die an chronisch entzündlichen Erkrankungen leiden, sollte dies nicht übermorgen oder morgen, sondern jetzt geschehen!

Danksagung

Wir danken den Patientinnen mit systemischem Lupus erythematodes sowie der gesunden Probandin für ihre Teilnahme an den hier gezeigten Studien. Darüber hinaus bedanken wir uns bei Prof. Dr. Sven Olaf Hoffmann für seine kritischen Anmerkungen zum Manuskript.

26 Sexuelle Störungen und Verhaltensauffälligkeiten

Bernhard Strauß und Romina Gawlytta

Inhalt

26.1 Einleitung.. 460

26.2 Diagnostische Aspekte 461

26.3 Fallbeispiele: Folgen sexueller Übergriffe................ 462

26.4 Theoretisches Verständnis sexueller Störungen........ 463

26.5 Sexuelle Störungen und Verhaltensauffälligkeiten als Folge sexuellen Missbrauchs 464
    26.5.1 Sexuelle Funktionsstörungen................................. 464
    26.5.2 Störungen und Auffälligkeiten des Sexualverhaltens 468
    26.5.3 Störungen der Sexualpräferenz 471

26.6 Therapeutische Konsequenzen 473

26.1 Einleitung[1]

Neuere Studien und Metaanalysen zeigen deutlich, dass sexueller Missbrauch und Misshandlungen unspezifische Risikofaktoren für die Entwicklung psychischer Probleme darstellen, die sexuelle Auffälligkeiten und Störungen einschließen (Zusammenfassung bei Fergusson et al. 2013). Klinische Erfahrungen belegen, dass nach massiver, den Körper und die Sexualität betreffender Traumatisierung im Kindes- oder Erwachsenenalter sexuelle Störungen häufig sind bzw. Sexualität nach Erfahrungen mit sexuellem Missbrauch kaum noch problemlos erlebt werden kann. Beeinträchtigungen der Sexualität infolge von Missbrauchserfahrungen können sich auf spezifische sexuelle Funktionen (z. B. Erregung, Orgasmuserleben), auf das sexuelle Verhalten (z. B. Promiskuität, Risikoverhalten) und/oder die sexuellen Präferenzen (z. B.

---

[1] Zu den früheren Versionen dieses Kapitels haben dankenswerterweise Dr. Dieter Heim und Dipl.-Psych. Mirjam Mette-Zillessen maßgeblich beigetragen.

26.2 Diagnostische Aspekte

Masochismus) beziehen. Auf der Basis der Berichte über die sexuellen Folgen von Missbrauchserfahrungen ist zu betonen, dass sicher nicht von einfachen Zusammenhängen zwischen Missbrauch und spezifischen Folgeerscheinungen ausgegangen werden kann; eher sind Folgeprobleme nach Missbrauchserfahrungen das Resultat aller Faktoren, welche die psychosexuelle Entwicklung beeinflussen (Strauß et al. 2013). Um den Zusammenhang zwischen sexuellen Störungen und Missbrauchserfahrungen einzugrenzen, ist eine sensible und sorgfältige Diagnostik notwendig, in der auch andere psychische Konflikte, die mit sexuellen Problemen häufig einhergehen, eruiert werden müssen. Bei der Behandlung sexueller Störungen ist das Wissen um etwaige Missbrauchserfahrungen für den Fokus der Therapie von großer Bedeutung.

26.2 Diagnostische Aspekte

In den gängigen diagnostischen Inventaren (ICD-10 und DSM-5) werden in der Regel drei bzw. vier große Gruppen von sexuellen Störungen unterschieden:
- Eine Gruppe bilden sexuelle Funktionsstörungen, die „eine von der betroffenen Person gewünschte sexuelle Beziehung" verhindern (Dilling et al. 1991). Hierzu werden ein Mangel an sexuellem Verlangen oder Befriedigung, ein Ausfall der physiologischen Reaktionen im Zusammenhang mit sexuellen Aktivitäten sowie eine Unfähigkeit, den Orgasmus zu steuern oder zu erleben, gerechnet. In der ICD-10 wird auch ein gesteigertes sexuelles Verlangen zu den sexuellen Funktionsstörungen gezählt, welche dort wiederum im Kapitel „Verhaltensauffälligkeiten mit körperlichen Störungen" codiert werden.
- Die zweite große Gruppe der Sexualstörungen sind Störungen der Sexualpräferenz (oder Paraphilien in der Terminologie des DSM) als spezifische, die Sexualität betreffende Persönlichkeits- und Verhaltensstörungen, bei denen die sexuelle Präferenz auf spezifische Objekte (z. B. Kinder, leblose Objekte) oder spezifische Praktiken (z. B. sadistische und/oder masochistische) gerichtet ist.
- Störungen der Geschlechtsidentität (inkl. Transsexualismus, Geschlechtsdysphorie) spielen im Zusammenhang mit sexuellem Missbrauch in der Literatur bisher keine bedeutende Rolle.
- In der ICD-10 ist schließlich noch eine Gruppe von Störungen in Verbindung mit der sexuellen Entwicklung und Orientierung gesondert berücksichtigt: Es handelt sich hierbei um die ichdystone Sexualentwicklung und sexuelle Beziehungsstörungen. Eine detaillierte Beschreibung der diagnostischen Klassifikation in ICD-10 und DSM-5 findet sich bei Briken und Berner (2013).

In den Klassifikationen sexueller Störungen werden mögliche Zusammenhänge mit sexuellem Missbrauch nicht explizit aufgeführt. Ob eine oder mehrere dieser Störungen als Folge von Missbrauch auftreten, hängt u. a. davon ab, wie lange, in welchem Alter (je früher, desto gravierender) und ob der Missbrauch unter gewaltsamer Anwendung von sexueller Intimität (z. B. oraler, vaginaler oder analer Geschlechtsverkehr) stattgefunden hat (Moggi 1996). Hierzu gibt es zahlreiche empirische Befunde, die andeuten, dass ein Muster – bestehend aus inzestuöser Beziehung, Anwendung von Gewalt, häufiger und lang andauernder sexueller Kindesmisshandlung sowie Geschlechtsverkehr – hoch korreliert mit persistierenden Langzeitfolgen in Form von

Depressivität, einem negativeren Selbstbild, einem stärkeren Ausmaß an interpersonalen Störungen und mehr sexuellen Problemen (Fergusson et al. 2013).

26.3 Fallbeispiele: Folgen sexueller Übergriffe

Fallbeispiel

Beispiel 1
Ein 50-jähriger Verwaltungsangestellter wird nach mehrmaligen urologischen Untersuchungen wegen einer anhaltenden Erektionsstörung zu einem psychotherapeutischen Erstgespräch überwiesen. Im Gespräch berichtet der Mann folgende Entwicklung seiner Störung: Ausgangspunkt sei ein Saunabesuch gewesen. Als passionierter Saunagänger sei er etwa ein Jahr vor dem Gespräch zur Eröffnung eines Erlebnisbades in einer besonders attraktiven „Biosauna" Gast gewesen und auf der Liege eingeschlafen. Von ungewöhnlichen Empfindungen geweckt, habe der Patient bemerkt, dass sich – offenbar während er schlief – ein Mann an seinem Genitale „zu schaffen gemacht" hatte. Als der Patient erschreckt erwachte, habe dieser Mann sofort die Flucht ergriffen. Aufgrund des großen Betriebes außerhalb der Sauna, in welcher der Patient mit dem Täter alleine war, habe er diesen nicht mehr ausfindig machen können. Ohne zu wissen, welche Art von Übergriff dieser Täter an ihm praktiziert hätte, sei die erste Befürchtung des Patienten gewesen, möglicherweise mit einer Geschlechtskrankheit infiziert worden zu sein. Diese Furcht habe er einige Wochen mit sich herumgetragen, ehe er seinen Hausarzt aufgesucht hätte. Da ein Test auf HIV-Infektion zu dem damaligen Zeitpunkt noch nicht aussagekräftig gewesen sei, habe sich die Angst verfestigt und sei von anfänglichen depressiven Verstimmungen begleitet worden, die sich – gekoppelt mit Schlafstörungen – zu einer manifesten Depression entwickelt hätten. In diesem Verlauf hätten sich das sexuelle Verlangen des Patienten und seine Reaktionsfähigkeit rapide reduziert, was letztlich dann dazu führte, dass er eine urologische Behandlung aufsuchte. Der übliche Ausschluss einer organischen Ursache der Erektionsstörung hätte an dem Problem wenig geändert. Ein HIV-Labortest mit negativem Ergebnis habe zwar zu einer Erleichterung und einer Lösung der Angst geführt, an den depressiven Verstimmungen und der sexuellen Funktionsstörung aber nichts verändert.

In dem psychotherapeutischen Gespräch entstand aufgrund der Beschreibung der Lebenssituation und Lebensgeschichte des Patienten das Bild eines extrem kontrollierten, fast zwanghaften Patienten, der ein sehr erfülltes, dabei extrem geregeltes und „ordentliches" Leben führte. Situationen, in denen der Patient das Gefühl von Kontrollverlust hatte, waren in der ganzen Biografie des Patienten nicht ausfindig zu machen. Vor diesem Hintergrund war die Vermutung nahe liegend, dass der dem sexuellen Übergriff in der Sauna immanente erlebte Kontrollverlust der zentrale Auslöser der beschriebenen Entwicklung war. Der Patient war sich bis zum Zeitpunkt des Gespräches nicht im Klaren, was der Täter in dieser Situation eigentlich mit ihm vollzogen habe, und war nach wie vor von der Befürchtung geplagt, dass die Situation zu einer dauerhaften Schädigung beigetragen haben könnte.

Beispiel 2
Eine sehr schüchtern und verschlossen wirkende Frau im Alter von 32 Jahren kam mit ihrem Partner in eine psychotherapeutische Ambulanz und beschrieb einen initial bestehenden Vaginismus. Der Ehemann der Patientin war ihr erster Partner, den sie mit 20 Jahren kennengelernt hatte. Nachdem das Paar etwa zwei Jahre befreundet war, sei es zum ersten Versuch eines Geschlechtsverkehrs gekommen, der aufgrund des Scheidenkrampfes der Patientin nicht zustande kam. Von da an habe das Paar noch mehrfach den Versuch unternommen, miteinander zu schlafen, ehe diese Versuche dann auf-

grund der Funktionsstörung eingestellt wurden. Das Paar lebte dennoch relativ zufrieden, es kam im Alltag zu Zärtlichkeiten und Petting, in dessen Verlauf die Patientin und ihr Partner auch in der Lage waren, einen Orgasmus zu erleben. Der Wunsch nach einer psychotherapeutischen Behandlung des sexuellen Problems war im Wesentlichen motiviert durch einen aufkommenden Kinderwunsch, der nicht zuletzt durch den Druck des sozialen Umfelds verstärkt wurde.

Nach dem Erstgespräch wurde eine Indikation für eine Paartherapie nach dem Vorgehen von Masters und Johnson gestellt. Die Therapie begann, das Paar erwies sich als äußerst kooperativ, wenngleich bei beiden Partnern von Anfang an eine ausgeprägte Affektferne, insbesondere eine Aggressionshemmung, zu spüren war. Im Verlauf der Therapie machte das Paar durchaus Fortschritte, die in der Behandlung enthaltenen „Übungen" wurden relativ entspannt erlebt, Kommunikationsprobleme im Hinblick auf sexuelle Wünsche und körperliche Empfindungen lösten sich, dennoch änderte sich an der grundlegenden Symptomatik kaum etwas. Die Patientin war im Bereich ihrer Genitalien unverändert verspannt und reagierte höchst ängstlich auf Berührungen durch ihren Partner. Dieser Zustand hielt persistent an, die im Rahmen einer Paartherapie sonst so häufig sichtbaren Fortschritte in der Symptomatik blieben aus, was das Therapeutenpaar letztlich dazu veranlasste, neuerliche Einzelgespräche mit den Partnern zu führen, um Hypothesen über einen möglichen Widerstand gegen Veränderungen zu bilden.

Im Einzelgespräch mit der Therapeutin offenbarte dann die Patientin – nachdem die Behandlung bereits mehrere Monate gedauert hatte – sexuelle Übergriffe im Pubertätsalter durch ihren Onkel, auf die es zu Beginn der Behandlung und auf der Basis der anfänglichen Explorationen keine Hinweise gab. Als Konsequenz wurde das Behandlungssetting auf Dauer verändert und die Patientin bearbeitete in einer Reihe von Einzelstunden ihre Missbrauchserlebnisse, die in diesem Rahmen unter anderem auch als ein wesentliches Motiv für die Wahl ihres introvertierten, zurückhaltenden und aggressionsgehemmten Partners verstanden werden konnten.

26.4 Theoretisches Verständnis sexueller Störungen

Theorien zur Ätiologie sexueller Funktionsstörungen gehen davon aus, dass neben Lerndefiziten, sexuellen Mythen und Selbstverstärkungsmechanismen, welche die Störungen aufrechterhalten, die primäre Funktion der Störung in der Abwehr von Ängsten unterschiedlicher Art zu sehen ist (z.B. primäre Sexual- und Triebängste, Gewissensängste, Beziehungsängste; Strauß 2004). Darüber hinaus haben sexuelle Funktionsstörungen oft einen unbewussten Einfluss innerhalb der Partnerbeziehung bzw. bei Partnerkonflikten. Die Symptomatik kann z.B. dazu dienen, für beide Partner bedeutsame Ängste abzuwehren, Konflikte in der Beziehung auszutragen oder das erträgliche Maß an Nähe und Distanz zu regulieren, wenn die Beteiligten hierfür kein anderes Repertoire zur Verfügung haben. Im Zusammenhang mit Missbrauchserfahrungen sind demnach wahrscheinlich die Aspekte der individuellen und partnerbezogenen Ängste bedeutsam: Ängste vor Gewalt, Kontrollverlust und Selbstaufgabe sind bei sexuell missbrauchten Personen im Zusammenhang mit der Sexualität beschrieben.

Im Zusammenhang mit anderen sexuellen Auffälligkeiten, die im Kontext von traumatischen Erfahrungen genannt werden (z.B. sexuelles Risikoverhalten, exzessives Sexualverhalten, deviantes Sexualverhalten), sind die Annahmen zur Ätiologie ähnlich bezüglich der Funktionalität, wobei hier vermutlich noch mehr Aspekte der Persönlichkeitsstruktur (im Sinne struktureller Defizite) sowie narzisstische Aspekte der Sexualität eine Rolle spielen.

Als Folge sexuellen Missbrauchs werden neben masochistischen Tendenzen insbesondere bei Männern aggressiv-sexuelle Verhaltensweisen bis hin zu gewaltsamen Sexualdelikten diskutiert, für deren Erklärung die von Schorsch et al. (1985) beschriebenen Funktionen der Symptomatik zutreffen könnten, wie die Demonstration einer bedrohten Männlichkeit, das Ausleben von Wut und Hass, das Ausfüllen innerer Leere oder das temporäre Erleben von Omnipotenz.

26.5 Sexuelle Störungen und Verhaltensauffälligkeiten als Folge sexuellen Missbrauchs

Die negativen Folgen eines sexuellen Missbrauchs für das sexuelle Erleben und Verhalten sind mittlerweile empirisch bestens belegt. Sexuelle Probleme und sexuelle Unzufriedenheit zählen neben körperlichen Beschwerden und Suizidgedanken zu den am häufigsten genannten Störungsbildern nach einem Missbrauch (Richter-Appelt 2004). Obwohl ein umfangreiches Instrumentarium an standardisierten Instrumenten zur Erfassung spezifischer Aspekte sexuellen Erlebens und Verhaltens zur Verfügung steht (Richter et al. 2012), wurde in zahlreichen Studien nur pauschal nach sexuellen Problemen und sexueller Unzufriedenheit gefragt (Rumstein-McKean u. Hunsley 2001). Zudem basiert ein Großteil der Studien auf retrospektiven Angaben, es werden oft unterschiedliche Definitionen von Missbrauch verwendet und Zeitpunkt sowie Häufigkeit des Missbrauchs nicht genauer spezifiziert.

Trotz der methodischen Schwierigkeiten kann heute davon ausgegangen werden, dass sexueller Missbrauch in der Kindheit das Risiko für eine ganze Reihe von körperlichen Krankheiten, psychischen Störungen, Verhaltensauffälligkeiten und sexuellen Schwierigkeiten erhöht (Maniglio 2009), wobei auch nicht-sexuelle (körperliche, emotionale) kindliche Traumatisierungen Auswirkungen auf das sexuelle Verhalten und sexuelle Probleme haben (Norman et al. 2012). Die Evidenz ist in jüngster Zeit auch durch Längsschnittstudien (z. B. Feiring et al. 2009; Fergusson et al. 2013) und Langzeitkatamnesen (z. B. Wilson u. Widom 2008) gefestigt.

26.5.1 Sexuelle Funktionsstörungen

In der klinischen Literatur ist die Annahme, dass Missbrauchserfahrungen zu sexuellen Funktionsstörungen führen, weitverbreitet (Maltz 2002). Eine Beeinträchtigung sexueller Funktionen, ein Mangel an sexuellem Interesse oder eine sexuelle Aversion können z. B. aus der Abscheu vor sexuellem Verhalten oder vor Geschlechtsteilen, aber auch aus der Angst heraus, wieder gewaltsam behandelt zu werden, resultieren. Allgemein negative Emotionen und Pessimismus im Kontext von Sexualität, negativere sexuelle Selbstschemata oder Scham und Selbstbeschuldigung (und daraus resultierende Selbst-Stigmatisierung) werden als weitere potenzielle Ursprünge sexueller Beeinträchtigung genannt (Feiring et al. 2009; Lorenz u. Meston 2012). Rellini und Meston (2011) greifen in diesem Zusammenhang auf das mittlerweile etablierte Modell sexueller Hemmung und Erregung zurück (Rettenberger u. Briken 2013) und vermuten, dass Überlebende von sexuellem Missbrauch in sexuellen Situationen eher gehemmt, in nicht-sexuellen Situationen dagegen eher erregt sein könnten. Das Modell

26.5 Folgen sexuellen Missbrauchs

muss sicher noch weiter empirisch überprüft werden.

Es liegen inzwischen zahlreiche Untersuchungen vor, deren Ergebnisse insgesamt auf einen negativen Einfluss von Missbrauch auf die Sexualität hinweisen, wenngleich einige Studien auch keine Zusammenhänge feststellen konnten (z. B. Greenwald et al. 1990). Bartoi et al. (2000) kamen bei der Interpretation vorliegender Studien sogar zu dem Schluss, dass sexueller Missbrauch weniger zu sexueller Unzufriedenheit und Dysfunktionen führe als vielmehr zu Promiskuität und Reviktimisierung.

Wie oft sexuelle Funktionsstörungen in der Folge sexuellen Missbrauchs auftreten, ist unter anderem deshalb schwer abzuschätzen, da deren generelle Häufigkeit zum einen schwer zu bestimmen ist und zum anderen auch in Allgemeinpopulationen relativ hoch erscheint. Golding (1996) bezifferte auf der Grundlage einer Literatursichtung die *Prävalenz* sexueller Dysfunktionen bei missbrauchten Frauen auf 39–67 %, Mullen et al. (1994) berichten sogar von 70 %. In einer Studie von Najman et al. (2005) lag die Prävalenz von Symptomen sexueller Dysfunktionen für weibliche Missbrauchsopfer bei 69 %, für männliche bei 59 %.

Die Prävalenzzahlen variieren in Abhängigkeit von den Stichproben, so dürften sie in klinischen Stichproben (z. B. bei Borderline-Patientinnen mit Missbrauchserfahrungen; Schulte-Herbrüggen et al. 2009) höher sein. Im Rahmen einer der letzten epidemiologischen Studien (in Schweden; Oeberg et al. 2002) wurde der Zusammenhang von sexuellem Missbrauch und sexueller Dysfunktion untersucht. Dabei wurde die Art des Missbrauchs mittels zwölf vorgegebener Missbrauchsszenarien differenziert erhoben. Im Vergleich mit nicht-missbrauchten Frauen, die zu 44 % eine sexuelle Dysfunktion aufwiesen, litten missbrauchte Frauen mit 66 % nicht nur häufiger unter sexuellen Funktionsstörungen, sondern wiesen darüber hinaus eine größere Anzahl von Funktionsstörungen auf. Eine differenziertere Analyse zeigte, dass, mit Ausnahme eines Missbrauchs durch erzwungenen Cunnilingus, Missbrauch im Zusammenhang mit *Orgasmusschwierigkeiten* stand. Weiterhin waren Fellatio und genitale Manipulationen mit *Vaginismus*, Cunnilingus mit verringerter *Lubrikation* und *Dyspareunie* assoziiert.

In Übersichtsarbeiten wird bei missbrauchten Frauen ein deutlich *geringeres Interesse* an Sexualität und ein *Vermeidungsverhalten* gegenüber sexuellen Begegnungen beschrieben (z. B. Staples et al. 2012). Lutfey et al. (2008) dagegen konnten in einer Repräsentativerhebung keinen Einfluss von Missbrauch auf die Häufigkeit sexueller Aktivitäten finden, wohl aber auf das Auftreten von Dysfunktionen und damit zusammenhängend die sexuelle Zufriedenheit. Missbrauchserfahrungen scheinen den Zusammenhang zwischen sexueller Zufriedenheit und sexuellen Funktionsstörungen maßgeblich zu moderieren (Stephenson et al. 2012).

In älteren Studien wurde angegeben, dass missbrauchte Frauen sexuell weniger ansprechbar seien, sexuelle Handlungen *sie weniger erregten* und sie sich nach sexuellen Erlebnissen seltener *zufrieden* fühlten (Jackson et al. 1990). Eine klinische Studie von Jackson et al. (1990) belegte, dass Missbrauchsopfer weniger häufig einen *Orgasmus* erleben. Viele Frauen erleben zwar einen Orgasmus, fühlen sich dabei aber schuldig oder schlecht (Hirsch 1994). Richter-Appelt (1998b) befragte Studentinnen und Studenten mit Erfahrungen von körperlichem und/oder sexuellem Missbrauch nach Bewertungen von sexuellen Praktiken und fand, dass missbrauchte Frauen die

Masturbation besonders positiv beurteilten, was die Autorin als ein Zeichen für Überstimulierung bei gleichzeitiger Angst vor heterosexuellen Kontakten interpretiert. Die Studie von Kinzl et al. (1997) zeigte, dass die Kovariation zwischen Missbrauchserfahrungen und einem defizitären familiären Klima das Vorhandensein sexueller Funktionsstörungen vorhersagen konnte. Die Missbrauchserfahrungen hatten bei Frauen einen negativen Einfluss auf die sexuelle Erregung und Orgasmusfähigkeit, bei Männern dagegen nicht.

Die gewaltsame Behandlung der genitalen Körperregionen kann zu Störungen wie *Dyspareunie* und *Vaginismus* führen (Jackson et al. 1990). So berichteten Frauen mit Vaginismus doppelt so häufig über Missbrauchserfahrungen wie Frauen einer Kontrollgruppe (Reissing et al. 2003). Richter-Appelt (1997) beobachtete gehäuft Fälle von Dyspareunie mit sexuellem Vermeidungsverhalten in Zusammenhang mit *Unterbauchschmerzen*, für die eine Prävalenz bei Frauen mit sexuellem Missbrauch von 26–64 % berichtet wird (Randolph u. Reddy 2006; Leclerc et al. 2010). Walker et al. (1992) beschrieben diese Form der *Dyspareunie* als dissoziativen Prozess, über den eine Stimulierung und die damit verbundene Erinnerung an den Missbrauch vermieden und abgespalten werden könne. In einer neueren systematischen Übersicht über klinische Studien bei gynäkologischen Patientinnen (Latthe et al. 2006) standen sowohl Dysmenorrhoe, Dyspareunie wie auch nicht-zyklische Unterbauchbeschwerden in deutlichem Zusammenhang mit berichteten Missbrauchserfahrungen.

Nach wie vor findet sich in der Literatur ein weniger deutlicher Zusammenhang zwischen sexuellem Missbrauch und sexuellen Funktionsstörungen bei *Männern* (Sarwer et al. 1997; McCabe u. Cobain 1998; King et al. 2002; Najman et al. 2005). Daraus sollte aber nicht der Schluss gezogen werden, sexuell missbrauchte Männer hätten weniger sexuelle Probleme, es erscheint vielmehr wahrscheinlich, dass Männer ihre Sexualität nach außen hin positiver darstellen (Kinzl et al. 1997). So ergab z. B. eine Studie von Laumann und Rosen (1999), dass missbrauchte Männer dreimal so häufig eine erektile Dysfunktion und doppelt so häufig einen vorzeitigen Samenerguss aufweisen. Aus der Untersuchung einer studentischen Stichprobe geht hervor, dass sexuell missbrauchte Männer häufiger als nicht-missbrauchte meinen, sie hätten zu wenige sexuelle Erlebnisse und seien mit der gelebten Sexualität weniger zufrieden (Bange 1992). Die Männer mit sexuellen Missbrauchserfahrungen aus der Studie von Richter-Appelt und Tiefensee (1996b) gaben tatsächlich weniger Erfahrungen mit Koitus und heterosexuellen Beziehungen an. Auffallend war die Tatsache, dass Männer, die sexuell missbraucht *und* körperlich misshandelt wurden, doppelt so häufig sexuelle Probleme nannten wie „nur" sexuell missbrauchte (Richter-Appelt 1997).

Wie aus Tabelle 26-1 hervorgeht, sprechen die vorliegenden Studien deutlich für eine Häufung sexueller Probleme, Funktionsstörungen und sexueller Unzufriedenheit bei sexuell missbrauchten Frauen, während dies für Männer nur mit Einschränkungen zutrifft. Erst in neueren Studien wurde auch empirisch belegt, dass „Kontextvariablen", wie z. B. Erfahrungen mit körperlicher Misshandlung und/oder die Qualität des familiären Klimas, einen wesentlichen Einfluss auf die Entstehung sexueller Funktionsstörungen haben (Berliner u. Elliott 2002).

26.5 Folgen sexuellen Missbrauchs

Tab. 26-1 Studien (Auswahl) zu sexuellen Funktionsstörungen

Autor	Jahr	n	Ergebnisse
Jehu	1989	51 Frauen	94 % der missbrauchten Frauen leiden unter sexuellen Funktionsstörungen
Greenwald et al.	1990	108 Frauen	keine Effekte für sexuelle Dysfunktionen und sexuelle Zufriedenheit
Jackson et al.	1990	40 Frauen	missbrauchte Frauen berichten geringere sexuelle Zufriedenheit
Mullen et al.	1994	496 Frauen	70 % der Missbrauchsopfer haben sexuelle Probleme
Richter-Appelt	1995	616 Frauen 452 Männer	sexuelle Probleme und sexuelle Unzufriedenheit zählen zu den am häufigsten genannten Störungen
Golding	1996	3419 Frauen	missbrauchte Frauen leiden häufiger unter Dyspareunie und verminderter sexueller Erlebnisfähigkeit
Moggi	1996	124 Frauen	Missbrauch korreliert hoch mit sexuellen Problemen
Romans et al.	1997	508 Frauen	missbrauchte Frauen haben häufiger sexuelle Probleme und Trennungen/Scheidungen
Kinzl et al.	1997	202 Frauen 301 Männer	Missbrauch beeinträchtigt sexuelle Erregung und Orgasmusfähigkeit bei Frauen
Sarwer et al.	1997	359 Männer	Missbrauch ist kein Prädiktor männlicher sexueller Dysfunktionen
Laumann u. Rosen	1999	1410 Männer 1749 Frauen	missbrauchte Frauen haben doppelt so häufig Erregungsstörungen, missbrauchte Männer dreimal so häufig erektile Dysfunktion und doppelt so häufig vorzeitigen Samenerguss und Appetenzstörungen
Steever et al.	2001	60 Männer	keine Hinweise auf sexuelle Probleme
King et al.	2002	150 Männer	16 % in der Kindheit missbrauchter Männer berichten sexuelle Probleme
Oeberg et al.	2002	1335 Frauen 1475 Männer	66 % missbrauchter Frauen berichten sexuelle Dysfunktionen, insbesondere mangelndes Sexualinteresse und Orgasmusschwierigkeiten
Reissing et al.	2003	87 Frauen	Frauen mit Vaginismus berichteten häufiger sexuellen Missbrauch
Najman et al.	2005	908 Frauen 876 Männer	Personen mit Missbrauchserfahrungen berichten häufiger Symptome sexueller Dysfunktionen; missbrauchte Mädchen haben als Frauen mehr Sexualpartner

Tab. 26-1 (Fortsetzung)

Autor	Jahr	n	Ergebnisse
Randolph u. Reddy	2006	36 Frauen	sexueller Missbrauch assoziiert mit geringerer sexueller Aktivität, geringerer Orgasmuszufriedenheit sowie stärkeren Unterbauchschmerzen
Lutfey et al.	2008	3205 Frauen	Missbrauchserlebnisse haben keinen Einfluss auf sexuelle Aktivität, sind aber assoziiert mit sexuellen Dysfunktionen
Leclerc et al.	2010	151 Frauen	Dyspareuniepatientinnen mit Missbrauchserfahrungen berichten geringere sexuelle Funktionsfähigkeit
Staples et al.	2012	36 Frauen	missbrauchte Frauen, die interpersonelle Beziehungen vermeiden, berichten geringere Orgasmusfähigkeit
Stephenson et al.	2012	176 Frauen	missbrauchte Frauen sind in sexueller Funktionsfähigkeit beeinträchtigter

26.5.2 Störungen und Auffälligkeiten des Sexualverhaltens

Durch sexuellen Missbrauch wird ein Kind frühzeitig sexualisiert. Geht der Täter dabei nicht brutal vor, können bei dem Kind durch den sexuellen Umgang auch „positive" Gefühle ausgelöst werden, z. B. Lustgefühle, die seiner sexuellen Entwicklung eigentlich noch nicht entsprechen. Das Kind mag die unbekannten Gefühle vielleicht auch genießen und akzeptieren. Besonders in inzestuösen Familienkonstellationen lernt das Kind so frühzeitig die Möglichkeit kennen, (nur) über Sexualität Zuwendung und Körperkontakt zu bekommen (Hirsch 1994). Nach Bommert (1993) kann daraus die fatale Folgeerscheinung entstehen, dass Zuwendung automatisch mit Sexualität verbunden wird, da die einzige, für ein Kind lebensnotwendige Zuwendung in Verbindung mit sexuellen Handlungen erreichbar erscheint (Friedrich 2000). Die dadurch entstehenden Schuldgefühle, den Missbrauch selbst gesucht und eingeleitet zu haben, sind auch später im Erwachsenenalter nahezu unerträglich (Bommert 1993).

Es liegen zahlreiche *empirische Hinweise* dafür vor, dass auffallendes sexuelles Verhalten bei Kindern ein Indiz für sexuellen Missbrauch ist, z. B. eine Metaanalyse von 37 Arbeiten (Paolucci et al. 2001) sowie Studien von Friedrich et al. (2001) und Silovsky und Niec (2002). Dies kann sich zeigen an vermehrten genitalen Aktivitäten wie z. B. Simulation eines Geschlechtsverkehrs und Einführung von Gegenständen in Vagina oder Anus, exzessiver Masturbation, einer stark sexualisierten Kontaktaufnahme zu Erwachsenen oder ungehemmten sexuellen Aktivitäten mit Gleichaltrigen.

Fergusson et al. (2013) berichten aus einer auf 30 Jahre angelegten Längsschnittstudie in Neuseeland von einem signifikant früheren Beginn sexueller Aktivitäten und einer höheren Zahl an Sexualpartnern bei Personen mit Missbrauchserfahrungen in der Kindheit.

Masturbation kann als Mittel zum Spannungsabbau und in zwanghafter Weise zur

26.5 Folgen sexuellen Missbrauchs

Stimulation des Parasympathikus eingesetzt werden, um eine Entspannungsreaktion zu erreichen. Es kann sein, dass die Masturbation auch dann nicht beendet wird, wenn andere dazu auffordern, sondern gerade in Gegenwart anderer durchgeführt wird (Bommert 1993). Auf dieses nach dem Jugendschutzgesetz als „sexuell verwahrlostes Verhalten" bezeichnete Phänomen wurde lange Zeit nicht oder nur mit Fremdunterbringung/Heimeinweisung reagiert, ohne nach den Gründen dieses Verhaltens zu fragen (Hartwig 1990). In letzter Zeit ist diesbezüglich eine Neuorientierung zu erkennen, obwohl immer noch unzureichende Hilfs- und Interventionsmöglichkeiten bestehen.

Von der Adoleszenz an kann aus der erotisierten Kontaktaufnahme offen promiskuitives Verhalten werden. In diesem Fall werden sexuelle Erlebnisse keineswegs vermieden, sondern sogar gesucht, ohne eine engere Beziehung einzugehen. Es kommt zu sexuellen Kontakten mit beliebig vielen Partnern. Bei manchen wird die Vorstellung, etwas Zuwendung zu bekommen, ohne sich sexuell anbieten zu müssen, undenkbar. Maisch (1968) verstand dies als Teil allgemeiner Charakterpathologie in inzestuösen Familienverhältnissen. Manchmal wird dieser sexuelle Kontakt nur um des sexuell körperlichen Ablaufs Willen gesucht, der die entsprechende Entspannung bringt. In anderen Fällen werden Partnerschaften schnell eingegangen, ohne dass über den Partner nachgedacht wird, in der Hoffnung, schnell Geborgenheit und Nähe zu erhalten (Richter-Appelt 1997). Nach Hirsch (1994) bedeutet promiskuitives Verhalten neben dem sexuellen Agieren stets auch das Misslingen der jeweiligen Partnerbeziehung. Hierbei werden häufig, entsprechend einem Wiederholungszwang, wiederum Misshandlung und Ausbeutung statt-

finden. Der sexuelle Teil der Beziehung ist in der Regel derartig angst- und konfliktbelastet, dass ein zufriedenstellendes Sexualleben meist nicht erreicht wird.

Empirisch ist Promiskuität als Folge eines Missbrauchs gut belegt. In einer Metaanalyse von 37 Arbeiten (Paolucci et al. 2001) konnte für den Faktor Promiskuität ein bedeutsamer Effekt nachgewiesen werden. Sexuell missbrauchte *Frauen* haben früher Geschlechtsverkehr und mehr Sexualpartner in kürzeren Beziehungen (Meston u. Heiman 2000; Noll et al. 2003). Dementsprechend weisen sie ein erhöhtes Risiko auf, frühzeitig schwanger zu werden (Romans et al. 1997) oder sich mit HIV zu infizieren (Brown et al. 2000; Parillo et al. 2001).

Bei *Männern* gilt ein „zwanghaftes Sexualverhalten" als die am häufigsten auftretende Folge eines sexuellen Missbrauchs (Steever et al. 2001). Dazu gehören häufige sexuelle Aktivitäten, eine große Anzahl von Sexualpartnern sowie häufiges Masturbieren unter Verwendung von Pornografie. Auch Estes und Tidwell (2002) berichten, dass sexuell missbrauchte Männer deutlich häufiger sexuell aktiv waren als Frauen.

Blain et al. (2012) untersuchten, ob zwanghaft-süchtiges Sexualverhalten bei homosexuellen oder bisexuellen Männern durch Missbrauchserfahrungen vorhersagbar ist. Sie kamen zu dem Ergebnis, dass speziell die Schwere des Missbrauchs das Sexualverhalten vorhersagte, ebenso wie das Vorliegen klinischer Komorbiditäten.

Prostitution

Bekommt ein Kind für die sexuellen Kontakte mit einem Erwachsenen materielle Gegenleistungen, lernt es, Sexualität funktional einzusetzen. Diese Gewöhnung an sexuelle Übergriffe mitsamt der Übernahme von Normen und Werten („Sexualität für Geld") kann richtungweisend sein (tatsächlich scheint die Erfahrung von sexuellem Missbrauch sowohl mit erhöhter Neigung zur Prostitution wie auch mit deren Inanspruchnahme gekoppelt zu sein; Lavoie et al. 2010). Wegen chaotischer und gerade auch inzestuöser Verhältnisse laufen viele Kinder und Jugendliche von zu Hause weg; auf der Straße bleibt ihnen nach dem beschriebenen Muster meist nur die Prostitution als Überlebensstrategie. Ein weiteres Motiv, sich zu prostituieren, ist nach Aussage von Prostituierten, dass sie in ihrer Arbeit einen Weg sehen, eine Situation zu beherrschen, die sie als Kind nicht beherrschen konnten. Viele von ihnen berichten, zum ersten Mal ein Gefühl von Macht empfunden zu haben, als sie ihren ersten Freier hatten (Alexander 1989).

Empirisch ist der Zusammenhang von Missbrauch und Prostitution durch einige ältere Studien belegt, in denen 22–95 % der Prostituierten von sexuellem Missbrauch berichteten, die meisten durch den Vater oder eine Vaterfigur. Bis zu 96 % waren von zu Hause weggelaufen und etwa 60 % hatten vor ihrem 16. Lebensjahr begonnen, sich zu prostituieren. Ein Großteil der Befragten hatte Missbrauchserfahrungen, die Geschlechtsverkehr beinhalteten (Bagley u. Young 1987). Die Auswertung der Klientel einer Beratungsstelle in einem Berliner Bezirk erbrachte, dass 95 % der Prostituierten, die dort ein Gesprächsangebot wahrnahmen, angaben, in ihrer Kindheit sexuell missbraucht worden zu sein (Marwitz u. Hoernle 1990). Die Autorinnen konnten beobachten, dass es einigen Frauen, sobald ihnen der Zusammenhang zwischen inzestuösen oder anderen Missbrauchserfahrungen und der Prostitution bewusst wurde, nicht mehr möglich war, dieser Tätigkeit nachzugehen.

Andere Untersuchungen konnten den Zusammenhang zwischen kindlichen Missbrauchserfahrungen und Prostitution bestätigen. In einer repräsentativen britischen Stichprobe (Bebbington et al. 2011) war das Risiko, nach sexuellem Missbrauch erneut missbraucht zu werden, 10,6-fach, das Risiko, sich zu prostituieren, 3,3-fach erhöht. In einer 30-Jahres-Katamnese von missbrauchten, vernachlässigten und misshandelten Personen errechnete sich ein 2,4-fach erhöhtes Risiko für Prostitution. Das Risiko für eine HIV-Infektion war in der Gruppe vernachlässigter und missbrauchter Personen um das 2,3-fache erhöht.

Auch wenn einige Studien einen engen Zusammenhang zwischen sexuellem Missbrauch und Prostitution belegen, darf dabei nicht übersehen werden, dass sich auch Mädchen und Frauen sowie Jungen und Männer prostituieren, die nicht sexuell missbraucht worden sind. Ebenso wenig ist davon auszugehen, dass sich eine beträchtliche Zahl der Missbrauchsopfer tatsächlich prostituiert.

Sexuell aggressives Verhalten

Ein deutlicher *geschlechtsspezifischer* Unterschied kann darin gesehen werden, dass sexuell missbrauchte Jungen und Männer weniger dazu tendieren, funktionelle Sexualstörungen zu entwickeln, sondern eher mit externalen Verhaltensauffälligkeiten, etwa mit sexuell ausbeutendem Verhalten an anderen Kindern, reagieren (Heath et al. 1996; Carr u. Van Deusen 2004). In einer neueren Studie von Slotboom et al. (2011) zu aktiver sexueller Gewalt bei Jugendlichen waren die Geschlechtsunterschiede bezüglich der Prävalenz kaum verschieden (8 % der Frauen und 10 % der Männer berichteten von gewaltsamer Sexualität gegenüber anderen), nur bei den Männern fand sich

26.5 Folgen sexuellen Missbrauchs

ein Zusammenhang mit eigenen Missbrauchserfahrungen. Verschiedene Studien konnten belegen, dass die Quote von Missbrauchsopfern unter kindlichen und jugendlichen Straftätern mit 32–49 % deutlich über dem Durchschnitt liegt (Becker 1988; Williams u. Finkelhor 1990).

Die Zugehörigkeit zum männlichen Geschlecht in Verbindung mit einer Missbrauchserfahrung in der Kindheit galt lange Zeit als wesentlicher Risikofaktor dafür, später selbst einen sexuellen Missbrauch zu begehen (Hummel et al. 2000; Glasser et al. 2001). Während Strean (1988) noch davon ausging, dass 30 % der männlichen Missbrauchsopfer ihrerseits wiederum zu Tätern werden, konnten Salter et al. (2003) in einer Längsschnittstudie zeigen, dass das Risiko mit 12 % deutlich kleiner ist, als bislang angenommen wurde. Anscheinend müssen weitere Risikofaktoren, z. B. eine materielle Notlage, körperliche Vernachlässigung und mangelnde Beaufsichtigung, hinzukommen, damit ein Missbrauchsopfer zum Täter wird. Als Hypothese zur Erklärung des Zusammenhangs nennt Maniglio (2009) die Möglichkeit, dass unzureichend bewältigter sexueller Missbrauch deviante sexuelle Fantasien fördert, die wiederum der Bewältigung im Sinne eines „enactment" dienen können.

26.5.3 Störungen der Sexualpräferenz

Masochismus

Besonders bei Frauen zeigen klinische Beobachtungen, dass nach gewaltsamen Missbrauchserlebnissen Masochismus als eine Form des selbstverletzenden Verhaltens resultiert (s. Kap. 27). Es werden Frauen beschrieben, die mit sich selbst in der Genitalregion so gewaltsam umgehen, wie dies der Täter getan hat. Dies geschieht z. B. durch Masturbation mit Gegenständen, die mit Selbstverletzung einhergeht. Manche Frauen lassen sich von Männern so sadistisch behandeln, wie sie dies durch den Täter erlebt haben.

Die Frage, inwieweit kindliche Missbrauchserfahrungen zu (Sado-)Masochismus führen, ist *empirisch* nur wenig untersucht.

Mehrfach wurde in den letzten Jahren sexuelles Risikoverhalten als Folge sexuellen Missbrauchs untersucht. Homma et al. (2012) beziffern das Risiko für ungeschützten Verkehr bei männlichen Jugendlichen mit 1,9 (Odds Ratio), für multiple Sexualpartner mit 2,9 und das Risiko, in (ungewollte) Schwangerschaften „involviert zu sein", mit 4,8. Nach Senn et al. (2007) ist das Risiko von der Schwere des Missbrauchs abhängig, Catania et al. (2008) beschreiben psychologische Mediatoren wie die Bewältigungskompetenz und interpersonale Faktoren. Weaver (2009) berichtet, dass auch das Risiko für sexuelles Risikoverhalten bei erwachsenen Frauen nach Vergewaltigung deutlich erhöht ist.

Eine Studie von Nordling et al. (2000) konnte aufzeigen, dass missbrauchte Frauen häufiger masochistische Sexualpraktiken ausüben als nicht missbrauchte Frauen. Weiterhin gibt es zahlreiche Belege dafür, dass sexuell missbrauchte Mädchen ein erhöhtes Risiko haben, im Erwachsenenalter wiederum Opfer eines Missbrauchs zu werden (Krahe et al. 1999; Messman-Moore 2003).

Hierzu, also zur Frage der Reviktimisierung, gibt es einige neuere Studien. So untersuchten Lau und Kristensen (2010) einen Zusammenhang zwischen sexuellem Missbrauch im Kindesalter und sexuellen Übergriffen im Erwachsenenalter und fanden, dass 36 % von 151 in der Kindheit missbrauchten Frauen im Erwachsenenalter erneut Opfer sexueller Übergriffe waren und bei ihnen die früheren Missbrauchserfahrungen als schwerwiegender eingeschätzt wurden. Ob hier wirklich ein direkter Zusammenhang besteht, bleibt fraglich. Eine Reviktimisierung könnte durch ein beeinträchtigtes Selbstbild oder sexuelles Risikoverhalten mediiert sein (Van Bruggen et al. 2006).

Missbrauch und Homosexualität

Sexueller Missbrauch in der Kindheit findet sich bei homosexuellen Männern und Frauen mit 21–46 % anscheinend häufiger als in der Normalbevölkerung (Coxell et al. 2000; Tomeo et al. 2001). So fanden z. B. Bradford et al. (1994), dass ein Viertel der untersuchten lesbischen Frauen in der Kindheit sexuell missbraucht wurde, während bei homosexuellen Männern ein Anteil von 37 % beschrieben wird (Doll et al. 1992). In einer Übersicht von 42 Studien (Beitchman et al. 1991) zählte Homosexualität neben sexueller Unzufriedenheit, Promiskuität und Reviktimisierung zu den berichteten „Langzeitfolgen" eines Missbrauchs.

Auffällig ist sowohl bei Männern als auch bei Frauen die Häufigkeit eines *gleichgeschlechtlichen* Missbrauchs. So ergab eine Untersuchung, dass 46 % homosexueller Männer (7 % heterosexueller Männer) und 22 % lesbischer Frauen (1 % heterosexueller Frauen) von Personen des gleichen Geschlechts missbraucht wurden (Tomeo et al. 2001). Besonders bemerkenswert erscheint hierbei der hohe Prozentsatz von *missbrauchenden Frauen*. Die Autoren betonen, dass ein gleichgeschlechtlicher Missbrauch keineswegs als ursächlicher Faktor für eine homosexuelle Orientierung angesehen werden kann. Vielmehr könne es sein, dass Menschen mit einem hohen Potenzial an homosexuellem Erleben ein größeres Risiko aufweisen, in Situationen zu gelangen, die zu einem homosexuellen Missbrauch führen.

Auch Richter-Appelt (2004) machte die Beobachtung einer deutlichen Häufung homosexueller Erfahrungen unter Männern und Frauen mit sexuellem Missbrauch und/oder körperlicher Misshandlung. Sie stellt im Hinblick auf die Interpretation des Befundes die berechtigte Frage, warum Frauen sich Partnerinnen suchen, also Personen, die in der Regel nicht dem Geschlecht des Täters angehören, während Männer das Gegenteil tun. Richter-Appelt vermutet, dass Jungen mit homosexuellen Neigungen für sexuelle Übergriffe anfälliger sein könnten. Man könnte ebenso auf unterschiedliche Verarbeitungs- bzw. Bewältigungsmechanismen (Vermeidung vs. Identifikation mit dem Aggressor) schließen.

Es finden sich Hinweise darauf, dass besonders *Inzestopfer*, teils vorübergehend, teils dauerhaft, homosexuelle Beziehungen eingehen. So berichteten 22 % der homosexuellen Männer (1 % der heterosexuellen Männer) und 3 % der homosexuellen Frauen (0,3 % der heterosexuellen Frauen) einer Zufallsstichprobe über einen Inzest (Cameron u. Cameron 1995).

Die neuere Literatur zu diesem Thema legt nahe, dass in sexuellen Minderheiten generell eine höhere Prävalenz von Missbrauchserfahrungen vorliegt und diese Erfahrungen vermehrt mit psychischen Problemen, Sucht, sexuellem Risikoverhalten und HIV assoziiert sind (Friedman et al. 2011; Sweet u. Welles 2012). Möglicherweise mediiert über die Neigung zu sexuellem Risikoverhalten, ist der Zusammenhang zwischen Missbrauchserfahrungen und HIV bei homosexuellen Frauen und Männern mehrfach belegt worden (Kalichman et al. 2004; Mimiaga et al. 2009).

26.6 Therapeutische Konsequenzen

Die Zusammenfassung der Literatur (Tab. 26-1, Tab. 26-2) zu den sexuellen Folgen von Missbrauchserfahrungen zeigt, dass sowohl sexuelle Funktionsstörungen als auch sexuelle Verhaltensauffälligkeiten wie sexuelles Risikoverhalten zu den häufigeren Folgen der sexuellen, aber auch nicht-sexuellen Traumatisierung zählen und somit auch psychotherapeutisch berücksichtigt werden müssen. Es gibt Hinweise dafür, dass missbrauchte Personen, die in festen Beziehungen leben, die Sexualität eher vermeiden, Personen, die keine feste Bindung eingehen, sich eher sexualisierend (z. B. promiskuitiv) verhalten, was komplexe Zusammenhänge zwischen einer aus der traumatischen Erfahrung resultierenden Beziehungsstörung und der Beeinträchtigung der Sexualität bestätigt.

Die beiden eingangs beschriebenen Fallbeispiele wurden vor diesem Hintergrund gezielt ausgewählt und verdeutlichen zwei therapierelevante Aspekte: Im Falle des be-

Tab. 26-2 Studien (Auswahl) zu sexuellen Störungen und Verhaltensauffälligkeiten

Autor	Jahr	n	Ergebnisse
Bagley u. Young	1987	45 Frauen	73 % der Prostituierten berichten sexuelle Misshandlungen
Bradford et al.	1994	1925 Frauen	25 % der lesbischen Frauen berichten sexuellen Missbrauch
Hirsch	1994	30 Frauen	37 % der Inzestopfer zeigen promiskuitives Verhalten
Widom u. Kuhns	1996	1196 Frauen	kindlicher Missbrauch ist Prädiktor für Prostitution
Farley u. Barkan	1998	130 Frauen	57 % der Prostituierten berichten sexuellen Missbrauch
Richter-Appelt	1997	209 Frauen 80 Männer	75 % missbrauchter Männer haben homosexuelle Erfahrungen, 50 % homosexuelle Beziehungen
Krahe et al.	1999	281 Frauen	missbrauchte Mädchen haben als Frauen mehr Sexualpartner und häufiger ungewollten Geschlechtsverkehr
Bartoi et al.	2000	143 Frauen	46 % homosexueller Männer und 22 % homosexueller Frauen wurden gleichgeschlechtlich missbraucht
Meston u. Heiman	2000	656 Frauen 376 Männer	sexueller Missbrauch bei Frauen korreliert mit liberalen sexuellen Einstellungen und Verhaltensweisen, z. B. häufige sexuelle Fantasien, Masturbation und Geschlechtsverkehr
Nordling et al.	2000	22 Frauen 164 Männer	Sadomasochisten: 23 % der Frauen und 8 % der Männer berichten sexuellen Missbrauch

Tab. 26-2 (Fortsetzung)

Autor	Jahr	n	Ergebnisse
Tomeo et al.	2001	942 Männer und Frauen	22 % missbrauchter Frauen wurden von einer Frau missbraucht
Silovsky u. Niec	2002	24 Mädchen 13 Jungen	38 % der Kinder mit sexuellen Verhaltensauffälligkeiten wurden sexuell missbraucht
Noll et al.	2003	166 Frauen	missbrauchte Frauen haben früher Geschlechtsverkehr
Kalichman et al.	2004	647 Männer	missbrauchte homosexuelle Männer zeigen vermehrt riskantes Sexualverhalten und Prostitution
Mimiaga et al.	2009	4295 Männer	39,7 % der homosexuellen Männer berichten Missbrauchserfahrungen; diese praktizieren häufiger ungeschützten Analsex
Lavoie et al.	2010	815 Jugendliche	Missbrauchserfahrungen assoziiert mit erhöhter Neigung zur Prostitution sowie mit deren Inanspruchnahme
Bebbington et al.	2011	7353 Männer und Frauen	Missbrauchserfahrungen in der Kindheit erhöhen Risiko für erneuten Missbrauch im Erwachsenenalter und für Prostitution
Blain et al.	2012	182 Männer	39 % homo- oder bisexueller Männer berichten Missbrauchserlebnisse; Schwere des Missbrauchs als stärkster Prädiktor für zwanghaftes Sexualverhalten im Erwachsenalter
Sweet u. Welles	2012	33902 Männer und Frauen	14,9 % der Frauen und 5,2 % der Männer berichten Missbrauchserlebnisse in der Kindheit; besonders hohe Raten in sexuellen Minderheiten

reits älteren Mannes, der in der Sauna sexuell belästigt wurde, zeigte sich, dass der traumatisch erlebte Vorfall eine tiefe Verunsicherung auslöste, die offenbar mit einer bestimmten Persönlichkeitsstruktur des Patienten zusammenhing. Weniger die sexuelle Konnotation des Erlebnisses als vielmehr die Mobilisierung eines Konfliktes im Zusammenhang mit der eher zwanghaften Persönlichkeit scheint in diesem Fall das zentrale Moment zu sein. Wahrscheinlich hätte auch ein anderes, nicht-sexuelles Erlebnis von Kontrollverlust zu einer ähnlichen Verunsicherung geführt, die möglicherweise auch mit sexuellen Problemen einhergegangen wäre. Im Zentrum einer psychotherapeutischen Behandlung des Patienten müsste sicher der Grundkonflikt zwischen Kontrolle und Abhängigkeit im Mittelpunkt stehen, der durch das sexuelle Erlebnis aktualisiert wurde.

Ein anderer Aspekt wird an dem zweiten Fallbeispiel deutlich: Hier wurde – in Unkenntnis der Missbrauchserfahrungen der

26.6 Therapeutische Konsequenzen

Patientin mit Vaginismus – eine Paar-Sexualtherapie durchgeführt, wie sie heute Standard bei der Behandlung sexueller Funktions- und Beziehungsstörungen ist (Briken u. Berner 2013). Es wurde auf das sexuelle Symptom fokussiert und nicht erkannt, dass die Patientin dadurch überfordert, möglicherweise sogar in gewisser Weise „retraumatisiert" wurde. Wie in diesem Buch an mehreren Stellen dargelegt, erfordert die Therapie von Missbrauchsopfern eine besondere Sensibilität und sollte zunächst darauf ausgerichtet sein, die Basis für die Neuentwicklung sexueller Aktivitäten aufzubauen, also auf eine Aufarbeitung des Traumas, den Aufbau von Vertrauen in Beziehungen, Bindung etc. Wenn diese Basis vorhanden ist, sind sexualtherapeutische Maßnahmen nicht in jedem Falle kontraindiziert, aber mit besonderer Sorgfalt anzuwenden. Der hier beschriebene Fall verdeutlicht, dass Hinweise auf sexuelle Traumatisierungen in der Sexualanamnese bei Patienten mit sexuellen Funktionsstörungen bei der Indikationsstellung unbedingt zu berücksichtigen sind.

Generell legen die neueren Studien und Metaanalysen (z. B. Harvey u. Taylor 2010) nahe, dass eine frühzeitige Intervention unter Umständen problematische Entwicklungen und Chronifizierungen sexueller Schwierigkeiten verhindern helfen kann.

27 Borderline-Persönlichkeitsstörungen

Ursula Gast

Inhalt

27.1	Die Borderline-Persönlichkeitsstörung im Diskurs der Psychotraumatologie	477
	27.1.1 Die psychiatrische Diagnose	477
	27.1.2 Psychoanalytische und psychodynamische Ansätze	479
	27.1.3 Der kognitiv-behaviorale Ansatz	479
	27.1.4 Die posttraumatische Diagnose	480
	27.1.5 Fallbeispiele	481
27.2	Psychodynamisches Verständnis	483
	27.2.1 Spaltung	484
	27.2.2 Borderline-Pathologie und Beziehungstrauma	485
	27.2.3 Projektive Identifizierung und Reinszenierung	485
	27.2.4 Mentalisierungsprobleme	487
	27.2.5 Neurobiologie	487
	27.2.6 Selbstschädigendes Verhalten	489
	27.2.7 Dissoziation	491
	27.2.8 Überwinden von Dissoziation	492
	27.2.9 Borderline-Persönlichkeitsstörung und Dissoziative Identitätsstörung	493
27.3	Therapie	495
	27.3.1 Behandlungskonzepte auf der Grundlage randomisierter kontrollierter Studien	495
	27.3.2 Ressourcenbasierte Psychodynamische Therapie	496
	27.3.3 Fortsetzung der Fallbeispiele	497
27.4	Zusammenfassung	501

27.1 Die Borderline-Persönlichkeitsstörung im Diskurs der Psychotraumatologie

Die Borderline-Persönlichkeitsstörung ist mit ca. 1,6 % eine relativ häufige psychische Erkrankung (APA 2013, S. 665). Sie geht mit hoher Suizidrate, schweren Funktionseinbußen, Komorbidität, intensiver Inanspruchnahme von Behandlung sowie hohen Gesundheitskosten einher (Lieb et al. 2004; Skodol et al. 2005; Oldham 2006; s. auch Übersichtsartikel Leichsenring et al. 2011). Die Borderline-Persönlichkeitsstörung ist gekennzeichnet durch schwerwiegende Störungen der Affektregulation, begleitet von tief greifenden Störungen des Selbstbildes und des zwischenmenschlichen Verhaltens.

Im Laufe ihrer Geschichte hat die Borderline-Persönlichkeitsstörung einen Wandel an Modellen und Konzeptionen erfahren, der vom Diskurs der verschiedenen Zeitströmungen geprägt war. Nach deskriptiv-phänomenologischer Herangehensweise folgten schulenspezifische Modelle – zunächst der Psychoanalyse, später der Verhaltenstherapie. Empirische Befunde der Entwicklungspsychologie und Säuglingsforschung, Erkenntnisse der Neurowissenschaften, vor allem aber die Studien zu traumatischen Kindheitsbelastungen modifizierten und differenzierten diese Modelle weiter aus. Sie geben die Basis für multimodale Ansätze, die der Heterogenität des Krankheitsbildes und der hohen Komorbidität Rechnung tragen.

Diese Entwicklungen werden im Folgenden skizziert und ein Überblick über den aktuellen Forschungsstand gegeben. Hinsichtlich des Behandlungsansatzes und des Fallbeispiels werden vor allem psychodynamische Ansätze beschrieben und zudem ein Fokus auf die Komorbidität von Posttraumatischen Belastungsstörungen und dissoziativen Störungen gelegt.

27.1.1 Die psychiatrische Diagnose

Stern (1938) verwendete den Begriff „Borderline" anfangs für Patienten, die weder in das Behandlungsspektrum der Psychoanalyse noch in die psychiatrische Kategorie von „neurotisch" oder „psychotisch" zu passen schienen. Über eine zunächst unübersichtliche psychiatrische Zwischenkategorie als sub-schizophrene (oder eher sub-affektive) Störung hat sich die Borderline-Persönlichkeitsstörung zu einer anerkannten Entität mit charakteristischem Symptomprofil etabliert (s. Herpertz u. Saß 2011). Mit der Aufnahme der Diagnose „Borderline-Persönlichkeitsstörungen" (Borderline Personality Disorder, BPD) in das Diagnostische und Statistische Manual Psychischer Störungen der American Psychiatric Association (DSM-III; APA 1980b) erfuhr das Krankheitsbild seine offizielle Anerkennung. Zur Charakterisierung der Störung und zur Abgrenzung zu schizophrenen Erkrankungen wurden in einer breit angelegten Studie (Spitzer et al. 1979) neun Kriterien erarbeitet, die bei der Revision des DSM-III-R 1987 und DSM-IV 1994 nochmals leichte Änderungen und Ergänzungen erfuhren und vom DSM-5 2013 nahezu unverändert übernommen wurden (APA 1987b, 1994, 2013).

> **Definition**
>
> **DSM-5-Kriterien der Borderline-Persönlichkeitsstörung (nach APA 2013)**
> Die Borderline-Persönlichkeitsstörung ist gekennzeichnet durch ein tief greifendes Muster von Instabilität in zwischenmenschlichen Beziehungen, im Selbstbild und in den Affekten sowie von deutlicher Impulsivität. Die Störung

beginnt im frühen Erwachsenenalter und tritt in den verschiedensten Situationen auf. Fünf der neun aufgeführten Kriterien müssen erfüllt sein, damit die Diagnose einer Borderline-Persönlichkeitsstörung gestellt werden kann. Diese **Kriterien** lauten:
1. verzweifeltes Bemühen, tatsächliches oder vermutetes Verlassenwerden zu vermeiden[1]
2. ein Muster instabiler, aber intensiver zwischenmenschlicher Beziehungen, das durch einen Wechsel zwischen den Extremen der Idealisierung und Entwertung gekennzeichnet ist
3. Identitätsstörung: ausgeprägte und andauernde Instabilität des Selbstbildes und der Selbstwahrnehmung
4. Impulsivität in mindestens zwei potenziell selbstschädigenden Bereichen (Geldausgaben, Sexualität, Substanzmissbrauch, rücksichtsloses Fahren, „Fressanfälle")[1]
5. wiederholte suizidale Handlungen, Selbstmordandeutungen oder -androhungen oder Selbstverletzungsverhalten
6. affektive Instabilität infolge einer ausgeprägten Reaktivität der Stimmung (z. B. hochgradige episodische Dysphorie, Reizbarkeit oder Angst, wobei diese Verstimmungen gewöhnlich einige Stunden oder nur selten mehr als einige Tage andauern)
7. chronisches Gefühl von Leere
8. unangemessene, heftige Wut oder Schwierigkeiten, die Wut zu kontrollieren (z. B. häufige Wutausbrüche, andauernde Wut, wiederholte körperliche Auseinandersetzung)
9. vorübergehende, durch Belastungen ausgelöste paranoide Vorstellungen oder schwere dissoziative Symptome

[1] Hier werden keine suizidalen Handlungen berücksichtigt, die in Kriterium 5 enthalten sind.

Suizidale Tendenzen sowie Selbstverletzung (Kriterium 5) sind empirisch die hilfreichsten *Indikatoren* zur Diagnosestellung (Grilo et al. 2004), während suizidale Tendenzen und instabile Beziehungen (Kriterien 5 und 2) im Follow-up die Borderline-Persönlichkeitsstörung am besten vorhersagen (Grilo et al. 2007). Trotz statistischer Kongruenz (Sanislow et al. 2002) stellt die Störung ein heterogenes Krankheitsbild dar, bei dem sich *Subtypen* identifizieren lassen, wie solche mit oder ohne stressbezogene paranoide Vorstellungen und Dissoziation (Kriterium 9) sowie chronisches Gefühl von Leere (Kriterium 7) (Oldham 2006).

Epidemiologische Studien belegen, dass es sich um eine häufige Erkrankung handelt, die in der Allgemeinbevölkerung mit 0,7 % in europäische Studien (Torgersen et al. 2001; Coid et al. 2006) und von 0,5–5,9 % in amerikanischen Studien (Swartz et al. 1990; Samuels et al. 2002; Crawford et al. 2005; Lenzenweger et al. 2007; Grant et al. 2008) eingeschätzt wird. Im DSM-5 wird eine Durchschnittsrate von 1,6 % genannt (APA 2013, S. 665; s. auch Torgersen et al. 2001). Eine Geschlechterdifferenz lässt sich nicht belegen (Bender et al. 2001; Torgersen 2005). In klinischen Populationen ist die Borderline-Persönlichkeitsstörung die häufigste aller Persönlichkeitsstörungen, wobei sich im ambulanten Setting 10 % und im stationären Setting 15–20 % finden lassen (Torgersen 2005; Gunderson 2009). Vom *Verlauf* beginnt die Erkrankung in der Pubertät bis zum frühen Erwachsenenalter. Häufig zeigen die Betroffenen bereits vorher maladaptive Verhaltensweisen in verschiedenen Lebensbereichen (Stone 1993; Jerschke et al. 1998; Bender et al. 2001; Zanarini et al. 2001; Lieb et al. 2004).

Ätiologisch kann von einem Zusammenspiel aus belastenden Lebensereignissen (s. Kap. 28) und Genetik ausgegangen werden. Zu Letzterem lassen sich genetische Polymorphismen finden, die das Serotonin-System und die HPA-Stressachse betreffen

(Wagner et al. 2009a, b; s. auch Leichsenring et al. 2011). In Behandlungsstudien, die inzwischen auch als Langzeitstudien vorliegen, lässt sich eine Teilremission nachweisen (Zanarini et al. 2006). Hierbei erweist sich die impulsive Symptomatik (Suizidversuche, Selbstverletzung) bislang als besser behandelbar als die affektive (Ärger, Angst, Depression) und interpersonelle Symptomatik (Verlassenheitsgefühle, Abhängigkeit; Zanarini et al. 2007).

27.1.2 Psychoanalytische und psychodynamische Ansätze

Innerhalb der Psychoanalyse entwickelte Kernberg (1967, 1978, 1989) das Konzept der Borderline-Persönlichkeitsorganisation, indem er die verschiedenen Borderlinetypischen Krankheitsmanifestationen auf eine psychoanalytisch begründbare strukturelle Störung, nämlich auf den Mechanismus der **Spaltung**, zurückführte. Damit wurde erstmals ein umfassender und systematischer Versuch unternommen, Patienten mit Borderline-Störungen von psychotischen und neurotischen Krankheitsbildern abzugrenzen, strukturelle, genetische und psychodynamische Zusammenhänge auszuarbeiten und daraus therapeutische Implikationen abzuleiten. Mit seinen Arbeiten gelang es Kernberg, ein breites Interesse für Patienten zu wecken, die bis dato als nicht behandelbar galten (Rohde-Dachser 1989).

Das Modell der Spaltung als Abwehrmechanismus, um Ambivalenz zu vermeiden, hat bis heute Gültigkeit. Sie ist zentraler Bestandteil der **Übertragungsfokussierten Psychotherapie** (Transference-focused Psychotherapy, **TFP**; Kernberg et al. 1993; Clarkin et al. 2001; Dammann et al. 2007). Bei dieser Methode geht es darum, die durch Spaltung bedingten Wahrnehmungsverzerrungen in der Übertragung zu identifizieren, zu bearbeiten und zu überwinden.

Eine weitere aus der psychoanalytischen Tradition heraus entstandene Methode ist die **Mentalisierungsbasierte Therapie** (**MBT**; Bateman und Fonagy 2004, 2006), die im Kern darauf abzielt, Mentalisierung anzuregen und zu fördern, um bessere Affekt- und Impulskontrolle sowie Beziehungsleben zu erreichen (s. Kap. 27.3.1).

27.1.3 Der kognitiv-behaviorale Ansatz

Durch den offiziellen Status, den die Borderline-Persönlichkeitsstörung durch die Aufnahme ins DSM-II erfuhr (APA 1980a), war das Interesse an der Störung, so Linehan (1993; 1996, S. 2), „sprunghaft gestiegen" und Patienten „überfluten" Kliniken und Praxen, ohne dass entsprechende Behandlungsmethoden – insbesondere bei selbstschädigenden Handlungen oder Suizidimpulsen – vorlagen. In dieser Situation entwickelte Linehan an Frauen mit selbstschädigendem Verhalten (SSV) ihr Konzept der **Dialektisch-Behavioralen Therapie** (**DBT**) der Borderline-Persönlichkeitsstörung. Es enthält eine Fülle wertvoller Techniken, mit deren Hilfe Patienten angeleitet werden, Fähigkeiten und Fertigkeiten der Affektkontrolle, der Impulssteuerung und der Beziehungsgestaltung zu erlernen, die sie wegen ihrer negativen frühen Beziehungserfahrungen nicht entwickeln konnten.

Das Manual liegt in deutscher Übersetzung vor und hat in der klinischen Versorgung weite Verbreitung gefunden. Eine ausführlichere Darstellung der kognitiv-behavioralen Ansätze, insbesondere für früh traumatisierte Borderline-Patientinnen, erfolgt in Kapitel 34.

27.1.4 Die posttraumatische Diagnose

Im Zuge des neu erwachten Interesses an der Traumaforschung in den psychiatrischen und psychotherapeutischen Disziplinen rückte bereits in den 1980er Jahren der Einfluss realer Kindheitserlebnisse wie Misshandlung, Vernachlässigung und Trennung sowie pathologischer Familienstrukturen stärker in den Vordergrund. Vor allem frühe Verlust- und Trennungserlebnisse und gestörte Familienverhältnisse wurden diskutiert. Auch wurde eine hohe Prävalenz von Traumatisierungen, insbesondere körperlicher und sexueller, aber auch emotionaler Traumatisierungen, in der Anamnese von Patienten mit Borderline-Persönlichkeitsstörungen gefunden. Hier ist vor allem die Pionierstudie von Herman et al. (1989) zu nennen, die bei 75 % der nach DSM-III diagnostizierten Borderline-Patienten eine Vorgeschichte körperlicher und/oder sexualisierter Gewalt fanden. Browne und Finkelhor (1986) berichteten, dass die Opfer sexuellen Missbrauchs eine Konstellation von Symptomen aufwiesen, die der einer Borderline-Persönlichkeitsstörung ähnlich war. Zu diesen Symptomen gehörten Depressionen, Substanzmissbrauch, Reviktimisierung und Selbstverletzung. Weitere Studien wiesen auf den Zusammenhang zwischen Kindesmissbrauch und Selbstverletzung (van der Kolk et al. 1991) sowie Dissoziation (Chu u. Dill 1990) hin.

In der Folge entstand eine Serie von Studien, die den *Zusammenhang zwischen der Borderline-Pathologie und traumatischen Kindheitserlebnissen* systematisch untersuchten (s. Kap. 28, Tab. 28-3). Hierbei fand sich in der Tat eine sehr hohe Rate von kindlichem, sexuellem, aber auch körperlichem und emotionalem Missbrauch. Die Ergebnisse dieser Studien führten zu einem neuen Verständnis der Borderline-Symptomatik und ihrer Psychodynamik und erforderten eine kritische Betrachtung der bisherigen Therapiekonzepte. Auch schlossen sich Überlegungen daran an, die Borderline-Diagnose neu zu konzeptualisieren, sie gemeinsam mit der Dissoziativen Identitätsstörung und der Somatisierungsstörung als Ausdruck einer Variante einer „Komplexen Posttraumatischen Belastungsstörung" (KPTBS) zu verstehen und als solche in den DSM-Schlüssel aufzunehmen (Herman 1992b/2006).

Auch wenn dies so nicht realisiert wurde, hält die Diskussion über den Zusammenhang von Borderline-Persönlichkeitsstörung und Posttraumatischer Belastungsstörung weiter an (Lewis u. Grenyer 2009), zumal die Komorbidität mit ca. 40 % hoch ist (Grant et al. 2008). Inzwischen ist gut belegt, dass Personen mit einer Borderline-Persönlichkeitsstörung über sehr viele traumatische Erfahrungen in der Kindheit berichten (Zanarini et al. 2002; s. auch Kap. 28) und über deutlich mehr belastende Lebensereignisse als bei anderen Persönlichkeitsstörungen (Yen et al. 2002). Zudem weist letztere Studie darauf hin, dass insbesondere wiederholte Traumata durch die primären Beziehungspersonen die Entwicklung einer Borderline-Persönlichkeitsstörung begünstigen könnten (Yen et al. 2002). Eine sowohl retrospektiv als auch prospektiv angelegte Studie belegt, dass körperliche Misshandlungen, sexueller Missbrauch und andere Formen der Vernachlässigung zu einem erhöhten Risiko für die Entwicklung einer Borderline-Persönlichkeit beitragen (Johnson et al. 1999a, b).

Aufgrund der hohen Komorbidität von Borderline-Diagnose und Posttraumatischer Belastungsstörung sollte eine entsprechende Diagnostik hinsichtlich des Vorlie-

27.1 Die Borderline-Persönlichkeitsstörung

gens einer Posttraumatischen Belastungsstörung durchgeführt und ggf. im Gesamt-Behandlungsplan berücksichtigt werden.

Borderline und Dissoziation

Der Zusammenhang von Borderline-Persönlichkeitsstörung und dissoziativen Störungen wurde ebenfalls in vielen Studien untersucht (s. Review von Zanarini u. Jager-Hyman 2009). Übereinstimmend finden sich hohe Werte auf der „Dissociative Experience Scale" (DES), allerdings mit großer Streubreite: In einer Untersuchung an 290 Borderline-Patienten zeigten 32 % niedrige, 42 % moderate und 26 % sehr hohe Werte (Zanarini et al. 2008; s. auch dissoziativer Subtyp bei Oldham 2006). Gerade dissoziative Subtypen haben ein sehr hohes Risiko für eine zusätzliche komorbide dissoziative Störung. In einer eigenen Untersuchung zum Screening von dissoziativen Störungen (Rodewald et al. 2006) zeigte sich, dass bereits bei einem Score von 15 % auf der DES und von 13 % im „Fragebogen zu Dissoziativen Symptomen" (FDS, der deutschen Variante des DES von Freyberger et al. 1998) ein hohes Risiko für eine komplexe dissoziative Störung vorliegt.

Studien zur Komorbidität zwischen Borderline-Persönlichkeitsstörung und dissoziativen Störungen zeigen eine hohe Überschneidung von 31–64 % (Ross et al. 1990; Sar et al. 1996, 2003; Overkamp 2005). In Stichproben mit Dissoziativer Identitätsstörung (DIS) fand sich in 53–70 % der Fälle eine Borderline-Persönlichkeitsstörung als Komorbidität (Horevitz u. Braun 1984; Coons et al. 1988; Ross et al. 1989; Ellason et al. 1996; Dell 1998). Overkamp (2005) fand in Deutschland bei 18 vordiagnostizierten (und schon länger als ein Jahr störungsspezifisch behandelten) Patientinnen mit Dissoziativer Identitätsstörung eine Komorbiditätsrate von 35 %. Es zeigt sich also in allen genannten Untersuchungen, dass Borderline-Persönlichkeitsstörung und Dissoziative Identitätsstörung häufig gepaart auftreten. Dies ist nicht verwunderlich, zumal traumatische Faktoren in der Ätiopathogenese beider Störungsbilder eine wichtige Rolle spielen (s. Kap. 22).

Wegen des regelhaften Vorkommens dissoziativer Symptome ergeben sich bei der Behandlung von Borderline-Patienten zwei wichtige Folgerungen:

- Dissoziation gehört – ähnlich wie spezifische Beziehungsstörungen, Impulskontrollstörungen, Affektinstabilität, selbstschädigendes Verhalten, Suizidalität und Identitätsstörungen – zu den regelhaft auftretenden Problemen dieser Patientengruppe und der Umgang mit diesen Symptomen sollte zum vertrauten therapeutischen Behandlungswerkzeug gehören.
- Aufgrund der großen Symptomüberlappung und möglichen Komorbidität zu dissoziativen Störungen kann sich hinter den „vorübergehenden, stressabhängigen dissoziativen Reaktionen" auch eine weitere (oder andere) Diagnose verbergen, die mit den spezifischen Ansätzen der Borderline-Persönlichkeitsstörung allein nicht ausreichend therapeutisch angegangen werden kann. Daher ist beim Auftreten von *anhaltenden* dissoziativen Symptomen eine weiterführende Dissoziationsdiagnostik erforderlich.

27.1.5 Fallbeispiele

Fallbeispiel

Frau A., 32 Jahre, Krankenschwester
Frau A. wird nach psychiatrischer Krisenbehandlung in meine Praxis überwiesen. Anlass zur Aufnahme in der Psychiatrie war ein Suizid-

versuch, den sie „aber bereits weggesteckt" habe, weil „der Typ es gar nicht wert gewesen" sei. Dennoch, das müsse sie zugeben, habe sie in allen Bereichen Schwierigkeiten: im Alltag, im Beruf, erst recht in Beziehungen.
Obwohl sie leistungsmäßig gut zurechtkomme, ist sie nirgends lange geblieben. Oft gebe es Beziehungsschwierigkeiten, sie gerate in Mobbing-Situationen oder Verwicklungen; sie könne den Grund dafür nicht genau sagen. Auch in Therapien habe sie bisher nicht lange bleiben können. Jetzt aber sei sie froh, jemand wirklich Kompetentes gefunden zu haben, jetzt habe sie eine Glückssträhne und alles werde besser.
Bei weiterer Exploration wird deutlich, dass Frau A. an manchen Tagen stark depressiv und gereizt gestimmt ist mit sozialem Rückzug, Schlafstörungen, Angst- und Panikattacken, häufig nach Konflikten in Beziehungen, wo sie sich schnell verletzt und zurückgewiesen fühlt. Manchmal sei das so schlimm, dass sie vollkommen neben sich stehe, nichts mehr geregelt bekomme, das Haus nicht mehr verlassen könne und nur durch Schneiden wieder handlungsfähig werde. Nach der Trennung von ihrem Partner habe sie darüber die Kontrolle verloren und nicht mehr leben wollen. Frau A. lebt in eigener Wohnung, es bestehen nur wenige Sozialkontakte, zum Teil meidet sie diese bewusst, um nicht wieder „Beziehungsstress zu kriegen", da sie sich oft „verkrache". Sie erlebe die Kontaktabbrüche zunächst als entlastend, da sie dazu neige, sich von anderen ausnutzen zu lassen und dann nur noch wütend sei. Andererseits sei sie dadurch inzwischen auch sehr einsam geworden.
Die Anamnese ergibt, dass Frau A. von ihrem Vater emotionale, körperliche und sexuelle Gewalt in bigotter Form erfahren hatte. Bestrafungen erfolgten in ritualisierter Form; sie musste sich anschließend für die Züchtigungen bedanken. Die Mutter war Alkoholikerin und litt unter Depressionen. Sie lieferte ihre Tochter dem Vater aus, um vor seiner Gewalttätigkeit Ruhe zu haben. Mit 18 Jahren zog Frau A. gemeinsam mit dem älteren Bruder in eine Wohnung, wo sie Alkohol- und Drogenprobleme entwickelte

und mehrfach wegen Selbstverletzungen und suizidaler Krisen in der psychiatrischen Klinik war. Ambulante Folgebehandlungen brach sie ab, weil sie kein Vertrauen aufbauen oder mit den Angeboten nichts anfangen konnte. Die Beziehung zu mir ist – insbesondere anfänglich – durch hohe Idealisierung bei gleichzeitig hoher Irritierbarkeit und Entwertungstendenz gekennzeichnet.

Fallbeispiel

Frau B., 23 Jahre, Studentin
Die 23-jährige Studentin Frau B. hielt mit einer dramatischen Inszenierung die gesamte psychiatrische Klinik in Atem. An Symptomen zeigten sich eine schwere Essstörung mit grenzwertig anorektischem Gewicht und extrem niedrigen Kaliumwerten aufgrund eines funktionellen und bulimischen Erbrechens, selbstverletzendes Verhalten durch Schnittverletzungen und Verbrühungen an Brust und Unterarmen, Identitätsstörungen sowie Minipsychosen: Die Patientin klagte über optische Halluzinationen in Form von Schlangen und Spinnen, die ihren Körper bedeckten, sowie über eine quälende Stimme namens „Ira", die ihr Handeln in abfälliger Weise kommentierte und sie aufforderte, sich umzubringen. Aus der Vorgeschichte waren drei Suizidversuche bekannt, an deren Hergang sich die Patientin kaum erinnern konnte. Trotz ihres besorgniserregenden Zustandes wollte sich kein Team zuständig fühlen, da die Patientin aufgrund ihres widersprüchlichen Verhaltens als unkooperativ und manipulativ galt. Mitbeteiligt an dem Chaos waren zusätzlich eine Reihe von Betreuungspersonen, eine niedergelassene Therapeutin, eine Dozentin und eine Hausärztin samt Vertreterin, denen die Patientin offensichtlich verschiedene Dinge anvertraute, woraufhin sie dann besorgt in die Klinik eingeliefert wurde, um kurz darauf entlassen zu werden.
Schließlich eskaliert die Situation durch einen immer schneller werdenden Rhythmus von Einweisung und Entlassung: Mit gespenstischer Regelmäßigkeit erscheint Frau B. zu nächtlicher

Stunde in der Notfallaufnahme, lässt sich in völlig verstörtem, kindlich-anhänglichem Zustand einweisen, um kurz danach energisch ihre Entlassung zu fordern. Die Reaktion der involvierten Therapeuten schwankt zwischen resignativer Gleichgültigkeit und wütender Forderung nach Zwangseinweisung und Zwangsinfusionen. Die Gegenübertragung der Klinik, die Patientin zu zwingen und in sie einzudringen, werden schließlich als Inszenierung einer sexuellen Missbrauchssituation erkannt, wodurch ein wichtiger Schlüssel zum Verständnis der Patientin gegeben wurde.
Sie wird der Autorin als damaliger Poliklinik-Ärztin zur ambulanten Behandlung zugewiesen. Durch ein regelmäßiges Gesprächsangebot beruhigt sich die Situation in der Klinik prompt. Ich erfahre schließlich von Frau B., dass sie sich in der Tat in einer aktuellen Missbrauchssituation befindet und sie offensichtlich ihre Not nicht anders als mit einer Inszenierung ausdrücken und mitteilen konnte. Wie in der späteren Anamneseerhebung deutlich wird, spiegelt sich in der Inszenierung gleichzeitig auch ihr kindliches Umfeld wider, das aus chaotischen Familienstrukturen besteht, in denen massive Grenzverletzungen, groteske Schuldzuweisungen und widersprüchliche Normen an der Tagesordnung sind. Den damit verbundenen Gefühlssturm von Verwirrung, Ohnmacht, Wut, Verzweiflung und Schuldgefühlen bekomme ich und andere Kollegen durch projektive Identifizierung deutlich zu spüren.

In beiden Fällen wurde die Diagnose einer Borderline-Persönlichkeitsstörung gestellt: Bei Frau A. sind alle DSM-5-Kriterien, bei Frau B. alle bis auf das achte (übermäßige Wut) erfüllt. Wie bereits aus dem klinischen Eindruck deutlich wird, zeigen beide Patientinnen deutliche Unterschiede im Ausmaß der dissoziativen Komorbidität und dem Grad der Identitätsstörung. Insbesondere zeigen sich bei Frau B. gravierende Amnesien in der Biografie und im Alltagserleben sowie Hinweise für dissoziierte An-

teile der Persönlichkeit, wie das dissoziierte Stimmenhören und Angaben von unterschiedlichen Namen. Zudem wies die Anamnese von Frau B. eine noch umfangreichere und schwerere Traumatisierung auf.

Fallbeispiel
Frau B. (Fortsetzung)
Die leibliche Mutter suizidierte sich, als Frau B. drei Jahre alt war. Zu der Zeit begann der sexuelle Missbrauch durch den Vater, der sie mit Schlägen, Mord- und Todesdrohungen sowie mit Geldgeschenken zum Schweigen brachte. Auf Versuche, sich später der Stiefmutter anzuvertrauen, reagierte diese mit Bagatellisierungen, Schuldzuweisungen und Suizidandrohungen. Mit 13 Jahren unternimmt sie kurz hintereinander zwei Suizidversuche, die zur Einweisung in die Kinder- und Jugendpsychiatrie führen. Ohne dass der Inzest bekannt wird, kann die Patientin die Vermittlung in eine Pflegefamilie erreichen. Hier kommt es jedoch zu noch viel grausameren sexuellen Misshandlungen durch den Pflegevater und andere Männer. Mit 18 Jahren zieht die Patientin in ein Studentenheim, später in eine Wohngemeinschaft, in der sie vom Vermieter zu sexuellen Handlungen genötigt wird. In dieser Lebenssituation kommt es zu der anfangs beschriebenen dramatischen Inszenierung in der psychiatrischen Klinik.
Die Beziehung zu mir wechselt von kindlicher Anhänglichkeit über indifferente Belanglosigkeit zu schneidender Kälte. Als ich nach anfänglicher Irritation später die widersprüchlichen Verhaltensweisen verschiedenen Persönlichkeitsanteilen zuordnen kann, beruhigt sich die Symptomatik von schnell wechselnden Übertragungsmustern.

27.2 Psychodynamisches Verständnis

Das charakteristische Übertragungsphänomen in der Beziehungsgestaltung der Borderline-Persönlichkeitsstörung ist die **Spal-**

tung. Sie geht mit der Neigung des Patienten zu Idealisierung und Entwertung einher und kann in der therapeutischen Dyade eine enorme Wucht entfalten. Daher ist eine psychodynamische Modellvorstellung, welche die Befunde der Psychotherapie, Traumaforschung und Neurobiologie einbezieht, von großer Bedeutung. Das psychodynamische Verständnis hilft dabei, die unbewusste Beziehungsgestaltung des Patienten zu verstehen, die Verwicklung zwischen Patient und Therapeut zu begrenzen und durch Reflexion Veränderung und Überwindung der Spaltung zu unterstützen.

27.2.1 Spaltung

Kernberg baut sein *Konzept der Spaltung* und das Verständnis zur Psychodynamik der Borderline-Pathologie auf die **Objektbeziehungstheorie** auf (Kernberg 1978, 1989; Kernberg et al. 1993).

> **Definition**
> Der Begriff **Objektbeziehungen** meint nach dieser Theorie die fantasierten Beziehungen zwischen dem eigenen Selbstbild (= Selbstrepräsentanz) und einem vorgestellten Interaktionspartner (= Objektrepräsentanz).

Objektbeziehungen stellen einen Niederschlag aus der Summe real erlebter früher Beziehungserfahrungen einschließlich ihrer affektiven Qualitäten dar.

In der normalen Entwicklung bilden diese psychischen Strukturen eine *„äußerst wichtige Funktion: In den vorgestellten Beziehungen zu wichtigen Interaktionspartnern kann man den wunscherfüllenden Aspekt von Interaktionen antizipieren und damit sein Wohlbehagen und sein Selbstwertgefühl; ohne diese ständige Bestätigung und Rückversicherung gelingt es einem nur schwer, ein Gefühl der Sicherheit für sich zu konstituieren"* (Mertens 1990a, S. 96).

> **Definition**
> Mit dem Begriff der **Spaltung** ist die Beobachtung gemeint, dass positive und negative Beziehungserfahrungen nicht miteinander in Einklang gebracht, sondern in einem Abwehrprozess voneinander getrennt gehalten werden.

Dies äußert sich in dem charakteristischen Einstellungswandel der Betroffenen ihren Beziehungspersonen gegenüber, die sie wechselweise idealisierend und entwertend wahrnehmen und sich ihnen gegenüber entsprechend widersprüchlich verhalten. Kernberg sah die Spaltung in Anlehnung an Mahler et al. (1978) und Klein (1972) als physiologisches Phänomen in der frühen Kindheit an, welches durch einen gelungenen Separations- und Individuationsprozess in Ablösung von der Mutter überwunden wird. Er ging bei der Borderline-Organisation von Fixierung dieser Spaltung aus, um dem Erlebnis von Ambivalenz auszuweichen, und sah die Gründe hierfür in übermäßigen Aggressionen. Diese seien *„konstitutionell determiniert, psychologisch motiviert oder äußerlich hervorgerufen"* (Kernberg et al. 1993, S. 22) – eine These, die inzwischen durch die Säuglingsforschung widerlegt wurde (Dornes 1993). Auch fand die Problematik von realen Traumatisierungen in Form von Misshandlungen und sexuellem Missbrauch zunächst eine eher untergeordnete Beachtung in Kernbergs Thesen.

27.2.2 Borderline-Pathologie und Beziehungstrauma

Merke
Das hohe Vorkommen von belastenden Faktoren in der Kindheit einschließlich körperlicher und sexueller Gewalt bei Borderline-Patienten legen inzwischen andere und ergänzende Interpretationen der typischen Borderline-Phänomene nahe, die zumindest für eine relativ große Subgruppe von Patienten mit positiver Traumaanamnese von Bedeutung ist.

So sehen viele Autoren im Phänomen der Spaltung eine Wiederholungserscheinung im Sinne einer Neuauflage und eines Auslebens internalisierter pathologischer Beziehungsmuster. Sie weisen auf die Besonderheiten innerfamiliärer Traumatisierung hin und beschreiben, dass missbrauchte Kinder typischerweise mit einem Täter konfrontiert sind, dessen Taten im krassen Gegensatz zu seinen Worten und zu den Empfindungen des Kindes stehen (Russell 1986; Herman et al. 1989; Saunders u. Arnold 1993; Rohde-Dachser 1995; Dulz u. Schneider 1996).

Die traumatische Erfahrung der körperlichen, seelischen oder sexuellen Missbrauchshandlung durch eine nahestehende Betreuungsperson kann somit als Prototyp einer zentralen Beziehungserfahrung angesehen werden, die zur Internalisierung eines in sich höchst widersprüchlichen Introjektes führt, das von anderen Autoren als „traumatisches" (Küchenhoff 1990) oder als „pervers-gutes" Objekt (Sachsse 1994) bezeichnet wird. Hirsch (1987b, S. 245 ff.) spricht von „unassimilierten Introjekten", die nicht integriert, aber auch nicht aufgegeben werden können, weil die Patienten sie gleichzeitig als existenzerhaltend erleben. Darüber hinaus ist die traumatische Erfahrung meist in ein ebenso widersprüchliches Familien- und Beziehungssystem eingebettet, indem bei einer nach außen hin gelebten Normalität und Wohlanständigkeit chaotische, willkürliche, offen unfaire und gemeine Regeln die Beziehungen bestimmen. Die daraus resultierende kognitive Verarbeitung, Prägung und Wahrnehmung vergleicht Herman mit einem Akt der Gehirnwäsche und bezeichnet die Denkart der betroffenen Kinder (in Anlehnung an den Roman „1984" von George Orwell) treffend als „Doppeldenk" (Herman 1994, S. 10, S. 142 ff.; s. auch Shengold 1995).

Als *therapeutische Konsequenz* ergibt sich daraus, dass die ätiologischen Faktoren, die zur Spaltung geführt haben, mit den Patienten erarbeitet werden müssen, und dass die von Kernberg empfohlene Konfrontation mit der Widersprüchlichkeit der Patienten gekoppelt sein muss mit einem neuen genetischen Verständnis für das von ihnen als verwirrend und beschämend erlebte gespaltene Verhalten und Wahrnehmen. Dulz und Schneider (1996, S. 100) gehen davon aus, dass als Basis der Therapie eine haltende Funktion im Sinne Winnicotts bestehen sollte, ohne sie werde bereits „die Aufnahme einer therapeutischen Beziehung zum Patienten nicht möglich".

27.2.3 Projektive Identifizierung und Reinszenierung

Ähnlich wie bei der Spaltung sehen Saunders und Arnold (1993) auch in der *projektiven Identifizierung* den Charakter der Wiederholung eines bestimmten Beziehungsmodus, der als dysfunktionaler Bewältigungs- und Abwehrmechanismus die Beziehungsaufnahme prägt (s. auch Mertens 1990b).

Hierbei werden internalisierte pathologische Beziehungen in aktuellen Ereignissen reaktiviert und können zu häufigen Reviktimisierungen und geradezu grotesken

Reinszenierungen von Missbrauchssituationen führen. Ein fehlendes kohärentes Selbsterleben sowie der mangelnde Zugang zum emotionalen Empfinden als innere Richtschnur verhindern häufig das Reflektieren des eigenen Handelns, sodass Patientinnen aus vorhergehenden „Beziehungskatastrophen" nicht lernen können. Aufgrund ihrer mangelnden Verbalisationsmöglichkeit gelingt es Borderline-Patienten oft nur über den Mechanismus der projektiven Identifizierung, ihre Not und Bedürftigkeit mitzuteilen, sodass diese Kommunikationsform auch in der Therapie zunächst vorherrschend sein wird. Ein besonders drastisches, aber nicht unbedingt seltenes Beispiel ist die geschilderte Interaktion zwischen der Patientin Frau B. und dem Helfersystem: Die zur Hilfe aufgesuchte Klinik drohte zum retraumatisierenden Objekt zu werden (s. auch Putnam 1989, 2003a).

Intensive, aber instabile Beziehungen werden als Ergebnis eines schwer erschütterten Vertrauens missbrauchter und vernachlässigter Kinder angesehen (Saunders u. Arnold 1993; Herman 1992b/2006).

> **Merke**
> Eine starke Bedürftigkeit nach Schutz und Sicherheit bei gleichzeitiger großer Angst, erneut verlassen oder ausgenutzt zu werden, prägen die intimen Beziehungen und führen zu dem charakteristischen Wechsel zwischen Idealisierung und Enttäuschung. Normale zwischenmenschliche Konflikte können aus Mangel an verbalen und sozialen Fähigkeiten nicht gelöst werden, geringfügige Nachlässigkeiten können Erinnerungen an kaltherzige Vernachlässigungen wachrufen und kleine Verletzungen erinnern an früher erlittene Grausamkeiten. So entwickeln missbrauchte Kinder eine Neigung zu instabilen Beziehungen, die das Drama von Rettung, Unrecht und Verrat ständig wiederholen (Herman 1994).

Daneben findet sich häufig eine pathologische Bindung an den Misshandler, wie dies auch in anderen Gewaltbeziehungen bekannt ist, bei der Kindesmisshandlung jedoch einen besonders nachhaltigen Einfluss hat (Saunders u. Arnold 1993; Wöller 2005).

Komplementär zu problematischen zwischenmenschlichen Beziehungen zeigen sich schwere Störungen in der eigenen Identität. Sie sind charakterisiert durch eine *widersprüchliche Selbstwahrnehmung*, ein *gestörtes Selbstwertbild* mit Überzeugungen von der eigenen Schlechtigkeit oder besonderer Einzigartigkeit sowie starken Schwankungen auf der Ebene der Ich-Funktionen. Zusätzlich wird die Identitätsstörung durch die *Unsicherheit in zwischenmenschlichen Beziehungen* sowie durch die *Unfähigkeit zu langfristiger familiärer oder beruflicher Planung* verstärkt.

Die *Unfähigkeit* vieler Borderline-Patienten, *Alleinsein auszuhalten* oder sich selbst zu beruhigen und zu trösten, sehen Saunders und Arnold (1993) nur zum Teil in möglichen frühen Verlusten oder Trennungen von wichtigen Bezugspersonen. Für ebenso bedeutsam halten sie die in der Missbrauchsdynamik regelmäßig auftretenden Faktoren von *Dissoziation, Geheimhaltung und Isolation.*

> **Merke**
> Die bei wiederholter Traumatisierung induzierten Dissoziationen führen gleichzeitig zu tiefgreifender emotionaler Entfremdung von jeglichen Beziehungspersonen. Auch der Fluch der Geheimhaltung, der über den Opfern innerfamiliären sexuellen Missbrauchs liegt, bewirkt, dass sich das betroffene Kind nicht mit anderen verbunden und aufgehoben fühlen kann.

Häufig liegt auch die Erfahrung zugrunde, dass die Versuche des Kindes, sich einem anderen Familienmitglied, meistens der Mutter, anzuvertrauen, nicht ernst genommen wurden sowie zu Beschuldigungen, Drohungen oder zu neuer Gewalt führten. Zudem verhindern die für Missbrauchsfamilien typische soziale Isolierung sowie eine gegenüber der Außenwelt misstrauische Haltung die Möglichkeit, von Außenstehenden Hilfe und Unterstützung zu bekommen (Putnam 1989; Kluft 1996c; Putnam 2003a).

27.2.4 Mentalisierungsprobleme

Das Konzept der Mentalisierung verbindet die Theory-of-Mind-Forschung mit der Bindungstheorie und der Entwicklungspsychologie sowie der Psychoanalyse (Fonagy u. Target 2002). Sie bietet weitere differenzierte Erklärungsansätze für die oben geschilderten maladaptiven Beziehungsmuster. Nach dem Modell der Mentalisierung wird durch unsichere Bindungsmodi die Mentalisierung behindert (Bateman u. Fonagy 2004, 2010). Ein Kind, das nicht die Gelegenheit hat, eine Repräsentanz seiner eigenen Erfahrungen unter kontinuierlicher Spiegelung zu entwickeln, wird stattdessen das Bild der Betreuungsperson als Teil seiner Selbstrepräsentanz („das fremde Selbst") integrieren. Bei desorganisierten Bindungsbeziehungen (die bei Borderline-Persönlichkeiten vorherrscht; Lyons-Ruth u. Jacobvitz 2008b) passiert dies in solch einem Ausmaß, dass es zu einer Fragmentierung der Selbststruktur kommt. Kinder mit desorganisierter Bindung haben das starke Bedürfnis nach massiver Externalisierung des fremden Selbst durch projektive Identifizierung; gleichzeitig wird dadurch Mentalisierung verhindert. Patienten entwickeln ein problematisches „Arbeitsmodell" für Beziehungen, das sie voreingenommen macht für alle weiteren Beziehungen.

Grundsätzlich geht die Aktivierung des Bindungssystems mit einer Hemmung der Mentalisierungsfähigkeit bei normalen Erwachsenen einher (Bartels u. Zeki 2004; Mikulincer u. Shaver 2008; Bartz et al. 2011a, b). Bei sicher gebundenen Personen bleibt dabei die Mentalisierungsfunktion auch bei aktiviertem Bindungssystem erhalten. Bei unsicher gebundenen dagegen wird die Mentalisierungsfunktion umso stärker deaktiviert, je mehr das Bindungssystem aktiviert ist.

Dieser Befund trägt mit zu der Erklärung bei, warum Borderline-Patienten die Tendenz haben, sich „unreflektiert" in Beziehungen zu begeben, die dann enttäuschend verlaufen. Als wichtige therapeutische Konsequenz ergibt sich daraus die Empfehlung, das stark aktivierte Bindungssystem zunächst zu deaktivieren, damit die Mentalisierungsfunktion gestärkt werden kann (Levy et al. 2011).

27.2.5 Neurobiologie

Auch die Hirnforschung liefert wichtige Erkenntnisse hinsichtlich der Borderline-Pathologie. Metaanalysen von Studien mit *struktureller Bildgebung* zeigen bei Borderline-Persönlichkeitsstörungen ein reduziertes Volumen in Hippocampus und Amygdala im Vergleich mit Gesunden (Nunes et al. 2009; Ruocco et al. 2012). Eine weitere Metaanalyse legt zudem nahe, dass der Hippocampus insbesondere bei denjenigen Borderline-Patienten vermindert ist, bei denen zusätzlich eine Posttraumatische Belastungsstörung als Komorbidität vorliegt (Rodrigues et al. 2011). Auch im Frontalhirn finden sich Volumenminderungen, so im orbitofrontalen (OFC), ventromedialen präfrontalen Cortex (VMPFC) und im anterioren cingulären Cortex (ACC) (Tebartz van Elst et al. 2003; Minzenberg et al. 2008), im oberen parietalen Cortex und im Precuneus (Irle et al. 2007). In einer Studie an Teenagern mit Borderline-Störungen wiesen diese Mindervolumina im orbitofrontalen Cortex, verglichen mit Kontrollen, auf, jedoch nicht in Hippocampus und Amygdala (Chanen et al. 2008). Daraus lässt sich möglicherweise schließen, dass sich das Mindervolumen von Amygdala und Hippocampus, das sich bei Erwachsenen findet, erst im Krankheitsverlauf entwickelt.

Ergebnisse von *Positronenemissionstomografie (PET)-Studien* zeigen einen veränderten Glucose-Metabolismus im Frontalhirn bei der Borderline-Störung (Juengling et al. 2003). Beim Abruf autobiografischer Trauma-Erinnerungen finden sich bei Borderline-Patienten andere Durchblutungsverhältnisse als bei Traumatisierten ohne eine Borderline-Störung (Schmahl et al. 2009). Auch zeigen Borderline-Patienten bei einem Aggressions-Provokations-Test andere präfrontale Aktivierungen als in der Kontrollgruppe, welche Regionen aktivieren, die der Emotionskontrolle zugeschrieben werden (New et al. 2009). Die Ergebnisse dieser Studien stützen die These einer frontolimbischen Dysfunktionen.

In der *funktionellen Magnetresonanztomografie (fMRT)* findet sich bei Borderline-Patienten – verglichen mit Kontrollgruppen – eine erhöhte Amygdala-Aktivität beim Wiedererinnern belastender Lebenserfahrungen (Beblo et al. 2006). Auch beim Betrachten aversiver sozialer Szenen (Koenigsberg et al. 2009b) oder von Gesichtern mit emotionalem Ausdruck war die Amygdala verstärkt aktiv (Donegan et al. 2003; Minzenberg et al. 2007), wobei letztere Studie zudem eine Deaktivierung des anterioren cingulären Cortex (ACC) sowie eine relativ geringe Reaktion auf Ärger im Vergleich zur Furcht zeigte. Die Kombination von Hypervigilanz und emotionaler Fehlregulation trägt vermutlich mit zu den gestörten Beziehungsmustern bei. Bei der Aufgabe, sich von belastenden Eindrücken bewusst zu distanzieren, wird bei gesunden Probanden das dorsale anteriore Cingulum deutlich stärker aktiviert als bei Borderline-Probanden. Diese Region wird mit der bewussten Kontrolle von Emotionen und Herunterregulieren der Amygdala in Verbindung gebracht. Auch diese Fehlfunktion trägt vermutlich mit zur Affektlabilität bei (Koenigsberg et al. 2009a). Zudem finden sich unterschiedliche Muster im Abruf traumatischer Erinnerungen bei Borderline-Patienten mit und ohne komorbider Posttraumatischer Belastungsstörung (Driessen et al. 2004). Die hier beschriebenen Befunde stützen das Modell einer frontolimbischen Diskonnektivität mit präfrontalen Defiziten bei gleichzeitiger limbischer Überaktivität.

Auch die Schmerzverarbeitung ist verändert: Borderline-Probanden (mit selbstschädigendem Verhalten) haben im Vergleich zur gesunden Kontrollgruppe eine reduzierte Schmerzwahrnehmung, wie dies mittels Laser-evozierten Potenzialen nachgewiesen werden konnte: Die Borderline-Patienten zeigten im Vergleich zu den gesunden Kontrollprobanden eine signifikante Deaktivierung der Amygdala bei gleichzeitig stärkerer Aktivierung im dorsolateralen präfrontalen Cortex (DLPFC) sowie im posterioren parietalen Cortex. Dieses Aktivierungsmuster spricht für eine reduzierte affektive Schmerzverarbeitung bei gleichzeitig erhöhter kognitiver Kontrolle (Schmahl et al. 2004, 2006). Eine Untersuchung zur Schmerzwahrnehmung in Abhängigkeit von selbstverletzendem Verhalten bei Borderline-Patienten zeigte, dass sich mit der Beendigung der Selbstverletzung die Schmerzwahrnehmung in Richtung Normalisierung bewegt (Ludäscher et al. 2009).

Hinsichtlich der Untersuchung der weißen Substanz liegt eine Studie von Maier-Hein et al. (2014) vor, die Borderline-Patienten mithilfe von *Diffusions-Tensor-Bildgebung* mit einer klinischen Kontrollgruppe vergleicht. Hier fanden sich Veränderungen in der weißen Substanz der Leitungsbahnen, die an der Emotionsregulation beteiligt sind, sowie Bahnen des assoziativen Cortex, welcher mit dem Erkennen von Emotionen befasst ist (Cullen et al. 2011; Maier-Hein et al. 2014).

Schließlich sei noch eine Studie von Franzen et al. (2011) genannt, bei der erstmals sehr komplexe soziale Konstellationen in der funktionellen Magnetresonanztomografie (fMRT) an Borderline-Patienten untersucht wurden. In einer Situation, die soziale Kooperationen untereinander erforderlich macht, simuliert durch „Trust Games" mit kleinen Geldbeträgen, zeigen Borderline-Störungen im Vergleich mit Gesunden abweichende Aktivierungen in der anterioren Insula, einer Region, die bei der Identifizierung sozialer Regelverletzungen aktiviert wird. Borderline-Patienten neigen zu selbstkritischer Bewertung und haben Schwierigkeiten, die sozialen Kooperationen aufrechtzuerhalten. Diese Studie legt den Schluss nahe, dass auch im Bereich der Insula eine dysfunktionale Verarbeitung vorliegt und Borderline-Patienten Schwierigkeit haben, Andere als vertrauenswürdig einzuschätzen (Franzen et al. 2011).

Zusammenfassend lässt sich feststellen, dass sich die Hypothese einer frontolimbischen Fehlregulation anhand der Untersuchungen der grauen Substanz erhärtet und darüber hinaus erste Befunde an der weißen Substanz noch weiter reichende Defizite in Bezug auf das Erkennen und Regulieren von Emotionen vermuten lassen. Dies kann unter anderem zur Folge haben, dass Borderline-Patienten Schwierigkeiten haben, soziale Situationen hinsichtlich Vertrauenswürdigkeit richtig einzuschätzen (New et al. 2012). Bei allen vorgestellten neurobiologischen Befunden ist ihre Spezifität hinsichtlich der Borderline-Persönlichkeitsstörung noch offen, ebenso die Frage ihrer möglichen Beeinflussbarkeit durch Psychotherapie (New et al. 2012). Erste Studien weisen in die Richtung, dass die Amygdala-Aktivität unter Dialektisch-Behavioraler Therapie abnimmt (Hazlett et al. 2012; Goodman et al. 2014). Vielversprechend sind auch Untersuchungen auf dem Gebiet der Neuropsychoanalyse, bei denen nach spezifischen neuronalen Korrelaten von zwischenmenschlichen Verarbeitungsprozessen bei Borderline-Patienten in Beziehung zur Bindungsqualität gesucht wird (Erbe et al. 2012). Es wurde hierfür ein empirisches Paradigma entwickelt, bei dem die Methode, Gesichter hinsichtlich ihrer Vertrauenswürdigkeit einzuschätzen, sowohl mit den neuronalen Aktivitäten der Amygdala als auch mit den Daten von Objektbeziehungs- und Bindungsqualitäten, gemessen an standardisierten Fragebögen, zusammengebracht wird (Erbe et al. 2012).

27.2.6 Selbstschädigendes Verhalten

Eine Reihe von Studien zeigen eine enge Korrelation zwischen frühem Kindesmissbrauch und Selbstschädigung wie Selbstverletzung, Substanzmissbrauch, Essstörungen und Rücksichtslosigkeit gegenüber eigenen Gefährdungen (Bryer et al. 1987; Briere u. Zaidi 1989; van der Kolk et al. 1989; 1991; Schetky 1990; Paris et al. 1994a, b; van der Kolk u. Fisler 1994). Die Beendigung schwer aushaltbarer innerer Spanungszustände wird als das häufigste Motiv bei Selbstverletzungen genannt (Kleindienst et al. 2008). Weitere Motive sind Beendigung dissoziativer Zustände, Selbstbestrafung, das Spüren körperlicher Schmerzen, die Reduktion von Angst und Verzweiflung, das Erzeugen von Emotionen im Zustand innerer Leere, Ausüben von Kontrolle über Andere oder Ablenkung (Favazza 1998), oft sind es mehrere Motive (Kleindienst et al. 2008). *Psychometrische Studien* (Stiglmayr et al. 2008) finden beim Monitoring von Spannungszuständen bei Borderline-Patienten, dass diese im Vergleich mit Gesunden häufiger ausgelöst werden, schneller ansteigen und über eine längeren Zeitraum bestehen bleiben. Als Ursache des Spannungsanstieges werden zwischenmenschliche Ereignisse genannt, die negativ attribuiert werden (vermutete Zurückweisungen, Alleingelassen werden, Versagen). Sowohl Spannungszustände als auch oft mit ihnen einhergehende dissoziative Zustände verhindern jedoch angemessene Problemlösungen. Zudem wurde an Borderline-Patienten gezeigt werden, dass emotionales Lernen im dissoziierten Zustand nicht möglich ist (Ebner-Priemer et al. 2009).

Traumatische Erlebnisse erhöhen die Wahrscheinlichkeit, selbstverletzendes Verhalten zu entwickeln. Wesentliche traumatische Erfahrungen bestehen in Trennungs- und Verlusterlebnissen vor dem zehnten Lebensjahr, Gewalt in der Familie sowie körperlichen und sexuellen Misshandlungen (Herpertz u. Saß 1994). Selbstschädigung in Form von Sucht und Selbstverletzung kann als *pathologische Form der Affektregulation und Selbstfürsorge* betrachtet werden (Saunders u. Arnold 1993; Herman 1994; Sachsse et al. 1994; Sachsse 1994; 2000; Stiglmayr et al. 2001; s. auch Ludäscher u. Schmahl 2011). Sie wird verständlicher, wenn man sich vergegenwärtigt, dass die Opfer von Kindesmissbrauch immer wieder starken Affektschwankungen mit einem Wechsel von Extremen der Überflutung und der Gefühllosigkeit ausgesetzt sind, die zusätzlich durch eventuelle Reviktimisierung immer wieder neu angestoßen werden.

Merke

Selbstverletzungen können das unerträgliche Gefühl des Ausgeliefertseins und der Gefühllosigkeit sowie die Angst vor einem völligen Kontrollverlust mildern. Gleichzeitig bedeutet die Selbstverletzung auch eine unbewusste Darstellung der erlittenen Traumatisierung und erhält dadurch einen Mitteilungscharakter mit der Hoffnung, dass andere auf diesen Akt der Verzweiflung eingehen mögen. Zudem wird vermutet, dass die durch Selbstverletzung ausgelösten neurophysiologischen Prozesse zusätzlich eine körperliche Abhängigkeit von diesem Verhalten bewirken (van der Kolk et al. 1989; Ludäscher u. Schmahl 2011).

Eine weitere Form der Selbstschädigung stellt die Neigung zur **Reviktimisierung** dar, die durch eine mangelnde Antizipationsfähigkeit für Gefahren sowie die Unfähigkeit zu Selbstschutz und Selbstverteidigung vor allem im Zustand der Dissoziation begünstigt wird (Wöller 2005). Auch stellt sie einen Reparationsversuch dar, unbewusste pathologische Überzeugungen von der eigenen Schlechtigkeit und Wertlosigkeit zu korrigieren (Hirsch 1987b; Weiss 1993).

Bei der **heimlichen Selbstbeschädigung** werden dem Körper Verletzungen oder Manipulationen (z. B. Injektionen) zugefügt, diese eigene Verursachung aber verschwiegen, geleugnet und/oder nicht mehr erinnert. Auch diese Form der Selbstbeschädigung hat grundsätzlich ähnliche Funktionen wie die offene Form, sie ist jedoch schwieriger zu diagnostizieren. Zudem induziert sie meist ein größeres soziales, oft medizinisches interaktionelles Szenario.

27.2 Psychodynamisches Verständnis

Die Selbstschädigung kann im Rahmen von sekundären oder tertiären Dissoziationen der Persönlichkeit, z. B. als inneres Bestrafungsszenarium, auftreten (Gast u. Wirtz 2014), bei der die schädigende Handlung im Alltagsbewusstsein möglicherweise gar nicht mehr erinnerbar ist. Das **Münchhausen-by-proxy-Syndrom** stellt eine Sonderform der Kindesmisshandlung dar. An diese Diagnose sollte gedacht werden, wenn ein in spezifischer Weise auffälliges Verhalten der Mutter vorliegt, insbesondere beim Bestehen auf Hospitalisierung und invasive Maßnahmen am Kind (Noeker u. Keller 2002).

> **Merke**
> Selbstschädigendes Verhalten erfordert einen sachlichen und offenen Umgang mit dem Symptom. Betroffene sollten in taktvoller Weise auf das Verhalten und die dahinterliegende Not angesprochen und in eine Therapie vermittelt werden. Im Rahmen einer haltgebenden und vertrauensvollen therapeutischen Beziehung werden Patienten ermutigt und angeleitet, einen angemesseneren Umgang mit sich und ihren Gefühlen zu erarbeiten, um schließlich auf die selbstschädigende Formen der Gefühlsregulierung verzichten zu können.

Die **Behandlung** des Symptoms erfolgt dabei im Kontext der Grunderkrankung, häufig eine Traumafolgeerkrankung wie Borderline-Persönlichkeitsstörung oder dissoziative Störung. Selbstschädigendes Verhalten kann sowohl im Rahmen eines verhaltenstherapeutischen Ansatzes als auch im Rahmen eines psychodynamischen Ansatzes behandelt werden. Häufig, vor allen Dingen im stationären Kontext, werden beide Ansätze kombiniert. Die Therapie der Wahl ist die Arbeit an den Auslösern sowie die Verbesserung der Affektregulation. Die Vorgehensweise entspricht weitgehend derjenigen beim Durchbrechen dissoziativer Zustände.

27.2.7 Dissoziation

> **Definition**
> Dissoziation stellt eine unwillkürliche Reaktion des Menschen auf belastende oder traumatische Erfahrungen dar, die zu einer Veränderung bzw. einem Rückzug von Bewusstsein führt, die einströmenden Reize reduziert und den Effekt überwältigender Emotionen vermindert (s. Kap. 22). Dies geht typischerweise mit dem Empfinden einher, zwar anwesend, sich seiner selbst und seiner Umgebung aber nicht voll bewusst zu sein, verbunden mit Erinnerungsverlust und Gefühlen des Losgelöstseins und der Unverbundenheit.

Dissoziation wird somit als ein wichtiger Schutzmechanismus angesehen. Kommt es zu wiederholten und länger anhaltenden Traumatisierungen, insbesondere in der Kindheit, kann sich die dissoziative Reaktion verfestigen und „einschleifen" und damit dysfunktional werden. Bereits bei weniger intensiven Belastungen kann der Organismus mit dissoziativen Reaktionen antworten. Dies ist bei traumaassoziierten Störungen, wie z. B. bei der Borderline-Persönlichkeitsstörung, aber auch bei der Posttraumatischen Belastungsstörung häufig der Fall.

Primäre strukturelle Dissoziationen (s. Kap. 22) treten als Gedächtnisprobleme, Depersonalisation, Derealisation, Trancezustände sowie als somatoforme Dissoziation klinisch in Erscheinung. Liegt eine tiefer greifende Dissoziation der Persönlichkeit im Sinne einer sekundären strukturellen Dissoziation vor, werden umfassende Bereiche der Persönlichkeit als fremd, autonom agierend und nicht unter der eigenen Kontrolle erlebt. Bei der tertiären strukturellen Dissoziation, wie bei der Dissoziativen Identitätsstörung, werden dissoziierte Persönlichkeitsanteile wie eine andere Person wahrgenommen.

Durch induzierte Depersonalisation können Kinder die mit einer Traumatisierung verbundenen Gefühlsstürme von Demütigung, Kränkung, Scham, Schmerz und Hass bewältigen, verlieren dann aber oft die Kontrolle über diesen Mechanismus, sodass bereits bei geringeren Reizen quälende Gefühle von Unwirklichkeit auftreten können. Die induzierte Derealisation ermöglicht es, traumatische Ereignisse in die Welt der Fantasie und Träume zu verlegen – mit dem Preis einer quälenden Unsicherheit in der Unterscheidung zwischen Realität und Fantasie sowie den eigenen Erinnerungen gegenüber (Sachsse 1995).

> **Merke**
>
> Viele Patientinnen mit Borderline-Persönlichkeitsstörungen reagieren bei Belastung in Ermangelung anderer Bewältigungsmechanismen mehr oder weniger regelmäßig mit Dissoziation. Dieser durch physiologische Vorgänge gebahnte Prozess erfährt häufig im Laufe der weiteren Entwicklung eine psychologische Überformung und kann sich zu einem gewohnheitsmäßigen Mechanismus in Stresssituationen *„einschleifen"*. Aus dem ehemaligen Schutzmechanismus wird somit ein Vermeidungsmechanismus, der hinderlich ist, um eine Situation angemessen zu verarbeiten. Auch verhindert eine habituelle Dissoziation, z.B. in Form von Depersonalisation und Derealisation, häufig die Integration neuer emotionaler Erfahrungen während einer Therapiestunde und schmälert somit therapeutische Fortschritte. Bei dissoziativen Amnesien kann die gesamte Therapie-Stunde schlichtweg vergessen und somit nicht integriert werden.

Dissoziative Reaktionen müssen daher aktiv angegangen und durch neue Lösungsstrategien ersetzt werden. Im Schutzraum der Therapie wird die Patientin behutsam damit konfrontiert, den Bewältigungsmechanismus des „Wegmachens" durch Dissoziation (Kluft 1996b) Stück für Stück aufzugeben und durch andere Bewältigungsstrategien zu ersetzen. Dabei ist es hilfreich, der Patientin zu vermitteln, dass die dissoziative Bewältigung in der traumatischen Situation als Notfallmaßnahme sinnvoll war, sich dann aber zunehmend verselbstständigte und für die aktuelle Lebenssituation dysfunktional geworden ist (s. auch Kap. 34).

Wie beim selbstschädigenden Verhalten ist auch hier die Therapie der Wahl die Arbeit an den Auslösern sowie die Verbesserung der Affektregulation.

27.2.8 Überwinden von Dissoziation

Haddock (2001) nennt in Anlehnung an Linehan (1996) verschiedene Übungen zur Selbstbeobachtung, die den betroffenen Patientinnen bei der Erarbeitung neuer Coping-Mechanismen helfen können. Ziel dieser Übungen ist es, in der Situation „dazubleiben". Der erste Schritt hierfür ist die bewusste Selbstwahrnehmung und Selbstbeobachtung, ohne eine Beurteilung vorzunehmen.

> **Praxistipp**
>
> **Bewusste Selbstwahrnehmung und Selbstbeobachtung**
> Wenn die Patientin eine dissoziative Reaktion an sich beobachtet, sollte sie einen Moment verharren und folgende Fragen beantworten:
> - Was ist gerade passiert, bevor die übermäßige Anspannung/Dissoziation begann? In welcher Situation war ich gerade?
> - Was habe ich gerade gefühlt, körperlich und emotional?

27.2 Psychodynamisches Verständnis

- Was ist das Letzte, an das ich mich erinnern kann? (wichtige Frage bei dissoziativen Amnesien)
- Woran habe ich den zunehmenden affektiven Druck/die Dissoziation bemerkt?
  - Ich fing an, hin- und herzuschaukeln – mich wie im Nebel zu fühlen – innerlich ganz weit weg zu gehen …
  - Ich hörte auf, zu reden – klar zu denken – Blickkontakt herzustellen …
  - Ich fing an, mir Gedanken zu machen bzw. nachzugrübeln, dass ich sterben könnte – man den Menschen nicht trauen kann – dass ich nie etwas richtig mache …
- Was habe ich versucht zu vermeiden? (z. B. Auseinandersetzung im Gespräch, sich zur Wehr setzen, sich abgrenzen oder Nähe zuzulassen)
- Was hätte ich stattdessen tun können?

Zu Beginn der Therapie werden die Patientinnen viel therapeutische Unterstützung brauchen, um diese Fragen beantworten zu können. Ein wichtiges Zwischenziel ist erreicht, wenn die Patientin im weiteren Verlauf die Fragen zunehmend selbst beantworten kann und somit Kontrolle über die Gefühlsüberflutung/Dissoziation erlangt.

27.2.9 Borderline-Persönlichkeitsstörung und Dissoziative Identitätsstörung

Um zu erkennen, ob bei einer Borderline-Patientin sekundär oder tertiär abgespaltene Persönlichkeitsanteile vorliegen, bietet der **Kriterienkatalog** von Dell (2001a, b) eine gute Orientierung.

Anzeichen für die Manifestationen einer *sekundären Dissoziation* (Dell spricht von *teil-abgespaltenen Selbstzuständen*) sind folgende intrusive (pseudohalluzinatorische) Symptome:
- das Hören von Kinderstimmen im Kopf
- interne Dialoge oder Streitereien

- herabsetzende innere Stimmen
- teilweise nicht zu sich gehörig erlebtes Sprechen, Denken, Fühlen und Verhalten[1]
- zeitweise nicht zu sich gehörig erlebte Fertigkeiten oder Fähigkeiten
- irritierende Erfahrungen von verändertem Identitätserleben: sich wie eine ganz andere Person fühlen oder verhalten
- Unsicherheit über die eigene Identität (aufgrund wiederholter Ich-fremder Gedanken, Einstellungen, Verhaltensweisen, Emotionen, Fertigkeiten etc.)
- Vorhandensein teildissoziierter Persönlichkeitsanteile: in der Untersuchungssituation tritt ein dissoziierter Persönlichkeitsanteil direkt auf, der angibt, nicht die zu untersuchende Primärperson zu sein, anschließend jedoch keine Amnesie der Primärperson

Umfassende Bereiche des Selbsterlebens werden als fremd, autonom agierend und nicht unter der eigenen Kontrolle, aber letztendlich doch als Anteil von sich oder irgendwie mit der eigenen Person in Verbindung stehend erlebt. Ein solches Erleben des *Teil-Abgespaltenseins* liegt bei der „nicht näher bezeichneten dissoziativen Störung" oder „Minor DID" vor. In der ICD-11 wird die Diagnose einer intrusiven Dissoziativen Störung diskutiert, da die abgespaltenen Anteile sich als chronische Intrusionen bemerkbar machen (Nijenhuis et al. 2014).

---

[1] Nicht zu sich gehörig erlebte Impulse, Gedanken und Stimmen hören werden als *Schneidersche Symptome 1. Ranges* traditionell der Schizophrenie zugeordnet, kommen aber ebenfalls regelmäßig bei Patientinnen mit Dissoziativer Identitätsstörung vor (Kluft 1987).

Die Manifestationen *tertiär abgespaltener Persönlichkeitsanteile* zeigen sich folgendermaßen:
- krasse Diskontinuität im Zeiterleben mit dem Gefühl, Zeit zu verlieren, „Herauskommen" in bestimmten Situationen, Fugue-Episoden
- nicht erinnerbares Verhalten
- von anderen beobachtetes Verhalten, an das man sich nicht erinnern kann
- Finden von Sachen in seinem Besitz, an deren Erwerb man sich nicht erinnern kann
- Finden von (Auf-)Zeichnungen, an deren Anfertigung man sich nicht erinnern kann
- evidente Anzeichen für kürzliches Verhalten, an das man sich nicht erinnern kann
- Entdecken von Selbstverletzungen oder Suizidversuchen, an die man sich nicht erinnern kann

Dieses Verhalten „wie eine ganz andere Person" ist charakteristisch für die Dissoziative Identitätsstörung (DID) oder „Major DID".

Sekundär oder tertiär abgespaltene Persönlichkeitsanteile sind ein Zeichen dafür, dass das Ausmaß an Unintegriertheit sehr viel basaler ist als bei der Borderline-Persönlichkeitsstörung. In beiden Fällen sind die internalisierten Beziehungserfahrungen und die daraus erwachsenden Selbst- und Objektrepräsentanzen mit entsprechenden kognitiv-affektiven Schemata (s. auch Kap. 34) „geronnen", jedoch in unterschiedlich schwerer Ausprägung: Bei der Borderline-Persönlichkeitsstörung werden die verschiedenen Selbst- und Objektrepräsentanzen *emotional* voneinander getrennt und mit verschiedenen polarisierenden, meist idealisierenden oder entwertenden Gefühlsqualitäten ausgestattet. Der graduelle Wechsel im Selbst-(und Objekt-)Erleben in verschiedenen situativen Umständen betrifft vor allem die emotionale Gestimmtheit; das autobiografische Gedächtnis bleibt jedoch stimmungsübergreifend erhalten.

> **Merke**
>
> Bei Patientinnen mit einer **Dissoziativen Identitätsstörung** ist der Wechsel im Selbsterleben tief greifender als bei der Borderline-Persönlichkeitsstörung. Patientinnen verhalten und erleben sich so, als bestünden sie aus „verschiedenen Personen". Damit einhergehend sind autobiografische Gedächtnisinhalte einschließlich bestimmter Fähigkeiten und Fertigkeiten nur partiell und zudem abhängig vom Persönlichkeitsanteil abrufbar und verfügbar (Kluft 1996a).
> *Mit anderen Worten:* Als „Britta" bewältigt die Patientin Frau B. in angemessener Weise die Anforderungen ihres Studiums, als kleine vierjährige „Biggi" weiß sie nicht einmal, wie der Malkasten mit den Buntstiften im Therapiezimmer zu öffnen ist. Biggi kann sich sehr wohl an die sexuellen Traumatisierungen als Kind erinnern und hat immer noch panische Angst vor dem missbrauchenden, inzwischen verstorbenen Vater. Britta dagegen erinnert sich genau an die Beerdigung des Vaters, hat aber eine fast komplette Amnesie für ihre Kindheit und kann sich an den Missbrauch kaum erinnern. Während Britta und Biggi zur Therapie hochmotiviert sind, lehnt ein weiterer Anteil namens Ira jegliche Behandlung ab und kennt auch nicht den Weg zur Therapeutin.
> **Solche drastischen Wechsel im Funktionsniveau, im Erinnerungsvermögen und in der Beziehungsgestaltung kommen bei Borderline-Patienten nicht vor.**

Eine Art Mittelstellung zwischen Dissoziativer Identitätsstörung und Borderline-Persönlichkeitsstörung stellt die Subform der Dissoziativen Identitätsstörung, die **„nicht näher bezeichnete dissoziative Störung"** oder **Minor DID**, dar, bei der abgespaltene

Persönlichkeitsanteile im Sinne einer sekundären strukturellen Dissoziation vorliegen, diese jedoch nicht soweit voneinander abgetrennt sind, dass sie sich als „verschiedene Personen" in einem Körper erleben. Sie wirken als chronische Intrusionen (s. ICD-11-Vorschlag Nijenhuis et al. 2014).

Merke
Differenzialdiagnostisch ist zu beachten, dass sich unter der oberflächlichen Symptompräsentation einer Borderline-Persönlichkeitsstörung das Vorhandensein von unterschiedlichen Persönlichkeitsanteilen verbergen kann (Dulz u. Lanzoni 1996; Dulz u. Schneider 1996).

Insbesondere kann ein schnelles Hin- und Herwechseln der Persönlichkeitsanteile vorübergehend wie eine Borderline-Persönlichkeitsstörung wirken (transiente „Borderline"-Symptomatik; s. Kluft 1996b). Es kann z. B. in Belastungssituationen ein bis dahin hinreichend kompensierter aggressiver Anteil mit dem sonst überwiegend aktiven Alltags-Anteil um die Kontrolle rivalisieren, wobei die daraus erwachsenden emotional widersprüchlichen Interaktionen die Diagnose einer Borderline-Persönlichkeitsstörung nahelegen. Charakteristisch ist in diesem Fall eine schnelle Beruhigung der Borderline-Symptomatik bei stabilisierenden therapeutischen Interventionen. Dies war bei der Kasuistik von Frau B. der Fall.

Es gibt aber auch eine Reihe von Fällen, in denen beide Erkrankungen gleichzeitig vorliegen. Diese Kombination einer Komorbidität von Borderline-Persönlichkeitsstörung und Dissoziativer Identitätsstörung liegt dann vor, wenn der überwiegend im Alltag aktive Persönlichkeitsanteil der Patientinnen mit einer Dissoziativen Identitätsstörung ein nur mäßiges Strukturniveau im Sinne einer Borderline-Persönlichkeitsstörung aufweist. Etwa ein Drittel aller Patientinnen mit einer Dissoziativen Identitätsstörung weist jedoch bei dem überwiegend im Alltag aktiven Anteil ein hohes Strukturniveau auf, sodass die Kriterien einer Borderline-Persönlichkeitsstörung nicht oder möglicherweise nur vorübergehend erfüllt sind.

27.3 Therapie

27.3.1 Behandlungskonzepte auf der Grundlage randomisierter kontrollierter Studien

Zur Behandlung der Borderline-Persönlichkeitsstörung gibt es mittlerweile folgende Konzepte:
- Die **Übertragungsfokussierte Psychotherapie** (TFP; Kernberg et al. 1993; Clarkin et al. 2007) arbeitet mit der Wiederbelebung traumatischer Beziehungserfahrungen in der Übertragung und fokussiert auf Ich-Integration und Bindungsproblematik.
- Die **Mentalisierungsbasierte Therapie** (MBT; Bateman u. Fonagy 2006) zielt auf Mentalisierungsdefizite und Bindungsprobleme ab.

Beide Konzepte haben psychodynamischen Ursprung. Ihre Begrenzung liegt darin, dass sie keine traumaspezifischen Stabilisierungstechniken zur Verfügung stellen und weder eine Posttraumatische Belastungsstörung noch eine dissoziative Komorbidität berücksichtigen.
- Die **Dialektisch-Behaviorale Therapie** (DBT; Linehan 1994) legt ihren Schwerpunkt auf Emotionsregulierung und interpersonelle Regulation.
- Die **Schematherapie** (ST; Young 2008) bietet Traumaexposition in der Imagination, jedoch keine Stabilisierung an.

Die beiden letzten Konzepte sind Weiterentwicklungen der Kognitiven Verhaltenstherapie. Sie haben keine konzeptuelle Berücksichtigung der Mentalisierungs- bzw. Bindungsproblematik.

Je nach Schulenansatz werden also unterschiedliche Cluster der Störung bevorzugt angegangen. Für alle Konzepte liegen randomisierte kontrollierte Studien vor (s. Leichsenring et al. 2011). Zur formalen Gestaltung des Therapieprozesses gibt es schulenübergreifende Einigkeit bezüglich einiger strukturierender Elemente, wie sie in den S2-Leitlinien festgehalten wurden (AWMF 2008). Hierzu gehören:
- *klare Regeln und Vereinbarungen* bezüglich des Umgangs mit Suizidalität, Kriseninterventionen und Störungen der therapeutischen Rahmenbedingungen
- *Hierarchisierung der Behandlungsfoci:* suizidales Verhalten oder drängende Suizidideen werden stets vorrangig behandelt; Verhaltensmuster oder Ideen, welche die Aufrechterhaltung der Therapie gefährden oder den Therapeuten oder Mitpatienten stark belasten, gelten ebenfalls als vorrangig
- Heranziehen eines *„Modells für normative Beziehungsgestaltung"*, was bedeutet, dass dysfunktionales Verhalten wie „Schweigen", „Feindseligkeit", „Unpünktlichkeit" etc. rasch angesprochen und korrigiert werden sollte und vertrauensvolle Kooperation verstärkt wird

Zur Optimierung der Therapie ist es also erforderlich, weiter nach schulen- und konzeptübergreifenden Ansätzen zu suchen und die häufigen komorbiden posttraumatischen und dissoziativen Störungen mit zu berücksichtigen.

Ein solcher Ansatz wurde von Wöller aus psychodynamischer Perspektive mit der *Ressourcenbasierten Psychodynamischen Therapie (RPT)* entwickelt (Wöller 2013). Er bezieht die Erkenntnisse der Behandlung komplex-traumatisierter Patienten mit ein (Cloitre et al. 2002) und integriert sie in den ressourcen- und phasenorientieren Ansatz der *Psychodynamisch Imaginativen Traumatherapie (PITT),* der von Reddemann entwickelt (Sachsse et al. 2006; Reddemann et al. 2007; Reddemann 2011) und validiert wurde (Lampe et al. 2008; Wöller et al. 2012; Lampe et al. 2014). Als weitere zusätzliche Symptomcluster werden die Mentalisierungsdefizite sowie die maladaptive Beziehungsgestaltung berücksichtigt. Zu Letzterer gehört die Arbeit mit schädigenden und aggressiven Persönlichkeitsanteilen in Form von „Ego-States" (Watkins u. Watkins 1997) oder dissoziierten Anteilen der Persönlichkeit wie „anscheinend normale Persönlichkeitsanteile" (ANP) und „emotionale Persönlichkeitsanteile" (EP) (s. Kap. 22).

27.3.2 Ressourcenbasierte Psychodynamische Therapie

Die Ressourcenbasierte Psychodynamische Therapie (RPT; Wöller 2013) traumabedingter Persönlichkeitsstörungen gliedert sich in *fünf Behandlungsphasen,* von denen die ersten drei der Stabilisierung und dem Strukturaufbau, die vierte Phase der Rekonstruktion und Integration der traumatischen Erfahrungen und die fünfte Phase der Wiedereingliederung und Zukunftsorientierung gewidmet sind:
- In der *ersten Phase* wird ein antiregressives Beziehungsangebot mit Stärkung der Eigenverantwortlichkeit geschaffen. Dies bedeutet Vermittlung von Bindungssicherheit bei möglichst geringer Aktivierung des Bindungssystems, um die Mentalisierungsfunktion zu erhalten. Gleichzeitig wird eine Opfer-Täter-Übertra-

27.3 Therapie

gung vermieden, was sowohl für Patienten als auch Therapeuten emotional weniger belastend ist. Zudem werden Regeln, Vereinbarungen und Verträge aufgestellt, um Patientin, Therapeutin und die Therapie vor destruktiven Persönlichkeitsanteilen zu schützen.

- Die *zweite Phase* dient der Stärkung von Ich-Funktionen sowie der Emotionsregulierung und Selbstfürsorge mithilfe ressourcenaktivierender und imaginativer Techniken. Hierzu gehören u. a. Differenzierung von Vergangenheit und Gegenwart, Arbeit mit dem „inneren Kind" und Nachbeelterung auf der inneren Bühne, Förderung der Selbstfürsorge und Arbeit an verinnerlichten Verboten.
- Um stabile psychische Repräsentanzen zu fördern, widmet sich die *dritte Phase* der Entwicklung der Fähigkeit zur Mentalisierung und dem Verständnis maladaptiver Verhaltensmuster vor dem Hintergrund früherer und aktueller selbst- und beziehungsregulatorischer Bedürfnisse. Aspekte von Übertragung und Gegenübertragung werden besonders fokussiert. Auch die therapeutische Arbeit im Rahmen des Ego-State-Modells („Täter"-Imitatoren; „Inneres Kind") ist Gegenstand dieser Phase.
- In der *vierten Phase* kommen bei entsprechender Indikation Methoden der Traumabearbeitung zum Einsatz: Eye Movement Desensitization and Reprocessing (EMDR; Shapiro 1998a, b), die Screen-Technik und die Beobachter-Technik.
- Die *fünfte Phase* gilt der Arbeit an unbewussten Konflikten durch eine umfassende Abwehr- und Widerstandsanalyse und der Bearbeitung maladaptiver Verhaltensmuster (s. auch Reddemann et al. 2007).

27.3.3 Fortsetzung der Fallbeispiele

Stabilisierungsphasen – Phasen 1–3

Fallbeispiel

Frau A. (Fortsetzung)
Die *erste Behandlungsphase* dient dem Aufbau von Sicherheit sowohl in der therapeutischen Beziehung als auch im täglichen Leben der Patientin. Sie ist durch ein aktives therapeutisches Vorgehen gekennzeichnet. Ich bespreche mit **Frau A.** ein geeignetes therapeutisches Setting, informiere sie über die Diagnose sowie den Zusammenhang von belastenden Lebensereignissen und den jetzigen Symptomen. Ich erkläre ihr die verschiedenen Phasen der Therapie und die Notwendigkeit, vorrangig stabilisierend zu arbeiten, wozu auch die Einbeziehung einer medikamentösen Behandlung gehört.
Konkret vereinbare ich mit Frau A. regelmäßige wöchentliche Gespräche von 50 Minuten. Zusätzlich nimmt sie an einem ambulanten Skills-Training teil. Schutzmaßnahmen und Bewältigungsmöglichkeiten in Krisensituationen, bei Suizidalität und starken Selbstverletzungsimpulsen werden gedanklich durchgespielt und Vereinbarungen getroffen. Die Möglichkeiten weiterer professioneller Hilfe durch den psychiatrischen Notdienst und die Hausärztin werden ebenso ausgelotet wie Ressourcen im Bekanntenkreis der Patientin. Die bestehenden Konflikte am Arbeitsplatz werden exploriert und Lösungsmöglichkeiten besprochen.

Zu der aktiven Beziehungsgestaltung gehört auch das Formulieren von Therapiezielen und Möglichkeiten, wie man diese erreichen kann, sowie die Förderung der Realitätskontrolle. Anders als in der analytischen Situation, in der es darum geht, Übertragungsphänomene durch sparsame Interventionen zu verdeutlichen, geht es bei traumatisierten Patientinnen eher darum, die Übertragungsgefühle zu begrenzen. Dies ist notwendig, da diese in der Regel mit einer schwer beherrschbaren Intensität und

Wucht auftreten. Zudem werden häufig schnell wechselnde Übertragungsmuster ausgelöst, die für alle Beteiligten verwirrend und irritierend sind. Auch sollte den Befunden der Mentalisierungsforschung Rechnung getragen werden, dass eine zu starke Bindungsaktivierung die Mentalisierungsfähigkeit hemmt.

Fallbeispiel

Frau A. (Fortsetzung)
In der *zweiten Phase* der Behandlung geht es vor allem um Hilfestellung, damit Frau A. ihre heftigen Gefühle und Dissoziationsneigung besser regulieren lernt. Hierbei kann sie auf das erlernte Skills-Training zurückgreifen. Insbesondere die Differenzierung zwischen Vergangenheit und Gegenwart helfen ihr, Distanz zu ihren Gefühlen bei Kränkungen am Arbeitsplatz zu gewinnen und Ohnmachtsgefühle als die des verletzten Kindes zu erkennen. Dieses „innere Kind", das oft wie verloren und eingefroren wirkt, anzunehmen und zu umsorgen, ist ein mühsamer und schmerzlicher Prozess, bei der Frau A. viel geduldige Ermutigung benötigt. Einige Male droht sie die Therapie abzubrechen, erinnert sich dann aber an unsere Vereinbarung, dass so eine weitreichende Entscheidung in der Therapie besprochen werden muss.
In der *dritten Phase* gelingt es Frau A. zunehmend, ihre verbesserte Selbstbeobachtung auch bei Konflikten am Arbeitsplatz anzuwenden und in den Therapiestunden einzubringen. Auch die Beziehung zu mir und ihre anfängliche Idealisierung werden Thema. Ich frage nach: „Wie stellen Sie sich das genau vor? – Dass allein durch den Kontakt zu mir alles besser wird? – Wodurch meinen Sie, wird das geschehen? – Und welche Rolle werden Sie und Ihr Handeln dabei spielen?" Angeregt durch diese Fragen kann sich die Patientin damit auseinandersetzen, dass sie nur wenige Vorstellungen davon hat, selbst ihre Situation zu verändern. Emotionale Umschlagpunkte, an denen sie mich nicht mehr hilfreich, sondern abweisend und selbstbezogen erlebt, können exploriert werden und

die Patientin kann Momente der Kränkung besser identifizieren. Als ich z. B. etwas salopp, aber anerkennend erwähne, dass sie es an ihrem jetzigen Arbeitsplatz doch schon eine ganze Weile aushalte, hört sie die Kritik von mir, sich „blöd wie ein Schaf" dort zu fügen. Sie kann dies in Zusammenhang bringen mit den Erniedrigungen durch den Vater, bei dem sie sich für erlittene Misshandlungen bedanken musste.

Therapeutischer Umgang mit dissoziierten Persönlichkeitsanteilen

Wie bereits oben beschrieben, treten bei **Frau B.**, dem zweiten Fallbeispiel, Dissoziationen nicht nur in Form von Depersonalisation, Trance und Flashback-Erleben auf, sondern auch in pseudohalluzinatorischem Stimmenhören und extrem unterschiedlichem, teilweise widersprüchlichem Verhalten, woran sich die Patientin zum Teil nicht mehr erinnern konnte. Im Laufe der weiteren Therapie wurden gravierende Amnesien für die eigene Lebensgeschichte sowie umfassende, teilweise Stunden bis Tage anhaltende Amnesien im Alltagserleben deutlich. Dies sind wichtige Hinweise für das Vorliegen abgespaltener Persönlichkeitsanteile.

In diesem Falle ist es notwendig, sich einen Überblick über das Ausmaß der Zersplitterung der Persönlichkeit zu verschaffen und die abgespaltenen Teile aktiv mit in die Therapie einzubeziehen (s. auch Gast 2004a, b; Gast u. Wirtz 2014).

Praxistipp

Wenn die Patientin z. B. von einer **inneren Stimme** berichtet, sind Interventionen sinnvoll, um sie zu ermutigen, mehr von diesem Symptom zu erzählen: „Sie haben mir gerade davon erzählt, dass es da eine Stimme in Ihnen gibt. Können Sie

27.3 Therapie

mir mehr von der Stimme erzählen? – Ich würde gerne wissen, was die Stimme sagt. – Warum sie Ihnen verbietet, hier zu sprechen. – Warum sie Ihnen befiehlt, sich zu verletzen etc."

Um sich einen Überblick über die **psychische Struktur der Stimme** zu verschaffen und die Frage zu klären, ob sie möglicherweise Ausdruck eines umfassenden dissoziierten Persönlichkeitsanteils darstellt, bieten sich folgende Fragen an: „Verbinden Sie mit der Stimme ein bestimmtes Bild? – Hat die Stimme eine Gestalt – ein Gesicht – einen Namen? – Wäre es möglich, dass die Stimme direkt mit mir sprechen kann? Übernimmt die Stimme manchmal Kontrolle über Ihr Verhalten? Können Sie mir mehr darüber erzählen, wie Sie das erleben? Was haben Sie dann an sich beobachtet?"

Ähnliche Fragen können gestellt werden, wenn **gravierende Amnesien** aufgetreten sind und Verhalten nicht mehr erinnert werden kann: „Sie haben mir erzählt, dass es da eine Lücke in ihrem Gedächtnis gibt – dass Sie gar nicht mehr genau wissen, was da eigentlich am Wochenende passiert ist. – Sie haben nur hinterher festgestellt, dass – Kinderspielzeug überall in Ihrer Wohnung herumlag – Sie sich unter dem Tisch versteckt haben und sich selbst verletzt haben müssen – Ihr Freund sehr ärgerlich war, weil Sie sich angeblich sehr aggressiv ihm gegenüber verhalten haben.
– Gibt es eine Seite in Ihnen, die vielleicht mehr darüber weiß, was da genau passiert ist? – Könnte diese Seite mir das irgendwie mitteilen? – Vielleicht kann es aufgeschrieben oder aufgemalt werden. – Vielleicht könnte diese Seite auch direkt mit mir sprechen?"

Grundsätzlich geht es bei den Interventionen darum, abgespaltene Anteile aktiv in die Therapie einzubeziehen und sie „einzuladen", sich an der Therapie zu beteiligen. Hierbei ist die Botschaft wichtig, dass alle Anteile bedeutsam sind und nur durch die Mitarbeit und Berücksichtigung aller Selbstaspekte eine Therapie sinnvoll und aussichtsreich ist. Wenn tatsächlich abgespaltene Persönlichkeitsanteile vorliegen und es zu einem Wechsel kommt, kann dies ein sehr verblüffendes Ereignis sein, das mit einem drastischen Befundwechsel einhergeht. Der Wechsel kann aber auch eher fließend und diskret erfolgen, sodass er schwieriger zu diagnostizieren ist.

Fallbeispiel

Frau B. (Fortsetzung)
An Frau B. konnte ich beobachten, wie das Verhalten sowie Mimik, Gestik und emotionale Gestimmtheit schnell und unvermittelt wechselten: Während sie eben noch albern und unbekümmert plaudert, wirkt sie plötzlich wie ausgewechselt, panisch-starr oder ängstlich-ratlos mit kindlich veränderter Stimme. Zudem treten in der Stunde veränderte Bewusstseinszustände auf, zum Teil als kurze, flüchtige Absencen, längere Trancezustände oder schreckhafte Erstarrungen.
Dann spreche ich die Patientin darauf an und frage nach den Auslösern. Auch mache ich sie auf ihre Bilder aufmerksam, in denen sie sich vor allem in Missbrauchssituationen als doppelte oder gespaltene Person zeichnet. So erfahre ich nach und nach von den verschiedenen „Personen" in ihr, deren einzelne Geschichte wir zurückverfolgen und an deren ursprünglichen Aufspaltungen häufig traumatische Ereignisse standen. Sechs Personen sind es insgesamt, so glaubt die Patientin: „Sie streiten sich, ob sie sich umbringen sollen. Vier sind dafür, zwei dagegen. Die zwei wollen leben. Eins davon ist noch ein Kind. Das Kind hat es am schwersten, denn es kann noch nicht schreiben und sprechen darf es nicht." Auch erfahre ich mehr über die strenge Stimme, die einem introjizierten Täteranteil der Patientin zugeordnet werden kann. Wenn dieser Anteil aktiv wird, verändert sich die ansonsten freundlich und kooperativ auftretende Britta in eine entwertende, feindselige Ira, die der Therapie ablehnend gegenübersteht.

> **Merke**
> Um suggestive Effekte zu vermeiden, bewährt es sich, zunächst bei der Diagnostik *neutrale Begriffe für das Erfragen psychischer Strukturen* zu benutzten, indem nach „Seiten in Ihnen", „ein Teil von Ihnen" oder „einer Ecke in Ihrem Kopf" gefragt wird.
> Wenn sich jedoch abgespaltene Persönlichkeitsanteile direkt in der Therapie zeigen, die sich als verschiedene Personen erleben und sich z. B. mit verschiedenen Namen bezeichnen, ist es wichtig, dieses subjektive Erleben ernst zu nehmen und darauf in der weiteren Therapie entsprechend einzugehen.

Patienten haben sehr unterschiedliche Ausdrücke für die abgespaltenen Persönlichkeitsanteile, z. B. „Schatten", „Andere", „Mitbewohner", „Ichs" oder „Stufen in mir". Nur über eine wohlwollend annehmende Haltung der Therapeutin kann auch den Betroffenen selbst eine Annahme ihrer abgespaltenen Anteile der Gesamtpersönlichkeit gelingen und dadurch eine Integration ermöglicht werden (Gast 2004b; Gast u. Wabnitz 2014).

Rekonstruktion und Integration der traumatischen Erfahrungen – Phase 4

Die Indikation für eine gezielte Bearbeitung traumatischer Erfahrungen im Sinne einer kontrollierten Traumakonfrontation ist sorgfältig abzuwägen. Die wichtigsten Voraussetzungen für eine gezielte Traumabearbeitung sind ein sicheres therapeutische Bündnis und eine ausreichende Stabilität der Patientin: Sie muss über genug Kontrolle über sich und die verschiedenen Symptome verfügen und gelernt haben, mit sich selbstverantwortlich umzugehen. Zur ausreichenden Selbstkontrolle gehört auch die Fähigkeit, sich von auftauchendem traumatischem Material zu distanzieren und Kontrolle über Flashbacks oder Gefühlsintrusionen zu erhalten. Dies entspricht der vierten Phase der Ressourcenbasierten Psychodynamischen Therapie und erfolgt dann, wenn die Ergebnisse der vorhergehenden Phasen erreicht sind. Ziel der Traumaarbeit ist eine Transformation durch „Entgiftung" der traumatischen Erinnerungen und durch kognitive und emotionale Umstrukturierung. Die kausale Methode ist eine *kontrollierte Traumakonfrontation*.

Bei komplexen Traumatisierungen, wie dies in der Regel bei Borderline-Patientinnen der Fall ist, kann die Traumabearbeitung einschließlich der Abreaktion oft nur in kleinen Schritten erfolgen und muss sehr gut vorbereitet sein. Fine (1991, 1993) und Kluft (1996a, 2014) haben hierfür den Begriff der *fraktionierten Abreaktion* eingeführt.

Eine Weiterentwicklung der strukturierten Traumabearbeitung ist die Integration des Eye Movement Desensitization and Reprocessing (EMDR; Shapiro 1998a, b; s. Kap. 32). Diese Methode erweist sich als nützlicher Baustein, um das traumatische Material in einer behutsamen, aber nachhaltigen Weise und auch in fraktionierter Form zu verarbeiten (Hofmann 2014).

Vor der eigentlichen Traumakonfrontation müssen zusätzliche Techniken zur besseren Kontrolle über die traumatischen Erinnerungen eingeübt werden. Hierzu eignen sich besonders imaginative Techniken, wie sie von Reddemann und Sachsse (1996; 1997, S. 113–147) entwickelt wurden.

Liegen dissoziierte Persönlichkeitsanteile vor, wie dies bei Frau B. der Fall ist, muss die Traumakonfrontation von allen Anteilen gebilligt und mit vorbereitet werden. Die eigentliche Konfrontation, z. B. im Sinne einer EMDR-Behandlung, wird dann mit demjenigen Anteil durchgeführt, der die Traumatisierungen subjektiv erlitten hat bzw. die traumatischen Erinnerungen in sich trägt.

Wiedereingliederung und Zukunftsorientierung – Phase 5

In der nachintegrativen fünften Therapiephase schließlich ist die Trauerarbeit um die zerstörte Kindheit und die erlebten Verletzungen ein wichtiges Thema. Die letzte Phase der Behandlung gleicht stärker den psychodynamischen Behandlungstechniken mit der Arbeit an unbewussten Konflikten, an Abwehr- und Widerstandsanalyse sowie an maladaptiven Verhaltensmustern. Hier treten die Traumata der Kindheit in den Hintergrund, aktuelle Themen der Lebensbewältigung und -planung spielen zunehmend eine Rolle in den Therapiestunden: Neu eingegangene Freundschaften und eine intime Beziehung werden ebenso zu wichtigen Themen wie die Umsetzung beruflicher Wünsche. Schließlich wird auch ein möglicher Abschied von der Therapeutin vorstellbar; in die Trauer darüber mischt sich die Hoffnung auf eine weniger belastete Zukunft.

Der Abschied von der Therapeutin muss sorgfältig vorbereitet werden. Für viele Patientinnen wird die therapeutische Beziehung eine sehr zentrale Erfahrung, in der sie erstmals Vertrauen, Unterstützung und Nähe erlebt haben. Eine aktive Gestaltungsmöglichkeit der Abschiedssituation mildert Gefühle von Ohnmacht und Verlassenwerden, wie dies bei früheren Beziehungen häufig eine Rolle gespielt haben mag (Herman 1992b/2006; Wöller 2013).

27.4 Zusammenfassung

Der Modus der Interaktion mit frühen Beziehungspersonen spielt vermutlich für die Entwicklung der Borderline-Persönlichkeitsstörung eine bedeutende Rolle. Diese Annahme wird durch die hohe Rate belastender Lebensereignisse von Borderline-Patienten gestützt. Die Entwicklung eines unsicheren Bindungsmodus, die Internalisierung einer schwachen Selbstrepräsentanz mit einem fremden Selbst und eine daraus resultierende Mentalisierungsschwäche sind nach psychodynamischer Vorstellung die Kernproblematik der Störung. Schwierigkeiten, die Absichten anderer Menschen adäquat einzuschätzen, führen zu Dauerstress in Beziehungen sowie zu einer hohen Stressreagibilität mit gleichzeitig eingeschränkten Möglichkeiten der Emotionsverarbeitung. Dies betrifft sowohl das Erkennen als auch das Regulieren von Gefühlen. An psychosozialen Belastungsfaktoren finden sich hohe Raten sexueller und körperlicher Gewalt, oft innerfamiliär bedingt, sowie schwere Vernachlässigungen.

Die therapeutische Grundhaltung, die Symptomatik der Borderline-Patienten als Ausdruck einer Anpassung an pathologische Familienstrukturen zu begreifen, stellt eine wichtige Voraussetzung für die Entwicklung eines stabilen Arbeitsbündnisses dar. Gleichzeitig müssen die Mentalisierungsschwäche berücksichtigt und ein regressionsvermeidendes Beziehungsangebot gestaltet werden. Ein Ressourcen- und phasenorientierter psychodynamischer und gleichzeitig methodenintegrierender Behandlungsansatz, der flexibel auf die jeweilig vorherrschenden Symptomcluster reagiert, wird der heterogenen Ausprägung der Störung am umfassendsten gerecht. Zudem ist so am ehesten gewährleistet, dass auch die häufigen komorbiden posttraumatischen und dissoziativen Störungen mit erfasst werden.

28 Persönlichkeitsstörungen und frühe Stresserfahrungen[1]

Jeffrey G. Johnson, Pamela G. McGeoch, Vanessa Caskey, Sotoodeh G. Abhary und Joel R. Sneed

Inhalt

28.1 Einleitung 503

28.2 Ergebnisse prospektiver Längsschnittstudien und retrospektiver Erhebungen 504

28.3 Kindheitsbelastungsfaktoren und ihr Risiko für spezifische Persönlichkeitsstörungen 508
    28.3.1 Antisoziale Persönlichkeitsstörung 508
    28.3.2 Vermeidende Persönlichkeitsstörung 509
    28.3.3 Borderline-Persönlichkeitsstörung 514
    28.3.4 Dependente Persönlichkeitsstörungen 514
    28.3.5 Depressive Persönlichkeitsstörungen 515
    28.3.6 Histrionische Persönlichkeitsstörung 515
    28.3.7 Narzisstische Persönlichkeitsstörung 523
    28.3.8 Anankastische Persönlichkeitsstörung 523
    28.3.9 Paranoide Persönlichkeitsstörung 523
    28.3.10 Passiv-aggressive Persönlichkeitsstörungen 528
    28.3.11 Schizoide Persönlichkeitsstörungen 528
    28.3.12 Schizotypische Persönlichkeitsstörung 529

28.4 Denkbare Verknüpfung spezifischer Arten von Misshandlung in der Kindheit mit dem Risiko für eine spezifische Persönlichkeitsstörung 529

28.5 Zusammenfassung 531

---

1 Aus dem Amerikanischen übersetzt von U. T. Egle und J. Hardt.

28.1 Einleitung

Schon lange wurde vermutet, dass interpersonelle Erfahrungen während der Kindheit bei der Entwicklung der Persönlichkeit eine wesentliche Rolle spielen. Vor diesem Hintergrund vertrat Erikson (1963) die Auffassung, dass die Persönlichkeitsentwicklung aus psychosozialen Krisen besteht, welche – in Abhängigkeit von den Wechselwirkungen mit dabei ablaufenden bio-psycho-sozialen Einflussfaktoren – erfolgreich oder nicht erfolgreich gelöst werden. So trägt die frühe Erfahrung des Kindes mit seinen Hauptbezugspersonen zu seiner Fähigkeit bei, ein Gefühl basalen Vertrauens zu entwickeln, welches die Grundlage dafür bildet, sich in die Welt hinaus zu wagen (Autonomie), Risiken einzugehen (Initiative) und ein kohärentes Selbstgefühl zu entwickeln (Identität). Interpersonelle Erfahrungen während der Kindheit, welche diese basale Entwicklungsphase stören, bedingen ein charakteristisches Verhalten und Denken. Bezugspersonen, welche z. B. die emotionalen Reaktionen des Kindes gegenüber der Welt entwerten oder nicht sensibel auf die emotionale Befindlichkeit des Kindes reagieren, riskieren eine Aufspaltung der kommunikativen Funktionen von Emotionen, was wiederum dazu führen kann, dass das Kind nicht in der Lage ist, seiner emotionalen Wahrnehmung der Welt zu vertrauen (Linehan 1993). Nach Erikson (1963) bewirkt dieses basale Gefühl von Misstrauen ein Erleben, das Scham und Zweifel fördert, die Bereitschaft des Kindes, Risiken einzugehen, aufgrund von Schuldgefühlen beeinträchtigt und in der Jugend zu Identitätskonfusionen führt. Mit anderen Worten:

> **Merke**
> Es wird angenommen, dass negative Kindheitserfahrungen – besonders mit Hauptbezugspersonen – direkt zur Entwicklung einer maladaptiven Persönlichkeit bzw. einer Persönlichkeitsstörung beitragen.

Tatsächlich haben zahlreiche Studien gezeigt, dass Jugendliche und Erwachsene mit Persönlichkeitsstörungen im Vergleich zu solchen ohne diese Störungen sehr viel häufiger in der Vorgeschichte von Kindheitsbelastungsfaktoren berichten, unter anderem Missbrauch, Misshandlung, maladaptives Elternverhalten, Verlust eines Elternteils und andere traumatische Lebensereignisse (z. B. Herman et al. 1989; Ludolph et al. 1990; Shearer et al. 1990; Westen et al. 1990a, b; Raczek 1992; Goldman et al. 1992; Weaver u. Clum 1993; Brodsky et al. 1995; Norden et al. 1995; Johnson et al. 1997; Klonsky et al. 2000). Da es sich dabei aber um vorwiegend retrospektive Daten handelt, die diese Hypothese belegen, und die Möglichkeit einer verzerrten Erinnerung von Kindheitsbelastungen besteht, sind diese Befunde nicht hinreichend beweiskräftig. Prospektive Longitudinalbefunde sind erst seit kurzer Zeit verfügbar; die alternative Hypothese, dass eine Verbindung von Kindheitsbelastungen mit maladaptiven Persönlichkeitszügen für eine verzerrte Erinnerung oder für schon zuvor bestehende Persönlichkeitsmerkmale in der Kindheit verantwortlich ist, was zum Einwirken einiger Arten von Kindheitsbelastungsfaktoren beitragen könnte (Paris 1997; Maughan u. Rutter 1997), konnte nicht ausgeschlossen werden.

Obwohl es Befunde gibt, welche die Validität retrospektiver Erhebungen von Kindheitsbelastungen stützen (z. B. Robins et al. 1985; Bifulco et al. 1997) und retrospektive

Studien wesentlich zur Formulierung von Entwicklungshypothesen beigetragen haben, erscheint es trotzdem problematisch, enge ursächliche Rückschlüsse zum Einfluss früher Stresserfahrungen auf die Entwicklung von Persönlichkeitsstörungen herzustellen, eben weil die meisten Studien auf retrospektiven Daten beruhen. Hinzu kommen weitere Faktoren, die zu berücksichtigen sind. So stützten z. B. eine Reihe von Studien die Vermutung, dass genetische und pränatale Faktoren eine wichtige Rolle in der Entwicklung verhaltensbezogener und emotionaler Probleme spielen könnten, welche eventuell schon während der Kindheit auftreten (Thomas u. Chess 1984; Livesley et al. 1993; Neugebauer et al. 1999). Einen weiteren Aspekt im Hinblick auf die Richtung solcher Zusammenhänge zeigen Forschungsergebnisse auf, wonach maladaptive kindliche Charakteristika einen negativen Einfluss auf elterliches Verhalten haben und damit potenziell zu einem erhöhten Risiko für Kindesmisshandlungen führen (Kendler 1996).

Solche Befunde bewirken eine erhebliche Skepsis hinsichtlich der Hypothese, dass Kindheitsbelastungen eine wesentliche Rolle bei der Entwicklung maladaptiver Persönlichkeitszüge und Persönlichkeitsstörungen spielen. Allerdings haben in den letzten Jahren Studien mit recht unterschiedlichen Forschungsparadigmen eine neue und zwingende Evidenz geschaffen, welche diese Vermutung unterstützt. Epidemiologische und Zwillingsstudien, die den Einfluss genetischer Faktoren kontrollierten, zeigen, dass kindlicher Missbrauch das Risiko für eine ganze Reihe psychischer Symptome wahrscheinlich auch ursächlich erhöht (Kendler et al. 2000a). Wissenschaftliche Belege kamen auch aus neurobiologischen Studien, wonach Misshandlungen in der Kindheit anhaltende Defizite in der Hirnaktivität verursachen können, die wiederum mit einem breiten Spektrum an psychischen Symptomen verknüpft sind (Teicher et al. 2003). Prospektive Längsschnittstudien, in denen der Nachweis kindlicher Misshandlung aus offiziellen Registern stammte, stützten die Annahme, dass Missbrauch und Vernachlässigung in der Kindheit zu einem erhöhten Risiko für die Entwicklung von Persönlichkeitsstörungen beitragen können (z. B. Drake et al. 1988; Luntz u. Widom 1994; Guzder et al. 1996; Johnson et al. 1999a; 2000b; 2001a, b). Im Folgenden werden die Ergebnisse dieser Studien sowie jener Studien, welche relevante retrospektive Daten erbrachten, genauer beschrieben.

28.2 Ergebnisse prospektiver Längsschnittstudien und retrospektiver Erhebungen

Die Ergebnisse prospektiver Longitudinalstudien und jener Studien, welche Misshandlungen in der Kindheit aus offiziellen Registern belegen, haben einen wissenschaftlichen Zusammenhang einer möglichen ursächlichen Verknüpfung zwischen kindlicher Misshandlung und dem Risiko für eine Persönlichkeitsstörung zunehmend erhärtet. Diese Studien weisen darauf hin, dass Misshandlung, Vernachlässigung und maladaptives Elternverhalten in der Kindheit tendenziell mit einem erhöhten Risiko für Persönlichkeitsstörungen in der Jugend und im Erwachsenenalter verknüpft ist (z. B. Drake et al. 1988; Ludolph et al. 1990; Luntz u. Widom 1994; Cohen 1996; Guzder et al. 1996; Johnson et al. 1999a; 2000b; 2001a, b; Cohen et al. 2001). Mehrere dieser Studien zeigen, dass körperlicher, sexueller und verbaler bzw. emotionaler Missbrauch unabhängig voneinander mit einem Risiko für

28.2 Prospektive Längsschnittstudien und retrospektive Erhebungen

Persönlichkeitsstörungen einhergehen (Ludolph et al. 1990; Guzder et al. 1996; Johnson et al. 1999a; 2000b; 2001a, b).

Es gibt zahlreiche Möglichkeiten, wie anhaltende frühe Stresserfahrungen, z. B. maladaptives Elternverhalten und kindlicher Missbrauch, die Persönlichkeitsentwicklung negativ beeinflussen und das Risiko, eine Persönlichkeitsstörung während Jugend und Erwachsenenalter zu entwickeln, erhöhen. Eine Möglichkeit ist die von Linehan (1993) vorgeschlagene Wechselwirkung zwischen biologischer Vulnerabilität und emotionaler Dysregulation, die sich in erhöhter Sensitivität und Reaktivität gegenüber schmerzhaften Affekten darstellt. Darüber hinaus besteht nach Arousal eine langsame Rückkehr zur emotionalen Ausgangslage sowie eine entwertende Umgebung. Entwertende Umgebungen sind gekennzeichnet durch Hauptbezugspersonen, die
- unberechenbar und inadäquat auf persönliche emotionale Erfahrungen reagieren,
- unsensibel für emotionale Zustände ihrer Mitmenschen sind,
- dazu neigen, auf emotionale Erfahrungen über- oder unterzureagieren,
- negative Emotionen besonders kontrollieren müssen und
- dazu neigen, schmerzhafte Erfahrungen zu trivialisieren und/oder solche Erfahrungen negativen Einstellungen (z. B. Mangel an Motivation oder Disziplin) zuzuschreiben.

> **Merke**
> Die Wechselwirkung zwischen emotionaler Vulnerabilität und entwertender Umwelt führt dazu, dass Emotionen nicht benannt und moduliert, emotionaler oder interpersoneller Distress nicht toleriert und persönlichen Erfahrungen nicht als zutreffend vertraut werden kann.

Es konnte belegt werden, dass Vernachlässigung und maladaptives Elternverhalten in der Kindheit für sich allein mit einem erhöhten Risiko für Persönlichkeitsstörungen verknüpft sind, d. h. kindlicher Missbrauch und psychische Störungen seitens der Eltern waren dabei kontrolliert worden (Ludolph et al. 1990; Guzder et al. 1996; Johnson et al. 1999a; 2000b; 2001a). Traumatische Erfahrungen (extreme emotionale Entwertung) in Form von kindlichem Missbrauch, schwerer körperlicher Bestrafung und andere Formen der Viktimisierung wie Körperverletzungen, Schikanieren und Einschüchtern tragen nach den Ergebnissen dieser Studien zur Auslösung der Persönlichkeitsstörungsmerkmale bei, indem sie affektive Dysregulation, aggressives Verhalten, dissoziative Symptome, interpersonellen Rückzug und tiefes Misstrauen in andere befördern (Johnson et al. 2002b; van der Kolk et al. 1994). Die Forschung geht davon aus, dass Jugendliche, welche Opfer aggressiven oder missbrauchenden Verhaltens wurden, vermutlich ein erhöhtes Risiko für die Entwicklung von Persönlichkeitsstörungen aufweisen (z. B. Johnson et al. 1999a; 2001a, b).

Eine andere damit zusammenhängende Möglichkeit ist, dass sich frühe Stresserfahrungen in der Kindheit dadurch negativ auf die Persönlichkeitsentwicklung auswirken, dass sie den normalen Sozialisationsprozess außerhalb der direkten Familiensituation beeinträchtigen oder verändern (Cohen 1999; Johnson et al. 2001a). Eine normale Persönlichkeitsentwicklung erfordert eine kontinuierliche Sozialisation während Kindheit und Jugend, da das Verhalten des Kindes durch die täglichen Interaktionen mit Eltern, Lehrern und Gleichaltrigen geformt und ausdifferenziert wird. Obwohl jedes Kind einzigartige Temperamentsmerkmale aufweist, welche sich schon in der frühen Kindheit zeigen können (Thomas u. Chess 1984), und diese Charakteristika einen permanenten Einfluss auf die Persönlichkeitsentwicklung zeitigen können (Hart et al. 1997), vermögen Sozialisation und andere Lebenserfahrungen diese Persönlichkeitszüge ganz wesentlich zu modifizieren (Cohen 1999). Cohens Studie (1999) weist nach, dass unabhängig vom Temperament des Kindes Eltern, Lehrer und andere Erwachsene, welche am Leben des Kindes außerhalb des Elternhauses beteiligt sind, einen enormen Effekt auf die Lernfähigkeit des Kindes ausüben, mit anderen adäquat zu interagieren, Normen und Werte zu befolgen, impulsive Neigungen zu kontrollieren und unangenehme Gefühle und Situationen zu bewältigen.

Festgestellt wurde auch, dass *maladaptive elterliche Bindungsstile* ebenso die interpersonelle wie die Persönlichkeitsentwicklung des Kindes beeinflussen und Kinder von Eltern mit dysfunktionalen Bindungsstilen ein erhöhtes Risiko für ein breites Spektrum psychischer Symptombildungen zeigen (Rosenstein u. Horowitz 1996; Sroufe et al. 1999). Es entstanden zahlreiche Berichte, welche die Entwicklung einer Persönlichkeitsstörung mit maladaptiven Bindungsmustern im Erwachsenenalter in Verbindung brachten; dabei wurde wiederum davon ausgegangen, dass sich in diesen jeweils die interpersonelle Beziehung zur primären Bezugsperson in der Kindheit wiederholt. So fanden z. B. Fossati et al. (2003) unter Verwendung einer kanonischen Korrelation, dass vermeidende, depressive, Paranoide und schizotypische Persönlichkeitsstörungen signifikant mit einem vermeidenden Bindungsverhalten (ein Bindungsverhalten, das durch den gleichzeitigen Wunsch nach und Angst vor Nähe charakterisiert ist) korrelieren und Dependente, Histrionische und Borderline-Persönlichkeitsstörungen signifikant mit ängstlicher Bindung (ein Bindungsverhalten, das durch eine positive Sicht anderer und eine gleichzeitig negative Einschätzung von sich selbst charakterisiert ist) in einer Wechselbeziehung stehen. West et al. (1994) zeigten, dass eine Unterscheidung zwischen Dependenter und Schizoider Persönlichkeitsstörung durch besitzergreifende (verwickelte) und ablehnende (distanzierte) Bindung sehr gut möglich ist. In einer nicht-klinischen Stichprobe von 1407 Studenten konnten Brennan und Shaver (1998) mittels Diskriminanzanalyse aufgrund von Symptomen einer Persönlichkeitsstörung die Zugehörigkeit zu den Bindungsdimensionen vorhersagen; sie fanden dabei, dass paranoide, schizotypische, vermeidende, selbstschädigende, Borderline-, narzisstische und anankastische Symptome einer Persönlichkeitsstörung signifikant auf der sicher-ängstlichen Dimension und dependente, schizoide und histrionische Persönlichkeitssymptome signifikant auf der besitzergreifend-ablehnenden Dimension luden.

Befunde, die darauf hinweisen, dass maladaptives Elternverhalten eine wesentliche Rolle bei der Entwicklung von Persönlichkeitsstörungen spielt, könnten weitreichende klinische wie gesundheitspolitische Implikationen haben. Denkbar wäre, das Auftreten chronischer Persönlichkeitsstörungen bei bestimmten Jugendlichen zu verhindern, indem bei Hochrisikoeltern Informationsmaterial und soziale Dienste eingesetzt werden, die bei der Entwicklung adäquaterer elterlicher Verhaltensweisen behilflich sind. Forschungsergebnisse belegen, dass eine Reduzierung der Wahrscheinlichkeit, dass Kindern psychische Symptome entwickeln, möglich ist, indem man den Eltern hilft, effektivere Erziehungstechniken zu erlernen (Irvine et al. 1999; Redmond et al. 1999; Spoth et al. 1999). Da maladaptives Elternverhalten mit psychischen Störungen seitens der Eltern verknüpft sein kann und Eltern mit psychischen Störungen, die eine Behandlung bekommen, vermutlich weniger wahrscheinlich ein solches Verhalten aufweisen, könnte es darüber hinaus möglich sein, das Risiko der Kinder für Persönlichkeitsstörungen zu reduzieren, indem man die Erkennung und Behandlung psychischer Erkrankungen bei den Eltern verbessert (Chilcoat et al. 1996; Johnson et al. 2001a; 2002b).

Trotz des wissenschaftlichen Nachweises, dass frühe Stresserfahrungen wie Missbrauch und Vernachlässigung die Wahrscheinlichkeit, Persönlichkeitsstörungen zu entwickeln, erhöhen, sollte auch darauf hingewiesen werden, dass es über die Zeit bei Kindern, Jugendlichen und Erwachsenen eher zu einer Abnahme der Prävalenz von Persönlichkeitsstörungen in klinischen wie in nicht-klinischen Populationen kommt (Korenblum et al. 1987; Farrington 1991; Bernstein et al. 1993; Vaglum et al. 1993; Vetter u. Koller 1993; Garnet et al. 1994; Black et al. 1995; Mattanah et al. 1995; Ronningstam et al. 1995; Orlandini et al. 1997; Johnson et al. 1997; 2000b; Trull et al. 1998; Lenzenweger 1999; Grilo u. Masheb 2002). Die Ergebnisse von Querschnittsuntersuchungen weisen ebenfalls darauf hin, dass die Prävalenz von Persönlichkeitsstörungsmerkmalen eher negativ mit dem Alter von Jugendlichen und Erwachsenen korreliert (z. B. Robins u. Regier 1991; Kessler et al. 1994; Johnson et al. 2000b, Samuels et al. 2002). Diese Ergebnisse könnten dafür sprechen, dass die meisten Jugendlichen und Erwachsenen möglicherweise das Ausleben maladaptiver Persönlichkeitszüge zu unterdrücken lernen, da diese mit negativen Konsequenzen verknüpft sind (Robins 1966; Korenblum et al. 1987; Farrington 1991; Black et al. 1995; Johnson et al. 2000b).

Eine Reihe von Faktoren, zu denen Elternverhalten, Beratung, biologische Reifung, gesellschaftliche Verstärkung der Rollenerwartungen an Erwachsene und andere normative Sozialisationserfahrungen gehören, scheinen zu diesem Rückgang von Persönlichkeitsstörungsmerkmalen von der Kindheit ins frühe Erwachsenenalter beizutragen (Stein et al. 1986). Nach dieser Entwicklungshypothese, welche implizit im DSM-II, DSM-III und im DSM-IV (APA 1968; 1980a; 1987a; 1994; 2000) zum Ausdruck kommt, sollten Merkmale einer Persönlichkeitsstörung und andere maladaptive Persönlichkeitscharakteristika während der Kindheit oder der frühen Jugend die höchste Prävalenz aufweisen und dann bei den meisten Menschen stetig während der Jugend und dem frühen Erwachsenenalter zurückgehen.

> **Merke**
> Auch wenn zurzeit wenige wissenschaftliche Belege aus Längsschnittstudien hinsichtlich der Entwicklung der Prävalenz von Persönlichkeitsstörungen von der Kindheit bis zum Erwachsenenalter verfügbar sind, stützen die vorhandenen Ergebnisse die Hypothese, dass die Prävalenz von Persönlichkeitsstörungsmerkmalen zwischen der späten Kindheit und dem jungen Erwachsenenalter nach und nach abnimmt (Johnson et al. 2000b).

Diese Befunde stehen in Übereinstimmung mit der Aussage im DSM-II und DSM-III-R, dass Persönlichkeitsstörungen „in der Jugend oder bereits zuvor oft beobachtet werden". Solche Ergebnisse stimmen ebenfalls mit den Feststellungen im DSM-IV-TR überein, dass Persönlichkeitsstörungen „... zumindest in die Jugend oder das frühe Erwachsenenalter zurückreichen können" (APA 2000, S. 689) und dass „... Merkmale einer in der Kindheit beobachteten Persönlichkeitsstörung oft nicht unverändert bis ins Erwachsenenalter bestehen bleiben" (APA 2000, S. 687).

Längsschnittstudien in der Allgemeinbevölkerung zeigen, dass viele maladaptive Persönlichkeitszüge in der Kindheit entstehen und dann bis in die Jugend und das Erwachsenenalter fortdauern (McGue et al. 1993; Cohen 1999; Shiner 2000; Caspi u. Roberts 2001; Charles et al. 2001; Roberts u. DelVecchio 2001; Shiner et al. 2002). Darüber hinaus scheint unter Berücksichtigung der vorgenannten Studien belegt, dass Verhaltens- und emotionale Probleme während der Kindheit oft mit Persönlichkeitsstörungscharakteristika während der Jugend und des Erwachsenenalters assoziiert sind (Drake et al. 1988; Bernstein et al. 1996; Hart et al. 1997; Newman et al. 1997; Cohen 1999). Indirekt wird die Hypothese, dass Persönlichkeitsstörungszüge während der Jugend und des Erwachsenenalters eher abnehmen, auch durch Querschnittsstudien gestützt, wonach die Gesamthäufigkeit psychischer Symptome in der Allgemeinbevölkerung bei Jugendlichen eher höher ist als bei Erwachsenen (Derogatis 1983, Pancoast u. Archer 1992).

28.3 Kindheitsbelastungsfaktoren und ihr Risiko für spezifische Persönlichkeitsstörungen

Aufgrund der oben dargestellten Übersicht scheint eine ganze Reihe von Kindheitsbelastungsfaktoren, wie körperlicher, sexueller, verbaler und psychischer Missbrauch, sehr eng mit der Entwicklung einer Persönlichkeitsstörung in der Jugend verknüpft zu sein. Auch wenn ein ursächlicher Zusammenhang nur schwer festgestellt werden kann, haben wir neuere Befunde prospektiver Longitudinalstudien zusammengestellt,

welche wesentliche wissenschaftliche Belege in Richtung einer kausalen Verknüpfung liefern. Chronische Kindheitsbelastungsfaktoren können die Entwicklung des Kindes auf unterschiedliche Weise beeinflussen. Mehrere Möglichkeiten, so die Unterbrechung der kommunikativen Funktion von Emotionen oder des normativen Sozialisationsprozesses, wurden diskutiert. Zur Diskussion standen ebenfalls die Verknüpfung zwischen maladaptiven Bindungsmustern seitens der Eltern und Persönlichkeitsstörungen sowie die empirische Tatsache, dass die Prävalenz von Persönlichkeitsstörungsmerkmalen über die Zeit bei Kindern, Jugendlichen und Erwachsenen in klinischen wie in nicht-klinischen Populationen eher abnimmt.

28.3.1 Antisoziale Persönlichkeitsstörung

Eine Sichtung der Literatur erbrachte neun Studien, in denen eine Verknüpfung zwischen kindlicher Misshandlung und dem Risiko, eine Antisoziale Persönlichkeitsstörung zu entwickeln, wissenschaftlich belegbar war. Die Ergebnisse dieser Studien weisen darauf hin, dass körperliche Misshandlung, sexueller Missbrauch, emotionale, physische und jede andere Form der Vernachlässigung in der Kindheit mit einem erhöhten Risiko für die Entwicklung einer Antisozialen Persönlichkeitsstörung einhergehen (Tab. 28-1).

Wissenschaftliche Erkenntnisse aus retrospektiven Studien (Ogata et al. 1990; Pollock et al. 1990; Shearer et al. 1990; Norden et al. 1995; Bernstein et al. 1998; Fondacaro et al. 1999; Ruggiero et al. 1999) zeigen, dass Menschen mit Antisozialen Persönlichkeitsstörungen im Vergleich zu Patienten mit anderen Persönlichkeitsstörungen häufiger körperliche Misshandlungen, sexuellen Missbrauch und emotionale Vernachlässigung berichten.

Andere Studien kamen zu Ergebnissen, wonach geringe elterliche Zuneigung in der Kindheit mit der Entwicklung antisozialer Persönlichkeitssymptome verknüpft war (Norden et al. 1995; Carter et al. 1999).

Die Ergebnisse der einzigen Studie, die sowohl retrospektive als auch prospektive Daten als Grundlage ihrer Befunde hat (Johnson et al. 1999a), konnte wissenschaftlich belegen, dass körperliche Misshandlung und jede Art von Vernachlässigung in der Kindheit zu einem erhöhten Risiko für die Entwicklung einer Antisozialen Persönlichkeitsstörung beitragen können.

Darüber hinaus kann problematisches Elternverhalten zu einem häufigeren Auftreten von Verhaltensproblemen bei den betreffenden Kindern führen, wozu aggressive und antisoziale Verhaltensweisen zählen (Shaw et al. 1984; Frick et al. 1992; Reiss et al. 1995; Loeber u. Farrington 2000; Loeber et al. 2000). Forschungsergebnisse weisen auch darauf hin, dass die Verknüpfung von Kriminalität bei den Eltern und Delinquenz bei ihren Kindern teilweise durch intervenierende Familienprozesse bedingt sein dürfte (Sampson u. Laub 1993; 1994; vgl. auch Rowe u. Farrington 1997).

28.3.2 Vermeidende Persönlichkeitsstörung

In der Literatur fanden wir acht Studien, welche wissenschaftlich eine Verknüpfung zwischen Misshandlung in der Kindheit und Entwicklung einer vermeidenden Persönlichkeitsstörung belegen. Nach den Ergebnissen dieser Studien dürften körperliche Misshandlung, sexueller und emotionaler Missbrauch, emotionale und jede andere Form der Vernachlässigung in der Kindheit mit einem erhöhten Risiko für die Entwicklung einer vermeidenden Persönlichkeitsstörung verknüpft sein (Tab. 28-2).

Retrospektive Studien (Arbel u. Stravynski 1991; Gauthier et al. 1996; Carter et al. 1999; Ruggiero et al. 1999; Shea et al. 1999; Grilo u. Masheb 2002) zeigen, dass Menschen mit vermeidender Persönlichkeitsstörung im Vergleich zu Patienten mit anderen Persönlichkeitsstörungen in ihren Schilderungen der Kindheit häufiger körperliche Misshandlung, sexuellen und emotionalen Missbrauch, emotionale und andere Formen kindlicher Vernachlässigung berichten.

Andere Studien kamen zu Ergebnissen, wonach beschämendes, schulderzeugendes und intolerantes Elternverhalten mit größerer Wahrscheinlichkeit von Menschen mit vermeidenden Persönlichkeitssymptomen als von normalen Kontrollpersonen berichtet werden (Stravynski et al. 1989) und Patienten mit vermeidenden Persönlichkeitsstörungen auch davon berichten, dass sie während ihrer Kindheit nur sehr wenig Zuwendung seitens der Eltern erfahren haben (Norden et al. 1995; Carter et al. 1999).

Prospektive Studien (Johnson et al. 1999a, b; 2000a, b) belegen, dass emotionale und andere Formen der Vernachlässigung in der Kindheit mit einem signifikant höheren Risiko für die Entwicklung einer vermeidenden Persönlichkeitsstörung verknüpft sind.

Die einzige Studie, welche sowohl über retrospektive als auch über prospektive Daten verfügt (Johnson et al. 1999a, b), belegt, dass Vernachlässigung in der Kindheit zu einem erhöhten Risiko für die Entwicklung einer vermeidenden Persönlichkeitsstörung beitragen kann.

Tab. 28-1 Studienergebnisse zu Assoziationen zwischen spezifischen Formen von Kindheitsbelastungen und Antisozialer Persönlichkeitsstörung

Form der Kindheitsbelastung							Studie	n	Stichprobe	Andere Kindheitsbelastungen, statistisch kontrolliert	Andere Kovariaten, für die statistisch kontrolliert wurde
KM	SM	EM	EB	MV	EV	IV					
PC‡						PC‡	Johnson et al. (1999a, b)	639	• prospektive longitudinale Repräsentativstichprobe von Eltern und Kindern (SM, KM, IV) • Angaben zu Missbrauch und Misshandlung basieren auf offiziellen Registern und retrospektiven Befragungen der Kinder	KM, SM, IV	komorbide Persönlichkeitsstörungen, Alter und Geschlecht, elterliche Bildung und elterliches Einkommen, elterliche psychische Erkrankungen
	R						Fondacaro et al. (1999)	211	86 männliche Strafgefangene mit sexuellem Missbrauch in der Kindheit und 125 männliche Strafgefangene ohne eine solchen	–	–
R							Pollock et al. (1990)	201	131 Söhne von Alkoholikern, 70 Kontrollen	–	väterlicher Alkoholismus
R				R			Bernstein et al. (1998)	339	Patienten mit Alkohol- oder Drogenabhängigkeit	–	–
					R		Carter et al. (1999)	248	depressive ambulante Patienten	–	–
R					R		Norden et al. (1995)	90	ambulante Psychiatrie-Patienten	–	–

28.3 Kindheitsbelastungsfaktoren

Tab. 28-1 (Fortsetzung)

Form der Kindheitsbelastung							Studie	n	Stichprobe	Andere Kindheitsbelastungen, statistisch kontrolliert	Andere Kovariaten, für die statistisch kontrolliert wurde
KM	SM	EM	EB	MV	EV	IV					
	R						Ruggiero et al. (1999)	200	stationäre Kriegsveteranen mit Substanzabhängigkeit	–	–
R							Shearer et al. (1990)	40	stationäre Patientinnen mit Borderline-Störung	–	–
D						D	Widom (1989b)	1575	prospektive Studie an 908 gerichtlich dokumentierten Missbrauchs-, Misshandlungs- und Vernachlässigungsfällen und an 667 nicht betroffenen Kontrollen	–	Alter, Geschlecht, Ethnizität

Zusammenfassung der signifikanten Assoziationen:

KM	SM	EM	EB	MV	EV	IV
PC‡R	R			R	R	PC‡D

‡ = Assoziation bleibt signifikant nach statistischer Kontrolle anderer Kindheitsbelastungsfaktoren; **BPS** = Borderline-Persönlichkeitsstörung; **C** = kombinierte prospektive und retrospektive Erfassung der Kindheitsbelastungen; bei Kontrolle anderer Persönlichkeitsstörungen sowie elterliche Bildung und Psychopathologie zeigen sich signifikante Zusammenhänge; **D** = Individuen mit dokumentiertem Misshandlungen/Vernachlässigungen zeigen höhere Raten an Diagnosen der betreffenden Persönlichkeitsstörung als Kontrollen; **EB** = fehlende elterliche Beaufsichtigung; **EM** = emotionale Misshandlung, Entwertung; **EV** = emotionale Vernachlässigung; **IM** = irgendeine Form des Missbrauchs/der Misshandlung; **KM** = körperliche Misshandlung; **KV** = kognitive Vernachlässigung; **MD** = Major Depression (depressive Episode); **MV** = materielle Vernachlässigung; **P** = prospektive, epidemiologische Studie, basierend auf dokumentierten Kindheitsbelastungen; bei Kontrolle anderer Persönlichkeitsstörungen sowie elterliche Bildung und Psychopathologie zeigen sich signifikante Zusammenhänge; **PTBS** = Posttraumatische Belastungsstörung; **R** = retrospektive klinische Studien zeigen unter Kontrolle von Kovariaten signifikante Zusammenhänge; **SM** = sexueller Missbrauch

Tab. 28-2 Studienergebnisse zu Assoziationen zwischen spezifischen Formen von Kindheitsbelastungen und vermeidender Persönlichkeitsstörung

Form der Kindheitsbelastung							Studie	n	Stichprobe	Andere Kindheitsbelastungen, statistisch kontrolliert	Andere Kovariaten, für die statistisch kontrolliert wurde
KM	SM	EM	EB	MV	EV	IV					
					R		Carter et al. (1999)	248	depressive ambulante Patienten	–	–
R						R	Gauthier et al. (1996)	512	Studenten	M, IV	–
		R					Grilo u. Masheb (2002)	116	ambulante Patienten mit Essstörungen	KM, SM, EM, EM, MV	–
						PC‡	Johnson et al. (1999a, b)	639	• prospektive longitudinale Repräsentativstichprobe von Eltern und Kindern (SM, KM, IV) • Angaben zu Missbrauch und Misshandlung basieren auf offiziellen Registern und retrospektiven Befragungen der Kinder	KM, SM, IV	komorbide Persönlichkeitsstörungen, Alter und Geschlecht, elterliche Bildung und elterliches Einkommen, elterliche psychische Erkrankungen
					P‡	P‡	Johnson et al. (2000a, b)	738	• prospektive longitudinale Repräsentativstichprobe von Eltern und Kindern • Angaben zur Vernachlässigung basieren auf offiziellen Registern und Angaben der Mütter	KM, SM, EM, EB, MV, KV	komorbide Persönlichkeitsstörungen, Alter und Geschlecht

28.3 Kindheitsbelastungsfaktoren

Tab. 28-2 (Fortsetzung)

Form der Kindheitsbelastung							Studie	n	Stichprobe	Andere Kindheitsbelastungen, statistisch kontrolliert	Andere Kovariaten, für die statistisch kontrolliert wurde
KM	SM	EM	EB	MV	EV	IV					
	R	R				R	Ruggiero et al. (1999)	200	stationäre Kriegsveteranen mit Substanzabhängigkeit	–	–
	R						Shea et al. (1999)	140	stationäre und ambulante Patientinnen mit sexuellem Missbrauch in der Kindheit, verglichen mit Kriegsveteranen mit PTBS, Zwangs-, bipolaren, Panik-, Bulimie- und depressiven Patienten	–	
					R		Arbel u. Stravynski (1991)	45	23 Patienten einer psychiatrischen Forschungsstelle, verglichen mit 22 Kontrollen	–	
Zusammenfassung der signifikanten Assoziationen:											
R	R	R			P‡R	P‡C‡R					

‡ = Assoziation bleibt signifikant nach statistischer Kontrolle anderer Kindheitsbelastungsfaktoren; **BPS** = Borderline-Persönlichkeitsstörung; **C** = kombinierte prospektive und retrospektive Erfassung der Kindheitsbelastungen; bei Kontrolle anderer Persönlichkeitsstörungen sowie elterliche Bildung und Psychopathologie zeigen sich signifikante Zusammenhänge; **D** = Individuen mit dokumentiertem Misshandlungen/Vernachlässigungen zeigen höhere Raten an Diagnosen der betreffenden Persönlichkeitsstörung als Kontrollen; **EB** = fehlende elterliche Beaufsichtigung; **EM** = emotionale Misshandlung, Entwertung; **EV** = emotionale Vernachlässigung; **IM** = irgendeine Form des Missbrauchs/der Misshandlung; **IV** = irgendeine Form der Vernachlässigung; **KM** = körperliche Misshandlung; **KV** = kognitive Vernachlässigung; **MD** = Major Depression (depressive Episode); **MV** = materielle Vernachlässigung; **P** = prospektive, epidemiologische Studie, basierend auf dokumentierten Kindheitsbelastungen; **PTBS** = Posttraumatische Belastungsstörung; **R** = retrospektive klinische Studien zeigen unter Kontrolle von Kovariaten signifikante Zusammenhänge; **SM** = sexueller Missbrauch

28.3.3 Borderline-Persönlichkeitsstörung

Unsere Sichtung der Literatur erbrachte acht Studien, welche wissenschaftlich eine Verknüpfung zwischen Misshandlung in der Kindheit und dem Risiko, eine Borderline-Störung zu entwickeln, belegen. Nach den Ergebnissen dieser Studien dürften körperliche Misshandlung, sexueller und emotionaler Missbrauch, nachlässiges Erziehungsverhalten, emotionale und andere Formen von Vernachlässigung mit einem erhöhten Risiko, eine Borderline-Störung zu entwickeln, einhergehen (Tab. 28-3).

Retrospektive Studien weisen darauf hin, dass Menschen mit Borderline-Störungen mit größerer Wahrscheinlichkeit von körperlicher Misshandlung, sexuellem und emotionalem Missbrauch, emotionaler und körperlicher Vernachlässigung, Vernachlässigung von Erziehungsaufgaben und anderen Formen von Vernachlässigung in der Kindheit berichten (Herman et al. 1989; Zanarini et al. 1989; Brown u. Anderson 1991; Goldman et al. 1992; Weaver u. Clum 1993; Paris et al. 1994a; Norden et al. 1995; Laporte u. Guttman 1996; Oldham et al. 1996; Steiger et al. 1996; Dubo et al. 1997; Zanarini et al. 1997b; Carter et al. 1999; Shea et al. 1999; Yen et al. 2002).

Andere Studien kommen zu dem Schluss, dass geringe elterliche Zuneigung in der Kindheit mit der Entwicklung von Symptomen einer Borderline-Störung verknüpft ist (Norden et al. 1995; Carter et al. 1999).

Prospektive Studien (Johnson et al. 1999a, b; 2000a, b; 2001a, b) belegen, dass körperliche Misshandlung, sexueller und emotionaler Missbrauch, nachlässiges Erziehungsverhalten und andere Formen von Vernachlässigung in der Kindheit mit einem signifikant erhöhten Risiko für die Entwicklung einer Borderline-Störung einhergehen.

Ergebnisse der einzigen Studie, die sowohl über grundlegende retrospektive als auch prospektive Daten verfügt (Johnson et al. 1999a, b), belegen, dass körperliche Misshandlung, sexueller Missbrauch und andere Formen von Vernachlässigung in der Kindheit zu einem erhöhten Risiko für die Entwicklung einer Borderline-Störung beitragen.

28.3.4 Dependente Persönlichkeitsstörungen

Bei unserer Literatursichtung fanden wir vier Studien, welche einen Zusammenhang zwischen Misshandlung in der Kindheit und dem Risiko, Dependente Persönlichkeitsstörungen zu entwickeln, beschreiben. Die Ergebnisse dieser Studien zeigen, dass körperliche Misshandlung sowie emotionale und andere Formen von Vernachlässigung in der Kindheit mit einem erhöhten Risiko für die Entwicklung Dependenter Persönlichkeitsstörungen verknüpft sind (Tab. 28-4).

Die Ergebnisse retrospektiver Studien (Drake et al. 1988; Carter et al. 1999) zeigen, dass Menschen mit Dependenten Persönlichkeitsstörungen im Vergleich zu Patienten mit anderen Persönlichkeitsstörungen mit größerer Wahrscheinlichkeit von emotionaler und anderen Formen der Vernachlässigung in ihrer Kindheit berichten.

Darüber hinaus wurde bei Patienten mit Dependenten Persönlichkeitsstörungen festgestellt, dass in der Ursprungsfamilie ein hohes Ausmaß an Kontrollverhalten seitens der Eltern und ein geringes Ausmaß an Expressivität in der Familie sowie Unabhängigkeit bei den Kindern charakteristisch waren (Head et al. 1991; Baker et al. 1996). Diese Patienten berichten mit einer

28.3 Kindheitsbelastungsfaktoren

besonders großen Wahrscheinlichkeit von geringer Zuwendung seitens der Eltern während der Kindheit (Norden et al. 1995; Carter et al. 1999). Weiterhin legen Forschungsergebnisse nahe, dass eine Dependente Persönlichkeitsstörung oft mit unsicherer Bindung zu den Eltern während der Kindheit einhergegangen ist (Pincus u. Wilson 2001).

Aufgrund der wissenschaftlichen Resultate prospektiver Studien (Johnson et al. 1999a, b; 2000a, b) sind körperliche Misshandlung und Vernachlässigung in der Kindheit signifikant mit dem Risiko, eine Dependente Persönlichkeitsstörung zu entwickeln, verknüpft.

Nach den Ergebnissen der einzigen Studie, der sowohl retrospektive als auch prospektive Daten zugrunde liegen (Johnson et al. 1999a, b), erhöhen körperliche Misshandlung und jede Form von Vernachlässigung in der Kindheit das Risiko, eine Dependente Persönlichkeitsstörung zu entwickeln.

28.3.5 Depressive Persönlichkeitsstörungen

Unsere Literaturrecherche ergab vier Studien, welche einen Zusammenhang zwischen Misshandlung in der Kindheit und dem Risiko der Entwicklung depressiver Persönlichkeitsstörungen belegen. Nach den Ergebnissen dieser Studien kann körperliche Misshandlung, sexueller und emotionaler Missbrauch sowie jede Form von Vernachlässigung in der Kindheit mit einem erhöhten Risiko für die Entwicklung depressiver Persönlichkeitsstörungen einhergehen (Tab. 28-5).

Die Ergebnisse retrospektiver Studien (Briere u. Runtz 1990; Mullen et al. 1996) zeigen, dass Menschen mit depressiver Persönlichkeitsstörung im Vergleich zu Patienten mit anderen Persönlichkeitsstörungen mit größerer Wahrscheinlichkeit sexuellen und emotionalen Missbrauch in der Kindheit berichten.

Prospektive Studien (Johnson et al. 1999a, b; 2000a, b) belegen, dass körperliche Misshandlung, sexueller Missbrauch und jede Form von Vernachlässigung in der Kindheit mit dem Risiko der Entwicklung depressiver Persönlichkeitsstörungen einhergehen.

Die Ergebnisse der einzigen Studie, der sowohl prospektive als auch retrospektive Daten zugrunde liegen (Johnson et al. 1999a, b), belegen, dass körperlicher und sexueller Missbrauch in der Kindheit zu einem erhöhten Risiko für die Entwicklung depressiver Persönlichkeitsstörungen führen.

28.3.6 Histrionische Persönlichkeitsstörung

Eine Sichtung der Literatur erbrachte drei Studien, welche eine Verknüpfung zwischen Misshandlung in der Kindheit und dem Risiko für die Entwicklung einer Histrionischen Persönlichkeitsstörung belegen. Nach den Ergebnissen dieser Studien ist sexueller Missbrauch und nachlässiges Erziehungsverhalten mit einem erhöhten Risiko für die Entwicklung einer Histrionischen Persönlichkeitsstörung verknüpft (Tab. 28-6).

Norden et al. (1995) berichteten retrospektive Ergebnisse, wonach Menschen mit Histrionischer Persönlichkeitsstörung im Vergleich zu Patienten mit anderen Persönlichkeitsstörungen häufiger sexuellen Missbrauch in der Vorgeschichte beschreiben. Baker et al. (1996) fanden auch ein hohes Ausmaß elterlichen Kontrollverhaltens, Leistungsorientierung, intellektuell-kultu-

Tab. 28-3 Studienergebnisse zu Assoziationen zwischen spezifischen Formen von Kindheitsbelastungen und Borderline-Persönlichkeitsstörung

Form der Kindheitsbelastung							Studie	n	Stichprobe	Andere Kindheitsbelastungen, statistisch kontrolliert	Andere Kovariaten, für die statistisch kontrolliert wurde
KM	SM	EM	EB	MV	EV	IV					
R	R						Brown u. Anderson (1991)	947	stationäre Militärangehörige (673 Soldaten, 346 Zivile)	SM, KM	–
					R		Carter et al. (1999)	248	ambulante Depressive	–	–
R							Goldman et al. (1992)	144	44 ambulante Kinder mit BPS und 100 ambulante Kontrollen (auch Kinder)	–	–
R	R						Herman et al. (1989)	55	Längsschnittstudie an Borderline-, schizotypischen antisozialen und Bipolar-II-Patienten	–	–
C‡	PC‡					P‡C‡	Johnson et al. (1999a, b)	639	• prospektive longitudinale Repräsentativstichprobe von Eltern und Kindern (SM, KM, IV) • Angaben zu Missbrauch und Misshandlung basieren auf offiziellen Registern und retrospektiven Befragungen der Kinder	KM, SM, IV	komorbide Persönlichkeitsstörungen, Alter und Geschlecht, elterliche Bildung und elterliches Einkommen, elterliche psychische Erkrankungen

28.3 Kindheitsbelastungsfaktoren

Tab. 28-3 (Fortsetzung)

Form der Kindheitsbelastung							Studie	n	Stichprobe	Andere Kindheitsbelastungen, statistisch kontrolliert	Andere Kovariaten, für die statistisch kontrolliert wurde
KM	SM	EM	EB	MV	EV	IV					
		P‡					Johnson et al. (2001a, b)	793	• prospektive longitudinale Repräsentativstichprobe von Eltern und Kindern • Angaben zur mütterlichen verbalen Entwertung beruhen auf Aussagen der Mütter	KM, SM, IV	kindliches Temperament, körperliche Bestrafung, komorbide psychische Erkrankungen, elterliche Bildung und elterliche psychische Erkrankungen
			P‡			P‡	Johnson et al. (2000a, b)	738	• prospektive longitudinale Repräsentativstichprobe von Eltern und Kindern • Angaben zur Vernachlässigung basieren auf offiziellen Registern und Angaben der Mütter	KM, SM, EM, EB, MV, KV	komorbide Persönlichkeitsstörungen, Alter und Geschlecht
R	R	R					Laporte u. Guttman (1996)	751	366 Patienten mit BPS, 385 Patienten mit anderen Persönlichkeitsstörungen	–	–
	R						Norden et al. (1995)	90	ambulante Psychiatrie-Patienten	–	–
	R						Ogata et al. (1990)	42	24 erwachsene Patienten mit BPS und 18 depressive Kontrollen	–	–

siehe Legende auf Seite 519

Tab. 28-3 (Fortsetzung)

| \multicolumn{7}{c|}{Form der Kindheitsbelastung} | Studie | n | Stichprobe | Andere Kindheitsbelastungen, statistisch kontrolliert | Andere Kovariaten, für die statistisch kontrolliert wurde |

KM	SM	EM	EB	MV	EV	IV	Studie	n	Stichprobe	Andere Kindheitsbelastungen, statistisch kontrolliert	Andere Kovariaten, für die statistisch kontrolliert wurde
R							Oldham et al. (1996)	50	44 stationäre Patienten mit BPS, 6 stationäre Patienten mit anderen Persönlichkeitsstörungen	–	–
	R						Paris et al. (1994a)	150	ambulante Patientinnen, 78 mit BPS und 72 mit anderen Persönlichkeitsstörungen	–	–
	R						Shea et al. (1999)	140	stationäre und ambulante Patientinnen mit sexuellem Missbrauch in der Kindheit, verglichen mit Kriegsveteranen mit PTBS, Zwangs-, bipolaren, Panik-, Bulimie- und depressiven Patienten	–	–
R	R						Steiger et al. (1996)	61	ambulante Patientinnen mit Bulimia nervosa, 14 mit BPS, 30 mit anderen Persönlichkeitsstörungen, 17 ohne Persönlichkeitsstörung	–	–
	R						Weaver u. Clum (1993)	36	stationäre Patientinnen mit diagnostizierter Depression, 17 mit BPS, 19 ohne BPS	KM	komorbide psychische Symptome und Erkrankungen, Familienumfeld

28.3 Kindheitsbelastungsfaktoren

Tab. 28-3 (Fortsetzung)

Form der Kindheitsbelastung							Studie	n	Stichprobe	Andere Kindheitsbelastungen, statistisch kontrolliert	Andere Kovariaten, für die statistisch kontrolliert wurde
KM	SM	EM	EB	MV	EV	IV					
	R						Yen et al. (2002)	653	Längsschnittstudie an 86 schizotypischen, 167 Borderline-, 153 vermeidenden und 153 zwanghaften Persönlichkeitsstörungen, 94 Depressive ohne Persönlichkeitsstörung	–	komorbide Persönlichkeitsstörungen und Depression
	R	R					Zanarini et al. (1989)	105	50 ambulante Patienten mit BPS, 29 mit Antisozialer Persönlichkeitsstörung und 26 mit anderen Persönlichkeitsstörungen und komorbider Dysthymie	–	–
	R	R	R	R	R	R	Zanarini et al. (1997b)	467	358 stationäre Patienten mit BPS, 109 stationäre Patienten mit anderen Persönlichkeitsstörungen	–	–

Zusammenfassung der signifikanten Assoziationen:

KM	SM	EM	EB	MV	EV	IV
C‡R	PC‡R	P‡R	P‡		R	P‡C‡R

‡ = Assoziation bleibt signifikant nach statistischer Kontrolle anderer Kindheitsbelastungen; **BPS** = Borderline-Persönlichkeitsstörung; **C** = kombinierte prospektive und retrospektive Erfassung der Kindheitsbelastungen; bei Kontrolle anderer Persönlichkeitsstörungen sowie elterliche Bildung und Psychopathologie zeigen sich signifikante Zusammenhänge; **D** = Individuen mit dokumentiertem Misshandlungen/Vernachlässigungen zeigen höhere Raten an Diagnosen der betreffenden Persönlichkeitsstörung als Kontrollen; **EB** = fehlende elterliche Beaufsichtigung; **EM** = emotionale Misshandlung, Entwertung; **EV** = emotionale Vernachlässigung; **IM** = irgendeine Form des Missbrauchs/der Misshandlung; **IV** = irgendeine Form der Vernachlässigung; **KM** = körperliche Misshandlung; **KV** = kognitive Vernachlässigung; **MD** = Major Depression (depressive Episode); **MV** = materielle Vernachlässigung; **P** = prospektive, epidemiologische Studie, basierend auf dokumentierten Kindheitsbelastungen; bei Kontrolle anderer Persönlichkeitsstörungen sowie elterliche Bildung und Psychopathologie zeigen sich signifikante Zusammenhänge; **PTBS** = Posttraumatische Belastungsstörung; **R** = retrospektive klinische Studien zeigen unter Kontrolle von Kovariaten signifikante Zusammenhänge; **SM** = sexueller Missbrauch

Tab. 28-4 Studienergebnisse zu Assoziationen zwischen spezifischen Formen von Kindheitsbelastungen und Dependenter Persönlichkeitsstörung

Form der Kindheitsbelastung							Studie	n	Stichprobe	Andere Kindheitsbelastungen, statistisch kontrolliert	Andere Kovariaten, für die statistisch kontrolliert wurde
KM	SM	EM	EB	MV	EV	IV					
					R		Carter et al. (1999)	248	ambulante depressive Patienten	–	–
						R	Drake et al. (1988)	307	Längsschnittstudie an 307 erwachsenen Männern	–	–
P‡C‡							Johnson et al. (1999a, b)	639	• prospektive longitudinale Repräsentativstichprobe von Eltern und Kindern (SM, KM, IV) • Angaben zu Missbrauch und Misshandlung basieren auf offiziellen Registern und retrospektiven Befragungen der Kinder	KM, SM, IV	komorbide Persönlichkeitsstörungen, Alter und Geschlecht, elterliche Bildung und elterliches Einkommen, elterliche psychische Erkrankungen
P							Johnson et al. (2000a, b)	738	• prospektive longitudinale Repräsentativstichprobe von Eltern und Kindern • Angaben zur Vernachlässigung basieren auf offiziellen Registern und Angaben der Mütter	KM, SM, EM, EB, MV, KV	komorbide Persönlichkeitsstörungen, Alter und Geschlecht

Zusammenfassung der signifikanten Assoziationen:

KM	SM	EM	EB	MV	EV	IV
PC‡					R	P‡C‡R

siehe Legende auf Seite 522

28.3 Kindheitsbelastungsfaktoren

Tab. 28-5 Studienergebnisse zu Assoziationen zwischen spezifischen Formen von Kindheitsbelastungen und depressiver Persönlichkeitsstörung

Form der Kindheitsbelastung							Studie	n	Stichprobe	Andere Kindheitsbelastungen, statistisch kontrolliert	Andere Kovariaten, für die statistisch kontrolliert wurde
KM	SM	EM	EB	MV	EV	IV					
		R					Briere u. Runtz (1990)	277	Studentinnen	KM, SM, EM	–
P	C‡						Johnson et al. (1999a, b)	639	• prospektive longitudinale Repräsentativstichprobe von Eltern und Kindern (SM, KM, IV) • Angaben zu Missbrauch und Misshandlung basieren auf offiziellen Registern und retrospektiven Befragungen der Kinder	KM, SM, IV	komorbide Persönlichkeitsstörungen, Alter und Geschlecht, elterliche Bildung und elterliches Einkommen, elterliche psychische Erkrankungen
						P	Johnson et al. (2000a, b)	738	• prospektive longitudinale Repräsentativstichprobe von Eltern und Kindern • Angaben zur Vernachlässigung basieren auf offiziellen Registern und Angaben der Mütter	KM, SM, EM, EB, MV, KV	komorbide Persönlichkeitsstörungen, Alter und Geschlecht
R		R					Mullen et al. (1996)	497	repräsentative Stichprobe Frauen (107 missbraucht und 390 nicht missbraucht)	KM, SM, EM	andere Kindheitsbelastungen
Zusammenfassung der signifikanten Assoziationen:											
P	C‡R	R				P					

siehe Legende auf Seite 522

Tab. 28-6 Studienergebnisse zu Assoziationen zwischen spezifischen Formen von Kindheitsbelastungen und Histrionischer Persönlichkeitsstörung

Form der Kindheitsbelastung						Studie	n	Stichprobe	Andere Kindheitsbelastungen, statistisch kontrolliert	Andere Kovariaten, für die statistisch kontrolliert wurde
KM	SM	EM	EB	MV	EV	IV					
C‡							Johnson et al. (1999a, b)	639	• prospektive longitudinale Repräsentativstichprobe von Eltern und Kindern (SM, KM, IV) • Angaben zu Missbrauch und Misshandlung basieren auf offiziellen Registern und retrospektiven Befragungen der Kinder	KM, SM, IV	komorbide Persönlichkeitsstörungen, Alter und Geschlecht, elterliche Bildung und elterliches Einkommen, elterliche psychische Erkrankungen
			P				Johnson et al. (2000a, b)	738	• prospektive longitudinale Repräsentativstichprobe von Eltern und Kindern • Angaben zur Vernachlässigung basieren auf offiziellen Registern und Angaben der Mütter	KM, SM, EM, EB, MV, KV	komorbide Persönlichkeitsstörungen, Alter und Geschlecht
	R						Norden et al. (1995)	90	ambulante Psychiatrie-Patienten	–	–

Zusammenfassung der signifikanten Assoziationen:

KM	SM	EM	EB	MV	EV	IV
C‡R			P			

‡ = Assoziation bleibt signifikant nach statistischer Kontrolle anderer Kindheitsbelastungsfaktoren; **BPS** = Borderline-Persönlichkeitsstörung; **C** = kombinierte prospektive und retrospektive Erfassung der Kindheitsbelastungen; bei Kontrolle anderer Persönlichkeitsstörungen sowie elterliche Bildung und Psychopathologie zeigen sich signifikante Zusammenhänge; **D** = Individuen mit dokumentiertem Misshandlungen/Vernachlässigungen zeigen höhere Raten an Diagnosen der betreffenden Persönlichkeitsstörung als Kontrollen; **EB** = fehlende elterliche Beaufsichtigung; **EM** = emotionale Misshandlung, Entwertung; **EV** = emotionale Vernachlässigung; **IM** = irgendeine Form des Missbrauchs/der Misshandlung; **IV** = irgendeine Form der Vernachlässigung; **KM** = körperliche Misshandlung; **KV** = kognitive Vernachlässigung; **MD** = Major Depression (depressive Episode); **MV** = materielle Vernachlässigung; **P** = prospektive, epidemiologische Studie, basierend auf dokumentierten Kindheitsbelastungen; bei Kontrolle anderer Persönlichkeitsstörungen sowie elterliche Bildung und Psychopathologie zeigen sich signifikante Zusammenhänge; **PTBS** = Posttraumatische Belastungsstörung; **R** = retrospektive klinische Studien zeigen unter Kontrolle von Kovariaten signifikante Zusammenhänge; **SM** = sexueller Missbrauch

28.3 Kindheitsbelastungsfaktoren

reller Orientierung sowie einen geringen Grad an Familienkohäsion.

Prospektive Daten (Johnson et al. 2000a, b) zeigen, dass nachlässiges Erziehungsverhalten in der Kindheit signifikant mit dem Risiko der Entwicklung einer Histrionischen Persönlichkeitsstörung verknüpft war.

Die Ergebnisse der einzigen Studie, der sowohl prospektive als auch retrospektive Daten zugrunde liegen (Johnson et al. 1999a, b), belegen, dass sexueller Missbrauch in der Kindheit zu einem erhöhten Risiko für die Entwicklung einer Histrionischen Persönlichkeitsstörung führen kann.

28.3.7 Narzisstische Persönlichkeitsstörung

Anhand der Literatur fanden wir vier Studien, die einen Zusammenhang zwischen Misshandlung in der Kindheit und dem Risiko der Entwicklung einer Narzisstischen Persönlichkeitsstörung beschrieben. Nach den Ergebnissen dieser Studien sind sexueller und emotionaler Missbrauch sowie Vernachlässigung mit einem erhöhten Risiko für die Entwicklung einer Narzisstischen Persönlichkeitsstörung verbunden (Tab. 28-7).

Norden et al. (1995) konnten zeigen, dass Menschen mit Narzisstischen Persönlichkeitsstörungen im Vergleich zu solchen mit anderen Persönlichkeitsstörungen häufiger von sexuellen Missbrauchserfahrungen berichten.

Prospektive Studien (Johnson et al. 1999a, b; 2000a, b; 2001a, b) belegen, dass emotionaler Missbrauch, körperliche Vernachlässigung, emotionale und andere Formen der Vernachlässigung in der Kindheit mit einem erhöhten Risiko für die Entwicklung einer Narzisstischen Persönlichkeitsstörung verknüpft sind.

Ergebnisse der einzigen Studie, die sowohl auf retrospektiven als auch auf prospektiven Daten beruhen (Johnson et al. 1999a, b), belegen, dass Vernachlässigung in der Kindheit zu einem erhöhten Risiko für die Entwicklung einer Narzisstischen Persönlichkeitsstörung führt.

28.3.8 Anankastische Persönlichkeitsstörung

Unsere Literaturrecherche ergab zwei Studien, welche einen Zusammenhang zwischen Misshandlung in der Kindheit und dem Risiko für die Entwicklung einer Anankastischen Persönlichkeitsstörung belegen. Nach den Ergebnissen dieser Studien sind emotionale und andere Formen von Vernachlässigung in der Kindheit Risikofaktoren, eine Anankastische Persönlichkeitsstörung zu entwickeln (Tab. 28-8).

Prospektive Studien (Johnson et al. 1999a, b; 2001b) belegen, dass emotionale Misshandlung und jede Form von Vernachlässigung in der Kindheit mit einem erhöhten Risiko, eine Anankastische Persönlichkeitsstörung zu entwickeln, einhergehen.

28.3.9 Paranoide Persönlichkeitsstörung

Im Rahmen unserer Literaturrecherche fanden wir sechs Studien, nach denen wissenschaftlich ein Zusammenhang zwischen Misshandlung in der Kindheit und dem Risiko, eine Paranoide Persönlichkeitsstörung zu entwickeln, belegbar ist. Nach den Ergebnissen dieser Studien sind sexueller und emotionaler Missbrauch, nachlässiges Erziehungsverhalten, emotionale und andere Formen von Vernachlässigung in der Kindheit mit einem erhöhten Risiko für die Entwicklung einer Paranoiden Persönlichkeitsstörung verknüpft (Tab. 28-9).

Tab. 28-7 Studienergebnisse zu Assoziationen zwischen spezifischen Formen von Kindheitsbelastungen und Narzisstischer Persönlichkeitsstörung

Form der Kindheitsbelastung							Studie	n	Stichprobe	Andere Kindheitsbelastungen, statistisch kontrolliert	Andere Kovariaten, für die statistisch kontrolliert wurde
KM	SM	EM	EB	MV	EV	IV					
						PC‡	Johnson et al. (1999a, b)	639	• prospektive longitudinale Repräsentativstichprobe von Eltern und Kindern (SM, KM, IV) • Angaben zu Missbrauch und Misshandlung basieren auf offiziellen Registern und retrospektiven Befragungen der Kinder	KM, SM, IV	komorbide Persönlichkeitsstörungen, Alter und Geschlecht, elterliche Bildung und elterliches Einkommen, elterliche psychische Erkrankungen
		P‡					Johnson et al. (2001a, b)	793	• prospektive longitudinale Repräsentativstichprobe von Eltern und Kindern • Angaben zur mütterlichen verbalen Entwertung beruhen auf Aussagen der Mütter	KM, SM, IV	kindliches Temperament, körperliche Bestrafung, komorbide psychische Erkrankungen, elterliche Bildung und elterliches Einkommen, elterliche psychische Erkrankungen
						P	Johnson et al. (2000a, b)	738	• prospektive longitudinale Repräsentativstichprobe von Eltern und Kindern • Angaben zur Vernachlässigung basieren auf offiziellen Registern und Angaben der Mütter	KM, SM, EM, EB, MV, KV	komorbide Persönlichkeitsstörungen, Alter und Geschlecht
R							Norden et al. (1995)	90	ambulante Psychiatrie-Patienten	–	–
Zusammenfassung der signifikanten Assoziationen:											
R		P‡				PC‡					

28.3 Kindheitsbelastungsfaktoren

Tab. 28-8 Studienergebnisse zu Assoziationen zwischen spezifischen Formen von Kindheitsbelastungen und zwanghafter Persönlichkeitsstörung

Form der Kindheitsbelastung							Studie	n	Stichprobe	Andere Kindheitsbelastungen, statistisch kontrolliert	Andere Kovariaten, für die statistisch kontrolliert wurde
KM	SM	EM	EB	MV	EV	IV					
						P	Johnson et al. (1999a, b)	639	• prospektive longitudinale Repräsentativstichprobe von Eltern und Kindern (SM, KM, IV) • Angaben zu Misshandlung basieren auf offiziellen Registern und retrospektiven Befragungen der Kinder	KM, SM, IV	komorbide Persönlichkeitsstörungen, Alter und Geschlecht, elterliche Bildung und elterliches Einkommen, elterliche psychische Erkrankungen
		P‡				P	Johnson et al. (2001a, b)	793	• prospektive longitudinale Repräsentativstichprobe von Eltern und Kindern • Angaben zur mütterlichen verbalen Entwertung beruhen auf Aussagen der Mütter	KM, SM, IV	kindliches Temperament, körperliche Bestrafung, komorbide psychische Erkrankungen, elterliche Bildung und elterliche psychische Erkrankungen
Zusammenfassung der signifikanten Assoziationen:											
		p‡				P					

‡ = Assoziation bleibt signifikant nach statistischer Kontrolle anderer Kindheitsbelastungen; **BPS** = Borderline-Persönlichkeitsstörung; **C** = kombinierte prospektive und retrospektive Erfassung der Kindheitsbelastungen; bei Kontrolle anderer Persönlichkeitsstörungen sowie elterliche Bildung und Psychopathologie zeigen sich signifikante Zusammenhänge; **D** = Individuen mit dokumentiertem Misshandlungen/Vernachlässigungen zeigen höhere Raten an Diagnosen der betreffenden Persönlichkeitsstörung als Kontrollen; **EB** = fehlende elterliche Beaufsichtigung; **EM** = emotionale Misshandlung, Entwertung; **EV** = emotionale Vernachlässigung; **IM** = irgendeine Form des Missbrauchs/der Misshandlung; **IV** = irgendeine Form der Vernachlässigung; **KM** = körperliche Misshandlung; **KV** = kognitive Vernachlässigung; **MD** = Major Depression (depressive Episode); **MV** = materielle Vernachlässigung; **P** = prospektive, epidemiologische Studie, basierend auf dokumentierten Kindheitsbelastungen; bei Kontrolle anderer Persönlichkeitsstörungen sowie elterliche Bildung und Psychopathologie zeigen sich signifikante Zusammenhänge; **PTBS** = Posttraumatische Belastungsstörung; **R** = retrospektive klinische Studien zeigen unter Kontrolle von Kovariaten signifikante Zusammenhänge; **SM** = sexueller Missbrauch

Tab. 28-9 Studienergebnisse zu Assoziationen zwischen spezifischen Formen von Kindheitsbelastungen und Paranoider Persönlichkeitsstörung

Form der Kindheitsbelastung							Studie	n	Stichprobe	Andere Kindheitsbelastungen, statistisch kontrolliert	Andere Kovariaten, für die statistisch kontrolliert wurde
KM	SM	EM	EB	MV	EV	IV					
					R		Carter et al. (1999)	248	ambulante depressive Patienten	–	–
						P‡	Johnson et al. (1999a, b)	639	• prospektive longitudinale Repräsentativstichprobe von Eltern und Kindern (SM, KM, IV) • Angaben zu Missbrauch und Misshandlung beruhen auf offiziellen Registern und retrospektiven Befragungen der Kinder	KM, SM, IV	komorbide Persönlichkeitsstörungen, Alter und Geschlecht, elterliche Bildung und elterliches Einkommen, elterliche psychische Erkrankungen
		P‡					Johnson et al. (2001a, b)	793	• prospektive longitudinale Repräsentativstichprobe von Eltern und Kindern • Angaben zur mütterlichen verbalen Entwertung beruhen auf Aussagen der Mütter	KM, SM, IV	kindliches Temperament, körperliche Bestrafung, komorbide psychische Erkrankungen, elterliche Bildung und elterliches Einkommen, elterliche psychische Erkrankungen
			P‡			P	Johnson et al. (2000a, b)	738	• prospektive longitudinale Repräsentativstichprobe von Eltern und Kindern • Angaben zur Vernachlässigung basieren auf offiziellen Registern und Angaben der Mütter	KM, SM, EM, EB, MV, KV	komorbide Persönlichkeitsstörungen, Alter und Geschlecht
R							Ruggiero et al. (1999)	200	stationäre Kriegsveteranen mit Substanzabhängigkeit	–	–

28.3 Kindheitsbelastungsfaktoren

Tab. 28-9 (Fortsetzung)

Form der Kindheitsbelastung							Studie	n	Stichprobe	Andere Kindheitsbelastungen, statistisch kontrolliert	Andere Kovariaten, für die statistisch kontrolliert wurde
KM	SM	EM	EB	MV	EV	IV					
	R						Shea et al. (1999)	140	stationäre und ambulante Patientinnen mit sexuellem Missbrauch in der Kindheit, verglichen mit Kriegsveteranen mit PTBS, Zwangs-, bipolaren, Panik-, Bulimie- und depressiven Patienten	–	–

Zusammenfassung der signifikanten Assoziationen:

KM	SM	EM	EB	MV	EV	IV
R	P‡	P‡			P‡R	P‡

‡ = Assoziation bleibt signifikant nach statistischer Kontrolle anderer Kindheitsbelastungsfaktoren; **BPS** = Borderline-Persönlichkeitsstörung; **C** = kombinierte prospektive und retrospektive Erfassung der Kindheitsbelastungen; bei Kontrolle anderer Persönlichkeitsstörungen sowie elterliche Bildung und Psychopathologie zeigen sich signifikante Zusammenhänge; **D** = Individuen mit dokumentiertem Misshandlungen/Vernachlässigungen zeigen höhere Raten an Diagnosen der betreffenden Persönlichkeitsstörung als Kontrollen; **EB** = fehlende elterliche Beaufsichtigung; **EM** = emotionale Misshandlung, Entwertung; **EV** = emotionale Vernachlässigung; **IM** = irgendeine Form des Missbrauchs/der Misshandlung; **IV** = irgendeine Form der Vernachlässigung; **KM** = körperliche Misshandlung; **KV** = kognitive Vernachlässigung; **MD** = Major Depression (depressive Episode); **MV** = materielle Vernachlässigung; **P** = prospektive, epidemiologische Studie, basierend auf dokumentierten Kindheitsbelastungen; bei Kontrolle anderer Persönlichkeitsstörungen sowie elterliche Bildung und Psychopathologie zeigen sich signifikante Zusammenhänge; **PTBS** = Posttraumatische Belastungsstörung; **R** = retrospektive klinische Studien zeigen unter Kontrolle von Kovariaten signifikante Zusammenhänge; **SM** = sexueller Missbrauch

Retrospektive Studien (Carter et al. 1999; Ruggiero et al. 1999; Shea et al. 1999) zeigen, dass Menschen mit Paranoiden Persönlichkeitsstörungen im Vergleich zu solchen mit anderen Persönlichkeitsstörungen mit größerer Wahrscheinlichkeit von sexuellem Missbrauch und emotionaler Vernachlässigung in der Kindheit berichten.

Andere Studien ergaben, dass berichtete geringe elterliche Zuwendung in der Kindheit mit der Entwicklung von Symptomen einer Paranoiden Persönlichkeitsstörung verknüpft sind (Norden et al. 1995; Carter et al. 1999).

In prospektiven Studien (Johnson et al. 1999a, b; 2000a, b; 2001b) konnte ein Zusammenhang zwischen emotionalem Missbrauch, nachlässigem Erziehungsverhalten, emotionaler und anderen Formen der Vernachlässigung in der Kindheit einerseits und der Entwicklung einer paranoiden Persönlichkeit andererseits nachgewiesen werden, der auch dann signifikant blieb, wenn andere Arten des Missbrauchs und der Vernachlässigung in der Kindheit kontrolliert wurden.

28.3.10 Passiv-aggressive Persönlichkeitsstörungen

Eine Sichtung der Literatur ergab vier Studien, nach denen ein wissenschaftlich belegbarer Zusammenhang zwischen Misshandlung in der Kindheit und dem Risiko, passiv-aggressive Persönlichkeitsstörungen zu entwickeln, besteht. Körperliche Misshandlung, sexueller Missbrauch, nachlässiges Erziehungsverhalten und andere Formen der Vernachlässigung in der Kindheit gehen mit einem erhöhten Risiko für die Entwicklung passiv-aggressiver Persönlichkeitsstörungen einher (Tab. 28-10).

Retrospektive Studien (Drake et al. 1988; Ruggiero et al. 1999) ergaben, dass Menschen mit passiv-aggressiven Persönlichkeitsstörungen im Vergleich zu solchen mit anderen Persönlichkeitsstörungen mit größerer Wahrscheinlichkeit von sexuellem Missbrauch und irgendeiner Art von Vernachlässigung in der Kindheit berichten.

Prospektive Studien (Johnson et al. 1999a, b; 2000a, b) belegen, dass körperliche Misshandlung, nachlässiges Erziehungsverhalten und verschiedene Formen von Vernachlässigung in der Kindheit das Risiko, passiv-aggressive Persönlichkeitsstörungen zu entwickeln, signifikant erhöhen.

Die Ergebnisse der einzigen Studie, die sowohl auf retrospektiven als auch prospektiven Daten beruhen (Johnson et al. 1999a, b), belegen, dass körperliche Misshandlung und jede Form von Vernachlässigung in der Kindheit das Risiko für die Entwicklung passiv-aggressiver Persönlichkeitsstörungen erhöhen.

28.3.11 Schizoide Persönlichkeitsstörungen

Bei unserer Literaturrecherche fanden wir sechs Studien, welche einen Zusammenhang zwischen Misshandlung in der Kindheit und dem Risiko, Schizoide Persönlichkeitsstörungen zu entwickeln, belegen. Nach den Ergebnissen dieser Studien stehen körperliche Misshandlung, sexueller und emotionaler Missbrauch, emotionale und körperliche Vernachlässigung, nachlässiges Erziehungsverhalten und andere Formen von Vernachlässigung in der Kindheit mit einem erhöhten Risiko für die Entwicklung Schizoider Persönlichkeitsstörungen in Zusammenhang (Tab. 28-11).

Retrospektive Studien zeigen, dass Menschen mit Schizoiden Persönlichkeitsstörungen im Vergleich zu solchen mit anderen Persönlichkeitsstörungen mit größerer Wahrscheinlichkeit von sexuellen Miss-

28.4 Verknüpfung von Misshandlung und Persönlichkeitsstörungen

brauchserfahrungen und emotionaler Vernachlässigung in der Kindheit berichten (Norden et al. 1995; Bernstein et al. 1998; Ruggiero et al. 1999).

In anderen Studien konnte gezeigt werden, dass eine geringe elterliche Zuwendung in der Kindheit mit der Entwicklung von Symptomen einer Schizoiden Persönlichkeitsstörung verknüpft war (Carter et al. 1999).

Prospektive Studien (Johnson et al. 1999a, b; 2000a, b; 2001b) belegen, dass körperliche Misshandlung, emotionaler Missbrauch, nachlässiges Erziehungsverhalten, körperliche, emotionale und andere Formen von Vernachlässigung in der Kindheit signifikant mit einem erhöhten Risiko für die Entwicklung Schizoider Persönlichkeitsstörungen verknüpft sind.

28.3.12 Schizotypische Persönlichkeitsstörung

Unsere Literaturrecherche ergab sieben Studien, in denen wissenschaftlich ein Zusammenhang zwischen Misshandlung in der Kindheit und dem Risiko für die Entwicklung einer schizotypischen Persönlichkeitsstörung belegt werden konnte. Nach den Ergebnissen dieser Studien sind körperliche Misshandlung, sexueller und emotionaler Missbrauch, körperliche, emotionale und andere Formen von Vernachlässigung in der Kindheit mit einem erhöhten Risiko für die Entwicklung einer schizotypischen Persönlichkeitsstörung verknüpft (Tab. 28-12).

Die Ergebnisse retrospektiver Studien zeigen, dass Menschen mit schizotypischer Persönlichkeitsstörung im Vergleich zu Patienten mit anderen Persönlichkeitsstörungen mit größerer Wahrscheinlichkeit von körperlicher Misshandlung, sexuellem Missbrauch und Vernachlässigung in der Kindheit berichten (Norden et al. 1995; Ruggiero et al. 1999; Shea et al. 1999; Yen et al. 2002).

Prospektive Studien (Johnson et al. 1999a, b; 2000a, b; 2001b) belegen, dass körperliche Misshandlung, emotionaler Missbrauch, körperliche, emotionale und andere Formen von Vernachlässigung in der Kindheit signifikant mit einem erhöhten Risiko für die Entwicklung einer schizotypischen Persönlichkeitsstörung verknüpft waren.

Die Ergebnisse der einzigen Studie, die sowohl auf retrospektiven als auch prospektiven Daten beruht (Johnson et al. 1999a, b), belegen, dass körperliche Misshandlung und jede Form von Vernachlässigung in der Kindheit zu einem erhöhten Risiko für Entwicklung einer schizotypischen Persönlichkeitsstörung führen.

28.4 Denkbare Verknüpfung spezifischer Arten von Misshandlung in der Kindheit mit dem Risiko für eine spezifische Persönlichkeitsstörung

In den letzten Jahren hat die Erforschung des Zusammenhangs zwischen Misshandlung in der Kindheit und Persönlichkeitsstörungen erste wesentliche Fortschritte gemacht. Interessanterweise zeigen die gegenwärtig verfügbaren Ergebnisse, dass spezifische Arten oder Kombinationen von emotionalem Missbrauch, körperlicher Misshandlung, sexuellem Missbrauch, emotionaler Vernachlässigung, körperlicher Vernachlässigung und nachlässigem Erziehungsverhalten mit der Entwicklung spezifischer Arten von Persönlichkeitsstörungsmerkmalen verknüpft sind. Prospektive Studien, bei denen das gleichzeitige Einwirken von Misshandlung in der Kindheit und Symptome einer Persönlichkeitsstörung

Tab. 28-10 Studienergebnisse zu Assoziationen zwischen spezifischen Formen von Kindheitsbelastungen und passiv-aggressiver Persönlichkeitsstörung

Form der Kindheitsbelastung							Studie	n	Stichprobe	Andere Kindheitsbelastungen, statistisch kontrolliert	Andere Kovariaten, für die statistisch kontrolliert wurde
KM	SM	EM	EB	MV	EV	IV					
						R	Drake et al. (1988)	307	Longitudinalstudie von 307 männlichen Nichtalkoholikern mittleren Alters	–	–
PC‡							Johnson et al. (1999a, b)	639	• prospektive longitudinale Repräsentativstichprobe von Eltern und Kindern (SM, KM, IV) • Angaben zu Missbrauch und Misshandlung basieren auf offiziellen Registern und retrospektiven Befragungen der Kinder	KM, SM, IV	komorbide Persönlichkeitsstörungen, Alter und Geschlecht, elterliche Bildung und elterliches Einkommen, elterliche psychische Erkrankungen
			P‡				Johnson et al. (2000a, b)	738	• prospektive longitudinale Repräsentativstichprobe von Eltern und Kindern • Angaben zur Vernachlässigung basieren auf offiziellen Registern und Angaben der Mütter	KM, SM, EM, EB, MV, KV	komorbide Persönlichkeitsstörungen, Alter und Geschlecht
	R						Ruggiero et al. (1999)	200	stationäre Kriegsveteranen mit Substanzabhängigkeit	–	–

Zusammenfassung der signifikanten Assoziationen:

KM	SM	EM	EB	MV	EV	IV
PC‡	R		P‡			PC‡R

siehe Legende auf Seite 532

28.4 Verknüpfung von Misshandlung und Persönlichkeitsstörungen

Tab. 28-11 Studienergebnisse zu Assoziationen zwischen spezifischen Formen von Kindheitsbelastungen und Schizoider Persönlichkeitsstörung

Form der Kindheitsbelastung							Studie	n	Stichprobe	Andere Kindheitsbelastungen, statistisch kontrolliert	Andere Kovariaten, für die statistisch kontrolliert wurde
KM	SM	EM	EB	MV	EV	IV					
P					R		Bernstein et al. (1998)	339	Patienten mit Alkohol- oder Drogenabhängigkeit	–	–
							Johnson et al. (1999a, b)	639	• prospektive longitudinale Repräsentativstichprobe von Eltern und Kindern (SM, KM, IV) • Angaben zu Missbrauch und Misshandlung basieren auf offiziellen Registern und retrospektiven Befragungen der Kinder	KM, SM, IV	komorbide Persönlichkeitsstörungen, Alter und Geschlecht, elterliche Bildung und elterliches Einkommen, elterliche psychische Erkrankungen
		P‡					Johnson et al. (2001a, b)	793	• prospektive longitudinale Repräsentativstichprobe von Eltern und Kindern • Angaben zur Entwertung beruhen auf verbalen Aussagen der Mütter	KM, SM, IV	kindliches Temperament, körperliche Bestrafung, komorbide psychische Erkrankungen, elterliche Bildung und elterliche psychische Erkrankungen
			P	P	P	P	Johnson et al. (2000a, b)	738	• prospektive longitudinale Repräsentativstichprobe von Eltern und Kindern • Angaben zur Vernachlässigung basieren auf offiziellen Registern und Angaben der Mütter	KM, SM, EM, EB, MV, KV	komorbide Persönlichkeitsstörungen, Alter und Geschlecht

Tab. 28-11 (Fortsetzung)

Form der Kindheitsbelastung							Studie	n	Stichprobe	Andere Kindheitsbelastungen, statistisch kontrolliert	Andere Kovariaten, für die statistisch kontrolliert wurde
KM	SM	EM	EB	MV	EV	IV					
					R		Norden et al. (1995)	90	ambulante Psychiatrie-Patienten	–	–
	R					R	Ruggiero et al. (1999)	200	stationäre Kriegsveteranen mit Substanzabhängigkeit	–	–

Zusammenfassung der signifikanten Assoziationen:

P	R	P‡	P	P	PR	PR

‡ = Assoziation bleibt signifikant nach statistischer Kontrolle anderer Kindheitsbelastungsfaktoren; **BPS** = Borderline-Persönlichkeitsstörung; **C** = kombinierte prospektive und retrospektive Erfassung der Kindheitsbelastungen; bei Kontrolle anderer Persönlichkeitsstörungen sowie elterliche Bildung und Psychopathologie zeigen sich signifikante Zusammenhänge; **D** = Individuen mit dokumentiertem Misshandlungen/Vernachlässigungen zeigen höhere Raten an Diagnosen der betreffenden Persönlichkeitsstörung als Kontrollen; **EB** = fehlende elterliche Beaufsichtigung; **EM** = emotionale Misshandlung, Entwertung; **EV** = emotionale Vernachlässigung; **IM** = irgendeine Form des Missbrauchs/der Misshandlung; **IV** = irgendeine Form der Vernachlässigung; **KM** = körperliche Misshandlung; **KV** = kognitive Vernachlässigung; **MD** = Major Depression (depressive Episode); **MV** = materielle Vernachlässigung; **P** = prospektive, epidemiologische Studie, basierend auf dokumentierten Kindheitsbelastungen; bei Kontrolle anderer Persönlichkeitsstörungen sowie elterliche Bildung und Psychopathologie zeigen sich signifikante Zusammenhänge; **PTBS** = Posttraumatische Belastungsstörung; **R** = retrospektive klinische Studien zeigen unter Kontrolle von Kovariaten signifikante Zusammenhänge; **SM** = sexueller Missbrauch

28.4 Verknüpfung von Misshandlung und Persönlichkeitsstörungen

kontrolliert worden war, belegen ebenso wie die Ergebnisse retrospektiver Studien die folgenden Hypothesen:

- Kinder, die körperlicher Misshandlung und einer oder mehreren Arten von Vernachlässigung in der Kindheit ausgesetzt waren, dürften in besonderem Maße ein erhöhtes Risiko für eine Antisoziale Persönlichkeitsstörung haben.
- Kinder, welche emotionale Vernachlässigung erfahren haben, zeigen ein erhöhtes Risiko für eine vermeidende Persönlichkeitsstörung.
- Kinder, die sexuellen und emotionalen Missbrauch, körperliche Misshandlung bzw. eine oder mehrere Arten von Vernachlässigung in der Kindheit erfahren haben, dürften ein deutlich erhöhtes Risiko für eine Borderline-Störung haben.
- Kinder, die einer oder mehreren Formen von Vernachlässigung in der Kindheit ausgesetzt waren, scheinen ein erhöhtes Risiko für Dependente Persönlichkeitsstörungen zu haben.
- Kinder, die körperlichem und/oder sexuellem Missbrauch ausgesetzt waren, scheinen ein erhöhtes Risiko für ein schlechtes Selbstwertgefühl und andere Merkmale zu haben, die mit depressiven Persönlichkeitsstörungen einhergehen.
- Kinder mit sexuellen Missbrauchserfahrungen scheinen ein erhöhtes Risiko für eine Histrionische Persönlichkeitsstörung zu haben.
- Kinder, welche emotionalen Missbrauch und/oder eine oder mehrere Formen von Vernachlässigung erfahren haben, scheinen ein deutlich erhöhtes Risiko für eine Narzisstische Persönlichkeitsstörung aufzuweisen.
- Emotionaler Missbrauch in der Kindheit trägt zur Entwicklung einer Anankastischen Persönlichkeitsstörung bei.
- Emotionaler Missbrauch in Kombination mit emotionaler Vernachlässigung oder nachlässigem Erziehungsverhalten dürfte zur Entwicklung einer Paranoiden Persönlichkeitsstörung beitragen.
- Kinder, welche körperliche Misshandlung und/oder nachlässiges Erziehungsverhalten erlebt haben, dürften ein erhöhtes Risiko für passiv-aggressive Persönlichkeitsstörungen haben.
- Kinder, die emotionalen Missbrauch und eine oder mehrere andere Formen von Misshandlung in der Kindheit erlebt haben, dürften ein deutlich erhöhtes Risiko für Schizoide Persönlichkeitsstörungen haben.
- Kinder, die emotionalem und körperlichem Missbrauch und/oder körperlicher Vernachlässigung ausgesetzt waren, dürften ein erhöhtes Risiko für eine Schizotypische Persönlichkeitsstörung aufweisen.

28.5 Zusammenfassung

> **Merke**
>
> Als Fazit kann festgehalten werden, dass eine große Anzahl wissenschaftlicher Belege dafür spricht, dass Menschen mit Persönlichkeitsstörungen im Vergleich zu anderen mit größerer Wahrscheinlichkeit in ihrer Vorgeschichte Kindheitsbelastungsfaktoren berichten, zu denen Missbrauch oder Misshandlung, maladaptives Elternverhalten und traumatische Lebensereignisse gehören.

Retrospektive Studien erbrachten deutliche Belege dahingehend, dass spezifische Formen von Kindheitsbelastungsfaktoren unterschiedlich mit dem Risiko für die Entwicklung spezifischer Arten von Persönlichkeitsstörungen zusammenhängen. Auch

Tab. 28-12 Studienergebnisse zu Assoziationen zwischen spezifischen Formen von Kindheitsbelastungen und schizotypischer Persönlichkeitsstörung

Form der Kindheitsbelastung							Studie	n	Stichprobe	Andere Kindheitsbelastungen, statistisch kontrolliert	Andere Kovariaten, für die statistisch kontrolliert wurde
KM	SM	EM	EB	MV	EV	IV					
C‡						C‡	Johnson et al. (1999a, b)	639	• prospektive longitudinale Repräsentativstichprobe von Eltern und Kindern (SM, KM, IV) • Angaben zu Missbrauch und Misshandlung basieren auf offiziellen Registern und retrospektiven Befragungen der Kinder	KM, SM, IV	komorbide Persönlichkeitsstörungen, Alter und Geschlecht, elterliche Bildung und elterliches Einkommen, elterliche psychische Erkrankungen
		P‡					Johnson et al. (2001a, b)	793	• prospektive longitudinale Repräsentativstichprobe von Eltern und Kindern • Angaben zur mütterlichen verbalen Entwertung beruhen auf Aussagen der Mütter	KM, SM, IV	kindliches Temperament, körperliche Bestrafung, komorbide psychische Erkrankungen, elterliche Bildung und elterliche psychische Erkrankungen
				P		P	Johnson et al. (2000a, b)	738	• prospektive longitudinale Repräsentativstichprobe von Eltern und Kindern • Angaben zur Vernachlässigung basieren auf offiziellen Registern und Angaben der Mütter	KM, SM, EM, EB, MV, KV	komorbide Persönlichkeitsstörungen, Alter und Geschlecht
	R						Norden et al. (1995)	90	ambulante Psychiatrie-Patienten	–	–

28.4 Verknüpfung von Misshandlung und Persönlichkeitsstörungen

Tab. 28-12 (Fortsetzung)

Form der Kindheitsbelastung							Studie	n	Stichprobe	Andere Kindheitsbelastungen, statistisch kontrolliert	Andere Kovariaten, für die statistisch kontrolliert wurde
KM	SM	EM	EB	MV	EV	IV					
	R					R	Ruggiero et al. (1999)	200	stationäre Kriegsveteranen mit Substanzabhängigkeit	–	–
	R						Shea et al. (1999)	140	stationäre und ambulante Patientinnen mit sexuellem Missbrauch in der Kindheit, verglichen mit Kriegsveteranen mit PTBS, Zwangs-, bipolaren, Panik-, Bulimie- und depressiven Patienten	–	–
R							Yen et al. (2002)	653	Längsschnittstudie an 86 schizotypischen, 167 Borderline-, 153 vermeidenden und 153 zwanghaften Persönlichkeitsstörungen, 94 Depressive ohne Persönlichkeitsstörung	KM, SM	komorbide Persönlichkeitsstörungen und Depression

Zusammenfassung der signifikanten Assoziationen:

C‡R	R	P‡	P‡	PC‡	P‡C‡R

‡ = Assoziation bleibt signifikant nach statistischer Kontrolle anderer Kindheitsbelastungsfaktoren; **BPS** = Borderline-Persönlichkeitsstörung; **C** = kombinierte prospektive und retrospektive Erfassung der Kindheitsbelastungen; bei Kontrolle anderer Persönlichkeitsstörungen sowie elterliche Bildung und Psychopathologie zeigen sich signifikante Zusammenhänge; **D** = Individuen mit dokumentierten Misshandlungen/Vernachlässigungen zeigen höhere Raten an Diagnosen der betreffenden Persönlichkeitsstörung als Kontrollen; **EB** = fehlende elterliche Beaufsichtigung; **EM** = emotionale Misshandlung, Entwertung; **EV** = emotionale Vernachlässigung; **IM** = irgendeine Form des Missbrauchs/der Misshandlung; **IV** = irgendeine Form der Vernachlässigung; **KM** = körperliche Misshandlung; **KV** = kognitive Vernachlässigung; **MD** = Major Depression (depressive Episode); **MV** = materielle Vernachlässigung; **P** = prospektive, epidemiologische Studie, basierend auf dokumentierten Kindheitsbelastungen; bei Kontrolle anderer Persönlichkeitsstörungen sowie elterliche Bildung und Psychopathologie zeigen sich signifikante Zusammenhänge; **PTBS** = Posttraumatische Belastungsstörung; **R** = retrospektive klinische Studien zeigen unter Kontrolle von Kovariaten signifikante Zusammenhänge; **SM** = sexueller Missbrauch

wenn auf der Basis der retrospektiven Daten ein enger kausaler Zusammenhang nicht belegbar ist, ergaben sich durch die prospektiven Längsschnittstudien zusätzliche wissenschaftliche Befunde, die diese Hypothese stützen. Hinzu kommt eine zunehmende Anzahl wissenschaftlicher Nachweise genetischer und neurobiologischer Studien, welche die Gesamthypothese stützen, dass Missbrauch bzw. Misshandlung in der Kindheit zu einem erhöhten Risiko für die Entwicklung von Persönlichkeitsstörungen beiträgt.

Allerdings sind viele Fragen hinsichtlich der Beziehung zwischen Kindheitsbelastungsfaktoren und dem Risiko für Persönlichkeitsstörungen weiterhin ungeklärt. Retrospektive Studien haben den größten Anteil an den gegenwärtig verfügbaren Belegen für diese Zusammenhänge. Viele dieser Wechselwirkungen zwischen spezifischen Formen von Kindheitsbelastungsfaktoren und spezifischen Persönlichkeitsstörungen wurden bisher jedoch noch nicht wissenschaftlich systematisch untersucht. Insofern ist das derzeitige Verständnis, welche Rolle Kindheitsbelastungsfaktoren in der Entwicklung von Persönlichkeitsstörungen spielen können, trotz bemerkenswerter Fortschritte in den letzten Jahren immer noch limitiert. Der momentan verfügbare wissenschaftliche Erkenntnisstand geht in die Richtung, dass Kindheitsbelastungsfaktoren eine wesentliche Rolle in der Entwicklung von Persönlichkeitsstörungen spielen können und gewisse Kombinationen von Kindheitsbelastungsfaktoren unterschiedlich mit dem Risiko für spezifische Formen von Persönlichkeitsstörungen verknüpft sein könnten. Um in diesem Bereich zu einem endgültigerem Verständnis zu kommen, sind eine Reihe von Studien erforderlich, die die Interaktion zwischen Kindheitsbelastungsfaktoren und genetischen, pränatalen und anderen Vulnerabilitätsfaktoren im Hinblick auf die Entwicklung von Symptomen einer Persönlichkeitsstörung untersuchen. Erst kürzlich haben Forscher erste wesentliche Schritte in diese Richtung eingeleitet (Caspi et al. 2002), aber hier ist noch sehr viel mehr Arbeit erforderlich.

Es ist zu hoffen, dass ein verbessertes Verständnis der Ätiologie von Persönlichkeitsstörungen zu bedeutsamen Fortschritten in der Prävention und in der Behandlung dieser chronischen Erkrankungen führen wird.

29 Essstörungen
Cornelia Thiels

Inhalt

29.1	Definitionen der Krankheitsbilder	537
29.2	Fallbeispiel	539
29.3	Überlegungen zum Fallbeispiel	539
29.4	Empirische Studien über Belastungen in der Kindheit und Jugend Essgestörter	540
29.5	Therapeutische Konsequenzen aus Belastungen in Kindheit und Jugend	548
29.6	Fortführung des Fallbeispiels: Therapie und Verlauf	552

29.1 Definitionen der Krankheitsbilder

Unter dem Begriff Essstörung werden hier **Anorexia nervosa (AN)**, **Bulimia nervosa (BN)**, **Binge-Eating-Störung (BES)** und **nicht näher bezeichnete Essstörungen (ESNNB)** zusammengefasst.

> **Definition**
>
> **Anorexia nervosa (AN)**
> Die Anorexia nervosa ist im Wesentlichen durch Folgendes gekennzeichnet (Al-Adawi et al. 2013):
> - ein für Körperlänge und Alter bedeutsames Untergewicht, das durch Einschränkung der Nahrungszufuhr allein oder durch diese und Attacken von Überessen und Purgieren (selbst ausgelöstes Erbrechen, Missbrauch von Abführmitteln, Diuretika oder anderen Substanzen und Einläufen) zurückzuführen ist
> - die Angst vor Gewichtszunahme oder andauernde Verhaltensmuster, die der Aufrechterhaltung eines gesunden Körpergewichts entgegenwirken, sowie Störungen in der Wahrnehmung des Körpergewichts und der Figur und/oder eine Überbewertung von Körpergewicht und Figur

Selbst in Essstörungszentren entspricht die Symptomatik von etwa zwei Drittel der Patienten nicht den Vorgaben für Anorexia nervosa oder Bulimia nervosa in der 10. Auflage der Internationalen Klassifikation der Krankheiten (ICD-10; WHO 1993) oder im Diagnostischen und statistischen Manual psychischer Störungen DSM-IV

(APA 1996). Bei diesen Patienten wird dann eine nicht näher bezeichnete Essstörung (ESNNB) diagnostiziert (Uher u. Rutter 2012).

Diesem Missstand wird in der ICD-11 voraussichtlich wie folgt begegnet (Al-Adawi et al. 2013): Anorexia nervosa kann auch dann diagnostiziert werden, wenn keine Amenorrhoe vorliegt, wie sie in der ICD-10 und im DSM-IV noch gefordert wird. Außerdem soll in Zukunft ein geringeres Untergewicht für die Diagnose einer Anorexia nervosa ausreichen, nämlich ein Body-Mass-Index (BMI) von 18,5 kg/m² oder weniger statt 17,5 kg/m² oder weniger bei Erwachsenen und ein altersabhängiger BMI unter der 5. Perzentile für Kinder und Jugendliche. Bei Personen mit den für eine Anorexia nervosa typischen psychologischen und Verhaltenssymptomen, die zwar massiv abnehmen, deren BMI aber noch nicht unter 18,5 kg/m² gefallen ist, kann voraussichtlich nach ICD-11 eine Anorexia nervosa diagnostiziert werden.

Für die ICD-11 ist weiterhin vorgesehen, das die Diagnose Anorexia nervosa beibehalten wird, bis eine volle und anhaltende (z.B. 1 Jahr) Wiederherstellung eines gesunden Gewichts und das Aufhören von Verhalten zur Gewichtsreduktion ohne andauernde Behandlung erreicht sind (Al-Adawi et al. 2013).

Magersüchtige, die anfallsartiges Überessen und/oder purgierende Symptome entwickeln, sollen gemäß ICD-11 die Diagnose einer *Anorexia nervosa vom Binge-Purging-Typ* für die Dauer eines Jahres beibehalten, selbst wenn ihr Gewicht wieder normal ist, und erst dann die Diagnose Bulimia nervosa erhalten, nachdem das Gewicht ein Jahr lang normal oder höher war und die Essanfälle sowie die purgierenden Symptome fortbestehen.

> **Definition**
>
> **Bulimia nervosa (BN)**
> Die Diagnose der Bulimia nervosa erfordert häufige Episoden von Überessen mit dem Gefühl des Kontrollverlusts (Binge), kompensatorisches Verhalten mit dem Ziel, einer Gewichtszunahme vorzubeugen, sowie eine Selbstbeurteilung, die extrem vom Gewicht und/oder der Figur abhängt.

Zur Unterscheidung von der Anorexia nervosa vom Binge-Purging-Typ sollte das Gewicht nicht unterhalb des normalen Bereichs liegen (Al-Adawi et al. 2013). Für die Diagnose einer Bulimia nervosa sollten Binges und kompensatorisches Verhalten – entweder purgierendes oder nicht-purgierendes (lang dauerndes Fasten und anstrengende körperliche Aktivität) wiederholt auftreten.

Die Binge-Eating-Störung, bisher nur mit provisorischen Kriterien im DSM-IV vertreten, wird in die IDC-11 und ist bereits in das DSM-5 aufgenommen (Al-Adawi et al. 2013; APA 2013).

> **Definition**
>
> **Binge-Eating-Störung (BES)**
> Die Diagnose einer Binge-Eating-Störung erfordert wiederholte Episoden von Überessen mit dem Verlust der Kontrolle über das Essen und bedeutsames Leiden, jedoch ohne dass den Binges regelmäßig unangemessenes Kompensationsverhalten folgt wie bei der Bulimia nervosa.

Für alle genannten Essstörungen wird in der ICD-11 voraussichtlich eine Mindestdauer von einem Monat eingeführt (Uher u. Rutter 2012; Al-Adawi et al. 2013).

29.2 Fallbeispiel

Fallbeispiel

Den Beginn ihrer Bulimia nervosa schildert die beim Erstgespräch 32-Jährige so: Während sie mit dem einzigen gemeinsamen Kind schwanger war, ging ihr Ehemann mit einer Schlankeren fremd. Die Patientin, damals 24 Jahre alt, war nach eigener Aussage „pummelig". Mit einer Diät habe sie „gut abgenommen" und deshalb eines Tages „ein totales Glücksgefühl" gehabt, aber auch gedacht, „irgendetwas passiert mit dir, eine Katastrophe". Sie habe dann noch eine Zeit lang weiter Diät gehalten. Als ihr Vater zu Besuch gekommen sei, habe sie erst gemeint, sie komme ohne Essen aus, schließlich aber gedacht, dann sterbe sie. Daraufhin habe sie doch gegessen und gleich so viel, dass ihr „Bauch fast geplatzt" und ihr schlecht gewesen sei und sie erbrochen habe. Danach habe sie unter der Woche ganz wenig gegessen und am Wochenende große Mengen.

Im Alter von zehn Jahren habe sie die Ferien mit ihrer und einer befreundeten Familie in zwei Bungalows verbracht. Eines Abends habe ihr Vater sie aufgefordert, bei den anderen zu übernachten, obwohl dort kein Platz für sie gewesen sei. Auf einem Sofadoppelbett habe sie unter der Decke des Mannes gelegen, der an ihr „herumfummelte". Als er seinen Finger in ihre Scheide gesteckt habe, „tat es weh" und sie habe geweint. Seine Frau habe daraufhin gesagt, sie solle ruhig halten. An Drohungen erinnert sich die Patientin nicht. Sie habe sich schon als Kind gewundert, dass der Mann, der sie missbrauchte, ihrem Vater sein Auto lieh.

Ihrer Mutter habe sie erst als Erwachsene vom Missbrauch erzählt, weil sie sich vorher geschämt habe. Zunächst sei die Mutter skeptisch gewesen, habe sich dann aber erinnert, dass die Patientin nach besagter Nacht nicht mehr zu den Freunden gewollt habe. Sie sei ein „sehr aufgewecktes Kind" gewesen, nach dem Missbrauch laut ihrer Mutter „verschlossen". Sie habe „niemand an sich ran gelassen" und sei „in der Schule schlechter geworden". Die Mutter bezweifle den Missbrauch jetzt nicht mehr und es tue ihr „leid".

29.3 Überlegungen zum Fallbeispiel

Die Patientin schildert sowohl Vulnerabilitäts- als auch auslösende Faktoren, die vermutlich zum Entstehen ihrer Essstörung beigetragen haben. Der einmalige sexuelle Missbrauch durch den Freund des Vaters hat nach ihrer Einschätzung ihr Selbstwertgefühl nachhaltig beeinträchtigt. Selbst die sehr junge und als lieblos geschilderte Mutter beobachtete nach dem ihr damals unbekannten Trauma der Tochter eine Veränderung an ihr, die zu geringerem Selbstvertrauen passt. Besonders belastend dürfte gewesen sein, dass der Vater sie dem Täter auslieferte und sie dadurch das Vertrauen in die primäre männliche Bezugsperson verlor. Hinzu kam wahrscheinlich die Kränkung, ihm weniger wichtig zu sein als das Auto seines Freundes. Auch das Vertrauen zur Mutter scheint zumindest nicht so groß gewesen zu sein, dass die Zehnjährige nach dem Missbrauch bei ihr Hilfe gesucht hätte.

Die Essstörung begann 14 Jahre nach dem sexuellen Missbrauch, ausgelöst durch einen weiteren Vertrauensbruch des zu diesem Zeitpunkt der Patientin am nächsten stehenden Mannes und wiederum im Zusammenhang mit Sexualität und mit ihrem Austausch gegen etwas bzw. jemand Attraktiveres. In einer Gesellschaft, in welcher der Wert junger Frauen stark von ihrem Aussehen abhängt, und dies wiederum besonders von Schlankheit, führte diese Re-Traumatisierung zu dem Versuch, dem gängigen Schönheitsideal näher zu kommen. Wahrscheinlich ist es kein Zufall, dass sie sich seit ihren Abmagerungsbemühungen erstmals maßlos überaß, als ihr Vater zu Besuch kam.

29.4 Empirische Studien über Belastungen in der Kindheit und Jugend Essgestörter

Fallbeispiele der obigen Art können lediglich verständliche, nicht aber Kausalzusammenhänge belegen (Jaspers 1913). Anhand von Einzelfällen lassen sich jedoch Hypothesen generieren, die dann in größeren Untersuchungen zu überprüfen sind.

Die erste sich aus dem Fallbeispiel ergebende Frage ist, ob Traumatisierungen die Entstehung einer Essstörung begünstigen. Diese Vermutung lässt sich nur aufrechterhalten, wenn Essgestörte im Vergleich zur Allgemeinbevölkerung häufiger angeben, Opfer von sexualisierter und anderer Gewalt bzw. Misshandlung oder Vernachlässigung gewesen zu sein. Um darüber hinaus zu belegen, dass diese Belastungen in der Kindheit und Jugend einen spezifischen Risikofaktor für eine Essstörung darstellen, bedarf es des Nachweises, dass Essgestörte häufiger diesen Traumatisierungen ausgesetzt waren als andere psychisch Kranke.

Vielfach belegt ist, dass Essgestörte zwar häufiger angeben, Opfer von sexuellem Missbrauch und/oder körperlichen und/oder seelischen Misshandlungen und/oder körperlicher und/oder seelischer Vernachlässigung zu sein als Gesunde (Favaro et al. 1998; Rayworth et al. 2004; Kugu et al. 2006; Pike et al. 2006; Allison et al. 2007; Steiger et al. 2010), nicht aber häufiger als Vergleichspersonen mit anderen psychiatrischen Erkrankungen (Welch u. Fairburn 1994; Vize u. Cooper 1995; Pike et al. 2006; s. Tab. 29-1). Eine Ausnahme bilden möglicherweise restriktiv Magersüchtige. Sie gaben in manchen Untersuchungen nicht häufiger an, Opfer sexueller oder anderer Gewalt geworden zu sein, als Gesunde und seltener als Patientinnen mit Anorexia nervosa vom Binge/Purging-Typ und Bulimia nervosa mit oder ohne Vorgeschichte von Magersucht (Schmidt et al. 1993; Favaro et al. 1998; Jaite et al. 2012). Allerdings unterschieden sich Patientinnen mit Anorexia nervosa ohne Binges und Purgieren nicht von solchen vom Binge/Purging-Typ bezüglich Häufigkeit und irgendeines Aspekts sexueller Missbrauchserfahrungen (Vize u. Cooper 1995; s. Tab. 29-1). Bulimia-nervosa-Patientinnen mit einer Vorgeschichte von Anorexia nervosa berichteten in einer Untersuchung signifikant mehr emotionale und körperliche Vernachlässigung, emotionalen und sexuellen Missbrauch, vor allem aber körperliche Misshandlung als solche ohne eine Vorgeschichte von Anorexia nervosa (Bardone-Cone et al. 2008; s. Tab. 29-1). In einer älteren Untersuchung hingegen zeigte sich kein Unterschied bezüglich Häufigkeit und irgendeines Aspekts sexueller Missbrauchserfahrungen (Vize u. Cooper 1995; s. Tab. 29-1). In einem teilstrukturierten Interview berichteten Bulimia-nervosa-Patientinnen über mehr Familienarrangements, elterliche Indifferenz, exzessive elterliche Kontrolle, körperliche Misshandlung und Gewalt gegen andere Familienmitglieder als Patientinnen mit Anorexia nervosa ohne Binges und Purgieren. Die Angaben der Magersüchtigen vom Binge/Purging-Typ und Bulimia-nervosa-Patientinnen mit einer Anorexia-nervosa-Anamnese lagen dazwischen. Keine Unterschiede zwischen diesen vier Gruppen fanden sich hinsichtlich sexuellen Missbrauchs, geringer elterlicher Kontrolle und elterlichen psychiatrischen Störungen. 65% der Bulimia-nervosa-Patientinnen erlebten zwei oder mehr Arten von Belastung (Schmidt et al. 1993; s. Tab. 29-1).

29.4 Empirische Studien über Belastungen in der Kindheit

Referiert sind hier ausgewählte Untersuchungen ab 1993 und ausschließlich solche, in denen es um Essstörungen im Sinne von Erkrankungen geht, nicht nur um Symptome einer Essstörung. Die erwähnten Unterschiede sind ausnahmslos signifikant. Eine kritische Übersicht über frühere Arbeiten zu diesem Thema geben Willenberg (1997) sowie Connors und Morse (1993). Sie kommen u. a. zu dem Schluss, dass etwa 30 % essgestörter Patienten in der Kindheit sexuell missbraucht worden seien, was in etwa mit den hier vorgestellten Befunden übereinstimmt. Allerdings lassen sich wegen methodischer Probleme (Thiels 2004) nur vage Angaben zur Häufigkeit von Gewalterfahrungen machen. In der Mehrheit der Untersuchungen ist es eine – je nach Stichprobe und Definitionen des Traumas unterschiedlich große – Minderheit der Essgestörten, die angibt, sexuell missbraucht und/oder körperlich misshandelt worden zu sein (Schmidt et al. 1993; Welch u. Fairburn 1994; Kern u. Hastings 1995; Sullivan et al. 1995; Vize u. Cooper 1995; Fairburn et al. 1997; Favaro et al. 1998; Nagata et al. 1999; Johnson et al. 2002a; Kugu et al. 2006; Allison et al. 2007; s. Tab. 29-1).

Ein Zusammenhang zwischen Bulimia nervosa und Traumatisierung lässt sich auch umgekehrt führen. Geschulte Interviewer fanden mit einem teilstrukturierten Interview (Present State Examination [PSE]) unter Frauen in der Gemeinde, die angaben, Opfer körperlicher Misshandlung durch Familienmitglieder und/oder sexuellen Missbrauchs zu sein, mehr Fälle von Bulimia nervosa nach DSM-III-R als unter Vergleichspersonen ohne Gewalterfahrung (Andrews et al. 1995; s. Tab. 29-1).

Ebenso von den Traumatisierten in der Gemeinde ausgehend ließ sich auch belegen, dass sexueller Missbrauch kein spezifischer Risikofaktor für Essstörungen ist. Bei Frauen des Virginia-Zwillingsregisters, die per Fragebogen mitteilten, vor dem Alter von 16 Jahren sexuell missbraucht worden zu sein, stellten klinisch Erfahrene mit dem Structured Clinical Interview for Diagnosis (SCID) für DSM-III-R nicht häufiger Essstörungen fest als andere psychiatrische Störungen (Bulik et al. 2001; s. Tab. 29-1).

In einer prospektiven Studie mit vier Interviews von 782 Müttern und ihren Kindern im mittleren Alter von anfangs sechs und schließlich 22 Jahren ließ sich zeigen, dass körperliche Vernachlässigung und sexueller Missbrauch ein erhöhtes Risiko für Essstörungen nach DSM-IV bedeuten – unabhängig von Einflüssen des Alters, Temperaments, Essproblemen in der Kindheit und elterlichen psychiatrischen Störungen (Johnson et al. 2002a; s. Tab. 29-1). Auch unangepasstes väterliches Verhalten erwies sich nach statistischer Kontrolle anderer Belastungen in der Kindheit dosisabhängig als Risiko für eine Essstörung in der Adoleszenz oder im jungen Erwachsenenalter (Johnson et al. 2002a). Dieser Zusammenhang wurde teilweise durch eine niedrige Identifikation der Jugendlichen mit ihren Vätern vermittelt.

Die folgenden Merkmale sexuellen Missbrauchs erhöhen das Risiko, eine *psychiatrische Störung* zu entwickeln (Bulik et al. 2001; s. Tab. 29-1):
- versuchter oder vollendeter Geschlechtsverkehr
- Verwandtschaft mit dem Täter
- die Anwendung von Gewalt oder Drohungen
- eine stärkere Beeinträchtigung unmittelbar nach dem Trauma
- eine negative Reaktion Eingeweihter

Wenn die Anzeige bewirkte, dass der Missbrauch beendet wurde, führte das zu einem Schutz vor der Entwicklung psychiatrischer

Störungen (Bulik et al. 2001). Die Aussagen der Zwillingsschwestern der Missbrauchsopfer bestätigen, dass versuchter oder vollendeter Geschlechtsverkehr und die Anwendung von Gewalt oder Drohungen mit einem höheren Risiko für Psychopathologie verbunden sind (Bulik et al. 2001).

Auch das *Ausmaß der Traumatisierung* scheint eine Rolle für die seelische Gesundheit zu spielen. Unter 204 Frauen ohne psychiatrische Störung fanden Fairburn et al. (1997, 1999; s. Tab. 29-1) nur jeweils eine Frau, die angab, wiederholt schweren sexuellen Missbrauch bzw. schwere körperliche Misshandlung erlebt zu haben. Unter 102 Bulimia-nervosa-Kranken dagegen waren es 9 % und 12 %, unter 67 Magersüchtigen 5 % und 12 %.

Welche *psychiatrische Störung* sexuellem Missbrauch und/oder körperlicher Misshandlung folgt, hängt möglicherweise auch vom Alter ab. Jüngere Frauen scheinen eher eine Bulimia nervosa, ältere eher eine chronische oder rezidivierende Depression zu entwickeln (Andrews et al. 1995; s. Tab. 29-1).

Da die meisten Untersuchungen über Essstörungen an Patientinnen von Spezialkliniken durchgeführt wurden, ist es wichtig zu wissen, ob Aussagen über diese hochselektierten Stichproben auf die Gesamtheit der Essgestörten zutreffen. Dies gilt gerade für Bulimia-nervosa-Kranke, von denen nur eine kleine Minderheit professionelle Hilfe in Anspruch nimmt (Welch u. Fairburn 1994; Fairburn et al. 1997; s. Tab. 29-1). Überraschenderweise gaben nur 16 % der Teilnehmerinnen an einer psychologischen Therapiestudie an, Opfer von sexuellem Missbrauch zu sein, aber 26 % der im Alter fallweise parallelisierten Bulimia-nervosa-Kranken in der Gemeinde, von denen 90 % zum Untersuchungszeitpunkt nicht in Behandlung für ihre Essstörung waren (Welch u. Fairburn 1994). Der Unterschied ist nicht signifikant, aber der Trend widerspricht der Erwartung, dass eher Kränkere – weil stärker traumatisiert – eine Therapie in Anspruch nehmen und dort lernen, offen über Probleme wie sexualisierte Gewalt zu sprechen.

Essgestörte Patientinnen mit Erfahrungen von sexuellem Missbrauch und/oder körperlicher Misshandlung sind wahrscheinlich schwerer krank und aufwendiger zu behandeln als solche, die keine derartigen Belastungen berichten. So dokumentierten bulimische Patientinnen mit unerwünschten sexuellen Erfahrungen vor dem Alter von 14 Jahren und vor Ausbruch der Essstörung mehr Überessen und Erbrechen in ihren Esstagebüchern und mehr Dissoziation in einem Fragebogen als diejenigen, die erfahrenen klinischen Psychologinnen nicht über derartige Traumata berichteten (Waller et al. 2001; s. Tab. 29-1).

Zwar zeigte sich kein Unterschied zwischen Patientinnen mit und ohne sexuellem Missbrauch hinsichtlich Bulimia-nervosa-Symptomen über zwei Wochen sowie tatsächlichem und erwünschtem Body-Mass-Index. Jedoch war in der missbrauchten Gruppe das Alter bei Beginn der Bulimia nervosa niedriger und klinische Interviewer fanden mit dem Structured Clinical Interview for Diagnosis (SCID) für DSM-III-R mehr Depressionen mit hypomanischen Nachschwankungen, Alkohol- und andere Substanzabhängigkeiten, Störungen des Sozialverhaltens in der Kindheit und vermeidende Persönlichkeitsstörungen. Auch pathologischere Werte auf der Hamilton Rating Scale for Depression und der Global Assessment of Functioning Scale in der traumatisierten Gruppe belegen eine Psychopathologie über die Essstörung hinaus (Sullivan et al. 1995; s. Tab. 29-1).

29.4 Empirische Studien über Belastungen in der Kindheit

Essgestörte Patientinnen mit hohen Werten in einem Persönlichkeitsfragebogen gaben häufiger an, sexuell missbraucht zu sein, als die mit weniger Hinweisen auf eine Borderline-Störung im Personality Diagnostic Questionnaire – Revised (PDQ-R) (Vize u. Cooper 1995; s. Tab. 29-1). In derselben Studie bekannten sich missbrauchte Essstörungspatientinnen häufiger zu parasuizidalen Überdosierungen und Ladendiebstahl als solche ohne sexuelle Gewalterfahrung. Ähnlich war in einer anderen Untersuchung selbstschädigendes Verhalten (einschließlich Suizid) der wichtigste Prädiktor einer Vorgeschichte von sexuellem Missbrauch und/oder körperlicher Misshandlung bei Essstörungspatientinnen (Favaro et al. 1998; s. Tab. 29-1).

Bei stationär behandelten bulimischen Patientinnen, die sich durchgehend an sexuellen Missbrauch mit oder ohne Kontakt vor dem Alter von 18 Jahren erinnerten, ergaben sich höhere Werte nach dem Beck Depression Inventory (BDI) und dem State Trait Anxiety Inventory als bei solchen ohne Missbrauchserfahrungen. Auch waren bei den Missbrauchsopfern mehr Wiederaufnahmen und eine höhere Zahl wöchentlicher ambulanter Nachbehandlungssitzungen nötig als in der Vergleichsgruppe. Allerdings gaben zehn Patientinnen an, der Missbrauch habe sich erst nach Beginn der Essstörung ereignet (Anderson et al. 1997; s. Tab. 29-1).

Ein weiterer Hinweis, dass Essgestörte mit Missbrauchserfahrungen besondere Anforderungen an die Behandlung stellen, liefert eine Untersuchung der Krankengeschichten von 110 Bulimia-nervosa-Patientinnen nach ICD-10. Therapieabbrüche fanden sich häufiger, wenn zwei oder mehr der folgenden Traumata dokumentiert waren (Mahon et al. 2001; s. Tab. 29-1):

- sexuelle Aktivität zwischen einer maximal 13-Jährigen und einem mindestens 16-Jährigen oder einer 13- bis 15-Jährigen und einem mindestens fünf Jahre Älteren
- Schlagen, Treten, Zurückhalten oder materielle Vernachlässigung
- elterliche Trennung, Scheidung oder Tod vor dem Alter von 16 Jahren

Kein Unterschied zeigte sich bei Patientinnen mit Essstörungen nach DSM-IV, die für die Zeit vor der Essstörung nach Screening mit dem Dissociation Questionnaire (DIS-Q) auch im Interview sexuellen Missbrauch und/oder körperliche Misshandlung angaben, im Vergleich zu nicht Traumatisierten hinsichtlich Dissoziationen und Eating-Disorder-Inventory-Werten (Favaro et al. 1998). Auch gaben in dieser Studie stationäre Patientinnen nicht häufiger sexuellen Missbrauch/körperliche Misshandlung an als ambulante. Möglicherweise liegt das an den restriktiv Magersüchtigen, die an dieser Untersuchung teilnahmen, während die anderen Stichproben nur aus bulimischen Patientinnen bestanden (Favaro et al. 1998; s. Tab. 29-1).

Zu dieser Vermutung passt, dass in einer japanischen Studie keine der restriktiv Magersüchtigen per Fragebogen angab, von ihren Eltern häufig körperlich bestraft worden zu sein (Nagata et al. 1999; s. Tab. 29-1). In derselben Untersuchung kamen nur bei bulimisch Magersüchtigen und Bulimia-nervosa-Patientinnen mit einer Vorgeschichte körperlicher Misshandlung häufiger Selbstverletzungen und höhere Werte auf der Dissociative Experiences Scale vor als bei Patientinnen ohne derartige Traumatisierung.

Der *Schweregrad* von Essstörungen scheint nicht von Aspekten des sexuellen Missbrauchs abhängig zu sein. Dies belegt eine Studie an Essstörungspatientinnen (gemäß DSM-III-R), die in einem standardisierten Interview nach sexuellem Missbrauch mit Kontakt vor dem Alter von 17 Jahren befragt wurden (Vize u. Cooper 1995; s. Tab. 29-1). Auch bei den stationären Patientinnen mit bulimischen Essstörungen nach DSM-III-R fand sich kein Unterschied in der Frequenz essgestörten Verhaltens, Eating-Disorder-Inventory-2- oder Beck-Depression-Inventory-Werten in Abhängigkeit von spezifischen Charakteristika des sexuellen Missbrauchs vor dem Alter von 18 Jahren, nach dem sie strukturiert gefragt wurden (Anderson et al. 2000; s. Tab. 29-1).

Welche Faktoren zwischen Traumatisierung und Essstörung vermittelnd wirken, ist noch nicht bekannt. Zwar fanden Waller et al. (2001) einen Zusammenhang zwischen sexuellem Missbrauch, maladaptiven Kernüberzeugungen (wie Scham, Misstrauen, Leistungsversagen) und mehr Überessen und Erbrechen. Da es sich aber um eine Querschnittsuntersuchung handelt, ist die Richtung der Kausalität nicht zu bestimmen.

Tab. 29-1 Sexueller Missbrauch, körperliche Misshandlung und andere Belastungen in der Vorgeschichte Essgestörter

Autoren/Jahr	Methodik	Ergebnisse
Allison et al. 2007	via Medien für Forschung und Therapiestudien rekrutiert, 176 BES, 38 Adipöse ohne ES; SCID für DSM-IV, EDE, CTQ	bei BES mehr EV und EM vor dem Alter von 18 Jahren als bei Adipösen
Anderson et al. 1997	74 stationäre Pat. mit SM und sexuellem Kontakt vor dem Alter von 18 Jahren, 29 Pat. ohne; DSM-III-R, 50 BN, 3 ANB, 7 AN mit BN-Anamnese, 9 AN und BN, 5 DSM-IV BES, durchgehende Erinnerung an SM, erfahrene klinische Interviewer	nach SM höhere BDI- und STAI-Werte, mehr Wiederaufnahmen und ambulante Nachbehandlungssitzungen, SM bei 10 Pat. nach Ausbruch der ES
Anderson et al. 2000	45 stationäre Pat. mit SM, ES-Klinik; Strukturiertes Interview: spezifische Charakteristika von SM vor dem Alter von 18 Jahren; BDI, EDI-2, DSM-III-R, Frequenz gestörten Essverhaltens	Schweregrad der ES nicht abhängig von Aspekten des SM

AN = Anorexia nervosa; ANB = Anorexia nervosa Binge(/Purging); ANR = Anorexia nervosa ohne Binge/Purging; BDI = Beck Depression Inventory; BES = Binge-Eating-Störung; BN = Bulimia nervosa; BN-A = Bulimia nervosa mit Anorexia-nervosa-Anamnese; BULIT-R = Bulimia Test-Revised; CANQ = Childhood Abuse and Neglect Questionnaire; CIDI = Composite International Diagnostic Interview; CPI = California Psychological Interview; CSAQ = Child Sexual Abuse Questionnaire; CTI = Childhood Trauma Interview; CTQ = Childhood Trauma Questionnaire; DES = Dissociative Experiences Scale; DISC = Diagnostic Interview Schedule for Children; DPI = Disorganizing Poverty Interview; EAT = Eating Attitudes Test; EDE = Eating Disorder Examination; EDE-Q = Self-report version of the Eating Disorder Examination; EDI = Eating Disorders Inventory; EM = emotionale Misshandlung; ES = Essstörung; ESNNB = nicht näher bezeichnete Essstörung; EV = emotionale Vernachlässigung; FES = Family Environment Scale; GAFS = Global

29.4 Empirische Studien über Belastungen in der Kindheit

Tab. 29-1 (Fortsetzung)

Autoren/Jahr	Methodik	Ergebnisse
Andrews et al. 1995	101 Mütter und ihre 75 Teenager-Töchter aus der Gemeinde; Strukturiertes Interview: SM, KM, PSE; RDC für Depression, DSM-III für BN	Zusammenhang zwischen SM und KM und chronischer sowie wiederholter Depression bei Müttern einerseits und BN bei Töchtern andererseits
Bardone-Cone et al. 2008	via Medien und ES-Einrichtungen rekrutiert, 101 BN ohne AN-Anamnese (BN), 37 BN-A; EDE-Q, CTQ	BN-A berichten mehr EV und KV, EM und SKM, vor allem aber KM als BN
Bulik et al. 2001	Frauen mit SKM (von beiden Zwillingen berichtet in Fragebogen) aus gemeindebasiertem Zwillingsregister, SCID für DSM-III-R	spezifische Charakteristika von SKM erhöhen Lebenszeitprävalenz psychiatrischer Störungen, nicht aber spezieller Störungen wie ES
Fairburn et al. 1997	Fall-Kontroll-Studie; bei Allgemeinärzten registrierte Frauen, 102 mit BN, 102 mit anderen psychiatrischen Störungen, 204 gesunde; EDE-Q, GHQ, PBI, EDE, SCID, Risk-factor Interview: Zeit vor Beginn der BN mit Verhaltensdefinitionen; DSM-III-R und DSM-IV	SM und KM häufiger bei BN als bei Gesunden, nicht häufiger als bei psychiatrischen Kontrollen; negative Selbstbewertung, elterlicher Alkoholismus (wann immer), geringer elterlicher Kontakt und hohe elterliche Erwartungen bei BN häufiger als bei psychiatrischen Kontrollen ($p < 0{,}001$)
Fairburn et al. 1999	67 Frauen mit AN-Anamnese (55 von einer NHS-Datensammlung, alle übrigen Probanden bei Allgemeinärzten registriert), 204 gesunde, 102 mit anderen psychiatrischen Störungen, 102 mit BN; Gruppenvergleich für AN, fallweise Parallelisierung für den Rest; übrige Methodik wie Fairburn et al. (1997)	SM und KM häufiger bei AN als bei Gesunden, Unterschied zu psychiatrischen Kontrollen und BN nicht signifikant; einziger Unterschied AN/psychiatrische Kontrollen: prämorbid negative Selbstbewertung und Perfektionismus bei AN und BN wesentlich häufiger als bei gesunden und psychiatrischen Kontrollen
Favaro et al. 1998	ambulante und stationäre Pat. einer ES-Klinik, 38 mit ANR, 48 mit ANB, 69 mit BN nach DSM-IV, 81 asymptomatische Studentinnen; SCL-90, Interview: SM, KM vor ES	kein Zusammenhang zwischen SM/KM und Schwere der ES, bei Pat. selbstzerstörerisches Verhalten bester Prädiktor für SM/KM-Anamnese

Assessment of Functioning Scale; GHQ = 30-item General Health Questionnaire; HRSD = Hamilton Rating Scale for Depression; HSC = Hopkins Symptom Checklist; KM = körperliche Misshandlung; KV = körperliche Vernachlässigung; NHS = National Health Service, bei dessen Allgemeinärzten 98 % der Bevölkerung Großbritanniens registriert sind; NNB = nicht näher bezeichnet; NYHRSFI = New York High Risk Study Family Interview; ORFI = Oxford Risk Factor Interview; Pat. = Patientin/Patient; PBI = Parental Bonding Instrument; PSAQ = Physical and Sexual Abuse Questionnaire; PSE = Present State Examination; RDC = Research Diagnostic Criteria; SCID = Strukturiertes Klinisches Interview; SCL-90 = Symptom Checklist; SIAB-EX = Structured Interview for Anorexic and Bulimic Disorders; SIR = Survey of Interpersonal Relationships; SKM = sexueller Kindesmissbrauch; SM = sexueller Missbrauch; STAI = State Trait Anxiety Inventory

Tab. 29-1 (Fortsetzung)

Autoren/Jahr	Methodik	Ergebnisse
Jaite et al. 2012	50 ANR-Patientinnen (15,8 ± 1,6 Jahre), 27 ANB-Patientinnen (16,1 ± 1,1 Jahre), 44 gesunde Schülerinnen (15,7 ± 1,3 Jahre), DSM-IV, SIAB-EX, CIDI, Deutsche Version für gesunde Schülerinnen, CTQ	mehr SKM, KM, EM, KV und EV bei ANB als ANR und gesunden Schülerinnen; kein Unterschied zwischen AN und gesunden Schülerinnen bezüglich CTQ-Subskalen für SKM, KM, EM, KV und EV
Johnson et al. 2002a	782 Mütter aus der Gemeinde und 782 ihrer Kinder; DISC als Kinder 6, 14, 16 und 22 Jahre alt; DPI für Vernachlässigung, CPI, HSC, Fragen abgewandelt vom NYHRSFI, SM/KM aus einem Zentralregister und Bericht der 22-jährigen; DSM-IV	erhöhtes Risiko für ES nach KV oder SM; Zusammenhang zwischen unangepasstem Vaterverhalten und ES; nur 1 AN, 8 BN, 41 ES NNB
Kern u. Hastings 1995	786 Studentinnen, BULIT-R, FES, CSAQ: SM und sexueller Kontakt vor dem Alter von 17 Jahren; DSM-III-R	stärkere Leistungsorientierung einziger Unterschied in Familienumgebung zwischen 30 BN-Kranken (13 mit SM) und 50 normal Essenden (3 mit SM)
Kugu et al. 2006	980 Studierende, SCID für DSM-IV für 18 Studentinnen (15 BN, 3 BES) und 3 Studenten (BES) mit >30 im EAT und für ebenso viele Kommilitoninnen und Kommilitonen mit <30 im EAT; CANQ	mehr EM und SM <16 Jahre bei Studierenden mit als ohne ES
Mahon et al. 2001	Krankengeschichten von 110 ambulanten BN- oder atypischen BN-Pat. (ICD-10) einer ES-Klinik	Therapieabbruch häufiger bei 2 oder mehr der folgenden Traumata: 1. SM, 2. KM oder materielle Vernachlässigung, 3. elterliche Trennung, Scheidung oder Tod, als das Kind jünger als 16 Jahre war
Nagata et al. 1999	ambulante Pat., Univ.-Nervenklinik, 33 ANR, 40 ANB, 63 BN (DSM-IV), 99 Krankenschwestern-Schülerinnen ohne ES, PSAQ, Fragebogen und Interview: impulsives Verhalten	ANB- und BN-Pat. mit KM hatten doppelt so hohe DES-Werte und häufiger Anamnese von Selbstverletzung als Pat. ohne KM

AN = Anorexia nervosa; ANB = Anorexia nervosa Binge(/Purging); ANR = Anorexia nervosa ohne Binge/Purging; BDI = Beck Depression Inventory; BES = Binge-Eating-Störung; BN = Bulimia nervosa; BN-A = Bulimia nervosa mit Anorexia-nervosa-Anamnese; BULIT-R = Bulimia Test-Revised; CANQ = Childhood Abuse and Neglect Questionnaire; CIDI = Composite International Diagnostic Interview; CPI = California Psychological Interview; CSAQ = Child Sexual Abuse Questionnaire; CTI = Childhood Trauma Interview; CTQ = Childhood Trauma Questionnaire; DES = Dissociative Experiences Scale; DISC = Diagnostic Interview Schedule for Children; DPI = Disorganizing Poverty Interview; EAT = Eating Attitudes Test; EDE = Eating Disorder Examination; EDE-Q = Self-report version of the Eating Disorder Examination; EDI = Eating Disorders Inventory; EM = emotionale Misshandlung; ES = Essstörung; ESNNB = nicht näher bezeichnete Essstörung; EV = emotionale Vernachlässigung; FES = Family Environment Scale; GAFS = Global

29.4 Empirische Studien über Belastungen in der Kindheit

Tab. 29-1 (Fortsetzung)

Autoren/Jahr	Methodik	Ergebnisse
Pike et al. 2006	epidemiologische Fall-Kontroll-Feldstudie, 538 Frauen, 18–40 Jahre, SCID für DSM-IV, ORFI	Frauen mit BES berichteten häufiger als psychisch gesunde, nicht aber als allgemeinpsychiatrische Kontrollen KM in den 12 Monaten vor den ersten ES-Symptomen
Rayworth et al. 2004	epidemiologische Fall-Kontroll-Feldstudie, 732 Frauen, 36–44 Jahre, SCID für DSM-IV, SIR-Fragebogen	SKM ohne KM (kleine Zahl, d. h. geringe Power) kein höheres Risiko für ES als bei gewaltfreier Kindheit (AN, BN oder BES); KM ohne SM doppeltes, KM und SM fast vierfaches Risiko, unabhängig davon, ob der ES eine Depression vorausging
Schmidt et al. 1993	64 AN, 23 ANB, 37 BN-A und 79 BN; DSM-III-R, Beurteilung des semistrukturierten Interviews von Harris et al. (1990) auf Band blind für Diagnose	Unterschiede zwischen ES-Gruppen nicht signifikant für SM, geringe elterliche Kontrolle, elterliche psychiatrische Störungen; bei BN mehr Familien-Arrangements, elterliche Indifferenz, exzessive elterliche Kontrolle, KM, Gewalt gegen andere Familienmitglieder als bei AN mit ANB und BN-A dazwischen; BN: 65 % mit 2 oder mehr Arten von Belastung
Steiger et al. 2010	17 AN, 108 BN, 60 ESNNB aus ES-Einrichtung vs. 93 ohne ES-Symptome und -Anamnese (Kontrollen) und einem BMI von 18–34; EDE, CTI für eindeutige KM und SM vor dem Alter von 14 Jahren	bei ES allgemein größeres Risiko für SM; im Vergleich zu Kontrollen mehr KM sowie KM und SM bei ES mit dissozial-impulsiver Psychopathologie; mehr SM bei ES mit dissozial-impulsiver und mit geringer Psychopathologie
Sullivan et al. 1995	bulimische Frauen aus klinischer Studie, 38 mit, 49 ohne SKM, DSM-III-R, SCID, Strukturiertes Interview über BN-Symptome in vergangenen 2 Wochen, klinische Interviewer, HRSD, GAFS	Alter bei Beginn der BN niedriger, mehr Co-Morbidität mit SM als ohne, kein Unterschied in BN-Symptomen und in tatsächlichem und gewünschtem BMI

Assessment of Functioning Scale; GHQ = 30-item General Health Questionnaire; HRSD = Hamilton Rating Scale for Depression; HSC = Hopkins Symptom Checklist; KM = körperliche Misshandlung; KV = körperliche Vernachlässigung; NHS = National Health Service, bei dessen Allgemeinärzten 98 % der Bevölkerung Großbritanniens registriert sind; NNB = nicht näher bezeichnet; NYHRSFI = New York High Risk Study Family Interview; ORFI = Oxford Risk Factor Interview; Pat. = Patientin/Patient; PBI = Parental Bonding Instrument; PSAQ = Physical and Sexual Abuse Questionnaire; PSE = Present State Examination; RDC = Research Diagnostic Criteria; SCID = Strukturiertes Klinisches Interview; SCL-90 = Symptom Checklist; SIAB-EX = Structured Interview for Anorexic and Bulimic Disorders; SIR = Survey of Interpersonal Relationships; SKM = sexueller Kindesmissbrauch; SM = sexueller Missbrauch; STAI = State Trait Anxiety Inventory

Tab. 29-1 (Fortsetzung)

Autoren/Jahr	Methodik	Ergebnisse
Vize u. Cooper 1995	100 DSM-III-R ES, 40 depressive Pat., 40 Studentinnen, Sekretärinnen und Verkäuferinnen ohne ES; standardisiertes Interview, Kontakt-SM vor dem Alter von 17 Jahren	SM bei ES-Pat. häufiger als bei Gesunden, aber nicht als bei depressiven Pat.; kein Unterschied zwischen ANR und ANB oder BN und BN-A bezüglich Häufigkeit oder irgendeines Aspekts von SM; Schweregrad der ES nicht abhängig von Aspekten des SM
Waller et al. 2001	41 Pat. mit BN, 11 mit ANB, 9 mit BES, DSM-IV, erfahrene klinische Psychologen, DES, Esstagebuch	schwerere bulimische ES mit SM-Anamnese als ohne
Welch u. Fairburn 1994	s. Fairburn et al. 1997; 50 BN-Pat., 50 BN-Kranke aus Allgemeinarztpraxen, Fallkontrollen: Alter parallelisiert	Kontakt-SM bei BN-Pat. nicht signifikant häufiger als bei BN-Kranken in der Gemeinde (16/26 %)

AN = Anorexia nervosa; ANB = Anorexia nervosa Binge(/Purging); ANR = Anorexia nervosa ohne Binge/Purging; BDI = Beck Depression Inventory; BES = Binge-Eating-Störung; BN = Bulimia nervosa; BN-A = Bulimia nervosa mit Anorexia-nervosa-Anamnese; BULIT-R = Bulimia Test-Revised; CANQ = Childhood Abuse and Neglect Questionnaire; CIDI = Composite International Diagnostic Interview; CPI = California Psychological Interview; CSAQ = Child Sexual Abuse Questionnaire; CTI = Childhood Trauma Interview; CTQ = Childhood Trauma Questionnaire; DES = Dissociative Experiences Scale; DISC = Diagnostic Interview Schedule for Children; DPI = Disorganizing Poverty Interview; EAT = Eating Attitudes Test; EDE = Eating Disorder Examination; EDE-Q = Self-report version of the Eating Disorder Examination; EDI = Eating Disorders Inventory; EM = emotionale Misshandlung; ES = Essstörung; ESNNB = nicht näher bezeichnete Essstörung; EV = emotionale Vernachlässigung; FES = Family Environment Scale; GAFS = Global Assessment of Functioning Scale; GHQ = 30-item General Health Questionnaire; HRSD = Hamilton Rating Scale for Depression; HSC = Hopkins Symptom Checklist; KM = körperliche Misshandlung; KV = körperliche Vernachlässigung; NHS = National Health Service, bei dessen Allgemeinärzten 98 % der Bevölkerung Großbritanniens registriert sind; NNB = nicht näher bezeichnet; NYHRSFI = New York High Risk Study Family Interview; ORFI = Oxford Risk Factor Interview; Pat. = Patientin/Patient; PBI = Parental Bonding Instrument; PSAQ = Physical and Sexual Abuse Questionnaire; PSE = Present State Examination; RDC = Research Diagnostic Criteria; SCID = Strukturiertes Klinisches Interview; SCL-90 = Symptom Checklist; SIAB-EX = Structured Interview for Anorexic and Bulimic Disorders; SIR = Survey of Interpersonal Relationships; SKM = sexueller Kindesmissbrauch; SM = sexueller Missbrauch; STAI = State Trait Anxiety Inventory

29.5 Therapeutische Konsequenzen aus Belastungen in Kindheit und Jugend

Gewalterfahrungen sind Opfern von sexuellem Missbrauch und körperlicher Misshandlung gemein. Deshalb erscheint es mir besonders wichtig, dass sie in der Therapie nicht erneut erleben, die Kontrolle über sich an andere abgeben zu müssen. Strikte Verhaltenstherapie bringt zwar kurzfristig oft gute Erfolge, die aber häufig nicht gehalten werden (Fairburn et al. 1995). Daher bieten sich der *sokratische Dialog der kognitiven Therapie* (Fairburn et al. 1995; Agras et al. 2000; Jacobi 2000) und eine *motivierende Gesprächsführung* an (Treasure u. Schmidt 1998; Thiels u. Schmidt 2003). Diese beginnt schon bei der Erhebung der Anamnese. Entscheidend ist nicht, in möglichst kurzer Zeit eine lückenlose Krankengeschichte zu erstellen, sondern mit der Patientin ein

Arbeitsbündnis einzugehen. Die beste Dokumentation im Krankenblatt nützt nichts, wenn die Patientin die Behandlung abbricht oder gar nicht erst aufnimmt. Obwohl sich der Täter für die Traumatisierung schämen müsste, tut dies meist das Opfer. Deshalb ist besonders darauf zu achten, die Selbstzweifel der Patientin nicht zu vergrößern, selbst wenn es bedeutet, dass sie das Ausmaß von Überessen, Erbrechen, Abführmittelgebrauch und vielleicht auch Ladendiebstahl, Promiskuität, Missbrauch psychotroper Substanzen und Selbstverletzung erst im Laufe der Therapie bekennt. Es ist sicher sinnvoll, nach sexuellen und anderen Gewalterfahrungen zu fragen und Bereitschaft und Fähigkeit zu signalisieren, Schreckliches teilnahmsvoll anzuhören. Andererseits ist die Gefahr, Fragen suggestiv zu formulieren oder gar aus vieldeutigen Symptomen auf sexuellen Missbrauch zu schließen, strikt zu vermeiden. Das Gedächtnis ist keine Videothek, in deren dunklen Ecke Bänder gefunden werden können, die seit der Zeit der Aufzeichnung unverändert geblieben sind. Unsere Erinnerungen unterliegen einem ständigen Wandel. Ohne zeitgenössische Dokumentation ist es auch bei harmlosen Themen oft schwer zu entscheiden, was tatsächlich passierte und was nachträglicher Bearbeitung zuzuschreiben ist, der wir uns meist nicht bewusst sind.

Selbst wenn sexueller Missbrauch, körperliche Misshandlung oder andere Traumatisierungen stattgefunden haben, ist es nicht dienlich, eine Opferidentität aufzubauen. Die amerikanische Bezeichnung *survivor* (Überlebende/r) scheint mir wesentlich günstiger, weil stolzer, zuversichtlicher, aktiver. Aber auch eine derartige Selbstdefinition vorwiegend oder gar ausschließlich über die belastende Vergangenheit ist nicht erstrebenswert. Wenn es um die Behandlung Kranker und nicht um die Selbsterfahrung (relativ) Gesunder geht, ist die Gestaltung von Gegenwart und Zukunft wichtiger als die Fokussierung auf die Vergangenheit. Eine Ausnahme bilden Erinnerungen, die in der Gegenwart beeinträchtigen. Aber selbst dann ist zu bedenken, dass ein „Aufarbeiten" eine Retraumatisierung bedeuten kann und sich Umgangsweisen mit schrecklichen Erlebnissen empfehlen, die unmittelbar erleichtern und stabilisieren (Reddemann 2001; s. Kap. 31).

Generell ist es sinnvoll, in der Therapie nicht *die* (vermeintliche) Ursache anzugehen, sondern die vielfältigen ätiologischen Faktoren in drei Gruppen zu unterteilen: prädestinierende, auslösende und aufrechterhaltende. Meist kommen Essgestörte erst zur Behandlung, wenn sie bereits viele Monate gehungert haben, bevor sie das Gewichtskriterium für eine Anorexia nervosa erfüllen, bzw. jahrelang heimlich an einer Bulimia nervosa, Binge-Eating-Störung oder an einer nicht näher bezeichneten Essstörung (ESNNB) litten. Auslösende Faktoren spielen dann u. U. nur noch eine untergeordnete Rolle, wenn überhaupt. Die Therapie zielt deshalb auf Einflüsse, die das Fortbestehen der Krankheit begünstigen. Wahrscheinlich hat die Essstörung längst eine Eigendynamik entwickelt – mit physiologischen, psychologischen und sozialen Verstärkern des pathologischen Verhaltens.

Jedenfalls ist es schon im Erstgespräch angebracht, nicht nur nach der Vergangenheit, sondern auch nach Hoffnungen, Wünschen und Plänen der Patientin zu fragen. Was deren Verwirklichung im Wege steht, kann sie dann im motivierenden Interview herausfinden. Wie sich in den meisten Fällen zeigen wird, sind dies nicht die Gewalterfahrungen selbst, sondern die Essstörung sowie möglicherweise ihr Perfektionismus, ihre negative Selbstbeurteilung und aktuelle zwischenmenschliche Probleme, was insgesamt zu einem Mangel an Selbstvertrauen führen kann. Dieser hält viele Patientinnen zurück, eine Verhaltensveränderung zu versuchen. Deshalb ist es wichtig, schon im Erstgespräch Hinweise dafür zu sammeln, dass die Patientin sehr wohl etwas ausrichten kann. Falls sie selbst den Termin bei Ihnen vereinbart hat, ist dies zu honorieren. Womöglich ist es ihr auch gelungen, sich seitdem weniger (häufig) zu überessen und seltener zu erbrechen. Es lohnt sich, danach zu fragen und ggf. auch kleine Erfolge hervorzuheben – als Beleg, dass die Patientin mehr kann, als sie sich selbst zugesteht. Zumindest ist ihr Erscheinen zu würdigen, sei es aus Rücksicht auf die sich sorgenden Eltern der Magersüchtigen, sei es als wichtiger erster Schritt zu einer Besserung, der Initiative und Überwindung gekostet hat.

Wichtiger als die präzise Dokumentation der Essstörung ist in der ersten Sitzung eine *Einschätzung der Veränderungsmotivation* der Patientin (Prochaska u. DiClemente 1986; Treasure u. Schmidt 1998; Thiels u. Schmidt 2003), um Ihr therapeutisches Angebot auf den derzeitigen Stand der Patientin abzustimmen. Auch diese Feinabstimmung der Therapie auf die Bedürfnisse der Essgestörten dürfte für solche Patientinnen, die Gewalt oder Vernachlässigung erlebt haben, eine wohltuend andersartige Erfahrung sein.

Um der Patientin stets das Gefühl zu vermitteln, dass sie in Kontrolle ist und nichts gegen ihren Willen geschieht, machen Sie ihr Angebote statt Vorschriften und lassen Sie ihr die Wahl zwischen verschiedenen Möglichkeiten. Sie kann beispielsweise verschiedene Methoden der Selbstmotivierung (s. u.) wählen und oft auch zwischen unterschiedlichen Therapie-Settings. Der *stepped care approach* dient dabei nicht nur der Kostendämpfung. Auch für die Patientin ist es entängstigend, wenn Sie ihr (solang keine akute Lebensgefahr besteht) zunächst eine ambulante Behandlung anbieten, die für die meisten an Bulimia nervosa, einer Binge-Eating-Störung oder einer nicht näher bezeichneten Essstörung Erkrankten ohnehin ausreicht.

Schon während des Erstgesprächs fassen Sie immer wieder zusammen, was Sie gerade gehört haben: „Wenn ich Sie recht verstehe, machen Sie sich Sorgen, dass Ihr Freund Sie verlassen könnte, und wollen deshalb etwas gegen die von Ihnen richtig diagnostizierte Magersucht unternehmen." Wenn Sie korrekt wiedergeben, was Ihre Patientin gesagt hat, fühlt sie sich verstanden. Wenn nicht, hat sie eine Gelegenheit, Sie zu korrigieren. Das zeigt ihr, dass Sie nicht meinen, besser über sie Bescheid zu wissen als sie selbst. Sie stellen lediglich auf Wunsch Ihre Spezialkenntnisse zu Verfügung, damit die Patientin sich besser selbst helfen kann.

Sie spiegeln, aber nicht unterschiedslos, sondern vor allem, was der Motivation zur Genesung dienen kann: „Wenn ich Sie richtig verstehe, stören Sie Ihre Schlafstörungen, das leichte Frieren, der Haarausfall und die Konzentrationsstörungen. Sie schildern, dass diese Probleme erst mit zunehmendem Gewichtsverlust aufgetreten sind. Wahrscheinlich handelt es sich um Nebenwirkungen des Abnehmens."

Eine Möglichkeit, der Patientin ein Gefühl von Kontrolle über ihre Therapie und Stolz auf deren Erfolg zu vermitteln, ist der Einsatz von *Selbstbehandlungsmanualen* (Schmidt u. Treasure 2000; Treasure 2000). Trotz der zahlreichen Belege für ihre Wirksamkeit in Kombination mit unterschiedlichen Dosen und Arten professioneller Unterstützung oder sogar ohne (Übersichten s. Thiels u. Schmidt 2003; Thiels u. de Zwaan 2007, 2008) ist diese Form der Behandlung nur eines von mehreren Angeboten, die Sie

29.5 Therapeutische Konsequenzen aus Belastungen in Kindheit und Jugend

Ihrer Patientin machen. Je nach Länge Ihrer Warteliste stehen Alternativen möglicherweise nicht sehr bald zur Verfügung und Sie selbst werden vielleicht umso motivierter sein, Ihre Patientin neugierig auf eine mehr oder weniger angeleitete Selbstveränderung zu machen und ihr die guten Erfahrungen anderer Patientinnen mit diesem Verfahren zu schildern. Dennoch liegt es im Ermessen der Essgestörten, sofort und weitgehend selbstbestimmt zu ihrer Gesundung beizutragen oder eine andere Therapiemodalität zu wählen. Wichtig ist nur, dass Sie die Entscheidung Ihrer Patientin respektieren und sie auf dem eingeschlagenen Weg unterstützen.

Wenn Sie allerdings den Eindruck gewinnen, dass Ihnen die Patientin nach all den Erniedrigungen, die sie erlebt hat, beweisen will, dass Sie ein schlechter Therapeut sind, kann es sinnvoll sein, dies anzusprechen: „Wenn Sie mir zeigen wollen, dass ich Ihnen nicht helfen kann, haben Sie sicher Erfolg. Ich kann Sie tatsächlich nur auf Ihrem Weg zur Besserung unterstützen, und auch das nur, wenn Sie es möchten. Ich kann nur hoffen, dass Ihnen Ihr Studium wichtiger ist, als unsere Arbeit scheitern zu lassen." Bei der motivierenden Gesprächsführung übernehmen Sie nicht die Verantwortung für das Verhalten der Patientin. Das gibt ihr die Chance, sich Ihnen gegenüber in Kontrolle zu fühlen, und Ihnen, dem *Burnout* zu entgehen.

Dass diese Zurückweisung der Verantwortung für den Therapieerfolg nichts mit mangelndem Engagement zu tun hat, können Sie der Patientin zeigen, indem Sie ihr nach dem Erstgespräch, zum Ende der Therapie und evtl. an wichtigen Wendepunkten der Behandlung Briefe schreiben (Treasure u. Schmidt 1998; Thiels u. Schmidt 2003). Damit respektieren Sie auch das Recht der informationellen Selbstbestimmung und geben der Patientin etwas in die Hand, was sie jederzeit lesen kann. Ob es außerdem als Übergangsobjekt wirkt, sei dahingestellt. Um nicht zu viele unbezahlte Überstunden zu investieren, lassen sich zumindest das erste und letzte Schreiben auch als Arztbrief verwenden. Es bleibt dann der Patientin überlassen, ob sie es selbst an den überweisenden oder nachbehandelnden Arzt weiterleitet oder Sie bittet, eine Kopie des von ihr genehmigten Textes zu verschicken.

Das immer wiederkehrende Thema dieser Variationen ist also der *Respekt vor der Individualität und den Wünschen* der Essgestörten. Auch ungebetene Interpretationen des ihr Unbewussten scheinen mir wenig dienlich. Sie könnte sie als anmaßend, ängstigend und erniedrigend erleben, gerade wenn dabei Strebungen zur Sprache kommen, die sie sich (noch) nicht zugestehen kann. Und sie könnte sich der Kontrolle dessen beraubt fühlen, was andere über sie wissen.

> **Merke**
>
> Besonders wichtig scheint mir der respektvolle Umgang mit Patientinnen, die wegen Gefahr für ihr Leben stationärer Behandlung bedürfen, die sie selbst nicht wünschen (Thiels 2008; Thiels u. Curtice 2009).

Missbrauchsopfer werden von ihren Tätern meist zum Stillschweigen verpflichtet. Manche Psychoanalytiker verlangen von ihren Patienten, nicht mit anderen über ihre Therapie zu sprechen, was mir für Überlebende sexueller Gewalt unpassend erscheint. Auch ist die Gefahr zu bedenken, das Abstinenzgebot zu verletzen. Gerade die meist jungen, schlanken und oft intelligenten Frauen stellen bekanntermaßen für manchen männlichen Therapeuten eine Versuchung dar. Ein offener Umgang mit dieser Problematik empfiehlt sich. Gerade im stationären Bereich, wo Essgestörte mit Impulskontrollproblemen über die bulimischen hinaus monatelang behandelt werden, kann die Einhaltung angemessener Grenzen schwierig sein (Waller u. Prestwood 2003).

Über die Behandlung der Essstörung hinaus ist der negativen Selbstbewertung entgegenzuwirken, sei sie nun durch sexuelle oder andere Gewalterfahrung, hohe elterliche Erwartungen, elterlichen Alkoholismus, geringen elterlichen Kontakt (Fairburn et al. 1997, 1999) oder anderweitig bedingt. Eine naheliegende Möglichkeit besteht darin, jeden Schritt Richtung Gesundung als Erfolg der Patientin zu würdigen. Das wirkt überzeugender, wenn sie **keine Psychopharmaka** einnimmt, die wahrscheinlich ohnehin wenig zur Behandlung von Essstörungen beitragen. Um der Neigung vorzubeugen, Misserfolge sich selbst anzulasten, empfiehlt es sich, von Anfang an zu betonen, dass Sie zwar der Patientin zutrauen, ihre Essstörung zu überwinden, dass es aber eine schwierige Aufgabe ist, bei der Rückschläge durchaus vorkommen und Fortschritte langsam sein können.

Da die Selbsteinschätzung davon abhängt, welcher Wert der Person von der Gesellschaft beigemessen wird, bleibt zu überlegen, ob Patientinnen wenigstens in der Klinik erleben sollten, dass Frauen nicht nur untergeordnete Rollen spielen dürfen. Bisher ist die Verteilung der Geschlechter in der Hierarchie des deutschen Gesundheitswesens leider sehr ungleich.

29.6 Fortführung des Fallbeispiels: Therapie und Verlauf

Fallbeispiel

Vier Jahre vor der Erstvorstellung bei uns hatte die Patientin bereits einen vierwöchigen Psychotherapieversuch wegen ihrer Bulimia nervosa unternommen. Nun nahm sie im Rahmen einer Therapievergleichsstudie (Thiels et al. 1998a, b, 2003; Hardy u. Thiels 2009) die ihr angebotenen 16 einstündigen Sitzungen kognitiver Verhaltenstherapie wahr. Die Patientin begann tagsüber mehr zu essen, um nicht abends vor Hunger einen Essanfall zu erleiden und dann zu erbrechen. Parallel dazu setzte sie sich mit ihrer unbefriedigenden Ehe auseinander. Weitere Themen waren der sexuelle Missbrauch, den sie im Verlauf der Therapie für ihre Essstörung als weniger bedeutsam einschätzte als die Untreue ihres Mannes. Ebenfalls noch nicht verwunden war, dass ihre Mutter sie zur Großmutter gegeben hatte und nur Äußerlichkeiten wie Schlanksein wichtig fand. Bei einer telefonischen Nachbefragung gut neun Jahre nach Abschluss der Behandlung sagte sie, ihre „Bulimie" sei jetzt „in Ordnung" und sie sei „sehr stolz" darauf. Nach der Therapie sei sie „clean" gewesen (von der Bulimia nervosa). Sie wiege jetzt 62 kg bei 1,68 m. Sie fühle sich „manchmal moppelig", z. B. Weihnachten. Sie esse, was ihr schmecke, wolle aber schlank bleiben. Sie gehe gern zur Arbeit. Die Ehe bestehe weiterhin.

Therapie psychisch schwer traumatisierter Patienten

30 Übertragungsfokussierte Psychotherapie bei schwer traumatisierten Patienten[1]

Nel Draijer und Pauline van Zon

Inhalt

30.1	Einleitung	555
30.2	Ehemalige Kindersoldaten	556
30.3	Übertragungsfokussierte Psychotherapie (TFP) und ihre Anwendungen	558
30.4	Übertragungsfokussierte Psychotherapie, illustriert an einem Fallbeispiel	561
30.5	Diskussion anhand des Fallbeispiels	564
30.6	Zusammenfassung	566

30.1 Einleitung

Bei einer Posttraumatischen Belastungsstörung (PTBS), die im Rahmen von Kampfhandlungen entstanden ist, sind Aggression und Wut die vorherrschenden Emotionen und beeinflussen das Behandlungsergebnis negativ (Yehuda 1999). Dennoch fokussieren sowohl Behandlungstheorien als auch die Therapien von PTBS auf Angst als *die* zentrale Emotion (Orth u. Wieland 2006). Hingegen werden in der Literatur Wut und Aggression in der Behandlung traumatisierter Menschen, einschließlich Flüchtlinge, kaum beachtet (Nicholl u. Thompson 2004; Ehntholt u. Yule 2006). Bei Patienten mit Dissoziativer Identitätsstörung, bei denen heftige Aggression oft keinen Behandlungsfokus darstellt, ist die Situation ähnlich (Chu 1998; Mills 2005). Unter der dissoziierten und Ich-dystonen („Nicht-Ich") Charakteristik der Symptomatik ist die Bearbeitung (Managing) der abgespaltenen Aggression bei Dissoziativer Identitätsstörung sogar noch problematischer als bei PTBS.

Unsere klinische Erfahrung in der Behandlung traumatisierter Flüchtlinge zeig-

---

[1] Dieses Kapitel wurde in englischer Sprache veröffentlicht in: Draijer N, Van Zon P. Transference-focused psychotherapy with former child soldiers: meeting the murderous self. J Trauma Dissociation 2013; 14(2): 170–83. Übersetzung aus dem Englischen von A. Lampe.

te, dass die üblichen State-of-the-Art-Verfahren zur Behandlung der PTBS wie die Narrative Expositionstherapie (NET), Eye Movement Desensitization and Reprocessing (EMDR) oder die Testimony Therapie (TT) bei dieser Patientengruppe ineffektiv sind. Sie können sogar re-traumatisierend sein, solange die therapeutische Beziehung von Misstrauen, Schuld und Scham geprägt ist. Affekte, die sich als fortlaufende Aggression und/oder Dissoziation äußern können.

In der Psychotherapie sollte die Bearbeitung der fehlenden Emotionsregulation und der vorhandenen Dissoziation in der therapeutischen Beziehung Priorität haben, da sie mehr Funktionseinschränkungen verursachen als PTBS-Symptome. Vergangene Studien über Emotionsregulation wie die Bewältigung von Angst und Wut bei komplexer PTBS waren auf Therapien, welche Psychoedukation, kognitive und behaviorale Aspekte sowie Medikation oder eine Kombination dieser Komponenten beinhalteten, fokussiert (Chembtomb et al. 1997; Yehuda 1999; Glancy u. Saini 2005; Cloitre 2009; Saini 2009). Ansätze wie die Kognitive Verhaltenstherapie mögen zwar in der Behandlung des situativen Ausdrucks von Wut und Angst effektiv sein, eignen sich üblicherweise aber nicht zur Therapie der zugrunde liegenden Dispositionen.

In der Arbeit mit erwachsenen Flüchtlingen, die ehemals Kindersoldaten waren, zeigte ein stufenweises Verfahren mit supportiven, psychoedukativen und emotionsregulierenden Techniken nur wenig Erfolg. Aufgrund ihrer extremen Ängste im Kontakt mit ihrem Therapeuten haben diese Patienten große Schwierigkeiten, neue Informationen aufzunehmen und zu verarbeiten, und können deshalb Emotionsregulationsstrategien nicht vollständig lernen.

Deshalb behandeln wir folgende Fragestellungen:
- Wie können Therapeuten mit der starken und abgespaltenen Aggression bei diesen Patienten umgehen?
- Wie sollen die Therapeuten mit der Bedrohung durch die Patienten und den extremen Ängsten, die dadurch ausgelöst werden, umgehen?
- Wie können Therapeuten das „mörderische Selbst" „treffen" und helfen, es in ein breiteres Spektrum aggressiver Gefühle angemessen zu integrieren?

30.2 Ehemalige Kindersoldaten

> **Definition**
>
> Die UNICEF (2007a) definiert Kindersoldaten als Personen unter 18 Jahren (Mädchen und Buben), die rekrutiert sind bzw. waren oder von bewaffnetem Militär oder einer bewaffneten Gruppe in irgendeiner Form eingesetzt wurden, z. B. als Kämpfer, Köche oder Träger, Boten oder Spione oder zur sexuellen Ausbeutung.

Kindersoldaten werden sowohl von bewaffneten Gruppen als auch von der Armee rekrutiert. Afrika hat die größte Zahl an Kindersoldaten. Die meisten dieser Kinder sind unter Gewalt rekrutiert oder von bewaffneten Gruppen entführt worden. Andere schließen sich diesen Gruppen aus Überlebensgründen an oder um getötete Familienmitglieder zu rächen (Schauer u. Elbert 2009; Betancourt et al. 2010).

Kindersoldat zu sein zieht erhebliche Konsequenzen nach sich. Diese Jugendlichen wachsen unter extremen und widrigen Bedingungen im Dschungel auf und nur die Stärksten überleben. Sie stehen am Ende der

30.2 Ehemalige Kindersoldaten

Hackordnung und sind ein permanentes Ziel von Belästigung, Misshandlung und Missbrauch. Sie sind von der notwendigen Zuwendung und dem Schutz ihrer Familien abgeschnitten und haben keinerlei gesundheitliche Versorgung oder Schulbildung. Die Mehrzahl der Kindersoldaten wurde Opfer, Zeuge und/oder Täter in Situationen schwerer Gewalt und Grausamkeit – wie kriegerischer Handlungen, Bombenanschläge, Amputationen und Enthauptungen, Verbrennung lebender Menschen und Vergewaltigung (Betancourt et al. 2010).

Nach dem Krieg laufen sie Gefahr, nicht wieder integriert zu werden: nicht nur wegen der erfahrenen Traumatisierung, sondern auch, weil sie beschämt und stigmatisiert sind, in die schweren Kampfhandlungen mit verwickelt gewesen zu sein (Schauer u. Elbert 2009).

Nach ihrer Ankunft im Exilland sind sie oft einem extrem langen, erschöpfenden Asylverfahren ausgesetzt. Aufgrund der eingeschränkten Rechte während des Asylverfahrens sind sie neuerlich mit der Unmöglichkeit, ganz in die Gesellschaft integriert zu werden, konfrontiert. Sie leiden unter dem Verlust ihrer sozialen Rolle, ihrer Zukunftsperspektiven und ihrer vertrauten kulturellen Umgebung, wie ihrer Muttersprache, vertrautem Essen und sozialen Netzwerken.

Fortgesetzte Exposition extremer Gewalt insbesondere in der Kindheit hat verheerende langfristige Folgen. Bei Bedrohung wechseln dann aggressive Zustände schnell und dramatisch mit ängstlicher Flucht oder vermeidenden Zuständen ab. Da Kinder oft physisch nicht in der Lage sind, ihre Peiniger abzuwehren oder der Situation zu entfliehen, ist die häufigste Reaktion auf traumatische Ereignisse, sich selbst von ihrer inneren und äußeren Welt durch Dissoziation, Abstumpfung, Depersonalisation und Derealisation abzuschneiden (Schauer u. Elbert 2009).

> **Merke**
> Jugendliche, die einem solchen Ausmaß an Gewalt und Bedrohung ausgesetzt waren, können Entwicklungsaufgaben wie eine sichere Bindung, ein stabiles und integriertes Selbst- und Fremdkonzept, die Fähigkeit zur Emotionsregulation und Steuerung des Verhaltens nicht bewältigen (van der Kolk 2005).

Die Reaktion vieler ehemaliger Kindersoldaten auf die wiederholte und lang andauernde Traumatisierung lässt sich am besten durch Konzepte wie die komplexe Trauma- oder Entwicklungstraumastörung beschreiben (van der Kolk 2005; Cloitre 2009; Klasen et al. 2010). Das Symptomprofil entspricht einer PTBS mit zusätzlichen Störungen der Affektregulation, der interpersonellen Beziehungen und der Identität. Zusätzlich zur Komplexen Posttraumatischen Belastungsstörung (KPTBS) leiden diese Patienten häufig unter Depression und Dissoziativer Identitätsstörung, wobei sowohl die Erinnerung an die erlebten Grausamkeiten als auch die Täteranteile vollkommen vom Bewusstsein abgespalten sind. In der Literatur zur Dissoziation werden diese Selbstanteile als schützende Anteile beschrieben: *„… emotionale Persönlichkeitsanteile, die in einem schützenden ‚Kampf'-Subsystem und im Versuch, die schwierigen Gefühle wie Hass und Wut zu bewältigen, fixiert sind und Gefühle wie Angst, Verletzung oder Scham zu vermeiden versuchen"* (Van der Hart et al. 2006, S. 82).

Bei der Behandlung ehemaliger Kindersoldaten sind die Therapeuten mit Unterwerfungstendenzen und Dissoziation in und außerhalb der Therapie konfrontiert. Relativ kleine Stressoren können klassische Kampf-, Flucht- oder Einfrierreaktionen auslösen, die sich in heftiger Aggression und oder regressiven dissoziativen Zuständen zeigen können. Diese Patienten haben Schwierigkeiten, aggressive Impulse zu kontrollieren, sie halten Gewalt für ein legitimes Mittel, ihre Ziele zu erreichen, und haben nur unzureichende Möglichkeiten, ihren Alltag ohne Aggression zu bewältigen. Die Kliniker werden in die Reinszenierung der alten traumatischen Szenen hineingezogen und es beginnt ein wilder therapeutischer Tanz von Annäherung und Vermeidung, der an Kriegsszenen erinnert. Therapeuten sind somit mit heftigen Übertragungs- und Gegenübertragungsphänomenen konfrontiert.

30.3 Übertragungsfokussierte Psychotherapie (TFP) und ihre Anwendungen

Die Übertragungsfokussierte Psychotherapie (Transference-focused Psychotherapy, TFP) ist ein evidenzbasiertes, manualisiertes, psychodynamisches und objektbeziehungstheoretisch fundiertes Verfahren (Yeomans et al. 2002; Clarkin et al. 2006, 2007; Doering et al. 2010). Es wurde für Patienten mit einer schweren Persönlichkeitsstörung entwickelt, d. h. vor allem für Patienten mit einer Borderline-Persönlichkeitsorganisation (Kernberg 1984).

Die **Borderline-Persönlichkeitsorganisation** weist auf eine psychische Struktur hin, die durch Identitätsdiffusion – nämlich ein fragmentiertes und fluktuierendes Selbstgefühl mit Oszillation zwischen Selbst- und Fremdrepräsentanzen und den damit verbundenen Gefühlen – und „primitiven" Abwehrformen wie Spaltung, Verleugnung und projektive Identifikation charakterisiert ist. Die Realitätsprüfung aber, die wohl im Allgemeinen funktioniert, neigt dazu, sich unter Stress zu verzerren. Der Patient kommuniziert nicht nur sprachlich und nonverbal, sondern auch durch projektive Identifikation (sog. „Bauchrede"), in welche unerträgliche emotionale Zustände externalisiert und im Therapeuten ausgelöst und von ihm wahrgenommen werden.

Das Ziel der TFP ist, diese konflikthaften inneren Selbst- und Fremdrepräsentanzen in eine kohärentere Persönlichkeit zu integrieren. Entsprechend der Grundannahme der TFP sind Menschen soziale Wesen (die sich sowohl binden als auch autonom sein wollen), deren innere Welt fundamental aus Beziehungselementen, Dyaden, besteht, die sich aus Bildern von sich Selbst und Anderen (dem Objekt) und den damit verbundenen Emotionen zusammensetzen. In der Borderline-Persönlichkeitsorganisation ist diese innere Welt zwischen „*all gute*" und „*all böse*" *dyadische Elemente* gespalten, die als untereinander im Konflikt wahrgenommen und durch Spaltung voneinander getrennt gehalten werden. Bei schwer traumatisierten Patienten ist diese Grundspaltung noch durch Dissoziation akzentuiert (die theoretische Frage, ob Spaltung und Dissoziation in Beziehung stehen und ob die Spaltung selbst ein dissoziatives traumabezogenes Phänomen sei, würde den Rahmen dieser Arbeit sprengen). Bei schwer traumatisierten Patienten sind Spaltung und Dissoziation völlig miteinander verwachsen. Die Spaltung wird genährt durch Konflikte zwischen Annäherung, Suche nach Intimität, Kontakt und Bindung gegen die Tendenz, Kontakt und Abhängigkeit zu vermeiden, um sich gegen Verletzung oder Kontrolle zu schützen (i. e. die Dynamik von Liebe versus Aggression). Die „*all guten*" *Dyaden* bestehen aus einer Sehnsucht nach vollkommen liebenden Verhältnissen zu einem idealen Objekt wie einer perfekten Mutter oder einem perfekten Vater. Diese „all guten" vollkommenen Dyaden sind

30.3 Übertragungsfokussierte Psychotherapie (TFP) und ihre Anwendungen

aber unrealistisch, weil in ihnen nicht reale Unvollkommenheiten und Enttäuschungen integriert sind. Sie können so zur pathologischen Frustration und zu einer plötzlichen Umkehrung in „all böse" Dyaden führen.

Die „*all bösen*" *Dyaden* bestehen aus Bildern verfolgender und dominierender Beziehungen, die auf einer Mischung von vergangener subjektiver Realität, den eigenen aggressiven Affekten, der Identifikation mit Tätern und starken Ängsten basieren. In Beziehungen und in der Psychotherapie oszillieren die inneren Dyaden: Das innere verängstigte Opfer, das Vergeltung von einem überwältigenden Anderen fürchtet, kann plötzlich in eine dominierende Macht umschlagen, die den jetzt schwachen Anderen angreift. Wenn der Therapeut als böses Objekt erfahren wird, kann der Patient angreifen, um sich vor der Überwältigung zu schützen – auf diese Weise wird Aggression durchgespielt, ohne dass die eigene Aggression wahrgenommen wird.

Dieses **Modell des Denkens über Objektbeziehungen** ermöglicht es dem Therapeuten, diese Projektionen empathisch mit dem Patienten zu erforschen, als betrachte er sich durch dessen Augen. Diese Perspektive ist sehr hilfreich beim Verstehen und Umgehen mit dem dauernden Hin und Her und den spontan wechselnden Beziehungskonstellationen in der Behandlung von Patienten mit Persönlichkeitsstörungen sowie schweren dissoziativen Störungen (Draijer 2009, 2010a, b).

TFP-Interventionen bestehen aus der Erforschung der inneren Welt des Patienten und seiner Sicht auf den Therapeuten aus der Perspektive seiner inneren Welt heraus. Dazu ist es besonders wichtig, die Übertragung im Hier und Jetzt bewusst zu erfahren (Was macht der Patient aus mir?), indem man empathisch dem Patienten in seiner Neuerschaffung des Therapeuten folgt. Der Therapeut muss die in der Beziehung ausgedrückte Dyade in sich bewusst halten, um sie dann dem Patienten zur Verfügung zu stellen. Eine Intervention könnte auf folgende Weise konstruiert werden: „Wenn ich Ihnen richtig zuhöre, ist es, als sähen Sie mich als eine grausame und überwältigende Person. Das muss eine sehr erschreckende Situation für Sie sein." Wenn Patienten die Erfahrung machen, dass sie richtig verstanden werden, weil der Therapeut die Beziehung bewusst macht und die Sichtweise der Patienten benennt, dann beruhigen sie sich, selbst wenn sie vorher sehr zornig waren, und können die Situation reflektieren.

Sobald sich die Reflexionsfähigkeit des Patienten verbessert – was eine Weile dauern kann –, kann der Therapeut beginnen, den Patienten vorsichtig mit Inkonsistenzen und Oszillationen zwischen den Dyaden zu konfrontieren, indem er die Neugier des Patienten für seine eigene innere Welt weckt, beispielsweise: „Das ist interessant. Gerade vor ein paar Minuten schien unser Gespräch noch sehr nahe und Sie teilten Ihre Trauer mit mir, offensichtlich erlebten Sie mich als vertrauenswürdigen und aufrichtigen Zuhörer. Aber plötzlich erscheint es, als würden Sie mich als Bedrohung wahrnehmen, vor der Sie sich schützen müssen, indem Sie die komplette Macht übernehmen. Wie verbinden Sie diese beiden Haltungen mir gegenüber?"

Schließlich, wenn der Patient die therapeutische Beziehung reflektieren kann und zumindest zeitweise einigermaßen unterstützend erlebt, ist es die Aufgabe des Therapeuten, die Schichten der Abwehr der widersprüchlichen Dyaden zu interpretieren. Interpretation im Rahmen der TFP ist ein Prozess, in dem die negativen und positiven Dyaden dem Patienten gleichzeitig präsentiert werden, beispielsweise: „Kann es sein, dass Ihr Ärger, der Sie auch von mir distanziert, so heftig ist, weil Sie sich so verletzlich fühlen, wenn Sie anerkennen, wie sehr Sie sich nach einer sicheren Beziehung mit einer verlässlichen Elternfigur sehnen?" oder: „Kann es sein, dass Sie mich lieber für vollkommen unverlässlich halten, denn wenn Sie mich für vertrauenswürdig und zuverlässig hielten, dann wären Sie so unsagbar traurig über ihre Verluste? Kann es sein, dass Sie sich so davor schützen, jemanden Geliebtes ein zweites Mal zu verlieren?"

Solche Interpretationen beziehen sich auf ein „Du und Ich" im „Hier und Jetzt". Es sind keine ätiologischen Deutungen. Dieser gesamte schrittweise Interaktions- und Deutungsprozess (Caligor et al. 2009) führt zu einer Linderung des Ärgers und der Wut und möglicherweise zur Integration der Persönlichkeit. In der TFP bleibt der Patient für seine Genesung selbst verantwortlich. Das bedeutet, dass zu Beginn der Behandlung ein Vertrag über destruktives Agieren abgeschlossen wird und der Therapeut dem Patienten erklärt, dass so ein Verhalten die Genesung verhindert.

Wenn der Patient dann andeutet, dass er nur eine Lösung des Konfliktes kenne, nämlich Gewalt, dann übergibt der Therapeut ihm die Verantwortung, das zu verhindern: „Alle Gefühle sind vollkommen und werden respektiert, sogar mörderische Wut, solange wir darüber sprechen können und sie nicht ausagieren." Wenn der Patient eine Tendenz zum Agieren bemerkt oder dies auch tut, wird er gebeten, das in der nächsten Sitzung als Erstes zu erwähnen. Um die Spirale von Missbrauch und Gewalt zu unterbrechen, *muss der Soldat sprechen lernen*.

Die wissenschaftliche Evidenz der TFP-Effektivität ist durch mehrere Untersuchungen bewiesen. Randomisierte kontrollierte Studien (Clarkin et al. 2007; Doering et al. 2010) zeigten, dass die TFP signifikant effektiver ist als die Dialektisch-Behaviorale Therapie (DBT) oder eine supportive dynamische Therapie oder auch als die Behandlung durch erfahrene „Community"-Psychotherapeuten.

In der Studie von Clarkin et al. (2007) zeigten alle Methoden Verbesserungen, aber TFP war in den meisten Symptombereichen signifikant überlegen. In der Studie von Doering et al. (2010) zeigte sich eine signifikant niedrigere Abbrecherrate bei der TFP-Gruppe. Die TFP war in den Bereichen Borderline-Symptomatologie, psychosoziales Funktionsniveau, Persönlichkeitsorganisation und hinsichtlich psychiatrisch-stationärer Aufnahmen überlegen. Bindungsmuster und Reflexionsvermögen wurden vor und nach der Therapie mit dem „Adult Attachment Interview" (AAI) gemessen. Die Bindungssicherheit verbesserte sich nur im Rahmen der TFP, aber nicht bei den anderen Behandlungen (Levi et al. 2006a).

Eine randomisierte kontrollierte Studie (Giessen-Bloo et al. 2006) zeigte eine substanzielle Effektstärke (1.85) für TFP, die Kontrollgruppe wies deutlich geringere Effektstärken auf. Diese Studie wurde wegen ihrer Methodik kritisiert: Die TFP-Patienten waren zweimal so selbstdestruktiv und der Supervisor konnte die Therapeuten nicht selbst auswählen. Die therapeutische Adhärenz (Methodentreue) war unter den TFP-Bedingungen signifikant niedriger, allerdings war das Manual damals noch nicht publiziert.

Clarkin et al. (2006) haben die dominanten Dyaden in der Übertragungs- und Gegenübertragungs-Beziehung beschrieben; einige von ihnen sollen anhand des folgenden Falbeispiels dargestellt werden. Die in Tabelle 30-1 aufgeführten Übertragungs-Gegenübertragungs-Interaktionen zeigen die dynamische Natur der dyadischen Beziehungen.

Tab. 30-1 Dominante Dyaden in der Übertragung – Gegenübertragung

Patient	Therapeut
Kontrollierendes, omnipotentes Selbst	schwacher, unterworfener Anderer
Misshandeltes Opfer	sadistischer Angreifer/Verfolger
Außer Kontrolle, zorniges Kind	inkompetenter, nutzloser Elternteil
Abhängiges, befriedigtes Kind	perfekter Versorger
Freundliches, fügsames Selbst	liebender, bewundernder Elternteil

30.4 Übertragungsfokussierte Psychotherapie, illustriert an einem Fallbeispiel

Fallbeispiel

Ishmael ist ein 24 Jahre alter Mann aus Sierra Leone, der seit 2003 in den Niederlanden lebt. Als ihn die Therapeutin zum ersten Mal traf, war er seit drei Jahren in einer nicht erfolgreichen Therapie, in der Stabilisierung und Unterstützung der Hauptfokus waren. Bald wurde klar, dass Ishmael doch eine ambivalente Einstellung zur Therapie hatte: motiviert, aber sehr ängstlich vor der Nähe, die zur Therapie gehört. Es war Ishmaels größte Angst, er könnte die Kontrolle über seine aggressiven Gefühle verlieren, wenn sie getriggert werden, und dabei unschuldige Personen verletzen. Er war schon oft in körperliche Auseinandersetzungen, auch mit seiner Partnerin, geraten.
Diagnostisch erfüllte er die Kriterien einer Posttraumatischen Belastungsstörung (PTBS), einer Dissoziativen Identitätsstörung (Dissociative Identity Disorder, DID) und einer nicht näher bezeichneten Persönlichkeitsstörung. Er litt unter Amnesien und kurzen psychotischen Episoden wie kommentierenden Stimmen und visuellen Halluzinationen. Gelegentlich wurde er suizidal und einmal auch stationär in die Psychiatrie aufgenommen. Er berichtete von schwerem Misstrauen, Schuld und Scham, extremer Einsamkeit, Nicht-Zugehörigkeit und einem Gefühl von Entmenschlichung: „Manchmal fühle ich mich mehr wie ein Tier als wie ein Mensch."
Ishmael wurde in Sierra Leone geboren und verbrachte dort eine einigermaßen glückliche Kindheit. Im Alter von acht Jahren wurde seine Mutter von Rebellen vor seinen Augen getötet und er selbst wurde gefangen genommen. Seinen Vater und seine Schwester hatte er seit damals nicht mehr gesehen. Ishmael wurde von den Rebellen gezwungen, bei ihnen als Kindersklave im Dschungel zu leben. Dort erlebte er unzählige Grausamkeiten und wurde gezwungen, sich auch daran zu beteiligen. Nach fünf Jahren konnte er fliehen und es gelang ihm in Freetown zu überleben. Aktuell läuft ein Asylverfahren.
Das Hauptproblem zu Beginn der Behandlung war, dass es ihm nicht gelang, in der Beziehung psychisch präsent zu bleiben. Das zeigte sich in Dissoziation (Switch in andere Zustände oder Absencen) oder in extremer Dominanz, Aggression und Unterwerfung der Therapeutin. Er berichtete über paranoide Gefühle, wie extreme Angst vor Missbrauch, Ausbeutung, Demütigung und Vernachlässigung. Er konnte die Emotionsregulationstechniken, die ihm beigebracht wurden, nicht anwenden. Wenn die Therapeutin sich seiner Wut ausgesetzt fühlte, wurde sie von Angst überflutet und hatte Mühe, über das, was vor sich ging, zu reflektieren.
Die TFP bot einen Rahmen, das dauernde Hin und Her und das agierende Wiederholen der Szene zu verstehen. Der Beginn der TFP-Behandlung brachte einen Übergang von einem

Ein-Personen-Modell, das den Patienten und seine Symptome zu verstehen sucht, zu einem Zwei-Personen Modell, das den Patienten und die starke Dynamik innerhalb der Beziehung, die er erlebt, versteht.

Als die Therapeutin nach dem Übergang zur TFP über die Unterschiede in der Behandlung gefragt wurde, war das Erste, das ihr spontan einfiel: „So viel mehr Kontakt und ein tieferes Verstehen dessen, was er durchmacht, seitdem ich empathisch exploriere und durch seine Augen die Person wahrnehme, die er aus mir macht. Dissoziation und Aggression wurden für mich als Regulative für Nähe und Distanz in der Beziehung verstehbar."

Als der Patient mit der Therapeutin über seine schlimmsten traumatischen Erfahrungen sprach und sehr traurig wurde, wechselte er aufgrund seiner Verwundbarkeit in einen anderen Zustand. Die Therapeutin erlebte dabei Folgendes:

„Ich fühle mich durch seinen plötzlichen Wechsel in die Aggression überwältigt. Seine Augen verengen sich und er sagt abschätzig: ‚Sehen Sie es nicht? Überall wird gekämpft.' Sein Blick verhärtet sich und wird gleichgültig. Seine Lippen verziehen sich zu einem sadistischen Lächeln. Ich scheine eine Figur im Wiedererleben einer gewalttätigen und grausamen traumatischen Erfahrung zu sein, in der wir uns in einer Kampfsituation gegenüberstehen. Den Ishmael, den ich kenne, sehe ich nicht mehr. Stattdessen sehe ich einen extrem gefährlichen und bedrohlichen Rebellen, der zu allem fähig ist. Ich frage mich, ob er die gleiche Bedrohung in mir sieht. Ich fühle mich verwirrt, mein Körper warnt mich vor Gefahr und ich bin extrem erregt. Ich ertappe mich dabei, dass ich auf seine Hände achte und mich frage, ob er mich angreifen könnte. In dem Moment möchte ich ganz klar bleiben, aber Chaos übermannt mich. Ich bin nicht länger imstande, über das, was vorgeht, zu reflektieren, und tauche in einer Flut von Angst unter. In der Zwischenzeit bin ich verzweifelt auf der Suche nach meinem therapeutischen Rahmen und meinen Werkzeugen, aber die scheinen weggespült worden zu sein. Ich fühle mich paralysiert und hilflos. Die Schlacht kann ich nicht gewinnen. Er ist stärker und ich unterwerfe mich ihm … Ist es das, was er mit seiner Aggression erreichen will? Ich benenne seine Aggression und frage ihn, was in ihm vorgeht. Er scheint überrascht zu sein. Seine Aggression verschwindet plötzlich, er verneint, wütend oder ängstlich zu sein; jetzt ist er derjenige, der verwirrt und verwundbar ist. Ich bin plötzlich der Täter und er das Opfer. Ich will nicht der Täter sein. Schon wieder Verwirrung."

In der Supervision nachher sahen wir eine aggressive Abwehr gegen Traurigkeit und Verletzung sowie eine aktive Wiederholung des Traumas, aber in einer umgekehrten, nämlich dominierenden Position, in der er die Therapeutin in eine furchterregende Unterwerfung und Verwirrung jagt. Der Patient scheint in der Therapeutin die extreme Furcht auszulösen, die er selbst nicht verbalisieren kann. Eine Oszillation findet zwischen sadistischem Angreifer/Verfolger und dem missbrauchten Opfer statt. Der Auftrag der Therapeutin ist es, diese nahezu unerträgliche Furcht zu ertragen.

Wenn es der Therapeutin gelingt, diese Angst zu überleben und fortzufahren, die Situation zwischen ihr und dem Patienten zu reflektieren, indem sie eine respektvolle und neutrale Einstellung annimmt, ist sie zunehmend fähig, das böse Objekt, das auf sie projiziert wurde, innerlich zu halten. Sie versucht, den Patienten dazu anzuregen, das, was vorher als nicht-symbolisierter und undifferenzierter Gefühlszustand existierte, zu symbolisieren und auch innerlich zu halten. Die empathische Neugier der Therapeutin regt den Patienten dazu an, zu sehen, dass die intensiven Zustände, die ihn überwältigen, in einem breiteren Rahmen anderer innerer Zustände bestehen könnten. Das bedeutet, dass sie nicht die gesamte Beziehungsrealität umfassen und daher das Objekt selbst, besonders in seiner Intensität und seiner eindimensionalen Qualität, modifiziert wird. Der Raum zur Reflexion – und sei es nur ein oder zwei Sekunden – und die Fähigkeit, Gefühle auszuhalten, wachsen langsam und kontinuierlich an, wenn alle Gefühle akzeptiert, ausgehalten und von

30.4 Übertragungsfokussierte Psychotherapie, illustriert an einem Fallbeispiel

der Therapeutin innerlich gehalten werden. Es findet ein Prozess statt, in dem sie langsam den Verfolger, den er fürchtet, und den empathischen und reflektierenden Anderen, den er erfährt und nach dem er sich insgeheim sehnt, zusammenbringt, da beide Repräsentanzen innerer Zustände in ihm sind. Durch diesen integrativen Prozess werden die verfolgenden Objekte und Selbstzustände des Patienten langsam entgiftet (Scharff u. Tsigounis 2003).

Einige Zeit später kämpfte die Therapeutin mit überwältigender Hilflosigkeit und Traurigkeit in Einfühlung mit dem Patienten. Der Patient scheint jetzt seine Verletzlichkeit besser ertragen zu können und bleibt mit der Therapeutin verbunden, der jetzt das Folgende auffällt: „Ishmael drückt intensive Wertlosigkeit aus, die sich auf die Grausamkeiten bezieht, die er als Opfer erlebt hatte. Er sehnt sich nach innerem Frieden und nach dem Tod. Ich fühle seine Selbstverachtung und seinen Schmerz. Da ich es nicht aushalten kann, versuche ich, seine Perspektive auf sich, die von Scham und Schuldgefühlen geprägt ist, zu verändern. Aber mir fällt auf, dass es seinen Bedürfnissen nicht entspricht. Er lässt mich wissen, dass er keinen Raum dafür hat. Ich teile ihm mit, dass mein Wunsch, seine Perspektive zu verändern, ein vergeblicher Versuch war, mit meiner eigenen Hilflosigkeit, die seine Trauer in mir auslöste, zu bewältigen. Dem fügte ich hinzu: ‚Wir könnten jetzt die Trauer hier sein lassen, während wir zusammen sind, ohne darüber sprechen zu müssen.' Er stimmt dem zu, besonders weil es keinen anderen Ort gibt, wo er seine Trauer einfach da sein lassen kann. Unsere Blicke treffen sich und seine Trauer erschlägt mich. Er sieht, dass meine Augen feucht werden, und ich sage ihm, dass seine Trauer mich tief berührt. Für einen Moment wendet er sich ab, aber dann trifft er meinen Blick wieder und ich kann sehen, dass er seiner Trauer erlaubt, in meiner Gegenwart da zu sein. Es gibt einen intensiven Moment der inneren Begegnung. Am Ende dieser Stunde erzählt mir Ishmael, dass er sich durch die geteilte Erfahrung seiner Trauer mehr verbunden und weniger einsam fühlt."

Aus der dyadischen Perspektive sind Hilflosigkeit und Trauer, welche die Therapeutin empfindet, von der Art, wie der Patient mit ihr interagiert und sie wahrnimmt, ausgelöst (i. e. Projektion und projektive Identifikation). In diesem Falle wollte die Therapeutin zu frühzeitig trösten, um der Trauer zu entkommen, und so agierte sie genauso, wie der Patient es regelmäßig tut. Dann bemerkte der Patient die Trauer der Therapeutin, während sie bereit war, die Trauer mit dem Patienten zusammen durchzustehen, was es beiden ermöglichte, sie auch zu ertragen. Dieses Zusammensein in der Trauer stellte seine Toleranz für die innere Verbindung, seine Bezogenheit zur Mutter in ihm, die er verloren hatte, wieder her.

Nach 18 Monaten der TFP nahm die Therapeutin eine bemerkenswerte Zunahme und Toleranz für Intimität und Verletzlichkeit in der therapeutischen Beziehung wahr. Diese Entwicklung repräsentiert den Zugang zu vorher abgespaltenen libidinösen Anteilen der inneren Welt des Patienten. Er versteht es besser, schmerzhafte Erfahrungen und starke Emotionen zu verbalisieren und zu ertragen. Es gibt weniger Oszillationen zwischen Gefühlszuständen und weniger Schwarz-Weiß-Denken. Die Aggression ist weniger heftig, zerstörerisch und furchterregend geworden und scheint allmählich wegzuschmelzen. Aggressive Gefühle, Gedanken und Fantasien werden offen in der Therapie besprochen, Ishmael kann seine Emotionen besser regulieren und sich ohne Gewalt durchsetzen.

Auf der Symptomebene gibt es weniger Albträume, weniger Flashbacks (Wiedererleben der traumatischen Zustände), weniger Dissoziation und Vermeidung des traumatischen Materials, weniger Misstrauen und weniger Schuld und Scham. Kommentierende Stimmen und visuelle Halluzinationen sind verschwunden. Im Hinblick auf die Dissoziative Identitätsstörung gibt es jetzt eine größere Differenziertheit zwischen damals und heute. Gefühlszustände sind weniger fragmentiert und weniger durch Amnesie getrennt. Schwere traumatische Erfahrungen in Verbindung mit Grausamkeiten werden nicht länger nur durch das mörderische Selbst erzählt, sondern auch in traurigen und mehr bewussteren Zuständen. Ishmael lebt ein weniger isoliertes Leben, durch seine Arbeit als Volontär hat er mehr Kontakt mit der Außenwelt, betreibt Hobbys und geht sogar eine freundschaftliche Beziehung ein.

30.5 Diskussion anhand des Fallbeispiels

In der Behandlung ehemaliger Kindersoldaten aus Afrika mit Dissoziativer Identitätsstörung (DID) hilft die Übertragungsfokussierte Psychotherapie, die Aggressionen und die Tendenz dieser Patienten, totale Kontrolle oder Unterwerfung des Therapeuten verlangen zu wollen, anzusprechen. Dabei unterstützt das Objektbeziehungsmodell darin, die abgespaltene Aggression oder die plötzlichen und verwirrenden Wechsel der mentalen Zustände zu verstehen. Anstatt auf primäre Symptome des Patienten zu fokussieren, arbeitet man mit Übertragung und Gegenübertragung, mit dem therapeutischen Tanz im Hin und Her und der Reinszenierung der traumatischen Situationen zwischen Patient und Therapeut. Das schließt an die Diskussion an, ob man extremes Trauma aus der Perspektive einer Ein- oder Zwei-Personen-Psychologie verstehen und behandeln sollte. Der hier beschriebene Fall bewegte sich von einer Ein-Personen-Perspektive mit nur begrenztem Erfolg (Konzentration auf Symptome und Psychopathologie ausschließlich im Patienten) zu einem Zwei-Personen-Modell mit einem Fokus auf die Dynamik, wie sie zwischen Patient und Therapeut inszeniert wird und sich als Spaltung, projektive Identifikation und Oszillation zwischen Selbst- und Fremdzuständen manifestiert. Dies hilft dem Patienten, sich emotional zu regulieren, mit Mentalisierung zu beginnen, Beziehungen aufzunehmen und innerlich zu integrieren. Statt der traditionellen phasenorientierten Traumatherapie zu folgen, verstärkt man die Affektregulation, indem man sich auf die Förderung der sicheren Bindung in der therapeutischen Beziehung konzentriert.

Das bedeutet einen Schritt weg von einer Posttraumatischen Belastungsstörung (PTBS), die primär als Angststörung angesehen wird, hin zu einer Komplexen Posttraumatischen Belastungsstörung (KPTBS, mit DID), die primär als Beziehungsstörung mit Isolation, Einsamkeit, Misstrauen anderen gegenüber, Mangel an Selbstberuhigung und wohlwollenden inneren Beziehungen, Wut auf die Menschheit, Scham und Schuld beschrieben wird. Komplexe stressbezogene Störungen wie DID sind Störungen der Persönlichkeit, der Identität, der Affektregulation und der Beziehung. Psychodynamische Modelle arbeiten im Hier und Jetzt der therapeutischen Beziehung.

Nach 18 Monaten der TFP konnten bei diesem Patienten sowohl eine verbesserte Affektregulation als auch gesteigerte Mentalisierungs- und Beziehungsfähigkeit beobachtet werden.

Die verbesserte Affektregulation hängt vermutlich mit der feinen Einfühlung der Therapeutin und dem inneren Halten der dominanten Dyaden sowie den damit verbundenen emotionalen Zuständen, die im therapeutischen Hier und Jetzt erst sichtbar werden, zusammen.

Diese Hypothese wird durch eine Studie von Levi et al. (2006a) unterstützt, die ein verbessertes Reflexionsvermögen und eine verbesserte Bindungssicherheit bei Borderline-Patienten nach einem Jahr TFP-Behandlung zeigte. Sichere Bindung führt zur besseren Affektregulation (Schore 2005). Man könnte argumentieren, dass die TFP

30.5 Diskussion anhand des Fallbeispiels

der Mentalisierungstherapie ähnlich sei. Der Hauptunterschied besteht darin, dass in der TFP die Oszillation und der Konflikt zwischen verschiedenen Dyaden im Mittelpunkt steht. Darüber hinaus nimmt der Therapeut am therapeutischen Tanz teil und arbeitet weniger als Coach, sobald die Übertragung angesprochen wird; TFP arbeitet stärker mit dem Erleben als mit der Kognition. Und letztlich erkennt die TFP Aggression als die zentrale dynamische Kraft an.

Die Bewertung und Behandlung von Aggression werden sehr kontrovers diskutiert. Einige Behandlungsmodelle ignorieren Aggression (und nehmen an, dass sie von einem „fremden Selbst" stammt), andere versuchen, sie nur zu kontrollieren (die mehr kognitiv verhaltenstherapeutisch orientierten Verfahren der Zornbewältigung), oder sie unterdrücken die Aggression (z. B. durch Medikamente). Demgegenüber wird Aggression in der TFP als bedeutend und vital (und in gewisser Weise als gesund) für die innere Dynamik bewertet.

Wir haben den klinischen Eindruck, dass bei schwer traumatisierten Patienten, bei denen aggressives Verhalten nicht direkt in der Behandlung auftaucht, Aggression durch Albträume und selbstverletzendes Verhalten kanalisiert wird. So wird sie auf (innere) Täter projiziert, damit sie auf sicherer Weise erfahren werden kann (und man sie im Inneren externalisiert). Solche Patienten haben (aggressive) unterdrückende Teile, die totale Kontrolle wollen – was aus der Identifikation mit ihren Aggressoren aus der Kindheit stammt. Aus der TFP-Perspektive ist es notwendig, dass man die Aggression des Patienten als zu ihm gehörig erkennt und anspricht, um eine Form der Integration, des inneren Gleichgewichts und der Genesung zu erreichen. Wir wissen, dass nicht alle Patienten fähig oder bereit sind, sich dem zu stellen. Sie können sich keinen Weg vorwärts vorstellen und hängen an ihrer Identität als unterdrückte Opfer, die andauernd von den eigenen projizierten Aggressionen angegriffen werden.

Der TFP-Therapeut nimmt an diesem Tanz teil, versucht aber, über das, was zwischen ihm und dem Patienten geschieht, zu reflektieren. Er tut das auf respektvolle Art, indem er den Konflikten im Patienten gegenüber neutral bleibt und akzeptiert, was auf ihn übertragen wird. Um die Metapher eines Hafens zu benutzen: Alle Schiffe können einfahren; kein Schiff braucht auf der hohen See zu bleiben (z. B. alle Gefühle und inneren mentalen Zustände, wie negativ sie auch sein mögen, sind in der Beziehung zum Therapeuten willkommen). Der Therapeut handelt dann wie ein reflektierender Spiegel, in dem der Patient ein integrierteres Bild von sich und seinen Projektionen sehen kann.

Das innere Aushalten der Aggression und des Hasses ist eine Vorbedingung zur Integration von Gut und Böse. Das mörderische Selbst muss gesehen, respektiert, willkommen geheißen und dafür wertgeschätzt werden, was es für die ganze Person bedeutet: Es ist der Hüter schrecklicher Erinnerungen und beschützt den Patienten vor neuen Verletzungen. Dieser Aspekt des Selbst ist außerordentlich einsam und davon überzeugt, dass niemand es jemals mögen werde oder ihm nahe stehen wolle. Wenn dieser gefährliche und hassende Teil des Patienten fühlt, dass er verstanden, respektiert und wertgeschätzt wird, beginnt der Hass des Patienten langsam zu schmelzen (Draijer 1999). Nur danach gibt es Raum für tiefe Traurigkeit und Trauerarbeit. Patienten, die getötet haben, müssen trauern, Trauerrituale und Bedauern können eingeführt werden.

Letztlich ist die Supervision unabdingbar, damit der Therapeut lernt, sich der inneren Welt des Patienten gefühlsmäßig zur Verfügung zu stellen, in diesem Tanz mitzutanzen, ihn zu erkennen und darüber zu reflektieren, um eine Intervention setzen zu können. Um die emotionale Erreichbarkeit, zu gewährleisten und Übertragungsgefühle zu erkennen, um sie dann in Interventionen verwandeln zu können, braucht der Therapeut eine sichere und akzeptierende Beziehung zu einem Supervisor.

30.6 Zusammenfassung

Extreme Aggression und das Teil-Selbst eines Mörders – besonders in Männern – bringt schwere Probleme für Patienten mit dissoziativen Störungen mit sich. Sie entfremden sich von anderen Menschen, verhindern menschliche Nähe und verursachen Angst bei ihren Psychotherapeuten. Dieses Problem wird in der Theorie oder in der Forschung von Posttraumatischen Belastungsstörungen kaum thematisiert, die Behandlung konzentriert sich einzig auf Angstphänomene.

Wut und Aggression stehen im Mittelpunkt von schwerer Traumatisierung und verursachen bei Patienten Schuldgefühle. Aus diesem Grunde fühlen sie sich schlecht und isoliert, kämpfen um Kontrolle und sind von ihren Mitmenschen entfremdet. Das ist insbesondere bei Patienten, die zum Töten gezwungen wurden, der Fall. Bei der Behandlung ehemaliger Kindersoldaten mit Dissoziativer Identitätsstörung, die unter abgespaltenen Aggressionen leiden, hilft die Übertragungsfokussierte Psychotherapie, diese aggressiven Teile und deren Tendenz, die totale Kontrolle zu übernehmen oder andere, einschließlich des Therapeuten, zu unterwerfen, anzusprechen.

31 Psychodynamisch Imaginative Traumatherapie

Luise Reddemann

Inhalt

31.1 Einleitung 567

31.2 Die Grundlagen 568
    31.2.1 Der imaginäre Raum oder die „innere Bühne" 568
    31.2.2 Der klinische Umgang mit traumatischem Stress 569

31.3 Fallbeispiel 569
    31.3.1 Erstkontakt 570
    31.3.2 Stabilisierungsphase 573
    31.3.3 Traumakonfrontations- oder Traumabegegnungsphase zur Traumasynthese 576
    31.3.4 Integrationsphase 581

31.1 Einleitung

In diesem Kapitel soll anhand eines Fallbeispiels die Therapiestrategie deutlich gemacht werden. Es werden die Einleitungsphase der Behandlung sowie die drei typischen Phasen der traumazentrierten Therapie (Herman 1994) dargestellt und erörtert.

Die hier vorgeschlagene **Vorgehensweise** für die Behandlung traumatisierter Patientinnen und Patienten (Reddemann 2001, 2011; Sachsse 2004) ist sowohl integrativ als auch ressourcenorientiert.

- Sie ist **integrativ**, da sie vor einem theoretischen psychoanalytischen Verstehenshintergrund verschiedene Interventionstechniken verbindet, die aus der Hypnotherapie nach Erickson, aus der Gestalttherapie, dem Psychodrama und verschiedenen imaginativen Verfahren bekannt sind, aber für die speziellen Bedürfnisse der traumatisierten Patientinnen modifiziert wurden. Hinzu kommen einige psychoedukative Elemente sowie solche der kognitiven Verhaltenstherapie. Die Beachtung von Übertragungs-Gegenübertragungs-Reaktionen ist uns wichtig, jedoch intervenieren wir nicht psychoanalytisch im engeren Sinn. Vielmehr geht es uns darum, zwischen Therapeutin und Patientin einen imaginären Raum zu erschaffen, der gleichzeitig auch als „innere Bühne" der Patientin konzeptualisierbar ist.

- Die Vorgehensweise ist zudem **ressourcenorientiert** (Grawe u. Grawe-Gerber 1999; Fürstenau 1992, 2007; Reddemann 2011). Gerade bei einer Klientel, die Situationen extremer Hoffnungslosigkeit ausgeliefert war, wissen wir aus der Forschung zur Salutogenese (Antonovsky 1998) und zur Resilienz (McFarlane 1996; Bender u. Lösel 1997b; Bonanno und Mancini 2008), dass das Auffinden innerer Stärken und Kraftquellen sehr bedeutsam ist. Beispiele von Viktor Frankl bis Christopher Reeve machen deutlich, dass Menschen äußere Katastrophen, auch solche, die ihnen von *Menschen* zugefügt wurden, nicht nur überleben, sondern sogar gestärkt aus ihnen hervorgehen können.

Die Verfahrensweise beruht weitgehend auf Erfahrungen mit unseren Patientinnen. Dazu kamen und kommen zahlreiche Anregungen, insbesondere von den Kollegen, die mit imaginativen Techniken arbeiten und zum Teil unsere Lehrer waren: P. C. Estes (s. auch Estes 1993), P. Krystal (s. auch Krystal 1989), P. Levine (s. auch Levine 1998), E. Rossi, T. Noordegraf, F. Olthuis, O. van der Hart, G. Schmidt (s. auch Schmidt 2013).

31.2 Die Grundlagen

Grundlegend für unsere Arbeit ist zum einen das in allen Phasen der Traumatherapie angewandte Mittel der Imagination, zum anderen die Beachtung der Erkenntnisse aus der Forschung zu traumatischem Stress (van der Kolk et al. 1996; van der Kolk 1998, 2011).

31.2.1 Der imaginäre Raum oder die „innere Bühne"

Der imaginäre Raum zwischen Therapeutin und Patientin erlaubt es, zu einer relativ tragfähigen Arbeitsbeziehung zu kommen, die von einer milden positiven Übertragung geprägt ist. Alle störenden Elemente, die sonst die Arbeitsbeziehung belasten, werden früher oder später in den imaginären Raum verortet. Im **imaginären Raum** findet auch ein „Containment" statt: in der Stabilisierungsphase mittels der Arbeit mit sogenannten verletzten Anteilen und einigen imaginativen Übungen, später in der traumakonfrontativen Arbeit in einer schonenden Begegnung mit dem Trauma. Am Ende der Behandlung ist dieser imaginäre Raum auch der Container für Trauer und stellt gleichzeitig Material für Integration und Neuorientierung zur Verfügung.

Der imaginäre Raum befindet sich gleichzeitig außen und im Inneren der Patientin und der Therapeutin. Es findet ein ständiges Oszillieren zwischen diesen beiden Räumen statt. Die Vorstellung der Externalisierung innerer Prozesse bleibt eine Vorstellung und sollte sich möglichst wenig beziehungsmäßig (re-)inszenieren, denn wir gehen davon aus, dass die Reinszenierung traumatogener Inhalte – insbesondere bei schwer persönlichkeitsgestörten Patientinnen – zu teils kaum auflösbaren Prozessen führen kann. Regression geschieht auf der **„inneren Bühne"** durch verletzte kindliche und andere Anteile, die der erwachsenen Person von heute begegnen, und umgekehrt.

> **Merke**
> Auf der inneren Bühne begegnet die Patientin der ganz bösen Welt des Traumas, der ganz guten Welt ihrer *Helfer*, verletzten, aber auch ver-

letzenden Anteilen und zahlreichen anderen Gestalten. Die Imaginationen, die die Patientin bereits mitbringt, und solche, die wir vorschlagen, helfen der Patientin, dem Geschehen auf dieser inneren Bühne mehr und mehr eine konkrete Gestalt zu verleihen. Dabei ist sie sowohl Autorin als auch Regisseurin. Sie nimmt verschiedene Rollen ein und ist ebenso Zuschauerin. Dadurch lernt sie, sich neue Handlungsspielräume zu eröffnen, sodass sie von Anfang an aus der „Opferrolle" herauskommen kann, ohne dass wir dies so nennen.

31.2.2 Der klinische Umgang mit traumatischem Stress

Traumabedingter Stress und interpersonelle Sicherheit sind eng gekoppelt. Daher halten wir folgende Prinzipien zum Aufbau interpersoneller Sicherheit für wesentlich:
- Die Patientin sollte die Erfahrung machen können, dass sie die Kontrolle behält.
- Daraus resultiert, dass Vorhersagbarkeit aufgebaut werden sollte (z. B. durch Information).
- Die Patientin hat „immer recht" und weiß, wann für sie der richtige Zeitpunkt da ist, um etwas zu beginnen.
- Meisterschaft im Umgang mit sich selbst und der Umwelt ist ein wichtiges gemeinsames Ziel. Dies bezieht sich insbesondere auf die Regulierung der physiologischen Erregung, was beinhaltet,
  – Bedürfnisse zu beachten,
  – bei Angst beruhigend zu wirken,
  – um eine Sicherheit bietende Beziehung bemüht zu sein,
  – Selbsthilfe und Mitgefühl mit sich selbst anzuregen,
  – zur Hilfe, wenn nötig, bereit zu sein,
  – Hilfe anzubieten,
  – Unsagbares in Worten auszudrücken (einschließlich innerer Zustände),
  – reale Bedrohung durch die Außenwelt von innerer Bedrohung unterscheiden lernen zu helfen,
  – spielerisch zu sein.

Merke
Interpersonelle Sicherheit ist Bedingung für intrapersonelle Sicherheit.

In diesem Sinn ist Beziehungsarbeit von großer Bedeutung (Kinsler et al. 2011). Wir halten es für grundlegend, jede Intervention daraufhin zu überprüfen, ob sie Stress erhöht oder mindert. Dies kann individuell variieren. Einige Interventionen erzeugen per se Stress und werden daher von uns nicht angewendet. Dazu gehören insbesondere angstauslösende Interventionen wie längeres Schweigen, relative Emotionslosigkeit sowie Undurchsichtigkeit („poker face"). Solange traumabedingter Stress nicht aufgelöst ist, rufen auch konfliktaufdeckende Interventionen bei Traumatisierten Angst hervor. Situationen der Ohnmacht und Hilflosigkeit wirken ebenfalls fast immer als Trigger, sodass auch diese nicht absichtlich hergestellt werden sollen. Natürlich kann nicht immer vermieden werden, dass ein Vorgehen Angst oder Ohnmacht erzeugt. Ein probates Mittel kann dann sein, als Therapeutin eigene Fehler zuzugeben und die Patientin einzuladen, „aufzupassen" oder den Therapeuten zu „supervidieren".

31.3 Fallbeispiel

Im Folgenden wird das Vorgehen dieser traumazentrierten integrativen Therapie anhand eines Fallbeispiels Schritt für

Schritt verdeutlicht. Es handelt sich um einen konstruierten Fall, wobei die Details zu verschiedenen Patientinnen gehören.

31.3.1 Erstkontakt

Fallbeispiel

Frau P. hatte sich wegen unserer Arbeit mit imaginativen Techniken angesprochen gefühlt. Frau P. ist Theologin, Mitte 50. Seit etwa 20 Jahren hat sie verschiedenste Therapien gemacht, darunter auch eine mehrjährige Psychoanalyse. Die Patientin erinnert sich an extreme sadistische Misshandlung durch den Vater. Dazu habe sie schon viel gearbeitet. „Irgendwie" werde sie das nicht richtig los. Wenn sie bestimmte Stellen im Alten Testament lese, werde es ihr „kotzübel". Sie gibt an, unter häufigen Kopf- und Magenbeschwerden zu leiden. Auch werde ihr Knie immer wieder dick. Zahlreiche organmedizinische Untersuchungen ergaben „nichts". Außerdem leide sie unter häufigen Blasenentzündungen. Sie habe schon „pfundweise" Antibiotika geschluckt, ohne viel Erfolg – die sehr schmerzhaften Entzündungen kämen immer wieder.
Frau P. ist kurz nach Kriegsende geboren, gezeugt auf einem Heimaturlaub des Vaters, der erst 1948 aus der Gefangenschaft heimkehrte. Sie habe sich vor ihm immer gefürchtet. Wenn er von seinen Kriegserlebnissen berichtet habe, habe er viel von Kameradschaft geredet und dabei leuchtende Augen bekommen. Sie erinnere sich, dass sie sich schon als Kind darüber gewundert habe, was denn so besonders am Krieg, in dem man andere tötet, sei. Die Mutter sei eine sehr schöne und kluge Frau gewesen. Sie habe sie lange bewundert. Die Mutter sei aber auch sehr unnahbar gewesen. Zärtlichkeit habe sie von ihr nicht erfahren. So seien die Momente, in denen der Vater mit ihr und ihren beiden jüngeren Brüdern gespielt und getobt und sie auch schon mal in die Luft geworfen habe, in ihrer Erinnerung besonders kostbar. Aus heutiger Sicht erkenne sie, dass ihre Mutter depressiv gewesen sei.

Gute Erinnerungen habe sie an ihren väterlichen Großvater, der auch Theologe gewesen sei. Für ihren Vater, einen Rechtsanwalt, sei es immer schwierig gewesen, nicht in seines Vaters Fußstapfen getreten zu sein, obwohl sie sich nicht an explizite Vorwürfe des Großvaters erinnern könne. Zu den Eltern der Mutter habe wenig Kontakt bestanden. Die Großmutter sei eine extrem strenge, harte Frau gewesen.
Im Erstkontakt wirkt die Patientin offen, direkt und introspektiv. Mir fallen diskrete Zeichen eines „Weggehens" der Patientin auf. Sie bekommt mehrfach einen „Tunnelblick", wobei sie aus dem Fenster starrt. Wenn ich sie dann anspreche, schrickt sie zusammen. Ich ordne dies als dissoziatives Verhalten ein und frage vorsichtig nach. Ja, das werde ihr immer wieder mal gesagt, dass sie oft „nicht ganz da" sei. Sie kriege auch nicht immer alles mit. Aber sie habe sich angewöhnt, das, was ihr fehle, so geschickt durch Nachfragen zu rekonstruieren, dass ihre kleinen „Gedächtnislücken" eigentlich nie auffallen würden.
Es gebe noch einiges, über das sie noch nie mit jemandem geredet hätte, aber das wolle sie hier erst mal auch nicht erzählen. Das sei ihr gutes Recht, sage ich ihr. Jedenfalls müsse sie dringend etwas für sich tun, meint sie. Sie rege sich über jede Fliege an der Wand in völlig unangemessener Weise auf. Das mache ihr erhebliche Probleme in ihrer Arbeit. Sie schlafe seit Jahren nur zwei bis vier Stunden. Sie wisse gar nicht, wie ein Mensch das aushalten könne. Meist habe sie merkwürdige Albträume, die sie nicht einordnen könne. Übrigens schlafe sie mit Licht, weil Dunkelheit Panikanfälle auslöse. Sie habe gelernt, diese auszuhalten, wenngleich sie die Hölle seien. Auch tagsüber habe sie gelegentlich Panikattacken. Aber die seien durch die Analyse deutlich gebessert.
Frau P. lebt allein. Früher war sie verheiratet. Ein Sohn ist jetzt 30, eine Tochter 28 Jahre alt. Ihre Kinder hätten einen guten Kontakt zu ihr. An ihre Ehe könne sie sich kaum noch erinnern, sie sei ein fortgesetzter Albtraum gewesen. Unter Alkoholeinfluss habe ihr Mann sie misshandelt und vergewaltigt. Ihre moralischen Über-

31.3 Fallbeispiel

zeugungen hätten sie allzu lange gehindert, sich zu trennen. Als sie beobachtet habe, dass ihr Mann sich an die damals zwölfjährige Tochter „heranmachte", da sei Schluss gewesen. Sie habe es geschafft, mit den Kindern zu einer Freundin zu ziehen und sich scheiden zu lassen. Frau P. erzählt dies „cool", ohne innere Bewegung. Ich sage ihr, dass ich es eindrucksvoll fände, dass sie über diese schrecklichen Dinge mit so viel Abstand und kontrolliert sprechen könne. Ja, sie wolle da bloß keine Gefühle an sich heranlassen, erwidert sie. Es sei ihr klar, dass sie da noch mal „durch" müsse, aber das könne sie sich zurzeit nicht leisten. Sie habe gerade eine neue Stelle als Krankenhausseelsorgerin angenommen und da brauche sie all ihre Kraft, um diese schwere Arbeit zu bewältigen. Ob es möglich sei, in ein paar Monaten für ein paar Wochen zu kommen? Sie wolle diese Übungen mit dem sicheren Ort und den inneren Helfern, von denen sie gelesen hatte, schon mal ausprobieren. Sie könne sich vorstellen, dass ihr das helfe. Daraufhin biete ich ihr eine vier- bis sechswöchige Behandlung zur genaueren Diagnostik des Ausmaßes der Dissoziativität und zur Stabilisierung an. Eventuell könne man dann Schritte zur Traumabearbeitung gehen, wenn sie dies wolle. Dieser Vorschlag erscheint ihr praktikabel und sie entschied sich für eine erste Behandlungsphase zur Stabilisierung.

Im Erstkontakt geht es darum, zu erkunden, wie stabil die Patienten sind, welche Ressourcen sie haben und wie ihr soziales Netz beschaffen ist. Im Fallbeispiel hat die Patientin viel von sich aus erzählt. In anderen Fällen ist es notwendig, die Fähigkeiten sowie die Situationen, in denen Stärke und Freude empfunden werden, genauer zu erfragen. Eine von mir häufig gestellte Frage ist: „Wie haben Sie diese schlimmen Erfahrungen überlebt?"
Belastendem Material gehen wir nur mit äußerster Vorsicht nach. Würde eine Patientin signalisieren, dass sie unbedingt etwas sehr Belastendes erzählen will, würden wir ihr vorschlagen, das zu tun, was Frau P. spontan tat, nämlich sich von den schmerzhaften Affekten zu distanzieren. Man kann z. B. anregen, die Szene „wie eine Reporterin" zu beschreiben und der Patientin dabei den Sinn des Sichdistanzierens erläutern. Oder wir empfehlen die Beobachterperspektive, z. B. „von Weitem die erinnerte Szene zu betrachten". Erst wenn genügend Selbstberuhigungsfähigkeiten vorhanden sind, kann einem Trauma so begegnet werden, dass diese Begegnung so wenig wie möglich neu traumatisiert. Dies sollte in einem mehr oder weniger langen Prozess der **Erlangung von Stabilität** erst einmal eingeübt werden.

Jede *Coping-Strategie* der Patientin wird als sinnvoll und notwendig gewürdigt, sei sie auch noch so bizarr. Fischer (2000) spricht in diesem Zusammenhang vom traumakompensatorischen Schema, das es so lange zu unterstützen gilt, bis mehr innere Sicherheit entstanden ist. So kann z. B. ein zwanghaftes Verhalten dazu dienen, sich in Selbstkontrolle zu üben. Dies geschieht nicht in einem triebdynamischen Sinn, sondern weil traumatisierte Menschen ständig davon bedroht sind, von inneren Bildern überflutet zu werden. Das Gefühl, Kontrolle zu haben, wirkt dann auf diese Angst dämpfend. Dissoziative Phänomene werden meist als sehr beschämend erlebt, sind jedoch ein wichtiger Überlebensschutz in der traumatischen Situation. Essstörungen können ein Versuch sein, mit Ekel umzugehen. Misstrauisches Verhalten, das oft heftige Gegenübertragungsreaktionen auslöst, kann als Vorsicht und sinnvoller Mechanismus eingeordnet werden, sich vor neuer Verletzung zu schützen.

Die *Gegenübertragung* kann oft schon im Erstkontakt einen Hinweis auf einen Traumahintergrund geben. Projektiv identifiziert, spüren wir bei uns selbst starkes Misstrauen, bemerken detektivische Tendenzen oder nehmen uns selbst als eindringend und eindringlich wahr. Natürlich sollte das nicht dazu führen, ein Trauma als Gewissheit zu postulieren. Derartige Reaktionen können jedoch eine Anregung sein, neben der Konflikt-, Entwicklungs- oder Beziehungs- und Bindungspathologie auch eine Traumapathologie in Betracht zu ziehen.

Es hat sich bewährt, den Patienten so zu begegnen, dass sie zunächst eine gewisse Stabilität erreichen, und mögliche traumabedingte Übertragungsverzerrungen nicht anwachsen zu lassen. Reagieren sie in der therapeutischen Situation auf uns mit Zeichen von Misstrauen oder von Übererregung, indem sie z. B. starke Schreckhaftigkeit auf unser Verhalten zeigen, oder reagieren sie auf Gerüche mit heftiger Abneigung oder gar Panik oder zeigen sie starke Symptome von Angst, können dies Hinweise auf eine Komplexe Posttraumatische Belastungsstörung sein.

Im Erstgespräch geht es also bei bekannter Komplexer Posttraumatischer Belastungsstörung oder bei entsprechendem Verdacht vor allem darum, neben der Kontaktaufnahme bereits eine Atmosphäre zu schaffen, in der die Patientin eine Erfahrung von **Sicherheit** und möglichst auch **Stressreduktion** macht.

Da Traumatisierte unter Übererregung leiden und diese Erregung schlecht regulieren können, ist es ein wesentliches Anliegen der Psychodynamisch Imaginativen Traumatherapie, in der therapeutischen Situation von Anfang an ein Gefühl von Sicherheit zu etablieren. Die Übererregung ist, wie wir heute wissen, aufgrund von Veränderungen des Gehirns und von Stresshormonen somatisch bedingt. Daher leiden Patienten, die in der Kindheit traumatisiert wurden, unter der Unfähigkeit der Selbstberuhigung. Dies kann auch bei Menschen, die im Erwachsenenalter Opfer von traumatischen Erfahrungen wurden, vorkommen. Vor allem bei in der Kindheit traumatisierten Menschen muss auch das Bindungsmuster sorgfältig beachtet werden (Brown 2011).

> **Merke**
>
> *Funktionale Selbstberuhigungsmöglichkeiten und Selbstmitgefühl* zu vermitteln ist daher ein wichtiges Anliegen. Im Erstgespräch sollte es nicht darum gehen, möglichst viele Informationen zu erlangen, sondern eher darum, wenigstens andeutungsweise eine neue Erfahrung zu machen, nämlich dass Kontrolle über die quälenden inneren Zustände möglich ist.

Wie auch im weiteren Verlauf der Arbeit vermitteln wir im Erstgespräch, dass es möglich ist, auch als schwer belasteter Mensch erwachsen und einigermaßen funktionsfähig eine Psychotherapiesitzung zu verlassen. Darin unterscheidet sich die Psychodynamisch Imaginative Traumatherapie von den meisten traditionellen Verfahren, die bewusst eine Regression in Kauf nehmen und davon ausgehen, dass die Patientin in der Lage ist, sich im Anschluss an die Stunde wieder zu fassen. Dies ist bei einer komplex traumatisierten Patientin eher nicht bzw. erst nach einer längeren Zeit der Unruhe, der Dissoziation oder anderer sie beunruhigender Zustände zu erwarten. Auch hier gilt das Wissen, dass die Gegenübertragung der Übertragung vorausgeht und dass sich durch die therapeutischen Angebote die Übertragung auch in eine bestimmte Richtung entwickelt. Es geht um Vermittlung von Sicherheit und Selbstberuhigung sowie zumindest andeutungsweise um die Erfahrung von Selbstmitgefühl als zentrale Beziehungsmomente und neue Beziehungserfahrungen.

31.3.2 Stabilisierungsphase

Fallbeispiel

Fortsetzung
Frau P., die zwei Monate nach dem Erstgespräch teilstationär aufgenommen wird, berichtet, dass sie sich inzwischen in ihr neues Arbeitsfeld als Krankenhausseelsorgerin recht gut eingelebt habe. Sie habe aber auch neue Schwierigkeiten entdeckt: Es falle ihr sehr schwer, bettlägerigen alten Männern am Krankenbett zu begegnen, ohne dass sie Panikanfälle bekomme. Sie habe das „wirklich nicht" im Griff und das sei ihr äußerst unangenehm und peinlich.
Ich nehme dies zum Anlass, Frau P. zu fragen, ob sie glaube, sie reagiere da als erwachsene Frau, oder ob sie sich dabei jünger fühle. Spontan sagt sie: „Da bin ich höchstens sieben Jahre alt."
„Können Sie sich vorstellen, dieser Siebenjährigen zu begegnen und sie zu fragen, was ihr so unangenehm ist, ohne dass Sie da gleich tief reingehen?" „Ich versuche es." Die Patientin geht, ohne dass ich ihr das vorschlage, nach innen und schließt einen Moment die Augen. „Die sagt, da war etwas mit dem Großvater, und ich weiß auch was, aber das will ich nicht erzählen." – „Das brauchen Sie mir auch nicht zu erzählen, wenn Sie nicht wollen. Wichtig ist, dass Sie, die Erwachsene von heute, Ihrem kleinen Mädchen im Innern erklären, dass Sie ihre Angst und Panik verstehen und mit ihr fühlen und dass die alten Männer im Krankenhaus ganz andere Männer sind als der Großvater. Vielleicht erklären Sie ihr auch noch, dass jetzt eine ganz andere Zeit und sie bei Ihnen in Sicherheit ist." Die Patientin geht wieder nach innen. „Ich muss ihr das wahrscheinlich wieder erklären, wenn ich im Krankenhaus bin, aber irgendwie macht das was mit mir. Ich werde ruhiger." – „Und wie geht es ihr?" – „Sie fühlt sich viel wohler."
Danach erkläre ich der Patientin ausführlich die Arbeit mit verletzten kindlichen Anteilen, das, was man früher **Arbeit mit dem inneren Kind** nannte. Die analyseerfahrene Patientin fragt, ob es denn nicht um die therapeutische Beziehung gehe. Und ich erkläre ihr, dass wir die therapeutische Beziehung anders verwenden würden. Natürlich gehe es darum, dass sie sich mit mir und dem Team sicher fühle und dass sie hier mit uns womöglich gute neue Beziehungserfahrungen machen könne, aber wir würden uns eher als Begleiter sehen, vielleicht auch als „Erziehungsberater", die ihr dabei helfen wollten, wie sie geschickter mit den kindlichen Anteilen in sich umgehen könne. Es sei aber nicht unser Anliegen, das früher Belastende in der Beziehung sich neu inszenieren zu lassen. Dies verbiete sich schon allein deshalb, weil wir hier kurztherapeutisch arbeiten würden. Außerdem sei sie ja die meiste Zeit mit sich allein und da hielten wir es für sicherer, wenn sie Möglichkeiten für sich entdecken würde, wie sie sich selbst beistehen könne. Ich bitte die Patientin, diese Überlegungen mitzunehmen und darüber nachzudenken.

> **Merke**
> Ein zentraler Aspekt der psychodynamisch imaginativen Psychotherapie posttraumatischer Störungen ist das Erlernen von und Sichvertrautmachen mit einigen *selbsttröstenden Vorstellungen*.

Es sei darauf hingewiesen, dass es immer lohnend ist, zunächst nach Imaginationen zu fragen, die die Patientin bereits mitbringt. So sind vor allem gute Erinnerungen oft sehr heilsam und helfen dabei, später auch die Imaginationsübungen in Betracht zu ziehen. Der **innere sichere Ort** ist dabei ein gutes hilfreiches inneres Objekt. Es ist als unpersönliches Objekt für eher philobatisch orientierte Menschen manchmal angenehmer als die bewährten persönlichen inneren Objekte der **inneren Helfer**, die für oknophil Orientierte wichtiger sind. Beide Imaginationen sind in ihrem Ursprung wahrscheinlich schamanisch und werden von vielen imaginativen Schulen in der einen oder anderen Form weitergegeben. Sie finden bei sehr vielen Menschen spontan Anklang, weil sie offenbar ein zentrales Bedürfnis nach innerem Trost und innerer Sicherheit befriedigen.

Die **Baumübung** nach Krystal (1989) ermöglicht eine imaginative Erfahrung des Genährtwerdens und der Verbundenheit, wobei es wichtig ist, dass sich die Patientin darüber klar wird, was genau sie will. Für manche Patientinnen ist diese Imagination der erste Einstieg in imaginative Arbeit. Ohnehin erscheint es uns wichtig, der Patientin die Imaginationen nicht aufzudrängen, sondern ihr Verschiedenes zu Verfügung zu stellen, aus dem sie auswählen kann. Eine Imagination, die der Patientin liegt und von ihr gerne verwendet wird, wird dann auch leichter immer wieder aufgegriffen.

Fallbeispiel

Fortsetzung

Die nächste Stunde eröffnet die Patientin damit, dass sie über die Sache mit dem kindlichen Anteil nachgedacht habe und zu dem Ergebnis gelangt sei, dass das für sie eine ganz gute Möglichkeit sei, sich unabhängiger von äußerer Unterstützung zu machen. Sie berichtet mir, dass sie mit den beiden Imaginationen des „inneren sicheren Ortes" und der „inneren Helfer" ganz gute Erfahrungen gemacht habe. An den sicheren Ort gehe sie oft zum Auftanken und sie fühle sich danach immer ein bisschen kraftvoller. Die Helfer kenne sie schon aus der Kindheit. Ob sie mir sagen müsse, wer sie seien? Sie würde sie eigentlich lieber für sich behalten. „Nein, Sie müssen mir nichts über Ihre Helfer erzählen, wenn Sie es lieber für sich behalten wollen. Erfahren Sie von ihnen genügend Hilfe?" – „Ja, ich glaube schon, ich frage immer wieder mal um Rat. Und ich fühle mich auch nicht so allein, seitdem ich sie wieder entdeckt habe."

Wir bieten diese Bilder an, um der Patientin zu ermöglichen, ihren schlechten Bildern des Traumas gute gegenüberzustellen, nach und nach ein inneres *Gleichgewicht an heilsamen und belastenden Bildern* zu erreichen und zu lernen, dazwischen hin und her zu pendeln. Damit macht sie wieder eine Erfahrung von **Kontrolle**, sie hat eine gewisse Wahl. Darüber hinaus wird die Tendenz dieser Klientel zur Spaltung genutzt, indem angeregt wird, der ganz bösen inneren Welt eine ganz gute entgegenzustellen. Dies geschieht nun aber weniger in der therapeutischen Beziehung, also in externalisierter Form, sondern soweit wie möglich im Innern der Patientin.

Merke

Als sehr konstruktiv hat sich die Nutzung von *heilsamen Gegenbildern* zu belastenden Alltags- und Sprachbildern erwiesen. Wir gehen dabei auf spontan auftauchende belastende Bilder mit dem Vorschlag ein, dafür ein heilsames Gegenbild zu finden.

Fallbeispiel

Fortsetzung

Frau P. sagt in der Stunde, sie fühle sich „wie ein Stück Dreck". Zunächst lade ich sie ein, doch einmal zu spüren, was dieser Gedanke mit ihrem Körper macht. „Da zieht sich alles zusammen." Dann bitte ich sie zu schauen, was ihr als Gegenbild zum Stück Dreck einfällt. Ohne zu zögern sagt sie „Gold, eine Schale aus Gold." „Wie geht es Ihrem Körper mit diesem Bild?" „Da wird es irgendwie weiter, auch heller." Nun schlage ich ihr vor, sich vorzustellen, dass sie zwischen beiden Bildern hin und her pendelt. Sie macht dies eine ganze Weile für sich. „Wissen Sie, ich merke jetzt, dass ich was machen kann, bisher habe ich mich immer so hilflos mit all dem gefühlt. Das nehme ich gerne mit."

31.3 Fallbeispiel

Ein wichtiges Element der Stabilisierungsphase ist das Üben eines achtsameren und mitfühlenden Umgangs mit sich selbst, besonders mit dem Körper.

Traumatisierte haben aus guten Gründen gelernt, ihren Körper nicht mehr wahrzunehmen. Dies ist ein entscheidender Teil des dissoziativen Umgangs mit dem Trauma gewesen. Wenn Depersonalisation und Derealisation auch einmal gute Gründe hatten, so können sie heute zum Trigger werden. Achtsames und mitfühlendes *Wahrnehmen des Körpers*, zunächst seiner Handlungen, was allerdings Geduld und Kleinschrittigkeit erfordert, kann nach und nach helfen, diese Muster zu durchbrechen (Reddemann 2011).

Körperarbeit während der Stabilisierungsphase dient ebenfalls der **Strukturierung** und der besseren **Selbstwahrnehmung**. Als Methoden haben sich u. a. die Arbeit nach Feldenkrais und das Chi Gong bewährt. Wesentliches Kriterium für Körperarbeit in der Stabilisierungsphase ist, dass möglichst kein traumatisches Material getriggert werden soll. Dies geht mit übenden und strukturierenden Verfahren oder mit übenden Elementen aus Körpertherapien am ehesten. Inzwischen gibt es in den meisten körpertherapeutischen Schulen ein wachsendes Wissen um die Notwendigkeit, die Panzerungen erst einmal zu respektieren und nicht einfach aufzubrechen. Dabei können auch aromatherapeutische Massagen, die ganz auf die Bedürfnisse der Patientin abgestimmt sind, helfen.

> **Merke**
> In der Stabilisierungsphase geht es vor allem um das Erlernen eines differenzierten und mitfühlenden *Umgangs mit Affekten*.

Die Patientinnen sind entweder von viel zu heftigen Gefühlen überflutet oder sie sind „konstriktiv" (Horowitz 1993), d. h., sie haben keinen Kontakt zu ihren Gefühlen. Beides kann als belastend erlebt werden. Das Wahrnehmen und das Benennen von Körperempfindungen kann der erste Schritt sein, etwas über affektive Reaktionen zu lernen. Wichtig ist für eine Patientin, dass sie ihre Gefühle steuern kann. Das heißt auch, dass das Nichtfühlen(wollen) als Fähigkeit zu würdigen ist.

> **Fallbeispiel**
>
> **Fortsetzung**
> Frau P. schildert ansatzweise die gewalttätigen Misshandlungen durch den Vater. Noch ist nicht die Zeit, dies zu vertiefen. Jetzt geht es zunächst darum, die Kontrolle über die Flashbacks zu erlernen.

Manchmal schlagen wir Patientinnen dazu die **Tresorübung** vor. Dabei geht es darum, belastende Bilder, Gefühle und Körperempfindungen in einen imaginären Safe bzw. Tresor zu packen. Man kann dies als bewusstes Verdrängen bezeichnen. Es versteht sich, dass dieses Bild impliziert, dass das Material, wenn man es zur Verfügung haben möchte, aus dem Tresor herausgenommen werden kann. Das Wesentliche dieser Imagination ist wiederum die Möglichkeit, Kontrolle über innere Vorgänge zu erreichen, auch wenn dies häufiger wiederholt werden muss.

Zum kontrollierten Umgang mit Affekten hat sich auch die Vorstellung eines Reglers bewährt, vergleichbar dem Thermostat bei einem Heizkörper. Die Patientin übt sich darin, sich vorzustellen, dass sie mittels dieses Reglers ihre Affekte herauf und herunter regulieren kann.

Aus heutiger Sicht ist die hilfreichste Intervention, mit **verletzten Teilen**, wie weiter oben beschrieben, zu arbeiten.

Fallbeispiel

Fortsetzung
Nach fünf Wochen hat Frau P. sehr viel an Stabilität gewonnen. Sie fühlt sich in der Lage, innere „verletzte Teile" wahrzunehmen und liebevoll zu versorgen. Daher sind die Imaginationen des „inneren sicheren Ortes" und der „inneren Helfer" für sie weiterhin eine wichtige Unterstützung. Wir haben mehrfach Situationen imaginär durchgespielt, bei denen sie „an die Decke geht", und sie hat alternativ andere Verhaltensmöglichkeiten durchgespielt. Von der Dissoziativität der Patientin haben wir jetzt ein klareres Bild. Die klinische Beobachtung einerseits und Tests andererseits sprechen für ein erhebliches Ausmaß an Derealisation und Depersonalisation mit kurzzeitigen amnestischen Phasen. Wir empfehlen ihr, genauer zu beobachten, welche Vorläufer zu diesem Verhalten gehören, und dann das, was in ihr abläuft, mit bewusster Distanz zu beobachten. Frau P. hat erfahren, dass ich jedes „Nein" von ihr respektiere und dass *sie* bestimmt, wie viel sie mir erzählt. Sie sagt: „Am Anfang habe ich gedacht, ich müsste Ihnen ganz viel von damals erzählen. Dann habe ich gemerkt, dass Sie nicht nachfragen und dass Sie auch nicht beleidigt sind, wenn ich Ihnen etwas nicht erzähle. Manchmal hat es mich auch irritiert, weil ich es so nicht kenne. Manchmal war ich mir auch nicht sicher, ob Sie es vielleicht gar nicht wissen wollen. Jetzt habe ich verstanden, dass es Ihnen darum geht, dass ich erst sicher genug bin, um mit Ihnen an diesem alten Mist zu arbeiten, und ich glaube, dass ich das jetzt kann."
Frau P. wünscht sich zunächst eine Therapiepause von einem halben Jahr. Wir verabreden, dass sie dann zur Traumabearbeitung wieder aufgenommen wird.

Zusammenfassung
Die wesentlichen **Elemente der Stabilisierungsphase** mit den Zielen *Selbstmanagement, Selbstberuhigung* und *Affektsteuerung* auf der Basis von beginnendem Selbstmitgefühl seien hier nochmals zusammengefasst:
- Erlernen und erfahren, sich sicher(er) zu fühlen und was dafür getan werden kann
- ein Gefühl für Mitgefühl mit sich selbst beginnen zu entwickeln
- Selbstberuhigung erarbeiten
- Wissen und Information über Trauma und Traumafolgen
- Erlernen von Ich-stärkenden Imaginationen, die ein Gegengewicht zu negativen Imaginationen schaffen
- kognitive Umstrukturierung
- Erlernen von Affektwahrnehmung, -differenzierung und -regulierung
- Würdigen traumabedingter Coping-Strategien
- systematisches Aufsuchen und Verstärken aller Ressourcen
- Reflexion traumabedingter Übertragungsverzerrungen sowie Förderung des Arbeitsbündnisses und heilsamer neuer Beziehungserfahrungen
- Üben einer differenzierteren Körperwahrnehmung und eines freundlicheren Umgangs mit dem Körper
- Erlernen eines kontrollierten Umgehens mit Flashbacks durch die Arbeit mit verletzten inneren Anteilen

31.3.3 Traumakonfrontations- oder Traumabegegnungsphase zur Traumasynthese

In dieser Phase geht es darum, dem Trauma geplant und dosiert zu begegnen. Dies erscheint uns nur sinnvoll, wenn die Patientin über ein ausreichendes Maß an Selbsttröstungs- und Selbstberuhigungsfähigkeiten verfügt.

31.3 Fallbeispiel

> **Fallbeispiel**
>
> **Fortsetzung**
> Frau P. hatte diese Möglichkeiten zur Verfügung. Mit ihrer ambulanten Therapeutin hatte sie weiter daran gearbeitet. Jetzt wollte sie sich sehr entschlossen noch einmal auf einige traumatische Szenen einlassen.

Viele Patienten und nicht wenige Therapeuten glauben, dies gelänge, wenn die Patienten ihre traumatischen Erfahrungen erzählen. Dies kann gelingen, solange keine oder nur wenige Dissoziationen vorliegen. Liegen diese jedoch vor, gelingt Integration eher durch deren Aufhebung: Denn nur wenn Kognition, Imagination, Affekt und Körpererleben wieder zusammenkommen können, ist eine Integration der traumatischen Erfahrungen möglich. Dissoziative Mechanismen sind eine Coping-Strategie, um das Unerträgliche, insbesondere desintegrierende Affekte, auszuhalten. Die Patientin muss also andere Möglichkeiten als die Dissoziation zur Verfügung haben, bevor diese aufgegeben werden kann. Die Schwierigkeit, die viele Kliniker kennen, dass eine Patientin ihre traumatischen Erfahrungen immer wieder erzählt, ohne dass sich etwas Wesentliches ändert, scheint mit diesem Mechanismus zu tun zu haben. Es bewähren sich daher Vorgehensweisen, die der Patientin so schonend wie möglich eine Begegnung mit dem Trauma ermöglichen und sicherstellen, dass sie auf das Dissoziieren „verzichten" kann.

> **Fallbeispiel**
>
> **Fortsetzung**
> Frau P. berichtet mir nun, dass sie neben den Misshandlungen durch den Vater auch sexualisierte Gewalt durch den Großvater mütterlicherseits erfahren habe. Dies sei es, was sie bisher nicht habe sagen können. Das habe begonnen, als sie sieben Jahre alt war, und sei bis zu ihrem 13. Lebensjahr immer wieder geschehen. In diesem Alter habe sie sich dann so energisch zur Wehr gesetzt, dass der Großvater sie in Ruhe gelassen habe. Sie habe schon viel über dieses Thema gelesen und denke, dass es ihrer Mutter als Kind genauso ergangen sei wie ihr. Vielleicht sei diese deshalb so kühl und distanziert gewesen. Leider könne sie das mit ihrer nun sehr alten Mutter nicht mehr klären.

Die Patientin entscheidet sich, die letzte Vergewaltigung durch den Großvater zu verarbeiten. Zunächst erkläre ich ihr, wie wir damit umgehen könnten. Es gäbe die Möglichkeit, mittels der Bildschirmtechnik vorzugehen. Auch das EMDR (Eye Movement Desensitization and Reprocessing; Shapiro 1998b) könne ich mir vorstellen. Ich könne mir aber auch eine Arbeit mit der Beobachtertechnik vorstellen, die besonders schonend sei. Sie meint, das EMDR könne zu heftig werden und sie habe dann vielleicht nicht mehr genug Kontrolle. Die Bildschirmtechnik oder auch die Beobachtertechnik erscheine ihr geeigneter. Sie habe ja schon viel mit der Beobachterperspektive gearbeitet, da wolle sie die jetzt auch anwenden. Wir verabreden eine Doppelstunde, sodass ausreichend Zeit zur Verfügung steht.

Ich erkläre ihr, dass es darum geht, aus der Beobachterperspektive diese traumatische Erfahrung zu betrachten und ins Bewusstsein zu holen. Dazu habe sich das sogenannte BASK-Modell bewährt, d. h., Verhalten, Gefühle, inneres Körpererleben sowie Kognitionen werden kleinschrittig betrachtet und mithilfe des BASK-Modells beschrieben. Zuvor sei es mir noch wichtig, dass sie sich versichert, dass alle erlebenden Teile in Sicherheit sind. Sie bestätigt mir, dass dies der Fall ist. Selbst der „erlebende Teil des Ichs von heute" begibt sich in Sicherheit. Danach arbeiten wir die traumatische Erfahrung in allen Details sehr kleinschrittig durch. Mehrfach bemerkt sie, dass sie wieder assoziiert ist, und bringt ihre erlebenden Teile wieder in Sicherheit. So wird sie sich auf schonende Art und Weise der schmerzlichen Erfahrung bewusst. Schließlich entspannen sich ihre Gesichtszüge: „So eine Gemeinheit, warum hat er das getan?! Ich war doch ein Kind!" Ich bestätige ihr, dass das eine Gemeinheit war, und frage sie, ob die Erwachsene von heute eine Antwort oder einen Trost für die 13-Jährige habe. Sie sagt zu der 13-Jährigen: „Es war nicht Deine Schuld. Du hast ihn gemocht, und das war Dein Recht. Er hat Dich ausgenutzt." – „Braucht es die 13-Jährige vielleicht auch noch, dass Sie sie spüren lassen, dass Sie mit ihr fühlen?" – „Ja, ich nehme sie jetzt in den Arm und tröste sie richtig, das tut ihr sehr gut. Sie möchte auch, dass ich mit ihr Canasta spiele und dass ich ihr sage, dass sie sich nach besten Kräften gewehrt hat." – „Tun Sie das bitte." Eine Weile scheint die Patientin im inneren Kontakt mit der 13-Jährigen. Dabei weint sie und schluchzt. Schließlich erscheint sie ruhiger. Bevor sie die Sitzung verlässt, besprechen wir, was sie heute noch Gutes für sich und die 13-Jährige tun kann.

Später bittet sie beim Pflegedienst um ihre Lieblingsdüfte für die Duftlampe. Abends entschließt sie sich, mit Mitpatientinnen in einen Zirkus zu gehen.

Andertags haben wir ein kurzes Gespräch, in dem sie mir sagt, sie fühle sich leichter.

Beim nächsten Termin erscheint sie sehr angespannt und erzählt, es seien ihr jetzt noch viele Details eingefallen von anderen Situationen mit dem Großvater. Sie könne „den Kerl umbringen". „Ich hab mir das nie erlaubt, jemanden zu hassen. Das verbietet mir meine Religion. Jetzt könnte ich Amok laufen. Was soll ich bloß tun?" – „Was meinen Ihre Helfer dazu?" – „Sie sagen, der Hass ist in Ordnung. Ich soll ihn fühlen und dann gehen lassen, ihn ausatmen. Er bindet mich an ihn." Sie setzt sich ganz aufrecht hin und atmet bewusst tief aus. Nach einer Weile meint sie: „Ich habe keine Lust mehr, dass es mir schlecht geht, das könnte ihm so passen." – „Was brauchen Sie, damit es Ihnen besser geht?" „Wenn Sie das mit mir machen würden, würde ich jetzt am liebsten einen Spaziergang mit Ihnen machen und mich an dem schönen Frühling freuen, aber das kann ich auch alleine machen. Ich bleibe noch einen Moment hier sitzen und dann gehe ich und mache den Spaziergang."

Nicht alle Patientinnen verfügen über so viel Ich-Stärke wie Frau P., sondern brauchen mehr Ermutigung und Unterstützung. Dennoch beobachten wir häufig, dass die Patientinnen, wenn man zum einen beim Material bleibt, zum anderen konsequent an die Ressourcen der „inneren Bühne" erinnert, oft sehr rasch in Kontakt mit ihren eigenen Lösungsmöglichkeiten kommen.

Die imaginative Arbeit an der traumatischen Erfahrung nutzt zum einen gezielt die Fähigkeit der Patientin zur Distanzierung. Es erfolgt, wenn man so will, eine Symptomverschreibung dadurch, dass die Patientin zu etwas ermutigt wird, was sie als Dissoziation kennt. Dort war es unkontrolliert, jetzt ist es kontrolliert und bewusst. Zum anderen geht es uns darum, dass die Patientinnen erfahren, dass einerseits wir uns mitfühlend und tröstend verhalten und andererseits sie mit sich selbst so umgehen.

Die Beobachtertechnik ist ähnlich wie die Bildschirmtechnik eine *Dissoziations-Assoziations-Technik*, bei der die Fähigkeit der Patientin zur Depersonalisation genutzt wird: das den Klinikern bekannte „Neben-sich-Stehen" oder „Außerhalb-des-Körpers-Sein". Letzteres schlagen wir ebenso vor wie die Nutzung des inneren Beobachters, der der Patientin hilft, über die traumatischen Szenen zu berichten, während das „erlebende Ich" sich zurückzieht. Aus heutiger Sicht sind vermutlich sowohl die Distanzierung als auch die Phase des Trostes verantwortlich für den Beginn eines Heilungsprozesses. Geht man davon aus, dass im Alltag Menschen am meisten davon profitieren, wenn man ihnen nach einer traumatischen Erfahrung bestätigt: „Das war schlimm", so wird dies in der „Trostphase" quasi nachgeholt. Die Gestalt wird dadurch geschlossen.

31.3 Fallbeispiel

Fallbeispiel

Fortsetzung

Frau P. arbeitet bei diesem sechswöchigen Aufenthalt (es ist ca. ein Jahr seit dem Erstkontakt vergangen) drei traumatische Situationen durch: die erste, die schlimmste und die letzte Vergewaltigung durch den Großvater. Am Ende dieser Behandlungsphase schläft sie etwas besser, ihre Albträume sind ihren Angaben zufolge verschwunden. Sie leidet unter erheblichen Schamgefühlen, die sie zur weiteren Bearbeitung in die ambulante Therapie mitnimmt. Diese Schamgefühle sind mehrfach determiniert: Sie hängen mit den durchgearbeiteten Traumata zusammen, aber auch mit der Familiengeschichte über Generationen. Frau P. kann nach der traumazentrierten Arbeit diese Bereiche besser voneinander trennen. Es bleibt zunächst offen, ob es weitere stationäre Arbeit geben wird.

Dieser Patientin kamen ihre vielfältigen psychotherapeutischen Vorerfahrungen zugute, insbesondere weil diese Erfahrungen für sie positiv waren. Patientinnen mit starker dissoziativer und suizidaler Symptomatik mit ungünstigen psychiatrischen oder auch psychotherapeutischen Vorerfahrungen verhalten sich den Therapeuten gegenüber oft über lange Zeit erheblich misstrauischer.

Zusammenfassung

Die wesentlichen **Elemente der Traumakonfrontationsphase** in der Psychodynamisch Imaginativen Traumatherapie sind:
- Herstellen von innerer Sicherheit durch Versorgung aller erlebenden Anteile
- geplantes und gezieltes Aufsuchen der Traumata
- gesteuertes Begegnen mittels bewusst herbeigeführter Dissoziation/Assoziation über den „inneren Beobachter"
- innerer Trost

Nach jeder Traumakonfrontation gibt es immer auch Elemente der Stabilisierungsphase (Restabilisierung) und Teilelemente der Integrationsphase.

Es können einige wenige therapeutische Sitzungen genügen und es muss auch nicht jede traumatische Situation bearbeitet werden. Es kann aber auch vorkommen, dass es langer geduldiger Arbeit mit vielen Traumakonfrontationssitzungen bedarf, z. B. wenn die Traumatisierungen immer wieder anders abliefen.

Fallbeispiel

Fortsetzung

Frau P. nahm nach drei Monaten erneut mit mir Kontakt auf und bat darum, auch noch eine Gewalterfahrung mit dem Vater bearbeiten zu können. Sie könne sich ziemlich genau erinnern, wie der Vater aus dem Krieg zurückgekehrt sei. Damals sei sie drei Jahre alt gewesen. Kurz danach sei es zu einer entsetzlichen Strafaktion gekommen, bei der der Vater sie ausgepeitscht habe.
Als die Patientin mir diese Szene andeutungsweise – wieder fast emotionslos – erzählt, spüre ich bei mir starken Widerwillen, sie dabei zu begleiten, und nutze diese Empfindung, um sie zu fragen, ob sie sicher sei, dass sie sich das jetzt zutraue. „Ja, unbedingt." Sie wolle es los sein, denn sie sei kürzlich bei einer Musik, die sie an dieses Peitschen erinnert habe, fast durchgedreht. Sie sei in Panik völlig erstarrt und habe befürchtet, den Verstand zu verlieren. Da ich von mir weiß, dass mein Widerwillen ein wichtiger Indikator dafür ist, dass die Arbeit an einem Trauma für die Patientin – und in gewisser Weise auch für mich – zu belastend sein könnte, schlage ich ihr vor, sich ihrer inneren Beobachterin bewusst zu werden und mir mit ihrer Hilfe die Szene zu berichten. Wo sie ihr erlebendes Ich am besten aufgehoben wisse, frage ich. „Die Dreijährige geht an den sicheren Ort." Dann berichtet mir die Patientin, was die Beobachterin wahrnimmt: „Das Kind muss die Hose ausziehen." Die Patientin erstarrt, kann nicht mehr weitersprechen. „Sind Sie noch da, Frau P.?" Sie schreckt hoch, weiß nicht, was sie

gesagt hat. „Frau P., das ist für Sie offenbar so entsetzlich, dass Sie nicht dableiben können, obwohl Sie die Beobachterin eingeschaltet haben. Wenn Sie nicht dableiben können, nutzt Ihnen die Arbeit nichts, wir sollten das noch sorgfältiger vorbereiten. Was denken Sie, was Sie noch brauchen, um sich ganz sicher zu fühlen?" Frau P. ist jetzt sehr ängstlich und sagt mit einer Kinderstimme: „Ich mach's nicht mehr." Das erwachsene Ich hat die Szene verlassen, da ist die Dreijährige. „Frau P., Sie verwechseln etwas, wir sind hier in ..., heute ist Dienstag, der ... 20... Ich bin ..., erkennen Sie mich?" Jetzt fasst sich die Patientin wieder. Wir gehen die Situation durch. Sie weiß, dass sie entsetzliche Angst hatte, bevor sie begann, zu erzählen. Sie habe nicht damit gerechnet, dass ihr das so viel ausmache. „Die entsetzliche Angst gehört vermutlich schon zu der alten Szene und wir sollten zuerst einmal etwas dafür tun, dass Sie Ihre damaligen Gefühle aushalten können." Jetzt leuchtet ihr das ein.

Diese und weitere drei Sitzungen gelten dem Angstthema. Für die Misshandlungsszene bittet sie mich, ihre Hand zu halten. Diesmal spüre ich bei mir keine Ablehnung. Die Patientin geht so vorbereitet durch die Szene. Die Patientin schildert mithilfe ihrer inneren Beobachterin detailliert, was geschieht, aber auch, was das Kind fühlt, und kommentiert gleichzeitig die Szene. Am Ende der Schilderung weint Frau P. still vor sich hin, manchmal wimmert sie, wie ein kleines Kind. Dabei ist sie nicht dissoziiert. Ich ermutige sie, ihren Schmerz auszudrücken, fließen zu lassen, so viel sie es möchte. Danach lade ich sie ein, das Kind zu trösten.

Diese Episode zeigt, dass man im Vorhinein oft nicht sicher sein kann, wie viel eine Patientin letztlich verkraftet. Dann sollten stabilisierende Maßnahmen erneut eingesetzt werden, bis die Patientin so stabil ist, dass sie sich auf das Trauma einlassen kann.

Eine wesentliche stabilisierende Maßnahme kann die Arbeit mit **Täterintrojekten** sein. Täterintrojektion kann der einzige Selbstschutz sein, der einem Individuum in einer traumatischen Situation bleibt. Ist der Täter oder sind Teile von ihm im eigenen Inneren, erscheint die Situation als „richtig" und Ohnmacht und Hilflosigkeit sind gebannt.

Fallbeispiel

Fortsetzung
Frau P. kommt am anderen Tag und erbittet ein Notgespräch. Es gehe ihr sehr schlecht. Eine Stimme im Inneren sage ihr, dass sie das nicht hätte erzählen dürfen. Ihr Vater sei ein guter Mensch, der sie zu Recht gezüchtigt habe. Jetzt erzählt sie erstmals ausführlich die Geschichte ihres Vaters. Er sei ein überzeugter Nazi gewesen und deshalb sei er nicht Pfarrer, wie der Großvater, geworden. Jetzt verstehe sie auch besser, warum er ein schlechtes Gewissen gehabt habe. Im Übrigen habe auch der Großvater durchaus „alttestamentarische" Überzeugungen gehegt, sodass es da schon eine Art gemeinsame Linie gegeben habe. Sätze wie „wen Gott liebt, den züchtigt er" hätte sie oft gehört. Was der Vater im Krieg alles erlebt habe, wisse sie nicht genau. Jedenfalls sei er hochgradig reizbar gewesen und wie sie – das merke sie gerade – dauernd an die Decke gegangen. In ihrer Familie habe die Devise gegolten, dass man Kinder sieht, aber nicht hört. Sie habe sich fortwährend schlecht – viel zu laut und zu lebhaft – gefühlt. Solange sie mit der Mutter allein gewesen sei, sei es gerade noch gegangen, weil ihre Mutter zwar oft kalt und streng geblickt habe, was ihr auch durch Mark und Bein gegangen sei, aber misshandelt habe die Mutter sie nicht. Nun, wenn sie von Misshandlung spreche, sei da schon wieder diese Stimme im Inneren, die sage, das sei gerecht gewesen und deshalb keine Misshandlung. Sie sei wie innerlich zerrissen.
Ich erkläre Frau P., was wir unter Täterintrojektion verstehen. Sie hört sehr aufmerksam zu. „Ach so, dann bin ich das eigentlich gar nicht. Das ist etwas von meinem Vater in mir. Jetzt verstehe ich, warum mir das so fremd vor-

31.3 Fallbeispiel

kommt." – „Man kann es auch einen Teil nennen, und Sie sind das nicht." Wir erarbeiten, dass es, als sie ein Kind war, sinnvoll war, dass sie die Stimme des Vaters verinnerlicht hat. Das hat sie damals geschützt. Heute aber hat die Stimme nichts Schützendes mehr. Danach lade ich sie ein, mit dem Teil in Kontakt zu gehen, der wie der Vater spricht, ihm zu sagen, dass sie weiß, dass er ihr helfen will, dass sie jetzt aber groß ist und andere Arten von Hilfe benötigt. Man kann dies eine imaginativ ausgestaltete Arbeit mit dysfunktionalen Kognitionen nennen oder auch Arbeit an Objektrepräsentanzen. Die Teile können sich dadurch in der Gegenwart in hilfreiche Unterstützer verwandeln.

Zusammenfassung

Die wesentlichen **Elemente der Täterintrojektarbeit** sind:
- das Täterintrojekt benennen
- ihm eine Gestalt geben
- sein Verhalten als in der Vergangenheit sinnvoll würdigen
- dem Teil vermitteln, dass jetzt eine andere Zeit ist
- den Teil bitten, gegenwartsangemessen zu helfen
- die Auswirkungen einer konstruktiven Zusammenarbeit imaginieren
- neuen Umgang mit dem Teil im Alltag erproben und auswerten

Fallbeispiel

Fortsetzung

Nach dieser Arbeit kann Frau P. sechs Stunden schlafen, auch ohne Licht. Die Knie schmerzen nicht mehr und die Schwellung des Knies ist verschwunden. Sie erlebt sich viel ruhiger. Nach einer Woche beschließt sie, nach Hause zu gehen. „Irgendwie ist es hier alles zu freundlich, wie im Sanatorium. Ich weiß auch, warum das so ist, und das hat mir gutgetan. Mir geht es jetzt viel besser. Ich habe schon lange keine Blasenentzündungen mehr. Ich fühle mich kraftvoll und jetzt brauche ich etwas anderes. Ich brauche mal Auseinandersetzungen. Ich glaube, den Rest kann ich nun auch ambulant machen."

Wenn traumabedingte Intrusionen, Konstriktionen und Misstrauen nicht mehr das seelische Geschehen bestimmen, wird *Konflikthaftes deutlicher zugänglich* und kann jetzt ohne dauernde triggerbedingte Einbrüche bearbeitet werden.

Fallbeispiel

Fortsetzung

Frau P. arbeitet danach mehrere Kindheitstraumata und die traumatischen Erfahrungen mit ihrem Ehemann mit ihrer ambulanten Therapeutin durch, teilweise auch mit EMDR.

Zusammenfassung

Die wesentlichen **Elemente der Traumakonfrontationsphase** seien nochmals zusammengefasst:
- Aufsuchen der traumatischen Situationen in einem klar strukturierten Setting zur Traumaintegration
- das Recht der Patientin auf Stopp
- Einsatz von gezielten Distanzierungstechniken, um das Grauen erträglich zu machen (das Erleiden unerträglicher Affekte über lange Zeit ist weder dienlich noch notwendig)
- inneren Trost anregen
- nach jeder Traumabegegnung Stabilisierung anstreben, gegebenenfalls auch durch Täterintrojektarbeit

31.3.4 Integrationsphase

Dies ist eine Phase des Trauerns und des Neubeginnens. Neben dem Trauern ist es erforderlich, sorgfältig zu untersuchen, wie sich die traumabedingten Coping-Strategien einschränkend auf das Leben ausgewirkt haben, und neue Verhaltensspielräume zu erarbeiten.

Die Arbeit an Scham- und Schuldgefühlen nimmt großen Raum ein.

Da in dieser Phase vornehmlich **konflikt-** und auch **beziehungszentriert** gearbeitet wird, muss dies hier nicht eingehender beschrieben werden. Jedoch sei darauf verwiesen, dass viele Patienten erst erlernen müssen, wie man mit Konflikten anders als durch Dissoziation umgeht. Auch in dieser Phase sind Imaginationen nützlich: zum einen, um Zukünftiges in der Fantasie durchzuspielen, zum anderen sind die Helfer und der innere sichere Ort und andere Imaginationen noch immer dienlich.

Schließlich kann ein imaginativer Umgang mit Märchen und Mythen die Arbeit bereichern. Märchen dienen der Auseinandersetzung mit Gestalten der inneren Bühne und unterstützen sowohl den Rückblick als auch die Integrationsarbeit:

> „Es war einmal eine sehr traurige Königin. Vor langer Zeit hatten böse Menschen ihr viel Leid zugefügt. So hatte sie beschlossen, bis an ihr Lebensende zu weinen.
> Sie weinte von früh bis spät. Und wie die Jahre vergingen, wusste keiner mehr so recht, warum sie weinte. Auch sie selbst wusste es nicht mehr genau. So weinte sie, dass die Vögel sangen und dass sie nicht sangen. Sie weinte, dass die Blumen blühten und dass sie nicht blühten. Kurzum, sie weinte über alles. Da sie so viel weinte, konnte sie sich ums Regieren nicht mehr so recht kümmern. Die Leute in ihrem Land waren gutherzig und taten ihr Bestes. Aber sie waren alle ein wenig ratlos und brachten nicht viel zustande. Zum Glück ließen die Nachbarn das Land in Ruhe, da doch nicht viel zu holen war.
> Eines Tages verbreitete sich wie ein Lauffeuer die Nachricht, dass sich ein böser Drache der Stadt nähere. Der Drache solle es auf die Königin abgesehen haben. Er war nämlich Drache Tränenschlucker und nichts behagte ihm mehr, als traurige Menschen zu verschlucken. Die machten ihn dick und fett. Fröhliche Menschen hasste er, weil er an ihnen verhungerte.
> Nun war guter Rat teuer. Im ganzen Land gab es keinen einzigen fröhlichen Menschen. Die traurige Königin raffte all ihren Mut zusammen und berief ihre Ratgeber. Die klügsten Köpfe waren da versammelt: Philosophen und Mathematiker, Sterndeuter und Heilkundige, doch keiner von ihnen wusste, wie man aus traurigen fröhliche Menschen macht.
> Da sagte die Königin: „Lasst uns die Priester rufen, dass sie uns sagen, wie wir fröhlich werden können!" Doch diese wussten nur davon zu berichten, dass eine große Strafe über das Land gekommen sei. Da weinte die Königin noch mehr, und der Drache kam immer näher. Mehr und mehr erstarrten die Menschen.
> Da kam ein Gaukler des Weges. Er wusste nichts vom Drachen und wunderte sich über all die traurigen Menschen. Mit seinen bunten Kleidern und seinem Flötenspiel war er ein seltsamer Vogel unter all den grau gekleideten Menschen. Weil alle so traurig aussahen, machte er das traurigste Gesicht der Welt. Das sah so seltsam aus, dass erst einer und dann nach und nach alle anfingen zu lächeln und schließlich zu lachen. Da standen sie alle und bestaunten den Gaukler mit dem traurigsten Gesicht der Welt. Sie lachten, dass ihnen die Bäuche wackelten und ihnen vor Lachen die Tränen kamen. Voll Schreck floh der Drache, um nicht zu verhungern. Und die Königin gab dem Gaukler ein Haus in ihrem Land, das er so bunt anmalte, wie Du es Dir nur denken kannst. Immer, wenn sie wieder traurig wurde, bat sie den Gaukler, für sie das traurigste Gesicht der Welt zu machen, damit sie wieder lachen konnte."

Der Vorteil bei der Arbeit mit Märchen und Geschichten ist, dass sie allgemein Menschliches ausdrücken, das dann individuell umgesetzt werden kann. Sie **vergrößern den imaginären Raum zwischen Patientin und Therapeutin** in der Psychodynamisch Imaginativen Traumatherapie.

32 Eye Movement Desensitization and Reprocessing (EMDR)

Martin Sack und Barbara Gromes

Inhalt

32.1	Einleitung	583
32.2	Indikation zur traumakonfrontativen Behandlung	584
32.3	Praktische Vorgehensweise beim EMDR	585
32.4	Wirksamkeit	587
32.5	Störungsmodelle und Wirkungsfaktoren	587
32.6	Kasuistik	588
32.7	EMDR bei Patienten mit komplexen Traumafolgestörungen	589
32.8	Zusammenfassung	590

32.1 Einleitung

Eye Movement Desensitization and Reprocessing (EMDR) wurde von der amerikanischen Psychologin Francine Shapiro entwickelt und wird seit 1989 als manualisierte Therapiemethode zur Behandlung von Patienten mit Posttraumatischen Belastungsstörungen (PTSD) und anderen traumabezogenen Symptomen eingesetzt (Shapiro 1998a).

Zielsetzung der EMDR-Behandlung sind die Verarbeitung der belastenden Erinnerung – im Sinne einer Entängstigung und Verknüpfung der Erinnerung mit funktionaler Information (z. B. „Es ist vorbei", „Ich habe richtig gehandelt", „Ich habe keine Schuld") – und der Abbau von Vermeidungsverhalten. Die Traumafolgesymptomatik wird gezielt exploriert und bearbeitet. Mögliche Anknüpfungspunkte sind Auslösereize im Alltag, Fehlbewertungen (sog. dysfunktionale Kognitionen) bezüglich der eigenen Person bzw. der traumatischen Situation sowie belastende Erinnerungen mit zugehörigen Gedanken, Handlungsimpulsen und Sinneswahrnehmungen, die im Detail exploriert werden. Die

Arbeit an der Traumafolgesymptomatik geschieht in einem Halt und Sicherheit vermittelnden therapeutischen Rahmen und auf der Basis einer tragfähigen therapeutischen Beziehung. Wichtige Vorbedingungen für die EMDR-Behandlung sind, eine ausreichende Ich-Stabilität des Patienten und die Fähigkeit, sich selbst zu beruhigen, sowie die Erarbeitung einer Motivation zur konfrontativen Arbeit durch Psychoedukation und die Vermittlung eines Störungsmodells (Hofmann 2014).

Der therapeutische Ansatzpunkt von EMDR ist die Integration von kognitiven, emotionalen und körperlichen Reaktionen auf das Trauma. Hierfür muss die belastende Erinnerung wiederbelebt, wahrgenommen und verarbeitet werden. Anders formuliert: Die durch das Trauma induzierte Dissoziation wird wieder aufgehoben. Die in der traumatischen Situation unterbrochene Verbindung zwischen Wahrnehmungen, Gedanken, Emotionen und Körperreaktionen wird wieder hergestellt. Bedarfsweise erfolgt auch eine Bearbeitung von dysfunktionalen Kognitionen, wie z. B. anhaltender Schuldgefühle, die auf unrealistischen Einschätzungen der traumatischen Situation beruhen.

Während der EMDR-Therapie werden, abweichend von der klassischen verhaltenstherapeutischen Expositionsbehandlung, die Traumaexpositionsphasen nur relativ kurz (30–90 s) durchgeführt und durch bilaterale Stimulierung in Form von Augenbewegungen (der Hand des Therapeuten mit den Augen folgen), durch alternierende Berührungsreize (sog. Tapping auf die linke und rechte Hand) oder durch wechselseitige Tonsignale begleitet.

32.2 Indikation zur traumakonfrontativen Behandlung

Bei richtiger Indikationsstellung und unter Einsatz spezieller Therapieverfahren bietet die Arbeit mit traumakonfrontativen Behandlungsmethoden die Chance, dass spezifische, hochbelastende Traumafolgesymptome in relativ kurzer Zeit reduziert oder sogar ganz beseitigt werden können.

> **Merke**
>
> Für die Indikationsstellung ist zu beachten, dass es während der Bearbeitung der traumatischen Erinnerung durch die Aktualisierung verschiedener traumaassoziierter Details unter Umständen zur Auslösung einer erheblichen Belastung kommt, die potenziell zu einer emotionalen Überforderung führen kann.

Daher setzt die Indikation zu einer konfrontativen Behandlung auch eine ausführliche Anamneseerhebung voraus, um mögliche Risiken, beispielsweise durch biografische Vorbelastungen oder aktuelle Herausforderungen, und eine Überforderung auszuschließen (Sack 2010).

> **Praxistipp**
>
> **Checkliste Indikation zum Einsatz traumakonfrontativer Verfahren**
> - Liegt überhaupt eine Traumafolgesymptomatik vor?
> - Ist diese Symptomatik vordringlich zu behandeln?
> - Gibt es äußere destabilisierende Faktoren (z. B. andauernde Gewalt, Stalking)?
> - Ist der Rahmen der Behandlung geeignet?
> - Ist der Patient ausreichend informiert und gibt es einen klaren Auftrag für die Behandlung?
> - Verfügt der Patient über ausreichende selbstregulative Ressourcen, um sich mit belastenden Erinnerungen auseinanderzusetzen?

Eine Indikation zur Bearbeitung traumatischer Erinnerungen besteht, wenn Symptome vorliegen, welche die alltägliche Lebensführung beeinträchtigen und eindeutig, oder zumindest sehr wahrscheinlich, auf die Folgen nicht ausreichend verarbeiteter traumatischer oder sehr belastender Erfahrungen zurückzuführen sind. Insbesondere intrusives Wiedererleben der traumatischen Situation, traumaassoziierte Auslöser, triggerbare Angstsymptome oder dissoziative Stressreaktionen weisen darauf hin. Im Sinne einer Hierarchie der Therapieziele muss geklärt sein, dass keine andere Symptomatik vordringlich zu behandeln ist und dass keine destabilisierenden äußeren Faktoren vorliegen, für die vordringlich eine Lösung gefunden werden muss. Selbstverständlich bedarf es vor Behandlungsbeginn einer sorgfältigen Aufklärung – und eines klaren patientenseitigen Auftrags für die traumakonfrontative Behandlung.

Ein passender Behandlungsrahmen für die Anwendung von EMDR sollte die Möglichkeit bieten, Krisensituation aufzufangen, und eine ausreichende zeitliche Perspektive eröffnen, um die im Zuge der Traumabearbeitung aktualisierte Problematik durchzuarbeiten. Eine gewisse zeitliche Flexibilität ist oft wichtig, um bei Bedarf zusätzlich ambulante Termine anbieten zu können oder im stationären Rahmen ggf. die Behandlungszeit zu verlängern, und eine Bedingung, um die Traumabearbeitung erfolgreich abzuschließen.

32.3 Praktische Vorgehensweise beim EMDR

Im Folgenden werden die von Shapiro (1998a) beschriebenen acht Schritte der EMDR-Behandlung verkürzt dargestellt.

Schritt 1 – Anamnese und Behandlungsplanung: Die erste Behandlungsphase dient dem Aufbau einer vertrauensvollen therapeutischen Beziehung und der Einschätzung, ob der Patient körperlich und seelisch ausreichend stabil ist, um mit den während der Behandlung potenziell auftretenden intensiven Emotionen umgehen zu können. Ein Behandlungsplan – z. B. wöchentliche EMDR-Sitzungen, Kontaktmöglichkeit zwischendurch – wird erstellt und besprochen.

Schritt 2 – Vorbereitung: Der Patient wird über die Wirkungsweise und die Techniken des EMDR sowie über die eigene Mitarbeit informiert.

Schritt 3 – Bewertung der belastenden Erinnerung: Der Patient wird gebeten, sich auf die belastende Erinnerung zu konzentrieren und ein Bild auszuwählen, das repräsentativ ist für die ganze Erinnerung (vorzugsweise der schlimmste Moment des traumatisierenden Ereignisses). Der Patient wird gefragt, welche – aus heutiger Sicht – negative Selbstbewertung er hat, bezogen auf das Ereignis (negative Kognition: z. B. „Ich bin hilflos", „Ich habe versagt"). Danach wird gefragt, wie der Betreffende, in Bezug auf das traumatische Ereignis, gern positiv über sich selbst denken möchte (positive Kognition: z. B. „Ich kann heute etwas tun", „Ich tue, was ich kann"). Schließlich wird der Patienten gebeten, sich auf das traumatische Bild und auf die negative Kognition zu konzentrieren und die dadurch ausgelösten Gefühle zu benennen. Das Ausmaß der subjektiven Belastung wird auf einer Skala von 0 bis 10 vom Patienten eingeschätzt. Danach wird nach Körperempfindungen gefragt, die mit der traumatischen Erinnerung verbunden sind.

Schritt 4 – Desensibilisierung und Prozessieren: Die traumatische Erinnerung wird durch Bilder, negative Gedanken und zugehörige Körperempfindungen lebendig wachgerufen und so lange mithilfe von bilateraler Stimulation (z. B. Sets von ca. 20–30 Augenbewegungen) bearbeitet, bis die subjektive Belastung (SUD-Wert) deutlich abgesunken ist. Anzustreben sind Belastungswerte von 0 oder 1 auf einer Skala von 0 bis 10. Nach jeder Serie von Augenbewegungen wird der Patient gefragt, „was jetzt da ist". Wenn Veränderungen der bildhaften Vorstellungen, Gedanken, Gefühle oder Körperempfindungen berichtet werden, gibt der Therapeut die Instruktion, die Aufmerksamkeit auf das neu aufgetauchte Material zu richten, und induziert die nächste Augenbewegungsserie.

Grundsätzlich kann im Laufe der Augenbewegungsserien entweder ein kontinuierliches Distanzieren und Verändern von Gefühlen, bildhaften Erinnerungen und Einstellungen erfolgen oder aber es tauchen assoziative Erinnerungen auf, z. B. weitere Details der Traumatisierung. Dies führt oft zu einem Anstieg der Erregung, in manchen Fällen auch zu einer dramatischen Abreaktion. Auch Assoziationen zu anderen Ereignissen oder Erinnerungen können auftauchen. Alle emotional bedeutsamen Erinnerungen, die in einem Gedächtnis-Netzwerk assoziativ verbunden sind, werden so lange mit Augenbewegungen bearbeitet, bis die Erregung abgeklungen ist und keine neuen Erinnerungen auftauchen. Dieser Prozess der Be- und Verarbeitung kann sich über mehrere Behandlungsstunden erstrecken.

Schritt 5 – Verankerung: Nach Abschluss der Desensibilisierung wird anhand einer Skala von 1 bis 7 erfragt, wie die Stimmigkeit der in der Einschätzungsphase vorformulierten positiven Kognition jetzt bewertet wird. Ist die positive Kognition ausreichend stimmig, wird der Patient gebeten, gleichzeitig an die durchgearbeitete traumatische Erinnerung und an die positive Kognition zu denken. Dann werden so lange Serien von Augenbewegungen durchgeführt, bis ein Wert von 6 oder 7 erreicht ist.

Schritt 6 – Überprüfung der Körperempfindungen: Abschließend folgt eine Überprüfung auf vorhandene Anspannungen oder Missempfindungen im Körper. Wenn solche Empfindungen berichtet werden, sollte der Patient seine Aufmerksamkeit darauf richten und eine neue Augenbewegungsserie wird induziert. In manchen Fällen können dadurch weitere dysfunktionale Informationen aufgedeckt und verarbeitet werden. Positive Körperempfindungen werden durch Augenbewegungsserien verstärkt.

Schritt 7 – Abschluss: Der Patient wird dabei unterstützt, wieder in einen Zustand des seelischen Gleichgewichts zurückzufinden (z. B. durch Entspannungs- und/oder Distanzierungsübungen, positive Imaginationen). Es wird erklärt, dass sich die Traumaverarbeitung auch nach Abschluss der Behandlungssitzung fortsetzen kann (sog. Nachprozessieren) und dass es dann günstig ist, auftretende Gedanken, Erinnerungen und Träume aufzuschreiben, um sich zu distanzieren. Das aufgetauchte Material kann ggf. in der nächsten Sitzung weiter bearbeitet werden.

Schritt 8 – Nachbefragung: In der folgenden Sitzung wird der Erfolg der Behandlung überprüft. Ein neues traumatisches Ereignis sollte in der Regel nur dann bearbeitet werden, wenn das zuvor bearbeitete als relativ neutral eingeschätzt wird, d. h. SUD-Werte von 0 oder 1 vorliegen.

> **Merke**
> Die EMDR-Technik gehört in die Hand eines erfahrenen Therapeuten und in ein stabiles Setting. Da es sich um ein komplexes Behandlungsverfahren handelt, bei dem es zu einer rapiden Mobilisierung traumatischer Erinnerungen kommen kann, sollte sie nur von Therapeuten mit spezieller Ausbildung in EMDR eingesetzt werden (Hofmann 2014).

32.4 Wirksamkeit

Die Wirksamkeit der EMDR-Behandlung bei Patienten mit Posttraumatischer Belastungsstörung ist inzwischen in mehr als 20 kontrollierten Studien untersucht und auch hinsichtlich der Ergebnisse des Langzeitverlaufs überzeugend nachgewiesen worden. Die ISTSS (International Society for Traumatic Stress Studies) empfiehlt in ihren Behandlungsleitlinien die EMDR-Behandlung, neben verhaltenstherapeutischen Expositionsverfahren, als Therapieverfahren der ersten Wahl zur Behandlung der Posttraumatischen Belastungsstörung (Foa et al. 2008). Wie Metaanalysen zur Wirksamkeit der EMDR-Behandlung zeigen, gehört EMDR zu den wirksamsten Behandlungsverfahren bei Posttraumatischer Belastungsstörung (Bradley et al. 2005).

Aufgrund der vorliegenden empirischen Studien zur Wirksamkeit in der Behandlung von Posttraumatischen Belastungsstörungen wurde die EMDR-Methode 2006 durch den wissenschaftlichen Beirat Psychotherapie der Bundesärztekammer als wissenschaftliche Psychotherapiemethode anerkannt. EMDR wurde 2014 in Deutschland als Methode innerhalb der Richtlinienpsychotherapie zugelassen.

32.5 Störungsmodelle und Wirkungsfaktoren

Die ätiologischen Konzepte zur Entstehung posttraumatischer Symptome wurden in den letzten 20 Jahren erheblich weiterentwickelt. Hierbei dominieren zwei empirisch abgesicherte Theoriemodelle, die sich gegenseitig ergänzen: das klassische Modell der traumatischen Angst und das Paradigma der gestörten Informationsverarbeitung. Beide Modelle gehen davon aus, dass traumatische Ereignisse mit dem Erleben extremer Hilflosigkeit und Ohnmacht einhergehen. Die daraus resultierende subjektive Belastung kann zu einer Überforderung der psychischen Bewältigungs- und Verarbeitungsmechanismen führen.

Eine Überflutung durch aversive Reize im Zusammenhang mit einem traumatischen Erlebnis kann nach Foa und Kozak (1986) zur Ausbildung einer pathologisch fixierten Angst (sog. Angststruktur) führen. Die Angststruktur ist durch unrealistische Befürchtungen und Gedanken sowie durch Vermeidung von an und für sich harmlosen, aber traumaassoziativen Reizen gekennzeichnet. Durch Aktivierung der Angststruktur kommt es zu wiederholten, generalisierenden Angstreaktionen, was wiederum zu einer Zunahme des Vermeidungsverhaltens führt.

Das aktuelle, in der neurobiologischen Forschung favorisierte Erklärungsmodell der Entstehung posttraumatischer Symptome geht von einer gestörten Informationsverarbeitung infolge traumatischer Erlebnisse aus. Die Existenz von multiplen Erinnerungssystemen ist in der Gedächtnisforschung gut dokumentiert. Besonders bedeutsam ist dabei die Unterscheidung in semantische (deklarative) und episodische Erinnerung (Tulving 1972). Erinnerungen erreichen dann eine traumatische Qualität, wenn ihre Integration in das semantische Gedächtnis fehlschlägt. Die Folge sind separat registrierte sensorische Elemente der Erfahrung, die reaktiviert werden, unabhängig vom Kontext, zu dem sie gehören. Die Fragmentierung und Desorganisation des Gedächtnisses erschwert gleichzeitig die Kontextualisierung und Symbolisierung und somit die weitere Verarbeitung der traumatischen Erfahrung (van der Kolk et al. 1997).

Sowohl das klassische Modell der traumatischen Angst als auch das Paradigma der gestörten Informationsverarbeitung erklären, warum eine Aktualisierung traumatischer Erinnerungen im Rahmen der Therapie, z. B. mithilfe von EMDR, notwendig ist. Die Gedächtnisforschung beschreibt mit dem sogenannten Rekonsolidierungsparadigma, dass Erinnerungen veränderbar sind und durch funktionale Information ergänzt werden können (Nadel et al. 2012). Die assoziative Vorgehensweise bei EMDR scheint Prozesse der Erinnerungsverarbeitung besonders zu begünstigen (Panksepp 2012). Ob die beim EMDR eingesetzte bilaterale Stimulation hierfür essenziell oder inwieweit die Distraktion bzw. ein dualer Aufmerksamkeitsmodus durch Blick auf die bewegte Hand hilfreich sind, bedarf weiterer Klärung. Bislang konnten spezifische Effekte der bilateralen Stimulierung sowie die Frage nach deren Notwendigkeit für den Behandlungserfolg nur unzureichend empirisch belegt werden. Die insgesamt 20 vorliegenden Studien zur spezifischen Wirkung der bilateralen Stimulierung (sog. „dismantling studies") weisen entweder gravierende methodische Mängel auf oder wurden mit so geringen Probandenzahlen bzw. an gesunden Probandengruppen durchgeführt, dass ihre Ergebnisse keine Allgemeingültigkeit beanspruchen können.

32.6 Kasuistik

Fallbeispiel

Frau W., eine 32-jährige Verwaltungsangestellte, kommt aufgrund von Erschöpfung, Konzentrationsstörungen, depressiven Symptomen und sich zuspitzenden Problemen auf der Arbeitsstelle in die Therapie. Sie berichtet über Angst, die beruflichen Anforderungen nicht mehr erfüllen zu können und zu viele Fehler zu machen. Sie versuche, es allen Kollegen recht zu machen, mache viele Überstunden und hoffe, dass ihre Probleme nicht entdeckt werden. – Die Kindheit war geprägt vom Jähzorn und der Unberechenbarkeit des Vaters, der habe unerwartet zuschlagen können. Es habe ständig eine bedrohliche und sexualisierte Atmosphäre geherrscht. Der Vater habe vor den Kindern unverblümt von seinen sexuellen Erfahrungen mit anderen Frauen erzählt und die körperliche Entwicklung der Tochter abwertend kommentiert. Die Mutter sei zu schwach gewesen, um die Kinder zu schützen, und war wenig einfühlsam. Insgesamt habe sie nur wenige positive Erinnerungen an die Kindheit. Sie habe große Probleme mit körperlicher Nähe und Sexualität und vermeide, nach der Trennung von ihrem Freund Kontakte zu Männern.

Die Symptomkriterien einer Posttraumatischen Belastungsstörung sind erfüllt. Zudem gibt es Hinweise auf traumatische Beziehungserfahrungen durch Beschämen, Demütigungen und Beschimpfen, im Sinne psychischer Gewalt durch den Vater.

Aufgrund der starken Erschöpfung wird ein zunächst Ich-stärkender Therapieansatz vereinbart, um das Selbstwertgefühl und den Selbstbezug zu verbessern und sich, beispielsweise im beruflichen Kontext, besser abgrenzen zu können. Unter anderem werden eigene Fähigkeiten und Ressourcen sowie deren bewusster Einsatz im Alltag und im beruflichen Kontext erarbeitet. Die konfrontative Bearbeitung der Traumafolgesymptomatik mit EMDR wird an Alltagsbelastungen begonnen. Frau W. erinnert eine für sie beschämende Situation am Arbeitsplatz, bei der sie sich den Anforderungen nicht gewachsen sah. Die negative Kognition lautet: Ich bin dumm, ich bin nichts wert. Während der Bearbeitung dieser Situation tauchen Erinnerungsfragmente an Demütigungen durch den Vater auf. Zunächst wird jedoch die berufliche Belastungssituation abschließend mit EMDR behandelt. Während der EMDR wird Frau W. die eigene berufliche Kompetenz bewusst und sie kann die vormals schwierige Situation anders bewerten. Infolge der EMDR-Behandlung fühlt sich Frau W. auf dem Arbeitsplatz entlastet und weniger ängstlich.

Nachdem Frau W. ähnliche Arbeitssituationen besser bewältigen konnte, wird die EMDR-Behandlung fortgesetzt und auf die während der EMDR-Sitzungen aktualisierten, traumatischen Kindheitserinnerungen fokussiert. Die negative Kognition lautet: Ich bin hilflos, ich komme hier nicht raus. Eine Reihe assoziativ verknüpfter Erinnerungen zu psychischen Gewalterfahrungen durch den Vater werden bearbeitet. Dieser Bearbeitungsprozess mobilisiert viel Wut und Trauer, verbessert aber gleichzeitig den Selbstbezug und die emotionale Lebendigkeit von Frau W. In der Folge beginnt Frau W. ihren Alltag anders zu gestalten. Sie trifft sich wieder mit Freundinnen und plant einen Urlaub. Die anfänglich berichtete Erschöpfung und die Konzentrationsstörungen bessern sich deutlich. Nach reiflicher Überlegung wechselt Frau W. schließlich den Arbeitgeber und findet sich in der neuen Stelle gut zurecht.

32.7 EMDR bei Patienten mit komplexen Traumafolgestörungen

EMDR ist auch bei Patienten mit komplexen Traumafolgestörungen infolge von Traumatisierungen in der Kindheit ein bewährtes Verfahren zur Bearbeitung belastender Erinnerungen. Allerdings ist hierbei zu beachten, dass die Behandlung der individuellen Fähigkeit zur Affektregulation und der psychischen Stabilität des Patienten angepasst werden muss.

In der EMDR-Behandlung kommt bei Komplexer Posttraumatischer Belastungsstörung inzwischen ein modifiziertes, der verminderten psychischen Belastbarkeit Rechnung tragendes Behandlungsprotokoll zum Einsatz (Hofmann 2014). Anders als im Standardprotokoll werden zunächst mit den traumatischen Belastungen in Zusammenhang stehende Auslösereize und Stresssituationen im Alltag bearbeitet, bevor etwa die Erinnerung an eine Missbrauchserinnerung in der Kindheit fokussiert wird. Auch Vernachlässigungserfahrungen lassen sich gut mit EMDR bearbeiten. Hierbei ist jedoch zu beachten, dass die alleinige Aktualisierung der Vernachlässigungserinnerung die Belastung meistens nicht löst, sodass während der EMDR-Behandlung Hilfe und Versorgung auf imaginäre Weise assoziiert werden sollten, um Erfahrungen von Bewältigung zu gewinnen (Sack 2010).

In der Regel bestehen bei Patienten mit komplexen Traumafolgestörungen über die konfrontative Behandlung hinaus weitere Therapiebedürfnisse, beispielsweise bezüglich der Themen Selbstwirksamkeit, Selbstbezug und Selbstakzeptanz, Affektwahrnehmung und Affektdifferenzierung, Beziehungsregulation und Bindungsfähigkeit. Diese Therapiethemen werden durch die primär konfrontativen Behandlungsmethoden alleine nur teilweise abgedeckt und machen eine umfassendere Behandlungsplanung erforderlich (Sack et al. 2013). Erfreulich ist, dass sich die EMDR-Behandlung mit anderen Therapiemethoden sehr gut kombinieren lässt.

32.8 Zusammenfassung

EMDR ist ein bewährtes und empirisch validiertes Therapieverfahren für die Behandlung von Patienten mit Posttraumatischer Belastungsstörung und komplexen Traumafolgestörungen. In den letzten Jahren wurde die Indikation auch auf andere Störungsbilder wie Angststörungen und phobische Störungen, Suchterkrankungen und depressive Störungen ausgeweitet. Es zeichnet sich ab, dass hier ebenfalls eine Wirksamkeit nachgewiesen werden kann. Damit wird EMDR zu einer Behandlungsmethode für alle psychischen Störungsbilder, bei denen maladaptiv gespeicherte und belastende Erinnerungen eine ursächliche Rolle spielen.

33 Psychodynamisch-interaktionelle Gruppenpsychotherapie bei traumatisierten Patienten

Ralf Nickel

Inhalt

33.1	Einleitung und empirischer Hintergrund	591
33.2	Unterschiedliche Ansätze der Therapie in Gruppen	593
33.3	Inhalte und Ziele psychodynamisch-interaktioneller Gruppentherapie bei komplex traumatisierten Patienten	594
33.4	Interaktion und Dynamik in der Gruppe	598
33.4.1	Das Trauma als Thema in der Gruppe	599
33.4.2	Häufige Gruppenthemen	599
33.4.3	Zusammensetzung der Gruppe	600
33.5	Gruppentherapie als Teil integrierter Behandlungskonzepte	601
33.6	Der Stellenwert von Einzelgesprächen	601
33.7	Fallbeispiele	602

33.1 Einleitung und empirischer Hintergrund

Der Schwerpunkt dieses Kapitels liegt auf der Darstellung der Grundprinzipien und der Vielfalt der Gruppentherapie bei Patienten mit Traumatisierungen sowie der Beschreibung der psychodynamisch-interaktionellen Gruppentherapie als Therapieverfahren zur Behandlung traumatisierter Patienten.

Die oft in Behandlungen auftretende Spannung zwischen Entwicklungsförderung, Stabilisierung, Zugewinn an Kompetenzen und Lebensqualität einerseits und dem Verharren in dem Erlebten, Rollenfixierungen und verfestigten Verhaltensmustern andererseits gilt für Behandlungen in der Gruppe in ganz besonderer Weise. Je geringer die strukturelle Integration der Betroffenen und deren Fähigkeit zur Impulssteuerung sind und je stärker unreife Konfliktbewältigungsstrategien dominieren, desto destabilisierender kann sich eine Gruppenbehandlung auswirken. Legt man eine differenzierte diagnostische Einteilung der Traumafolgestörungen zugrunde (u. a. Schellong 2013), ist mit entsprechenden Modifikationen eine Behandlung Traumatisierter in der Gruppe zumindest für Typ I bis Typ III sehr gut möglich, dagegen nicht für Patienten entsprechend dem Typ IV mit komplexer dissoziativer Symptomatik, Teilidentitätsstörungen und Identitätswechsel.

Merke

Gruppentherapien werden als eine effektive Methode zur Behandlung von Patienten mit sexuellen Missbrauchserfahrungen in der Kindheit und Traumafolgestörungen im Erwachsenenalter angesehen.

Übersichten hierzu finden sich bei Donaldson und Cordes-Green (1994), Foy et al. (2000), Kessler et al. (2003), zur Behandlungstechnik bei Vandeusen und Carr (2003), zur Effektivität bei Wöller et al. (2010) sowie zu unterschiedlichen Ansätzen, Verfahren und Zielen bei Ford et al. (2011).

Gruppentherapien sind hinsichtlich Behandlungsdauer, Länge der Sitzungen, Ausmaß der Strukturiertheit, Art der Gruppenleitung sowie des theoretischen Hintergrundes heterogen. Zudem unterscheidet sich das Ausmaß, in dem entweder mehr auf das Trauma oder mehr auf die Ressourcen der Patienten und Fragen der allgemeinen Lebensbewältigung fokussiert wird. Fast ausschließlich sind die empirisch untersuchten Gruppen mit einer Behandlungsdauer von meist weniger als vier Monaten und zehn bis fünfzehn Gruppensitzungen zeitlich begrenzt. Behandlungen, die über sechs Monate (Morgan u. Cummings 1999) oder ein Jahr (Mennen u. Meadow 1992; Hazzard et al. 1993) und länger (Lundqvist et al. 2006) gehen, sind Ausnahmen.

Oft sind die ersten Sitzungen strukturiert, z. B. durch die Vermittlung von Information oder das Vorgeben eines Themas. Im weiteren Verlauf werden die Sitzungen dann weniger strukturiert, um entweder auf die Themen der ersten Stunden zurückzugreifen und diese zu vertiefen oder generell ein an die Gruppensituation und die Bedürfnisse der einzelnen Teilnehmer angepasstes Vorgehen zu ermöglichen (Stalker u. Fry 1999). Die untersuchten Gruppen unterscheiden sich, abhängig vom geplanten Umfang der Therapie und dem zugrunde liegenden Behandlungsmodell, inhaltlich deutlich. Neben wenigen Gruppen, die sich ausschließlich mit dem Trauma und dessen Folgen beschäftigen, stehen in der Mehrzahl der untersuchten Behandlungskonzepte der Austausch interpersoneller Probleme und die Diskussion von allgemeineren Themen- und Problembereichen im Vordergrund.

Übereinstimmung besteht dahingehend, dass, unabhängig von der zugrunde liegenden Traumatisierung, eine erste Aufgabe der Behandlung das Schaffen einer sicheren Basis ist (Carver et al. 1989; Mennen u. Meadow 1992). Dies gilt auch für heterogene Therapiegruppen, in denen, wenn auch nicht ausschließlich, Patienten mit komplexen oder frühen Traumata behandelt werden (Nickel u. Egle 1999; Nickel et al. 2010).

Eine der interessantesten Arbeiten (Zlotnick et al. 1997) zeigte, dass im Rahmen einer auf die Wahrnehmung und die Verarbeitung von Gefühlen fokussierenden Gruppenbehandlung auch Symptome einer Posttraumatischen Belastungsstörung (PTBS), vor allem Dissoziation, Flashbacks, Schlafstörungen etc., gebessert werden können. Es ist anzumerken, dass alle Patienten begleitend Einzelgespräche hatten und eine Medikation erhielten. Auch andere kontrollierte Studien zeigten eine gute Wirksamkeit hinsichtlich einer höheren Stresstoleranz, der Reduktion von PTBS-typischen Symptomen, der Reduktion depressiver Symptome und der besseren Kontrolle intensiver Gefühle. Patienten mit einer zusätzlichen Einzelbehandlung hatten in dieser Studie keine besseren Ergebnisse (Morgan u. Cummings 1999). Cloitre et al. (2010) zeigen in ihrer randomisierten kontrollierten Studie eine gute Wirksamkeit ihres kognitiv-behavioralen Stufenkonzeptes mit Skills-Training und folgenden Expositionssitzungen, verglichen mit einer Wartelistenkontrolle.

Die Behandlungsziele in den untersuchten Studien bezogen sich nicht nur auf eine reine Symptomreduktion, sondern umfassten die Verbesserung des Selbstwertempfindens und der Selbstwirksamkeit, das Erlernen eines vertrauensvolleren Umgangs mit anderen sowie die Reduktion interpersoneller, partnerschaftsbezogener Probleme (Kessler et al. 2003).

Stalker und Fry (1999) fanden keine Überlegenheit der Einzeltherapie gegenüber der Gruppentherapie. In den letzten Jahren haben zahlreiche Studien, darunter auch kontrollierte (u. a. Sachsse et al. 2006; Lampe et al. 2008) und randomisiert-kontrollierte Studien (u. a. Bateman und Fonagy 2001; Cloitre et al. 2010), die Wirksamkeit von Gruppentherapien zeigen können, wenn auch teilweise in kombinierten Behandlungssettings. Auch Behandlungen über längere Zeiträume wurden empirisch untersucht. Übersichten zu empirischen Studien finden sich bei Foy et al. (2000), Ford et al. (2011) und Wöller (2010). Als wichtig werden die Bedeutung der Stabilisierung vor der Traumakonfrontation und die generell gute Wirksamkeit unterschiedlicher gruppentherapeutischer Behandlungen hervorgehoben.

Als Basis für Patienten mit frühen Traumata und strukturellen Störungen ist insbesondere das Göttinger Modell der psychoanalytisch-interaktionellen Gruppentherapie (Heigl-Evers u. Ott 1994) ein Verfahren mit fundiertem theoretischem Hintergrund und guter, breiter klinischer Anwendbarkeit. Ein darauf basierendes, modifiziertes und bezogen auf das Merkmal frühes Trauma heterogenes Behandlungskonzept, die psychodynamisch-interaktionelle Gruppentherapie, fokussiert auf die Behandlung solcher Patienten, bei denen die Leitsymptomatik stressassoziierte körperliche Beschwerden und chronische Schmerzen im Vordergrund des Krankheitsbildes stehen (Nickel u. Egle 1999; Nickel et al. 2010). Es ist zu fragen, inwieweit Modifikationen von der primär übertragungsorientierten und interaktionsbezogenen Zugangsweise notwendig sind, um der veränderten Verarbeitung und Funktion von Information und Gedächtnis bei einer Vielzahl traumatisierter Patienten gerecht zu werden und so die Möglichkeiten und Grenzen des Verfahrens zu definieren.

33.2 Unterschiedliche Ansätze der Therapie in Gruppen

Die Formulierung „Therapie in Gruppen" weist darauf hin, dass die Therapieansätze häufig mehr auf eine Einzeltherapie in der Gruppe als auf eine interaktionsbezogene Gruppentherapie abheben. Gruppentherapie im engeren Sinne, also die Arbeit mit der und an der Gruppeninteraktion, wird in der ausführlicher dargestellten psychodynamisch-interaktionellen Gruppentherapie beschrieben. Sie basiert auf dem Göttinger Modell der psychoanalytisch-interaktionellen Gruppentherapie und ist, mit Abstrichen, mit der ressourcenorientierten psychodynamischen Gruppentherapie (Reddemann 2010) konzeptuell vergleichbar.

Reddemann (2010) und Sachsse (2004) entwickelten *ressourcenorientierte Gruppenkonzepte* zur Behandlung komplex traumatisierter Patienten, Reddemann die *Psychodynamisch Imaginative Traumatherapie (PITT)*. Zentrale Behandlungsziele sind unter anderem die Erhöhung der Steuerungsfähigkeit der Patienten, eine verbesserte Emotionsregulation und die Reduktion von selbstdestruktivem und suizidalem Verhalten. Psychoedukation und imaginative Strategien werden ebenso eingesetzt wie kognitiv-behaviorale Techniken. Das Stufenkonzept legt besonderen Wert auf die Stabilisierung der Patienten. Insbesondere hierfür dienen die sogenannten Stabilisierungsgruppen. Die Förderung von Übertragungsprozessen wird abgelehnt und Interaktionsprozesse in der Gruppe werden erst später, falls überhaupt möglich, thematisiert.

Dem Ziel, Patienten vor Überflutung und maligner Regression zu schützen, ist sicher zuzustimmen und für sehr schwer belastete traumatisierte Patienten kann die Kombination aus Einzeltherapie und Stabilisierungsgruppe ein wichtiger Behandlungsschritt sein. Bei den Stufenkonzepten wie bei allen primär traumatherapeutischen Ansätzen ist jedoch kritisch anzumerken, dass die Patienten in ihrem Alltag mehr oder weniger vergleichbaren Situationen und Kräften ausgesetzt sind wie in der psychodynamischen Gruppentherapie, allerdings ohne einen geschützten und stabilen Reflexionsrahmen und ohne die Möglichkeit der emotionalen Entlastung, des Aufgehobenseins und Angenommenseins in der Gruppe.

Auch kognitiv-behaviorale Gruppen umfassen ein breites Spektrum unterschiedlicher Gruppenkonzepte, das von der Psychoedukation und dem Erwerb von Techniken (Zlotnick et al. 1997) einerseits bis hin zur Traumakonfrontation (Foy et al. 2000; Cloitre et al. 2010) andererseits reicht.

Die wohl bekannteste Methode ist die *Dialektisch-Behaviorale Therapie (DBT)* nach Marsha Linehan (1996), ebenfalls ein mehrstufiges Behandlungskonzept, das den hohen Anteil von Patienten mit frühen Traumatisierungen zentral berücksichtigt. Die Gruppenbehandlung zum Erlernen von Fertigkeiten (Skills-Training) gehört dabei meist zu einer ein- oder auch mehrjährigen Einzeltherapie. Im Rahmen der DBT und der Kombination von Einzel- und Gruppenpsychotherapie hat die Gruppe vor allem die Funktion, Fertigkeiten im Umgang mit sich und anderen zu erlernen und zu erproben, Rückmeldungen zu erhalten und allgemein soziale Funktionen zu verbessern. Konkret sind die Gruppen primär edukativ ausgerichtet und umfassen Module zur Emotionsregulation, zur Stresstoleranz, zu Fertigkeiten im Umgang mit anderen und zur Achtsamkeit. Als Vorteil wird besonders die Möglichkeit der direkten Verhaltensbeobachtung und -veränderung in der Gruppe angesehen. Die Gruppe eignet sich sowohl zur Veränderung von Fehlregulationen im Bereich des Verhaltens als auch der Kognitionen und Affekte.

33.3 Inhalte und Ziele psychodynamisch-interaktioneller Gruppentherapie bei komplex traumatisierten Patienten

Merke

Ein zentrales Ziel der Gruppentherapie traumatisierter Patienten ist das Entwickeln und, soweit möglich, Etablieren eines Gefühls von Sicherheit und Berechenbarkeit.

33.3 Inhalte und Ziele psychodynamisch-interaktioneller Gruppentherapie

Unabhängig vom konkreten Ansatz sollte deshalb darauf geachtet werden, dass Patienten durch Wiedererinnern und Wiedererleben nicht unkontrolliert überflutet werden und Rahmen und Intervention darauf ausgerichtet sind, dies zu vermeiden. Das lässt sich in einer störungsspezifischen Gruppentherapie, also einer bezogen auf das Merkmal komplexe oder frühe Traumatisierung homogenen Gruppe, am besten umsetzen.

Zum Herstellen von Sicherheit und Stabilität gehört, dass der Therapeut sich transparent und kohärent verhält. Als direkte Folge davon rücken die klassischen analytischen Interventionsstrategien – Deuten und Konfrontieren – an die zweite Stelle hinter das Klären von Situationen, von Verhalten und Konflikten. Diese Vorgehensweise basiert auf dem Göttinger Modell der psychoanalytisch-interaktionellen Gruppenpsychotherapie, das insbesondere bei Patienten mit strukturellen Störungen sowie bei Patienten mit Persönlichkeitsstörungen zur Anwendung kommt. Die auf mehreren Ebenen ablaufende Normenbildung in der Gruppe ist gerade bei diesen Patienten bedeutsam, da das Arbeiten und Auseinandersetzen mit Prüfen von Regeln auf deren Belastbarkeit in dieser Gruppe besonders im Vordergrund stehen (Heigl-Evers u. Ott 1994). Die Ebene der Normenbildung in der Gruppe dient der Gruppenidentität und der Verhaltensregulierung, aber eben auch der Veränderung innerer Bezugssysteme und dem Schaffen innerer Orientierung und Sicherheit.

Wichtige **Inhalte und Ziele** der Gruppentherapie traumatisierter Patienten sind in Tabelle 33-1 zusammengefasst.

Das Erfahren emotional korrigierender Beziehungen hat dabei sicher den höchsten Stellenwert (Tab. 33-2).

Insbesondere bei stabilen Patienten mit beeinträchtigten, aber ausreichenden Ich-Funktionen und intrapsychischer Konfliktbewältigung, die unter dem Trauma leiden, deren Erinnerung und Verarbeitung aber keine oder kaum abgespaltene Traumainhalte, Intrusionen und dissoziative Strategien umfasst, kann die emotionale

Tab. 33-1 Inhalte und Ziele der Gruppentherapie

- Information über die Traumatisierung und deren Folgen
- Realitätsprüfung, vor allem in Bezug auf das eigene Beziehungserleben und bisherige Beziehungserfahrungen, durch Austausch und Rückmeldung in der Gruppe
- Sammeln und Austauschen von Erfahrungen mit Gleichbetroffenen
- eigene innere und äußere Ressourcen kennen und nutzen lernen
- Stressoren und die Grenzen der eigenen Belastbarkeit erkennen
- Erkennen typischer Auslösebedingungen für Stressreaktionen
- Erlernen adaptiver Lösungen zur Stressreduktion durch Introspektion, konkrete Übungen und Modelllernen
- Erlernen adaptiver Lösungen zur Stressreduktion durch interpersonelles Lernen in der Gruppe
- innere Bedrohungen von Bedrohungen in der Außenwelt trennen lernen
- Erlernen und Erfahren von mehr Selbstfürsorge, ebenfalls über Übungen, Introspektion, aber vor allem Modelllernen und interpersonelles Lernen
- Lernen, wie Sicherheit in der Beziehung mit anderen gefunden werden kann
- unmittelbares Erleben von Sicherheit und Geborgenheit in der Gruppe
- Affektwahrnehmung, Affektdifferenzierung und Affektregulation als Teil des Entwicklungsprozesses im Behandlungsverlauf
- Erleben und Integrieren von emotional korrigierenden Beziehungserfahrungen: Aufgabe von Opfer- und Täteridentitäten – Reduktion irrationaler Schuldgefühle – Reduktion von Schamgefühlen – Aufbau von adäquaten Selbst- und Objektgrenzen – Entwicklung einer realitätsgerechteren Selbst- und Fremdsicht

Tab. 33-2 Zentrale Inhalte emotional korrigierender Beziehungserfahrungen in der Gruppe

- unmittelbares Erleben eigener Bedürfnisse und Beziehungswünsche
- erlernen und einüben, Hilfe zu suchen und annehmen zu können
- Vertrauen zu anderen aufbauen, empfinden und halten können
- das Erleben, von anderen verstanden und angenommen zu werden
- Wahrnehmen eigener Kommunikationsschwierigkeiten im unmittelbaren Austausch und Erleben in der Gruppe
- Erfahrung der Korrigierbarkeit von Missverständnissen und der Veränderbarkeit eigener Gefühle bei Verletzungen im Kontakt mit anderen
- das Erleben von Selbstwirksamkeit und Bedeutsamkeit durch den Austausch mit anderen und die altruistische Erfahrung, anderen zu helfen und für sie bedeutsam zu sein

Entlastung und die Validierung beim Berichten des Erlittenen in der Gruppe eine zentrale emotionale Erfahrung sein, verbunden mit dem Durchbrechen von Einsamkeit und der Erfahrung von Nähe, Empathie, Geborgenheit und Gemeinsamkeit.

Kommen Intrusionen und dissoziative Symptombildung vor, ist die Thematisierung des Traumas mit der Gefahr der deutlichen Verschlechterung verbunden und ist zum Schutz vor Überflutung, dem Erleben von Angst und Ausgeliefertsein in der Gruppe zu vermeiden. Aber auch in diesen Fällen ist ein interaktionsbezogenes therapeutisches und die Realität überprüfendes Arbeiten möglich und damit das Bereitstellen korrigierender Beziehungserfahrungen, ohne normativ oder edukativ den Gruppenprozess und die Entwicklung und das Erleben beschneiden zu müssen. Zudem kann die Erfahrung, wie etwa eigenes destruktives Verhalten sich auf andere auswirkt, zu einem Zugewinn an Erkenntnis und Veränderungsbereitschaft führen. Gerade hier unterscheiden sich psychodynamisch-interaktionelle Gruppen von der Einzeltherapie traumatisierter Patienten.

Unterschiede zwischen der Einzel- und Gruppentherapie beziehen sich besonders auf den Umgang mit dem Trauma und die Frage der Traumakonfrontation. In der Gruppe liegt der Schwerpunkt fast ausschließlich auf der Beschäftigung mit den Auswirkungen des Traumas heute, eine detaillierte Beschäftigung mit dem Trauma oder eine Konfrontation in der Gruppe ist nie primäres Ziel der Behandlung und wird auch bei stabilisierten Patienten eher vermieden. Es geht in der Regel um die aktuellen Auswirkungen des früheren Traumas und der negativen Beziehungserfahrungen und darum, wie es noch heute Erleben und Verhalten im Alltag prägt. Konfrontiert werden die Patienten vor diesem Hintergrund mit den aktuellen Auswirkungen des eigenen distanzierten oder verwickelten, unsicher-ängstlichen, unreifen verbalen und non-verbalen Kommunikationsverhaltens. Während dies in der Gruppe in der Beziehung und emotional aktiviert thematisiert werden kann, besteht in der Einzeltherapie die wesentlich bessere Möglichkeit zur Steuerung und Dosierung. Im Fall einer emotionalen Überflutung und hohen Belastung ist dort der Raum vorhanden, darauf angemessener einzugehen.

Die Anforderung an die therapeutische Kompetenz ist für Gruppentherapeuten in einem psychodynamisch-interaktionellen Gruppensetting hoch. Neben dem Blick auf das interaktionelle und Übertragungsgeschehen sind Empathie und kommunikative Fähigkeiten, Wissen über traumaspezifische Verarbeitungsprozesse und Behandlungstechniken gefordert (Tab. 33-3).

33.3 Inhalte und Ziele psychodynamisch-interaktioneller Gruppentherapie

Zur Behandlung früh traumatisierter Patienten in der Gruppe sind spezifische Modifikationen erforderlich. Sie umfassen die Information der Patienten über die Folgen der Traumatisierung, die Aufklärung über traumaspezifische Phänomene wie Dissoziation, das Erkennen von Triggern, Stimmungsschwankungen und depressiven Reaktionen, von Orientierungslosigkeit, Angst und Panik. In einigen Gruppen werden hierzu auch die Partner einbezogen, damit diese in entsprechenden Situationen Hilfsfunktionen übernehmen können; aufgrund des Wissens um die Folgen der Traumatisierung gewinnen Patient und Angehöriger mehr Sicherheit. Die Modifikation des therapeutischen Vorgehens und das Vermeiden regressionsfördernder Interventionen ermöglichen auch die Behandlung schwerer Traumatisierter in psychodynamisch und interaktionsbezogen arbeitenden Gruppen.

Der Therapeut ist aktiv, unterbricht Schweigephasen früh, fragt, macht Angebote und formuliert Hypothesen darüber, was den Einzelnen oder die Gruppe beschäftigen könnte. Die Kenntnis zentraler Beziehungsthemen der Patienten in der Gruppe und die Formulierung eines beziehungsorientierten Behandlungsfokus für jeden Patienten dienen als Leitlinie für die Behandlung. Da Gruppendeutungen regressionsfördernd sind und zudem hohe Anforderungen an kognitive Fähigkeiten, Konzentration und „Beziehungswissen" stellen, sollten sie insbesondere zu Beginn der Behandlung vermieden werden. Die Begrenzung der Behandlungsdauer und das frühe Festlegen des Behandlungsendes, das Strukturieren und Zusammenfassen am Ende der Therapiesitzungen reduzieren ebenfalls die Gefahr regressiver Entwicklungen. Zur Selbstregulierung sollte es erlaubt sein, die Gruppe verlassen zu können, verbunden mit der Einladung, nach Möglichkeit zurückzukehren und sich im Weiteren wieder in das Gruppengeschehen einzubinden.

Tab. 33-3 Wichtige Aufgaben des Therapeuten in der Gruppe

- zentrales Behandlungselement ist das Fokussieren auf die Interaktion und die verbale und non-verbale Kommunikation in der Gruppe
- Herstellen einer sicheren Behandlungsbasis
- Fördern der Gruppenkohäsion
- Vermittlung von Informationen über Traumata und deren Folgen
- Vermittlung spezifischer Bewältigungsstrategien und Anregung, diese auszuprobieren und außerhalb der Gruppe umzusetzen
- Fokussieren und Strukturieren des Gruppenprozesses, insbesondere durch die Berücksichtigung des Regressionsniveaus in der Gruppe
- Fördern des Austausches unter den Patienten durch Aktivität und Präsenz in der Gruppe
- selektives Antworten und Mitteilen von (eigenen) Gefühlen, sofern sie den Entwicklungsprozess des einzelnen Patienten und der Gruppe fördern
- Klären und Konfrontieren
- Interpretieren bzw. Deuten des Gruppenprozesses, in der Regel bezogen auf das Hier und Jetzt in der Gruppe
- Klärung, Vermittlung und Ausgleich bei Konflikten und Spannungen innerhalb der Gruppe
- Reduktion von Spannungen, etwa durch das Unterbrechen von Schweigephasen, Selbstmitteilung von Gefühlen und aktives Fördern des Austausches der Gruppenmitglieder untereinander
- Ansprechen von Übertragungsprozessen, Auflösen insbesondere regressiver Entwicklungen und ungünstiger Übertragungskonstellationen

Der Therapeut sollte weder belehrend noch normativ sein („Wir sollen uns in der Gruppe ausreden lassen" oder „Sie sollten Frau X ausreden lassen"), sondern klärend, fördernd und moderierend („Mir fällt auf, dass Sie Frau X nicht ausreden lassen, und ich frage mich, was der Grund dafür ist" oder „Ich frage mich, wie es auf Frau X wirkt, wenn Sie sie nicht ausreden lassen" oder in die Gruppe öffnend „Wie wirkt das Gespräch zwischen Frau X und Frau Y gerade auf Sie?"). Der Therapeut wird so zum Modell für selbstreflexives Verhalten, er gibt Verhaltensnormen nicht einfach vor, sondern thematisiert den darin liegenden kommunikativen Sinn und relativiert eventuell vorhandene rigide Grundüberzeugungen.

Die Betonung auf psychodynamisch-ressourcenorientiertem Arbeiten steht bei Patienten mit sehr unreifen Konfliktbewältigungsstrategien, dissoziativen Symptomen und stark eingeschränkter Emotionsregulation im Vordergrund. Je nach Ausprägung kann dies erfordern, als ersten Therapieschritt oder generell rein einzeltherapeutisch zu arbeiten. Auch eine Kombination aus Einzelgesprächen und reiner Skills-Gruppe bzw. Stabilisierungsgruppe (Reddemann 2010) kann bei stark beeinträchtigten Patienten, die sehr rasch getriggert werden, erforderlich sein. Bei Patienten mit strukturellen Defiziten und Schwierigkeiten zu mentalisieren liegt das Gewicht sowohl auf psychodynamisch-ressourcenorientierten wie auch interaktionellen Interventionen. Steht eine regressive und destruktive Inszenierung des Traumas, oder treffender, die daraus resultierende „kommunikative Folgestörung" im Vordergrund, etwa mit dem Verhaften in der Opferrolle oder dem Schaffen von Exklusivität, sollten die Interventionen mehr auf die interaktionelle Ebene, die unbewussten Beziehungsbotschaften fokussieren, klärend und regulierend sein.

33.4 Interaktion und Dynamik in der Gruppe

Zu Beginn der Gruppe werden die in den Gruppenvorgesprächen bereits besprochenen Regeln und Rahmenbedingungen der Behandlung erneut aufgegriffen und somit deren Verbindlichkeit unterstrichen. Die Dauer der Behandlung, die regelmäßige und pünktliche Teilnahme, Verschwiegenheit und Verbindlichkeit sowie die Ermutigung, sich möglichst offen mitzuteilen, sind Bestandteile dieser Regeln. Inhaltlich beginnen die Gruppen mit der Vermittlung von Informationen zu den Auswirkungen der traumatischen Erfahrungen. Der Therapeut sollte sich in der Gruppe dennoch nur bedingt als Experte etablieren, sondern vielmehr schon am Anfang deutlich machen, dass seine Aufgabe die Begleitung der Entwicklung des Einzelnen und der Gruppe ist. Die Gruppenregeln stehen im Dienst dieser Aufgabe, indem sie Sicherheit und Orientierung geben. Neben diesem expliziten Teil der Normenbildung etablieren sich innerhalb der ersten Stunden auch die impliziten Gruppennormen.

Die Aktivität des Therapeuten, dessen Engagement und direktes Ansprechen der Patienten ist Modell dafür, wie man von der Gruppe profitieren kann. Die Interventionen sollten möglichst den Austausch innerhalb der Gruppe fördern, die Patienten einbeziehen und motivieren, ohne dass die Kommunikation ausschließlich sternförmig über den Therapeuten läuft. Zur Reduktion von Spannungszuständen und Verhinderung regressiver Prozesse sollte der Therapeut nicht zu lange verzerrt wahrgenommen und intensive Übertragungs- und Gegenübertragungsgefühle sollten nicht zu spät aufgelöst werden, dies betrifft auch die Übertragungsprozesse der Gruppenmitglieder untereinander. Auch lange Schweigephasen sollten vermieden und aktiv unterbrochen werden. Vermutungen über den Grund des Schweigens oder das Benennen von Gefühlen beim Einzelnen sollten als Vermutungen erkennbar sein und die Schwelle, sich mitzuteilen, gesenkt werden.

33.4 Interaktion und Dynamik in der Gruppe

Bringt eine Patientin ein Thema ein, sollte in einem zirkulären Prozess, in den möglichst viele Gruppenteilnehmerinnen einbezogen werden und ihre Meinungen, Vermutungen, Gefühle und Gedanken äußern können, eine Annäherung an das Erleben und die Wahrnehmung der Patientin erfolgen.

33.4.1 Das Trauma als Thema in der Gruppe

Das häufig sehr schambesetzte Thema des Missbrauchs, der Misshandlung oder permanenten beschämenden Entwertung und emotionalen Vernachlässigung kann im Schutz einer Therapiegruppe in besonderer Weise angesprochen werden, insbesondere auch die mit dem Missbrauch oft verbundene Erfahrung, vom Täter in besonderer Weise behandelt und hervorgehoben worden zu sein. Trotz der tiefen Verletzungen, Grenzüberschreitungen und Destruktion durch den sexuellen Missbrauch ist das Opfer durch die Missbrauchserfahrung an den Täter oft emotional intensiv gebunden. Dies betrifft besonders Täter aus der engsten Familie und wird von diesen durch Schweigegebote und Drohungen oder auch besondere Aufmerksamkeit und Zuwendung außerhalb der Missbrauchssituation gefördert. In der Gruppe kennen andere Patienten ähnlich zwiespältige und gerade dadurch belastende Situationen, haben ähnliche ambivalente Gefühle und Beziehungserfahrungen gemacht und mitunter vergleichbare Überlebensstrategien eingesetzt.

Die eigentliche Traumatisierung wird, wie bereits erwähnt, in den Gruppen selten direkt zum Thema. Es geht vielmehr um das Besprechen und emotionale Erleben der Auswirkungen der Traumatisierung im Alltag der Betroffenen. Häufige traumaassoziierte Themen sind Fragen danach, wie sich Begegnungen mit dem Täter auswirken, ob und mit welchem Ziel eine Begegnung initiiert werden soll, wie der Patient mit mittelbar beteiligten Familienangehörigen und Bekannten umgehen kann und was die Beschäftigung mit diesen Themen bei den Gruppenmitgliedern auslöst.

Damit in der Therapie nicht ausschließlich Defizite und Mangel im Vordergrund stehen, ist grundsätzlich ein ressourcen- und bewältigungsorientiertes Vorgehen sinnvoll. Auch ein beziehungsorientierter Behandlungsfokus sollte positiv und entwicklungsorientiert formuliert sein.

33.4.2 Häufige Gruppenthemen

Regelhafte Themen sind der Umgang mit Schuld- und Schamgefühlen, das geringe Selbstwertgefühl mit negativer Selbstsicht und dessen Auswirkungen auf die aktuellen Beziehungen. Ausgangspunkte sind oft die Themen Partnerschaft und Beziehung, seltener Sexualität sowie Schwierigkeiten im privaten und beruflichen Umfeld. Zumeist überwiegt der Austausch über aktuelle Themen und Ereignisse im Alltag der Gruppenteilnehmer. Die Rolle, sich als Außenseiter zu fühlen, ausgenutzt zu werden, zu viel oder zu wenig Verantwortung zu übernehmen und das ständige Ringen um Selbstwert und Selbstständigkeit sind weitere Themen, die das Gruppengeschehen prägen, wie auch Ambivalenzkonflikte um Nähe und Distanz, Kontrolle, Ablösung und Eigenständigkeit.

Die Gruppe bietet vielfältige Übertragungsmöglichkeiten, etwa auf die „Geschwister". Auch Übertragungen auf den Therapeuten können sich leichter entfalten und angesprochen werden, da sie weniger bedrohlich als in einer therapeutischen Zweierbeziehung sind.

Bereits zu Beginn der Gruppenbehandlung erleichtert die Schicksalsgemeinschaft der Patienten in der Gruppe die gemeinsame traumatische Erfahrung, das gegenseitige Verstehen und fördert die Kohäsion in der Gruppe. Die Vermittlung von Informationen zu Symptomentstehung, Zusammenhängen mit Stress und Belastung sowie günstigem oder ungünstigem Verhalten bleibt nicht nur Aufgabe des Therapeuten, er wird oft von Patienten durch weitere Informationen, Beispiele und eigene Erfahrungen unterstützt. Der Umgang mit Scham- und Schuldgefühlen ist gerade in homogenen Gruppen einfacher.

Das Kennenlernen verschiedener Bewältigungsformen und Lebenserfahrungen infolge des Traumas illustriert auch Unterschiede, zeigt Alternativen und macht Hoffnung auf Veränderung und Besserung. Durch die altruistische Erfahrung, andere trösten zu können oder anderen zu helfen, indem eigene Erfahrungen und gelungene Bewältigungsversuche zur Verfügung gestellt werden, wird in der Gruppe die Erfahrung gemacht, selbst etwas bei sich und anderen bewirken zu können und für andere bedeutsam zu sein.

Das geteilte Schicksal kann aber auch problematisch werden und zu Schwierigkeiten führen. Zum Beispiel besteht die Gefahr, die Rolle des hilflosen und passiven Opfers zu fixieren, sich als Gruppe durch das gemeinsame Schicksal zu definieren und nach außen abzugrenzen. Entwicklung und Veränderung des Einzelnen kann dann zur Bedrohung der Gruppenidentität werden. Im Sinne einer weiteren regressiven Entwicklung können Patienten in der Gruppe um die Aufmerksamkeit und Zuwendung miteinander konkurrieren und dies über den vergleichsweise einfachen Weg des Verhaftens in der Opferrolle und Hilflosigkeit zu erreichen suchen.

Negative Entwicklungen können auch durch tatsächliche Überforderung einzelner Patienten durch die Intensität der Gefühle oder die Überforderung vorhandener Konfliktbewältigungsstrategien und Ressourcen entstehen. Destruktives Handeln gegen sich selbst oder die Gruppe kann die Folge sein, es können Symptome bis hin zur Dissoziation auftreten und die Atmosphäre in der Gruppe kann rasch wechseln. In der Folge kann sich eine negative Dynamik und im ungünstigsten Fall eine überdauernde und schwer auflösbare Situation entwickeln. Es kann zum Auftreten von suizidalen und parasuizidalen Handlungen, Selbstverletzungen und sonstigen destruktiven Handlungen („Agieren") in der Gruppe kommen.

33.4.3 Zusammensetzung der Gruppe

Die Behandlung von Patienten mit unterschiedlichen Schweregraden der Störung ist hilfreich, um die Voraussetzung für ein günstigeres Entwicklungsklima zu schaffen. Die Patienten können dann in schwierigen Gruppensituationen differenzierter reagieren und sich leichter abgrenzen. Da auch die reiferen Patienten in der Gruppe die traumatischen Erfahrungen und zahlreichen Bewältigungsstrategien teilen, sind ausreichend Empathie und ein leichteres Verständnis in der Gruppe gegeben. Bezogen auf regressive und destruktive Lösungsstrategien ist zugleich das Potenzial, diese zu erkennen und eher eine eigenständige Position einzunehmen, vorhanden. Reifere oder aktuell einfach weniger involvierte Patienten können gerade in diesen Situationen wertvolle Identifikationsfiguren sein, die eine progressive Entwicklung fördern. Maladaptive Verhaltens- und unangemessene emotionale Reaktionsmuster werden in der Gruppe unmittelbarer erkennbar und im Austausch untereinander auch benennbar, dies gilt insbesondere für Spaltungsprozesse und projektive Mechanismen. Im Hier und Jetzt der Gruppe ist gerade in schwierigen Situationen ein intensives emotionales Erleben möglich, die starke emotionale Aktivierung schafft die Grundlage für eine Veränderung und das Etablieren neuer Bewältigungsmöglichkeiten (s. Tab. 33-3).

33.5 Gruppentherapie als Teil integrierter Behandlungskonzepte

Die häufigste Anwendungsform der Gruppentherapie ist die *psychodynamische Gruppentherapie* in der stationären Behandlung traumatisierter Patienten in traumabezogenen heterogenen oder auch homogenen und zumeist halboffenen Gruppen. Zur stationären Behandlung gehören regelhaft Einzelgespräche und weitere Therapiebestandteile, wie die Konzentrative Bewegungstherapie, die Musik- und Gestaltungstherapie, oder die Teilnahme an Gruppen zum Training sozialer Kompetenzen etc. Dem sind häufig eine ambulante oder stationäre Einzelbehandlung oder zumindest vorbereitende Einzelgespräche mit der Stabilisierung des Patienten vorausgegangen. Die Gruppenbehandlung dient nun als Möglichkeit, in einem weitergehenden Behandlungsschritt, begleitet durch Einzelgespräche, weitere Entwicklungsschritte anzustoßen. Im Vordergrund steht das Nutzen der Gruppe als Raum des sozialen Lernens, Nachreifens und des kognitiven wie emotionalen Neuerfahrens.

33.6 Der Stellenwert von Einzelgesprächen

Einzelgespräche haben in stationären wie ambulanten Behandlungen die Funktion, auf die Gruppe vorzubereiten und vor Gruppenbeginn die individuellen Behandlungsziele ausführlich zu besprechen und festzulegen. Die Patienten werden über wichtige Gruppenregeln und über den Ablauf und die Ziele der Gruppe informiert. Zudem werden die Behandlungserwartung und das Behandlungsziel des jeweiligen Patienten geklärt und, soweit möglich, ein individueller beziehungsorientierter Behandlungsfokus erarbeitet, der die späteren Interventionen des Therapeuten in der Gruppe, bezogen auf diesen Patienten, leitet. Die Notwendigkeit der aktiven Teilnahme, aber auch die Eigenverantwortlichkeit des Patienten, etwa beim Einhalten der Termine, wird deutlich gemacht und darüber hinaus das Verhalten in möglichen Krisensituationen antizipiert oder auch schon mit konkreten Absprachen festgehalten. Sinnvoll sind darüber hinaus Paargespräche, um den Partner vor Beginn der Behandlung einzubinden, ihn mit den Inhalten und Zielen der Behandlung vertraut zu machen, ihn ebenfalls über das Krankheitsbild aufzuklären und in die Aufklärung einzubeziehen. Falls erforderlich, können mit Patient und Angehörigem auch gemeinsam konkrete Maßnahmen und Hilfestellungen für Krisensituationen besprochen werden, um beiden Seiten mehr Sicherheit zu geben. Auch das Wissen um das Verständnis der Angehörigen über die Beschwerden und das Verhalten der Patienten sowie die Art der Kommunikation zwischen beiden sind bedeutsam. Nicht immer verfolgen Partner und Patient die gleichen Ziele (Tab. 33-4).

Einzelgespräche während der Gruppentherapie haben das Ziel, die Entwicklung des Patienten im Rahmen der Gruppe zu begleiten und sie in Krisensituationen zu stabilisieren. Oft sind nur im Rahmen eines Einzelgesprächs eine ausreichende Distanzierung des Patienten und die Klärung des

Tab. 33-4 Funktion und Stellenwert von Einzelgesprächen

Behandlungsbeginn

- Erfassen aller relevanten psychischen Störungen
- Vermittlung von Informationen über Traumata und deren Folgen
- Vorbereitung auf die Gruppe durch das Vermitteln wichtiger Gruppenregeln und Abläufe sowie Ziele und Inhalte der Behandlung
- Erfassen innerer und äußerer Ressourcen
- Kennenlernen des Partners oder einer wichtigen Bezugsperson, um Konflikte und Belastungen, aber vor allem auch Unterstützungsmöglichkeiten zu klären
- Besprechen konkreter Behandlungsziele und eines beziehungsorientierten Behandlungsfokus
- Besprechen des Vorgehens in Krisensituationen

Während der Behandlung

- Nachbesprechen und Klären von schwierigen Situationen in der Gruppe
- Krisenintervention
- Paar- oder Familiengespräche zur Unterstützung, Klärung und Vermittlung von Veränderungen im Rahmen der bisherigen Behandlung
- Klären von patientenbezogenen „Sachthemen"
- Themen des Behandlungsbeginns werden ggf. erneut aufgegriffen und vertieft

Behandlungsende

- Abschlussgespräch, falls über den Abschluss in der Gruppe hinaus eine weitere Klärung oder (Behandlungs-)Empfehlung notwendig ist
- ggf. Paar- oder Familiengespräch, in dem über die Bilanzierung in der Gruppe hinaus mit den engen Angehörigen zentrale Themen und Ergebnisse weiter verankert werden

---

in der Gruppe Erlebten möglich, das Ergebnis sollte dann wieder in die Gruppe eingebracht werden. Die Patienten können in Einzelgesprächen motiviert werden, belastende und konflikthafte Themen anzusprechen. Die Gefahr ist gerade bei früh traumatisierten Patienten groß, dass das Zweiergespräch eine besondere Bedeutung gewinnt, Inhalte geheim gehalten werden sollen, die Fantasien des Patienten und der anderen Gruppenteilnehmer beschäftigen, d. h. zur Reinszenierung der Missbrauchssituation genutzt werden.

Traumata haben je nach Zeitpunkt, Art, Dauer und Umständen des Auftretens ganz unterschiedliche Folgen. Patienten mit früher Traumatisierung sind somit keine homogene Gruppe und ein differenziertes Herangehen sollte Grundlage jeder Therapie sein.

33.7 Fallbeispiele

Die folgenden Fallbeispiele zweier Frauen verdeutlichen unterschiedliche Folgen komplexer Traumata auf Ich-Integration, Mentalisierung, Symptombildung sowie emotionale, soziale und interaktionsbezogene Steuerungs- und Funktionsfähigkeit.

Beide Frauen wurden mit Blick auf das Merkmal Traumatisierung in einer heterogenen, psychodynamisch-interaktionellen Gruppe behandelt: Frau B., 34 Jahre, ambu-

33.7 Fallbeispiele

lant, Frau S., 33 Jahre, stationär. Bei beiden stand eine somatoforme Schmerzsymptomatik im Vordergrund.

Fallbeispiel

Frau B., 34 Jahre
Frau B. ist eine kräftige, robuste Frau, die meist schwarz gekleidet in die Gruppe kam und breiten Dialekt sprach. Mit ihrem Verhalten, ihrer Kleidung und ihrer derben Sprache unterschied sie sich deutlich von den anderen Patienten in der Gruppe. Sie wechselte zwischen dominantem Auftreten und unsicher-ängstlichem Nachfragen, konnte laut und distanzlos sein, die Gruppe bestimmen oder sich stumm und vor Schmerzen starr, gelähmt abschotten, auch im Sinne eines dissoziativen Geschehens.

Frau B. beklagte, seit fast zehn Jahren unter multiplen Schmerzen zu leiden, weshalb sie zahlreiche Behandlungen, einschließlich zweier Operationen, durchlaufen hatte. Alles war ohne Erfolg, es kam vielmehr zur weiteren Beschwerdeeskalation. Sie nahm regelmäßig und bei Bedarf Analgetika, darunter Tramadol, und Muskelrelaxanzien ein. Neben den Schmerzen klagte sie über zahlreiche weitere Beschwerden, darunter Druck- und Völlegefühl sowie Blasenschmerzen, auch litt sie seit Jahren unter Ein- und Durchschlafstörungen. Sie habe immer wieder Phasen, in denen sie antriebs- und lustlos sei, resigniere und an Selbstmord denke. Quälend sei für sie aber auch das Gefühl innerer Leere, das sie oft begleite. Zudem kenne sie plötzliche Stimmungsschwankungen, sei oft extrem launisch und ungenießbar, gereizt und aggressiv. Mitunter rutsche ihr ihrem Sohn gegenüber die Hand aus, wofür sie sich anschließend schäme.

Ihre Behandlungsziele waren neben dem Erreichen einer höheren Belastbarkeit und dem Wiederaufnehmen einer Arbeitstätigkeit oder zumindest Aushilfstätigkeit die Reduktion der Schmerzen und ihrer schmerzbedingten Beeinträchtigung sowie „eine bessere Stimmung" mit weniger Schwankungen. Ihre inneren Wechsel hatten Entsprechungen im Außen.

Manchmal könne sie kaum ein Brot schmieren und lasse sich dann von ihrem Mann helfen, versorge umgekehrt ihren achtjährigen Sohn oft wie ein Kleinkind, indem sie mit zur Toilette gehe, ihm Brote schmiere und klein schneide. Als beziehungsorientierter Behandlungsfokus wurde ihre Suche nach Annahme und Anerkennung, die sie überwiegend durch einen hohen Arbeitseinsatz und Leistung für andere zu erreichen suchte, besprochen. Hieraus resultierte eine starke Überforderung und Symptombildung (Schmerzen), die Schmerzen dienten dann auch der Rückzugslegitimation und waren zudem Ausdruck von Enttäuschung, wenn auch positive Rückmeldungen nicht ausreichten, ihr Bedürfnis nach Anerkennung und Wertschätzung zu befriedigen (Schmerz, depressive Symptomatik, Leere). Es konnte, wenn die gewünschte Anerkennung ausblieb, auch zu Wut, Ärger und aggressiv-entwertendem Agieren kommen. Diese Dynamik stellte sich in unterschiedlichen Facetten in der Gruppe ein und wurde thematisiert. Der Fokus wurde für sie und die Gruppenmitglieder transparent gemacht und immer wieder wurde darauf eingegangen.

Wie war dies biografisch verankert? Frau B. war in ihrer Kindheit massiver körperlicher Gewalt und permanenten verbalen Entwertungen vonseiten der Eltern ausgesetzt. Entwertungen bestanden auch darin, dass die Geschwister ihr vorgezogen wurden und sie sich infolgedessen zurückgesetzt fühlte. Schon vor Beginn und dann besonders in der Pubertät versuchte sich die Patientin dagegen aufzulehnen, verstieß gegen die Regeln der Familie, blieb der Schule fern und brachte schlechte Noten nach Hause. Später kam es zu weiteren, jetzt auch sexuellen Grenzverletzungen. Seit ihrem 15. Lebensjahr hatte sie wiederholt riskante und flüchtige sexuelle Kontakte, oft unter Alkoholeinfluss, in denen es auch zur Vergewaltigung und zu körperlichen Misshandlungen kam.

Frau B. ist jüngstes von vier Geschwistern. Ihre Zwillingsschwester sei bereits im Alter von 13 Jahren bei einem Verkehrsunfall gestorben. Daraufhin hätten die Eltern sie noch mehr als zuvor abgelehnt, geschlagen und entwertet. „Das Beste ist gestorben und Du Krüppel lebst noch." Streitigkeiten und handgreifliche Auseinandersetzungen gab es auch zwischen den Eltern. Seit der Pubertät hatte sie wechselnde Freunde und flüchtige Affären, Alkoholprobleme und mit 17 einen Schwangerschaftsabbruch. Bis zu diesem Zeitpunkt hatte sie unbewusst daran „gearbeitet", den Eltern recht zu geben, sich selbst massiv entwertet und gefährdet. Dies hatten die Ärzte („hoffnungsloser Fall", „kann man nichts mehr machen") im Rahmen der zahlreichen, auch operativen Behandlungen, fortgeführt.

Zum Zeitpunkt der Behandlung war Frau B. seit neun Jahren mit einem drei Jahre älteren Facharbeiter verheiratet und hatte einen acht Jahre alten Sohn. Aufgrund ihrer Schmerzsymptomatik konnte sie weder einer geregelten Berufstätigkeit noch einer Aushilfstätigkeit nachgehen. Neben Schuldgefühlen dominierten ausgeprägte Gefühle der Wut und Anklage gegen die Eltern. In den häufigen Besuchen bei den Eltern versuchte sie immer wieder, eine andere Reaktion der Eltern zu erhalten, hoffte auf Anerkennung und Zuwendung und wurde jedes Mal enttäuscht. Regelmäßig verstärkten sich ihre Schmerzen nach solchen Besuchen oder wenn sie sich bei ihrer Arbeit überforderte und eigene Erwartungen nicht erfüllen konnte. Sie half beim Dekorieren von Schaufenstern, eine Aushilfstätigkeit, die sie während der Behandlung neu angefangen hatte.

Bezogen auf ihren Sohn hatte sie die Tendenz, sich genau gegensätzlich zu ihren Eltern zu verhalten, ihm keine Grenzen zu setzen. So schlief der Sohn nach wie vor regelmäßig im Ehebett und manipulierte beide Eltern über die Induktion von Schuldgefühlen. Dies, wie auch ihre „Ausraster" dem Ehemann und Sohn gegenüber, berichtete sie unter großen Scham- und Schuldgefühlen im Verlauf der Gruppentherapie.

Trotz der Schwere der Symptomatik und der Dauer der Beeinträchtigung erreichte Frau B. Schmerzfreiheit, die auch katamnestisch Bestand hatte. Zugrunde lag eine bessere Schmerz-Affekt-Differenzierung als Resultat eines gewachsenen, insbesondere emotionalen Verständnisses für die Zusammenhänge zwischen ihrem aktuellen Verhalten (Leistungsorientierung, Suche nach Anerkennung) und innerem Erleben (Selbstwert, mangelnde Selbstfürsorge, Selbstbestrafung) einerseits und ihren biografischen Belastungen andererseits. Dieses Wissen reduzierte den inneren Druck, den Selbstwert durch Leistung und Suche nach Anerkennung durch Andere stabilisieren zu müssen und ermöglichte zudem, sich besser abgrenzen zu können, sich weniger zu überfordern. Der innere Druck wurde auch und vor allem durch die korrigierende Beziehungserfahrung in der Gruppe, anerkannt und angenommen zu sein, gemildert. Fünf Wochen nach Ende der Gruppenbehandlung berichtete sie, dass sie weiterhin Schwung habe und sich insgesamt ruhiger fühle. Die Schmerzen seien zwar immer mal da, aber selbst dann deutlich geringer und sie könne vor allem Zusammenhänge zwischen dem Auftreten der Schmerzen und Auslösern herstellen. Weiterhin nehme sie keine Schmerzmedikamente. Sie neige immer noch dazu, alles richtig machen zu wollen und überfordere sich dabei, höre mittlerweile aber mehr auf ihren Mann und könne sich besser zurücknehmen. Ihrem Sohn gegenüber habe sie weniger Schuldgefühle, wenn sie sich durchsetze, was sie mit konkreten Beispielen belegte. Zu den Eltern habe sie eine größere Distanz, die ihr gut tue. Sie suche jetzt weniger den Kontakt, so habe sie an den Weihnachtsfeiertagen nur kurz angerufen und nicht das Gefühl gehabt, etwas zu versäumen.

Fallbeispiel

Frau S., 33 Jahre
Frau S., eine große, schlanke Frau, die in der Vergangenheit auch zeitweise als Model gearbeitet hatte, kleidete sich bei Aufnahme der Behandlung unauffällig und hochgeschlossen. Ihr Verhalten wechselte zwischen erwachsen-vernünftigem, geschäftsmäßigem, wenig emotio-

33.7 Fallbeispiele

nalem Auftreten sowie misstrauischer Distanz einerseits und unsicher-ängstlichem und nach außen forderndem Verhalten anderseits. Sie forderte ein Einzelzimmer entgegen anderen Absprachen, drohte mit dem Abbruch der Behandlung und testete den Behandlungsrahmen durch immer neue Forderungen.

Die Interaktion der Patientin in der Gruppe war einerseits gekennzeichnet durch kompetentes und einfühlsames Verhalten mit angemessener Unterstützung anderer, auch durch die Bereitstellung eigener Gefühle. Anderseits berichtete sie im Verlauf in distanziert-ironisierendem Ton eigene frühere grenzüberschreitende Erfahrungen und aktuell vorhandene Belastungen und Überforderungen.

Symptomatisch entwickelte sie multiple Ängste, etwa vor dem Alleinsein, sowie zahlreiche körperliche, insbesondere gastrointestinale Beschwerden und Schmerzen. In ihrem Beruf als Grundschullehrerin war sie erfolgreich und bildete sich kontinuierlich fort, ihren Aufgaben als Ehefrau und Mutter wurde sie fraglos gerecht. Erst als ihre Tochter sieben Jahre alt wurde und vor dem Hintergrund einer starken beruflichen Belastung kam es zur vollständigen Dekompensation. Als Symptom traten zunächst einseitige Schmerzen mit Betonung im Schulter-Nacken-Bereich auf, die bei Aufnahme der Behandlung fast ein Jahr bestanden und physiotherapeutisch, chiropraktisch und medikamentös behandelt worden waren.

Als Behandlungsziel benannte sie die Wiederherstellung ihrer Leistungsfähigkeit, Arbeitsfähigkeit, Schmerzfreiheit sowie die Fähigkeit, ohne Angst alleine sein zu können. Vor dem Hintergrund, die Wahrnehmung und Bewertung des früher und heute Erlebten zu bestätigen, ihr Sicherheit zu geben sowie ihre Fähigkeiten und Ressourcen anzuerkennen, lautete ihr beziehungsorientierter Behandlungsfokus: Auf die eigene Wahrnehmung und Kraft vertrauen dürfen, dabei aber mehr auf eigene und fremde Begrenzungen achten und damit umgehen (lernen).

Wie waren die Symptomatik und das Interaktionsverhalten biografisch verankert? Zum Zeitpunkt der Behandlung war sie seit Jahren mit einem Architekten verheiratet, der ihr einerseits die Angst vor dem Alleinsein nehmen konnte, sie anderseits, je länger die Beziehung lief, mit dieser Angst unter Druck setzte. So drohte er bereits bei Alltagsstreitigkeiten, sie zu verlassen, und betonte aus eigener Unsicherheit Trennendes. Er ging wenig auf ihre Bedürfnisse ein und schützte sie nicht gegen seinen grenzüberschreitenden Vater, in dessen Haus beide wohnten, das sie erweiterten und umbauten. Sie selbst hatte den Wunsch wegzuziehen und gemeinsam etwas Eigenes aufzubauen, auch um abgegrenzter und geschützter zu sein. Ihr Ehemann verhaftete in der Rolle des Sohnes, verbrachte viel Zeit bei seiner Mutter und der elterlichen Wohnung, hatte dort noch sein Zimmer und nach wie vor seinen Kleiderschrank.

Frau S. wuchs in zunächst haltgebenden Verhältnissen mit emotionaler Zuwendung vonseiten beider Eltern bis fast zu ihrem siebten Lebensjahr auf, als die Mutter nach längerer schwerer Krebserkrankung starb. Der überforderte Vater konnte den Tod seiner Frau nur schwer verarbeiten, wurde depressiv, zog sich emotional stark zurück und flüchtete sich in seine Arbeit. Anders als früher war er für die Patientin kaum zugänglich. Sie erinnerte ihn an den erlittenen Verlust und er tabuisierte den Tod der Mutter, auf deren Beerdigung sie z. B. nicht mit durfte und deren Erkrankung vor ihr verheimlicht worden war. Die brave und angepasste Tochter wurde von wechselnden Personen beaufsichtigt, verbrachte die Tage bei verschiedenen Nachbarn, bei denen es zu Übergriffen kam, insbesondere zu einem massiven und dreisten sexuellen Missbrauch über viele Jahre. Der Vater übersah die Signale der Tochter, die resignierte und verstummte, auch um ihn zu schützen. Erst ein berufsbedingter Umzug in eine andere Stadt, als Frau S. zwölf Jahre alt war, gemeinsam mit der neuen Partnerin des Vaters, beendete dies. Erst mit zwanzig sprach sie die Situation an und erneut fiel der Vater als Unterstützer aus. Aus Überforderung und Schuldgefühlen klagte er seine Tochter an, machte ihr Vorwürfe und lud Verantwortung und Aggression auf andere, die Tochter und den mittlerweile verstorbenen Missbraucher. Frau S. entwickelte sich in der Gruppe sehr gut, stellte Zusammenhänge her und konnte im Kontakt zu anderen, auch zum Ehemann und zum Vater, für sich eintreten und ihre eigene Wahrnehmung und ihr eigenes Erleben wurden validiert. Sie fand letztlich rasch Vertrauen, wurde zunehmend emotional spürbar und traute sich, ihre Distanzierungsstrategie aufzugeben. Es gelang ihr, sich emotional aufgehoben zu fühlen, sich zu entlasten und unterstützen zu lassen. Erst als ein Patient in die Gruppe kam, der sie aufgrund seiner Statur und seines Dialektes an den Missbraucher erinnerte, etwa zu Beginn des letzten Behandlungsdrittels, reagierte sie von Angst überflutet. Sie reagierte stark körperlich, zeigte sich zunehmend regressiver und schutzbedürftig und erstmals traten dissoziative Symptome und intrusives Erleben auf.

Unterstützt von der Gruppe und den festen Rahmenbedingungen, unterschiedlichen Vereinbarungen und Sicherheit gebenden Absprachen, darunter auch die Möglichkeit, die Gruppe verlassen zu dürfen, gelang es, beide in der Gruppe zu halten und in einen konstruktiven Entwicklungsprozess zu kommen, der zur erneuten Symptomreduktion und Stabilisierung führte.

Während bei Frau B. eine strukturelle Störung mit negativem und destruktivem Selbstbild entstand, unreife Konfliktbewältigungsstrategien mit projektiver Identifikation sowie dissoziativen Strategien dominierten, nahmen die Folgen des Traumas bei Frau S. einen anderen Weg. Vor dem Hintergrund einer nachvollziehbar guten und emotional bezogenen Entwicklung bis zum siebten Lebensjahr erfolgten die verschieden Verletzungen in der Beziehung, nicht nur der Tod der Mutter, sondern damit verbunden auch der Verlust des Vaters, das Erleben von Schutzlosigkeit und Ausgeliefertsein mit manifester sexueller Traumatisierung, später. Obwohl auch hier eine ausgeprägte und frühe körperliche und psychische Symptombildung eintrat, standen reifere Abwehrstrategien zur Verfügung, die strukturelle Beeinträchtigung war geringer. Frau S. entwickelte als Zeichen der Belastung und Überforderung unterschiedliche Ängste schon in dieser Zeit, insbesondere vor dem Alleinsein, verbunden mit heftigen Magen-Darm-Beschwerden, Durchfällen und Rückzügen. Bei Frau S. gab es trotz aller Belastung zunächst eine zugewandte Beziehungserfahrung mit spiegelndem und wertschätzendem Umgang. Frau B. erlebte, auch schon vor dem Tod der Zwillingsschwester, ein durchgängig negatives und abweisend-entwertendes Verhalten der Eltern, vor allem der Mutter. Auch die explizite Erfahrung, dass ein anderes Geschwister vorgezogen und sie selbst abgelehnt wurde, war bedeutsam. Die Ausgrenzung erlebte Frau B. früh und durchgängig, Frau S. erst später.

34 Dialektisch-Behaviorale Therapie früh traumatisierter Patientinnen mit Borderline-Persönlichkeitsstörung

Kathlen Priebe und Martin Bohus

Inhalt

34.1	Einleitung	607
34.2	Beschreibung des Störungsbildes	609
	34.2.1 Symptomatik	609
	34.2.2 Das neurobehaviorale Entstehungsmodell	610
	34.2.3 Das Störungsmodell der Posttraumatischen Belastungsstörung	616
34.3	Dialektisch-Behaviorale Therapie (DBT)	617
	34.3.1 Prinzipien der DBT	617
	34.3.2 Ausgewählte Elemente der Standard-DBT (Phase I)	620
	34.3.3 DBT für Posttraumatische Belastungsstörungen (Phase II)	625
34.4	Zusammenfassung	633

34.1 Einleitung

Bevor sich Verhaltenstherapeuten den psychischen Folgen von frühen traumatischen Erfahrungen zuwenden konnten, mussten zunächst Paradigmenwechsel vollzogen werden: Phänomene wie Dissoziation, Flashbacks oder innere Leere sind schlecht objektivierbar und sperren sich dem traditionellen Verständnis von „beobachtbarem Verhalten", wie es jahrelang als Kriterium für behaviorale Konzept- und Therapieentwicklung galt. Mit der sogenannten „kognitiven Wende", d. h. der Integration von psychologischem Wissen über Informationsverarbeitung und Gedächtnisstrukturen, rückte die Bedeutung individueller Bewertungsprozesse in den Fokus therapeutischer Konzepte. Heute ist diese Sichtweise ein Gemeinplatz. Kein Verhaltenstherapeut wird sich in seiner klinischen Arbeit ausschließlich auf die Konzepte der Lerntheorie stützen, sondern vielmehr versuchen, den Einfluss von Grundannahmen und Interpretationen seiner Patienten in die Therapie zu integrieren.

Derzeit befinden wir uns jedoch mitten in einer zweiten Umbruchphase. Gerade die Erfahrungen mit Traumatisierten haben gezeigt, dass früh ausgebildete kognitiv-affektive Schemata häufig nicht komplett zu ändern sind, sondern es manchmal notwendig ist, dass die Betroffenen lernen, damit umzugehen und trotz ihrer Ängste und der störenden Gedanken zu handeln. Neben dem „Neu-Lernen" und „Neu-Denken" ist also das Annehmen (acceptance) hinzugekommen. Diese Verfahren der sogenannten „dritten Welle", zu der auch die Dialektisch-Behaviorale Therapie (DBT) zählt, verbinden die klassischen verhaltenstherapeutischen und kognitiven Techniken mit Strategien von Akzeptanz, Weisheit und kognitiver Distanzierung.

Auch auf der klinischen Ebene der verhaltenstherapeutischen Traumatherapie bildet sich diese Entwicklung ab: Die Anfänge der von Edna Foa entwickelten Expositionstherapie zur Behandlung von Patienten mit Posttraumatischen Belastungsstörungen (PTBS) (Foa u. Kozak 1986) basierten auf lerntheoretischen Prinzipien: Wiederholte Imagination der traumatischen Ereignisse führt in einer Vielzahl der Fälle zur Habituation, d. h. zu einer reduzierten emotionalen Erregung, und damit zu einer deutlichen Reduktion der Symptomatik. Es erwies sich jedoch als hilfreich, in manchen Fällen als unumgänglich, zusätzlich zur Exposition die kognitiven Aspekte zu berücksichtigen. Dies betrifft zum einen die Bewertung der *Traumafolgen*, etwa als individuelle Schwäche, zum anderen *traumaassoziierte Kognitionen*, die vor allem Aspekte der Scham, Schuld und Demütigung berühren (Bryant et al. 2008b). Die Bearbeitung ungünstiger traumaassoziierter Kognitionen stellt den Schwerpunkt der Cognitive Processing Therapy (CPT) nach Patricia A. Resick dar (Resick u. Schnicke 1992).

Sowohl für die expositionsbasierten als auch für die stärker kognitiv ausgerichteten Verfahren liegt eine Fülle an Wirksamkeitsnachweisen vor. In Metaanalysen finden sich Effektstärken von 1,4 im Vergleich zu unbehandelten Wartelistengruppen (Bisson u. Andrew 2009) und die Remissionsraten der Posttraumatischen Belastungsstörung liegen bei etwa 60 % (Bradley et al. 2005). Entsprechend empfehlen Behandlungsleitlinien der Posttraumatischen Belastungsstörung überwiegend kognitiv-behaviorale Behandlungsprogramme (National Collaborating Centre for Mental Health 2005; Forbes et al. 2007; Foa et al. 2008).

Trotz der Wirksamkeit der Verfahren bleibt eine Gruppe von Patienten, die von diesem kognitiv-behavioralen Therapieangebot bislang nicht ausreichend profitiert. Im Mittel brechen 20 % der Patienten die Therapie vorzeitig ab (Imel et al. 2013) und etwa 40 % erreichen keine Remission der Posttraumatischen Belastungsstörung (Bradley et al. 2005). Zu dieser Gruppe scheinen Patientinnen mit ausgeprägten Störungen der Emotionsregulation wie etwa Borderline-Persönlichkeitsstörungen (BPS) zu gehören. So fand sich in der Behandlungsstudie zu Posttraumatischen Belastungsstörungen nach Kindesmissbrauch von McDonagh et al. (2005), dass alle Patientinnen mit einer komorbiden Borderline-Persönlichkeitsstörung eine primär expositionsbasierte Therapie abbrachen. Zudem ist diese Population aufgrund der typischen Ausschlusskriterien wie z. B. Suizidalität und selbstverletzendes Verhalten in den Studien zur Behandlung der Posttraumatischen Belastungsstörung unterrepräsentiert (Bradley et al. 2005).

Starke, oft unvermittelt einschießende Affekte, die lange anhalten, die Auflösung der Raum-Zeit-Struktur unter Stress, die Einengung kognitiver Prozesse – all dies behindert Habituationsprozesse und kognitive Umstrukturierung. Darüber hinaus leiden diese Patientinnen neben den typischen traumabezogenen Gefühlen von Angst und

Ohnmacht häufig unter Gefühlen wie Scham, Schuld, Ekel und Selbsthass.

Es bedarf also weitreichenderer Behandlungsstrategien und -techniken, um dieser Klientel gerecht zu werden. Als das empirisch am besten gesicherte Konzept zur Behandlung dieser Störungsgruppe gilt derzeit die Dialektisch-Behaviorale Therapie von Marsha Linehan (1996; DGPPN 2009). Sie wurde spezifisch zur ambulanten Therapie von Patientinnen mit Borderline-Persönlichkeitsstörung entwickelt. Die Wirksamkeit und Überlegenheit der DBT gegenüber unspezifischer Psychotherapie ist durch eine Vielzahl randomisiert kontrollierter Studien (RCT) belegt.

Der Großteil der Publikationen bezieht sich jedoch auf die Behandlung in Phase I, die auf die Verbesserung der Emotionsregulation fokussiert und in der vor allem eine Reduktion von suizidalem und selbstschädigendem Verhalten sowie Hospitalisierung angestrebt wird (Standard-DBT). Die wenigen vorhandenen Daten sprechen dafür, dass die Elemente dieser Phase bei der Mehrheit der Borderline-Patientinnen mit komorbider Posttraumatischer Belastungsstörung nicht ausreichen. So berichten Harned und Linehan (2008) nach einjähriger ambulanter Standard-DBT eine Remissionsrate der Posttraumatischen Belastungsstörung von nur 13 %.

Obwohl im ursprünglichen DBT-Manual (Linehan 1996a) die Reduktion posttraumatischer Symptome als wesentliches Ziel der Behandlungsphase II benannt wurde, wurde im Manual das genaue Vorgehen nicht spezifiziert. In den letzten Jahren wurde die Behandlung in Phase II von zwei Arbeitsgruppen entwickelt und erforscht. Mit der DBT für Posttraumatische Belastungsstörungen (DBT-PTSD; Bohus et al. 2011; Steil et al. 2011; Priebe et al. 2012; Bohus et al. 2013a) und der DBT plus Prolongierte Exposition (DBT + PE; Harned et al. 2012, 2014) liegen nun zwei Behandlungsprogramme vor, für die erste Wirksamkeitsnachweise bestehen.

34.2 Beschreibung des Störungsbildes

34.2.1 Symptomatik

> **Definition**
> Kernsymptome der **Borderline-Persönlichkeitsstörung** sind Störungen der Emotionsregulation, des Selbstkonzepts und der sozialen Interaktion.

Die Betroffenen weisen eine Disposition zu intensiven Emotionen auf und verfügen nicht über ausreichende Fertigkeiten, diese Emotionen funktional zu regulieren. Klinisches Leitsymptom sind Zustände von rasch einschießender, starker innerer Anspannung, die von den Betroffenen als schier unaushaltbar erlebt werden. Häufig gehen diese starken Anspannungszustände mit dissoziativer Symptomatik einher. Die meisten Borderline-typischen Verhaltensmuster wie Selbstverletzungen, Drogen- und Alkoholmissbrauch, Hochrisikoverhalten oder Ess-Brech-Anfälle können als dysfunktionale Bewältigungsstrategien verstanden werden. Das Selbstbild ist geprägt von chronischem Insuffizienzerleben, dem Gefühl der sozialen Isolation, Einsamkeit und oft verzweifelter Sehnsucht nach Zuwendung. Emotionen wie persistierende Schuld und Scham sowie die intrinsische Gewissheit, „im Kern schlecht" zu sein, erzeugen intensive Angst davor, dass sich der so sehnsüchtig gewünschte fürsorglich Liebende abwenden wird, sollte er dieser Abgründe gewahr werden. Die Folge sind heftige Beziehungskonflikte, geprägt von starker Oszillation (ich hasse Dich, verlass mich nicht).

Wenngleich die Mehrheit der Borderline-Patientinnen von emotionalem, körperlichem oder sexuellem Missbrauch berichtet, leiden nicht alle der Betroffenen auch unter einer Posttraumatischen Belastungsstörung. In klinischen Populationen findet sich bei etwa 60 % der Patientinnen eine komorbide Posttraumatische Belastungsstörung (Zanarini et al. 1998). Die Komorbidität von Borderline-Persönlichkeitsstörung und Posttraumatischer Belastungsstörung geht mit mehr Suizidalität (Pagura et al. 2010) und Hospitalisierung (Zlotnick et al. 2003) sowie ausgeprägteren Störungen der Emotionsregulation (Harned et al. 2010) einher. Zudem ist die Remissionsrate der Borderline-Persönlichkeitsstörung deutlich reduziert (Zanarini et al. 2004).

34.2.2 Das neurobehaviorale Entstehungsmodell

Neurobehaviorale Störungskonzepte beruhen auf den drei Paradigmen *Lerntheorie*, *kognitive Theorie* und *Neurobiologie*. Abbildung 34-1 skizziert die wesentlichen Faktoren des neurobehavioralen Entstehungsmodells. Im Folgenden werden zunächst die einzelnen Faktoren beschrieben und anschließend ein integratives Modell dargestellt.

Frühe Traumatisierung

Etwa 60 % der Patientinnen mit einer Borderline-Persönlichkeitsstörung berichten über sexuellen Missbrauch. Zanarini et al. (1997a) konnten nachweisen, dass in Missbrauchsfamilien zusätzlich ein hohes Maß an emotionaler Vernachlässigung und körperlicher Misshandlung vorherrscht. Mithilfe von Regressionsanalysen lassen sich folgende *psychosoziale Risikofaktoren* für die Entwicklung einer Borderline-Persönlichkeitsstörung benennen:
- weibliches Geschlecht
- sexueller Missbrauch in der Kindheit
- emotionale Vernachlässigung
- fehlende emotionale Bindung zur primären weiblichen Bezugsperson

> **Merke**
> Es gibt also keine empirisch gesicherten Hinweise darauf, dass sexueller Missbrauch eine notwendige oder hinreichende Bedingung für die Entwicklung einer Borderline-Persönlichkeitsstörung darstellt.

Alle Untersuchungsergebnisse weisen auf ein Zusammenwirken verschiedener traumatisierender Variablen hin.

Genetische und neurobiologische Prädisposition

Für die Gesamtheit der Persönlichkeitsstörungen liegen Befunde aus Zwillingsstudien vor, die den Nachweis eines starken genetischen Einflusses erbringen. Dabei wurden jedoch überwiegend Verhaltens- und Erlebensdispositionen untersucht (z. B. affektive Labilität, Zwanghaftigkeit; Livesley et al. 1998). In einer Studie, in der die Konkordanzraten von monozygoten mit bizygoten Zwillingen verglichen wurden, von denen ein Zwilling eine nach DSM-IV diagnostizierte Persönlichkeitsstörung aufwies, fand sich eine erhebliche genetische Bedeutung bei allen Persönlichkeitsstörungen (Torgersen et al. 2000).

Retrospektive Analysen finden bei ca. 60 % der Patienten ein hyperkinetisches Syndrom und Aufmerksamkeitsstörungen im Kindes- und Jugendalter. Über 45 % geben Alkohol- oder Drogenabusus der Mut-

34.2 Beschreibung des Störungsbildes

```
frühe Traumata ──┐                    ┌── neurobiologische Prädisposition
                 ↓                    ↓
         ┌─────────────────────────────────┐
         │  Störung der Affektgenerierung  │
    ┌───→│     (hohe Grundspannung)        │
    │    │      (starke Auslenkung)        │
    │    └─────────────────────────────────┘
    │                    ↓
    │         ┌──────────────────────┐
    │         │ hohe Dissoziations-  │←──┐
    │         │      neigung         │   │
    │         └──────────────────────┘   │
    │                                    │
 negative           Löschungsresistenz   │
 Rückkopplung               ↓            │
    │         ┌──────────────────────┐   │
    │         │ dysfunktionale       │   │
    │         │ Grundannahmen        │←──┤
    │         │ inkompatible Schemata│   │
    │         └──────────────────────┘   │
    │                    ↓               │
    │         ┌──────────────────────┐   │
    │         │ mangelhafte psycho-  │   │
    │         │ soziale Realitäts-   │   │
    │         │ orientierung         │   │
    │         └──────────────────────┘   │
    │                    ↓               │
    │   ┌──────────────────────────────┐ │
    └───│ Rückgriff auf dysfunktionale │─┘
        │   Bewältigungsstrategien     │
        │      (Selbstschädigung)      │
        └──────────────────────────────┘
```

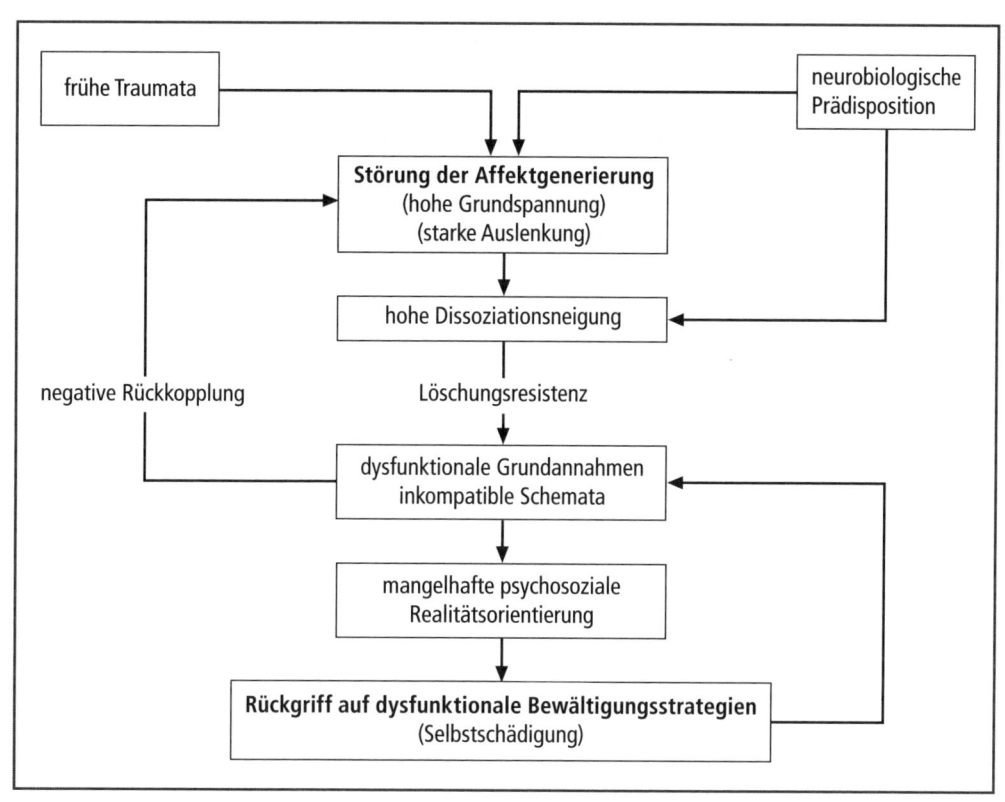

Abb. 34-1 Neurobehaviorales Entstehungsmodell.

ter an, über 30 % Komplikationen während der Geburt oder Schwangerschaft (Kimble et al. 1997). Die genetisch bedingte Prädisposition zur Entwicklung dissoziativer Phänomene mag eine weitere Rolle spielen.

Autoren wie Linehan (1993) postulierten eine erhöhte Sensitivität gegenüber emotionalen Reizen, eine verstärkte emotionale Auslenkung und eine Verzögerung der Emotionsaktivierung auf das Ausgangsniveau. Diese Hypothesen konnten inzwischen in einer Reihe experimenteller Studien belegt werden. Untersuchungen zeigten, dass Patientinnen mit einer Borderline-Persönlichkeitsstörung im Vergleich zu gesunden Kontrollen signifikant häufiger, länger und intensiver aversive Anspannung erleben, jedoch Schwierigkeiten haben, dabei Emotionen zu differenzieren (Stiglmayr et al. 2001).

In den letzten Jahren wurde zunehmend die funktionelle und topografische Anatomie von Hirnarealen bei einer Borderline-Persönlichkeitsstörung untersucht, denen eine Bedeutung für die Induktion und Regulation von Affekten zugemessen wird. In experimentellen Untersuchungen an Tieren, die unkontrollierbarem Stress ausgesetzt waren, fanden sich Hinweise auf funktionale und strukturelle neuronale Veränderungen im limbischen System. Am besten untersucht ist derzeit die Auswirkung von Glucocorticoid-Hyperexpression oder artifizieller Glucocorticoid-Exposition auf eine Schädigung und Volumenminderung hippocampaler Strukturen. Mehrere unabhängige Arbeitsgruppen konnten eine Störung der zentralen Stressregulation bei Borderline-Patientinnen auf endokrinologischer Ebene nachweisen. Sowohl unter experimentellen Stressinduktions-Paradigmen als auch im freien Feld zeigten sich Überaktivitäten der Hypothalamus-Hypophysen-Nebennierenrinden-Achse (Rinne et al. 2002).

In Positronenemissionstomografie (PET)-Studien bei Patientinnen mit einer Borderline-Persönlichkeitsstörung fanden sich Hinweise auf metabolische Veränderungen im präfrontalen Cortex (Schmahl et al. 2002). In strukturellen Magnetresonanztomografie (MRT)-Untersuchungen konnte eine Volumenreduktion des Hippocampus bei Patientinnen mit einer Borderline-Persönlichkeitsstörung gegenüber gesunden Kontrollen nachgewiesen werden (Driessen et al. 2000).

Hohe Dissoziationsneigung

Borderline-Patientinnen entwickeln unter Anspannung häufig ausgeprägte dissoziative Phänomene (Stiglmayr et al. 2008).

> **Definition**
>
> Auch wenn der Begriff der **Dissoziation** nur schwer zu fassen und daher derzeit uneinheitlich verwendet wird, so kann er als psychopathologischer Oberbegriff für Phänomene wie Depersonalisation, Derealisation, Pseudohalluzination und Wahrnehmungsverzerrungen gebraucht werden, wie sie für Borderline-Patientinnen typisch sind. Hinzu kommen somatische Dimensionen wie Hypalgesie oder Analgesie, Hypakusis, Reduktion des Geruchsvermögens und Veränderung der optischen Qualitäten.

Der menschliche Organismus verfügt also offensichtlich über ein komplexes System der kortikalen Afferenzkontrolle, über welches die Wahrnehmung von sensorischen Reizen und von affektiven Signalen gedrosselt werden kann. In finalen Bedrohungssituationen scheint sich dieses System automatisch zu aktivieren. Retrospektiv berichten Borderline-Patientinnen oft über eine hohe Dissoziationsneigung in der Kindheit: „Ich hörte die Schritte meines Vaters auf der Treppe, zählte die Bretter meines Regals, und wenn ich bei sieben angelangt war, befand ich mich außerhalb meines Körpers."

Die angstreduzierende Erfahrung der Dissoziation hat die Tendenz, sich zu automatisieren und zu verselbstständigen. Der Preis sind oft peinigender Kontrollverlust und Schwierigkeiten in der Unterscheidung zwischen Fantasie und Realität.

Löschungsresistenz

Der Verlust von Realitätswahrnehmung hat neben Kontrollverlust und eingeschränkter Handlungsfähigkeit noch eine weitere Konsequenz:

> **Merke**
>
> Das „Überlernen" alter Erfahrungen ist erheblich behindert. Das heißt, die kognitive und emotionale Überprüfung, ob alte Erfahrungen in der Gegenwart noch gültig sind, wirkt reduziert. Dissoziation behindert Lernprozesse.

In einer experimentellen Arbeit unserer Arbeitsgruppe (Ebner-Priemer et al. 2009) konnte der störende Einfluss von Dissoziation auf Lernprozesse bei Borderline-Patientinnen nachgewiesen werden.

Lernen, also die Abspeicherung neuer Erfahrung, kann nur dann seine Wirksamkeit entfalten, wenn diese Erfahrungen mit den früheren Erinnerungsnetzwerken assoziiert werden. Ansonsten werden neue Erfahrungen entweder nicht etabliert oder

34.2 Beschreibung des Störungsbildes

unabhängig neben den alten Erfahrungen installiert, sodass assoziierte Stimuli die gesamte Wucht der alten Erfahrung aktivieren können. Beide Phänomene sind bei Borderline-Patientinnen zu beobachten. So ist auch zu erklären, dass manche dieser Patientinnen oft jahrelang sozial auf hohem Niveau funktionieren, lediglich getrübt durch das Gefühl, „nicht ganz vollständig" zu sein. Neue belastende Erfahrungen können die alten gespeicherten kognitiv-emotionalen Netzwerke aktivieren, ohne dass diese durch später erworbene biografische Erfahrungen relativiert werden können.

Dysfunktionale Grundannahmen und inkompatible Schemata

> **Definition**
> Unter **Schemata** versteht man organisierte Netzwerke vergangener Reaktionen und Erfahrungen, die eine relativ geschlossene und stabile Matrix bilden, um künftige Erfahrungen und Bewertungsprozesse zu steuern.

Im Gegensatz zu rein kognitiven **Grundannahmen**, wie sie insbesondere von Beck (1999) beschrieben werden, handelt es sich bei Schemata also um Verknüpfungen von Gedanken, Emotionen, physiologischen Prozessen und Handlungsentwürfen. Schemata steuern die Auswahl der wahrgenommenen Informationen aus der Umwelt und deren Bewertung durch das Individuum. Das heißt, Schemata haben die Tendenz, sich selbst zu replizieren. Wahrnehmungen, die den basalen Schemata widersprechen, lösen Angst vor Kontrollverlust aus und fordern rasche Korrekturmaßnahmen.

Die meisten Menschen entwickeln größtenteils relativ positive basale Schemata (z. B. „Ich bin liebenswert", „Ich habe die Kontrolle über mein Leben"). Negative Schemata lassen sich zumeist den Kategorien „Unerwünschtheit" und „Verlassenheit" oder „Einschränkung der Autonomie und Lebensfähigkeit" zuordnen. Im weiteren Verlauf des Lebens stellen diese Schemata Risikofaktoren für die Entwicklung psychischer Störungsbilder dar.

Menschen, deren Denken, Fühlen und Handeln vornehmlich durch dysfunktionale frühe Schemata gesteuert ist, sind in der Variabilität ihrer Reaktionsmuster auf Umweltereignisse sehr eingeschränkt. Sie erfüllen damit nicht selten die Kriterien einer **Persönlichkeitsstörung**.

Ist jemand z. B. davon überzeugt, ohne fremde Hilfe nicht in der Lage zu sein, das Leben zu bewältigen, so wird der Betreffende sein Leben danach ausrichten, einen kompetenten, starken *anderen* zu suchen und zu binden. Störungen in der Beziehung lösen sofort tief greifende Gefühle von Hilflosigkeit und Angst aus. Operationalisierte Diagnostik wird dieses Verhalten als Merkmal einer „Dependenten Persönlichkeitsstörung" charakterisieren.

Um die Dynamik von Persönlichkeitsstörungen zu verstehen, ist es wichtig, sich zu vergegenwärtigen, dass die Aktivierung eines einzelnen dysfunktionalen Schemas zwar weitreichende Konsequenzen auf der Handlungsebene des Betroffenen hat, dies aber nicht unbedingt zu emotionalem Leiden führt. Gelingt es in obigem Beispiel, einen verlässlichen und führungskompetenten Partner zu finden, so kann sich daraus eine stabile Partnerschaft entwickeln, ohne dass das Schema „Hilflosigkeit und Inkompetenz" aktiviert wird.

Problematisch wird es allerdings, wenn zwei oder mehrere sich *widersprechende* frühe dysfunktionale Schemata aktiviert werden, wie es häufig bei traumatisierten Patientinnen mit einer Borderline-Persönlichkeitsstörung der Fall ist (Abb. 34-2).

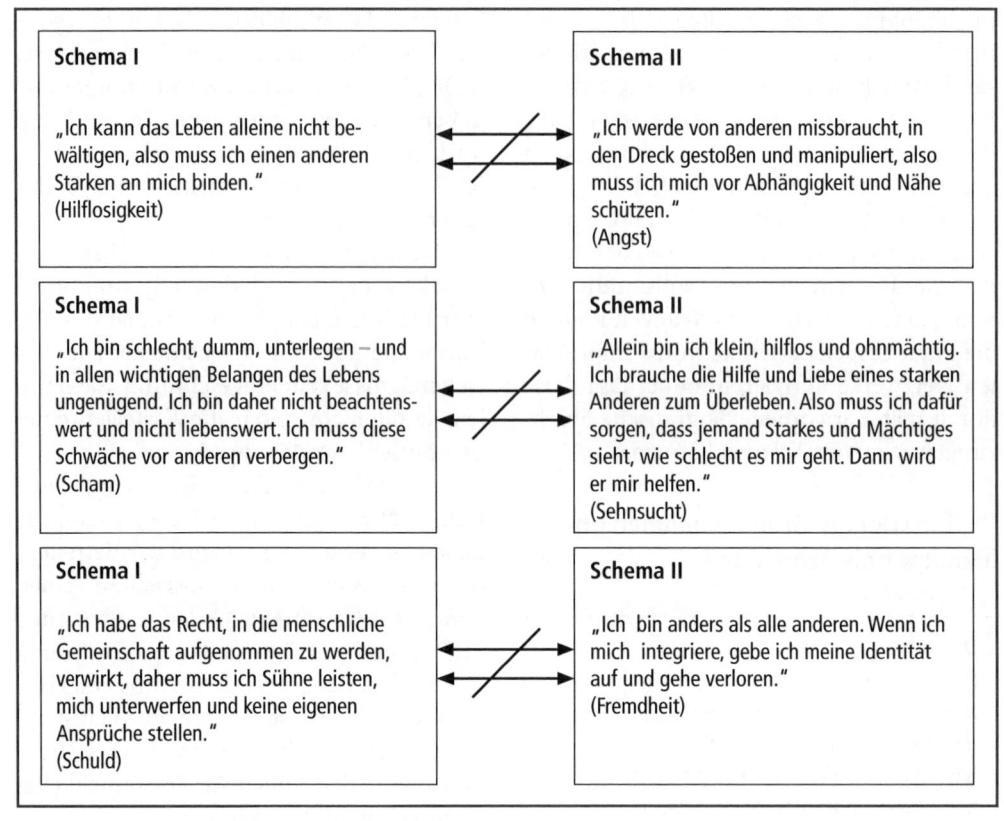

Schema I	Schema II
„Ich kann das Leben alleine nicht bewältigen, also muss ich einen anderen Starken an mich binden." (Hilflosigkeit)	„Ich werde von anderen missbraucht, in den Dreck gestoßen und manipuliert, also muss ich mich vor Abhängigkeit und Nähe schützen." (Angst)
„Ich bin schlecht, dumm, unterlegen – und in allen wichtigen Belangen des Lebens ungenügend. Ich bin daher nicht beachtenswert und nicht liebenswert. Ich muss diese Schwäche vor anderen verbergen." (Scham)	„Allein bin ich klein, hilflos und ohnmächtig. Ich brauche die Hilfe und Liebe eines starken Anderen zum Überleben. Also muss ich dafür sorgen, dass jemand Starkes und Mächtiges sieht, wie schlecht es mir geht. Dann wird er mir helfen." (Sehnsucht)
„Ich habe das Recht, in die menschliche Gemeinschaft aufgenommen zu werden, verwirkt, daher muss ich Sühne leisten, mich unterwerfen und keine eigenen Ansprüche stellen." (Schuld)	„Ich bin anders als alle anderen. Wenn ich mich integriere, gebe ich meine Identität auf und gehe verloren." (Fremdheit)

Abb. 34-2 Beispiele inkompatibler Schemata.

Merke
Widersprüchliche Schemata erlauben keine lösungsorientierten Verhaltensweisen.

Vielmehr geraten die Betroffenen in extreme Spannungszustände, deren Ursachen schlecht auszumachen sind.

Gelingt es Kindern, die Opfer von Gewalt werden, nicht, sich von den Tätern abzugrenzen, d. h. die Gewalt als von außen kommend zu erleben, so werden sie diese als überwältigend, vielleicht lebensbedrohlich erfahren und sicherlich eine ausgeprägte Angststruktur entwickeln. Verfügen sie aber über ein geschütztes „Binnensystem", also z. B. eine tragfähige Beziehung zur Mutter, so haben sie dennoch die Chance, kompatible Grundannahmen zu entwickeln: „Die Welt, insbesondere die Welt außerhalb meiner sicheren Zone, ist gefährlich und nicht kontrollierbar." „Ich bin gefährdet, ich muss Schutz und Nähe suchen." Der Schutz wird also intensiv gesucht und kann angenommen werden.

Hingegen sind Borderline-Patientinnen als Kinder häufig damit konfrontiert, dass Täter und wichtige primäre Bezugspersonen identisch sind. Der Täter wird daher nicht ausschließlich als Angreifer erlebt, sondern zugleich als liebendes, schutzgebendes Objekt. Je traumatischer die Erfahrung, desto dringender wird das Bedürfnis nach Schutz bei und vor dem Täter. In der

34.2 Beschreibung des Störungsbildes

Regel stürzt der Täter das Kind in einen Strudel unterschiedlichster verwirrender Wahrnehmungen. Die intrapsychische Organisation des „Borderline-Kindes" kann also als Manifestation äußerst widersprüchlicher Interaktionsvariablen gesehen werden: So wird die Erfahrung von Zärtlichkeit gekoppelt mit Angst, Stolz mit Scham, Erregung mit Schuld, Wut mit Todesangst usw.

Mangelhafte psychosoziale Realitätsorientierung

Die klinische Manifestation der Borderline-Persönlichkeitsstörung scheint **zweigipflig** zu verlaufen (Jerschke et al. 1998):
- Ein Teil der Patientinnen entwickelt bereits sehr früh (noch vor Beginn der Adoleszenz) behandlungsbedürftige Verhaltensmuster.
- Ein anderer Teil scheint die Problematik besser zu kompensieren. Als konkrete Auslöser für den späteren Ausbruch der Störung werden häufig erneute traumatische Erfahrungen, Konfrontation mit Sexualität oder Psychotherapie genannt.

Die Betroffenen der *ersten Gruppe* (junge Erstmanifestation) zeichnen sich oft durch sehr klare, detailbesetzte Erinnerungen an früheste traumatische Ereignisse aus, die meistens mit peinigenden Emotionen verknüpft sind. Die Vermeidung der Aktivierung dieser Angststrukturen ist häufig handlungsbestimmend. Notwendige soziale und intrapsychische Lernprozesse, die üblicherweise in der Adoleszenz zu erringen sind, können nicht vollzogen werden. Häufig erinnern die Verhaltensmuster dieser Patientinnen auch noch im späteren Alter an (Prä-)Adoleszente.

Im Gegensatz dazu sind die Betroffenen der *zweiten Gruppe* oftmals beruflich und sozial erfolgreich, weisen jedoch ausgeprägte Erinnerungslücken oder lediglich fragmentarische Gedächtnisspuren bezüglich Kindheit und Jugend auf. Die Reaktivierung der traumatischen Strukturen manifestiert sich im oft im Wechsel von Phasen mit überwältigenden szenischen Fragmenten mit hoher emotionaler Wucht und Realitätsgehalt mit Phasen der „emotionalen Taubheit" (numbness). Hier wurde zwar „vergessen", aber nicht neu gelernt. Das heißt, neue Erfahrungen wurden nicht mit den traumatischen Erinnerungsspuren verknüpft.

Etablierung dysfunktionaler Bewältigungsstrategien

Fast alle Borderline-typischen Verhaltensmuster werden zunächst zur Beendigung aversiver Affekte oder Spannungszustände entwickelt. Selbstverletzung kann im Sinne einer Selbstbestrafung zur Schuldreduktion eingesetzt werden, aber auch zur Reorientierung bei schweren dissoziativen Zuständen oder einfach, „um sich wieder zu spüren" (Aufhebung der Analgesie). Hochrisikoverhalten, also die Bewältigung einer bewusst herbeigeführten, kontrollierten Angstexposition, dient häufig dazu, Ohnmachtsgefühle zu reduzieren. Suizidfantasien können Ohnmacht („dieser Weg bleibt mir") oder als Rachefantasien auf kognitivem Weg Wut reduzieren.

In aller Regel ist also zunächst die Reduktion der belastenden Situation als negativer Verstärker zu sehen. Zuwendung durch das besorgte Umfeld und Aufmerksamkeit sind positive Verstärker, die, nicht unbedingt bewusst, die Generalisierung der dysfunktionalen Verhaltensmuster fördern.

Schließlich ist noch die kleine Gruppe von Patientinnen zu nennen, die durch Selbstverletzung positive Verstärker im Sinne von „Kicks" erfährt, d.h. kurze rauschhafte Euphorisierung. Die Betroffenen schneiden sich nicht selten täglich (daily cutters) und entwickeln ähnlich wie Drogenabhängige Craving-Verhalten.

Zusammenfassung
Das neurobehaviorale Entstehungskonzept der Borderline-Persönlichkeitsstörung bei frühen Traumata postuliert zunächst das Zusammenwirken neurobiologischer Faktoren, wie Dissoziationsneigung, Störungen der Reizkontrolle und Affektmodulation, mit psychosozialen Variablen, wie sexuellem Missbrauch und emotionaler Vernachlässigung.
In der Folge entwickeln sich inkompatible dysfunktionale kognitiv-emotionale Schemata, die sich in Störungen der Identität, der Beziehungsregulation, der Affektregulation und der Handlungssteuerung manifestieren. Borderline-typische Verhaltensweisen stellen dysfunktionale Bewältigungsversuche dar.

34.2.3 Das Störungsmodell der Posttraumatischen Belastungsstörung

Borderline-Patientinnen mit einer komorbiden Posttraumatischen Belastungsstörung leiden neben den beschriebenen Borderline-typischen Symptomen unter Intrusionen und Flashbacks sowie Albträumen von den traumatischen Erfahrungen.

Es wird angenommen, dass eine Vielzahl an Stimuli das traumaassoziierte Netzwerk aktivieren kann (Abb. 34-3). Nicht immer geschieht die Aktivierung dabei durch externe Ereignisse, auch die Wahrnehmung von eigener sexueller Lust, von ausgeprägter Wut oder anderweitiger Kontrollverluste kann ausreichen. Die Patientinnen erleben dann Intrusionen sowie Gefühle, Gedanken und Körperreaktionen, die während der Traumatisierung eine Rolle gespielt haben. Zudem geht häufig der Kontakt zur Gegenwart verloren, was zweierlei Konsequenzen mit sich bringt:

- Ohne Kontakt zur Gegenwart fühlt sich die Vergangenheit wirklich an, d. h. die Patientinnen erleben die Erinnerungen als ein Wiedererleben mit Hier-Jetzt-Charakter und stecken im Trauma-Erleben.
- Ohne ausreichenden Kontakt zur Gegenwart kann kein neues Kontextlernen stattfinden, d. h. die Patientinnen können nicht lernen, dass die Reaktionen im gegenwärtigen Kontext zu stark sind.

Zur Beendigung dieses belastenden Erlebens entwickeln die Betroffenen verschiedene „Flucht"-Strategien (sog. Escape-Strategien). Neben den Escape-Strategien auf

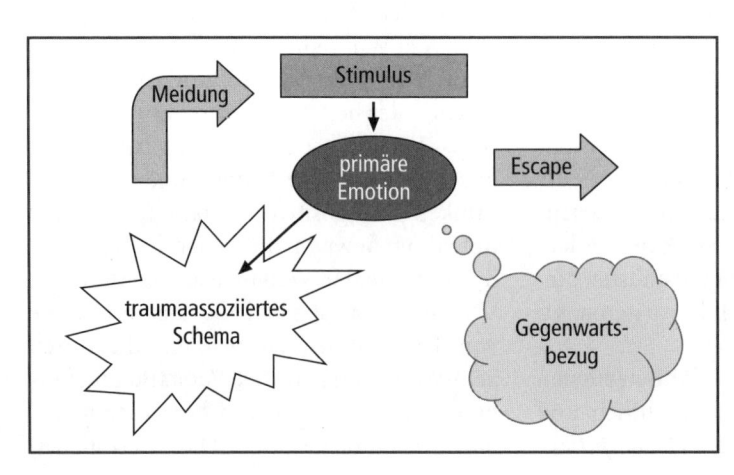

Abb. 34-3 Störungsmodell der Posttraumatischen Belastungsstörung.

34.3 Dialektisch-Behaviorale Therapie (DBT)

der Verhaltensebene (z. B. Selbstverletzung, Substanzkonsum) finden sich zumeist auch kognitive und emotionale Escape-Strategien. Kognitive Escape-Strategien umfassen z. B. Rumination, Bagatellisieren („ist ja gar nicht so schlimm") oder auch Suizidgedanken. Hinsichtlich der emotionalen Escape-Strategien lassen sich zwei Prototypen zur Reduktion von Ohnmacht unterscheiden: Entweder leiden die Patientinnen unter Schuldgefühlen (Internalisierung) oder sie sind wütend auf andere (Externalisierung).

Um nicht erneut in das Trauma-Erleben abzurutschen, versuchen die Betroffenen die verschiedenen Stimuli zu vermeiden (sog. Meidungsstrategien). Dies ist jedoch nur kurzfristig eine hilfreiche Strategie, weil der Versuch, an etwas nicht zu denken, im Sinne eines Rebound-Effektes häufig genau das Gegenteil bewirkt. Zudem lassen sich viele Stimuli wie z. B. körperliche Anspannung nur schlecht unter Kontrolle bringen. Resultat ist das charakteristische Symptombild einer Posttraumatischen Belastungsstörung mit einem Wechsel zwischen lebendigem Wiedererleben und der Meidung. Escape und Meidung, die zunächst einen Bewältigungsversuch darstellen, werden so mittelfristig zu dem eigentlichen aufrechterhaltenden Problem. Die traumatischen Erfahrungen können durch die Lernprozesse der Gegenwart nicht relativiert werden, bleiben daher „virulent" und werden durch externe oder interne Auslöser aktiviert.

34.3 Dialektisch-Behaviorale Therapie (DBT)

Ein kurzer Überblick über die Prinzipien der Dialektisch-Behavioralen Therapie (DBT) und Elemente der Standard-DBT leitet anschließend die Skizzierung der DBT für Posttraumatische Belastungsstörungen (DBT-PTSD) ein.

34.3.1 Prinzipien der DBT Behandlungsstruktur

> **Merke**
>
> **Grundfragen der Psychotherapie komplexer Störungen**
> Welche Verhaltensmuster sollten zu welchem Zeitpunkt (Behandlungsstruktur), auf welcher Ebene (Behandlungsstrategie), mit welcher Methode (Behandlungstechnik) verändert werden – und wie kann die Patientin dazu motiviert werden?

Die DBT gibt zunächst eine relativ klare Behandlungsstruktur vor (vgl. Abb. 34-4). Die Vorbereitungsphase dient der Diagnostik und Informationsvermittlung über das Störungsbild, den Grundzügen der DBT sowie der Zielanalyse und Motivationsklärung. In der Standard-DBT (Phase I) werden diejenigen Problembereiche bearbeitet, die in direktem Zusammenhang mit Verhaltensweisen wie Suizidalität, Selbstschädigung oder Gefährdung der Therapie stehen. Hierzu gehört auch die Beseitigung externer Faktoren, die erneute Traumatisierungen wahrscheinlich machen oder eine unkontrollierte Aktivierung von traumatischen Erinnerungen begünstigen. In dieser Phase sollte vor allem die emotionale Belastbarkeit erhöht und damit die Voraussetzung für die Therapiephase II (DBT-PTSD) geschaffen werden. Erst in dieser geht es um die detaillierte Auseinandersetzung mit früheren traumatischen Erfahrungen. Borderline-Patientinnen, die kein lebensgefährliches oder massiv selbstschädigendes Verhalten zeigen, können direkt mit der DBT-PTSD beginnen.

```
┌─────────────────────────────────────────────┐
│ Vorbereitungsphase                          │
│ • Aufklärung über die Behandlung            │
│ • Zustimmung zu den Behandlungszielen und zur Behandlung │
└─────────────────────────────────────────────┘
                     ↓
┌─────────────────────────────────────────────┐
│ 1. Therapiephase – schwere Probleme auf der │
│ Verhaltensebene                             │
│                                             │
│ Ziel: Kontrolle und Stabilität              │
│ • Verringern von                            │
│   – suizidalem und parasuizidalem Verhalten │
│   – therapiegefährdendem Verhalten          │
│   – Verhalten, das die Lebensqualität beeinträchtigt │
│ • Verbesserung von Verhaltensfertigkeiten   │
└─────────────────────────────────────────────┘
                     ↓
┌─────────────────────────────────────────────┐
│ 2. Therapiephase – schweres Leid auf emotionaler Ebene │
│                                             │
│ Ziel: Erlernen von situationsangemessenem Erleben von Emotionen │
│ • Verringern von Symptomen, die im Rahmen einer Posttraumatischen │
│   Belastungsstörung auftreten               │
└─────────────────────────────────────────────┘
```

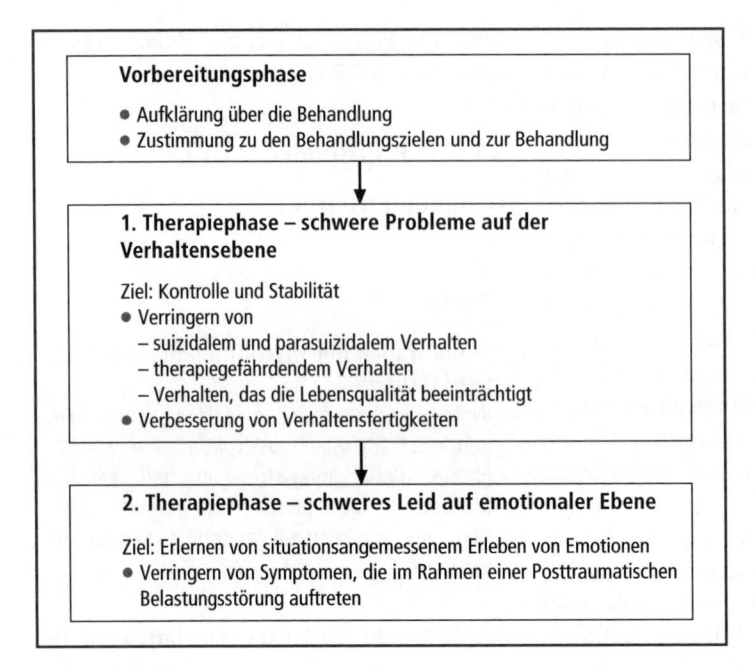

Abb. 34-4 Ambulante Behandlungsziele.

Innerhalb der Therapiephasen orientiert sich der Therapeut an einer dynamisch organisierten Hierarchie pathologischer Verhaltensmuster (Suizidversuche vor Gefährdung der Therapie vor Problemen der Lebensqualität; Tab. 34-1): Wann immer ein höher geordneter Problembereich auftritt, muss dieser bearbeitet werden.

Die Frage nach der **Behandlungsstrategie** resultiert aus hochauflösenden Verhaltensanalysen und bedingt damit letztlich differenzierte **Behandlungstechniken**.

Zusammen mit der Patientin erarbeitet der Therapeut zum jeweils hochrangigsten Problemverhalten detaillierte Verhaltensanalysen und wählt diejenige Ebene, die eine Wiederholung des Problemverhaltens am wahrscheinlichsten erscheinen lässt (Abb. 34-5).

Grundvoraussetzung für eine erfolgreiche Therapie ist die Annahme, dass jedes von der Patientin gezeigte Verhalten ausschließlich dem Zweck dient, ihre Situation erträglicher zu gestalten, also einen Lösungsversuch darstellt. Es besteht darüber hinaus die Annahme, dass das Leben der Patientin aufgrund der bestehenden Affektregulationsstörung und den damit einhergehenden Spannungszuständen in der Tat unerträglich ist. Daraus folgt, dass sie sich tatsächlich verändern will, auch wenn manchmal ein gegenteiliger Eindruck vorherrschen mag.

Vor der Matrix einer sensiblen Balance (Dialektik) zwischen Akzeptanz bzw. Sinngebung dysfunktionaler Verhaltensmuster einerseits und der Verdeutlichung der Notwendigkeit von Veränderungen andererseits kombiniert die DBT also Methoden wie Expositionsverfahren, kognitive Umstrukturierung, Problemlösetechniken und Vermittlung von Fertigkeiten. Gerade Letzteres beansprucht sehr viel Zeit und erfolgt aus diesem Grund im Rahmen einer wöchentlich stattfindenden Gruppentherapie.

34.3 Dialektisch-Behaviorale Therapie (DBT)

Tab. 34-1 Behandlungshierarchie

1. Schwerwiegendes krisenerzeugendes Verhalten

- drängende Suizidalität
- schwerwiegende Selbstverletzungen
- Hochrisikoverhalten
- schwerwiegende Alkohol- oder Drogen-Intoxikationen
- gefährliche Fremdaggression
- ungeplante Klinikaufenthalte

2. Verhalten, das die Aufrechterhaltung der Therapie gefährdet

- Verhalten, das Gefängnisstrafen mit sich bringt
- Bedrohung oder schwerwiegende Verunsicherung des Therapeuten
- Bedrohung oder Gefährdung von anderen Patientinnen
- Vernachlässigung von körperlichen Erkrankungen, die damit eine stationäre Behandlung erfordern
- regelhaftes Versäumen von Therapien

3. Verhalten, das die soziale Integration und die Lebensqualität beeinträchtigt

- z. B. Posttraumatische Belastungsstörung (DBT-PTSD)
- Essstörungen

Behandlungsmodalitäten

> **Merke**
>
> Das **DBT-Gesamtkonzept** besteht aus den folgenden vier parallelen Modalitäten:
> - Einzeltherapie (1–2 Jahre)
> - Fertigkeitentraining in der Gruppe (6 Monate)
> - Telefonberatung
> - Supervisionsgruppe

Die ambulante Einzeltherapie erstreckt sich auf einen Zeitraum von bis zu zwei Jahren mit ein bis zwei Wochenstunden. Im Rahmen seiner individuellen Möglichkeiten sollte der Einzeltherapeut zur Lösung akuter, eventuell lebensbedrohlicher Krisen telefonisch erreichbar sein. Die Kommunikation zwischen Einzel- und Gruppentherapeuten erfolgt im Rahmen der Supervisionsgruppe, die ebenfalls wöchentlich stattfinden sollte. Der Einzeltherapeut ist gehalten, die in der Fertigkeitengruppe erlernten Fähigkeiten fortwährend in seine Therapieplanung zu integrieren, um so die Generalisierung des Erlernten zu gewährleisten. Der Einsatz von Video- oder zumindest Tonträgeraufzeichnungen der Therapiestunden gilt für eine adäquate Supervision als unabdingbar.

34.3.2 Ausgewählte Elemente der Standard-DBT (Phase I)

Reduktion von Reizen, die erneut traumatisieren oder traumatische Erfahrungen unkontrolliert aktivieren

Das erste Ziel in der Behandlung ist immer, eine erneute Traumatisierung zu verhindern. Darüber hinaus sollten alle auslösenden Reize, die unkontrolliert alte traumati-

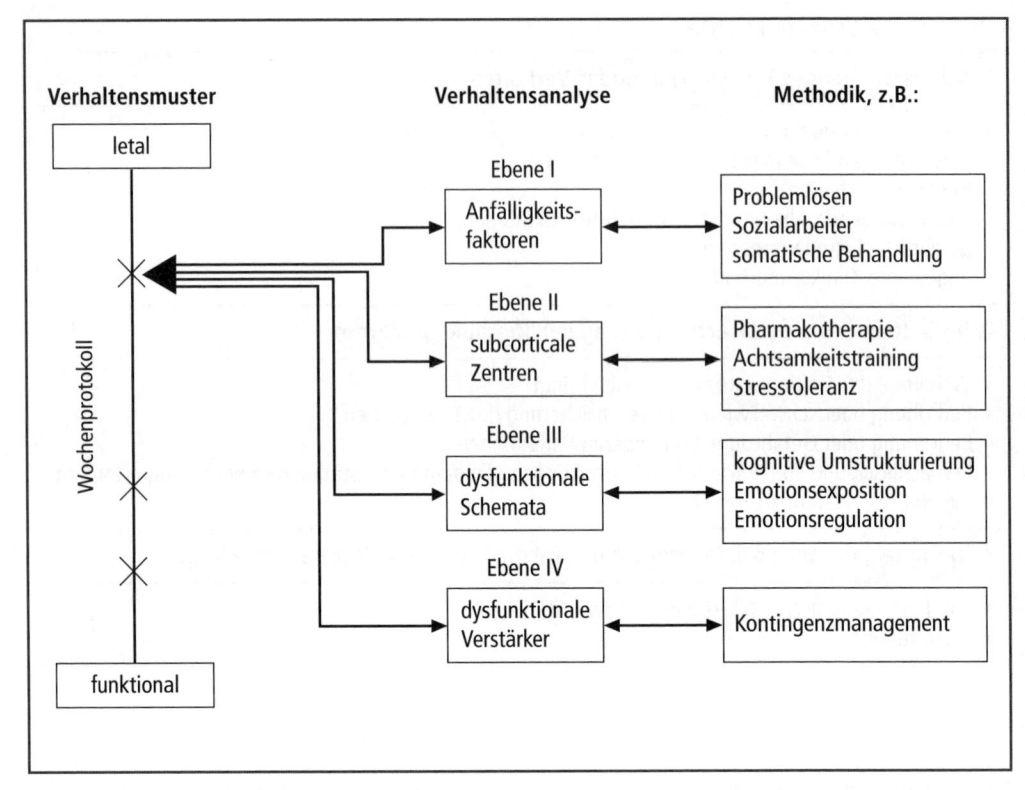

34 Dialektisch-Behaviorale Therapie früh traumatisierter Patientinnen

Abb. 34-5 Struktur – Ebene – Methodik.

sche Erfahrungen aktivieren, reduziert bzw. Strategien zur Beihaltung des Gegenwartkontakts vermittelt werden. Da es sich um präformierte neuronale Netzwerke handelt, die Sensitivierungsprozessen unterworfen sind, muss davon ausgegangen werden, dass jede Aktivierung (ohne Gegenwartskontakt) die Reizschwelle für die nächste traumaassoziierte Reaktion senkt. Während der ersten Phase der DBT-Therapie sollten die traumatischen Inhalte nur grob besprochen und nicht gezielt emotional aktiviert werden. Die Patientinnen werden dabei unterstützt, ein aktuelles, traumatisierendes soziales Umfeld möglichst zu verlassen bzw. zu modifizieren. Dies beinhaltet z. B. gegenwärtige Gewalterfahrung in der Partnerschaft, bei den Eltern, in der Nachbarschaft.

Verbesserung der Regulation von Emotionen

Als zentraler therapeutischer Schritt sollte eine Verbesserung der Emotionsregulation erreicht werden. Die DBT bietet hierzu zwei grundlegende Interventionen an:
- die Vermittlung von Skills wie „Achtsamkeit" und „Emotionsregulation"
- Exposition gegenüber gegenwärtig relevanten Schlüsselreizen

Die Fertigkeiten zur Verbesserung der inneren **Achtsamkeit** sind der Zen-Meditation entlehnt und mit den westlichen meditativen Techniken kompatibel. Primär geht es darum, die mentale Fertigkeit zu verbessern, aus aktivierten, emotional belastenden Schemata auszusteigen und sich auf einer neutralen, beobachtenden Ebene zu reorganisieren. Zudem wird die Wahrnehmung für innerpsychische Befindlichkeiten geschärft, ohne in Bewertungs- und Interpretationsprozesse abzugleiten.

Im Einzelnen werden die Patientinnen zu Übungen ermutigt, die eine Trennung zwischen „Beobachten, Beschreiben und Teilnehmen" ermöglichen: Beim „*Beobachten*" geht es um die Wahrnehmung äußerer Ereignisse, eigener Gedanken oder Emotionen, ohne diese in „angenehm" oder „unangenehm" einzuordnen. „*Beschreiben*" meint die sprachliche Verarbeitung des Wahrgenommenen, ohne zu bewerten: „Ich spüre Angst", „Ich sehe einen Mann mit Glatze". Und schließlich leitet die Fertigkeit „*Teilnehmen*" dazu an, ausschließlich eine Sache zu tun, dies bewusst wahrzunehmen, ohne fortwährend Alternativhandlungen zu erwägen.

Auch wenn diese Ausführungen etwas banal erscheinen, so sind solche Übungen in der Praxis für Borderline-Patientinnen so fundamental wie schwierig. Es sollte also in jeder Sitzung mindestens eine Achtsamkeitsübung durchgeführt werden und es sollten Achtsamkeitsübungen für den Alltag der Patientin gefunden sowie nachbesprochen werden.

Fertigkeiten zur **Emotionsregulation** zielen darauf, die eigenen Gefühle zu verstehen, die Vulnerabilität für einschießende Affekte zu reduzieren und Emotionen zu modulieren. Zunächst lernen die Patientinnen, auftretende Emotionen und deren Handlungstendenzen differenziert zu identifizieren. Neben der Vermittlung von Wissen über die Funktion von Emotionen werden die Patientinnen angehalten, emotionsauslösende Ereignisse zu erkennen, die kognitiven Bewertungen und Interpretationen dieser Ereignisse zu beobachten sowie die körperlichen und psychophysiologischen Anteile der Affekte wahrzunehmen. Den Patientinnen wird konkrete Hilfestellung bei der Reduktion der emotionalen Verwundbarkeit angeboten: Verbesserung der Schlafqualität, pharmakologische Behandlung affektiver Schwankungen, Beachtung des Alkohol- und Drogenkonsums, um nur einige Beispiele zu nennen.

Der Schlüssel zur Emotionsregulation liegt jedoch in dem Annehmen der jeweiligen Emotion. Zunächst gilt es, das Gefühl als aversiv, d. h. als unangenehm und nicht „schlecht" oder „böse", zu identifizieren. Aversive Emotionen dienen dazu, dem Organismus zu vermitteln, dass zwischen wahrgenommener Realität (Ist-Zustand) und den subjektiven Zielen (Soll-Zustand) eine Differenz besteht. Aversive Emotionen sind also dringend notwendige Informationsvermittlung. Diese Haltung ermöglicht einen achtsamen Umgang mit der Emotion, statt diese zu blockieren oder zu bekämpfen, und eröffnet damit die Möglichkeit der kognitiven Steuerung. Emotionen unterliegen rasch wirksamen Feedback-Schleifen durch kognitive Bewertungsprozesse oder entsprechende Handlungskomponenten. Auch Emotionen, wie etwa Angst, die durch Assoziation an frühe Traumata induziert werden, können durch kognitiven Abgleich mit der Realität moduliert werden. „Überflutende Emotionen", wie sie von Borderline-Patientinnen häufig angegeben werden, entstehen, ähnlich wie Panikattacken, durch dysfunktionale Wechselwirkungen zwischen Emotionen und katastrophisierenden Bewertungsprozessen.

Bereits in Phase I werden **Expositionsstrategien** eingesetzt, um die Toleranz aversiver Emotionen zu verbessern. Die DBT folgt den Grundregeln der Expositionsbehandlung:
- Reizkonfrontation
- Reaktionsvermeidung
- Korrektur der antizipierten Katastrophe
- Verbesserung der Kontrollkompetenz

Die Exposition wirkt nur dann, wenn die aversive Emotion aktiviert wird, ohne dass die Patientin dissoziiert, eine andere aversive Emotion aktiviert (emotional bypass) oder dysfunktionales Verhalten einsetzt. Um dies an einem Beispiel zu verdeutlichen:

Ein Kind, das von einem Pudel gebissen wurde, entwickelte eine massive Angst vor allen Hunden, schließlich vor allen größeren Tieren (Generalisierung). Die Eltern beschließen nach gutem Zureden, das Kind erneut mit einem „lieben" Hund zusammenzubringen (**Reizkonfrontation**). Der erste Reflex des Kindes, laut schreiend zu flüchten (Reaktion), wird sanft unterbunden (**Reaktionsvermeidung**). Ein spontaner Versuch des Kindes, um sich zu schlagen (emotional bypass: Angst – Wut) wird ebenfalls unterbunden. Vielmehr wird dem Kind ermöglicht, trotz seiner Angst den Hund anzufassen, zu streicheln und zu lernen, dass dieser Hund nicht beißt (**Korrektur der antizipierten Katastrophe**). Schließlich wird dem Kind vermittelt, dass es dies sehr gut gemacht habe, dass es sehr mutig sei und dass es selber lernen wird zu unterscheiden, welche Hunde „böse" und welche „lieb" seien (**Verbesserung der Kontrollkompetenz**).

Während der Phase I werden keine spezifischen stundenfüllenden traumabezogenen Expositionssitzungen durchgeführt.

Behandlung automatisierter dissoziativer Phänomene

Patientinnen, die dazu neigen, unter Stress spontan zu dissoziieren, sollten ein spezifisches Training zum **Selbstmanagement der Dissoziation** erhalten.

Die DBT bietet verschiedene antidissoziative Fertigkeiten an. Die meisten zielen auf die Aktivierung sensorischer Systeme. Starke Sinnesreize wie Schmerz, laute Geräusche, stechende Gerüche, Muskelaktivität oder rasche Augenbewegungen vermögen die Dissoziation zu durchbrechen und eine Reorientierung in der Gegenwart zu ermöglichen. Die Patientin wird zunächst angehalten, die graduelle Entwicklung von dissoziativen Zuständen genau zu beobachten (sog. Frühwarnzeichen), um rechtzeitig Gegenmaßnahmen ergreifen zu können. Dazu gehört ebenfalls die Wahrnehmung der subjektiven Bereitschaft, sich in den dissoziativen Zustand „fallen" zu lassen, sich von der Umgebung zurückzuziehen und von Außenreizen abzuschotten. Die Patientin muss lernen, dieser Handlungstendenz entgegenzuwirken, den Kontakt mit der Realität zu halten und auf die sogenannten wirksamen „Notfall-Skills" zurückzugreifen. Als besonders hilfreich haben sich Kältereize erwiesen (z. B. Eiswürfel; Eisgelkissen). Aber auch Trigeminusreizstoffe wie Ammoniak können wirksam eingesetzt werden.

> **Merke**
> Grundsätzlich sollte während jeder Sitzung immer darauf geachtet werden, dissoziative Prozesse so rasch wie möglich zu unterbrechen.

Die therapeutische Orientierung erfolgt mit **Makroanalysen** und **hochauflösenden Verhaltensanalysen**. Zunächst sollten im-

34.3 Dialektisch-Behaviorale Therapie (DBT)

mer Informationen über die Typologie dissoziativen Verhaltens, d.h. die Häufigkeit, Dauer und Intensität, erhoben werden (Makroanalyse). Einflussfaktoren wie Alkohol, Drogen oder Medikamente sowie Temporallappenepilepsie sollten ausgeschlossen werden. Um auslösende und aufrechterhaltende Faktoren zu erkennen, ist es in der Regel notwendig, im Rahmen einer Verhaltensanalyse Ereignisse, Gedanken oder Emotionen herauszuarbeiten, die der Dissoziation vorangehen oder nachfolgen.

Der erste Schritt bei einer Verhaltensanalyse ist immer eine präzise und detaillierte Beschreibung des dissoziativen Verhaltens selbst. Die simple Aussage „ich bin dissoziiert" ist unzureichend. Stattdessen sollte die Patientin ermuntert werden, ihre subjektive Erfahrung zu beschreiben: „Ich fühlte mich taub", „Ich fühlte, als ob alles unwirklich würde", „Ich fühlte mich von meinem Körper vollständig getrennt", „Es war, als ob ich mir von der Decke aus zugucken würde". Auch die Häufigkeit und die Dauer sollten erfasst werden. Der Therapeut sollte die Rolle eines naiven Beobachters annehmen, der zunächst keinerlei Vorwissen über die spezifischen Verhaltensmuster mitbringt.

In einem nächsten Schritt werden alle Ereignisse erfasst, die vor oder nach der dissoziativen Episode aufgetreten sind. Zunächst werden vorausgegangene Reize und deren innere Verarbeitung erfragt. Dann werden Umgebungs- und Bedingungsvariablen, z.B. Alkohol- oder Drogeneinnahme am Abend vorher, Schlafstörungen oder somatische Beschwerden, und die Ebene der Konsequenz, also sämtliche internen und externen Phänomene, die dem dissoziativen Verhalten folgen, erfasst.

Es kann hilfreich sein, zeitliche Anker zu setzen und mit Ereignissen in zeitlicher Nähe zum Beginn der Dissoziation anzufangen. Im Folgenden soll an einem Segment der Ablauf einer Verhaltensanalyse dargestellt werden. Es handelt sich um eine 27 Jahre alte Frau, die gegenwärtig die diagnostischen Kriterien einer Borderline-Persönlichkeitsstörung erfüllt. Sie berichtet biografisch über schweren sexuellen Missbrauch durch ihren Onkel, der bereits in frühester Kindheit begann und sich bis in die Adoleszenz hinzog, zusätzlich Misshandlung durch beide Eltern. Die Verhaltensanalyse betrifft ein Ereignis, das von der Patientin in ihrem Wochenprotokoll festgehalten worden war.

Fallbeispiel

Therapeut: Oh, am Donnerstag hatten Sie eine längere Gedächtnislücke.

Patientin: Stimmt, das war gleich nach der Therapie.

T: Nach der Therapie? Da scheint uns ja etwas Wichtiges entgangen zu sein. Wie lange dauerte denn das?

P: Ich weiß es nicht genau, ich fand mich plötzlich in einem fremden Stadtteil wieder, weil ein starkes Hupen mich weckte.

T: Ein starkes Hupen?

P: Ja, ich fuhr mitten auf der Straße und bemerkte es nicht.

T: Das klingt ja gefährlich.

P: Hm.

T: Ich denke, wir sollten uns noch einmal genau anschauen, wie es zu diesem Phänomen kam. Was ist denn das Letzte, woran Sie sich erinnern?

P: Als Letztes erinnere ich mich – ich weiß nicht, ich habe mir eine Zigarette angezündet, die habe ich noch geraucht, das mache ich ja immer, dann bin ich aufs Fahrrad gestiegen, und dann weiß ich nichts mehr.

T: Gut, was ist Ihnen denn durch den Kopf gegangen, als Sie die Zigarette geraucht haben?

P: Ich weiß nicht, alles Mögliche.

T: Es ist wirklich wichtig, dass wir das herausfinden. Vielleicht versetzen Sie sich noch einmal in die Situation und schließen die Augen: Sie stehen unten, regnet es oder scheint die Sonne?

P: Nein, es ist kühl.

T: Gut, es ist kühl. Was haben Sie an?

P: Das, was ich immer anhabe, meinen schwarzen Anorak.

T: Gut, es ist kühl, Sie haben Ihren schwarzen Anorak an, Sie stecken sich die Zigarette an, Sie ziehen kräftig. Was ist Ihnen durch den Kopf gegangen?

P: Ich weiß nicht. Ich glaube, es ging darum, dass Sie mir wieder einmal zu spät erklärt haben, dass Sie wieder im Ausland sind.

T: Oh. Ich bin einfach nur kurz drüber gegangen.

P: Ja. Da war Ihnen die Verhaltensanalyse wichtiger.

T: Oje ... Das waren Ihre Gedanken ... Was haben Sie denn gefühlt?

P: Ich weiß nicht.

T: Ich in Ihrer Situation hätte mich wahrscheinlich geärgert.

P: Hm, hm.

T: So, Sie haben sich also geärgert. Meinen Sie, dass Sie dissoziiert sind, nachdem Sie sich über mich geärgert haben?

P: Nein, nicht wirklich. Es war eigentlich nicht Ärger, sondern mehr Angst.

T: Angst? Angst, dass ich nicht zurückkomme?

P: *(lacht)* Nun, das habe ich früher immer geglaubt, dass Sie abstürzen oder so, aber das wissen Sie ja ... Nein, das war ... mehr der Gedanke, dass Sie jetzt wieder nicht da sind, während wir mitten in der Arbeit stecken, und dass ich Sie ja brauchen könnte, dringend brauchen könnte, dann wären Sie nicht da für mich.

T: Hm, hm, also Angst, dass ich Sie allein lasse. Wie stark war diese Angst?

P: Ich weiß nicht, vielleicht so 70.

T: Nun, von Angst allein dissoziiert man selten. Kam nicht noch etwas dazu?

P: Doch, ich fing dann an, auf mich wütend zu werden, weil ich Sie immer noch so brauche nach all der Therapie, und ich dachte, das hätte ich doch hinter mir und dass die Therapie ja doch nichts bringt.

T: O. k., da waren also zwei Gefühle: zum einen die Angst, allein gelassen zu werden, zum zweiten die Wut darüber, dass Sie Angst hatten. Zwei Gefühle, die sich gründlich widersprechen.

P: Hm, hm, das war es vielleicht. Ich geriet dann unter totale Spannung und überlegte mir schon, ob ich noch mal hochkommen und Sie zusammenschreien soll, doch dann setzte ich mich aufs Fahrrad ...

T: Nun, vielleicht hätten Sie das tun sollen ... Wie geht es Ihnen denn jetzt, während Sie das erzählen?

P: Nicht gut.

T: Nun, ich kann mir vorstellen, dass sich an diesen beiden Gefühlen nicht so viel geändert hat. Ich werde ja tatsächlich noch mal ins Ausland fahren. Und Ihre Vorstellung, dass es sich nicht gehört, Angst zu haben, dürfte sich auch nicht geändert haben ... umso wichtiger ... was für Skills hätten Sie denn anwenden können?

P: ...

T: Nun?

P: ... Ich weiß nicht?

T: Also, Sie spürten, dass die Spannung steigt – über welche Stresstoleranz-Skills verfügen Sie?

34.3 Dialektisch-Behaviorale Therapie (DBT)

P: Verfügen ist gut, manchmal hilft Eis, ja, Kälte hilft manchmal.

T: Prima, aber das hatten Sie nicht dabei, was hilft noch?

P: Ammoniak.

T: O. k. Was könnte Ihnen helfen, das nächste Mal, wenn Sie die Spannung steigen fühlen, Ammoniak zu verwenden, um sich so weit runterzuregeln, dass Sie anfangen können, in Ruhe Ihre Emotionen wahrzunehmen?

34.3.3 DBT für Posttraumatische Belastungsstörungen (Phase II)

Die DBT für Posttraumatische Belastungsstörungen (DBT-PTSD) gliedert sich in fünf thematische Behandlungsphasen (Tab. 34-2) mit obligatorischen und fakultativen Behandlungsmodulen. Einerseits folgt die DBT-PTSD einem zeitlich organisierten Behandlungsablauf. Andererseits wird der Behandlungsverlauf bei diesem komplexen Störungsbild ja meist multiplen Störvariablen unterliegen, die dann jeweils unterschiedliche therapeutische Interventionen erfordern. Hier orientiert sich die DBT-PTSD an der dynamischen Behandlungshierarchie, wie sie auch die Standard-DBT vorgibt (s. Tab. 34-1). Wann immer vorhanden, haben also lebensgefährliche oder krisengenerierende Verhaltensweisen Vorrang. Für den Beginn mit der DBT-PTSD wird verlangt, dass Patientinnen für mindestens zwei Monate kein lebensgefährliches Verhalten mehr gezeigt haben. In der DBT-PTSD werden vor den traumaspezifischen kognitiven und expositionsbasierten Interventionen diejenigen Verhaltensweisen fokussiert, die die Wirksamkeit dieser Interventionen stark beeinträchtigen können. Dazu gehören z. B. ausgeprägte dissoziative Symptome, Benzodiazepin-Abusus oder auch die Vermeidung von Exposition und Therapieaufgaben.

Commitment-Phase

Die Inhalte dieser Phase unterscheiden sich in Abhängigkeit davon, ob eine Standard-DBT vorgeschaltet war oder die Patientinnen direkt mit der DBT-PTSD beginnen. Im letzteren Fall geht es zunächst um Informationsgewinnung. Neben sozialen Eckdaten werden die therapeutischen Vorerfahrungen, die Symptomatik der Posttraumatischen Belastungsstörung sowie weitere psychische und körpermedizinische Symptome erfasst. Darüber hinaus sollten ein Überblick zu selbstschädigenden Verhaltensweisen, Suizidversuchen und Therapieabbrüchen geschaffen und gegenwärtig relevante Verhaltensweisen im Rahmen einer Verhaltensanalyse näher betrachtet werden. Werden an dieser Stelle aktuell lebensgefährliche Verhaltensweisen deutlich, hat diese Symptomatik gegenüber den traumafokussierenden Elementen Vorrang.

Im Anschluss wird die Lebenslinie mit Erarbeitung der emotional bedeutsamen belastenden sowie der positiven Lebenserfahrungen erarbeitet. Die Erfahrungen werden dabei auf einer Linie auf einem Blatt Papier mit Überschriften und kurzen Eckdaten festgehalten. Die einzelnen traumatischen Ereignisse werden zu diesem Zeitpunkt noch nicht im Detail besprochen. Vielmehr geht es darum, zunächst einen Überblick über Anzahl, Art, Verknüpfung der Erfahrungen, den damaligen und heutigen Gefühlen und Gedanken sowie Ressourcen herauszuarbeiten. Es können erste Hypothesen zu den Index-Traumatisierungen aufgestellt werden, d. h. den Traumatisierungen, die heute mit der stärksten Belastung einhergehen.

Tab. 34-2 Behandlungsmodule der DBT für Posttraumatische Belastungsstörungen (DBT-PTSD)

Phase 1: Commitment

- Modul: Anamnese und Psychopathologie (o)
- Modul: Klärung von derzeitigem krisengenerierendem Verhalten (o)
- Modul: Therapie-Aufklärung, Zielklärung und Therapievertrag (o)
- Modul: Aushändigung von Skills-CD: Einführung (o)

Phase 2: Planung und Motivierung

- Modul: Werte- und Wünsche-Klärung (o)
- Modul: Behandlungsmodell (o)
- Modul: PTBS-Störungsmodell (o)
- Modul: Befürchtungen (o)
- Modul: Verhaltensanalyse nicht virulentes Problemverhalten und entsprechende Skills (o)
- Modul: Entscheidung für neuen Weg und Therapieziele (o)

Phase 3: Bearbeitung von Trauma-bezogenen Escape-Strategien

- Modul: Belastungstoleranz (o)
- Modul: Gefühlsregulation (o)
- Modul: Umgang mit Dissoziation (f)
- Modul: Individuelle Bearbeitung von Schuld und Scham (f)
- Modul: Individuelle Bearbeitung von Wut (f)
- Modul: Vorbereitung der Durchführung der Exposition (o)

Phase 4: Exposition – Reduktion des Wiedererlebens Trauma-bezogener Gefühle

- Modul: In-vivo-Exposition mit Diskriminationstraining „Was ist heute anders"? (o)
- Modul: Skills-assistierte Exposition (o)
- Modul: Exposition im Selbst-Management (o)
- Modul: Albtraumbehandlung (f)
- Modul: Radikales Annehmen der Vergangenheit (o)

Phase 5: Entfaltung des Lebens

- Modul: Entfaltung von Werten und Wünsche (o)
- Modul: Selbstwert und Selbstkonzepte (o)
- Modul: Reviktimisierung (o)
- Modul: Körper und Sexualität (f)
- Modul: Partnerschaft und Soziales Netzwerk (f)
- Modul: Berufliche Tätigkeit (f)
- Modul: Rückfallprophylaxe (o)
- Modul: Abschied nehmen (o)

o = obligatorisch; f = fakultativ

34.3 Dialektisch-Behaviorale Therapie (DBT)

Therapeuten sollten ein erstes Verständnis darüber entwickeln, welche therapeutischen Ziele die Patientinnen verfolgen.

Bei Patientinnen, die neu mit der Behandlung beginnen, erfolgt eine Einführung in das Skills-Konzept und hier insbesondere in die Achtsamkeit. Zwar besteht immer wieder die Befürchtung, dass bei ungeleiteten Achtsamkeitsübungen (im Vergleich zu geleiteten Imaginationsübungen) manchmal belastende Erinnerungen auftauchen, was tatsächlich der Fall sein kann. Generell sind jedoch nicht die Erinnerungen per se, sondern die Gefühle, die Bewertungen und die Schwierigkeit, in der Gegenwart zu bleiben, das Problem. Achtsamkeit schult eben diese Fähigkeit und sollte daher zu einem frühen Zeitpunkt etabliert werden.

Planungs- und Motivierungsphase

Viele unserer Patientinnen kommen mit dem Anliegen, ihre Symptomatik der Posttraumatischen Belastungsstörung möge „weggehen"; viele wünschen sich sogar ein Vergessen des Erlebten. Gerade bei Patientinnen mit ausgeprägter komorbider Symptomatik, wie dies bei Borderline-Patientinnen typischerweise der Fall ist, besteht zudem häufig die Vorstellung, dass nach der Traumatherapie endlich alle Probleme gelöst sind. All diese Erwartungen sind nachvollziehbar und stellen eine hohe Motivation dar – leider sind sie unrealistisch und das sollte besprochen werden.

Merke
Das Ziel heißt nicht, das Erlebte zu vergessen oder Vergessenes wieder zu erinnern oder zu integrieren, sondern die Erfahrung zu machen, dass die traumatischen Ereignisse der Vergangenheit angehören und andere Sichtweisen der eigenen Person und der Welt möglich sind.

Um nicht nur an der Reduktion der traumaassoziierten Folgen zu arbeiten, sondern tatsächlich die Lebensqualität zu erhöhen, werden zu Beginn zentrale Werte und Wünsche sowie deren Umsetzung erarbeitet. Die Dinge, die den Betroffenen wirklich wichtig im Leben sind, stellen einen Motivator für Veränderungsschritte und die Therapie dar und sollten parallel zur Therapie aufgebaut werden.

Die DBT-PTSD nutzt dabei die Grafik „Der alte und der neue Weg": An das Ende des neuen Weges werden die Werte, Wünsche und Ziele der Patientinnen geschrieben. Konkrete Techniken zur Erarbeitung von Werten finden sich in Manualen der Akzeptanz- und Commitmenttherapie (ACT, Acceptance und Commitment Therapy; Wengenroth 2012) und bei Bohus et al. (2013b). Anschließend wird geklärt, wie es dazu kam, dass die Werte nicht oder nur sehr unzureichend umgesetzt werden und welche gegenwärtigen Gedanken und Gefühle die Patientin hindern, zielorientiertes Verhalten im Alltag zu zeigen. Eines dieser Hindernisse wird sicher die Symptomatik der Posttraumatischen Belastungsstörung sein, die im nächsten Schritt detaillierter betrachtet wird. Neben den Schwierigkeiten des neuen Weges sollten zu diesem Zeitpunkt auch aufrechterhaltende Faktoren besprochen werden. In der Sprache der Lerntheorie also negative und positive Verstärker.

Im nächsten Schritt wird die Symptomatik der Posttraumatischen Belastungsstörung detailliert erfasst. Im Rahmen der Modellentwicklung verschafft sich der Therapeut einen Überblick zu den belastenden Erinnerungen, den traumaassoziierten Gefühlen und Gedanken. Es wird erarbeitet, welche Auslöser bestehen, welche Auslöser vermieden werden und wie versucht wird, dem belastenden Trauma-Erleben zu entkommen (Escape-Strategien). Im Anschluss schließt sich die Psychoedukation an. Die Patientin soll verstehen, dass viele ihrer Bewältigungsstrategien (Meidung und Escape) die Symptomatik aufrechterhalten. Dazu bietet sich die Wasserball-Metapher (Priebe 2014) an: Das Trauma-Erleben wird dabei als Wasserball symbolisiert, der durch Meidung und Escape weit unter die Wasserfläche gedrückt wird. Es wird erarbeitet, dass es enorm viel Kraft kostet und zudem auf Dauer nicht möglich ist, den Wasserball unten zu halten. Wenn er dann mit Wucht nach oben schießt, fühlt es sich unkontrollierbar an. Um diesen ständigen Wechsel zwischen Wegdrücken und Hochschießen zu beenden, soll der Wasserball langsam, kontrolliert und mit therapeutischer Unterstützung an die Wasseroberfläche auftauchen.

Häufig schließt sich danach die Bearbeitung von Befürchtungen an. Viele Patientinnen befürchten z. B., sie könnten verrückt werden oder völlig die Kontrolle über ihre Gefühle verlieren. In einem ersten Schritt sollten die Befürchtungen zunächst genau eruiert werden. Unrealistische Befürchtungen werden anschließend hinterfragt; realistische Befürchtungen bedürfen einer Problemlösung oder, wenn es um die Angst vor unangenehmen Gefühlen geht, eine Kosten-Nutzen-Abwägung.

Die Phase endet mit der Formulierung von drei konkreten verhaltensbezogenen Zielen, die an Lebensziele gekoppelt sind, festgehalten und in der Supervisionsgruppe vorgestellt werden.

Bearbeitung von Trauma-bezogenen Escape-Strategien

Generell sollten Patientinnen lernen, ihre Gefühle besser zu differenzieren und zu regulieren. Dafür wird eine Psychoedukation zu Funktion, Auslösern, spezifischen Gedanken, Handlungsimpulsen und Körperreaktionen verschiedener Gefühle durchgeführt. Patientinnen werden angehalten, sich in der Sitzung und auch zu Hause regelmäßig im Rahmen von Gefühlsprotokollen mit ihren Gefühlen auseinanderzusetzen.

Für hohe Spannungszustände sowie dissoziative Symptome erlernen die Patientinnen Stresstoleranz-Skills. Der Umgang mit dissoziativen Symptomen wurde bereits näher ausgeführt. Spätestens zu diesem Zeitpunkt sollte intensiv mit der Skills-CD (Bohus u. Wolf 2012) gearbeitet werden.

Nach der Reduktion von Escape-Strategien der Verhaltensebene (z. B. Selbstverletzungen) werden emotionale Escape-Strategien fokussiert. Einen häufigen emotionalen Escape stellt das Schuldgefühl dar. Es kann zwar extrem schmerzlich für die Patientin sein, trotzdem ist es in der Regel leichter zu ertragen als das Gefühl von Ohnmacht. Um Schuldkognitionen zu relativieren, hat sich der Einsatz von kognitiven Interventionen sehr bewährt. Dabei wird zunächst genau exploriert, was sich die Patientin konkret vorwirft. Den Kern der Schuldbearbeitung stellt die Frage dar, warum die Patientin damals so und nicht anders gehandelt hat. Anstatt Gegenargumente vorzubringen, stellt der Therapeut kurze, konkrete, einfache und offene Fragen, die die Patientin dazu anregen sollen, die schuldbezogene Überzeugung zu überprüfen. Manchmal sind die Schuldkognitionen sehr hartnäckig. Hier kann es sinnvoll sein, auch die heutige Funktionalität zu berücksichtigen und im Rahmen eines 4-Felder-Schemas zu erarbeiten. So macht es ein Schuldgefühl für einen Missbrauch durch den Vater z. B. für viele Betroffene leichter, den gewünschten Kontakt zur Familie beizubehalten.

Als Vorbereitung für die Exposition sollte gerade bei Opfern von sexuellem Missbrauch Scham antizipiert werden. Die Handlungsimpulse der Scham (nicht über das schambesetzte Thema sprechen; aus der Beziehung gehen) stellen ein therapiestörendes Verhalten dar. Nicht selten sind ausgeprägte Schamgefühle sogar der Grund für einen Therapieabbruch. Im besten Fall sollten Schamgefühle antizipiert und der Umgang schon vorher besprochen werden. Die Veränderung der Körperhaltung stellt ein zentrales Element in der Regulation von Scham dar (aufrecht sitzen, am besten stehen, Blickkontakt, Brustkörper geöffnet). Wann immer es möglich ist, sollten schambesetzte Themen normalisiert werden. Bei einigen Themenbereichen sollte antizipatorisch normalisiert werden, d. h. schon bevor das Thema vollständig ausgesprochen wurde. Typische Themen sind das Erleben von sexueller Erregung während des Missbrauchs, das frühere Aufsuchen des Täters, bestehender Täterkontakt und heutige sexuelle Praktiken. Hier bietet es sich an, der Patientin über die „Geschichte der anderen Patienten" eine Brücke zu bauen. Vergegenwärtigt man sich noch einmal die zentrale Befürchtung im Zusammenhang mit der Scham, *„Andere Personen* (und in diesem Fall geht es um uns Therapeuten) *werden mich ablehnen/weniger mögen"*, wird deutlich, dass die mittel- und langfristig korrigierende Information in der Erfahrung einer wertschätzenden therapeutischen Beziehung liegt.

Expositionsphase: Reduktion des Wiedererlebens Trauma-bezogener Gefühle

Der Beginn der formalen Exposition bedeutet meist eine intensive emotionale Arbeit für die Patientin. Daher sollten bestimmte Voraussetzungen erfüllt sein, die in Tabelle 34-3 dargestellt sind.

Das erste formale Expositionselement ist meist das Diskriminationstraining gegenüber Auslösereizen. Im Gegensatz zu einer Standardexposition ist die Patientin dabei angehalten, sich die Unterschiede zwischen der damaligen traumatischen Situation und der heutigen Auslösesituation zu vergegenwärtigen (Ehlers 1999). Dabei findet die Exposition zunächst gegenüber situativen Auslösereizen statt, die gegenwärtig im Alltag nicht vermieden werden können (z. B. der Chef, auf die Toilette gehen), oder deren Vermeidung die Lebensqualität sehr stark einschränkt (z. B. im Sommer öffentliche Verkehrsmittel benutzen). Im Rahmen des Diskriminationstrainings werden die Unterschiede zwischen der aktuellen Situation und der früheren traumatischen Situation erarbeitet. Diese Unterschiede können auf der Ebene der Gesamtsituation, der Ebene der eigenen Person und schließlich auf der Ebene des konkreten Auslösers bestehen. Tabelle 34-4 fasst mögliche Fragen für die Erarbeitung der Unterschiede zusammen. Dabei ist zentral, dass die Unterschiede so konkret wie möglich herausgearbeitet werden. Die Erarbeitung der Unterschiede sollte zunächst theoretisch, d. h. ohne In-vivo-Exposition mit dem Auslöser, im therapeutischen Setting stattfinden. Anschließend kann die Diskriminierung in einer therapeutenbegleiteten Exposition gegenüber dem Auslöser eingeübt und schließlich im Selbstmanagement geübt werden.

Anschließend wird die Exposition gegenüber dem Index-Trauma begonnen, d. h. dem Trauma mit der aktuell stärksten Belastung.

Um die Belastung bei dieser Patientengruppe in einem tolerierbaren Bereich zu halten und dissoziativen Symptomen vorzubeugen, erfolgt die In-sensu-Aktivierung nach dem Prinzip der Skills-assistierten Exposition. Hauptprinzip ist die Herstellung

Tab. 34-3 Checkliste für den Beginn der Exposition

Suizidalität/Selbstverletzung/Drogen:	
keine akute Suizidalität (= keine Notwendigkeit einer geschützten Unterbringung bzw. von Krisentelefonaten oder Krisengesprächen)/keine schweren (lebensbedrohlichen) Selbstverletzungen/kein schweres (lebensbedrohliches) Hochrisikoverhalten innerhalb der letzten 4 Wochen	
kein krisengenerierendes Verhalten (z. B. von Polizei gesucht werden) in den letzten 4 Wochen	
bei Suchterkrankung in der Vorgeschichte: kein Cannabis/Alkohol/Drogen in den letzten 4 Wochen; wenn keine Suchterkrankung vorliegt: kein Cannabis/Alkohol/Drogen in den letzten 48 Stunden vor Expositionssitzung	
Gewicht:	
BMI ≥ 17	
Soziale Situation:	
aktuell geringes Risiko erneuter Viktimisierung	
bei Schwangerschaft: keine Gefährdung der Gesundheit des Kinder und der Mutter durch Belastung bei Exposition	
keine akute Krisensituation im näheren Umfeld (drohende Obdachlosigkeit/Jobverlust/Trennung vom Partner/Todesfall oder schwere Erkrankung)	
Cave: Keine schwerwiegenden Entscheidungen während der ersten 4 Wochen der Expositionszeit!	
Skills-Akquisition:	
Patientin hat einen funktionierenden Notfallkoffer	
Patientin kennt die typischen Trigger für Dissoziation und kann selbstständig gegensteuern	
Vorbereitung:	
Patientin kann 2 Wochen lang mehr Zeit als sonst üblich investieren und hat Plan für die Gestaltung der Zeit nach den ersten vier formalen Expositionen und der Tage zwischen den Terminen, die die ersten zwei formalen Expositionen beinhalten	
Patientin hat das Rational für den Einsatz von Exposition verstanden	
Patientin hat Entscheidung für einen neuen Weg getroffen	
Patientin kann sich rational von Schuld distanzieren	
Patientin kennt ihre typischen Befürchtungen, was bei Exposition passieren könnte, und konnte diese mit der Therapeutin gemeinsam reduzieren	
Patientin weiß, dass sie „Stopp" sagen kann	

34.3 Dialektisch-Behaviorale Therapie (DBT)

Tab. 34-4 Fragen für das Unterscheidungstraining

Ebene der Gesamtsituation

- Was ist an der Gesamtsituation anders?
- Welches Datum ist heute?
- An welchem Ort befinde ich mich gerade?
- In welcher Situation befinde ich mich gerade?
- In welcher Funktion befinde ich mich in dieser Situation?
- Was ist noch anders?

Ebene der eigenen Person

- Was ist an mir heute anders als damals?
- Wie alt bin ich?
- Wie viel älter bin ich?
- Was ist an meinem Aussehen anders?
- Welche Handlungsmöglichkeiten habe ich heute?
- Was ist an meinem Leben anders?
- Was ist an mir noch anders?

Ebene des Auslösers

- Was ist zwischen der heutigen Auslösesituation und der damaligen Situation anders?
- Welche Unterschiede bestehen im Aussehen?
- Welche Unterschiede bestehen im Geruch?
- Welche Unterschiede bestehen im Geschmack?
- Welche Unterschiede bestehen im Verhalten?
- Was ist an der Auslösesituation noch anders?

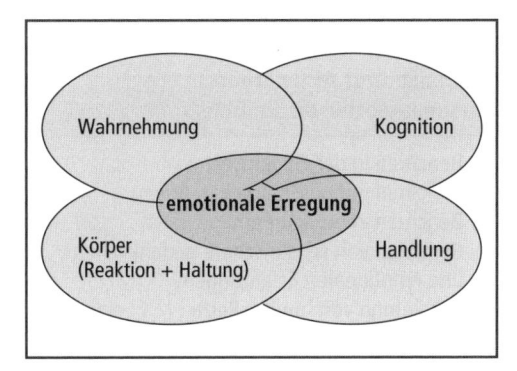

Abb. 34-6 Konvergenz der emotionalen Komponenten.

einer Balance zwischen der Aktivierung traumaassoziierter Gefühle und Gegenwartsbezug. Starke emotionale Erregung beeinträchtigt kontextabhängiges Lernen. Unter hohem Stress ist die Möglichkeit der Neuverknüpfung von alten traumaassoziierten Reizen mit gegenwärtigen ungefährlichen Informationen stark reduziert. Der Therapeut ist also gehalten, die emotionale Erregung aktiv zu modulieren. Modellhaft kann man sich vorstellen, dass die affektive Aktivierung mit der Synchronisierung der vier Komponenten Wahrnehmung, Kognition, Körper und Handlung zunimmt (Abb. 34-6).

Je genauer diese Komponenten übereinstimmen, desto stärker ist die emotionale Erregung. Umgekehrt mindern Diskrepanzen zwischen diesen Komponenten den Erregungsgrad. Therapeutische Interventionen zur Affektreduktion zielen also darauf, asynchrone, d. h. unstimmige Interaktionen zwischen den vier Komponenten hervorzurufen.

Die formale Exposition erfolgt gestuft. Zunächst berichtet die Patientin das traumatische Ereignis im Gespräch. Dabei hat sie die Augen geöffnet und berichtet in der Vergangenheitsform. Im nächsten Schritt soll die Patientin einen schriftlichen Traumabericht erstellen. Patientinnen sollen diesen Bericht handschriftlich anfertigen und bekommen die explizite Erlaubnis, eine Pause, insbesondere bei reduziertem Gegenwartskontakt, zu machen. An der entsprechenden Stelle des Berichts soll die Pause mit einem Strich festgehalten werden. In der Regel wird der Traumabericht als Therapieaufgabe zwischen den Sitzungen angefertigt, sodass natürlich auch Rahmenbedingungen vorher besprochen werden

Tab. 34-5 Beispiele zum Prinzip der Skills-assistierten Exposition

Techniken zur Aktivierung traumaassoziierter Gefühle	Techniken zur Aktivierung des Gegenwartskontaktes
• Berichten in der Gegenwart • Berichten mit geschlossenen Augen • Berichten in der Ich-Form • Berichten von sensorischen, gedanklichen und emotionalen Erfahrungen • Darbietung von In-vivo-Reizen (z. B. einem Foto von damals, einem Kleidungsstück)	• Berichten in der Vergangenheitsform • Berichten mit geöffneten Augen • Berichten in der dritten Person • Berichten der Fakten • Darbietung von Unterscheidungsreizen (z. B. angenehmer Geruch, Bonbon) • Interventionen zur Unterscheidung (z. B. Wo sind Sie gerade? Was wissen Sie heute?)

müssen. In der therapeutischen Sitzung liest die Patientin den Traumabericht vor. Der nächste Schritt stellt die In-sensu-Aktivierung, d. h. die möglichst lebendige Vorstellung des Erlebten, dar. In Tabelle 34-5 sind Beispiele für Interventionen zur Aktivierung traumaassoziierter Gefühle und zur Herstellung des Gegenwartsbezuges während der In-sensu-Aktivierung aufgeführt.

Der Therapeut erfragt regelmäßig das Ausmaß der Belastung und die vorherrschenden Gefühle. Ausgeprägte dissoziative Symptome sollten durch den Einsatz antidissoziativer Skills reduziert werden. Bei den Patientinnen mit hoher Dissoziationsneigung können antidissoziative Fertigkeiten auch präventiv eingesetzt werden (z. B. beim Berichten der traumatischen Situation auf einer schaukelnden Unterlage stehen oder ein Eisgelkissen auf dem Arm haben). Als Therapieaufgabe hören die Patientinnen eine Aufnahme der Therapiesitzung. Entsprechend dem Ansatz der Skills-assistierten Exposition sind die Patientinnen auch bei dieser selbstgesteuerten Exposition angehalten, Lebendigkeit der Erinnerungen und Belastung durch den Einsatz von Skills während der Exposition zu regulieren.

Bei Patientinnen, die auch nach Beendigung der formalen Expositionsphase noch weiter unter Albträumen leiden, kann eine spezifische Albtraumbehandlung durchgeführt werden (Krakow u. Zadra 2006). Dabei wird die Patientin aufgefordert, den Trauminhalt so zu verändern, wie sie es will (anyway you wish). Anschließend wird der Beginn des alten Traums mit dem neuen Ende in der Sitzung und auch zwischen den Sitzungen imaginiert.

Die formale Expositionsphase schließt häufig mit Übungen zum Annehmen des Erlebten. Dabei werden z. B. Sätze zu unabänderlichen Tatsachen formuliert („Ich wurde von meinem Vater missbraucht") und laut ausgesprochen.

Entfaltung des Lebens

In der Abschlussphase werden je nach vorliegender komorbider Symptomatik und den Faktoren, die einem sinnerfüllten Leben im Wege stehen, unterschiedliche Themen fokussiert. Bei Opfern von sexuellem Missbrauch sind Themen wie Selbstwert, Reviktimisierung sowie Körpererleben und Sexualität fast immer zentral. Neben kognitiven Interventionen werden akzeptanzbasierte Strategien und auch Expositionselemente (z. B. Spiegelexposition) durchgeführt. Spezifisch für das Gefühl des Beschmutzt-Seins, unter dem viele Opfer sexualisierter Gewalt leiden, wurde von Jung und Steil (2013) ein eigenes Vorgehen entwickelt und evaluiert. Dabei werden zunächst kognitive Interventionen durchgeführt, z. B. wird berechnet, wie häufig sich Hautzellen seit dem Übergriff erneuert haben. Anschließend wird ein individuelles Vorstellungsbild zur Hauterneuerung erarbeitet, welches dann imaginiert wird.

34.4 Zusammenfassung

Die Belege von zwei Studien sprechen für eine gute Wirksamkeit und Akzeptanz der Dialektisch-Behavioralen Therapie für Posttraumatische Belastungsstörungen (DBT-PTSD). In einer Prä-Post-Studie an 29 konsekutiv rekrutierten Patientinnen fanden sich nach dreimonatiger stationärer Behandlung signifikante Verbesserungen in der posttraumatischen Symptomatik mit großer Effektstärke (1,22; Steil et al. 2011). Keine der Patientinnen hatte sich verschlechtert oder die Therapie abgebrochen. In einer randomisiert kontrollierten Studie mit 74 Patientinnen zeigte sich eine signifikante Überlegenheit der DBT-PTSD im Vergleich zu einer Warteliste auch drei Monate nach Entlassung (Bohus et al. 2013a). Die Zwischengruppen-Effektstärke für die posttraumatische Symptomatik lag bei 1,35. Nur 5 % der Patientinnen (2 von 36) brachen die Behandlung vorzeitig ab. Weder Schweregrad der Borderline-Persönlichkeitsstörung noch die Anzahl der Selbstverletzungen zu Beginn der Behandlung beeinflussten das Therapieergebnis. Während der Therapie fand sich keine Zunahme der Selbstverletzungen (Krüger et al. 2014).

Trotz dieser Mut machenden Befunde, die dafür sprechen, dass wir in der deutschsprachigen Versorgungslandschaft bislang noch zu zögerlich mit Expositionselementen bei Borderline-Patientinnen gearbeitet haben, erscheint es uns wichtig, zu konstatieren, dass es für den ambulanten Bereich noch nicht viele Daten gibt. Eine Evaluation im ambulanten Rahmen wird aktuell durchgeführt.

35 Körperpsychotherapie bei schwer traumatisierten Patienten

Peter Joraschky und Angela von Arnim

Inhalt

35.1 Körperorientierter Zugang zu basalen Störungen des Körpererlebens 634

35.2 Die Bedeutung integrativer trauma- und körperorientierter Psychotherapieansätze 635

35.3 Sensomotorische Fehlregulationen und daraus abgeleitete therapeutische Prozesse in der achtsamkeitsbasierten Psychotherapie 636

35.4 Ressourcenorientierter Zugang zum Körpererleben 638

35.5 Drei-Phasen-Modell einer Körperpsychotherapie von traumatisierten Patienten 640
    35.5.1 Stabilisierungsphase 641
    35.5.2 Bearbeitungsphase 642
    35.5.3 Integrationsphase 642

35.6 Zusammenfassung 642

35.1 Körperorientierter Zugang zu basalen Störungen des Körpererlebens

Freud beschreibt 1895 die Auswirkung eines Traumas auf die Persönlichkeit eines Menschen in der Weise, dass *"das psychische Trauma respektive die Erinnerung an dasselbe nach Art eines Fremdkörpers wirkt, welcher noch lange Zeit nach seinem Eindringen als gegenwärtig wirkendes Agens gelten muss"* (Freud 1895d/1977c, S. 85).

Dieses Freud-Zitat gilt im Hinblick auf die Folgen eines psychischen Traumas noch heute: Psychische Reize, die aufgrund ihrer Stärke die Verarbeitungskapazität des Individuums überfordern, können nicht in der üblichen Weise kürzer- oder längerfristig in die psychischen Funktionen des Betroffenen integriert werden, sondern wirken in schädlicher, dysfunktionaler Weise weiter. Diese Wirkung kann dann besonders stark sein, wenn das Trauma in der vorsprachlichen Zeit die noch in der frühen Entwicklung befindlichen neurophysiologischen

35.2 Die Bedeutung integrativer Psychotherapieansätze

und psychischen Funktionen trifft. Es sind vor allem Abstimmungsprozesse in der taktilen Phase bedeutsam, wo Rhythmus, Wiegen und insbesondere Berührung im Vordergrund stehen. Mit taktiler Deprivation ist in der Regel eine geringe Selbstberuhigungs- und Tröstungsfähigkeit verbunden.

Für die Psychotherapie besteht die Problematik, wie das „Berührtsein" verbal auf ein taktiles Erleben und konkretes Berühren bezogen werden kann. In den Übertragungsprozessen besteht immer wieder das Phänomen der Haltlosigkeit, die durch übergroße Abhängigkeit im Wechsel zur Distanz kaum überbrückbar ist. Auch für die Körperpsychotherapie bleibt die Berührung eine besonders heikle Thematik, welche die Fachliteratur durchzieht, insbesondere jedoch bei den komplex traumatisierten Patienten bei der Ausprägung der Emotionsdysregulation ein noch kaum gelöstes Problem ist. Für die Grenzenstabilisierung sind körperpsychotherapeutische Prozesse durchaus erfolgreich. Besonders resistent sind die durch die Übererregung ausgelösten Ekelaffekte. Dabei kann dem Ekelaffekt die Funktion zugeschrieben werden, das quasi Fremdkörperhafte der Intrusion aus dem Selbst auszustoßen.

Als eine *Grundstörung* wird unter entwicklungspsychologischer Perspektive die Störung des Gehaltenseins und der Bindungsfähigkeit in der taktilen Phase mit der Unfähigkeit zur Selbstberuhigung und zur Propriozeption gesehen. Folgen dieser Störung können Emotionsdysregulationen, insbesondere Impulsivität sein. Die Sexualität ist vor dem Hintergrund der Unabgestimmtheit der Emotionen oft schwer zu integrieren und hat in späteren Entwicklungsphasen häufig die Funktion, Bindung sekundär herzustellen, was auch mit einer Hypersexualität einhergehen kann.

Diese ausgeprägten Berührungsängste können z. B. wie bei der im Kapitel 11 dargestellten Patientin im Rahmen einer komplexen Persönlichkeitsstörung gesehen werden. Zum Abbau der Berührungsängste werden Massagen und Berührungsübungen eingesetzt. Hier sind vor allem die von der Dialektisch-Behavioralen Therapie (DBT; s. Kap. 34) entwickelten Körperwahrnehmungsübungen (Mindfulness) mit der Fokussierung auf sensorische Informationen von der Körperoberfläche hilfreich. Hierbei lernen die Patienten, in kontinuierlicher Übung die peripheren Anteile des Körpers als zu sich gehörig wahrzunehmen. Dabei kann festgestellt werden, an welchen Stellen Ekel oder Scham aktiviert werden (Haaf et al. 2001; Bohus u. Brokuslaus 2006).

Bohus und Brokuslaus (2006) stellten bei der Auswertung von Patientenberichten über die Wirksamkeit verschiedener Therapiemodule während der stationären Therapie fest, dass die Patientinnen die Körpermodule sowohl während der Therapie als auch im Follow-up als stärkste Wirkfaktoren einschätzen. Ansonsten liegen noch zu wenige kontrollierte Studien zur selektiven und additiven Wirksamkeit körperpsychotherapeutischer Verfahren vor.

35.2 Die Bedeutung integrativer trauma- und körperorientierter Psychotherapieansätze

Besonders in den letzten zehn Jahren wurden bedeutsame Entwicklungsschritte in der klinischen Praxis bei der Integration von körperpsychotherapeutischen Prozessen und der traumaorientierten Psychotherapie geleistet. Ausgangspunkt war nicht zuletzt bei einer großen Gruppe traumatisierter Patienten eine geringe Veränderung des basalen Körpererlebens durch Psychotherapie und der darin implizierten Affektdysregulation trotz verbesserter allgemeiner Selbstakzeptanz (s. Kap. 8). Die hohe Vulnerabilität von Rückfällen nach einer Psychotherapie bei vor allem Komplexen Posttraumatischen Belastungsstörungen (KPTBS) verwies auf die Notwendigkeit, eine Integration der verschiedenen methodischen Ansätze zu reflektieren. Hieraus entstand geradezu ein Boom an körperpsychotherapeutischer klinischer Literatur, ausgehend von spezialisierten stationären Psychotherapien (Traumastation, Borderline-Station) und Traumaambulanzen (Trautmann-Voigt u. Voigt 2007; Vogt 2007). Trotz der weitgehend fehlenden empirischen Überprüfungen ist vor allem aus der Ergänzungsreihe von Neurobiologie, Emotionsregulation und Bindungsforschung eine beeindruckende Hypothesengenerierung entstanden, die auf der Ebene der Therapieprozesse eine Konvergenz der Methoden erkennen lässt. Psychotherapieprozesse auf der verbalen Ebene, die sich dem basal gestörten Körpererleben mit Emotionsdifferenzierung, Benennung und Symbolisierung annähern (Top-down-Prozesse), stoßen auf ihre Grenzen bei neurophysiologischen Dysregulationen als Folge von traumatischer Übererregung (Joraschky u. Pöhlmann 2009).

35.3 Sensomotorische Fehlregulationen und daraus abgeleitete therapeutische Prozesse in der achtsamkeitsbasierten Psychotherapie

Traumatisierte Patienten erleben häufig unkontrollierbare Körpererfahrungen, schwer zu steuernde starke Emotionen, chronische physiologische Erregungszustände, wo die traumatischen Erinnerungen subcortical gespeichert sind und die Aktivierung ein somatisches Gefühl von Bedrohungen, einen, wie van der Kolk et al. (1996) es nennen, „sprachlosen Terror" schafft. So wurden Körperwahrnehmungstherapien entwickelt, die *Bottom-up-Prozesse* ansteuern, die eine Balance in den Erregungsdysregulationen anstreben, welche wiederum die Basis für die notwendigen körperlichsprachlichen, affektiv-kognitiven Prozesse ist. Mit diesen Interventionen werden körperliche Sensationen, Bewegungseinschränkungen und somatosensorische Intrusionen des ungelösten Traumas bearbeitet. Dies können eindringende Bilder, Geräusche, Gerüche, Körpersensationen, körperlicher Schmerz, Taubheitsgefühle u. a. sein.

Die grundlegende Theorie stecken gebliebener traumatisch bedingter neurophysiologischer Verarbeitung ist ein Wechsel zwischen Hyperarousal (Kampf – Flucht) und Totstellreflex (Hypoarousal) (Tab. 35-1). Dieses Muster wurde von van der Kolk et al. (1996) als ein Zuviel und ein Zuwenig in der Erregungsregulation herausgearbeitet. Das Zuviel sind negative Emotionen, Ängstlichkeit, Hypervigilanz, Hyperaktivität. Das Zuwenig äußert sich in einem Gefühl emotionaler Leere und Taubheit, einer Entfremdung vom eigenen Körper. Diese Untererregung wird häufig als Abgestumpftheit oder depressive Symptomatik und nicht im Hinblick auf die traumaabgeleiteten Körperempfindungen gesehen. In Schockstarre gehaltene motorische Blockaden und Affektblockaden, wie unterdrückte Trauer und Wut, werden in den Körperwahrnehmungsübungen aufgesucht. Das Affekttoleranzfenster wird unter dem Schutz der Sicherheit gebenden Beziehung erweitert, indem die Körperwahrnehmung, die Gefühle, benannt und differenziert werden. Die Patienten lernen, das

35.3 Sensomotorische Fehlregulationen

Tab. 35-1 Die drei Arousal-Zonen – Modell zum Verständnis der Regulierung des autonomen Arousals (nach Ogden et al. 2010)

Hyperarousal-Zone	• gesteigerte Empfindungsfähigkeit • emotionale Reagibilität • Hypervigilanz • intrusive Bilder • desorganisierte kognitive Verarbeitung	2. sympathische „Kampf- oder Flucht"-Reaktion
	↑	
	Toleranzfenster Zone optimalen Arousals	1. ventral-vagale (sozial orientierte) Reaktion
	↓	
Hypoarousal-Zone	• emotionale Leere • Taubheit • Depersonalisation • desorganisierte kognitive Verarbeitung	3. dorsal-vagale „Immobilisierungs"-Reaktion

Zusammenspiel von Empfinden, Bewegung und Impulsen zu beobachten und dann zu beschreiben. Nach neurobiologischer Theorie (Schore 1994; LeDoux 2002) ist es dadurch möglich, das Zusammenspiel vom rechten orbitalen präfrontalen Cortex und subcorticaler Hypererregung zu balancieren.

In der sensomotorischen Therapie (Ogden et al. 2010, 2013) werden die abgebrochenen körperlichen Handlungsimpulse wahrgenommen und die Handlungen (z. B. Kampf- oder Fluchtimpulse) nachvollzogen. Die Impulse sind teils überkontrolliert in Form chronischer Muskelanspannungen, erhöhten Aggressionspotenzials, eines schlaffen Muskeltonus und Empfindungslosigkeit wahrnehmbar. Traumaassoziationen, Erinnerungen, Triggerreize, die die Hypererregung aktivieren, werden durch körperzentrierte Interventionen so gesteuert, dass die Erregung in der Toleranzgrenze gehalten wird (Siegel 1999). Hierdurch wird es dem Patienten möglich, Vertrauen und Sicherheit zu entwickeln, dass er die traumatischen Erlebnisse verarbeiten kann, ohne von emotionalen und körperlichen Reaktionen überschwemmt zu werden. Im Toleranzfenster können Symbolisierungsvorgänge wieder aufgenommen (s. u.) und die Körpersignale mit Empfindungen, erlebten Bildern sowie Sprache ergänzt werden. Diese Verbindung von Bottom-up- und Top-down-Interventionen kann dann durch Körperpsychotherapien, wie von der Funktionellen Entspannung und der Konzentrativen Bewegungstherapie entwickelt, durch die Verknüpfung von Körpererleben und Sprache hergestellt werden.

Die rasche Aktivierung von Erregungsprozessen bei kumulativ traumatisierten Patienten stellt die Bedeutung ressourcenorientierter, positive Emotionen stimulierender Interventionen als strukturgebende, sicherheitsvermittelnde Interventionen in den Mittelpunkt. Gerade bei der Erarbeitung des Toleranzfensters sind die Vitalität und Freude vermehrenden, haltgebenden Interventionen quasi das bergende Gefäß. Die Erforschung meditativer Methoden von

Ansätzen wie Mindfulness (Siegel 2007) konnte darstellen, dass positive Emotionen modulierend auf die Erregungsprozesse Einfluss nehmen, messbar auch in der verstärkten Aktivierung des anterioren cingulären Cortex (ACC), der überschießende Emotionen modulieren kann. Viele der Übungen greifen physiologische Selbstregulationswege auf wie Seufzen, Gehen, Strecken, Lachen, Dösen, Hüpfen, Stampfen, Summen. Zielvariablen sind eine Erweiterung des emotionalen Erlebens, der Wahrnehmungsfähigkeit, der Spontaneität, Sicherheit und der Kontrolle für eine wohlwollende, freundliche Selbstannahme. Hieraus resultiert der Abbau der ablehnenden Haltung dem eigenen Körper gegenüber, eine Stimulierung der Neugier, Neues auszuprobieren, und durch die Selbststeuerung positive Gefühle erzeugen zu können. Auf dieser Basis wächst die Fähigkeit, sich selbst zu beruhigen.

Als Kurzpsychotherapiemethode hat sich in den letzten Jahren sowohl bei akut Traumatisierten als auch Komplexen Posttraumatischen Belastungsstörungen die Methode des *Somatic Experiencing* von Peter Levine (1997) bewährt. Nach den dargestellten Prinzipien werden in kleinen Schritten („Titrieren") kleine Dosen traumatischen Materials dem Spürerleben wieder zugänglich gemacht. Dabei ist vor allem das Pendeln zwischen Aktivierung und Entspannung, bei dem es zu Entladungsphänomenen kommen kann, bedeutsam. Entladungsphänomene können tiefe Atemzüge, Seufzen, Wärme, Vibrieren, sanftes Zittern, Schütteln, Gähnen u. a. sein. So kann bei geblockten Handlungsimpulsen z. B. ein Zittern ausgelöst werden, welches dann wieder in eine Handlungsorganisation integriert werden kann.

35.4 Ressourcenorientierter Zugang zum Körpererleben

Die individuelle Körperlandkarte bei Patienten mit Mangel- und Überstimulierungserfahrungen ist häufig sprachlicher Erkundung schwer zugänglich. Hierfür können nur hypothetisch verschiedene Aspekte erörtert werden, die alle noch empirischer Bestätigung bedürfen.

Mehrere Faktoren tragen zu einer geringen Differenzierung von Körpererleben und Emotionswahrnehmung bei und machen daher das Körperselbst potenziell desintegrierbar: Bei Patienten mit Somatisierungen fanden wir ein hochsignifikantes deutliches Überwiegen von vermeidendem Bindungsstil im Erwachsenenbindungsinterview sowie in 70 % der Fälle zusätzlich die Kategorie „unresolved trauma". Beide Faktoren tragen dazu bei, dass Körpererleben nicht expressiv gemacht werden kann (Alexithymiekomponente), wenig wahrgenommen und durch die verhinderte Selbstreflexion kaum verbalisierbar wird. Diese Faktoren von Affektvermeidung, Alexithymie und Symbolisierungsschwierigkeit sind zentrale Themen der Beziehung von Körper und Emotion. Als Zugangsweg zu im impliziten Gedächtnis gespeicherten Beschädigungen des Körpererlebens wird daher gegenwärtig intensiv über die körperliche Gegenübertragung, über Körperinszenierungen in der Übertragung vor allem von psychoanalytischer Seite in der klinischen Forschung berichtet (Heisterkamp 2002).

Im Rahmen der Erfassung von Körperepisoden ist es wichtig, nicht nur auf traumatische Beschädigungen, auf „tote Zonen im Körperselbst", Abspaltungen oder Fragmentierungen (Plassmann 1989b) zu achten, sondern ebenfalls auf die Episoden mit positivem Körperbezug, um die Landkarte auch mit positiven Körpererlebnissen anzureichern. Beispiele wären z. B. Erinnerungsepisoden an motorische Erkundungsphasen mit Bewegungslust, Tanzen und spielerische Kontakte. Ein wesentlicher Bereich der Körperbiografie sind Phasen taktilen Gehaltenseins, Erinnerungen an zärtliche Bezugspersonen, die Fähigkeit, körperliche Tröstung zu genießen, sich anlehnen und festhalten zu können. Übergangsobjekte, wie Stofftiere oder Haustiere zu streicheln, sind wichtige Erfahrungen und stehen auch teilweise im Dienste der Selbstheilung bei taktiler Deprivation. Insbesondere in der analen Phase der Abhängigkeits-Autonomie-Entwicklung sind die aggressiven Emotionen des Ausstoßens, die Ekelregulation, die aggressive Abgrenzung und das Ausscheiden wichtige Körpererlebnisse in Verbindung mit Interaktionserfahrungen. Weitere zentrale Themen sind die Klärung von Bewältigungsprozessen, wie Gewalterfahrungen oder körperbezogene Entwertungen ausgeglichen werden konnten oder wie das sexuelle Erleben mit dem Erleben von Scham und Zweifel in das Körperselbst integriert wurde. Dies nur als kurze Beispiele für den Zugang zur Körperbiografie.

Durch Trigger aktivierte traumatische Körpererfahrungen gehen in der Regel mit Ohnmachtserlebnissen einher, die in der Folge von Verlusten, Übergriffen oder Mobbingsituationen entstehen, die willkürlich, unvorbereitet und unbeeinflussbar sind. Häufiger jedoch handelt es sich um ein kumulatives Affektvermeidungsgeschehen in Beziehungen, bei Patientinnen, die sich in Partnerschaften „selbst vergewaltigen" und ihre konflikthaften aggressiven Teile oder ekelbesetzten Erlebnisse unterdrücken. Im Rahmen der Affektvermeidung kommt es zu immer höheren Stresspegeln und damit schließlich zu hoher Vulnerabilität auch bei scheinbar kleinen Auslösekonflikten. Ähnlich ohnmachtsstimulierend sind negative Körpererfahrungen wie Schmerzzustände, Panikanfälle, restriktives Essverhalten oder Erbrechen. Wichtig für das Verständnis des Auslösegeschehens ist es daher, Phasen der Selbstverleugnung und auch kleine Grenzenverletzungen im Vorfeld zu differenzieren.

Allgemeines Wirkungsprinzip von Psychotherapie ist die Arbeit auf einem optimalen affektiven Niveau. Je körpernäher ein Affekt erlebt wird, desto „ergreifender" wird er empfunden. Eine positive Besetzung des eigenen Körpers ist wiederum die Voraussetzung für Freude, Sinnlichkeit und Lusterfahrung. Durch Angst verursachte Affektblockaden können körpertherapeutisch gelöst werden, spielerisches Umgehen und direktes Erfahren sind für eine sinnlich orientierte Entwicklung günstig. In jeder Körpertherapie wird das grundlegende, basale Erleben des eigenen Körpers durch spezielle „Angebote" gebahnt, durch Wiederholung eingeübt und für den therapeutischen Prozess genutzt. In einer nächsten Stufe kann dieses körperliche Spüren durch Fantasien angereichert werden, die um das körperliche Spüren zentriert sind. Auf einer dritten Stufe können in der Begegnung mit anderen, aber auch in der Fantasie zwischenmenschliche Erfahrungen reaktiviert werden. Küchenhoff (1996; Küchenhoff et al. 2006) gibt folgende Verbindungsmöglichkeiten des Körpererlebens an:

- die Verbindung von Sinnlichkeit und Emotionalität
- die Verbindung von körperlichem Erleben und Unbewusstem
- die Verbindung von Körpererleben und präverbalem Erfahrungsbereich
- die Verbindung von Körperempfinden und Intersubjektivität
- die Verbindung von Körpererleben und Selbstgefühl (Abgrenzung gegen andere, Subjekt-Objekt-Differenzierung)

Fallbeispiel

Nachdem sich die komplex traumatisierte Patientin A. durch eine Kurztherapie mit Somatic Experiencing deutlich von ihren Hochspannungen lösen konnte und ein Zugang im therapeutischen Fenster gelang, lag der Schwerpunkt der Therapie auf der Affektdifferenzierung und Bearbeitung der Dissoziationen. Die Patientin konnte mehr Toleranz gegenüber ihren Angstzuständen, depressiven Verlassenheitsgefühlen, ihrer Impulsivität mit mörderischen Wutgefühlen und ihren Ekelgefühlen (nach zwei Jahren konnte sie erstmalig dem Therapeuten die Hand geben) entwickeln. Am Ende der Therapie erfüllte sie nicht mehr die Kriterien der Borderline-Persönlichkeitsstörung.

In der begleitend zur Psychotherapie durchgeführten Körperpsychotherapie entwickelte sie zunehmende Toleranz von Nähe. Zunächst konnte sie nur in einer Ecke kauernd auf Distanz gehen. Schließlich war es ihr möglich, Kontakte durchzuführen. Die am Ende der Therapie durchgeführten Untersuchungen mit den Körperkonzeptskalen zeigten aber immer noch starke Auffälligkeiten: Besonders die Dimension Körperkontakt, die Angst vor Berührung, lag im extremen Bereich. Die Selbstakzeptanz des Körpers hatte sich deutlich verbessert, nicht zuletzt durch die sportliche Betätigung, die Achtsamkeitsübungen und die höhere Sensibilität gegenüber dem Körperäußeren und die Emotionsfokussierung. Die Dimension „Akzeptanz des Körpers durch andere" zeigt weiterhin ein negatives Körpergefühl, was eine hohe Vulnerabilität für Intimitätsbeziehungen bedeutet.

Für die Therapeuten waren diese negativen Bewertungen letztlich überraschend. Trotz der additiven 40-stündigen körperorientierten analytischen Psychotherapie blieben noch wichtige Bereiche des Körpererlebens nur unzureichend verändert.

Dies verweist darauf, dass das Screening der Körperkonzepte, der Berührung und der Akzeptanz zentrale Faktoren zur Evaluation des Therapieverlaufs sind. An diesen Parametern schließlich beweist sich auch die Körperpsychotherapie bei Patienten mit Traumatisierungen. Aus noch nicht befriedigenden Therapieergebnissen leiten wir die Forderung ab, dass weitere spezialisierte körpertherapeutische Verfahren bei Traumatisierten zu integrieren sind.

35.5 Drei-Phasen-Modell einer Körperpsychotherapie von traumatisierten Patienten

Körpertherapeutisches Arbeiten mit traumatisierten Patienten als Phasenmodell wird von praktisch allen körpertherapeutischen Schulen durchgeführt. Die Gefahr einer Retraumatisierung durch traumatisierende Übertragungsprozesse wird heute generell bestätigt und es wird verstärkt Wert auf vorsichtiges Vorgehen mit Stabilisierung und Ressourcenaktivierung gelegt (Schmitz u. Peichl 2004). Dieses integrative Vorgehen soll hier am Beispiel der **Funktionellen Entspannung** (Arnim et al. 2006) dargestellt werden.

Körperbezug, Reflexion und Handeln stehen in jeder Körpertherapie in einem produktiven Wechselverhältnis. Die Erweiterung des Handlungsspielraums erfolgt durch das Wiederholen gemachter Erfahrung und die Erprobung und Stabilisierung neuer Verhaltensweisen. Die Funktionelle Entspannung (Arnim 1998) fokussiert z. B. die körperliche *Eigenwahrnehmung* des Patienten auf folgende *körperliche Bezugssysteme*:

- der Bezug zum Boden als „äußerer Halt"
- das Skelettsystem als „Gerüst" oder „innerer Halt"
- die Haut als „Grenze"
- die Körperhöhlen als „innere Räume"

35.5 Drei-Phasen-Modell einer Körperpsychotherapie

Ein weiteres System ist der körpereigene *Rhythmus*, der besonders am autonomen Atemrhythmus beim Vorgang des „Loslassens", d. h. eines begrenzten Entspannungsvorgangs, wahrnehmbar ist.

Auf der Suche nach einer theoretischen Begründung der Vorgehensweise erfolgte die Orientierung vor allem an entwicklungspsychologischen Modellen, z. B. an den Motivationssystemen Lichtenbergs (Lichtenberg et al. 2000): Die Beziehung zum Boden für eine haltgebende Objektbeziehung, die Wahrnehmung des eigenen Skelett- und Gelenksystems für Autonomie im Sinne von Selbstständigkeit und Selbstbewegung, die Empfindung der eigenen körperlichen Hautgrenze für Schutz- und Abgrenzungsmöglichkeit, die Erfahrung von inneren Räumen für das Vertrauen in autonome vegetative Vorgänge, die Wahrnehmung rhythmischer Vorgänge im eigenen Körper, sowohl für Hergeben und Bekommen als auch für sinnliches Vergnügen.

Zu den körperbezogenen „Angeboten" des Therapeuten gehört auch das *„Therapeutische Anfassen"*: eine dosierte, in den verbalen Dialog eingebettete Berührung als „taktile Wahrnehmungshilfe" unter „Regie" des Patienten selbst. Primäres Ziel ist nicht ein kathartisches emotionales Erleben, sondern über die durch Berührung veränderte Wahrnehmung eine *Sprache zu finden für bisher nicht bezeichenbare körperliche Empfindungen*. In der Traumatherapie bekommt dieses Element der therapeutischen Berührung (das inzwischen nicht mehr ganz so kontrovers diskutiert wird) eine besondere Bedeutung in der Stabilisierungsphase und bei einer schonenden Traumabearbeitung.

35.5.1 Stabilisierungsphase

Körperarbeit während der Stabilisierungsphase dient der **Strukturierung** und der besseren **Selbstwahrnehmung**. Wesentliches Kriterium für Körperarbeit in der Stabilisierungsphase ist, dass möglichst kein traumatisches Material getriggert wird. Dies geht mit übenden Elementen aus Körpertherapien am ehesten. Heute gibt es in vielen körpertherapeutischen Schulen ein wachsendes Wissen um die Notwendigkeit, die Panzerungen erst einmal zu respektieren und nicht einfach aufzubrechen.

- Es werden ausschließlich körperbezogene Angebote zur Sicherheit gebenden Erfahrung von Halt und Grenze gemacht.
- Ressourcenorientierung und -organisation stehen im Vordergrund.

Aus klinischer Erfahrung sollen einige „Essentials" der körperbezogenen Gruppenbehandlung, wie sie bei der Behandlung von traumatisierten Schmerzpatienten mit *körperbezogenen Interventionen zur Stabilisierung* und Ressourcenaktivierung integriert wurden, beschrieben werden, die auch für den generellen Umgang mit Traumapatienten gelten können:

1. Der Rahmen muss für die Gruppenteilnehmer sicher sein (Regeln!).
2. Grenzen werden besonders achtsam gewahrt.
3. Jede Haltung, jede Bewegung kann spielerisch ausprobiert werden.
4. Große, tänzerische Bewegungen „mit Rhythmus" fördern positive Affekte.
5. Eine Erfahrung, z. B. mit einer Unterlage, die mit Kissen gepolstert ist, kann Halt geben.
6. Die Arbeit an Körperregionen, „wo es nicht weh tut", kann sinnvoll sein, damit sich die Patienten wieder anders spüren lernen.
7. Die Gruppe kann genutzt werden, um neue Beziehungserfahrungen zu machen

und um, wie eine Patientin es ausdrückte, „das Lachen wieder zu entdecken".

In der Stabilisierungsphase geht es außerdem um das Erlernen eines differenzierten Umgangs mit Affekten. Die Patientinnen sind entweder von viel zu heftigen Gefühlen überflutet oder sie sind „konstriktiv", d. h. sie haben keinen Kontakt zu ihren Gefühlen. Beides kann als belastend erlebt werden. Das Wahrnehmen und das Benennen von Körperempfindungen kann der erste Schritt sein, etwas über affektive Reaktionen zu lernen. Wichtig ist für eine Patientin, dass sie ihre Gefühle steuern kann. Das heißt auch, dass das Nichtfühlen(wollen) als Fähigkeit zu würdigen ist.

35.5.2 Bearbeitungsphase

Voraussetzungen für eine Traumabearbeitung sind eine tragfähige therapeutische Beziehung und eine gute Stabilität im körperlichen, seelischen und sozialen Bereich. Körpertherapeutische Interventionen sollen sich im „Toleranzfenster" des Patienten abspielen, werden immer nach dem Entwicklungsplan selbst und „unter Regie" des Patienten durchgeführt.

Innerhalb dieser Bearbeitungsphase können folgende Interventionen durchgeführt werden (Arnim et al. 2006): Im Rahmen der körperbezogenen Interventionen, z. B. durch Berührungen, kann sich das implizit gespeicherte Trauma „enthüllen". Wenn diese Interventionen nach einer vorherigen, sehr differenzierten Vereinbarung mit dem Patienten geschehen, kann sich das im Körpergedächtnis Gespeicherte kontrolliert und limitiert zeigen, wobei eine Art rhythmisches Hin und Her zwischen aufdeckenden Anteilen und stabilisierenden, haltgebenden Anteilen entsteht. Nach und nach können Körperempfindung, Affekt und Szene in das autobiografische Narrativ des Patienten eingegliedert werden.

35.5.3 Integrationsphase

Körperbezogene Interventionen dieser Phase sind z. B. Körper-Angebote wie „Einen sicheren Stand finden", „Vom Stehen zum Gehen kommen", „Festhalten vs. Loslassen", „Weggehen – Wiederkommen – Sich Verabschieden". Sie sind bedeutsam bei der

- Unterstützung von Trauerarbeit,
- Förderung von „Loslassen" der traumatischen Identität,
- Erprobung der soziale Neuorientierung,
- Abschiedsphase bzgl. der therapeutischen Beziehung.

Die Berücksichtigung des Körpererlebens in den Therapiephasen nimmt einen großen Stellenwert ein und hat das Ziel, nicht sprachlich codierte Inhalte über das Körpererleben erfahren zu lassen und schließlich einer bewusst differenzierenden Wahrnehmung und weitergehenden Mentalisierung zuzuführen.

35.6 Zusammenfassung

Ausgehend von der Differenziertheit klinischer Konzepte im Rahmen der multimodalen Psychotherapie lässt sich ein hoffnungsvoller Ausblick auf eine komplexe Traumatherapie geben. Durch die Vielzahl emotionsstimulierender und erlebnisorientierter Ansätze in Kombination mit neurobiologisch fundierten Therapieformen (Sensomotorische Körpertherapie, EMDR u. a.) ist eine neue Verbindung von Bottom-up- und Top-down-Prozessen zu erwarten. Prozessorientierte Psychotherapiemodelle der Selbstregulation, wie sie etwa von Plassmann (2011) vorgestellt werden, stellen ein

Rahmenkonzept dar, welches auch von anderen integrativen Therapiemodellen aufgenommen wird. Die Verbindung von achtsamkeitsbasierten Körperwahrnehmungsmethoden, Beiträge aus der Konzentrativen Bewegungstherapie, der Funktionellen Entspannung und analytischen Körperpsychotherapie zeigen in ihren Zielvariablen zunehmende Konvergenz. Zu wünschen ist, dass nun auch vermehrt Anstrengungen unternommen werden, wirksamkeits- und prozessorientierte Forschung durchzuführen.

36 Familientherapeutische Interventionen bei sexuellem Kindesmissbrauch

Georg Romer

Inhalt

36.1	Behandlungskontext	645
36.2	Begriffsklärung	646
36.3	Bedeutung und Grenzen familientherapeutischer Interventionen nach sexuellem Kindesmissbrauch	646
36.4	Das Beziehungstrauma bei innerfamiliärem Missbrauch	647
36.5	Familiendynamisches Verständnis der Missbrauchssituation und seiner Verarbeitung	648
36.6	Veränderungen der Familienstruktur nach aufgedecktem Missbrauch	649
36.7	Ergebnisse der Evaluationsforschung zu familientherapeutischen Interventionen nach innerfamiliärem Missbrauch	650
36.8	Wichtige Interventionsziele bezogen auf das Familiensystem	652
	36.8.1 (Auf-)Klärungsphase	652
	36.8.2 Behandlungsphase	652
	36.8.3 Option der Versöhnung mit dem Täter	653
36.9	Besonderheiten bei Geschwisterinzest	653
	36.9.1 Studien zur Familiendynamik bei Geschwisterinzest	654
	36.9.2 Folgen sexueller Traumatisierung durch Geschwisterinzest	655
	36.9.3 Diagnostik und Therapie unter Einbeziehung der Familie	656
36.10	Zusammenfassung	657

36.1 Behandlungskontext

Die Aufdeckung eines sexuellen Missbrauchsgeschehens mit einem minderjährigen Kind oder Jugendlichen steht in aller Regel in einem der beiden folgenden Kontexte psychologischer oder psychotherapeutischer Behandlung des betroffenen Kindes und seiner familiären Bezugspersonen:

- Der Missbrauch wird außerhalb des therapeutischen Kontexts aufgedeckt, insbesondere nicht am Missbrauch beteiligte Eltern sind erschüttert, was unabhängig vom Vorhandensein oder Nichtvorhandensein behandlungsbedürftiger Symptome beim Kind zur Inanspruchnahme psychosozialer Hilfsmaßnahmen führt. Typischerweise werden diese Maßnahmen bei hierfür spezialisierten niedrigschwelligen Beratungsstellen oder Kinderschutz- oder Traumaambulanzen eingeleitet. In diesem Fall ist die Einleitung psychotherapeutischer Interventionen meist überschattet von erheblichen Umbrüchen im Lebensumfeld des Kindes, wie der sofortigen räumlichen Trennung des Täters von der Familie und/oder der Einleitung polizeilicher Ermittlungen.
- Eine behandlungsbedürftige Symptomatik hat dazu geführt, dass ein Kind oder Jugendlicher in psychiatrischer oder psychotherapeutischer Behandlung[1] ist, in deren Verlauf ein Missbrauchsgeschehen erstmals aufgedeckt wird, das zeitlich länger zurückliegen kann. In diesem Fall müssen ebenfalls u. a. Fragen des künftigen Opferschutzes und des Umgangs mit dem früheren oder aktuellen Täter aus dem therapeutischen Setting heraus unter Einbeziehung der familiären Bezugspersonen geklärt werden, was meist mit einer transparent zu gestaltenden Systemerweiterung des therapeutischen Auftrages und Settings verbunden ist.

Bei beiden genannten Konstellationen ist die Familie des sexuell missbrauchten Kindes in einer therapeutisch schwierig zu handhabenden Doppelfunktion: Als Entstehungsort der sexuellen Traumatisierung verkörpert sie sowohl in der Person des Täters als auch durch die nicht hinreichend schützenden Bindungspersonen die Verantwortung der Erwachsenenwelt für das Geschehene. Dies bedingt typischerweise psychische Reaktionen von Scham, Schuld, Erschütterung sowie deren Verleugnung. Andererseits steht die Familie – in der Regel unter Ausschluss des Täters – als Hort der wichtigsten emotionalen und sozialen Bindungen des Kindes in der Verantwortung, das Kind durch alle anstehenden Veränderungen und Verarbeitungsprozesse zu begleiten und zu unterstützen.

Bei der Hilfeplanung ist in jedem Falle zu klären, in welcher Form und mit welchem Ziel Eltern(teile) und Familie eines missbrauchten Kindes in die Klärung der Umstände und in die Therapie einzubeziehen oder nicht einzubeziehen sind. Dies stellt eine anspruchsvolle Herausforderung an die Behandler dar. Familientherapeutische Interventionen sind in diesem Sinne eingebettet in eine gut zu koordinierende umfassende Therapieplanung, zu der in der Regel einzeltherapeutische Maßnahmen für das betroffene Kind und die einzelnen Elternteile gehören.

---

[1] Die Möglichkeit von sogenannten *false memories*, die durch fantasieüberlagerte Deckerinnerungen zu berichteten Missbrauchserlebnissen führen können, denen keine entsprechenden realen Geschehnisse zugrunde liegen, ist hierbei mit der gebotenen Sorgfalt und Zurückhaltung als mögliche klinische Hypothese im Blick zu behalten, aber nicht Thema dieses Kapitels.

36.2 Begriffsklärung

Definition

Mit dem Begriff des sexuellen Kindesmissbrauchs ist hier jegliche Handlung zwischen einem Kind und einem Erwachsenen oder deutlich älteren Jugendlichen gemeint, *„die zur sexuellen Erregung bzw. Befriedigung des Erwachsenen bzw. Jugendlichen dient. Der Erwachsene bzw. Jugendliche nutzt das gegebene Machtgefälle zur Durchsetzung seiner Bedürfnisse gegen das Kind aus und trägt die (alleinige) Verantwortung für die Handlungen"* (Knappe u. Selg 1992, S. 4).

Aufgrund des bestehenden Abhängigkeitsverhältnisses oder Machtgefälles zwischen Täter und Opfer und oft auch aufgrund des emotionalen und kognitiven Entwicklungsstandes des betroffenen Kindes ist dieses nicht in der Lage, den sexuellen Handlungen frei und wissentlich zuzustimmen oder diese abzulehnen (Kempe u. Kempe 1980; Sgroi 1982; Hartwig 1990).

Aus den Studien der retrospektiven Dunkelzifferforschung gilt es als seit Langem gut belegt, dass mehr als 90 % der betroffenen Kinder von Tätern sexuell missbraucht werden, die sie kennen, und bei bis zu 50 % der Opfer der Täter ein Familienmitglied ist (Finkelhor 1979; Russell 1986; Draijer 1990).

Auch wenn bei innerfamiliärem Missbrauch neben (leiblichen) Vätern und Stiefvätern Mütter, Onkel und Großväter als erwachsene Täter vorkommen, wird für die meisten der folgenden Ausführungen die prototypische Missbrauchskonstellation zugrunde gelegt, dass eine für das Kind bindungsrelevante Vaterfigur (in der Regel Vater, Stiefvater oder Partner der Mutter) ein noch minderjähriges Kind missbraucht hat. Auf die besondere Konstellation des Geschwisterinzests wird in Kapitel 36.9 eingegangen.

36.3 Bedeutung und Grenzen familientherapeutischer Interventionen nach sexuellem Kindesmissbrauch

Ein innerfamiliärer Missbrauch geht mit einem besonders hohen Risiko für negative psychische Langzeitfolgen einher. Je näher sich Opfer und Täter kennen, desto wahrscheinlicher ist es, dass der sexuelle Missbrauch mit schwerwiegenden sexuellen Handlungen einhergeht, mit Zwang oder Gewalt verbunden ist und über einen längeren Zeitraum andauert. In der Studie von Draijer (1990) berichteten zwei Drittel der betroffenen Frauen von einer lang anhaltenden Missbrauchssituation, der sie ausgesetzt gewesen seien, die durchschnittlich 3,8 Jahre andauerte (zit. nach Knappe u. Selg 1992). Zudem erschwert die Bindungsnähe des Täters und damit die Verstrickung des Opfers in eine tief verinnerlichte Loyalitätsbindung die innere Distanzierung des Opfers zum traumatischen Geschehen sowie die Integration des Geschehens in die Beziehung zum Täter („Ich habe Papa lieb, aber ich will, dass er wegbleibt") und in die eigene Biografie.

Im Sinne einer individuellen Traumabewältigung des Kindes ist von vorrangiger Bedeutung, wie die Familie mit der Realität des stattgefundenen Kindesmissbrauchs umgeht und diese verarbeitet. Der Umstand, dass ein Familienmitglied ein Kind in der Familie sexuell missbraucht hat, bedeutet für die Familie in der Regel eine schwerwiegende Erschütterung für ihr Selbstbild als zusammengehöriges Beziehungsgefüge mit identitätsstiftender gemeinsamer Vergangenheit und gemeinsamer Zukunft. Die Konfrontation damit und das „Wahrhaben-Können" des sexuellen Missbrauchs muss als Prozess angesehen werden, mit dem eine Familie – auf sich allein gestellt – oft überfordert ist (Fegert 2007b). Aus dem Bedürfnis, die familiäre Bindung zum Täter zu erhalten, erwächst oft ein „Nicht-Wahrhaben-Können" im Sinne von „Es kann nicht sein, was nicht sein darf". Dies kann bei den restlichen Familienmitgliedern zur Folge haben, dass das Geschehene verleugnet oder bagatellisiert wird, was im Erleben des betroffenen Kindes als Botschaft des „Nicht-Anerkennens" der erlittenen schwerwiegenden und tief greifenden Grenzüberschreitung ankommt. Dies wiederum erschwert es dem Kind erheblich, ein legitimes Störempfinden bzw. Unrechtsgefühl gegenüber dem erlittenen Missbrauch zu entwickeln, mit dem Ergebnis, dass es mit massiven Schuldgefühlen auf sich alleine gestellt bleibt.

> **Merke**
> Ein verleugnender bzw. bagatellisierender innerfamiliärer Umgang mit einem aufgedeckten sexuellen Missbrauch kann im Sinne der Trauma-Definition von Fischer und Riedesser (1998) auf das Missbrauchsopfer im Sinne einer „schweren Erschütterung des Selbst- und Weltverständnisses, das mit extremen Gefühlen von Ohnmacht und Hilflosigkeit einhergeht", zusätzlich traumatisch wirken (Fischer u. Riedesser 1998, S. 545).

Die Loyalitätsbindung des Kindes an die Familie bleibt in der Regel ein intrapsychischer Selbstanteil des Kindes, der in die innere Organisation des Selbst integriert werden muss. Daraus folgt, dass von der Fähigkeit und Bereitschaft einer Familie, die schmerzliche Wahrheit eines stattgefundenen Missbrauchsgeschehens als Teil der Geschichte der Familie anzunehmen, entscheidend abhängt, wie es dem Missbrauchsopfer gelingen kann, das Erlittene als Teil seiner Biografie zu integrieren und sich gleichzeitig davon innerlich zu distanzieren.

Verwoben mit der Verarbeitung und Bewältigung des Geschehenen durch das Familiensystem ist auch dessen Fähigkeit zur emotionalen Unterstützung des Missbrauchsopfers. Eine unzureichende emotionale Unterstützung durch die Mutter als nicht-missbrauchende Bindungs- und Schutzfigur sowie deren vermeidende bzw. den Missbrauch ausblendende Bewältigungsstrategie gelten als empirisch gesicherte Begleitrisikofaktoren, die mit einem deutlich höheren Risiko psychischer Langzeitfolgen bei einem kindlichen Missbrauchsopfer einhergehen (Wolfe u. Birt 1997; Wolfe 1998).

Gleichwohl sind den Möglichkeiten der Familientherapie im engeren Sinne nach einem innerfamiliären sexuellen Kindesmissbrauch enge Grenzen gesetzt. Insbesondere der Versuch einer „Aufarbeitung" des Geschehenen mit der gesamten Familie ist in aller Regel obsolet, weil er mit kaum berechenbaren Gefahren einer sekundären Traumatisierung des Opfers durch schmerzliche Exposition des Kindes gegenüber Bloßstellungen, Beschämungen sowie Verleugnungs- und Bagatellisierungsbestrebungen seitens der Restfamilie im Beisein von Therapeuten, die dies nicht verhindern könnten, behaftet wäre.

36.4 Das Beziehungstrauma bei innerfamiliärem Missbrauch

Eine innerfamiliäre Missbrauchssituation ist ein komplexes Geschehen, bei dem die traumatische Beziehungserfahrung des betroffenen Kindes weit über das Erleben einer sexuellen Grenzverletzung hinausgeht. Für das Verständnis dieser traumatischen Beziehungserfahrung sind mehrschichtige

Aspekte der Missbrauchsdynamik bedeutsam. Innerhalb einer Bindungsbeziehung, die zum *„holding environment"* des Kindes gehört (Winnicott 1965), also zu den primären Beziehungsangeboten, die dem Kind u. a. Halt, Geborgenheit, Schutz und Orientierung vermitteln sollen, werden vom missbrauchenden Erwachsenen folgende Bereitschaften, Bedürfnisse und Ängste des Kindes im Interesse der eigenen emotionalen und sexuellen Bedürfnisbefriedigung manipulativ ausgenutzt (Fischer u. Riedesser 1998, S. 264):

- Missbrauch der Zärtlichkeitsbedürfnisse des Kindes
- Missbrauch der Wünsche des Kindes nach dyadischer Intimität in einer emotionalen Bindung
- Missbrauch der Bereitschaft des Kindes zu ödipalen Fantasien (erregende Zweierbeziehung unter Ausschluss eines Dritten)
- Missbrauch der Bereitschaft eines Kindes zum Gehorsam
- Missbrauch der Bereitschaft des Kindes, sich einer Elternfigur anzuvertrauen und dieser zu glauben
- Missbrauch der Unfähigkeit des Kindes, eine liebevolle, zärtliche Annäherung von einer sexuellen Ausbeutung zu unterscheiden
- Missbrauch der Angst des Kindes vor Zerstörung der Familie (Schweigegebot)

Die genannten Aspekte des Missbrauchsgeschehens überfordern oftmals die Bewältigungsmöglichkeiten eines Kindes und erschüttern über die psychosexuelle Verwirrung hinaus sein Selbst- und Weltverständnis nachhaltig (Romer u. Riedesser 2004a, b).

36.5 Familiendynamisches Verständnis der Missbrauchssituation und seiner Verarbeitung

Jeder innerfamiliäre sexuelle Missbrauch findet in einem Beziehungs-Dreieck statt, zu dem neben dem grenzverletzenden Täter und dem missbrauchten Kind auch die in der Regel mütterliche Schutzfigur gehört, die nicht in der Lage war, den Missbrauch zu verhindern, ihn nicht rechtzeitig bemerkt oder ihn im schlimmsten Falle bei entsprechenden Signalen des Kindes nicht ernst genommen bzw. trotz ausgesendeter Signale des Kindes weggeschaut hat. Das Beziehungsgeschehen zwischen dem erwachsenen Täter und dem missbrauchten Kind ist durch die im vorherigen Abschnitt beschriebenen Aspekte der Missbrauchsdynamik dargestellt.

In der Paarbeziehung der Eltern gehen bei nicht pädophilen Tätern typischerweise erhebliche Defizite in der Zufriedenheit mit der Paarbeziehung einer Missbrauchssituation voraus, die dazu beitragen, dass das Kind für den Täter zum Objekt emotionaler und sexueller Ersatzbefriedigung wird. In der Beziehung zwischen dem Kind und dem Missbraucher vermischen sich, insbesondere wenn es sich um eine Verführungssituation ohne Gewaltanwendung handelt, das Bedürfnis des Kindes nach Zärtlichkeit und emotionaler Zuwendung in unheilvoller Weise mit seiner sexuellen Neugier. Das wird vom erwachsenen Täter wiederum für dessen eigene Strategie zur emotionalen Entlastung von Schuld missbraucht („Das ging ja auch von ihr aus") mit der Folge, dass die gefühlte Schuld bereitwillig vom missbrauchten Kind übernommen wird.

In der Beziehung zwischen Missbrauchsopfer und missbrauchender Vaterfigur sind zudem u. a. folgende typische Mechanismen an der Entstehung komplexer Schuldgefühle aufseiten des Opfers beteiligt (Hirsch 1999):

- Das Kind erlebt den Täter als emotional bedürftig und fühlt sich für dessen Befindlichkeit verantwortlich (Parentifizierung).
- Das Kind erkennt den Täter als schwach und empfindet Machtgefühle über ihn.
- Dem Kind wird über die Angst vor Zerstörung der Familie durch Aufdeckung des sexuellen Geheimnisses vom Täter ein Schweigegebot abgenötigt.

Die sexuelle Grenzverletzung lässt sich zumindest im Nachhinein durch eindeutige ethische Positionierungen der Erwachsenenwelt in ihrer allein beim Täter liegenden Verantwortung klarstellen und begreifen: *„Jedes Kind hat das Recht, sein Bedürfnis nach Zuwendung mit sexueller Neugier zu vermischen und jeder Erwachsene hat die alleinige Pflicht, darauf nicht sexuell einzugehen"* (Romer u. Riedesser 2000).

Die Verstrickung des nicht am Missbrauch beteiligten Elternteils im gesamten Beziehungsgeschehen ist insofern subtiler, als Schuld und Verantwortung nicht unbedingt zuzuordnen und damit zumindest nach ethischen Maßstäben nicht greifbar sind. Die Fragen, warum die für den Schutz des Kindes primär zuständige Person den Missbrauch nicht verhindern konnte und warum sich das Kind nicht nach einer ersten verwirrenden Erfahrung hilfe- und trostsuchend an eine ihm vertraute Bindungsperson gewandt hat, bleiben für die seelische Verarbeitung aufseiten des Kindes bedeutsam und können den nicht-missbrauchenden Elternteil nachhaltig mit Schuldgefühlen belasten.

In Inzestfamilien sind Mütter oft selbst als Kind missbraucht worden, vom Täter abhängig oder in anderer Weise tragisch in die Missbrauchsdynamik verstrickt – mit der für das Kind traumatischen Folge des unbewussten Wegschauens oder Verleugnens (Hirsch 1999).

36.6 Veränderungen der Familienstruktur nach aufgedecktem Missbrauch

Therapeutische Hilfsangebote für ein Kind oder einen Jugendlichen nach einer innerfamiliären Missbrauchserfahrung sind ein Teil der Antwort der Erwachsenenwelt auf die Aufdeckung des Missbrauchs. Sie können daher nicht losgelöst von den Reaktionen der Erwachsenenwelt insgesamt betrachtet werden. Da die Grenzverletzung u. a. auch ein Versagen der ethischen und Schutzverantwortung einer erwachsenen Bindungsfigur im Leben des Kindes bedeutet, steht die Reaktion der gesamten Erwachsenenwelt auf dem Prüfstand der Vertrauenswürdigkeit und Verlässlichkeit erwachsener Schutzfunktion und Verantwortungsübernahme. Dies ist essenziell für die Rekonstruktion des traumatisch erschütterten Weltbildes des missbrauchten Kindes und wirkt sich unmittelbar auf die zu erwartende Vertrauenswürdigkeit eines psychotherapeutischen Beziehungsangebots im Erleben des Kindes aus.

> **Merke**
> Aus diesem Grunde ist ein verlässlich organisierter und transparent kommunizierter konsequenter Schutz des Kindes vor jeglicher Wiederholungsgefahr unverzichtbar für jeden Therapie- und Hilfeplan.

In aller Regel ist dies nach einem aufgedeckten Missbrauch zwingend mit einer räumlichen Trennung des Täters von der Familie und einem vorübergehenden Kontaktverbot zwischen Täter und Opfer oder zumindest mit einem Ausschluss unbeobachteter Kontakte zwischen Täter und Opfer verbunden. Lebten der missbrauchende und der nicht-missbrauchende Elternteil zum Zeitpunkt der Aufdeckung des Missbrauchs noch in Partnerschaft zusammen, folgt auf die Aufdeckung fast immer die Trennung der Mutter vom Partner mit der Folge der Neuordnung der familiären Lebenssituation, wodurch die Familie zusätzlich belastet wird. Der emotionalen Unterstützung durch die verbleibende nicht-missbrauchende Elternfigur als kompetente, Halt und Orientierung vermittelnde „Lotsin" durch eine krisenhaft belastete Zeit, kommt in dieser familiären Umbruchsituation eine besondere Bedeutung zu.

36.7 Ergebnisse der Evaluationsforschung zu familientherapeutischen Interventionen nach innerfamiliärem Missbrauch

Es wurden im Laufe der vergangenen Jahrzehnte viele Programme familienbasierter Interventionen nach sexuellem Kindesmissbrauch entwickelt, von denen nur wenige in ihrer Wirksamkeit wissenschaftlich evaluiert wurden (Joraschky u. Petrowski 2004).

Die bis heute am besten dokumentierten und umfangreichsten Wirksamkeitsstudien liegen zu dem in den 1970er Jahren in Palo Alto, Kalifornien, entwickelten **Child Sexual Abuse Treatment Program (CSATP)** (Giaretto 1976, 1982) vor, das an vielen anderen Orten der USA sowie in Kanada (Bagley u. King 1990) und in modifizierter Form in Großbritannien (Bentovim et al. 1988; Hyde et al. 1995) implementiert und evaluiert wurde. Dieses auf den Grundsätzen der humanistischen Psychologie basierende Interventionskonzept war Teil eines über zwei Jahrzehnte staatlich finanzierten Programms und erlaubte ein über alle involvierten Stellen des Hilfe- und Justizsystems koordiniertes aufwendiges Vorgehen. Die Intervention nahm pro Familie im Durchschnitt ca. zwei Jahre in Anspruch und beinhaltete Sitzungen mit allen Subsystemen in folgender Reihenfolge:

- Einzelsitzungen mit Kind und beiden Elternteilen jeweils getrennt
- Sitzungen mit Mutter und missbrauchtem Kind
- Paarsitzungen mit beiden Elternteilen, wenn eine Wiederaufnahme der Paarbeziehung der Eltern angestrebt und gewünscht war
- Sitzungen mit Vater (Täter) und Kind
- Familiensitzungen
- Gruppensitzungen mit gleichermaßen betroffenen Jugendlichen bzw. Eltern

Darüber hinaus wurden u. a. durchgehend Selbsthilfegruppen von in ihrer Kindheit missbrauchten Frauen, Tätern nach Therapie und Eltern, die nach einem aufgedeckten Vater-Tochter-Missbrauch wieder als Familie zusammengefunden hatten, als Quelle des unterstützenden Austausches unter Betroffenen in das Programm integriert. In einer kontrollierten Evaluationsstudie im kanadischen Setting wurden im Schnitt 78 Stunden Einzelberatung, 37 Stunden dyadische Subsystemberatung, 32 Stunden Gruppentherapie und 14 Stunden Familientherapie pro Behandlungsfall angewandt (Bagley u. LaChance 2000). Die durchschnittlichen Kosten des Programms pro Behandlungsfall beliefen sich in einer Evalu-

36.7 Ergebnisse der Evaluationsforschung

ationsstudie auf ca. 10 000 Dollar (Bagley u. La Chance 2000).

Die in diesem pionierhaften Programm entwickelten Prinzipien der familienbasierten Intervention waren in der Fachliteratur international prägend und finden sich heute in zahlreichen Konzepten von Kinderschutzambulanzen und -beratungsstellen wieder. Sie beinhalten u. a. als *Voraussetzung* für eine Arbeit mit der Familie (und nicht als Ziel der Intervention!) Folgendes:

- eine zweifelsfreie Anerkennung und Übernahme der Verantwortung des Täters für die Tat, die sich in einem polizeilichen und/oder gerichtlichen Verfahren dokumentiert, in dem die Tat nicht abgestritten wird (gleichzeitig wurde Strafmilderung bei Therapiemotivation des Täters und Teilnahme am Programm in Aussicht gestellt)
- eine ebenso zweifelsfreie Anerkennung der Geschehnisse in ihrem vollen Umfang durch den nicht-missbrauchenden Elternteil
- die zunächst konsequent umgesetzte räumliche Trennung des Täters von der Familie

In der ersten Phase des Programms stand die emotionale Unterstützung des Kindes durch Einzeltherapie sowie durch begleitete Mutter-Kind-Sitzungen neben einer parallel und getrennt laufenden Täter-Therapie im Vordergrund. Grundsätzlich wurde bei nicht pädophilen Tätern – unter der Voraussetzung, dass sie vollumfänglich die Verantwortung für die Tat übernahmen und motivierte Therapiebereitschaft zeigten – die Perspektive einer Wiederzusammenführung des Elternpaares und sukzessive der Familie grundsätzlich als Option unterstützt.

Die Ergebnisse der vorliegenden Langzeit- und kontrollierten Evaluationsstudien waren sehr überzeugend. In einem Zehn-Jahres-Zeitraum wurde der Verlauf von über 4000 Familien evaluiert, wobei eine Wiedereingliederung des Kindes in die Familie in 90 % der Fälle gelang und die Rückfallquote eines erneuten familiären Missbrauchs mit unter 1 % berichtet wurde (Giaretto 1982). In einer kontrollierten Wirksamkeitsstudie, bei der die übliche Handhabung von behördlich vermittelten Hilfen (Treatment-as-usual) als Kontrollbedingung fungierte, wurde in einer Zwei-Jahres-Katamnese zudem die Wirksamkeit im Sinne eines stabileren Selbstwertgefühls, geringerer Depressionswerte und besserer sozialer Integration bei den Jugendlichen, welche die Intervention erhalten hatte, belegt. Die Rückfallquote für sexuellen Missbrauch durch die Väter lag in dieser kontrollierten Studie mit 7 % ebenfalls deutlich niedriger als bei der Kontrollgruppe (20 %), obwohl die Väter in der Kontrollgruppe regelhaft nicht mehr in die Familien zurückkehrten, was beim CSATP eher die Regel war.

Trotz seiner Erfolge wurde das CSATP u. a. wegen seiner Kostenintensität ab etwa Mitte der 1990er Jahre eingestellt und steht somit heute nur noch als „Patenkonzept" für familienbasierte Interventionsprogramme zur Verfügung.[2]

In den vergangenen zwei Jahrzehnten spielten Programme, die neben dem nicht-missbrauchenden Elternteil auch die Täter

---

2 Bagley und LaChance (2000) berichteten, dass hierbei auch die Veränderung des gesellschaftspolitischen Klimas in den USA eine Rolle spielte, wonach der öffentliche Ruf nach Strafe schärfer geworden und ein Konzept, das u. a. auf die Reintegration von Tätern in die Familie abzielte, nicht mehr hinreichend politisch gewünscht war.

in eine familienbasierte Intervention einbezogen, in der Evaluationsforschung keine Rolle mehr (für eine Übersicht s. Cummings et al. 2012). Hingegen sind einige Evaluationsstudien publiziert worden, die herkömmliche einzeltherapeutische Interventionen in ihrer Wirksamkeit mit solchen verglichen, in denen der nicht-missbrauchende Elternteil intensiv als wichtige Ressource zur emotionalen Unterstützung des Kindes eingebunden wurde (für eine Metaanalyse s. Corcoran u. Pillai 2008). In zwei methodisch überzeugenden kontrollierten Studien konnte gezeigt werden, dass die Einbeziehung der Mutter in ein therapeutisches Behandlungssetting mit einem sexuell missbrauchten Kind im Hinblick auf den Therapieerfolg beim Kind einem ansonsten vergleichbaren therapeutischen Setting überlegen war, bei dem die Mutter nicht einbezogen war (Cohen u. Mannarino 1996; Deblinger et al. 1996).

36.8 Wichtige Interventionsziele bezogen auf das Familiensystem

Aus den in den vorangegangen Abschnitten dargelegten Überlegungen und Forschungsbefunden ergeben sich in der Therapie- und Hilfeplanung nach einem aufgedeckten innerfamiliären sexuellen Kindesmissbrauch eine Reihe von Interventionszielen, die sich auf das Familiensystem beziehen. Diese werden in den folgenden Abschnitten erläutert.

36.8.1 (Auf-)Klärungsphase

Nicht-missbrauchende Eltern sollten beim schmerzlichen Prozess des Wahrhaben-Könnens und Anerkennens des Geschehenen als nicht wegzuredende Realität unterstützt werden. Dies erfordert mitunter beharrliche Konfrontationsarbeit.

Mit der Familie sind konkrete präventive Sicherheitsmaßnahmen zur Verhinderung einer Wiederholung des Missbrauchs zu erarbeiten und zu vermitteln. Dies erfordert die eindeutige Verantwortungsübernahme der Tat durch den Täter und dessen räumliche Trennung von der Familie.

Der nicht-missbrauchende Elternteil ist in seiner emotionalen Bewältigung zu unterstützen mit dem Ziel, eine emotional verfügbare Quelle von Unterstützung für das Kind sein zu können (Cohen et al. 2003).

Zudem ist es für die kognitive Orientierung des nicht-missbrauchenden Elternteils zur Situation sinnvoll, diesem auch psychoedukativ das Verständnis der Dynamik der Missbrauchssituation näher zu bringen. Beispielsweise kann eine subjektive Erschütterung und Kränkung, die dadurch ausgelöst wurde, dass das Kind sich dem nicht-missbrauchenden Elternteil nicht früher anvertraut hat, gemildert werden, wenn der nicht-missbrauchende Elternteil versteht, wie in einem inzestuösen Missbrauchsgeschehen dem Kind durch subtile Methoden der Machtausübung ein Schweigegebot vermittelt wurde.

36.8.2 Behandlungsphase

Die weitere Gestaltung der Behandlung hängt wesentlich davon ab, welchen Weg die Kontaktgestaltung zum Täter geht und ob eine Wiederzusammenführung des Täters mit der Familie in Betracht kommt.

Grundsätzlich sind aufdeckende und aufarbeitende Techniken in der Arbeit mit Familien nach Missbrauch für alle Beteiligten schnell überfordernd. Die aus den Fugen geratene Struktur der Familie mit dem Versagen von intakten Hierarchien und Generationengrenzen bedarf hingegen neben

36.9 Besonderheiten bei Geschwisterinzest

der genannten emotionalen Unterstützung aller Beteiligten einer ressourcenorientierten strukturierenden Unterstützung, um beispielsweise die erwachsenen Familienmitglieder wieder in die Lage zu versetzen, für das Einhalten von Regeln und Grenzen in der Familie verantwortlich zu sorgen. Verantwortlichkeiten und Pflichten, z. B. bei der Überwachung und Einhaltung von Distanzregeln, sind mit allen Familienmitgliedern transparent zu klären, um innerfamiliären „doppelten Buchführungen" vorzubeugen. Hierbei können insbesondere nicht-sexuelle Bereiche familiärer Interaktionen, in denen fehlende Grenzen und Regeln oder dysfunktionale (z. B. überparentifizierte) Rollenmuster oder Machtstrukturen deutlich werden, modellhaft und lösungsorientiert mit der Familie besprochen werden, ohne dass das Opfer beschämt oder bloßgestellt wird. Zudem löst die Trennung des Täters von der Familie bei den Kindern Verlustängste aus, die im Familienkontext durchgesprochen werden sollten, um den verbleibenden Familienmitgliedern eine grundsätzliche Zuversicht zu vermitteln, trotz des aktuellen Auseinanderbrechens der Familie eine gemeinsame Zukunft als familiäres Beziehungsgefüge zu haben. Konkrete Veränderungen des familiären Alltags sollten in ihrer Aktualität im Beisein aller verbleibenden Familienmitglieder aufgegriffen und aus der Sicht jedes Einzelnen in ihrer Bedeutung beleuchtet werden, um aus dem zu bewältigenden Umbruch eine gemeinsam geteilte und bewältigte Realität zu machen.

36.8.3 Option der Versöhnung mit dem Täter

Nach entsprechend angemessenem Zeitabstand kann auch eine Versöhnung mit dem Täter und dessen Wiederaufnahme in die Familie familientherapeutisch begleitet werden. Dies kann jedoch entsprechend den Prinzipien des oben beschriebenen pionierhaften CSATP nur gelingen, wenn der Täter seine Verantwortung voll und ganz übernommen sowie eine intrapsychische Versöhnung aufseiten des Opfers – in der Regel in einem einzeltherapeutisch begleiteten Prozess – stattgefunden hat sowie eine paartherapeutisch begleitete Wiederzusammenführung des Elternpaares auf dem Weg ist. Diese beinhaltet u. a., dass das Paar auch gemeinsam den Teil der Verantwortung für offensichtliche Defizite in der Paarbeziehung übernimmt, der die Missbrauchssituation als emotionale und sexuelle Ersatzbefriedigung des Täters mit begünstigt hat.

36.9 Besonderheiten bei Geschwisterinzest[3]

Sexuelle Grenzüberschreitungen unter Geschwistern sind empirisch die am wenigsten beforschte Variante innerfamiliären Missbrauchsgeschehens. Von einer hohen Dunkelziffer ist auszugehen. Sie stellen insofern eine besondere Variante innerfamiliären sexuellen Missbrauchs dar, da durch die sexuellen Handlungen zwar die Inzestschranke, jedoch nicht die Generationengrenze überschritten wird. Gleichzeitig findet das gemeinsame Hüten eines „verbotenen Geheimnisses" in der Regel diesseits der Generationengrenze gegenüber den Eltern statt. Bei sexuellen Handlungen unter Geschwistern muss grundsätzlich auch einvernehmliche Intimität im Sinne sexuellen Neugierverhaltens (sexual rehearsal play) als Möglichkeit in Betracht gezogen werden

---

[3] Die Ausführungen dieses Abschnitts sind a. a. O. umfänglicher dargestellt (Romer u. Walter 2002).

(Finkelhor 1980b). Von Nicht-Einvernehmlichkeit und damit von sexueller Gewalt kann in der Regel ausgegangen werden, wenn der Altersunterschied fünf Jahre oder mehr beträgt, wenn es zur Penetration eines Kindes kommt (Inzest) oder wenn das jüngere Kind mit Gewalt oder Drohungen gefügig gemacht wird (Romer u. Berner 1998). Für das Verständnis der Entstehung von sexueller Gewalt unter Geschwistern ist die zugrunde liegende Familiendynamik, insbesondere unter dem Aspekt defizitärer Bindungserfahrungen mit den Eltern, bedeutsam.

36.9.1 Studien zur Familiendynamik bei Geschwisterinzest

In einer vergleichenden Untersuchung von Inzestfamilien getrennt von Vätern und Brüdern als Täter fanden sich hinsichtlich des Einsatzes von Gewalt und Zwang beim Inzest, dem überbetonten äußeren Erscheinungsbild als „normale Familie", dem Missbrauch von Alkohol und Drogen sowie der innerfamiliären Gewalt mehr Übereinstimmungen als Unterschiede. Alle Bruder-Schwester-Inzestfamilien waren hingegen durch die Anwesenheit der Väter geprägt. Dies legt den Schluss nahe, dass die Brüder bei entsprechender familiärer Inzestdynamik die Rolle der von der Mutter als missbrauchend dargestellten, vom Kind so fantasierten oder real missbrauchenden Väter übernommen haben (Rudd u. Herzberger 1999).

In größeren Fallsammlungen wurden folgende familiendynamisch relevanten Einflussfaktoren beschrieben (Justice u. Justice 1979; Smith u. Israel 1987; O'Brien 1991; Gilbert 1992; Adler u. Schutz 1995; Romer u. Berner 1998):

- Die familiäre Atmosphäre ist insgesamt sexualisiert.
- Es bestehen unklare Generationen- und Geschlechtergrenzen. Dies verhindert, dass sich bei den Kindern ein Sinn für geschützte Intimität entwickeln kann.
- Die Familienstruktur ist chaotisch mit unzureichender elterlicher Kontrolle, Kommunikation und Aufsicht.
- Die emotionalen Beziehungen sind unzureichend und häufig wenig vorhersagbar.
- Nicht selten besteht eine transgenerationale Dynamik inzestuöser Beziehungen, meist mit einer Missbrauchserfahrung der Mutter in deren Kindheit. Die Tabuisierung des eigenen Inzest-Traumas als Schutzmechanismus führt hierbei dazu, dass es durch die unbewusste Weitergabe dieses nicht bewältigten Themas auf dem Wege der projektiven Identifizierung zur Reinszenierung und Konkretisierung durch die Kinder kommt.
- Am Zustandekommen und Aufrechterhalten missbräuchlich inzestuöser Beziehungen zwischen Geschwistern sind ferner doppelte Botschaften der Eltern zum akzeptablen Umgang mit Sexualität beteiligt.

In der kasuistischen Literatur wird weiterhin als typisch beschrieben, dass das jüngere Kind (Inzestopfer) mehrere verzweifelte Anläufe über einen längeren Zeitraum unternehmen muss, um die Erwachsenenwelt auf den stattfindenden Missbrauch aufmerksam zu machen, bevor diese darauf reagiert (Abrahams u. Hoey 1994). Die Eltern verleugnen und bagatellisieren das Inzestgeschehen unter Geschwistern häufig. Dies mag daran liegen, dass die Aufdeckung eines Geschwisterinzests in aller Regel keine Trennung der Eltern zur Folge hat. Daraus ergibt sich die Notwendigkeit, dass die Familie den stattgehabten Inzest in das Selbstbild einer fortbestehenden Familie integrie-

36.9 Besonderheiten bei Geschwisterinzest

ren muss, zu dem auch unauflösbare Bindungen zwischen dem Eltern und dem „Täter"-Kind gehören. Eine verleugnende und bagatellisierende Abwehrhaltung der restlichen Familienmitglieder gegenüber dem Inzestgeschehen trägt nach einer Aufdeckung maßgeblich zu einer traumatischen Verarbeitung beim Opfer bei (Adler u. Schutz 1995).

36.9.2 Folgen sexueller Traumatisierung durch Geschwisterinzest

In einer kasuistischen Zusammenstellung von biografischen Langzeitverläufen unterschiedlicher Konstellationen von Geschwisterinzest wurde als gemeinsames Element eine deutliche beeinträchtigte Kompetenz in der Gestaltung freundschaftlicher und intimer Zweierbeziehungen beschrieben, sowohl bei den Opfern als auch bei den Tätern (Daie et al. 1989).

Schädliche Langzeitfolgen von Bruder-Schwester-Inzest scheinen Frauen deutlich stärker zu betreffen als Männer, beschrieben wurden u. a. (Bank u. Khan 1982; Laviola 1992):

- Das tief greifende Misstrauen gegenüber den eigentlichen Motiven des Bruders setzt sich als bleibendes Misstrauen gegenüber Männern fort und beeinträchtigt die Fähigkeit zu erfüllten Liebesbeziehungen.
- Aus dem Gefühl, sich benutzt und manipuliert haben zu lassen, resultiert ein extrem negatives Selbstkonzept mit stark beeinträchtigtem Selbstwertgefühl, das bis zum Selbsthass gehen kann.
- Bei einvernehmlichem Inzest führt die notwendige Abspaltung von Liebe und Sexualität später zu sexuellen Funktionsstörungen und bei der Partnersuche zu promiskuitivem Verhalten, das als verzweifelte Suche nach einem Ersatzbruder verstanden werden kann.
- Das Bedürfnis nach spürbarer Sicherheit führt zum Wunsch nach Unabhängigkeit durch beruflichen Erfolg, was wiederum aufgrund von mangelndem Selbstvertrauen, Depression, dissoziativen Symptomen oder autodestruktiven Tendenzen erschwert sein kann.
- Als weitere Spätfolgen bekannt sind bis ins Erwachsenenalter stetig wiederkehrende intrusive Gedanken an den erlebten Geschwisterinzest (Laviola 1992).

Die massiven Schuldgefühle des Opfers von Geschwisterinzest nähren sich u. a. aus der erlebten Bereitschaft, sich zum Opfer des sexuellen Angriffs machen zu lassen. Hierzu tragen wiederum folgende Elemente bei (Bank u. Khan 1982):

- Die Macht des sexuellen Geheimnisses vor den Eltern, d. h. das Gefühl, die Eltern durch die heimliche Überschreitung eines Tabus „an der Nase herumzuführen", hilft dem Kind, erlittene Ohnmachtsgefühle in der Elternbeziehung zu kompensieren. Auch das Wissen gegenüber dem missbrauchenden oder missbrauchten Geschwister lädt die Beziehung mit der Macht möglichen Verrats auf.
- Der Inzest kann entsetzlichen Verlassenheitsängsten entgegengewirkt und dabei geholfen haben, ein durch erlittene Deprivation entstandenes brüchiges Gefühl von verlässlicher Bindungserfahrung auszugleichen.
- Ein einvernehmlich begonnener lustvoller Geschwisterinzest kann sich, wenn ein Partner daraufhin die durch das mächtige Geheimnis entstandene Loyalitätsbindung missbraucht, in einen fortgesetzten machtorientierten Inzest umwandeln. In diesem wird das Opfer

durch die latente oder offene Drohung, das extrem schambesetzte ursprüngliche Einvernehmen offenzulegen, gefügig gemacht.

36.9.3 Diagnostik und Therapie unter Einbeziehung der Familie

Bei Bekanntwerden eines nach den o.g. Umständen erfolgten Geschwisterinzest im Kindes- und frühen Jugendalter ist bis zum Beleg des Gegenteils von einer Traumatisierung des Opfers auszugehen, die dessen psychosexuelle und Selbstentwicklung nachhaltig erschüttert und mit beträchtlichen Risiken für psychische Spätfolgen behaftet ist. Unabhängig von einer vermeintlichen Symptomfreiheit ist eine umfassende diagnostische Beurteilung beider Kinder sowie der familiären Beziehungsstrukturen erforderlich. Die Indikation zur Einzelpsychotherapie von Täter und Opfer ist hierbei nicht nur abhängig von vorhandenen störungsrelevanten Symptomen, sondern auch unter präventiven Gesichtspunkten zu stellen. In die Überlegungen einfließen sollten hierbei die zu erwartenden Beziehungsprobleme im Jugend- und frühen Erwachsenenalter sowie die psychosexuelle Kompetenz zur späteren Elternschaft und damit das Risiko transgenerationaler Weitergabe der Missbrauchsdynamik (Romer u. Riedesser 2000). Da die tief greifende familiäre Beziehungsstörung für die Entstehung und Aufrechterhaltung der inzestuösen Dynamik eine zentrale Rolle spielt, kommt familientherapeutischen Interventionen eine wichtige Bedeutung zu. Diese sind auch dann wichtig, wenn zumindest für den Täter eine längerfristige Trennung von der häuslichen Umgebung erforderlich wird.

Nicht selten führen die bereits beschriebene Verleugnung und Bagatellisierung durch die Eltern in Verbindung mit der alarmierten Aufmerksamkeit, die sich auf den „erschreckend jungen" sexuellen Angreifer richtet, dazu, dass sich das Opfer angepasst in sich zurückzieht und eine psychotherapeutische Versorgung gänzlich unterbleibt. Dieser familiäre Widerstand kommt einem Ungeschehenmachen des Traumas, welches das Familienbild nachhaltig erschüttert, gleich, und erspart den Familienmitgliedern den Blick auf die Tragweite dessen, was in der Familie real vorgefallen ist. Der Angreifer braucht zwar zweifelsfrei eine Therapie, damit er später nicht „wirklich schlimme Dinge" tut, das Opfer „kommt auch so ganz gut zurecht".

Dieser Widerstand kann nur aufgelöst werden, wenn Helfer Empathie für die emotionale Überforderung der Eltern, die sich der Realität der sexuellen Grenzüberschreitungen unter ihren eigenen Kindern stellen müssen, entwickeln und entsprechende Entlastung und äußere haltende Struktur anbieten können.

Vor der Einleitung familientherapeutischer Interventionen sollte sichergestellt sein, dass eine Wiederholung des inzestuösen Missbrauchs real und im Erleben des Opfers sicher ausgeschlossen ist, was in der Regel die räumliche Trennung des Täters von der Familie bedeutet. Alle Familienmitglieder sind in einen „Sicherheitsplan" zum Schutz vor der Wiederholung des innerfamiliären Missbrauchs, z.B. bei Wochenendbesuchen, verantwortlich einzubeziehen (DiGiorgio-Miller 1998). In der familientherapeutischen Begleitung sollte darauf geachtet werden, dass der Schutz des Opfers durch verlässliche Regeln und Strukturen Thema bleibt, aber nicht zum *ausschließlichen Beziehungsthema* wird.

36.10 Zusammenfassung

> **Merke**
> Obsolet ist auch hier der Versuch, mit der gesamten Familien im Beisein des Opfers die ursächliche familiäre Inzestdynamik „aufzuarbeiten", weil dies in der Regel eine Überforderung für alle Familienmitglieder bedeuten würde. Schädliche Erfahrungen können insbesondere dann entstehen, wenn das Opfer im Beisein der Therapeuten den verleugnenden Abwehrstrategien der restlichen Familienmitglieder ausgesetzt wird, ohne dass es gelingt, diese aufzulösen.

Sinnvoll sind zur Wiederherstellung eines annehmbaren Selbstbildes der Familie hingegen ressourcenorientierte familientherapeutische Interventionen, die darauf abzielen, intakte Grenzen und Hierarchien wiederherzustellen sowie eine offene Kommunikation zu den realen Geschehnissen zu ermöglichen. Letzteres setzt voraus, dass der sexuelle Angreifer die Verantwortung für sein Verhalten übernimmt, was in einzeltherapeutischen Sitzungen vorzubereiten ist. Gelingt dies, können entsprechend vorbereitete Entschuldigungsrituale in therapeutisch begleiteten Sitzungen den Familienmitgliedern einen haltgebenden Rahmen für die Verarbeitung des Geschehenen bieten.

Familienbasierte Interventionen nach innerfamiliärem sexuellem Kindesmissbrauch sind zur Stabilisierung des Beziehungsumfeldes des missbrauchten Kindes bedeutsam. Sie sind eingebettet in ein multimodales Therapie- und Hilfeprogramm, das den Prinzipien einer angemessenen vertrauensstiftenden Reaktion der Erwachsenenwelt auf das Missbrauchsgeschehen folgt, wobei der konsequente Schutz vor einer Wiederholung des Missbrauchs oberstes Gebot ist. Ein Verständnis der komplexen Familiendynamik, die einem innerfamiliären Missbrauch vorausgeht und diesen umgibt, ist Voraussetzung einer angemessenen Konzeptualisierung familienbasierter Interventionen. Eine besondere Bedeutung kommt hierbei der Loyalitätsbindung des Kindes an den Täter und der vielschichtigen Entstehung von Schuldgefühlen beim Kind zu. Die emotionale Unterstützung des nicht-missbrauchenden Elternteils als Bindungsfigur des Kindes ist bei der Einleitung familienbasierter Interventionen vorrangig. Stützende und strukturierende Interventionen zur Wiederherstellung intakter innerfamiliärer Grenzen und Hierarchien sind meist geeigneter als aufdeckende oder „aufarbeitende" Gespräche. Einer eventuellen Einbeziehung des Täters in ein familientherapeutisches Vorgehen sollten dessen eindeutige Verantwortungsübernahme für die Tat und die sich daraus ergebenden Konsequenzen nebst glaubhafter eigener Therapiemotivation sowie eine zumindest zeitweise konsequente räumliche Trennung von der Familie vorausgehen.

37 Folgetherapie nach sexuellem Missbrauch in Psychotherapie und Psychiatrie

Gottfried Fischer† und Monika Becker-Fischer

Inhalt

37.1	Häufigkeit des Vorkommens	658
37.2	Rechtliche Aspekte	659
37.3	Therapeutenpersönlichkeit	659
37.4	Psychodynamische Aspekte	660
37.5	Die Folgen sexueller Übergriffe in der Psychotherapie	662
37.6	Phänomenologie und Verlauf des „Professionalen Missbrauchstraumas" (PMT)	663
37.7	Folgetherapien beim professionalen Missbrauchstrauma	664

37.1 Häufigkeit des Vorkommens

In den USA sind in den letzten 20 Jahren zahlreiche empirische Untersuchungen zu verschiedenen Aspekten des sexuellen Missbrauchs in Psychotherapie und Psychiatrie durchgeführt worden. Im deutschen Sprachgebiet liegen erst wenige Untersuchungen vor. Seit einigen Jahren erforscht das Institut für Psychotraumatologie in Freiburg/Köln in einem bundesweiten Forschungsprojekt, zwischenzeitlich gefördert vom Bundesministerium für Familie, Senioren, Frauen und Jugend, epidemiologische und forensisch-psychologische Aspekte sexueller Übergriffe in Psychotherapie und Psychiatrie. Durch eine Kombination von Datenparametern der internationalen Forschung mit Ergebnissen der deutschen Studie an mittlerweile über 100 ganz überwiegend weiblichen Betroffenen wird die Inzidenzrate auf mindestens 300 Fälle pro Jahr im Rahmen der kassenfinanzierten psychotherapeutischen Versorgung geschätzt (Becker-Fischer u. Fischer 1995). Bezieht man die gegenwärtig nicht von den Krankenkassen getragenen Therapieformen ein, so muss diese Minimalschätzung auf *600 Fälle pro Jahr* verdoppelt werden. Durch sexuellen Missbrauch in der Psychotherapie entsteht nach den Forschungsdaten des Instituts für Psychotraumatologie ein *finanzieller Schaden von minimal 10 Mio. Euro im Jahr* einschließlich der Kosten von Zweittherapien und stationär-psychotherapeutisch-psychiatrischen Behandlungen. Die schwer abschätzbaren Aufwendungen für Langzeitfolgen, die organmedizinische Behandlungen erforderlich machen oder zu Arbeitsunfähigkeit und Berentung führen, sind in diesem Betrag nicht enthalten.

37.2 Rechtliche Aspekte

Die Chancen, rechtliche oder berufsrechtliche Schritte gegen sexuell missbrauchende Therapeuten zu unternehmen, sind in der Bundesrepublik Deutschland gegenwärtig äußerst ungünstig. Eine geeignete strafrechtliche Norm existiert noch nicht, allerdings bereitet das Bundesjustizministerium derzeit eine solche vor. Zivilrechtliche Ersatzansprüche scheitern oft an der schwierigen Beweislage oder dem Nachweis des ursächlichen Zusammenhangs zwischen Folgeschäden und sexuellem Übergriff. Einige Psychotherapieverbände verfügen noch nicht einmal über Verfahrensrichtlinien für die Durchführung ehrengerichtlicher Verfahren, andere sind dabei, Ethikrichtlinien aufzustellen und Ehrengerichtsverfahren einzurichten. Allerdings können sich die Therapeuten diesen Verfahren im Allgemeinen durch Austritt aus dem Verband entziehen, ohne dass ihnen berufliche Nachteile entstünden. Vorbildhaft hat der Berufsverband Deutscher Psychologen (BDP) inzwischen ein funktionsfähiges Procedere für Ehrengerichtsverfahren entwickelt. Die Ärztekammern sind ihren eigenen Aussagen zufolge bislang nur sehr selten in diesem Bereich aktiv geworden.

37.3 Therapeutenpersönlichkeit

> **Merke**
> Die Täter sind zu 90 % männlich, die Betroffenen, ebenfalls zu 90 %, weiblich. Manche Therapeuten betreiben den sexuellen Missbrauch aus situativen Gründen, z. B. aus einer Lebenskrise heraus, bei anderen, nach den bekannten Untersuchungsdaten mindestens 50 %, handelt es sich um Wiederholungstäter.

Wegen fehlender Sanktionen und des immanenten Verstärkungswerts des sexuellen Missbrauchs gibt es zwischen situativen und Wiederholungstätern fließende Übergänge. Aufgrund ihrer etwa 20-jährigen Erfahrung mit betroffenen Patientinnen und Rehabilitationsmaßnahmen bei Tätern kommen Schoener und Gonsiorek (1989) vom Walk-In-Counseling-Center in Minnesota unter Gesichtspunkten der Rehabilitierbarkeit zu folgender **Klassifikation der Therapeuten**:

- **Uninformierte Naive:** Paraprofessionelle oder Therapeuten, die aufgrund unzureichender Ausbildung oder mangelnder persönlicher Reife sexuelle Übergriffe vornehmen und im Allgemeinen für den Beruf wenig geeignet sind.
- **Gesunde oder durchschnittlich Neurotische:** Bei ihnen ist der sexuelle Übergriff meist ein einzelner Vorfall ohne Wiederholung. Sie übernehmen im Allgemeinen die Verantwortung für das Geschehen und sind bereit, in einer persönlichen Psychotherapie ihre Problematik aufzuarbeiten. Sie haben eine günstige Prognose im Hinblick auf Rehabilitation.
- **Schwer Neurotische und/oder sozial Isolierte:** Sie haben meist deutliche, länger bestehende emotionale Probleme wie

Depressionen, Selbstwertprobleme und Einsamkeit. Die therapeutische Arbeit ist ihr Lebensinhalt. Sie sind kaum in der Lage, ihr Verhalten zu ändern. Ihre Rehabilitationsmöglichkeiten sind begrenzt.
- **Impulsive Charakterstörungen:** Sie haben Schwierigkeiten in der Triebkontrolle und normalerweise sehr viele Kontakte mit zahlreichen Patientinnen, gleichzeitig oder nacheinander. Schuldgefühle zeigen sie nur, wenn Konsequenzen drohen. Sie sind im Allgemeinen nicht rehabilitierbar.
- **Soziopathische oder narzisstische Charakterstörungen:** Sie ähneln in vieler Hinsicht den impulsiven Charakteren, sind aber im Unterschied zu diesen „cool", berechnend und „Experten" im Vertuschen. Die Aussicht auf Rehabilitation ist bei ihnen wie bei den psychotischen oder Borderline-Persönlichkeiten negativ.

37.4 Psychodynamische Aspekte

Zur Psychodynamik sexuell missbrauchender Therapeuten machte der nordamerikanische Psychoanalytiker Smith (1984) in der Langzeitbehandlung eines grenzlabilen Therapeuten einige Beobachtungen, die für einen großen Teil der strukturgestörten Therapeutenpersönlichkeiten kennzeichnend sind. In den ersten Stunden der Therapie identifiziere sich der Analytiker mit bestimmten Aspekten des Leidens der Patientin. Dies führe dazu, dass er ihren Schmerz lindern wolle, z. B. durch konkrete Hilfen.

> **Merke**
> Aufgrund der Identifikation könne er diese Aspekte der Problematik seiner Patientin nicht als ihr Problem therapeutisch bearbeiten. Er könne ihr nicht dazu verhelfen zu erkennen, dass sie es aus eigener Kraft meistern kann. Stattdessen gäbe er ihr das Gefühl, dass sie seine Hilfe dazu immer brauche.

Oft entwickele sich eine *gemeinsame Rettungsfantasie*, die Smith „Golden Phantasy" nennt. Damit meint er die Vorstellung, dass es irgendwo auf der Welt einen Menschen gäbe, der sämtliche Wünsche und Bedürfnisse erfüllen, einen Zustand von absoluter Versorgung und Glückseligkeit herstellen kann. Der Therapeut scheine selbst dieser Wunschvorstellung anzuhängen. Er versuche ihr nachzukommen und *sehe die Patientin wegen seiner großzügigen Hilfe in seiner Schuld*. Sie solle etwas für ihn tun. Zunehmend wachse der Hass auf die Patientin. Die Erfüllung seiner Wünsche und seines Hasses würden schließlich symptomhaft im sexuellen Übergriff befriedigt.

Zu ähnlichen Schlüssen gelangt Hirsch bei seiner Analyse der narzisstischen Dynamik sexueller Beziehungen in der Therapie. Er hat den Eindruck, dass für manche Therapeuten „die Abstinenzforderung für sich genommen unter Umständen bereits eine narzisstische Kränkung ist, da sie einer Zurückstellung der eigenen Bedeutung in den Augen der Patientin, ... des Wunsches, auch von ihr etwas zu bekommen, bedeutet" (Hirsch 1993d, S. 305). Ähnlich wie beim Vater-Tochter-Inzest gehe es dem **narzisstischen Therapeuten** darum, dass die Patientin als „idealisierte jugendliche Mutterfigur" „sein Defizit heilen soll, indem sie als strahlende Kindfrau seinen Penis bewundert" (Hirsch 1993d, S. 307). Damit sei zugleich der Wunsch verbunden, die Kränkung, älter zu werden, nicht erleben zu

37.4 Psychodynamische Aspekte

müssen. Aufgrund extremer Ambivalenz gegenüber einem archaischen Mutterobjekt müssten diese Therapeuten die Asymmetrie in der analytischen Beziehung gewaltsam aufrechterhalten, da diese die Möglichkeit der Kontrolle und Machtausübung gewährleiste.

> **Merke**
> Auch unserer Erfahrung nach geht dem direkten sexuellen Kontakt fast immer eine mehr oder weniger lange Phase narzisstischen Missbrauchs voraus (vgl. dazu Reimer 1990; Hirsch 1993d; Becker-Fischer 1995a, b). Charakteristisch hierfür ist der „Rollentausch" im Vorfeld des sexuellen Übergriffs, von dem fast alle Patientinnen berichten: Der Therapeut erzählt zunehmend von seinen Sorgen und Problemen, und die Patientin tröstet ihn.

Dieser **Rollentausch** wird in der Regel eingeleitet und vorbereitet durch eine ganze Reihe subtiler Grenzüberschreitungen, narzisstischer Verführungen, mit deren Hilfe der Therapeut der Patientin das Gefühl vermittelt, für ihn „etwas Besonderes" zu sein. Die Patientin soll zur letzten Stunde abends kommen, die dann überzogen werden kann, sie bekommt kleine Geschenke, es fallen Bemerkungen wie: „Sie sind meine liebste Patientin". Gleichzeitig wird die der therapeutischen Beziehung immanente Abhängigkeit zusätzlich noch forciert und festgeschrieben. Mit Versprechungen wie: „Ich bin immer für Sie da und werde immer für Sie da sein" wird den Patientinnen implizit mitgeteilt, sie könnten von ihren Therapeuten nie unabhängig, selbstständig werden.

Vor dem Hintergrund dieser symbiotisch anmutenden Pseudoharmonie von gegenseitigem Trost und Verständnis wird dann die sexuelle Beziehung vorbereitet und angebahnt.

Dass es den Therapeuten weniger um Liebe als viel mehr um die Befriedigung mehr oder weniger bewusster destruktiver Bedürfnisse geht, wird spätestens deutlich, wenn man ihre typischen Umgangsweisen mit den Betroffenen nach Beendigung der „Beziehung" betrachtet. Nur die allerwenigsten Untersuchungsteilnehmerinnen unserer Studie bemerkten bei ihren Therapeuten Reaktionen des Bedauerns über den Vorfall oder gar Schuldgefühle deswegen. Im Gegenteil wiesen etwa jeweils ein Viertel der Therapeuten, von denen die Probandinnen unserer Untersuchung berichteten, die Verantwortung entweder der Patientin zu, rechtfertigten den sexuellen Kontakt aus „therapeutischen Gründen" oder betrachteten das Geschehen als „etwas Schicksalhaftes". Über die Hälfte drohten ihren ehemaligen Patientinnen – z. T. schon prophylaktisch – für den Fall, dass sie ihr „gemeinsames Geheimnis" verraten sollten. Selbstmord- und Prozessandrohungen seitens der Therapeuten waren nicht selten. Im Vordergrund standen allerdings Versuche, den Frauen Schuldgefühle zu vermitteln: Sie würden die Therapeuten beruflich und familiär ruinieren, ihre Krankheit oder ein psychisches Leiden der Therapeuten würde sich verschlimmern etc.

> **Merke**
> Übereinstimmend mit Smith (1984) gelangten wir zu dem Eindruck, dass es sich bei den schwer gestörten Therapeuten um sogenannte „gespaltene" Persönlichkeiten handelt (vgl. Becker-Fischer u. Fischer 1994). Unter psychodynamischen Gesichtspunkten kann man bei ihnen einen Typus, der eher von unbewussten Rettungsillusionen getrieben wird, unterscheiden von einem anderen, bei dem, ebenfalls meist unbewusst, Rachemotive den Antrieb bilden.

Während der **„Wunscherfüllungstyp"** nach dem oben beschriebenen Muster vorzugehen scheint, neigt der **„Rachetypus"** in seinem manifesten Verhalten eher zu manipulativen oder Überrumpelungstaktiken und schreckt auch nicht davor zurück, körperliche Gewalt anzuwenden. So berichtete fast ein Viertel der von uns befragten Probandinnen auch von Gewalttätigkeiten.

37.5 Die Folgen sexueller Übergriffe in der Psychotherapie

Die weitaus überwiegende Zahl der empirischen Untersuchungen wie der Einzelfallstudien weisen eindeutig schädliche Folgen von sexuellen Übergriffen in Psychotherapie und Psychiatrie nach. Unsere Ergebnisse bestätigen dies: „gebessert" fühlen sich 6,7 %, „gleich geblieben" 11,7 % und „verschlechtert" im Vergleich zum Therapiebeginn 68,3 %. Die wenigen, die „gebessert" angeben, beziehen sich dabei auf den Zeitraum unmittelbar nach dem Übergriff. Später hat sich auch ihr Befinden verschlechtert.

Im Vordergrund stehen die folgenden **Symptome**, die sich entweder im Vergleich zum Befinden zu Therapiebeginn „verschlechtert" haben oder „neu hinzugekommen" sind: Depression, Furcht und Angst, Schuld und Scham, Kummer, Ärger, Wut, Verlust der Selbstachtung, Verwirrung, massives Misstrauen, Isolation, suizidales Verhalten, sexuelle Funktionsstörungen, Symptome aus dem Posttraumatischen Stresssyndrom (PTSD) wie Konzentrationsstörungen, Albträume und „Flashbacks" (Rückblenden).

Merke

Insgesamt klagen die Betroffenen durchschnittlich über die Verstärkung von zwei bis drei Symptomen, unter denen sie bereits vor Therapiebeginn gelitten haben, und es sind durchschnittlich weitere zwei bis drei Symptome hinzugekommen, die sie vor dem sexuellen Missbrauch nicht gekannt haben.

Vergleicht man die psychotraumatische Belastungswirkung von sexuellen Übergriffen in Psychotherapie und Psychiatrie, gemessen mit der Impact-of-Event-Skala (Horowitz et al. 1979), mit Werten von Medizinstudenten nach der ersten Leichensektion einerseits und Folteropfern andererseits, so haben die Probandinnen unserer Untersuchung in fast allen Variablen Werte, die denen der Folteropfer relativ nahe kommen und weit über der Belastung der Studenten liegen.

Wurde die Therapie parallel zu den sexuellen Kontakten weitergeführt, so verschärfte sich später die Folgesymptomatik über die durchschnittlichen Werte hinaus. Ob es sich um genitale Kontakte oder versteckte Sexualisierungen im Sinne sexualisierter Berührungen oder einer erotisierten Atmosphäre gehandelt hat, hatte ebenfalls keine wesentlichen Auswirkungen auf die Stärke der Folgeschäden.

Aufgrund dieser Ergebnisse und der internationalen Traumaforschung schlagen wir für die gesamten Folgeschäden die Bezeichnung **„Professionales Missbrauchstrauma (PMT)"** vor. Diese Art der Traumatisierung ist ihrem Wesen nach professional, d. h. durch den Bruch des professionalen, auf Vertrauen gründenden Dienstleistungsverhältnisses zwischen Therapeut und Patient bedingt.

Leitsymptom des PMT ist die Störung der Liebes- und Beziehungsfähigkeit. Das Selbstbild der Opfer ist gewöhnlich durch schwere Selbstzweifel geprägt, ein Schwanken zwischen Selbst- und Fremdanklage.

> **Merke**
> Dabei kann man drei Komponenten eines Traumatisierungsvorganges unterscheiden: die traumatische Situation, die traumatogene Reaktion und den traumatischen Prozess.

37.6 Phänomenologie und Verlauf des „Professionalen Missbrauchstraumas" (PMT)

Die **traumatische Situation** ist durch existenzielle Bedürftigkeit, Hilflosigkeit und damit Verletzlichkeit der Patientinnen gekennzeichnet, die sich aus der Machtposition des Therapeuten ergibt. Wird dieses Abhängigkeitsverhältnis zu egoistischen Zwecken ausgenutzt, entsteht bei den Patientinnen eine tief greifende emotionale und kognitive Verwirrung. Sie sind erschüttert in ihrem Verständnis von sich und der Welt. Das sexuelle Moment der Beziehung ist in diesem Zusammenhang nicht per se traumatisch, sondern seine Einbettung in das therapeutische Vertrauens- und Abhängigkeitsverhältnis.

> **Merke**
> Unter dem Gesichtspunkt der Übertragung von Gefühlsregungen, Triebwünschen und Abwehrtendenzen auf den Therapeuten geraten sexuelle Übergriffe in Psychotherapie und Psychiatrie psychodynamisch in die Nähe von inzestuösem Kindesmissbrauch.

So sieht Hirsch das eigentlich Destruktive sexueller Beziehungen zwischen Patientin und Therapeut im „Angriff auf die Grenzen der Patientinnen ... auf die Bedeutung des kindlichen Kontaktangebots" (Hirsch 1993d, S. 314; vgl. auch Hirsch 1987a). Daher sind auch die Folgen sehr ähnlich.

Die **traumatogene Reaktion** verläuft unterschiedlich. Bei einem Therapeuten vom „Rachetypus" beschreiben die Patientinnen ihre erste Reaktion oft wie erstarrt, mit einer Art von Lähmung. Hinzu kommen Gefühlsabspaltung, Gefühlsverdrängung, manchmal sogar Depersonalisierung. Die Rachemotivation findet sich eher bei den strukturell persönlichkeitsgestörten Therapeuten, den psychotischen Persönlichkeiten, Borderline-Strukturen sowie den Multiplen Persönlichkeiten.

Dagegen verwickelt der „Wunscherfüllungstypus" die Betroffenen in das Hochgefühl einer gegenseitigen Idealisierung, wie in der „Golden Phantasy" beschrieben. Die „dunkle Seite" der Missbrauchssituation wird aus der Wahrnehmung ausgeklammert. Diese negativen Tendenzen werden dann zum inneren Motor der dritten Phase, des **traumatischen Prozesses**.

> **Merke**
> Hier manifestiert sich als Leitsymptomatik die Störung der Liebes- und Beziehungsfähigkeit mit den Einzelsymptomen von Isolation und Einsamkeit, Vertrauensverlust, sexuellen Funktionsstörungen. Die Selbstbeziehung ist gekennzeichnet durch Scham- und Schuldgefühle, Selbstzweifel und Selbstanklagen sowie Verlust der Selbstachtung. Überwiegen in der zweiten Phase vor allem die Abwehrmechanismen der Verdrängung und Verleugnung, um an der Idealisierung des Therapeuten festzuhalten, so sind in der dritten Phase tendenziell verstärkte depressive Reaktionen zu erwarten. Ferner tritt hier eine massiv erhöhte Somatisierungsneigung auf.

Die Betroffenen des PMT sind gewöhnlich nicht in der Lage, ihr vielfältiges psychisches und psychosomatisches Leiden mit der traumatischen Situation in Verbindung zu bringen. Es vergehen oft viele Jahre, bevor ihnen der Zusammenhang erstmals bewusst wird.

37.7 Folgetherapien beim professionalen Missbrauchstrauma

Grundsätzlich konfrontieren Folgebehandlungen nach sexuellem Missbrauch in einer früheren Therapie den Behandler mit einigen besonderen Problemen. Durch den Umstand, dass der Missbrauchende ein Berufs-„Kollege" ist, ist der Folgetherapeut in seiner Identifikation als „Psychotherapeut" immer auch persönlich involviert. Dies kann zu unterschiedlichen Reaktionen führen, die Folgetherapeuten bei sich möglichst genau beobachten sollten, um zu verhindern, dass sie unerkannt den Therapieverlauf beeinträchtigen. Typische Reaktionen sind z. B. heftiger Ärger gegen den Ersttherapeuten, der die Integrität des eigenen Berufsstandes so grundlegend infrage stellt und Patientinnen so schädigt oder, auf der anderen Seite, Mitgefühl gegenüber dem bedauernswerten Kollegen, der, vielleicht aus einer Krise heraus, sich in diese schlimme Lage gebracht hat; Ärger über die „schwierige" Patientin, die ihn derartig provoziert haben muss (s. hierzu auch Ulanov 1979; Sonne u. Pope 1991; Scholich 1992).

Wie wichtig eine persönlich geklärte und damit auch nach außen hin klare Position als Voraussetzung für eine gelingende Folgetherapie ist, zeigen die Aussagen der Teilnehmerinnen unserer Untersuchung. Wir haben sie gefragt, was ihnen in Haltung, Einstellung und Verhalten des Folgetherapeuten hilfreich und was ihnen hinderlich für die Bewältigung des Missbrauchs erschienen sei.

Als *hilfreich* wurden genannt (in der Reihenfolge der Häufigkeiten): „Verständnisvolle Haltung des Therapeuten; eine klare Haltung zum Vorfall als Missbrauch; mir wurde geglaubt; klare, vom Therapeuten respektierte Grenzen; Missverständnisse waren klärbar; die Sicherheit, dass kein sexueller Kontakt vorkommt; Verständnis des Therapeuten auch für positive Gefühle gegenüber dem Ersttherapeuten".

Was hier als hilfreich geschildert wird, lässt sich als eine *nichtneutrale Abstinenzhaltung des Folgetherapeuten* bezeichnen. Abstinenz ja, Neutralität im Sinne völliger Unparteilichkeit nein. Diese Haltung engagierter Abstinenz ist generell für Traumatherapien außerordentlich bedeutsam. Straker (1990) betont die Glaubwürdigkeit des Therapeuten als notwendige Voraussetzung dafür, dass mit den gewalttraumatisierten Jugendlichen, die sie in Südafrika behandelt, eine tragfähige therapeutische Arbeitsbeziehung aufgebaut werden kann.

> **Merke**
>
> Klare Stellungnahmen zum Geschehen, zu Fragen von Schuld und Verantwortlichkeit sind wesentliche Bedingungen dafür, dass die Betroffenen das Misstrauen abbauen können, das sie infolge des erlebten Vertrauensbruchs nun auch dem Folgetherapeuten entgegenbringen (vgl. Becker-Fischer 1995a, b). Die Abstinenz (im Gegensatz zur Neutralität) behält selbstverständlich ihren vollen therapeutischen Wert.

Der Therapeut muss sich enthalten („abstinere"), eigene Bedürfnisse, Wünsche, Interessen in den Prozess einzubringen (Abstinenz von Gegen- und Eigenübertragungsreaktionen; vgl. auch Cremerius 1984).

Abweichungen von dieser Haltung engagierter, nichtneutraler Abstinenz werden umgekehrt als die wichtigsten hinderlichen Punkte in Haltung, Einstellung und Verhalten des Zweittherapeuten angegeben (in absteigender Häufigkeit): „geringes Einfühlungsvermögen; ablehnende Reaktionen; Parteilichkeit für den Ersttherapeuten; Therapeut hat sich mit dem Thema nicht beschäftigt; übersteigerte Zurückhaltung; Zweifel an der Realität des Vorfalls; Ignorieren von Wut und Empörung; Verstärkung von Selbstvorwürfen".

Typische **Gegenübertragungsgefühle**, die zu Abweichungen von der Haltung engagierter Abstinenz verleiten können, sind *Rettungsfantasien des Zweittherapeuten*, der unter allen Umständen das Versagen des Vorgängers ausgleichen möchte – womit z. B. unbewusste Rettungsfantasien des Ersttherapeuten wiederholt werden können. Die *Wut und Empörung* des Folgetherapeuten über den Ersttherapeuten, die sowohl persönliche Quellen haben als auch, wenn die Patientin sie selbst noch abspalten muss, zusätzlich von ihr induziert sein können, ist für Folgetherapeuten oft schwer auszuhalten. Die Gefahr ist groß, die Patientin aus Empörung etwa zu rechtlichen Schritten zu drängen, bevor sie ihre eigenen negativen Gefühle gegen den Ersttherapeuten entdecken und sich selbst dazu entschließen kann (vgl. auch Schoener 1990; Schuppli-Delpy u. Nicola 1994).

Etwa 50 % der Untersuchungsteilnehmerinnen erklärten sich mit ihrer Zweittherapie unzufrieden und gaben an, sie hätte ihnen wenig geholfen. Diese hatte ganz überwiegend bei männlichen Therapeuten stattgefunden (ein statistisch hochsignifikanter Zusammenhang). Dafür sind vermutlich besondere Gegenübertragungsprobleme männlicher Folgetherapeuten und der in Deutschland noch erhebliche Weiterbildungsbedarf in Behandlungsfragen bei Folgetherapien verantwortlich. Kluft (1989), ein Pionier der Traumatherapie in den USA, berichtet aus seiner eigenen Praxis von 30 erfolgreichen Folgetherapien, die er als männlicher Therapeut mit Patientinnen durchführte. Falls die Patientinnen angaben, nur mit einer Frau ihre Erfahrungen aufarbeiten zu können, wurden sie selbstverständlich weitergeleitet. Ebenso berichten Nicola (1991) und Schoener und Milgrom (1987) als männliche Therapeuten über positive Therapieverläufe.

Eine besondere Schwierigkeit besteht darin, in Zweittherapien eine hinreichende *Differenzierung zwischen Arbeitsbündnis und Übertragung* zu erreichen, die in Abbildung 37-1 veranschaulicht wird.

Die Patientinnen übertragen die negativen Beziehungserfahrungen mit dem Ersttherapeuten auf die neue Therapiesituation und den Folgetherapeuten. Kaum bei einer anderen Patientengruppe ist die Gefahr so groß, dass die neue therapeutische Erfahrung in den Sog der alten gerät. Schon die minimale Differenz im Diagramm (Abb. 37-1, Punkt A1), Voraussetzung für eine tragfähige Arbeitsbeziehung, ist hier nicht unbedingt gegeben. In der Literatur werden z. T. drastische Maßnahmen vorgeschlagen, um der Patientin die Unterscheidung zwischen alter und neuer Erfahrung zu erleichtern. Pope und Bouhoutsos (1986) empfehlen bereits in den Erstgesprächen eine deklarative Feststellung, dass es in dieser Therapie zu keinem sexuellen Kontakt mit dem Therapeuten kommen wird. Sie empfehlen zudem, eine dritte Instanz, z. B. einen Kollegen oder eine Kollegin, einzuschalten, die die Patientin in regelmäßigen Abständen aufsucht, um die vorherige ausschließliche Beziehung zu vermeiden.

Solche psychoedukativen Maßnahmen lassen sich natürlich in die unterschiedlichen Therapiestile wie Verhaltenstherapie, Psychoanalyse oder Gesprächstherapie leichter oder schwieriger einfügen. Bedeutsamer als einzelne Maßnahmen und Tech-

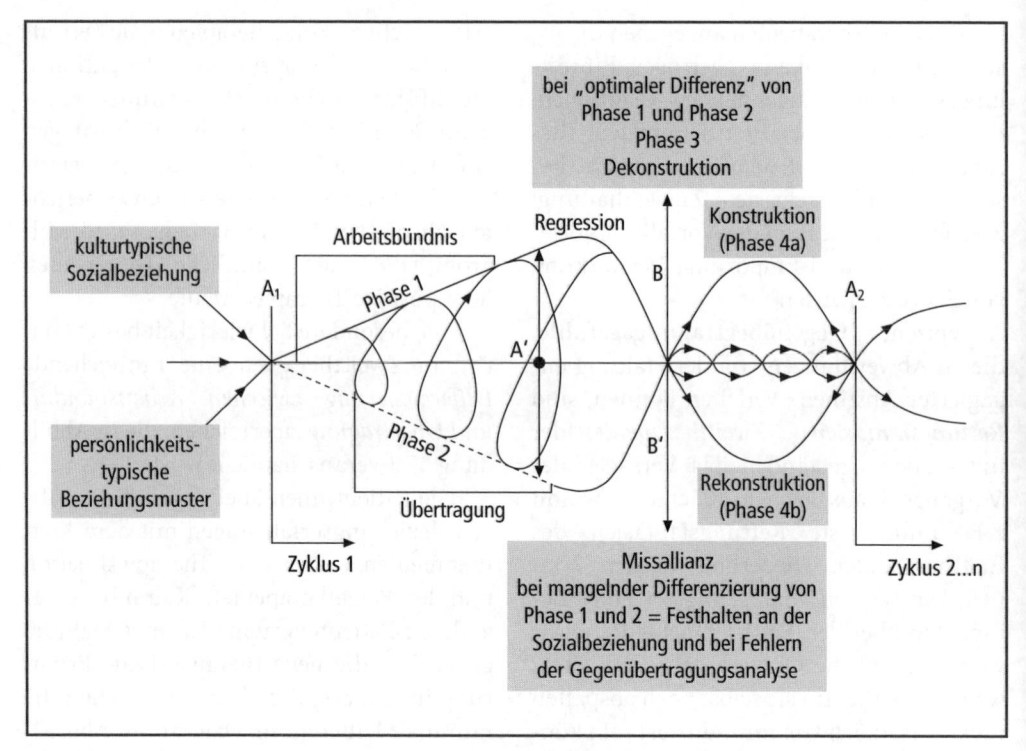

Abb. 37-1 Beeinflussung des therapeutischen Prozesses durch negative Beziehungserfahrungen aus einer vorausgegangenen Behandlung (nach Fischer 1989). Es ist ein Veränderungsschritt in der Psychotherapie in vier Momenten oder Phasen dargestellt. Eine „optimale Differenz" (*Phase 3*) zwischen Arbeitsbündnis (*Phase 1*) und Übertragungsbeziehung (*Phase 2*), die zu einem Neuentwurf, einer Neukonstruktion des bisherigen pathogenen Beziehungsschemas führt (*Phase 4a*) sowie zur Rekonstruktion der traumatischen Beziehungserfahrungen (*Phase 4b*), die dem pathogenen Schema zugrunde liegen. Die negativen Beziehungserfahrungen aus der Ersttherapie werden auf den Folgetherapeuten „übertragen" (*Phase 2*) und müssen „korrigiert" oder „dekonstruiert" werden.

niken ist nach unserer Erfahrung, dass der Folgetherapeut in seinen Deklarationen und Interventionen von Anfang an die optimale Differenzierung (Abb. 37-1, Phase 3) zwischen Arbeitsbündnis und Übertragungsschemata fördert und sogar eine minimale Differenzierungsfähigkeit der Patientinnen nicht ohne weiteres als gegeben ansieht. Im psychodynamischen Therapiestil sind hierzu deskriptive Deutungen geeignet, die die Patientin immer wieder auf mögliche Parallelen zwischen Erst- und Zweittherapie hinweisen, um ihr die Wahrnehmung und Äußerung entsprechender Befürchtungen zu erleichtern.

> **Merke**
>
> Insbesondere in Anbetracht des heftigen Misstrauens, das diese Patientinnen gerade gegenüber männlichen Psychotherapeuten haben, sind Offenheit und Ermutigung, Kritik, Gefühle wie Skepsis oder Missbehagen zu äußern von entscheidender Bedeutung, um eine tragfähige Beziehung aufzubauen.

37.7 Folgetherapien beim professionalen Missbrauchstrauma

Das *Misstrauen* kann sich in direkter Form äußern oder nur andeuten. Andere Patientinnen neigen eher dazu, es kontraphobisch mit einer Haltung absoluten Vertrauens abzuwehren. Dieser Abwehrhaltung sollte in den Anfangsphasen vom Folgetherapeuten besondere Aufmerksamkeit geschenkt werden. Sie wird leicht übersehen, da sie dem Selbstverständnis des Folgetherapeuten entgegenkommt, der gerade im Gegensatz zur traumatischen Vorerfahrung der Patientin vermitteln möchte, dass sie ihm vertrauen darf. Kluft (1989) empfiehlt, nach Möglichkeit Techniken zu vermeiden, die in der Ersttherapie eingesetzt wurden, da diese das Trauma in einer Weise wiederbeleben könnten, die therapeutisch nicht mehr zu steuern sei.

Einen Ausweg aus den Gefahren der zu großen Ähnlichkeit zwischen Erst- und Folgetherapie bietet die **Gruppentherapie**. Sonne et al. (1985) schildern positive, wenn auch begrenzte Auswirkungen dieses Settings: Die intrusiven Symptome der psychotraumatischen Belastungsstörung gingen zurück. Die Teilnehmerinnen fühlten sich unterstützt und sozial weniger isoliert. Sie hatten jedoch große Schwierigkeiten, ihr Misstrauen und ihre Fantasie von „Besonderheit" zu überwinden, die der Ersttherapeut induziert hatte. Diejenigen, die nicht parallel in einer Einzeltherapie waren, beklagten sich, dass sie in der Gruppe nicht genügend Zeit hätten, die komplexen Erfahrungen durchzuarbeiten.

> **Merke**
>
> Ergänzend zur Einzeltherapie wird die Gruppensituation vor allem dann, wenn sie vorwiegend unterstützenden Charakter hat, als wertvoll angesehen. Sie wirkt zudem der Neigung zur sozialen Isolation entgegen, die eine der typischen Folgen des PMT ist.

Um weitere soziale Isolierung der Betroffenen zu verhindern, ist außerdem die *Arbeit mit den Angehörigen* wichtig. Auch hierfür bietet sich das Gruppensetting an. Pionierhaft arbeitet das Walk-In Counseling Center in Minneapolis in dieser Form (Luepker u. O'Brien 1989; Schoener et al. 1989; Luepker 1995). In der Regel sind die Angehörigen durch den sexuellen Missbrauch und seine Folgen ebenfalls traumatisiert. Zwischen Ehepartnern führen die schwerwiegenden Folgeschäden der Opfer nicht selten zu Entfremdung bis hin zur Trennung. Zum anderen erleiden auch die Partner ein Schocktrauma, wenn sie von der erotischen Beziehung mit dem Therapeuten erfahren. Depressive Enttäuschungsreaktionen, Wut und Ärger gegenüber der Partnerin oder dem Therapeuten sind häufig. In der Schweiz wurde ein Psychoanalytiker vom Ehemann einer Patientin erschossen, als dieser von der sexuellen Beziehung erfuhr.

Neben ggf. unterstützenden Gruppensettings bleibt nach sexuellen Übergriffen in der Psychotherapie die Einzeltherapie ein Verfahren der Wahl.

> **Merke**
>
> Ist die notwendige Unterscheidung zwischen Arbeitsrahmen und negativen Vorerwartungen erreicht, so wird eine produktive therapeutische Arbeit möglich. Diese verfolgt im Prinzip zwei Ziele: Aufarbeitung der traumatischen Aktualerfahrung und, falls möglich, darüber hinaus die Aufarbeitung der Primärstörung, die zur Ersttherapie führte, dort aber verstärkt und überlagert anstatt aufgearbeitet wurde.

Die **erste Phase der Therapie** ist auf die traumatischen, verzerrten therapeutischen Erfahrungen in der Ersttherapie fokussiert und sollte den Rekurs auf die Ausgangsstörung bzw. eventuell pathogene Vorgeschichte der Patientin – selbst wenn das Thema von ihr angeboten wird – strikt vermeiden. Dies wird von den Patientinnen fast immer als negative Attribuierung verstanden und verstärkt die Schuldgefühle: „Durch meine Störung bzw. pathologische Lebensgeschichte habe ich wichtige Warnzeichen übersehen, den Therapeuten sexuell gereizt" usw.

Die meisten Patientinnen beschuldigen sich entweder selbst für die Traumatisierung, die sie erfahren haben, oder geben sich zumindest die „Mitschuld" am Missbrauch. Diese Haltung ist eines der wesentlichsten Hindernisse bei der Auflösung der pathologischen Bindung an den Ersttherapeuten. In der Literatur wird hier verschiedentlich empfohlen, der Patientin in einer psychoedukativen Erklärung oder einem „sokratischen Dialog" zu verdeutlichen, *dass der Therapeut die alleinige Verantwortung für das Scheitern der Therapie und den Missbrauch der Patientin trägt*, auch dann, wenn diese sich in der Phase positiver Übertragung eine erotische Beziehung gewünscht oder Anstrengungen unternommen haben sollte, den Therapeuten sexuell zu verführen. Patientinnen, die ja über die zu erwartenden Übertragungsphänomene gewöhnlich nicht aufgeklärt werden, haben in der Tat kein kognitives Konzept zur Verfügung, um das Dilemma, in das sie der Ersttherapeut gebracht hat, auflösen zu können. Daher kann die ausdrückliche Information über Rechte und Pflichten jeweils von Therapeut und Patient durchaus hilfreich sein.

Nach unserer Erfahrung sollte vor allem beim psychodynamischen oder klientzentrierten Therapiestil der deklarative Teil der Instruktionen eher gering gehalten werden. In der sich ausbildenden Übertragungskonstellation zum Folgetherapeuten könnten entsprechende Verlautbarungen von der Patientin leicht als Überheblichkeit gegenüber dem Ersttherapeuten und als narzisstischer Wunsch, der bessere Therapeut zu sein, missverstanden werden.

> **Merke**
> Der günstigere Weg besteht darin, eine möglichst hohe Transparenz der gegenwärtigen Therapie herzustellen und die Patientin zu ermutigen, kritische Gedanken und Beobachtungen gegenüber dem Zweittherapeuten jederzeit in die Beziehung einzubringen.

Die Einhaltung der Grenzen zeigt der Folgetherapeut nicht per Deklaration, sondern in praxi und indem er der Patientin den Sinn aller therapeutischen Regeln erklärt. Gelingt es dem Zweittherapeuten, diese Verbindung von Theorie und Praxis zu verwirklichen, so verstärkt er dadurch automatisch die Differenz zwischen dem gegenwärtigen Arbeitsbündnis und der negativen Vorerfahrung, welche die Patientin auf die neue Therapie überträgt. So kann die Patientin erstmals erleben, wie eine Therapie lege artis verlaufen und wirken kann. Diese „optimale Differenz" zur negativen Vorerfahrung erleichtert es, die Schuldzuschreibungen an die eigene Person zu hinterfragen und den Anteil des Ersttherapeuten zunehmend realistisch einzuschätzen.

> **Merke**
> Entscheidend ist eine therapeutische Haltung, die die Patientin empathisch und „nicht neutral" begleitet, ihr jedoch bei aller Stützung und Unterstützung stets die Initiative überlässt. Nur so kann die traumatisch bedingte „erlernte Hilflosigkeit" (Seligman 1975) allmählich infrage gestellt und überwunden werden.

37.7 Folgetherapien beim professionalen Missbrauchstrauma

Ist ein optimal zur Vorerfahrung kontrastierendes Arbeitsbündnis aufgebaut, so beginnt die Patientin, sich mit der traumatischen Situation und der schmerzlichen und oft überwältigenden Erfahrung der sexuellen Ausbeutung durch den Ersttherapeuten zu konfrontieren. Neben Unterstützung und Hilfe beim Durcharbeiten der Situation(en) kann der Folgetherapeut der Patientin hier die Entwicklung bzw. Verstärkung der Symptomatik, wie sie sich in der Verlaufssequenz von traumatischer Situation, Reaktion und Prozess ausgebildet hat, verdeutlichen.

Um Rückfälle der Patientin in die Phase der Selbstbeschuldigung zu verhindern, ist das traumatherapeutische Prinzip der „Normalität" (Ochberg 1993) zu beachten.

> **Merke**
> Die Symptome des PMT sind normale und verständliche Reaktionen auf eine anomische, traumatische Situation. Dies sollte der Therapeut wiederholt betonen.

Deutungen zielen dementsprechend darauf ab, den Zusammenhang zwischen Symptomen und traumatischer Situation herzustellen und die Verarbeitungsversuche der Patientin in der traumatischen Reaktionsphase und im traumatischen Prozess als einen Selbstschutz- und Selbstheilungsversuch zu verstehen. So entspricht z. B. die depressive Reaktion der Patientinnen von Ersttherapeuten des „Wunscherfüllungstypus" ihrem Versuch, diesen zu schonen und an der Illusion festzuhalten, seine Therapie sei hilfreich gewesen. Einsamkeit und die Neigung, soziale Kontakte abzubrechen, gehen auf die Tendenzen der missbrauchenden Therapeuten zurück, die Patientinnen in die Illusion ausschließlicher Zweisamkeit entsprechend der „Golden Phantasy" zu verwickeln. Das generalisierte Misstrauen, das sich bei den Opfern des „Rachetypus" vor allem gegen Männer richtet und z. B. die Intimität mit dem Partner zerstören kann, ist eine gesunde und normale Reaktion auf die Missbrauchserfahrung. Solange der Ursprung des Misstrauens in der pseudotherapeutischen Erfahrung noch nicht erkannt werden kann, wird das Misstrauen in der Regel auf Ersatzobjekte verschoben. Charakterveränderungen, die sich im traumatischen Prozess herausgebildet haben, wie stereotype Vermeidungshaltungen gegenüber diesem Erfahrungskomplex, können als Versuche verstanden werden, die Erinnerungen zu kontrollieren und intrusive Erlebniszustände zu vermeiden, welche die traumatische Reizüberflutung wiederholen und eventuell zu einer Retraumatisierung führen könnten.

Beim *Durcharbeiten des professionalen Missbrauchstraumas* treten typische Übertragungskonstellationen auf. Nicht selten provozieren die Patientinnen zu Grenzüberschreitungen, indem der Ersttherapeut als besonders fürsorglich und hilfreich dargestellt wird, da er jederzeit Sondertermine zur Verfügung stellte, die Stunden überzog usw. Gleichzeitig wird der Folgetherapeut wegen seines „rigiden" Festhaltens an Regeln angegriffen und als „herzlos", „formalistisch" oder „dogmatisch" entwertet. In diesen Provokationen ist einerseits der Wunsch enthalten, auch für den Folgetherapeuten eine „besondere" Bedeutung zu gewinnen, mit ihm die innige Beziehung zum Ersttherapeuten zu wiederholen (womit zugleich der Ersttherapeut entlastet wäre). Vor allem dienen die Provokationen der Patientin jedoch als Test, ob sie sich auf den Schutz durch den Folgetherapeuten, darauf, dass er zuverlässig in der Lage ist, die notwendigen Grenzen einzuhalten, verlassen kann.

Insbesondere männliche Therapeuten werden entweder mit dem missbrauchenden Therapeuten identifiziert oder als „Spießer" und konventionelle Anpassler ihm gegenüber entwertet. Mit Frauen wird eher eine entwertende „Koalition der Schwachen" hergestellt, die dem idealisierten Ersttherapeuten gegenüber gleichermaßen hilflos sind. Spezifische Schwierigkeiten für den Umgang mit der Gegenübertragung ergeben sich, wenn Folgetherapeuten die Ersttherapeuten persönlich kennen. Außer bei engerer persönlicher Bekanntschaft stellt das nach unserer Erfahrung nicht unbedingt einen Ablehnungsgrund für die Übernahme der Behandlung dar, sofern sich der Zweittherapeut zutraut, sowohl die sozialen Implikationen zu bewältigen als auch die Implikationen für die Gegenübertragung angemessen zu berücksichtigen.

Die Intensität der positiven Gefühlsbindung an den Ersttherapeuten wird nicht selten unterschätzt. Hier besteht die Gefahr, dass der Therapeut die abgespaltene Wut der Patientin übernimmt und diese ausagiert. In diesem Fall kommt es in der Folgetherapie zu einer schwer auflösbaren therapeutischen Miss-Allianz. Je wirksamer der abgespaltene Affekt beim Zweittherapeuten untergebracht ist, desto stärker kann sich die Patientin ihren positiven Gefühlen überlassen und die Bindung an den Ersttherapeuten und damit auch die Symptomatik aufrechterhalten.

Die Spaltungen beziehen sich nicht nur auf die Gefühle gegenüber dem Ersttherapeuten. Dissoziative Phänomene liegen darüber hinaus vielen affektiven und kognitiven Symptomen zugrunde. Arbeitsstörungen entstehen in den intrusiven psychotraumatischen Erlebniszuständen durch dissoziative Unterbrechungen des Gedankenablaufs. Amnestische Phänomene werden zunächst als Schutz gegen die überflutenden Erinnerungen eingesetzt und können sich in der Folge ausweiten auf alltägliche Belange, die mit der traumatischen Situationskonstellation assoziativ verbunden sind. Für die Wiederherstellung der Arbeitsfähigkeit sind zuweilen kognitive Trainings wie Mnemo- und Problemlösungstechniken empfehlenswert (s. auch Kluft 1989).

Die **Dissoziation** zwischen Gefühlen, Verhalten, Empfindungen und Gedanken hat neben der emotionalen Überflutung durch die traumatische Erfahrung eine weitere Quelle in der Persönlichkeitsorganisation und dem missbräuchlichen Verhalten der Ersttherapeuten selbst. So zeigen sowohl „Rache-" wie „Wunscherfüllungstypus" extrem doppelbödige Verhaltensmuster, welche die Patientinnen verwirren und die emotionale und kognitive Klärung von Grenzen nachhaltig behindern können.

> **Merke**
> Weil sich beim PMT Vertrauensbruch und Verrat mit sexueller Intimität verbinden, ist die Tendenz zur „Selbstspaltung" bei den Patientinnen verstärkt, ähnlich wie bei Opfern von sexuellem Missbrauch in der Kindheit.

Der gute, sympathische und beziehungsfähige Teil des Selbst lebt in dem Beziehungsschema der positiven Intimität und Wechselbeziehung mit dem hilfreichen Therapeuten fort. Abgewertet und für die Missbrauchserfahrung verantwortlich gemacht wird hingegen ein negativer Teil des Selbst, zumeist das „böse innere Kind", das durch seine Gier nach Liebe und Anerkennung die Verwicklungen herbeigeführt haben soll oder zumindest zu schwach gewesen sei, um sich dem Therapeuten zu widersetzen. Die Neigung zur Selbstspaltung entspricht der dissoziativen Persönlichkeitsorganisation des Therapeuten und wird durch dessen

37.7 Folgetherapien beim professionalen Missbrauchstrauma

Verhalten nach dem Missbrauch, seine besonderen „Begründungen", noch weiter untermauert (s. Becker-Fischer u. Fischer 1995). Ist die Dissoziation des Selbstsystems bei der Patientin einmal eingetreten, so verstärkt sich zirkulär ihre Unfähigkeit, den Therapeuten objektiv sehen und insbesondere dessen eigene Spaltungstendenzen erkennen zu können. Das Bild vom Therapeuten bleibt subjektiv (in der Sphäre des „subjektiven Objekts"; s. Winnicott 1973), in sich einheitlich und gut, während das Selbst die dissoziativen Tendenzen des Therapeuten verwirklicht.

Wird dieser zentrale dissoziative Komplex therapeutisch aufgelöst, so zeigt sich in der Psychotherapie sexuell traumatisierter Patienten regelmäßig ein *Veränderungsschritt*, den Fischer (1990) als Erwerb der Fähigkeit zur „Objektanalyse" beschrieben hat.

> **Merke**
> Die Patientin gewinnt Distanz zum missbrauchenden Therapeuten und kann dessen innere Gespaltenheit, insbesondere seine bewussten oder unbewussten destruktiven Absichten erkennen. Soweit ihr dies gelingt, braucht sie zugleich das Gegenstück, die Selbstspaltung, nicht länger aufrechtzuerhalten und kann sich wieder als ein einheitliches, mit sich identisches Selbst empfinden. In diesem Schritt erwachen die dissoziierten und erstarrten Emotionen wieder zum Leben und die Patientinnen fühlen sich wie aus einem Gefängnis befreit.

Holderegger (1993) schildert ganz ähnliche Merkmale der emotionalen Befreiung und des „Auftauens" eingefrorener Emotionen, wenn es dem Patienten in einer Analyse gelingt, die eiserne Fessel zu sprengen, die das Trauma um die lebendigen Gefühle gelegt hat.

> **Merke**
> Typischerweise vollzieht sich der therapeutische Veränderungsschritt der Fähigkeit zur Objektanalyse oder Objektspaltung in drei unterscheidbaren Phasen:
> - Aufbau eines vertrauensvollen Arbeitsbündnisses in der therapeutischen Beziehung.
> - Eine nicht nur subjektive, sondern objektive Wendung gegen das traumatisierende Objekt, verbunden mit der Einsicht in dessen reale Gespaltenheit und Widersprüchlichkeit. Sie führt dazu, dass das traumatogene Objekt als objektiv „bösartig" und hassenswert erkannt werden kann.
> - Die „Fähigkeit zur Objektspaltung" als therapeutischer Erwerb wird in der Therapie auch in der Beziehung zum Therapeuten erprobt bzw. gefestigt.

Diese drei Phasen, die zusammengenommen die Fähigkeit zur Objektspaltung ausmachen, bilden einen notwendigen, wenn auch nicht hinreichenden Veränderungsschritt in gelingenden Therapieverläufen. In misslingenden Behandlungsverläufen fehlt dieses therapeutische Zwischenstadium in der Regel.

In der Phase der Objektspaltung und einige Zeit danach sind Patientinnen mit PMT sehr vulnerabel. Sie erleiden einen ähnlichen „Objektverlust" wie Kinder oder Adoleszenten in den verschiedenen Phasen der Ablösung von Eltern und Familie, hier noch verschärft durch die Auseinandersetzung mit einer pervertierten „Elternfigur". Trotz aller Probleme war ja der Ersttherapeut zu einer Stütze des Selbst und im „positiven Beziehungsschema" Garant des Selbstwertes geworden. Die Revision dieses partiellen, dissoziierten Beziehungsschemas schwächt das Selbst.

> **Merke**
> Die Einsicht, sich in dem Therapeuten getäuscht zu haben, missbraucht und betrogen worden zu sein, kann eine aggressive Dynamik freisetzen, die sich in suizidalen Tendenzen gegen das Selbst kehren kann. Hier ist entscheidend, dass der Folgetherapeut stützend und emotional haltend zur Verfügung steht.

Viele Patientinnen planen jetzt ernsthafter als zuvor rechtliche Schritte gegen den Ersttherapeuten. Ist die emotionale Krise, die durch die innere Lösung von ihm entstand, überwunden, so sind die meisten Patientinnen in der Lage, auch in rechtlichen Fragen eigenverantwortliche und gut überlegte Entscheidungen zu treffen.

Nach außen mit der Realität aktiv zu werden und verantwortliche Schritte gegen den Ersttherapeuten zu unternehmen, haben fast alle Teilnehmerinnen unserer Untersuchung als ausgesprochen hilfreich erlebt, selbst wenn die Schritte aufgrund der zurzeit unbefriedigenden Rechtslage nicht sehr erfolgreich waren. Diese realen Außenaktivitäten tragen dazu bei, die induzierte, „erlernte" Hilflosigkeit zu überwinden.

Aufarbeitung der prätraumatischen Störung: Hat die Patientin jene realistische Sichtweise vom Ersttherapeuten und der Ersttherapie gewonnen, die das Stadium der Objektanalyse oder Objektspaltung anzeigt, so sind die Voraussetzungen dafür geschaffen, die prätraumatische Störung aufzuarbeiten. Jetzt greifen die Patientinnen von sich aus das Thema auf, welche schon zuvor bestehenden Probleme sie in die Ersttherapie eingebracht haben, was sie gehindert hat, sich zur Wehr zu setzen, diesmal ohne in Selbstanklagen und Selbstbeschuldigung zurückzufallen.

> **Merke**
> Der Folgetherapeut sollte sich gegenüber diesem weiteren lebensgeschichtlichen Hintergrund der Symptomatik mit Interventionen zurückhalten und insbesondere Deutungen vermeiden, die auf Trieb- oder Wunschmotivationen der Patientinnen zielen (Kluft 1989).

Triebdeutungen werden fast immer als Bestätigung der ursprünglichen Selbstvorwürfe missverstanden und bewirken einen therapeutischen Rückschritt. In dieser Phase sind Ich-stärkende Interventionen hilfreich, die im Kontrast zur grenzüberschreitenden und -konfundierenden Vortherapie die Ich-Grenzen betonen und stärken. Der Therapeut kann hervorheben, dass es die Gefühle der Patientin sind, die sie in die Therapie eingebracht hat, dass sie sich geöffnet hat und dass diese Offenheit ausgenutzt und missbraucht wurde.

> **Merke**
> Die Unterscheidung zwischen Beteiligung an einer Handlung einerseits und Verantwortung oder gar Schuld andererseits kann entlastend wirken.

Die Konfusion dieser Ebenen, die vor allem in den Missbrauchsbegründungen einiger Analytiker deutlich wird (vgl. Becker-Fischer u. Fischer 1995), muss dazu führen, dass die Patientin – zumeist eher bewusstseinsfern – die eigene Sexualität als schuldhaft und als operante Komponente der traumatischen Situation versteht. Dieses kognitiv-emotionale Schema wird bestärkt, wenn der Ersttherapeut die „Schuldanteile" zwischen sich und der Patientin „gerecht" verteilt nach dem Motto: „Zu so etwas gehören immer zwei."

37.7 Folgetherapien beim professionalen Missbrauchstrauma

> **Merke**
> Hier ist ein Differenzierungslernen erforderlich, das der Patientin gestattet, ihre sexuellen Wünsche von der Missbrauchserfahrung zu trennen.

Ähnlich wie die „Fähigkeit zur Objektspaltung" hat dieser Schritt eine kognitive und eine emotionale Komponente. Um sich die eigene Sexualität und Liebesfähigkeit wieder anzueignen, kann die Einsicht hilfreich sein, dass im Missbrauch und in der sexuellen Ausbeutung letztlich der Täter nur sich selbst missbrauchen und ausbeuten kann. Dazu ist die metakognitive Differenzierung zwischen „Beteiligung" und „Verantwortlichkeit" notwendig. „Beteiligt" ist z. B. jedes Opfer einer Gewalttat, insofern es zum Tatzeitpunkt zumindest physisch anwesend ist. Darum ist es aber noch nicht „mitschuldig". Diese Differenzierung auf einer verhaltensnahen Erfahrungsebene wie der Sexualität überwindet erlernte Hilflosigkeit und fördert das Vertrauen in die eigene Selbstwirksamkeit, wenn sie zu dem Resultat führt: Ich kann Wünsche äußern und aktiv handeln, bin aber nicht für alle Konsequenzen verantwortlich, die sich infolge meiner Handlungen ergeben können. Im Gegensatz zu dieser Differenzierungsleistung kann die in der Psychoanalyse verbreitete „Deutung" unbewusster Wünsche und Handlungsimpulse die magische Kopplung von Wunsch und Konsequenz, von Verhalten und Verhaltensfolgen (dem sexuellen Missbrauch), unter der die Patientinnen leiden, (unbeabsichtigt) sogar noch verstärken. Hier bringt die übliche psychoanalytische Technik „Nebenwirkungen" hervor, die vom Therapieziel her dringend reflektiert werden müssen.

Das emotionale Differenzierungslernen ergibt sich aus einer „optimalen Differenz" von Arbeitsbündnis und Übertragungsbeziehung, wenn es der Patientin möglich wird, über sexuelle Wünsche und Fantasien zu sprechen oder solche Wünsche in Bezug auf den Folgetherapeuten zu äußern, dieses Mal im Rahmen einer sicheren Arbeitsbeziehung und ohne dass es zu einer Erotisierung der Beziehungssituation kommt und/oder der Therapeut voyeuristisch auf Mitteilung von „Einzelheiten" dringt.

Im Zweifelsfall hat in den Therapien von sexuell traumatisierten Patienten die Stärkung von Selbsterleben und Selbstwirksamkeit Vorrang vor sogenannten kathartischen Erinnerungen, vor „reexperiencing" oder dem detaillierten Durcharbeiten der traumatischen Situationskonstellation.

Ist die Reorganisation des Ich-Selbst-Systems genügend vorangeschritten, traut die Patientin sich „von selbst" eine Konfrontation mit den bis dahin unannehmbaren (subjektiven und objektiven) Situationsfaktoren zu.

Nach dem Veränderungsschritt der Objektspaltung kann die Therapie beim PMT überwiegend in therapeutisch gewohnten Bahnen verlaufen. Falls die Patientinnen das Vertrauen in Psychotherapie wiedergewonnen haben, bestehen gute Chancen – so sind auch die Erfahrungen von Kluft (1989) –, die Ausgangsproblematik aufzuarbeiten und das klassische Ziel der Psychotherapie zu erreichen: die Fähigkeit, zu lieben und zu arbeiten.

Prävention

38 Psychosoziale Prävention – ein Mehrebenenansatz

Manfred Cierpka

Inhalt

38.1	Einleitung	677
38.2	Grundlagen	678
38.2.1	Verhältnis- und Verhaltensprävention	678
38.2.2	Interventionen in der frühen Kindheit	679
38.2.3	Prävention in vulnerablen Lebensphasen	681
38.2.4	Stress kann die psychische Gesundheit gefährden	681
38.2.5	Primäre, sekundäre und tertiäre Prävention	682
38.2.6	Evidenzbasierte psychosoziale Prävention	683
38.3	Psychosoziale Prävention als Mehrebenenansatz	684
38.3.1	Personzentrierte Prävention	685
38.3.2	Familienzentrierte Prävention	686
38.3.3	Ökologische Ansätze	691
38.3.4	Die institutionelle Prävention	694
38.4	Ein ganzheitliches Präventionskonzept	695

38.1 Einleitung

Die wissenschaftlichen Erkenntnisse über psychosoziale Belastungen in der Kindheit (Übersicht s. Kap. 2) sprechen eine eindeutige Sprache: Schwierige Kindheitsbedingungen können die Entwicklung eines Menschen in vielfältigster Weise einschränken. Die Erfahrungen in der Kindheit hängen mit dem Kompetenzerleben, dem Wohlbefinden, der Bildung, dem beruflichen Erfolg und auch mit dem Gesundheitsstatus im Erwachsenenalter eng zusammen.

Die psychosoziale Prävention will zur Aufrechterhaltung der seelischen Gesundheit bzw. zur Verhinderung von seelischen Erkrankungen von der Geburt bis zum Erwachsenenleben beitragen. Präventive Maßnahmen sind in diesem Licht betrachtet auch ein Beitrag zur psychotherapeutischen Versorgung. Mit vorbeugenden Maßnahmen kann man viele Menschen erreichen. Da es unmöglich wäre, alle potenziellen Patienten psychotherapeutisch zu versorgen und viele Menschen mit seelisch bedingten Beschwerden auch gar nicht zu motivieren sind, einen Psychotherapeuten aufzusuchen, sind primäre, auf Breitenwirksamkeit ausgelegte Präventionsmaßnahmen in der Versorgung ergänzend notwendig.

Die Präventionsforschung verspürt gegenwärtig Aufwind. Das Bewusstsein in Gesellschaft und Politik scheint gestiegen, dass man durch Prävention das Aufkommen von Erkrankungen verhindern und dadurch Folgekosten vermeiden kann. Auch das Expertenwissen in diesem wissenschaftlichen Feld ist in der Medizin, der Psychologie, der Ökonomie, aber auch in den biologischen und neurobiologischen Fächern, rasant angestiegen, sodass man sich in der Präventionsforschung einigen fundamentalen Fragen nähern kann:

- Was macht psychische Gesundheit aus?
- Wie können wir psychische Gesundheit stabilisieren?
- Wo und wie muss man in der Prävention ansetzen und welche Ebenen für Ansatzpunkte sind zu unterscheiden?
- Mit welchen Konsequenzen müssen wir rechnen, wenn es uns nicht gelingt, die psychische Gesundheit zu fördern?

Die Diskussion über diese Fragen findet auch in der Öffentlichkeit statt. Dies führt zu einer Sensibilisierung in der Bevölkerung über die Zusammenhänge z.B. von unkontrollierbarem Stress und dem Auftreten von psychischen Erkrankungen (Angst, Depression und z.B. Abhängigkeitserkrankungen). Öffentlichkeitswirksame Debatten können präventiv im Sinne der Gesundheitsförderung wirken. Mit Kampagnen und politischen Programmen kann dies verstärkt werden.

In diesem ersten Kapitel des Präventionsteils werden einige Grundbegriffe in der Präventionsforschung erläutert und ein Mehrebenenansatz vorgestellt, der die Grundlage für die nachfolgenden Kapitel bildet.

38.2 Grundlagen

38.2.1 Verhältnis- und Verhaltensprävention

Präventive Strategien zur Aufrechterhaltung von seelischer Gesundheit sind ohne die besondere Berücksichtigung der soziokulturellen Bedingungen für das Zusammenleben von Menschen nicht denkbar. Neben der Dimension von „seelischer Gesundheit – seelischer Erkrankung" geht es immer auch um die Einbettung des Individuums in die spezifischen gesellschaftlichen Bedingungen.

> **Merke**
>
> Das Verhalten des Individuums wird beeinflusst durch die gesellschaftlichen Verhältnisse, in denen es lebt. Die Ansätze zur Prävention sind deshalb am Verhalten und an den Verhältnissen orientiert.

Die gesellschaftlichen Themen umfassen ökonomische wie auch institutionelle Perspektiven (z.B. das System der sozialen Versorgung). Von aktueller sozialpolitischer Bedeutung sind z.B. die Verbrechens- oder Gewaltprävention und Präventivmaßnahmen zur Verhinderung psychosozialer Verelendungs- oder Ausgrenzungsprozesse, die gerade in Gesellschaften mit einem hohen Anteil an Menschen mit Migrationshintergrund politisch und sozialpsychologisch von großer Relevanz sind. Im Weiteren beeinflussen ökologische Faktoren die Le-

38.2 Grundlagen

bensbedingungen nachhaltig und stellen grundsätzlich einen wichtigen Gegenstandsbereich gesellschaftlicher Aktivitäten dar.

Bei der **Verhältnisprävention** spielen psychosoziale Faktoren in der Diskussion über die Entstehung und die Aufrechterhaltung von seelischen Erkrankungen eine wichtige Rolle. Die Herstellung von rechtlichen, ökonomischen und gesellschaftlich präventiv wirkenden Rahmenbedingungen ist immer eingebunden in ein spezifisches Norm- und Wertesystem, aus dem heraus sich die unterschiedlichen präventiven Ziele entwickeln. Aktuell zeigt sich beispielsweise in Indien, dass gewaltpräventive Maßnahmen zum Schutz der Frauen vor Vergewaltigung ohne Veränderungen des gesellschaftlich vermittelten Wertesystems, z. B. durch eine Politik der Gleichstellung von Frauen, nicht denkbar sind (Kumar et al. 2013).

Auf der Ebene des Individuums (im Sprachgebrauch der Präventionswissenschaft als **Verhaltensprävention** bezeichnet) sind bei der Konfiguration von präventiven Maßnahmen jeweils Aspekte des affektiven Erlebens, von Kognitionen, Motivationslagen oder des Verhaltens von Bedeutung. Dies gilt für das gesunde wie für das erkrankte Individuum.

38.2.2 Interventionen in der frühen Kindheit

Die Wissenschaftler sind sich darin einig, seelischen Erkrankungen so vorzubeugen, dass sie erst gar nicht entstehen. Wenn Kinder in Umgebungsbedingungen aufwachsen, die ihnen keine angemessene Reifung und Entwicklung gewährleisten, besteht ein erhöhtes Risiko für Erkrankungen. Viele Langzeituntersuchungen zur Entwicklung von Kindern haben dies belegt (vgl. Kap. 2). Da Störungen in der Kindheit wichtige Vorläufer für Störungen im Erwachsenenalter sein können, ist die Unterstützung der psychischen Gesundheit von Kindern und Jugendlichen eine strategische Investition, die langfristig viele Erträge für den Einzelnen, die Gesellschaft und das Gesundheitssystem abwirft.

Deshalb setzten sich in den letzten Jahren in der psychosozial orientierten Prävention Maßnahmen im frühkindlichen Alter durch, um Kinder von Beginn ihres Lebens an verstärkt zu fördern. Diese Maßnahmen fokussieren auf die Beziehungssysteme, in denen die Kinder leben, um für sie angemessene Entwicklungsbedingungen zu schaffen. Vorsorge ist insbesondere erforderlich, wenn ein Neugeborenes in eine Familie mit hohen Belastungen hineingeboren wird. Diese „Risikofamilien" müssen unterstützt werden, damit auch sie ihren Kindern eine angemessen gute Umgebung zur Verfügung stellen können. Nach dem UNICEF-Report (2007b) wachsen in den industrialisierten Ländern zwischen 7 und 10 % der Kinder in risikobelasteten Familien auf.

Primäre Präventionsmaßnahmen sollten bereits in der frühen Kindheit beginnen (sog. Frühprävention; Beckwith und Sigman 1995), um „Hochrisikokindern" zu einem „normativen Entwicklungsweg" zu verhelfen (Barnard et al. 1993). Diese Richtlinie gründet sich auf der neurobiologischen Erkenntnis, dass das kindliche Gehirn gerade in den ersten Lebensjahren stark beeinflussbar ist (Roth 2002). Die Erfahrungen, die ein Kind mit seiner Umgebung macht, schlagen sich als Struktur, z. B. in den Verknüpfungen von bestimmten Neuronen im limbischen System und in anderen Strukturen des Gehirns, nieder. Die neurobiologischen Prozesse beeinflussen wiederum die psychologische Entwicklung eines Kindes.

Die meisten Konzepte zur „frühen" psychosozialen Prävention sind an der *Entwicklung des Kindes* orientiert. Da sich dessen seelische und körperliche Entwicklung nur in der Beziehung vollziehen kann, ist die Stärkung der Beziehungen zu den primären Bezugspersonen, die „ausreichend gut genug sind" (Winnicott 1974), entwicklungsfördernd. Stern (1992) betont die Entwicklung des kindlichen Selbst und des Gefühls für ein Selbst als Antwort auf den Anderen. Das Gegenüber sind meistens die Eltern, es können aber auch andere Pflegepersonen sein. Die Entwicklung erfolgt in positiver Gegenseitigkeit und interaktioneller Abstimmung zwischen primärer Bezugsperson und dem Kind. Die in diesen Interaktionen gemachten Erfahrungen werden verinnerlicht und sind als Repräsentanzen für das Innenleben strukturbildend. Die unbewussten inneren Schemata bestimmen ihrerseits die Interaktionen und die Beziehungsgestaltung mit den Mitmenschen und die daraus entstehenden Beziehungen.

Sensitive und kontingente Reaktionen auf die kindlichen Signale tragen nach der Bindungstheorie entscheidend dazu bei, dass die Bindungsfigur als sicher und verlässlich erlebt wird. Eine *sichere Bindung* gilt als wesentlicher Schutzfaktor und Puffer gegenüber Risikofaktoren für psychiatrische Erkrankungen. Voraussetzung für die Entwicklung einer sicheren Bindungsbeziehung ist eine positive Beziehung zwischen Eltern und Kind, die sich ihrerseits aus einer Vielzahl überwiegend positiver Interaktionen konstituiert.

Merke
Auf der Handlungsebene geht es bei der Konzipierung von frühen präventiven Maßnahmen um das Einüben positiver Eltern-Kind-Interaktionen, damit sich ein sicherer Bindungsstil mit dem Kind entwickeln kann. Transgenerational formuliert bilden sich durch die positiven Interaktionen beim Kind auf der Repräsentationsebene Arbeitsmodelle für Beziehungsfiguren (George 1996) aus, die mit größerer Wahrscheinlichkeit einen sicheren Bindungsstil später mit den eigenen Kindern gewährleisten.

Die Bindungsforschung hat die Konzeption von präventiven Interventionen in der frühen Kindheit wesentlich beeinflusst. Durch die Unterscheidung verschiedener Bindungsstile, die systematisch beobachtet und klassifiziert werden können, sind Überlegungen entstanden, wie bei Kindern präventiv unsichere zu sicheren Bindungsstilen verändert werden können. Primär präventive Elternkurse wurden zur Erhöhung der elterlichen Feinfühligkeit und/oder der kindlichen Bindungssicherheit entwickelt. Vor allem Interventionen, deren Fokus auf der Verbesserung der elterlichen Feinfühligkeit lag, erwiesen sich am effektivsten in der Verbesserung der kindlichen Bindungssicherheit. Ein weiterer Faktor zur Verbesserung der Wirksamkeit von Elternkursen scheint die Verwendung von Video-Feedbacks zu sein (van IJzendoorn et al. 2009).

In allen Langzeituntersuchungen zeigte sich, dass den frühkindlichen Bindungsbeziehungen eine große Bedeutung für den weiteren Entwicklungsverlauf der Kinder zukommt (Dornes 1999; Grossmann 2000). Die Effekte eines Trainings zur Verbesserung der Feinfühligkeit bei den Eltern halten nachweislich an (van den Boom 1995; Bakermans-Kranenburg et al. 2003).

Die Ergebnisse der Frühinterventionsstudien weisen allerdings darauf hin, dass insbesondere bei hoher Risikokonstellation ein Zeitraum von mindestens drei Jahren eingeplant werden muss, da eine dauerhafte Verbesserung der Bindungsqualität nicht durch kurze Interventionen zu erreichen ist.

38.2.3 Prävention in vulnerablen Lebensphasen

Prävention sollte nicht nur früh einsetzen, sondern auch altersadäquat sein. Kinder haben sehr unterschiedliche sensitive Phasen, in denen sie auf die Umgebung reagieren und durch entsprechende Interventionen beeinflussbar sind. So wie sich verschiedene Risikofaktoren über die jeweiligen Entwicklungsphasen von Kindern hinweg ganz unterschiedlich auswirken können, ist die Förderung von spezifischen protektiven Faktoren in bestimmten Altersphasen von Kindern günstiger oder weniger günstig. Während es im Kleinkindalter um die Förderung der Kompetenzen in kognitiven und sozial-emotionalen Fertigkeiten in der Familie geht, müssen die späteren Interventionen auch andere Beziehungskontexte wie die Zusammenarbeit zwischen dem Zuhause und der Schule oder die Beziehungen zu Mitschülern und Freunden einbeziehen.

Jedoch sind nicht nur Säuglinge, Kleinkinder, Kinder und junge Menschen in ihrer Entwicklung bei hohen Belastungen gefährdet. Auch ältere Menschen sind sozialen, psychologischen, biologischen und umweltbedingten Risikofaktoren ausgesetzt. In allen Schwellensituationen des familiären Lebenszyklus kann es in Partnerschaften, in Familien und beim Einzelnen zu Entwicklungskrisen kommen.

So ist der Übergang in eine Pflege- oder Heimsituation mit hohen Autonomieverlusten verbunden, welche die seelische, aber auch die körperliche Gesundheit weiter einschränken können. In Anbetracht ihrer Vulnerabilität und ihrer Bedürfnisse sollten nicht nur junge, sondern auch ältere Menschen bei Gefährdungen der psychischen Gesundheit gefördert werden. Sowohl die Primärversorgung als auch die spezialisierten Dienste müssen altersgerechte psychosoziale Angebote machen, damit die Autonomie der Älteren solange wie möglich bestehen bleiben kann. Allerdings verfügen viele Länder in diesem Bereich nur über unzureichende Kapazitäten. Wenn die sozialen und medizinischen Versorgungssysteme auf die entwicklungs- und altersbedingten Probleme nur ungenügend vorbereitet sind, muss die Politik für diese Fragestellungen sensibilisiert werden, um entsprechende Maßnahmen zu planen.

38.2.4 Stress kann die psychische Gesundheit gefährden

Schon in der Kindheit können sich ungünstige Weichenstellungen verhängnisvoll auswirken. Ein von den Bindungspersonen nicht adäquat erwidertes Bindungsbedürfnis des Kindes kann zu langfristigen psychobiologischen Folgeerscheinungen führen, welche die individuelle Ausreifung des Stressverarbeitungssystems und der affektregulierenden Systeme des Gehirns beeinträchtigen. Tier- und humanexperimentelle Studien tragen zur Entschlüsselung dieser Zusammenhänge bei. Frühe Kindheitsbelastungen führen in einem vulnerablen Zeitfenster, in dem das angeborene Stressverarbeitungssystem noch nicht hinreichend ausgereift ist, zu „biologischen Narben", welche sich lebenslang in einer Dysfunktion des Stressverarbeitungssystems und einer erhöhten Vulnerabilität für physische wie psychosoziale Belastungssituationen ausdrücken (McEwen 1999).

Neben kompensatorisch wirksamen Umweltfaktoren können (epi-)genetische Faktoren das Ausmaß langfristiger Schädigung durch traumatische Kindheitsbelastungen mindern (Caspi et al. 2002).

Auch in der Stressforschung müssen neben der personzentrierten Betrachtung die gesellschaftlichen Zusammenhänge einbezogen werden, dies gilt insbesondere für die Arbeitswelt. In vielen Ländern sind Menschen einem erheblichen Stress am Arbeitsplatz ausgesetzt, oft verbunden mit einer Beschleunigungstendenz in den gesellschaftlichen Prozessen, die den sozialen Zusammenhalt und die Arbeitsplatzsicherheit beeinflusst und zu einem Anstieg von Angst, Depressionen sowie Störungen durch Alkohol- und anderen Substanzgebrauch beiträgt.

Die sozialen Auslöser psychischer Gesundheitsprobleme sind vielfältig und reichen von individuellen Ursachen bis zu Belastungen ganzer Gruppen oder Gesellschaften. Sie können in sehr unterschiedlichen Umfeldern auftreten oder verstärkt werden, u. a. zu Hause, am Ausbildungsplatz, am Arbeitsplatz oder in Institutionen. Als Präventionsmaßnahmen können Konzepte zum Schutz der psychischen Gesundheit am Arbeitsplatz erarbeitet werden, die in Studien im Hinblick auf ihre Effizienz evaluiert werden müssen.

38.2.5 Primäre, sekundäre und tertiäre Prävention

Psychosoziale Präventionsmaßnahmen verfolgen zwei Ziele: Die psychosoziale Gesundheit der Menschen soll gefördert und die Entwicklung psychischer Probleme verhindert werden. Das „Committee on Prevention of Mental Disorders" des Nationalen Instituts für Medizin der USA schlug vor, die präventiven Interventionen für psychische Störungen und Familienprobleme in mehrere Kategorien einzuteilen (Munoz et al. 1996).

> **Definition**
> Die **primäre Prävention** für alle Bevölkerungsgruppen bezeichnet man als universelle präventive Intervention.

Entscheidend ist, dass sie unabhängig von eventuell vorhandenen Risikofaktoren eingesetzt wird. Wenn Risikofaktoren identifiziert werden und das Risiko verringert werden soll, muss genau genommen schon von sekundärer Prävention gesprochen werden. Diese Unterscheidung fällt manchmal nicht leicht. Wenn Eltern z. B. mit ihrem exzessiv schreienden Baby in einer Sprechstunde um Rat nachsuchen, stellt sich die Frage, ob dies bereits eine Risikokonstellation darstellt. Immerhin sind ca. 15–25 % der Kinder in den ersten drei Lebensmonaten sogenannte „Schreibabys" (Thiel-Bonney u. Cierpka 2012). Die meisten von ihnen sind nicht als Risikokinder zu bezeichnen, da die Problematik nur bei ca. 6 % über den dritten Lebensmonat hinaus persistiert. Im Sinne der universellen primären Prävention können aber alle Eltern darauf vorbereitet werden, sodass das Risiko in Grenzen gehalten werden kann.

Beispiele für universelle primäre Prävention aus dem Gesundheitsbereich sind etwa die Vorsorgeuntersuchungen für Schwangere oder die zeitlich genau terminierten und inhaltlich vorgegebenen Untersuchungen der Kinder beim Kinderarzt. Im psychosozialen Bereich sind die Ehevorbereitungskurse für Paare oder die Elterntrainings in den Familienbildungsstätten anzuführen.

> **Definition**
> Mit einer **sekundär präventiven Intervention** werden selektiv Subpopulationen wie z. B. Alleinerziehende oder Scheidungskinder gefördert.

Diese Maßnahmen zielen auf Individuen oder Bevölkerungsgruppen, die aufgrund verschiedener Faktoren im Vergleich zum Durchschnitt der Bevölkerung ein erhöhtes

Risiko für die Entwicklung von Störungen haben oder schon erste Symptome aufweisen. Hochrisikofamilien verfügen häufig aufgrund vielfältiger Probleme (schwierige Familienstrukturen, Armut, Arbeitslosigkeit, Partnerschafts- und Familienkonflikte etc.) nicht über die Ressourcen, die notwendig sind, damit eine Familie ihren Aufgaben angemessen nachkommen kann. Frühe Interventionen bei diesen hochbelasteten Familien zur Unterstützung der Eltern können die altersgerechte Entwicklung von Kindern gewährleisten (Sidor et al. 2013).

Indizierte präventive Interventionen zielen auf Personen, die bereits Symptome einer Störung aufweisen, aber noch nicht die Kriterien für eine Diagnose erfüllen. Mit *indikativer Prävention* ist z. B. die Förderung von Kindern gemeint, die eine hyperkinetische Störung oder eine Lese-Rechtschreib-Störung entwickeln könnten. Auch das große Gebiet der Prävention von schizophrenen Erkrankungen bei Adoleszenten ist hier anzuführen. Die Suchtprävention ist nur im Zusammenspiel zwischen Verhaltens- und Verhältnisprävention möglich. Individuumzentrierte Suchtpräventionsprogramme müssen durch die Koordination zwischen Organisationen, die mit Alkohol- und Drogenprogrammen und der Gesundheit der gefährdeten Personen befasst sind, ergänzt werden.

Jegliche Form der Primärprävention sollte darauf ausgerichtet sein, das kumulative Einwirken dieser Faktoren während der Kindheit zu verhindern. Im Rahmen von Maßnahmen der Sekundärprävention muss es darum gehen, die psychischen wie biologischen Auswirkungen einer derartigen kumulativen Stressoreneinwirkung zu mildern. Zu berücksichtigen sind dabei auch potenzielle kompensatorisch wirkende protektive Faktoren. Stehen diese hinreichend zur Verfügung, so können sie beim Einwirken eines einzelnen bzw. einiger weniger Risikofaktoren nicht nur deren pathogene Langzeitfolgen verhindern, sondern sogar zu einer erhöhten Stressresistenz („Resilienz") führen (vgl. Bender und Lösel 2000).

> **Definition**
> Wenn Familien wegen bekannter Risiken unterstützt werden müssen, damit eine Gefährdung des Kindes in der Zukunft nicht mehr auftritt, spricht man von **tertiärer Prävention**.

In der psychotherapeutischen Versorgung geht es hier meistens um Rückfallprophylaxe nach einer Rehabilitationsmaßnahme. In der psychosozialen Prävention sind z. B. Angebote für stark hilfebedürftige Familien gemeint, die eine das Wohl des Kindes fördernde Erziehung alleine nicht mehr gewährleisten können.

38.2.6 Evidenzbasierte psychosoziale Prävention

Psychosozial präventive Strategien und Maßnahmen sind aufwendig und kostspielig. Da sich darüber hinaus die Effekte der Präventionsmaßnahmen und die dann eingesparten Potenziale häufig erst viele Jahre später objektivieren lassen, zögern die politischen Entscheidungsträger bei der Umsetzung der Maßnahmen. Berger (2013) weist darauf hin, dass man es in der Effektivitätsforschung von Präventionsmaßnahmen mit dem sogenannten „Präventionsparadox" zu tun hat. Der Aufwand von Präventionsmaßnahmen ist oft sehr groß, weil sich die Maßnahmen an viele wenden müssen, der Nutzen kommt dann allerdings nur wenigen zugute. Allerdings adressieren die Maßnahmen oft Risikopopulationen, sodass bei diesen Adressaten die Effekte auch größer sein können.

Zu bedenken ist weiterhin, dass in der Präventionsforschung oft die eigentlichen Zielvariablen nicht direkt fokussiert werden. Wenn man eine psychologische Variable wie die Selbstwirksamkeit oder die Stärkung der elterlichen Beziehungen fördert, sind diese Wirkfaktoren nur als Mediator-Variable anzusehen. Die Absenkung von Prävalenzraten von Misshandlung oder sexuellem Missbrauch sind dann sekundäre Outcome-Maße.

Für die Wirkungsforschung in der psychosozialen Prävention hat die „Society of Prevention Research" (Flay et al. 2005) beschrieben, wie ein Wirkungsnachweis einer Präventionsmaßnahme in drei Phasen erreicht werden kann:

- In einer sogenannten Machbarkeitsstudie (feasibility study) kann ein Pilotprojekt an wenigen ausgewählten Standorten evaluiert werden, um die Praktikabilität der Maßnahme, die Zielgruppenerreichung und die Zufriedenheit der Beteiligten zu bewerten. Dies dient auch der Abschätzung von zu erwartenden Effektstärken in einer größeren Studie.
- In einer größer angelegten Studie kann dann die Wirkungsevaluation unter Alltagsbedingungen durchgeführt werden. Je nach geschätzter Effektstärke ergibt sich die Größe der Stichprobe, die für die Studie herangezogen werden muss. Zu achten ist auch auf schädliche Programmwirkungen, die ebenfalls dokumentiert werden müssen.
- In einer umfassenden Evaluation der Präventionsmaßnahme geht es bereits um die Dissemination des Programms und um dessen Transfer in eine Regelmaßnahme.

38.3 Psychosoziale Prävention als Mehrebenenansatz

Wenn psychologische, psychosomatische und manchmal sogar somatische Störungen durch dysfunktionale Umgebungsbedingungen in der frühen Kindheit mitverursacht sind, muss sich die Prävention auf die Förderung dieser Umweltbedingungen für die Kinder in den Familien selbst und in den außerfamiliären Beziehungskontexten wie Kindergärten und Schulen, im öffentlichen Raum und später in der Arbeitswelt der Erwachsenen konzentrieren.

Da jeder Mensch in einer Vielzahl von hierarchisch gegliederten Kontexten („Systemen") lebt, gibt es auch verschiedene Ebenen, an denen angesetzt werden kann. Die psychosoziale Prävention nutzt diese Möglichkeit, Kinder und Erwachsene in multiplen Beziehungskontexten zu fördern, um Synergieeffekte zu erzielen. Die Allgemeine Systemtheorie beschreibt, wie jede „höhere" oder weiter fortgeschrittene Ebene aus Systemen „niedriger" oder weniger fortgeschrittener Komplexität (Subsystemen) besteht. Der Begriff der „Ebene" klingt statisch und den Wechselwirkungsprozessen in menschlichen Systemen wenig angemessen. Gemeint sind Funktionssysteme, die durch ihre Funktionen in Abgrenzung zu anderen Funktionssystemen beschrieben werden können und wechselseitig ineinandergreifen. Das Familiensystem ist z. B. einerseits Teil eines größeren Systems (der umgebenden Gemeinde, Gesellschaft, Kultur), andererseits ist es im hierarchischen Sinne den verschiedenen Untersystemen (Triade/Dyade/Individuum) übergeordnet. Das Individuum wiederum kann durch Wechselwirkungsprozesse der Zelle, der körperlichen Struktur und der physiologischen Regelkreise sowie durch die Interaktion mit den psychologischen Prozessen beschrieben werden.

Synergetisch kulminieren die Dysfunktionalitäten auf den unterschiedlichen Ebenen beim Ausbruch einer Erkrankung. In der psychosozialen Prävention kann man diese Mehrebenenprozesse aber auch nutzen. Mehrere Ebenen werden dann durch unterschiedliche Maßnahmen gleichzeitig angesprochen.

Ein solcher Mehrebenenansatz bedeutet in der psychosoziale Prävention, dass die Kompetenzen und die Bindungen der Kinder in unterschiedlichen *Beziehungskontexten* gefördert werden: Interventionsmaßnahmen können familienzentriert für die Eltern oder die gesamte Familie ausgelegt sein oder kindzentriert (i. S. v. personzentriert) als sozial-emotionales Lernen in den Kindergärten bzw. Schulen eingerichtet werden. Wenn ein Kind in einem Kontext keine ausreichende Förderung erhält, kann dies durch die Lern- und Beziehungserfahrungen in anderen Lebenskontexten kompensiert werden.

> **Merke**
> Die person- und familienzentrierten Ansätze müssen durch die psychosozialen Interventionen im sozialen und gesellschaftlichen Umfeld der Familie ergänzt werden. Diese außerfamiliären Maßnahmen werden auch als ökologische Maßnahmen bezeichnet. Als eine Sonderform der ökologischen Prävention kann die institutionelle Prävention verstanden werden. Die personzentrierten Maßnahmen sind am Verhalten orientiert, die familiären und die ökologischen Maßnahmen sind auf die Verbesserung der Verhältnisse ausgelegt.

Im Folgenden unterscheiden wir deshalb:
- personzentrierte Prävention
- familienorientierte Prävention
- ökologische Prävention
- institutionelle Prävention

38.3.1 Personzentrierte Prävention

In der personzentrierten Prävention steht die Entwicklungsförderung des Kindes im Mittelpunkt. Insofern könnte dieser Ansatz auch „kindzentrierte" Prävention heißen. Da es aber auch z. B. in der Pflege von Demenzkranken präventive Maßnahmen für das betreuende Personal gibt, soll der Ansatz breiter, als „personzentriert", bezeichnet werden.

Die psychologische Entwicklung von Kindern kann durch die Förderung von Bindungssicherheit, Empathie, Emotionsregulation, Mentalisierung und anderen kindlichen Kompetenzen nachreifen. Waters und Sroufe (1983) definieren die Kompetenzen eines Kindes als integratives Konzept, das sich auf die Fähigkeit bezieht, angemessene Antworten auf Bedürfnisse und Anforderungen im kommunikativen Kontext zu generieren, flexibel zu koordinieren und im Miteinander auch anzuwenden.

Fördermaßnahmen im sozial-emotionalen Lernen können sich auf die Wahrnehmung von Ereignissen und Konfliktsituationen konzentrieren (Webster-Stratton 2000). Die Differenzierung und richtige Zuordnung von Affekten, die das Miteinander regulieren, kann erlernt werden. Die Interpretation von Ereignissen kann geübt werden, damit alternative Sichtweisen entstehen können. Diese Mentalisierungsprozesse sind auch wesentlich, um das zielgerichtete Handeln und die antizipatorisch fantasierten Folgen von Handlungen als Probehandeln zu üben. Schließlich kann auch das Handlungsrepertoire reflektiert werden, um zu einer größeren Flexibilität zu kommen. Parker und Hubbard (1998) konnten z. B. zeigen, dass die Flexibilität in der emotionalen Regulation insbesondere dann gefordert ist, wenn heftige Gefühle in schwierigen Konfliktsituationen auftreten. Wegen einer mangelnden Anpassungsflexibilität können Handlungen unterdrückt werden, wenn z. B. jemand zu erregt in einer Situation ist und eigene Übersprungshandlungen befürchtet. Deshalb eignet sich die Förderung der sozial-emotionalen Kompetenzen insbesondere für die Gewaltprävention (vgl. Kap. 39).

Kinder, die mit ihren primären Bezugspersonen zu wenige positive Erfahrungen machen konnten, entwickeln ein vermindertes Selbstwertgefühl. Sie neigen in aggressiven Konfliktsituationen verstärkt dazu, ihr schwaches Selbstwertgefühl auf Kosten von anderen zu erhöhen. Die Demütigung der anderen und der eigene Triumph, verbunden mit dem Gefühl sich alles zutrauen zu können, bedeutet für sie Machtzuwachs und Stärkung des Ichs. Der Ansatz in der Gewaltprävention besteht deshalb darin, genau diejenigen Fähigkeiten und Fertigkeiten bei diesen Kindern zu fördern, die ihnen Möglichkeiten an die Hand geben, Konflikte gewaltfrei zu lösen.

Eine Fülle von Interventionsstudien über das Fördern des sozial-emotionalen Lernens beweist den positiven Einfluss auf die kognitiven und sozial-emotionalen Entwicklungsbedingungen von Kindern, was sich wiederum positiv auf die Gesundheit, das Wohlbefinden und die Kompetenzen auswirkt (Übersicht s. Lally et al. 1988; Weissberg u. Greenberg 1998; vgl. Kap. 39).

38.3.2 Familienzentrierte Prävention

Inhaltlich orientieren sich die familienzentrierten Präventionskonzepte überwiegend an der Förderung von Beziehung und Bindung in der Eltern-Kind-Interaktion. Die familienzentrierte Prävention geht von der Annahme aus, dass Veränderungen bei den Eltern und den Familien entsprechend zu Veränderungen bei den Kindern führen. McCroskey und Meezan (1998) unterscheiden zwischen Programmen, die Familien bei der Erziehung unterstützen (family support), sowie Programmen, welche die Familien in Hochrisikokonstellationen schützen (family preservation). Letztere sind meistens mit Hausbesuchen kombiniert (s. u.; vgl. auch Scheithauer u. Petermann 2000).

Programme, die am elterlichen Verhalten und an den Erziehungskompetenzen ansetzen, leiten Eltern an, ihre Kinder in ihrem Verhalten zu bestärken, wenn sie sich positiv verhalten, und disziplinarische Maßnahmen zu ergreifen, wenn sie sich nicht altersgemäß und unangemessen verhalten. Diese Maßnahmen sind meistens für Eltern und Familien mit Kindergarten- und Grundschulkindern ausgelegt. Viele Studien konnten die Effektivität dieser Elternprogramme zeigen (Webster-Stratton 1985, 1994; Sanders 1995; Kuschel et al. 2004).

In den USA soll es mehr als 500 Elternschulen geben, die das gemeinsame Ziel haben, die elterlichen Kompetenzen zu stärken. Heinrichs et al. (2002) kommen jedoch zu dem Schluss, dass nur sehr wenige davon evaluiert sind. Die vorhandenen Metaanalysen im angloamerikanischen Raum kommen zu Effektstärken von 0,85 beim Kind und 0,84 bei den Eltern. Taylor und Biglan (1998) fassen zusammen, dass nicht alle Programme gleich effektiv sind. Von den Autoren werden deshalb evidenzbasierte Programme empfohlen.

In Deutschland ist das australische Programm *Triple P* bekannt geworden, dessen Effektivität international und national nachgewiesen wurde (Kuschel et al. 2004). *„Starke Eltern – starke Kinder"* (Honkanen-Schoberth 2002) wird vom Deutschen Kinderschutzbund umgesetzt. Beim amerikanischen Programm *STEP* (*Systematic Training for Effective Parenting*; Kühn et al. 2001) liegen bislang nur Evaluationsstudien aus den USA vor. In einer Metaanalyse über 61 Untersuchungen, die zwischen 1976 und 1999 mit verschiedenen Zielgruppen unter unterschiedlichen Bedingungen und mit einer Vielzahl von psychologischen Messinstrumenten durchgeführt wurden, zeigt sich die Wirksamkeit auch bei sozial benachteiligten Gruppen (Gibson 1999). Schneewind (2004) setzt mit seinem Konzept „*Freiheit in Grenzen*" auf elektronische Medien wie die CD.

Elternkurse als „Frühintervention"

In den letzten 20 Jahren setzen sich in der familienzentrierten Prävention außerdem Maßnahmen im frühkindlichen Alter durch. In den ersten drei Lebensjahren kann die Bindung des Kindes zur primären Bezugsperson gefördert werden, weil Eltern lernen können, auf die Signale des Kindes prompt und angemessen zu reagieren. Bindungsorientierte Programme zielen im Wesentlichen darauf ab, die Feinfühligkeit der Eltern zu erhöhen, um dem Kind zu einer sicheren Bindung zu verhelfen.

Der Übergang von der Partner- zur Elternschaft läuft oft krisenhaft ab (Cierpka et al. 2012). Primär präventive Angebote richten sich deshalb an die Zielgruppe der werdenden oder gerade gewordenen Eltern, ohne dass Hinweise auf besondere Risikokonstellationen oder außergewöhnliche Belastungen vorliegen müssen. Die besonderen Belastungen für die Paarbeziehung in der Zeit des Übergangs zur Elternschaft manifestieren sich in Studien oft in sinkenden Zufriedenheitswerten der (Ehe-)Partner (Fthenakis et al. 2002; Cierpka et al. 2012). Die Autoren sind der Meinung, dass die individuelle Befindlichkeit und die Partnerschaftsqualität Indikatoren dafür sind, wie gut die Anpassung an die neue Situation gelingt.

Elternschulen werden meist in Form von Kursen angeboten (Übersicht s. Köhler 2012) und finden in den Räumen gemeinnütziger Institutionen, in Kirchengemeinden, Beratungsstellen oder in Krankenhäusern und Hebammenpraxen statt. Für die Inspruchnahme von primär präventiven Angeboten ist eine niedrigschwellige Zugangsmöglichkeit für interessierte Eltern besonders wichtig. Bei bildungsfernen und sozial belasteten Eltern sollte auf Teilnahmegebühren verzichtet werden. Im Braunschweiger Modell von Heinrichs et al. (2006) bekommen die betroffenen Eltern sogar eine finanzielle Zuwendung, wenn sie kommen und teilnehmen. Es zeigte sich, dass die Bezahlung von Eltern für die Teilnahme an den Braunschweiger kognitiv-behavioralen Präventionsangeboten die Bereitschaft zur Teilnahme erhöht und sich nicht negativ auf die kurzfristige Effektivität auswirkt. In vielen Fällen werden inzwischen anfallende Gebühren von unterstützenden Programmen (z. B. Programm STÄRKE in Baden-Württemberg) oder auch den Krankenkassen ganz oder teilweise übernommen bzw. erstattet.

Beispielhaft werden nachfolgend einige Konzepte für Elternkurse im deutschsprachigen Raum dargestellt (zur Übersicht s. Köhler 2012):

Das Elterntraining „*SAFE*" (Brisch 2011) soll die Etablierung einer sicheren Eltern-Kind-Bindung fördern. In vor- und nachgeburtlichen Elterngruppen werden die Teilnehmer mit Videobeispielen für die Signale und Bedürfnisse ihres Kindes sensibilisiert. Besonderes Augenmerk liegt dabei auch auf der Möglichkeit einer Weitergabe von traumatischen Erfahrungen der Eltern, denn sie gelten als Störfaktoren der elterlichen Intuition.

„Auf den Anfang kommt es an" (Ziegenhain et al. 2012) ist ein Elternkurs, der den Teilnehmern relativ tiefe Einblicke in die prä- und postnatale Entwicklung des Babys, der Partnerschaft und der jeweiligen Interaktionsmöglichkeiten gibt. Die Teilnehmer arbeiten mit Videobeispielen, um die Signale der Babys erkennen zu lernen. Ausgelegt auf 30 jeweils 90-minütige Einheiten begleitet der Kurs die jungen Familien über Schwangerschaft, Geburt bis weit ins erste Lebensjahr des Kindes hinein.

Das Programm „Opstapje" (Schritt für Schritt) ist ursprünglich ein holländisches Projekt, welches seit 2001 in Deutschland vom Deutschen Jugendinstitut gefördert und wissenschaftlich begleitet wird. Es handelt sich hierbei um ein „aufsuchendes Angebot", d. h., dass geschulte Laienhelferinnen selektierte belastete Familien aufsuchen und mithilfe von speziellen Spiel- und Lernmaterialien die Interaktion von Eltern und Kind fördern. Das Programm wird mit Familien mit Kindern im Alter von zwei bis vier Jahren durchgeführt und ist auf maximal 60 Hausbesuche ausgelegt. Ein besonderes Merkmal von Opstapje ist, dass die Laienhelferinnen selbst aus belasteten Familien stammen und von Sozialpädagoginnen angeleitet und supervidiert werden (Sann u. Thrum 2005).

Das amerikanische Programm „STEEP" (Steps Toward Effective, Enjoyable Parenting) wurde 1986 von Martha Farrell Erickson entwickelt, um die Eltern-Kind-Beziehung in Risikofamilien zu fördern. Es beinhaltet aufsuchende Arbeit, die bereits in der Schwangerschaft beginnt, und Gruppentreffen, die sogar über drei bis sechs Jahre stattfinden können. Die STEEP-Beraterinnen suchen die Familien auf und leiten auch die Gruppentreffen. Sie haben umfassendes Material zur Verfügung, wie Handbücher und auch Interaktionsvideos. Zusätzlich werden mit den Familien Interaktionsvideos erstellt und nach dem Grundsatz „seeing is believing" positive Interaktionen verstärkt.

Der Elternkurs „Das Baby verstehen" (Gregor u. Cierpka 2004; Cierpka et al. 2009) setzt direkt an der Verhaltensebene an. Anhand von Modellen in Form von Videobeispielen lernen die Eltern, die Signale der Babys zu erkennen. Der Kurs wurde basierend auf langjährigen Erfahrungen in der Therapie mit werdenden und gerade gewordenen Eltern an der Eltern-/Säuglingssprechstunde am Institut für Psychosomatische Kooperationsforschung und Familientherapie am Universitätsklinikum Heidelberg entwickelt und über eine gemeinnützige Gesellschaft (www.focus-familie.de) vertrieben.

Praxistipp

Elternkurs „Das Baby verstehen"
Der Elternkurs ist in fünf thematische Einheiten aufgeteilt. Vorgeschlagen wird ein Angebot von fünf jeweils 90-minütigen Kurseinheiten, die im Abstand von einer Woche, höchstens 14 Tagen, stattfinden sollen. Es sind auch andere Modelle möglich, wie z. B. Wochenendkurse oder Kurse an zwei bis drei aufeinanderfolgenden Samstagen. Im Kursmanual beschrieben sind fünf Einheiten mit folgenden Titeln:
1. Ich sorge auch für mich selbst
2. Herausforderungen in der Partnerschaft
3. Das Baby sendet Signale aus
4. Was geht dem Weinen des Babys voraus?
5. Vertrauen in die eigenen Kompetenzen

In der ersten Kurseinheit lernen sich die Kursteilnehmer und die Kursleiter kennen. Sie trägt den Titel „Ich sorge auch für mich selbst". Der thematische Schwerpunkt liegt darauf, den Teilnehmern die Wichtigkeit von Selbstwahrnehmung und

38.3 Psychosoziale Prävention als Mehrebenenansatz

Selbstfürsorge zu vermitteln. Das Erkennen eigener Bedürfnisse, sowohl körperlicher als auch seelischer Natur, wird als Grundlage für den Aufbau einer harmonischen Beziehung zum Baby vermittelt. Voraussetzung dafür ist die Wahrnehmung der eigenen Bedürfnisse und des eigenen Selbst – und dies beginnt in der Wahrnehmung des eigenen Körpers. Durch Informationen über die pränatale Entwicklung werden die Sensibilität für den eigenen Körper und die Regungen des noch ungeborenen Kindes erhöht. Schließlich wird die Beziehungsentwicklung nach der Geburt thematisiert und eine kurze Vorausschau auf die Interaktion mit dem Baby eingeflochten. In einer Gruppenübung wird die Frage bearbeitet, wie die Teilnehmer mit möglicherweise auftretenden stressigen Situationen umgehen können, wenn das Baby da ist. Zum Abschluss wird eine Entspannungsübung mit der Möglichkeit einer „Kontaktaufnahme mit dem ungeborenen Kind" durchgeführt.

In der zweiten Sitzung „Herausforderungen in der Partnerschaft" kennen sich die Anwesenden schon und es wird einfacher, das Thema Partnerschaft zu bearbeiten. Die Annäherung an das Thema wird in verschiedenen Gruppenkonstellationen vorgenommen. In einer Einleitungsrunde wird versucht, den Fokus der Teilnehmer auf die psychische Situation der Mutter und die psychische Situation des Vaters nach der Geburt zu lenken. So soll eine stärkere und realistischere Auseinandersetzung damit angebahnt werden. Dann besprechen Frauen und Männer jeweils in eigenen Gruppen ihre Vorstellungen vom Leben nach der Geburt des Kindes. Ein Zeitkuchen wird entworfen, der dann im Plenum vorgestellt und diskutiert wird. Die Teilnehmer erhalten in dieser Kurseinheit wertvolle Hinweise für die partnerschaftliche Kommunikation. Zum Ende der Einheit werden „Kraftquellen in schwierigen Situationen" gesammelt.

In der dritten Sitzung „Das Baby sendet Signale aus" geht es um die Interaktion mit dem Baby. Konzeptueller Mittelpunkt ist die elterliche Sensitivität. Zu Beginn wird eine Entspannungsübung durchgeführt mit dem Hinweis, dass eine ruhige, offene Stimmung förderlich ist, um sensibel für Signale zu sein. Anhand von Videobeispielen, in denen Säuglinge mit ihren Bezugspersonen zu sehen sind, üben die Teilnehmer nun das Erkennen von Signalen der Babys. Zunächst geht es um das Deuten verschiedener Zustände der Interaktionsbereitschaft der Babys. Schnell können die Zustände eingeschätzt und mögliche Reaktionen besprochen werden. Es gibt hierfür weitere Interaktionsbeispiele auf Video.

Die vierte Sitzung „Was geht dem Weinen des Babys voraus?" behandelt das Schreien des Babys. Zu Beginn der Einheit werden Einstellungen und Mythen zum Schreien besprochen. Ein besonderer Fokus wird dann auch auf die starken Affekte gelegt, die das Schreien des Babys auslösen kann, und Möglichkeiten des Umgangs damit werden angesprochen. Es geht in dieser Einheit wiederum um elterliche Sensitivität mit dem Schwerpunkt des Erkennens früher Stresssignale des Babys. Hierbei helfen wieder viele Videobeispiele von Babys mit mangelnder Interaktionsbereitschaft, die unterschiedliche Belastungssignale zeigen. Hier lernen die Teilnehmer auch Möglichkeiten der Selbstberuhigung des Säuglings kennen. Schließlich werden weiterhin Möglichkeiten der Eltern erläutert, das Baby zu beruhigen.

Die fünfte Kurseinheit „Vertrauen in die eigenen Kompetenzen" befasst sich mit der Kommunikation mit dem Baby. Besonderer Wert wird hier auf das intuitive elterliche Verhalten gelegt. Die Teilnehmer sollen in ihrem Vertrauen gestärkt werden, intuitiv richtig auf die Signale ihres Kindes reagieren zu können. Möglicherweise wird der Zugang zu diesen intuitiven Verhaltensweisen nicht sofort und uneingeschränkt gefunden. Ziel ist es jedoch, mögliche Hemmungen abzubauen und die spontane Freude und Selbstverständlichkeit der Kommunikation mit dem Baby zu fördern. Auch hier arbeiten die Eltern mit Videobeispielen und lernen neue Entspannungsübungen kennen. Am Ende dieser Kurseinheit empfiehlt es sich, in einem „Blitzlicht" die Eindrücke der Teilnehmer zu sammeln. Zusätzliche Materialien oder auch Symbole für die gelingende Neuausrichtung als Familie können mitgegeben werden.

Die Kursleiter finden in den Begleitmaterialien eine Reihe von Hinweisen, die sie an die Gruppe

nach eigenem Ermessen weitergeben, wenn es ihnen am passendsten scheint. Diese Hinweise betreffen:
- Informationen zur postpartalen Depression
- Konzepte des „kindlichen Temperaments"
- Empfehlungen zur Förderung der kindlichen Entwicklung

Viele Elternkurse werden wissenschaftlich evaluiert und weisen in spezifischen Variablen wie z. B. der Qualität der Eltern-Kind-Beziehung (Ziegenhain et al. 1999) oder auch der psychosozialen Entlastung oder der elterlichen Kooperation (Brisch et al. 2000) positive Entwicklungen aus. Die vorhandenen Evaluationsstudien sind jedoch oft schwer miteinander vergleichbar, da sie aufgrund verschiedener zugrunde liegender Konzepte unterschiedlich abhängige Variablen betrachten oder sich in ihrem methodischen Vorgehen stark unterscheiden (Köhler 2013).

Bereits 2003 betrachtete eine niederländische Forschergruppe im Rahmen einer Metaanalyse 70 Studien, die sich mit Interventionen im Sinne von Elternkursen zur Erhöhung der elterlichen Feinfühligkeit und/oder der kindlichen Bindungssicherheit befassten (Bakermans-Kranenburg et al. 2003). Alle diese Interventionen waren nicht auf eine spezifische Zielgruppe ausgerichtet und umfassten sowohl niedrig belastete als auch Multiproblem-Familien. Die Forscher konnten unter anderem feststellen, dass kürzere Interventionen (weniger als 5 „Sessions" bzw. 5–16 „Sessions", verglichen mit mehr als 16 „Sessions") mit einem klaren Fokus auf das elterliche Verhalten effektiver waren als längere, umfassender ausgerichtete Interventionen. Jene Interventionen, deren Fokus auf der Verbesserung der elterlichen Feinfühligkeit lag, erwiesen sich auch am effektivsten in der Verbesserung der kindlichen Bindungssicherheit.

Ein weiterer Faktor zur Verbesserung der Wirksamkeit von Elternkursen scheint die Verwendung von Video-Feedbacks zu sein. Dieses Instrument ermöglicht den Teilnehmern, das eigene Verhalten aus einer Außenperspektive zu beobachten und gewonnene Erkenntnisse in das weitere Verhalten einfließen zu lassen (van IJzendoorn et al. 2009).

Ein wichtiger und nicht zu vernachlässigender Effekt von Elternkursen besteht darin, dass sich durch eine Teilnahme neue soziale Unterstützungsmöglichkeiten ergeben können. Es können sich zwischen den Teilnehmern Freundschaften entwickeln, die einen positiven Effekt auf die Bewältigung des Übergangs zur Elternschaft haben und noch lange anhalten können. Aus dem Elternkurs kann so die „Krabbelgruppe" werden. Diese Gruppen sind für viele (meistens) Mütter eine gute Möglichkeit, weiterhin soziale Kontakte zu pflegen.

Eine besondere Risikogruppe sind Kinder, die unter prä-, peri- und postnatalen Komplikationen zu leiden haben. Oft ist eine neonatologische Intensivversorgung notwendig, die für das Neugeborene und seine Eltern mit hohem Stress einhergeht. Für Frühgeborene mit niedrigem Geburtsgewicht und medizinischen Komplikationen und deren Eltern gibt es spezielle Interventionsprogramme (Übersicht s. Scheithauer u. Petermann 2000; vgl. *„Ulmer Modell"* von Brisch et al. 2000; *„Vermont Intervention Program"* von Sarimski 2000). Im *„Infant Health and Development Program"* (Berlin et al. 2000) profitierten insbesondere die schwereren Frühgeborenen von den durchgeführten Maßnahmen. McCarton et al. (1996) stellen zusammenfassend fest, dass diese Programme für Frühgeborene, je nach Ausmaß der biologischen und psycho-

38.3 Psychosoziale Prävention als Mehrebenenansatz

sozialen Stressoren, mittelstarke Effekte aufweisen. Alle Maßnahmen sollten jedoch individuell auf die Anforderungen des Babys abgestimmt sein. Andere Risiken ergeben sich für Kinder durch eine Behinderung oder durch Erkrankungen der Eltern (s. Scheithauer u. Petermann 2000).

Zu den besonderen Risikogruppen im Hinblick auf gesundheitliche Langzeitfolgen gehören auch Kinder von Alleinerziehenden. Auf der Basis einer Metaanalyse fordern Whiteside und Becker (2000) bereits im Zusammenhang mit der Trennung eine obligate Beratung im Sinne einer „Mediation". Materiell und psychisch stark belasteten Alleinerziehenden, vor allem wenn sie eine schlechte Schulbildung und wenig soziale Unterstützung haben, sollten in besonderem Maße niedrigschwellige Beratungs- und Hilfsangebote unterbreitet werden. Ihre Identifizierung könnte bereits in Kindergärten, im Rahmen kinderärztlicher Routineuntersuchungen oder in der Schuleignungsuntersuchung durchgeführt werden. Die Präventionsmaßnahmen sollten sich sowohl auf die betreffenden Mütter und deren häufig vorhandene depressive und/oder Suchterkrankung sowie die Förderung der kindgerechten Wahrnehmung der Elternfunktion als auch auf die Förderung des Selbstwerterlebens beim Kind und – vor allem bei Jungen mit fehlendem Vater – männlicher Identifikationen beziehen. Im Rahmen der *Düsseldorfer Alleinerziehenden-Studie* (Franz u. Lensche 2003; Franz 2004) wurde ein entsprechendes Gruppenprogramm zur Unterstützung alleinerziehender Mütter erfolgreich erprobt und nach wissenschaftlicher Evaluation in den Kindergärten der Stadt eingeführt (Lensche et al. 2004).

38.3.3 Ökologische Ansätze

Viele hochbelastete Eltern nehmen an den angebotenen Elternkursen nicht teil oder wenn sie teilnehmen, brechen sie oft ab. Bei diesen sogenannten Multiproblem-Familien muss die familienzentrierte Prävention unbedingt um die ökologische Perspektive (Bronfenbrenner 1979) erweitert werden. Etliche dieser Modelle sind aus der Praxis geboren und lassen eine theoretische Fundierung vermissen. Im Grunde bestehen sie aus einem Mix verschiedenster Interventionen auf sehr unterschiedlichen Ebenen.

Bis heute kann das von Ramey und Ramey (1993) nach Durchsicht der internationalen Interventionsansätze erarbeitete Rahmenprogramm für die Prävention im psychosozial schwierigen Umfeld genutzt werden. Die Autoren definieren acht Bereiche, in denen Präventionsmaßnahmen die Gesundheit fördern und negativen Auswirkungen vorbeugen sollen, die durch schwierige Familienbedingungen entstehen können:

- Unterstützung in den für das Überleben wichtigen Bereichen (Unterkunft, Nahrung, Einkünfte, Sicherheit und Transportmöglichkeiten)
- Vermittlung von Werten und Zielen für die Familie, auch im Hinblick auf Schulbesuch und Arbeitsplatz
- Schaffung eines Gefühls der physischen, sozial-emotionalen und finanziellen Sicherheit bei Eltern und Kind
- Sicherstellung physischer und seelischer Gesundheit
- Verbesserung der sozialen Interaktionen zwischen den Familienmitgliedern, den Peers und den Nachbarn
- Steigerung des Selbstwertgefühls

- Förderung sozialer Kompetenzen, Kommunikationsfertigkeiten und der Motivation für Schulerfolg
- Training basaler intellektueller Fähigkeiten

Die Autoren fordern, dass Hausbesuchsprogramme dieses Spektrum durch entsprechende Maßnahmen abdecken sollten, wenn sie wirklich effektiv sein wollen. Die Frühinterventionsstudien weisen darauf hin, dass insbesondere bei Hochrisikokonstellationen ein längerer Interventionszeitraum eingeplant werden muss. Eine dauerhafte Verbesserung von Bindungsqualitäten ist nicht so schnell zu erreichen.

Für hochbelastete Familien sind Elternkurse nicht ausreichend, sie benötigen zusätzliche Hilfestellungen. Marvin et al. (2003) haben z. B. ein Interventionsprogramm „Kreis der Sicherheit" entwickelt, das über 20 Wochen in Kleingruppen mit sechs Elternteilen (den Hauptbindungspersonen) die spezifischen Eltern-Kind-Dyaden durch Videoanalysen fördern soll. Die Gruppen werden von einem Psychotherapeuten geleitet und richten sich an Hochrisikofamilien. Die zentralen Konzepte für die Interventionen sind Ainsworth's Ideen der sicheren mütterlichen Basis und des Hafens der Sicherheit (Ainsworth et al. 1978). Im deutschsprachigen Raum widmeten sich Ziegenhain et al. (1999) jugendlichen Müttern und ihren Säuglingen. In ihrem Förderprogramm versuchten sie videogestützt die Bindung zwischen Mutter und Kind zu festigen. Erste vorläufige Ergebnisse zeigen, dass Mütter mit entwicklungspsychologischer Beratung noch drei Monate nach Abschluss der Intervention gegenüber Kontrollgruppen mit ihrem sechs Monate alten Baby feinfühliger umgehen konnten.

Um auch Hochrisikofamilien zu erreichen, ist es sinnvoll, diese frühkindliche Prävention mit Hausbesuchen zu verknüpfen. Einige Programme sind so konzipiert, dass unter Anleitung von ausgebildeten Sozialarbeitern oder Erziehern Eltern im Spiel mit dem Kleinkind feinfühliger und responsiver werden (z. B. *STEEP*, Erickson u. Kurz-Riemer 1999; *PIPE*, Perkins et al. 2002). Durch diese Interventionen verbringen Eltern eine gewisse Zeit mit ihrem Kleinkind, sodass sich über die funktionalen Eltern-Kind-Interaktionen eine positive Beziehung entwickeln kann. Solche Programme haben eine Langzeitwirkung auf die Entwicklung der Kinder, aber auch auf die Kinder dieser Kinder (Egeland 1999).

Da sich diese Programme an die Eltern und an die Kinder richten, werden sie auch als „Zwei-Generationen-Programme" bezeichnet.

Internationale und nationale Studien zu Frühen Hilfen

Die systematisch erarbeiteten primär- und sekundärpräventiven Interventionen in der frühen Kindheit für hochbelastete Familien werden im deutschsprachigen Raum als „Frühe Hilfen" bezeichnet und wegen ihrer großen Relevanz gesondert in Kapitel 42 behandelt. An dieser Stelle sollen lediglich die amerikanischen Vorläufer dargestellt und die internationale Forschung diskutiert werden.

In den Vereinigten Staaten wurde eine Reihe von Interventionsprogrammen für Risikofamilien in ganz unterschiedlichen psychosozialen Umfeldern erprobt (Cierpka et al. 2011). Die meisten Programme richten sich an Hochrisikofamilien, die zumindest ein Kind haben, das jünger als zwei Jahre ist. Drummond et al. (2002) konnten in einer Literaturrecherche 36 Evaluationsstudien über neun Programme zusammenfassend diskutieren, die Hausbesuche fest in

38.3 Psychosoziale Prävention als Mehrebenenansatz

ihrem präventiven Konzept für hochbelastete Familien (werdende Eltern und Eltern mit Säuglingen) eingeplant haben. Von diesen neun Programmen stimmten acht weitgehend inhaltlich in ihren Zielsetzungen und in ihren Strategien überein (Verbesserung der mütterlichen Gesundheit, der Lebensbewältigung, der elterlichen Kompetenzen, der Eltern-Kind-Interaktion und der Fürsorge für das Kind). Alle unterstützen die Gesundheit und das soziale Funktionieren der Familienmitglieder.

Am bekanntesten ist das *„Nurse-Family-Partnership"-Modell* der Arbeitsgruppe um David L. Olds. Es begann in den 1960er Jahren in den USA und ist inzwischen weitverbreitet (Olds et al. 1998, 1999; Olds 2006). Das Programm ist eines der herausragenden Präventionsprojekte und gilt als *„Blueprint-Modell"*. Von allen US-amerikanischen Blueprint-Modellen ist es eines der nachhaltigsten Projekte mit hochsignifikanten Effekten (Elliot 2004).

1994 wurde in den USA das *„Head-Start"-Programm* in 68 Bezirken als Modellprojekt gestartet. Dieses Programm bietet Familien mit Kindern unter drei Jahren und schwangeren Frauen unterhalb der Armutsschwelle umfassende Unterstützung an. Allerdings wurden zu diesem Projekt relativ wenige Evaluationsstudien durchgeführt. Der erste Zwischenbericht des Comprehensive Child Development Program (CPPRG 1992) zeigte, dass durch solche primären Interventionsmaßnahmen eine hohe Prozentzahl von Familien erreicht werden kann (über 75% durch Hausbesuchsprogramme), die als Risikofamilien eingestuft wurden. Die Ergebnisse (in einem kontrollierten randomisierten Gruppendesign gewonnen) dokumentierten den Erfolg. Die Mutter-Kind-Interaktionen in der Interventionsgruppe waren besser und die Kinder wiesen gegenüber der Kontrollgruppe ein verbessertes prosoziales Verhalten auf. In den Vereinigten Staaten ist das „Head-Start"-Programm inzwischen in vielen Regionen fest etabliert.

Analog wurde in Großbritannien ein ähnliches Konzept, das *„Sure-Start"-Programm*, aufgelegt und in den sozial schwierigsten Regionen implementiert. In der vierten Welle des Programms wurden bis 2004 insgesamt 500 Regionen versorgt, sodass über 400 000 Kinder unter vier Jahren (z. T. in sogenannten Early Excellence Centers) erreicht wurden. Das ehrgeizige Programm hat sich zum Ziel gesetzt, die Kinderarmut in Großbritannien bis zum Jahr 2020 aufzulösen. Das Programm soll durch prospektive Langzeitstudien von unabhängigen Forschern begleitet werden, um den Effekt der frühen Interventionen auf das Leben der Einzelnen und der Familie zu dokumentieren.

Um auch Hochrisikofamilien zu unterstützen, verknüpfen die dargestellten Projekte die frühkindliche Prävention mit Hausbesuchen. Die verschiedenen Interventionen wirken auf sehr unterschiedlichen Ebenen. Eine eindrucksvolle Zusammenstellung der *Family Support Programs* in den Vereinigten Staaten liefert der Bericht der bundesweiten Evaluation von Layzer et al. (2001). In diese Zusammenstellung gingen alle Dienste und Hilfsprogramme ein, die sich zum Ziel setzten, Kindern und Familien in Krisen oder mit Risiken zu helfen (also z. B. auch Adoptions-, Pflegefamilien oder Familien mit behinderten und chronisch kranken Kindern). Die Autoren fanden in den USA insgesamt 665 Evaluationsstudien, die 260 dieser Programme repräsentierten. In einer Metaanalyse über die kontrollierten Studien (randomisiert und quasiexperimentell) fanden sich zwar kleine, aber signifikante Effekte im Hinblick auf das Ergebnis für Eltern und Kinder. Insbesondere konnten die emotionale und die kognitive Entwicklung der Kinder gefördert werden. Mit entscheidend für den Effekt der Programme war die professionelle Ausbildung derjenigen, welche die Hilfestellung für die Familien leisteten. Die Effekte waren auch größer, wenn das Programm auf Familien mit einem besonderen Risiko zugeschnitten war. Fast doppelt so hoch waren die Effektstärken, wenn die Präventionsprogramme früh ansetzten. Nur 20 % der in diese Metaanalyse aufgenommenen Programme bezogen sich allerdings auf die frühe Kindheit und es mangelt in diesem Survey an längeren Follow-up-Studien.

Eckenrode et al. (2000) konnten 15 Jahre nach der Frühintervention bei Hochrisikofamilien, die vor und nach der Geburt durch Hausbesuchsprogramme unterstützt wurden, gegenüber „Kontrollkindern" immer noch signifikant weniger Misshandlungen gegenüber den Kindern feststellen.

Das *„Consortium for Longitudinal Studies"* untersuchte die Langzeiteffekte von elf Vorschulprogrammen (insgesamt 2008 Kinder in der Interventions- bzw. Kontrollgruppe zwischen 9 und 19 Jahren). Kinder aus der Interventionsgruppe waren erfolgreicher in der Schule, zeigten geringere Delinquenzraten, weniger Schwangerschaften im Teenager-Alter und fanden Arbeitsplätze im jugendlichen Alter (Royce et al. 1983). In einer Übersichtsarbeit dieser Hausbesuchsprogramme kommen Olds und Kitzman (1993) zu dem Schluss, dass sowohl das elterliche Fürsorge- und Erziehungsverhalten als auch die kognitiven Bereiche der Kinder in den Vorschuljahren gefördert werden können. Am meisten profitieren unverheiratete Mütter aus den unteren Schichten. Außerdem konnten die Autoren beobachten, dass Programme, die von professionell trainierten Sozialarbeitern oder Erzieherinnen durchgeführt wurden, bessere Effekte ergaben (Layzer et al. 2001). Brooks-Gunn et al. (2000) stellen in ihrer Übersicht über die Effekte der amerikanischen Programme fest, dass intensivere Programme mit einer längeren Teilnahme zu positiveren Effekten führen. Eine intensive Programmteilnahme der Eltern führte auch zu besseren Effekten bei den Kindern. Yoshikawa (1994, 1995) führt bei hoher Programmintensität mittlere bis hohe Effektstärken an. Eine Metaanalyse (Eckenrode et al. 2001) bestätigte erneut die Langzeitwirkung dieses Präventionsansatzes.

38.3.4 Die institutionelle Prävention

Kindergärten, Schulen aller Art, Internate und Heime sind für Kinder außerfamiliäre Beziehungskontexte, in denen sie vielgestaltige Erfahrungen machen können. Dies kann für die psychosoziale Prävention genutzt werden, wie z. B. bei Maßnahmen zur Gewaltprävention in der Klasse oder der gesamten Schule (s. Kap. 39). Oft sind Institutionen wegen der dort herrschenden Abhängigkeitsverhältnisse aber auch Orte der Gewaltentstehung. Kinder können zum Opfer des betreuenden Personals oder der Mitschüler werden, weil sie in der Regel in diesen Institutionen weniger geschützt sind als in einer sicheren Familie.

Deshalb ist es sinnvoll, die Institution selbst in den Fokus zu nehmen und Konzepte zu erarbeiten, die präventiv der Missbrauchs- und Misshandlungsgefahr in Institutionen entgegenwirken. In Kapitel 41 werden diese Ansätze für Deutschland detailliert beschrieben, die aktuell durch die öffentliche Missbrauchsdebatte gefördert werden.

Da sich auch in der Heilkunde und insbesondere in der Psychotherapie abhängige Beziehungsmuster entwickeln, die Patienten dem spezifische Risiko des sexuellen Missbrauchs aussetzen können, wird in Kapitel 43 dargestellt, wie dieser Gefahr präventiv durch berufsethische Maßnahmen begegnet werden kann.

38.4 Ein ganzheitliches Präventionskonzept

Ein umfassendes Präventionskonzept ergibt sich einerseits aus der Kombination der kind- und der familienzentrierten Perspektive, bedarfsweise ergänzt durch die psychosozialen Interventionen im Umfeld der Familie. Andererseits bieten sich als Ankerpunkte für die Implementierung von Interventionen die Zeitfenster an, in denen die Entwicklung von Individuum und Familie besonders effektiv gefördert werden kann. Die Schwellensituation am Übergang von der Partner- zur Elternschaft ist eine sensible und kritische Situation, weshalb Maßnahmen zur Förderung der Eltern-Kind-Interaktion in der frühkindlichen Zeit stattfinden sollten. Im Kindergartenalter kann kindzentriert und über die Förderung der Erziehungskompetenzen familienzentriert gearbeitet werden.

Tab. 38-1 Programme im vorgestellten Präventionskonzept (Beispiele)

Zeitfenster	Ansatzpunkte				
	Kind	Eltern	Familie	Außerfamiliäre Institutionen	Psychosoziales Umfeld
Schwangerschaft		Elternseminare „Das Baby verstehen?", „SAFE"	Hausbesuchsprogramme		
Säuglingszeit		Eltern-Säuglings-Sprechstunde, beziehungs- und bindungsfördernde Programme, z. B. STEEP, PIPE	Bundesinitiative Frühe Hilfen	U-Untersuchungen Kinderarzt	
Kleinkind			Opstapje	DVD-Zertifizierung Kinderärzte	Vernetzung von Frühen Hilfen
Kindergarten	FAUSTLOS, Fit und stark fürs Leben	Triple P, STEP, Starke Eltern – Starke Kinder, Freiheit in Grenzen		Fortbildung Erzieher	
Schule	FAUSTLOS			außerfamiliäre Sozialisation, Teamstärkung, Schulklima nach Olweus bzw. PIT	

Ein umfassendes Konzept der primären Prävention ergibt sich also aus den Zeitfenstern und den Interventionsebenen. Beispielhaft und ohne jeden Anspruch auf Vollständigkeit sind in Tabelle 38-1 einige Programme aufgelistet, die zusammengenommen ein Konzept für die psychosoziale Prävention ergeben. In Zukunft muss es verstärkt darum gehen, solche integrierten Bausteine, altersgemäß und inhaltlich aufeinander aufbauend, in ein Gesamtkonzept der psychosozialen Prävention zu bringen.

39 Zur Prävention von aggressivem Verhalten bei Kindern

Manfred Cierpka

Inhalt

39.1	Einleitung	697
39.2	Außerfamiliäre Präventionsmaßnahmen	698
39.3	Leitlinien	699
39.4	Schulbasierte Prävention	699
39.5	Das Fördern der Kompetenzen zur Konfliktlösung bei Kindern am Beispiel von „Faustlos"	700
39.6	Sozial-emotionales Lernen als Gewaltprävention	702
39.7	Die Bausteine des Curriculums „Faustlos"	705
39.8	Weitere Programme für Kindergarten und Schule	707
39.9	Übersicht über die Effektivität von Gewaltpräventionsprogrammen	707

39.1 Einleitung

Aggressives und gewaltbereites Handeln von Kindern ist in den Schulen ein zunehmendes Problem. Die Untersuchungsergebnisse des Kinder- und Jugendgesundheitssurveys (KiGGS; Robert Koch-Institut 2007) belegen, dass immerhin 18 % der Schulkinder mit Gewalttätigkeiten in Berührung kommen. Unter Gewalthandlungen leiden nicht nur die betroffenen Kinder, sondern auch die Lehr- und Erziehungskräfte, deren Toleranz- und Belastbarkeitsschwelle gegenüber dem Gewaltproblem inzwischen deutlich überschritten zu sein scheint (z. B. Schwind et al. 1995). Die sich abzeichnende Entwicklung verlangt zunehmend nach Lösungen im Sinne von Intervention und vor allem Prävention, denn Präventionskonzepte scheinen sowohl langfristig erfolgreicher als auch deutlich kostengünstiger zu sein als Interventionsmaßnahmen (Thornberry et al. 1995; Bruene-Butler et al. 1997; Slaby 1998).

Das aggressive Verhalten von Kindern hängt meistens mit problematischen Erfahrungen und oft auch mit Gewalterfahrungen in der eigenen Familie zusammen (Kap. 9). Verschiedene und komplexe Bedingungsfaktoren müssen sich summieren, damit es zur Gewalt in einer Familie kommt. Diese Faktoren sind im Familien-Risikomodell dargestellt (Kap. 9). Damit Eltern ihre Funktion als angemessene Bezugspersonen für die Kinder wahrnehmen können, sollten belastete Familien präventiv gefördert werden. Dies ist auch die wirksamste Form, Kinder davor zu bewahren, dass sie eigenes aggressives Verhalten entwickeln und dadurch den transgenerationalen Zirkel der Gewalt fortsetzen. In Kapitel 38 wird beschrieben, wie Familien unterstützt werden können, damit Kinder möglichst ohne Gewalterfahrungen aufwachsen. Da der Übergang von der Partner- zur Elternschaft gerade für belastete bzw. hochbelastete Familien kritisch verlaufen kann, sind in diesen Fällen „Frühe Hilfen" indiziert, die im Kapitel 42 ausführlich, mit Schwerpunkt auf Deutschland, dargestellt werden.

39.2 Außerfamiliäre Präventionsmaßnahmen

Zur Prävention aggressiven und gewalttätigen Verhaltens von Kindern liegen inzwischen auch im deutschsprachigen Raum eine Vielzahl von Konzepten vor (Schick u. Ott 2002; Brezinka 2003), wobei im Kern meist auf die Förderung sozial-emotionaler Kompetenzen rekurriert wird (Lösel u. Beelmann 2003; Petermann u. Wiedebusch 2003; Malti u. Perren 2008). Eine weitere Gemeinsamkeit der verbreitetsten Konzepte ist, dass sie in der Regel auf das Setting Schule bzw. Kindergarten zugeschnitten sind (Schick u. Ott 2002). Da durch primäre und sekundäre Präventionsmaßnahmen wie „Frühe Hilfen" nicht alle Familien erreicht werden, bietet die außerfamiliäre Sozialisation von Kindern in Kindergarten und Schule eine gute Möglichkeit, diese in ihrer psychologischen Entwicklung zu fördern. Viele Kinder erhalten durch diese kindzentrierte Prävention eine zweite Chance. Die unabhängige Regierungskommission der BRD zur Verhinderung und Bekämpfung von Gewalt (Gewaltkommission) forderte ein entsprechendes Umdenken: *„Die Schule muss sich auf ihren Erziehungsauftrag zurückbesinnen. Der Erziehungsaspekt und die Vermittlung gesellschaftlicher Normen müssen gegenüber der Wissensvermittlung wieder stärker in den Vordergrund treten. Lehrer müssen in ihrer Ausbildung wieder besser auf ihre Erzieherrolle vorbereitet werden."* (Schwind et al. 1990, S. 150 f.)

Kindergärten und Schulen bieten sich aus mehreren Gründen als Ansatzpunkte für eine primäre Prävention an. In den Schulen können alle Kinder erreicht werden, die Breitenwirksamkeit der Maßnahme ist gewährleistet. Die Gruppensituation in einer Klasse erlaubt es außerdem, dass sich die primäre Prävention an alle Kinder richten kann und kein Kind durch eine Sonderbehandlung stigmatisiert wird. Angenommen wird, dass diejenigen Kinder, die soziale und emotionale Defizite aufweisen, von Interventionsprogrammen besonders profitieren. Kindergärten und Schulen sind in der Regel stabile Institutionen, sodass die Präventionsprogramme über mehrere Jahre langfristig angelegt werden können. Auch die Beziehung zwischen den Kindern und den Lehrkräften entwickelt sich über Jahre, sodass diese zu Identifikationsfiguren für die Kinder werden und alternative Modelle im Beziehungsverhalten vorleben, wodurch die Kinder neues Verhalten lernen können.

> **Merke**
>
> Außerfamiliäre Lernerfahrungen führen bei Kindern oft zu einem Alternativmodell für den Umgang mit konflikthaften Beziehungen. Programme werden in Kinderkrippen, Kindergärten und Grundschulen implementiert und von den Lehrkräften übernommen. So kann Breitenwirksamkeit erreicht werden.

39.3 Leitlinien

In den USA hat das National Center for Missing and Exploited Children einige Leitlinien für solche Programme erarbeitet (NCMEC 1999):
- Die Curricula sollten auf anerkannten Erziehungstheorien basieren.
- Sie sollten auf das Alter sowie die pädagogischen und entwicklungspsychologischen Reifestufen des Kindes abgestimmt sein.
- Sie sollten Konzepte bereitstellen, die das kindliche Selbstwertgefühl erhöhen, damit Kinder besser mit allen möglichen Gefahren zurechtkommen und sich schützen können.
- Sie sollten mehrere Komponenten enthalten, die über Jahre aufeinander aufbauen.
- Die qualifizierten Vermittler des Curriculums sollten Rollenspiele und verhaltensorientierte Übungen mit aktiver Beteiligung einbringen können.
- Eltern, Lehrer, Schlüsselinstitutionen und das ganze Umfeld sollten einbezogen werden.

Auf diesen Erziehungsauftrag sind jedoch weder die Lehrkräfte in den Kindergärten noch in den Schulen in ausreichendem Maße vorbereitet. Sie benötigen spezielle entwicklungspsychologisch fundierte Curricula, verbunden mit Einführung und Schulung.

Diese Curricula sind präventiv ausgelegt und haben bei aktuellem aggressivem Verhalten von Kindern ihre Grenzen. Für „Problemkinder" können in bestimmten Fällen spezifischere Maßnahmen wie z. B. eine psychotherapeutische Behandlung notwendig werden. Das Sozialtraining von unsicheren oder aggressiven Kindern und Jugendlichen (Petermann u. Petermann 2000; Petermann et al. 2007) ist eine weitere Möglichkeit. Das Risiko von Gruppenangeboten im schulischen Kontext ist allerdings eine weitere Stigmatisierung der Kinder.

39.4 Schulbasierte Prävention

Das weltweit bekannteste schulbasierte Interventionsprogramm nach Olweus (1991, 1996) fußt auf demokratischen Grundsätzen und zielt einerseits auf die Verhinderung und Verminderung von Gewalt und andererseits auf die Förderung zwischenmenschlicher Beziehungen in den Schulen. Um diese Ziele zu erreichen, werden Maßnahmen auf der Ebene der Schule, der Klasse und des Individuums empfohlen.

Als *Maßnahmen auf der Schulebene* werden z. B. vorgeschlagen, den Ist-Zustand zum Problemfeld „Gewalt" in der Schule zu ermitteln, einen pädagogischen Tag als gemeinsamen Start des Kollegiums und eine Schulkonferenz zur weiteren Handlungsplanung einzurichten. Es wird über die Aufsicht auf dem Schulhof gesprochen. Eine Vertrauensperson der Schule (z. B. Lehrkraft, Psychologe, Elternteil) bietet telefonische Sprechzeiten an, zu denen sich Schülerinnen und Schüler, aber auch Erwachsene anonym zum Thema „physische und/oder psychische Gewalt" melden können. Die Kooperation Lehrkräfte – Eltern wird intensiviert. Arbeitsgruppen der Elternbeiräte und Lehrkräfte zur Entwicklung des sozialen Milieus werden an der Schule eingerichtet.

Als *Maßnahmen auf der Klassenebene* entwickeln Lehrer und Schüler gemeinsam einige einfache und für alle verbindliche Regeln zum Umgang mit Gewalt. Durch Literaturlesungen und Rollenspiele soll Mitgefühl für Gewaltopfer entwickelt werden. In einer regelmäßig stattfindenden sozialen Stunde sollen das Thema Gewalt, die sozialen Beziehungen der Schüler und Schülerinnen untereinander und die Interaktionen zwischen Kindern und Erwachsenen diskutiert werden.

Als *Maßnahmen auf der persönlichen Ebene* finden Gespräche mit den Gewalttätern und -opfern und deren Eltern statt. Außerdem gibt es gemeinsame Diskussionsgruppen für Eltern von Opfern und Tätern.

Olweus stellt mit seinem Ansatz einen sehr durchdachten und umfassenden Maßnahmenkatalog zum Thema „Gewalt an Schulen" vor. Die vorgeschlagenen Maßnahmen entsprechen einem Angebotskatalog, aus dem Schulen die jeweils für sie passenden Maßnahmen auswählen und umsetzen. Einige der aufgeführten Maßnahmen, und vor allem die für die Klassenebene empfohlenen, bleiben deutlich hinter dem aktuellen entwicklungspsychologischen Wissens- und Forschungsstand zur Prävention aggressiven Verhaltens zurück und orientieren sich ausschließlich an didaktischen, pädagogischen und allgemeinpsychologischen Konzepten wie dem kooperativen Lernen oder der Schaffung eines positiven Klassenklimas durch gemeinsame Aktivitäten. Derartige pädagogische Maßnahmen gehören zum pädagogischen Standard an vielen bundesdeutschen Schulen, sie wurden aber nicht spezifisch für die Prävention aggressiven Verhaltens entwickelt.

Die Evaluationsstudie von Olweus (1991) – mit durchweg positiven Effekten – muss mit Vorbehalt bewertet werden, da die Ergebnisse auf Angaben zu einzelnen Items und einem selbst konstruierten, nicht standardisierten Fragebogen zur Erfassung von antisozialem Verhalten beruhen. Zudem wurde kein Kontrollgruppendesign gewählt, sodass die positiven Entwicklungen der Kinder nicht eindeutig auf das Programm zurückzuführen sind (vgl. auch Hanewinkel u. Eichler 1999).

39.5 Das Fördern der Kompetenzen zur Konfliktlösung bei Kindern am Beispiel von „Faustlos"

Alle Kinder müssen Konflikte lösen lernen. Dissoziale Kinder weisen bei hochaffektiven Konflikten konsistente Defizite auf (Beelmann u. Lösel 2005). So nehmen sie aggressive *Hinweisreize in der Encodierphase* sensibler wahr, erinnern diese besser und schätzen Interaktionspartner als aggressiver ein. Im zweiten Schritt, der *Interpretation der Hinweisreize*, zeigt sich ein „Bias" dahingehend, dass aggressive Kinder ihren Interaktionspartnern vor allem in ambivalenten sozialen Situationen häufig subjektiv feindselige Absichten unterstellen. Die Ziele für das eigene Handlungsrepertoire sind durch die egozentrische Sicht festgelegt und wenig flexibel. Als Problemlösung werden vor allem aggressive und impulsive Handlungsentwürfe generiert. In der Phase der *Entscheidungsfindung* gehen die Kinder sehr unreflektiert vor und berücksichtigen kaum die langfristigen Folgen möglicher Handlungs-

39.5 Das Fördern der Kompetenzen zur Konfliktlösung bei Kindern

alternativen. Die positiven Folgen aggressiver Handlungen scheinen sie dabei zu über- und die negativen Folgen zu unterschätzen. Die Ausführung der ausgewählten Reaktion beruht schließlich auf sozial wenig kompetenten Handlungsschemata.

Programme zur Entwicklung dieser ungenügenden Kompetenzen wie z. B. *Faustlos* wollen letztendlich die Fähigkeit der Kinder zur Konfliktlösung stärken.

Praxistipp

Ein Beispiel: Franziska und Daniel in der Bibliothek
Abbildung 39-1 ist den *Faustlos*-Materialien der Einheit II „Impulskontrolle" entnommen. Anhand einer großformatigen Fotokarte werden Kinder in der Grundschule mit dieser Lektion an die sozialen Fertigkeiten „Aushandeln" und „Tauschen" herangeführt. Dabei wird betont, dass diese beiden Fertigkeiten sehr wichtig sind, um Freundschaften zu schließen. Illustriert wird dies durch eine Situation in der Bücherei. Daniel und Franziska sind in der Bücherei. Daniel hat ein Buch über Dinosaurier entdeckt. Er möchte es ausleihen und hat es an sich genommen. Auch Franziska interessiert sich sehr für Dinosaurier und möchte das Buch ebenfalls gerne leihen. Das ist die modellhafte Konfliktsituation, welche die Kinder zu lösen haben.

Franziska und Daniel sind gute Freunde und das möchten sie auch bleiben. Erworbene sozial-emotionale Kompetenzen helfen ihnen dabei. In Crick und Dodges (1994) Modell des sozialen Informationsaustauschs werden die einzelnen Kompetenzen beschrieben, die erforderlich sind, damit Kinder soziale Situationen begreifen lernen und sich in bestimmten Interaktionssituationen zurechtfinden (Abb. 39-2).

Die Autoren stellen die *Wahrnehmung* und das *Interpretieren der sozialen Situation* als die beiden ersten Schritte dar (Abb. 39-2). Sowohl Franziska als auch Daniel möchten das Buch leihen – das ist das Problem. Die Interpretation der sozialen Situation ist für das weitere dialogische Vorgehen meistens maßgebend. Wenn Franziska denkt, dass Daniel absichtlich das Buch schnell genommen hat, um ihr zuvorzukommen, dann geht das möglicherweise auf entsprechende Erfahrungen mit Daniel zurück. Solche Erfahrungen werden sie dann bei ihrer Interpretation der Situation leiten. In einem dritten Schritt, dem *Klären der Ziele*, muss das Kind sich darüber klar werden, was es erreichen will. Wie wichtig ist Franziska und Daniel das Buch? Gibt es dazu Alternativen? Gibt es vielleicht zwei davon in der Bücherei? Im vierten Schritt dieses Modells, *Handlungsentwürfe und Pläne*, werden dann Alternativen des Handelns durchgespielt. Dabei werden die Konsequenzen der Handlungen in Gedanken vorweggenommen (Antizipation). Entscheidungen müssen oft schnell gefällt werden. Daniel hat zu überlegen, was mit seiner Freundschaft mit Franziska passiert, wenn er stur bleibt. Franziska wird erwägen, ob es sich lohnt, mit Daniel wegen des Buchs einen Streit zu beginnen. Die *gewählte*

Abb. 39-1 Büchertausch in der Bibliothek.

Antwort (Schritt 5) entscheidet über das *Beziehungsverhalten* (Schritt 6). Wenn sich die Kinder zu einer Handlung entschließen, wird diese an der Reaktion des Anderen überprüft. Dies kann die eigene Absicht noch einmal verändern.

Bei den Entscheidungen spielen auch die *Machtverhältnisse* eine Rolle. Eine aggressive Handlung wird möglicherweise deshalb zurückgestellt, weil sich das Kind vor der Übermacht der Peers fürchtet. In mehreren Schritten durchläuft das Kind einen sozial-emotionalen Regulierungsprozess, der in eine mehr oder weniger angemessene Handlung mündet. Auf diese Handlung werden wiederum die anderen in einer nächsten Schleife reagieren. Soziale Konfliktsituationen durchlaufen oftmals mehrere Schleifen, bis sie gelöst sind. Das erfordert von den Kindern eine gewisse Spannungs- und manchmal auch Frustrationstoleranz. Das Konfliktlösungsverhalten ist sehr stark von **Emotionen** beeinflusst. Lemerise und Arsenio (2000) haben deshalb das Modell von Crick und Dodge (1994) erweitert. Sie weisen zu Recht darauf hin, dass die emotionalen Prozesse als motivationale, kommunikative und regulatorische Funktionen beim Lösen von Konflikten eine große Rolle spielen. In Kombination mit den kognitiven Prozessen (Aufmerksamkeit, Lernen, Gedächtnis, Logik) bestimmen sie ganz wesentlich das Durchlaufen der Kommunikationsprozesse in Interaktionen mit. Die Wahrnehmung, die Interpretation, die durchgespielten Alternativen und schließlich die Handlung sind von emotionalen Umgebungsfaktoren wie z. B. der Emotionalität in einer Situation oder der Atmosphäre abhängig. Das Temperament des Kindes oder seine aktuelle emotionale Verfassung (Hintergrundsemotion) beeinflussen ebenfalls seine Reaktion. Wenn das Kind gerade in der Schule die schlechte Benotung einer Schularbeit erfahren hat und deshalb in seinem Selbstwertgefühl geschwächt ist, kann es aktuell passieren, dass es schneller „ausrastet". Vergangene positive oder negative Erfahrungen mit den Gleichaltrigen beeinflussen die Wahrnehmung, die Interpretation und die emotionale Antwort. Franziska wird sich blitzschnell an einige Erfahrungen mit Daniel erinnern und sie durchgehen, um eine Einstellung zu seinem Handeln zu finden.

Nach entsprechenden Vorerfahrungen kann sie gekränkt und wütend reagieren oder sich beleidigt zurückziehen. Oder sie weiß inzwischen, dass sie bei ihm gut durchkommt, wenn sie nur lange genug ihren Wunsch nach dem Buch wiederholt. Dann hat sie (mit ihm) die Erfahrung gemacht, dass man mit Trotz und Widerstand zu einem bestimmen Ergebnis kommen kann (Affekt-Ergebnis-Verknüpfung). Auch Daniel wird bei der Suche nach Möglichkeiten zur Konfliktlösung ganz wesentlich durch seine Gefühle gesteuert. Diese sind wiederum auch abhängig von seinen Vorerfahrungen mit Franziska. Er hat sich ebenfalls ein „Beziehungswissen" im Laufe seiner noch jungen Jahre angeeignet, das von Lemerise und Arsenio (2000) als „soziales Wissen" bezeichnet wird. Die abgespeicherten Schemata bestimmen neben den situativen und kontextuellen Faktoren ganz maßgebend seine Reaktion auf Franziskas Verhalten.

Interessant sind die Rückkopplungen mit den emotionalen Prozessen, die wiederum sehr eng mit bestimmten Strukturen des Gehirns zusammenhängen. Die Speicherung von Erfahrungen im Gedächtnis umfasst auch das Lernen sozialer Rollen, von Konflikten und sozialem Wissen. Lemerise und Arsenio (2000) betonen in diesem Zusammenhang die Verknüpfungen von Affekt und Ereignis, die in der Amygdala stattfinden (der Mandelkern ist eine Gehirnstruktur, die maßgebend für die Emotionsverarbeitung zuständig ist). Diese Verknüpfungen beeinflussen das Erleben von späteren sozialen Erfahrungen entscheidend. Wenn bestimmte Ereignisse affektiv besetzt sind, dann können spätere ähnliche Ereignisse auch Emotionen auslösen. Der zufällige Blick eines anderen kann z. B. von einem Jugendlichen, der entsprechende Gewalterfahrungen in seinem Leben machen musste, als Angriff verstanden werden und eine heftige aggressive Handlung auslösen.

39.6 Sozial-emotionales Lernen als Gewaltprävention

Für die Prävention bietet das Kreismodell des sozialen Austauschs von Informationen

39.6 Sozial-emotionales Lernen als Gewaltprävention

(Abb. 39-2) viele Möglichkeiten zur Intervention. Sozial erwünschtes Verhalten kann aufgrund derselben Zusammenhänge gelehrt werden, wie problematisches Verhalten erlernt wurde. Da sowohl die Wahrnehmung und das Erleben Anderer sowie die Fantasien über Andere als auch die Emotionen die Begegnungen mit anderen Menschen regulieren und bei allen Schritten des Dialogs beteiligt sind, gibt es auch mehrere Ansatzpunkte zur Intervention.

Einer der wichtigsten Ansatzpunkte ist die Schulung der Wahrnehmung (Schritt 1). Die Wahrnehmung einer Situation und der damit einhergehenden Affekte ist oft sehr wichtig für die nachfolgenden Handlungen. Die Einstellung des Gegenübers lässt sich z. B. an dessen Gefühlen in dieser Situation ablesen. Wenn das Gesicht und die Körpersprache Wut ausdrücken, wird man vorsichtiger reagieren. Ärger und Wut müssen dafür aber auch richtig erkannt werden und dürfen nicht mit Traurigkeit oder Schmerz verwechselt werden. Das zutreffende Erkennen der Gefühle von Anderen ist für das soziale Funktionieren ganz entscheidend. Die Differenzierung und richtige Zuordnung von Gefühlen (Affektdifferenzierung) kann

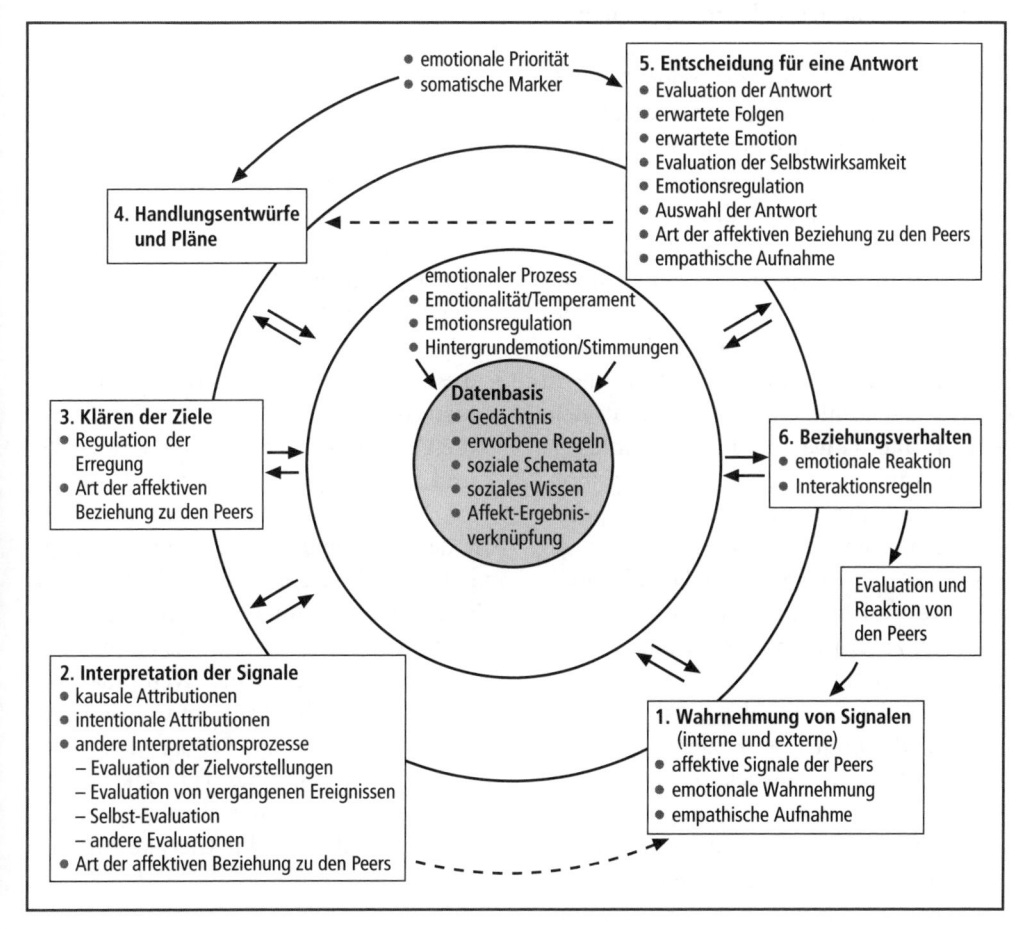

Abb. 39-2 Sozial-emotionales Lernen nach Crick und Dodge (1994).

nachreifen, ist also einem Training zugänglich.

Ein Ereignis muss auch richtig interpretiert werden (Schritt 2). Eigene Sichtweisen aufgrund von leidvollen Vorerfahrungen können die Wahrnehmung verzerren, die Interpretation beeinflussen und eine spannungsreiche Situation in einem ganz anderen Licht erscheinen lassen. Die Interpretation von Ereignissen kann geübt werden, damit alternative Sichtweisen entstehen können. Diese sogenannten Reflexions- bzw. Mentalisierungsprozesse (Uhl u. Cierpka 2013) sind wesentlich, um das zielgerichtete Handeln und die fantasierten Folgen von Handlungen als Probehandeln zu üben.

In Schritt 3 wird die Reflexion über die Handlungsziele gefördert: Wie wichtig ist es, das Buch auszuleihen? Ist es wichtiger als die Freundschaft aufs Spiel zu setzen?

Schließlich kann auch das Handlungsrepertoire reflektiert und erweitert werden (Schritt 4), um zu einer größeren Flexibilität im eigenen Handeln zu kommen. Eine Flexibilität in der Antwort ist insbesondere dann gefordert, wenn heftige Gefühle in schwierigen Konfliktsituationen auftreten. Je mehr alternative Handlungen fantasiert werden können, umso mehr Lösungsmöglichkeiten in der Konfliktsituation ergeben sich. Kompromisse können so leichter gefunden werden. Wenn diese Handlungsalternativen nicht zur Verfügung stehen, kann es zu Kurzschlussreaktionen kommen. Manchmal reagiert ein sich als angegriffen Fühlender impulsiv und aggressiv. Er greift dann auf das Beziehungsschema des Durchsetzens zurück, das ihm eine schnelle Lösung verspricht, möglicherweise sogar auf eine Gewalthandlung. Eine andere Kurzschlussreaktion besteht in der schnellen Anpassung und Unterwerfung. Wegen einer mangelnden Anpassungsflexibilität können Handlungen unterdrückt werden, wenn z. B. jemand zu erregt in einer Situation ist und eigene impulsive Handlungen befürchtet. Auch wenn ein Kind gar keine Reaktion zeigt, ist dies eine Antwort.

Im *Faustlos*-Curriculum werden diese Fähigkeiten im Rollenspiel vertieft und praktisch erfahrbar gemacht. Das Wissen über die alternativen Möglichkeiten reicht allein nicht aus. Die Strategien müssen durch Wiederholung und Verinnerlichung zum festen Inventar im Beziehungsrepertoire werden. Die Überzeugungsstrategien der Eltern und Lehrkräfte entwickeln sich zu den eigenen moralischen Überzeugungen.

Die Fähigkeit, den Anderen wahrzunehmen, führt zu einer empathischen Kompetenz bei den Kindern. Fonagy (1998a) bezeichnet diese empathische Kompetenz als die **„reflexive Funktion"**, welche die folgenden Dimensionen enthält:
- sich und Andere als denkend und fühlend erleben zu können
- die Reaktion Anderer vorhersagen zu können
- die Perspektive der Anderen übernehmen zu können
- die Veränderung von inneren Zuständen und deren Folgen reflektieren zu können

Mit der letztgenannten Dimension ist gemeint, dass der eigene innere Zustand, der mit einem bestimmten Gefühl verbunden ist, einem selbst einen Hinweis auf das Lösen eines Konfliktes liefert. Wenn man bei sich selbst feststellt, dass man traurig wird, empfindet man einen Verlust. Franziska (s. o.) würde wegen eines Traurigkeits-Signals möglicherweise stärker um das Buch kämpfen (vgl. dazu Uhl u. Cierpka 2013).

39.7 Die Bausteine des Curriculums „Faustlos"

Mit *Faustlos* (Cierpka 2001, 2004, 2005; Cierpka u. Schick 2011) liegt ein systematisches Curriculum zur Förderung sozialer und emotionaler Kompetenzen und zur Prävention aggressiven und gewaltbereiten Verhaltens bei Kindern vor, das speziell für den Einsatz in Kindergärten, Grundschulen und für Schulen der Sekundarstufe konzipiert ist und die für eine effektive Gewaltprävention zentralen Prinzipien verwirklicht: Das Curriculum setzt früh in der Entwicklung von Kindern an, es ist auf eine längerfristige Anwendung hin angelegt, es beruht auf einer entwicklungspsychologisch fundierten theoretischen Basis und wird kontinuierlich evaluiert.

Die Inhalte von *Faustlos* – der deutschsprachigen Version des vom Committee for Children entwickelten und evaluierten Curriculums *Second Step* (Beland 1988a, b) – sind aus Forschungsbefunden und entwicklungspsychologischen Theorien zu den Defiziten aggressiver Kinder abgeleitet. Demnach fehlen aggressiven Kindern Kompetenzen in den Bereichen Empathie, Impulskontrolle sowie Umgang mit Ärger und Wut.

Diese drei Einheiten sind im Grundschul-Curriculum in insgesamt 51 Lektionen (Tab. 39-1) gegliedert, während das Kindergarten-Curriculum in 28 Lektionen aufgeteilt ist.

Faustlos wird von den Erziehungs- und Lehrkräften umgesetzt, nachdem diese an einer eintägigen Fortbildung durch entsprechend qualifizierte Mitarbeiter des Heidelberger Präventionszentrums teilgenommen haben (www.h-p-z.de). In diesem Fortbildungsseminar wird ein Überblick über das Curriculum gegeben, die Ziele des Programms werden erläutert und Unterrichtsstrategien werden anhand von Videobeispielen demonstriert. Zentraler Bestandteil der Fortbildung ist die praktische Übung einzelner Lektionen in Form von Rollenspielen und intensiver Kleingruppenarbeit, bei der ein besonderer Schwerpunkt auf die Anleitung zu und die Durchführung von Rollenspielen gelegt wird. Die für die praktische Umsetzung benötigten Materialien umfassen für den Grundschulbereich ein Handbuch, ein Anweisungsheft und Fotos bzw. Overheadfolien („*Faustlos*-Koffer"). Die Materialien für Kindergärten („*Faustlos*-Set") beinhalten zusätzlich zwei Handpuppen: den Wilden Willi und den Ruhigen Schneck.

Tab. 39-1 Der Aufbau des Faustlos-Curriculums für Grundschulen

Einheiten	Lektionen		
	1. Klasse	2. Klasse	3. Klasse
Einheit I: Empathieförderung	1–7	8–12	13–17
Einheit II: Impulskontrolle	1–8	9–14	15–19
Einheit III: Umgang mit Ärger und Wut	1–7	8–11	12–15
Insgesamt	22	15	14

Im Handbuch ist der theoretische Hintergrund von *Faustlos* beschrieben, es sind alle Informationen zur Anwendung des Curriculums aufgeführt. Es enthält einen umfangreichen Anhang mit ergänzenden Anregungen zur spielerischen Vertiefung verschiedener Inhalte. Im Anweisungsheft sind alle 51 (bzw. 28) Lektionen in der Reihenfolge der Durchführung zusammengefasst. Die Anweisungen sind durchgängig untergliedert in einen Vorbereitungsteil, einen Abschnitt „Unterrichten der Lektion" und einen Vertiefungsteil mit Rollenspielen und anderen Übungen zur Übertragung des Gelernten.

Der Aufbau der „Faustlos"-Lektionen
- **Vorbereitung**
  - Allgemeine Zielsetzung der Einheit (nur zu Beginn einer neuen Einheit)
  - Konzepte (wichtigste Fähigkeiten und Kenntnisse)
  - Schlüsselbegriffe
  - Lernziele der Lektion
  - Sie benötigen (Unterrichtsmaterialien)
  - Anmerkungen für Lehrerinnen und Lehrer
- **Unterrichten der Lektion**
  - Geschichte und Diskussion
  - Rollenspiele (oder andere Aktivitäten)
- **Vertiefung des Gelernten**
  - Rollenspiele
  - Rollenspiele für die Schülerinnen und Schüler
  - Übertragung des Gelernten
  - Materialien für zu Hause (in einigen Lektionen)

Das Anweisungsheft und die Fotofolien (bzw. die Fotokartons) sind die Grundlage für den *Faustlos*-Unterricht. Auf den Fotos sind passend zum Thema der jeweiligen Lektion soziale Situationen dargestellt. Nach einer vorwiegend kognitiven Auseinandersetzung mit dem Stundenthema (wobei dies in vielen Lektionen des Kindergarten-Curriculums vom Wilden Willi und der Ruhigen Schneck begleitet, illustriert und unterstützt wird) muss das Gelernte anschließend in Rollenspielen praktisch geübt werden. Abschließend werden Möglichkeiten der Übertragung auf den Lebensalltag der Kinder besprochen. Obwohl den Lehr- bzw. Erziehungskräften somit eine klare Struktur vorgegeben ist und auch die Reihenfolge der Lektionen eingehalten werden muss, bleibt ihnen dennoch genügend Raum, um ihre eigene Kreativität einzubringen und *Faustlos* an die Anforderungen verschiedener Gruppen individuell anzupassen.

Faustlos wurde inzwischen an über 10 000 Schulen und Kindergärten implementiert.[1] Qualitätssicherung auch im Sinne begleitender Effektivitätsstudien ist ein integrativer Bestandteil von *Faustlos* bzw. *Second Step*. In den Pilotstudien zum Original-Curriculum konnte bereits gezeigt werden, dass sich *Second Step* förderlich auf die unterrichteten „violence prevention skills" (Beland 1988a; Beland 1988b, S. 3; Frey et al. 2000) wie z. B. die Vorhersage von Konsequenzen, Ärger-Management und Brainstorming-Fähigkeiten auswirkte. Auch mit der ersten deutschsprachigen Version des Curriculums verbesserten sich die sozialen Kompetenzen der Kinder und sie lehnten aggressive Verhaltensweisen als Mittel der Konfliktlösung verstärkt ab. Das Programm hat in zahlreichen Studien auch im deutschsprachigen Bereich seine Effektivität bewiesen (Schick u. Cierpka, 2005, 2006; Schick 2006; Schick u. Cierpka 2013). Auch die Se-

---

[1] Vielen Institutionen, politischen Mandatsträgern und Sponsoren ist zu danken. Insbesondere wird Faustlos von der Stiftung „Bündnis für Kinder – gegen Gewalt" in München großzügig unterstützt.

kundarstufe wurde im Hinblick auf ihre Praktikabilität im deutschsprachigen Raum evaluiert (Schick u. Cierpka 2009). Die bislang vorliegenden Effektivitätsergebnisse zum Original-Programm sind sehr vielversprechend und verweisen ebenfalls auf aggressionsreduzierende Effekte (Orpinas et al. 1995), eine Förderung der sozialen Kompetenzen (Sprague et al. 2001), der empathischen Fähigkeiten und der prosozialen Verhaltensweisen (McMahon u. Washburn 2003) sowie zudem auf positive Effekte hinsichtlich von Haltungen und Einstellungen der Schüler (Schoiack-Edstrom et al. 2002).

39.8 Weitere Programme für Kindergarten und Schule

Faustlos ist nur ein Beispiel von vielen Programmen für Kindergärten und Schulen, die das sozial-emotionale Lernen von Kindern fördern. Die Übersicht ist schwierig geworden, weil sich offenbar auch Lebenskompetenzprogramme für die Prävention dissozialen und aggressiven Verhaltens zu eignen scheinen, obwohl bei deren Konzeption nicht explizit auf Theorien und Befunde zur Gewaltentstehung und -prävention Bezug genommen wurde, z. B. *ALF* (Walden et al. 2000a, b), *Eigenständig werden* (Wiborg et al. 2002), *Lions Quest „Erwachsen werden"* des Lions-Clubs International MD 111 – Deutschland (Wilms 2004), *Fit und stark fürs Leben* (Ahrens-Eipper et al. 2002; Aßhauer et al. 2003; Burow et al. 2006) und *Klasse2000* (Duprée u. Storck 2006; Storck 2008).

Anders bei den spezifisch auf die Prävention von Gewalt abzielenden deutschsprachigen Programmen, neben *Faustlos* z. B. das *Fairplayer.Manual* (Scheithauer u. Bull 2008), *Programm zur Förderung alternativer Denkstrukturen (PFAD)* (Eisner et al. 2006), *Prävention im Team (PiT)* (Arbeitsgruppe 7.2 des Kriminalpräventiven Rates 2001), *Verhaltenstraining für Schulanfänger* (Petermann et al. 2006) oder *Verhaltenstraining in der Grundschule* (Petermann et al. 2007). Entsprechend der Komplexität des Bedingungsgefüges und der theoretischen Ausrichtung bzw. Profession der Entwickler unterscheiden sich die Programme teilweise erheblich hinsichtlich des theoretischen Hintergrundes, des Theorie-Praxis-Bezugs, der inhaltlichen Schwerpunktsetzung und der Qualitätsprofile. Bezüglich der Strukturiertheit und des eingesetzten Methodenspektrums sind die Programme jedoch sehr ähnlich und im Schnitt als überdurchschnittlich gut zu beurteilen.

Sämtliche Programme haben verschiedene Vor- und Nachteile, jeweils einen eigenen „Charakter" sowie spezifisches Verbesserungs- und Entwicklungspotenzial. Vor allem hinsichtlich des Nachweises der Effektivität besteht bei den meisten Programmen noch ein großer Forschungsbedarf, wobei neben den Untersuchungen durch die Programmentwickler vor allem auch Effektivitätsstudien unabhängiger Forscher bzw. Forschungsgruppen und Studien zur Langzeitwirkung gefordert sind.

39.9 Übersicht über die Effektivität von Gewaltpräventionsprogrammen

In der Gesamtschau belegen die Studien zu den kindzentrierten Präventionsprogrammen (Ang u. Hughes 2002; Lösel u. Beelmann 2003; Wilson et al. 2003), dass die Programme ein großes Potenzial zur Förderung sozial-emotionaler Kompetenzen haben und aggressivem Verhalten präventiv entgegenwirken. Im Schnitt sind die gefundenen Effekte – mit Ausnahme der in der

Faustlos-Kindergarten-Studie mittels des Interviews gefundenen Effekte – allerdings eher klein bis moderat, was neben dem tatsächlichen Wirkungspotenzial der jeweiligen Präventionsansätze von zahlreichen methodischen Faktoren wie den gewählten Erfolgsmaßen bzw. Indikatoren (z. B. sozial-emotionale Kompetenz vs. dissoziales Verhalten), der Stichprobe (z. B. Risikopopulation vs. unbelastete Kinder), den gewählten Datenquellen (z. B. Selbst- vs. Fremdbeurteilung) oder dem Zeitpunkt der Datenerhebung (z. B. kurz nach Beendigung des Programms vs. Jahre später) abhängt. Diese moderierenden Bedingungen müssen bei der Bewertung der Effekte deshalb immer entsprechend in Rechnung gestellt werden.

Im Bereich der Präventionsforschung ist im Unterschied zur Interventionsforschung zudem zu berücksichtigen, dass sich die zu untersuchenden Verhaltens- und Erlebensindikatoren per definitionem meist im „Normalbereich" bewegen. Da keine extrem verhaltensauffälligen Stichproben untersucht werden, sind deshalb aufgrund von Bodeneffekten grundsätzlich keine besonders großen Effekte bzw. hohe und dramatische Veränderungen i. S. einer Reduktion des Problemverhaltens zu erwarten (Durlak u. Wells 1997; Beelmann u. Raabe 2007; Wilson u. Lipsey 2007).

Der Erfolg von Präventionsmaßnahmen sollte daher eher an einer Stärkung von Kompetenzen bzw. einer Verhinderung negativer Entwicklungen bemessen werden.

Häufig werden allerdings die aufgrund einer Maßnahme nicht aufgetretenen Auswirkungen z. B. aufseiten potenzieller Opfer nicht entsprechend abgebildet oder können aufgrund einer fehlenden Kontrollgruppe nicht beurteilt werden. Die bei der Auswertung im Regelfall berichteten Mittelwerte maskieren zudem die für die Praxis sehr bedeutsamen Effekte auf einzelne Intensivtäter. Verändert sich deren Verhalten zum Positiven, so ist das jedoch meist mit einem massiven Rückgang der Opferzahlen und der Häufigkeit dissozialer Verhaltensweisen verbunden, was sich allerdings nicht in den Mittelwerten der eingesetzten Erhebungsinstrumente widerspiegelt.

Die kleinen bis moderaten Effekte sind ein im Bereich der Präventionsforschung bekanntes Phänomen (Beelmann 2006). Da einige Studien und viele Praxisberichte auf die zentrale Bedeutung verschiedener „Kontextbedingungen" wie die Motivation der Anwender oder die Unterstützung durch die Schul- bzw. Kindergartenleitung hinweisen, sollten diese Faktoren verstärkt ins Zentrum weiterer Forschungsbemühungen gerückt werden. Auch den von den Lehr- und Erziehungskräften berichteten Nebeneffekten sollte weiter nachgegangen werden. So ließen sich für *Faustlos* neben einer Reduktion aggressiver Verhaltensweisen und einer Förderung der Empathie auch positive Effekte auf die verbalen Kompetenzen der Kinder nachweisen (Bowi et al. 2008).

40 Präventionsprogramme und ihre Wirksamkeit zur Verhinderung sexuellen Missbrauchs

Arnold Lohaus und Hanns Martin Trautner

Inhalt

40.1	Einführung	709
40.2	Prävention bei potenziellen Opfern	710
40.2.1	Zentrale Bestandteile von Präventionsprogrammen	710
40.2.2	Evaluationsergebnisse zur Wirksamkeit von Präventionsprogrammen	713
40.2.3	Kritik an Präventionsprogrammen, die an potenzielle Opfer gerichtet sind	715
40.3	Prävention bei potenziellen Tätern	718
40.3.1	Implementierung einer angemessenen Sexualerziehung	718
40.3.2	Arbeit mit Opfern sexuellen Missbrauchs	720
40.3.3	Beratungs- und Interventionsangebote für potenzielle Täter	721
40.4	Weitere Präventionsansatzpunkte	722
40.4.1	Elternarbeit zum sexuellen Missbrauch	722
40.4.2	Öffentlichkeitsarbeit zum sexuellen Missbrauch	723
40.5	Zusammenfassung	724

40.1 Einführung

Der hohe Verbreitungsgrad sexuellen Missbrauchs im Kindesalter und insbesondere die vielfach damit verbundenen physischen und psychischen Folgen für die Betroffenen weisen auf die Notwendigkeit verstärkter Präventionsarbeit in diesem Bereich hin. Man kann in diesem Zusammenhang zwischen primärer und sekundärer Prävention unterscheiden, wobei es bei der primären Prävention um die Verhinderung sexuellen Missbrauchs geht, während die sekundäre Prävention Interventionen umfasst, die sich auf die Aufdeckung und psychosoziale Unterstützung bei bereits vorhandenem Missbrauch beziehen. Der vorliegende Beitrag befasst sich in erster Linie mit primär-präventiven Ansätzen zur Verhinderung sexuellen Missbrauchs im Kindesalter.

Bevor auf einzelne Präventionsansätze eingegangen wird, werden als Erstes einige epidemiologische Daten vorangestellt, da dadurch deutlich wird, welche Zielgruppen und Zielrichtungen bei der Präventionsarbeit Beachtung finden sollten.

Betrachtet man zunächst die Opfer sexuellen Missbrauchs, so ist zu konstatieren, dass sexueller Missbrauch in allen Altersgruppen, beginnend mit dem Säuglingsalter, vorkommt. Dies weist darauf hin, dass eine umfassende Präventionsarbeit auch frühe Altersabschnitte einbeziehen sollte. Aufgrund hoher Dunkelziffern und unterschiedlicher Definitionen sexuellen Missbrauchs schwanken die Angaben über Prävalenzraten zwar sehr stark (vgl. Kap. 1), es besteht jedoch Einigkeit darüber, dass Mädchen deutlich häufiger betroffen sind als Jungen. Nach der Metaanalyse von Stoltenborgh et al. (2011) liegt das Risiko für Mädchen, Opfer sexuellen Missbrauchs zu werden, weltweit bei 18 %, während es für Jungen bei 7,6 % liegt. Ähnliche Angaben finden sich bei Pereda et al. (2009), die für den Altersbereich vom Säuglingsalter bis 18 Jahren angeben, dass 7,9 % der Jungen und 19,7 % der Mädchen irgendeine Form des sexuellen Missbrauchs erleben. Da jedoch beide Geschlechtsgruppen potenziell Opfer sexuellen Missbrauchs werden können, werden in der Regel trotz der unterschiedlichen Prävalenzraten für Jungen und Mädchen keine differenziellen Präventionsansätze verfolgt.

> **Merke**
> Unter den Tätern sexuellen Missbrauchs finden sich deutlich mehr Männer (etwa 90 %) als Frauen, wobei in diesem Zusammenhang von wesentlicher Bedeutung ist, dass die Täter vielfach keine fremden Personen sind, sondern in etwa 80–90 % der Fälle dem Opfer bekannt und in etwa 25 % der Fälle Familienmitglieder sind (Saslawsky u. Wurtele 1986; Albers 1991; Minard 1993; Lalor u. McElvaney 2010). Weiter ist festzustellen, dass sexueller Missbrauch in allen gesellschaftlichen Gruppierungen vorkommt.

Betrachtet man die Mittel, die von den Tätern eingesetzt werden, um Kinder zur Teilnahme an sexuellen Handlungen zu bewegen, dann findet man *nur in einem geringen Teil der Fälle eine direkte Gewaltanwendung* (bei 15 % der Jungen und 19 % der Mädchen; nach Finkelhor et al. 1990), während in den meisten Fällen die Weckung von Neugier und Interesse des Kindes sowie Drohungen im Vordergrund stehen. Drohungen und Einschüchterungen sind gleichzeitig die bevorzugten Mittel von Tätern, um Kinder davon abzuhalten, anderen von dem sexuellen Missbrauch zu berichten (zu Täterstrategien s. auch van Dam 2001). Für die Präventionsarbeit ergibt sich hieraus, einerseits den Kreis potenzieller Täter nicht auf fremde Personen zu beschränken und andererseits nach Möglichkeiten zu suchen, die Wirkung der von den Tätern typischerweise eingesetzten Mittel einzuschränken.

40.2 Prävention bei potenziellen Opfern

40.2.1 Zentrale Bestandteile von Präventionsprogrammen

Vor dem Hintergrund dieser epidemiologischen Situation entstand in den vergangenen Jahren eine Vielzahl von Präventionsprogrammen zum sexuellen Missbrauch im Kindesalter. Die zentralen Bestandteile der am weitesten verbreiteten Präventionsprogramme lassen sich dabei wie folgt zusammenfassen (nach Conte et al. 1986; Topping u. Barron 2009):

- *Bestimmungsrecht über den eigenen Körper*: Den Kindern wird vermittelt, dass ihr Körper ihnen gehört und dass sie das Recht haben, über ihn zu bestimmen.

40.2 Prävention bei potenziellen Opfern

- *Unterscheidung zwischen „guten" und „schlechten" Berührungen:* Die Kinder sollen aggressive und sexuelle Berührungen als solche erkennen können.
- *Umgang mit Geheimnissen:* Da viele Täter den sexuellen Missbrauch als ein Geheimnis deklarieren, das das Kind unter keinen Umständen weitertragen darf, wird den Kindern vermittelt, dass es Geheimnisse geben kann, die man nicht für sich behalten soll.
- *Vertrauen auf die eigene Intuition:* Die Kinder sollen lernen, sich auf ihre eigenen Gefühle und Intuitionen zu verlassen, wenn ihnen irgendetwas bei Interaktionen mit anderen Personen nicht in Ordnung zu sein scheint.
- *Nein-sagen-Können:* Den Kindern wird vermittelt, dass sie das Recht haben, Nein zu sagen, wenn sie in einer Weise berührt werden, die ihnen nicht gefällt.
- *Sich mitteilen und Informationen über Unterstützungssysteme:* Die Kinder erhalten Informationen über Personen und Institutionen, bei denen sie Unterstützung bekommen können, falls sie Hilfe benötigen.

Der Schwerpunkt der einzelnen Programmelemente liegt im Wesentlichen in der *Stärkung der sozialen Kompetenz der Kinder* (Lohaus 1993). Es gibt eine Vielzahl von Programmvarianten, die sich vor allem danach unterscheiden lassen, wie weit sie explizit auf das Thema sexuellen Missbrauchs und (allgemeiner) auf das Thema Sexualität eingehen. Grundsätzlich ist es möglich, das Selbstvertrauen der Kinder in die eigenen Fähigkeiten zu stärken und Verhaltensweisen in Situationen zu trainieren, die als unangenehm empfunden werden, ohne dabei speziell auf die Thematik des sexuellen Missbrauchs einzugehen. Man geht davon aus, dass die Kinder durch die Stärkung der sozialen Kompetenzen dazu befähigt werden, sich möglichen Missbrauchssituationen zu widersetzen. Der Vorteil dieser Ansätze besteht darin, dass Überforderungen und Missverständnisse der Kinder vermieden werden.

> **Merke**
>
> Vor allem im Vorschulalter ist den Kindern oft schwer zu vermitteln, welche Handlungen als sexueller Missbrauch zu verstehen sind und welche Grenzen dabei gezogen werden können. Auch die Sexualitätsthematik ist den Kindern vielfach nicht vertraut genug, um den Sinn sexueller Handlungen Erwachsener zu verstehen.

Aus diesen Gründen muss in Präventionsprogrammen dieser Art unterstellt werden, dass Kinder für sie unangenehme Handlungen identifizieren können und sie daraufhin ihre sozialen Kompetenzen einsetzen, um eine Fortsetzung der Handlungen zu verhindern.

Wenn der sexuelle Missbrauch dagegen thematisiert wird, ist es sinnvoll, eines oder mehrere der folgenden Elemente in ein Präventionsprogramm zu integrieren:

- *Definition von Handlungen, die als sexueller Missbrauch verstanden werden:* Die Kinder sollten wissen, welche Handlungen sie zulassen bzw. nicht zulassen sollten (wobei auch auf die Person- und Situationsabhängigkeit von akzeptablen und nicht akzeptablen Handlungen eingegangen werden sollte).
- *Informationen über potenzielle Täter:* Da nicht nur fremde Personen als Täter infrage kommen, sollten die Kinder darüber aufgeklärt werden, dass auch in der Interaktion mit bekannten oder verwandten Personen Handlungen vorkommen können, die als sexueller Missbrauch zu verstehen sind.

- *Information über sexuelle Begrifflichkeiten:* Um über sexuellen Missbrauch kommunizieren und sich mitteilen zu können, sollten Kinder Begrifflichkeiten kennen, mit denen sie sexuelle Handlungen beschreiben können (Wurtele 1993).
- *Informationen zur Schuldfrage bei sexuellem Missbrauch:* Um zu vermeiden, dass Kinder sich bei potenziellem sexuellem Missbrauch schuldig fühlen, den Missbrauch herbeigeführt oder zumindest dazu beigetragen zu haben, sollte den Kindern unmissverständlich klargemacht werden, dass die alleinige Verantwortung für einen sexuellen Missbrauch grundsätzlich beim Täter liegt (s. hierzu auch Berrick 1991).

Wenn die Thematik des sexuellen Missbrauchs explizit angesprochen wird, stellt sich die Frage, ob es sinnvoll ist, isoliert auf Fragen des sexuellen Missbrauchs einzugehen, oder ob es nicht vorzuziehen wäre, die Prävention sexuellen Missbrauchs als Bestandteil der allgemeinen Sexualaufklärung zu sehen. Die oben aufgeführten Punkte setzen voraus, dass ein grundsätzliches Vorverständnis zu Fragen der Sexualität vorliegt.

> **Merke**
> Durch eine Einbettung in die Sexualerziehung ließe sich ein Verständnis für die Möglichkeit eines sexuellen Missbrauchs leichter vermitteln. Grundsätzlich dürfte sich dies problemloser und umfassender nach dem Vorschulalter realisieren lassen, da hier die kognitiven Voraussetzungen zum Verständnis auch komplexerer Sachverhalte eher gegeben sind.

Eine weitere Ergänzung, die von einzelnen Autoren vorgeschlagen wird, besteht in der *Vermittlung von Selbstverteidigungstechniken* an Kinder, um ihnen die Möglichkeit zu geben, sich bei potenziellen Angriffen aktiv zur Wehr zu setzen. Obwohl auch diese Maßnahmen eher für ältere Kinder infrage kommen, ist grundsätzlich zu hinterfragen, ob damit ein sinnvoller Präventionsweg beschritten wird.

> **Merke**
> Da nur ein geringer Anteil der sexuellen Übergriffe mit Gewalteinsatz einhergeht, werden Selbstverteidigungstechniken entsprechend selten wirksam werden können, wobei auch in den verbleibenden Fällen äußerst unsicher ist, ob die gewünschten Folgen eintreten oder ob nicht möglicherweise sogar gegenteilige Effekte erreicht werden (zur Kritik dieses Ansatzes s. auch Wehnert-Franke et al. 1992).

Präventionsprogramme zum sexuellen Missbrauch bedienen sich typischerweise eines breiten Spektrums möglicher Kommunikationsmittel. Dazu gehören insbesondere Verhaltenstrainings, Rollenspiele, Videofilme, audiovisuelle Materialien, (anatomisch korrekte) Puppen, Theaterstücke, Lieder, Arbeitshefte, Bücher und Gruppendiskussionen. Es gibt mittlerweile eine große Vielfalt an Materialien, die zur Vermittlung der oben dargestellten Programmelemente zum Einsatz gelangen können. Zu beklagen ist in diesem Zusammenhang allenfalls, dass es in der Bundesrepublik (im Gegensatz zu den USA) nur wenige standardisierte und gleichzeitig auch evaluierte Präventionsprogramme gibt. Evaluierte Präventionsprogramme wurden hier von Knappe und Selg (1993), Eck und Lohaus (1993) sowie Willutzki et al. (1998) vorgelegt. Wenn im Folgenden auf die Evaluation von Präventionsprogrammen eingegangen wird, dann sind die Ergebnisse vor diesem Hintergrund zu betrachten: Da sich die Evaluationsergebnisse auf Programme mit unterschiedlichen Programmelementen beziehen, muss offenbleiben, inwieweit sie sich auf eine konkrete Anwendungssituation übertragen lassen.

40.2.2 Evaluationsergebnisse zur Wirksamkeit von Präventionsprogrammen

Einigkeit besteht bei dem größten Teil der Evaluationsstudien darüber, dass sich nach dem Einsatz von Präventionsprogrammen zum sexuellen Missbrauch in der Regel Wissenszuwächse bei den beteiligten Kindern nachweisen lassen (s. hierzu die Metaanalysen von Berrick u. Barth 1992; Davis u. Gidycz 2000; Topping u. Barron 2009). Es gilt auch als unbestritten, dass *ältere Kinder (ab dem Grundschulalter) stärker von den Präventionsprogrammen profitieren als jüngere Kinder* (Finkelhor u. Strapko 1987; Wurtele 1987; Reppucci u. Haugaard 1989; Nemerofsky et al. 1994; Topping u. Barron 2009). Dies wird vor allem durch die höheren kognitiven und verbalen Fähigkeiten, die besseren Fähigkeiten zur Verhaltensplanung und das höhere Ausmaß an Erfahrung mit Lernsituationen in Gruppen erklärt (Albers 1991). Es gibt nur vergleichsweise wenige Evaluationsstudien, die sich mit der Langzeitwirkung von Präventionsinterventionen befassen, wobei die Ergebnisse zu dieser Fragestellung uneinheitlich sind. Während sich in einigen Untersuchungen bei Zeiträumen von einem Monat bis über ein Jahr hinaus nur geringe Wissensabfälle ergaben (Barth u. Derezotes 1990; Berrick u. Gilbert 1991; Eck u. Lohaus 1993; Hazzard 1993; MacIntyre u. Carr 1999), finden sich in anderen Studien schon nach einem Zeitraum von nur einem Monat deutliche Wissensverluste (s. zusammenfassend Berrick u. Barth 1992; Carroll et al. 1992), wobei dies verstärkt für Kinder im Vorschulalter gilt. Die Uneinheitlichkeit der Befunde weist darauf hin, dass es sinnvoll ist, Präventionsinterventionen nicht auf einen einmaligen Zeitraum zu beschränken, sondern das Thema im Laufe der Entwicklung (möglicherweise in unterschiedlichen Kontexten) wiederholt aufzugreifen. So konnte beispielsweise Casper (1999) nachweisen, dass die Wirkung eines Präventionsprogramms bei den Kindern höher war, die bereits zuvor an einer Präventionsmaßnahme zum sexuellen Missbrauch teilgenommen hatten. Anbieten würden sich neben Booster-Sessions (s. Tutty 1997) frühzeitige Interventionen zur Stärkung sozialer Kompetenzen, die dann in späteren Altersabschnitten durch Interventionen im Rahmen der Sexualerziehung aufgegriffen und ergänzt werden.

Relativ eindeutige Befunde gibt es zu der Frage, welcher Präsentationsmodus sich zur Vermittlung von Wissensinhalten an Kinder besonders eignet. Hierzu lässt sich sagen, dass Interventionsmaßnahmen, die eine *aktive Beteiligung der Kinder* enthalten, in der Regel zu deutlich besseren Resultaten führen als Maßnahmen, bei denen die Kinder eine mehr oder minder rezeptive Haltung einnehmen (z. B. bei Videopräsentationen, Theaterstücken; s. hierzu Davis u. Gidycz 2000; MacIntyre u. Carr 2000). Weiterhin lässt sich relativ eindeutig sagen, das umfangreichere Programme (über mindestens vier Sitzungen) effektiver sind als Kurzprogramme (mit ein bis zwei Sitzungen; Davis u. Gidycz 2000).

> **Merke**
> Als besonders vorteilhaft haben sich dabei Verhaltensübungen erwiesen (z. B. durch Rollenspiele und Verhaltenstrainings), da sich diese Programmelemente nicht nur auf die Vermitt-

lung kognitiven Wissens beziehen, sondern auch die Umsetzung von Wissen in Handeln verlangen (Albers 1991).

Kritisiert wird an vielen Evaluationsstudien, dass lediglich Wissenszuwächse überprüft werden, ohne dass dabei abgesichert wäre, dass das hinzugewonnene Wissen in kritischen Situationen in das geforderte Verhalten umgesetzt wird. Es muss also vielfach letztlich offenbleiben, ob mit den eingesetzten Präventionsprogrammen tatsächlich die gewünschten Effekte erreicht werden (Topping u. Barron 2009).

Um dieser Kritik auszuweichen, kamen in einigen Studien simulierte Ernstfallsituationen zum Einsatz (s. unter anderem Miltenberger u. Thiesse-Duffy 1988), indem beispielsweise Kinder außerhalb des Schulgeländes von einem Fremden angesprochen und gebeten wurden, ihn zu begleiten. Abgesehen davon, dass diese Evaluationsmethode als ethisch bedenklich kritisiert wurde, ist hier zusätzlich zu bemängeln, dass nur das Verhalten bei einer fremden Person erfasst wird, während der weitaus häufigere Fall eines Missbrauchs durch bekannte Personen unberücksichtigt bleibt. Hinzu kommt, dass in diesen Situationen in der Regel Hinweise auf eine sexuelle Annäherung fehlen (Wehnert-Franke et al. 1992), sodass unklar ist, ob die Situationen von den Kindern überhaupt in der intendierten Weise aufgefasst wurden.

Die tatsächliche Wirkung von Präventionsprogrammen ließe sich am ehesten an Veränderungen von Prävalenzraten ablesen, wobei hier jedoch das Problem besteht, dass diese Raten in der Regel nur geschätzt werden können. Hinzu kommt, dass ein weiterer unbestrittener Effekt von Präventionsprogrammen in der Aufdeckung von bereits bestehendem sexuellem Missbrauch besteht (Barron u. Topping 2010). Dadurch kann es kurzfristig sogar zu einem Anstieg der Fallzahlen kommen, der eine adäquate Einschätzung der Programmwirkung erschwert. Eine interessante Evaluationsalternative zu diesem Problem stammt von Gibson und Leitenberg (2000), die 825 Studentinnen retrospektiv gefragt haben, ob sie als Kind an einem Präventionsprogramm teilgenommen hatten und ob sie später Opfer sexuellen Missbrauchs geworden sind. Hier zeigte sich, dass 8 % der Studentinnen, die zuvor Teilnehmer eines Präventionsprogramms waren, später sexuelle Missbrauchserfahrungen hatten, während der Anteil bei Studentinnen ohne Programmteilnahme bei 14 % lag.

> **Merke**
> Zum gegenwärtigen Zeitpunkt lässt sich nicht abschließend klären, ob die letztlich gewünschten Effekte auf der Verhaltensebene mit den bisher vorliegenden Präventionsprogrammen erreicht werden können und in welchem Maß tatsächlich sexueller Missbrauch mit diesen Programmen verhindert werden kann.

Ein weiterer wichtiger Punkt, der im Zusammenhang mit Programmevaluationen wiederholt kritisiert wurde, bezieht sich auf die Vernachlässigung möglicher unerwünschter Nebeneffekte, die bei den Kindern mit einem Programmeinsatz verbunden sein können. Der überwiegende Teil der vorliegenden Evaluationsstudien erfasst ausschließlich erwünschte Effekte (z. B. Wissenszuwächse, Verbesserungen der sozialen Kompetenz). Weitaus seltener wird überprüft, ob auch negative Effekte durch den Einsatz von Präventionsprogrammen entstehen können. In diesem Zusammenhang wird diskutiert, dass durch Präventionsprogramme (je nach Art der eingesetz-

40.2 Prävention bei potenziellen Opfern

ten Komponenten) *unangemessene Ängste vor Fremden* erzeugt werden können, *Misstrauen in zwischenmenschlichen Situationen* entstehen kann und *negative Einstellungen zur Sexualität* aufgebaut werden können (Carroll et al. 1992; Topping u. Barron 2009).

In einer Studie von Wurtele und Miller-Perrin (1987) wurde neben einem Kinder-Angst-Fragebogen, der vor und nach einer Programmdurchführung zum Einsatz kam, eine Elternbefragung zu den Programmeffekten durchgeführt. Bei den Ängstlichkeitseinschätzungen durch die Kinder zeigten sich keine Veränderungen. Von 75 % der Eltern wurden positive Effekte des Programms auf ihre Kinder angegeben, während 25 % der Eltern keine Programmauswirkungen bei ihren Kindern festgestellt hatten. Es fanden sich jedoch keine Eltern, die negative Effekte bei ihren Kindern identifizieren konnten. Ähnliche Ergebnisse finden sich auch bei Pohl und Hazzard (1990), während in einer Studie von Taal und Edelaar (1997) als unerwünschter Nebeneffekt über das Entstehen unangenehmer Gefühle gegenüber Berührungen berichtet wird. Insgesamt kann man dementsprechend die Forschungslage zur Entstehung negativer Nebeneffekte bei Programmeinsätzen als uneindeutig charakterisieren (s. auch Daro 1994).

Wie zuvor angedeutet, besteht ein weiterer, häufig nachgewiesener Effekt von Interventionsprogrammen zur primären Prävention sexuellen Missbrauchs in der Aufdeckung bereits vorhandenen Missbrauchs. Wenn betroffene Kinder erkennen, dass sie sich in einer Missbrauchssituation befinden und sich nicht verpflichtet fühlen sollten, den häufig als Geheimnis deklarierten Missbrauch für sich zu behalten, dann kann dies zur Offenlegung von Missbrauchssituationen führen.

> **Merke**
> Durch die Aufdeckung bereits vorhandenen sexuellen Missbrauchs kommt den Präventionsprogrammen vielfach gleichzeitig eine Bedeutung im Rahmen der sekundären Prävention zu.

In diesem Zusammenhang ist insbesondere darauf zu verweisen, dass die Programmleiter auf die Aufdeckungsfunktion derartiger Programme vorbereitet sein sollten, um auf betroffene Kinder adäquat eingehen zu können und Möglichkeiten zur sozialen Unterstützung bereitzustellen. Die Fähigkeit, in derartigen Situationen angemessen zu reagieren, sollte Teil der *Vorbereitung von Programmleitern* sein, wobei wünschenswert wäre, dass regelmäßig Supervisionen stattfinden, um einerseits eine adäquate Programmumsetzung sicherzustellen und andererseits auch weiterhin Hilfestellung beim Umgang mit problematischen Situationen zu geben.

40.2.3 Kritik an Präventionsprogrammen, die an potenzielle Opfer gerichtet sind

Neben der Kritik, die sich auf den Aufbau der Präventionsprogramme und auf die Ergebnisse von Evaluationsstudien richtet, ist weitere grundsätzliche Kritik an Präventionsprogrammen geübt worden, deren Zielgruppe die potenziellen Opfer sexuellen Missbrauchs sind. In diesem Zusammenhang sind vor allem die folgenden Kritikpunkte zu erwähnen.

Verlagerung der Verantwortung für den sexuellen Missbrauch auf das Opfer

Ein grundlegendes Problem von Programmen zur Stärkung der Kompetenzen von Kindern, sexuellen Missbrauch zu verhindern, wird darin gesehen, dass mit diesem Ansatz den Kindern die Verantwortung für den Missbrauch zugeschoben wird (Saller 1989; Webster 1991). Die ohnehin gerade bei Kindern häufig anzutreffende Tendenz, negative Ereignisse als Folge eigenen Fehlverhaltens aufzufassen, wird dadurch möglicherweise noch verstärkt.

> **Merke**
> Da das Präventionsprogramm suggeriert, dass man selbst eine Missbrauchssituation verhindern kann, besteht die Gefahr, dass Kinder zu der Schlussfolgerung gelangen, dass sie sich falsch verhalten und selbst dazu beigetragen haben, dass es zu einem sexuellen Missbrauch gekommen ist.

Als Folge können Minderwertigkeits- und Schuldgefühle entstehen (Berrick 1991). Dies gilt besonders auch dann, wenn ein Kind bereits sexuellen Missbrauch erlebt hat oder noch erlebt, da es nun erkennen muss, dass der Missbrauch vermeidbar gewesen wäre, wenn es über die entsprechenden Kompetenzen verfügt hätte. Auch die Tatsache, dass die anderen Kinder, die an dem Präventionsprogramm teilnehmen, die Übungen zur Verhinderung sexuellen Missbrauchs mühelos meistern, wird sicherlich nicht zur Steigerung des Selbstwertgefühls eines betroffenen Kindes beitragen.

> **Merke**
> Gerade diese Kritik zeigt, wie wichtig es ist, in jedem Programm zur Prävention sexuellen Missbrauchs bei Kindern zu betonen, dass die Schuld für den Missbrauch **nie** beim Opfer liegt.

Möglichkeit von Inkongruenzen zwischen den Programmzielen und den Erziehungszielen von Eltern

Das Ziel vieler Programme zur Prävention sexuellen Missbrauchs im Kindesalter besteht in der Stärkung der sozialen Kompetenzen von Kindern. Es wird ihnen vermittelt, dass sie das Recht haben, Nein zu sagen, wenn sie in einer Weise berührt werden, die ihnen nicht gefällt. Dies steht jedoch im Gegensatz zu dem, was viele Kinder alltäglich im Umgang mit Erwachsenen erleben.

> **Fallbeispiel**
> Reppucci und Haugaard (1989) berichten von einem Kind, das die Botschaft, es habe das Recht, Nein zu sagen, übergeneralisiert und über Wochen hinweg bei jeder Forderung der Eltern von diesem Recht Gebrauch machen will. Die Folge ist, dass das Kind von den Eltern bestraft wird, um zu zeigen, dass es nicht grundsätzlich und bei jeder Gelegenheit durchsetzen kann, was es will.

Dieses Beispiel zeigt gleichzeitig die Grenzen derartiger Trainingselemente: Ähnlich wie sich in diesem Fallbeispiel letztlich die erwachsenen Eltern durchsetzen, so ist auch in einer Missbrauchssituation damit zu rechnen, dass ein Kind sich vielfach nicht durchsetzen können wird, da der Erwachsene stärker ist und sich über den Wunsch des Kindes, die eigenen Rechte durchzusetzen, hinwegsetzen kann.

> **Merke**
> Obwohl die Strategie, Nein zu sagen und sich zu wehren, in einzelnen Fällen erfolgreich sein kann, muss die grundsätzliche Effektivität in der Interaktion mit Erwachsenen demnach bezweifelt werden.

Mangelnde Berücksichtigung von Entwicklungsvoraussetzungen

Webster (1991) weist darauf hin, dass Präventionsprogramme zum sexuellen Missbrauch häufig über ein sehr breites Altersspektrum hinweg eingesetzt werden, ohne dabei die unterschiedlichen Entwicklungsvoraussetzungen zu beachten. Jüngere Kinder (vor allem im Vorschulalter) haben große Schwierigkeiten beim Verständnis von Wissensinhalten mit hohem Abstraktionsgrad. Will man in diesem Alter eine Definition von sexuellem Missbrauch oder von angemessenen und unangemessenen Berührungen einführen, so dürfte es beispielsweise für die Kinder schwer zu verstehen sein, dass die Berührung der Genitalzonen durch die Eltern oder Ärzte in der Regel unbedenklich ist, während sie bei anderen Personen problematisch sein kann, dass es jedoch gleichzeitig auch bei den Personen, bei denen Berührungen eigentlich unbedenklich sind, Grenzüberschreitungen geben kann, die nicht mehr akzeptabel sind. Derartige Zusammenhänge zu verstehen, erfordert ein recht komplexes Denken und eine hohe Abstraktionsfähigkeit. Kinder im Vorschulalter können damit überfordert sein (s. Kenny u. Wurtele 2010). Auch wenn dadurch nicht alle potenziellen Missbrauchssituationen erfasst werden, wird man daher auf die Vermittlung derart komplexer Sachverhalte verzichten und auf die Intuition von Kindern, unangenehme Situationen und unangenehme Berührungen selbst zu erkennen, bauen müssen.

Ähnliche entwicklungsbezogene Probleme zeigen sich auch beim Training der Fähigkeit, Nein zu sagen. Aus der Forschung zur moralischen Urteilsbildung ist bekannt, dass sich Kinder in der präoperationalen Entwicklungsstufe (bis etwa zum 6. Lebensjahr) an Autoritäten orientieren und deren Position in der Regel nicht hinterfragen. Wenn man jüngere Kinder trainiert, in bestimmten Situationen Nein zu sagen, dann befindet man sich im Widerspruch zu den typischen Denk- und Handlungsstrukturen von Kindern in diesem Alter (Berrick 1991). Vielleicht erklärt gerade die mangelnde Orientierung an den Entwicklungsvoraussetzungen von Kindern, warum die Wissenszuwächse im Vorschulalter im Verhältnis zu den späteren Entwicklungsstufen relativ gering sind.

> **Merke**
>
> Wenn Präventionsprogramme zum sexuellen Missbrauch bereits im Vorschulalter zum Einsatz kommen sollen, dann ist dementsprechend darauf zu achten, dass die Vermittlung konkreten Verhaltens im Mittelpunkt steht und komplexe Wissensinhalte, welche die simultane Berücksichtigung mehrerer Aspekte enthalten, vermieden werden.

Fehlende geschlechtsspezifische Differenzierung der Programminhalte und Adressaten

Von wenigen Ausnahmen abgesehen (z. B. Spanjaard u. Ten Hove 1993), richten sich Programme zur Prävention sexuellen Missbrauchs gleichermaßen an Mädchen und Jungen, obwohl die große Mehrheit der Opfer Mädchen sind und Jungen viel seltener zum Opfer werden, jedoch (später als Männer) in neun von zehn Missbrauchsfällen als Täter in Erscheinung treten (vgl. Kap. 40.1).

Bedingt durch die unterschiedlichen Sozialisationserfahrungen von Mädchen und Jungen sind die Voraussetzungen der beiden Geschlechter, zum potenziellen Opfer sexuellen Missbrauchs zu werden, und damit die Ansatzpunkte präventiver Maßnahmen verschieden. Legt man die traditionellen Geschlechtsrollenstereotype zugrunde, so werden mit der weiblichen Rolle ein eher unterordnendes und gehorsames Verhalten gegenüber Erwachsenen, speziell Männern, und die Internalisierung von Opfererfahrungen verbunden. Mit der männlichen Rolle werden hingegen traditionell Dominanzverhalten – bis hin zu „Machogehabe" – gegenüber weiblichen Personen und die Externalisierung von Missbrauchsfolgen assoziiert (Basow 1986; Abelmann-Vollmer 1989; Ryan 1989). Mädchen lernen zu wenig, sich gegen männliche Autoritäten zu wehren und ihre eigenen Ansprüche durchzusetzen (Braun 1989).

> **Merke**
> Mädchen müssen demnach lernen, wo ihre Rechte *anfangen*, Jungen eher, wo ihre Rechte *aufhören* (Gutjahr u. Schrader 1988). Maßnahmen zur Reduzierung des Machtgefälles nicht nur zwischen Erwachsenen und Kindern, sondern auch zwischen männlichen und weiblichen Personen könnten so zur Verhinderung sexuellen Missbrauchs beitragen.

Die Stärkung des Selbstbewusstseins und der Unabhängigkeit von Mädchen und der Abbau des „Machoverhaltens" von Jungen lassen sich möglicherweise leichter in reinen Mädchen- und Jungengruppen realisieren. *Getrennte Programme für Mädchen und Jungen* können auch deshalb sinnvoll sein, weil die Prävention bei Mädchen in erster Linie auf die Vermeidung, Opfer eines sexuellen Missbrauchs zu werden, gerichtet ist, während Jungen sowohl davor zu schützen sind, Opfer als auch – später – Täter zu werden.

> **Merke**
> Sofern Jungen Opfer eines potenziellen Missbrauchs werden, sind die Täter im Regelfall Männer, was bedeutet, dass man sich in Programmen für Jungen auch speziell mit dem Thema „Homosexualität" auseinandersetzen müsste.

40.3 Prävention bei potenziellen Tätern

Nach Finkelhor (1984) gibt es vier Voraussetzungen, die vorliegen müssen, damit sexueller Missbrauch überhaupt stattfinden kann (s. hierzu auch Tharinger et al. 1988):
- sexuelle Attraktion des Täters zu einem Kind
- Fehlen innerer Hemmnisse beim Täter
- Fehlen äußerer (situationaler) Hemmnisse
- Möglichkeit des Zugangs zu einem Kind

Unter den genannten Voraussetzungen sexuellen Missbrauchs ist lediglich die letzte in Grenzen durch das Kind beeinflussbar, während sich die ersten drei auf den Täter und die Situation, in der er handelt, beziehen. Dennoch konzentriert sich der größte Teil der Präventionsbemühungen auf das Kind und vernachlässigt die anderen (und wahrscheinlich wesentlicheren) Voraussetzungen des sexuellen Missbrauchs. Im Folgenden soll daher auf Präventionsansätze eingegangen werden, die sich in besonderem Maße auf den Täter und die Situation, in der er handelt, beziehen.

40.3.1 Implementierung einer angemessenen Sexualerziehung

Nach Kutchinsky (1991) sind Personen, die Kinder sexuell missbrauchen, häufig in ei-

40.3 Prävention bei potenziellen Tätern

ner sexualfeindlichen und von Misshandlung geprägten Umgebung aufgewachsen. Umgekehrt geht Saller (1989) davon aus, dass Erwachsene, die ein positives Bild von sich und ihrer Sexualität haben, kein Bedürfnis entwickeln, Kinder sexuell auszubeuten.

> **Merke**
> Will man längerfristig die Prävalenzrate sexuellen Missbrauchs senken, dann käme es demnach darauf an, den heranwachsenden Kindern und Jugendlichen Vorstellungen und Einstellungen zur Sexualität zu vermitteln, welche die Wahrscheinlichkeit sexuellen Missbrauchs reduzieren.

Problematisch ist in diesem Zusammenhang, dass das Thema Sexualität noch immer tabuisiert ist und von vielen Lehrern und Eltern nur am Rande oder gar nicht behandelt wird (Corcoran et al. 1984). Beispielsweise weist Wurtele (1993) darauf hin, dass Masturbation ein verbreiteter Bestandteil kindlicher Sexualität ist, der von vielen Autoren als wichtiger Teil der kindlichen Entwicklung angesehen wird. Dennoch zögern viele Eltern bei der Frage, ob dieses Thema im Unterricht behandelt werden sollte. Eine Nichtbeachtung oder sogar Unterdrückung der kindlichen Sexualität wird jedoch nicht dazu beitragen können, *ein positives Verhältnis zum eigenen Körper und zur Sexualität zu entwickeln*. Die Konsequenz wird vielmehr in der kindlichen Annahme bestehen, dass Sexualität und sexuelle Handlungen als unerwünscht gelten, wobei möglicherweise Schuldgefühle hinzutreten, wenn sexuellen Impulsen entgegen den elterlichen Verboten nachgekommen wird.

Neben dem Aufbau einer positiven Einstellung zur eigenen Sexualität kommt es vor allem auch darauf an, die soziale Dimension von Sexualität in der Sexualerziehung zu betonen (s. hierzu beispielsweise Eichholz et al. 1994). Vielfach besteht Sexualerziehung lediglich in der Vermittlung eines (vorrangig biologischen) Basiswissens über Sexualität. Es wäre jedoch sinnvoll, auch die *soziale Einbettung von Sexualität* zu betonen, indem Themen wie Kontaktaufnahme, Partnerschaft oder Kommunikation über Sexualität in die Sexualerziehung integriert werden. Auch dadurch könnte dazu beigetragen werden, dass zumindest in einem Teil der Fälle ein Ausweichen auf sexuellen Missbrauch verhindert wird.

In diesem Zusammenhang ist weiterhin kritisch zu hinterfragen, ob es sinnvoll ist, eine Prävention zum sexuellen Missbrauch zu betreiben, wenn dabei das Thema Sexualität gänzlich ausgeklammert bleibt. Es gibt eine Vielzahl von Präventionsprogrammen, die sich explizit der Thematik des sexuellen Missbrauchs widmen, dabei jedoch eine Sprache benutzen, die sexuelle Themen zu vermeiden versucht. Dies kommt beispielsweise darin zum Ausdruck, dass von den Genitalien als privaten Körperzonen („private parts") gesprochen wird oder sexuelle Berührungen als Berührungen definiert werden, die sich auf normalerweise bekleidete Körperpartien beziehen (Finkelhor 1986).

Obwohl derartige Programme zweifellos vielfach auf größere Akzeptanz bei Lehrern, Erziehern und Eltern stoßen, weil tabuisierte Themen weitgehend ausgeklammert bleiben, tragen sie dazu bei, dass die Sexualitätsthematik bei den Kindern ebenfalls tabuisiert wird und möglicherweise sogar negative Einstellungen zur Sexualität entwickelt werden. Dies wird dadurch noch weiter unterstützt, dass in vielen Präventionsprogrammen typischerweise ausschließlich negative Formen sexuellen Kontaktes besprochen werden, die den Kindern das Gefühl vermitteln, dass Sexualität angsterzeugend und gefährlich sein kann, während die positiven Aspekte von Sexualität unbeachtet bleiben (Trudell u. Whatley 1988; Wehnert-Franke et al. 1992). Als Ergebnis können die Programme damit zum Gegenteil dessen beitragen, was ursprünglich intendiert war.

> **Merke**
>
> Explizite Programme zum sexuellen Missbrauch, die nicht nur auf die Erhöhung sozialer Kompetenzen gerichtet sind, sollten demnach die Sexualitätsthematik nicht ausklammern und nach Möglichkeit in die allgemeine Sexualerziehung integriert sein. Auch bei der Sexualerziehung kann eine Differenzierung nach dem Geschlecht in einzelnen Problembereichen sinnvoll sein.

40.3.2 Arbeit mit Opfern sexuellen Missbrauchs

> **Merke**
>
> Aus Studien zu erwachsenen Tätern, die Kinder sexuell missbraucht haben, geht hervor, dass 70–80 % der Täter selbst zuvor in der eigenen Kindheit Opfer sexuellen Missbrauchs waren (Ryan 1989). Diese Erkenntnis bezieht sich nicht nur auf sexuellen Missbrauch, sondern auch auf andere Formen der Kindesmisshandlung (Trad 1993).

Als Erklärung für diesen *transgenerationalen Missbrauch* (s. hierzu auch Richter-Appelt 2001; Jespersen et al. 2009) wird aus psychoanalytischer Sicht eine Identifikation mit dem Aggressor diskutiert, während aus lerntheoretischer Sicht eine frühe Kopplung der Sexualität mit Angst, Ärger, Aggression und Hilflosigkeitsgefühlen angenommen wird. Wenn später ähnliche Gefühlszustände herbeigeführt werden, tritt durch die im Laufe der Entwicklung zustande gekommene Kopplung sexuelle Erregung auf (Ryan 1989). Auch Bindungsambivalenzen, die durch das missbrauchende Verhalten der eigenen Eltern aufgebaut wurden, werden als Erklärungsmodell herangezogen, indem angenommen wird, dass im Laufe der Entwicklung entstandene internalisierte Arbeitsmodelle (als Resultat der früheren Bindungserfahrungen) auf die Interaktion mit den eigenen Kindern übertragen werden.

> **Merke**
>
> Die wichtigste Konsequenz aus diesen Befunden besteht darin, eine Übertragung von Missbrauchserfahrungen auf die nächste Generation nach Möglichkeit zu unterbinden. In diesem Zusammenhang ist von Bedeutung, welche Charakteristiken Eltern aufweisen, die trotz eigenen Missbrauchshintergrundes nicht zu Tätern werden.

Nach Trad (1993) können in diesem Zusammenhang die folgenden Charakteristika genannt werden:
- ein Bewusstsein für die eigenen Kindheitstraumata und der Wunsch, die eigenen Kinder anders zu erziehen
- Empathie und kompetentes Handeln im Umgang mit den eigenen Kindern
- Teilnahme an einer psychotherapeutischen Behandlung zur Aufarbeitung eigener negativer Erlebnisse
- Zusammenleben mit einem psychisch stabilen Partner, der in Problemsituationen Unterstützung anbietet

> **Merke**
>
> Da vielfach mit den Opfern sexuellen Missbrauchs ohnehin psychotherapeutisch gearbeitet wird, um die kurz- und längerfristigen Folgen sexuellen Missbrauchs zu verringern, bietet

40.3 Prävention bei potenziellen Tätern

es sich an, diese Arbeit auch zu nutzen, um einen potenziellen späteren sexuellen Missbrauch bei anderen Kindern zu verhindern. Wenn man die oben aufgeführten Punkte betrachtet, dann kommt hierbei vor allem der Aufarbeitung der eigenen Traumata sowie dem Aufbau von Empathie im sozialen Umgang mit anderen eine besondere Bedeutung zu. Aus der Arbeit mit Tätern lassen sich darüber hinaus auch Aufschlüsse über Missbrauchsstrategien gewinnen, die für die Entwicklung von Präventionsprogrammen von Bedeutung sein können (Elliott et al. 1995).

40.3.3 Beratungs- und Interventionsangebote für potenzielle Täter

Merke
Ein weiterer Ansatzpunkt zur Vermeidung sexuellen Missbrauchs ist die Arbeit mit potenziellen Tätern. Hiermit sind zum einen Jugendliche und Erwachsene gemeint, die erkennen, dass bei ihnen Impulse zum sexuellen Missbrauch von Kindern vorliegen und deshalb Unterstützungsmöglichkeiten suchen. Zum anderen geht es jedoch ebenso um Täter, bei denen eine potenzielle Wiederholung sexuellen Missbrauchs verhindert werden soll.

Dieser Ansatzpunkt ist deshalb von besonderer Bedeutung, weil (auf intrafamiliären Missbrauch bezogen) 69 % der wegen Inzests an Kindern Verurteilten bereits mindestens einmal zuvor wegen desselben Delikts vor Gericht standen (Gebhard et al. 1965; Marquit 1986). Es ist demnach mit einer recht *hohen Wiederholungsgefahr* zu rechnen. Problematisch ist dabei jedoch, dass potenzielle Täter vielfach die Notwendigkeit von Beratung und Unterstützung nicht einsehen (Steinhage 1989). Vor allem nach bereits erfolgtem Missbrauch wird daher auch die Durchführung einer Therapie im Rahmen gerichtlicher Auflagen diskutiert (Enders 1989), wobei ein Therapieerfolg jedoch weit schwerer erreichbar sein dürfte, wenn keine Behandlungsmotivation seitens des Täters vorliegt.

Nach Enders (1989) kommt es in der Täterarbeit darauf an, dem Täter Möglichkeiten zu vermitteln, im Rahmen von Selbsthilfe und Therapie neue Verhaltensalternativen zu erarbeiten, damit er in Zukunft andere Möglichkeiten einer Konfliktbewältigung zur Verfügung hat als die Ausübung von Macht. In einer Metaanalyse von Lösel und Schmucker (2005) zeigte sich, dass durch die therapeutische Arbeit mit Tätern (insbesondere mit kognitiv-behavioralen Therapieansätzen) das Rückfallrisiko um 37 % im Vergleich zu Kontrollgruppen gesenkt werden konnte.

Merke
Sexueller Missbrauch wird nicht als Ausdruck einer aggressiven Form der Sexualität, sondern als eine sexuelle Form von Aggression gesehen, die aus der Sozialisation des Täters heraus zu verstehen ist.

Es wird dabei betont, dass die individuellen Sozialisationserfahrungen in einem gesamtgesellschaftlichen Kontext zu sehen sind, ohne dass dabei der Täter selbst in einer Opferrolle gesehen wird, da dies einer nachträglichen erneuten Schuldzuweisung an das Opfer des sexuellen Missbrauchs gleichkäme. Für den Täter kommt es darauf an, sich der eigenen Situation und ihrer Verursachung bewusst zu werden und vor diesem Hintergrund Lösungsansätze zu entwickeln, welche die Zuwendung zu Verhaltensalternativen ermöglichen. Die Aufgabe der Beratungs- und Interventionsarbeit besteht darin, den (potenziellen) Täter bei diesem Prozess zu unterstützen. Hilfreich kann dabei die Teilnahme an einer Selbsthilfegruppe sein, da die Erkenntnis, dass auch andere mit ähnlichen Problemen umgehen, Modellcharakter für das eigene Denken und Handeln haben kann.

40.4 Weitere Präventionsansatzpunkte

40.4.1 Elternarbeit zum sexuellen Missbrauch

Elternarbeit ist aus mehreren Gründen ein wichtiger Bestandteil der Prävention sexuellen Missbrauchs. Im Folgenden wird auf drei wichtige Aspekte der Elternarbeit eingegangen.

Unterstützung durch die Eltern bei der Durchführung eines Interventionsprogrammes:
Wenn ein Präventionsprogramm bei Kindern durchgeführt wird, ist es in jedem Fall grundsätzlich erforderlich, die Eltern über die Inhalte und Methoden der Intervention zu informieren (s. hierzu beispielsweise Christian et al. 1988). Im Rahmen einer Informationsveranstaltung für die Eltern kommt es vor allem auch darauf an, die Eltern dafür zu gewinnen, das Vorhaben zu unterstützen, da dadurch zu einer nachhaltigeren Programmwirkung beigetragen wird. Es ist vor allem wichtig, dass die Eltern nicht *gegen* das Programm arbeiten und den Kindern beispielsweise gegenteilige Information geben, da dadurch die Programmwirkung geradezu aufgehoben würde. Dies bedeutet, dass die Eltern über den gegenwärtigen Stand der Forschung und Diskussion zum sexuellen Missbrauch in Kenntnis gesetzt und auch über die Möglichkeiten, sexuellen Missbrauch zu vermeiden, informiert werden müssen.

> **Merke**
> Es ist hierbei insbesondere wichtig, auf mögliche Vorbehalte der Eltern vorbereitet zu sein, um angemessen darauf eingehen zu können.

Präventionsarbeit durch die Eltern selbst: Einen Schritt weiter geht der Ansatz, die Eltern selbst in die Lage zu versetzen, Präventionsarbeit bei ihren Kindern zu leisten (s. hierzu Elrod u. Rubin 1993). Dieser Ansatz setzt eine umfangreichere Elternarbeit voraus, da nicht nur Informationen über sexuellen Missbrauch und seine Prävention zu geben sind, sondern auch konkrete Präventionswege und ihre Umsetzung dargestellt werden müssen. Der Vorteil dieses Ansatzes besteht darin, dass die Eltern die Präventionsarbeit auf die individuellen Bedürfnisse ihres Kindes abstimmen können. Problematisch ist jedoch, dass unklar bleibt, ob und in welchem Umfang tatsächlich Präventionsarbeit geleistet wird, da dies im Wesentlichen dem Engagement und den Präventionsinteressen der Eltern überlassen bleibt.

> **Merke**
> Zu präferieren dürfte daher die Kombination mit anderen Präventionsansätzen sein, um durch die zusätzliche Elternarbeit eine Festigung und Stabilisierung der Präventionsbotschaft (auch über einen längeren Zeitraum hinweg) zu erreichen.

Information der Eltern über die Anzeichen und Folgen sexuellen Missbrauchs: Ein weiterer Präventionsaspekt, der mit der Elternarbeit verbunden sein kann, besteht in der Information über Symptome, die auf ein Vorliegen sexuellen Missbrauchs hindeuten können, sowie über typische Täterstrategien.

40.4 Weitere Präventionsansatzpunkte

> **Merke**
> Die Eltern können durch Beobachtung von Äußerungen und Verhalten ihrer Kinder dazu beitragen, dass ein möglicher sexueller Missbrauch rechtzeitig erkannt wird.

In diesem Zusammenhang ist es weiterhin wichtig, die Eltern über Beratungs- und Unterstützungsmöglichkeiten aufzuklären. Bei diesem Präventionsaspekt handelt es sich um einen Bestandteil der sekundären Prävention, da der sexuelle Missbrauch bereits vorliegt. Hier kommt es vor allem darauf an, eine möglichst frühzeitige Aufdeckung zu erreichen.

Bei allen drei Aspekten der Elternarbeit ist zu bedenken, dass eine Prävention intrafamiliären Missbrauchs (insbesondere eines Missbrauchs durch die Eltern selbst) auf diese Weise kaum erreicht werden kann. Es wäre lediglich vorstellbar, dass sexuell missbrauchenden Eltern die Problematik ihres Handelns bewusst wird, sodass sie nach Handlungsalternativen bzw. nach Unterstützung suchen. Eine weitere Gefahr der Elternbeteiligung an der Präventionsarbeit wird darin gesehen, neben den Kindern auch deren Eltern in den Glauben zu versetzen, mit der Durchführung von Interventionsprogrammen könne der sexuelle Missbrauch von Kindern effektiv verhindert werden (Wehnert-Franke et al. 1992).

> **Merke**
> Allen Beteiligten muss klar sein, dass mit solchen Programmen nur ein Beitrag geliefert wird, der einen sexuellen Missbrauch weniger wahrscheinlich macht, dass Missbrauchssituationen jedoch niemals gänzlich verhindert werden können.

Ähnliche Beiträge zur Präventionsarbeit wie bei den Eltern können auch von anderen Personengruppen erwartet werden, die an der Erziehung und Sozialisation von Kindern beteiligt sind (Reppucci u. Haugaard 1989; Minard 1993). Dies gilt insbesondere für Lehrer und Erzieher, die ebenfalls nach entsprechender Information Aspekte der Präventionsarbeit mittragen können.

40.4.2 Öffentlichkeitsarbeit zum sexuellen Missbrauch

Eine Ausweitung des Ansatzes, Informationen für Eltern und Erziehende bereitzustellen, besteht in der allgemeinen Öffentlichkeitsarbeit, um die Aufmerksamkeit auf die Möglichkeit des sexuellen Missbrauchs bei Kindern zu lenken (s. hierzu Chasan-Taber u. Tabachnick 1999). Hier wird sicherlich die sekundäre Prävention im Vordergrund stehen, indem dazu beigetragen wird, dass vorhandene Missbrauchsfälle frühzeitig aufgedeckt werden. Durch Öffentlichkeitsarbeit kann jedoch auch zur primären Prävention beigetragen werden, indem potenziellen Tätern das Bewusstsein vermittelt wird, dass ein sexueller Missbrauch kaum noch möglich ist, ohne dem informierten Umfeld aufzufallen und aufgedeckt zu werden.

Sinnvoll sind in diesem Zusammenhang insbesondere Informationen über mögliche Täter, die typischerweise eingesetzten Mechanismen zur Verheimlichung von sexuellem Missbrauch sowie Präventions- und Unterstützungsmöglichkeiten (Kutchinsky 1991).

Insgesamt kommt es hierbei darauf an, ein realistisches Bild des sexuellen Missbrauchs von Kindern zu vermitteln und auf Hilfsmöglichkeiten für Kinder, die Opfer von sexuellem Missbrauch geworden sind, aufmerksam zu machen (Wehnert-Franke et al. 1992). Für diese Form der Präventionsarbeit kommen vor allem Publikationen in den Medien infrage, die (ohne zu einer öffentlichen Hysterie beizutragen) sachliche Aufklärungsarbeit leisten.

40.5 Zusammenfassung

Merke
Zusammenfassend lässt sich feststellen, dass es gegenwärtig nicht *den* Präventionsweg zur Verhinderung sexuellen Missbrauchs gibt.

Es wäre begrüßenswert, wenn Präventionsinterventionen sowohl bei den potenziellen Opfern als auch bei den potenziellen Tätern ansetzen würden, um dadurch eine möglichst breite Wirkung zu erzielen. Dies gilt vor allem auch deswegen, weil die (grundsätzlich zu präferierende) Präventionsarbeit mit potenziellen Tätern vermutlich nur sehr langfristig zu breiteren Erfolgen führen wird (z. B. über die Implementierung einer angemessenen Sexualerziehung). Will man jedoch auch kurzfristig und gegenwärtig Erfolge erzielen, wird man an der Präventionsarbeit mit Kindern nicht vorbeigehen können. Hier ist es besonders wichtig, entwicklungsorientiert vorzugehen und eine ursprünglich stärker auf den Aufbau sozialer Kompetenzen abzielende Präventionsarbeit später durch Interventionen zu ergänzen, die in eine umfassende Sexualerziehung integriert sind und dabei explizit die Thematik des sexuellen Missbrauchs aufgreifen. Es wäre wünschenswert, wenn vor diesem Hintergrund verstärkt anwendungsbezogene Interventionsprogramme entwickelt würden, die diesen Anforderungen genügen und die dann möglichst koordiniert und auf die gesamten Zielgruppen bezogen zum Einsatz gelangen.

41 Präventive Maßnahmen in Institutionen

Jörg M. Fegert

Inhalt

41.1	Einleitung	725
41.2	Mehrfaktorenmodell	727
41.3	Leitlinien und institutionsbezogene Handlungspläne	728
41.4	Zentrale präventive Maßnahmen	732
	41.4.1 Schutzkonzept	732
	41.4.2 Einrichtungsinterne Analyse zu arbeitsfeldspezifischen Risiken	734
	41.4.3 Bereitstellung eines internen und externen Beschwerdeverfahrens	735
	41.4.4 Themenspezifische Fortbildungsmaßnahmen für Mitarbeiterinnen und Mitarbeiter (interne und externe Fortbildungen, E-Learning)	737
	41.4.5 Prüfung polizeilicher Führungszeugnisse und weitere personalrechtliche Maßnahmen	739
41.5	Kontinuierliche Weiterentwicklung, Monitoring und Fazit	742

41.1 Einleitung

Die umfangreichste in Deutschland bislang durchgeführte Datenerhebung bei Betroffenen sexuellen Missbrauchs aus der Begleitforschung der telefonischen Anlaufstelle der Unabhängigen Beauftragten zur Aufklärung des sexuellen Kindesmissbrauchs (Fegert et al. 2013; Rassenhofer et al. 2013) ergab eine Fülle von Informationen zu Gelegenheitsstrukturen, die in Institutionen wie Heimen, Internaten oder Kliniken Missbrauch begünstigt und ermöglicht haben. Zu Beginn der Tätigkeit der Unabhängigen Beauftragten, Frau Dr. Christine Bergmann, überwog, nicht zuletzt aufgrund des Presseechos, der Anteil derjenigen, die in Institutionen missbraucht worden waren und sich an die Anlaufstelle wandten, deutlich den Anteil familiär Betroffener. Dies änderte sich erst mit der Öffentlichkeitskampagne, die am 21.09.2010 startete. Bei der abschließenden Auswertung wurden Fälle berücksichtigt, die im Rahmen der Kirchen (katholisch, evangelisch und freie Gemeinden), von Schulen, Internaten, Heimen, Krankenhäusern und Kliniken, Vereinen oder auf Ferienfreizeiten vorgefallen waren.

Es handelt sich dabei nicht um eine repräsentative Datensammlung, sondern um eine qualitative Sammlung von Informationen im freien Gespräch. Es fand keine standardisierte Befragung statt, sondern die Betroffenen konnten selbst den Schwerpunkt des Gesprächs festlegen, nicht zuletzt um Suggestionseffekte zu vermeiden. Unter den 4570 auswertbaren Datensätzen von Betroffenen bezogen sich 1138 Datensätze auf Betroffene, die Missbrauch im Kontext von Institutionen berichteten. Diese Personen waren im Mittel 52 Jahre alt und im Gegensatz zu den Anruferinnen und Anrufern, die über Missbrauch innerhalb der Familie berichteten, lag der Anteil von Männern unter den Betroffenen im Kontext von Institutionen bei 58 %. 91 % der Betroffenen kamen aus den alten Bundesländern, zwei Drittel lebten heute in einem städtischen Lebensumfeld. Nur 40 % lebten verheiratet oder in einer Partnerschaft. 91 % der berichteten Missbrauchsfälle in den Institutionen waren Wiederholungstaten. Ein Großteil bezog sich auf längerfristig fortgesetzte Taten. In nur 5 % der Fälle fand der Missbrauch ohne Körperkontakt statt. In 22 % der Fälle kam es zur Penetration, in 8 % der Fälle wurde von versuchter Penetration berichtet.

Ganz überwiegend kamen die Missbrauchsfälle aus dem Kontext „Kirche". Von 1320 Aussagen von Betroffenen in Institutionen (Mehrfachnennungen waren wegen mehrfacher Institutionenplatzierung möglich) bezogen sich 409 auf die katholische Kirche, 132 auf die evangelische Kirche, 49 auf einen sonstigen kirchlichen Kontext, 285 hatten sich in einer Schule oder einem Internat ereignet, 74 im Verein und 371 in Heimen. Bei genauerer Berücksichtigung der kirchlichen Träger von Schulen bzw. Internaten (86 katholische, 9 evangelische Träger) und Heimen (100 katholische, 27 evangelische) ergibt sich dann der Gesamtanteil von 65 % Missbrauchsfällen im kirchlichen Bereich.

> **Merke**
> Dabei muss beachtet werden, dass viele dieser Fälle Jahrzehnte zurückliegen und dies nicht unbedingt die heutige institutionelle Gefährdung in einer stärker säkularisierten Welt widerspiegeln muss. Die strukturellen Gegebenheiten, die berichtet wurden, sind aber auch für heutige Überlegungen zu präventiven Maßnahmen zentral.

Deshalb wurden die hier geschilderten Informationen auch in den „Runden Tisch sexueller Kindesmissbrauch" und die entsprechenden Arbeitsgruppen, insbesondere die Arbeitsgruppe I, welche Standards für Institutionen ausformuliert hat, eingespeist und dort ausführlich diskutiert. Zum Vorgehen der Täterinnen und Täter in Institutionen konnten wir aus der qualitativen Analyse der Gespräche erfahren, dass diese häufig Gelegenheiten genutzt haben, in denen sie mit den Betroffenen allein waren und/oder die besondere Vertrauenssituationen darstellten, z. B. auch Therapiestunden, ärztliche Untersuchungssituationen, Beichte, Nachhilfesituationen oder Einzelfördersettings. In Heimen, Krankenhäusern und Internaten waren darüber hinaus Wasch- und Schlafräume, auf Ferienlagern Zelte und generell der Wohnbereich, z. B. von Lehrern in Internaten, Wohngruppen etc. die Orte des sexuellen Missbrauchs. In Internaten, bei Landschulheim- und Ferienlageraufenthalten wurden oft mehrere Kinder von einem Täter missbraucht. In Schulen wurden Situationen wie Nachsitzen, Nachhilfe, persönliche Besprechungen mit dem Lehrer/der Lehrerin berichtet, in denen es dann zu Missbrauch kam.

Deutlich wird, dass auch bei Missbrauch im institutionellen Kontext z. B. Lehrer immer wieder versuchten, Kinder unter einem Vorwand zu sich nach Hause einzuladen. Auch Missbrauch durch Personen in Institutionen kann im Privatbereich, z. B. in Privatwohnungen stattfinden.

> **Merke**
> Generell zeichnet also das Täterverhalten in Institutionen den Aufbau einer spezifischen Beziehung, häufig schleichend, im Bemühen um ein Vertrauens- oder Abhängigkeitsverhältnis aus.

So berichteten die betroffenen Personen häufig, dass sie als „Schützlinge" oder als etwas Besonderes behandelt wurden und von den Täterinnen und Tätern oft kleine Geschenke oder Vorteile und Privilegien im institutionellen Kontext erhalten hatten, die sie bei einem Aufdecken des Missbrauchs auch verloren hätten.

Gleichzeitig wurden sehr viele Betroffene aber auch durch Drohungen und Bestrafungen zur Geheimhaltung gezwungen und der Missbrauch so über mehrere Jahre hinweg fortgesetzt. Eine besondere Spielart dieser Schweigegebote konnte sowohl in der Medizin, der Psychotherapie und im Beichtkontext beobachtet werden, indem die Schweigepflicht oder das Beichtgeheimnis den Betroffenen gegenüber so ausgelegt wurde: „Du kennst ja, Du weißt ja, alles, was hier geschieht, steht unter Schweigepflicht, d. h. Du und ich dürfen mit niemandem darüber reden."

Darüber hinaus gibt es aber auch Berichte, vor allem aus Heimen und Internaten, in denen der Missbrauch Routine war und quasi zum Alltag der Einrichtung gehörte: „Ich habe als Kind im Internat gelebt. Dort wurde ich missbraucht und musste auch jede Nacht mit anhören, wie meine Zimmergenossen missbraucht wurden. Jeder hatte Nacht für Nacht Angst, ‚dran' zu sein."

Hier spielte die scheinbare Duldung und Mitwisserschaft von Mitbetreuten in den Institutionen und Einrichtungsmitarbeitern eine große Rolle bei der Verhinderung der Aufdeckung dieser Fälle. Gleichzeitig wurden Normen und Maßstäbe generell verrückt, wenn etwas im institutionellen Kontext quasi als ubiquitär und normal wahrgenommen wurde.

Wenn sich Betroffene dann einmal trauten, über ihr Schicksal zu berichten, haben sie häufig keine Unterstützung – weder im persönlichen Umfeld noch im professionellen Bereich – erhalten oder sie stießen sogar auf negative Reaktion, im Zweifel folgten Strafen und erneute Demütigung. So wurden z. B. Heimkinder, die sich an die Polizei gewandt hatten, dort körperlich sanktioniert und wieder in die Einrichtung zurückgebracht, ohne dass ihre Anzeige aufgenommen wurde. Das hohe Prestige vieler Institutionen in der Außenwahrnehmung als karitative oder pädagogische Einrichtung trug ebenfalls dazu bei, dass man den Berichten einzelner Zöglinge nicht traute und angesichts des hohen Ansehens, z. B. von charismatischen Einrichtungsleitern, meinte, solche Hinweise ignorieren zu können.

41.2 Mehrfaktorenmodell

Vor 30 Jahren hat Finkelhor ein immer noch gültiges Modell zu Voraussetzungen, die sexuellen Missbrauch erst möglich machen, aufgestellt (Finkelhor 1984, S. 66 ff., deutsch ausführlich zitiert in Deegener 1995; vgl. Kap. 40): Beim Täter/bei der Täterin braucht es zunächst eine Motivation zum sexuellen Missbrauch. Er/Sie muss innere Hemmungen, dann äußere Hemmfaktoren und schließlich auch individuell kindlichen Widerstand überwinden.

> **Merke**
> Für die Prävention von Missbrauch in Institutionen bedeutet dies, dass die Motivation zum sexuellen Missbrauch nicht nur einer anlagebedingten Pädophilie entspringt, sondern häufig bei Tätern in Institutionen auch eine sexuelle Problematik beobachtet werden kann, wo diese aufgrund ihrer Stellung, ihrer Haltung etc. meinten, keine oder nur ungenügende Alternativlösungen zur sexuellen Befriedigung finden zu können.

Besteht innerhalb einer Einrichtung eine tolerierende Subkultur, so kann die Überwindung innerer Hemmungen und Skrupel durch (Nachahmungs-)Täter leichter möglich werden. Auf der dritten, von Finkelhor (1984) beschriebenen Ebene, nämlich der Überwindung äußerer Hemmfaktoren, muss man sehen, dass normalerweise ein Haupthemmfaktor das soziale, schützende Umfeld eines Kindes ist. Gerade bei Heimkindern oder Kindern in Internaten, die im familiären Umfeld in irgendeiner Weise beeinträchtigt sind, fällt dieser Kontroll- und Schutzfaktor oft weg und muss durch institutionelle Kontrollen und Beschwerdesysteme ersetzt werden. Zentral sind deshalb die Aufmerksamkeit und Beaufsichtigung, die ein Kind generell erfährt. Kinder, welche wenige stabile Beziehungen haben und sich nach Beachtung im Einzelkontakt sehnen, sind gefährdeter, Opfer von Gewalt zu werden. Bei der Überwindung des kindlichen Widerstands spielen in Institutionen die Macht und das Ansehen der Täter, das oft blinde Vertrauen von Eltern in die Institution, z. B. aufgrund des Rufs der Institution, und die soziale Machtlosigkeit von Kindern eine Rolle. Im Folgenden sollen die am Runden Tisch besprochen Präventionsstrategien für Institutionen dargestellt und diskutiert werden.

41.3 Leitlinien und institutionsbezogene Handlungspläne

Die Leitlinien zur Prävention und Intervention sowie zur langfristigen Aufarbeitung und Initiierung von Veränderungen nach sexueller Gewalt durch Mitarbeiterinnen und Mitarbeiter in Institutionen, die von der Unterarbeitsgruppe I des Runden Tisches diskutiert und beschlossen wurden (Bundesministerium der Justiz et al. 2012), umfassen drei Maßnahmenbündel von Mindeststandards (Abb. 41-1):
- präventive Maßnahmen
- Handlungspläne zur Intervention
- Handlungsleitlinien zur langfristigen Aufarbeitung und organisatorischen Veränderung

Präventive Maßnahmen, Handlungspläne und Handlungsleitlinien sollen auf Institutionsebene entwickelt werden. Die Träger der Institutionen sind gehalten, solche Mindeststandards zu implementieren und umzusetzen.

Dabei ist bei den Handlungsplänen auch die vielfach sehr kritisch diskutierte *Leitlinie der AG II zur Einschaltung der Strafverfolgungsbehörden* zu beachten (vgl. Kliemann u. Fegert 2012; Fegert u. Kliemann 2013).

> **Merke**
> Nach dieser Leitlinie, die unter der Federführung des BMJ erarbeitet wurde, muss der Verdacht auf eine Straftat gegen die sexuelle Selbstbestimmung einer/eines Minderjährigen in einer Einrichtung unbedingt an die Leitungsverantwortlichen gemeldet werden.

Dieses Vorgehen muss den Mitarbeiterinnen und Mitarbeitern bekannt sein. Gegebenenfalls kann die Einrichtungsleitung

41.3 Leitlinien und institutionsbezogene Handlungspläne

Mindeststandards
„Leitlinien zur Prävention und Intervention sowie zur langfristigen Aufarbeitung und Initiierung von Veränderungen nach sexualisierter Gewalt durch Mitarbeiterinnen und Mitarbeiter in Institutionen"

1. Präventive Maßnahmen
z.B.
- zielgruppenspezifische Angebote
- interne Beschwerdeverfahren
- nachweisliche Verankerung der Trägerhaltung in der Gestaltung der Dienstverhältnisse

2. Handlungsplan zur Intervention
z.B.
- Bestimmung der Verantwortlichkeiten und Rollen der Akteure (Träger, Leitung, Mitarbeiter etc.)
- Beteiligungs- und Selbstbestimmungsrechte der Betroffenen
- Sofortmaßnahmen zum Schutz Betroffener
- **Einbeziehung von Polizei und Staatsanwaltschaft in Übereinstimmung mit den „Leitlinien zur Einschaltung der Strafverfolgungsbehörden"**
- Dokumentation

3. Handlungsleitlinien zur langfristigen Aufarbeitung und organisatorischen Veränderung
z.B.
- Sicherstellung der Beteiligung aller Betroffenen und Beteiligten
- Aufarbeitung der strukturellen Fehlerquellen
- Strategien zur Rehabilitation von Personen, die fälschlicherweise einem Verdacht ausgesetzt wurden

- Die Mindeststandards sind durch die Träger der Institutionen binnen zwei Jahren umzusetzen und zu implementieren.
- Öffentliche Zuschüsse und die Erteilung einer Betriebserlaubnis werden künftig von der Umsetzung abhängig gemacht (Prüfung durch übergeordnete Behörden bzw. andere zuständige und verantwortliche Organisationen).

Abb. 41-1 Mindeststandards des BMFSFJ („Leitlinien zur Prävention und Intervention sowie zur langfristigen Aufarbeitung und Initiierung von Veränderungen nach sexualisierter Gewalt durch Mitarbeiterinnen und Mitarbeiter in Institutionen") (s. hierzu Bundesministerium der Justiz et al. 2012, Anlage 3).

spezifische Ansprechpartner für solche Fragen in der Einrichtung benennen und in Geschäftsverteilungsplänen, Telefonverzeichnissen etc. ausweisen. Die Leitungsverantwortlichen sollen dann eine Plausibilitätskontrolle in Bezug auf den Verdacht durchführen, denn bei offenkundiger Sachwidrigkeit (kein begründeter Anfangsverdacht im strafrechtlichen Sinne) muss keine Meldung bei den Strafverfolgungsbehörden erfolgen.

In kinder- und jugendpsychiatrischen Kliniken kam es z. B. häufiger zu Fällen, bei denen psychotische Patientinnen und Patienten mit sexuellen Wahninhalten behaupteten, in einer spezifischen Situation unter Zeugen berührt oder sogar vergewaltigt worden zu sein, obwohl diese Mitpatientinnen und Mitpatienten diese unplausiblen Handlungen, z. B. auf dem Stationsflur oder in der Gruppe, alle nicht beobachtet hatten. Solche Vorwürfe gilt es gut zu dokumentieren. Wenn sie sich gegen einen Mitarbeiter oder eine Mitarbeiterin richten, ist es auch zum Schutz dieser Person notwendig, sowohl die Vorwürfe wie auch die Entlastungselemente klar festzuhalten.

In der Regel ist es auch angeraten, sich des im *Bundeskinderschutzgesetz* neu eingeführten *Instruments der Beratung* durch eine insoweit erfahrene Fachkraft zu bedienen. Der Rechtsanspruch gilt schon lange. Für Einrichtungen der Jugendhilfe ist er nun aber in § 8b auch für Einrichtungen außerhalb der Jugendhilfe wie Kliniken, Schulen etc. formuliert worden. Gerade weil hier für Berufsgeheimnisträger auch die Möglichkeit der anonymen Beratung geschaffen wurde, welche aber zur eigenen Entlastung dokumentiert werden kann, eignet sich dieses Instrument zum Umgang mit solchen Fallkonstellationen. Dadurch kann nachhaltig der Nachweis erfolgen, dass beim Verzicht auf eine Strafanzeige im Rahmen der Plausibilitätskontrolle eine gründliche Güterabwägung erfolgte.

> **Merke**
> Wichtig ist, dass die Einrichtungsleitung keine eigene Befragung von Täter oder Opfer und keine eigenen Ermittlungen zum Tathergang durchführen soll.

Die Arbeitsgruppe am BMJ begründete dies mit der Notwendigkeit zur Vermeidung von belastenden Mehrfachvernehmungen für die Betroffenen und mit der gegebenen Verdunklungsgefahr durch mutmaßliche Täter. Allerdings ist die Leitung auch bei ihren Entscheidungen dem Wohl der Betroffenen und dem Schutz anderer in der Einrichtung Befindlicher verpflichtet. Insofern sind selbstverständlich erforderliche Schutzmaßnahmen wie Versetzung oder Kündigung zu erwägen, sie sollen allerdings nicht vor der Einschaltung der Strafverfolgungsbehörden erfolgen, um den Täter/die Täterin nicht zu warnen. Das kann in der Praxis zu schwierigen Situationen führen, insbesondere wenn die Strafverfolgungsbehörden nicht sehr rasch ihrem Ermittlungsauftrag nachkommen. Dies muss deshalb mit Nachdruck eingefordert werden. Wenn durch eine Strafanzeige eine Gesundheitsgefahr für die Betroffenen besteht, insbesondere z. B. bei akuter Suizidalität, ist in solchen Ausnahmefällen ein Zurückstellen der Anzeige nur für die Dauer der Gefährdung möglich. Der Verzicht auf eine Strafanzeige bei entgegenstehendem Willen der Betroffenen soll nur möglich sein, wenn eine weitere Gefährdung durch den mutmaßlichen Täter mit hoher Sicherheit ausgeschlossen werden kann. Dies ist gerade in Institutionen oft recht schwierig.

Bei jugendlichen Tatverdächtigen kann insbesondere bei geringfügigen Übertretungen, die auch im stationären Behandlungsmilieu vorkommen können, auf eine Anzeige verzichtet werden, wenn durch erzieherische Maßnahmen für den jugendlichen Verdächtigen und einen effektiven Schutz der Betroffenen Wiederholungen mit hoher Sicherheit ausgeschlossen werden können.

Da solche Entscheidungsprozesse für Institutionen extrem belastend sind, ist es wichtig, neben allgemeinen Präventionsbemühungen einen Notfallplan für solche problematischen Situationen vorzubereiten. Dies empfiehlt die Leitlinie der AG I des Runden Tischs. In solchen Handlungsplänen sind die Verantwortlichkeiten und die Rollen aller Beteiligten innerhalb der Institution zu klären und zu benennen. Dabei sind auch die Eltern der betreuten Kinder und Jugendlichen nicht zu vergessen. Diese müssen bei allen Dingen, die ihre Kinder betreffen, unverzüglich und umfassend informiert werden. Auch gegenüber dem Träger oder z. B. der Krankenhausleitung besteht eine Informationspflicht, nicht zuletzt auch aus haftungsrechtlichen Gründen. Es gilt also in einem Handlungsplan adäquate Formen der Beteiligung und der Information zu verankern. Gleichzeitig muss ein Handlungsplan auch Überlegungen zur Wahrung der Selbstbestimmungsrechte der Betroffenen und zur Güterabwägung zwischen Schutz aller in einer Einrichtung Betreuten und dem Selbstbestimmungsrecht

41.3 Leitlinien und institutionsbezogene Handlungspläne

Verdacht
auf eine Straftat gegen die sexuelle Selbstbestimmung einer/s Minderjährigen in der Einrichtung

↓

Meldung an Leitungsverantwortlichen
und ggf. spez. Ansprechpartner in der Einrichtung

↓

Plausibilitätskontrolle
Keine Meldung von Fällen an die Strafverfolgungsbehörden bei offenkundiger Sachwidrigkeit
Achtung: Keine eigenen Befragungen von Täter oder Opfer, keine eigenen Ermittlungen zum Tathergang – zur Vermeidung von belastenden Mehrfachvernehmungen für mutmaßliches Opfer und wg. Verdunkelungsgefahr durch mutmaßlichen Täter.

1. Unverzügliche Entscheidung über die (Nicht)Einschaltung der Strafverfolgungsbehörden

2. Entscheidung über ggf. erforderliche Schutzmaßnahmen (z.B. Versetzung, Kündigung)
Achtung:
Wg. Warnfunktion für den mutmaßlichen Täter (Verdunkelungsgefahr):
- Soweit möglich keine sofortige Umsetzung
- Keine eigenen Befragungen/Ermittlungen

Meldung an die Strafverfolgungsbehörden
(Grundsatz der Leitlinien, Nr. 3.a)
- Information darüber an Opfer und Erziehungsberechtigte
- Falls Schutzmaßnahmen erforderlich: Mitteilung an Staatsanwaltschaft zu Art und Frist für diese Maßnahmen (z.B. Verdachtskündigung), damit Staatsanwaltschaft Ermittlungen entsprechend schnell vorantreibt

Vorläufige Zurückstellung der Meldung

Absehen von der Meldung
bei jugendlichen Tatverdächtigen *nur, wenn*
- es sich lediglich um eine geringfügige Übertretung handelte *und*
- durch erzieherische Maßnahmen für den jugendlichen Verdächtigen und effektiven Schutz des mutmaßlichen Opfers Wiederholungen „mit hoher Sicherheit" ausgeschlossen werden können

Ansonsten: Meldung an die Strafverfolgungsbehörden

a) Bei **Gesundheitsgefahr für das Opfer** durch die Strafanzeige (z.B. psychisch oder Suizidgefahr)
- durch externen Sachverstand zu prüfen
- Zurückstellung der Anzeige nur für die Dauer der Gefährdung!

b) Bei **entgegenstehendem Opferwillen,** *wenn* weitere Gefährdung durch mutmaßlichen Täter mit hoher Sicherheit ausgeschlossen werden kann

↓

Einwirkung auf Opfer durch Gespräche
(Überzeugung, dass Anzeige notwendig sei)

Meldung an die Strafverfolgungsbehörden,
sobald bzw. soweit die Voraussetzungen für die Zurückstellung nicht (mehr) bestehen.
Im Fall a): keine Gesundheitsgefahr mehr;
Im Fall b):
- wenn die Gefährdung durch den mutmaßlichen Täter nicht (mehr) mit hoher Sicherheit ausgeschlossen werden kann,
- wenn sich herausstellt, dass es sich um einen mittleren bzw. schweren Tatvorwurf handelte,
- wenn das mutmaßliche Opfer nach den Gesprächen einer Strafverfolgung zustimmt.

Absehen von der Meldung *nur, wenn*
- Opfer bzw. Erziehungsberechtigte der Anzeige auch nach den Gesprächen endgültig nicht zustimmen *und*
- es sich um einen Tatvorwurf von geringer Schwere handelt *und*
- weitere Gefährdungen durch eigene Maßnahmen der Institution auch weiterhin „mit hoher Sicherheit" ausgeschlossen werden können

Ansonsten: Meldung an die Strafverfolgungsbehörden

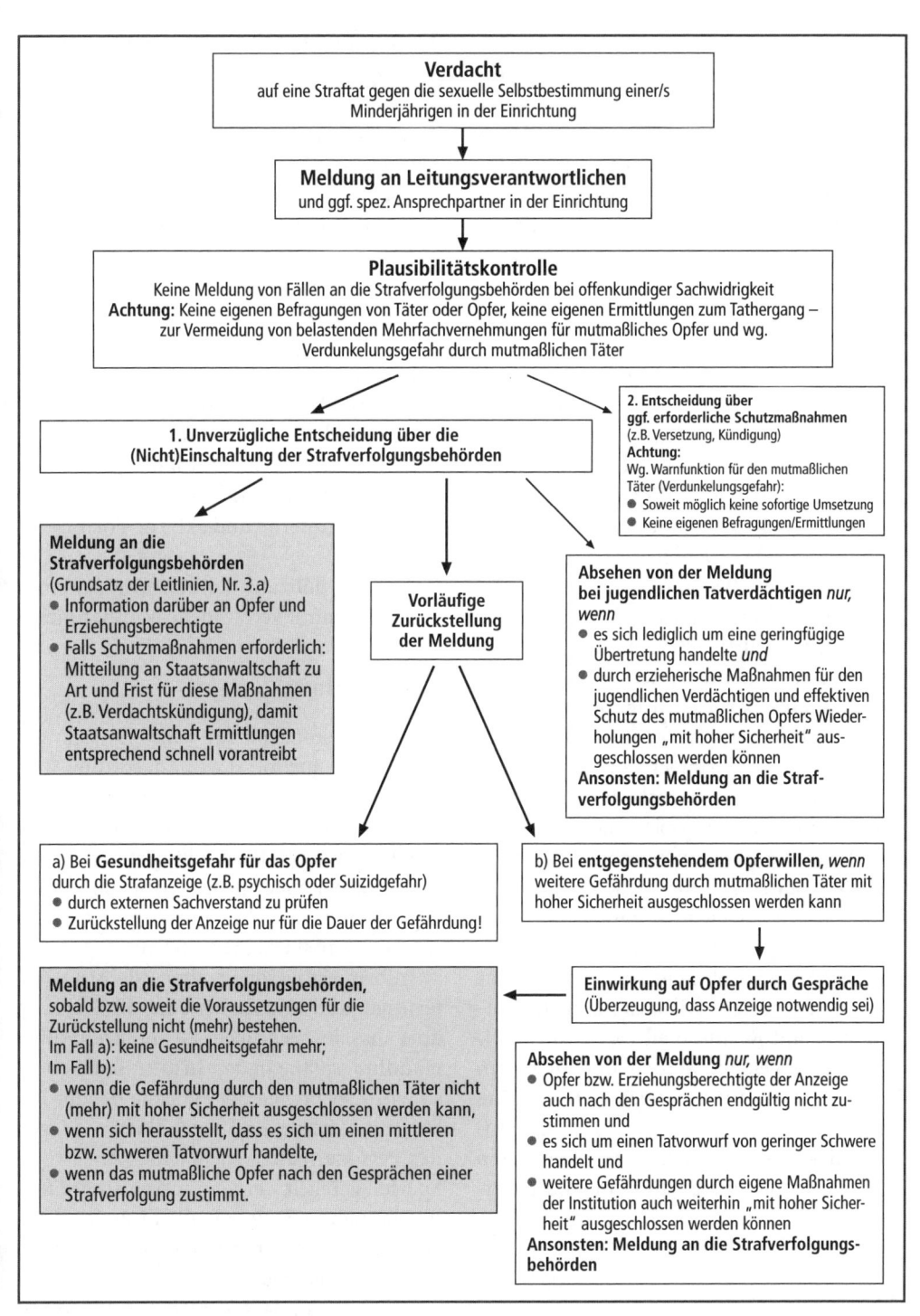

Abb. 41-2 Verfahrensablauf bei Verdacht auf sexuellen Kindesmissbrauch in Institutionen nach den „Leitlinien zur Einschaltung der Strafverfolgungsbehörden" (s. hierzu Bundesministerium der Justiz et al. 2012, Anlage 4).

und Willen einer einzelnen Betroffenen/eines einzelnen Betroffenen enthalten. Im Umgang mit Vermutungen, die z. B. in einer Gruppe oder bei Kolleginnen und Kollegen aufkommen, muss der Prozess der Falleinschätzung geklärt werden. Dabei sollte in einem Handlungsplan für eine Institution auch klargestellt werden, an welcher Stelle unabhängige Beratung von außen hinzuzuziehen ist und wer diese Beratung vornimmt (vgl. Hinweis auf § 8a bzw. § 8b KJHG und den Anspruch auf Beratung durch eine insoweit erfahrene Fachkraft, die vom örtlichen Jugendamt finanziert werden muss). Ein Handlungsplan sollte detailliert darlegen, wann sofortiges Tätigwerden notwendig ist und was in der Institution als Sofortmaßnahme getan werden soll. Gerade wegen der hohen Bedeutung der ärztlichen Schweigepflicht und anderer Verschwiegenheitspflichten in der Beziehung zu Patientinnen und Patienten oder betreuten Personen ist eine Berücksichtigung der datenschutzrechtlichen Anforderungen, aber auch der Anforderungen aus einem Arbeitsvertrag an die Verschwiegenheit ausführlich im Handlungsplan darzulegen. In vielen Institutionen öffentlicher Träger bedürfen Mitarbeiterinnen und Mitarbeiter z. B. einer Aussagegenehmigung, bevor sie sich zu Dingen aus ihrem Arbeitsbereich von den Strafverfolgungsbehörden vernehmen lassen dürfen. All dies kann im Vorfeld, z. B. mit Rechtsabteilungen von Institutionen, abgeklärt werden und in einem Handlungsplan für die jeweilige Institution dargelegt werden. Zentral ist, dass alle Stufen eines Handlungsplans im konkreten Fall dann differenziert dokumentiert werden.

41.4 Zentrale präventive Maßnahmen

Zu den zentralen präventiven Maßnahmen gehören neben dem Handlungsplan für Verdachtsfälle weitere Maßnahmen:
- Vorlage eines verbindlichen Schutzkonzeptes
- Durchführung einer einrichtungsinternen Analyse zu arbeitsfeldspezifischen Gefährdungspotenzialen und Gelegenheitsstrukturen
- Bereitstellung eines internen und externen Beschwerdeverfahrens
- themenspezifische Fortbildungsmaßnahmen für Mitarbeiterinnen und Mitarbeiter (interne und externe Fortbildungen)
- Prüfung polizeilicher Führungszeugnisse und damit verbundene Maßnahmen

41.4.1 Schutzkonzept

Ein Schutzkonzept für eine Einrichtung sollte nicht nur top-down angeordnet werden, sondern es muss gemeinsam in der Institution erarbeitet werden. Hierfür sind externe wie interne Fortbildungsmaßnahmen für Mitarbeitende in der Institution unerlässlich, um zunächst einen gemeinsamen Informationsstand herzustellen.

Informiert werden sollten alle Mitarbeiterinnen und Mitarbeiter einer Einrichtung über basale rechtliche Grundlagen, über Handlungspläne in den Institutionen ebenso wie über Fragen der Haltung bei der Arbeit mit Kindern und Jugendlichen, Fragen des Personalmanagements etc. (Abb. 41-3). Speziell geregelt werden müssen eingreifende Maßnahmen wie z. B. die Einholung von erweiterten Führungszeugnissen durch Dienstanweisungen.

Wichtig ist, dass Schutzkonzepte kontinuierlich fortgeschrieben werden müssen

41.4 Zentrale präventive Maßnahmen

**Anlage zum Arbeitsvertrag für eine Einstellung
in der Klinik für Kinder- und Jugendpsychiatrie/Psychotherapie**

Sehr geehrte Mitarbeiterin,
sehr geehrter Mitarbeiter,

wir freuen uns, dass Sie sich dazu entschlossen haben, Ihr Engagement und Ihre Fachkenntnis in eine Tätigkeit zum Wohle von Kindern und Jugendlichen in der Klinik für Kinder-und Jugendpsychiatrie und Psychotherapie des Universitätsklinikums Ulm einzubringen.

Die Tätigkeit in der Kinder-und Jugendpsychiatrie setzt neben Fachkenntnis, Motivation und Engagement auch die persönliche Eignung voraus. Die Arbeit mit psychisch kranken Kindern und Jugendlichen, die häufig in ihrer Vorgeschichte Vernachlässigung, Misshandlung oder auch sexuellen Missbrauch erfahren haben und die durch ihre Störungsbilder bei uns sehr starke Emotionen auslösen können, ist stets Beziehungsarbeit. In diesen Beziehungen können selbst Konflikte entstehen, die Mitarbeiterinnen und Mitarbeiter persönlich stark belasten und/oder die zu einem Machtmissbrauch innerhalb der Institution führen können. Auch aus diesem Grund gibt es entsprechend den Vorgaben in der Psychiatriepersonalverordnung ein Supervisionsangebot. In der Supervision können solche Konflikte fall- oder teambezogen emotional bearbeitet werden. Bitte nehmen Sie dieses Angebot wahr und sprechen Sie Konflikte und Auffälligkeiten offen an.

Zur Verbesserung des Schutzes von Kindern und Jugendlichen – auch gegen Übergriffe von Fachkräften und anderem Personal in unserer Klinik – haben wir verschiedene Vorkehrungen getroffen. Zum Beispiel besteht in den Schlafbereichen der Stationen die Möglichkeit, kostenlos über eine Freisprechanlage mit den Jugendämtern und dem Patientenfürsprecher zu telefonieren. Dies ist ein kindgerechtes, niederschwelliges Beschwerdemanagement. Den Kindern und Jugendlichen ist uneingeschränkt und jederzeit Zugang zu diesen Anlagen zu gewähren.

Wir weisen Sie darauf hin, dass Sie zum Wohle der uns anvertrauten Patienten verpflichtet sind, auffällige Verhaltensweisen, die Sie in Bezug auf Mitarbeiterinnen und Mitarbeiter wahrnehmen, Ihrem Vorgesetzten oder dem Behandlungsverantwortlichen mitzuteilen. Dies ist weder illoyal noch unkollegial: Vielmehr kann es ein wesentlicher Schritt sein, Kollegen frühzeitig zu helfen und unsere Patienten zu schützen.

Als Einrichtung, die in der Öffentlichkeit das Ansehen und darüber hinaus den Anspruch hat, in besonderem Maße zum Schutz von Kindern und Jugendlichen vor weiterer Vernachlässigung, Misshandlung und Missbrauch beizutragen, sind wir verpflichtet, für diese schützende Atmosphäre zu sorgen.

Es ist deshalb undenkbar, einschlägig vorbestrafte Personen einzustellen oder zu beschäftigen. Deshalb wird im Rahmen des Einstellungsverfahrens ein Führungszeugnis angefordert. Zudem erhält die Abteilung Personal des Universitätsklinikums von Gerichten und Staatsanwaltschaften bei strafbaren Handlungen in festgelegten Fällen Mitteilungen, z.B. über den Erlass und Vollzug eines Haftbefehls, über die Erhebung der öffentlichen Anklage und die Verhängung von Strafurteilen oder Strafbefehlen. Falls erforderlich, werden aus diesen Mitteilungen die arbeitsrechtlich notwendigen Konsequenzen gezogen.

Es muss klar sein, dass Personen mit pädosexuellen Neigungen, die sich vielleicht gerade wegen dieser Veranlagung für eine direkte Arbeit mit Kindern und Jugendlichen beworben haben, in unserer Einrichtung zum Wohle unserer Patienten und zur Erhaltung der Arbeitsfähigkeit und Kollegialität in unseren Teams mit keinerlei Toleranz rechnen können.

Abb. 41-3 Anschreiben an die Mitarbeiterinnen und Mitarbeiter (http://www.uniklinik-ulm.de/fileadmin/Kliniken/Kinder_Jugendpsychiatrie/Stellenanzeigen/Anlage_AV_KJP.pdf). (Fortsetzung auf S. 734)

> Das hohe Aggressions- bzw. Autoaggressionspotential mancher unserer Patienten löst starke Gefühle und manchmal auch aggressive Gegenreaktionen aus. Wir hatten uns deshalb häufig mit der Qualitätsfrage von Zwangsmaßnahmen und des Umgangs mit Aggressionen in internen Fortbildungen und in verschiedenen Studien beschäftigt. Uns ist neben der Sensibilisierung für dieses Thema die Fort- und Weiterbildung der Mitarbeiter besonders wichtig. Wir werden auch künftig Wert darauf legen und setzen dabei Ihr Engagement voraus.
>
> Für die meisten Mitarbeiterinnen und Mitarbeiter ist die Chance, Kindern und Jugendliche, die zum Teil psychisch stark beeinträchtigt sind, helfen zu können, eine große persönliche Herausforderung, gleichzeitig aber auch eine anstrengende Aufgabe. Um ihr gerecht zu werden, sollten Sie entsprechende Konflikte wahrnehmen und frühzeitig ansprechen.
>
> Freundliche Grüße
>
> Prof. Dr. med. Jörg M. Fegert
> Ärztlicher Direktor der Klinik für
> Kinder- und Jugendpsychiatrie/
> Psychotherapie

Abb. 41-3 (Fortsetzung)

und Führungszeugnisse u. Ä. nicht nur einmal eingeholt werden, sondern dass man Erhebungsroutinen erstellt. Interne Informations- und Meldestrukturen sind klar festzulegen. Gleichzeitig muss von der Leitung angeordnet werden, dass entsprechenden Hinweisen unverzüglich nachgegangen und die Leitung informiert werden muss. In die Schutzkonzepte sind auch Fragen möglicher Peer-to-Peer-Übergriffe aufzunehmen, die bislang bei der Diskussion um Übergriffe in Institutionen teilweise zu selten beachtet wurden (vgl. Expertise für das Bayerische Landesjugendamt in Allroggen et al. 2012). Schutzkonzepte sollten explizit auch Informationen an die Sorgeberechtigten über Beschwerdewege und -möglichkeiten vorsehen. Darüber hinaus ist zu regeln, wie Angehörige und bei Kindern Sorgeberechtigte über ein Fehlverhalten oder einen Übergriff in der Institution informiert werden.

41.4.2 Einrichtungsinterne Analyse zu arbeitsfeldspezifischen Risiken

Notwendig ist eine Risikoanalyse, bezogen auf einzelne Arbeitsplätze und auf Arbeitsfelder. Hierbei sollte das Risiko der Aufgabe in Bezug auf die jeweilige Arbeitsplatzbeschreibung bestimmt werden. Das heißt, eine Risikoanalyse für einzelne Berufsgruppen setzt eine klare Aufgabenbeschreibung voraus. Gleichzeitig bedarf es einer gemeinsamen Risikowahrnehmung im Team, die wiederum nur durch Ausbildung, Training, Vermittlung von Haltung, Supervision und regelmäßige Evaluation von Vorfällen im Bereich Nähe-Distanz, von heftigen Gegenübertragungsreaktionen etc. erfolgen kann.

In vielen Kontexten haben sich katamnestische Nachbefragungen von betreuten Patienten oder Teilnehmern von Freizeitaktivitäten sehr bewährt, weil nach Beendigung der Abhängigkeit in einer Maßnahme häufig offener über Beeinträchtigungen geredet wird. Ganz besonders angezeigt ist die Nachbefragung von überraschenden Abbrüchen. Insbesondere sollte beachtet werden, dass in Abhängigkeit von der Vertrautheit und dem Bekanntheitsgrad im Team Verantwortungen gestaffelt übergeben werden.

> **Merke**
> Es ist deshalb nicht angebracht, neu eingestellten Mitarbeitern oder Praktikanten Kinder in Situationen anzuvertrauen, in denen keine soziale Kontrolle besteht. Angebliche Fördersituationen in Privaträumen von Beschäftigten etc. sollten grundsätzlich nicht gestattet werden.

Im Rahmen der Risikoanalyse gilt es, auch in einer Gruppenkonstellation strukturelle und individuelle Risiken für Übergriffe unter Peers auszumachen. So ist z. B. in zahlreichen Einrichtungen für Menschen mit geistiger Behinderung, aufgrund der höheren Häufung geistiger Behinderung beim männlichen Geschlecht, eine strukturell riskante Situation für die wenigen, als Minderheit in einer Gruppe betreuten Mädchen zu beobachten. Hier gilt es dann abzuwägen, ob es nicht besser ist, einfach reine Männergruppen anzubieten. Auch in Suchteinrichtungen besteht oft durch die Dominanz des männlichen Klientels eine Situation struktureller Abhängigkeit und eine strukturelle Risikosituation in Bezug auf Peer-Übergriffe, die bedacht werden muss.

41.4.3 Bereitstellung eines internen und externen Beschwerdeverfahrens

Beschwerdemanagement ist eines der zentralen Schlagworte in der Debatte um Prävention in Institutionen. Tatsächlich funktionierende Beschwerdeverfahren hängen davon ab, ob sie glaubwürdig sind und ob sie von den Betroffenen als niederschwellig und sicher wahrgenommen werden. Im Prinzip war die Einrichtung einer Anlaufstelle für Betroffene durch die Unabhängige Beauftragte zur Aufarbeitung des sexuellen Kindesmissbrauchs in Deutschland nichts anderes als die Etablierung eines telefon- und webbasierten Beschwerdeverfahrens in ganz Deutschland. Die Konstruktion erfolgte ähnlich wie bei der katholischen Hotline entsprechend einem Critical Incident Reporting System, wie es aus der Industrie und anderen Bereichen, z. B. der Luftfahrt, bekannt ist (Abb. 41-4).

Charakteristisch für solche Beschwerdesysteme ist, dass sie auf der einen Seite vertraulich sind und den Beschwerdeführern diese absolute Vertraulichkeit zusichern können. Andererseits werden diese Mitteilungen anonymisiert von Experten ausgewertet und öffentlich Lehren aus den Mitteilungen gezogen. Nur wenn die Beschwerdeführenden wahrnehmen können, dass ihre Mitteilungen zu Konsequenzen führen, werden sie auch in Zukunft an solchen Beschwerdeverfahren teilnehmen. Beschwerden, bei denen unklar bleibt, ob und wenn ja, welche Konsequenzen daraus gezogen werden, werden von den Betroffenen als sinnloser Zeitaufwand erlebt. Solche Beschwerdeverfahren „schlafen" über kurz oder lang ein.

In vielen Institutionen, gerade im Medizinbereich, gibt es ein organisiertes Anregungs- und Beschwerdemanagement, welches die Krankenhausverwaltungen vorsehen. Wichtig ist, dass mit den für Qualitätssicherung zuständigen Fachkräften im Krankenhaus die spezifische Situation von Beschwerden in Bezug auf Übergriffe thematisiert werden sollte, um hier bestimmte Handlungslogiken zu etablieren.

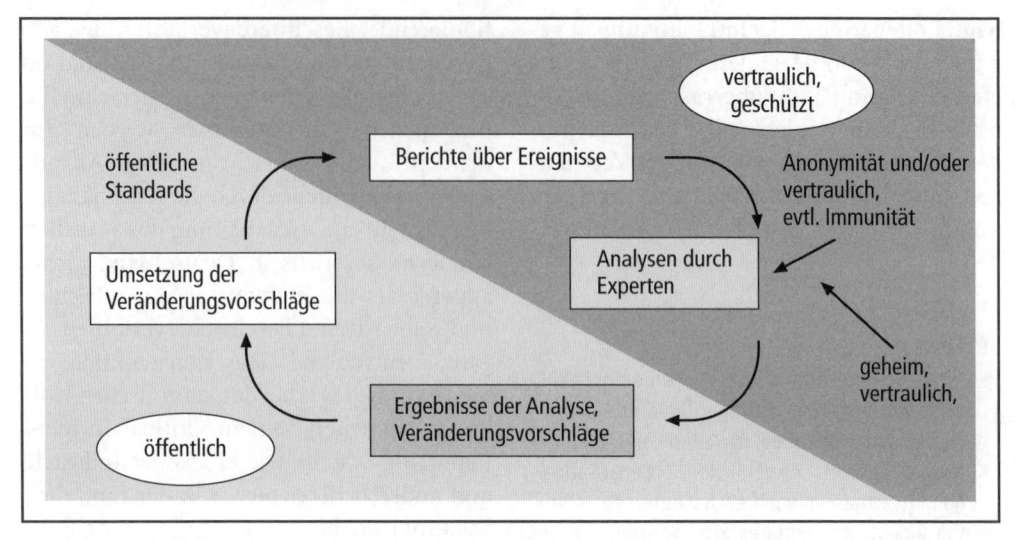

Abb. 41-4 Critical Incident Reporting System (nach Fangerau et al. 2010, S. 138).

Gesetzlich vorgesehen sind vielerorts sogenannte „Patientenbeauftragte", die auch als Beschwerdeinstanz vorgesehen sind, oder Ombudsleute. In verschiedenen Bundesländern gibt es in den Psychisch-Kranken-Gesetzen auch Besuchskommissionen, die sich insbesondere um die Rechte und Beschwerden von gegen ihren Willen in psychiatrischen Einrichtungen untergebrachten Patienten und mit den entsprechenden Strukturen in den Kliniken auseinandersetzen. Auf vielen Stationen und Heimgruppen gibt es mehr oder weniger gepflegte Kummerkästen etc., wobei hier oft die öffentliche Feedback-Schleife vernachlässigt und das System nicht gepflegt wird.

Im Rahmen der Neugründung der Klinik für Kinder- und Jugendpsychiatrie/Psychotherapie in Ulm im Jahr 2001 wurde a priori darauf geachtet, die dort betreuten Kinder und Jugendlichen durch große Bildtafeln z.B. in den Fluren darauf hinzuweisen, dass sie auch in der Klinik nicht in einer rechtlosen Situation sind. Auf den Stationen wurde ein niederschwelliges, nicht schriftabhängiges Beschwerdesystem mit freigeschalteten Telefonanlagen für eine externe Beschwerdemöglichkeit bei den umliegenden, zuständigen Jugendämtern (Beschwerdemöglichkeit außerhalb des Medizinsystems) und beim Patientenfürsprecher geschaffen. Gleichzeitig hielt der Patientenfürsprecher regelmäßige Sprechstunden in der Klinik ab, um auch als Person den Kindern und Jugendlichen vertraut zu sein.

Die Glaubwürdigkeit einer Person, die hinter einem Beschwerdesystem steht, trägt viel zu dessen Gelingen bei. So war es z.B. das große Verdienst von Dr. Christine Bergmann, durch ihren nachdrücklichen Einsatz für die Betroffenen und ihre Forderungen dem Beschwerdewesen ein Gesicht verliehen zu haben und deutlich zu machen, dass der Staat tatsächlich aus den Erfahrungen der Betroffenen lernen und politische Konsequenzen ziehen möchte.

Merke
Kummerkästen und andere Elemente des Beschwerdewesens gehören also nicht in eine un-

41.4 Zentrale präventive Maßnahmen

geliebte Schmuddelecke, sondern es handelt sich um Prozesse, die gepflegt werden müssen.

Es ist auch ein kontinuierliches Berichtswesen zum Beschwerdewesen einzurichten. Im Bereich von Schulen, Internaten, Kurkliniken etc. kann ähnlich wie an Universitäten auch ein webbasiertes Beschwerde- und Ideenmanagement (vgl. Thumser-Dauth et al. 2009) zum Einsatz kommen.

41.4.4 Themenspezifische Fortbildungsmaßnahmen für Mitarbeiterinnen und Mitarbeiter (interne und externe Fortbildungen, E-Learning)

An einer deutschlandweiten Online-Befragung (Liebhardt et al. 2013) nahmen 1081 berufstätige Personen teil, davon 555 aus pädagogischen und 526 aus medizinisch-psychotherapeutischen Berufen. Das Durchschnittsalter lag bei 40 Jahren, etwa drei Viertel der Befragten waren Frauen. Durchschnittlich hatten die Teilnehmenden in den pädagogischen Berufen 13 Jahre Berufserfahrung, in den medizinisch-psychotherapeutischen Berufen 16 Jahre. 75 % der pädagogischen und 85 % der medizinisch-psychotherapeutischen Befragungsteilnehmenden hatten in ihrer beruflichen Praxis schon mit konkreten Fällen von sexuellem Missbrauch zu tun. Die größten Unsicherheiten bei diesen Praktikern und der daraus resultierende Fortbildungsbedarf bezog sich auf Gespräche mit Erziehungsberechtigten (64 %), Gespräche mit den betroffenen Kindern oder Jugendlichen (58 %) und den Umgang mit rechtlichen Vorschriften sowie zur Frage der Informationsweitergabe an weitere Institutionen, wie z. B. Jugendamt und Polizei (61 %). Abbildung 41-5

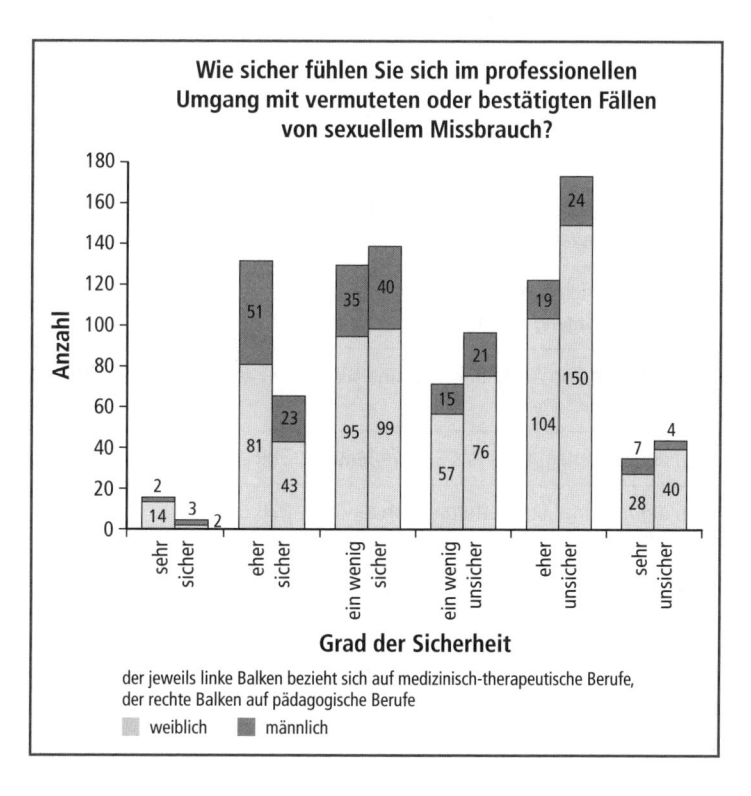

Abb. 41-5 Sicherheitsempfinden im professionellen Umgang mit sexuellem Missbrauch.

gibt einen geschlechtsspezifischen Überblick über das Sicherheitsempfinden im professionellen Umgang mit sexuellem Missbrauch.

Tabelle 41-1 zeigt Angaben zu Unsicherheiten, Tabelle 41-2 den gewünschten Unterstützungsbedarf (s. Liebhardt et al. 2013).

Befragt man die Teilnehmerinnen und Teilnehmer nach ihren Fortbildungswünschen, wird deutlich, dass Verdachtsabklärung, Gesprächsführung und Rechtssicherheit neben Prävention und Medienpädagogik zu den zentralen Themen gehören, die in Einrichtungen für die Mitarbeiterinnen und Mitarbeiter angeboten werden sollten. Ein geeignetes Weiterbildungsangebot kann der vom BMBF geförderte Online-Kurs „Prävention von sexuellem Kindesmissbrauch" sein (Hoffmann et al. 2013). Abbildung 41-6 gibt einen Überblick über die fünf Module dieses Online-Kurses. Es ist auch möglich, in einer Institution die entsprechenden Kapitel im Selbststudium zu bearbeiten und dann im Sinne des Blended-Learnings (Kombination aus computergestütztem Lernen und klassischem Unterricht) dazu gemeinsame Fortbildungsveranstaltungen durchzuführen.

Tab. 41-1 Unsicherheiten – In welchen Bereichen fühlen Sie sich unsicher?

Bereich	Anzahl und %-Anteil der Gesamtstichprobe	Anzahl und %-Anteil aller med.-therap. Berufe	Anzahl und %-Anteil aller päd. Berufe
In der Gesprächsführung mit Erziehungsberechtigten	689 (64 %)	275 (53 %)	414 (75 %)
Im Umgang mit rechtlichen Vorschriften	670 (62 %)	369 (71 %)	301 (55 %)
Bei der Informationsweitergabe an weitere Institutionen (z. B. Jugendamt, Polizei, Staatsanwaltschaft)	654 (61 %)	353 (68 %)	301 (55 %)
In der Gesprächsführung mit dem betroffenen Kind/Jugendlichen	623 (58 %)	249 (48 %)	374 (68 %)
Im Erkennen von Auffälligkeiten und Hinweiszeichen	532 (50 %)	209 (40 %)	323 (59 %)
Bei der Dokumentation des Sachverhalts	389 (36 %)	207 (40 %)	182 (33 %)
Bei der Informationsweitergabe an die Einrichtungsleitung	278 (26 %)	165 (32 %)	113 (21 %)

Anmerkungen: N = 1081/n = 1074; Mehrfachnennung möglich. Bei folgenden Items fühlten sich die Frauen unsicherer als die Männer: „in der Gesprächsführung mit dem betroffenen Kind/Jugendlichen" (60 % aller Frauen fühlen sich unsicher im Gegensatz zu 51 % aller Männer); „in der Gesprächsführung mit Erziehungsberechtigten" (67 % aller Frauen im Gegensatz zu 55 % aller Männer), „im Umgang mit rechtlichen Vorschriften" (66 % aller Frauen und 53 % aller Männer).

Tab. 41-2 Unterstützungsbedarf – Welche Art der Unterstützung würden Sie sich für den professionellen Umgang mit vermuteten oder bestätigten Fällen von sexuellem Missbrauch wünschen?

Art der Unterstützung	Anzahl und %-Anteil der Gesamtstichprobe	Anzahl und %-Anteil aller med.-therap. Berufe	Anzahl und %-Anteil aller päd. Berufe
Ein Netzwerk für interdisziplinäre Zusammenarbeit	742 (69%)	367 (70%)	375 (68%)
Persönliche Beratung durch Fachpersonal (z. B. Jugendamt, Fachberatungsstelle)	584 (54%)	221 (42%)	363 (66%)
Erfahrene Kolleginnen und Kollegen	499 (47%)	267 (51%)	232 (42%)
Telefonische Beratung durch Hotline	464 (43%)	250 (48%)	214 (39%)
Supervision innerhalb der Einrichtung	450 (42%)	182 (35%)	268 (49%)
Leitlinien innerhalb der Einrichtung	437 (41%)	162 (31%)	275 (50%)
Kollegiale Beratung/Intervision innerhalb der Einrichtung	404 (38%)	163 (31%)	241 (44%)
Bereits ein erweitertes Ausbildungsangebot in Studium/Ausbildung	402 (37%)	190 (37%)	212 (38%)
Qualifizierte Ansprechpartnerinnen und Ansprechpartner innerhalb der Einrichtung	395 (37%)	128 (25%)	267 (48%)
Schnell zugängliche Fachliteratur	347 (32%)	190 (37%)	157 (28%)

Anmerkungen: N = 1081/n = 1074; Mehrfachnennungen möglich. Bei folgenden Items wünschen sich Frauen mehr Unterstützungsbedarf als Männer: „persönliche Beratung durch Fachpersonal" (57% aller Frauen im Gegensatz zu 45% aller Männer); bei „bereits ein erweitertes Ausbildungsangebot in Studium/Ausbildung" (40% aller Frauen gegenüber 30% aller Männer).

41.4.5 Prüfung polizeilicher Führungszeugnisse und weitere personalrechtliche Maßnahmen

Die **Einholung eines Führungszeugnisses** allein stellt keine hinreichende Schutzmaßnahme dar. Teilweise kann die unvermittelte Ankündigung, dass man ein Führungszeugnis einholen wird, sogar zu Irritationen führen. Insofern muss diese vom Runden Tisch explizit geforderte Maßnahme in ein Gesamtkonzept eingebunden sein und mit einer Grundhaltung den Mitarbeitenden erklärt werden. Dabei ist zu verdeutlichen, dass insbesondere Einrichtungen, die sich der Pflege, Betreuung und Psychotherapie von Kindern und Jugendlichen widmen, hohe Ansprüche an die eigene Garantenstellung haben müssen, um für Kinder als sicherer Ort zu gelten. Insofern gilt es, alles zu unternehmen, um deutlich zu machen, dass Kinder sich in solchen Einrichtungen

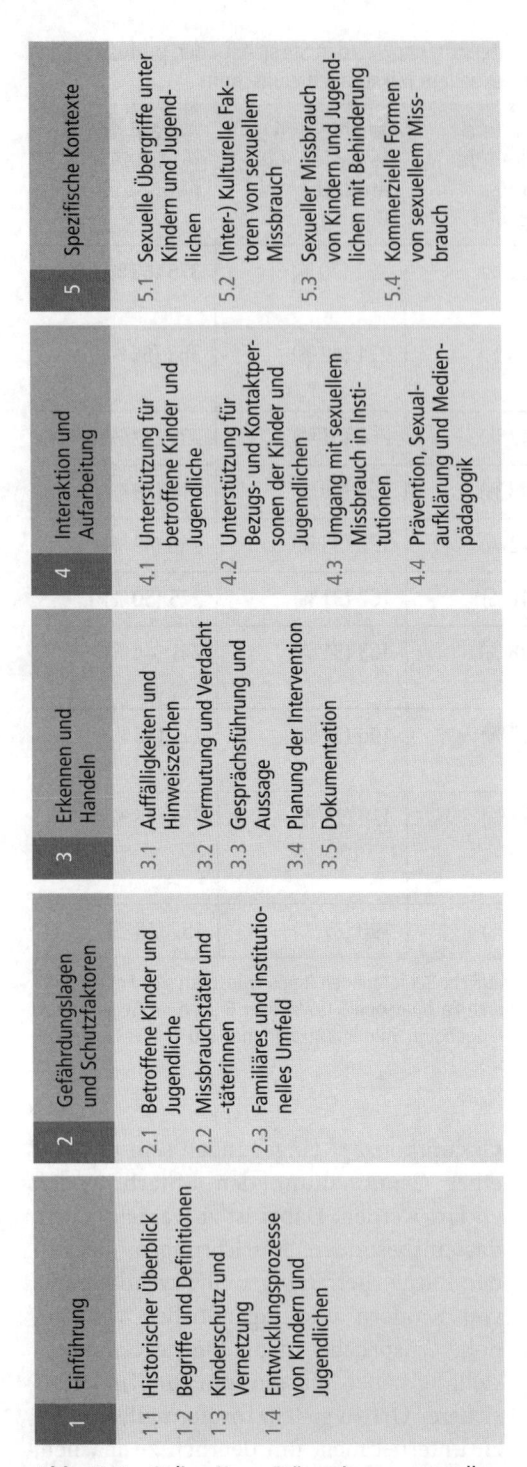

1 Einführung	2 Gefährdungslagen und Schutzfaktoren	3 Erkennen und Handeln	4 Interaktion und Aufarbeitung	5 Spezifische Kontexte
1.1 Historischer Überblick	2.1 Betroffene Kinder und Jugendliche	3.1 Auffälligkeiten und Hinweiszeichen	4.1 Unterstützung für betroffene Kinder und Jugendliche	5.1 Sexuelle Übergriffe unter Kindern und Jugendlichen
1.2 Begriffe und Definitionen	2.2 Missbrauchstäter und -täterinnen	3.2 Vermutung und Verdacht	4.2 Unterstützung für Bezugs- und Kontaktpersonen der Kinder und Jugendlichen	5.2 (Inter-) Kulturelle Faktoren von sexuellem Missbrauch
1.3 Kinderschutz und Vernetzung	2.3 Familiäres und institutionelles Umfeld	3.3 Gesprächsführung und Aussage	4.3 Umgang mit sexuellem Missbrauch in Institutionen	5.3 Sexueller Missbrauch von Kindern und Jugendlichen mit Behinderung
1.4 Entwicklungsprozesse von Kindern und Jugendlichen		3.4 Planung der Intervention	4.4 Prävention, Sexualaufklärung und Medienpädagogik	5.4 Kommerzielle Formen von sexuellem Missbrauch
		3.5 Dokumentation		

Abb. 41-6 Online-Kurs „Prävention von sexuellem Kindesmissbrauch" – Übersicht der fünf Module.

sicher fühlen können. Hierzu gehören auch Transparenz und alle erdenklichen Versuche, die Anstellung vorbestrafter Sexualstraftäter zu vermeiden.

In der Praxis ist allerdings die **Mitteilung in Strafsachen (MiStra)** ein deutlich zielführerendes Instrument. Mitteilungen in Strafsachen sehen vor, dass Informationen an die zuständige Behörde und die Berufskammer bei Strafsachen gegen Angehörige von Heilberufen gemäß Nr. 26 MiStra erfolgen, „wenn der Tatvorwurf auf eine Verletzung von Pflichten schließen lässt, die bei der Ausübung des Berufes zu beachten sind oder in anderer Weise geeignet ist, Zweifel an der Eignung, Zuverlässigkeit oder Befähigung hervorzurufen". Das Gleiche gilt für Informationen an die zuständige Aufsichtsbehörde bei Strafsachen gegen Angehörige von Lehrberufen und erzieherischen Berufen gemäß Nr. 27 MiStra. Nr. 28 MiStra regelt Meldungen in Bezug auf Beschäftige von Behinderten- und Pflegeheimen etc., Nr. 22 MiStra gegen Geistliche und Beamte öffentlich rechtlicher Religionsgemeinschaften, Nr. 21 MiStra gegen Zivildienstleistende und Nr. 15/16 MiStra gegen Beamte und Angestellte im öffentlichen Dienst. Werden im Strafverfahren, gleichgültig gegen wen es sich richtet, Tatsachen bekannt, deren Kenntnis aus Sicht der übermittelnden Stelle zur Abwehr einer erheblichen Gefährdung von Minderjährigen erforderlich ist, sind diese der zuständigen öffentlichen Stelle mitzuteilen. Bei Straftaten gegen die sexuelle Selbstbestimmung erhalten insbesondere Jugendamt, Vormundschafts- und Familiengerichte Mitteilung (Nr. 35 MiStra). In der Einrichtung selbst muss man sich auch Gedanken über arbeitsrechtliche Reaktionen auf Verdachtsfälle machen. Solche Maßnahmen richten sich nach der Schwere des (vermuteten) Übergriffs und dem Grad des Verdachts.

41.4 Zentrale präventive Maßnahmen

Zunächst gilt es, den unmittelbaren Schutz potenzieller Opfer zu gewährleisten. Gleichzeitig sind arbeitsrechtliche Konsequenzen oder im behördlichen oder universitären Kontext auch disziplinarische, beamtenrechtliche Folgen zu bedenken.

Die üblichen **arbeitsrechtlichen Konsequenzen** erfolgen in einer gewissen Staffelung. Das niederschwelligste Instrument ist die Ermahnung, ihr folgt die Abmahnung und darauf eine verhaltensbedingte ordentliche Kündigung nach § 622 BGB. In weitreichenden Fällen kann auch eine verhaltensbedingte außerordentliche Kündigung (§ 626 BGB) angebracht sein. Bestehen hinreichende Voraussetzungen, z. B. durch eine Anlage zum Arbeitsvertrag (vgl. Abb. 41-3; Fegert 2007a), kann auch wegen des zu befürchtenden Schadens für die Zwecke der Einrichtung eine Verdachtskündigung erfolgen.

Solche Instrumente sind natürlich zweischneidig und stellen erhebliche Eingriffe in Arbeitnehmerrechte dar. Deshalb müssen Personalrat und andere Personalvertretungsgremien in die Entwicklung solcher Schutzmaßnahmen und Strategien einbezogen werden. Die Verdachtskündigung muss eine Ultima Ratio bleiben und ist nur dann zulässig, „wenn starke Verdachtsmomente auf objektive Tatsachen gründen, wenn die Verdachtsmomente geeignet sind, das für die Fortsetzung des Arbeitsverhältnisses erforderliche Vertrauen zu zerstören und wenn der Arbeitgeber alle zumutbaren Anstrengungen zur Aufklärung des Sachverhalts unternommen hat, insbesondere dem Arbeitnehmer Gelegenheit zur Stellungnahme gegeben hat" (BAG, DB 2000, S. 726). Gleichzeitig steht hier also die Rechtsprechung in einem gewissen Widerspruch zu den strafrechtlichen Leitlinien des Runden Tisches, nach denen die Einrichtung keinerlei Aufklärung, insbesondere durch Befragung des Verdächtigen, vornehmen soll. Hier ist auch ein Widerspruch der Garantenstellung zur Fürsorgepflicht des Arbeitgebers gegenüber seinem Arbeitnehmer festzustellen. Dies muss im Einzelfall ausbalanciert werden.

Sehr umstritten ist der Umgang mit **Zeugnissen**. Man muss leider feststellen, dass es auch in pädagogischen und therapeutischen Berufen gängige Praxis ist, sich kurzfristig einvernehmlich bei entsprechendem Verdacht von möglichen Tätern zu trennen und diesen ein gutes Zeugnis auszustellen. Dies ermöglicht, dass diese Personen in der nächsten Einrichtung, in der sie angestellt werden, erneut erheblichen Schaden anrichten. Deshalb sollte diese Praxis noch einmal nachhaltig reflektiert werden.

Fallbeispiel

In einem Verfahren vor dem Bundesarbeitsgericht vom 05.08.1976, 3AZR491/75, wurde z. B. ein Heimerzieher wegen unsittlicher Handlungen an Jungen entlassen und im späteren Strafverfahren aus Mangel an Beweisen freigesprochen. Er verlangte daraufhin von seinem Arbeitgeber ein positives Zeugnis über Leistungen und Verhalten, aber ohne Mitteilung zum Strafverfahren/Entlassungsgrund. Alle gerichtlichen Instanzen bestätigten, dass der Arbeitgeber das Zeugnis ohne diesen Hinweis nicht hätte ausstellen dürfen. Die gewählte Alternative des Arbeitgebers, nämlich die Ausstellung eines kurzen Zeugnisses ohne jegliche Beurteilung von Person/Leistung und Verhalten und später wahrheitsgemäße Auskunftserteilung unter Erwähnung des anhängigen Strafverfahrens, wurde von allen Instanzen für unrechtmäßig gehalten, da die potenziellen neuen Arbeitgeber nach der Bewerbung des Erziehers bei einem sozialen Genesungswerk und bei der Inneren Mission auch ein berechtigtes Interesse an dieser Information zum Schutz ihrer Klienten haben.

Bei Einrichtungen der Jugendhilfe hat das Landesjugendamt noch die Möglichkeit der Tätigkeitsuntersagung für einen Mitarbeiter. Dies betrifft auch ehrenamtliche Mitarbeiter in einer erlaubnispflichtigen Einrichtung (§ 48 SGB VIII). Im Rahmen der Bearbeitung von Schutzkonzepten sollte sich jede Institution mit den dafür institutionell zuständigen Stellen, z. B. Rechtsabteilung eines Klinikums, über alle möglichen rechtlichen Vorgänge und arbeitsrechtlichen Konsequenzen Klarheit verschaffen und auch festlegen, welche Personen einzuschalten sind. Für Heilberufe gelten darüber hinaus **standesrechtliche Konsequenzen**, die vom Ruhen der Approbation bis zum Approbationsentzug reichen können.

Es ist also nicht mit der Einholung und Prüfung polizeilicher Führungszeugnisse getan, sondern es bedarf eines Fächers damit verbundener Maßnahmen, um hier deutlich die Haltung einer Institution zu dokumentieren, aber auch die entsprechenden Reaktionsmöglichkeiten sicherzustellen. Schon im Vorfeld der Anstellung kann viel zur Reduktion von Gefährdungspotenzialen und zum Risikomanagement getan werden.

Im Rahmen eines Schutzkonzeptes sollten das Bewerbungsverfahren überdacht und standardisierte Bewerbungsformulare benutzt werden. Unbedingt sollten persönliche Interviews und Gespräche mit den Kandidatinnen und Kandidaten der engeren Wahl erfolgen. Dabei muss auch die Haltung des Arbeitgebers verdeutlicht werden. Referenzen sind zu prüfen und bei der Einstellung für entsprechende Tätigkeiten ist auch ein Registerauszug einzufordern.

41.5 Kontinuierliche Weiterentwicklung, Monitoring und Fazit

Präventionsmaßnahmen in Institutionen bedürfen einer kontinuierlichen Weiterentwicklung. Sinnvoll ist auch das vom Unabhängigen Beauftragten für Fragen des sexuellen Kindesmissbrauchs eingeführte regelmäßige Monitoring zur Umsetzung von Maßnahmen in Institutionen. In der zweiten Erhebungswelle 2013 (vgl. UBSKM 2013) wurden in Kliniken und Fachabteilungen für Kinder und Jugendliche 26 % der angeschriebenen Gesamtstichproben erreicht. In Heimen und sonstigen Wohnformen waren es 30 %, in Internaten 40 %. Die Mehrzahl der Einrichtungen entzog sich also dieser Form der (Selbst-)Kontrolle.

Aufgrund dieses eingeschränkten Rücklaufs, der sicher zu Verzerrungseffekten im Sinne tendenziell zu positiver Angaben führen dürfte, sind die Ergebnisse der Erhebung vorsichtig zu diskutieren. Deutlich wird, dass in Heimen und betreuten Wohnformen ungefähr zur Hälfte, entweder vom Träger oder von der Heimeinrichtung selbst, eine Risikoanalyse durchgeführt worden ist. Fortbildungen gab es in mehr als der Hälfte der Einrichtungen. Die Angaben zu diesem Fragenkomplex machten hauptamtliche Beschäftigte und Leitungskräfte. Einzelne Präventionsmaßnahmen hatten über 60 % der Einrichtungen, ein umfassendes Präventionskonzept fand sich allerdings nur in 11 % der Einrichtungen. Die Kliniken, die den Evaluationsfragebogen beantworteten, gaben zu 14 % an, ein umfassendes Präventionskonzept zu haben, 53 % sprachen von einzelnen Maßnahmen zur Prävention. Handlungspläne bestanden in 55 % der antwortenden Kliniken, 51 % der Kliniken/Fachabteilungen boten ihren Beschäftigten Fortbildungen an, über die

41.5 Kontinuierliche Weiterentwicklung, Monitoring und Fazit

Hälfte der Kliniken/Fachabteilungen, die bei der Befragung geantwortet hatten, hatten eine Ansprechperson für das Thema benannt. Zu unterscheiden waren Ansprechpersonen für Beschäftigte (63 %) und Ansprechpersonen für Kinder und Jugendliche und deren Eltern (53 %).

Diese Befragung Mitte 2013 macht deutlich, dass sich in Bezug auf die Prävention in Institutionen in Deutschland schon einiges getan hat, dass aber gleichzeitig auch noch sehr viel zu tun bleibt. Zu beobachten ist auch, dass das Thema Prävention in Institutionen häufig zunächst als Aufgabe im Leitungsbereich angesehen wird und Regelungsversuche vor allem top-down erfolgen. In vielen größeren Institutionen werden dann Beauftragte eingesetzt, um die Leitung nicht zu stark damit zu beschäftigen. Dies führt sinnvollerweise zu einer Entlastung aller. Gleichzeitig kann es aber auch dazu führen, dass man sich im Allgemeinen nicht mehr um die Thematik kümmert, weil man meint, dafür nun eine spezifische Person zu haben. Von der Grundhaltung her ist es wichtig, dass Prävention in Institutionen die Sache aller ist und deutlich wird, dass eine Achtsamkeit aller auch gefordert wird. Bislang erfolgte das Monitoring zur Umsetzung von Präventionsmaßnahmen nur über unkontrollierte Befragungen von Einrichtungsleitern. Sehr viel aussagekräftiger wären Erhebungen bei in Einrichtungen betreuten Personen und beim Betreuungspersonal. Die Prävention vor Übergriffen in Institutionen muss eine von allen gelebte Haltung sein. Kinder und Jugendliche müssen ihre Rechte, nicht nur die Beschwerderechte, kennen und die in einer Einrichtung betreuten Personen müssen auch darin unterstützt werden, solche Rechte wahrzunehmen.

42 Konzepte der Frühen Hilfen in Deutschland und das Nationale Zentrum Frühe Hilfen

Ute Thyen und Elisabeth Pott

Inhalt

42.1	Einleitung: Lebenszeitperspektive und Befähigungsansatz	744
42.2	Der Ansatz der Gesundheitsförderung	745
42.3	Entwicklung des Kinderschutzes in Deutschland	747
42.4	Entwicklung der Frühförderung in Deutschland	748
42.5	Ausbau der frühen außerfamiliären Betreuung (Krippen)	750
42.6	Begriffsbestimmung Früher Hilfen	750
42.7	Frühe Hilfen und Kinderschutz	754
42.8	Bundesinitiative Frühe Hilfen und das Nationale Zentrum Frühe Hilfen (NZFH)	755
42.9	Modellprojekte zu Frühen Hilfen: wissenschaftliche Begleitung, Koordination und Evaluation	759
42.10	Kooperation verschiedener Leistungssysteme	761

42.1 Einleitung: Lebenszeitperspektive und Befähigungsansatz

Neue Forschungsergebnisse aus der Entwicklungspsychologie, der Anthropologie und der genetischen Epidemiologie und Epigenetik weisen darauf hin, dass die Entwicklung des Menschen nicht nur als eingebettet in dem jeweiligen sozio-kulturellen Umfeld verstanden werden muss, sondern dass auch Faktoren über mehrere Generationen wirksam werden können. Insbesondere die materiellen und sozialen Lebensumstände und seelische Belastungen von Frauen während der Schwangerschaft haben einen Einfluss auf die Entwicklung von Kindern, sodass Frühe Hilfen folgerichtig bereits Angebote an werdende Eltern machen (Braveman u. Barclay 2009). Der Ansatz der gesamten **Lebensspanne** („**life course perspective**") beachtet wirksame Faktoren aus der Herkunft des Individuums wie auch die persönlichen Projektionen und Wünsche hinsichtlich eines Guten Lebens in der Zukunft. Die Unterstützung der Eltern nicht nur als Agenten für eine bessere Versorgung und Förderung der Kinder, sondern als Zielgruppe in ihrem eigenen Recht ergibt eine neue Orientierung. Im Sinne einer präventiven Intervention (s. Kap. 38) schließen „Zwei-Generationen-Programme" kind- und elternzentrierte Maßnahmen neben den ökologisch orientierten Interventionen ein. Gerade bei sehr jungen Kindern sollen die Förderung der Entwicklungspotenziale der Eltern, die Stärkung bei der Umsetzung ihrer eigenen Lebensziele und die Befähigung zur aktiven Teilhabe an der Gesellschaft helfen, ihre eigenen Wünsche nach einer guten Zukunft ihrer Kinder zu verwirklichen. Die Methoden und Forschungen zur Wirksamkeit dieses Ansatzes folgen dem „**capability approach**", der in den 1980er Jahren von Amartya Sen und Martha Nussbaum entwickelt wurde und rasch in den Sozial- und Gesundheitswissenschaften Eingang fand (Brook 1993). Er ist eng verbunden mit Strategien zur Bekämpfung sozialer Ungleichheit und damit dem sozialen Gradienten von Gesundheit und Krankheit („**social gradient of health**"). Auch hier kann zwischen individuellen Ansätzen im Sinne der Stärkung der individuellen Stärkung der Lebenssouveränität, d.h. der Selbstwirksamkeit des Einzelnen und der Verbesserung der Befähigungsgerechtigkeit, unterschieden werden. Der Befähigungsansatz ist ebenfalls mit Erkenntnissen über die Auswirkung von Chancengleichheit verknüpft worden, wobei ein deterministischer Ansatz über die Auswirkungen früher Risiken auf den weiteren Lebenslauf nicht zutreffend ist (Wise 2009).

Leider konnten trotz der Anstrengungen der westlichen Industrienationen zur Bekämpfung der Kinderarmut in der Verbesserung der Chancengleichheit, d.h. der Verbesserung der Verwirklichungschancen und der Versorgungsgerechtigkeit, keine Fortschritte erreicht werden. Im Gegenteil, es muss zu Beginn des 21. Jahrhunderts festgestellt werden, dass der soziale Gradient zwischen arm und reich und damit zwischen krank und gesund in der Kinderbevölkerung weiter zugenommen hat (Spencer 2008). Wenn alle Kinder Lebensumstände genießen könnten wie die der am besten ausgestatteten Gruppe, würde sich das Risiko für Verhaltens- und Entwicklungsprobleme, Behinderungen und eine Registrierung wegen Kindeswohlgefährdung in den benachteiligten Gruppen um 30–60 % reduzieren (Spencer 2013).

42.2 Der Ansatz der Gesundheitsförderung

Definition
Der Begriff der Gesundheitsförderung ist in der „**Ottawa-Charta zur Gesundheitsförderung**" der WHO 1986 festgelegt worden: „Gesundheitsförderung zielt auf einen Prozess, allen Menschen ein höheres Maß an Selbstbestimmung über ihre Gesundheit zu ermöglichen."

Die Ottawa-Charta legt die verschiedenen Handlungsbereiche, Prinzipien und Ebenen zur Umsetzung von Gesundheitsförderung fest. Die fünf vorrangigen Handlungsfelder sind:
- Entwicklung einer gesundheitsförderlichen Gesamtpolitik

- gesundheitsfördernde Lebenswelten schaffen
- gesundheitsbezogene Gemeinschaftsaktionen unterstützen
- persönliche Kompetenzen entwickeln
- Gesundheitsdienste neu orientieren

Als wichtigste Prinzipien werden heute partizipative Ansätze, also Strategien, welche die Zielgruppen von Anfang an einbinden, und der Empowerment-Lebenskompetenzansatz als Ansatz, der nicht nur Risiken vermindert, sondern vor allem an den Stärken und Kompetenzen ansetzt, angesehen. Wesentliches Handlungsfeld der Gesundheitsförderung ist das Setting oder auch die Lebenswelt, in der die Umsetzung von Gesundheitsförderung stattfindet. Dazu gehören vor allem die Familie, das Quartier, die Kommune, die Schule, der Betrieb usw., in denen Menschen ihren Alltag leben. Die historische Entwicklung bis zur Verabschiedung dieses komplexen, umfassenden Konzepts der Gesundheitsförderung war ein Prozess, der seit Beginn der 1980er Jahre mit einem WHO-Aktionsprogramm „Health for all in the year 2000" vom Regionalbüro für Europa der WHO in Kopenhagen angestoßen wurde.

Während die Gesundheitsförderung vor allem bei der Stärkung der Gesundheitspotenziale von Menschen ansetzt und eng mit der salutogenetischen Fragestellung „Wo wird Gesundheit hergestellt?" verknüpft ist, sind frühere Konzepte der Prävention, der Gesundheitserziehung und -aufklärung sehr viel stärker Risikofaktoren-orientiert gewesen und haben lange Zeit ausschließlich auf Informationsvermittlung oder sogar auf Information und Abschreckung gesetzt. Mit Zunahme der chronischen Erkrankungen, deren Entstehung von unterschiedlichen Einflussfaktoren begünstigt wird, stand zunächst das Risikofaktorenmodell zur Beeinflussung gesundheitsschädlicher Verhaltensweisen, wie riskanter Alkohol- und Tabakkonsum, Bewegungsmangel, Über- und Fehlernährung, im Vordergrund. Relativ rasch setzte sich die Erkenntnis durch, dass es notwendig ist, möglichst früh auch gesundheitsförderliche Rahmenbedingungen und Voraussetzungen zu schaffen, damit Kinder und Jugendliche gesund aufwachsen.

Im Sprachgebrauch werden heute Gesundheitsförderung und primäre Prävention oft pragmatisch gleichgesetzt. Es wird von einer integrierten, differenzierten Sichtweise ausgegangen, die Verhaltens- und Verhältnisprävention, Risikofaktoren- und Schutzfaktorenansatz miteinander verbindet. Für diese Kombination liegt die größte wissenschaftliche Evidenz vor (BZgA 2013).

Die Ansätze und Prinzipien der Gesundheitsförderung sind inzwischen vor allem in der Suchtprävention, in der HIV/AIDS-Prävention und in der Förderung der Kindergesundheit (s. Kap. 38) verankert und umgesetzt. Dennoch liegen in einigen Bereichen noch zu wenige belastbare Informationen zu den Effekten sowie zu den Faktoren, die ein Gelingen oder auch Scheitern begünstigen, vor. Hier besteht weiterhin dringender Entwicklungs- und Evaluationsbedarf.

Viele Gesundheitsrisiken, die zu chronischen Erkrankungen führen können, entwickeln sich bereits in der Kindheit. Anlass zur Sorge gibt besonders die soziale Ungleichverteilung nahezu aller Gesundheitsstörungen und Risikofaktoren (Kooperationsverbund Gesundheitliche Chancengleichheit 2014; http://www.gesundheitliche-chancengleichheit.de/kooperationsverbund/). Nach der aktuellen Datenlage nehmen die gesundheitlichen Belastungen bei Kindern zu. Es gibt eine Zunahme von psychischen Störungen und Verhaltensauffälligkeiten bei Kindern und Jugendlichen. Der Präventionsbedarf steigt. Es geht darum, im Bereich der Prävention Aktivitäten auszubauen, die störungsübergreifend ansetzen, auf eine Erhöhung der allgemeinen Gesundheitskompetenz abzielen und ergänzend verhältnisorientierte Prävention stärken, da viele Einflussfaktoren zu unterschiedlichen Störungen führen können. Als zielführender Weg der Prävention und Gesundheitsförderung wird von der WHO insbesondere die Zusammenarbeit aller Akteure des Bildungs-, Sozial- und Gesundheitsbereichs, welche die Lebenswelt der Kinder und Jugendlichen beeinflussen können, beschrieben, um die Lebenssituation von Kindern und Jugendlichen nachhaltig zu verbessern („Health in all policies"-Strategie; BZgA 2013; Leppo u. Ollila 2013). Das kommt dem einzelnen Kind und den Familien zugute. Auf diesem vernetzten Weg können gesundheitsbewusstes Verhalten, aber auch die Teilhabe sozial Benachteiligter gestärkt und der Verlust wichtiger Ressourcen vermieden werden.

Bis heute werden Maßnahmen der Prävention und Gesundheitsförderung nicht systematisch flächendeckend eingesetzt. Als wesentliche Ursache wird häufig unzureichendes evidenzgesichertes Handlungswissen genannt. Mit einem großen Präventionsforschungsprogramm des Bundesministeriums für Bildung und Forschung konnte in einem ersten Schritt dieser Kritik Rechnung getragen werden. Es wurde hier daran gearbeitet, eine wissenschaftliche Fundierung und Evidenzbasierung von Prävention und Gesundheitsförderung insbesondere durch die Kooperation von Forschung und Praxis zu stärken. Insgesamt sind rund 60 Projekte gefördert worden, die Hälfte der Projekte stellt die Stärkung der Gesundheit von Kindern und Jugendlichen in den Mittelpunkt. Dabei sind die Herangehensweisen vielfältig. Sie reichen über die Entwicklung strukturierter Programme zur Förderung gesundheitsbewusster Verhaltensweisen und Stärkung der Lebenskompetenz von Kindern und Jugendlichen über die Unterstützung und Schulung von Eltern, die Qualifizierung von Multiplikatoren und den Einsatz von Mentoren und Mentorinnen oder gleichaltrigen Gruppen zur Unterstützung der Entwicklung kindlicher personeller Ressourcen. Dazu gehört allerdings auch die Gestaltung gesundheitsförderlicher Lebensverhältnisse in dem Umfeld, in welchem Kinder und Jugendliche viel Zeit verbringen, wie z. B. Kindergarten, Schule oder Wohngebiet. Die meisten Erkenntnisse liegen zur Wirksamkeit von Programmen zur Elternkompetenzförderung oder zur frühzeitigen Förderung von Kindern vor. Die Ergebnisse sind in der durch die Koordinierungsstelle „Kooperation für nachhaltige Präventionsforschung" (KNP) in einer öffentlich zugänglichen Datenbank zusammengestellt (www.knp-forschung.de).

42.3 Entwicklung des Kinderschutzes in Deutschland

Der Begriff Kinderschutz wird von manchen Akteuren sehr breit gefasst und würde alle Aktivitäten, die sich an Kinder und Familien mit dem Ziel einer Entwicklungsförderung richten, einschließen.

> **Begriffsbestimmung**
> Zumindest in dieser Darstellung soll der Begriff **Kinderschutz** jedoch enger gefasst werden und als Politiken und Maßnahmen zum Schutz der Kinder vor Beeinträchtigungen und Schädigungen jeder Art verstanden werden. In dieser eingeschränkten Bedeutung bezieht er sich ins-

> besondere auf die Abwendung einer wesentlichen Gefährdung des Kindeswohls.

Damit können sowohl Schädigungen und Beeinträchtigungen gemeint sein, die intrafamiliär entstehen, als auch solche, die außerfamiliäre Ursachen haben. Kinderschutz bedeutet Prävention von und Intervention bei jeder Form von körperlicher, seelischer und sexueller Gewalt und Vernachlässigung, aber auch bei nicht zu rechtfertigenden Umweltbedingungen und Lebensumständen der Kinder (Herrmann et al. 2010; Thyen et al. 2010).

Deutschland blickt auf eine langjährige Tradition sowohl des Kinderschutzes durch staatliche Institutionen (Jugendämter) als auch durch nicht-staatliche Hilfsangebote (Kinderschutz-Zentren, Beratungsstellen, spezifische Angebote für sexuell missbrauchte Kinder) zurück.

Während in der DDR eine Meldepflicht bestand, die aber nur eine sehr geringe Zahl gemeldeter Fälle registrierte, wurde in den 1970er Jahren in Westdeutschland als Antwort auf eine kontrollierende und sanktionierende Fürsorgepolitik das Prinzip „Helfen statt Strafen" entwickelt, das die Annahme einer psychopathologischen Täterschaft durch die Erkenntnis einer eher soziogenen Verursachung von Gewalt gegen Kinder ersetzte. Diese Entwicklung hat auch die von den Jugendämtern getragene Hilfestrategie nachhaltig beeinflusst bzw. dort setzten ähnliche Prozesse ein. Das Achte Buch Sozialgesetzbuch (SGB VIII) hat Meilensteine für einen solchen hilfeorientierten Ansatz gesetzt. Dass Hilfe auch immer ein Risiko birgt, war das Fazit einzelner reflektierter Fälle, wenn es Mitarbeiterinnen der Jugendämter oder der Jugendhilfe nicht gelungen war, neben der empathischen Haltung den Eltern gegenüber auch einen professionellen Blick auf die Entwicklungsbedürfnisse und -chancen der Kinder zu werfen und vor allem, diese Kinder selbst im Blick zu behalten. Aufgrund des Subsidiaritätsprinzips, aber auch in der Hoffnung auf eine Steigerung der Effizienz, wurden die staatlichen von einer Vielzahl nicht-staatlicher Institutionen, meist große Wohlfahrtsverbände, aber auch unzählbaren regionalen und lokalen Beratungsstellen und Therapeuten unterstützt.

Neben dem Reichtum des Systems und dem Potenzial der Niedrigschwelligkeit wurde die Hilfelandschaft zunehmend unübersichtlich, eine professionelle Koordination, aber auch ein kompetentes Fallmanagement für einzelne Kinder waren schwach ausgebildet. Die fehlende Zusammenarbeit, undurchsichtige Finanzierungsstrukturen und konkurrierende Anbieter führten immer wieder dazu, dass in den bekannt gewordenen Fällen in aller Regel eine große Anzahl von helfenden Agenturen eingebunden war, die Hilfe aber nicht koordiniert und daher nicht mit guter Qualität angeboten wurde. Aktuell werden die Debatte und die Erforschung von Ursachen für das Versagen von Hilfsangeboten und -ketten sowie der Schwachstellen im institutionellen Handeln im Rahmen des Projektes „Lernen aus problematischen Kinderschutzverläufen" vom Nationalen Zentrum Frühe Hilfen bearbeitet (Fegert et al. 2008; Wolff et al. 2013). Ziel ist es, daraus Rückschlüsse für die Verbesserung der Abläufe im Kinderschutzsystem zu ziehen.

42.4 Entwicklung der Frühförderung in Deutschland

Die Pädagogische oder Interdisziplinäre Frühförderung wurde 1973 vom Deutschen Bildungsrat als Frühe Hilfe für sozial depri-

42.4 Entwicklung der Frühförderung in Deutschland

vierte Kinder konzipiert und berücksichtigte damit das wachsende Wissen über die Folgen psychosozialer Deprivation. Aufgrund von Einigungsschwierigkeiten der Länder in der föderalen Bundesrepublik wurde schließlich auf einen allgemeinen Zugang verzichtet und pädagogische Frühförderung als Leistung für Kinder mit drohenden oder bereits eingetretenen geistigen oder körperlichen Behinderungen konzipiert. Ziel war die Früherkennung, Behandlung und Förderung dieser Kinder, die Arbeit sollte familien- und wohnortnah, in der Regel ambulant und aufsuchend erfolgen. Die Finanzierung erfolgte zunächst über das Bundessozialhilfegesetz, es folgte eine zunehmende Orientierung am Behinderungsbegriff, insbesondere nach Berücksichtigung der Frühförderung im SGB IX (Teilhabe von Menschen mit Behinderung). Alle Frühförderstellen haben einen Schwerpunkt im pädagogischen Bereich, arbeiten interdisziplinär und verfolgen einen ressourcenorientierten Ansatz im Sinne des Empowerments, allerdings haben sich in den Ländern unterschiedliche Konzepte weiterentwickelt. Obwohl in der ursprünglichen Konzeption „von Risiken bedrohte Kinder" eingeschlossen werden sollten, ist der Ansatz einer sehr frühen, wirklich präventiv angelegten Förderung in der Fläche an einem Behindertenbegriff gescheitert, der die zuständigen kommunalen Ämter bis heute in ihrer Bewilligungspraxis bestimmte. Die pädagogische Frühförderung setzt damit in der Regel erst im Bereich der tertiären Prävention ein – dort allerdings mit sehr hoher Kompetenz und zum Nutzen der betreuten Familien. Die Verhütung sekundärer seelischer Behinderung bei dem betroffenen Kind, aber auch bei anderen Familienangehörigen, konnte aufgrund des familienorientierten, unterstützenden und kultursensitiven Ansatzes in der pädagogischen Frühförderung und ihrer Anwaltschaft für die Belange der Familien mit Kindern mit Behinderung nachgewiesen werden (Hauser-Cram et al. 2001; Pretis 2015) und lässt sich auch aus der jahrzehntelangen guten Akzeptanz des Hilfesystems ableiten (Sarimski et al. 2012).

Die Bedeutung der Frühförderung auch für den Bereich der Prävention des sexuellen Missbrauchs wird durch zunehmende Berichte und Studien über die erhöhten Risiken für sexuelle Übergriffe bei Kindern und Jugendlichen mit geistiger und körperlicher Behinderung in Familien und Institutionen bedeutsam. Eine Stärkung der Selbstwirksamkeit der betroffenen Kinder, Unterstützung der Angehörigen, respektvoll und schützend dem Kind zu begegnen, und antizipatorische Aufklärung über die psychosexuelle Entwicklung von Kindern mit Behinderung rücken in den Bereich der Aufgaben der Frühförderung. Die Frühförderung ist gut eingebunden in die Behindertenhilfe, die für körperliche und geistige Behinderung zuständig ist, sowie in den öffentlichen Kinder- und Jugendgesundheitsdienst, der häufig am Bewilligungsverfahren beteiligt ist. Eine geringe Vernetzung besteht mit der Jugendhilfe, die durch das SGB VIII (Kinder- und Jugendhilfe) für die Eingliederungshilfe bei seelischer Behinderung zuständig wurde. Auch in diesen Bereichen sind selektive präventive Interventionen insbesondere gegen sexuellen Missbrauch notwendig (s. Kap. 40, 41).

Es wird deutlich, dass es zwischen den Systemansätzen und Hilfekonzepten der Frühförderung und den Frühen Hilfen zahlreiche Überschneidungen gibt. Durch eine gute Kooperation können die in der Frühförderung vorhandenen Kompetenzen genutzt werden, damit dieser Ansatz über die breiteren Zugangswege der Frühen Hilfen einer größeren Gruppe von Familien zugutekommen kann. Die Trennung zwischen drohender körperlicher, geistiger und seelischer Behinderung in der betroffenen Altersgruppe von null bis sechs Jahren ist zu vermeiden.

42.5 Ausbau der frühen außerfamiliären Betreuung (Krippen)

In den sogenannten alten Bundesländern war seit den Nachkriegsjahren eine außerfamiliäre institutionelle Betreuung sehr unüblich. Während der 1950er bis 1960er Jahre, in einer Zeit, als viele Mütter noch berufstätig waren, bestanden Betreuungsmöglichkeiten vor allem im familiären und nachbarschaftlichen Umfeld. Im Rahmen des „Wirtschaftswunders" nahm dann die Berufstätigkeit von Müttern deutlich ab und Kinder wurden häufig bis zum Eintritt in die Grundschule zu Hause betreut. In den 1960er bis 1970er Jahren wurde ein Kindergartenbesuch im Vorschulalter auch in Westdeutschland üblich. In der DDR wurde die Mehrzahl der Kinder ab dem zweiten Lebensjahr in Krippe und Kindertagesstätte betreut; diese Zahl nahm in den Jahren nach der Wende deutlich ab – lediglich einige Bundesländer wie Sachsen-Anhalt hielten einen vergleichsweise hohen Anteil an Betreuungsplätzen für diese Altersgruppe weiter vor, auch in sozialpräventiver Absicht (OECD 2006).

Studien zeigen, dass außerfamiliäre Betreuung bei guter Qualität nicht schlechter ist als die Erziehung allein in der Familie und dass sie bei stark belasteten oder benachteiligten Familien mit einem Vorteil für die Entwicklung und Bildung des Kindes verbunden sein kann (Eunice Kennedy Shriver National Institute of Child Health and Human Development 2006). Wenngleich die Initiative für den Ausbau der Tagesbetreuungsangebote für Kinder unter drei Jahren zunächst arbeitsmarktpolitisch motiviert war, um Frauen eine Berufstätigkeit zu ermöglichen, wurde frühzeitig jedoch auch der mögliche kompensatorische Effekt früher Bildung, Betreuung und Erziehung diskutiert. Nachgewiesenermaßen kann dieser kompensatorische Effekt nur durch eine fachliche und strukturelle Qualität erreicht werden, die im Vergleich zu Tagesstätten für ältere Kinder deutlich höhere Anforderungen an die baulichen Gegebenheiten, die Ausstattung und die fachlichen und persönlichen Kompetenzen der Mitarbeiter stellt (Bertelsmann Stiftung 2008; Maywald u. Schön 2008). Frühe außerfamiliäre Tagesbetreuung kann ein wichtiges Element Früher Hilfen sein, bei Bedarf in Kombination mit weiteren Hilfen. Dazu bedarf es einer Integration der Krippen und Kindertagesstellen in die Netzwerke Früher Hilfen und eine Absicherung der Qualitätsstandards durch das gesamte Netzwerk. Wichtig ist insbesondere bei vulnerablen Kindern aus benachteiligten Familien und Kindern mit besonderem Versorgungsbedarf, den kompensatorischen Effekt dadurch abzusichern, dass sie Einrichtungen besuchen, in denen Mitarbeiter mit besonders hohen Qualifikationen im Bereich frühkindliche Entwicklung, Eltern-Kind-Interaktion und Erziehungspartnerschaft tätig sind.

42.6 Begriffsbestimmung Früher Hilfen[1]

Der Begriff „Frühe Hilfen" zeichnet sich seit seiner Einführung durch mangelnde definitorische Schärfe aus und bietet daher viel

---

1 Entnommen aus Sann et al. 2013.

42.6 Begriffsbestimmung Früher Hilfen

Raum für Interpretationen. Um diesem Problem zu begegnen, hat der wissenschaftliche Beirat des Nationalen Zentrums Frühe Hilfen (NZFH) 2009 eine Begriffsbestimmung vorgelegt, die sich mit den Zielen Früher Hilfen, den unterschiedlichen Maßnahmen zur Zielerreichung und den dafür relevanten Akteuren und Hilfesystemen auseinandersetzt. Leitmotiv bei der Entwicklung dieser Arbeitsdefinition war auch, die zu Beginn des Aktionsprogramms im Vordergrund stehende einseitige Fokussierung Früher Hilfen auf Gefahrenabwehr zu überwinden und diese in ein umfassenderes Verständnis der Förderung positiver Entwicklungsbedingungen einzubetten. Gestalt und Ziele Früher Hilfen werden wie folgt beschrieben:

> **Begriffsbestimmung – Teil 1**
>
> „Frühe Hilfen bilden lokale und regionale Unterstützungssysteme mit koordinierten Hilfsangeboten für Eltern und Kinder ab Beginn der Schwangerschaft und in den ersten Lebensjahren mit einem Schwerpunkt auf der Altersgruppe der 0- bis 3-Jährigen. Sie zielen darauf ab, Entwicklungsmöglichkeiten von Kindern und Eltern in Familie und Gesellschaft frühzeitig und nachhaltig zu verbessern. Neben alltagspraktischer Unterstützung wollen Frühe Hilfen insbesondere einen Beitrag zur Förderung der Beziehungs- und Erziehungskompetenz von (werdenden) Müttern und Vätern leisten. Damit tragen sie maßgeblich zum gesunden Aufwachsen von Kindern bei und sichern deren Rechte auf Schutz, Förderung und Teilhabe." (NZFH 2009)

Teil 1 der Begriffsbestimmung macht deutlich, dass mit Frühen Hilfen nicht vorrangig Einzelangebote der Kinder- und Jugendhilfe oder anderer Leistungssysteme gemeint sind, sondern dass es sich um komplexe Hilfesysteme in einem umschriebenen Sozialraum handelt. Die Zielgruppe wird zunächst über das biografische Alter der Kinder eingegrenzt, ohne schon nach Lebenslagen zu differenzieren. Die Ziele Früher Hilfen werden umfassend und in ihrer Konkretisierung positiv formuliert. Die Zielbeschreibung löst sich damit von dem isolierten Ziel der Vermeidung von Vernachlässigung bzw. Misshandlung und orientiert sich stärker an den Prinzipien einer ganzheitlichen Gesundheitsförderung, wie sie auch im 13. Kinder- und Jugendbericht (Deutscher Bundestag 2009) postuliert werden. Dies drückt sich auch in der Bezugnahme auf die UN-Kinderrechtskonvention (Recht auf Schutz, Förderung und Teilhabe) aus.

Teil 2 der Begriffsbestimmung entwirft ein Stufenmodell von Präventionsmaßnahmen, das auf der Basis einer universellen Gesundheitsförderung für alle Kinder auch spezifische Angebote für Familien mit besonderen Unterstützungsbedarfen beinhaltet:

> **Begriffsbestimmung – Teil 2**
>
> „Frühe Hilfen umfassen vielfältige sowohl allgemeine als auch spezifische, aufeinander bezogene und einander ergänzende Angebote und Maßnahmen. Grundlegend sind Angebote, die sich an alle (werdenden) Eltern mit ihren Kindern im Sinne der Gesundheitsförderung richten (universelle/primäre Prävention). Darüber hinaus wenden sich Frühe Hilfen insbesondere an Familien in Problemlagen (selektive/sekundäre Prävention). Frühe Hilfen tragen in der Arbeit mit den Familien dazu bei, dass Risiken für das Wohl und die Entwicklung des Kindes frühzeitig wahrgenommen und reduziert werden. Wenn die Hilfen nicht ausreichen, eine Gefährdung des Kindeswohls abzuwenden, sorgen Frühe Hilfen dafür, dass weitere Maßnahmen zum Schutz des Kindes ergriffen werden." (NZFH 2009)

Frühe Hilfen befinden sich, wie andere Angebote der Kinder- und Jugendhilfe auch, in einem permanenten Spannungsfeld zwischen Hilfe und Kontrolle, wobei die Gewichtung dieser beiden Pole in der Praxis ganz unterschiedlich ausfallen kann (Sann u. Landua 2010). Kontroversen entzündeten sich im fachpolitischen Diskurs vor allem an der Frage der zu bevorzugenden Förder- und Präventionsstrategie: Sollte zur Vermeidung von möglichen Stigmatisierungseffekten einer strikt universell-präventiven Strategie der Vorzug gegeben werden vor einer selektiven Ansprache besonders belasteter Zielgruppen? Oder könnte dies nicht im Gegenteil dazu führen, dass die Hilfen gerade da nicht ankommen, wo sie am meisten bewirken könnten, nämlich bei den besonders belasteten Eltern? Der wissenschaftliche Beirat des NZFH schlägt hier ein „sowohl als auch" vor. Mit einer breiten Basis universell-präventiver Angebote sollen die Verfügbarkeit von Information über und die ausreichende Versorgung mit allgemeinen Unterstützungs- und Hilfeangeboten im Sozialraum gesichert werden. Darin eingebettet bedarf es aber besonderer Bemühungen, um Familien in schwierigen Lebenslagen zu erreichen und bedarfsgerecht zu unterstützen. Denn gerade den belasteten Familien fehlt oft das Wissen und auch die Kraft, sich Unterstützung aktiv zu erschließen. Sie müssen für die Teilnahme an den rein freiwilligen Angeboten der Frühen Hilfen motiviert werden. Daher gilt es, in der Ansprache auch positive Ziele Früher Hilfen zu formulieren, wie bspw. die Förderung einer altersgemäßen Entwicklung des Kindes und das Erleben von mehr Sicherheit und Selbstwirksamkeit in der Elternrolle. Dies kommt in der Regel den Bedürfnissen und Wünschen von Eltern entgegen (Renner u. Heimeshoff 2010) und kann die Motivierung zur Inanspruchnahme einer Hilfe stützen.

Als zweites Handlungsfeld Früher Hilfen wird die ressortübergreifende Vernetzung und Kooperation unterschiedlicher Hilfesysteme und ihrer Akteure angesehen:

Begriffsbestimmung – Teil 3
„Frühe Hilfen basieren vor allem auf multiprofessioneller Kooperation, beziehen aber auch bürgerschaftliches Engagement und die Stärkung sozialer Netzwerke von Familien mit ein. Zentral für die praktische Umsetzung Früher Hilfen ist deshalb eine enge Vernetzung und Kooperation von Institutionen und Angeboten aus den Bereichen der Schwangerschaftsberatung, des Gesundheitswesens, der interdisziplinären Frühförderung, der Kinder- und Jugendhilfe und weiterer sozialer Dienste. Frühe Hilfen haben dabei sowohl das Ziel, die flächendeckende Versorgung von Familien mit bedarfsgerechten Unterstützungsangeboten voranzutreiben, als auch die Qualität der Versorgung zu verbessern." (NZFH 2009)

In Teil 3 der Begriffsbestimmung des NZFH sind neben dem Gesundheitswesen und der Kinder- und Jugendhilfe auch die Einrichtungen der Frühförderung sowie das rechtlich eigenständige System der Schwangerschaftsberatung als zentrale Kooperationspartner im Netzwerk Früher Hilfen genannt (Abb. 42-1). Dem liegt die Erkenntnis zugrunde, dass die Kinder- und Jugendhilfe keinesfalls allein das Ziel erreichen kann, eine ausreichende Versorgung von Familien mit Säuglingen und Kleinkindern mit bedarfsgerechten Angeboten zu realisieren. Zugänge zu (werdenden) Eltern sind in der Schwangerschaft, rund um die Geburt und in der ersten Zeit mit dem Säugling regelhaft im Bereich der medizinischen Versorgung (Gynäkologie, Geburtshilfe, Pädiatrie) vorhanden, diese sollen im Kontext

42.6 Begriffsbestimmung Früher Hilfen

Gesundheitswesen
Fünftes Sozialgesetzbuch
SGB V

Kinder- und Jugendhilfe
Achtes Sozialgesetzbuch
SGB VIII

Frühe Hilfen
Bundeskinderschutzgesetz (BKiSchG)

§ 1 Gesetz zur Information und Kooperation im Kinderschutz (KKG)

Schwangerschaftsberatung
Schwangerschaftskonfliktgesetz
SchKG

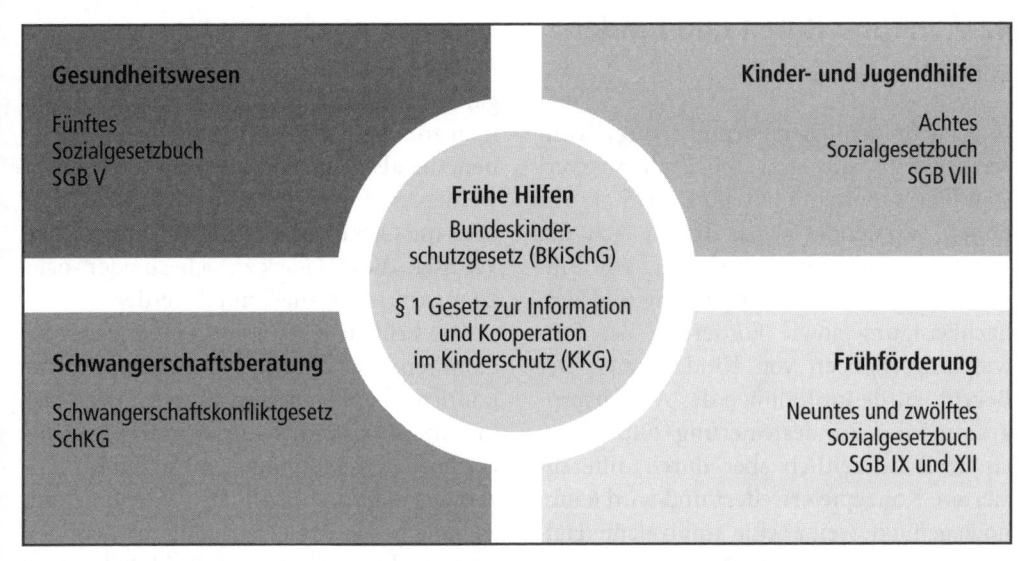

Frühförderung
Neuntes und zwölftes Sozialgesetzbuch
SGB IX und XII

Abb. 42-1 Notwendige Akteure im Netzwerk Frühe Hilfen in der Konzeption des NZFH.

Früher Hilfen systematischer genutzt werden, um neben medizinischen Risiken und Problemen auch psychosoziale Belastungen wahrzunehmen und Familien in entsprechende Hilfeangebote überzuleiten. Die Unterstützungsbedarfe von Kindern und Eltern in dieser frühen Phase des Familienlebenszyklus sind vielfältig und komplex, eine Trennung von medizinischen, psychologischen und sozialen Ursachen, die eine Zuordnung zu unterschiedlichen Leistungssystemen nach sich zieht, ist für die Adressaten oft wenig sinnvoll und im Einzelfall mit erheblichem Aufwand verbunden. Es gilt passgenaue Lösungen zu finden und diesen hohen Anspruch im Netzwerk Früher Hilfen umzusetzen. Dabei wird aber nicht nur auf die professionellen Akteure Bezug genommen, sondern explizit auch der soziale Nahraum von Familien als wichtige Ressource benannt. Ziel aller Bemühung ist sowohl die Verbesserung des Versorgungsgrades mit frühpräventiven Angeboten als auch die empirisch nachweisbare Steigerung der Qualität der Angebote.

Da die Zielgruppe für Frühe Hilfen immer Leistungen des Gesundheitswesens um die Geburt eines Kindes herum in Anspruch nimmt, sollte „das Gesundheitswesen" als Eintrittsort für Frühe Hilfen fungieren. Sowohl in den Landeskinderschutzgesetzen als auch im Bundeskinderschutzgesetz wird den Gesundheitsberufen eine besondere Rolle im Zugang zu Frühen Hilfen als auch in der Steuerung zugewiesen. Zu fordern ist die systemische Verknüpfung von Bereichen der Krankenversorgung im Rahmen der gesetzlichen und privaten Krankenversicherung, der öffentlichen Gesundheitsfürsorge, der Gesundheitsförderung, der Schwangerenbetreuung, der Behindertenhilfe, der sozialen Daseinsfürsorge und Jugendhilfe sowie des Bildungswesens für Kindern. Dies sind große Systeme, die bislang wenig Berührungspunkte hatten bzw. über keine Tradition der strukturierten Kooperation und über keine gemeinsamen Quellen der Finanzierung verfügten.

42.7 Frühe Hilfen und Kinderschutz

In der gebräuchlichen Formulierung „Frühwarnsystem", die zum Teil auch missverständlich synonym mit dem Begriff „Frühe Hilfen" verwendet wird, drückt sich der Wunsch nach einer Verknüpfung von Prävention von Kindesmisshandlung und Vernachlässigung sowie Förderung der Entwicklungschancen von Kindern aus. Der Begriff wurde im Rahmen des Aktionsprogramms der Bundesregierung 2007 populär, zwischenzeitlich aber durch differenziertere Konzepte erweitert und wird kaum noch genutzt, weil er eine ambivalente Haltung ausdrückt und von den Helfern in der Praxis den betreuten Familien schwer zu vermitteln ist. Der Begriff legte nahe, dass pragmatisch das Programm (Frühe Hilfen) dem System des staatlich legitimierten Kinderschutzes (Jugendämter) durch eine kontrollierende Komponente zuarbeiten könnte. Akteure des Gesundheitswesens wie zum Beispiel die Hebammen in ihrer Funktion als Familienhebamme sollten als „Lotsin" die Ebene der Gesundheitsförderung mit der Ebene des staatlichen Wächteramtes verknüpfen.

Dies birgt aber sowohl wissenschaftstheoretisch als auch in der Praxis erhebliche Schwierigkeiten: Eine gleichzeitige Orientierung auf Früherkennung von Gewalt in Familien als Programmziel und Gesundheitsförderung von Familien führt zu einer Unklarheit in der Arbeit mit den Familien. Bereits die transparente Kommunikation des Programmziels der Früherkennung von drohender Kindeswohlgefährdung dürfte die Inanspruchnahme stark infrage stellen. Um eine individuelle Verhaltensprävention, zu erreichen, müssen die Menschen sich eines Problems bewusst sein und es ändern wollen. Es kann gelingen, auch bei Gewaltproblemen in der Familie die Motivation für eine Veränderung zu stärken und Zugang zu indizierten präventiven Maßnahmen zu schaffen. Gerade in Lebenssituationen, die als gelingend oder glücklich erlebt werden, wie die Gründung einer Familie oder die Geburt eines Kindes, kann an den Wunsch, dieses Glück zu sichern oder sogar zu maximieren, angeknüpft werden.

Die Frühen Hilfen sind ein Angebot an Familien, das diese in Anspruch nehmen können, aber keineswegs müssen. Die Qualität des Programms wird kurzfristig weniger nach dem individuellen Nutzen für einzelne, sondern eher an der Akzeptanz, am Zugang besonders benachteiligter Gruppen und an der Veränderung der lokalen und regionalen Politiken für Familien mit Kindern gemessen werden können.

Frühe Hilfen orientieren sich an den Prinzipien der Gesundheitsförderung, die Zielgruppen von Anfang an einbeziehen und ihre Selbstwirksamkeitskräfte stärken, um sie selbst zu befähigen, ausreichend für sich und ihre Kinder sorgen zu können. Die Frühen Hilfen unterstützen diese Verantwortlichkeit, sie stärken die Eltern in der Wahrnehmung ihrer Pflichten, aber sie übernehmen diese Aufgabe nicht selbst. Im Verlauf einer Frühen Hilfe können Situationen entstehen, in denen das Kindeswohl nicht mehr gewährleistet oder gar in akuter Gefahr ist. Verantwortliche Fachkräfte in den Frühen Hilfen müssen daher auch in der Lage sein, solche Situationen rechtzeitig zu erkennen und Maßnahmen zum Schutz des Kindes in die Wege zu leiten, indem sie an andere dann zuständig werdende Fachstellen vermitteln. Frühe Hilfen bilden hier eine Brücke zum intervenierenden Kinderschutz und kooperieren mit den Jugendämtern, um das Wohl des Kindes sicherzustellen (tertiäre Prävention).

Alle Helfer, die im Bereich der Jugendhilfe tätig sind, sind nach § 8a SGB VIII bei Kindeswohlgefährdung zur Kooperation verpflichtet. Berufsgeheimnisträger wie Ärzte, Pflegepersonal und Hebammen werden durch das Bundeskinderschutzgesetz befugt zur Kooperation, wenn andere Maßnahmen nicht Erfolg versprechend waren, die Gefährdung abzuwenden. Die Gestaltung der Schnittstelle hängt also in erster Linie davon ab, dass die professionellen Kompetenzen zur Wahrnehmung einer Gefährdung des Kindeswohls, zur entsprechenden Kommunikation mit den Eltern und anderen Hilfesystemen und Kenntnisse regionaler Hilfemöglichkeiten vorhanden sind. Wichtig ist, dass der ressourcenorientierte Weg nicht verlassen wird und die Familien weiterhin unterstützt werden, wenn es zu innerfamiliären Krisen durch eine Kindeswohlgefährdung und Kooperation mit dem Jugendamt, ggf. sogar des Familiengerichtes, kommt.

42.8 Bundesinitiative Frühe Hilfen und das Nationale Zentrum Frühe Hilfen (NZFH)

Das Bundeskinderschutzgesetz (BKiSchG) ist seit 1. Januar 2012 in Kraft. In Artikel 1 ist das Gesetz zur Kooperation und Information im Kinderschutz (KKG) verankert, in dem wiederum die „Bundesinitiative Netzwerke Frühe Hilfen und Familienhebammen" (§ 3 Abs. 4 KKG) enthalten ist (Abb. 42-2). Durch sie soll der Aus- und Aufbau sowie die Weiterentwicklung der kommunalen Netzwerke Frühe Hilfen gefördert werden, ebenso der Einsatz von Familienhebammen und vergleichbaren Gesundheitsberufen. Darüber hinaus können auch ehrenamtliche Strukturen in den Frühen Hilfen gefördert werden. Hierzu hat der Bund für das Jahr 2012 30 Millionen Euro, für das kommende Jahr 45 Millionen Euro und für die Jahre 2014 und 2015 jeweils 51 Millionen Euro zur Verfügung gestellt. Die Ausgestaltung der „Bundesinitiative Netzwerke Frühe Hilfen und Familienhebammen" (kurz: „Bundesinitiative Frühe Hilfen") ist in einer Verwaltungsvereinbarung zwischen Bund und Ländern geregelt. Die Mittel werden vom Bund an die Länder nach einem zuvor festgelegten Schlüssel weitergegeben: je ein Drittel des Königsteiner Schlüssels, Anzahl der unter Dreijährigen, aber auch Anzahl der Kinder unter drei Jahren im SGB-II-Leistungsbezug. Die Länder wiederum geben die Mittel an die Kommunen weiter. Sie bestimmen ihrerseits im Rahmen der in der Verwaltungsvereinbarung festgelegten Fördergegenstände eigene Schwerpunkte, damit sich die Bundesinitiative nahtlos an den Länderkonzepten und den bisherigen Maßnahmen zu den Frühen Hilfen in den Ländern anschließen kann. Die Mittel dürfen allerdings nur für einen weiteren Ausbau und nicht für bereits von den Ländern geförderte Maßnahmen eingesetzt werden.

Die eigentliche Umsetzung der Bundesinitiative findet aber dort statt, wo die Familien leben – in den Kommunen. Sofern Landesrecht keine anderen Regelungen vorsieht, ist der Träger der öffentlichen Jugendhilfe die koordinierende Stelle für die Umsetzung der Bundesinitiative. Er muss die Hilfen nicht alle selbst vorhalten, aber ihm obliegt die Steuerungsverantwortung. Auf der Grundlage bisheriger Erkenntnisse aus Modellprojekten, wissenschaftlichen Begleitstudien und kommunalen Erfahrungen zu Frühen Hilfen werden im Schwerpunkt folgende Maßnahmen gefördert werden:

- **Auf- und Ausbau sowie die Weiterentwicklung von Netzwerken mit Zuständigkeit für Frühe Hilfen:** In erster Linie

```
┌─────────────────────────────────────────────────────────────────────────┐
│  "(...) Das Bundesministerium für Familie, Senioren,                    │
│  Frauen und Jugend unterstützt den Aus- und Aufbau    ┌───────────────┐ │
│  der Netzwerke Frühe Hilfen und des Einsatzes von     │Bundesinitiative│ │
│  Familienhebammen auch unter Einbeziehung          ◄──│Netzwerke Frühe │ │
│  ehrenamtlicher Strukturen durch eine zeitlich auf    │Hilfen und      │ │
│  vier Jahre befristete Bundesinitiative (...)."       │Familienhebammen│ │
│                                                       │gem. § 3 Abs. 4 │ │
│                                                       │KKG             │ │
│                ▲                                      └───────────────┘ │
│                │                                              ▲          │
│  ┌──────────┐      ┌──────────┐      ┌─────────────────┐                │
│  │Änderungen│      │Änderungen│      │Gesetz zur       │                │
│  │anderer   │      │des Achten│      │Kooperation und  │                │
│  │Gesetze   │      │Buches    │      │Information im   │                │
│  │          │      │Sozial-   │      │Kinderschutz     │                │
│  │          │      │gesetzbuch│      │(KKG)            │                │
│  └──────────┘      └──────────┘      └─────────────────┘                │
│       ▲                 ▲                     ▲                          │
│  ┌─────────────────────────────────────────────────────┐                │
│  │ Gesetz zur Stärkung eines aktiven Schutzes von       │                │
│  │ Kindern und Jugendlichen                             │                │
│  │ (Bundeskinderschutzgesetz – BKiSchG)                 │                │
│  └─────────────────────────────────────────────────────┘                │
└─────────────────────────────────────────────────────────────────────────┘
```

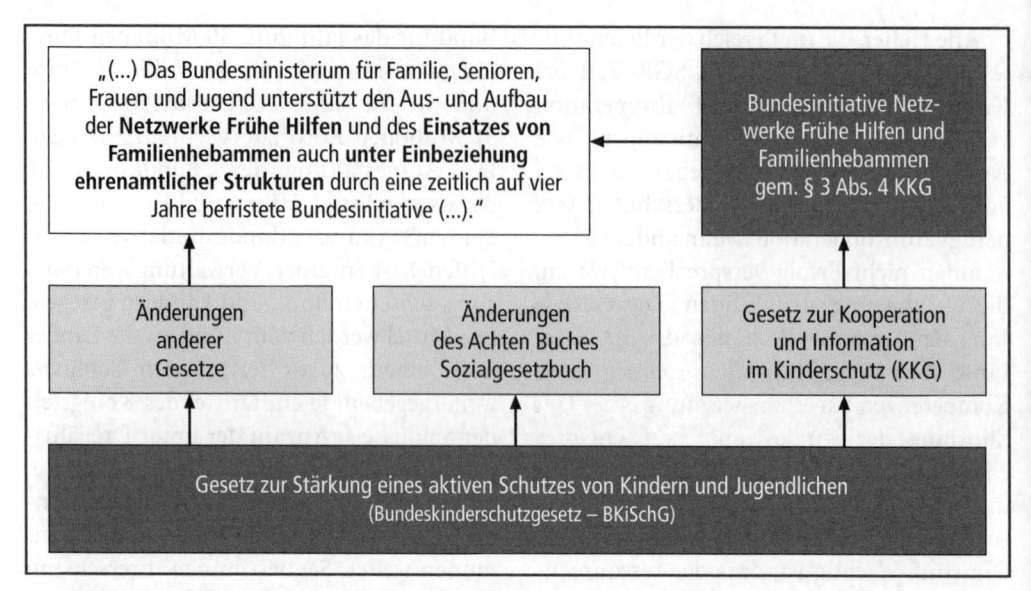

Abb. 42-2 Gesetzliche Grundlage der Bundesinitiative.

können unter diesem Förderschwerpunkt personelle Ressourcen und Qualifizierungsmaßnahmen für Koordinierungsstellen gefördert werden. Damit bereits aufgebaute Strukturen nicht zerschlagen und keine Doppelstrukturen aufgebaut werden, ist es möglich, an bisherige Netzwerkstrukturen anzuknüpfen. Allerdings müssen sich diese im Schwerpunkt mit Frühen Hilfen befassen.

- **Einsatz von Familienhebammen und vergleichbarer Berufsgruppen aus dem Gesundheitswesen:** Familienhebammen und vergleichbare Gesundheitsfachberufe wie die Familien-Gesundheits-Kinderkrankenpflege mit entsprechender Zusatzqualifikation genießen ein hohes Vertrauen bei Familien. Sie können daher eine wichtige Vermittlungsrolle zwischen Familie und dem Netzwerk Frühe Hilfen übernehmen. Allerdings benötigen sie besondere Qualifikationen, um mit Familien mit erhöhten Belastungen arbeiten zu können. Daher soll neben ihrem Einsatz insbesondere ihre Qualifizierung und begleitende Supervision aus den Fördermitteln finanziert werden. Bedingung für die Förderung ist eine Fort- und Weiterbildung auf der Grundlage des vom Nationalen Zentrum Frühe Hilfen (NZFH) entwickelten Kompetenzprofils Familienhebammen.

- **Einbezug von ehrenamtlichen Strukturen:** Auch ehrenamtlich geleistete Unterstützung als niedrigschwellige, alltagsunterstützende Hilfe wird in die Bundesinitiative einbezogen. Der Förderschwerpunkt liegt hier in der hauptamtlichen Begleitung von Ehrenamtlichen. Auch sie können eine wichtige Lotsenfunktion von der Familie ins Netzwerk Frühe Hilfen übernehmen. Allerdings ist es im Kontext von Kinderschutz wichtig, dass die Grenzziehung zwischen Laienarbeit und notwendiger professioneller Hilfe für Familien mit erhöhten Belastungen nicht aus dem Blick

42.8 Bundesinitiative Frühe Hilfen und das Nationale Zentrum Frühe Hilfen

gerät. Dies soll durch eine hauptamtliche Begleitung gewährleistet werden.

Die Verwaltungsvereinbarung legt Prioritäten innerhalb dieser Fördergegenstände fest (Abb. 42-3). Für die Förderung von Familienhebammen und vergleichbaren Gesundheitsfachberufen ist das Vorhandensein von Netzwerken obligatorisch. Nur durch die Einbindung in ein für Frühe Hilfen zuständiges Netzwerk können sie die Lotsenfunktion von der Familie zu den weitergehenden Hilfen im Netzwerk wahrnehmen. Dies gilt auch für ehrenamtliche Strukturen, die nachrangig nach den Netzwerken und den aufsuchenden Hilfen durch die Gesundheitsfachberufe gefördert werden können. Ungeachtet des aktuellen Ausbaustands der einzelnen Kommunen in den Frühen Hilfen sollen alle Kommunen an der Förderung aus der Bundesinitiative partizipieren. Sind die o. g. Fördergegenstände bereits Bestandteil des kommunalen Angebotes, kann eine Weiterentwicklung von den Kommunen im Rahmen ihres Gesamtkonzeptes ebenfalls gefördert werden.

Das Nationale Zentrum Frühe Hilfen (NZFH) wurde 2007 vom Bundesministerium für Familie, Senioren, Frauen und Jugend (BMFSFJ) im Rahmen des Aktions-

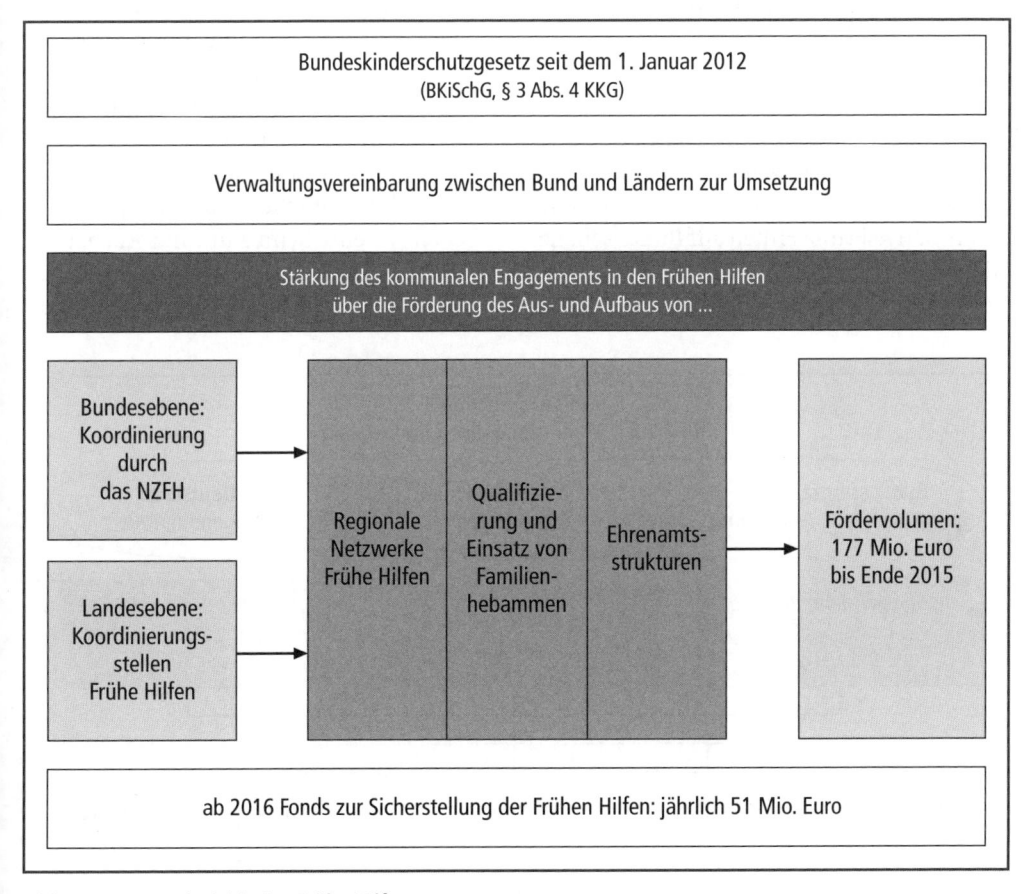

Abb. 42-3 Bundesinitiative Frühe Hilfen.

programms „Frühe Hilfen für Familien und Kinder und Soziale Frühwarnsysteme" eingerichtet, um den Auf- und Ausbau der Frühen Hilfen in Deutschland zu fördern.

In der seit Anfang 2011 laufenden zweiten Förderphase erweiterte das BMFSFJ die Aufträge um die Bereiche Qualifizierung und Kooperation. Darüber hinaus übernimmt das NZFH Aufgaben infolge des neuen Bundeskinderschutzgesetzes vom 1. Januar 2012 und ist Koordinierungsstelle des Bundes für die Bundesinitiative Netzwerke Frühe Hilfen. Träger des NZFH sind die Bundeszentrale für gesundheitliche Aufklärung (BZgA) in Köln und das Deutsche Jugendinstitut (DJI) in München. Der Sitz des NZFH befindet sich bei der BZgA in Köln.

In der Folge des zum 1. Januar 2012 in Kraft getretenen Bundeskinderschutzgesetzes hat das NZFH umfangreiche Aufgaben übernommen. Dazu gehören die inhaltliche Umsetzung und Koordinierung der Bundesinitiative Frühe Hilfen auf Bundesebene, die modellhafte Erprobung und Evaluation der Praxis, die wissenschaftliche Begleitung und Evaluation des Strukturaufbaus in Ländern und Kommunen, die Unterstützung des länderübergreifenden Austauschs über Qualifizierungs- und Qualitätsentwicklungskonzepte sowie die Ausgestaltung und Koordination der Öffentlichkeitsarbeit.

Das NZFH hat folgende Aufgaben (Abb. 42-4):

- **Wissensplattform: Forschung initiieren und Ergebnisse für die Praxis nutzbar machen.** Das NZFH erarbeitet wissenschaftliche Grundlagen für die Praxis. Ziel dieses Schwerpunktes ist es, Forschungslücken im Bereich der Frühen Hilfen zu schließen und das bereits vorhandene Wissen so aufzubereiten, dass Akteure vor Ort bei ihrer Arbeit davon profitieren können.
- **Transfer: Gute Praxis unterstützen, weiterentwickeln und übertragen.** Im Vordergrund dabei steht die Unterstützung der staatlichen und nicht-staatlichen Akteure beim Auf- und Ausbau und bei der Weiterentwicklung der Frühen Hilfen. Ziel ist es, die erprobten po-

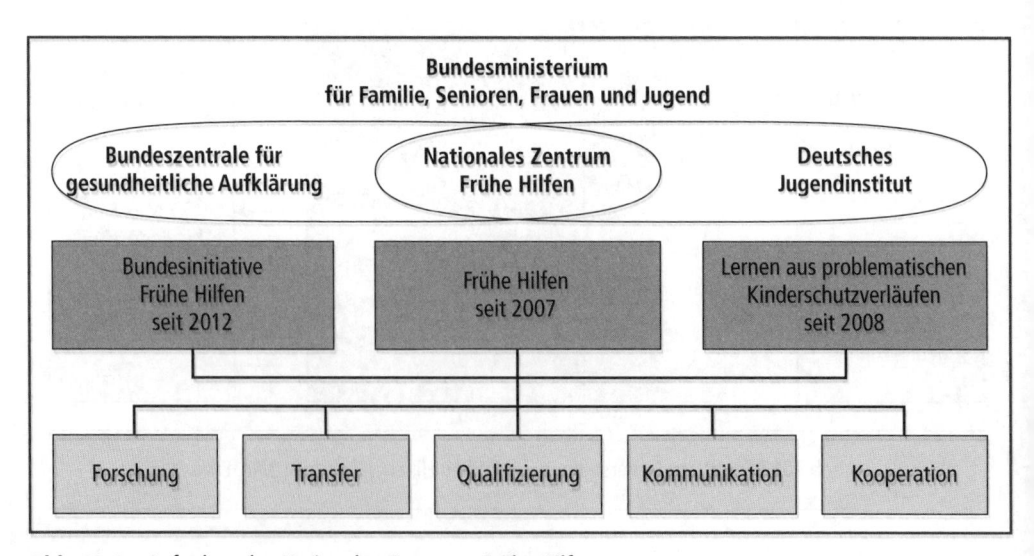

Abb. 42-4 Aufgaben des Nationalen Zentrums Frühe Hilfen.

sitiven Ansätze aus Modellvorhaben dauerhaft in die Regelversorgung zu implementieren.
- **Qualifizierung: Kompetenzen stärken und interdisziplinäres Lernen ermöglichen.** Ein wichtiges Arbeitsfeld des NZFH ist der Bereich der professionsübergreifenden Fort- und Weiterbildungen und des interdisziplinären Lernens.
- **Kommunikation: Öffentlichkeit herstellen und für Frühe Hilfen werben.** Aktive Presse- und Öffentlichkeitsarbeit unterstützt die Tätigkeit des NZFH und macht die Aufgaben und Ergebnisse transparent.

In einem systemübergreifenden Arbeitsfeld wie dem der Frühen Hilfen ist professionelles Handeln davon beeinflusst, inwiefern die beteiligten Berufsgruppen in der Lage sind, interdisziplinär zu kooperieren und vernetzt zu agieren. Dies setzt ein gemeinsames Verständnis Früher Hilfen voraus sowie eine Verständigung darüber, wie die gemeinsame berufsgruppenübergreifende Aufgabe in den Frühen Hilfen beschaffen ist – und welche Kompetenzen für deren Erfüllung berufsgruppenübergreifend benötigt werden. Daher befasst sich das NZFH mit Fragen rund um die Qualifizierung und Professionalisierung in den Frühen Hilfen und hat mit der Entwicklung von Kompetenzprofilen begonnen. Neben der Erarbeitung von Kompetenzprofilen für Familienhebammen und Familien-Gesundheits-Kinderkrankenpflegende sowie für Netzwerkkoordinatoren entwickelt das NZFH daher derzeit in Zusammenarbeit mit einer Arbeitsgruppe des NZFH-Beirates interdisziplinäre Kernkompetenzen für Frühe Hilfen.

Die formulierten Kompetenzen haben keinen verpflichtenden Charakter, sie dienen eher als Reflexionsfolie für die genannten Professionen. Für Anbieter von Fort- und Weiterbildungen sollen sie eine fachliche Anregung sein, ihre Kurse interdisziplinär zu gestalten und ein Lernen der verschiedenen Professionen voneinander zu ermöglichen.

Allerdings hängen die Möglichkeiten, kompetent zu handeln, nicht alleine von inneren Fähigkeiten, sondern auch von äußeren Einflussfaktoren wie Befugnissen, Zuständigkeiten, Gelegenheiten ab. Diese müssen so gestaltet sein, dass die Kompetenzen auch zur Entfaltung kommen können.

42.9 Modellprojekte zu Frühen Hilfen: wissenschaftliche Begleitung, Koordination und Evaluation

Um Ansätze von Frühen Hilfen weiterzuentwickeln, hat das Bundesministerium für Familien, Senioren, Frauen und Jugend gemeinsam mit den Ländern von 2007 bis 2010 Praxismodelle Früher Hilfen und deren wissenschaftliche Begleitung gefördert. In ihrer Vielfalt spiegelten die zehn Modellprojekte, die in allen 16 Bundesländern verortet waren bzw. aktuell weiterhin verortet sind, die gewachsene Hilfelandschaft in Deutschland gut wider.

Inhaltlich konzentrierten sich mehrere Modellversuche auf die Evaluation der Arbeit von Familienhebammen, ein niedrigschwelliges Angebot früher Unterstützung. Ein weiterer Schwerpunkt war die wissenschaftliche Begleitung speziellerer, nach Bedarf auch hochdosierter Hilfeformen. Darüber hinaus untersuchten fast alle wissenschaftlichen Begleitungen Kooperations- und Vernetzungsstrukturen zwischen Akteuren unterschiedlicher Hilfesysteme, insbesondere des Gesundheitswesens und der Kinder- und Jugendhilfe. Die Modellprojekte unterschieden sich nicht nur hinsichtlich der Praxisangebote und Untersuchungsschwerpunkte, sondern auch bezüglich des Forschungsdesigns und der Stichprobenauswahl stark voneinander. Dennoch hatten sie ein gemeinsames Anliegen: die Erforschung der Wirkungsvoraussetzungen und Wirkungen der verschiedenen Ansätze Früher Hilfen. Da die Modellprojekte unabhängig voneinander ihre Forschungsdesigns entwickelten und verschiedene Methoden zur Evaluation nutzen, konnten nur einzelne übergreifende Aspekte durch eine begleitende Evaluationsforschung des NZFH mittels Projektbefragungen dargestellt werden. Inzwischen liegen zahlreiche Erkenntnisse zu den Wirkungsvoraussetzungen einzelner Ansätze Früher Hilfen sowie zu den verschiedenen Möglichkeiten ihrer schrittweisen Optimierung vor (Renner u. Heimeshoff 2010; Renner u. Sann 2010). Nach Abschluss der Projekte wurden aktuell auch erste Ergebnisse der Wirkungsstudien vorgelegt (Taubner et al. 2013).

Vier Modellprojekte haben ein Forschungsdesign realisiert, das nicht nur die Erforschung von Wirkungsvoraussetzungen ermöglichte, sondern auch zur Analyse der Wirkung des Hilfeansatzes geeignet war. Ein Beispiel für ein solches Modellprojekt ist die Evaluation von „Keiner fällt durchs Netz" (Cierpka 2009; Sidor et al. 2013). Ziel des Praxismodells ist die Unterstützung eines gelingenden Übergangs in die Elternrolle durch den Einsatz speziell fortgebildeter Familienhebammen sowie die Entwicklung und Verbesserung der elterlichen Erziehungskompetenzen. Es wird davon ausgegangen, dass zentrale Aspekte der psychosozialen Entwicklung des Säuglings durch diese frühe Unterstützung gefördert werden. Erste Ergebnisse der Längsschnittstudie dieses Projektes zeigen, dass Familienhebammenunterstützung Wirkung entfalten kann: Familienhebammen können depressive Symptome bei jungen Müttern lindern, sie können dazu beitragen, dass Mütter und Kinder innerhalb des ersten Lebensjahres eine tragfähige Beziehung zueinander aufbauen und sich die sozialen Fähigkeiten der Kinder altersentsprechend entfalten. Weiterer Forschungsbedarf besteht im Hinblick auf die Nachhaltigkeit dieser Effekte. Trotz dieser ersten Erfolge der Frühen Hilfen gibt es auch Hinweise auf weitere Optimierungsmöglichkeiten der Interventionsprogramme. Strategien zur Förderung elterlicher Feinfühligkeit werden noch zu wenig von den Fachkräften umgesetzt. Offensichtlich wurde auch die Notwendigkeit vernachlässigt, die Familie nach Abschluss der Frühen Hilfe weiterhin bei Bedarf zu begleiten, um positive Veränderungen zu festigen und zu verstetigen.

Einige Projekte konnten in eine Metaanalyse einbezogen werden (Taubner et al. 2013). In dieser zeigte sich, dass in vier von fünf Projekten die Steigerung mütterlicher Kompetenz signifikant erreicht werden konnte. Es wurden aber auch hohe Raten von Teilnehmerschwund (bis 39 %) berichtet, wobei insbesondere sehr belastete Teilnehmerinnen nicht nachuntersucht werden konnten. Aufgrund dieser Probleme und zum Teil kleiner Stichgruppengrößen konnte im Vergleich zu Kontrollgruppen lediglich in der mütterlichen Symptombelastung ein positiver Effekt durch die Intervention gezeigt werden. Im Hinblick auf die Risiken mütterlicher psychischer Probleme auf die Entwicklung von kleinen Kindern ist dieser Effekt in der Praxis jedoch besonders bedeutsam. In den Interventionsgruppen selbst ließen sich allerdings signifikante Verbesserungen in der mütterlichen Kompetenz im Verlauf der Maßnahme aufzeigen. In zwei Projekten (Suess et al. 2010; Pillhofer et al. 2014) konnte ein Nutzen für die psychische Entwicklung der Kinder im Vergleich zu Kontrollkindern ohne Programm nachgewiesen werden.

42.10 Kooperation verschiedener Leistungssysteme

Die Ergebnisse zu den Aspekten „Kooperation und Netzwerkarbeit" in den Modellprojekten zeigte, dass insbesondere der Kooperation mit Akteuren aus dem Gesundheitsbereich eine hohe Bedeutung eingeräumt wurde. Aus der Perspektive der Modellprojekte kommt niedergelassenen Ärztinnen und Ärzten, Geburtskliniken und Hebammen aufgrund ihres Potenzials als nicht stigmatisierend wirkender und von den Familien als unterstützend erlebter Zugang eine besonders hohe Bedeutung im Kontext Früher Hilfen zu. Die Qualität der Kooperation mit diesen Akteuren entsprach jedoch nicht immer den hohen Erwartungen, die in sie gesetzt wurden (Renner 2010).

Besonders schwierig gestaltete sich die Kooperation mit niedergelassenen Ärztinnen und Ärzten. Es wird vermutet, dass die gegenwärtigen Rahmenbedingungen ärztlichen Handelns einer gelingenden Kooperation entgegenstehen. Aus diesem Grund wird auch der Aufwand, der für die Pflege der Kooperationsbeziehungen mit diesen besonders wichtigen Partnern notwendig ist, von den Projekten als sehr hoch eingeschätzt.

Unter den Modellprojekten besteht Konsens über die sehr große Bedeutung der Geburtskliniken als Zugangsweg zu belasteten Familien: Etwa 98 % aller Kinder kommen in Krankenhäusern zur Welt. Hinweise auf eine belastende Lebenssituation können von entsprechend geschultem Personal noch während der sensiblen Phase rund um die Geburt frühzeitig erkannt werden, um Familien bei Bedarf Hilfeangebote zu unterbreiten. Dieser wesentlichen Rolle der Geburtskliniken steht jedoch eine Bewertung der tatsächlichen Kooperationsqualität gegenüber, die sich eher im Mittelfeld bewegt. Dieser mittlere Wert spiegelt die sehr unterschiedlichen Erfahrungen wider, welche die Modellprojekte mit Geburtskliniken als (potenzielle) Kooperationspartner im Netzwerk Frühe Hilfen gesammelt haben. Die Auswertung zeigt, dass die Zusammenarbeit dann positiv bewertet wird, wenn die Kooperationen durch Verträge geregelt wurden.

Die Kooperation mit Hebammen erhielt ausgesprochen positive Bewertungen. Vor dem Hintergrund der Erfahrungen der Modellprojekte wird sowohl die Bedeutung der Hebammen als auch die Qualität der tatsächlich stattgefundenen Kooperationen als hoch bewertet.

Kinder- und Jugendärzte sind die wichtigsten professionellen Bezugspersonen für fast alle Kinder unter drei Jahren. Sie sehen die Kinder häufig bei akuten, krankheitsbedingten Anlässen, aber auch im Rahmen der Prävention. Bei den Früherkennungsuntersuchungen im Kindesalter handelt es sich um ein freiwilliges Angebot der gesetzlichen und privaten Krankenversicherungen an ihre Versicherten, sie dienen der Früherkennung von Krankheiten und Entwicklungsstörungen. Von den Familien- und zum Teil Gesundheitsministerien der Länder wurde hier ein Ansatzpunkt gesehen, möglichst jedes Kind zu erreichen. Nahezu alle Bundesländer haben Landesgesetze verabschiedet, welche die Früherkennungsuntersuchungen verbindlich machen, sei es durch ein regionales Register mit Abgleich der Meldungen, sei es durch ein verbindliches Einladungswesen. Es zeigte sich rasch, dass die Inanspruchnahme der Früherkennungsuntersuchungen weiter gesteigert werden konnte (von ca. 90 auf nahezu 100 %) und insbesondere Kinder aus Familien mit Migrationshintergrund häufiger teilnahmen (Thaiss et al. 2010). Das Instrument hat sich leider nicht als geeignet erwiesen, Kinder unmittelbar vor Gewalt und Vernachlässigung zu schützen. Heute gilt das verbindliche Einladewesen, das im Übrigen in der Bevölkerung auf wenig Kritik stieß, als Instrument, die Zugangswege zum Gesundheitswesen zu verbessern und das Recht des Kindes auf angemessene Gesundheitsversorgung abzusichern. Ein Screeningverfahren zur Früherkennung von Risiken für Kindesmisshandlung und Vernachlässigung wurde vom Gemeinsamen Bundesausschuss der Krankenkassen und Ärzte aufgrund fehlender Evidenz für den Nutzen einer solchen Maßnahme abgelehnt.

Derzeit werden in Modellverfahren in Baden-Württemberg Methoden zur Ermittlung des Hilfebedarfs in Familien im Rahmen der Früherkennungsuntersuchung mit Unterstützung des NZFH entwickelt und getestet. Nach erfolgreicher landesweiter Erprobung in Baden-Württemberg ist es gelungen, die Fallfindung durch den niedergelassenen Kinderarzt und die Vermittlung der Frühen Hilfen durch ein intensives Beratungsgespräch von einigen gesetzlichen Krankenkassen bereits zu honorieren (Martens-Le Bouar et al. 2013).

Ursächlich für die wahrgenommenen Schwierigkeiten der Kooperation über Systemgrenzen hinweg zwischen Jugendhilfe, Eingliederungshilfe, sozialer Sicherung, Öffentlichem Gesundheitswesen und der kassen- und privatärztlichen Gesundheitsversorgung sind die sehr unterschiedlichen Finanzierungssysteme der Leistungsbereiche.

Der Bereich der gesetzlichen und privaten Krankenversicherung wird im SGB V geregelt. Die ambulante hausärztliche Versorgung wird im Krankheitsfall wie auch im Rahmen der beschriebenen Präventionsangebote für jüngere Kinder überwiegend von niedergelassenen Kinder- und Jugendärzten erbracht, in geringerem Umfang auch von Ärzten für Allgemeinmedizin, die jedoch den größeren Teil der älteren Kinder versorgen. Im Bereich der psychosozialen Versorgung innerhalb des Gesundheitswesens spielen Kinder- und Jugendpsychiater und Kinderpsychotherapeuten sowie sozialpädiatrische oder sozialpsychiatrische Einrichtungen eine Rolle, die nach SGB V zur Leistungserbringung berechtigt und über die Kassenärztliche Vereinigung in den Ländern abzurechnen sind.

Weniger wahrgenommen wird der Kinder- und Jugendärztliche Dienst des Öffentlichen Gesundheitsdienstes an den Gesundheitsämtern, der als aus öffentlicher Hand finanziertes Gesundheitswesen prinzipiell Public-Health-Aufgaben übernimmt, jedoch keine Aufgaben im Bereich der kurativen Medizin. Eine systematische oder effektive Kooperation mit anderen ambulanten oder stationären Einrichtungen der Gesundheitsversorgung findet kaum statt. Abgesehen von sporadischen Untersuchungen in Kindertagesstätten und Schulen verfügt das Öffentliche Gesundheitswesen nicht über sogenannte School Nurses, Health Visitors oder Gesundheitsberater in den Einrichtungen.

Die Gesundheitsförderung war bislang in dem größten Bereich des Gesundheitswesens, der kurativen Medizin, weder institutionell angesiedelt noch erfolgte eine Finanzierung aus dem Bereich der gesetzlichen und privaten Krankenversicherungen. Der größte Träger für Gesundheitsförderung in Deutschland ist die Bundeszentrale

42.10 Kooperation verschiedener Leistungssysteme

für Gesundheitliche Aufklärung (BZgA), an die folgerichtig auch das Nationale Zentrum Frühe Hilfen angegliedert wurde. Die Finanzierung erfolgt ausschließlich aus Steuermitteln, in letzterem Fall nicht aus der Hand des Bundesgesundheitsministeriums, sondern aus dem Bundesfamilienministerium. Das Öffentliche Gesundheitswesen, das in den meisten europäischen Ländern Träger und Akteur in Frühen Hilfen, Familienförderung oder Frühförderung ist, ist in Deutschland aufgrund des stark am Prinzip der Sozialversicherung orientierten Gesundheitswesens weder materiell noch strukturell ausgestattet, diese Aufgaben vollständig zu übernehmen. Der Zugang der Frühen Hilfen über das Gesundheitswesen und die Wahl von Gesundheitsfachberufen, insbesondere Hebammen, für diese Tätigkeit bedeutet einen neuen systematischen Ansatz. Dies erfordert den Transfer von spezifischen Kompetenzen und Professionalisierung, die traditionell den Trägern der Gesundheitsförderung und gesundheitlichen Aufklärung, dem Bildungswesen, der Jugendhilfe und der Frühförderung zu eigen waren und sind, hin zu Berufsfeldern, die traditionell eher der kurativen Medizin verbunden waren.

Die existierende Fragmentarisierung, die mit den derzeitigen Finanzierungssystemen und politischen Zuständigkeiten zusammenhängt, verhindert eine umfassende und integrierte Versorgung von Kindern. Auf der politischen Ebene verlangt dies nach einer Ressort-übergreifenden Politik für Kinder und ihre Familien, die sowohl auf Bundes- als auch auf Länder- und kommunaler Ebene die Organisation als Querschnittsaufgabe erfordert, d.h. die Umsetzung einer „Health in all policies"-Strategie (Council oft the European Countries 2007; WHO 2008). Sie bezieht sich darauf, dass Gesundheit sowohl eine Voraussetzung für ein gelingendes Leben als auch eine Folge von Chancengleichheit und Befähigungsgerechtigkeit ist.

43 Grenzverletzungen in der Psychotherapie und ihre Prävention

Andrea Schleu und Veronika Hillebrand

Inhalt

43.1	Einleitung	764
43.2	Beratung durch den Ethikverein	765
43.3	Charakteristika von Grenzverletzungen	768
43.4	Prävention	770
43.4.1	Aufklärung des Patienten	770
43.4.2	Offene Fehlerkultur im kontinuierlichen interkollegialen Diskurs	771
43.4.3	Ausbildung	772
43.4.4	Selbstfürsorge	773
43.4.5	Supervision	774
43.4.6	Schadensregulierung und Sanktionen	775
43.5	Mediation	775
43.5.1	Psychotherapeutisch geleitete Mediation	776

43.1 Einleitung

„Alles, was der Prävention von Übergriffen nutzen kann, ist wünschenswert", so kommentiert Frau A., eine ehemalige Patientin, die Freigabe zur anonymisierten Veröffentlichung ihrer Kasuistik aus einer Folgetherapie.

Erfahrungen aus Folgetherapien nach Grenzverletzungen einerseits und Aufgaben in den Selbstverwaltungsgremien im Gesundheitswesen andererseits führten 2004 als Ergebnis der Arbeit einer 1998 ins Leben gerufenen Projektgruppe zur Gründung des Ethikvereins. Der gemeinnützige, eingetragene Verein hat sich die Etablierung und Einhaltung von ethischen Standards in der Psychotherapie zum Ziel gesetzt. Der Ethikverein kooperiert mit dem „Verbändetreffen gegen Sexuellen Missbrauch in Psychotherapie und Beratung", in dem die psychotherapeutischen Berufsverbände seit mehr als 20 Jahren ein gemeinsames Forum für den kollegialen Diskurs und Austausch zum Thema pflegen.

43.2 Beratung durch den Ethikverein

Der Ethikverein bietet bundesweit niederschwellig, unabhängig und kostenlos eine professionelle Beratung an. Das Beratungsteam besteht aus erfahrenen niedergelassenen Ärzten, psychologischen Psychotherapeuten sowie Kinder- und Jugendlichen-Psychotherapeuten. Er arbeitet methoden- und verfahrensübergreifend und mit der Unterstützung erfahrener Juristen. Die Arbeit wird ehrenamtlich geleistet und der Verein finanziert sich durch Spenden.

Die Anfragen und Beschwerden von ratsuchenden Patienten und Kollegen werden überwiegend telefonisch, auch anonym, per E-Mail oder persönlich an die Berater gerichtet. Die Beschwerdefälle werden einheitlich in einer Protokollmaske dokumentiert, die definierten Beschwerdekategorien (Tab. 43-1) werden erfasst und anonymi-

Tab. 43-1 Beschwerdekategorien

Nr.	Kategoriename	Kategoriebeschreibung
01	Sexueller Missbrauch nach § 174c und andere sexuelle Grenzverletzungen	• sexueller Missbrauch • sexualisierte Gesten, Äußerungen und Voyeurismus
02	Sozialer Missbrauch	• Zulassen privater Kontakte seitens des Therapeuten
03	Ökonomischer Missbrauch	• unklare Abrechnung, inkorrekte Rechnungstellung • Abrechnungsbetrug • Arbeit der Patienten im privaten Umfeld des Therapeuten als Zahlungsmittel
04	Narzisstischer Missbrauch	• Therapeut berichtet zu viel von sich • Therapeut benutzt Therapie, um sich in den Mittelpunkt zu stellen und um eigene Interessen zu verfolgen
05	Rahmenverletzung	• Settingverletzung in Bezug auf Zeit, Ort und sonstige übliche professionelle Standards • Verletzung der Aufklärungspflicht zu Beginn und während des Therapieprozesses • mangelnde Transparenz durch den Therapeuten
06	Behandlungstechnischer Fehler/Indikationsfehler	• ungeeignete oder fragwürdige Therapieverfahren und unprofessionelles Vorgehen, falsche Indikation • Zwangseinweisung statt psychotherapeutischer Behandlung
07	Mangelnde Wertschätzung bis Empathieversagen	• Schuldzuweisung, Beleidigung, Entwertung, Unterstellung, Drohung, Demütigung, Erniedrigung • Patient wird unter Druck gesetzt, sich bestimmter Meinung anzuschließen • nachlassendes Interesse des Therapeuten im Laufe des Prozesses mit dann gegebenenfalls mangelnder Bereitschaft des Therapeuten, Prozessstörungen zu bearbeiten

Tab. 43-1 (Fortsetzung)

Nr.	Kategoriename	Kategoriebeschreibung
08	Abbruch der Therapie durch den Therapeuten	• für Patienten nicht nachvollziehbarer oder zu schneller Therapieabbruch durch den Therapeuten • verunsicherter/verwirrter Patient weiß sich im Prozess nicht anders zu helfen, als die Therapie ohne weitere Klärung von seiner Seite abzubrechen
09	Befangenheit des Therapeuten	• Loyalität des behandelnden Therapeuten gegenüber anderen Therapeuten • Freunde/Familie beim gleichen Therapeuten
10	Schweigepflichtverletzung	• Weitergabe von Patienteninformationen ohne Schweigepflichtsentbindung des Patienten • mangelnder Datenschutz
11	Verstöße gegen Dokumentationspflicht und Einsichtsrecht	• Verweigerung der Akteneinsicht • fehlende oder mangelhafte Dokumentation
12	Sonstige	• andere Schädigungskategorien, z. B. Gewalt, Drogentherapie, ideologischer Missbrauch

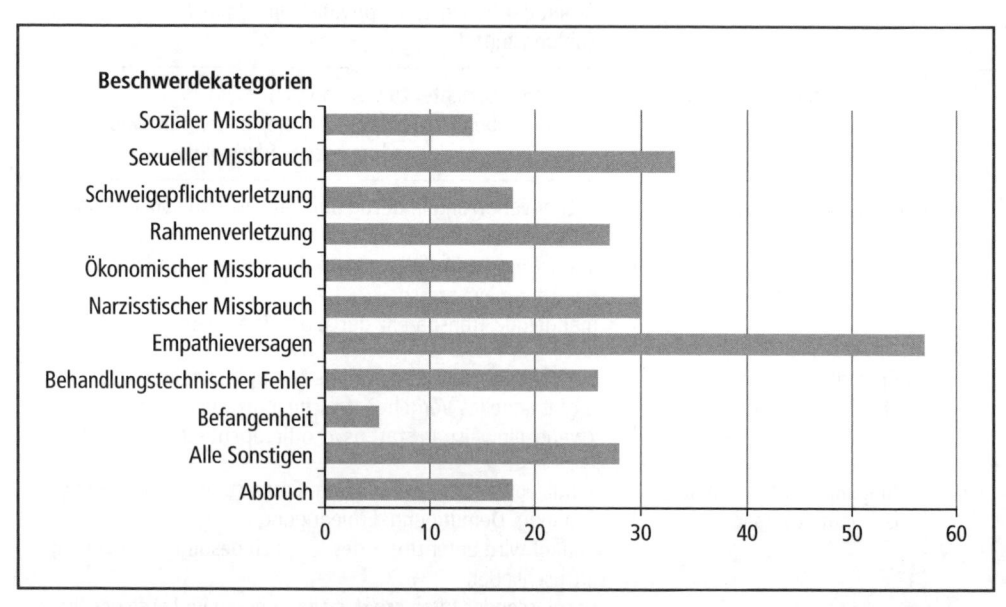

Abb. 43-1 Beschwerdekategorien, akkumuliert aus drei Beratungsabschnitten des Ethikvereins; Zeitraum 07/2003 bis 01/2013; 290 vom Ethikverein beratene Fälle.

43.2 Beratung durch den Ethikverein

siert wissenschaftlich ausgewertet (Lange et al. 2009; Kaczmarek et al. 2012; Hagenstein u. Sobe 2013; Schleu et al. 2013).

Die anfragenden Patienten können ihr Anliegen oft nicht explizit formulieren. Im strukturierenden Gespräch werden die Einordnung der Ereignisse und eine Wiederherstellung der Mentalisierungsfähigkeit angestrebt. Fragen nach Informationen, Klärung und Orientierung werden beantwortet. Regeln und Grenzen, professionelle Standards und Rechtsgrundlagen werden benannt. Gemeinsam wird nach Möglichkeiten gesucht, die Position der Ohnmacht bei den Anfragenden zu überwinden und die eigene Handlungsfähigkeit zurückzugewinnen.

> **Merke**
>
> Die Tatsache, dass bei der Hälfte aller Beschwerden der Beratungsanlass mehr als ein Jahr, oft deutlich länger, zurückliegt, macht deutlich, dass Betroffene lange Zeit nicht in der Lage sind, sich zu artikulieren oder ihr Recht geltend zu machen, weil sie unter den Folgen der Grenzverletzungen leiden und die Sprache verlieren.

Wichtig erscheint auch, dass den Beschwerden meist mehr als ein Anlass zugrunde liegt, also mehrere Verletzungen berufs- oder strafrechtlicher Normen und ethischer Grundsätze. Bei schweren Verstößen liegen immer weitere Verletzungen von Normen und Leitlinien vor (Abb. 43-1).

> **Fallbeispiel**
>
> Die 45-jährige Frau B. besucht eine Verhaltenstherapie wegen depressiver Symptome. Sie beginnt diese bei einer jungen Therapeutin, die das Einverständnis zur Tonbandaufzeichnung mit dem Hinweis darauf erwirkt, dass Frau B. der Therapeutin „doch sicher keine Schwierigkeiten machen" wolle. Wird das Band dann abgeschaltet, spricht die Therapeutin von „freundschaftlichem Verhältnis".
> Im Nachhinein wird deutlich, dass Frau B. weder darüber aufgeklärt war, dass die Therapie bei einer Ausbildungskandidatin stattfand, noch dass ein nicht zugelassenes Verfahren angewendet wurde. Die Abstinenzverletzung im „freundschaftlichen Verhältnis" wird von Frau B. als „Mischbeziehung" erlebt. Als sie daraus einen persönlichen Kontakt ableiten möchte, wird sie stationär eingewiesen und mit einer Borderline-Diagnose versehen. In der Klinik sind ohne vorherige Schweigepflichtentbindung persönliche Daten aus der ambulanten Therapie bekannt. Nach der Entlassung möchte Frau B. die ambulante Therapie fortsetzen, diese wird jedoch von der Therapeutin in der vereinbarten Sitzung ohne für die Patientin nachvollziehbare Begründung abgebrochen. Es liegen weitere Schweigepflicht- und Dokumentationspflichtverletzungen sowie ein Abrechnungsbetrug vor, somit insgesamt sieben Beschwerdegründe.

In den Beratungen des Ethikvereins zeigt sich, dass betroffene Patienten nicht über ausreichende Informationen verfügen. Sie können die Vielzahl der existierenden formalen Beschwerdeinstanzen nicht für sich nutzen und von den straf- und zivilrechtlichen Möglichkeiten keinen ausreichenden Gebrauch machen. Mit ihren Versuchen, sich zu orientieren und zu beschweren, scheitern sie an verschiedenen Abwehrstrategien der zuvor angefragten Institutionen und geben nicht selten zermürbt auf. Die Betroffenen berichten in der Beratung von Zurückweisung, Bagatellisierung und Retraumatisierung.

Von den im Forschungsgutachten von Becker-Fischer et al. (1995) bei konservativer Schätzung angenommenen 600 Fällen sexuellen Missbrauchs pro Jahr in der Psychotherapie in Deutschland gelangen derzeit weniger als 1 % zu einem strafrechtlichen Verfahren (Gutmann 2011).

Bei Kollegen, Institutionen und Kliniken, die Rat im Ethikverein suchen, besteht gleichfalls ein Mangel an Information und Erfahrung im Umgang mit ethischen Fragestellungen. Sie berichten von Ereignissen, die sie in Therapie und Supervision unter Schweigepflicht erfahren und aus Gründen der Loyalität, Angst vor Diffamierung und Schweigepflicht nicht im vertrauten Kreis der Inter- oder Supervision zu besprechen wagen. Sie suchen ihrerseits nach abgewogenen und reflektierten Handlungsoptionen.

Um Möglichkeiten der Prävention zu entwickeln, werden nachfolgend die grundlegenden Charakteristika von Grenzverletzungen in der Psychotherapie anhand der Auswertung von mehr als 330 Beschwerdefällen an den Ethikverein aus den zurückliegenden zehn Jahren dargestellt.

43.3 Charakteristika von Grenzverletzungen

In nahezu allen Beschwerdefällen findet sich bei den Anfragenden eine fundamentale **Verwirrung**. Es besteht Verunsicherung über das Geschehen in der Behandlung. Die Orientierung über richtig und falsch, hilfreich und schädlich ist verloren gegangen. Demzufolge suchen Betroffene Reorientierung, Klärung und Information darüber, was einer professionellen Therapie entspricht und was die Grenzen überschreitet. Zu dieser Verwirrung gehört auch, dass Betroffene nicht oder nur eingeschränkt in der Lage sind, über das Geschehen strukturiert zu berichten. Wie bei anderen traumatischen Ereignissen kommt es in der Folge zu Einschränkungen, Verzerrungen und Fragmentierung der Wahrnehmung, zu Sprachlosigkeit und einer reduzierten Mentalisierungsfähigkeit.

Bei der überwiegenden Zahl der Beschwerden zeigt sich in der Beratung ein sichtbarer **Empathieverlust** aufseiten des Psychotherapeuten. Dementsprechend fühlt sich der Patient nicht gesehen und verstanden, entschuldigt den Therapeuten aber damit, dass er sich selbst bezichtigt, schwierig zu sein. Es kommt zu Entwertung und Pathologisierung durch den Therapeuten oder es entsteht eine dumpfe, distanzierte Atmosphäre, die jedes Empfinden von Nähe und Kontakt zum Therapeuten verhindert. Es werden von Patienten grobe Enactments berichtet, aggressive Ausbrüche oder unvermittelte körperliche Berührungen, sexualisierte Handlungsdialoge oder Verstrickungen wie Einführung in Sekten oder Anstellung eigener Patienten. Begründet wird dies vom Therapeuten – wie in einer Folie à deux – mit einer **Pseudologik** als Schutz, Liebe, Tragik, Eigenverantwortung des Patienten, Sinngebung oder Beschäftigungstherapie.

Die beschriebenen Ereignisse erscheinen dabei Außenstehenden so absurd, bizarr und daher unglaubhaft, ja ungeheuerlich, dass sie von diesen abgewehrt werden (müssen). Der Bericht wird dem Berichterstatter angelastet, so wie im alten Griechenland der Überbringer der schlechten Botschaft geköpft wurde, als könnte man das Unglück damit ungeschehen machen.

In einer grenzverletzenden Therapie ist der Blick auf die Realität eingeschränkt oder verzerrt, die Sprache von beiden Beteiligten verwirrt oder zeitweilig ohne Worte. Es zeigt sich ein **Verlust der Symbolisierungsfähigkeit, des Übergangsraums, des moralischen Dritten** (Benjamin 2005) **und der Mentalisierungsfähigkeit** (Allen et al. 2011). Die Raum-Zeit-Dimension der Begegnung in der Behandlung fällt in sich zusammen. Der Rahmen der Behandlung wird beschädigt und die **Abstinenz** verletzt.

43.3 Charakteristika von Grenzverletzungen

Der intersubjektive Raum wird nicht mehr aufgespannt, gemeinsam gestaltet und untersucht, sondern es finden sich konkretistische Umsetzungen (Henningsen 2008): Es wird nicht mehr um Verständnis gerungen, gefühlt und gesprochen, sondern gehandelt.

Fallbeispiel

Frau A. sucht aufgrund einer Traumareaktivierung eine psychoanalytische Behandlung auf. Der ihr sehr zugewandt erscheinende Therapeut fragt sie nach der dritten Sitzung, ob es ihr recht sei, wenn er sie duzt. Frau A. stimmt zu, ist jedoch misstrauisch, was sich dahinter verbirgt. Sie traut sich allerdings nicht, dies beim Therapeuten anzusprechen. In der darauffolgenden vierten Sitzung zeigen sich bereits in einem Traumbericht Hinweise auf inzestuöse Aspekte.
Frau A. ist in dieser Sitzung sehr angespannt und kommt in einen teildissoziierten Selbstzustand (Gast et al. 2006), verkrampft sich, scheint mit der Hand nach etwas zu suchen, was sie nicht findet, schlägt dann mit dem Kopf an die Wand hinter ihrem Stuhl, die Beine vollführen Abwehrbewegungen. Sie spricht im Ton einer 5- bis 7-Jährigen: „Ich verstehe das ja auch gar nicht ... Das geht ja auch so nicht ... Nein ... Ich will das nicht ... Ich verstehe das nicht ... Nein, nein, nein ...". Der Therapeut, erschrocken, dann schockiert über die Szene, nimmt Frau A. fest in den Arm, drückt sie an sich und sagt: „Ich spüre deutlich, wie verspannt Sie sind." Mit nachlassender Verwirrung spürt Frau A. Unzufriedenheit über den Verlauf der Stunde und möchte bald wieder einen Termin vereinbaren. Der Therapeut stimmt einer „Sondersitzung" am übernächsten Tag zu, obwohl ein Termin einige Tage später vereinbart war. In dieser Stunde steht er plötzlich von seinem Stuhl auf, umarmt Frau A. erneut. Es kommt zu ersten „Tröstungs-Zärtlichkeiten", die an Intensität zunehmen. Gleichzeitig verstärken sich die Dissoziationen von Frau A.
Der Therapeut weiß die Situation nicht anders zu beantworten, als der offenkundigen Not der Patientin mit zunehmend sexualisierten Zärtlichkeiten, unregelmäßigen Terminen und vielen Zwischentelefonaten zu begegnen. Kontinuierlich kommt es zu Szenen von sexuellen Übergriffen. Es entwickelt sich aus einem **konkretistischen Missverständnis** eine massive **Abstinenzverletzung**, in der sich der Therapeut Frau A. in scheinbar empathischer Zugewandtheit wie ein Retter präsentiert.

Definition

Abstinenz
Haltung des Psychotherapeuten, die eigene persönliche Bedürfnisse und Interessen zugunsten des Fortgangs des psychotherapeutischen Prozesses und der wohlverstandenen Entwicklung des Patienten zurückstellt.

Fallbeispiel

Fortsetzung
Frau A. beschreibt die Abstinenz in der 5-jährigen Folgetherapie aus ihrer Sicht: „Das Wichtigste: Sie [Therapeutin] haben es geschafft(!), die Balance in der therapeutischen Beziehung zu halten und eine unerlässliche Distanz zu wahren, denn da war ich am verletzlichsten, aber auch am herausforderndsten."
Auch aus Sicht der Folgetherapeutin von Frau A. war entscheidend, bei allen Handlungsdialogen in wohlwollender Distanz zu bleiben. Am Ende dieser modifizierten psychoanalytischen Behandlung, bei der Bearbeitung eines zunächst nicht benennbaren traumatischen inneren Objekts, entwickelt sich eine sehr eindrückliche Szene: Frau A. sitzt auf der Couch, sinkt auf den Rücken, der Arm und die Hand ragen so zur Therapeutin hin, dass es dieser in der Situation sehr hilfreich erschienen wäre, die Hand zu ergreifen und Frau A. zu „trösten", da ihr „niemand beisteht", auch die Therapeutin jetzt scheinbar nicht. Frau A. scheint geradezu verzweifelt mit der Hand nach etwas zu suchen, bewegt diese hin und her ... Es entwickelt sich nach einem schier unerträglichen Gegenüber-

tragungsgefühl von schrecklicher Not ein von Distanz und Nähe gleichzeitig bestimmter Dialog (Grunert 1989), der endlich den Übergangsraum aus der konkretistischen Dyade öffnet, in der bis dahin Nähe und körperliche Berührung untrennbar verbunden waren. Viele Stunden waren zuvor von kaum erträglichen **projektiven Identifizierungen** bestimmt.

Projektive Identifikationen des Patienten werden, wenn sie dem Therapeuten unerträglich und nicht verständlich sind, von diesem zum Patienten zurückgeworfen, in manchen Fällen sogar mit den destruktiven Repräsentanzen des Therapeuten verschmolzen und monströs vergrößert zurückprojiziert (Frank u. Weiß 2013). Das Resultat solch projektiver Prozesse zwischen Patient und Therapeut ist oftmals eine **Rollenumkehr**. Der Patient übernimmt quasi parentifiziert die Verantwortung des Therapeuten für den Behandlungsprozess. Damit lasten dann auch alle Konsequenzen wie Misserfolg und Scheitern der Therapie in der **Umkehr von Schuld und Scham** auf dem Patienten.

> **Merke**
> Entgleisungen im Therapieprozess können nur geschehen bei Verleugnung des strukturellen Machtgefälles und der inhärenten Abhängigkeit des Patienten.

Es bestehen polarisierte, sozial verankerte Rollenzuweisungen: der Patient in der schwachen Rolle als Hilfesuchender und an einer Symptomatik Leidender und der Psychotherapeut in der überlegenen Rolle des kompetenten Helfers und erfahrenen Heilers. In der Therapie steht zudem die bedürftige, kranke Seite des Patienten mit dem Ziel der Gesundung im Fokus der Aufmerksamkeit. Dabei werden gesellschaftlich übliche zwischenmenschliche Schutz- und Schamgrenzen überwunden, woraus sich seit 400 v. Chr. ethische Verpflichtungen in Form des Eids des Hippokrates ableiten. Heute folgt daraus zwingend die alleinige Verantwortlichkeit des Psychotherapeuten für die Einhaltung der psychotherapeutischen Abstinenz und des klaren unverbrüchlichen Rahmens der Behandlung, unabhängig von Methode oder Verfahren.

43.4 Prävention

Zur Frage der Prävention von Grenzverletzungen liegen bislang keine gesicherten Erkenntnisse vor. Sicher besteht jedoch eine Notwendigkeit, dies näher zu untersuchen. Einerseits haben Grenzverletzungen in der Therapie immense individuelle Schäden und Leid zur Folge, sodass sich ein geschädigter Patient zu Recht fragt, ob er die Behandlung besser nicht begonnen hätte. Es entsteht aber auch ein erheblicher volkswirtschaftlicher Schaden durch Arbeitsunfähigkeit, Berentung und notwendige medizinische Versorgung. Die Folgen für betroffene (Ausbildungs-)Einrichtungen sind gleichfalls immens, es werden schädigende Beziehungsmuster in der Gemeinschaft der Psychotherapeuten transgenerational weitergegeben. Nicht nur der einzelne Kollege, sondern das Ansehen der Einrichtung, des Verfahrens und das Ansehen der Psychotherapie in der Gesellschaft nehmen Schaden. Die Auswertung der Beratungen des Ethikvereins legt daher ein mehrdimensionales Vorgehen in der Prävention nahe.

43.4.1 Aufklärung des Patienten

Die Aufklärung muss den Patienten über seine Erkrankung, die angebotene Behandlungsmethode, Mischung von Methode/

Verfahren und alternative Möglichkeiten informieren. Ebenso muss der Patient um sein Recht wissen, dass er jederzeit Fragen stellen kann. Die Aufklärung muss auch Informationen über Diagnose, Setting, Rahmen, Bezahlungsmodalitäten, Ausfallhonorar und Nebenwirkungen beinhalten und sollte die ethischen Standards transparent machen.

43.4.2 Offene Fehlerkultur im kontinuierlichen interkollegialen Diskurs

Aufseiten der Psychotherapie besteht Handlungsbedarf in der Ausbildung, in Instituten, Kliniken, im Rahmen der Direktausbildung, in Super-/Intervision und im interkollegialen Diskurs.

Das Thema von Grenzverletzungen in der Therapie unterliegt immer noch einer massiven **Tabuisierung**. Kollegen scheuen in großem Ausmaß Folgebehandlungen von Patienten, denen ein sexueller Missbrauch in der Behandlung widerfahren ist. Aus Unkenntnis über die notwendigen Modifikationen einer Folgetherapie, den Umgang mit parteilicher Abstinenz und auch Befangenheit fürchten sie solche Patienten, haben Angst um ihr eigenes Ansehen, vor eigenem Versagen und möchten zukünftige Verwicklungen oder Diffamierung vermeiden. Kollegen in Ethik- und Schiedskommissionen sehen sich oft Ausgrenzungen und Anfeindungen ausgesetzt, fühlen sich wie die mit den bedrohlichen Projektionen der traumatisierenden Grenzverletzung beladenen Sündenböcke, die man versucht aus der kollegialen Gemeinschaft auszuschließen. Manche Kollegen, Institute, Berufsverbände oder Kammern offenbaren das gesamte **aus Missbrauchsfamilien bekannte Spektrum von Abwehr- und Vermeidungsverhalten**. So zeigt sich dort eine unklare und verzerrende Sprache mit Schuld-

umkehr: Es wird die „Eigenverantwortung des Patienten" gefordert, schädigende Therapieverläufe werden als „tragisch" oder „schicksalhaft" bezeichnet, Patienten werden zur eigenen Entlastung pathologisiert und sogar stationär eingewiesen. Berichten und Klagen von Patienten wird kein Glauben geschenkt, sie werden misstrauisch zerpflückt. Unter erneuter Verletzung der Schweigepflicht wird der vorbehandelnde Kollege angerufen, um dessen Sicht der Dinge zu erfahren.

Begegnen Therapeuten allen ihren traumatisierten Patienten mit solchem Misstrauen und solcher Angst?

Ein weiteres Phänomen stellen die zeitlichen Verzögerungen in Ethikverfahren in Verbänden, Kammern und Instituten dar. Die Verfahren schleppen sich über viele Jahre, es finden sich undefinierte Verfahrensschritte, Verfahrensfehler, fehlende Transparenz, Diffusität in Kompetenz und Zuständigkeit. Am Ende bleibt ein erstaunliches Blockieren und Verharren als Ausdruck der Vermeidung und Verleugnung. Dieser **Verlust der zeitlichen Dimension** in den beteiligten Institutionen schreibt die Spaltung und Dissoziation aus grenzverletzenden Therapien fort.

Angesichts dieser ungeklärten Abwehrvorgänge steht zu befürchten, dass nicht nur die Arbeitsfähigkeit des einzelnen Psychotherapeuten, sondern auch das Entwicklungspotenzial der psychotherapeutischen Profession beeinträchtigt wird.

Wie die totgeschwiegene Spindel bei Dornröschen überträgt sich die Grenzverletzung in der Psychotherapie gerade wegen ihrer fehlenden Wahrnehmung, Benennung und Untersuchung in die nächste Psychotherapeutengeneration ebenso, wie dies für andere transgenerationale Vorgänge nachgewiesen ist. Das Fehlen einer nachhaltigen Debatte mit emotionalem Gehalt bedingt die unzureichende Integration und Bildung eines historischen Gedächtnisses auf der Ebene der Institute (Tibone u. Schmieder-Dembek 2013).

So sehen wir die ethische Verpflichtung zu einem **offenen und kontinuierlichen, interkollegialen Diskurs**. Diesen Beitrag verstehen wir als Reprojektion der aggregierten und aufbereiteten Erkenntnisse aus den Beratungserfahrungen des Ethikvereins und wünschen uns eine aufmerksame Reintrojektion in den hoffentlich anwachsenden interkollegialen Austausch. Hierfür stellen wir die nachfolgenden **Ethikleitlinien** zur Diskussion.

Ethikleitlinien
Als Psychotherapeut bzw. Psychotherapeutin achte ich die Würde und Integrität der Patientin bzw. Patienten. Ich verpflichte mich, folgende Grundsätze einzuhalten:

1. Aufklärungspflicht
Zu Beginn und jederzeit während der Behandlung kläre ich meine Patienten über Inhalt, Form, Dauer, Ziel und Kosten der Therapie auf.

2. Machtgefälle
Ich bin mir bewusst, dass in jeder psychotherapeutischen Behandlung oder Ausbildung (Selbsterfahrung, Supervision, Weiterbildung mit Selbsterfahrung) ein Machtgefälle besteht. Ich werde dieses Machtgefälle nicht missbrauchen.

3. Verantwortung
Mir ist bewusst, dass intensive Fortbildung und Supervision wichtige Bestandteile qualifizierter Psychotherapie sind.
Die Verantwortung für jede Form von Machtmissbrauch und/oder Grenzüberschreitung in einer psychotherapeutischen Behandlung oder Ausbildung liegt ausschließlich bei mir.

4. Abstinenzregeln
In einer psychotherapeutischen Behandlung oder Ausbildung gehe ich mit den mir anvertrauten Personen keine privaten, beruflichen oder ökonomischen Abhängigkeitsverhältnisse ein.
In einer psychotherapeutischen Behandlung oder Ausbildung unterlasse ich narzisstischen Missbrauch, Manipulation, politische, weltanschauliche und religiöse Indoktrination.
In einer psychotherapeutischen Behandlung oder Ausbildung gehe ich keine sexuellen Beziehungen mit meinen Patienten, Ausbildungskandidaten und Supervisanden ein. Ich beende eine psychotherapeutische Behandlung oder Ausbildung nicht, um eine solche Beziehung einzugehen.

5. Karenzzeit
Die Verpflichtung zur Abstinenz gilt für einen Zeitraum von zwei Jahren nach Ende der psychotherapeutischen Behandlung oder Ausbildung. Auch nach Ablauf von zwei Jahren ist es ratsam, dass Therapeut und Patient vor Aufnahme einer sexuellen Beziehung eine unabhängige, qualifizierte Supervision in Anspruch nehmen.

43.4.3 Ausbildung

Anfragen von Kollegen, Supervisoren oder Folgetherapeuten verdeutlichen, dass ethische Fragestellungen und rechtliche Aspekte der Psychotherapie in der bisherigen und auch derzeitigen Ausbildung häufig noch fehlen. Die professionellen Standards der Psychotherapie, Grenzen und Grenzverletzungen müssen *aktiv* von den für die Ausbildung Verantwortlichen aufgegriffen werden. Das Erlernen der Fähigkeit zum offenen Diskurs über die Anwendung der ethischen und rechtlichen Normen im speziellen Fall muss integraler Bestandteil der Curricula sein.

Da rund um diese Themen ein Wall der Verleugnung und Spaltung besteht, kann nicht darauf vertraut werden, dass sich die unbewussten strukturellen Defizite ohne weiteres Zutun in der Selbsterfahrung offenbaren. Die Abwehrmechanismen, Spaltungen und Dissoziationen müssen aktiv im Sinne der Strukturbezogenen Psychotherapie (Rudolf 2013) aufgegriffen werden.

43.4 Prävention

Dies ist insbesondere auch deshalb von Bedeutung, da Ausbildungseinrichtungen für psychotherapeutische Leistungen im Rahmen der Ausbildung haftungsrechtlich im Sinne eines Organisationsversagens verantwortlich gemacht werden können (Seiters 2009).

Auch im Rahmen der Ausbildungssupervision und bei der Auswahl der Bewerber muss der Fokus aktiv auf deren eigene Traumatisierungen und frühe strukturelle Defizite gelegt werden. In der Untersuchung von über 150 Therapeuten, die sich sexueller Grenzverletzungen in der Psychotherapie schuldig gemacht haben, konnte Gabbard (2006) bei den Therapeuten eigene Traumatisierungen nachweisen, korrespondierend zu denen ihrer Patienten. Die Beratungen des Ethikvereins bestätigen dies.

Ausbildungseinrichtungen haben aber auch für die in ihrem Namen durchgeführten Lehrtherapien eine Garantenpflicht gegenüber den Teilnehmern der Aus- und Weiterbildung. Daher müssen diese aufgrund ihrer weitgehenden Abhängigkeit über eine instituts- oder einrichtungsunabhängige Beschwerdemöglichkeit verfügen, damit sie sich nicht einem möglicherweise bagatellisierenden geschlossenen Lehrkörper gegenüber sehen.

Vor diesem Hintergrund sollten die **Problematik der inhärenten Unvollständigkeit und Unzulänglichkeit des Psychotherapeuten**, die Vorläufigkeit des Verständnisses und des wissenschaftlichen Erkenntnisstandes aktiv zum Thema der Ausbildung gemacht werden. Denn das (Gegenübertragungs-)Empfinden von Misslingen und Scheitern im eigenen psychotherapeutischen Bemühen steht oft am Beginn von Grenzverletzungen narzisstischer, aggressiver oder sexueller Natur. Die Frustration des therapeutischen Wiedergutmachungstriebes (Money-Kyrles 2013) löst Angst aus und setzt zuvor noch gebundene destruktive Kräfte frei. Es folgen Spaltung und strukturelle Dissoziation (Nijenhuis et al. 2004) und damit der Zusammenbruch einer integrierten Selbstrepräsentanz des Psychotherapeuten. Dieses Modell erklärt auch, warum persönliche Krisen, Krankheit und Alter von Therapeuten mit einer Zunahme von Grenzverletzungen in Therapien einhergehen (Gabbard 1996). In den Beratungen berichten Patienten über erstaunliche Selbstoffenbarungen von Therapeuten: Scheidungen, Trennungen, Einsamkeit und Krankengeschichten. So wird bei erhöhter narzisstischer Bedürftigkeit des Therapeuten die Abstinenz unbewusst unterlaufen.

43.4.4 Selbstfürsorge

Wenn unerkannte methodische oder emotionale Überforderung, nicht beachtete eigene Grenzen und (strukturelle) Defizite die Entstehung von Grenzverletzungen in Psychotherapien fördern, ist der sorgsame Umgang mit uns selbst gerade in Krisenzeiten der Gegenpol, der die narzisstische Bedürftigkeit nicht weiter erhöht und – im Gegensatz zur Verzichtsübung der Abstinenz im beruflichen Leben – und die „Austrocknung" des eigenen Lebens als „déformation professionnelle" verhindert.

Die nachfolgenden „Yellow flags" können uns Anregung zu erhöhter Selbstreflexion und ggf. Suche nach supervisorischer Hilfe sein. Die „Red flags" hingegen weisen auf Probleme hin, in denen kollegiale Hilfe zur Vermeidung zunehmender Verstrickungen gesucht werden muss.

„Yellow flags"
- Veränderung des Settings (Überziehen, Verlegungen)
- Honorarveränderungen ohne vorherige Ankündigung oder Einverständnis
- Geschenke
- Empathieverlust
- Vorstellung von eigener Unfehlbarkeit
- Desinteresse oder wiederholter Ärger
- Persönliche Auskünfte
- Häufung von Telefonkontakten
- Rollenvermischungen
- Retter- und Größenfantasien
- Erotische Fantasien, die auf Realisierung drängen
- Konkrete persönliche und sexuelle Beziehungswünsche von Patienten, die sich nicht in der Psychotherapie klären lassen (Liebesbriefe)

„Red flags"
- Persönliche, private und sexuelle Kontakte und Beziehungen (z. B. aktives Aufsuchen der Orte [Sauna] des Patienten, Besuchen persönlicher Termine des Patienten [Hochzeit], „Duzen" des Patienten, gemeinsamer Singkreis)
- Finanzielle und geschäftliche Verbindungen (z. B. Beschäftigung des Patienten, Geld leihen, Wohnungskauf begleiten, Spenden)
- Große Geschenke
- Unangekündigte Umarmungen oder Berührungen von Patienten
- Verbale erotische Aussagen (Flirten)
- Eingehen auf sexuelle Angebote von Patienten
- Verbale und sexualisierte Aggressionen, Entwertungen
- Überschneidung im Freundes-/Bekanntenkreis
- Gespräche über Patienten ohne Schweigepflichtentbindung (außer im Notfall)
- Benutzen des Patienten für Werbung und Öffentlichkeitsarbeit
- Enge Bezugspersonen von Patienten in Behandlung nehmen
- Verletzung des Rahmens (Verkürzung der Therapiestunden, keine [rechtzeitige] Beantragung der Psychotherapie trotz fortlaufender Stunden)
- Ideologische oder politische Beeinflussung (Einführung von Patienten in sektenartige Strukturen)

43.4.5 Supervision

Es finden sich nicht wenige Beschwerden, in denen es unter laufender Supervision zu massiven Grenzverletzungen gekommen ist. So besteht eine Notwendigkeit, über die Effektivität und das Vorgehen in der (Ausbildungs-)Supervision erneut nachzudenken. Aus Sicht der analysierten Beratungen bildet sich die psychotherapeutische Beziehung in der Supervision nicht nur szenisch und affektiv mit ihrer „Positivsymptomatik" ab, sondern ebenso mit ihren Auslassungen, Skotomen und Abspaltungen. Nach diesen sollte aktiv gesucht und gefragt werden.

Supervision muss als **triadisches und triangulierendes Drittes** anders konzeptionalisiert werden:
- triadisch, weil Supervision eine tradierte Form und Struktur darstellt, die den psychotherapeutischen Prozess befördert und den Entwicklungsraum öffnet
- triangulierend, weil dies jeweils aktuell für den spezifischen Fall prozesshaft neu entwickelt werden muss

In Behandlungen, in denen Grenzverletzungen beobachtet werden, zeigt sich ein entgrenztes Beziehungsmuster mit Fusionen und Verschmelzungen (Bauriedl 2004), in denen das dritte Element fehlt. Hier ist es die aktive Aufgabe der Supervision, das jeweils verlorene oder fehlende Dritte aufzuspüren, in die bewusste Wahrnehmung zu rücken und so exemplarisch die dritte Perspektive zu entwickeln. Die Wahrnehmung der eigenen Person und die einfühlende Wahrnehmung des Patienten wird erweitert um den Blick aus der dritten Perspektive einerseits auf der Ebene der rationalen Metakommunikation andererseits durch das Erfassen der (unbewussten) emotionalen und konkretistischen Aspekte. Darüber hinaus ist der intersubjektive Entwicklungsprozess auch in der vierten Dimension der Zeit zu beobachten und zu mentalisieren. Eine solche multiperspektivische Sicht relativiert den Anspruch des omnipotenten Retters, einer Gegenübertragungsfigur, die sich bezeichnenderweise oft in grenzüberschreitenden Behandlungen findet.

43.4.6 Schadensregulierung und Sanktionen

Es mag auf den ersten Blick verwunderlich erscheinen, dass Schadensregulierung unter dem Aspekt der Prävention aufgeführt wird. Wie schon erwähnt, gelingt es jedoch weniger als 1 % der Geschädigten, auf rechtlichem Wege eigene Ansprüche zu verfolgen. Für berufsrechtliche Verfahren liegen in Deutschland keine Zahlen vor. Zahlen aus den USA belegen (van Horne 2004), dass Beschwerden gegen 2 % der zugelassenen Psychotherapeuten vorliegen. Von diesen werden jedoch nur 46–72 % untersucht (je nach Bundesland). Die Beschwerden insgesamt führen bei 0,4 % der Psychotherapeuten zu Verwarnungen und nur bei 0,13 % der Kollegen zu einer ausgewiesenen Veröffentlichung der Disziplinarstrafe (entsprechend einem Approbationsentzug in Deutschland).

Da der Zugang zum Recht betroffenen Patienten nicht gelingt und so die schädigenden Psychotherapeuten nicht zur Rechenschaft gezogen werden, werden indirekt bewusst und unbewusst die ethischen Standards aufgeweicht. Bei mittelbar Beteiligten werden eigene innere Grenzen labilisiert oder Ambivalenzen aktualisiert, was die beschriebenen kollektiven Abwehrfiguren in der Profession erklärt, aber nicht entschuldigt.

> **Merke**
> Prävention bedarf u. E. nicht nur stützender Elemente in Ausbildung, Supervision und Leitlinien und der psychischen Gratifikation durch Befolgung der Standards, sondern erfordert auch effektive Sanktionsmaßnahmen.

Möglichkeiten der Schadensregulierung für den Patienten auf der Ebene von Berufsrecht und in Verbänden mit spezifischen Sanktionen und ggf. Maßnahmen zur Rehabilitation für grenzverletzende Psychotherapeuten sind nicht nur im Sinne der Subsidiarität wünschenswert, sondern vor allem aus präventiven Gründen dringend erforderlich.

43.5 Mediation

Alle Lösungsansätze zur Auflösung der Opfer-Täter-Dynamik beruhen auf dem Konzept der Triangulierung. Jeder Lösungsschritt leistet dabei auch einen Beitrag zur Prävention. Die niedrigschwellige, triangulierende Beratung öffnet den Weg zu Unrechtsanerkenntnis, Schadensausgleich, Mediation und Folgetherapie für Patienten. Für betroffene Psychotherapeuten ist die nicht abschließend geklärte Frage der Differenzierung zwischen Einzel- und Wiederholungstätern die entscheidende Weichenstellung zwischen Schritten zur Resozialisierung (ca. 50 %) oder berufs- bzw. strafrechtlichen Sanktionen, die auch einen Approbationsentzug zur Folge haben können. Strafrechtliche Schritte erweisen sich für geschädigte Patienten als oft unerreichbar und damit in präventiver Hinsicht als ineffektiv. Sie verstärken die polarisierende Täter-Opfer-Dynamik mit daraus resultierenden Retraumatisierungen, die trotz der Bestimmungen des Opferschutzes und der Möglichkeit der Nebenklage auftreten. Aufgrund der Dauer der straf- und zivilrechtlichen Verfahren kann auch der innere Verarbeitungsprozess des betroffenen Patienten über viele Jahre nicht zu einem zufriedenstellenden Abschluss kommen. Das alternative Konzept einer psychotherapeutisch geleiteten Mediation reflektiert den Gedanken der Triangulierung in weitaus größerem Maße.

43.5.1 Psychotherapeutisch geleitete Mediation

Eine Mediation ist an bestimmte Voraussetzungen geknüpft:
- Das Opfer will nach eingehender unabhängiger rechtlicher Beratung keine Strafanzeige erstatten.
- Der beschuldigte Psychotherapeut ist einsichtig, geständig, übernimmt Verantwortung für sein schädigendes Verhalten und ist ebenso unabhängig rechtlich beraten.
- Es wird ein notarielles Unterkonto eingerichtet, das vom Beschuldigten befüllt wird und die Kosten für Beratungen und Mediation deckt.
- Es wird eine vollständige Klärung das Tatbestands in der Mediation vorgenommen.

Eine psychotherapeutisch geleitete Mediation bietet folgende Vorteile:
- Es wird eine zivilrechtliche Vereinbarung erstellt, die direkt – ohne Darlegung ihrer Gründe vor einem Gericht – vollstreckbar ist und Regelungen über Schadensersatz für bereits eingetretene und ggf. noch eintretende Schadensfolgen sowie über Schmerzensgeld enthält.
- Es kann den psychischen Gegebenheiten sowohl des Geschädigten als auch des Beschuldigten Rechnung getragen werden, z. B. hinsichtlich eines Unrechtsanerkenntnisses oder der zeitlichen Gestaltung, da man nicht an eine gerichtliche Verfahrensordnung gebunden ist.
- Es lassen sich inhaltlich sinnvolle Auflagen für den Beschuldigten festlegen und verfolgen, die rehabilitative und präventive Funktionen erfüllen (nochmalige Selbsterfahrung, Supervision, Niederlegung von Funktionen und Dozentenaufgaben, Beschränkung des Patientenkreises).
- Mediation ist nicht an Verjährungsfristen gebunden.
- Das Problem der Grenzverletzung in der Psychotherapie wird durch eine Mediation mit psychotherapeutischen Konzepten und Schritten gelöst und muss nicht mehr verleugnet werden.
- Damit wird der transgenerationalen Weitergabe der Problematik in der Psychotherapie entgegengetreten.

Begutachtung

44 Begutachtung von Kindern und Jugendlichen

Martin H. Schmidt

Inhalt

44.1	Einleitung	779
44.2	Glaubhaftigkeit von Angaben kindlicher Zeugen	780
44.2.1	Die Position von Zeugenaussagen gegenüber anderen Beweismitteln	780
44.2.2	Kognitive Voraussetzungen und Persönlichkeitsmerkmale	781
44.2.3	Motivlage und Entwicklung der Aussagen	783
44.2.4	Kriterienorientierte Aussagenanalyse	784
44.2.5	Bewertung und hypothesengesteuertes Vorgehen	787
44.3	Folgen sexuellen Missbrauchs	789
44.3.1	Vorfragen	789
44.3.2	Folgen für die längerfristige psychische Entwicklung	790
44.3.3	Langzeitfolgen im Sinne psychischer Störungen	791
44.3.4	Die Rolle ehemaliger Missbrauchsopfer bei sexuellem Missbrauch von Kindern	792
44.3.5	Bewertung im Rahmen von Begutachtungen	793

44.1 Einleitung

Merke
Begutachtungsfragen nach sexuellem Missbrauch von Kindern und Jugendlichen betreffen in der Regel zwei Komplexe:
- die Glaubhaftigkeit der Angaben kindlicher Opfer oder anderer kindlicher Zeugen
- die möglichen Folgen sexuellen Missbrauchs

Zu beiden Fragenkomplexen existiert umfängliche Literatur. Die Forschungstradition zum ersten Fragenkomplex ist älter, die zum zweiten jünger. Untersuchungen zum Realitätsbezug der Angaben kindlicher Opfer müssen nur auf die Gesamtheit aller gemachten Angaben zurückgreifen, Untersuchungen zu möglichen Folgen sexuellen Missbrauchs dürfen sich idealiter nicht nur auf Lebensläufe von Personen mit früher oder später bekannt gewordenem Missbrauch stützen, sondern müssen sich epidemiologisch orientieren. Bei beiden Vorgehensweisen hängen die Ergebnisse aber von der zugrunde gelegten Definition des primären Ereignisses ab. Die nachstehende Übersicht stützt sich im Wesentlichen auf

Erfahrungen und Arbeiten mit den von Schechter und Roberge (1976, zit. nach Watkins u. Bentovim 1992) gegebenen Definitionen. Diese Autoren verstehen unter sexuellem Missbrauch sexuelles Verhalten oder sexuelle Aktivitäten gegenüber bzw. mit Abhängigen und/oder unreifen Personen, die entweder erzwungen oder von den missbrauchten Personen nicht verstanden werden (sodass diese nicht wirksam zustimmen können) oder die soziale Tabus in Familien oder Gruppen verletzen. Wenn im Folgenden von leichten, mittelschweren oder schweren Missbrauchshandlungen gesprochen wird, dann bezieht sich diese Einteilung auf Missbrauchshandlungen ohne Körperkontakt, mit Körperkontakt und mit penetrativem Körperkontakt (nach Elliger u. Schötensack [1991] die Hälfte der von jungen weiblichen Erwachsenen angegebenen Vorkommnisse).

44.2 Glaubhaftigkeit von Angaben kindlicher Zeugen

Der *Realitätsbezug von Zeugenaussagen* ist ein Beweismittel, auf das die Rechtsprechung über sexuellen Missbrauch zentral angewiesen ist. Nur wenige Missbrauchshandlungen ereignen sich in Gegenwart dritter Zeugen. Die objektiven Beweismittel wie Veränderungen der Umgebung, äußere Verletzungen oder Infektionen des Opfers und dessen Verhalten nach dem Missbrauch, das häufig in Gestalt sexualisierten Verhaltens oder anderer psychischer Auffälligkeiten beschrieben wird, gewinnen ihren Wert erst durch die Beziehung zu Aussagen des Opfers bzw. selten zu Aussagen anwesender dritter Kinder als Zeugen. Diese Aussagen müssen mit den objektiven Beweisen, vor allem aber mit den kognitiven, emotionalen und motivationalen Voraussetzungen beim betroffenen Kind oder Jugendlichen abgeglichen werden. Zum einen geht es dabei um die *Aussagetüchtigkeit* eines Kindes, die aufgrund entwicklungspsychologischer Verflechtungen zusätzlich zu den Merkmalen der Aussagetüchtigkeit erwachsener Zeugen Besonderheiten unterliegt. Die Aussagetüchtigkeit schließt auch den Stand der psychosexuellen Entwicklung eines Kindes und Besonderheiten seines affektiven Erlebens ein. Zentrum der affektiven Aussagevoraussetzungen sind aber die Beziehungen des Kindes sowohl zum Opfer wie zu anderen Personen, die am Zustandekommen der Aussage beteiligt waren. Diese Beziehungen können für *Aussagenmotive* mitentscheidend sein, prägen also die Geschichte der Aussage. Die Arbeit des Gutachters besteht nicht nur in der kriterienorientierten Aussagenanalyse (Undeutsch 1967), sondern auch darin, die danach für mehr oder minder erlebnisbezogen gehaltenen Aussagen in Beziehung zu setzen zu den objektiven Beweisen, den Angaben anderer Zeugen, den Einlassungen der beschuldigten Person, objektiven Persönlichkeitsvoraussetzungen und der Beziehungssituation, die sich in der Entwicklung der Aussage spiegelt. Nachstehend werden deswegen die Stellung anderer Beweismittel, die kognitiven und Persönlichkeitsvoraussetzungen beim Kind, die Entwicklung der Aussage und ihre Beziehungsaspekte, die kriterienorientierte Aussagenanalyse und schließlich die Bewertung der erhobenen Fakten erörtert.

44.2.1 Die Position von Zeugenaussagen gegenüber anderen Beweismitteln

Äußere Verletzungen (Rötungen, Abschürfungen, oberflächliche Verletzungen, geschwollene, blutunterlaufene und schmerzempfindliche Partien im Genital- und Analbereich) sind unspezifische Hinweise auf sexuellen Missbrauch. Ähnliches gilt für Varianten der Hymenal- oder Analöffnung (McCann et al. 1989; 1990). Wesentlich spezifischer sind seltene Infektionen des Urogenitaltraktes mit Erregern, die praktisch ausschließlich durch sexuelle Kontakte übertragen werden, z. B. Neisseria gonorrhoeae, Chlamydien, Herpes-simplex-Viren.

Aus empirischen Studien sind Befürchtungen und Ängste, Depressivität, Ärger und Feindseligkeit sowie unangemessenes Sozialverhalten als initiale Auffälligkeiten nach sexuellem Missbrauch empirisch belegt (z. B. aus der TUFTs-Studie 1984). Unklar ist, wie repräsentativ diese Untersuchungen sind, entsprechende epidemiologisch fundierte Untersuchungen fehlen.

Merke
Problematisch ist, dass sämtliche der häufigen Auffälligkeiten, selbst das sexualisierte Verhalten (am wenigsten bei jungen Kindern bald nach der Missbrauchserfahrung [Paolucci et al. 2001]), unspezifisch sind; sie können den Verdacht auf einen sexuellen Missbrauch begründen, in der Begutachtungspraxis sind sie nicht hilfreich.

Das gleiche gilt für die Interpretation von Zeichnungen oder Spielhandlungen (zu Resultaten des Umgangs mit sogenannten anatomischen Puppen vgl. McIver et al. 1989) oder von mitgeteilten Träumen.

44.2.2 Kognitive Voraussetzungen und Persönlichkeitsmerkmale

Undeutsch hat bereits 1954, das heißt lange vor seinem Handbuchartikel von 1967 mit der *Betonung der Aussagenanalyse*, den Grund dafür gelegt, dass die allgemeine Glaubwürdigkeit zunehmend aus der Begutachtung von Zeugen verdrängt wurde (Undeutsch 1954). In der Ära vor seinen Arbeiten wurde bei der Beurteilung der Glaubwürdigkeit auf Persönlichkeitseigenschaften des Zeugen mehr abgestellt als auf die Aussageinhalte selbst, und erhebliche Zweifel an der sogenannten allgemeinen Glaubwürdigkeit schienen danach geeignet, auch die spezielle Glaubwürdigkeit infrage zu stellen. Dennoch ist auch in der heutigen Begutachtungspraxis die Persönlichkeitsbeurteilung im Sinne der Aussagetüchtigkeit von Bedeutung.

Merke
Bei der Prüfung der Persönlichkeitsvoraussetzungen geht es um Wahrnehmungsgenauigkeit, Erinnerungsvermögen, Schilderungsfähigkeit sowie Fantasieleistungen und Suggestibilität.

Die drei erstgenannten Merkmale sind entwicklungsabhängig. Im Zusammenhang mit der Frage der *Beobachtungsgenauigkeit* muss die Sinnestüchtigkeit geklärt werden (wurden ggf. in der aktuellen Situation Seh- oder Hörhilfen getragen?). Wichtig ist, ob sich die Beobachtungsfähigkeit eines Kindes auch auf komplexe Inhalte erstreckt. Das visuelle Wiedererkennungsgedächtnis ist dem akustischen überlegen bzw. entwickelt sich vor diesem. Schon vierjährige Kinder vermögen zwischen Vorstellung und Realität zu unterscheiden (Flavell et al. 1987), nach Johnson und Foley (1984) unterscheiden erst 6-Jährige zwischen Erinnerungen an Erlebtes und an Fantasieprodukte. Junge Kinder denken konkretistisch, handlungsgebunden, anthropomorph, egozentrisch, finalistisch und können nicht abstrakt kategorisieren (Kraheck-Brägelmann 1993). Diese Besonderheiten des Denkens führen zu phänomengebundenen Wahrnehmungen und Schilderungen. Umgekehrt verändern sexuelles Wissen und sexuelle Erfahrungen die Wahrnehmung und Schilderung von Missbrauchshandlungen und müssen als Wahrnehmungsvoraussetzungen deswegen bekannt sein.

Bei der *Erinnerungsfähigkeit* wird nach Möglichkeit die Erinnerung für Erlebtes, für verbal Mitgeteiltes und für Fantasieerzeugnisse unterschieden. Freie Erinnerungen sind bei jungen Kindern schlechter entwickelt als das Wiedererinnerungsgedächtnis. Die Erinnerungsdauer ist altersabhängig (Dreijährige im Mittel 7,7 Monate, Vierjährige 14,5 Monate; Todd u. Perlmutter 1980). Das Gedächtnis ist von den kognitiven Fähigkeiten abhängig, dementsprechend ist das Wiedererkennungsgedächtnis bei intelligenzgeminderten Kindern besser als das freie Erinnern. Intelligenzgeminderte Personen erinnern sich aber langsamer. Vier- bis fünfjährige Kinder erinnern auch weiter zurückliegende Ereignisse (Steller 1989), Drei- bis Vierjährige nur mit Unterstützung, die allerdings ein Suggestionsrisiko beinhaltet. Datierungen im Sinne eines Episodengedächtnisses – und daraus abgeleitet die Aufeinanderfolge von Ereignissen und ihre Dauer – werden in der Regel erst mit sechs oder sieben Jahren vorgenommen, beim jüngeren Kind nur mithilfe affektiv bedeutsamer Zeitgeber (Friedman 1978).

Die *Wiedergabe beobachteter Ereignisse* ist je nach Entwicklungsstand sprunghaft oder diskursiv, konkretistisch oder von abstrakteren Ordnungsgesichtspunkten bestimmt. Traumatische Erlebnisse können unabhängig von der Schilderungsfähigkeit oft erst nach Monaten wiedergegeben werden (Summit 1983). Im Gegensatz zur Bedeutung begleitender Gesten verbietet sich Vormachenlassen oder Exploration am Ort der berichteten Handlung wegen des Suggestionsrisikos (Steller 2003, mündliche Mitteilung). Begrenzte sprachliche Fähigkeiten im Sinne einer expressiven Sprachentwicklungsstörung müssen gegen die Unfähigkeit, etwas zu schildern, was nicht erlebt wurde, abgegrenzt werden. Wie beim Erinnern ist auch für das Schildern-Können nicht das Verstehen einer Handlung entscheidend, sondern die Möglichkeit zu deren exakter Beobachtung oder Wiedergabe. „Nur" als Zeuge und nicht als Opfer erlebte Vorgänge können wegen der häufig etwas geringeren affektiven Belastung besser wiedergegeben werden.

Auf die Beurteilung der *Fantasietätigkeit* für die Frage der Erfindbarkeit einer Aussage hat Michaelis-Arntzen (1983) hingewiesen. Sie beschreibt Fantasieleistungen als stabiles Persönlichkeitsmerkmal, sofern solche Leistungen in einem dem Kind vertrauten Bereich erbracht werden. Fantasieleistungen erscheinen weniger eng mit dem kognitiven Niveau korreliert als Wahrnehmungsgedächtnis und Wiedergabegenauigkeit. Allgemein akzeptierte Tests für die Fantasietätigkeit fehlen. Wirklich phantasierte (nicht suggerierte) und von ihnen für wahr gehaltene Berichte von Kindern über sexuelle Missbrauchshandlungen hat Undeutsch (1989) als äußerst selten bezeichnet.

Schließlich ist der Grad der *Suggestibilität* eines Kindes von Bedeutung. Er ist für den Explorationsstil zu beachten. Wichtiger ist er aber bezüglich der Beeinflussung durch Dritte von vornherein. Suggestionsproben erstrecken sich bei der Befragung in der Regel auf Nebenhandlungen und im Umfeld der berichteten Handlungen Gesagtes; das heißt, die Suggestibilität wird am konkreten Aussagematerial geprüft, nicht mittels spezifischer Verfahren. Auch bei weniger suggestiblen Kindern muss aber die Bedeutung der Motive Dritter sorgfältig

44.2 Glaubhaftigkeit von Angaben kindlicher Zeugen

überprüft werden. Valide Suggestibilitätstests fehlen (Endres 1998).

Spezifische Vorgehensweisen sind lediglich für die Beurteilung von Erlebnisgedächtnis, Gedächtnis für verbal Vermitteltes und für die Produktion und Erinnerung von Fantasieerzeugnissen geeignet. Das Vorgehen muss dem Alter und dem möglichen Erlebnisbereich des Kindes entsprechen. Das Ereignis, auf das bei der Erlebnisschilderung Bezug genommen wird, soll möglichst aus einem Zeitraum stammen, der nahe bei dem infrage stehenden Missbrauchsereignis liegt.

44.2.3 Motivlage und Entwicklung der Aussagen

Wenn man hohe Konstanz der zu verschiedenen Zeitpunkten gemachten Aussagen als wichtiges Glaubhaftigkeitsindiz bewertet, übersieht man leicht, dass Befragungen auch selbst Lerngeschichte erzeugen (Wakefield u. Underwager 1988). Dieses Vorgehen vernachlässigt weiterhin die Rolle der Erstbefragung für die Umformulierung lebendiger Erinnerungen in einen eher starren Text, übersieht auch, dass die Tendenz des Erstbefragenden die Aussagerichtung des Zeugen mitbestimmt (Dent 1982).

> **Merke**
> Insbesondere im frühen Stadium der Aussage unterliegen Kinder nicht nur eigenen Motiven (die für Falschbeschuldigungen am ehesten bei Jugendlichen eine Rolle spielen), sondern vor allem den Einstellungen ihrer Umwelt.

Wer der erste Adressat des kindlichen Berichtes war, ob das Kind diesen Bericht von sich aus oder auf Befragen gegeben hat, ob der Verdacht eines sexuellen Missbrauchs zum Zeitpunkt dieses ersten Berichtes bereits existierte, ob Fragen und Nachfragen, Hilfen, Demonstrationen usw. nötig waren, um den Bericht zu erbringen, ist deshalb von Interesse, auch, was Erwachsene in Gegenwart des Kindes über dessen Bericht gesprochen haben. Veränderungen der Aussagesituation werden außerdem durch ärztliche Konsultationen, die Inanspruchnahme von Beratungsstellen oder begonnene Psychotherapien erzeugt. Wenn zum Zeitpunkt der Offenbarung Streit in der Familie herrscht, ist das eher selten ein Hinweis auf eine Falschbeschuldigung, denn die hohe Dunkelziffer bei sexuellen Übergriffen auf Kinder kommt gerade dadurch zustande, dass Kinder schweigen, weil sie sich mitschuldig wähnen und sich deswegen schämen bzw. Vorwürfe fürchten.

> **Merke**
> Eine besondere Situation ist das Aufkommen des Missbrauchsverdachts im Rahmen familienrechtlicher Auseinandersetzungen über Sorge- oder Umgangsrecht.

Häufig sind in solchen Konstellationen nach Blush und Ross (1987) schon vorher disharmonische Familien, emotional eher labile Mütter (nach Wakefield u. Underwager [1990] auch mit Histrionischen Persönlichkeitsstörungen), weiche und nachgiebige männliche Partner, achtjährige oder jüngere Mädchen als fragliche Opfer, Konsultationen bei Experten vor Einführung des Verdachts auf der Behörden- oder Gerichtsebene. Suggestionsgefährdet sind in solchen Situationen Kinder, die sich in affektiv dissonanten Zuständen befinden, die auch Ängste erzeugen, zumal wenn die einflussnehmende Person ein hohes Ansehen und Unterstützung im Umfeld hat, sodass Widerstand gegen die Suggestion Schuldgefühle hervorruft. Dabei werden Kontakte zu

Personen, die dem kindlichen Zeugen früher Sicherheit verliehen, oft unterbunden, überhaupt die Informationen streng kontrolliert (Zimbardo et al. 1977). Campbell (1994) hat darauf hingewiesen, dass während Spieltherapien diese Beziehungsvoraussetzungen ebenfalls erfüllt sind.

Weniger schwierig erscheint die Beurteilung von Tendenzen, die den Aussagen innewohnen. Als die Glaubhaftigkeit verstärkend gelten Aussagen, in denen Entlastendes gegen die beschuldigte Person vorgebracht bzw. eine gute affektive Beziehung zu ihr geschildert wird oder wenn das Opfer/ der Zeuge sich durch Einräumen eigenen, von der Umwelt missbilligten Verhaltens (mit oder ohne Zusammenhang zum angegebenen Missbrauch) selbst belastet (Undeutsch 1967). Im engeren Sinne gilt das auch für das Einräumen sexueller Interessen bei Jugendlichen, die ja keineswegs gegen die Glaubhaftigkeit von Aussagen sprechen müssen. Sexuelles Wissen, Interesse an Sexualität, einschlägige Erfahrung, aber auch affektive Einstellungen sind nicht zeitstabil, das heißt, sie können sich im Zuge der Entwicklung zwischen Geschehen, Erstaussage, Begutachtung und Hauptverhandlung verändern. Ihr Ausmaß, mehr aber noch ihre Entwicklungsgeschichte müssen daher exploriert werden, um für Falschaussagen sensibel zu bleiben, die durch die Übertragung von mit einer bestimmten Person erlebten Handlungen auf eine andere bedingt sind.

44.2.4 Kriterienorientierte Aussagenanalyse

Die von Undeutsch (1967) eingeführte kriterienorientierte Aussagenanalyse hebt auf die Verankerung des geschilderten Geschehens in konkreten Lebenssituationen, die Konkretheit des geschilderten Geschehens, seinen Detailreichtum, seine Originalität, die innere Stimmigkeit oder Folgerichtigkeit des geschilderten Geschehens und wiedergegebene delikttypische Inhalte ab. Spezifischer Wert wird dabei auf die Erwähnung von Einzelheiten gelegt, die die Denkmöglichkeiten des Aussagenden übersteigen, auf die Wiedergabe von eigenem Erleben oder Komplikationen in den geschilderten Vorgängen und spontane Verbesserungen, Präzisierungen oder Ergänzungen der Aussage. Im Gefolge dieser Arbeiten sind verschiedene Listen von Realkennzeichen aufgestellt worden, so von Trankell (1971), Szewczyk (1973), Arntzen (1983) sowie Steller und Köhnken (1989). Die letztgenannte Liste wird hier eingeführt, weil sie einer empirischen Überprüfung unterzogen wurde (Steller et al. 1992b). Sie enthält:

- drei *allgemeine Merkmale*:
  - logische Konsistenz
  - strukturierte Darstellung
  - quantitativer Detailreichtum
- vier *Merkmale zu speziellen Inhalten*:
  - raum-zeitliche Verknüpfungen
  - Interaktionsschilderungen
  - Wiedergabe von Gesprächen
  - Schilderung von Komplikationen im Handlungsverlauf
- sechs *Merkmale zu inhaltlichen Besonderheiten*:
  - Schilderung ausgefallener Einzelheiten
  - Schilderung nebensächlicher Einzelheiten
  - phänomengemäße Schilderung unverstandener Handlungselemente
  - indirekt handlungsbezogene Schilderungen
  - Schilderung eigener psychischer Vorgänge
  - Schilderung psychischer Vorgänge des Täters

44.2 Glaubhaftigkeit von Angaben kindlicher Zeugen

- fünf *Merkmale zu motivationsbezogenen Inhalten*:
  - spontane Verbesserung der eigenen Aussage
  - Eingeständnis von Erinnerungslücken
  - Einwände gegen die Richtigkeit der eigenen Aussage
  - Selbstbelastungen
  - Entlastungen des Angeschuldigten
- *Hinweise auf deliktspezifische Inhalte*:
  - deliktspezifische Aussageelemente

Auch die empirische Überprüfung von Realkennzeichen hat Vorläufer in den Arbeiten von Rüth-Bemelmanns (1984), die erfundene versus erlebte Berichte von Kindern anhand der Kriterien zu 98 % richtig einordnen konnte, von Yuille (1988) mit Trefferquoten zwischen 85 % und 90 % für erfundene und für die Schilderung eines miterlebten oder ausgedachten Unfallgeschehens und von Esplin et al. (1988). Esplin et al. konnten die Aussagen von 38 drei- bis fünfzehnjährigen Kindern über erlebten sexuellen Missbrauch (davon 20 durch Geständnisse oder beweisende Befunde bestätigt) so als eindeutig oder zweifelhaft einordnen, dass die Beurteilungspunktsummen Verteilungen ohne Überschneidung bildeten. Zweifel bleiben lediglich bezüglich der Generalisierbarkeit der erzielten Ergebnisse wegen eines möglichen Bias' bei der Auswahl der analysierten Aussagen. Steller et al. (1992b) überprüften Undeutschs Hypothese in einer Simulationsstudie (Einzelinterviews zu erlebten oder erfundenen Ereignissen mit Eigenbeteiligung, vorwiegend negativer Tönung und mit weitgehendem Kontrollverlust über die Situation bei unausgelesenen Grundschülern; die Kinder hatten sich auf die Erzählung eine Woche vorbereiten können und hatten die Anweisung, durch ihre Erzählungen dem Zuhörer den Eindruck eigenen Erlebens zu vermitteln). Von den 19 Kriterien konnten 16 bei den statistischen Analysen berücksichtigt werden. Gute Ergebnisse ($p < 0{,}01$ bis $0{,}04$) ergaben sich für die Merkmale

- logische Konsistenz,
- quantitativer Detailreichtum,
- raum-zeitliche Verknüpfungen,
- Schilderung von Komplikationen im Handlungsverlauf,
- Schilderung ausgefallener Einzelheiten,
- Schilderung nebensächlicher Einzelheiten,
- phänomengemäße Schilderung unverstandener Handlungselemente,
- indirekt handlungsbezogene Schilderungen,
- Selbstbelastungen.

Fraglicher (p zwischen $0{,}10$ und $0{,}16$) waren die Ergebnisse für Interaktionsschilderungen, die Wiedergabe von Gesprächen und die Schilderung eigener psychischer Vorgänge. Ungünstige Beurteilungen ergaben sich für die Schilderung psychischer Vorgänge des Angeschuldigten ($p = 0{,}50$), für die spontane Verbesserung der eigenen Aussage ($p = 0{,}43$), für das Eingeständnis von Erinnerungslücken ($p = 0{,}92$) und für Entlastungen des Angeschuldigten ($p = 0{,}81$).

Auch wenn das letztgenannte Merkmal nur teilweise Vergleichbarkeit gewährleistet, zeigt sich, dass sich die ungünstigsten Ergebnisse für die Gruppe der motivationsbezogenen Inhalte mit Ausnahme des Merkmals der Selbstbelastungen finden lassen. Auch die Autoren wollen aber aufgrund der abweichenden Situation kindlicher Zeugen für diese Merkmalsgruppe Undeutschs Hypothesen nicht verwerfen, zumal sie von Esplin et al. (1988) auch für diese Gruppe gestützt wurden und Niehaus (2001) jüngere experimentelle Ergebnisse hierzu zusammengestellt hat. Motivationsbezogene Aussageninhalte haben allerdings den Nachteil, dass sie bei Abgleichung mit anderen relevanten Beweismitteln am ehesten subjektiver Würdigung unterliegen.

> **Merke**
> Die unzureichende Befragungstechnik und Aufzeichnung von Zeugenvernehmungen Minderjähriger nach sexuellem Missbrauch erschweren in aller Regel die Beurteilung der Erstaussagen Betroffener, die blind, d.h. ohne persönlichen Eindruck von dem Kind, möglich wäre.

Die reliable Anwendung der Realkennzeichen bedarf des Trainings (Höfer et al. 1999). In der Praxis wird die Beurteilung des Zutreffens der Realkennzeichen mit dem Wissen über Gestik und Mimik des betroffenen Kindes während der Exploration, seine Intelligenz und sonstige Persönlichkeitsmerkmale sowie dem Kontext der Aussage kontaminiert. Das kann bei der Interpretation hilfreich sein, aber auch zu Verzerrungen führen. Selbst in wahren Aussagen kommen kaum jemals alle Realkennzeichen vor, auf unwahre Aussagen können einzelne Realkennzeichen zutreffen. Auch das Gewicht der einzelnen abgesicherten Merkmale der kriterienorientierten Aussagenanalyse im Rahmen der Glaubwürdigkeitsbeurteilung ist bislang unklar. Steller et al. (1992b) haben außerdem darauf hingewiesen, dass die theoretischen Annahmen für den bestätigten Unterscheidungswert der Realkennzeichen ungeklärt sind.

> **Merke**
> Die Realkennzeichen eignen sich nicht zur Unterscheidung suggerierter von erlebnisbezogenen Aussagen.

Um bei der Exploration Aussagen zu erhalten, anhand derer die Realkennzeichen ohne Schwierigkeiten geprüft werden können, muss das explorierte Kind mit dem Gegenstand der Befragung vertraut sein. Gelegentlich ist es hilfreich, diese Informationen noch im Beisein der Bezugspersonen zu geben, damit das Kind deren Einverständnis registriert, falls es im Zweifel darüber ist, ob es über bestimmte Vorfälle oder Vorwürfe sprechen darf. Am besten verwertbar sind freie Berichte, die bei jungen Kindern allerdings kürzer ausfallen; ein Nachfragen erhöht in diesem Fall die Fehlerquote. Die Tonband- oder Videoaufzeichnung der Exploration empfiehlt sich.

> **Merke**
> Fragen, die nur mit Ja und Nein beantwortet werden können, verbieten sich ebenso wie gerichtete Fragen, die eine Erwartungstendenz des Beurteilers erkennen lassen. Solche Erwartungstendenzen wirken übrigens generell suggestiv. Suggestiv wirkt auch die wiederholte Frage nach demselben Sachverhalt.

Fragewiederholungen zum selben Gegenstand sollten daher nicht rasch aufeinander folgen. Selbstunsichere und im ungünstigen Verlauf durch die Befragungssituation verunsicherte Kinder und solche mit Erinnerungslücken sind besonders anfällig für Suggestivfragen. Sie erleben die Befragungssituation leicht als Aufgabe, in der etwas erbracht werden muss, und schließen aus der Befragung durch einen „Experten", dass sie auch in der Lage sein müssten, etwas zu produzieren. Möglichst anhand der Angaben des Kindes sollen die Fragen zunehmend spezifischer werden. Vorhalte sind weniger geeignet, Differenzen aufzuklären, als die Angabe, der Explorierende habe etwas noch nicht verstanden. Falls im Hinblick auf innere Widersprüche oder früher abweichende Aussagen wirklich Vorhalte gemacht werden müssen, sollte dies nach dem freien Bericht geschehen. Die Vorgabe alternativer Handlungsmuster mit der Bitte um Entscheidung, ob es so oder so gewesen sei, verbietet sich wegen der Suggestivwirkung (auf die suggestive Bedeutung anatomischer Puppen wurde bereits hingewiesen). Reagiert das explorierte Kind mit Nicht-Wissen oder Nichtmehr-Wissen, weil ihm die Situation peinlich ist, kann allenfalls daran erinnert werden, dass es (nicht etwa andere Beteiligte) schon einmal über die Vorgänge gesprochen hat; weitere Anknüpfungen an frühere Aussagen sind jedoch unzulässig. Besser ist es, an Sachverhalte aus der damaligen Lebenssituation des Kindes anzuknüpfen. Davon zu unterscheiden ist der klare Wille eines Kindes, sich nicht zu äußern, indem es von seinem Zeugnisverweigerungsrecht Gebrauch macht. Die Zustimmung des Kindes zur Befragung setzt zwar die der Sorgeberechtigten voraus, kann aber durch diese nicht ersetzt werden. Sachverständige müssen in geeigneter Weise auf die Freiwilligkeit der Mitarbeit bei der Untersuchung und die Verwertung der Angaben im Gutachten hinweisen.

Bereits bei den Persönlichkeitsvoraussetzungen von Aussagen wurde auf Besonderheiten des Denkens, speziell im frühen Kindesalter, hingewiesen, die der Explorierende kennen muss, um nicht scheinbar logische Fehler des Kindes zum Anlass für Nachfragen zu nehmen; nicht verstehbare Nachfragen haben nämlich ebenfalls suggestive Wirkung.

44.2.5 Bewertung und hypothesengesteuertes Vorgehen

Der Gutachter setzt die Ergebnisse der Aussagenanalyse in Beziehung zur kognitiven emotionalen und motivationalen Situation des Kindes, den Umständen bei Entstehung der Aussage und anderen Fakten oder Zeugenaussagen, unter anderem über das Verhalten des Kindes oder Jugendlichen nach dem geschilderten Missbrauchserlebnis. Volbert (1995) weist darauf hin, dass dabei neben dem Merkmal der *Detailierung*, worauf sich bei Begutachtungen die Aussageanalyse in 87 % der Fälle stützt, sowie den Merkmalen *Homogenität* und *delikttypische Schilderungen* (jeweils 51 %) dem Merkmal der *Konstanz* bei 68 % aller Begutachtungen Bedeutung zukommt. Bei der *Konstanzprüfung* sind gedächtnispsychologische Erkenntnisse zu berücksichtigen. Präzisierungen oder Ergänzungen sprechen, wenn sie gedächtnispsychologischen Erwartungen entsprechen, nicht gegen eine Konstanz der Aussage. Eher Vergessensvorgängen unterliegen insbesondere Aussagen über die Zuordnung von Nebenhandlungen zu Haupthandlungen, über die zeitliche Reihenfolge von Phasen eines Vorganges oder über die Reihenfolge verschiedener in sich abgeschlossener Handlungen, Aussagen über Datierungen von Vorgängen und auf Schätzungen beruhende Aussagen, solche über die Häufigkeit einander ähnlicher Vorgänge, über Seitenverhältnisse und über die Position einzelner Körperteile bei bestimmten Handlungen, über nicht unmittelbar beteiligte Begleitpersonen, über Kleidung und über eigene frühere Aussagen sowie über Wortlaut und Sinngehalt von Gesprächen, über Motive früherer Handlungen bzw. Unterlassungen, über Schmerzempfindungen, Wetterverhältnisse und über Zahlenangaben. Demgegenüber werden Aussagen zum Kerngeschehen, zu unmittelbar beteiligten Handlungspartnern, groben Örtlichkeiten, Ortswechseln, zu unmittelbar zur Handlung in Bezug stehenden Gegenständen, Aussagen über Helligkeit und Gesamtkörperpositionen in der Regel gut erinnert (Arntzen 1983).

Die Beurteilung kann zu fünf Schlüssen führen:
- Die Aussagetüchtigkeit des Zeugen ist unzureichend.
- Das vorhandene Material für eine Aussagenanalyse ist zu gering.
- Die Aussage ist als glaubwürdig anzusehen, weil sie wahrscheinlich auf eigenem Erleben basiert.
- Teile der Aussage sind glaubwürdig oder unglaubwürdig.
- Die Aussage ist unglaubwürdig.

Eine Taxonomie nicht erlebnisbegründeter Aussagen haben Steller et al. (1992b) gegeben. Sie unterscheiden *absichtliche Falschaussagen* (erfunden bzw. durch Transfer eigener Erlebnisse oder sonstiger Wahrnehmungen auf den Beschuldigten entstanden) von *fremdbeeinflussten Falschaussagen* (absichtlich bzw. irrtümlich induziert und dann vom Zeugen subjektiv als wahr oder unwahr erkannt, aber übernommen) und *Autosuggestionen* (bei denen eigene Erlebnisse oder sonstige Wahrnehmungen irrtümlich auf den Beschuldigten transferiert werden oder Fantasieprodukte von der Realität nicht unterschieden werden können). Arntzen (1983) weist darauf hin, dass Geltungsbedürfnis als Falschaussagemotiv selten ist und auch das Abstreiten tatsächlicher Vorfälle durch Zeugen aus Not oder Verlegenheit nicht übersehen werden darf.

> **Merke**
> Nicht haltbare Aussagen von Erwachsenen (vor allem im Zuge von Scheidungsfolgeauseinandersetzungen) sind häufiger als Falschaussagen von Kindern oder Jugendlichen, nicht haltbare Aussagen von Jugendlichen häufiger als solche von Kindern.

Weil sexuelles Wunschdenken im Sinne von Autosuggestion häufig als Falschaussagemotiv unterstellt wird, muss dargelegt werden, inwieweit Angaben über sexuelle Vorstellungen der psychosexuellen Entwicklung der Zeugen überhaupt entsprechen. Sexuelles Interesse und sexuelle Erfahrung sprechen nicht primär gegen die Glaubhaftigkeit von Aussagen, sollten aber zur Prüfung anregen, ob sexuell missbilligtes Verhalten Falschaussagemotiv sein könnte.

Wegen der notwendigen Sorgfalt bei Glaubhaftigkeitsbeurteilungen ist es praktisch nicht möglich, entsprechende Beurteilungen nur aus dem Verlauf einer Hauptverhandlung ohne vorherige Vorbereitung abzugeben. Die Sorgfaltspflicht gebietet auch, Wiederholungen von Untersuchungen möglichst zu vermeiden, weil die Begutachtungsergebnisse damit an Zuverlässigkeit verlieren.

Das BGH-Urteil aus dem Jahr 1999 (BGHSt 45, 164) hat die Anforderungen an Gutachten, die den Erlebnisbezug von Aussagen für wahrscheinlich halten, drastisch erhöht. Es schreibt eine Prüfung aller relevanten Alternativhypothesen unter Negation der Erlebnishypothese so lange vor, „bis die Negation mit den gesammelten Fakten nicht mehr vereinbar ist". Die zu prüfenden Hypothesen (ausführlichere Übersicht s. Greuel 1997) ergeben sich aus den Akten oder im Verlauf der Untersuchung. Das Zu-

treffen der „Erlebnishypothese" kann widerlegt werden durch
- die *Suggestionshypothese* – ihr Zutreffen ergibt sich nicht aus der Prüfung der Realkennzeichen, sondern aus der Rekonstruktion der Entstehung und Entwicklungsgeschichte der Aussage, bei möglicher suggestiver Beeinflussung muss die Erlebnishypothese verworfen werden.
- die *Konfabulationshypothese* – sie kann anhand von Realkennzeichen, die bei den kognitiven und sozialen Fähigkeiten des Befragten eine erfundene Aussage nicht erwarten lassen, zurückgewiesen werden.
- die *Übertragungshypothese* (sexuelle Erlebnisse mit einer anderen als der beschuldigten Person) – ihre Zurückweisung anhand der Realkennzeichen ist oft schwierig, weil die verwertbaren Realkennzeichen eingeschränkt sind.
- die *Wahrnehmungsübertragungshypothese* (Informationen über Vorgänge aus Literatur oder Bildmedien) – sie kann praktisch nur zurückgewiesen werden, wenn sich eine räumlich-zeitlich-situative Verknüpfung des Geschilderten anhand der Aussage ergibt.
- die *Instruktionshypothese* (durch eine Bezugsperson erfundene Aussage wird vom Kind als unwahr erkannt, aber übernommen) – diese Hypothese ist anhand von Realkennzeichen verwerfbar, sofern letztere die kognitiven und sozialen Fähigkeiten des Instruktors in Betracht ziehen.

Die Anwendung dieser Kriterien lässt dem Gutachter praktisch keinen Gewichtungsspielraum und führt eher zur Zurückweisung der Erlebnishypothese zugunsten von Beschuldigten.

44.3 Folgen sexuellen Missbrauchs

44.3.1 Vorfragen

Begutachtungsfragen zu den Folgen sexuellen Missbrauchs von Kindern und Jugendlichen konzentrieren sich in der Regel auf drei mögliche Konsequenzen:
- die Beeinträchtigung von deren Entwicklung, insbesondere ihrer psychosexuellen Entwicklung
- die Genese psychischer Störungen mit negativen Konsequenzen für Schule und Berufslaufbahn oder spätere Delinquenz
- die im Gutachten seltener erörterte Wahrscheinlichkeit späteren Missbrauchsverhaltens des minderjährigen Opfers
- eine Kontaminierung von Missbrauchsfolgen mit anderen Risikofaktoren

In der Regel geht es dabei um Langzeitfolgen, weil zum Zeitpunkt der gutachtlichen Erörterung Konsequenzen aus der unmittelbaren Folgezeit bekannt sind. Retrospektive Begutachtungen der möglichen Kausalität früherer Missbrauchsereignisse für rezente psychische Auffälligkeiten sind aus juristischen Gründen (Verjährung der zivilrechtlichen Ansprüche) selten. Überwiegend ist der Gutachter mit der prospektiven Frage nach möglichen Folgen bei einem bekannt gewordenen und für real gehaltenen Missbrauch konfrontiert, weil unter anderen Vorbedingungen straf- oder zivilrechtliche Konsequenzen von Missbrauchshandlungen nicht erörtert werden. (In einer anderen Lage kann der Fachmann sein, der unter dem Aspekt möglicher Spätfolgen um Rat bezüglich der Aufklärung, Offenbarung oder Strafverfolgung einer Missbrauchshandlung gefragt wird.)

An die methodischen Voraussetzungen der Forschung über Missbrauchsfolgen kann hier nur erinnert werden. Sie betreffen die mangelnde Generalisierbarkeit von Forschungsergebnissen aufgrund
- unterschiedlicher Definitionen;
- unterschiedlicher Stichprobenauswahl (klinische bzw. repräsentative Stichproben; Entwicklung der schweigenden, nicht behandelten Mehrheit; früh bzw. erst angesichts von Spätfolgen offenbarte Missbrauchshandlungen; Beschränkungen auf bestimmte Altersgruppen, ein Geschlecht oder spezifische Bevölkerungsanteile);
- retrospektiver Forschungsdesigns und den sich daraus ergebenden Problemen von Erinnerungsverfälschung und -zuschreibung, in Bezug auf die Verwendung oder Nichtverwendung von Kontrollgruppen bzw. mangelnder Vergleichbarkeit der Kontrollgruppen (Nichtausschließbarkeit nicht erinnerter Missbrauchshandlungen; Probleme paarweiser Zuordnung, bezüglich des ökologischen Kontextes oder anderer als sexueller Missbrauchserfahrungen);
- unzureichender Diagnostik (unreliable Instrumente, mangelhafte Erfassung von Kontextvariablen; Messwiederholungen);
- unterschiedlicher Verläufe infolge stattgehabter Behandlung oder Nichtbehandlung.

Modelle, die Wahrscheinlichkeitsschätzungen erlauben, sind wegen der häufig komplexen Beziehung noch nicht formulierbar. Rutter (1989) hat auf die kumulative Verkettung ungünstiger Umstände im biografischen Umfeld sexuellen Missbrauchs von Kindern und Jugendlichen hingewiesen (s. Kap. 5 und Anda et al. 1999). Nicht nur Vorläufer sexueller Missbrauchshandlungen sind bei der Folgenabschätzung zu berücksichtigen, sondern auch weitere Biografien ehemals missbrauchter Personen verdienen Aufmerksamkeit. Beispielsweise unterliegen Personen mit einem bestimmten genetischen Risiko einer erhöhten Wahrscheinlichkeit dafür, in Familien zu leben, in denen einschlägige Risiken bereits im Verhalten manifest sind.

> **Merke**
>
> Kinder und Jugendliche in Risikofamilien laufen Gefahr, zusätzlichen Risiken ausgesetzt zu sein. Vernachlässigung, Misshandlung oder Missbrauch können in diesem Sinne häufig als zusätzliche widrige Lebensbedingungen in einer Risikoreihe gesehen werden; darauf verweist schon die häufige Überschneidung von Misshandlung mit Vernachlässigung und von sexuellem Missbrauch mit Misshandlung (und folglich Vernachlässigung). Chronische Misshandlungs- bzw. Missbrauchserfahrungen wirken persönlichkeitsprägend.

Sie ziehen, falls sie nicht beendet werden, weitere widrige Erfahrungen nach sich (in der Vorgeschichte auch überproportional häufig vernachlässigter Kinder finden sich gehäuft Bezugspersonenwechsel), die die Beziehungsfähigkeit beeinträchtigen können. Frühe sexuelle Beziehungen – z. T. mit ungünstigen Partnern – und frühe Elternschaft sind weitere Folgen im Verlauf von Lebensläufen, in denen sich später mangelhaftes Elternverhalten findet, das sich in Vernachlässigung, Misshandlung oder Missbrauch ausdrücken kann, oder in denen psychiatrische Störungen auftreten.

44.3.2 Folgen für die längerfristige psychische Entwicklung

Bei Sichtung der Literatur kommen Starr et al. (1991b) zu der Überzeugung, dass die

44.3 Folgen sexuellen Missbrauchs

Fokussierung der Outcome-Forschung auf psychiatrische Besonderheiten einen wesentlichen Anteil der Folgen, unter anderem sexuellen Missbrauchs, übersieht. Finkelhor (1983) exemplifiziert das an der Bereitschaft von Missbrauchsopfern, sich selbst für den Missbrauch verantwortlich zu machen und ein *defektes Selbstkonzept* zu entwickeln. Unterschiedliche Studien betonen erhöhtes Empfinden für Stress und *niedrige Selbsteinschätzung*. Beispielhaft seien Bagley und Ramsey (1985) zitiert, die eine Rate von 19 % unter missbrauchten Frauen gegenüber 5 % unter nicht-missbrauchten Frauen einer Population nennen. Dass sich die niedrige Selbsteinschätzung vor allem auf sexuelle Beziehungen erstreckt, betont Finkelhor (1984), der auch über erhöhte Raten von homosexuellem Verhalten unter Missbrauchsopfern berichtet. *Sexuelle Probleme* (Blockierungen im sexuellen Erleben, Promiskuität bis hin zur Prostitution) einschließlich des Risikos, im Erwachsenenalter erneut Opfer sexueller Übergriffe zu werden, betonen Teegen et al. (1992) sowie Paolucci et al. (2001). Studien, die sexuelle Zufriedenheit, Partnerwahl, Scheidungsrate oder Fähigkeit zur Geschlechtserziehung eigener Kinder als Hauptzielvariable haben, scheinen bislang nicht publiziert. Nach Sedney und Brooks (1984) finden sich emotionale Probleme unter als Kind missbrauchten Frauen etwa doppelt so häufig wie unter nicht-missbrauchten Frauen, ohne dass diese die Schwelle zu klinisch relevanten Störungen überschreiten (43 % vs. 22 %). Die in der Übersicht von Frank und Putnam (2003) beschriebenen neurobiologischen Folgen sexuellen Missbrauchs in der Kindheit eignen sich noch nicht zur Verwendung bei Begutachtungen.

44.3.3 Langzeitfolgen im Sinne psychischer Störungen

Konzentriert sich die Forschung auf Störungen von klinischer Relevanz (laut Frank u. Putnam [2003] schon bei 82,8 % missbrauchter Kinder), werden trotzdem unterschiedliche Schwellen für die Prävalenzangaben genutzt. Übereinstimmung besteht bezüglich der erhöhten *Depressionsrate*, die in sechs nicht-klinischen Samples gefunden wurde (zuletzt Stein et al. 1986) und die nach Sedney und Brooks (1984) mit 65 % gegenüber 43 % um die Hälfte erhöht ist, nach Bagley und Ramsay (1985) mit 17 % zu 9 % verdoppelt, nach Whiffen und Clark (1997) drei- bis fünffach erhöht. In vier Studien an nicht-klinischen Stichproben wurde über das Vorkommen von *Angststörungen* als Folge sexuellen Missbrauchs in der Kindheit berichtet (zuletzt Fromuth 1986).

Frank und Putnam (2003) beschreiben in ihrer Übersicht nach Depressionen Borderline-Persönlichkeitsstörungen, Somatisierungsstörungen, Substanzmissbrauch, Posttraumatische Belastungsstörungen, dissoziative Störungen und Bulimie als häufigste Folgestörungen. Finkelhor (1984) hat darauf hingewiesen, dass das Auftreten von Drogenmissbrauch bei einem Teil der betroffenen ehemals Missbrauchten mit Prostitution vergesellschaftet ist. Eine 11,8-fach erhöhte Rate von *Suizidhandlungen* geben Fergusson et al. (1996a) an, Sedney und Brooks (1984) haben außerdem auf eine mit 39 % gegenüber 16 % erhöhte Rate von Selbstverletzungen bei als Kinder missbrauchten Frauen hingewiesen (s. hierzu die speziellen Beiträge im Teil „Krankheitsbilder").

Berichte über andere Symptome sind seltener und weniger gut abgesichert bzw. nur an klinischen Stichproben erhoben. Dass keine linearen Zusammenhänge zwischen

Missbrauchserfahrungen und bestimmten psychischen Störungen bestehen, belegen andere Ergebnisse, etwa die von Russell (1986), die auf die erhöhte Rate negativer Lebenserfahrungen bei Inzestopfern hinweist, oder der klinisch häufige Befund dysfunktionaler Beziehungen, der sich einem bestimmten Störungsbild nicht zuordnen lässt. Finkelhor und Berliner (1995) weisen darauf hin, dass sich von den 40% nach einem Missbrauch symptomlos Gebliebenen binnen zwölf bis 18 Monaten 10–20% verschlechtern. Nach Ford und Kidd (1998) muss auf die Kombination von gestörter Affektregulation, vorübergehenden Bewusstseinsstörungen, beeinträchtigter Selbstwahrnehmung, veränderten Beziehungen, Vertrauensverlust und Somatisierung geachtet werden.

44.3.4 Die Rolle ehemaliger Missbrauchsopfer bei sexuellem Missbrauch von Kindern

Unter den durch späteres Missbrauchsverhalten auffallenden Personen sind doppelt so viele ohne wie mit Missbrauchserfahrungen in der Kindheit (wenn auch mehr als in der Kontrollgruppe). Oliver (1993) schätzt den Transgenerationeneffekt für Misshandlung/Missbrauch auf ein Drittel, d. h., er ist für die Gruppe der durch sexuellen Missbrauch Betroffenen, die eine Teilpopulation dieser Kinder und Jugendlichen darstellt, eher etwas niedriger einzuschätzen. Goodwin et al. (1981) berichten in einer nicht replizierten Studie über 24% Inzesterfahrungen bei Müttern von sexuell missbrauchten Kindern gegenüber 3% in einer Vergleichsgruppe. Der Befund ist bemerkenswert, weil auch Straus (1979a) und Herrenkohl et al. (1983) für Misshandlungen auf die Bedeutung der Mütter für den Transgenerationeneffekt hingewiesen

haben (s. hierzu Kap. 6 und 8). Während für die psychiatrischen Folgen von geringen Geschlechtsunterschieden ausgegangen wird, bestehen solche bei den Transgenerationeneffekten: Missbrauchte Jungen werden als Väter eher Misshandler/Missbraucher, missbrauchte Mädchen nehmen als Mütter ihre Kinder eher nicht in Schutz (Vogel 1994; Banyard 1997).

Studien zu späteren strafrechtlich verfolgten Missbrauchshandlungen erstrecken sich nur auf ehemalige männliche Missbrauchsopfer. Groth (1979) fand unter *sexuell Delinquenten* 31%, die in ihrer Vorgeschichte sexuelle Traumatisierungen angaben. Unter solchen, die sich an Kindern und Jugendlichen vergangen hatten, fanden sich gegenüber Vergewaltigern häufiger Erlebnisse sexueller Gewalt, und zwar überwiegend durch Bekannte (nicht durch Familienmitglieder), in 68% der Fälle durch Männer, in 32% der Fälle durch Frauen (während unter den Vergewaltigern Missbrauch durch Frauen deutlich überwog). Im Prinzip bestätigten Seghorn et al. (1987) diese Ergebnisse: Unter Tätern gegen Kinder und Jugendliche waren 57% mit eigener Missbrauchserfahrung, unter Vergewaltigern nur 23%. Der Missbrauch geschah bei ersteren häufiger durch Nichtfamilienmitglieder als bei den Vergewaltigern. In den Familien mit missbrauchten Kindern und Jugendlichen fanden sich häufiger andere Formen von sexueller Devianz (ohne Einbeziehung der späteren Missbrauchten) als in denen der Vergewaltiger und häufiger sexuell missbrauchte Geschwister. Die Angaben von Becker (1988) beziffern die Rate von als Kinder missbrauchten Adoleszenten mit Sexualdelinquenz auf nur 19%. Auch hier fanden sich häufiger Nichtfamilienmitglieder als Missbraucher, fast die Hälfte von ihnen waren Frauen.

44.3.5 Bewertung im Rahmen von Begutachtungen

Der Gutachter kann sich also auf wenige Fakten stützen, die Wahrscheinlichkeitsangaben nicht erlauben, nämlich auf
- *die auf ein Mehrfaches erhöhte Rate psychischer Auffälligkeiten* unterhalb der Schwelle klinischer Störungen, die bevorzugt aus dem Bereich sexueller Beziehungen bekannt sind (ohne dass man andere Arten von Schwierigkeiten ausschließen kann, weil sie nicht hinreichend untersucht wurden);
- *erhöhte Raten für Depression und Angst* oberhalb der Schwelle klinischer Störungen, außerdem auf das weniger gut (und überwiegend für Frauen) abgesicherte, gehäufte Vorkommen von Belastungsstörungen, dissoziativen Störungen und Somatisierungsstörungen, Borderline-Persönlichkeitsstörungen, Bulimie und eine erhöhte Rate von Alkohol- und Drogenmissbrauch sowie von Suizidalität und selbstverletzenden Handlungen;
- eine *erhöhte Rate sexueller Delinquenz* bei missbrauchten Jungen (während über späteres Missbrauchsverhalten von Frauen wenige Studien vorliegen, ihre Rolle bei der Transmission von Missbrauch im System der Familie aber bedeutsam zu sein scheint).

Angesichts dieser Befundlage muss sich der Gutachter nach *Mediatoren* fragen, unter denen das Eintreten solcher Folgen wahrscheinlicher oder weniger wahrscheinlich wird. Solche Mediatoren lassen sich aus Literatur und klinischer Erfahrung als wahrscheinlichkeitserhöhende Umstände ableiten:
- hohe Intensität des Missbrauchs, d. h. penetrative Kontakte
- Gewaltanwendung im Rahmen des Missbrauchs
- Missbrauchserfahrungen durch Vater oder Stiefvater – wie die beiden o. g. Merkmale gut belegt nach der Übersicht von Browne und Finkelhor (1986)
- Missbrauchserfahrungen durch männliche und erwachsene Personen (weniger gut belegt nach der Übersicht von Browne u. Finkelhor 1986)
- Fehlen supportiver Familienmitglieder und (folglich) Herausnahmen des Kindes aus der Familie (weniger gut abgesichert nach Browne u. Finkelhor 1986)
- schlechte kognitive Bewältigungsmöglichkeiten und niedriges Funktionsniveau zum Missbrauchszeitpunkt, auch Fehlen anderer Quellen von Selbstbestätigung
- andere begleitende ungünstige Lebensumstände, unter anderem in Form von psychischer oder körperlicher Vernachlässigung bzw. körperlicher oder psychischer Misshandlung
- psychische Störungen im Vorfeld der Missbrauchserfahrungen
- Missbrauchserfahrungen, die nach Aufdeckung fortgesetzt wurden bzw. Nichtbehandlung nach beendetem chronischem Missbrauch (kontaminiert mit dem Fehlen supportiver Bezugspersonen, s. o.)
- Über die Rolle chronischen (in der Regel also häufigen) und dementsprechend spät aufgedeckten Missbrauchs existieren ausgesprochen widersprüchliche Forschungsergebnisse (Browne u. Finkelhor 1986), offensichtlich weil die konfundierenden Merkmale nicht ausreichend auspartialisiert werden können.
- Über unterschiedliche Spätfolgen bei offenbarten oder geheim gehaltenen Missbrauchserfahrungen besteht wegen der komplexen Beziehungen keine Klarheit

(Browne u. Finkelhor 1986); die Beziehungen sind ähnlich uneindeutig wie die zwischen Spätfolgen und Alter bei Beginn des Missbrauchs.

Demgegenüber sind das Erfahrungswissen bzw. die Literatur zu *Schutzfaktoren*, die nach Missbrauchserfahrungen kompensatorisch, d.h. protektiv gegenüber späteren Entwicklungsstörungen, psychiatrischen Auffälligkeiten oder Delinquenz wirken, geringer. Zu nennen sind:
- supportive Bezugspersonen möglichst innerhalb der Familie (umgekehrt ist eine schlechte Beziehung zum nichtmissbrauchenden Elternteil oder zu beiden Elternteilen bei extrafamiliärem Missbrauch prognostisch ungünstig)
- gute Fähigkeiten, soziale Hilfsangebote zu nutzen
- eine optimistische Einstellung mit internem Kontrollbewusstsein (und entsprechend hoher Selbsteinschätzung)
- Fehlen autoaggressiver Symptome
- kognitive Fähigkeiten einschließlich hoffnungsvoller Fantasien
- Verantwortlichkeit für andere
- Auseinandersetzungsfähigkeit

Die wesentlichen dieser von Mrazek und Mrazek (1987) bzw. Zimrin (1986) zusammengestellten Merkmale entsprechen den Ergebnissen der Forschung über protektive Faktoren und dem Stressbewältigungsmodell von Lazarus (Benner et al. 1980).

45 Retrospektive Begutachtung von in der Kindheit traumatisierten Erwachsenen

Steffen Dauer

Inhalt

45.1 Problemlage 795
    45.1.1 Sachkunde von Juristen 795
    45.1.2 Kompetenz der Sachverständigen 795
    45.1.3 Besondere Fragestellungen 796
45.2 Spezifik der Begutachtung 797
    45.2.1 Glaubhaftigkeitsbegutachtungen 799
    45.2.2 Begutachtung psychischer Folgen 803
45.3 Fallbeispiel 805

45.1 Problemlage

45.1.1 Sachkunde von Juristen

Im Unterschied zur Begutachtung der Glaubhaftigkeit von Angaben kindlicher und jugendlicher Zeugen sieht die Strafprozessordnung vor, dass die juristische Bewertung der Glaubhaftigkeit von Zeugenaussagen Erwachsener in der Regel aufgrund der Sachkenntnis des Richters ohne die Unterstützung durch eine aussagepsychologische Begutachtung von einem Sachverständigen eingeschätzt wird. Demgegenüber hat der Gesetzgeber durch entsprechende Rechtsprechung und verschiedene Kommentare zur Strafprozessordnung den am Verfahren beteiligten Juristen empfohlen, die Sachkunde von hinreichend qualifizierten Psychologen oder Ärzten bei der rechtlichen Würdigung der Aussagen von Kindern und Jugendlichen zu nutzen (vgl. auch Schmidt 2005).

Die Sachkunde bei der Beurteilung der Zeugenaussagen von Kindern und Jugendlichen wird vor allem durch spezielle Methoden und Fähigkeiten der Sachverständigen bei der Befragung von Zeugen deutlich (z. B. durch die Anwendung des Kognitiven Interviews als Explorationstechnik; Köhnken et al. 2008).

45.1.2 Kompetenz der Sachverständigen

Neben der Erfassung von Zeugenaussagen können mithilfe psychologischer Methoden die Angaben der Kinder und Jugendlichen bezüglich spezieller Qualitätsmerkmale erlebnisbedingter Erinnerungen untersucht werden (Greuel et al. 1998; Niehaus 2008; Steller 2008).

Ziel derartiger Analysen ist es, den an einem Verfahren beteiligten Juristen Hinweise für die Einschätzung der Glaubhaftigkeit von Zeugenaussagen zur Verfügung zu stellen, wenn sich in bestimmten Situationskonstellationen lediglich ein kindlicher bzw. jugendlicher Zeuge oder ein Beschuldigter als handelnde Personen begegnet sind (Dauer 1997, 2009). Demgegenüber wird aus juristischer Sicht davon ausgegangen, dass die Aussagen erwachsener Zeugen und angeklagter Personen durch die Befragung seitens der Juristen und eine anschließende Bewertung des Wahrheitsgehalts dieser Angaben vorgenommen werden kann. Tatsächlich ist in einer solchen Bewertung auch aus psychologischer Sicht ein Teil der ureigenen richterlichen Tätigkeit zu sehen. Allerdings existieren in der juristischen Praxis wiederholt Fälle, in denen Richter, Staatsanwälte und Rechtsanwälte Grenzen in ihren Fähigkeiten zur Bewertung spezieller Zeugenaussagen benennen und Gutachtenaufträge zur Analyse von Zeugenaussagen formulieren. Diese Ausnahmen beziehen sich beispielsweise auf folgende Konstellationen:

- Aussagen von Erwachsenen mit einer geistigen Behinderung (Die Zeugen stehen häufig unter Betreuung.)
- Erwachsene mit diagnostizierten psychischen Störungen (Die Zeugen haben bereits eine Psychotherapie absolviert oder sind im Rahmen psychotherapeutischer Interventionen zu der Auffassung gelangt, dass ein vermeintlich strafrechtsrelevantes Verhalten anderer wesentlich zur Entstehung ihrer psychischen Störung beigetragen hat.)
- Erwachsene in einem besonderen Lebensumfeld (Hier geht es vor allem um Zeugen, die als Gefangene in Justizvollzugsanstalten, als Patienten in Kliniken oder als Betreute in Heimen leben.)
- Erwachsene mit spezifischen entwicklungspsychologischen Erfahrungen (Dies betrifft u. a. Zeugen mit Migrationshintergrund; Orth u. Kremp 2009.)

Untersuchungen zum Verhältnis entsprechender Gutachtenaufträge bezüglich Kindern und Jugendlichen oder Erwachsenen haben verdeutlicht, dass der Anteil begutachteter Erwachsener weniger als 20 % sämtlicher Gutachtenaufträge im Zusammenhang mit der Einschätzung von Zeugenaussagen beträgt (Wolf u. Steller 1997).

45.1.3 Besondere Fragestellungen

Neben diesen Problembereichen werden Gutachtenaufträge auch durch die Ämter für Versorgung und Soziales, bezüglich erwachsener Betroffener, erteilt, bei denen die Frage besteht, ob Leistungen nach dem Opferentschädigungsgesetz (OEG) zu zahlen sind. Die Aufgabenstellungen zu diesem Kreis von betroffenen Erwachsenen umfassen dabei entweder psychologische Untersuchungen zur Kausalität psychischer Erkrankungen in Bezug auf ein vermeintliches Tatgeschehen (vor allem bei Betroffenen, die vor mehreren Jahren Zeugen in einem Strafverfahren gegen die vermeintlichen Täter gewesen sind) oder Aufgabenstellungen hinsichtlich der Einschätzung der Glaubhaftigkeit von Angaben der Betroffenen (überwiegend bei Erwachsenen, die bislang keinen Strafantrag zu den häufig mehrere Jahre zurückliegenden vermeintlichen Taten gestellt haben).

Die juristischen Fragestellungen im Problembereich der Begutachtung von Erwachsenen, die in der Kindheit missbraucht worden sein sollen, sind unter anderem auch

deshalb seltener, weil einerseits die Strafverfolgung hier vor allem durch Verjährungsfristen eingeschränkt wird, die Erwachsenen andererseits aber auch über Jahre keine Anzeige erstattet haben. In den entsprechenden Begutachtungsfällen wurden von den Betroffenen häufig folgende Gründe für eine Verzögerung der Anzeige wegen Misshandlung, Vernachlässigung oder sexuellen Missbrauchs angegeben:
- keine Hoffnung auf Erfolg der Strafverfolgung gegen den Beschuldigten
- Scham, über die vermeintlichen Ereignisse berichten zu müssen
- Unsicherheit bezüglich der Korrektheit von Erinnerungen an die vermeintlichen Handlungen des Beschuldigten
- Versuche der Bewältigung unterschiedlicher Erfahrungen ohne strafrechtliche oder zivilrechtliche Verfahren

Interessanterweise haben dabei absolvierte Psychotherapien gleichermaßen dazu beigetragen, dass sich Zeugen entweder in ihren Befürchtungen bezüglich der Möglichkeit einer Strafverfolgung bestärkt sahen oder, im Gegenteil, durch psychotherapeutische Interventionen erst die Auffassung entwickelten, dass eine Strafverfolgung des Beschuldigten möglich sei.

Damit sind die zu begutachtenden Erwachsenen in einer anderen Weise im Vorfeld der Begutachtung verunsichert, als dies auf Kinder und Jugendliche zutrifft, die häufig das Gefühl haben, in einem Ermittlungs- oder Strafverfahren wenige Entscheidungsmöglichkeiten bezüglich der Teilnahme am Verfahren zu besitzen. Dagegen lässt sich bei Erwachsenen erkennen, dass diese in der Regel eingeschränkte Entscheidungsfähigkeiten verdeutlichen. Diese Unsicherheiten werden von den am Verfahren beteiligten Institutionen erkannt und die Prognose einer möglicherweise komplizierten Beziehungsgestaltung zu derartigen Zeugen führt letztlich zur Auslösung eines Gutachtenauftrages. Dabei ist interessant, dass Aufträge seitens der Staatsanwaltschaft im Ermittlungsverfahren häufig durch Hinweise der Polizei auf eine mögliche geistige Behinderung oder eine eventuelle psychische Störung des erwachsenen Zeugen zurückzuführen sind. Existieren solche Hinweise im Ermittlungsverfahren nicht, kann es vor oder nach Zulassung einer Anklage zur Hauptverhandlung und nach der Eröffnung des Hauptverfahrens bzw. vor allem im Verlauf der Beweisaufnahme in einer Hauptverhandlung zu einer Beschlussfassung des Gerichtes kommen, dass entsprechende erwachsene Zeugen mithilfe aussagepsychologischer Methoden zu untersuchen sind.

45.2 Spezifik der Begutachtung

Die Spezifik der Begutachtung lässt sich häufig nicht aus den juristischen Fragestellungen ableiten. Diese unterscheiden sich in der Mehrzahl der Begutachtungsfälle von Erwachsenen nicht von den Aufgabenstellungen bei Verfahren mit Kindern und Jugendlichen. Allenfalls die Spezifik bereits diagnostizierter geistiger Behinderungen oder psychischer Störungen wird teilweise in derartigen Fällen von den beauftragenden Institutionen oder Behörden bereits in der Fragestellung deutlicher hervorgehoben. Damit wird die Problematik verbunden, inwieweit Personen im Betreuungsverhältnis, Zeugen in besonderen Lebenssituationen oder Erwachsene mit einer vorhandenen psychischen Störung aus gutachterlicher Sicht Hinweise dafür erkennen lassen, ob sie zur Formulierung einer rechtlich relevanten und juristisch verwertbaren Aussage in der Lage sind.

Diese Aspekte der Aussagekompetenz können durch entsprechende Untersuchungen fallspezifisch analysiert werden, wobei den Auftraggebern Informationen über die intellektuellen Voraussetzungen eines Zeugen gegeben werden können, inwieweit er die kognitiven Fähigkeiten besitzt, unter speziellen Bedingungen verschiedene Details einer sozialen Situation wahrzunehmen, diese Besonderheiten zu speichern und sie in unterschiedlichen Aussagesituationen zu verbalisieren. Dabei sind Untersuchungen zu individuellen Erinnerungsschwierigkeiten des Zeugen, zu Wahrnehmungsfehlern und Gedächtnisproblemen durchzuführen. Ebenso sind fallspezifische Analysen zur Fantasie des jeweiligen Zeugen und zu seiner Suggestibilität zu realisieren. Diese Voraussetzungen für die Formulierung einer Zeugenaussage sollen bei Erwachsenen im Allgemeinen durch Juristen selbst geprüft werden, lassen sich jedoch bei den eingangs genannten Personengruppen in Ausnahmefällen nur mit spezifischen Untersuchungsmöglichkeiten genauer differenzieren. Neben dieser häufig als Aussagetüchtigkeit oder Aussagekompetenz benannten Besonderheit eines Zeugen sind zudem spezielle Glaubhaftigkeitsuntersuchungen gefragt, die Hinweise für das Verständnis bisheriger Angaben eines Zeugen und für die mögliche Bewertung künftiger Zeugenaussagen des untersuchten Probanden ergeben können. Dabei ist es für die Auftraggeber von Interesse, ob sich aufgrund einer beispielsweise diagnostizierten Störung (z. B. bei einer emotional instabilen Persönlichkeitsstörung vom Borderline-Typus) in den fallspezifischen Angaben eines Zeugen bestimmte Qualitätsmerkmale finden lassen oder ob trotz umfangreicher detaillierter und anschaulicher Schilderungen über vermeintliche Erlebnisse wegen der besonderen Verhaltensweisen derart gestörter Personen auch in scheinbar konturierten und differenzierten Zeugenaussagen Hinweise auf Falschangaben enthalten sind. Insofern existieren hier auch Notwendigkeiten zur Betrachtung von Kausalitätsbeziehungen zwischen vermeintlich traumatisierenden Erlebnissen, entsprechenden Schilderungen über Erinnerungen an solche Ereignisse und bereits diagnostizierten Symptomen, um erlebnisbegründete Erinnerungen von nicht erlebnisbasierten Aussagen zu unterscheiden.

Die gutachterliche Praxis hat in den letzten Jahren verdeutlicht, dass durch die Rezeption entsprechender Literatur (vgl. beispielsweise Egle et al. 2005) ein stärkeres Bewusstsein dafür entwickelt wurde, dass weder aus dem Verhalten eines Menschen auf einen erlebten Missbrauch, eine Misshandlung oder eine Vernachlässigung geschlossen werden kann, noch dass es einfache Ursache-Wirkungs-Beziehungen zwischen verschiedenen Erkrankungen und bestimmten traumatisierenden Ereignissen gibt.

> **Merke**
> Die Spezifik der Begutachtung wird weniger durch juristische Fragestellungen bestimmt als vielmehr durch die häufig postulierte Kausalität von Traumatisierung und psychischer Erkrankung und erlebnisbasierten Aussagen.

Vor allem der Nachweis einer möglichen Kausalität von psychischen Erkrankungen und vermeintlich stattgefundenen traumatisierenden Handlungen hat für eine Gruppe von erwachsenen Zeugen eine erhebliche Bedeutung. Nach dem Einigungsvertrag und entsprechenden juristischen Durchführungsbestimmungen war es für Taten, die nach DDR-Recht bis zum Inkrafttreten des bundesrepublikanischen Strafgesetzbuches für die gesamte BRD zu bewerten waren, notwendig nachzuweisen, dass durch die Einwirkungen eines Beschuldigten erhebliche Gesundheitsschäden für das Opfer entstanden sind. Nur aufgrund des Nachweises solcher Konsequenzen wurde die Verjährungsfrist einem anderen Berechnungsmodus unterzogen. Und nur unter diesen Umständen konnten Straftaten aus den 1980er Jahren auch nach dem Jahr 2000 verfolgt werden. Ein entsprechendes Fallbeispiel wird im Weiteren noch vorgestellt.

45.2.1 Glaubhaftigkeitsbegutachtungen

Die Spezifik der Begutachtung wird nicht nur durch juristisch relevante Fragen bestimmt. Auch bei der Analyse der Glaubhaftigkeit sind aus psychologischer Sicht einige Besonderheiten von Bedeutung, die vor allem durch folgende Faktoren beschrieben werden können:
- Es existiert eine erhebliche zeitliche Differenz zwischen vermeintlicher Traumatisierung und erfolgter Anzeige, die durch bisherige individuelle Bewältigungsversuche und spezifische Motive für eine bislang nicht realisierte Offenbarung geprägt wurde.
- Frühere Mitteilungen von Betroffenen können durchaus formuliert worden sein, diese haben jedoch keine nachhaltigen Reaktionen des sozialen Umfeldes als Unterstützung für den jeweiligen Mitteilenden bewirkt (mangelnde Konsequenz von Familienangehörigen, fehlendes Überzeugtsein von der Richtigkeit der Angaben).
- Die individuellen Erfahrungen des Betroffenen haben zu einer Vielzahl potenzieller Einflüsse auf dessen Erinnerungen beigetragen (entwicklungspsychologische Aspekte in den Phasen von Kindheit, Jugend und Erwachsensein, gedächtnispsychologische Besonderheiten wie Vergessensprozesse, Bewertungen durch Dritte im familiären Kontext oder im therapeutischen Verlauf, individuelle Erfahrungen bei der Bewältigung von Erinnerungen oder bekannt werden mit Erfahrungen Dritter).
- Bei der Bewertung von Glaubhaftigkeitsmerkmalen in den Angaben der Betroffenen sind die Besonderheiten Erwachsener zu berücksichtigen. Diese können durchaus aufgrund ihrer Lebenserfahrung auch ohne direkten Erlebnisbezug umfangreichere, anschaulichere, durchaus logisch-konsistente und auch mit originellen Details versehene Schilderungen vortragen.

Bislang wurden durch verschiedene Untersuchungen von Köhnken und Schimmossek (1991), Landry und Brigham (1992) sowie Wolf und Steller (1997) die Erkenntnisse aus Untersuchungen mit Kindern als Aussagepersonen zur Validität der kriterienorientierten Aussageanalyse für entsprechende Begutachtungen mit Erwachsenen hinterfragt. Dabei wurde deutlich, dass in drei Studien die vorliegenden Erkenntnisse zur Kategorisierung inhaltlicher Realkennzeichen einer Aussage auch auf die Bewertung der Angaben von erwachsenen Zeugen übertragbar waren. Es wurden in diesen Studien qualitative Unterschiede zwischen der Reflexion erlebnisbegründeter Erinnerungen und der Schilderung fiktiver Situationskonstellationen deutlich. Allerdings hatten vor allem Wolf und Steller (1997) bei der Diskussion ihrer Untersuchungsergebnisse darauf verwiesen, dass die Glaubhaftigkeitsbeurteilung erst unter Berücksichtigung des Aussageverhaltens sowie unter

Bezug auf Ergebnisse der Persönlichkeits- und Motivanalyse der Aussagenden eine entsprechende interpretative Kraft gewinnt. Damit sind durchaus Bezüge zu den bereits benannten Besonderheiten in der Glaubhaftigkeitsuntersuchung mit Erwachsenen zu erkennen.

Besonders kritisch werden Konstellationen betrachtet, in denen sich ein Patient in therapeutische Behandlung begibt, der Therapeut traumatische Erfahrungen vermutet und bei aufkommenden Erinnerungen infolge von Techniken mit suggestiver Potenz die Angaben des Patienten unkritisch akzeptiert werden (Volbert u. Steller 2004; Steller 2008).

Verschiedene Untersuchungen zur Glaubhaftigkeitsdiagnostik mit Erwachsenen wurden von Walther und Sporer (2003) vorgestellt. Beim Versuch, die Diskriminationsfähigkeit bestimmter Glaubhaftigkeitskriterien bezüglich selbst erlebter und frei erfundener Geschichten zu erhöhen, wurde festgestellt, dass es speziell bei Erwachsenen möglich war, gerade durch „Nachfragen" die Auftretenswahrscheinlichkeit verschiedener Glaubhaftigkeitskriterien auch bei erfundenen Geschichten zu erhöhen.

Wesentliche Verbesserungen hinsichtlich der Diskriminationsfähigkeit von Kriterien ergeben sich bei Erwachsenen dagegen vor allem durch die detaillierte Erfassung von Besonderheiten der Aussageentwicklung.

Damit ist es aus gutachterlicher Sicht bedeutsam, sämtliche Aspekte der Aussageentwicklung von Erwachsenen, die in ihrer Kindheit traumatisierende Ereignisse vermeintlich erlebt haben, genauestens zu untersuchen. Interessant sind in diesem Zusammenhang die Erstaussage eines Betroffenen, die Anzeigesituation und die Aussagemotivation (Dauer u. Ullmann 2000). Diese Aspekte liefern Erkenntnisse darüber, unter welchen Umständen und gegenüber welchen Personen betroffene Zeugen erstmalig Schilderungen von vermeintlichen Handlungen vorgetragen haben. Derartige Besonderheiten können zum Verständnis der Spezifik beitragen, dass zwischen den angeblichen Erlebnissen eines nunmehr erwachsenen Zeugen und der Begutachtung eine zumeist erhebliche Differenz existiert.

Eine retrospektive Betrachtung eigener Begutachtungsfälle hat verdeutlicht, dass immerhin 38 % der untersuchten Erwachsenen (n = 50) bereits in einem näheren zeitlichen Zusammenhang (bis zu 2 Monate nach vermeintlichen Handlungen eines Beschuldigten) erstmals angaben, dass über Erinnerungen an Erlebnisinhalte durch die Betroffenen in deren sozialem Umfeld von ihnen berichtet worden sei. Diese Mitteilungen wurden entweder nicht ausreichend wahrgenommen oder es folgte keine nachhaltige Reaktion auf die Angaben der damals noch als Kinder oder Jugendliche mit diesen Erlebnissen konfrontierten Personen. Wenn es zu Reaktionen kam, hatten Familienangehörige oder Betreuer zunächst selbst versucht, den Hintergrund der Äußerungen der Kinder aufzuklären und entweder die Auffassung ausgeprägt, dass eine strafrechtliche Verfolgung der geschilderten Sachverhalte nicht aussichtsreich oder zu belastend für die Kinder wäre, oder es wurde die Auffassung formuliert, dass man den mitteilenden Kindern nicht glauben könne.

Die Anzeigesituation ist in Fällen der Begutachtung von Erwachsenen überwiegend dadurch geprägt, dass die Betroffenen nach dem Vorbringen ihrer Erinnerungen durch Freunde, Bekannte, Familienangehörige oder Therapeuten bestärkt werden, eine Anzeige zu erstatten. In derartigen Fällen verhalten sich diese Erwachsenen beim Erstkontakt mit der Polizei oder der Staatsanwaltschaft vorsichtig. Teilweise bekunden sie, dass es bislang nicht ihr Ziel gewesen sei, eine Strafverfolgung anzustreben und sie überwiegend daran interessiert gewesen seien, die vermeintlichen Erlebnisse zu vergessen. Es werden dann Personen benannt, auf deren Initiative es zu Überlegungen des Anzeigeerstatters gekommen sei, letztlich doch einen Strafantrag zu stellen.

Aussagepsychologisch interessant sind Konstellationen, in denen sich die Betroffenen im Rahmen der Anzeigeerstattung immer wieder darauf beziehen, dass erst durch die zuvor stattgefundene Psychotherapie Erinnerungen möglich wurden, die letztlich die Grundlage für eine Strafanzeige gebildet haben. In derartigen Fällen sind umfangreiche Informationen zur Diagnostik und zum Verlauf der Psychotherapie zu erheben, wobei unbedingt die Behandlungsunterlagen von entsprechenden Einrichtungen oder Therapeuten ausgewertet werden sollten, bei denen der zu Begutachtende sich in Behandlung befunden hat. Diese Besonderheit ist möglichst frühzeitig im Rahmen der Kontaktgestaltung zwischen dem Sachverständigen und einem zu Begutachtenden zu thematisieren. Den Erwachsenen sollte die Notwendigkeit der Entbindung vorheriger und aktueller Therapeuten von deren Schweigepflicht erklärt werden, wobei auch Hinweise über die Bedeutung psychotherapeutischer Behandlungsverläufe für das Gedächtnis und insbesondere die Erinnerungs- sowie Differenzierungsfähigkeit eines Erwachsenen gegeben werden sollten. Diese Aspekte haben deshalb eine erhebliche aussagepsychologische Relevanz, weil die Beziehungsgestaltung zwischen Therapeut und Patient und die möglicherweise intensive Arbeit im Zusammenhang mit Erinnerungen an vermeintliche Handlungsweisen Dritter zu einer Kontamination des Gedächtnisses führen können.

> **Merke**
> Die Erlebnisbezogenheit der Angaben eines Zeugen ist von den therapiebezogenen Erinnerungen des Begutachteten zu differenzieren.

Umfangreiche Untersuchungen von Loftus (Loftus u. Ketcham 1995) haben gezeigt, dass die Authentizität wiedererlangter Erinnerungen bezüglich eventueller Einflüsse auf das Gedächtnis der Patienten differenziert zu untersuchen ist. Aufgrund experimenteller Planungen und nachprüfbarer Untersuchungen gelang es, den theoretischen Hintergrund für die Erzeugung von falschen Erinnerungen zu belegen und zudem zu zeigen, dass es möglich war, eine vollständige Erinnerung an ein traumatisches Ereignis zu erzeugen, welches nie stattgefunden hat (Loftus u. Ketcham 1995).

Die Untersuchungen hatten verdeutlicht, dass das Produzieren falscher Erinnerungen an ein tatsächlich nie stattgefundenes Ereignis in entscheidendem Maße parallel zum therapeutischen Prozess auf ein starkes Vertrauen und eine erhebliche Achtung gegenüber einer respektierten Autoritätsperson zurückzuführen war. Insofern ist bei der psychologischen Begutachtung von Erwachsenen, die Angaben über traumatisierende Erlebnisse im Kindesalter vortragen, auch differenziert die Dynamik der Beziehungsgestaltung zu wichtigen Personen des sozialen Umfeldes dieser Erwachsenen und damit auch zu einem eventuell vorhandenen Therapeuten zu eruieren.

Ein weiteres Problem in Glaubhaftigkeitsbegutachtungen stellt hinsichtlich der Aussagetüchtigkeit von Erwachsenen vor allem die Frage des Quellenmonitorings dar (Volbert 2003; Volbert u. Dahle 2010). Unter dieser Besonderheit wird die Fähigkeit des Begutachteten zur Differenzierung zwischen unterschiedlichen Quellen als Herkunft seiner Erinnerungen verstanden. Bei Erwachsenen, die in ihrer Kindheit traumatisierende Situationen erlebt haben, kann von einer Vielzahl unterschiedlicher Einflüsse zwischen den Ereignissen und der späteren Begutachtung ausgegangen werden, die in ihrer Bedeutung für gedächtnispsychologische Prozesse analysiert werden sollten.

Bei einigen psychischen Störungen gilt es zu beachten, dass bei Patienten mit erheblichen Beziehungsproblemen (z. B. bei emotional instabilen Persönlichkeitsstörungen vom Borderline-Typus) deren Erinnerungen an vermeintliche Handlungen ohne Einflussnahme Dritter sehr umfangreich, anschaulich und detailliert sein können. Es existierten jedoch Belege dafür, dass vielfach die Angaben Borderline-gestörter Zeugen einer aussagepsychologischen Prüfung nicht standhalten (Böhm et al. 2002; vgl. kritisch hierzu Nonhoff u. Orth 2003).

Insbesondere ist bei Borderline-Patienten auf die Konfabulation als psychopathologisches Artefakt zu achten, da hauptsächlich diese Persönlichkeiten häufig durch ihre Handlungen an das Mitgefühl des sozialen Umfeldes appellieren und dieser starke Appellcharakter zur unkritischen Annahme eines reaktiven Störungsbildes beiträgt. Patienten, die sich Selbstverletzungen beibringen oder autoaggressiv handeln bzw. Schmerz suchen, müssen (auch nach Meinung einiger Psychotherapeuten) etwas Schreckliches erlebt haben. Damit können deren Erzählungen in der therapeutischen Beziehungsgestaltung durchaus als Erinnerungen an vermeintlich reale Ereignisse fehlinterpretiert werden. Die Relevanz dieser Problematik für die Begutachtung von Erwachsenen wird vor allen dadurch deutlich, dass Zeuginnen mit derartigen Symptomen vor allem dem Altersspektrum der 15- bis 25-jährigen Frauen angehören. Damit wird bereits deutlich, dass hier unter Umständen jüngere Erwachsene strafrechtsrelevante Sachverhalte schildern, die noch nicht unter die Verjährungsfristen fallen und damit Grundlage für ein Ermittlungsverfahren bilden können. Die Konsequenzen solcher Aussagen sind aufgrund der Dramatik in den Schilderungen der Zeuginnen meist erheblich für die Beschuldigten, und Zweifel an der Glaubhaftigkeit ihrer Angaben werden von den ermittlungsführenden Behörden oder Institutionen häufig erst nach einem längeren Ermittlungsverfahren formuliert. Zunächst erscheinen die Schilderungen vor allem auch deshalb sehr plastisch, weil die betroffenen Erwachsenen unter Umständen umfangreiche Tagebuchaufzeichnungen oder ausführliche schriftliche Gedächtnisprotokolle zu vermeintlichen Erlebnissen vorlegen können. Dabei finden sich sehr konkrete Detailbeschreibungen und die Erinnerungen beziehen sich auf angebliche Handlungen, die sehr früh in der Kindheit begonnen und über viele Jahre gedauert haben sollen. Von Böhm et al. (2002) wird hervorgehoben, dass die Schilderung des Beschuldigten durch die Zeugen meist sehr monströs ausfällt, mit langjährigen, nahezu täglichen Vergewaltigungen (wobei allerdings ein stereotypes Spektrum der Tatkernhandlungen beschrieben wird). Es zeigt sich eine Dichotomisierung des „allmächtigen Täters" und des „hilflosen Opfers" (Böhm et al. 2002, S. 211). Als bedeutsam wird hervorgehoben, dass der behauptete sexuelle Missbrauch als Kind aus der Sicht eines Erwachsenen geschildert wird und dabei nicht die seinerzeitige Wahrnehmungsperspektive des Kindes eingenommen werden kann. Interessant ist auch, dass sich zunächst eher allgemein gehaltene Behauptungen von Vergewaltigungen durch überwiegend unbekannte Personen später auf eine Person des sozialen Nahbereichs verdichten.

In Bezug auf Borderline-Patienten existiert eine klischeehafte und sehr populäre Hypothese, dass diese psychischen Erkrankungen vor allem aufgrund des erlebten sexuellen Missbrauchs entstehen. Klinische Studien haben ergeben, dass ca. 25–90 % der Patientinnen in bestimmten Untersuchungsgruppen über erlebte sexuelle Missbräuche berichten (Böhm et al. 2002, S. 213).

Andererseits sollten Erkenntnisse aus der Psychotherapie mit Borderline-Patienten zu einer differenzierten Sicht und zu einem maßvollen Abwägen beurteilungsrelevanter Aspekte führen (Rohmann 2003). Andere Studien haben sowohl verdeutlicht, dass vom Vorliegen einer Borderline-Persönlichkeitsstörung nicht auf einen sexuellen Missbrauch in der Biografie geschlossen werden kann. Es ist aber auch nicht möglich, bei diesen Betroffenen die Wahrscheinlichkeit für ein Missbrauchserlebnis zu negieren (Nonhoff u. Orth 2003).

Bei der Bewertung der Qualität von Angaben derart gestörter Erwachsener sind deren stärkere Suggestibilität (hier vor allem die Ausprägung von Autosuggestionen) und biophysiologische Dysregulationsphänome zu beachten. Die Problematik für die Begutachteten besteht darin, dass sie letztlich von den vorgebrachten Schilderungen vollkommen überzeugt sind und sich eine subjektive Realität schaffen. Deshalb sind insbesondere bei der Erarbeitung einer kriterienorientierten Aussageanalyse mit Erwachsenen die Erhebung eines psychischen Befundes, ein Befund zur Psychopathologie und die genaue Prüfung mehrerer Alternativhypothesen hinsichtlich der Persönlichkeitsbesonderheiten von Patienten zu realisieren. Bedeutsam ist in diesem Zusammenhang, dass umfangreiche anschauliche und detaillierte Schilderungen zunächst nicht als die entscheidenden Hinweise auf eine Erlebnisbezogenheit der Angaben bewertet werden sollten, weil gerade jene Aspekte für Erwachsene mit einer emotionalen instabilen Persönlichkeitsstörung, einer Histrionischen Persönlichkeitsstörung oder einer Narzisstischen Persönlichkeitsstörung keine spezifischen aussagepsychologischen Erkenntnisse liefern können. Dagegen wären Qualitätsmerkmale wie die logische Konsistenz, die Strukturgleichheit, phänomenorientierte Wahrnehmungen unverstandener Elemente, das Erleben einer phänomenalen Kausalität oder die Reflexion von Aspekten der Beziehungsentwicklung zwischen den Beteiligten von einem bedeutsameren Wert für die Erarbeitung von Hinweisen auf die Glaubhaftigkeit in den Schilderungen dieser Patienten.

45.2.2 Begutachtung psychischer Folgen

Psychowissenschaftliche Gutachten zu den Folgen möglicherweise traumatisierender Erlebnisse von Erwachsenen, die in der Kindheit geschehen sein sollen, werden vor allem auch im Zusammenhang mit der Gewährung von Entsorgungs- oder Entschädigungsleistungen beauftragt. Dabei kann entweder in Zivilverfahren bei der Regelung von Schadensersatz- und Schmerzensgeldansprüchen ein Erwachsener den Zusammenhang zwischen Traumatisierungen in der Kindheit und daraus resultierenden psychischen Konsequenzen begründen. Andererseits werden wiederholt auch bereits im Strafverfahren Adhäsionsanträge gestellt, wenn der Beschuldigte zur Tatzeit mindestens 18 Jahre alt gewesen war.

Neben diesen Begutachtungen im Zusammenhang mit zivil- oder strafrechtlichen Verfahren ergeben sich Notwendigkeiten zur Begutachtung von Erwachsenen, wenn diese eine Versorgung nach dem Opferentschädigungsgesetz (OEG) begehren.

> **Merke**
> Speziell nach diesem OEG besitzt eine Person dann Anspruch auf Gewährung von Beschädigtenversorgung, wenn sie infolge eines vorsätzlichen, rechtswidrigen tätlichen Angriffs eine gesundheitliche Schädigung erlitten hat.

Insofern wird deutlich, dass anspruchsbegründende Tatbestandsvoraussetzungen (der Vorsatz und die Rechtswidrigkeit sowie ein tätlicher Angriff) nachgewiesen sein müssen. Ein solcher Nachweis ist dann problemlos zu führen, wenn geschädigte Personen ein Strafverfahren angestrengt hatten und ein Täter verurteilt wurde.

Allerdings ist zu beachten, dass Versagungsgründe unter anderem eine Mitverursachung von bestimmten Schädigungen oder Folgen der Traumatisierung sein können. Insofern ist ähnlich wie im zivilrechtlichen und strafrechtprozessualen Vorgehen eine Kausalität zwischen den festgestellten psychischen Besonderheiten eines Erwachsenen und der verursachenden traumatisierenden Situation aufzuzeigen. Die im juristischen Sprachgebrauch als Schädigungsfolgen bezeichneten Besonderheiten sind dahingehend zu analysieren, ob ggf. durch eine Vorschädigung die aktuell vorhandenen psychischen Beeinträchtigungen erklärt werden können, ohne dass traumatisierende Erlebnisse hierbei einen entscheidenden Einfluss auf die Intensität oder die Art der Beeinträchtigung gehabt haben könnten. Vor allem wird wiederholt die Frage formuliert, ob die von einer betroffenen Person geltend gemachten psychischen Beschwerden und die daraus resultierenden psychotherapeutischen Behandlungen ursächlich auf ein Tatgeschehen zurückzuführen sind.

Bedeutsam ist in diesem Zusammenhang, dass schädigende Ereignisse im psychowissenschaftlichen Verständnis der Epidemiologie nicht identisch mit schädigenden Ereignissen im Sinne des OEG aufgefasst werden. Insofern würden beispielsweise mangelnde elterliche Fürsorge oder Vernachlässigung, die durchaus traumatisierende Qualität haben können, wegen des fehlenden „Angriffs" nicht nach den Richtlinien des OEG entschädigt werden können, obwohl bei derartigen Entwicklungsbesonderheiten in der Kindheit bei Erwachsenen durchaus spätere psychische Störungen entstehen können. Andererseits ist nach den Vorstellungen des Gesetzgebers im OEG als Angriff auch eine Tat gegen einen nahen Angehörigen definiert. Damit können unter Umständen Erwachsene, die in der Kindheit einen Angriff auf einen nahen Familienangehörigen erlebt haben (z. B. Anwesenheit bei der Tötung eines Elternteiles) und im Verlauf ihrer Entwicklung psychische Störungen ausprägen, die ursächlich auf ein solches traumatisierendes Erlebnis zurückgeführt werden können, durchaus Entschädigung im Sinne des OEG beantragen.

Voraussetzung für die Feststellung, dass gesundheitliche Beeinträchtigungen als Folgen eines schädigenden Ereignisses anerkannt werden, ist die Diagnose einer krankheitswertigen Störung. Wichtig ist in diesem Zusammenhang, dass die psychischen Störungen wesentliche Beeinträchtigungen sozialer Funktionen und/oder erhebliche Störungen des Befindens verursachen. Dabei ist weniger entscheidend, ob es sich um eine Normabweichung anhand von Kriteriensystemen handelt, sondern dass das Vorliegen einer Funktionsstörung im Sinne des sozialmedizinischen Krankheitsbegriffs sicher angenommen werden kann und eine Beziehung zu einem schädigenden Ereignis nachvollziehbar ist.

Derartige Kausalitätsbeziehungen sind bekanntermaßen sehr schwer festzustellen und für psychotherapeutische Anliegen in der vom Gesetzgeber geforderten Stringenz weniger bedeutsam.

Damit muss der Untersucher vom Betroffenen reflektierte einzelne Beschwerden hinsichtlich des Zeitpunktes ihres ersten Auftretens, des Andauerns der Symptome und deren Intensität sehr genau erfassen. Auch sind eventuelle Assoziationen oder Bezüge beim zu Begutachtenden festzustellen, die wiederholt als Auslöser von Beschwerden reflektiert werden. Als diagnostische Leitlinien stehen dem Sachverständigen vor allem die Manuale ICD-10 und DSM-5 zur Befunderstellung zur Verfügung.

Beachtenswert ist hierbei allerdings, dass die Erfassung von Beschwerden und Symptomen mit Anwendung eines entsprechenden Berichtes der zu begutachtenden Personen lediglich die subjektiven Aspekte der psychischen Befindlichkeiten abbilden kann.

Eine methodische Hilfe kann bei derartigen gutachterlichen Untersuchungen die Nutzung des „Diagnostischen Interviews bei psychischen Störungen" (DIPS) darstellen. Dieses strukturierte klinische Interview (Schneider u. Margraf 2011) bietet einerseits die Möglichkeit, notwendige Informationen für die Diagnostik spezieller Störungskategorien zu erfassen, andererseits bleibt dem Interviewer dennoch ein Variationsspielraum, in den das klinische Urteil einfließen kann.

Die Beachtung psychodynamischer Konstrukte in Ergänzung zur phänomenologischen Diagnostik kann mithilfe der Operationalisierten Psychodynamischen Diagnostik (OPD-2; Arbeitskreis zur Operationalisierung Psychodynamischer Diagnostik 2009) erfasst werden. Damit kann vor allem eine Verbindung zwischen der Symptomatik, den auslösenden Konflikten, den dysfunktionalen Beziehungen der Begutachteten und ihrer Lebensgeschichte im weitesten Sinne hergestellt werden. Auch bei dieser Methode der Diagnostik sind neben den klinisch-diagnostischen Leitlinien durch relativ offene Formulierungen für den Gutachter dennoch genügend Spielräume für das Integrieren klinischer Beurteilungen vorhanden.

45.3 Fallbeispiel

Mit dem nachfolgenden Fallbeispiel sollen die Besonderheiten der retrospektiven Begutachtung von in der Kindheit traumatisierten Erwachsenen illustriert werden. Die gutachterliche Praxis verdeutlicht, dass sowohl Frauen als auch Männer in diesem speziellen Bereich der Psychowissenschaften zu untersuchen sind. Gleichwohl ist der Anteil betroffener Frauen, welche ihre psychischen Besonderheiten auch subjektiv als Spätfolgen traumatisierender Ereignisse in der Kindheit erleben, erkennbar umfangreicher.

Fallbeispiel

Frau X. sei eigenen Angaben zufolge von 1982 bis 1990 durch ein Mitglied ihres weiteren Familienumfeldes sexuell missbraucht worden. In diesem Zeitraum war Frau X. zwischen sieben und 15 Jahre alt. Nachdem sie 1990 einen ersten Freund kennengelernt hatte, sei es ihr möglich gewesen, dem von ihr beschuldigten Familienmitglied nicht mehr allein begegnen zu müssen.

Im Jahr 1998, als Frau X. mittlerweile 23 Jahre alt war und studierte, traten bei der Begutachteten erstmals psychische Störungen auf, die sowohl psychiatrische als auch psychotherapeutische Interventionen (ambulante Betreuung) notwendig werden ließen. In einer symptomfreien Phase deutete Frau X. gegenüber ihrem Arzt an, dass es in der Kindheit Begegnungen mit einem Verwandten gegeben habe, die für sie unangenehm gewesen wären. Während der behandelnde Arzt sicher davon ausging, dass die nunmehrigen psychischen Besonderheiten von Frau X. auf diese Begegnungen zurückzuführen seien, äußerte die Betroffene selbst weitere mögliche Ursachen für ihre psychischen Verunsicherungen. Im Jahr 1999 kam es erneut zum Auftreten von bereits bekannten Symptomen, die wiederum eine mehrwöchige ambulante psychiatrisch-psychotherapeutische Betreuung erforderlich machten.

In der symptomfreien Zeit und nach jener Konsultation beim Arzt, in der ein möglicher Zusammenhang zwischen den vorhandenen psychischen Besonderheiten und den in der Kindheit vermeintlich erlebten Handlungsweisen des Familienangehörigen erörtert worden war, erstattete Frau X. bei der zuständigen Kriminalpolizeiinspektion Strafanzeige.

Glaubhaftigkeitsbegutachtung
Die Problematik bestand im vorliegenden Fall zunächst darin, die Glaubhaftigkeit der Angaben der Zeugin zu überprüfen, was aufgrund des Lebensalters von Frau X., wie bereits erläutert, durchaus seitens der Juristen ohne die Hilfe eines Sachverständigen hätte realisiert werden können. Wegen der erheblichen zeitlichen Differenz zwischen der letzten vermeintlichen Handlung des Beschuldigten und der Anzeigeerstattung, wegen des Alters von Frau X. zum Zeitpunkt der scheinbaren Straftaten und wegen der zwischenzeitlich nicht mehr vorhandenen psychischen Störungen der Frau X., die allerdings in zeitlicher Nähe zur Anzeigeerstattung existiert hatten, wurde dennoch eine aussagepsychologische Begutachtung in Auftrag gegeben.

Die Analysen zur Aussagetüchtigkeit ergaben, dass sämtliche kognitiven Voraussetzungen für die adäquate Wahrnehmung von Ereignissen für die Speicherung von Handlungsdetails über einen längeren Zeitraum und für die Verbalisierung derartiger Erinnerungen bei der Zeugin fallspezifisch gegeben waren. Auch die Fähigkeit, eine für Dritte nachvollziehbare Schilderung zu produzieren, die insbesondere ein entwickeltes Sprachverständnis und ein hinreichend sprachliches Ausdrucksvermögen voraussetzen, war im vorliegenden Fall vorhanden.

Frau X. verfügte über Kontrollmöglichkeiten gegenüber suggestiven Einflüssen, was aufgrund der Entwicklung der Zeugin seit dem letzten vermeintlichen Handeln des Beschuldigten von enormer Bedeutung war. Bei Frau X. konnte eine relative kommunikative Kompetenz dahingehend festgestellt werden, dass sie zur Korrektur von Angaben ebenso in der Lage war wie zur Präzisierung bisheriger Äußerungen.

Frau X. war befähigt, ohne Übertreibungen, ohne eine Darstellungslust und ohne ein Mitteilungsbedürfnis verschiedene Informationen sowohl zur Beziehungsentwicklung zwischen ihr und dem Beschuldigten als auch zum Kontext dieser Beziehungsdynamik vorzutragen. Die Zeugin versuchte selbst, die Unterschiede zwischen unsicheren oder möglicherweise geschlussfolgerten Details ihrer Erinnerungen und sicheren Angaben zur vermeintlich erlebten Realität zu benennen. Es gelang ihr, eine Differenzierung zwischen den unterschiedlichen Herkünften ihrer Erinnerungen vorzunehmen. Allerdings war hinsichtlich der Aussagetüchtigkeit anzumerken, dass es sich im vorliegenden Fall um eine Studentin handelte, die ohnehin sowohl von ihrer intellektuellen Leistungsfähigkeit als auch von ihren kommunikativen Möglichkeiten befähigter war, ihre Befindlichkeiten oder Überlegungen bzw. Erinnerungen zu verbalisieren. Die fallspezifische Aussagekompetenz von Frau X. war insofern von wesentlicher Bedeutung, und hier zeigte sich, dass die Zeugin eine ausgeprägte Erinnerungskritik bezüglich eigener Angaben und eine sehr geringe Belastungsmotivation gegenüber dem Beschuldigten erkennen ließ.

Die Ergebnisse der speziellen Glaubhaftigkeitsuntersuchungen, die u. a. mithilfe der kriterien-

45.3 Fallbeispiel

orientierten Aussageanalyse realisiert wurden, verdeutlichten, dass im vorliegenden Fall sowohl aussageimmanente als auch aussageübergreifende Qualitätsmerkmale erlebnisfundierter Aussagen bei Frau X. festgestellt wurden (vgl. hierzu auch die Ausführungen von Schmidt in Kap. 44).

Im Fall von Frau X. erhob die Staatsanwaltschaft Anklage gegen den Beschuldigten, und da es sich bei den von der Begutachteten geschilderten Fällen um vermeintliche Verhaltensweisen des Beschuldigten zu Zeiten der DDR handelte, war auch gemäß den gesetzlichen Regelungen nach DDR-Recht eine eventuelle Verurteilung zu prüfen. Nach dem Strafgesetzbuch der DDR verjährten Taten wegen schweren sexuellen Missbrauchs von Kindern, Vergewaltigung bzw. sexueller Nötigung im schweren Fall nach 15 Jahren. Da am Tag des Beitrittes der DDR zur Bundesrepublik Deutschland diese Verjährungsfrist im Fall von Frau X. noch nicht abgelaufen war und gemäß gesetzlicher Regelungen im Zusammenhang mit der Vereinigung am 03.10.1990 unterbrochen wurde, begann die Verjährungsfrist ab diesem Tag von Neuem in vollem Umfang. Diese Argumentation der Staatsanwaltschaft begründete einerseits das Zulassen der Anklage durch ein Gericht, die Eröffnung des Hauptverfahrens und die Durchführung einer Hauptverhandlung. Andererseits ergab sich im Verlauf der Beweisaufnahme in der Hauptverhandlung die Notwendigkeit, nachzuweisen, inwieweit ein Ursachenzusammenhang zwischen den Taten des nunmehr Angeklagten und der psychischen Erkrankung der nunmehr als Geschädigte bezeichneten Frau X. vorhanden ist.

Begutachtung psychischer Folgen
Diese Kausalitätsbeziehung war deshalb bedeutsam, weil nur ein solcher Nachweis, dass durch den sexuellen Missbrauch des Kindes fahrlässig dessen „erhebliche Schädigung" (§ 148, Abs. 2 StGB der DDR) verursacht wurde, die Verjährungsfrist von 15 Jahren anzuwenden war. Anderenfalls wäre für die Handlungsweisen des Angeklagten aus dem Jahr 1982 dann Verfolgungsverjährung eingetreten, da die ansonsten geltende Verjährungsfrist von acht Jahren (lt. Strafgesetzbuch der DDR) im Sommer 1990 abgelaufen war.

Diese Problematik führte zu einem Auftrag für ein Zusatzgutachten mit der Fragestellung, inwieweit die angeklagten Taten schwere Nachteile für die psychische Gesundheit bei Frau X. hervorgerufen haben könnten. Die nunmehr erfolgten psychologischen Untersuchungen hatten verdeutlicht, dass Frau X. selbst äußerst ambivalent hinsichtlich der Ursachenzuschreibung ihrer psychischen Störungen war. Die Begutachtete erklärte, dass ihrer Meinung nach die Verhaltensweisen des Familienmitgliedes in ihrer Kindheit lediglich *ein* Faktor für die acht Jahre nach den letzten vermeintlichen Handlungen sich verändernde psychische Stabilität bei Frau X. seien. Die Begutachtete reflektierte den Zusammenhang einer Vielzahl von Besonderheiten ihrer Lebensgestaltung vor dem Auftreten erster Symptome einer psychischen Störung, wobei sie sehr eindrücklich darstellte, dass sie in der akuten Phase der psychischen Verunsicherungen kein Interesse gehabt habe, die Ursachen der speziellen Störungen zu hinterfragen.

Im vorliegenden Fall hatte sich die Begutachtete selbst im Zusammenhang mit dem Strafverfahren gegen das Familienmitglied nie die Frage gestellt, ob es hier einen kausalen Zusammenhang zwischen den von ihr beschriebenen Erlebnissen und ihrer später bewältigten Erkrankung gegeben habe könnte. Sie selbst hätte entsprechend ihrem Erleben auch zu keiner Zeit eine solche Monokausalität angenommen.

Aus gutachterlicher Sicht war hier anzumerken, dass es selbstverständlich den Betroffenen stets schwerfällt, einzuschätzen, inwieweit diese Verhaltensweisen von Beschuldigten oder Tätern in der retrospektiven Betrachtung traumatisierender Ereignisse in der Kindheit tatsächlich eine Ursache für die viele Jahre später eintretenden gesundheitlichen Veränderungen sein können. Bei differenzierteren Betroffenen lassen sich derartige ambivalente Einschätzungen wiederholt feststellen. Allerdings existieren auch Schilderungen von Erwachsenen, die mit einer unbeirrbaren und teilweise auch nicht erklärlichen Sicherheit einen monokausalen Zusammenhang zwischen ihren Befindlichkeiten und erlebten traumatisierenden Ereignissen betonen.

Im Fall von Frau X. konnten auch durch klinische Untersuchungen (DIPS und OPD) und durch die Analyse der Behandlungsunterlagen aus den Jahren 1998 und 1999 keine ursächlichen Zusammenhänge derart herausgearbeitet werden, die eine sichere Beziehung zwischen den psychischen Störungen der Frau X. und den Taten des Angeklagten ergeben hätten. Dies wirkte sich auf die Berechnung der Verjährungsfrist einer dem Angeklagten zuvor nachgewiesenen Tat im Jahr 1982 aus. Für die anderen Taten wurde die bereits diskutierte Berechnung der Verjährungsfrist, die nunmehr allerdings acht Jahre betrug, festgestellt, was zur Unterbrechung der Verjährungsfrist führte.

An diesem Fallbeispiel wird deutlich, dass beide Schwerpunkte der Begutachtung von Erwachsenen, die über traumatisierende Ereignisse in der Kindheit berichten, durchaus in einem Verfahren auftreten können, wobei unterschiedliche Aufgabenstellungen auch entsprechend unterschiedliche methodische Herangehensweisen begründen.

Die retrospektive Begutachtung von in der Kindheit traumatisierten Erwachsenen stellt für alle Beteiligten ein Problem dar, dem durch die Spezifik in den gutachterlichen Untersuchungen bei Beachtung entwicklungspsychologischer Erkenntnisse klinisch-psychologischer und psychiatrischer Erfahrungen und sozial-psychologischer sowie sozial-medizinischer Grundlagen Rechnung getragen werden muss (Holliday et al. 2012).

46 Die Begutachtung der Täter

Cornelis Stadtland

Inhalt

46.1	Einleitung	809
	46.1.1 Allgemeine Grundlagen der forensisch-psychiatrischen Begutachtung	810
	46.1.2 Grundsätze der Begutachtung in der Forensischen Psychiatrie	810
	46.1.3 Das Strafrecht: Häufige Fragen	811
46.2	Grundprinzipien der Begutachtung der Schuldunfähigkeit (§§ 20, 21 StGB)	811
	46.2.1 Psychopathologisch-diagnostische Ebene (1. Stufe der Beurteilung)	811
	46.2.2 Die Funktionsbeeinträchtigungen (2. Stufe der Beurteilung)	814
	46.2.3 Freiheitsentziehende Maßregeln	815
	46.2.4 Kriminalprognose	820
46.3	Besonderheiten bei der Begutachtung pädosexueller Straftaten	821
	46.3.1 Pädophilie	823
	46.3.2 Hebephilie bzw. „Pädo-Hebephilie"	824
	46.3.3 Häufige Differenzialdiagnosen von Pädophilie und Hebephilie	825
	46.3.4 Einordnung von Pädophilie und Hebephilie als schwere andere seelische Abartigkeit (SASA)	825
46.4	Therapie	826
	46.4.1 Pharmakotherapie	827
	46.4.2 Verlegung in eine sozialtherapeutische Anstalt (§ 9 StVollzG)	828
46.5	Die Prognose	832
	46.5.1 Einschätzung des Rückfallrisikos	833

46.1 Einleitung

In diesem Kapitel werden zunächst die allgemeinen Grundlagen der forensisch-psychiatrischen Begutachtung dargestellt. Sodann wird auf die Besonderheiten bei der Begutachtung von Sexualstraftätern näher eingegangen, welche wegen sexuellen Missbrauchs von Kindern im Strafrecht zur Schuldfähigkeit und zur Prognose untersucht werden. Abschließend werden die

Therapiemöglichkeiten bei diesen Tätern und deren Wirksamkeiten erläutert.

Die für die Begutachtung relevanten Gesetzestexte und deren Bedeutung hierfür werden an den jeweiligen Stellen aufgeführt.

46.1.1 Allgemeine Grundlagen der forensisch-psychiatrischen Begutachtung

Die forensische Psychiatrie bewegt sich an den Grenzen zu Rechtswissenschaften, Kriminologie, Soziologie, Psychologie und Rechtsmedizin. Sie befasst sich mit den Fragen, die von Gerichten und Behörden an Psychiater gestellt werden. Die forensisch-psychiatrische Begutachtung gehört zu den anspruchsvollsten Tätigkeiten ärztlicher Begutachtung. Da die öffentliche Aufmerksamkeit oft sehr groß ist und Gerichtsverfahren häufig von zahlreichen Medienvertretern begleitet werden repräsentieren forensische Psychiater das Bild der Psychiatrie in der Bevölkerung. Psychiatrische Themen werden in den Medien zum überwiegenden Teil im forensisch-psychiatrischen Kontext aufgegriffen.

> **Merke**
> Wegen der sehr weitreichenden Konsequenzen für die Probanden und die Allgemeinheit (sowie u. U. haftungsrechtlich auch für die Gutachter) sind langjährige Erfahrungen, eine spezifische Ausbildung sowie die Zertifizierung des Gutachters sinnvoll. Entsprechende Zertifizierungen und Schwerpunktbezeichnungen erfolgen durch die Deutsche Gesellschaft für Psychiatrie und Psychotherapie, Psychosomatik und Nervenheilkunde (DGPPN) und die Ärztekammern der Länder.

In diesem Kapitel können nur die wichtigsten Rahmenbedingungen dargestellt werden. Ein ausführliches Lehrbuch (z. B. Nedopil 2012) sollte immer zusätzlich herangezogen werden. Eine gesonderte Fort- und Weiterbildung, juristische und rechtsmedizinische Kenntnisse sowie Erfahrungen in der Behandlung psychisch kranker Rechtsbrecher sind erforderlich. Zudem muss sich der Gutachter über die aktuelle Rechtsprechung ständig auf dem Laufenden halten.

46.1.2 Grundsätze der Begutachtung in der Forensischen Psychiatrie

Im deutschen Strafrecht ist die Voraussetzung für den Schuldvorwurf die Fähigkeit zur Selbstbestimmung und Willensfreiheit. Einige psychiatrische Erkrankungen können diese Fähigkeiten beeinflussen, werden als „unabwendbares Schicksal" bezeichnet und können die Schuld mindern oder sogar aufheben.

Es geht somit zunächst darum, eine mindestens durch die ICD-10 gesicherte psychiatrische Diagnose zu stellen und diese *einem juristischen Eingangsmerkmal* zuzuordnen. Ein mehrstufiges Beantwortungsschema muss zunächst prüfen, ob das Ausmaß der durch die klinische Diagnose beschriebenen Störung ausreicht, um den geforderten juristischen Krankheitsbegriff zu erfüllen.

Erst dann ist die zweite Frage zu beantworten: Welche durch Gesetz oder Rechtsprechung bestimmte Funktionsbeeinträchtigung wird oder wurde durch die Störung bedingt?

> **Merke**
> Ausschlaggebend sind die Psychopathologie *zur Tatzeit* und die Prognose der festgestellten Störung oder Verhaltensweise.

46.1.3 Das Strafrecht: Häufige Fragen

Im Strafrecht werden am häufigsten Gutachten zu den medizinischen Voraussetzungen für aufgehobene oder verminderte Schuldfähigkeit (§§ 20, 21 StGB) in Auftrag gegeben. Auftraggeber sind zumeist Staatsanwaltschaften und Gerichte.

Ebenso muss im Strafrecht häufig zur Sozial- und Kriminalprognose bei psychisch kranken Rechtsbrechern, die in einer Maßregel der Besserung und Sicherung eingewiesen oder aus ihr entlassen werden sollen (§§ 63, 64, 66, 66a, 66b, 67d StGB), Stellung genommen werden. Auftraggeber sind hier ebenfalls zumeist Gerichte (bei Fragen zur Entlassung zumeist die Strafvollstreckungskammern, StVK), aber auch Gefängnisse oder Psychiatrische Krankenhäuser. Die gleichen Auftraggeber erteilen ebenfalls Aufträge zur Kriminalprognose langjährig untergebrachter Häftlinge, z. B. zu Fragen der Lockerung oder der Entlassung aus der Sicherungsverwahrung, aus lebenslanger Haft oder bei bestimmten Delikten aus einer mehrjährigen Haftstrafe (§ 57 StGB).

Schließlich wird von den Gutachtern auch die Darstellung einer möglichen Behandlung psychisch kranker Rechtsbrecher und deren Erfolgsaussichten gefordert. Bei Gutachten zur Frage der Lockerung oder Entlassung geht es hier vor allem darum, bisherige Therapien zu bewerten und ggf. weiteren Handlungsbedarf aufzuzeigen. Werden Fragen zur Verhältnismäßigkeit einer Unterbringung aufgeworfen, muss analysiert werden, welche konkreten Taten unter welchen Umständen und mit welcher Wahrscheinlichkeit zu erwarten sind.

46.2 Grundprinzipien der Begutachtung der Schuldunfähigkeit (§§ 20, 21 StGB)

Die wesentliche Aufgabe des gutachtenden Psychiaters ist es, die medizinischen und psychologischen Einbußen aufzuzeigen, welche die Schuldfähigkeit beeinflussen können. Er hat sich dabei eng an den gesetzlichen Vorgaben zu orientieren, ohne die erfahrungswissenschaftlichen Grundlagen seiner Kenntnisse zu verlassen und selbst rechtliche Wertungen vornehmen zu wollen.

> **Merke**
> Mindestanforderungen für Schuldfähigkeitsbegutachtungen (Boetticher et al. 2005) sind zu beachten.

46.2.1 Psychopathologisch-diagnostische Ebene (1. Stufe der Beurteilung)

Zunächst ist eine in dem *zu prüfenden Tatzeitraum* vorliegende psychiatrische Diagnose zu stellen und anhand der ICD-10 bzw. des DSM-5 zu belegen.

Wird keine Diagnose gestellt, erübrigen sich die weiteren Schritte.

> **Merke**
> Mit steigender Ausweitung von Manualen kommt den psychiatrischen Diagnosen im Strafrecht, wie auch im Sozial- und Zivilrecht, eine immer geringere Bedeutung zu. Zahlreiche ICD-10- bzw. DSM-5-Diagnosen erfüllen *nicht* die Kriterien für die Zuordnung zu einem der Eingangsmerkmale. Dadurch wird das Gericht in die Lage versetzt, die immer weiter gefassten psychiatrischen Diagnose-Manuale normativ zu korrigieren.

Durch die zunehmende ätiologische Klassifizierung hilft der Krankheitsbegriff selbst immer wenig weiter, er wurde daher in der Psychiatrie durch den Begriff „Störung" ersetzt. Auf der anderen Seite ist zu betonen, dass der Begriff der „Störung" an sich kein differenzierendes Abgrenzungskriterium darstellt. Vielmehr bietet er zunächst nur einen gegenüber dem Krankheitsbegriff noch weiter reichenden Oberbegriff gleich einem Sammelbecken für unterschiedlichste „Mental Disorders"; eine Gewichtung muss stets gesondert vorgenommen werden.

Gerade bei der bisherigen kategorialen Klassifikation von Persönlichkeitsstörungen und Sexualstörungen wird diskutiert, dass ein eindeutiger Cut-off zwischen „normaler" und „abnormaler" Persönlichkeit nicht gefunden ist. Auch die Instrumente zur Erfassung von Persönlichkeitsstörungen und Sexuellen Präferenzstörungen werden teilweise als nicht valide und nicht reliabel bezeichnet, was deutlich macht, dass der Begriff auch auf diagnostischer Seite nur schwer eingrenzbar ist (Höffler und Stadtland 2012).

Merke
Die endgültige Entscheidung, ob eine psychiatrische Erkrankung so stark ausgeprägt ist, dass sie eine Zuordnung zu einem der Eingangsmerkmale des § 20 StGB erfüllt, entscheidet nach sachverständiger Beratung alleine das Gericht.

Nachdem eine Diagnose gestellt ist, wird ggf. die Zuordnung zu einem der vier Eingangsmerkmale des § 20 StGB geprüft.

§ 20 StGB Schuldunfähigkeit wegen seelischer Störungen
„Ohne Schuld handelt, wer bei Begehung der Tat wegen einer *krankhaften seelischen Störung*, wegen einer *tiefgreifenden Bewusstseinsstörung* oder wegen *Schwachsinns* oder einer *schweren anderen seelischen Abartigkeit* unfähig ist, das Unrecht der Tat einzusehen oder nach dieser Einsicht zu handeln."

Krankhafte seelische Störung

Hier werden nur die sicher körperlich begründbaren psychischen Störungen erfasst. Der Ausdruck „krankhaft" weist auf eine besondere Intensität einer diagnostizierten Erkrankung hin.

Merke
Bei Weitem nicht jede ICD-10- bzw. DSM-5-Diagnose ist als „krankhafte seelische Störung" einzuordnen. Nur diejenigen organisch begründeten oder endogenen Störungen, welche eine „Zerrüttung der Persönlichkeit" nach sich gezogen haben, können hier berücksichtigt werden. Dies kann z. B. typischerweise bei Schizophrenien und demenziellen Erkrankungen der Fall sein.

Tief greifende Bewusstseinsstörung

Unter diesem Eingangsmerkmal werden affektive Ausnahmezustände eingeordnet. Es besteht dabei ein erheblicher normativer Entscheidungsspielraum.

Bei der Begutachtung des sexuellen Missbrauchs und der Misshandlung von Kindern spielt dieses Eingangsmerkmal so gut wie keine Rolle.

46.2 Grundprinzipien der Begutachtung der Schuldunfähigkeit (§§ 20, 21 StGB)

Der sogenannte „Schwachsinn"

Eingeordnet wird hier die erhebliche Intelligenzminderung ohne sicher nachweisbare organische Ursache.

Neben dem durch testpsychologische Untersuchungen zu ermittelnden Intelligenzquotienten (IQ) sind soziale Fähigkeiten in direktem zeitlichem Zusammenhang mit der Sexualstraftat zu bewerten.

Über einem Gesamt-IQ von 80 ist hier kaum jemals mit einer Beeinträchtigung zu rechnen. Ein niedriger IQ kann jedoch gemeinsam mit anderen Faktoren (Persönlichkeitsstörungen, Suchterkrankungen, Pädophilie) die Schuldfähigkeit durchaus stärker beeinträchtigen. Man spricht in diesem Fall von einem „konstellativen Faktor", also einem Faktor, der letztendlich gemeinsam mit einer Persönlichkeitsstörung oder einer Suchterkrankung den Ausschlag geben kann.

Bei pädosexuellen Straftaten ist das Eingangsmerkmal der „erheblichen Intelligenzminderung" gelegentlich sorgfältig zu prüfen (Täter mit Intelligenzminderung im Sinne der ICD-10, F70 Intelligenzstörung). Insbesondere bei der „leichten Intelligenzminderung" (ICD-10, F70.-) mit einem IQ im Grenzbereich müssen vom Gutachter sorgfältig die tatsächlichen Einbußen in unterschiedlichen Lebensbereichen herausgearbeitet werden.

Schwere andere seelische Abartigkeit

Hier werden Persönlichkeitsstörungen und Störungen der Sexualpräferenz ohne sicher nachweisbares organisches Korrelat erfasst. Dieses Eingangsmerkmal wird nicht nur bei Sexualstraftätern bei der Begutachtung am häufigsten diskutiert. Es kommt bei sexuellen Missbrauchstätern am häufigsten in Betracht, ist jedoch auch am umstrittensten.

> **Merke**
> Da die quantitative Begrenzung „schwere" enthalten ist, besteht hier ein erheblicher normativer Entscheidungsspielraum für das Gericht. Begriffe wie „destruktiver Ablauf", „konflikthafte Zuspitzung" oder „emotionale Labilisierung" müssen durch den Gutachter sorgfältig erläutert werden.

Die durch die Störung verursachte Funktionsbeeinträchtigung eines Probanden muss in aller Regel so ausgeprägt sein wie bei *psychotischen Erkrankungen* oder *Demenzen*. Dies ist in der Mehrzahl der Fälle bei Sexualstraftätern jedoch *nicht* der Fall. Grundsätzlich bedarf es hier einer sehr sorgfältigen und überzeugenden Begründung.

Eine interdisziplinäre Arbeitsgruppe am Bundesgerichtshof formulierte daher bereits 2005 Argumente, die für oder gegen die Zuordnung einer sexuellen Störung zu diesem Eingansmerkmal sprechen können. Laut Mindestanforderungen für Schuldfähigkeitsbegutachtungen (Boetticher et al. 2005) kann eine forensisch relevante Verminderung der Steuerungsfähigkeit durch eine Störung der sexuellen Präferenz erst dann näher diskutiert werden, wenn

- eine konflikthafte Zuspitzung und emotionale Labilisierung in der Zeit vor dem Delikt bei vorbestehender und länger anhaltender triebdynamischer Auswegslosigkeit besteht.
- es zur Tatdurchführung auch in sozial stark kontrollierten Situationen kommt.
- ein abrupter, impulshafter Tatablauf besteht, wobei jedoch ein paraphil gestaltetes und zuvor (in der Fantasie) durchgespieltes Szenario kein Ausschlusskriterium für eine Verminderung der Steuerungsfähigkeit ist, sofern dieses Szenario der diagnostizierten Pädophilie entspricht und eine zunehmende Progredienz nachweisbar ist.

- ein archaischer, destruktiver Ablauf mit ritualisiert wirkendem Tatablauf und Hinweise für die Ausblendung von Außenreizen bestehen.
- konstellative Faktoren (z. B. Alkoholintoxikation, Persönlichkeitsstörungen, eingeschränkte Intelligenz) vorhanden sind, die u. U. auch ohne dies eine erheblich verminderte Steuerungsfähigkeit bedingen können.

Wird keines der vier im Gesetzestext genannten Eingangsmerkmale festgestellt, erübrigen sich die weiteren Schritte.

46.2.2 Die Funktionsbeeinträchtigungen (2. Stufe der Beurteilung)

Die zweite Stufe der Schuldfähigkeitsbeurteilung beinhaltet einen normativen Schritt. Sie wird daher auch als „normative" oder „psychopathologisch-normative" Ebene bezeichnet.

Der Gutachter kann Hilfestellungen für diese normativen Entscheidungen, die vom Gericht zu treffen sind, anbieten. Er kann und sollte dem Gericht jedoch nicht die abschließende Entscheidung über das Ausmaß der Beeinträchtigung abnehmen.

> **Merke**
> Es ist eine *ausschließlich* gerichtliche Entscheidung, bis zu welchem Ausmaß Einsicht in das Unrecht einer Sexualstraftat erwartet werden kann und bis zu welchem Punkt Steuerung von einem Probanden verlangt wird. Zudem ist es für den Gutachter mit empirischen Methoden nicht immer zuverlässig möglich, retrospektiv eindeutige Aussagen über das Ausmaß psychischer Beeinträchtigungen zu einem bestimmten Tatzeitpunkt zu treffen.

Pädophilien sind wie viele andere sexuelle Devianzen weder notwendige noch hinreichende Vorbedingung für die tatsächliche Begehung sexueller Missbrauchsdelikte an Kindern.

Nicht jeder Pädophile begeht Missbrauchsdelikte an Kindern, nicht alle Missbrauchsdelikte an Kindern werden von Pädophilen begangen.

> **Merke**
> Pädophilie und sexueller Kindesmissbrauch sind keineswegs als synonyme Begriffe zu verwenden.

Während z. B. der Begriff der Pädophilie eine psychiatrische Störungskategorie im Sinne einer Präferenzstörung bezeichnet, handelt es sich beim sexuellen Missbrauch von Kindern um einen juristischen Straftatbestand. Gleichwohl stellt eine Pädophilie einen der Hauptrisikofaktoren, nach Mokros et al. (2012) *den* Hauptrisikofaktor, für die Begehung von sexuellen Missbrauchsdelikten an Kindern dar.

Bei Vorliegen einer Pädophilie oder einer anderen sexuellen Devianz bleibt die Einsichtsfähigkeit in das Unrecht einer Tat in aller Regel erhalten, auch kommt eine Aufhebung der Steuerungsfähigkeit kaum je in Betracht. Zu diskutieren ist hier primär, ob eine **verminderte Schuldfähigkeit** nach § 21 StGB vorgelegen haben könnte.

Die gleichen Eingangsmerkmale, die zur Schuldunfähigkeit führen, können nach § 21 StGB auch eine verminderte Schuldfähigkeit bedingen. Ein Proband ist zwar dann schuldfähig, er wird in aller Regel auch zu einer Strafe verurteilt, die Strafe kann jedoch vom Gericht gemildert werden.

46.2 Grundprinzipien der Begutachtung der Schuldunfähigkeit (§§ 20, 21 StGB)

> **§ 21 StGB Verminderte Schuldfähigkeit**
> „Ist die Fähigkeit des Täters, das *Unrecht der Tat einzusehen* oder nach dieser *Einsicht zu handeln*, aus einem der in § 20 bezeichneten Gründe bei Begehung der Tat erheblich vermindert, so kann die Strafe nach § 49 Abs. 1 gemildert werden."

Einsichtsunfähigkeit

Einsichtsunfähigkeit besteht, wenn die kognitiven Funktionen nicht ausreichen, das Unrecht eines Handelns zu erkennen. Dies ist beispielsweise bei schwerwiegenden intellektuellen Einbußen, aber auch bei psychotischen Realitätsverkennungen der Fall.

Wird die Einsichtsunfähigkeit vom Gericht festgestellt, erübrigen sich weitere Fragen, da sich eine Person, die das Unrecht eines Handelns nicht einsehen kann, nicht entsprechend einer Rechtseinsicht steuern kann.

Steuerungsunfähigkeit

Zu einer Aufhebung oder einer Verminderung der Steuerungsfähigkeit führen Einbußen der voluntativen Fähigkeiten, die zu einem Handlungsentwurf beitragen. Eine allgemein verbindliche, knappe und praktisch anwendbare Definition der Steuerungsfähigkeit kann kaum geben werden.

> **Merke**
> Voraussetzung für die Anwendung des § 21 StGB ist, dass der Täter bei Begehung der Tat in seiner Steuerungsfähigkeit *erheblich* vermindert war.

46.2.3 Freiheitsentziehende Maßregeln

Unterbringung in einem psychiatrischen Krankenhaus (§ 63 StGB)

Wenn die Schuldfähigkeit aufgrund einer Erkrankung oder Störung *aufgehoben oder erheblich vermindert* war, hat das Gericht zu prüfen, ob von dem Beschuldigten aufgrund seiner Störung *weitere erhebliche* Delikte zu erwarten sind. Das Gericht ordnet unter folgenden Voraussetzungen eine Unterbringung in einem psychiatrischen Krankenhaus an:

> **§ 63 Unterbringung in einem psychiatrischen Krankenhaus**
> „Hat jemand eine rechtswidrige Tat im Zustand der Schuldunfähigkeit (§ 20) oder der verminderten Schuldfähigkeit (§ 21) begangen, so ordnet das Gericht die Unterbringung in einem psychiatrischen Krankenhaus an, wenn die Gesamtwürdigung des Täters und seiner Tat ergibt, dass von ihm infolge seines Zustandes erhebliche rechtswidrige Taten zu erwarten sind und er deshalb für die Allgemeinheit gefährlich ist."

Das Ziel des psychiatrischen Maßregelvollzugs (§ 63 StGB) besteht in Besserung und Sicherung.

> **Merke**
> Auch dann, wenn therapeutische Bemühungen erfolglos bleiben, behält der Maßregelvollzug die Aufgabe der Sicherung.

So kann selbst bei relativ geringen Taten unter Umständen – z. B. bei einer stabilen sexuellen Präferenzstörung – die lebenslange Unterbringung eines Betroffenen in einem Krankenhaus des psychiatrischen Maßregelvollzugs erfolgen, da die Entlassung erst dann erfolgt, wenn laut § 67d (2) StGB „... *zu erwarten ist, dass der Untergebrachte außerhalb des Maßregelvollzugs keine rechtswidrigen Taten mehr begehen wird ...*".

Hier besteht durch die mitunter sehr langen Zeiten eines psychisch kranken Menschen im psychiatrischen Maßregelvollzug in Zukunft noch ein erheblicher Reformbedarf. Reformvorschläge werden zurzeit von interdisziplinären Arbeitsgruppen erarbeitet.

Unterbringung in einer Entziehungsanstalt (§ 64 StGB)

Die Anordnung einer Suchtbehandlung (§ 64 StGB) ist *nicht* von der aufgehobenen oder verminderten Schuldfähigkeit (§§ 20, 21 StGB) des Täters abhängig und ist auf maximal zwei Jahre begrenzt. Es gelten für die Unterbringung in einer Entziehungsanstalt ansonsten die gleichen Voraussetzungen wie bei der Unterbringung in einem psychiatrischen Krankenhaus.

> **§ 64 StGB Unterbringung in einer Entziehungsanstalt**
>
> „Hat eine Person den Hang, alkoholische Getränke oder andere berauschende Mittel im Übermaß zu sich zu nehmen, und wird sie wegen einer rechtswidrigen Tat, die sie im Rausch begangen hat oder die auf ihren Hang zurückgeht, verurteilt oder nur deshalb nicht verurteilt, weil ihre Schuldunfähigkeit erwiesen oder nicht auszuschließen ist, so soll das Gericht die Unterbringung in einer Entziehungsanstalt anordnen, wenn die Gefahr besteht, dass sie infolge ihres Hanges erhebliche rechtswidrige Taten begehen wird. Die Anordnung ergeht nur, wenn eine hinreichend konkrete Aussicht besteht, die Person durch die Behandlung in einer Entziehungsanstalt zu heilen oder über eine erhebliche Zeit vor dem Rückfall in den Hang zu bewahren und von der Begehung erheblicher rechtswidriger Taten abzuhalten, die auf ihren Hang zurückgehen."

Die Voraussetzungen für eine Unterbringung nach § 64 StGB sind somit (Pfister 2009):

- ein Täter mit einem Hang zu Rauschmitteln (*§ 64 Satz 1 StGB*)
- eine Straftat, die für diesen Hang symptomatisch ist (*§ 64 Satz 1 StGB*)
- eine vom Täter ausgehende Gefährlichkeit (*§ 64 Satz 1 StGB*)
- eine hinreichend konkrete Erfolgsaussicht der Suchtbehandlung (*§ 64 Satz 2 StGB*)

Es ist im Einzelfall zu untersuchen, ob zwischen dem Hang und der Tat ein symptomatischer Zusammenhang besteht. Haben neben dem Hang auch andere Umstände in der Persönlichkeit des Täters zur Tat beigetragen, sind z. B. für eine Sexualstraftat sowohl eine Alkoholabhängigkeit als auch eine Antisoziale Persönlichkeitsstörung auslösend gewesen, so wird dadurch der symptomatische Zusammenhang nicht ausgeschlossen.

Damit kommen grundsätzlich auch Sexualdelikte als Anlasstaten für eine Unterbringung nach § 64 StGB in Betracht, sofern ein langjähriger Alkohol- und/oder Drogenmissbrauch zu einer tatbegünstigenden Enthemmung und Entdifferenzierung der Persönlichkeit beim Täter geführt hat (Pfister 2009).

In der Praxis ist dies bei der Begutachtung von sexuellem Kindesmissbrauch jedoch vergleichsweise selten der Fall.

> **Merke**
>
> Suchtbehandlung (§ 64 StGB) kann nur angeordnet werden, wenn hinreichend konkrete Aussichten auf Erfolg der Behandlung bestehen.

46.2 Grundprinzipien der Begutachtung der Schuldunfähigkeit (§§ 20, 21 StGB)

> An die hinreichend konkreten Erfolgsaussichten dürfen nicht zu hohe Maßstäbe angelegt werden.

Einstweilige Unterbringung nach der Strafprozessordnung (§ 126a StPO)

Die Unterbringung nach § 126a StPO soll eine möglichst frühzeitige Behandlung psychisch kranker Rechtsbrecher sichern.

Wird während des Ermittlungsverfahrens festgestellt, dass die Voraussetzungen für die Unterbringung in einem psychiatrischen Krankenhaus oder in einer Entziehungsanstalt nach den §§ 63 oder 64 StGB vorliegen, so kann der Haftrichter aufgrund eines psychiatrischen Gutachtens eine einstweilige Unterbringung nach § 126a StPO anordnen. Sie dauert bis zur Hauptverhandlung oder bis die Voraussetzungen für die Unterbringung entfallen.

> **§ 126a StPO Einstweilige Unterbringung**
> „(1) Sind dringende Gründe für die Annahme vorhanden, dass jemand eine rechtswidrige Tat im Zustand der Schuldunfähigkeit oder verminderten Schuldfähigkeit (§§ 20, 21 des Strafgesetzbuches) begangen hat und dass seine Unterbringung in einem psychiatrischen Krankenhaus oder einer Entziehungsanstalt angeordnet werden wird, so kann das Gericht durch Unterbringungsbefehl die einstweilige Unterbringung in einer dieser Anstalten anordnen, wenn die öffentliche Sicherheit es erfordert.
> (2) Für die einstweilige Unterbringung gelten die §§ 114 bis 115a, 116 Abs. 3 und 4, §§ 117 bis 119a, 123, 125 und 126 entsprechend. Die §§ 121, 122 gelten entsprechend mit der Maßgabe, dass das Oberlandesgericht prüft, ob die Voraussetzungen der einstweiligen Unterbringung weiterhin vorliegen.
> (3) Der Unterbringungsbefehl ist aufzuheben, wenn die Voraussetzungen der einstweiligen Unterbringung nicht mehr vorliegen oder wenn das Gericht im Urteil die Unterbringung in einem psychiatrischen Krankenhaus oder einer Entziehungsanstalt nicht anordnet. Durch die Einlegung eines Rechtsmittels darf die Freilassung nicht aufgehalten werden. § 120 Abs. 3 gilt entsprechend.
> (4) Hat der Untergebrachte einen gesetzlichen Vertreter oder einen Bevollmächtigten im Sinne des § 1906 Abs. 5 des Bürgerlichen Gesetzbuches, so sind Entscheidungen nach Absatz 1 bis 3 auch diesem bekannt zu geben."

Die Sicherungsverwahrung (§ 66 StGB)

Die Unterbringung in der Sicherungsverwahrung kann angeordnet werden, wenn Vorverurteilungen von mindestens drei Jahren Dauer vorliegen oder wenn der Täter – auch ohne Vorverurteilung – mehr als eine Straftat, die *„sich gegen das Leben, die körperliche Unversehrtheit, die persönliche Freiheit oder die sexuelle Selbstbestimmung"* richtet, begangen hat und wegen einer oder mehrerer dieser Taten zu einer Freiheitsstrafe von mindestens drei Jahren verurteilt wird und wenn die Gesamtwürdigung des Täters und seiner Taten ergibt, dass er infolge eines Hanges zu erheblichen Straftaten neigt, namentlich zu solchen, durch welche die Opfer seelisch oder körperlich geschädigt werden oder durch welche schwerer wirtschaftlicher Schaden angerichtet wird, und er deshalb für die Allgemeinheit gefährlich ist.

> **Merke**
> Die Sicherungsverwahrung ist eine *präventive Maßnahme*, die nicht von der Schuld des Probanden abhängt und zusätzlich zu einer schuldbedingten Strafe, d. h. auch zusätzlich zu einer anderen Maßregel, angeordnet werden kann.

Wenn der im Rahmen von § 66 StGB vorausgesetzte Hang jedoch auf einen psychischen Defekt zurückgehen und gleichzeitig die erheblich verminderte Schuldfähigkeit begründen würde, wäre die Unterbringung nach § 63 StGB (Unterbringung in einem psychiatrischen Krankenhaus) vorrangig und deren alleinige Anordnung im Regelfall auch ausreichend (vgl. BGHR StGB § 63 Konkurrenzen 3; BGHSt 42, 306, 308).

Merke
Da § 63 StGB das Bestehen von Heilungsaussichten *nicht voraussetzt*, sondern auch dem Schutz der Allgemeinheit vor kranken und gefährlichen Straftätern dient, gilt dies prinzipiell *auch* bei mangelnder oder zweifelhafter Therapierbarkeit eines Angeklagten (vgl. BGH NStZ 1995, 588; 1998, 35).

§ 66 StGB Unterbringung in der Sicherheitsverwahrung
„(1) Das Gericht ordnet neben der Strafe die Sicherungsverwahrung an, wenn
1. jemand zu Freiheitsstrafe von mindestens zwei Jahren wegen einer vorsätzlichen Straftat verurteilt wird, die
a) sich gegen das Leben, die körperliche Unversehrtheit, die persönliche Freiheit oder die sexuelle Selbstbestimmung richtet,
b) unter den Ersten, Siebenten, Zwanzigsten oder Achtundzwanzigsten Abschnitt des Besonderen Teils oder unter das Völkerstrafgesetzbuch oder das Betäubungsmittelgesetz fällt und im Höchstmaß mit Freiheitsstrafe von mindestens zehn Jahren bedroht ist oder
c) den Tatbestand des § 145a erfüllt, soweit die Führungsaufsicht aufgrund einer Straftat der in den Buchstaben a oder b genannten Art eingetreten ist, oder den Tatbestand des § 323a, soweit die im Rausch begangene rechtswidrige Tat eine solche der in den Buchstaben a oder b genannten Art ist,
2. der Täter wegen Straftaten der in Nummer 1 genannten Art, die er vor der neuen Tat begangen hat, schon zweimal jeweils zu einer Freiheitsstrafe von mindestens einem Jahr verurteilt worden ist,
3. er wegen einer oder mehrerer dieser Taten vor der neuen Tat für die Zeit von mindestens zwei Jahren Freiheitsstrafe verbüßt oder sich im Vollzug einer freiheitsentziehenden Maßregel der Besserung und Sicherung befunden hat und
4. die Gesamtwürdigung des Täters und seiner Taten ergibt, dass er infolge eines Hanges zu erheblichen Straftaten, namentlich zu solchen, durch welche die Opfer seelisch oder körperlich schwer geschädigt werden, zum Zeitpunkt der Verurteilung für die Allgemeinheit gefährlich ist.
Für die Einordnung als Straftat im Sinne von Satz 1 Nummer 1 Buchstabe b gilt § 12 Absatz 3 entsprechend, für die Beendigung der in Satz 1 Nummer 1 Buchstabe c genannten Führungsaufsicht § 68b Absatz 1 Satz 4.
(2) Hat jemand drei Straftaten der in Absatz 1 Satz 1 Nummer 1 genannten Art begangen, durch die er jeweils Freiheitsstrafe von mindestens einem Jahr verwirkt hat, und wird er wegen einer oder mehrerer dieser Taten zu Freiheitsstrafe von mindestens drei Jahren verurteilt, so kann das Gericht unter der in Absatz 1 Satz 1 Nummer 4 bezeichneten Voraussetzung neben der Strafe die Sicherungsverwahrung auch ohne frühere Verurteilung oder Freiheitsentziehung (Absatz 1 Satz 1 Nummer 2 und 3) anordnen.
(3) Wird jemand wegen eines die Voraussetzungen nach Absatz 1 Satz 1 Nummer 1 Buchstabe a oder b erfüllenden Verbrechens oder wegen einer Straftat nach den §§ 174 bis 174c, 176, 179 Abs. 1 bis 4, §§ 180, 182, 224, 225 Abs. 1 oder 2 oder wegen einer vorsätzlichen Straftat nach § 323a, soweit die im Rausch begangene Tat eine der vorgenannten rechtswidrigen Taten ist, zu Freiheitsstrafe von mindestens zwei Jahren verurteilt, so kann das Gericht neben der Strafe die Sicherungsverwahrung anordnen, wenn der Täter wegen einer oder mehrerer solcher Straftaten, die er vor der neuen Tat begangen hat, schon einmal zu Freiheitsstrafe von mindestens drei Jahren verurteilt worden ist und die in Absatz 1

46.2 Grundprinzipien der Begutachtung der Schuldunfähigkeit (§§ 20, 21 StGB)

Satz 1 Nummer 3 und 4 genannten Voraussetzungen erfüllt sind. Hat jemand zwei Straftaten der in Satz 1 bezeichneten Art begangen, durch die er jeweils Freiheitsstrafe von mindestens zwei Jahren verwirkt hat und wird er wegen einer oder mehrerer dieser Taten zu Freiheitsstrafe von mindestens drei Jahren verurteilt, so kann das Gericht unter den in Absatz 1 Satz 1 Nummer 4 bezeichneten Voraussetzungen neben der Strafe die Sicherungsverwahrung auch ohne frühere Verurteilung oder Freiheitsentziehung (Absatz 1 Satz 1 Nummer 2 und 3) anordnen. Die Absätze 1 und 2 bleiben unberührt.

(4) Im Sinne des Absatzes 1 Satz 1 Nummer 2 gilt eine Verurteilung zu Gesamtstrafe als eine einzige Verurteilung. Ist Untersuchungshaft oder eine andere Freiheitsentziehung auf Freiheitsstrafe angerechnet, so gilt sie als verbüßte Strafe im Sinne des Absatzes 1 Satz 1 Nummer 3. Eine frühere Tat bleibt außer Betracht, wenn zwischen ihr und der folgenden Tat mehr als fünf Jahre verstrichen sind; bei Straftaten gegen die sexuelle Selbstbestimmung beträgt die Frist fünfzehn Jahre. In die Frist wird die Zeit nicht eingerechnet, in welcher der Täter auf behördliche Anordnung in einer Anstalt verwahrt worden ist. Eine Tat, die außerhalb des räumlichen Geltungsbereichs dieses Gesetzes abgeurteilt worden ist, steht einer innerhalb dieses Bereichs abgeurteilten Tat gleich, wenn sie nach deutschem Strafrecht eine Straftat der in Absatz 1 Satz 1 Nummer 1, in den Fällen des Absatzes 3 der in Absatz 3 Satz 1 bezeichneten Art wäre."

ungünstig erwiesen hat. Zusätzlich müssen aber auch deliktspezifische Aspekte wie z. B. die Basisrate für Rückfälligkeit und weitere kriminologische Prädiktoren der Rückfallkriminalität wie Frühkriminalität, Vorstrafenbelastung, Rückfallintervall und Rückfallschwere abgeklärt werden. Im Kontext des § 66 StGB muss geprüft werden, ob aufgrund persönlicher Einflussgrößen die Gefahr besteht, dass ein schuldfähiger Täter in eigener Verantwortung erneut kriminell handeln wird, wenn sich die Gelegenheit dazu bietet. Es geht also um eine *ungünstige Kriminalprognose*, zu der auch situative Einflüsse beitragen können, da die Rechtsprechung nicht nur geplant handelnde Täter, sondern auch den Hangtäter aus Schwäche kennt. Dieses kriminologisch-soziologische Konstrukt soll eine Tätergruppe charakterisieren, die vorwiegend situationsabhängig handelt.

Merke
Angesichts dieser eher breit angelegten Interpretation des Hanges durch die Rechtsprechung kann es bei der Begutachtung nicht nur um Aussagen zur aktiven Delinquenz gehen. Der **Hang** muss vielmehr als zeitlich stabile, persönlichkeitsgebundene Bereitschaft zu aktivem kriminellem Handeln, aber auch dazu, situativen Tatanreizen zu folgen, verstanden werden.

Nach Ausschluss einer aufgehobenen bzw. erheblich verminderten Schuldfähigkeit und damit auch den Voraussetzungen einer Unterbringung gemäß § 63 StGB kann im dritten Schritt auf die persönlichkeitsgebundenen Grundlagen einer Hangtäterschaft eingegangen werden (Überblick s. Habermeyer u. Saß 2004). Hier bietet sich zunächst der Rückgriff auf das „Psychopathy"-Konzept von Hare (1991, 2003) an, da sich die Kriminalprognose von „Psychopaths" nach verschiedenen internationalen Studien als

Gesichtspunkte, die für eine Bereitschaft zur Begehung wiederholter Straftaten sprechen, können dabei über die Beantwortung folgender Fragen festgestellt werden:
- Inwiefern ist die Delinquenz in die Lebensgeschichte integriert, welchen Raum nimmt sie ein, zeigt sich eine Progredienz?
- Besteht eine Spezialisierung, hatte der Täter die Tatumstände aktiv gestaltet?
- Entspricht das Tatgeschehen früheren delinquenten Verhaltensstilen?

- Wurde es durch ähnliche Ausgangsbedingungen begünstigt oder ist es Ausdruck eines unabhängig von der bisherigen Delinquenzentwicklung entstandenen aktuellen Konflikts?
- Besteht eine zustimmende Haltung zur Delinquenz oder ein mangelndes Problembewusstsein? Letzteres verdeutlicht sich in Rationalisierungen oder der Tendenz zur Schuldzuweisung an Opfer, Außenstehende oder Umwelteinflüsse.

Bei den vorgenannten Punkten spricht lediglich die Bindung an neu entstandene Konflikte gegen eine Hangtäterschaft.

Bei zunehmender Verflechtung von Biografie und kriminellem Verhalten liefern demgegenüber antisoziale Denkstile und mangelndes Problembewusstsein gute Argumente für eine stabile persönlichkeitsgebundene Bereitschaft, aktiv oder Tatanreizen folgend, kriminell zu handeln.

> **Merke**
>
> Ein Hangtäter wird somit als Person mit einer *ungünstigen Kriminalprognose* und einer stabilen und persönlichkeitsgebundenen *Bereitschaft zur Begehung von Straftaten* verstanden (Habermeyer u. Saß 2004).

Diese Bereitschaft zur Begehung von Straftaten kann durch folgende Merkmale gekennzeichnet sein:
- zustimmende, Ich-syntone Haltung zur Delinquenz
- Schuldzuweisung an Opfer, Außenstehende, Umwelteinflüsse
- fehlende psychosoziale Auslösefaktoren bzw. begünstigende Konflikte
- Phasen der Delinquenz überwiegen gegenüber unauffälligen Lebensphasen
- progrediente Rückfallneigung, Missachtung von Auflagen

- aktive Gestaltung der Tatumstände bzw. der Tat
- Spezialisierung auf einen bestimmten Delinquenztyp
- Integration in eine kriminelle Subkultur
- „Psychopathy" nach Hare (1991, 2003)
- Reizhunger, sozial unverbundene, augenblicksgebundene Lebensführung
- antisoziale Denkstile, die eine situative Verführbarkeit bedingen oder kriminelle Verhaltensstile legitim erscheinen lassen

46.2.4 Kriminalprognose

In Prognosegutachten werden nach den Mindestanforderungen (Boetticher et al. 2006) Wahrscheinlichkeitsaussagen über künftiges Legalverhalten und künftige Delinquenz erwartet. Ebenso sollen Aussagen zu Art und Schweregrad der zu erwartenden Straftaten abgegeben und die Frage beantwortet werden, wer am wahrscheinlichsten zukünftiges Opfer werden wird. Schließlich sind Aussagen dazu erforderlich, welche Umstände das Risiko steigern und durch welche Maßnahmen das Risiko vermindert werden kann.

> **Merke**
>
> Mindestanforderungen (Boetticher et al. 2006) beachten.

Prognoseinstrumente, z. B. die revidierte Psychopathy-Checkliste von Hare (1991, 2003) oder die Integrierte Liste der Risiko-Variablen (ILRV) von Nedopil (Überblick über die Instrumente und Anwendungsbeispiel der ILRV s. Nedopil 2005) helfen, wesentliche Risikofaktoren nicht zu übersehen, die Begutachtung zu strukturieren und die Ergebnisse nachvollziehbar zu machen. Seit einigen Jahren liegen im deutschen

Sprachraum empirische Befunde (z. B. Münchner Prognose Projekt – MPP; Stadtland 2005) vor. Die Begutachtungsergebnisse sollten unter Berücksichtigung empirischen Wissens diskutiert werden.

46.3 Besonderheiten bei der Begutachtung pädosexueller Straftaten

Der sexuelle Missbrauch von Kindern ist in fast allen Gesellschaften tabuisiert. Auch in Haftanstalten stehen die Täter am untersten Ende der Häftlingshierarchie und müssen häufig vor Mithäftlingen geschützt werden oder sie versuchen gegenüber ihren Mithäftlingen andere, von ihnen jedoch nicht begangene Straftaten zu behaupten.

Verständlich wird daher, dass nur in wenigen anderen Rechtsgebieten die Taten so häufig bei der Begutachtung bestritten werden.

> **Merke**
> Einerseits haben jedoch nicht alle Probanden die angeklagten Taten tatsächlich begangen, andererseits besteht gerade bei Sexualstraftaten ein großes Dunkelfeld.

Ein besonderes Problem stellen bei der Begutachtung jene Taten da, an welche sich ein Geschädigter erst Jahre später oder während einer Psychotherapie erinnert und die von dem Probanden bei der Begutachtung bestritten werden.

Da sich gelegentlich im Laufe von Gerichtsverhandlungen aufgrund neuer Tatsachen herausstellt, dass ein angeblich Geschädigter die Unwahrheit sagt, ist es für den Gutachter zwingend erforderlich, sich ausschließlich auf seine gutachterliche Kompetenz zurückzuziehen. Eine Nichtbeachtung dieser Regel kann zu erheblichen Konsequenzen führen, wie Beispiele der Vergangenheit zeigten: Die größten Missbrauchsprozesse der deutschen Rechtsgeschichte, die sog. „Wormser Prozesse" – drei von 1993–1997 andauernde Strafprozesse vor dem Landgericht Mainz, in denen 25 Personen des massenhaften Kindesmissbrauchs angeklagt wurden –, endeten mit dem Freispruch aller Beschuldigten.

Es ist daher grundsätzlich nicht die Aufgabe des Sachverständigen, zu entscheiden, ob und ggf. welche Taten einem Probanden zuzuordnen sind. Begriffe wie „Falschaussage" oder „Scheinerinnerungen" müssen dem Gutachter bekannt sein und im Gutachten diskutiert werden.

> **Merke**
> Aus Symptomen eines (tatsächlichen oder angeblichen) Opfers auf Taten eines Probanden zurückzuschließen, stellt einen Kunstfehler bei der Begutachtung dar.
> Ob eine Tat tatsächlich erfolgt und ein Proband wirklich der Täter ist, hat *ausschließlich* das Gericht zu entscheiden. Dies gilt insbesondere dann, wenn tatsächliche oder behauptete Symptome (z. B. einer Posttraumatischen Belastungsstörung) eines Opfers ihre Ursache in einer spezifischen und vom Probanden begangenen pädosexuellen Handlung haben sollen und bei der Begutachtung noch unklar ist, ob diese Taten durch den Probanden tatsächlich erfolgt sind.
> Aus groben Fehlern (z. B. durch Inhaftierung eines Unschuldigen nach fehlerhafter Begutachtung, aber auch durch falsche ärztliche Zeugnisse und Stellungnahmen) können u. U. erhebliche haftungsrechtliche Ansprüche des Betroffenen gegen die Verursacher resultieren.

Die folgenden **Prinzipien der Begutachtung** gelten daher ausschließlich für jene Täter, bei denen vom Gericht festgestellt wird, dass sie tatsächlich die ihnen zur Last gelegten Taten begangen haben.

Im Einzelnen sollten bei allen Tätern, die zu Fragen von Sexualstraftaten zum Nachteil von Kindern untersucht werden, zusätzlich zu den üblichen Erhebungen bei forensisch-psychiatrischen Begutachtungen insbesondere die nachfolgend aufgelisteten sexualspezifischen anamnestischen Daten abgefragt und abschließend diskutiert und bewertet werden (Überblick s. Mokros et al. 2012):
- Alter bei Ejakularche
- Pubertätsverlauf
- Art der Sexualaufklärung
- Masturbation (Einsetzen, Fantasien, Verlauf)
- Umgang mit Sexualität in der Herkunftsfamilie, erster Freund/erste Freundin
- Partnerbeziehungen
- kurzfristige sexuelle Begegnungen
- Pornografiekonsum
- Inanspruchnahme von Prostituierten/ Aufsuchen von Clubs
- sexuelle Fantasien (Inhalt, Häufigkeit, Dranghaftigkeit, Wertigkeit)
- Erlebnischarakter der Sexualität (unter besonderer Berücksichtigung des Beziehungsaspekts)
- sexuelle Funktionsstörungen
- Erfahrungen mit ungewollter sexueller Annäherung oder mit sexueller Gewalt als Kind, Jugendlicher oder Erwachsener
- eigene Ausübung von Zwang oder Druck in einem sexuellen Kontext

Zur strukturierten Dokumentation und orientierenden Überprüfung der Sexualanamnese bietet sich auch das Modul Sexualdelinquenz im Forensisch-psychiatrischen Dokumentations-System (FPDS) an (Ahlers et al. 2004).

> **Merke**
> Solange die Betroffenen weder andere noch sich selbst durch die Befriedigung ihrer abweichenden sexuellen Bedürfnisse beeinträchtigen oder gefährden und/oder keinen Leidensdruck verspüren, ist die Diagnose Pädophilie *noch nicht* zu stellen.

Kommt es vor dem Hintergrund einer pädophilen Präferenzstruktur zu realisierten sexuellen Kontakten mit Kindern, so werden diese heute eher als „pädosexuelle Handlungen" bezeichnet, welche sexualdiagnostisch in die Kategorie der „Sexuellen Verhaltensstörungen" fallen.

Trotz deutlicher Auffälligkeiten in ihrer Persönlichkeitsstruktur und grundsätzlicher Behandelbarkeit (s. u.) sind im forensisch-psychiatrischen Kontext die meisten Täter als so gering funktionsbeeinträchtigt zu bezeichnen, dass sie die Schwellen für eines der Eingangsmerkmale des § 20 StGB nicht erreichen. Dies schließt eine Sexualstraftätertherapie unter ambulanten Bedingungen (z. B. als Bewährungsauflage) oder während der Inhaftierung (z. B. auf einer Spezialstation für Sexualstraftäter) nicht aus.

Spezifische Präventionsprogramme („Kein Täter werden") in zahlreichen deutschen Städten wurden seit 2006 breit beworben und wenden sich an Betroffene, bevor sie zum Täter werden (Beier et al. 2006). Aus methodischen Gründen ist es schwierig, Effekte bei diesen Therapieprogrammen empirisch nachzuweisen. Möglicherweise besuchen eher Menschen mit pädophilen Präferenzstrukturen diese Therapie, wohingegen pädosexuelle Täter Therapien nur bei bestehendem Leidensdruck aufsuchen. Dies ist oftmals jedoch in der letztgenannten Gruppe nicht der Fall.

46.3 Besonderheiten bei der Begutachtung pädosexueller Straftaten

Im Folgenden werden die bei der psychiatrischen Begutachtung am häufigsten diskutierten Störungen im Zusammenhang mit sexuellem Missbrauch von Kindern und Jugendlichen näher erläutert.

46.3.1 Pädophilie

Die sexuelle Präferenz zu Kindern, die Pädophilie, ist nach Beier (1995) in eine primäre und in eine sekundäre Form zu unterteilen. Die Einteilung in Primär- und Sekundärpädophilie überlappt sich stark mit anderen Konzepten, Typisierungen oder Täterprofilen in „echte" oder „Kern"-Pädophile (Hall u. Hall 2007; Walter et al. 2009).

Primär pädophile Personen sind durch stark vermindertes bis nicht vorhandenes sexuelles Interesse an Erwachsenen charakterisiert. **Sekundär pädophile Menschen** zeigen eine Orientierung auf Kinder bei initial vorhandener Orientierung auf Erwachsene.

Die Angaben der Probanden müssen daher – sofern nicht schon im Rahmen der Ermittlungen geschehen – spätestens durch Befragung der früheren Partnerinnen und Partner in der Hauptverhandlung objektiviert werden. Häufig wird durch eine solche Befragung die Diagnose gesichert. Es ist bekannt, dass pädosexuelle Praktiken durch Primärpädophile mit 1–5 % nur einen kleinen Anteil an Missbrauchsfällen von Kindern haben. Diese pädosexuellen Praktiken sind vor allem durch Berührung des Intimbereichs und der sekundären Geschlechtsorgane der Kinder sowie Masturbation in Gegenwart des Kindes charakterisiert.

Kern-Pädophile fühlen sich emotional Kindern am nächsten, Gewalttaten sind jedoch vergleichsweise selten. Grundsätzlich können schwerere Straftaten jedoch aus Verdeckung geschehen.

Eine weitere Gruppe ist der eher selten vorkommende **soziopathische Tätertyp**, welcher erst beim Zufügen von Schmerzen und Qual eine sexuelle Befriedigung erreicht.

> **Merke**
>
> Der überwiegende Teil von Missbrauchsdelikten bei Kindern wird durch Menschen mit einer nicht „exklusiven Sexualpräferenz" verübt. Zu dieser Gruppe gehören Menschen mit einer sekundären Pädophilie, welche häufig Kinder aus ihrem unmittelbaren familiären Umfeld im Sinne von Ersatzobjektiven zur sexuellen Bedürfnisbefriedigung missbrauchen. Hier ist oftmals keine Beeinträchtigung der Schuldfähigkeit festzustellen.

Pädophile Neigungen sind kein seltenes Phänomen. Anonyme Umfragestudien an Männern aus der Allgemeinbevölkerung legen nahe, dass zwischen 0,5 und 4 % eine pädophile Neigung aufweisen können. Unter 367 Berliner Männern im Alter von 40–79 Jahren äußerten beispielsweise 14 Probanden (3,8 %), als Erwachsener sexuelle Handlungen an einem Kind von 13 Jahren oder darunter vorgenommen zu haben (Überblick s. Mokros et al. 2012).

Für den Bereich der Rückfälligkeit von Sexualstraftätern gilt es in der nationalen und internationalen Literatur als erwiesen, dass das Vorliegen einer sexuellen Präferenzstörung (einschließlich der Pädophilie) der primäre Risikofaktor für einschlägige Deliktrückfälle ist. In Bezug auf strafrechtlich sanktionierte Täter, die sexuelle Missbrauchsdelikte an Kindern begangen haben, gehen Schätzungen von einem Anteil an Pädophilen von etwa 25–40 % aus (Mokros et al. 2012).

Die Ursache dieser Neigungen ist unklar. Viele Täter geben bei der Begutachtung an, als Kind selbst Opfer sexueller Übergriffe gewesen zu sein. Die Zusammenhänge sind noch nicht vollständig erforscht. Im Hinblick auf eine fragliche genetische Disposition von pädophilen Neigungen liegen derzeit noch keine verlässlichen Angaben vor. Es gibt jedoch Daten, welche verschiedene neuropsychologische Defizite oder Entwicklungsstörungen bei Pädophilien nahelegen, darunter ein niedriger IQ, ein beeinträchtigtes visuell-räumliches Vorstellungsvermögen, unterdurchschnittliche Schulleistungen sowie höhere Raten von Linkshändigkeit und Schädel-Hirn-Traumata. Diese Auswertungen beziehen sich jedoch vornehmlich auf straffällig gewordene, inhaftierte Pädophile und sind daher nicht repräsentativ (Mokros et al. 2012).

Ob es sich bei pädophilen Neigung um eine psychische Störung oder eine psychische Krankheit handelt, ist bei der sich verändernden Terminologie (ICD-10, DSM-IV, DSM-5) sorgfältig zu prüfen.

Diagnostische Kriterien für Pädophilie (ICD-10, F65.4)

- Anhaltende oder dominierende Präferenz (intensive Impulse und/oder Fantasien) für sexuelle Handlungen mit einem oder mehreren Kindern *vor* deren Pubertät.
- Diese Präferenz besteht seit mindestens sechs Monaten.
- Der Betroffene handelt entsprechend den Impulsen oder fühlt sich durch sie deutlich beeinträchtigt.
- Der Betroffene ist mindestens 16 Jahre alt und mindestens fünf Jahre älter als das Kind oder die Kinder.

Den Charakter einer Störung kann die Pädophilie also auch *ohne* gleichzeitiges fremdgefährdendes Verhalten (reale vs. potenzielle Täter) erfüllen. Als Besonderheit im Vergleich zu den anderen Paraphilien gilt bei der Pädophilie das Ausleben der Präferenz ebenfalls als klinisch relevantes Kriterium (Pfäfflin u. Ross 2007; Mokros et al. 2012).

Diagnostische Kriterien für die Pädophile Störung nach DSM-5 (302.2)

- Über einen Zeitraum von mindestens sechs Monaten wiederkehrende intensive sexuell erregende Fantasien, sexuell dranghafte Bedürfnisse oder Verhaltensweisen, die sexuelle Handlungen mit einem präpubertären Kind oder präpubertären Kindern (in der Regel 13 Jahre oder jünger) beinhalten.
- Die Person hat das sexuell dranghafte Bedürfnis ausgelebt, oder die sexuell dranghaften Bedürfnisse oder Fantasien verursachen deutliches Leiden oder zwischenmenschliche Schwierigkeiten.
- Die Person ist mindestens 16 Jahre alt und mindestens fünf Jahre älter als das Kind oder die Kinder.
- Spätadoleszente, die sich in einer fortdauernden sexuellen Beziehung mit einem zwölf- bis 13-jährigen Partner befinden, sind nicht einzubeziehen.
- Weitere Unterteilung: sexuell orientiert auf Jungen, sexuell orientiert auf Mädchen, sexuell orientiert auf Jungen und Mädchen; beschränkt auf Inzest; Ausschließlicher Typus (nur auf Kinder orientiert) vs. Nichtausschließlicher Typus (Kinder und Erwachsene).

46.3.2 Hebephilie bzw. „Pädo-Hebephilie"

Hebephilie bezeichnet die erotische und sexuelle Präferenz zu *pubertierenden* Mädchen und Jungen. Das untere Alter für eine Hebephilie ist mit etwa elf oder zwölf Jah-

46.3 Besonderheiten bei der Begutachtung pädosexueller Straftaten

ren anzusetzen. Dieser Begriff grenzt sich damit von der Pädophilie ab, welche laut ICD-10 eine Präferenz für *präpubertäre* Kinder umfasst. Der Begriff „Hebephilie" wird in Nordamerika häufiger verwendet als in Europa.

Manche Autoren sprechen auch von einer gemischten **Pädo-Hebephilie**, wenn bei Betroffenen die präferierte Altersperiode zwischen Kindheit und bis zu 14 oder 15 Jahren liegt. Die Diagnose „Pädo-Hebephilie" findet in der ICD-10 keine Entsprechung.

Entsprechend der Berücksichtigung des Störungscharakters gilt also für die sexuelle Präferenz für vorpubertäre Kinder, dass sie erst dann als eine Störung diagnostiziert werden kann, wenn mit ihr ein klinisch signifikanter Leidensdruck oder soziale, berufliche, aber auch partnerschaftliche Beeinträchtigungen einhergehen.

Die Einführung einer eigenen nosologischen Entität für eine Hebephilie, also das sexuelle Interesse an Kindern und Jugendlichen in der Pubertät, ist auch in der Neuauflage des DSM, dem DSM-5, nicht erfolgt.

46.3.3 Häufige Differenzialdiagnosen von Pädophilie und Hebephilie

Differenzialdiagnostisch ist bei beiden Störungen grundsätzlich auch an Persönlichkeitsstörungen zu denken, insbesondere an Dissoziale oder Emotional instabile Persönlichkeitsstörungen vom Borderline-Typus. Die Komorbidität von Störungen der Sexualpräferenz mit Achse-I-Störungen ist hoch. Grundsätzlich ist Sexualität für viele Menschen eine Art „psychisches Analgetikum" mit Suchtcharakter (Briken et al. 2008). So ergaben sich in einer Untersuchung bei fast 90 % der befragten Männer (n = 88) im Rückblick auch Hinweise auf zusätzliche Achse-I-Störungen, und zwar vor allem im Hinblick auf affektive Störungen (besonders Depressionen, Dysthymie), aber auch auf Angststörungen und Substanzmissbrauch (Kafka u. Hennen 2002, zit. nach Mokros et al. 2012).

46.3.4 Einordnung von Pädophilie und Hebephilie als schwere andere seelische Abartigkeit (SASA)

Pädophilie und sexueller Kindesmissbrauch sind keineswegs synonyme Begriffe.

Eine diagnostizierte Pädophilie ist weder eine notwendige noch eine hinreichende Vorbedingung für die Begehung sexueller Missbrauchsdelikte an Kindern. Nicht jeder Pädophile begeht Missbrauchsdelikte an Kindern, viele Missbrauchsdelikte an Kindern werden nicht von Pädophilen begangen. Gleichwohl dürfte die Pädophilie einen Hauptrisikofaktor für die Begehung von sexuellen Missbrauchsdelikten an Kindern darstellen (Mokros et al. 2012).

> **Merke**
> Während der Begriff der Pädophilie eine psychiatrische Störungskategorie (im Sinne einer sexuellen Präferenzstörung) bezeichnet und nach ICD-10 bzw. DSM-5 codiert werden kann, handelt es sich beim sexuellen Missbrauch von Kindern um einen juristischen Straftatbestand.

Im folgenden Denkschritt ist daher am Beispiel der Pädophilie zu prüfen, ob eine sexuelle Präferenzstörung bzw. eine Paraphilie so ausgeprägt war, dass diese als schwere andere seelische Abartigkeit (SASA) einzuordnen ist.

Das Vorliegen einer Pädophilie kann das Eingangsmerkmal einer **„schweren anderen seelischen Abartigkeit"** (SASA) im

Sinne des § 20 StGB erfüllen (Boetticher et al. 2005), wenn
- die Sexualstruktur weitestgehend durch die pädophile Neigung determiniert ist,
- eine „Ich-dystone" Verarbeitung zur Ausblendung der Pädophilie führt,
- eine progrediente Zunahme dranghafter pädophiler Impulse vorliegt, wobei mit ausbleibender Befriedigung zunehmend das Erleben des Betroffenen durch diese Impulse beherrscht wird und die Impulse zur Umsetzung auf Verhaltensebene drängen,
- andere Formen der Befriedigung dem Betroffenen aufgrund von Persönlichkeitsfaktoren oder sexuellen Funktionsstörungen nicht möglich sind.

Dies ist bei einem Großteil der Probanden, welche wegen Vorwürfen des sexuellen Missbrauchs von Kindern untersucht werden, nicht der Fall. Damit ist bei diesen Probanden eine Zuordnung der Störung zum Eingangsmerkmal einer „schweren anderen seelischen Abartigkeit" (SASA) im Sinne des § 20 StGB nicht gerechtfertigt. In diesen Fällen ist von einer *uneingeschränkten Schuldfähigkeit* der Betroffenen auszugehen.

46.4 Therapie

Nach bisherigem Kenntnisstand manifestiert sich die sexuelle Präferenz eines Menschen in ihren individuellen Merkmalen während der Pubertät und ist von einer Konstanz der sexuellen Fantasieinhalte über die Lebenszeit gekennzeichnet. Therapeutische Anstrengungen, Präferenzmerkmale wie das präferierte Geschlecht des gewünschten Sexualpartners zu verändern, zeigten bislang keine Effekte.

Hinsichtlich der therapeutischen Beeinflussbarkeit der Merkmale Körperschema- und Praktikpräferenz besteht zwar weiterhin Uneinigkeit über die Konstanz, gleichwohl ist der Nachweis einer Veränderbarkeit bisher nicht erbracht worden (Beier et al. 2013).

Zur Klärung der aufgeführten Fragen müssen bisherige Therapien analysiert und ggf. weitere therapeutische Optionen aufgezeigt werden.

Beantwortet werden muss hier die Leitfrage: „Durch welche therapeutischen Maßnahmen ambulanter Art und/oder sonstige Maßnahmen oder Weisungen kann ein Rückfallrisiko beherrscht oder verringert werden?"

Es kommt primär darauf an, sich entwickelnde dynamische Risikofaktoren strukturiert im Verlauf zu erfassen (Rettenberger et al. 2011) sowie Ausmaß und Intensität von Sexualfantasien zu erkennen und zu diagnostizieren (Kutscher et al. 2011). Hierbei deuten insbesondere plötzliche Änderungen des Verhaltens auf eine Risikoerhöhung hin.

Unspezifische Therapien sind im günstigsten Fall wirkungslos und können durch Risikokumulation u. U. sogar schaden. Vor einigen Jahren wurden Leitlinien zur Behandlung von Störungen der Sexualpräferenz erarbeitet, die 2007 als Praxisleitlinien der DGPPN gemeinsam mit der Deutschen Gesellschaft für Sexualforschung (DGfs) herausgegeben wurden (Berner et al. 2007).

In diese Leitlinie gingen auch die Forschungsergebnisse von Lösel und Schmucker (2005) ein. In ihrer Metaanalyse untersuchten sie insgesamt 22 181 Sexualstraftäter aus über 60 verschiedenen Therapieprogrammen. Die Ergebnisse eignen sich für den Gutachter heute gut, um im Rahmen der Begutachtung die Effektivität unter-

46.4 Therapie

schiedlicher Therapieprogramme zu beurteilen:
- Sogenannte *einsichtsorientierte Therapieverfahren* bzw. eine *therapeutische Gemeinschaft* und *andere* korrelierten negativ mit Rückfällen (Odds-Ratio [OR] 0,98 bzw. 0,85 und 0,93).
- Unter den psychotherapeutischen Verfahren zeigte die *Kognitiv-Behaviorale Therapie* nur geringe Effekte (OR 1,45), die *rein behaviorale Therapie* jedoch stärkere Effekte (OR 2,17).
- Die mit Abstand stärksten Therapieeffekte wurden für die *hormonale Behandlung* (OR 3,13) und bei der in Deutschland kaum durchgeführten *chirurgischen Kastration* (OR 14,29) gefunden.

Der Gutachter sollte sich nicht scheuen, auf diese Ergebnisse hinzuweisen sowie ungeeignete Therapieverfahren auch als solche zu bezeichnen und bei der Prognosestellung zu bewerten. Die relativ wirkungsvolle medikamentöse Therapie (s. u.) wird in Deutschland noch vergleichsweise selten eingesetzt. Gleichwohl wäre sie geeignet, Rückfälle bei Sexualstraftätern zu verhindern.

Als *manualisierte Programme* zur (Sexual-)Straftäterbehandlung (nach Pfäfflin u. Ross 2007) kommen infrage:
- Relapse Prevention (RP) (Marlatt 1980)
- Reasoning and Rehabilitation (R & R) (Ross et al. 1986)
- Cognitive-Behavioral Treatment of Sex Offenders (Marshall et al. 1999)
- Sex Offender Treatment Programme (SOTP) (H M Prison Service 2000)
- Behandlungsprogramm für Sexualstraftäter (BPS) (Wischka 2005)
- Dialectic Behavioral Therapy (DBT; Dialektisch-Behaviorale Therapie) (Linehan 1993)
- Transference-Focused Psychotherapy (TFP; Übertragungsfokussierte Psychotherapie) (Clarkin et al. 1999)
- Mentalization-based Treatment (MBT; Mentalisierungsbasierte Therapie; Bateman u. Fonagy 2008)

46.4.1 Pharmakotherapie

Zur medikamentösen Therapie stehen Medikamente aus unterschiedlichen Wirkstoffgruppen zur Verfügung. Ein vollständiger Überblick kann an dieser Stelle nicht gegeben werden. Zudem verändert sich die Datenlage im Bereich der Pharmakotherapie sexueller Präferenzstörungen ständig und viele Studien sind noch nicht abgeschlossen.

Wirksamkeiten werden aktuell für selektive Serotonin-Wiederaufnahmeinhibitoren (SSRI), Naltrexon, Cyproteronacetat (CPA, z. B. Androcur) und vor allem für luteinisierendes Hormon-Releasing-Hormon(LHRA)-Agonisten (z. B. Triptorelin) diskutiert (Überblick s. Berner u. Briken 2010).

Durch diese Gonadotropin-Releasing-Hormon(GnRH)-Analoga kann bei den Betroffenen, jedoch unter Inkaufnahme u. U. schwerster Nebenwirkungen, der Testosteronspiegel im Blut innerhalb von zwei bis vier Wochen auf Kastrationsniveau gesenkt werden. Der Osteoporose kann man durch Einsatz von Vitamin D plus Calciumgaben und/oder Bisphosphonaten entgegenwirken.

Es bestehen vorsichtige Hinweise für die Annahme, dass Rückfälle unter dieser Therapie seltener sind. Hier reicht die Datenlage jedoch für eine abschließende Bewertung noch nicht aus, es fehlen insbesondere Langzeitstudien zu Therapieeffekten. Grundsätzlich kommt es bei allen diesen Therapiemöglichkeiten darauf an, dass sie dauerhaft, unter Umständen lebenslang etabliert und kontrolliert werden.

In der Praxis sind Langzeitbehandlungen aufgrund der Nebenwirkungen oft nicht möglich.

Merke
Grundsätzlich dürfen alle medikamentöse Therapien nur mit Einverständnis der Betroffen durchgeführt werden. Die Aufklärung sollte sorgfältig schriftlich dokumentiert werden und die Einverständniserklärung des Probanden sollte in schriftlicher Form erfolgen.
Es dürfen mit einem Einverständnis eines Betroffenen zur Behandlung *keine* Zusagen im Hinblick auf Lockerungen oder frühere Entlassung etc. verknüpft werden.

Diese Therapien müssen – wenn es die Nebenwirkungen zulassen – dauerhaft durchgeführt werden. Das Absetzen der Medikation geht mit einem hohen Rückfallrisiko einher. Daher sind die Betroffenen nach der Entlassung aus einer Haftanstalt oder einer Maßregelvollzugsklinik engmaschig weiter zu betreuen. Mit dieser Nachbetreuung ist ein niedergelassener Arzt oder Psychotherapeut in aller Regel überfordert, sie sollte daher in spezialisierten Einrichtungen erfolgen.

Eine leicht vereinfachte deutsche Übersetzung der Leitlinien der „World Federation of Societies of Biological Psychiatry" für die Pharmakologische Behandlung von Störungen der Sexualpräferenz wurde von Berner und Briken (2010) veröffentlicht. Im Idealfall orientiert sich eine Behandlung eng an diesen Leitlinien und wird z. B. nach der Entlassung aus einer Maßregelvollzugsklinik im Rahmen der Führungsaufsicht von einer forensisch-psychiatrischen Nachsorgeambulanz fortgesetzt.

46.4.2 Verlegung in eine sozialtherapeutische Anstalt (§ 9 StVollzG)

Für Sexualstraftäter bestehen Therapiemöglichkeiten sowohl im ambulanten Bereich, in Maßregelvollzugskliniken oder in Haftanstalten. An welchem Ort eine Behandlung erfolgt, ist abhängig vom Urteil. Bei schweren Sexualstraftaten sollte der Gutachter dem Gericht auch bei voll schuldfähigen Tätern immer einen spezifischen Therapieversuch empfehlen. Auf die Voraussetzungen einer Therapie auf Grundlage des § 63 StGB im psychiatrischen Maßregelvollzug wurde bereits eingegangen (s. Kap. 46.2.3).

Voll schuldfähige Täter können bei einer Verurteilung zu Haftstrafen (von seltenen Ausnahmen abgesehen) nur in Haftanstalten behandelt werden. Dies wird in § 9 StVollzG geregelt. Sehr kritisch wird gesehen, dass bei der Behandlung zwischen unterschiedlichen Formen sexueller Delinquenz nicht ausreichend differenziert wird (Nedopil u. Stadtland 2007).

§ 9 StVollzG Verlegung in eine sozialtherapeutische Anstalt
„(1) Ein Gefangener ist in eine sozialtherapeutische Anstalt zu verlegen, wenn er wegen einer Straftat nach den §§ 174 bis 180 oder 182[1] des Strafgesetzbuches zu zeitiger Freiheitsstrafe von mehr als zwei Jahren verurteilt worden ist und die Behandlung in einer sozialtherapeutischen

---

1 § 174 StGB Sexueller Missbrauch von Schutzbefohlenen; § 175 StGB weggefallen; § 176 StGB Sexueller Missbrauch von Kindern; § 177 StGB Sexuelle Nötigung, Vergewaltigung; § 178 StGB Sexuelle Nötigung und Vergewaltigung mit Todesfolge; § 179 StGB Sexueller Missbrauch widerstandsunfähiger Personen; § 180 StGB Förderung sexueller Handlungen Minderjähriger; § 182 StGB Sexueller Missbrauch von Jugendlichen

46.4 Therapie

Anstalt nach § 6 Abs. 2 Satz 2 oder § 7 Abs. 4 angezeigt ist. Der Gefangene ist zurückzuverlegen, wenn der Zweck der Behandlung aus Gründen, die in der Person des Gefangenen liegen, nicht erreicht werden kann.
(2) Andere Gefangene können mit ihrer Zustimmung in eine sozialtherapeutische Anstalt verlegt werden, wenn die besonderen therapeutischen Mittel und sozialen Hilfen der Anstalt zu ihrer Resozialisierung angezeigt sind. In diesen Fällen bedarf die Verlegung der Zustimmung des Leiters der sozialtherapeutischen Anstalt.
[…]"

Dauer der Unterbringung (§ 67d StGB)

§ 67d StGB Dauer der Unterbringung
„(1) Die Unterbringung in einer Entziehungsanstalt darf zwei Jahre nicht übersteigen. Die Frist läuft vom Beginn der Unterbringung an. Wird vor einer Freiheitsstrafe eine daneben angeordnete freiheitsentziehende Maßregel vollzogen, so verlängert sich die Höchstfrist um die Dauer der Freiheitsstrafe, soweit die Zeit des Vollzugs der Maßregel auf die Strafe angerechnet wird.
(2) Ist keine Höchstfrist vorgesehen oder ist die Frist noch nicht abgelaufen, so setzt das Gericht die weitere Vollstreckung der Unterbringung zur Bewährung aus, wenn zu erwarten ist, dass der Untergebrachte außerhalb des Maßregelvollzugs keine rechtswidrigen Taten mehr begehen wird. Mit der Aussetzung tritt Führungsaufsicht ein.
(3) Sind zehn Jahre der Unterbringung in der Sicherungsverwahrung vollzogen worden, so erklärt das Gericht die Maßregel für erledigt, wenn nicht die Gefahr besteht, dass der Untergebrachte erhebliche Straftaten begehen wird, durch welche die Opfer seelisch oder körperlich schwer geschädigt werden. Mit der Entlassung aus dem Vollzug der Unterbringung tritt Führungsaufsicht ein.
(4) Ist die Höchstfrist abgelaufen, so wird der Untergebrachte entlassen. Die Maßregel ist damit erledigt. Mit der Entlassung aus dem Vollzug der Unterbringung tritt Führungsaufsicht ein.
(5) Das Gericht erklärt die Unterbringung in einer Entziehungsanstalt für erledigt, wenn die Voraussetzungen des § 64 Satz 2 nicht mehr vorliegen. Mit der Entlassung aus dem Vollzug der Unterbringung tritt Führungsaufsicht ein.
(6) Stellt das Gericht nach Beginn der Vollstreckung der Unterbringung in einem psychiatrischen Krankenhaus fest, dass die Voraussetzungen der Maßregel nicht mehr vorliegen oder die weitere Vollstreckung der Maßregel unverhältnismäßig wäre, so erklärt es sie für erledigt. Mit der Entlassung aus dem Vollzug der Unterbringung tritt Führungsaufsicht ein. Das Gericht ordnet den Nichteintritt der Führungsaufsicht an, wenn zu erwarten ist, dass der Betroffene auch ohne sie keine Straftaten mehr begehen wird."

In der Praxis ist am häufigsten gemäß § 67d StGB zu beantworten, ob zu erwarten ist, dass der Untergebrachte außerhalb des Maßregelvollzugs keine rechtswidrigen Taten mehr begehen wird. Mit der Aussetzung tritt Führungsaufsicht ein.

Führungsaufsicht (§ 68 StGB)

Gemäß § 67d StGB setzt mit der Aussetzung des psychiatrischen Maßregelvollzugs Führungsaufsicht ein. Die Aussetzung sollte immer an risikovermindernde Weisungen gebunden werden. Eine typische Weisung ist die Gestaltung eines risikoarmen sozialen Empfangsraums, in dem der Kontakt zu Kindern möglichst weitgehend vermieden werden kann. Weitere häufige Weisungen umfassen und das vollständige Verbot, Alkohol und/oder Drogen zu konsumieren.

Eine bei Nachbehandlung von Tätern mit sexuellen Präferenzstörung fast immer sinnvolle Weisung besteht darin, die Fortsetzung leitliniengerechter empirisch-validierter Therapien zu fordern und von unspezifischen Therapien mit niedrigem Effektstärken Abstand zu nehmen.

Weitere Weisungen sind in § 68b erfasst.

Weisungen (§ 68b StGB)

§ 68b StGB Weisungen
„(1) Das Gericht kann die verurteilte Person für die Dauer der Führungsaufsicht oder für eine kürzere Zeit anweisen,
1. den Wohn- oder Aufenthaltsort oder einen bestimmten Bereich nicht ohne Erlaubnis der Aufsichtsstelle zu verlassen,
2. sich nicht an bestimmten Orten aufzuhalten, die ihr Gelegenheit oder Anreiz zu weiteren Straftaten bieten können,
3. zu der verletzten Person oder bestimmten Personen oder Personen einer bestimmten Gruppe, die ihr Gelegenheit oder Anreiz zu weiteren Straftaten bieten können, keinen Kontakt aufzunehmen, mit ihnen nicht zu verkehren, sie nicht zu beschäftigen, auszubilden oder zu beherbergen,
4. bestimmte Tätigkeiten nicht auszuüben, die sie nach den Umständen zu Straftaten missbrauchen kann,
5. bestimmte Gegenstände, die ihr Gelegenheit oder Anreiz zu weiteren Straftaten bieten können, nicht zu besitzen, bei sich zu führen oder verwahren zu lassen,
[...]
10. keine alkoholischen Getränke oder andere berauschende Mittel zu sich zu nehmen, wenn aufgrund bestimmter Tatsachen Gründe für die Annahme bestehen, dass der Konsum solcher Mittel zur Begehung weiterer Straftaten beitragen wird, und sich Alkohol- oder Suchtmittelkontrollen zu unterziehen, die nicht mit einem körperlichen Eingriff verbunden sind,
11. sich zu bestimmten Zeiten oder in bestimmten Abständen bei einer Ärztin oder einem Arzt, einer Psychotherapeutin oder einem Psychotherapeuten oder einer forensischen Ambulanz vorzustellen oder
12. die für eine elektronische Überwachung ihres Aufenthaltsortes erforderlichen technischen Mittel ständig in betriebsbereitem Zustand bei sich zu führen und deren Funktionsfähigkeit nicht zu beeinträchtigen.
Das Gericht hat in seiner Weisung das verbotene oder verlangte Verhalten genau zu bestimmen.

Eine Weisung nach Satz 1 Nummer 12 ist nur zulässig, wenn
1. die Führungsaufsicht aufgrund der vollständigen Vollstreckung einer Freiheitsstrafe oder Gesamtfreiheitsstrafe von mindestens drei Jahren oder aufgrund einer erledigten Maßregel eingetreten ist,
2. die Freiheitsstrafe oder Gesamtfreiheitsstrafe oder die Unterbringung wegen einer oder mehrerer Straftaten der in § 66 Absatz 3 Satz 1 genannten Art verhängt oder angeordnet wurde,
3. die Gefahr besteht, dass die verurteilte Person weitere Straftaten der in § 66 Absatz 3 Satz 1 genannten Art begehen wird, und
4. die Weisung erforderlich erscheint, um die verurteilte Person durch die Möglichkeit der Datenverwendung nach § 463a Absatz 4 Satz 2 der Strafprozessordnung, insbesondere durch die Überwachung der Erfüllung einer nach Satz 1 Nummer 1 oder 2 auferlegten Weisung, von der Begehung weiterer Straftaten der in § 66 Absatz 3 Satz 1 genannten Art abzuhalten.
Die Voraussetzungen von Satz 3 Nummer 1 in Verbindung mit Nummer 2 liegen unabhängig davon vor, ob die dort genannte Führungsaufsicht nach § 68e Absatz 1 Satz 1 beendet ist.
(2) Das Gericht kann der verurteilten Person für die Dauer der Führungsaufsicht oder für eine kürzere Zeit weitere Weisungen erteilen, insbesondere solche, die sich auf Ausbildung, Arbeit, Freizeit, die Ordnung der wirtschaftlichen Verhältnisse oder die Erfüllung von Unterhaltspflichten beziehen. Das Gericht kann die verurteilte Person insbesondere anweisen, sich psychiatrisch, psycho- oder sozialtherapeutisch betreuen und behandeln zu lassen (Therapieweisung). Die Betreuung und Behandlung kann durch eine forensische Ambulanz erfolgen. § 56c Abs. 3 gilt entsprechend, auch für die Weisung, sich Alkohol- oder Suchtmittelkontrollen zu unterziehen, die mit körperlichen Eingriffen verbunden sind.
[...]"

Nach § 68b StGB kann das Gericht die verurteilte Person insbesondere anweisen, sich psychiatrisch, psycho- oder sozialtherapeutisch betreuen und behandeln zu lassen

46.4 Therapie

(Therapieweisung). Die Betreuung und Behandlung kann durch eine forensische Ambulanz erfolgen. Auch die Weisung, sich Alkohol- oder Suchtmittelkontrollen zu unterziehen, die mit körperlichen Eingriffen verbunden sind, kann erteilt werden. Um rückfallpräventive Weisungen erteilen zu können ist das Gericht dabei auf die Expertise forensischer Psychiater angewiesen.

Eine fehlende Kostenerstattung von Leistungen, die zur Erfüllung von Weisungen im Gutachten vorgeschlagen werden, kann in der Praxis bei aufwendigen und kostspieligen Therapien zu Problemen führen, z. B. wenn sich eine Krankenkasse nicht zur Übernahme einer Psychotherapie bei einem Menschen mit einer sexuellen Devianz bereit erklärt. Andere Probleme können sich daraus ergeben, dass nicht immer für die Behandlung von Sexualstraftätern qualifizierte Therapeuten in örtlicher Erreichbarkeit eines Probanden mit Bewährungsweisungen zur Verfügung stehen. Häufig lassen sich in diesen Fällen jedoch andere Therapiemöglichkeiten finden. Die Finanzierbarkeit und praktische Durchführbarkeit von bei der Begutachtung vorgeschlagenen Weisungen und Therapieauflagen sollte jedoch immer im Auge behalten werden. Gegebenenfalls ist in dem Gutachten auf alternative Therapieoptionen einzugehen.

Befristete Wiederinvollzugsetzung; Krisenintervention (§ 67h StGB)

Verstößt ein Proband gegen die oben genannten Weisungen, besteht die Möglichkeit der befristeten Krisenintervention für eine Dauer von höchstens drei Monaten.

> **§ 67h StGB Befristete Wiederinvollzugsetzung; Krisenintervention**
> „(1) Während der Dauer der Führungsaufsicht kann das Gericht die ausgesetzte Unterbringung nach § 63 oder § 64 für eine Dauer von höchstens drei Monaten wieder in Vollzug setzen, wenn eine akute Verschlechterung des Zustands der aus der Unterbringung entlassenen Person oder ein Rückfall in ihr Suchtverhalten eingetreten ist und die Maßnahme erforderlich ist, um einen Widerruf nach § 67g zu vermeiden. Unter den Voraussetzungen des Satzes 1 kann es die Maßnahme erneut anordnen oder ihre Dauer verlängern; die Dauer der Maßnahme darf insgesamt sechs Monate nicht überschreiten. § 67g Abs. 4 gilt entsprechend.
> (2) Das Gericht hebt die Maßnahme vor Ablauf der nach Absatz 1 gesetzten Frist auf, wenn ihr Zweck erreicht ist."

Widerruf der Aussetzung (§ 67g StGB)

Scheitert auch die u. U. einmalig um weitere drei Monate verlängerte Krisenintervention, sollte die Aussetzung des Betroffenen sehr rasch widerrufen werden, bis eine erneute Stabilisierung erreicht ist. Vergeht hier zu viel Zeit, besteht ein erhebliches Risiko für erneute Sexualstraftaten.

> **§ 67g StGB Widerruf der Aussetzung**
> „(1) Das Gericht widerruft die Aussetzung einer Unterbringung, wenn die verurteilte Person
> 1. während der Dauer der Führungsaufsicht eine rechtswidrige Tat begeht,
> 2. gegen Weisungen nach § 68b gröblich oder beharrlich verstößt oder
> 3. sich der Aufsicht und Leitung der Bewährungshelferin oder des Bewährungshelfers oder der Aufsichtsstelle beharrlich entzieht
> und sich daraus ergibt, dass der Zweck der Maßregel ihre Unterbringung erfordert. Satz 1 Nr. 1 gilt entsprechend, wenn der Widerrufsgrund zwischen der Entscheidung über die Aussetzung und

dem Beginn der Führungsaufsicht (§ 68c Abs. 4) entstanden ist.
(2) Das Gericht widerruft die Aussetzung einer Unterbringung nach den §§ 63 und 64 auch dann, wenn sich während der Dauer der Führungsaufsicht ergibt, dass von der verurteilten Person infolge ihres Zustands rechtswidrige Taten zu erwarten sind und deshalb der Zweck der Maßregel ihre Unterbringung erfordert.
(3) Das Gericht widerruft die Aussetzung ferner, wenn Umstände, die ihm während der Dauer der Führungsaufsicht bekannt werden und zur Versagung der Aussetzung geführt hätten, zeigen, dass der Zweck der Maßregel die Unterbringung der verurteilten Person erfordert.
(4) Die Dauer der Unterbringung vor und nach dem Widerruf darf insgesamt die gesetzliche Höchstfrist der Maßregel nicht übersteigen.
(5) Widerruft das Gericht die Aussetzung der Unterbringung nicht, so ist die Maßregel mit dem Ende der Führungsaufsicht erledigt.
(6) Leistungen, die die verurteilte Person zur Erfüllung von Weisungen erbracht hat, werden nicht erstattet."

46.5 Die Prognose

Der Vorhersagbarkeit gewalttätiger Rückfälle von Sexualstraftätern sind, wie der generellen Vorhersagbarkeit zukünftiger Ereignisse, sehr enge Grenzen gesetzt. Gewalttätige Sexualdelikte, welche in der Polizeilichen Kriminalstatistik (PKS; http://www.bka.de/pks/) als Straftaten gegen die sexuelle Selbstbestimmung unter Gewaltanwendung oder Ausnutzen eines Abhängigkeitsverhältnisses (§§ 174, 174a–c, 177, 178 StGB) definiert werden, nahmen in den letzten Jahren ab. Trotz der im Vergleich zur Gesamtkriminalität relativ niedrigen Fallzahl spielen diese Delikte in der Öffentlichkeit eine große Rolle.

Sexualdelinquenz ist ein heterogenes Phänomen, welches differenziert betrachtet werden muss und daher auch differenzierte Antworten erfordert (Nedopil u. Stadtland 2007):

- Ein Teil der Delinquenten ist ihren sexuellen Deviationen ausgeliefert, der Großteil ist es nicht.
- Ein Teil der Delinquenten kann behandelt werden, der Großteil braucht keine Behandlung oder kann nicht behandelt werden.
- Ein Teil der Sexualdelinquenten wird mit einem Sexualdelikt rückfällig, der Großteil wird möglicherweise rückfällig, aber nicht mit einem Sexualdelikt.
- Ein weiterer Teil wird nicht rückfällig.

Diese Unterschiede werden auch in Politik und der Gesetzgebung nicht immer in der für die Begutachtung notwendigen Weise wahrgenommen.

Sexualstraftaten, insbesondere auch Sexualstraftaten zum Nachteil von Kindern, sind grundsätzlich Delikte mit einer erheblichen Wiederholungsgefahr. Pädophilie erfüllt bei entsprechendem Verhalten bzw. klinisch relevantem Leidensdruck die Kriterien für eine sexuelle Störung und ist potenziell mit Fremdgefährdung verbunden. Bei pädophilen Tätern ist bekannt, dass es im Gegensatz zu vielen anderen Tätergruppen zu keinem oder zumindest keinem wesentlichen Rückgang der Störung mit zunehmendem Lebensalter kommt (Wendt u. Kröber 2009). Der protektive Einfluss des Alters auf kriminelle Rückfälle ist in dieser Tätergruppe vergleichsweise gering, jedoch primär abhängig von der Ausprägung der sexuellen Devianz. Diese Ausprägung der Devianz kann bei älteren Tätern sogar zunehmen (Janka et al. 2011).

Das Rückfallrisiko nimmt bei erheblich devianten – z. B. pädophilen – Missbrauchstätern deutlich später und auch langsamer ab als bei weniger devianten Tätern, z. B. Vergewaltigern mit dissozialer Persönlich-

46.5 Die Prognose

keitsstruktur. Bei Letzteren lässt sich ein starker Rückgang bereits jenseits des 40. Lebensjahres beobachten, bei Ersteren erst jenseits des 60. Lebensjahres.

Die Forderung der Öffentlichkeit nach möglichst geringer Gefährdung durch rückfällige Straftäter ist verständlich und führt zu relativ niedrigen Schwellenwerten in gängigen Prognoseinstrumenten. Ein Großteil der Täter liegt somit über den Schwellenwerten oder in einem unklassifizierbaren Mittelfeld. Beide Gruppen bleiben damit in der Regel dauerhaft im Maßregelvollzug untergebracht oder inhaftiert, obwohl die Mehrheit der Täter tatsächlich nicht mehr rückfällig werden würde. Diese Täter werden in der Wissenschaft als „falsch positiv" bezeichnet, wobei „positiv" ein ungünstiges Testergebnis und eine ungünstige Prognose bedeuten.

> **Merke**
> Gelegentlich werden die Begriffe „falsch positiv" und „falsch negativ" verwechselt und in Literatur und Praxis mit „positiv" geringe Risiken oder günstige Prognosen bezeichnet.

Ein wesentlich niedrigerer Anteil von Tätern bleibt unter den Schwellenwerten und wird trotz günstiger Prognose mit Gewalttaten rückfällig. Diese Gewalttaten lassen sich auch mit sorgfältigster Evaluation nicht vorhersagen. Die seltenen, dann aber außerordentlich tragischen Ereignisse lösen jeweils erhebliche öffentliche Empörung aus. Wissenschaftler bezeichnen sie als „falsch negativ", in der Öffentlichkeit und den Boulevardmedien werden diese Fälle als „Bestien" oder „Monster" bezeichnet und sie führen zu Forderungen wie „wegsperren für immer" und Ähnlichem.

46.5.1 Einschätzung des Rückfallrisikos

Rückfälle entlassener (Sexual-)Straftäter ziehen fast immer Forderungen nach größerer prognostischer Genauigkeit nach sich, ohne dass diskutiert wird, wie und ob diese erreicht werden kann. Dabei besteht unter Fachleuten bereits weitgehend Einigkeit, dass grundsätzlich ein Teil der entlassenen (Sexual-)Straftäter gewalttätig rückfällig wird.

> **Merke**
> Jede befürwortete Entlassung beinhaltet ein Rückfallrisiko.

In aller Regel sollten vom Sachverständigen bei Prognosegutachten mindestens die folgenden Fragen beantwortet werden:
- Wie groß ist die Wahrscheinlichkeit, dass der Verurteilte erneut Straftaten begehen wird?
- Welcher Art werden diese Straftaten sein, welche Häufigkeit und welchen Schweregrad werden sie haben?
- Welche Umstände können das Risiko von Straftaten steigern?
- Durch welche therapeutischen Maßnahmen ambulanter Art und/oder sonstige Maßnahmen oder Weisungen kann ein Rückfallrisiko beherrscht oder verringert werden?

Nationale Untersuchungen (Elz 2001; Stadtland 2004, 2005) und internationale Studien (Hanson u. Morton-Bourgon 2004) lieferten in den letzten Jahren relativ ähnliche Ergebnisse, trotz aller methodischen Schwächen und mangelnder Vergleichbarkeit: In fünf bis zehn Jahren nach Entlassung wird etwa ein Fünftel bis ein Drittel der Täter mit Gewalttaten rückfällig. Der

Anteil an Rückfällen mit gewalttätigen Sexualstraftaten ist etwas geringer. Vergleichsweise seltenere Rückfallbasisraten für erneute Sexualdelikte wurden in neueren Arbeiten berichtet: nur noch bei etwa 5–10 % innerhalb einer fünfjährigen Nachbeobachtungszeit (Eher et al. 2013).

Grundsätzlich gilt: Je länger der Beobachtungszeitraum ist, desto größer werden die Rückfallraten (Stadtland et al. 2004). Es bestehen aus der nationalen und internationalen Literatur Hinweise dafür, dass die Basisraten für Rückfälle von Sexualstraftätern – möglicherweise infolge verbesserter therapeutischer Möglichkeiten – abgenommen haben könnten (Eher 2010).

Zusammenfassend gilt bezüglich des Rückfallrisikos zum momentanen Forschungsstand:
- Das Rückfallrisiko hängt erheblich von der Art des Sexualdelikts ab: Vergewaltiger und homosexuell-pädophile Täter werden häufiger, Inzesttäter deutlich seltener als der Durchschnitt aller Sexualstraftäter rückfällig (Elz 2001; Hanson u. Morton-Bourgon 2004).
- Trotz vereinzelter Gegenmeinungen (Marques et al. 2005) besteht ein Einvernehmen, dass spezifische Sexualstraftätertherapien das Rückfallrisiko um etwa ein Drittel reduzieren können (zusammenfassend s. Nedopil 2005). Damit bleibt auch das Rückfallrisiko therapierter Täter vergleichsweise hoch, hat jedoch durch verbesserte Therapiemöglichkeiten in den letzten Jahren evtl. abgenommen (Eher et al. 2013).
- Patienten, die aus Maßregelvollzugskliniken entlassen wurden, werden seltener rückfällig als aus der Haft entlassene Straftäter. Hier spielen vermutlich die intensiveren therapeutischen Möglichkeiten und die risikoärmere Population der Patienten eine Rolle.
- Das mit Abstand höchste Risiko haben jene Täter, die eine in der Haft begonnene Therapie abbrechen oder von einer bereits begonnenen Therapie aus unterschiedlichen Gründen später ausgeschlossen werden (Stadtland 2004). Fast alle von ihnen werden rasch nach der Entlassung rückfällig (Stadtland 2004). Der hier auch verwendete Begriff „Einwirkungsversager" wird kritisch gesehen, da bei rückfällig gewordenen Tätern im Nachhinein nur noch sehr schwierig beurteilt werden kann, ob eine adäquate Therapie erfolgte.

Die korrekte Unterscheidung und Identifizierung zwischen jenen Tätern, die in der Zukunft tatsächlich rückfällig werden, und jenen, die straffrei leben werden, gehört somit zu den schwierigsten Aufgaben der forensischen Psychiatrie. Die Möglichkeiten eines Irrtums sind groß. Alle nationalen und internationalen Studien zeigen übereinstimmend ein Problem: Ein wesentlicher Teil aller Prognosen ist entweder unzutreffend oder ein Großteil der Probanden wird einem unklassifizierbaren und damit unprognostizierbaren Mittelfeld zugeordnet. Eine solche Mittelfeldzuordnung ist in der Praxis wenig hilfreich.

> **Merke**
> Lediglich die wenigen extrem gefährlichen oder extrem ungefährlichen Täter können unter Beachtung des oben beschrieben Restrisikos von ca. 5 % relativ leicht identifiziert werden.

Ein weiteres Problem ist die Zeit: je länger die Beobachtungszeit, desto ungenauer die Prognose. Bei Kurzzeitprognosen, wie sie z. B. bei Lockerungsentscheidungen eingesetzt werden, ist die prognostische Validität noch sehr hoch. Mit jedem zusätzlichen Tag

46.5 Die Prognose

sinkt die Genauigkeit der Prognose weiter (Nedopil 1998). Langzeitprognosen sind mit erheblichen Unsicherheiten belastet (Stadtland et al. 2006).

Der sogenannte „Prognosehorizont" beeinflusst somit das Rückfallrisiko erheblich. Dies gilt insbesondere für Sexualstraftäter, welche oft noch nach sehr langer Zeit und in höherem Lebensalter rückfällig werden können. Diese zeitliche Dimension wurde bislang unzureichend diskutiert.

Die Prognosebegutachtung bei Sexualstraftätern, und hier insbesondere pädophilen Missbrauchstätern, beinhaltet somit grundsätzlich erhebliche Risiken und sollte daher spezialisierten und zertifizierten forensisch-psychiatrischen Gutachtern vorbehalten bleiben. Diese müssen sich auf ihre ärztliche und psychologische Kompetenz beschränken und sollten sich davor hüten, normative Entscheidungen zu übernehmen, z. B. welches Risiko in Kauf genommen werden kann. Gleichwohl müssen Gutachter ihre Kompetenz Gerichten zur Verfügung stellen und ihre Ergebnisse verständlich kommunizieren. Das „normale" menschliche Verhalten ist die Verweigerung einer Risikokalkulation, immer wenn befürchtet werden kann, dass riskantes Verhalten auf eine Katastrophe hinausläuft. Eine sogenannte „Katastrophenschwelle" selbst ist jedoch in keinem Fall konsensfähig und kann nach Luhmann (1991) von dem, der damit argumentiert, beliebig verschoben werden. Sie wird zumeist in der Folge äußerer Ereignisse verändert. In diesem Dilemma sollte der Gutachter die Risiken sorgfältig aufzeigen und empirisch belegen. Die Entscheidung darüber, ob und, wenn ja, welche Risiken in Kauf genommen werden sollen, muss alleine durch das Gericht getroffen werden.

Häufig bietet es sich an, das statistische Rückfallrisiko durch spezifische Prognoseinstrumente, welche für die Vorhersage des kriminellen Rückfallrisikos von Sexualstraftätern entwickelt wurden, zu belegen. Das im Folgenden vorgestellte Instrument ist eine Merkmalsammlung, welche in nationalen Untersuchungen das Instrument mit der höchsten prädiktiven Validität (Vorhersagegenauigkeit) war.

Static-99

Der Static-99 wurde 1999 in Nordamerika zur Einschätzung des Rückfallrisikos bei Sexualstraftätern anhand von Metaanalysen entwickelt (Hanson u. Thornton 1999) und in Studien ab dem Jahr 2001 in Deutschland empirisch validiert (Stadtland et al. 2004, 2005a, b, 2006).

Mit dem Static-99 können maximal zwölf Punkte erreicht werden. Es hat folgende Merkmale:
- Alter zwischen 18 und 25 Jahren
- nie verheiratet
- gegenwärtiges Delikt (auch) nicht sexuelle Gewalttätigkeit
- frühere nicht sexuelle Gewalttätigkeit
- frühere Sexualdelikte (0 bis 3 Punkte)
- vier oder mehr Vorverurteilungen
- Sexualdelikte ohne Berührung
- Opfer, die nicht verwandt sind
- Fremde als Opfer
- männliche Opfer

Im Münchner Prognoseprojekt (Stadtland et al. 2006) wurden verschiedene Prognoseinstrumente evaluiert und die Vorhersagegenauigkeit der Rückfallwahrscheinlichkeit wurde überprüft. Dabei war der Static-99 das Instrument mit der größten prädiktiven Validität.
- Erst ab einem Wert von 5 Punkten wurden deutlich erhöhte Rückfallraten gefunden. Von den in dieser Studie analysierten 134 Probanden konnte der Static-99 in fünf Fällen nicht mit der vorher

beschriebenen Genauigkeit ausgewertet werden. Von den verbleibenden 129 Probanden wurden im Beobachtungszeitraum 37 (28,7 %) mit Gewalttaten rückfällig.
- 79 Probanden hatten einen Score von 0–4 Punkten. Von diesen wurden 14 (17,7 %) mit Gewalttaten rückfällig und 65 (82,3 %) nicht.
- 50 Probanden hatten dagegen einen Score von 5–9 Punkten. In dieser Gruppe wurden 23 Probanden (46,0 %) mit Gewalttaten rückfällig, 27 (54,0 %) dagegen nicht. Bei einem „cut-off" von 5 hätten sich somit 46 % „richtig positive" und 54 „falsch positive" Rückfallprognosen ergeben. Die Unterschiede waren statistisch hochsignifikant (p = 0,0007).

Zu Bedenken ist jedoch, dass es sich bei diesen Daten um Gruppenvergleiche handelte, das individuelle Rückfallrisiko eines Probanden lässt sich daraus nicht ableiten.

Das Gruppenrückfallrisiko lässt zudem noch nicht auf die Art der zu erwartenden Delikte des Probanden schließen. Zu prüfen ist hier insbesondere, welcher Art die zu erwartenden Sexualstraftaten sein werden. Dabei wird es sich mit großer Wahrscheinlichkeit ausschließlich um Straftaten handeln, deren Schweregrad nicht über die bereits gezeigten sexuell devianten Verhaltensweisen hinausgeht. Die Einordnung der aufgezeigten möglichen Delikte in „schwere" und „weniger schwere" kann nur von juristischer Seite erfolgen.

Grundsätzlich können Sexualstraftäter, insbesondere bei dissozialer Veranlagung, auch mit „Nicht-Sexualstraftaten" rückfällig werden. Dieses Risiko muss ebenfalls beurteilt werden.

Sonstige Prognoseinstrumente

Zur Beurteilung des allgemeinen Rückfallrisikos eines Probanden werden in der nationalen und internationalen Literatur und in Deutschland weitere validierte Prognoseinstrumente angewendet. Das am besten evaluierte Instrument ist die revidierte **Psychopathy-Checkliste (PCL-R)**. In zahlreichen Studien konnte gezeigt werden, dass diese von Hare im Jahre 1991 vorgelegte und im Jahre 2003 revidierte Liste geeignet ist, gewalttätige Rückfälle bei Gewalttätern, aber auch bei Sexualstraftätern mit relativ großer Genauigkeit vorherzusagen (Hare 1991, 2003; Stadtland et al. 2005a, b; Mokros et al. 2010, 2011).

In der revidierten Psychopathy-Checkliste (PCL-R) sind 20 Merkmale enthalten:

1. trickreicher sprachgewandter Blender mit oberflächlichem Charme
2. erheblich übersteigertes Selbstwertgefühl
3. Stimulationsbedürfnis (Erlebnishunger), ständiges Gefühl der Langeweile
4. pathologisches Lügen (Pseudologie)
5. betrügerisch-manipulatives Verhalten
6. Mangel an Gewissensbissen oder Schuldbewusstsein
7. oberflächliche Gefühle
8. Gefühlskälte, Mangel an Empathie
9. parasitärer Lebensstil
10. unzureichende Verhaltenskontrolle
11. Promiskuität
12. frühe Verhaltensauffälligkeiten
13. Fehlen von realistischen, langfristigen Zielen
14. Impulsivität
15. Verantwortungslosigkeit
16. mangelnde Bereitschaft und Fähigkeit, Verantwortung für Handeln zu übernehmen

46.5 Die Prognose

17. viele kurzzeitige ehe(ähn)liche Beziehungen
18. Jugendkriminalität
19. Widerruf einer bedingten Entlassung
20. polytrope Kriminalität

Ab einem Score von 25 (Europa) bzw. 30 (Nordamerika) wurden erhöhte Rückfallraten beschrieben. Grundsätzlich ist das Rückfallrisiko auch bei geringgradig erhöhten Werten im Gruppenvergleich gesteigert.

Eine zertifizierte Fortbildung ist vor dem Einsatz dieses Instruments erforderlich. Zum aktuellen Wissensstand sollte die PCL-R primär als wissenschaftliches Instrument zum Vergleich unterschiedlicher Studienpopulationen, eventuell als Checkliste im eigentlichen Sinne ohne Zuordnung zu einer Risikokategorie angewendet werden. Zur Quantifizierung eignet sie sich allenfalls innerhalb der Gruppe der dissozialen und aggressiven Sexualstraftäter (Dietiker et al. 2007). Wird jedoch eine sogenannte „Psychopathie" im Sinne dieses Instruments festgestellt, kann dies bei der Risikoeinschätzung und der Prognose nicht außer Acht gelassen werden (Stadtland et al. 2005a, b).

Sachverzeichnis

A

Abgestumpftheit 636
Ablehnung
- des eigenen Körpers 253
- elterliche 7–8, 205, 215, 257
- emotionale 130, 404
- des Geschlechts 338
- soziale 6, 13
Abstinenz
- Grenzverletzungen 769–770
- Regeln/Verpflichtung 772
Abwehrmechanismen/-verhalten
- Borderline-Persönlichkeitsstörung 485
- defensiver Ausschluss (defensive exclusion) 111
- isolierte Systeme (segregated systems) 111
- Missbrauchsfamilien 771
- sexueller Missbrauch 438
- traumatische Erfahrungen 180
Acceptance and Commitment-Therapy (ACT) 627
Achtsamkeit
- DBT-A-Therapieprogramm 322
- Zen-Meditation 620
achtsamkeitsbasierte Psychotherapie 636–638
ACTH (Adrenocorticotropin), Stressreaktion 44, 46
ACTH-Reaktionen, Depression 48
ACTH-Stimulationstest 48
Adrenalin, Stressreaktion 46, 419
Adult Attachment Interview (AAI) 106, 111, 560
- Bindungssicherheit 560
Adult Attachment Projective (AAP) 108
Adverse Childhood Experiences Study (ACE-Studie) 27–32, 442
Ängste/Ängstlichkeit s. Angst(erkrankungen/-störungen)
Ärger
- Komplexe Posttraumatische Belastungsstörung 374
- Umgang, FAUSTLOS-Curriculum 705
Affekte
- desintegrierende, Coping-Strategie 577
- Differenzierung 84, 99, 703
- eingefrorene 360
- Modulation 99
- schmerzhafte 505
- Umgang, Psychodynamisch Imaginative Traumatherapie (PITT) 575
- unkontrollierbare, Depression 336
- unverarbeitete 362
Affektisolierung
- Definition 456
- Lupus erythematodes, systemischer 457
- sexueller Missbrauch 439

affektive Störungen
- Beziehungscharakteristika 141
- Borderline-Persönlichkeitsstörung 478
- depressive Störungen 130
- sexueller Missbrauch 253
- Stresserfahrungen, frühe 42–43
- Viktimisierung 505
Affektregulation(sstörungen)
- Dialektisch-Behaviorale Therapie (DBT) 321
- dissoziative Störungen 407
- Komplexe Posttraumatische Belastungsstörung (KPTBS) 374
- Lupus erythematodes, systemischer 448, 457
- der Mutter, Depression 338
- Posttraumatische Belastungsstörung (PTBS) 564
Aggression/aggressive Verhaltensweisen 25, 160
- alleinerziehende Elternteile 163
- Angststörungen 362–363
- Bereitschaft 12–13
- Bewältigung, Trennung/Scheidung 136
- Beziehungserfahrungen, erste 161
- Bindungserfahrungen 165–167
- Bindungsqualität 165
- Developmental Pathways 160
- Early and Late Starters 160
- Elterntraining 174
- Entwicklung, Familienrisikomodell 168–173
- Entwicklungsdefizit, Entstehung 172–173
- Entwicklungsmodell 168–169
- Erziehungsverhalten 159, 161–164
- Fallbeispiel 155–158
- familiäre Konflikte 172
- Familienbedingungen 155–176
- Familienbeziehungen 164–167
- Familienhilfe, sozialpädagogische 174–175
- Familientherapie 174
- Genogramm 156, 158
- gesellschaftliche Instabilitäten 160
- Gewalterfahrungen, frühkindliche 159–160
- Handlungsalternativen 161
- Interaktionsmuster 166
- Kinder alleinerziehender Mütter 131
- Konfliktlösestrategien 159
- Konfliktlösung, Kompetenzförderung am Beispiel FAUSTLOS 700–702, 705–707
- Konfliktlösungsmodell 171
- Manifestation 162
- materielle Unterstützung 176
- Mörder 566
- Paarberatung/-therapie 174
- Paarbeziehung der Eltern 164
- Paarkonflikte, elterliche 159

- Peergroups, straffällige 167
- Posttraumatische Belastungsstörung (PTBS) 555
- Prävention 697–708
- – außerfamiliäre 698–699
- – Leitlinien 699
- – schulbasierte 699–700
- Probleme bei misshandelten Kindern 84
- Problemlösung 162
- sexuelle 276–277, 470–471
- sexueller Missbrauch 20, 23, 270
- sozial-emotionales Lernen als Gewaltprävention 702–704
- Stressfaktoren, sozioökonomische 163
- Traumatisierungen, schwere 566
- Übertragungsfokussierte Psychotherapie (TFP) 565
- Verhinderung 282
- Viktimisierung 505
Agoraphobie 361, 363
- mit Panikstörung 355
- struktur- und bindungsorientierte psychodynamische Therapie 363
Albträume 179
- posttraumatische, chronische 180
- sexueller Missbrauch 253
- Traumafolgestörungen 323
Alexithymie 182, 638
Alkoholabusus/-missbrauch 12–13, 35
- alleinerziehende Mütter 125, 128
- Borderline-Persönlichkeitsstörung 609
- Bulimia nervosa 542
- DBT-A- und Traumatherapie, Fallbeispiel 326
- elterlicher 358
- Inzest 145
- Kindheitsbelastungen 235
- Missbrauchstäter, weibliche, jugendliche 269
- Misshandlung 320
- Posttraumatische Belastungsstörung (PTBS) 379
- Präventionsprogramme 683
- sexueller Missbrauch 253
- Traumafolgestörungen 323
Alleinerziehende/alleinerziehende Mütter 124–129
- Aggression 163
- Alkoholabusus/-missbrauch 125, 128
- Armutsrisiko 124
- Beziehungskonflikte, spätere 129
- Bezugsperson, alternative, fehlende 135
- Depression 126–128, 136
- Elterntraining wir2 136–137
- emotional belastende Konflikte 126
- emotionale Zuwendungsfähigkeit 129
- Folgen für die Kinder 129–135
- gesundheitliche Risiken 124–129
- Gewalteinwirkung 125
- Lebensereignisse, belastende 126

Sachverzeichnis

- major depressive disorder 127
- Mortalitätsrisiko 125
- psychische Störungen 130
- psychosoziale Beeinträchtigung 128–129, 135
- Risikoverkettungen, transgenerationale 121
- soziale Netze 129
- Sozialhilferate 124
- Suchterkrankungen 128
- Suchtproblematik 136
- Suizidrisiko 125
- verwitwete 121

Allostase 419
allostatic load (AL) 33
allostatic overload 33, 38
Als-ob-Modus (pretend mode), Traumafolgestörungen 183
Altersdiabetes 35
Ambivalenzkonflikte, Gruppentherapie 599
ambulante und stationäre Hilfen 95
Amnesie
- Borderline-Persönlichkeitsstörung 499
- dissoziative 392
- sexueller Missbrauch 229

Amygdala 51
- Aktivität, Dialektisch-Behaviorale Therapie (DBT) 489
- Borderline-Persönlichkeitsstörung 487
- Posttraumatische Belastungsstörung (PTBS) 68
- Stressreaktionen 51
- Volumenminderung 67–68

anaclitic depression 334
Anankastische Persönlichkeitsstörung 523
- Fibromyalgie-Syndrom 421, 424
anatomische Puppen, Traumabearbeitung 315
Angst(erkrankungen/-störungen) 37, 353–369
- Aggression 362–363
- Bindung, unsichere 362
- Bindungsforschung 360
- bindungsorientierte psychodynamische Therapie 365
- Bindungstraumata 361–363
- DBT-A-Programm, Fallbeispiel 324
- Depression, chronische 336
- Dissoziationen 75
- Eye Movement Desensitization and Reprocessing (EMDR) 584, 590
- Fibromyalgie-Syndrom 421
- als Folge eines Verlusterlebnisses, Fallbeispiel 356–357
- Gefühlstaubheit 75
- hypochondrische, Unterleibsschmerzen, chronische 435
- interpersonelle Schwierigkeiten 357–359
- Katastrophisieren 362
- Kindheitsbelastungsfaktoren 357
- klinisches Erscheinungsbild 354–355
- körperbezogene 365
- Komorbiditäten 355
- komplexe 355–357
- misshandelnde Eltern 86
- pathologisch fixierte 587
- pathologische 354

- Persönlichkeitsstörungen 355–356
- Phänotypen 60
- Posttraumatische Belastungsstörung (PTBS) 564
- psychobiologische Vulnerabilität 359–363
- Schmerzsyndrome, funktionelle 421
- sexueller Missbrauch 253, 261, 357, 791–793
- sozialer, emotionaler Missbrauch 365–368
- soziale Isolierung 355
- Stresserfahrungen, frühe 42–43
- stressinduzierte Hyperalgesie (SIH) 424
- Struktur 587
- traumatische 359–361, 587–588

Angsterleben, Schmerzempfinden 419
Angstmodelle, komplexe 356
Anlage-Umwelt-Interaktionen, Gewaltkreislauf, Vermeidung 86
Anorexia nervosa (AN) 537–538
Anorgasmie 435
Anpassungsstörungen 686, 704
- jugendliche 290
- Lebensveränderungen, einschneidende 373
- Missbrauch/Vernachlässigung 264
- Misshandlung 258, 264
- Traumafolgestörung 374
- Trennung/Scheidung 134, 171
anteriorer cingulärer Cortex (ACC)
- Aktivität, Posttraumatische Belastungsstörung (PTBS) 70
- Emotionsregulation 638
- posteriorer, Default Mode Network (DMN) 72
- Volumenminderungen 67
Antisoziale Persönlichkeitsstörung 508–509
- Erlebniswelt, Verzerrung 235
- Kindheitsbelastungen 510–511
antisoziales Verhalten 169
Aufmerksamkeitsdefizit-Hyperaktivitätsstörung (ADHS) 33, 57
- Deprivation bei Waisenhaus-Kindern 32
außerfamiliäre Betreuung 750
Außerhalb-des-Körpers-Sein 577
Autismusspektrumstörung 57
Autoimmunerkrankungen 446, 458
- Stresserfahrungen, frühe 446–448, 458

Autonomie 503
Autonomieentwicklung 122
autoritäres Erziehungsverhalten 161–162
aversives Verhalten 170

B

Basalganglien 68
Battered Child Syndrome 24, 77
BDNF (brain-derived neurotrophic factor) 57
- Depression 347
Beavers-Timberlawn Family Evaluation Scale 710
Beck Depression Inventory (BDI) 546
- Bulimia nervosa 543
- Essstörungen 544

Bedürfnisbefriedigung, körperliche 189
Begutachtung 778–837
- forensisch-psychiatrische 810
- Glaubhaftigkeitsbegutachtung 799–807
- in der Kindheit traumatisierte Erwachsene 795–808
- Kinder und Jugendliche 779–794
- pädosexuelle Straftaten 821–826
- Opferentschädigungsgesetz (OEG) 804
- Quellendifferenzierung 801–802
- Schuldunfähigkeit 811–821
- sexueller Missbrauch 793–794
- strafrechtliche Fragen 811
- der Täter 809–837
- - Kriminalprognose 820–821
- Zeugenaussagen 797–803
Behandlungsfehler 765
Behandlungsprogramm für Sexualstraftäter (BPS) 827
Behinderung 89–90
Belastungserfahrungen
- Erhebung, MSBA 209–210
- frühe 38
- Körpererleben, frühkindliches 192
Belastungsreaktion, akute 373
Berührungserfahrungen, Körper-/Selbstgrenzen, Aufbau 190
Bewegungsmangel 35
Bewusstseinsstörung, Schuld(un)fähigkeitsbegutachtung 812
Beziehungen
- affektive Störungen 141
- innerfamiliärer Missbrauch 141
- zu den Eltern, Trennungskinder 134–135
- zwischenmenschliche
- - Borderline-Persönlichkeitsstörung 486
- - gestörte, Erziehungspraxis, inadäquate 169–170
Beziehungsarbeit, Psychodynamisch Imaginative Traumatherapie (PITT) 569
Beziehungsaufbau
- zu den Eltern 309–310
- zum Kind 309
Beziehungserfahrungen
- erste, aggressive Verhaltensweisen 161
- negative, Professionelles Missbrauchstrauma (PMT) 666
Beziehungsgestaltung, aktive, Borderline-Persönlichkeitsstörung 497
Beziehungskonflikte der Eltern 172
Beziehungsstörungen
- neurotische, traumatische Erfahrungen, unbewältigte 116
- sexuelle Funktionsstörungen 475
Beziehungstraumata 182, 360
- Borderline-Pathologie 485
- sexueller Missbrauch, innerfamiliärer 647–648
Bezugsperson
- alternative
- - fehlende 135
- - männliche 123
- Feinfühligkeit 108–109
- missbrauchter Kinder, Reaktionen 304–305

Sachverzeichnis

Bildgebung
- funktionelle 69–73
- strukturelle 67–69
Bindung
- ängstlich-ambivalente 361
- ängstliche 111
- ambivalent verstrickte, Angststörungen 365
- und Ausstoßung, Zyklen 167
- autonome 107
- desorganisierte 106–107, 111, 118, 141, 165, 361–362
- – dissoziative Symptome 111
- – Kindesmisshandlung 112
- – psychische Erkrankung eines Elternteils 112
- Frightening-Frightened-Kollusion 362
- Geschwisterinzest 275–276
- sichere 106–107
- – Prävention für psychische Erkrankungen 680
- – theory of mind 166
- – Vater 122
- stressinduzierte Hyperalgesie (SIH) 422
- Trauma, unverarbeitetes 107, 114
- Übertragung, transgenerationale 108–109
- unsicher-ambivalente 106–107, 165
- unsichere 99, 141, 445
- – Angststörungen 362
- – Borderline-Persönlichkeitsstörung 487
- – Depression 338
- – emotionale Nicht-Verfügbarkeit von Müttern 8
- – emotionale Schemata, negative 362
- – Kindesmisshandlung 112
- – Viktimisierungsrisiko 166
- unsicher-vermeidende 106–107, 167
- unsicher-verstrickte 141
- vermeidende 506
- – Angststörungen 365
- – Panikstörung, Fallbeispiel 363–366
- verstrickte 107, 114
- – zwanghaft fürsorgliche 111
Bindungsbeziehungen, frühkindliche 680
Bindungsentwicklungsstörung 110–113
Bindungserfahrungen
- aggressive Verhaltensweisen 165–167
- internalisierte 104
- traumatische 110–113
Bindungsforschung 680
- Angststörungen 361
- Forschungsparadigmen, zentrale 106–108
Bindungsgeschichten 108, 111
Bindungsorganisation, misshandelnde Eltern 115
bindungsorientierte Förderung, Trennung/Scheidung 136
bindungsorientierte psychodynamische Therapie
- Agoraphobie/Panikstörung 363–366
- Angststörungen 365–366
Bindungsperson 105
Bindungsrepräsentanzen, traumatisierte und traumatisierende Erwachsene 114–115

Bindungssicherung, inzestoide Familie 151
Bindungsstile
- Depression 349
- elterliche, maladaptive 506
Bindungsstörungen 113
- Misshandlung in der Säuglings- und Kleinkindzeit 320
- reaktive 113
Bindungsstrategien, Zusammenbruch bzw. Fragmentierungen 114
Bindungsstrukturen, inzestoide Familie 152–153
Bindungstheorie 104–118
- Depressivität, alleinerziehende Mütter 130
- elterliches Erziehungsverhalten, inneres Modell 84
- Grundannahmen 105–110
- Misshandlung/Vernachlässigung 84
Bindungstraumata 110, 182, 185, 359–361
- Angststörungen 361–363
- Selbstzustände, nicht integrierte 184–185
Bindungsverhalten 106–107
- chronische Schmerzpatienten 419
Binge-Eating-Störung (BES) 537–538
Binge-Purging-Typ, Anorexia nervosa (AN) 538
bipolare Störungen, Risiko-Gene 57
Body-Mass-Index (BMI), erhöhter 35
body-pull 35
Borderline-Persönlichkeitsorganisation, Übertragungsfokussierte Psychotherapie (TFP) 558–559
Borderline-Persönlichkeitsstörung 37, 476–501, 514
- Abwehrmechanismen 485, 500
- Ätiologie 478
- Affekte, aversive 615
- Amnesien, gravierende 499
- Amygdala 487
- Bewältigungsmechanismen 485, 492, 615–616
- Beziehungen, intensive, instabile 486
- Beziehungsgestaltung, aktive 497
- Beziehungstrauma 485
- Bildgebung, strukturelle 487
- Bindung
- – unsichere 487
- – vermeidende 506
- Definition 477–478, 609
- Depersonalisation 492
- Diagnose, posttraumatische 480–481
- Dialektisch-Behaviorale Therapie (DBT) 479, 495, 617–633
- – Fallbeispiel 326
- Diathese-Stress-Modell 386
- Differenzialdiagnose 495
- Diffusions-Tensor-Bildgebung 489
- Dissoziative Identitätsstörung (DIS) 481, 493
- dissoziative Störung/Dissoziation 481, 491–494, 498–500, 612
- dorsolateraler präfrontaler Cortex, Aktivierung 488
- Drogen-/Alkoholmissbrauch 609
- DSM-5-Kriterien 477
- Ego-State-Modell 496–497

- Emotionen, überflutende 621
- epidemiologische Studien 478
- Essstörungen 543
- Eye Movement Desensitization and Reprocessing (EMDR) 497, 500
- Fallbeispiele 481–483
- Frontalhirnvolumen 487
- genetische Prädisposition 610–612
- Glucocorticoid-Hyperexpression 611
- Grundannahmen, dysfunktionale 613–615
- Hippocampusvolumen 487, 611
- Hochrisikoverhalten 609
- Hypothalamus-Hypophysen-Nebennierenrinden-Achse, Überaktivität 612
- innere Stimme 498–499
- Kindheitsbelastungen 516–519
- Körperkonzepte, Störungen 193
- kognitiv-behavioraler Ansatz 479
- Komorbidität 610
- Lösungsresistenz 612–613
- Magnetresonanztomographie, funktionelle (fMRT) 488
- Mentalisierungsbasierte Therapie (MBT) 479, 495
- Mentalisierungsprobleme 487
- Minor DID 493–494
- Münchhausen-by-proxy-Syndrom 491
- neurobehaviorales Entstehungsmodell 610–616
- Neurobiologie/neurobiologische Prädisposition 487–489, 610–612
- Objektbeziehungstheorie 484
- Persönlichkeitsanteile, tertiär abgespaltene 494
- Positronenemissionstomografie-(PET-)Studien 487
- Posttraumatische Belastungsstörung (PTBS) 70, 480, 487–488
- projektive Identifizierung 485–487
- pseudohalluzinatorische Symptome 493
- psychoanalytische und psychodynamische Ansätze 479
- Psychodynamisch Imaginative Traumatherapie (PITT) 496
- psychodynamisches Verständnis 483–495
- psychosoziale Realitätsorientierung, mangelhafte 615
- Psychotherapie, stationäre, Fallbeispiel 324–327
- Psychotraumatologie 477–483
- Reinszenierung 485–487
- Ressourcenbasierte Psychodynamische Therapie (RPT) 496–497
- Schemata, inkompatible 613–615
- Schematherapie (ST) 495–496
- Schmerzwahrnehmung 488
- Selbst, fremdes 487
- selbstschädigendes Verhalten/Selbstverletzungen 489–491, 609, 615
- Selbstwahrnehmung, widersprüchliche 486
- Selbstwertbild, gestörtes 486
- Serotonin-System, Polymorphismen 478
- sexueller Missbrauch 791–792
- somatoforme Dissoziation 491
- Spaltung 479, 484

Sachverzeichnis

- Stabilisierungsphase, Fallbeispiele 497–499
- Suizidalität 351
- Symptomatik 609–610, 613–617
- Teil-Abgespaltensein 493
- Theory-of-Mind-Forschung 487
- Therapie 495–501
- Traumafolgeerkrankung 491
- Traumakonfrontation/-therapie 500–501
- – Fallbeispiel 326
- Traumatisierungen, frühe 67, 480, 610
- Übertragungsfokussierte Psychotherapie (TFP) 479, 495
- Wiedereingliederung und Zukunftsorientierung 501
- Zeugenaussagen, Konfabulationen 802
- zwischenmenschliche Beziehungen, Unsicherheit 486

brain-pull 35
Broca-Areal/-Zentrum 71
- neurobiologische Veränderungen 74
Bronchialkarzinom 35
Bruder-Schwester-Inzest 655
Bulimia nervosa (BN) 537
- mit Anorexia-nervosa-Anamnese 548
- Definition 538
- Depression 542
- Fallbeispiel 539, 552
- Gewalt gegen andere Familienmitglieder 540
- körperliche Misshandlung 540, 543
- sexueller Missbrauch 539, 543, 791–792
- Traumatisierungen 541
Bulimia Test-Revised (BULIT-R) 544, 546, 548
Bullying 264, 278
- Täter, erfolgreiche 280–281
Bully/Victim-Questionnaire, Mobbing 278
Bundeskinderschutzgesetz (BKiSchG) 729, 755
Bundeszentrale für gesundheitliche Aufklärung (BZgA) 763

C

California Psychological Interview (CPI) 544, 546, 548
Cannabisabusus, Traumafolgestörungen 323
CARI s. Colorado Adolescent Rearing Interview
CECA s. Childhood Experience of Care and Abuse
Child Abuse Potential Inventory (CAPI) 260
Child Sexual Abuse Questionnaire (CSAQ) 544, 546, 548
Child Sexual Abuse Treatment Program (CSATP) 650–651
Child Sexual Behavior Inventory (CSBI) 259
Childhood Abuse and Neglect Questionnaire (CANQ) 544, 546, 548
Childhood Experience of Care and Abuse (CECA) 203–208
- elterliche Antipathie 205

- elterliche Kontrolle, Disziplin und Beaufsichtigung 205–206
- Entwicklung 204
- familiäre Disharmonie und Gewalt 206
- körperliche Misshandlung 207, 232
- Lebensumstände, Erfassung 204
- Questionnaire (CECA.Q) 212
- sexuelle Misshandlung/Missbrauch 207–208
- Vernachlässigung 205
Childhood Trauma Interview (CTI) 544, 546, 548
Childhood Trauma Questionnaire (CTQ) 212–213, 259, 544, 546, 548
- Depression 336
Cholezystokinin (CCK) 418
Chronic Fatigue Syndrome 32
chronic pelvic pain (CPP) s. Unterleibsschmerzen, chronische
Clinician-Administered PTSD Scale (CAPS) 420
coenästhetische Psychose 420
Cognitive Behavioral Analysis System of Psychotherapy (CBASP), Depression 348
Cognitive Behavioral Treatment of Sex Offenders 827
Cognitive Processing Therapy (CPT) 608
Cognitive Reprocessing 326
Colon irritabile 32
Colorado Adolescent Rearing Interview (CARI) 203–204, 210–211
Community-Psychotherapeuten, Übertragungsfokussierte Psychotherapie (TFP) 560
Composite International Diagnostic Interview (CIDI) 544, 546, 548
Comprehensive Child Development Program 693
Conflict Tactics Scale (CTS) 213–214, 218
- Eltern-Kind-Version (CTSPC) 213–214
Containing-Funktion 190
Containing-Objekt, Internalisierung 110
Containment, imaginärer Raum 568
Coping(-Strategie) 301–303
- Affekte, desintegrierende 577
- Aggression/aggressive Verhaltensweisen bei Trennung/Scheidung 303
- Bewältigungsmechanismen 485, 492
- Borderline-Persönlichkeitsstörung 303
- dissoziative Mechanismen 577
- maladaptive 34
- Psychodynamisch Imaginative Traumatherapie (PITT) 571
- repressive, Lupus erythematodes, systemischer 456
- Schmerzen 419
Corpus-callosum-Volumenminderung
- misshandelte Kinder 51
- Posttraumatische Belastungsstörung (PTBS) 68
Corticosteroidrezeptoren 67
Corticotropin-Releasing-Hormon (CRH) 46
- Posttraumatische Belastungsstörung (PTBS) 380
- Schmerzverarbeitung 416

- Stress(reaktion) 44, 46, 419
Cortisol(-Spiegel) 33, 37, 444
- Deprivation bei Waisenhaus-Kindern 32
- hoher 66
- intrauteriner 445
- misshandelte Frauen 48
- Posttraumatische Belastungsstörung (PTBS) 69
- Unterleibsschmerzen, chronische 431
craniomandibuläre Dysfunktion 32
CRF_1-Rezeptor-Antagonisten 45
CRF_1-Rezeptoren 45
CRH-Dexamethason-Test, Traumatisierung, frühe 53
CRH-Neuronen, Stressreaktion 44–45
CRH-Rezeptor-1-(CRHR1-)Gen, Depression 56
CRH-Rezeptoren, Stressverarbeitungssystem, hyperaktives 57
CRPS (complex regional pain syndrome) 413
CTQ s. Childhood Trauma Questionnaire
CTS s. Conflict Tactics Scale
Cunnilingus, sexueller Missbrauch 465
Cyber-Mobbing 278

D

Daily Inventory of Activity, Routine and Illness s. DIARI
Darmerkrankungen, funktionelle 62
DBT s. Dialektisch-Behaviorale Therapie
Debriefing, traumatisierendes Ereignis 76
Delinquenz 12–13, 25–26, 81, 100, 169, 320
Dependente Persönlichkeitsstörung 514–515
- Angsterkrankungen 355
- Bindungsverhalten, vermeidendes 506
- Kindheitsbelastungen 520
Depersonalisation 392
- Angsterkrankungen 354
- Borderline-Persönlichkeitsstörung 492
- Untererregung 403, 405
Depression 12–13, 100, 333–350, 515
- ACTH-Reaktionen 48
- affektive Beeinträchtigungen 130
- alleinerziehende Mütter 126–128, 130
- anaklitische 334
- Arbeitsfähigkeitsverlust 335
- BDNF (brain-derived neurotrophic factor) 347
- Belastungsfaktoren, multiple 342–348
- Bindungsstile 349
- Borderline-Persönlichkeitsstörung 480
- Bulimia nervosa (BN) 542
- chronische 336–338
- – Fallbeispiel 337–338
- – Remissionsraten 63
- CRH-Rezeptor-1-(CRHR1-)Gen, Polymorphismus 56
- Depression 335
- Diagnostik 335
- Differenzialdiagnose 420
- elterliche Fürsorge, Mangel 344–346
- Entwicklungsneurobiologie 347
- Erinnerungsleistungen 222

Sachverzeichnis

- Ersterkrankungsalter, frühes 336
- Eye Movement Desensitization and Reprocessing (EMDR) 590
- familiäre Dysfunktionalität 341, 343–344
- Genetik 347–348
- Genussfähigkeitsverlust 335
- HPA-Achse, Dysregulation 347
- Interessenverlust 335
- Kindheitsbelastungen 235, 338–348, 521
- Klassifikation 62
- Kognitive Verhaltenstherapie 75
- Komorbiditäten 337
- larvierte 421
- mimische Affektexpressivität 131
- misshandelnde Eltern 86
- mütterliche 131
- Phänotypen 60
- Posttraumatische Belastungsstörung (PTBS) 386
- Psychodynamik 338
- Resilienz 346
- Risiko-Gene 57
- Schlafstörungen 335
- Selbst-Auskunft-Aussagen 345
- Serotonin-Transporter-Gen 55–56
- sexueller Missbrauch 20, 253, 261, 339–342, 791–793
- – Familien-Charakteristika 345
- somatische Symptome 335
- Stresserfahrungen, frühe 41–43, 55
- Stressreaktivität 347–348
- Suizidalität 350–351
- syndromale Diagnostik 335
- Therapie 348–350
- – Fallbeispiel 349–350
- – Traumatherapie, stationäre 348
- Traumatisierungen 346
- – frühe 67
- – – neuroendokrine und neurodegenerative Folgen 347–348
- – – politische 52
- Unterbauchschmerzen, chronische 435
- Verhältnis zur Umwelt 335
- Verluste, frühe 342
- Vernachlässigung 341, 344–346
- vitale Verstimmung 450

depressive Störungen s. Depression
Deprivation 195, 334
- emotionale, stressinduzierte Hyperalgesie (SIH) 411
- Folgen bei Waisenhaus-Kindern 32–33
- gesundheitliche Langzeitfolgen 24–39
- materielle, Zuwandererfamilien 286
- mütterliche 360
- – bei Heimkindern 106
- sehr frühe, Entwicklungsdefizite 99
- taktile 635, 639
- Vulnerabilität 36
Derealisation 392
- Angsterkrankungen 354
Desintegrationspotenzial, gesellschaftliches 171
DESNOS (Disorder of Extreme Stress Not Otherwise Specified) 374
destruktives Handeln, psychodynamisch-interaktionelle Gruppenpsychotherapie 600
Dexamethason-CRH-Test 48–49

Diabetes mellitus Typ 2 27
Diagnostic Interview Schedule for Children (DISC) 544, 546, 548
Diagnostik, Prozesscharakter 242
Dialektisch-Behaviorale Therapie (DBT) 321, 560, 594, 617–633
- Achtsamkeit, innere 621
- Affektregulation, Stärkung 321
- Amygdala-Aktivität 489
- Behandlungshierarchie/-modalitäten 619
- Behandlungsstruktur 617–619
- Borderline-Persönlichkeitsstörung 479, 495, 617–633
- Dissoziation/dissoziative Phänomene 622, 662
- Emotionsregulation, Verbesserung 620–625
- Exposition(sstrategien) 622, 626, 629–632
- Fallbeispiel 623–625
- für Adoleszente (DBT-A) 321–322
- für Sexualstraftäter 827
- Katastrophe, antizipierte, Korrektur 622
- Kontrollkompetenz, Verbesserung 622
- Makroanalyse 622–623
- Phase I 619–625
- Phase II 625–633
- Posttraumatische Belastungsstörung (PTBS) 625–633
- – Commitment-Phase 625–627
- – Entfaltung des Lebens 626, 632–633
- – Exposition 626, 629–632
- – Planungs- und Motivierungsphase 626–627
- – Trauma-bezogene Escape-Strategien, Bearbeitung 626, 628–629
- – Trauma-bezogene Gefühle, Wiedererlebensreduktion 626, 629–632
- Reaktionsvermeidung 622
- Reizkonfrontation/-reduktion 619–622
- Selbstmanagement 662
- Strategien/Techniken 618
- traumatische Erfahrungen unkontrolliert aktivieren 619–620
- Verhaltensanalyse, hochauflösende 622–623
DIARI (Daily Inventory of Activity, Routine and Illness), Lupus erythematodes, systemischer 450
Disorder of Extreme Stress Not Otherwise Specified (DESNOS) 374
Disorganizing Poverty Interview (DPI) 544, 546, 548
disrupted maternal communication 114
Dissociation Questionnaire (DIS-Q), Essstörungen 543
Dissociative Experiences Scale (DES) 544, 546, 548
Dissoziation/dissoziative Störungen 116, 391–410
- Affekt-Regulation 407
- Angstsymptome 75
- Bindung, desorganisierte 111
- bio-psycho-soziale Unterschiede 410
- Borderline-Persönlichkeitsorganisation 558

- Borderline-Persönlichkeitsstörung 478, 481, 491–492, 494, 612
- Coping-Strategie 577
- Definition 396
- – nach DSM-5 392–396, 491
- Dialektisch-Behaviorale Therapie (DBT) 662
- dissoziative Anteile, prototypische 400–405
- Dritte-Person-Perspektive 394–395
- Einschätzung, psychometrische Instrumente 397–398
- emotionale Persönlichkeitsanteile 400–402, 407
- Erinnerungen
- – autobiografische 394
- – traumatische 402
- Erste-Person-Perspektive 394–395
- Eye Movement Desensitization and Reprocessing (EMDR) 406
- Fallbeispiel 408–409
- Fehldiagnosen 397
- funktionelle Abnormitäten 402
- Gehirn 402
- Gesamtcortexvolumen 401
- graue Substanz, Veränderungen 401
- Gruppentherapie 595
- hippocampales Volumen 401–402
- Hyperarousal 395
- Integrationsprobleme 398–399
- Intrusionen 400
- Kindheitstraumatisierungen 398, 401
- Körpererleben 395
- Komorbidität 397
- Konzept 395–396
- Missbrauch 398
- Negativ-Symptome 395
- neuronale Hyperreaktivität 403
- nicht näher bezeichnete 392–393, 494
- Persönlichkeitsanteile, anscheinend normale 400–401, 407
- Personifizierung 399–400
- Posttraumatische Belastungsstörung (PTBS) 374, 394–395
- Prävalenz 396–397
- Professionelles Missbrauchstrauma (PMT) 670–671
- psychiatrische Stichproben 396–397
- psychodynamisch-interaktionelle Gruppenpsychotherapie 596
- Quasi-Zweite-Person-Perspektive 394–395
- sekundäre 493
- Selbstbeobachtung 492–493
- Selbstmanagement 662
- Selbstwahrnehmung, bewusste 492–493
- sensomotorische 393
- sexueller Missbrauch 791–792
- soziale Unterstützung 399
- strukturelle Veränderungen 401
- Synthese 399
- therapeutischer Zugang, phasenorientierter 407–408
- Therapie 405–408
- Traumafolgestörungen 323
- traumaspezifisch veränderte Informationen 179
- Traumatisierungen 398, 400, 410
- Unterleibsschmerzen, chronische 431

Sachverzeichnis

- Vernachlässigung 398
- Viktimisierung 505
- weiße Substanz, Veränderungen 402
- Zweite-Person-Perspektive 394–395
Dissoziations-Assoziations-Technik, Psychodynamisch Imaginative Traumatherapie (PITT) 578
dissoziative Amnesie (Erinnerungslücken) 392
Dissoziative Identitätsstörung (DIS) 392, 397
- bio-psycho-soziale Studien 405
- Borderline-Persönlichkeitsstörung 481, 493
- emotionale Persönlichkeitsanteile 403–405
- Entwicklungsdefizite 173
- neutrale Gesichter 404
- Persönlichkeitsanteile, anscheinend normale 403–405
- Persönlichkeits-States 393–394
- Selbsterleben, Wechsel 494
- Untererregung 403, 405
- weiße Substanz, Veränderungen 402
Disstress
- früher, Auswirkungen, potenzielle 36
- Hirnbereiche, Größe und Funktion 33
- Neurobiologie 359
- Trennungssensitivität 359
distorted parenting, Bindung, desorganisierte 116
Disziplin 161
DNA-Methylierung 58–60
Doktorspiele, sexuelle Annäherungen 274
Dokumentationspflicht und Einsichtsrecht, Verstöße 766
Dopamin-D2-Rezeptor-Gen 57
Dresdner Körperbildfragebogen (DKB-35) 191
Drogenabusus/-missbrauch 12–13, 35
- Borderline-Persönlichkeitsstörung 609
- Inzest 145
- Missbrauchstäter, weibliche, jugendliche 269
- Misshandlung 320
- Posttraumatische Belastungsstörung (PTBS) 379
- Präventionsprogramme 683
- sexueller Missbrauch 253
Dual Representation Theory, Traumagedächtnis 381
Düsseldorfer Alleinerziehendenstudie 124, 127, 691
Dunedin-Studie
- gesundheitliche Langzeitfolgen 27
- MAO-A-Aktivität 101
Dyspareunie 435, 465–466
Dysphorie, Vernachlässigung 6
Dysthymie 336

E

Eating Attitudes Test (EAT) 544, 546, 548
Eating Disorder Examination (EDE) 544, 546, 548
Eating Disorders Inventory (EDI) 543–546, 548
ecophenotypic variants 38

Egna Minnen Beträffende Uppfostran (EMBU) 214–215
ego resilience/resiliency 80
- Misshandlungserfahrungen 91
Ego-State-Modell 184
- Borderline-Persönlichkeitsstörung 496–497
Eheprobleme, Panikstörung 358
Ein-Eltern-Familien 121
- aggressives Verhalten, Entwicklung 169
- psychische Auswirkungen 133
- psychosomatische Erkrankungen 125
Ein-Personen-Psychologie 564
Einsichtsunfähigkeit, Schuld(un)fähigkeitsbegutachtung 815
Einzelgespräche/-therapie
- Psychodynamisch-interaktionelle Gruppenpsychotherapie 601–602
- sexueller Missbrauch 311–312
eisige Wachsamkeit (frozen watchfulness), Kindesmisshandlung 249
elterliche Antipathie, CECA 205
elterliche Beziehungspraktiken, Sicherheit/Stabilität 143
elterliche Feindseligkeit, retrospektive Erfassung 237
elterliche Gewalt 120
elterliche Kommunikation, Missbrauchstrauma 329
elterliche Traumatisierung, Auswirkungen auf die Kindesentwicklung 115–117
elterliche Vernachlässigung, CECA 205
elterlicher Fürsorgemangel 172
- Depression 344–346
elterliches Verhalten
- Frightened/frightening-Kategorie 114
- maladaptives
- - Persönlichkeitsstörungen 505
- - psychische Störungen 507
Eltern, Bindungsstile, dysfunktionale 506
Eltern-Belastungs-Screening zur Kindeswohlgefährdung (EBSK) 260
Elternbeziehungen, gestörte, inzestoide Familie 154
Elterngruppen, psychoedukative 323
Eltern-Kind-Beziehungen 172, 223
- Fragebogenverfahren 202–203
- Interview-Verfahren 201–203
- inzestvulnerable Familien 151
- Kindesmisshandlung 244
- misshandelnde Eltern 87–88
Eltern- und Kinderprogramme 96
Elternkurse, präventive 680
Elternmerkmale, Kindesmisshandlung 82–88
Eltern-Säugling-Interaktion 115–116
Elterntraining
- aggressives Verhalten 174
- wir2 136–137
EMDR s. Eye Movement Desensitization and Reprocessing
emotionale Befindlichkeit/Belastungen
- Lupus erythematodes, systemischer 452, 453
- MSBA 210
emotionale Beziehungen, unzureichende, Geschwisterinzest 275

emotionale Grundbedürfnisse, stressinduzierte Hyperalgesie (SIH) 423
emotionale Misshandlung
- Definition 7
- Erfassung, CARI 211
- Häufigkeit 8
- Komorbidität 78
- Therapieinterventionen 316
emotionale Nicht-Verfügbarkeit von Müttern 8
emotionale Persönlichkeitsanteile
- dissoziative Störungen 400, 402–405
- Posttraumatische Belastungsstörung (PTBS) 403
emotionale Störungen, Kindesmisshandlung 249
emotionale Taubheit, Posttraumatische Belastungsstörung (PTBS) 378
emotionale Verfügbarkeit, mütterliche 329–330
emotionale Vernachlässigung 258
- Antisoziale Persönlichkeitsstörung 509
- Depression 336
- Erfassung, CTQ 212
- Gruppentherapie 599
- Persönlichkeitsstörungen 531
emotionale Vulnerabilität, entwertende Umwelt 505
emotionale Zuwendungsfähigkeit, alleinerziehende Mütter 129
emotionaler Missbrauch
- Angststörungen, soziale 365–368
- Borderline-Persönlichkeitsstörung 514
- Depression 336, 515
- Erfassung, CTQ 212
- Persönlichkeitsstörungen 504, 509, 523, 528–529, 533
Emotionen
- aversive 621
- Differenzierungsstörung 361
Emotionsregulation(sstörung) 189
- anteriorer cingulärer Cortex (ACC) 638
- Dialektisch-Behaviorale Therapie (DBT) 322, 620–625
- - Fallbeispiel 324
- Fertigkeiten 621–622
- Körperselbst 193
- Posttraumatische Belastungsstörung (PTBS) 608–609
- Probleme bei misshandelten Kindern 84
- traumabedingte 182
Empathie 161
Empathiearbeit/-förderung
- Depression 348
- FAUSTLOS-Curriculum 705
Empathiemangel/-verlust
- aggressive Verhaltensweisen 166
- Entwicklungsdefizite 173
- misshandelte Kindern 84
- in Psychotherapie und Beratung 765
entwertende Umgebung/Umwelt 505
Entwicklung, genetische und pränatale Faktoren 504
Entwicklungsbedürfnisse, Trennung/Scheidung 136
Entwicklungsmodell, aggressive Verhaltensweisen 168–169, 172–173

entwicklungspsychopathologische Störungen, sozioökonomische Bedingungen 90
Entwicklungsstörungen
– belastungsbedingte, Stresssystem, kindliches 444
– Deprivation, sehr frühe 99
– Risiko, Gen-Umwelt-Interaktionen 101
Entzündung 443
epigenetische Programmierung 58
Erinnerungen
– s.a. Gedächtnis
– autobiografische, dissoziative Störungen 394
– belastende, Eye Movement Desensitization and Reprocessing (EMDR) 585, 588
– Depression 222
– Konstruktionsfehler 222
– Posttraumatische Belastungsstörung (PTBS) 383
– schlechtere, Erlebnisse, positive 222
– selektive, sexueller Missbrauch 230–231
– sexueller Missbrauch 225
– stimmungskongruente 222
– Verzerrung 223
Erkrankungsrisiko, genetische Einflüsse 41
Erlangen-Nürnberger Entwicklungs- und Präventionsstudie 96
Erregungsregulationsstörung 361
Erwachsenenbindungsforschung 114
Erwachsenenbindungsinterview 108
Erwachsenenbindungs-Prototypen-Rating (EBPR) 108
Erwartungsangst 354
Erziehungsberatung 95
Erziehungseinstellungen, tradierte 93–95
Erziehungsfertigkeiten, Entwicklung, mangelnde 171–172
Erziehungsschwierigkeiten, Ausbildung 170
Erziehungsstil-Inventar (ESI) 216–217
– Measure of Parental Style, Depression 345
Erziehung(sverhalten)
– aggressive Verhaltensweisen 159, 161–164
– extrem autoritäres 161–162
– in der Risikofamilie 169–170
– Inkonsistenzen 170
– misshandelnde Eltern 87–88
– zwischenmenschliche Beziehungen, gestörte 169–170
ESI s. Erziehungsstil-Inventar
Essener Trauma-Inventar für Kinder und Jugendliche (ETI-KJ) 259
Essgestörte, Wünsche 551
Essstörungen 537–552
– Abführmittelgebrauch 549
– Beck-Depression-Inventory-2 544
– Borderline-Persönlichkeitsstörung 543
– Burnout 551
– Dissociation Questionnaire (DIS-Q) 543
– Eating-Disorder-Inventory-2 544
– Eigendynamik 549

– Gesprächsführung, motivierende 548
– Gewalterfahrungen 541
– Impulskontrollstörungen 552
– Individualität, Respekt 551
– Kindheits-/Jugendbelastungen 540–552
– körperliche Misshandlung 542, 544–548
– kognitive Therapie, sokratischer Dialog 548
– nicht näher bezeichnete (ESNNB) 537, 549
– Odds-Ratio (OR) 31
– Persönlichkeitsfragebogen 543
– Promiskuität 549
– psychotrope Substanzen, Missbrauch 549
– Schweregrad 543–544
– Selbstbehandlungsmanuale 550–551
– Selbstverletzung 549
– Selbstvertrauen, Mangel 550
– sexueller Missbrauch 539, 541–542, 544–548
– Stresserfahrungen, frühe 43
– Traumatisierungen 540
– Veränderungsmotivation, Einschätzung 550
– Vernachlässigung 541
Ethikleitlinien 772
evolutionsbiologische Forschung, pränatale Programmierung 98
evolutionstheoretische Hypothesen, Kindesmisshandlung 97–98
externalisierendes Verhalten 12–13
– sexueller Missbrauch 20
Extinktionslernen 75
Eye Movement Desensitization and Reprocessing (EMDR) 73, 181, 583–590
– Abschluss 586
– Anamnese und Behandlungsplan 585
– assoziative Vorgehensweise 588
– Borderline-Persönlichkeitsstörung 497, 500
– Desensibilisierung 586
– Dissoziative Störungen 406
– Erinnerungsbewertung/-verarbeitung 585, 588
– Fallbeispiel 588–589
– Indikation 584–585
– Körperempfindungen, Überprüfung 586
– Nachbefragung 586
– Posttraumatische Belastungsstörung (PTBS) 382, 388, 556, 583
– praktische Vorgehensweise 585–587
– Prozessieren 586
– psychisch schwer traumatisierte Patienten 308
– Stimulierung, bilaterale (dismantling studies) 588
– Störungsmodelle 587–589
– Traumabearbeitung 315
– Traumaexposition/-konfrontation 584–585
– Traumafolgestörungen, komplexe 589
– Verankerung 586
– Vorbereitung 585
– Wirksamkeit/Wirkungsfaktoren 587–589
– Zielsetzung 583

F
familiäre Belastungen/Belastungsfaktoren
– Mainzer Strukturierte Biografische Anamnese (MSBA) 209
– Vernachlässigung 256
familiäre Disharmonie/Dysfunktionalität
– aggressives Verhalten 172
– chronische, retrospektive Erfassung 234–235
– Depression 341, 343–344
– Ebenen aus klinischer Sicht 144–145
– Partnerschaftskonflikte 171
– stressinduzierte Hyperalgesie (SIH) 417
familiäre Lebensformen, Pluralisierung 167–168
familiäre Stressfaktoren, Kindesmisshandlung 243
Familie(n)
– endogame 148
– gesellschaftliche Rahmenbedingungen 167–168
– inzestvulnerable Systeme 148
Familiendynamik
– Geschwisterinzest 654–655
– in der Risikofamilie 169–170
– sexueller Missbrauch 648–649
Familienfunktionsstörungen 140–144
– Fragebogenuntersuchungen 141–142
Familienhebammen 756, 760–761
Familienhilfe, sozialpädagogische 174–175
Familienideal, in den Medien propagiertes 168
Familienrisikomodell 175
– Aggressionsentstehung 160–173
Familienstruktur
– Borderline-Persönlichkeitsstörung 480
– chaotische
– – Geschwisterinzest 275
– – inzestvulnerable Systeme 149
– inzestvulnerable Systeme 141, 148–150
– sexueller Missbrauch, aufgedeckter 649–650
– Wechseln, abruptes, Häufigkeit 171
Familientherapie 644–657
– aggressives Verhalten 174
– Geschwisterinzest 653–657
– sexueller Missbrauch 310–311, 646–647, 650–653
familienzentrierte Prävention 687–691, 696
– Elternkurse 687–691, 695
– Elterntraining – SAFE 687
– Infant Health and Development Program 690
– Risikokinder mit prä-, peri- oder postnatalen Komplikationen 690
– STÄRKE-Programm 687
– Starke-Eltern-starke-Kinder-Programm 686–687
– STEEP (Steps Toward Effective, Enjoyable Parenting) 688, 695
– STEP (Systematic Training for Effective Parenting) 687
– Triple-P-Programm 686, 695
– Ulmer Modell 690
– Vermont Intervention Program 690

Sachverzeichnis

Family Background Riskfactors (FBRF) 143
Family Environment Scale (FES) 234, 545–546, 548
Family Support Program, psychosoziales Interventionsprogramm 693
Fantasiebildungen, traumatische Erfahrungen 180
FAUSTLOS (psychosoziales Präventionsprogramm) 695, 700–702, 705–707
– Aufbau für Grundschulen 705
– für Kindergärten und Schulen 706
– Konfliktkompetenzförderung bei aggressiven Verhalten von Kondern 700–702
– Lektionen, Aufbau 706
FEB s. Fragebogen zur elterlichen Bindung
FEE s. Fragebogen zum erinnerten elterlichen Erziehungsverhalten
Feindseligkeit
– misshandelnde Eltern 88
– SLE-Kranke 448
Feinfühligkeit, Bezugsperson 108–109
Femurfrakturen, Kindesmisshandlung 246
Fibromyalgie-Syndrom 32, 413
– Anankastische Persönlichkeitsstörung 424
– Differenzialdiagnose 421
– Lebensereignisse, belastende 423
– Perfektionismus 424
– Posttraumatische Belastungsstörung (PTBS) 421
– Schmerzverarbeitung, zentrale, Störung 416–417
– stressinduzierte Hyperalgesie (SIH) 424
– Therapiestrategien, differenzielle 421–422
– tierexperimentelles Modell 418
Figure-Drawings-Test, Unterleibsschmerzen, chronische 436
Fingerabdrücke, Kindesmisshandlung 248
FKBP5-Gen 57, 60
Flashbacks
– Inselregion, Volumenminderung 68
– Posttraumatische Belastungsstörung (PTBS) 433
– Traumafolgestörungen 323
Flucht-Kampf-Verhalten, Sympathikusaktivierung 360
Folgetherapie
– Professionelles Missbrauchstrauma (PMT) 664–673
– sexueller Missbrauch in Psychotherapie und Psychiatrie 658–673
forensische Psychiatrie, Begutachtung 810
Fragebogen
– zu dissoziativen Symptomen 397
– dysfunktionaler elterlicher Beziehungsstile (FDEB) 214
– zu Erziehungseinstellungen und Erziehungspraktiken (FEPS) 214
– zum erinnerten elterlichen Erziehungsverhalten (FEE) 214
– – gekürzte Screening-Version (FEE-US) 215
– zum Körperbild (FKB-20) 191
– zur Beurteilung des eigenen Körpers (FBeK) 191
– zur elterlichen Bindung (FEB) 214
Fragebogenverfahren
– Eltern-Kind-Beziehungen 202–203
– Kindheitsbelastungen 202–203
– Vor- und Nachteile 203
Frakturen, Kindesmisshandlung 246–247
Frankfurter Körperkonzeptskalen (FKKS) 191
Freeze-Reaktion 360
freiheitsentziehende Maßregeln 815–819
fremdaggressives Verhalten 26
Fremde Situation 106, 113
Fremde-Situation-Test, Kinder, desorganisierte 362
frightened/frightening behavior 112
– Bindung 362
– elterliches Verhalten 114
Frontalhirnvolumen, Borderline-Persönlichkeitsstörung 487
Frühe Hilfen 744–763
– Akteure, notwendige 753
– Angebote und Maßnahmen 751
– Befähigungsansatz 744–745
– Begriffsbestimmung 750–753
– Beziehungs-/Erziehungskompetenz, Förderung 753
– Bundesinitiative 751, 755–759
– Definition 751–752
– ehrenamtliche Strukturen, Einbezug 756–757
– Evaluation 759–761
– Familienhebammen und vergleichbare Berufsgruppen, Einsatz 756
– Finanzierung 763
– Frühförderung 752
– Gesundheitsförderung 751, 753–754, 762
– Hilfsangebote, familiäre 753
– und Kinderschutz 754–755
– Konzepte in Deutschland 744–763
– Kooperation, multiprofessionelle 752
– Koordination 759–761
– Krippen 750
– Landeskinderschutzgesetze 753
– Lebenszeitperspektive 744–745
– Leistungen im Gesundheitswesen 753
– Leistungssysteme, Kooperation 761–763
– Modellprojekte 759–761
– Netzwerke, Weiterentwicklung 755–756
– Präventionsmaßnahmen 751–752
– Qualifizierung/Professionalisierung 759
– Schwangerenbetreuung 753
– Unterstützungsprogramme, lokale/regionale 751
– wissenschaftliche Begleitung 759–761
– Zielgruppe 753
Früherkennungsuntersuchungen, NZFH-Unterstützung 762
Frühförderung 752
– Entwicklung in Deutschland 748–750
– Finanzierung 749
Frühtraumatisierungen 51, 458, 607
– Adverse Childhood Experiences Study (ACE-Studie) 442
– Autoimmunerkrankungen 458
– Borderline-Persönlichkeitsstörung 610, 617–633
– CRH-Dexamethason-Test 53
– Dialektisch-Behaviorale Therapie (DBT) 618–633
– epigenetische Effekte 58–61
– Gehirnentwicklung 52–53
– genetische Disposition/Vulnerabilität 60–61, 64
– Gen-Orte, Demethylierung 58
– komplexe Traumafolgestörungen 388
– Lupus erythematodes, systemischer 458
– Panikstörungen 358
– Posttraumatische Belastungsstörungen (PTBS) 385
– psychoneuroimmunologische Langzeitfolgen 441–459
– Scheinbewältigung 378
– sexuelle 378
– spätere Erkrankung 442
– Variabilität 44
– Verdrängung 378
Fürsorge(verhalten) 143–144
– elterliche, Sozialisationsprozess 91
– Erhebung 214
– mangelnde, Major Depression 346
funktionelle somatische Syndrome 32
Funktionsstörungen, frühe 99
Furchtsystem 359–360

G

Gammaaminobuttersäure (GABA), Stressreaktion 47
ganzheitliches Präventionskonzept 695–696
Geburtskomplikationen, Misshandlung 89–90
Gedächtnis
– s.a. Erinnerungen
– antero-/retrograde Defizite, Traumatisierung 73
– autobiografisches 74
– – Cool Memory/Hot Memory 71–72
– deklaratives (explizites) 179
– – neurobiologische Veränderungen 74
– – – Posttraumatische Belastungsstörung (PTBS) 380–381
– episodisches 111, 587
– Funktionen 221–223
– implizites (prozedurales) 179, 223, 360
– kognitive Theorien 222
– semantisches 111, 587
Gedächtnisforschung, experimentelle 221
Gedächtnisinhalte, Manipulierbarkeit 222
Gedächtnistheorie, moderne, traumaspezifisch veränderte Informationsverarbeitung 178–181
Gedanken, Dissoziation 395
Gedeihstörung, nicht-organisch begründete, Vernachlässigung 5

Gefühle, Wahrnehmung und Verarbeitung, Psychodynamisch-interaktionelle Gruppenpsychotherapie 592
Gefühlstaubheit, Angstsymptome 75
Gegenseitigkeit, negative, Teufelskreis 170
Gegenübertragung
– Gruppentherapie 598
– körperliche 638
Gehirnaktivität, Vernetzung von Störungen 444–446
Gehirnentwicklung
– Frühtraumatisierungen 52–53
– gonadale Steroide 54
– vulnerables Zeitfenster 419
Gene
– Demethylierung, Frühtraumatisierung 58
– stressregulatorische Systeme 57
General Health Questionnaire (GHQ) 545, 548
Generationsgrenzenstörungen, inzestvulnerable Familien 150–151
Genogramm, aggressive Verhaltensweisen 156, 158
Gen-Umwelt-Interaktionen
– Entwicklungsprobleme, Risiko 101
– epigenetische Veränderungen, molekulare Grundlage 60–61
– geschlechtsspezifische 54
– psychische Erkrankungen 55
Geschlechtsdysphorie 461
Geschlechtsgrenzenstörungen
– inzestoide Familie 151
– Mutter-Kind-Dyade 152
Geschlechtsidentitätsstörungen 461
Geschwisterinzest 272–276, 653–657
– s.a. Inzest
– Bagatellisierung/Verleugnung 656
– Besonderheiten 653–654
– Bindung 275–276
– chaotische Familienstruktur 275
– Diagnostik 656–657
– emotionale Beziehungen, unzureichende 275
– Familiendynamik/familiäre Hintergründe 274–275, 654–655
– Familienselbstbild, Wiederherstellung 657
– Familientherapie 656–657
– fürsorglich-liebevoller 274
– Generationen- und Geschlechtergrenzen, unklare 275
– intime elterliche Außenbeziehungen, wechselnde 275
– machtorientierter 274
– Schuldgefühle des Opfers 655
– sexualisierte Atmosphäre 274–275
– Täter-Opfer-Beziehungen 275–276
– transgenerationale Dynamik 275
– Traumatisierung(sfolgen) 273, 655–656
Gesicht, neutrales 404
Gesichtsmimik 130–131
Gestalttherapie, Traumabearbeitung 315
Gesundheit
– seelische, Traumatisierungen 542
– sozialer Gradient (social gradient of health) 745

gesundheitliche Langzeitfolgen 24–39
– Dunedin-Studie 27
– Kauai-Studie 25
– Kindheitsbelastungsfaktoren 30
– prospektive Studien 25–27
– retrospektive Erhebung in Querschnittsstudien 27–32
– Risikofaktoren, in Längsschnittstudien gesicherte 25, 28–30
– vermittelnde Faktoren 33–36
gesundheitliches Risikoverhalten 34–35
gesundheitsbezogene Leistungen, Inanspruchnahme 32
Gesundheitserziehung/-aufklärung 746
Gesundheitsförderung 745–747
– Bundeszentrale für gesundheitliche Aufklärung (BZgA) 763
– Empowerment-Lebenskompetenzansatz 746
– Frühe Hilfen 751, 753–754, 762
– Lebensverhältnisse 747
– Ottawa-Charta 745
– Prävention 746–747
– WHO-Aktionsprogramm 745
Gesundheitsrisiken 746
Gewalt
– Aggression 160
– alltägliche 96
– Entstehung, Risikofaktoren 160
– im Erwachsenenalter, Kindesmisshandlung 115
– Essstörungen 540
– gegen andere Familienmitglieder, Bulimia nervosa 540
– gesellschaftliche Billigung 11
– häusliche, 206
– – bei deutschen und türkischen Jugendlichen 290
– – Gewaltbereitschaft bei Jugendliche 291
– – in Zuwandererfamilien 284, 288–296
– innerfamiliäre Verhältnisse 166
– körperliche 34, 230–231
– – Prävalenz 320
– Konfliktlösestrategien 159
– mehrgenerationale Weitergabe 10
– milieu- und kulturspezifische in Zuwandererfamilien 289
– nicht-personenbezogene 207
– Opfer- und Täterrollen, Stabilitäten 278–279
– Posttraumatische Belastungsstörung (PTBS) 387
– – Tabuisierung 371
– sexuelle s. sexuelle Gewalt
– sexueller Missbrauch 143, 230–231
– spill-over-Effekt 291
– strukturelle 160
– Täter-Opfer-Beziehungen 277–281
– unter Schülern 278
– Verhinderung 282
– zwischen den Eltern 206
gewaltbelastete Eltern, körperliche Strafen 95
gewaltbelasteter Medienkonsum, Wirkungsrisiko 168
Gewaltbereitschaft
– gegenüber Familienmitgliedern 12
– Geschlechtsunterschiede 163
– Jugendliche 291

Gewaltdelikte, nichtsexuelle 270
Gewalteinwirkung, alleinerziehende Mütter 125
Gewalterfahrungen
– Essstörungen 541
– frühe/frühkindliche 10
– – aggressives Verhalten 159–160
– – in der Herkunftsfamilie 293
– misshandelnde Eltern 83–88
Gewaltforschung 297–299
Gewaltkreislauf 85
Gewaltopfer, kindliche in Zuwandererfamilien 283–299
Gewaltprävention 694
– bei aggressivem Verhalten von Kindern, sozial-emotionales Lernen 702–704
– entwicklungsbezogene 97
– Programme, Effektivität 707
– Zuwandererfamilien 296–297
gewalttätige Auseinandersetzungen/Interaktionen
– Paarkonflikte 164
– Tradierung 166
gewalttätige Missbrauchsfamilien 141
gewalttätiges Verhalten von Kindern, Prävention 697–708
Gewalttransfer/-transmission
– intergenerationale, Partnerbeziehung, positive 293
– misshandelnde Eltern 85
Gewaltzeugenschaft des Kindes 120
Glaubhaftigkeitsbegutachtung 799–803, 806–807
Global Assessment of Functioning Scale (GAFS) 544–547
Glucocorticoide
– intrauteriner Spiegel 445
– Stress(reaktion) 44, 47, 419
Glucocorticoidresistenz
– Lupus erythematodes, systemischer 447
– TH1-Entzündungsanstieg 445
Glucocorticoid-Rezeptoren (GR) 60
– Dysregulation/Mangel 49, 59
– stressinduzierte Hyperalgesie (SIH) 418
Glucocorticoid-Rezeptor-Gen, Methylierung 58–59
Grant-Studie, Stressverarbeitung 34
graue Substanz, Östrogene 54
Grenzverletzungen
– Abstinenz(verletzung) 769–770, 772
– Beratung durch Ethikverein 765–768
– Beschwerdekategorien 765–766
– Charakteristika 768–770
– Ethikleitlinien 772
– Fallbeispiel 767, 769–770
– Fehlerkultur 771–772
– Gruppentherapie 599
– – in Familien 143, 150–153
– Inzest 139
– Mediation 776–777
– Mentalisierungsfähigkeit 769
– moralischer Dritte, 768
– Patientenaufklärung 770–771
– Prävention 770–775
– projektive Identifikation 770
– Pseudologik 768
– in der Psychotherapie 764–776

Sachverzeichnis

- Rollenumkehr 770
- Sanktionen 775
- Schadensregulierung 775
- Schuld und Scham, Umkehr 770
- Symbolisierungsverlust 769
- Tabuisierung 771
- Übergangsraum, Verlust 769
- Verwirrung 768
Gross Stress Reaction 371
Grübeln 335
Gruppentherapie
- s. a. Psychodynamisch-interaktionelle Gruppenpsychotherapie
- Aufgaben des Therapeuten 597
- Inhalte und Ziele 595
- interaktionelle, stressinduzierte Hyperalgesie (SIH) 422–425
- Professionelles Missbrauchstrauma (PMT) 667
- sexueller Missbrauch 311–312
- Therapeutenkompetenz 596
- Übertragungs- und Gegenübertragungsgefühle 598
Gyrus cinguli, vorderer, Schmerzverarbeitung 415

H
Hämatome, Kindesmisshandlung 245
Hamilton Rating Scale for Depression (HRSD) 545, 547–548
- Bulimia nervosa 542
Hass, Übertragungsfokussierte Psychotherapie (TFP) 565
Hebephilie 824–826
Hepatitis B 27
Herkunftsfamilien, instabile 169
Hippocampus 74
- Borderline-Persönlichkeitsstörung 487, 611
- CRH-Sekretion, gesteigerte 50–51
- dissoziative Störungen 401–402
- Posttraumatische Belastungsstörung (PTBS) 68–69, 74, 380–381
- Stresserfahrungen 50
- Stressreaktion 44
- Wachstumsrate im Kleinkindalter 52
Histonmodifikation 59
Histrionische Persönlichkeitsstörung 515–523
- Angsterkrankungen 355
- Bindungsverhalten, vermeidendes 506
- Kindheitsbelastungen 522
Hochrisikofamilien, psychosoziale Prävention 683
Hochrisikokinder, frühkindliche Prävention 692
Hoffnungslosigkeits-Syndrom 45
holding environment 648
Homosexualität
- körperliche Misshandlung 472
- sexueller Missbrauch 472
Hopkins Symptom Checklist (HSC) 545, 547–548
Hygiene-Hypothese 445
Hypalgesie 413
Hyperalgesie 413
- Schmerzen 412
- stressinduzierte s. stressinduzierte Hyperalgesie (SIH)

Hyperarousal 636
- Posttraumatische Belastungsstörung (PTBS) 433
Hypercortisolismus 445
Hypnotherapie
- Traumabearbeitung 315
- Traumafolgestörungen 181
Hypoarousal-Zone 636–637
Hypochondrie, Differenzialdiagnose 420
Hypocortisolismus 447
Hypothalamus-Hypophysen-Nebennierenrinden-Achse (HHNA) 34, 66, 444
- Borderline-Persönlichkeitsstörung 612
- Deprivation bei Waisenhaus-Kindern 32
- Funktionsänderung 33
- Stress 419
- Stressreaktion 44
- Überaktivität 55, 612
- Unterleibsschmerzen, chronische 431
Hysterie 371

I
Ich-dyston, Posttraumatische Belastungsstörung (PTBS) 555
Ich-Funktionen
- Gruppentherapie 595
- Störungen 182
Ich-Kerne, Theorie 184
Ich-Stärkung 439
Ich-Zustände 184–185
Identifikation 108
- projektive s. projektive Identifikation
Identifikationsfiguren, männliche, positive, fehlende 167
Identität 503
- weibliche 436–437
Identitätsentwicklung, Zuwandererfamilien 286
Identitätskonfusion 503
Identitätsstörung
- Borderline-Persönlichkeitsstörung 478
- dissoziative s. Dissoziative Identitätsstörung (DIS)
imaginärer Raum, Psychodynamisch Imaginative Traumatherapie (PITT) 568
Imaginationsübung, innerer sicherer Ort 325
Immunaktivität, Vernetzung von Störungen 444–446
Impulskontrolle 91
Impulskontrollstörungen
- Borderline-Persönlichkeitsstörung 478
- Entwicklungsdefizite 173
- Essstörungen 552
- FAUSTLOS-Curriculum 705
- missbrauchende Therapeuten 660
- misshandelnde Eltern 87
Incidents and Hassles Inventory (IHI) 450
Indikationsfehler in Psychotherapie und Beratung 765
Infant Health and Development Program 690
Informationsangebote für junge Eltern, Trennung/Scheidung 136
Initiativverluste, Depressivität bei alleinerziehenden Müttern 127

innere Arbeitsmodelle 106, 117
- Bindungsperson, Zuverlässigkeit/Verfügbarkeit 105
innere Bühne, Psychodynamisch Imaginative Traumatherapie (PITT) 568
innere Stimme, Borderline-Persönlichkeitsstörung 498–499
innerer sicherer Ort, Imaginationsübung 325
inneres Kind 497
Inselregion 68
institutionelle Prävention 694
Institutionen
- Präventionsmaßnahmen vor sexuellem Missbrauch 725–743
- – Anlage zum Arbeitsvertrag 733
- – arbeitsspezifische Risiken, einrichtungsinterne Analyse 734–735
- – Beschwerdeverfahren 735
- – externe/interne, Bereitstellung 735–742
- – Führungszeugnisse, polizeiliche 739–742
- – Mitarbeiterinnen/Mitarbeiter, themenspezifische Fortbildungsmaßnahmen 737–739
- – Mitteilung in Strafsachen (MiStra) 740–741
- – Monitoring 742–743
- – Schutzkonzept 732–734
- – Weiterentwicklung, kontinuierliche 742–743
Intelligenz, Gewaltkreislauf, Durchbrechung 85
Interferon-Gamma (IFN-γ) 443
Interleukine 443–444
Internalisierung/internalisierendes Verhalten 12
- Containing-Objekt 110
- sexueller Missbrauch 20
Interview-Verfahren
- Eltern-Kind-Beziehungen 201–203
- Kindheitsbelastungen 201–203
- Vor- und Nachteile 203
Intimitätsbeziehungen, belastete 346
Intoxikationen
- Kindesmisshandlung 249
- Vernachlässigung 257
Introjektion 108
- Kindheitstraumatisierungen 179
Intrusionen (Flashbacks)
- dissoziative Störungen 400
- Gruppentherapie 595
- Posttraumatische Belastungsstörung (PTBS) 420
- Psychodynamisch-interaktionelle Gruppenpsychotherapie 596
- Traumafolgestörungen 323
Inzest 139, 145–148
- s. a. Geschwisterinzest
- Coping-Mechanismen 145–148
- Ereignisse, auslösende 145–148
- Rolle der Mutter 147–148
- soziale Isolation 145–146
- soziale Unterstützung 145
- soziokulturelle Aspekte 145–146
Inzestfamilien/inzestoide Familie 151
- Bindungssicherung 151
- Bindungsstrukturen 152–153
- Elternbeziehungen, gestörte 154

- Eltern-Kind-Koalition 151
- Fallbeispiel 153–154
- Generationsgrenzenstörungen 150–151
- Geschlechtsgrenzenstörungen 151
- Herkunft
- – der Mutter 148
- – des Vaters 146–147
- interaktionelle Muster, Beavers-Timberlawn Family Evaluation Scale 150
- Nähe-Distanz-Regulation 151
- Pseudo-Bindungssicherheit 152
- Sexualisierung von Beziehungen 151–152
- Sexualität, Interaktionsstil 151–152

Inzestopfer, Homosexualität 472
Inzestsituation, endogame 149
inzestvulnerable Systeme 139, 149
- Familienstruktur 148–150
- Mutter-Exekutive 148–149
- Stieffamilien 149–150
- Vater, entfremdeter 149
- Vater-Exekutive 148

ISTSS (International Society for Traumatic Stress Studies), EMDR-Behandlungsleitlinien 587

J
Jugend- und Familienhilfe 95
Jugendbelastungen, Essstörungen 540–552
Jugendliche, Begutachtung 779–794
jugendliche Täter, sexuelle Gewalt 281
juristische Hintergründe, Missbrauch/Misshandlung 306–307

K
kardiovaskuläre Erkrankungen 35
Kauai-Studie 25
Kernstörungsbereich, Persönlichkeitsstörungen 190
KFB s. Kindheitsfragebogen
Kinder
- alleinerziehende Mütter, Perinatalmortalität 131
- Begutachtung 779–794
- desorganisierte 362
- Fremde-Situation-Test 362

Kinder- und Jugendärztlicher Dienst des Öffentlichen Gesundheitsamtes 762
Kinderschutz
- Definition 747
- Entwicklung in Deutschland 747–748
- Frühe Hilfen 754–755
Kindersoldaten, ehemalige 556–558
- emotionale Persönlichkeitsanteile 557
- Gewaltexposition 557
- – Übertragungsfokussierte Psychotherapie (TFP) 564
Kindesentwicklung, elterliche Traumatisierung, Auswirkungen 115–117
Kindesmisshandlung s. Misshandlung
Kindespsychotraumatologie 301
Kindheit, Verarmung 168
Kindheitsbelastungen/-belastungsfaktoren
- Angststörungen 357

- Antisoziale Persönlichkeitsstörung 510–511
- Borderline-Persönlichkeitsstörung 516–519
- Dependente Persönlichkeitsstörung 520
- Depression 235, 338–348, 521
- Erfassung 218
- Essstörungen 540–552
- familiäre Disharmonie, chronische 235
- Fragebogenverfahren 202–203
- gesundheitliche Langzeitfolgen 30
- Histrionische Persönlichkeitsstörung 522
- Interview-Verfahren 201–203
- körperliche Erkrankungen 27
- Längsschnittstudien versus retrospektive Erfassung 200–201
- Narzisstische Persönlichkeitsstörung 524
- Nicht-Erinnern 221
- offiziell dokumentierte 220
- Paranoide Persönlichkeitsstörung 526–527
- Passiv-aggressive Persönlichkeitsstörung 530
- Persönlichkeitsstörungen 503–504, 508–529, 533–536
- Posttraumatische Belastungsstörung (PTBS) 385
- Probleme im Erwachsenenalter 220
- retrospektive Erfassung 219–238, 503–504
- – demografische und sozioökonomische Merkmale 235–237
- – Durchführung 221
- – Einflussfaktoren 236
- – empirische Untersuchungen 223–224
- – Ergebnisse 236–237
- – Intraclass-Korrelationen 224
- – Kritik 219–221
- – narrative Metaanalyse 224
- – standardisierte Verfahren 199–218
- – Tod oder Trennung 237
- – Wohnortwechsel 236–237
- Schizoide Persönlichkeitsstörung 531–532
- Schizotypische Persönlichkeitsstörung 534–535
- Sozialphobie 366–368
- stressinduzierte Hyperalgesie (SIH) 417–419
- Suizidalität 30, 350–352
- survivor 549
- traumatische 681
- Vergessen 221
- Vermeidende Persönlichkeitsstörung 512–513
- Zwanghafte Persönlichkeitsstörung 525
Kindheitserfahrungen/-erlebnisse, misshandelnde Eltern 83–88
Kindheitsfragebogen (KFB) 215–216
- Skalen 217
Kindheitstraumatisierungen
- Borderline-Pathologie 480
- dissoziative Störungen 401

- Erwachsene, Begutachtung, retrospektive 800–808
- Introjektionsdynamik 179
- nicht-sexuelle 464
- psychische, stressinduzierte Hyperalgesie (SIH) 411
- sexuelle, Enttabuisierung 181
- Unterleibsschmerzen, chronische 436–437
kindliche Entwicklung, körperliche Bestrafung 13
kindliche Zeugen
- Aussagemotive/Aussagetüchtigkeit 780
- Glaubhaftigkeit 779–789
kindliches Verhalten, Misshandlung 90–92
Körper, eigener, Bestimmungsrecht 710
Körperarbeit, Psychodynamisch Imaginative Traumatherapie (PITT) 575
Körperbild, Depression 337
Körperempfindungen
- nicht bezeichenbare 641
- Überprüfung, Eye Movement Desensitization and Reprocessing (EMDR) 586
Körperepisoden-Interview 192
Körpererfahrungen, traumatische 639
Körpererleben 638–639
- Dissoziationen 195
- ressourcenorientierter Zugang 638–640
Körpererlebensstörungen
- Erhebungsmethoden 190–192
- Fallbeispiel 194–195
- körperorientierter Zugang 634–635
- Traumatisierungen 193–195
Körpergedächtnis, implizites 189–190
Körpergefühl 188–189
Körper-Geist-Einheit 458
Körpergrenzen
- Aufbau, Berührungserfahrungen 190
- Überstimulierung 195
Körperinszenierungen 638
Körperkonzeptstörungen, Borderline-Persönlichkeitsstörung 195
körperliche Bestrafung s. körperliche Strafen/Züchtigung
körperliche Erkrankungen, stressbezogene 34
körperliche Misshandlung 9–14, 141, 258
- s.a. Misshandlung
- Alter des Kindes 89
- Antisoziale Persönlichkeitsstörung 508
- Aussagen
- – von Geschwistern 232
- – Übereinstimmung 233
- Borderline-Persönlichkeitsstörung 514
- Bulimia nervosa 540, 543
- CECA 207, 232
- Depressive Persönlichkeitsstörung 515
- Dosis-Reaktions-Beziehung 79–80
- Dunkelfeld 9
- Erfassung, CARI 211
- Erinnerungen 225
- Essstörungen 542, 544–549
- Frakturen 246–247
- Hämatome 245
- Häufigkeit 9

Sachverzeichnis

- Häufigkeitsgipfel 89
- Homosexualität 472
- Laboruntersuchungen 245
- Langzeitfolgen 26
- Manifestationen im Kopf- und Halsbereich 248–249
- Nicht-Nennung 231
- Passiv-aggressive Persönlichkeitsstörung 528
- Persönlichkeitsstörungen 533
- Posttraumatische Belastungsstörung (PTBS) 386
- psychiatrische Störungen 542
- retrospektive Erfassung 231–233
- Röntgenskelettscreening 244
- Schätzungen 232
- Schizoide Persönlichkeitsstörung 528
- Schizotypische Persönlichkeitsstörung 529
- Schütteltrauma 247
- Therapieinterventionen 316
- thorakale und abdominale Befunde 248
- Verbrennungen/Verbrühungen 245–246
- Verletzungen, nicht-akzidentelle 243
- Vermeidende Persönlichkeitsstörung 509
- ZNS-Verletzungen 247
körperliche Strafen/Züchtigung 11
- Altersunterschiede 89
- als Erziehungsmittel 87
- gewaltbelastete Eltern 95
- kindliche Entwicklung 13
- misshandelnde Eltern 88
- Prävalenz 89
- rechtliche Regelungen 95–97
- retrospektive Erfassung 233, 237
- soziale Dienste 95–97
körperlicher Missbrauch
- Familienstruktur, Störungen 140
- Persönlichkeitsstörungen 504
Körperpsychotherapie 634–643
- Bearbeitungsphase 642
- Bedeutung 635–636
- Drei-Phasen-Modell 640–642
- Fallbeispiel 640
- funktionelle Entspannung 640
- Gruppentherapie 641
- Integrationsphase 642
- schwer traumatisierte Patienten 634–643
- Selbstwahrnehmung 641
- sensomotorische 642
- Stabilisierungsphase 641–642
- Strukturierung 641
Körperselbst
- Dissoziation, Schutzmechanismen 193
- Störungen, empirische Untersuchungen 192–193
- tote Zonen 638
Körpersensationen, flashbackartige 179
Körperwahrnehmung
- Bottom-up-Prozesse 636–637
- Psychodynamisch Imaginative Traumatherapie (PITT) 575
- Top-down-Interventionen 637
- Übungen 636
- verzerrte, sexueller Kindesmissbrauch 250

Kognitions-Emotions-Verhaltens-Muster, Posttraumatische Belastungsstörung (PTBS) 383
kognitiv-behaviorale Intervention
- Manuale 307
- psychisch schwer traumatisierte Patienten 308
Kognitive Verhaltenstherapie
- Depression 75
- Posttraumatische Belastungsstörung (PTBS) 75, 304, 556
- sokratischer Dialog, Essstörungen 548
- traumafokussierte (TF-CBT) 321
Kommunikationsprobleme, Kinder alleinerziehender Mütter 131
komplex traumatisierte Patienten, Psychodynamisch-interaktionelle Gruppenpsychotherapie 594–598
Komplexe Posttraumatische Belastungsstörung (KPTBS) 374, 387
- Psychodynamisch Imaginative Traumatherapie (PITT) 572
- Rückfälle 636
Konfliktbewältigung/-lösung
- Aggression 159, 171
- - Kompetenzförderung am Beispiel FAUSTLOS-Programm 700–702
- Gewalt 159
- intrapsychische, Gruppentherapie 595
- unreife, Gruppentherapie 606
Konfliktpathologie der Eltern 172
Konfliktverarbeitung, familiendynamische, pathogene 120
Kontrolle/Überbehütung (overprotection)
- Erhebung, FEB 214
- stressinduzierte Hyperalgesie (SIH) 422
Konversionsstörungen 393
Konzentrationsprobleme, Traumafolgestörungen 323
Kooperation für nachhaltige Präventionsforschung (KNP) 747
koronare Herzerkrankungen 27, 37
krankhafte seelische Störung, Schuld(un)fähigkeitsbegutachtung 812
Krankheitserleben, subjektives, Lupus erythematodes, systemischer 456
Kreis der Sicherheit, psychosoziales Interventionsprogramm 692
Kriegsneurose 178
Kriegstraumatisierung, Posttraumatische Belastungsstörung (PTBS) 381
Kriminalität 25–26
Krippen 750
Kunst- und Maltherapie, Traumabearbeitung 315

L

Längsschnittstudien 200–201
Laissez-faire-Haltung 161
Langzeitfolgen, gesundheitliche 24–39
Lebensbelastungen, vernachlässigende Eltern 11
Leeregefühl, chronisches, Borderline-Persönlichkeitsstörung 478
Leistungsstress, Schmerzstörungen, somatoforme 417
Leistungsversagen, Essstörungen 544

Lendenwirbelsäulenschmerzen, unspezifische 413
Lernen, sozial-emotionales 702–704
- Trennung/Scheidung 136
Lernprobleme, Kinder alleinerziehende Mütter 131
Lerntheorien, sozial-kognitive, Misshandlung 84
Locus coeruleus, Stressreaktion 45–46
Locus-coeruleus-Norepinephrin-(LC-NE-)Achse 33
- Stress 419
Loyalitätskonflikte beim Kind nach der Scheidung oder Trennung 120
Lubrikation, verringerte 465
Lungenerkrankung, chronisch obstruktive 27, 37
Lungen-Karzinom 35
Lupus erythematodes 446–448
- diskoider 449
- systemischer (SLE)
- - Affektisolierung 457
- - Affektregulationsstörung 457
- - Coping-Stil, repressiver 456
- - Definition 446
- - emotionale Befindlichkeit, Fragebögen 450, 453
- - Fallbeispiele 449–455
- - Glucocorticoidresistenz 447
- - HPA-Achse 457
- - Hypocortisolismus 447
- - Krankheitserleben, subjektives 453, 456
- - Neopterin 450, 452–456
- - neuroimmunologische Ergebnisse 457
- - Operationalisierte Psychodynamische Diagnostik (OPD) 454
- - Prädisposition, psychische 448
- - psychodynamische und immunologische Dysfunktion 448
- - Psychoneuroimmunologie-Forschung 448–449
- - Psychosomatik 447–455
- - 3-Skalen-Eigenschaftswörterliste (EWL) 450, 453
- - Somatisierung 456–457
- - Stress, psychischer 447
- - stressbedingte psychoimmunologische Fluktuationen 451
- - Stresserfahrungen, frühe 458
- - Stresssystem, Hypofunktion 454
- - Studienergebnisse, psychosomatische 455–458
- - subjektive Erfahrungen, Unerträglichkeit 456
- - Telomere, verkürzte 447
- - Traumatisierungen, frühe 458
- - Trennungserlebnisse 456
Lustgewinn/Unlustvermeidung, stressinduzierte Hyperalgesie (SIH) 423

M

Mainzer Strukturierte Biografische Anamnese (MSBA) 203, 208–210, 218
Major Depression 397
- alleinerziehende Mütter 127
- graue Substanz, Veränderungen 401

- Lebenszeitprävalenz 346
- mit und ohne Kindheitstraumata 346
- Sensitivität, interpersonelle 344
Mannheimer Risikokinderstudie, aggressive Verhaltensweisen 160
MAO-A-Aktivität 101
Masochismus, sexueller Missbrauch 471-472
Masturbation
- sexuelle Verhaltensstörungen 468
- nach sexuellem Missbrauch 466
Measure of Parenting Style (MOPS) 214
Mediation, Grenzverletzungen 776-777
Medien, Rezeption durch immer jüngere Kinder 168
Mentales, Entwicklung 189
Mentalisierungsbasierte Therapie (MBT)
- Borderline-Persönlichkeitsstörung 479, 495
- für Sexualstraftäter 827
Mentalisierungsfähigkeit 109, 362
- Borderline-Persönlichkeitsstörung 487
- Traumafolgestörungen 182-184
- Verlust, Grenzverletzungen 769
Metakognition 109-110, 117
Migrantenkinder, Förderung und Integration 293-294
Migrantinnen, traditionell orientierte 297
mimische Affektexpression 131
Minor DID 397
- Borderline-Persönlichkeitsstörung 494
Missbrauch
- emotionaler s. emotionaler Missbrauch
- körperlicher s. körperlicher Missbrauch
- sexueller s. sexueller Missbrauch
missbrauchende Therapeuten 658-673
- Charakterstörungen 659-660
- gespaltene Persönlichkeit 661
- gesunde und durchschnittlich neurotische 659
- Häufigkeit 658-659
- psychodynamische Aspekte 660-662
- Rachetypus 662
- rechtliche Aspekte 659
- Rettungsfantasie, gemeinsame 659-660, 669
- Rollentausch 661
- Therapeutenpersönlichkeit 659-660
- Wunscherfüllungstypus 662, 669
Missbrauchserfahrungen
- Aggressivitätshypothese 270
- elterliche, Kreislauf 327-328
- Gewaltdelikte, nichtsexuelle 270
- Gruppentherapie 599
- sexuelle Aggression 277
- sexuelle Folgen 461
- Traumatisierung 270
- unverarbeitete 111
Missbrauchsfamilien 140, 142
- Abwehr- und Vermeidungsverhalten 771
Missbrauchsopfer, ehemalige, Rolle beim sexuellen Kindesmissbrauch 792
Missbrauchstäter jugendliche
- männliche 267
- weibliche 268-269
Missbrauchstrauma, Wahrnehmungsverzerrungen, mütterliche 328-329

Missbrauchszyklus
- Durchbrechung 117
- These 269
misshandelnde Eltern
- Bindungsorganisation 115
- cycle of violence 83-88
- Eltern-Kind-Interaktion 87-88
- Erziehungsverhalten 87-88
- Gewalterfahrung, eigene 83-88
- Gewalttransfer 85
- Kindheitserfahrungen 83-88
- Merkmale 82-88
- Persönlichkeitsmerkmale 86-87
- psychische Störungen 86-87
- Stressempfindlichkeit 83-88
- Übertragung 84
- Viktimisierungen in der Kindheit 83-84
misshandelnde Mütter in der Neugeborenenphase 91
misshandelte Frauen, Cortisolspiegel 48
misshandelte Kinder, Spielsituationen 113
Misshandlung
- s.a. körperliche Misshandlung
- s.a. psychische Misshandlung
- Ängsten entgegenwirken 313
- Anamnese 243-244
- Anzeige, Erstattung bzw. Unterlassung 307
- Arztbesuch, verzögerter 243
- Auswirkungen 12-13
- - auf Körperbild und Selbstgefühl 187-196
- Behinderung 89-90
- Beziehungstraumata 360
- Bildgebung 244-245
- Bindung, desorganisierte/unsichere 112
- Bindungstheorie 84
- Borderline-Persönlichkeitsstörung 480
- Definitionen 4-5
- Diagnostik 242-250
- Dokumentation, lückenlose und genaue, aller Aussagen 307
- Eltern-Kind-Beziehung 244
- Elternmerkmale 82-88
- im engeren bzw. weiteren Sinne 4
- Entwicklungsfolgen 320
- Erkennen und Helfen, Broschüre 306
- Erklärungsmodelle 10-12
- Essstörungen 540
- evolutionstheoretische Hypothesen 97-98
- Exploration 249-250
- familiäre Stressfaktoren 243
- Folgen 300
- Formen 3-23, 258-259
- Forschung 77-78
- Fragebogenverfahren und klinische Interviews 259-260
- Geburtskomplikationen 89-90
- Gefühle, Ausdrucksfähigkeit, mangelnde 313
- gesellschaftliche Faktoren 93-97
- Gewalt, im Erwachsenenalter 115
- ICD-10 300-301
- Informationen, zusätzliche 243
- intergenerationaler Zyklus, Präventionsansätze 330

- Intervention 13-14
- Intoxikationen 249
- juristische Hintergründe 306-307
- Kindesmerkmale 88-92
- Kindheit
- - fortschreitende und Adoleszenz 320
- - frühe 99
- kindliches Verhalten 90-92
- klinische Untersuchung 244
- Kreislauf 327-328
- kulturelle Faktoren 93-97
- Kumulations-, Moderator- und Mediatoreffekte 102
- Laboruntersuchungen 245
- Lebensumstände, widrige 98
- Lerntheorien, sozial-kognitive 84
- Meldepflicht 5
- Narzisstische Persönlichkeitsstörung 523
- negative Auswirkungen, Kompensation 102
- negative Folgen 99-100
- Persönlichkeitsstörungen 529-531
- protektive Beziehungen, Aufbau 103
- Psychopharmakotherapie, begleitende 316-317
- psychosoziales Befinden 301-305
- Rahmenbedingungen, makrosoziale 96
- Reaktionen und Dispositionen des Therapeuten 305
- Risiko- und Schutzfaktoren 82-98
- Säuglinge, exzessiv schreiende 163
- Säuglings- und Kleinkindzeit, Bindungsstörungen 320
- schwieriges Kind 244
- Sicherstellung des Schutzes 307, 313
- somatische Befunde 247
- soziales Umfeld 92-93, 304-305, 313
- soziobiologische Theorie 97-98
- sozio-ökonomische Faktoren 92
- Täter-Opfer-Beziehung 277-281
- Täterreaktionen 304
- therapeutische Beziehung, Aufbau 309-310
- therapeutische Interventionen 305-317
- Therapieende, Gestaltung 317
- Überforderungssituationen 96
- Unreife 89
- Verhaltensbeobachtung 249-250
- Vorgeschichte 303
- Vorkommenshäufigkeiten 4-5
- Vulnerabilitäten, dauerhafte 80
- Zusammenbruch der Familie 313
- Zuwandererfamilien 284
- Zwei-Generationen-Perspektive 117
Misshandlungsfamilien 92-93
Misshandlungstrauma 319-330
- emotionale Verfügbarkeit, mütterliche, Beeinträchtigung 329-330
- Psychotherapie, stationäre 321-327
- transgenerationale Aspekte 327-330
Misstrauen
- Essstörungen 544
- Posttraumatische Belastungsstörung (PTBS) 564
- Viktimisierung 505
Mobbing 264, 278-280
- Bully/Victim-Questionnaire 278

Sachverzeichnis

– Depression 336
Modernisierungsprozesse, gesellschaftliche 167
moralischer Dritter, Verlust, Grenzverletzungen 768
MSBA s. Mainzer Strukturierte Biografische Anamnese
Münchhausen-by-Proxy-Syndrom (MSBP) 250, 257
– Borderline-Persönlichkeitsstörung 491
Mutter
– Herkunftsfamilie, Inzest 148
– sexuell missbrauchter Kinder 142
Mutter-Exekutive, inzestvulnerable Systeme 148–149
Mutter-Kind-Dyade/-Interaktion
– Geschlechtsgrenzenstörungen 152
– Missbrauchstrauma 329
Mutter-Kind-Einheit, Schwangerschaft 444

N
Nachbarschaft, Misshandlungsfamilien 92–93
Nähe-Distanz-Regulation, inzestoide Familie 151
Narrative
– bindungsbezogene 108
– Traumatherapie 75
Narrative Expositionstherapie (NET) 75
– Posttraumatische Belastungsstörung (PTBS) 556
narzisstische Kränkungen 109
Narzisstische Persönlichkeitsstörung 523
– Kindheitsbelastungen 524
– missbrauchende Therapeuten 660–661
narzisstischer Missbrauch in Psychotherapie und Beratung 765
Nationales Zentrum Frühe Hilfen (NZFH) 751, 755–759
Neben-sich-Stehen 577
Neopterin, Lupus erythematodes, systemischer 450, 452–456
Neuropeptid Y, Stressreaktion 47
Neurose/neurotische Charakterstörungen
– missbrauchende Therapeuten 659–660
– traumatische 371
New York High Risk Study Family Interview (NYHRSFI) 545, 547–548
Nicht-Erinnern, Kindheitsbelastungen 221
nicht-misshandelnde Bezugspersonen bzw. Familienmitglieder, Reaktionen 304–305
Noradrenalin, Stress(reaktion) 46, 419
Nurse-Family-Partnership-Modell, psychosoziales Interventionsprogramm 693

O
Objektbeziehungen
– Borderline-Persönlichkeitsstörung 484
– traumatische 179
– Übertragungsfokussierte Psychotherapie (TFP) 559

Objektbeziehungstheorie, Definition 484
Ödipalisierung, inzestoide Familie 153
ökonomische Krisen 169
ökonomischer Missbrauch in Psychotherapie und Beratung 765
Östrogene, graue Substanz 54
Okzipitallappen, Volumenminderungen 68
Operationalisierte Psychodynamische Diagnostik (OPD), Lupus erythematodes, systemischer 454
Opfer
– Dispositionen, psychisch schwer traumatisierte Patienten 302
– Mobbing 280
– psychosoziales Befinden 303–304
Opferentschädigungsgesetz (OEG) 796, 804
Opfererfahrungen, sexuelle Aggressionen 276–277
Opferrolle, sexueller Missbrauch, Risikofaktoren, biografische 271
Opfer-Schema, Posttraumatische Belastungsstörung (PTBS) 378
Opfer-Täter-Transition 278–279
– intergenerationale 269
– sexueller Missbrauch 269–272
opiatinduzierte Hyperalgesie (OIH) 424
Opstapje (psychosoziales Präventionsprogramm) 688, 695
orbitofrontaler Cortex 68
Orgasmusstörungen 465
Ottawa-Charta, Gesundheitsförderung 745
Oxford Risk Factor Interview (ORFI) 545, 547–548
Oxytocin 33, 357, 416
– Deprivation bei Waisenhaus-Kindern 32
– Stressreaktion 47, 50
Oxytocin-Rezeptor-Gen 57

P
Paarberatung/-therapie, aggressives Verhalten 174
Paarbeziehung der Eltern, aggressive Verhaltensweisen 159, 164
Paarkonflikte, gewalttätige Auseinandersetzungen 164
Pädo-Hebephilie 825
Pädophilie 823–824
– diagnostische Kriterien, DSM-5/ICD-10 824
– Differenzialdiagnosen 825
– schwere andere seelische Abartigkeit (SASA) 825–826
– soziopathischer Tätertyp 823–824
pädosexuelle Straftaten 821–826
Panikstörungen 354–355
– Bindung vermeidende, Fallbeispiel 363–366
– Depression, chronische 336
– körperliche Symptome 354
– mit Agoraphobie 355
– struktur- und bindungsorientierte psychodynamische Therapie 363–366
– Trauer, unverarbeitete, Fallbeispiel 363–366

– Traumata, frühe 358
Paniksystem 360
Panikvulnerabilität 363–364
Paranoide Persönlichkeitsstörung 523–528
– Kindheitsbelastungen 526–527
paraventrikulärer Nucleus (PVN), Stressreaktion 44, 46
Parental Alienation Syndrome (PAS) 120–121
Parental Bonding Instrument (PBI) 212, 214, 547–548
Parentifizierung 34
– Scheidung/Trennung 120
Parierfraktur, Kindesmisshandlung 246
Partnerbeziehungen
– positive, Gewalttransmission, intergenerationale 293
– sexuelle Aggression von Jugendlichen und jungen Erwachsenen 276
Partnerschaft, Trennungskinder 135
Partnerschaftsgewalt, Zuwandererfamilien 290
Partnerschaftskonflikte
– Alkoholabusus 120
– Familienklima 171
– Trennung, elterliche 134
Passiv-aggressive Persönlichkeitsstörung 528, 530
Patientenaufklärung 770, 772
Peergroups
– als Familienersatz 173
– gewalttätige und straffällige, Aggression 167
Pelvipathie 426–440
pensée opératoire 183
Perfektionismus, Fibromyalgie-Syndrom 424
periaquäduktales Grau (PAG), Schmerzverarbeitung 416
Persönlichkeit, Theorie der strukturellen Dissoziation 400
Persönlichkeitsentwicklung
– psychosoziale Krisen 503
– Sozialisation 505–506
Persönlichkeitsfragebogen, Essstörungen 543
Persönlichkeitsmerkmale, misshandelnde Eltern 86–87
Persönlichkeitsstörungen
– Angsterkrankungen 355–356
– Elternverhalten, maladaptives 505
– in der Jugend 507
– Kernstörungsbereich 190
– Kindesmisshandlung 529–531
– Kindheitsbelastungsfaktoren 503–504, 508–529, 533–536
– Prävalenz 507
– sexueller Kindesmissbrauch 261, 504
– Stresserfahrungen, frühe 43, 502–536
– traumabedingte, Ressourcenbasierte Psychodynamische Therapie (RPT) 185
– Vernachlässigung 505
– Vulnerabilitätsfaktoren 536
Personality Diagnostic Questionnaire – Revised (PDQ-R) 543
personzentrierte Prävention 685–686
Personifikation 399
– dissoziative Störungen 399–400
Pharynx-Karzinome 35

Phobien 354
- Eye Movement Desensitization and Reprocessing (EMDR) 590
- generalisierte 365
- soziale s. Sozialphobie
Physical and Sexual Abuse Questionnaire (PSAQ) 545, 547–548
Physioneurose 371
physische Vernachlässigung, Erfassung, CTQ 212
PIPE (psychosoziales Interventionsprogramm) 692, 695
Positronenemissionstomografie-(PET-)Studie 70
Posttraumatic Stress Disorder (PTSD) s. Posttraumatische Belastungsstörung (PTBS)
posttraumatische Belastungsreaktion
- Auslöser 372
- psychodynamische Modelle 377–378
Posttraumatische Belastungsstörung (PTBS) 37, 43, 100, 370–390
- s.a. Komplexe Posttraumatische Belastungsstörung (KPTBS)
- affektive Bewertungen, frühe 380
- affektive Schwingungsfähigkeit (numbness) 420
- Affektregulation 564
- Aggression 555
- Amygdalavolumen 68, 380
- Angststörungen 564
- anteriorer cingulärer Cortex (ACC), Aktivierung 70
- Attraktoren 382–383
- Borderline-Diagnose 480
- Borderline-Persönlichkeitsstörung 70, 487–488
- Corticotropin-Releasing-Hormon (CRH) 380
- Cortisolwerte, erhöhte 69
- DBT-A-Traumatherapie, stationäre, Fallbeispiel 326
- Default Mode Network (DMN) 72
- Definition 372–375
- Depression 386
- Diagnose 373
- Dialektisch-Behaviorale Therapie (DBT) 625–633
- Diathese-Stress-Modell 386
- Differenzialdiagnose 420
- Dissoziations-Typ 381
- dissoziative Störungen 374, 394–395
- DSM-5 373
- emotionale Persönlichkeitsanteile 403
- Emotionsregulationsstörung 608–609
- empirische Zusammenhänge 384–387
- epidemiologische Daten 384–387
- Erinnerungen, traumatische 383
- Expositionstherapie 314–315, 608
- Eye Movement Desensitization and Reprocessing (EMDR) 382, 388, 556, 583
- Fallbeispiel 375–376
- Fehlbewertungen 379
- Fibromyalgie-Syndrom 421
- Flucht-Strategien (Escape-Strategien) 616
- Gedächtnis, deklaratives 380–381
- Gewalt- und Missbrauchsbelastungen 386

- graue Substanz, Veränderungen 401
- Hippocampus(volumen) 68–69, 74, 380–381
- Hirndurchblutungsanstieg 69–70
- Hirnveränderungen, strukturelle, reversible 74
- Hyperarousal-Typ 381
- Hypocortisolismus 381
- Ich-dystone (Nicht-Ich) Charakteristik 555
- imaginative Verfahren 260
- Informationsverarbeitung, Überforderung 378
- In-sensu- und In-vivo-Desensibilisierung 388
- Intrusionen (Flashbacks) 420
- Kindheitsbelastungsfaktoren 385
- klinisches Erscheinungsbild 372–375
- körperliche Gewalt/Misshandlung 386–387
- Kognitions-Emotions-Verhaltens-Muster (KEV-Muster) 382–383
- kognitiv-behaviorale Modelle 378–380
- Kognitive Verhaltenstherapie 75, 304, 556
- komorbide Symptome 390
- Missbrauch, Misshandlung oder Vernachlässigung 264
- Narrative Expositionstherapie (NET) 556
- Negativ-Symptomatik 395
- Netzwerktheorie 378
- neurobiologische Forschung 587
- neurobiologische Modelle 380–384
- neuronales Aktivierungsmuster 71–74
- Opfer-Schema 378
- Persönlichkeitsanteile, anscheinend normale 401
- präfrontale Areale, Aktivierung 75
- Prävalenzrate 384–385
- psychosoziale Reintegration 390
- Psychotherapie, stationäre, Fallbeispiel 324–327
- Rekonfrontationsarbeit 388
- Remissionsraten 608
- Retraumatisierung 387–388
- Schmerzsyndrome, chronische 433
- Schweregrade 374
- Selbstbewertung, negative 379
- Selbstverletzungen 374, 608–609, 617
- sexuelle Gewalt 387
- sexueller Missbrauch 261, 386, 791–792
- somatische Erscheinungen 370
- Stabilisierung 390
- States of Mind 378, 382
- Störungsmodell 616–617
- Stresserfahrungen, frühe 381
- Suizidalität 351, 608–609
- Täter-Introjekt 389
- Testimony Therapy (TT) 556
- Therapie 387–390
- – Fallbeispiele 388–390
- Traumaerfahrung, Stabilität 379
- Traumatherapie 383, 387, 390
- traumatische Erinnerungsfragmente 181
- Traumatisierungen 373–374
- – Erinnerungsfragmente 180
- – frühe 385

- – frühere 375
- – Reinszenierung 405
- – sexuelle 384, 386
- – Stimuli, versteckte 403–404
- – Typisierung 374
- – Überforderung 379
- – Untererregung 403, 405
- – Unterleibsschmerzen, chronische 431
- – nach Vergewaltigung, Fallbeispiel 376–377
- – weiße Substanz, Veränderungen 402
- – Wut 555
Posttraumatische Verbitterungsstörung 373
POTT-Hypothese (Pädosexuelle Opfer-Täter-Transition), sexueller Missbrauch 269
präfrontaler Cortex (PFC)
- Aktivierung, Posttraumatische Belastungsstörung (PTBS) 75
- Default Mode Network (DMN) 72
- Stressreaktion 44
pränatale Programmierung, evolutionsbiologische Forschung 98
Präsentifikation 399
Prävention 39, 677–776
- aggressives Verhalten von Kindern 697–708
- familienzentrierte s. familienzentrierte Prävention
- Gesundheitsförderung 746–747
- Grenzverletzungen 770–775
- primäre 746
- psychosoziale s. psychosoziale Prävention
- sekundäre 751
- tertiäre 749
Präventionsprogramme
- Frühe Hilfen 751–752
- sexueller Missbrauch 709–724
Present State Examination (PSE) 545, 547–548
- Bulimia nervosa 541
Professionelles Missbrauchstrauma (PMT) 662–673
- Affekte, abgespaltene 670
- Angehörigenarbeit 667
- Arbeitsbündnis 665–666, 669
- Beziehungserfahrungen, negative 666
- Dissoziation 670–671
- Durcharbeiten des Traumas 669
- Emotionen, eingefrorene 671
- Folgetherapeut
- – Abstinenzhaltung 673
- – nichtneutraler 664–665
- Folgetherapie 664–673
- Gegenübertragungsgefühle 665
- Gruppenarbeit 667
- Hilflosigkeit, erlernte 672
- Ich-Selbst-System, Reorganisation 673
- Ich-stärkende Interventionen 672
- Misstrauen 666–667, 669
- Objektanalyse, Fähigkeit 673
- Objektspaltung, Fähigkeit 671, 673
- Objektverlust 671
- Phänomenologie 663–664
- prätraumatische Störung, Aufarbeitung 672
- Schuldgefühle der Patientin 668
- Spaltungen 670

Sachverzeichnis

- Symptome 662–663
- traumatische Reaktion/Situation 663, 669
- Triebdeutungen 672
- Übertragung 665–666, 669
- Verlauf 663–664
projektive Identifikation 116
- Borderline-Persönlichkeitsstörung 485–487
- Grenzverletzungen 770
- Gruppentherapie 606
Promiskuität
- Essstörungen 549
- Misshandlung 320
- sexuelle Funktionsstörungen 465
prosoziale Verhaltensweisen 161–162
- Entwicklung, mangelnde 172
Prostitution, sexueller Missbrauch 469–470
Protektion 80
protektive Faktoren und Mechanismen 81
- Forschung 78
Pseudo-Bindungssicherheit, inzestoide Familie 152
Pseudologik, Grenzverletzungen 768
psychisch schwer traumatisierte Patienten
- Eye Movement Desensitization and Reprocessing (EMDR) 308
- Kindesvariablen 302–304
- kognitiv-behaviorale Intervention 308
- Opfer, Dispositionen 302
- Psychodynamisch Imaginative Traumatherapie (PITT) 308
- Therapie 300–318
psychische Belastungen, sexueller Missbrauch 21
psychische Gesundheit, stressbedingte Gefährdung 681–682
psychische Langzeitfolgen, Umweltbedingungen 26
psychische Misshandlung 258
- Definition 7
- Häufigkeit 8
- Komorbidität 78
psychische Störungen 25, 100
- alleinerziehende Mütter 130
- eines Elternteils, Bindung, desorganisierte 112
- Elternverhalten 507
- im Erwachsenenalter, Vater, fehlender 122
- genetische Disposition 63–64
- Gen-Umwelt-Interaktionen 55, 64
- Klassifikation 62
- körperliche Misshandlung 542
- misshandelnde Eltern 86–87
- Prävention, Bindung, sichere 680
- Risikofaktoren, biografische 37
- sexueller Kindesmissbrauch 261, 791–792
- sexueller Missbrauch 541–542
- stressbezogene 34
- Subgruppen, Stresserfahrungen, frühe 62–63
- Umweltfaktoren, negative 63–64
- Vulnerabilität 26
- - Geschlechtsunterschiede 53–55

psychische Traumata, gesundheitliche Langzeitfolgen 24–39
psychische Überforderung 37
psychische Vulnerabilität, Zwillingsstudie 27
Psychodrama, Traumabearbeitung 315
Psychodynamisch Imaginative Traumatherapie (PITT) 181, 185, 567–582
- Arbeit mit Märchen und Geschichten 582
- Arbeit mit verletzten Teilen 576
- Baumübung 574
- Beobachtertechnik 578
- Beziehungsarbeit 569
- beziehungszentrierte 582
- Borderline-Persönlichkeitsstörung 496
- Coping-Strategie 571
- Dissoziations-Assoziations-Technik 578
- Erstkontakt 570–572
- Fallbeispiel 569–582
- Gegenübertragung 571–572
- Grundlagen 568–569
- imaginärer Raum 568, 582
- innere Bühne 568, 578
- innerer Helfer 573–574
- innerer sicherer Ort 573
- Integrationsphase 581–582
- Körperarbeit 575
- Körperwahrnehmung 575
- Komplexe Posttraumatische Belastungsstörung (KPTBS) 572
- konfliktzentrierte 582
- Kontrollerfahrung 574
- psychisch schwer traumatisierte Patienten 308
- Resilienz 568
- ressourcenorientierte 568
- Selbstberuhigungsmöglichkeiten 572
- Selbstmitgefühl 572
- selbsttröstende Vorstellungen, Sichvertrautmachen 573
- Selbstwahrnehmung 575
- Stabilisierungsphase 573–577
- Stabilität, Erlangung 571
- Stressreduktion 572
- Strukturierung 575
- Täterintrojekte 580–581
- Traumabegegnungsphase 576–579
- Traumafolgestörungen, komplexe 594
- Traumakonfrontationsphase 576–581
- Traumasynthese 576–581
- Tresorübung 575
psychodynamische Modelle, posttraumatische Belastungsreaktionen 377–378
Psychodynamisch-interaktionelle Gruppenpsychotherapie 594
- Aufgaben des Therapeuten 597
- Behandlungskonzepte 601
- Bewältigungsformen kennenlernen 600
- Beziehungserfahrungen, emotional korrigierende 596
- destruktives Handeln 600
- dissoziative Symptombildung 596
- Einzelgespräche, Stellenwert 601–602
- empirischer Hintergrund 591–593
- Fallbeispiele 602–606

- Gefühle, Wahrnehmung und Verarbeitung 592
- Gruppeninteraktion/-dynamik 598–601
- Gruppenthemen, häufige 599–600
- Gruppenzusammensetzung 600–601
- Inhalt und Ziele 594–598
- Intrusionen 596
- körperliche Beschwerden, stressassoziierte 593
- Kommunikationsverhalten, nonverbales 596
- komplex traumatisierte Patienten 594–598
- Lebenserfahrungen kennenlernen 600
- ressourcenorientierte Gruppenkonzepte 594
- Schmerzen, chronische 593
- sichere Basis schaffen 592
- Skills-Training 594
- Strukturiertheit 592
- Therapieansätze 593–594
- Traumakonfrontation 596
- traumatisierte Patienten 591–606
Psychoneuroimmunologie 441, 443–444
Psychopathy-Checkliste, revidierte (PCL-R)
- einsichtsorientierte Therapieverfahren 827
- für Sexualstraftäter 836–837
- Kastration 827
- kognitiv-behaviorale Therapie 827
- manualisierte Programme 827
- Verlegung in eine sozialtherapeutische Anstalt 828–832
Psychopharmakotherapie, begleitende, Missbrauch/Misshandlung 316–317
psychosomatische Störungen
- diagnostische Klassifikation 61–64
- Ein-Eltern-Status 125
- im Erwachsenenalter, Vater, fehlender 122–123
- Forschung 61–64
- Risikofaktoren, biografische 37
- Therapie 61–64
psychosoziale Prävention 677–696
- Beziehungskontexte 685
- Comprehensive Child Development Program 693
- evidenzbasierte 683–684
- familienzentrierte 687–691, 696
- Family Support Program 693
- FAUSTLOS-Programm 695
- Frühe Hilfen, Studien, internationale und nationale 692–694
- frühkindliches Alter 679–680
- ganzheitliches Konzept 695–696
- Hausbesuche 693, 695
- Head-Start-Programm 693
- Hochrisikokinder 679
- in vulnerablen Lebensphasen 681
- indikative 683
- institutionelle 694–695
- kindentwicklungsorientierte 680
- Kreis-der-Sicherheit-Programm 692
- als Mehrebenenansatz 684–691
- Nurse-Family-Partnership-Modell 693
- ökologische Ansätze 691–694
- Opstapje-Programm 688, 695
- personzentrierte 685–686

– PIPE-Programm 692, 695
– primäre, sekundäre bzw. tertiäre 682–683
– psychische Gesundheitsgefährdung, stressbedingte 681–682
– Sure-Start-Programm 693
– Umgebungsbedingungen, dysfunktionale 684
– Verhältnis-/Verhaltensprävention 678–679
– Vorschulprogramme 694
psychosoziales Befinden 301
– Missbrauch/Misshandlung 301–305
– des Opfers 303–304
Psychotherapeuten s. Therapeuten
Psychotherapie
– Ausbildung 772–773
– Behandlungs-/Indikationsfehler 765
– Grenzverletzungen 764–776
– sexuelle Übergriffe 662–663
– stationäre 95
– – Borderline-Persönlichkeitsstörung 324–327
– – Misshandlungstrauma 321–327
– – Posttraumatische Belastungsstörung (PTBS) 324–327
– – traumaexpositionsbasiertes Verfahren 323–324
psychotrope Substanzen, Missbrauch, Essstörungen 549

Q
Querschnittsstudien, Vor- und Nachteile 201

R
Rachen- und Lungenkrebs 27
Rachetypus, missbrauchende Therapeuten 662
Railway-Spine-Syndrom 371
Raphekerne, Stressreaktion 45–47
Realtraumatisierungen 371
Reflexionsfähigkeit
– Defizit, aggressive Verhaltensweisen 166
– empathische Kompetenz 704
– Traumafolgestörungen, Mentalisierung 183
– Übertragungsfokussierte Psychotherapie (TFP) 559
Regeneration 80
Regression 181
Reifungsstörungen, frühkindliche 360
Reinszenierung, Borderline-Persönlichkeitsstörung 485–487
Reizdarm-Patienten, sexueller Missbrauch 62
Rekapitulation 108
Relapse Prevention (RP) 827
Reparatur 80
Research Diagnostic Criteria (RDC) 545, 547–548
Resignations-Apathie-Syndrom, Vernachlässigung 6
Resilienz(faktoren) 37, 39, 78
– Anpassung 80
– Depression 346
– fehlende 25, 81

– Kriterien 81
– Psychodynamisch Imaginative Traumatherapie (PITT) 568
– Stärkung, professionelle Helfer 96
Resilienzforschung 101
Resilienz-Phänomene 80–81
Ressourcenaktivierung, Traumafolgestörungen 181
Ressourcenbasierte Psychodynamische Therapie (RPT) 185
– Borderline-Persönlichkeitsstörung 496–497
Retardierungen, Vernachlässigung 6
Rettungsfantasie, gemeinsame, missbrauchende Therapeuten 659–660, 669
Reviktimisierung
– retrospektive Befragungen 266
– Selbstverletzungen 490
– sexuelle 266–267
– sexuelle Funktionsstörungen 465
Risiken/Risikofaktoren
– Ausmaß 81–82
– Diagnostik 79, 96
– Management 96
– rahmentheoretische Überlegungen 80–82
– Studien 82
– Viktimisierungsfolgen 98–102
Risikofamilie
– Erziehungsverhalten 169–170
– Familiendynamik 169–170
Risikoindex 82
Risikokinder 25
– mit prä-, peri- oder postnatalen Komplikationen 690–691
Rollentausch, missbrauchende Therapeuten 661
Rollenumkehr
– Grenzverletzungen 770
– Scheidung/Trennung 120
Rollenunklarheit 141
Rückenschmerzen, chronische 417

S
Säuglinge
– exzessiv schreiende, Misshandlungsrisiko 163
– regulationsgestörte 163
– schwierige 163
Schädelfrakturen, Kindesmisshandlung 246
Schamgefühle 188, 464
– Essstörungen 544
– Gruppentherapie 599
– Sozialphobie 365
Scheidung
– Depression 343
– Interventionsmöglichkeiten 135–137
– Langzeitfolgen 119–137
Scheidungskinder
– Anpassungsprozesse 120
– Entwicklungsrisiken 131
– Lebenszufriedenheit, verringerte 134
– psychosoziale Prävention 682
Schemata 354, 360, 413, 420–421, 462, 492, 606
– Definition 613
– inkompatible, Borderline-Persönlichkeitsstörung 613–615

Schematherapie (ST), Borderline-Persönlichkeitsstörung 495–496
Schielen, plötzliches, Kindesmisshandlung 248
Schizoide Persönlichkeitsstörung 528–529
– Bindungsverhalten, vermeidendes 506
– Kindheitsbelastungen 532–533
Schizophrenie, Risiko-Gene 57
Schizotypische Persönlichkeitsstörung 529
– Kindheitsbelastungen 531–532
Schlafstörungen, Depression 335
Schlaganfall 27, 37
Schmerzbahnen, deszendierend hemmende 416
Schmerzempfinden, Angsterleben 419
Schmerzen
– Coping 419
– Hyperalgesie 409, 412
– körperliche Beschwerden 419
– multilokuläre 32
– Nocebo-induzierte, Cholezystokinin (CCK) 418
– Opiatfehlgebrauch, iatrogener 424
– zentrale Mechanismen 412
Schmerzerleben 415–416
Schmerzreize, topografische Verortung 415
Schmerzsyndrom(e)
– chronische
– – Bindungsverhalten 419
– – Posttraumatische Belastungsstörung (PTBS) 433
– funktionelle 421
– komplex regionales (CRPS) 413
Schmerzverarbeitung
– CCK-2-Rezeptor 418
– Corticotropin-Releasing-Hormon (CRH) 416
– Gyrus cinguli, vorderer 415
– periaquäduktales Grau (PAG) 416
– Schmerzreize, postnatal einwirkende 418
– und Stressverarbeitung 415–417
– Thalamuskerne 415
– zentrale 416–417
– – Störung, Fibromyalgie-Syndrom 416–417
Schmerzwahrnehmung
– Borderline-Persönlichkeitsstörung 488
– Einschränkung (Schmerzhemmung) 412
– verstärkte 412
Schreibabys 682
Schütteltrauma 247–248
schulbasierte Prävention, aggressives Verhalten von Kindern 699–700
Schuldfähigkeit, verminderte 814
Schuldgefühle
– Gruppentherapie 599
– sexueller Missbrauch 303
Schuld(un)fähigkeitsbegutachtung 811–821
– Bewusstseinsstörung, tief greifende 812
– Einsichtsunfähigkeit 815
– freiheitsentziehende Maßregeln 815–819
– krankhafte seelische Störung 812

Sachverzeichnis

– psychopathologisch-diagnostische Ebene 811–812
– Schwachsinn 813
– seelische Abartigkeit 813–814
– Steuerungsunfähigkeit 815
schulische Erfolgserfahrungen
– geringere, Trennung, elterliche 134
– misshandelte und viel bestrafte Kinder 10
Schulter-Nacken-Schmerzen, unspezifische 413
Schulversagen, Misshandlung 320
Schutzfaktoren, Viktimisierungsfolgen 98–102
Schutzmechanismen 81
– Körpererleben/Körperselbst, Dissoziation 193
Schwachsinn, Schuld(un)fähigkeitsbegutachtung 813
Schweigepflichtverletzungen 766
schwer traumatisierte Patienten
– Körperpsychotherapie 634–643
– Übertragungsfokussierte Psychotherapie 555–566
schwere andere seelische Abartigkeit (SASA) 825–826
schwieriges Kind, Kindesmisshandlung 244
Script-Driven Imagery 69
seelische Abartigkeit, Schuld(un)fähigkeitsbegutachtung 813–814
seelische Krankheiten, Prävention 679
Selbst
– falsches 120
– kindliches 680
– Theorie 184
Selbst-Auskunft-Aussagen, Depression 345
Selbstbehandlungsmanuale, Essstörungen 550–551
Selbstbeobachtung, Dissoziation 492–493
Selbstberuhigungsfähigkeit 190, 576
– Posttraumatische Belastungsstörung (PTBS) 564
– Psychodynamisch Imaginative Traumatherapie (PITT) 572
Selbstbeschädigung, heimliche 490
Selbstbeschuldigung 464
Selbstbeurteilungen, Beispiele 211–218
Selbstbewertung, negative, Essstörungen 552
Selbstbewusstsein, fragiles, Inzest, Täterprofil des Vaters 146
Selbstbild
– Depression 337
– destruktives, Gruppentherapie 606
– gestörtes, Borderline-Persönlichkeitsstörung 486
– positives 223
Selbsteinschätzung
– Essstörungen 552
– niedrige, sexueller Kindesmissbrauch 791
Selbstentwertung, Depression 335
Selbsterleben, Wechsel, Dissoziative Identitätsstörung 494
Selbstfürsorge
– Psychotherapeuten 773–774
– red flags/yellow flags 774

– reduzierte, Depressivität bei alleinerziehenden Müttern 127
Selbstgefühl 188–189
– Depression 337
– kohärentes 503
– Störungen 192–193
– Vernachlässigung, Misshandlung, Missbrauch 188
– vulnerable Phase 368
Selbstgrenzen, Aufbau, Berührungserfahrungen 190
Selbstkohärenz, Grenzerfahrungen, körperliche 190
Selbstkonzept
– defektes, sexueller Kindesmissbrauch 791
– weibliches, unreifes, Unterleibsschmerzen, chronische 436
Selbstmitgefühl, Psychodynamisch Imaginative Traumatherapie (PITT) 572
Selbstmordversuch, erweiterter 257
Selbstobjekt, Depression 338
Selbst-Objekt-Konfigurationen 184
selbstreflexive Funktionen, traumatische Erfahrungen 115
Selbstregulation 189
selbstschädigendes Verhalten s. selbstverletzendes Verhalten
Selbstschemata, sexuelle 464
Selbstsicht, negative, Gruppentherapie 599
Selbst-Stigmatisierung 464
selbsttröstende Vorstellungen, Psychodynamisch Imaginative Traumatherapie (PITT) 573
Selbsttröstungsfähigkeit 576
Selbstüberforderung, permanente 34
selbstverletzendes Verhalten
– Borderline-Persönlichkeitsstörung 489–491, 609, 615
– Essstörungen 549
– Hochrisikoverhalten 609
– Posttraumatische Belastungsstörung (PTBS) 374, 608–609, 617
– Reviktimisierung 490
– sexueller Kindesmissbrauch 793
– sexueller Missbrauch 471
– traumatische Erlebnisse 490
Selbstwahrnehmung
– bewusste, Dissoziation 492–493
– Depression 348
– Körperpsychotherapie 641
– Psychodynamisch Imaginative Traumatherapie (PITT) 575
– widersprüchliche, Borderline-Persönlichkeitsstörung 486
Selbstwerterhöhung/-schutz, stressinduzierte Hyperalgesie (SIH) 423
Selbstwerterleben 34–35
Selbstwertgefühl
– Gruppentherapie 599
– misshandelnde Eltern 86
– sexueller Missbrauch 531
– Vulnerabilität, Suizidalität 350
Selbstwertregulation, Depression 338
Selbstwertstörungen, Entwicklungsdefizite 173
Selbstzustände, nicht integrierte, bindungstraumatische Erfahrungen 184–185

Sensitivierungsprozesse, zentrale 412
sensomotorische Dissoziation 393
sensomotorische Fehlregulationen, achtsamkeitsbasierte Psychotherapie 636–638
Sentence Completion, Unterleibsschmerzen, chronische 436
Serotonin-Rezeptor-3A-Gen 57
Serotonin-System, Polymorphismen, Borderline-Persönlichkeitsstörung 478
Serotonin-Transporter-Gen, Polymorphismus 55
Sex Offender Treatment Programme (SOTP) 827
Sexualanamnese, sexuelle Funktionsstörungen 475
Sexualaufklärung, altersadäquate 314
Sexualdelikte, gewaltsame 464
Sexualdelinquenz 792–793
Sexualerziehung, angemessene 718–720
sexualisiertes Verhalten, sexueller Missbrauch 20, 23
Sexualisierung von Beziehungen, inzestoide Familie 151–152
Sexualität, Interaktionsstil, inzestvulnerable Familien 151–152
Sexualpräferenzstörungen 461, 471–472
– Funktionsbeeinträchtigungen 814–815
– Schuld(un)fähigkeitsbegutachtung 813
Sexualstörungen, sexueller Kindesmissbrauch 253
Sexualstraftäter
– Führungsaufsicht 829
– Krisenintervention 831
– Pharmakotherapie 827–828
– Prognose 832–837
– Psychopathy-Checkliste, revidierte (PCL-R) 836–837
– Rückfallrisiko 833–836
– Static-99 835–836
– Therapie 826–832
– Unterbringung(sdauer) 829
– – Widerruf der Aussetzung 831–832
– Weisungen 830–831
– Wiedereinvollzugsetzung, befristete 831
Sexualverhalten
– deviantes 463
– exzessives 463
– riskantes 31
– zwanghaftes, bei Männern, sexueller Missbrauch 469
Sexualverhaltensstörungen 468–471
sexuelle Aggressionen/sexuell aggressives Verhalten 464, 470–471
– Missbrauchserfahrungen 277
– Opfererfahrungen 276–277
– Verbreitungsgrad 277
sexuelle Entwicklung 273
– Störungen 461
sexuelle Funktionsstörungen 461, 464–468
– Beziehungsstörungen 475
– Prävalenz 465
– Promiskuität 465
– Reviktimisierung 465
– Sexualanamnese 475
– sexueller Missbrauch 466
– Studien 467–468

Sachverzeichnis

sexuelle Gewalt 19, 271
- Erfahrungen 19
- Essstörungen 540, 551
- unter Gleichaltrigen 276–277
- intergenerationale Transmission 267
- jugendliche Täter 281
- – männliche 267–268
- – weibliche 268
- Posttraumatische Belastungsstörung (PTBS) 387
- Tabuisierung 371
sexuelle Missbrauchserfahrungen
- Depressionsskala 341
- Familien-Charakteristika bei depressiven Frauen 345
sexuelle Missbrauchsfamilien 141
sexuelle Misshandlungen, CECA 207–208
sexuelle Reviktimisierung 266–267
sexuelle Rollenfindung 122
sexuelle Selbstbestimmung bei Kindern und Jugendlichen 264
sexuelle Stimulationen, frühe 152
sexuelle Störungen
- diagnostische Aspekte 461–462
- Klassifikationen 461
- sexueller Missbrauch 464–475
- theoretisches Verständnis 463–464
- therapeutische Konsequenzen 473–475
- Verhaltensauffälligkeiten 460–475
sexuelle Traumatisierung, Geschwisterinzest 655–656
sexuelle Übergriffe
- Folgen, Fallbeispiele 462–463
- in der Psychotherapie 662–663
- Langzeituntersuchungen, prospektive 139
- unter Geschwistern, familiäre Hintergründe 274–275
- wiederholte 432
sexueller Kindesmissbrauch s. sexueller Missbrauch
sexueller Missbrauch 14–23
- Affekte, Isolierung 439
- Amnesie 229
- Anamnese 251
- Androhung oder Ausübung 19
- Angsterkrankungen 357
- Antisoziale Persönlichkeitsstörung 508–509
- Anzeichen und Folgen, Elterninformation 722–723
- Arbeit mit Opfern 720–721
- Armut 143
- aufgedeckter, Familienstruktur, Veränderung 649–650
- Aussage des Kindes 254
- außerfamiliärer 17, 303
- Auswirkungen 20–23
- – auf Körperbild und Selbstgefühl 187–196
- Befragungen 20
- – in unterschiedlichem Alter 228
- – mündliche versus schriftliche 229
- Befunde 252–254
- Begriffsklärung 646
- Begutachtungsvorfragen 789
- Beobachtungen bei Eltern und Begleitpersonen 254–255

- Berührungen, gute/schlechte, Unterscheidung 711
- Beschuldigung, falsche 20
- Bewältigung von Missbrauchserfahrungen, Schutzfaktoren 22
- Bewertungen im Rahmen von Begutachtungen 793–794
- Beziehungstraumata 360
- Borderline-Persönlichkeitsstörung 514
- Bulimia nervosa 539, 543
- CECA 207–208
- Coping-Verhalten des Opfers 302–303
- Cunnilingus, erzwungener 465
- Dauer 18
- Definitionen 14, 432
- Depression 339–342, 515
- Deprivation 143
- Diagnostik 20, 250–255
- dissoziative Störungen 398
- Dokumentation, lückenlose und genaue, aller Aussagen 307
- Dunkelfeld 15–16, 95
- Dunkelziffer 646
- early- und late-onset 268
- Einzeltherapie 311–312
- Elternarbeit 722–723
- Elternunterstützung 722
- Enttabuisierung 314
- Erfassung, CARI 211
- Erhebungsmethoden 433
- Erinnerungen
- – selektive 230–231
- – spezifische Aspekte 226–227
- – Verschweigen/Vergessen oder Unterdrücken 225
- – wieder zu Bewusstsein gekommene 229
- Erklärung 19–20
- Essstörungen 539, 541–542, 544–549
- Exploration 254
- familiäre Situation, Beurteilung 254–255
- Familienbedingungen 21
- Familiencharakteristika 142–143
- familiendynamisches Verständnis 648–649
- Familienkonstellationen 645
- Familienstruktur, Störungen 140
- Familientherapie 310–311
- – Aufklärungsphase 652
- – Bedeutung und Grenzen 646–647
- – Behandlungsphase 652–653
- – Interventionsziele 652–653
- – Versöhnung mit dem Täter 653
- Formen, multiple 258–259
- Fragebogenverfahren und klinische Interviews 259–260
- Gefühle, Ausdrucksfähigkeit, mangelnde 313
- bei geistig und körperlich behinderten Kindern und Jugendlichen 749
- genitale Befunderhebung 251
- unter Geschwistern und jungen Paaren 272–276
- gesellschaftliche Faktoren 143
- Gewalt, körperliche 143, 230–231
- gleichgeschlechtlicher 472
- Gruppentherapie 311–312, 599
- Häufigkeit 15–16

- Handlungen, Definition 711
- Histrionische Persönlichkeitsstörung 515
- Homosexualität 472
- ICD-10 300–301
- in Familien 138–154
- in Psychotherapie und Psychiatrie 764–766
- – Folgetherapie 658–673
- – Häufigkeit 658
- – rechtliche Aspekte 659
- – Therapeutenpersönlichkeit 659–660
- Information über Unterstützungssysteme 711
- innerfamiliärer 16, 141
- – bagetallisierender/verleugnender Umgang 647
- – Beziehungstraumata 302–303, 647–648
- – Familientherapie 650–651
- – Verdrängung/Vermeidung 310
- in Institutionen
- – arbeitsrechtliche Konsequenzen 741
- – Bundeskinderschutzgesetz 729
- – Mehrfachfaktorenmodell 727–728
- – Präventionsmaßnahmen/-programme 725–743
- – – BMFSFJ-Mindeststandards 729
- – – Leitlinien 728–732
- – standesrechtliche Konsequenzen 742
- – Strafverfolgungsbehörden, Einschaltung 728
- – Verfahrensablauf bei Verdacht 731
- intensiver/intensivster 14
- intergenerationale Transmission 267
- Interventionsmöglichkeiten 23, 311–316
- Jugendliche, männliche, typische 267–268
- juristische Hintergründe 306–307
- Kinderberichte 20
- klinische Untersuchung 251–252
- Körper, eigener, Bestimmungsrecht 710
- Körperwahrnehmung, verzerrte 250
- Langzeitfolgen 26, 238, 791–792
- leichte Formen 14
- Masochismus 471–472
- Merkmale 18–19
- Missbrauchsdynamik 648
- Mütter/Väter 142
- Narzisstische Persönlichkeitsstörung 523
- Nein-sagen-Können 212
- neurobiologische Befunde 51
- Öffentlichkeitsarbeit 723–724
- ohne Körperkontakt 17
- Opfer 16–18, 266–267
- Opferbefragung, kriminologische 16
- Orgasmusstörungen 465
- Panikstörung 358
- Persönlichkeitsstörungen 504, 528, 531
- physische Symptome, unspezifische 251
- Posttraumatische Belastungsstörung (PTBS) 261, 386, 608
- potenzieller Täter, Information 711
- Prävalenz 231, 319
- Präventionsprogramme 709–724
- – Arbeit mit Opfern 720–721

Sachverzeichnis

- – Bestandteile, zentrale 710–713
- – Elternarbeit 722–723
- – Entwicklungsvoraussetzungen, Berücksichtigung, mangelnde 717
- – Fallbeispiel 716
- – für potenzielle Opfern 710–718
- – für potenzielle Täter 718–722
- – geschlechtsspezifische Differenzierung, fehlende 717–718
- – Öffentlichkeitsarbeit 723–724
- – potenzielle Täter 718
- – Programmziele und Erziehungsstile der Eltern, Inkongruenzen 716
- – Sexualerziehung, angemessene, Implementierung 718–720
- – Verantwortungsverlagerung auf das Opfer 715–716
- – Wirksamkeit, Evaluationsergebnisse 713–715
- prospektive Erhebungen 231
- Prostitution 469–470
- psychische Beschwerden/Störungen 21, 230–231, 261, 541–542, 791–792
- psychische Vulnerabilität 433
- Psychopharmakotherapie, begleitende 316–317
- psychosoziales Befinden 301–305
- Reaktionen und Dispositionen des Therapeuten 305
- Reizdarm-Patienten 62
- Repräsentativbefragungen 224
- retrospektive Erfassung 224–231, 504
- – Geschlechtsunterschiede 226–227
- – Reliabilität der Frage 227–229
- – Validierung durch Befragung von Geschwistern 227
- Risikofaktoren 142–144
- Rolle ehemaliger Missbrauchsopfer 792
- Schichtzugehörigkeit der Opfer 17
- Schizoide Persönlichkeitsstörungen 528
- Schizotypische Persönlichkeitsstörungen 529
- Schmerzsyndrome 430
- Schuldfrage 712
- Schuldgefühle 303
- Schulleistungsknick 255
- Schutzfaktoren 794
- Schwangerschaft, adoleszente 143
- Schweregrade 228–229
- selbstverletzendes Verhalten 471
- Selbstverteidigungstechniken, Vermittlung 712
- Selbstwertgefühl 531
- Sexualverhalten, zwanghaftes, bei Männern 469
- sexuelle Begrifflichkeiten, Information 712
- sexuelle Gewalt 271
- sexuelle Störungen 464–475
- sexuelle Verhaltensstörungen 468
- sich mitteilen 711
- Sicherstellung des Schutzes 307, 313
- Sleeper-Effekte 21, 23
- soziale Beziehungen 313
- soziale Kompetenz, Stärkung 711
- sozialer Rückzug 255
- soziales Umfeld, Reaktionen 304–305
- Spiel 254

- Suizidalität 350–351
- Symptombelastung 21
- Symptome 252–253
- Tabuisierung 220
- Täter und Täterinnen 18–19, 265
- Täter-Opfer-Beziehungen 265–269
- Täterreaktionen 304
- therapeutische Beziehung 309–310
- therapeutische Interventionen 305–317
- therapeutische Ziele 311–316
- Transitionsmechanismen/-modelle 269
- traumatisierende und protektive Faktoren, Auswirkung 438
- Umgang mit Geheimnissen 711
- Unterleibsschmerzen, chronische 428–432
- Verarbeitung 433, 648–649
- Verdrängung 305, 310
- Verhaltensauffälligkeiten 253, 464–475
- Verhaltensbeobachtung 254
- Verhaltenssymptome 21
- Verhinderung 282
- Verjährungsfrist 229
- Verletzungen 780–781
- – anogenitale 253–254
- Verleugnung 305
- Vermeidende Persönlichkeitsstörung 509
- Vermeidungstendenzen 310
- Vernachlässigungserfahrungen 142
- Zwei-Generationen-Perspektive 117
sexuelles Erleben, Störung 435
sexuelles Risikoverhalten 463
sexuelles Verhalten
- altersunangemessenes, missbrauchte Kinder und Jugendliche 273
- von Kindern 272–273
Shaken-Baby-Syndrom 247–248
Short Questionnaire for Risk Indices Around Birth (RIAB) 259–260
sichere, stabile und fürsorgliche Beziehungen (Safe, Stable and Nurturing Relationship [SSNR]) 143
Sicherheit
- elterliche Beziehungspraktiken 143
- interpersonelle, Stress, traumatischer 569
Sicherheitsverwahrung 817–820
Silent-Mutter, Inzest 147
Single-Photon-Emissionscomputertomografie (SPECT) 73
Situationally Accessible Memories, traumatische Erfahrungen 381–382
Skala des reflexiven Selbst (reflective self-scale, RSS) 109
3-Skalen-Eigenschaftswörterliste (EWL)
Lupus erythematodes, systemischer 450, 453
Sleeper-Effekte, sexueller Missbrauch 21, 23
sokratischer Dialog, kognitive Therapie, Essstörungen 548
Somatisierung 419
- stressinduzierte Hyperalgesie (SIH) 417–419
Somatoform Dissociation Questionnaire (SDQ-20) 397

somatoforme Dissoziation
- Borderline-Persönlichkeitsstörung 491
- Unterleibsschmerzen, chronische 431
somatoforme Schmerzstörungen 417, 423
somatoforme Störungen 32
- Affektwahrnehmung 182
- Fibromyalgie-Syndrom 421
- Gen-Umwelt-Interaktionen 64
- Kinder alleinerziehender Mütter 131
- Kindesmisshandlung 242
- Prävention 43
- sexueller Kindesmissbrauch 791–792
- sexueller Missbrauch 261
- Stresserfahrungen, frühe 43
- Vulnerabilität, Geschlechtsunterschiede 53–55
soziale Angststörungen, emotionaler Missbrauch 365–368
soziale Benachteiligung 169
soziale Beziehungen, Missbrauch/Misshandlung 313
soziale Charakterstörungen, missbrauchende Therapeuten 659–660
soziale Dienste, Körperstrafen 95–97
soziale Informationsverarbeitung 99
soziale Isolation
- Inzest 145–146
- vernachlässigende Eltern 11
soziale Netze, emotional supportive, alleinerziehende Mütter 129
soziale Problemlösefähigkeiten und Bewältigungsstrategien, Depression 348
soziale Unterstützung
- Inzest 145
- Mangel, vernachlässigende Eltern 11
- Misshandlungsfamilien 92–93
sozial-emotionales Lernen
- als Gewaltprävention bei aggressivem Verhalten von Kindern 702–704
- Programme
- – Alf-Programm 707
- – Eigenständig werden 707
- – Fairplayer Manual, Lions Quest Erwachsen werden 707
- – FAUSTLOS-Curriculum 700–702, 705–707
- – Fit und stark fürs Leben 707
- – für Kindergarten und Schule 707–708
- – Prävention im Team (PiT) 707
- – Verhaltenstraining für Schulanfänger bzw. in der Grundschule 707
sozialer Missbrauch in Psychotherapie und Beratung 765
soziales Umfeld
- Missbrauch 304–305
- Misshandlung 92–93, 304–305
- protektive Bedeutung 100–101
Sozialisation, Persönlichkeitsentwicklung 505–506
Sozialkompetenz, fehlende 12
Sozialphobie 365
- Fallbeispiel 367–368
- Kindheitsbelastungsfaktoren 366–368
- sozial-situationales Erklärungsmodell, Kindesmisshandlung 11–12
Sozialverhaltensstörungen
- Bulimia nervosa 542
- Kindesmisshandlung 249

soziobiologische Theorie, Kindesmisshandlung 97–98
soziologische Erklärungsansätze, Kindesmisshandlung 10
sozioökonomische Stressoren, Kumulation 171
sozioökonomischer Erfolg, Trennungskinder 135
soziopathische Charakterstörungen, missbrauchende Therapeuten 660
Spaltung
– Borderline-Persönlichkeitsorganisation 558
– Borderline-Persönlichkeitsstörung 479, 484
– Definition 484
Spannungen in der Familie 206
Spiele, sexuelle 273
Spieltherapie
– sexueller Missbrauch 254
– symbolisches, Traumabearbeitung 315
Spracherwerb 99
Stabilität, elterliche Beziehungspraktiken 143
Starke-Eltern-starke-Kinder-Präventionsprogramm 686–687
State Trait Anxiety Inventory (STAI) 545, 547–548
– Bulimia nervosa 543
States of Mind, Posttraumatische Belastungsstörung (PTBS) 378
STEEP (Steps Toward Effective, Enjoyable Parenting) 688, 695
STEP (Systematic Training for Effective Parenting) 687
stepped care approach, Essstörungen 550
Steuerungsunfähigkeit
– Entwicklungsdefizite 173
– Schuld(un)fähigkeitsbegutachtung 815
Stieffamilien, inzestvulnerable Systeme 149–150
Störungen im Erwachsenenalter, Stresserfahrungen, frühe 42–44
Strangulationsmarken, Kindesmisshandlung 248
Stress
– Bewältigungsstrategien 36
– Entzündungsanstiege, intrauterine 444
– Gesundheitsgefährdung, psychische 681–682
– Inzest 145
– psychischer, Lupus erythematodes, systemischer 447
– traumatischer, Sicherheit, interpersonelle 569
Stressbelastung, traumatische 180
Stressempfindlichkeit, misshandelnde Eltern 83–88
Stresserfahrungen
– frühe/frühkindliche 41
– – Autoimmunerkrankungen 446–448, 458
– – dispositionelle Faktoren, Einfluss 53–57
– – genetische Faktoren/Vulnerabilität 44, 55–57
– – gesundheitliches Risikoverhalten 35
– – Humanuntersuchungen 48–52

– – körperliche Erkrankungen 43
– – Lupus erythematodes, systemischer 458
– – Nachweis 507
– – neurobiologische Effekte 47–52
– – neuroendokrine Reaktionen, Geschlechtsunterschiede 54
– – Prävalenz 61–62
– – – Geschlechtsunterschiede 53–55
– – psychiatrische Symptome 42
– – psychische Störungen, Subgruppen 62–63
– – psychobiologische Folgen 53–57
– – psychoneuroimmunologische Langzeitfolgen 441–459
– – Schweregrad 42
– – Störungen im Erwachsenenalter 42–44
– – Studien im Tiermodell 47–48
– – Vulnerabilität 41–42
– Hippocampus 50
– psychobiologische Folgen 40–65
Stresserkrankungen, posttraumatische 381
Stressfaktoren
– pränatale 39
– sozioökonomische, Aggression 163
stressinduzierte Hyperalgesie (SIH) 37
– Affektregulationsstörung 417
– Alexithymie 417
– Angststörungen 424
– Bindung 422
– Definition 412–413
– Deprivation, emotionale 411
– Differenzialdiagnose 420
– emotionale Grundbedürfnisse 423
– Fallbeispiel 413–415
– Familienklima, dysfunktionales 417
– Fibromyalgie-Syndrom 424
– Glucocorticoid-Rezeptoren 418
– Gruppenpsychotherapie, interaktionelle 422–425
– Kindheitsbelastungen 417–419
– Kindheitstraumatisierungen, psychische 411
– klinisches Bild 412–413
– Lustgewinn/Unlustvermeidung 423
– psychische Grundbedürfnisse 422
– Selbstwerterhöhung/-schutz 423
– Somatisierung 417–419
– Stressvulnerabilität, transgenerationelle 418
– Tierexperimente 418
Stressreaktion/-reaktivität
– Depression 347–348
– dissoziative, Eye Movement Desensitization and Reprocessing (EMDR) 411
– missbrauchsabhängige 49
– neurobiologische 44–47
– Oxytocin-Reaktion 50
– Rückkopplungshemmung, verminderte 49–50
– verstärkte 33
Stressreduktion, Psychodynamisch Imaginative Traumatherapie (PITT) 572
stressregulatorische Systeme, Gene 57
Stressresistenz, erhöhte, im Erwachsenenalter 418

Stresssystem 443–444
– Crash 445
– Definition 443
– Hypofunktion, Lupus erythematodes, systemischer 454
– kindliches 444–445
– Unterfunktion, chronische 459
Stresstheorie, Transaktionale 301
Stresstoleranz, DBT-A-Therapieprogramm 322
Stressverarbeitung(ssystem) 38
– Dysfunktion 681
– Grand-Studie 34
– hyperaktives, CRH-Rezeptoren 57
– und Schmerzverarbeitung, neurobiologische Zusammenhänge 415–417
– Top-down-Kontrolle 417
– Wiederherstellung, Allostase 419
Stressvulnerabilität 30, 34, 36, 39
– genetische Polymorphismen 38
– soziale, Angsterkrankungen 352, 354, 357
– transgenerationelle, stressinduzierte Hyperalgesie (SIH) 416, 418, 421
Structured Interview for Anorexic and Bulimic Disorders (SIAB-EX) 545, 547–548
Strukturbezogene Psychotherapie 185
strukturelle Dissoziation der Persönlichkeit, Theorie 184–185
strukturelle Störungen, Gruppentherapie 606
Strukturiertes Klinisches Interview (SCID) 545, 547–548
– Bulimia nervosa 542
– Dissoziativer Störungen (SKID-D) 398
Strukturierung, Psychodynamisch Imaginative Traumatherapie (PITT) 575
strukturorientierte psychodynamische Therapie, Agoraphobie/Panikstörung 363–366
Substanzabhängigkeit/-missbrauch
– Borderline-Persönlichkeitsstörung 480
– Bulimia nervosa 542
– elterliche, Depression 341
– sexueller Kindesmissbrauch 791–792
Suchterkrankungen
– alleinerziehende Mütter 128
– Eye Movement Desensitization and Reprocessing (EMDR) 590
– Prävention 683, 746
– Stresserfahrungen, frühe 43
Suchtverhalten, sexueller Kindesmissbrauch 261
Suizidalität
– alleinerziehende Mütter 125
– Borderline-Persönlichkeitsstörung 478
– Depression 350
– Fallbeispiel 352
– Inzidenz 351
– Kinder alleinerziehender Mütter 131
– Kindheitsbelastungsfaktoren 30, 350–352
– Komorbidität 351
– Posttraumatische Belastungsstörung (PTBS) 608–609
– sexueller Kindesmissbrauch 791–792
– Stresserfahrungen, frühe 55

Sachverzeichnis

– weibliche Jugendliche 351
Supervision, Psychotherapeuten 774–775
Sure-Start-Programm, psychosoziales Interventionsprogramm 693
Survey of Interpersonal Relationships (SIR) 545, 547–548
survivor, Kindheitsbelastungen 549
Symbolbildung/Symbolisierung 183, 458
– Verlust, Grenzverletzungen 769
Symptom Checklist (SCL-90) 545, 547–548
Symptom-Provokations-Paradigmen 69
Synthese
– Definition 399
– dissoziative Störungen 399

T
Täter, erfolgreiche, Bullying 280–281
Täterbegutachtung 809–837
– Kriminalprognose 820–821
Täterintrojekte, Psychodynamisch Imaginative Traumatherapie (PITT) 580–581
Tätermotiv, Dominanz und Status, Mobbing 279
Täter-Opfer-Beziehungen
– Geschwisterinzest 275–276
– Gewaltanwendung 277–281
– Kindesmisshandlung 277–281
– sexueller Missbrauch 265–269
Täterreaktionen, Missbraucher/Misshandler 304
Täterrolle, sexueller Missbrauch, Risikofaktoren, biografische 271
Talente, Gewaltkreislauf, Durchbrechung 85
Testimony Therapy (TT), Posttraumatische Belastungsstörung (PTBS) 556
Teufelskreis der negativen Gegenseitigkeit 170
TH1/TH2-Immunität 444–445
Thalamuskerne, Schmerzverarbeitung 415
Thematischer Apperzeptions-Test (TAT), Unterleibsschmerzen, chronische 436
Theory-of-Mind
– Bindung, sichere 166
– Borderline-Persönlichkeitsstörung 487
– Forschung 183
Therapeuten
– Befangenheit 766
– missbrauchende s. missbrauchende Therapeuten
– Selbstfürsorge 773–774
– Supervision 774–775
– Unvollständigkeit und Unzulänglichkeit, inhärente, Problematik 773
therapeutische Beziehung, Aufbau 309–310
Therapieabbruch 766
TH1/TH2-Imbalance 444
– Lupus erythematodes 446
TH1/TH2-Shift 444–445
Tod der Mutter, Panikstörung 358
Totstellreflex (Hypoarousal) 636
transaktionaler Prozess, Entwicklung 99

Transference-focused Psychotherapy (TFP) s. Übertragungsfokussierte Psychotherapie
Transient Adjustment Disorder 371
Transsexualismus 461
Trauer, unverarbeitete, Panikstörung, Fallbeispiel 363–366
Trauerarbeit, Kindersoldaten, frühere 565
Trauerreaktion, komplizierte 373
Trauerrituale 566
Trauma
– objektives 326–327
– seelisches 273
– subjektives 326–327
– unverarbeitetes, Bindung 107, 114
traumaassoziierte Kognitionen, Cognitive Processing Therapy (CPT) 608
Traumabearbeitung
– Dialektisch-Behaviorale Therapie (DBT) 626, 628–632
– Eye Movement Desensitization and Reprocessing (EMDR) 315
– Spiel(therapie) 315
traumabedingte psychologische Vulnerabilität 359–361
Traumabewältigungsmodell 305–306
Traumaerinnerungen, Verarbeitung 179
Traumaexpositionsbasiertes Verfahren, Psychotherapie, stationäre 323–324
Traumafokussierte Kognitive Verhaltenstherapie (TF-CBT) 321, 323
Traumafolgestörungen 118, 374
– Bewertung 608
– Borderline-Persönlichkeitsstörung 491
– Eye Movement Desensitization and Reprocessing (EMDR) 589
– Kindesmissbrauch 282
– komorbide Störungsbilder 373
– Mentalisierungskonzept 182–184
– Modelle 177–186
– Psychodynamisch Imaginative Traumatherapie (PITT) 594
– psychodynamische Theorien 177–186
– Ressourcenaktivierung 181
– seelische 372
– Traumatisierungen, frühere 388
– Typisierung 375
Traumagedächtnis 179–180
– Dual Representation Theory 381
– Verbally Accessible Memories 381
Traumainhalte, abgespaltene, Gruppentherapie 595
Traumakonfrontation
– Eye Movement Desensitization and Reprocessing (EMDR) 584–585
– Psychodynamisch Imaginative Traumatherapie (PITT) 581
– Psychodynamisch-interaktionelle Gruppenpsychotherapie 596
traumaspezifisch veränderte Informationsverarbeitung, Gedächtnistheorie, moderne 178–181
Traumatherapie
– Bedeutung 635–636
– Bildgebung 76
– Narrative 75, 308, 325–326
– Posttraumatische Belastungsstörung (PTBS) 383, 387

– psychodynamisch-imaginative s. Psychodynamisch Imaginative Traumatherapie (PITT)
– stationäre
– – Depression 348
– – Stabilisierungsarbeit, DBT-A-Station 321–323
– verhaltenstherapeutische 608
traumatic state 360
traumatische Erfahrungen
– Abwehrvorgänge 180
– Bindungsentwicklungsstörung 110–112
– durch Bindungspersonen 113
– Fantasiebildungen 180
– frühe, biologischer Alterungsprozess, beschleunigter 43
– innere Arbeitsmodelle 117
– Rekonstruktion und Integration, Borderline-Persönlichkeitsstörung 500–501
– selbstreflexive Funktionen 115
– selbstverletzendes Verhalten 490
– Situationally Accessible Memories 381–382
– unkontrolliert aktivieren, Dialektisch-Behaviorale Therapie (DBT) 619–620
traumatische Erinnerungen
– Posttraumatische Belastungsstörung (PTBS) 180–181
– Unterdrückung/Verdrängung 222
traumatisierendes Ereignis, Debriefing 76
traumatisierte Kinder, Bindungsentwicklung 112–113
Traumatisierungen
– Bildgebung, zerebrale 66–76
– Bindungsrepräsentanzen 114–115
– Bulimia nervosa 541
– Depression 346
– dissoziative Störungen 398
– Einflussfaktoren, zeitliche 64
– emotionale Persönlichkeitsanteile, dissoziative Störungen 400
– Essstörungen 540, 549
– frühe/frühkindliche s. Frühtraumatisierungen
– Gedächtnisdefizite, anterograde und retrograde 73
– Geschwisterinzest 273
– Gesundheit, seelische 542
– Körpererleben, Störungen 193–195
– Körperselbst 193
– Missbraucherfahrungen 270
– politische, Depression 52
– Psychodynamisch-interaktionelle Gruppenpsychotherapie 591–606
– schwere 178
– – Aggression/Wut 566
– seelische Narben 74
– sexuelle
– – Posttraumatische Belastungsstörung (PTBS) 386
– – Stresserkrankung, posttraumatische 381
– – Unterleibsschmerzen, chronische 438
Traurigkeit, Kindersoldaten, frühere 565
Trennung
– Anpassungsprozesse, kindliche 120

– Borderline-Persönlichkeitsstörung 480
– Depression 343
– elterliche 133–134
– innere Arbeitsmodelle 117
– Interventionsmöglichkeiten 135–137
– Konflikte, elterliche, Ausmaß 131
– Langzeitfolgen 119–137
– Partnerbeziehungen, konflikthafte 134
– Schulerfolg, geringerer 134
Trennungsangst 354, 359
Trennungskinder
– Besuchsrecht, väterliches 136
– depressive Erkrankungen 134–135
– Langzeitdepressionsrisiko 135
– psychische Auswirkungen 132–135
– Schulerfolg 132
Trennungskonflikte 129
– ungelöste 164
Trennungspanik 360
Trennungssensitivität, Disstresssystem 359
Tresorübung, Psychodynamisch Imaginative Traumatherapie (PITT) 575
Triple-P-Programm, familienzentrierte Prävention 686, 695
türkische Jugendliche, Viktimisierungen, seitens ihrer Mütter 290
Tumor-Nekrose-Faktor-Alpha (TNF-α) 443
Typ-2-Diabetes 35, 37
Typ-I-/-II-Traumata 72

U

Übergangsobjekte 639
Übergangsraum, Verlust, Grenzverletzungen 769
Über-Ich, Depression 338
Übertragung 181
– Gruppentherapie 598–599
– Professionelles Missbrauchstrauma (PMT) 669
Übertragungsfokussierte Psychotherapie (TFP)
– Aggression 565
– Anwendungen 558–561
– Borderline-Persönlichkeitsorganisation 558–559
– Borderline-Persönlichkeitsstörung 479, 495
– Fallbeispiel 561–564
– für Sexualstraftäter 827
– Hass 565
– Kindersoldaten, frühere 564
– Objektbeziehungen, Denkmodell 559
– Reflexionsfähigkeit 559
– schwer traumatisierte Patienten 555–566
– Übertragungs-Gegenübertragungs-Interaktionen 560–561
– wissenschaftliche Evidenz 560
Ulmer Modell (familientherapeutisches Präventionsprogramm) 690
Umweltfaktoren, positive 63
Unreife, Misshandlung 89–90
Unterarmfrakturen, Kindesmisshandlung 246
Unterbringung

– einstweilige, nach der Strafprozessordnung 817
– in einem psychiatrischen Krankenhaus 815–816
– in einer Entziehungsanstalt 816–817
– in der Sicherheitsverwahrung 817–820
Unterleibsschmerzen, chronische 427
– Auslösesituationen 437
– Cortisolspiegel 431
– Definition 427
– Fallbeispiel 434–435
– Forschungsstand, bisheriger, Diskussion 432–435
– Gewichtszunahme, übermäßige 435
– Hyperemesis 435
– Hypothalamus-Hypophysen-System 431
– Ich-Stärkung 439
– Identität, weibliche, konflikthafte Entwicklung 436–437
– Kindheitstraumata 436–437
– Krankheitsbild 427–428
– Lebenszyklus, weiblicher 435
– Neuropsychoimmunologie 431
– Paardynamik 437
– Prävalenz 427
– psychodynamisches Verständnis 435–439
– sexueller Missbrauch 428–432, 437
– Therapie 439
– Traumatisierung 432, 437–438

V

Vaginismus 435, 465–466
Vater
– Bindung, sichere 122
– entfremdeter, inzestvulnerable Systeme 149
– fehlender 121–123
– gewalttätiger, Panikstörungen 358
– Herkunftsfamilie, Inzest 146–147
– separative Funktion, Autonomieentwicklung 122
– sexuell missbrauchter Kinder 142
– Täter-Profil, Inzest 146
– Vollerwerbsquote 123
Vater-Tochter-Inzest 18, 139
vegetatives Hyperarousal, Traumafolgestörungen 323
Verarmung, Kindheit 168
Verbally Accessible Memories, Traumagedächtnis 381
Verbrennungen/Verbrühungen, Kindesmisshandlung 245–246
Verdrängung 116
– Missbrauch 305
– – innerfamiliärer 310
– Traumatisierung, frühe 378
Vergessen, Kindheitsbelastungen 221
Verhältnis-/Verhaltensprävention 678–679
Verhaltensauffälligkeiten
– sexuelle Störungen 460–475
– sexueller Missbrauch 464–475
Verhaltensbeobachtung, sexueller Kindesmissbrauch 254
Verhaltensinszenierungen, traumatische 179

Verinnerlichung 108
Verleugnung 116
– Missbrauch 305
Verluste, frühe, Depression 342
Verlusterlebnis, Angsterkrankungen, Fallbeispiel 356–357
Vermeidende Persönlichkeitsstörung 509
– Bulimia nervosa 542
– Kindheitsbelastungen 512–513
Vermeidung(sverhalten)
– Agoraphobie 355
– emotionale Taubheit, Traumafolgestörungen 323
– Missbrauch, innerfamiliärer 310
– Missbrauchsfamilien 771
– Posttraumatische Belastungsstörungen (PTBS) 378
– sexuelle Begegnungen 465
Vermont Intervention Program 690
vernachlässigende Familien 141
Vernachlässigung 5–7
– Anamnese 255–256
– Anankastische Persönlichkeitsstörung 523
– Auswirkungen auf Körperbild und Selbstgefühl 187–196
– Beaufsichtigung, mangelnde 5
– Befundbewertung 257–258
– Beobachtungen 257
– Beziehungstraumata 360
– Bindungstheorie 84
– Borderline-Persönlichkeitsstörung 480, 514
– Dependente Persönlichkeitsstörung 514
– Depression 341, 346
– Diagnostik 255–258
– dissoziative Störungen 398
– Drittfaktoren 6
– elterliche s. emotionale Vernachlässigung
– Erfasung, CARI 211
– Erinnerungen, Verschweigen/Vergessen oder Unterdrücken 225
– Essstörungen 540–541
– Exploration 256–257
– Familien- und Sozialanamnese 256
– Formen, multiple 258–259
– Fragebogenverfahren und klinische Interviews 259–260
– Histrionische Persönlichkeitsstörung 515
– in Familien 138–154
– Intoxikationen 257
– körperliche 258
– Komorbidität 78
– Kumulations-, Moderator- und Mediatoreffekte 102
– Missbrauchstäter, weibliche, jugendliche 268
– Narzisstische Persönlichkeitsstörung 523
– negative Folgen 99–100
– Paranoide Persönlichkeitsstörung 523
– Passiv-aggressive Persönlichkeitsstörung 528
– Persönlichkeitsstörungen 505, 533

Sachverzeichnis

– Prävalenz 260
– psychische Formen 7–9
– psychologische 258
– retrospektive Erfassung 233–234
– Risikofaktoren, kumulative 144
– Schizoide Persönlichkeitsstörung 528
– Schizotypische Persönlichkeitsstörung 529
– Schmerzsyndrome 430
– sexueller Missbrauch 142
– sozio-ökonomische Faktoren 92
– Spätfolgen 6
– Spielsituationen 113
– Übereinstimmung der Aussagen 233
– Überforderungssituationen 96
– Verhaltensauffälligkeiten 256
– Verhaltensbeobachtung 256–257
– Zwei-Generationen-Perspektive 117
Verwirrung, Grenzverletzungen 768
Verwitwung, Risikomodell 169
Viktimisierung
– interpersoneller Rückzug 505
– seitens ihrer Mütter, türkische Jugendliche 290
Viktimisierungsfolgen, Risiko- und Schutzfaktoren 98–102
visuelle Analogskala (VAS), Lupus erythematodes, systemischer 450
Vulnerabilitäten, Studien 82
Vulnerabilitätsfaktoren 38
– Persönlichkeitsstörungen 536

W

Wahn, hypochondrischer, Differenzialdiagnose 420
Wahrnehmungsverzerrungen, mütterliche, Missbrauchstrauma 328–329
Waisenhaus-Kinder, Deprivationsfolgen 32–33
Walking the Middle Path, DBT-A-Therapieprogramm 322
Weglauftendenzen, Misshandlung 320
wir2 (Elterntraining für alleinerziehende Mütter) 136–137
World Mental Help Survey (WMHS) 30
Wunscherfüllungstyp, missbrauchende Therapeuten 662
Wut
– Posttraumatische Belastungsstörung (PTBS) 555
– Traumatisierungen, schwere 566
– Umgang, FAUSTLOS-Curriculum 705
– unangemessene, Borderline-Persönlichkeitsstörung 478
Wutausbrüche, Traumafolgestörungen 323

Z

Zen-Meditation 620
Zeugenaussagen
– Alternativhypothesen 788–789
– Aussagekompetenz 798
– Aussagenanalyse 789
– Autosuggestionen 788
– Befragungstechnik, unzureichende 786
– Begutachtung 797–803
– Beurteilung 788
– Bewertung 787–789
– delikttypische Schilderungen 787
– Entwicklung 783–784
– Erinnerungsschwierigkeiten 798
– Erwachsener 800–808
– Fallbeispiel 805–807
– Falschaussagen 788
– Fantasietätigkeit 782–783
– Fragestellungen, besondere 796–797
– Fragewiederholungen 786–787
– Glaubhaftigkeitsbegutachtung 799–803, 806–807
– hypothesengesteuertes Vorgehen 787–789
– inhaltliche Besonderheiten 784
– Instruktionshypothese 789
– kindliche 779–789
– Konfabulationen bei Borderline-Patienten 802
– Konfabulationshypothese 789
– Konstanzprüfung 787
– kriterienorientierte 784–787
– Merkmale 784
– motivationsbezogene Inhalte 785
– Motivlage 783–784
– psychische Folgen, Begutachtung 803–805, 807
– Realitätsbezug 780
– Realkennzeichen 785–786
– Sachkunde von Juristen 794
– Sachverständigenkompetenz 795–796
– selektionsspezifische Inhalte, Hinweise 785
– Suggestibilität 782–783
– Suggestivhypothese 789
– Tonband-/Videoaufzeichnungen 786
– Übertragungshypothese 789
– Vergessensvorgänge 787
– Wahrnehmungsübertragungshypothese 789
– Wiedergabe 782
Zuwandererfamilien
– Akkulturationstempo bzw. Akkulturationsgap 285
– Ausgrenzung 287
– Binnenmigration 299
– Deprivation, materielle 286
– Diskriminierungserfahrungen 297
– Entwertung 287
– Entwicklungsaufgaben 285
– Erziehungskompetenz der Eltern, Stärkungsprogramme 295
– ethnische Identität 286
– Generationenkonflikte 285
– Gewalt
– – häusliche 284, 288–292
– – milieu- und kulturspezifische 289
– Gewaltopfer, kindliche 283–299
– Gewaltprävention 296–297
– Gewalttransmission 292–294
– Identitätsentwicklung 286
– Identitätskonstruktion 285
– Identitätswahrung 285
– Integration, misslungenene 287
– Interventionsmaßnahmen 294–297
– Kindesmisshandlung 284
– kulturelle Heterogenität 297
– lebensweltliche Risiken 284–288
– Männlichkeitskonzepte, Umgang 298
– materielle Ausstattung, Ungleichheit 286
– Mehrbelastungen 283–284, 287
– Migrationsgeschichte, traumatische 284
– minderheitenfeindliche Einstellungen und Übergriffe 285–286
– mütterliche Bildung, geringe 287
– Mutterschaft, frühe, Risikofaktor 286–287
– Nicht-Dazugehören 287
– Partnerschaftsgewalt 290
– Prävention 294–297
– – auf der Gemeindeebene 296–297
– – auf der Individualebene 294–296
– Rechtsbewusstsein, Stärkung 295–296
– Schichtzugehörigkeit, Überschneidung 298
– Sprach- und Kommunikationskompetenzen, Förderung 296
– türkische Eltern 288–289
Zwanghafte Persönlichkeitsstörung 525
Zwei-Eltern-Familien 123
Zwei-Generationen-Programme 745
Zwei-Personen-Psychologie 564
Zwietracht in der Familie 206
Zwillingsstudie, psychische Vulnerabilität 27
Zwischenleiblichkeit 190
zwischenmenschliche Beziehungen s. Beziehungen, zwischenmenschliche
zwischenmenschliche Fertigkeiten, DBT-A-Therapieprogramm 322
Zyklothymie 333

Psychotherapie bei Schattauer

Saskia Heyden, Kerstin Jarosch
Missbrauchstäter
Phänomenologie – Psychodynamik – Therapie

Beim Thema „Sexueller Missbrauch" erhitzen sich die Gemüter. Die Autorinnen analysieren Opfer und Täter wissenschaftlich fundiert und zeigen Ursachen und Folgen sexuellen Missbrauchs auf. Zahlreiche Fallbeispiele veranschaulichen Forschungsergebnisse aus der Neurobiologie, Traumatheorie und Bindungsforschung.
Mit einem Geleitwort von Rolf Schmidts | 2010. 216 Seiten, 4 Abb., 5 Tab., geb.
€ 39,99 (D) / € 41,20 (A) | ISBN 978-3-7945-2633-8

Martin Sack, Ulrich Sachsse, Julia Schellong (Hrsg.)
Komplexe Traumafolgestörungen
Diagnostik und Behandlung von Folgen schwerer Gewalt und Vernachlässigung

Dieses Werk bietet eine umfassende und praxisorientierte Übersicht über die gesamte Bandbreite der Folgen schwerer und langdauernder Traumatisierungen und deren Behandlung.
2013. 596 Seiten, 12 Abb., 36 Tab., geb.
€ 69,99 (D) / € 72,– (A) | ISBN 978-3-7945-2878-3

Annette Streeck-Fischer
Trauma und Entwicklung
Adoleszenz – frühe Traumatisierungen und ihre Folgen

Die Autorin vermittelt ihr auf langjährigen Erfahrungen basierendes Wissen: Als Psychoanalytikerin, Kinder- und Jugendpsychiaterin sowie Chefärztin einer auf Kinder und Jugendliche spezialisierten Klinikabteilung beschäftigt sie sich intensiv mit schwierigen Entwicklungsverläufen und der Behandlung komplex traumatisierter Jugendlicher.
2., überarb. Aufl. 2014. 366 Seiten, 34 Abb., 45 Tab., geb.
€ 49,99 (D) / € 51,40 (A) | ISBN 978-3-7945-2980-3

Birger Dulz, Cord Benecke, Hertha Richter-Appelt (Hrsg.)
Borderline-Störungen und Sexualität
Ätiologie – Störungsbild – Therapie

Ein Tabuthema erstmals umfassend dargestellt: Das Pionierwerk des namhaften Autorenteams zeigt allgemeine Grundlagen, Ätiologie, Störungsbilder und Behandlungsmöglichkeiten systematisch auf – ergänzt um zahlreiche anschauliche Fallbeispiele.
2009. 412 Seiten, 6 Abb., 11 Tab., geb.
€ 24,99 (D) / € 25,70 (A) | ISBN 978-3-7945-2453-2

Schattauer
www.schattauer.de